北京大學《儒藏》編纂與研究中心　編

《儒藏》精華編選刊

四書蒙引（上）

〔明〕蔡清　撰

李存山　高海波　陳明　校點

北京大學出版社
PEKING UNIVERSITY PRESS

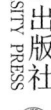

圖書在版編目(CIP)數據

四書蒙引：上下册/（明）蔡清撰；北京大學《儒藏》編纂與研究中心編. —北京：北京大學出版社，2023.8
（《儒藏》精華編選刊）
ISBN 978-7-301-33955-8

Ⅰ. ①四… Ⅱ. ①蔡… ②北… Ⅲ. ①四書－研究 Ⅳ. ①B222.15

中國國家版本館CIP數據核字（2023）第068035號

書　　名	四書蒙引 SISHU MENGYIN
著作責任者	〔明〕蔡清 撰 李存山　高海波　陳明　校點 北京大學《儒藏》編纂與研究中心 編
策劃統籌	馬辛民
責任編輯	周　粟
標準書號	ISBN 978-7-301-33955-8
出版發行	北京大學出版社
地　　址	北京市海淀區成府路205號　100871
網　　址	http://www.pup.cn　　新浪微博：@北京大學出版社
電子郵箱	編輯部 dj@pup.cn　總編室 zpup@pup.cn
電　　話	郵購部 010-62752015　發行部 010-62750672 編輯部 010-62756449
印 刷 者	三河市北燕印裝有限公司
經 銷 者	新華書店
	650毫米×980毫米　16開本　84.75印張　1035千字 2023年8月第1版　2023年8月第1次印刷
定　　價	320.00元（上下册）

目録

上册

校點説明

蔡清（一四五三——一五〇九），字介夫，晉江（今福建泉州）人。明憲宗成化二十年（一四八四）登進士第，先後官禮部主事、吏部主事、南京文選郎中、江西提學副使。因不滿寧王朱宸濠驕恣，遂謝病歸。正德三年（一五〇八）復起南京國子監祭酒，甫聞命而卒於十二月二十三日（林俊《明中順大夫南京國子祭酒晉江虚齋蔡先生墓碑》）。明神宗萬曆年間追謚文莊，贈禮部右侍郎（《明史·儒林傳》、《明儒學案》）。

蔡清爲學，初主静，後主虚，謂天下之理以虚而入，亦以虚而應，故自號「虚齋」。他推崇理學，篤守朱子之説，其《讀蜀阜存稿私記》有云：「宋理學大明，至朱子與陸子，俱祖孔孟，而其門户乃不盡同……陸學未盡符於大中至正之矩……此正統所以獨歸朱子，而陸氏所就，猶未免爲偏安之業也。」（《明儒學案》卷四六）《明史·藝文志》著録蔡清的著作有：《周易蒙引》二十四卷、《四書蒙引》十五卷、《性理要解》二卷、《虚齋文集》五卷。

蔡清的《周易蒙引》，以發明朱子《周易本義》爲主，「蓋尊之亞於經也」，但與《本義》又多所異同，「不肯委曲附和」（《四庫全書總目》卷五）。《四書蒙引》亦有類似特點。本爲科舉而作，故體例和内容以闡釋朱子《四書章句集注》爲主，近似於講章；但「體認真切，闡發深至，實足羽翼傳注，不徒爲舉業準繩」。明清之際的學者刁包稱朱注「爲四書功臣，《蒙引》又朱注功臣」，陸元輔稱「説四書者不下百種，未有過於此者」。其爲學人所推重如此（參見《經義考》卷二五六、《四庫全書總目》卷三六）。此書承明代前期「述朱」的學風，而在如理氣關係、天命之性與氣質之性等問題上又有與朱子相異之説。蔡清晚年「極重白沙（陳獻章），而以新學小生自處」（《明儒學案》）。他的生年和卒年均比王陽明早約二十年，《明史·馬明衡傳》記載：「閩中學者率以蔡清爲宗，至明衡獨受業於王守仁。閩中有王氏學，自明衡始。」從《四書蒙引》亦可見，由明代前期的「此亦一述朱，彼亦一述朱」向明代中期的心學思潮轉變的一個趨勢。

據蔡清《題蒙引初稿序》，此書作於他中第之前，在赴京趕考將啓程時已收置於行囊，後因翻冗而遺落在家，至京檢覓不得，以爲在途中遺失，乃追憶復録，三年之後在家中得其舊稿，「參會前後所録，詞意重複者過半，又有前後異見，至一句而二三其説者，皆未暇删次也」。以後因晚輩後學求之頗切，蔡清乃稍加整理，「姑略會而次之，先剪去其最冗穢無謂者，其諸凡近似有理之言皆且存之，以俟他日温故之餘得加汰削」，書名曰《蒙引初稿》，以明其非定説。

現傳《四書蒙引》最早的版本是明正德十五年李墀刻本，名爲《虚齋蔡先生四書蒙引初稿》，今天一閣藏其殘本十三卷。其次是嘉靖六年（一五二七）刻本，此爲林希元對李墀刻本加以訂正，「病其荒亂弗理也，取而更訂之；病其缺逸弗備也，取而補完之」，名爲《蔡虚齋先生四書蒙引》，今北京大學圖書館有藏，上海圖書館著録同名書爲萬曆本，沈津認爲是敖琨重刻林希元本（《美國哈佛大學哈佛燕京圖書館中文善本書志》）。至萬曆十五年（一五八七）又有吴同春刻本，名爲《重刊蔡虚齋先生四書蒙引》，這是在林希元訂正本的基礎上又有補訂而重刊，今國家圖書館、上海圖書館等有藏。約萬曆十二至十六年間，蘇州朱文科刻李時成重訂《校訂虚齋舊續四書蒙引初稿》，今普林斯頓大學圖書館有藏。此外還有明刻本二種，一名「重刊增訂虚齋先生舊續四書蒙引」，山東省圖書館有藏；一與嘉靖六年刻本同名，北京大學圖書館、復旦大學圖書館等館有藏，爲揭嶺宋兆禴重訂；和刻本一種，日本寬永十三年（一六三六）刻《四書蒙引》林希元訂補本。

《四書蒙引》另有一删節本。明嘉靖三十五年至萬曆二年的十九年間，武進人莊煦以其抄録本、塾師吴寓庵批點本與一部坊本參校删節而輯成，名爲《新刊舉業精義四書蒙引》，仍爲十五卷，但内容已「刊削冗複，十去三四」，書末附有「别録」一卷，輯録了部分删汰的《蒙引》條目及莊煦與其友王升商榷訂正之語。此删節本收入《四庫全書》。清代只有光緒十八年（一八九二）晉江蔡群英刻本。

《四書蒙引》的兩種版本互有長短利弊。足本最能保留《蒙引初稿》的原貌，「繭絲牛毛，不足喻其細也」（《明儒學案》），然有冗複煩瑣之弊；删節本既已把原書删去十之三四，則較簡明而便於觀覽，但其删削不僅是去其冗複，而且或有相異的兩説而存其一，「或指意稍違戾者全條削去」，這樣就有「妄意删次，未必盡合作者（原意）」之弊（參見《四庫全書》本莊煦所作「題辭」和「凡例」）。權衡兩種版本的長短利弊，本次校點把保留《四書蒙引》的原貌作爲優先考慮，故選擇足本爲底本。

比較嘉靖六年刻本（簡稱「嘉靖本」）與萬曆十五年刻本（簡稱「萬曆本」），發現此兩本雖然基本相同，但個别文字也互有正誤，而萬曆本之誤要少於嘉靖本，且萬曆本的文字比嘉靖本有所增補。因此，本次校點是以萬曆本爲底本，以嘉靖本爲校本，另以臺灣商務印書館影印文淵閣《四庫全書》本（簡稱「四庫本」）爲參校本。

校點者　李存山　高海波　陳　明

重刻四書蒙引序

夫聖人之道，至宋儒而大明；宋儒之學，至朱子而大備。《蒙引》固闡發朱子，折衷宋儒，以羽翼聖人之道者也。往説書者，家持其見，而人異其説。自我明統一聖真，説書一遵朱子，士非此無以應制。於是弘、正間諸宏儒儁士，日肆力研求，精心考索，以沉酣其旨趣。若虛齋先生，尤其炳炳者。是時家藏其書，而人服其訓，以故談理則精核有據，爲文亦典則可傳。嗚呼！先進之學術風猷一何盛也。邇年來，士務便捷，見閱是書者不謂其庸則笑其迂。其以了悟自負者曰：「經書亦糟粕、筌蹄耳，何有《蒙引》?」嗚呼！士未嘗餟其醇，而安可糟粕吾經也？筌非魚，舍筌未有得魚者；蹄非兔，舍蹄未有得兔者。是無怪今之學者談理、爲文兩無當也。直指毛公按東土，慨士之剽竊空踈，去古益遠，特檄鹺司刻《蒙引》以眎之。而余適以視學至，樂觀厥成。夫毛公固將以先進之學術風猷望諸士也。諸士其仍務便捷了悟，以糟粕、筌蹄視之耶，抑肆力研求，精心考索，思沉酣其旨趣耶？此古今學術所繫。若猶曰「庸也」、「迂也」，不惟悖聖人之道，其去先進亦遠矣。是刻也鹺使甘君一驥總其事，而經歷戴相堯夙夜督工，其勞亦不可泯云。

萬曆丁亥季秋朔賜進士出身中憲大夫奉勑提督學校，山東提刑按察司副使，汝南吴同春書。

蒙引初稿序

國家以經術造士，其法正矣。第士之所以求於經者淺也，蓋不務深於理，❶而徒務辨於文。文雖工，術不正，而行與業隨之矣。舉子業之關世道也，有如此。清之始業是也，❷自謂頗知所用心者，故有三年不作課，而無三日不看書，間以其所窺見者語諸同儕，❸要亦未能脱時文氣味也，然已見訝爲迂遠而厭聽之矣。❹清乃隨時自筆之，❺以備遺忘。❻庚子歲赴會試，收寘行囊，既而冗中翻自遺之。❼至京檢覓不得，❽意其

---

❶「深」，四庫本作「實造」。
❷「也」下，四庫本有「承父師之教指」六字。
❸「者」，四庫本作「一二」。
❹「然」下，四庫本有「或」字。
❺「隨時自」，四庫本作「多」。
❻「遺忘」，四庫本作「切磋」，下又有「久之積成卷帙」六字。
❼「冗中翻」，四庫本作「因冗翻」。
❽「至」上，四庫本有「逮」字。

失之途中矣。時方温故，遂復有録。更三閱歲，故録復得之家中，❶參會前後所録，詞意重複者過半，又有前後異見，至一句而二三其説者，皆未暇删次也。❷禄仕多年，故紙宛然，而比日後生輩知而求之特切。欲終棄置，則一得之見或有資於童蒙，欲俟删正，則温故之功又非旬時可辦。姑略會而次之，先剪去其最冗穢無謂者，❸其諸凡近似有理之言皆且存之，以俟他日温故之餘得加汰削，乃就有道而正焉。名曰《蒙引初稿》，明非定説也。四書及《易經》諸卷概有之，今已謄出《大學》《中庸》二部及乾坤二卦。張國信輩借抄，因道其故，以示之。❹

弘治甲子歲七月朔晉江蔡清書序。

❶「録」下，四庫本有「乃」字。
❷「未」，四庫本作「無」。
❸「剪」，四庫本作「塗」。
❹「因道其故以示之」，四庫本作「因爲之道其故以引其端云」。

重刊蔡虛齋先生四書蒙引卷之一

「大學章句序」

讀此序，見得教法始於伏羲、神農、黄帝、堯、舜，備於三代，廢於周衰，傳於孔子、曾子，失其傳於孟子之後，而復得表章於程子，發明透徹於朱子。自三代而上，其教行於天下；自孔、曾而下，其法僅傳於天下而已。○原聖賢之所以著是書者，以是教法不行於天下，故爲是書以傳是法於後世也。夫法不行，則天下無善治；法不傳，則萬世終無善治矣。此聖賢之意將以爲萬世開太平者也。○聖賢之所以明道立教者無他，止是要人各自復其性而已。天下豈有性外之事？聖賢亦無性外之功。性即明德也，大學之法即修道之教也。

「大學」二字，有以道術言者，如「大學之道」之類；有以學術言者，如「入小學」、「入大學」之類；有以其書言者，如「《大學》之書」之類。大抵三者亦相須而有也。○此書所以名《大學》者，正以其所載皆大學之道也。原在《禮記》中，即用篇首「大學之道」之「大學」二字爲篇名，如《論語》「學而」、「爲政」之類。○「大學」二字，兼經傳言，「章句」者，經傳之章句也。本集注也，不曰「集注」而曰「章句」者，蓋《論》、《孟》二書言者非一事，記者非一時，皆更端之詞，其章句蓋自定。而《大學》與《中庸》，其言雖累千百，而意義相承，血脉貫通，元只是一篇文字。朱子則爲之區別其章句，今之「右經某章」、「右第某章」是也，言章則句在其中矣。○言「章句」亦謙辭也，如近時陳選公注《小學》亦只題曰「句讀」云。○《論》、《孟》注曰「集注」者，亦謙辭也，述而不作之意也。或曰《論》、《孟》多是集儒先之説，而《大學》、《中庸》則一出於朱子之自爲説，故不曰「集注」而曰「章句」。然所引吕氏數説，亦未嘗不集諸儒先也。況《論》、《孟》亦未嘗章章皆是集儒先者。可見其説亦未通，還是謙辭。○或又曰「章句」似指經傳言，未見其爲指注。然考之《大學序》，雖若無所據，及觀《中庸序》，分明以「章句」對「或問」言，安得謂非指注邪？蓋注之云云者，即所以章之句之也。不然則章句之指不白，故名其注曰「章句」耳。又朱子曰「《大學》一書，有正經，有章句，有或問」，則章句非注而何？

《大學章句序》，此五字當連串看，不必依吴氏謂某段序大學，又某段序章句也。如曰「詩傳序」，曰「書傳序」，曰「易傳序」，初非謂序《詩》《書》等了，又序其傳也。蓋雖作「章句序」，自須首及夫《大學》之書所由作矣。《詩》《書》等傳序皆然。○序者，序《大學》之章句所爲作也。使朱子不作章句，則亦無由有此序矣。益以見此五字當連串看，而「章句」二字亦當重看矣。○按此序作於淳熙己酉二月甲子，距所生紹興庚戌，是爲六十歲。《中庸》亦序是年之三月戊申，《年譜》注云：「二書之成久矣，不輟修改，至是以穩愜於心，而始序之。」○又按朱子於癸酉年二十四歲，始受學於延平李先生之門，其學始就平實，乃知向日從事於釋老之説皆非也。蓋是時方得《大學》而業之，所謂「亦幸私淑而與有聞焉」者也。○又至庚申年七十一歲，易簀之前三日，尚修改《大學》「誠意」章，而其戊午年與廖德明帖云：「《大學》又修得一番，簡易平實，次第可以絶筆。」以此觀之，信乎「是書之成久矣，不輟修改，至是以穩愜於心，而始序之」耳。

此序，愚意作四大節看。「《大學》之書，古之大學所以教人之法也」，爲第一節。蓋此一句，乃此一序之大旨也。自「蓋自天降生民」至「非後世之所能及也」爲第二節，乃備言古者教人之法始末，而兼小學在其中。自「及周之衰」至「作爲傳義，以發其意」爲第三節，乃言《大學》之書所由作也。自「及孟子没」至篇末爲第四節，則言章句之所由述也。各節皆有箇開合，其末兩節開合意，亦如《孟子》「一治一亂」章，每叙生民之害，而歸功於禹與周公、孔子，及己之所以辨楊、墨者，學者詳之。愚此説與東陽及新安之説不同，姑私記之於此，覽者其擇焉。○按此序，東陽許氏分作三節看，似有未當者。蓋以篇首至「非後世之所能及也」爲第一節，則不知首一句之爲綱要，未當也。以「及周之衰」至「壞亂極矣」爲第二節，則是於孔子之經、曾子之傳處忽略看過了，且不知「壞亂極矣」此語正以起下文「天運循環」云云，是亦未當也。又以「天運循環」至篇末爲第三節，雖於程子之表章是書者知所發明，而於朱子之所爲作章句以俟後之君子者，全欠提掇，是亦未見其有的然分曉處。蓋從上面便已截得不是了。吾輩更相與詳之。

「《大學》之書，古之大學所以教人之法也」

大學所以教人之法，即所謂「大學之道」也。○上「大學」字，指經傳；下「大學」字，指學校。「古」之一字，疑只是指三代也。或謂「聖人者先天而天弗違」，安知伏羲、神農、黄帝、堯、舜時，全不知有是教法耶？且《堯典》「克明峻德，以親九族；平章百姓，協和萬邦」，分明是明德、新民，修身、齊家、治國、平天下之序。堯以是自治，亦未必不以是教人，豈必皆至三代然後有是教法耶？曰：固然矣。但按此「大學」二字乃是對小學而言，惟三代之世方有小學、大學之别。若羲、農、黄帝、堯、舜之世，雖有此教法，而或未有如此之備也。故曰：此篇因小學之成功，以著大學之明法，外有以極其規模之大，而内有以盡其節目之詳，此則所謂《大學》之書者然也。乃知此「古」字，指三代意居多，不必太泥，以爲兼羲、農、黄帝、堯、舜言。

「蓋自天降生民」

「生民」二字相帶連，如所謂「下民」、「烝民」是也。謂之「生民」者，即孟子所謂「天下之生久矣」，以其生生不絶也。所謂「生物」亦然。謂之「降」者，天在上，生民在下，故取「降」義也。此本之《書》所謂「天降下民」云。

「則既莫不與之以仁義禮智之性矣」

天與之，如何？曰：據人所得於天而言，則爲天與之矣。得天之元以爲仁，得天之亨以爲禮，得天之利以爲義，得天之貞以爲智。吾之所有者，皆得之於天，不謂之天與而何？然元亨利貞，天之四德，一木火土金水之理也；仁義禮智，人之四德，亦一木火土金水之理也。正所謂「天以陰陽五行，化生萬物，氣以成形，理亦賦焉」。不然，人性何緣有是仁義禮智四德，懸空而來也？陳北溪謂「仁義禮智，即木火金水之神也」，神字精妙。❶ ○一説「既」，盡也。《春秋》曰：「日有食之，既。」此説未當，爲礙「莫不」字。看來「既」字只作「已」字解。黄氏洵饒亦曰：「既者，已然之詞。」○「蓋自天降生民，則既莫不與之以仁義禮智

---

❶ 「精妙」上，四庫本有「極是」二字。

之性」者，天以五行造化人物，氣以成形，理亦賦焉，故木之理爲仁，火之理爲禮，金之理爲義，水之理爲智。惟無是人則已，既有是人，則必禀是五行之氣，方成箇人。既禀是五行之氣以爲人，則必具是五行之理，以爲人之性矣，此必然之理也。故曰：「天降生民，則既莫不與之以仁義禮智之性矣。」〇原來造化只是一氣，一氣分爲二，曰陰陽，而陰陽又各分爲二，則曰木火金水，而土寄居四者之中，合而謂之五行矣。蓋陽之初爲木，其理在人則爲仁；陽之盛爲火，其理在人則爲禮；陰之初爲金，於人則爲義；陰之極爲水，於人則爲智。土寄旺於四行爲信，信則止是仁義禮智之實然者也。蓋天人一理也，此即所謂「天命之謂性」也。不然，人何緣有是仁義禮智之性邪？故曰：「蓋自天降生民，則既莫不與之以仁義禮智之性矣。」性、情實非兩物，《大學》言性，而情在其中矣。〇或問：陽之初爲木，其盛爲火，陰之初爲金，其極爲水，然則先儒所謂「禮者仁之著，智者義之藏」，其即此義邪？曰：然。蓋仁之惻隱，方自内出，而禮之恭敬，則已盡發於外。此可見陽之健，而爲造化之出機也。義之羞惡，方自外入，而智之是非，則已全伏於中。此可見陰之順，而爲造化之入機也。此健順所以統乎五常也。〇五行之理，無所不貫。天之五氣，地之五方，人之五性，與凡物之五臟、五聲、五色、五臭、五味，無不恰恰相當者。信乎，天地人物一氣也！

「仁義禮智四字之義」

今之説者解「仁」字，則述朱子曰「心之德，愛之理」，解「義」字，則曰「心之制，事之宜」，固亦然矣。至於「禮」字，則述朱子解「禮之用」章曰「天理之節文，人事之儀則」，此解似於「性」字上爲未切也。且朱子解《孟子》首章「仁」字，則先心之德，而後愛之理；解《論語》第二章「仁」字，則先愛之理而後心之德。各有攸當，不容毫髪苟且混淆也。而可以此「禮」字注，遂爲諸書「禮」字之通解乎？如「克己復禮」之「禮」字，則解義又別矣。然以「天理之節文，人事之儀則」二句解此一「禮」字，猶未甚悖也。以其於天理、人事，已該得盡，且亦未嘗混乎「仁」、「義」與「智」也。若夫「智」字，雲峯胡氏乃自謂取朱子之意以補之曰：「智則心之神明，所以妙衆理而宰萬物者也。」此則分明是「明德」之義矣，豈可只用以解「智」字，而與「仁」、「義」、「禮」相爲列看乎？○至於番易沈氏解「智」字之義，則曰「涵天理動静之機，具人事是非之鑑」，是亦用朱子解「禮」字之意而撰出此詞，其解義亦似過於闊大，終不可以與「仁」、「義」、「禮」對看也。蓋此「智」字，是偏言之「智」，「仁」字亦是偏言者，不應解得太重也。○按孟子曰：「惻隱之心，仁也；羞惡之心，義也；恭敬之心，禮也；是非之心，智也。」周子曰：「德：愛曰仁，宜曰義，理曰禮，通曰智，守曰信。」此雖皆是因情以著性，即用以明體，然「仁義禮智」四字却排列看得。可見聖賢之見自真，非如後世一二儒者搜索於文字之末，自附以胸臆之見者所能到也。今此四字，朱子既無明訓可述，學者又不可妄爲之説，則只當以孟子、周子之説爲據。蓋仁即是惻隱之理之具於心者也，義是羞惡之理之具於心者也，禮、智倣此。○按朱子自有説云：「仁者，温和慈愛之理；義者，斷制裁割之理；禮者，恭敬樽節之理；智者，分別是非之理。四者人之性也。」此説載在《大全》中，最爲精當，前此偶忘却，今當據之以爲定論。○四性不言信者，仁義禮智之實處即信也。使仁而不實，則仁非其仁；義而不實，則義非其義；禮、智亦然。《中庸》論智仁勇，而必曰「所以行之者一也」，亦是此理。

「然其氣質之稟或不能齊」止「而全之也」

新安陳氏謂：「氣有清濁，質有粹駁。清者能知，而濁者不能知；粹者能全，而駁者不能全。」然愚以爲，氣之清者，質亦多粹；氣之濁者，質亦多駁。故知之至者，行亦至。知且不能，况於行乎？此清濁粹駁之説，又當貫而一之也。故本序亦以知而全之爲文。而下文亦曰「聰明睿智，能盡其性」云云。蓋聰明睿智，則自能盡其性矣。《中庸》「道其不行矣夫」，《章句》曰「由不明，故不行」，可見知行二者之元自相須也。○天地間事物，各以類聚。故清者多粹，濁者多駁，智者往往多賢，愚者亦往往多不肖。故氣質合着爲是，但當以清濁歸之氣，粹駁歸之質，此則自不容混也。○世固亦有能知而不能行者，則是氣雖清而質不粹，亦有力行工夫至，而知上少欠者，則是質亦粹而氣不甚清。如《中庸》言道之不行、不明，皆以智愚、賢不肖分説，亦可見矣。但其下即注云「由不明，故不行」，尤可明其非介然爲二項也。○清者能知，濁者不能知，粹者能全，駁者不能全，此序文之旨也。《中庸》曰：「道之不行也，智者過，愚者不及；道之不明也，賢者過，不肖者不及。」則以知屬賢不肖，行屬智愚，與此不同，何也？蓋此處是正論，《中庸》是互换論之，以見其得此失彼之意。况其注云：「智者知之過，愚者不及知；賢者行之過，不肖者不及行。」亦何嘗以知屬賢不肖，行屬智愚哉？但知之過者，既以爲不足行；不及知者，又不知所以行。是全廢却行了，此道之所以不行。行之過者，既以爲不足知；不及行者，又不求所以知。是全廢却知了，此道之所以不明。意各有當也。○性與氣質，一時齊有。氣質，所以載是性者也，故能爲性之明晦通塞。○凡單言氣，自該得質，如云「氣禀清明，無物欲之累」是也。單言質，亦兼得氣，如云「聰明睿智，生知之質」是也。此云「氣質」，則兼舉而並言之。氣陽而質陰也，氣載於質，而理寓於氣也。○質如火炭，氣如炭之熱處；

質如土，氣如土之温冷處。此只言氣質之禀不齊，而物欲之蔽在其中矣。若氣禀清明，則自無物欲之累也。○按先儒謂「耳目之精明爲魄，口鼻之嘘吸爲魂」，此説固有自來，但或者就欲以此分屬氣質，則泥矣。蓋此處不容以分屬，如云「魂游魄降，散而爲變」，亦不可專以魄屬耳目，魂屬口鼻也。要之，耳目口鼻之類，皆有魄有魂。耳目口鼻之體，魄也，質也。耳目之聰明，口鼻之呼吸，魂也，氣也。故《大傳》只曰「魂游爲變」。魂既游，則魄自降矣。若以魂魄分屬，則又自有當分屬處。○西山真氏曰：「性之不能離乎氣，猶水之不能離乎土也。性惟不離乎氣，而氣汩之，則不能不惡矣。水惟不離乎土，而土汩之，則不能不濁矣。然清者其先，而濁者其後也；善者其先，而惡者其後也。先善者，本然之性也；後惡者，形而後有也。故所謂善者，超然於降衷之初。而所謂惡者，雜出於已形之後。其非相對而並出也，昭昭矣。」愚謂真氏此説，蓋以申張子形而後有氣質之性之説。竊疑天地之性，究竟亦只是陰陽五行之理耳。陰陽五行之理，即便有清濁厚薄矣。故先儒「先有理而後有氣」之説，愚終不能釋然也。○真氏以水喻性，以土喻氣，是也。然水固亦有清濁之不同，而無關於後來之土滓者。且水所從來，亦係土氣也。理安得獨虚空爲一物乎？此疑尚未能解。○金之氣盛，而木之氣衰，大概爲人剛果處多於温柔；木之氣盛，而金之氣衰，大概爲人温柔處多於剛果。推此類求之，氣禀之説可得矣。○以理對氣質而言，則氣質實而理虚；以氣對質而言，則質實而氣虚。虚者常托乎實者。蓋理與氣質，元不相離；而氣之與質，尤不相離。氣質者，理之所合；而質者，又氣之所凝也。

「一有聰明睿智能盡其性者出於其間」

氣極其清，質極其粹者也。於天下之理無所不聞曰聰，無所不見曰明，無所不通曰睿，無所不灼曰智。通者，入於微之謂也。○聰、明均主心言。入乎耳而無不通於心，是之謂聰；入乎目而無不通於心，是之謂明。蓋聰雖以耳，而所以聽者心也；視雖以目，而所以視者心也。朱子曰：「睿只訓通。對智而言，智是體，睿是深通處。」聰明屬耳目，睿智全以心言。○許氏曰：「『禮智』之『智』，性之名。『睿智』之『智』，質之稱。」愚謂「聰明睿智」字，與上文「知其性」相應；「能盡其性」字，與上文「全之也」相應。則「睿智」之「智」，與「禮智」之「智」似不同矣。但朱子嘗曰：「只是一箇智，通上下而言。睿智是擴充得較大。」蓋智者人之所同，睿智者聖人之所獨也。○「能盡其性」之「盡」字，依吴氏程説當爲上聲。然《中庸》「惟天下至誠，爲能盡其性」，其理正與此同。而朱子不注上聲，則知作去聲讀，本自無害，何必獨爲異也。○聰明睿智，則於性之所有，無所不知。能盡其性，則全之不假言矣。此所謂「生知安行」也，所謂「明於庶物，察於人倫，由仁義行，非行仁義」也。

「天必命之以爲億兆之君師」

○天必命之者，據其理勢之必然而云也。○君師只是一人，以其身都治教之責，故兼稱君師。如云守令，民之師帥也，亦只是一箇人。以其教化所自出而言曰師，自其統率之而言則曰帥。新安陳氏曰：「三代以前，聖賢之君，君、師之責兼盡。三代以後，君道有略得之者，而師道則絶無矣。」

「使之治而教之」

不曰「使之教之」，而曰「使之治而教之」者，君、師之道一也。然不曰「教而治之」，而必先之以「治」者，蓋不先有以治之，則教無由施也。程子曰：「天之生民，必有出類之才起而君長之，治之而争奪息，道之而生養遂，教之而倫理明。」亦以教次治也。○此序「治」、「教」二字，就在上者言；「復性」二字，就在下者言，❶皆緊要字也。○「蓋自天降生民，則既莫不與之以仁義禮智之性矣」，是人皆有是明德也。「然其氣質之稟或不能齊，是以不能皆有以知其性之所有而全之也」，即所謂氣稟所拘，物欲所蔽，則有時而昏者也。「一有聰明睿智能盡其性者出於其間」，是聖人能自明其明德，而止於至善者，新民之本也。「則天必命之以爲億兆之君師，使之治而教之以復其性」者，所謂「明明德於天下」，新民之事也，無他物也。《泰誓》曰：「惟天地，萬物父母；惟人，萬物之靈。」則分明是「天降生民，則既莫不與之以仁義禮智之性」者矣。又曰：「亶聰明作元后，元后作民父母。」則又分明是「民生氣稟不齊，不能皆有以知其性之所有而全之，一有聰明睿智、能盡其性者出於其間，則天必命之以爲億兆之君師，使之治而教之以復其性」者也。又《西銘》云：「乾稱父，坤稱母，予兹藐焉，乃混然中處。故天地之塞，吾其體；天地之帥，吾其性。民吾同胞，物吾與也。」此亦即《泰誓》所謂「惟天地，萬物父母；惟人，萬物之靈」者也。其曰「大君者，吾父母宗子」，亦即《泰誓》所謂「亶聰明作元后，元后作民父母」者也。蓋萬古只是這箇道理，聖賢者自能見得，其言未必皆有祖述也。惟其見得此理分明，故大有擔當。

---

❶「言」，原脱，今據四庫本補。

「伏羲、神農、黄帝、堯、舜」

號曰伏羲者，以能馴伏犧牲，教人肉食也。曰神農者，以能知五穀之可養人，而教民樹藝也。曰黄帝者，黄，土色，以其有土德之瑞，故稱焉；帝者，主宰天下之稱也。以上三帝皆是號，非謚也，亦非名也。《謚法》「翼善傳聖曰堯，仁聖盛明曰舜」，此不足憑。據《書》四岳薦舜於堯云「有鰥在下曰虞舜」，則舜乃其名也。○又《書傳》曰「堯，唐帝名」，則少微鑑以爲謚者非矣。况《謚法》作於周，而夏商之君猶皆以名號稱，或以甲子爲號，安得謂堯舜便是謚？况舜方側微無恙日，如何便已稱謚乎？○今世所傳《謚法》，出於司馬遷，多不足信。如《論語》所引「錫民爵位曰文」之説，於理最遠。與夫「勤學好問爲文」者，蓋只是司馬遷取諸《論語》二章之言而附會之，决非周公之舊也。使朱子若得再修改《集注》，意此皆在所删矣。○禹亦名也，故《書》載舜曰「來禹」云。○《論語》注曰「履，蓋湯名」，則「湯」其號也。伊尹曰「唯尹躬暨湯，咸有一德」，殆非名其君也。

「繼天立極」

繼天者，後天而奉天時也。天既與人以性，而不能使之各復其性。聖人則繼而教之，使復其性，所謂「贊天地之化育」也，所謂「聖人成能」也。○立極者，《中庸》所謂「修身則道立」，所謂「經綸天下之大經」，《孟子》所謂「聖人，人倫之至也」。此且就聖人一身上説。惟其能自盡其性，故可以教人，而使人人皆有以復其性，所謂「本之人君，躬行心得之餘」者也。此三代以上所以君師之道合而爲一也。

「司徒之職、典樂之官」

按司徒之職、典樂之官乃堯舜時事，而上文兼引伏羲、神農、黄帝者，蓋自伏羲以來，便有君師之道，如畫八卦之文，制婚娶之禮，與夫垂衣裳、立制度之類，則教之來久矣，故并言之。况時有龍官、雲師之屬，則教民之職固有所主矣。○雲峯胡氏曰：「司徒之職，統教百姓。典樂之官，專教胄子。」胄子，謂天子之元子，以至公卿大夫之適子也。不及元士之子，出《書傳》「胄子不及元士」，蓋唐虞之制也。《大學序》兼元士之適子言，主三代之制也。○《舜典》：「帝曰：契，百姓不親，五品不遜，汝作司徒，敬敷五教在寬。」是司徒之職統教百姓也。又：「帝曰：夔，命汝典樂，教胄子，直而温，寬而栗，剛而無虐，簡而無傲。詩言志，歌永言，聲依永，律和聲，八音克諧，無相奪倫，神人以和。」是典樂之官專教胄子也。○統教百姓，教以五倫；專教胄子，加之以樂。○五倫不但以教百姓，其教胄子，亦以是爲先務，然必加之以樂者，何也？朱子謂：「古者教法，禮、樂、射、御、書、數，不可闕一，就中樂之教尤親切。蓋是教人朝夕從事於此，拘束得心長在這上面。蓋爲樂有節奏，學他底急也不得，慢也不得，久之都換了他性情。」此說最盡。蓋胄子他日皆將有天下國家之責者，視諸凡民不同，故聖人又專官以教之樂。○古人所以教胄子以樂者，蓋以其聲律之和，舞蹈之節，有以蕩滌邪穢，流通精神，養其中和之德，而救其氣質之偏者也。故古人重之。後世此意泯然矣，宜人才之不如古也。或謂按《書傳》樂能「斟酌飽滿」，要兼此意説方是。然按經文下面「直而温，寬而栗」云云，本無斟酌飽滿意也。《禮》「士無故不去琴瑟」，可見古人重樂。堯舜時，唯胄子教以樂。至三代時，則小學之教皆用樂矣。故曰三代之隆，其法寖備。○司徒之職、典樂之官，曰職曰官，互文也，猶《中庸》云「郊社之禮，禘嘗之義」。司徒之職，典樂之官，大抵皆兼小學、大學道理。考之經典，有虞氏養國老於上庠，養庶老於下庠，則小學、大學之分，已肇於此時矣。故李泰伯《袁州學記》

云：「四代之學，考諸經可見。」四代，謂虞、夏、商、周也。○新安陳氏謂：「此時教已立，而教之法未備，學之名未聞。」夫有教則有學，何謂學之名未聞？若謂小學、大學之名未聞，則或可也。然按有虞氏養國老於上庠，養庶老於下庠，上下之別，蓋亦大小之意矣。○雖曰當其時尚未有許多大小之節，然以理言之，教人之序必先自其小者近者，而後及其大者遠者。聖人教人，因才而篤，必不只傳以近小，而不教以遠大也。故知當時之教，亦必兼有小學、大學道理在其中。○司徒本掌邦教，不曰司教，不曰司士，而曰司徒者，《周禮注》云：「教官之職，大而德行則教之，小而徒役則司之。」司至於徒，則教官所司皆舉矣。故其中有云：「大役則帥民徒而至，治其政令，既役則受州里之役要。」○「所由設也」，由，欲復民之性也。此「復」字，指在上之人言。○聖人繼天立極，主教於上，而設司徒之職、典樂之官，以掌教於下，其人存則其政舉矣。○「伏羲、神農、黄帝、堯、舜，繼天立極」者，即上文所謂「聰明睿智、能盡其性」者也。「司徒之職、典樂之官所由設也」，即上文所謂「治而教之，以復其性」者也。前論其理，此實以事。○「蓋自天降生民」至「典樂之官所由設也」，此即《中庸》所謂天命之性，❶率性之道，修道之教也。宇宙間只有此三者而已，無他物也，外此則異端矣。

「三代之隆」

此句與下文「及周之衰」相應。

❶ 「即」，原作「節」，今據嘉靖本改。

「其法寖備」

寖備者，漸次而備也。見得夏商時猶有未備者，直至「周監於二代，郁郁乎文哉」，然後爲備。如下文所云「大小之節」，其詳如許，夏商安得有之？且如五禮六樂，載於《周禮》者，則夏商禮樂皆在焉，豈非至周始備耶？

「王宫國都以及閭巷，莫不有學」

大抵王宫國都皆有小學，閭巷惟有小學，無大學。或説王宫國都止有大學。必如其説，則王公至卿大夫子弟，當入小學之時，便當出就閭巷間乎？抑或躐等而爲大學之事乎？若謂閭巷間亦有大學，則古者大國不過百里，雖使民間俊秀裹糧就學，亦未爲甚遠涉也，且安知先王無以處之乎？况民間俊秀自無幾，安得立許多大學乎？天下無理外之事，此當以理酌之。秦火之後，諸儒之説，未可盡信也。〇一説民間當亦有大學，庠、序、校是也。《孟子集注》以庠、序、校爲鄉學者，以其不在國都也。班固《食貨志》云，「其有秀異者，移鄉學于庠序；庠序之異者，于天子學于大學」。既曰「移鄉學于庠序」，則有大小之别矣。可見民間亦有大學也。班氏此説雖云述古，大抵多附會，不可盡信。〇愚按《孟子注》，庠、序、校皆鄉學名，惟學爲國學，則是庠、序、校皆爲小學，國學則大學，而惟庶民之俊秀得與焉者也。然則王宫國都宜有小學，而閭巷不宜有大學矣。何也？古者家有塾，謂民間也，則天子諸侯之家，乃容無小學乎？庶民惟俊秀者，年十五方得入大學，不得人人與也。既不得人人與，則是獨舉而進之於大學。大學宜非閭巷在在有者矣。况與公卿大夫元士之適子同學，何得謂大學不在國都乎？〇古者庶民子弟自八歲入小學，至十四歲，於其爲人子、爲人弟、爲人少者之行，凡百做人之事，學之亦略備矣。故曰「庠、序、學、校皆所以明人倫也，人倫明於上，小民親於下」。惟俊秀者乃進，而教之以盡心知性之學，經國濟世之道。○東陽許氏據注疏，言「閭里以上，凡州黨族遂縣鄙皆有學，但閭里之塾爲小學，餘皆大學」。其説蓋以二十五家同一塾，則舉境内皆有塾矣。既就塾而學，猶未是小學，而外此别有小學乎？故謂此外皆大學，各隨其遠近所在而入焉，以其不在國都，故均謂之鄉學也。然愚謂古者封建之制，不似今日一統之廣漠，故今制須逐府州縣各有大學也。當時始封大國，要不過一二百里，勢不容有許多大學。故愚謂秦火後諸儒之言，不可盡信也。

《文獻通考》「郡國鄉黨之學」條云：「《學記》：『古之教者，家有塾，黨有庠，術有序，國有學。』」注：「術，當爲遂。古者仕焉而已者，歸教於閭里，朝夕坐於門。」又注：「古者合二十五家而爲之門。」《爾雅》曰：「門側之堂謂之塾。」○又《尚書大傳》：「大夫七十而致仕，老其鄉里，大夫爲父師，士爲少師。」長樂陳氏曰：「夫諸侯之學，小學在内，大學在外。故《王制》：『小學在公宫南之左，大學在郊。』以其選士，由内以升於外，然後達於京故也。天子之學，小學居外，大學居内。故《文王世子》言：『凡語于郊，然後於成均取爵於上尊。』以其選士，由外以升於内，然後達于朝故也。」「語于郊」，本注云：「論辨學士才能於郊學之中也。」○班固《食貨志》曰「五家爲鄰，五鄰爲里，四里爲族，五族爲黨，五黨爲州，五州爲鄉，萬二千五百户也」云云。「八歲入小學，學六甲五方書計之事，始知室家長幼之節。十五入大學，學先聖禮樂而知朝廷君臣之禮。其有秀異者，移鄉學于庠序；庠序之異者，于天子學于大學，命曰進士。行同能偶則别之射，然後爵命焉。孟春之月，群居者將散，行人振木鐸以狥于路，以採詩獻之，太師比其音律以聞于天子，故曰王者不窺牖户而知天下。此先王制土處民，富而教之之大略也。」○有虞氏養國老於上庠，養庶老於下庠。夏時養國老於東序，養庶老於西序。殷人養國老於右學，養庶老於左學。周人養國老於東膠，養庶老於虞庠。觀四代之學，皆以老爲重如此，則人於群居長幼之際，信不可輕也。

王宫有學，王都亦有學乎？王都，即王者之國都也。國都有學，公宫亦有學乎？曰：王宫有學，公宫可知矣。○王宫，王朝之内也；國都，諸侯所都之地。《戴記・保傅》篇注云：「大學在王宫之東。」朱子蓋本於此。《周禮》：「五比爲閭。」比，二十五家也。里門曰閭，直曰街，曲而小者曰巷。○勿軒熊氏謂，《保傅》篇云：「古者年八歲出就外舍，學小藝焉，履小節焉。束髮就大學，學大藝焉，履大節焉。」既云束髮就大學，則正是年十五之時，與《大學序》之説合也。○朱子《崇安縣學田記》曰：「予惟三代盛時，自家以達于天子諸侯之國，莫不有學。而自天子之元子以至士庶人之子，莫不入焉。則其士之廩於學官者，宜數十倍於今日。而考之禮典，未有言其費出之所自者，豈當時爲士者之家各已受田，而其入學也有時，故得以自食其食而不仰給於縣官也歟？至漢元、成間，乃謂『孔子布衣，養徒三千』，而增學官弟子，至不復限以員數。其後遂以用度不足，無以給之，而至於罷。夫謂三千人者聚食於孔子之家，則已妄矣。然養士之需，至於以天下之力奉之而不足，則亦豈可不謂難哉？蓋自周衰，田不并授，人無常産，而爲士者尤厄於貧，反不得與爲農工商者齒。上之人乃欲聚而教之，則彼又安能終歲裹糧而學於我？是以其費雖多，而或取之經常之外，勢固有不得已者也。」

「灑掃、應對、進退之節」

灑水於地曰灑，以帚去塵土曰掃。○番易齊氏曰：「洒掃，《内則》所謂『雞初鳴，洒掃室堂及庭』，《曲禮》所謂『爲長者糞，加帚箕上，以袂拘而退，以箕自向而扱之』之類是也。」亦見《小學·明長幼之序》篇《小學注》曰：「糞與拚畚同，❶掃地也。袂，袖也。拘，障也。退，却行也。扱，斂取也。初以置帚於箕上，得以兩手舉箕。掃地之時，則一手執帚，一袂障帚，却步而行，不使塵及長者。終則以箕自向，斂取其塵，不以箕向長者。皆敬也。」

應對者，「應唯敬對」也。應短而對長。應，如「應曰『諾』」。對，如「孔子對曰」云云。可見應短而對長。有呼則應，有問則對。○應對，《内則》所謂「在父母之所，有命之，應『唯』敬對」，《曲禮》所謂「長者負劍，辟咡詔之，則揜口而對」之類。注：「負，置之於背。劍，挾之於旁。口耳之間曰咡。辟咡詔之，傾頭與語也。」○《小學注》與此小異，曰：「負劍即帶劍，謂長者旁挾幼者，狀如帶劍也。辟，偏也。咡，口旁也。」進退，《内則》所謂「在父母之所，進退周旋慎齊」，《曲禮》所謂「凡與客入者，每門讓於客」之類。

「五禮：吉、凶、軍、賓、嘉」

吉禮十有二，所以事邦國之鬼神示。鬼者，人鬼。神者，天神。示音其，與祇同，地神也。

「吉禮十二」

---

❶ 「畚」，疑是「拚」之音注，宜作小字。按：《小學集注》無「畚」字。

一、禋祀，祀昊天上帝。○取精意以享之義。

二、實柴，祀日月星辰。○實柴者，實牲於柴而燔之也。星謂五星，辰謂日月所會十二次。

三、槱燎，祀司中、司命、飌師、雨師。○槱燎，謂燔柴而不實以牲也。司中、司命，文昌第五、第四星也。風師，箕也。雨師，畢也。此三者所以祀天神。飌，古風字。槱，於宙切，燎火以祭日。槱，出《玉篇·木門》。

四、血祭，祭社稷、五祀、五嶽。○血祭者，貴氣臭也。社，土神也。稷，穀神也。五祀，門、户、竈、行、中霤也。五嶽者，東泰山，南衡山，西華山，北恒山，中嵩山。

五、貍沈，祭山林、川澤。○祭山林曰貍，謂藏諸地；祭川澤曰沉，謂置諸水也。貍，音埋。

六、疈辜，祭四方百物。○疈者，肆而磔之；辜者，制而磔之。四方百物，即蜡祭也。以上三者，所以祭地祇。疈，孚逼反。

七、肆獻祼，享先王。○肆者，進所解牲體，謂薦熟也；獻者，獻牲體，謂薦腥也；祼者，灌以鬱鬯，謂獻尸求神也。肆，音剔。祼，音灌。

八、饋食，享先王。○饋食者，言有黍稷也。祭，先灌，次獻腥，次獻熟，次饋食。凡祭皆然，互相備也。

九、祠，春享先王。○春物生未有以享，故曰祠。

十、禴，夏享先王。○夏陽盛，以樂爲主，故曰禴。禴，餘若反。

十一、嘗，秋享先王。○秋物成，可嘗，故曰嘗。

十二、蒸，冬享先王。○冬庶物盛多，故曰蒸。此六者，所以享人鬼。蒸，之承反。

「凶禮五，所以哀邦國之憂」

一、喪禮，哀死亡。○死以氣言，亡以形言。喪禮則有賻賵之類。

二、荒禮，哀凶札。○凶謂歲歉，札謂民病。荒禮則有散利之類。

三、弔禮，哀禍災。○禍與福乖，災與祥違。吊禮則有慰問之類。

四、禬禮，哀圍敗。○圍謂國受圍，敗謂兵敗績。禬則會其財物以補之。

五、恤禮，哀寇亂。○兵作於外爲寇，寇作於内爲亂。恤禮則出其兵師以救之。

「賓禮八，所以親邦國」

春見曰朝。○朝，猶朝也，欲其來之早。見，音現。

夏見曰宗。○宗，尊也，欲其尊王。

秋見曰覲。○覲，勤也，欲其勤於王事。

冬見曰遇。○遇，偶也，欲其不期而皆至。

時見曰會。○時見者，言其無常期，王將有征討，爲壇於國外，會諸侯而命事。

殷見曰同。○殷，衆也，王十二年不巡狩，則六服盡朝，王亦爲壇而命以政焉。

時聘曰問。○時聘亦無常期，天子有事乃聘之焉。

殷覜曰視。○殷覜謂一服朝之歲，以朝者少，諸侯乃使卿以太禮衆聘焉。覜，音眺。

「軍禮五，所以同邦國」

一、大師之禮，用衆也，以征伐爲主，所以用其命也。坐作進退，以鼓鐸鐲鐃爲之節，而不可亂。

二、大均之禮，恤衆也，以土地人民爲主，所以恤其事也。因地以令賦，❶因家以起役，均之所以恤之也。

三、太田之禮，簡衆也，以教戰爲主，所以簡其能也。因田習兵，閱其車役之數。

四、大役之禮，任衆也，以築作爲主，所以任其力也。城郭道涂之脩，宮室橋塹之役。

五、大封之禮，合衆也，以建國爲主，所以合其民也，以正封疆溝塗之固。

「嘉禮六，所以親萬民」

嘉與吉不同，嘉禮飲宴用，吉禮祭祀用。

以飲食之禮，親宗族兄弟。○以冠婚之禮，親成男女。

以賓射之禮，親故舊朋友。○射禮，雖王亦立賓主，王之故舊朋友也，蓋爲世子時共學者。

以饗燕之禮，親四方之賓客。○饗有體薦，燕有折俎。賓客謂朝聘者。諸侯來朝曰賓，其臣曰客。

以脤膰之禮，親兄弟之國。○脤膰，胙肉也，分賜兄弟之國，同福禄也。脤，音腎。膰，音煩。

以嘉慶之禮，親異姓之國。○因其喜而慶賀之也。

「六樂」

❶「令」，嘉靖本作「命」。

一、《雲門》。○黄帝樂，一云堯樂。象雲氣出入，故周人冬至舞之，以祀天神。《周禮注》：「門言其所出，謂其德如雲之出也。」

二、《咸池》。○皆黄帝樂，亦云堯樂。象池水周徧，故周人夏至舞之，以祭地祇。《周禮注》：「言其德無所不施也。」

三、《大磬》。○舜樂。磬，紹也。以其紹堯之業，而能齊七政，肇十有二州，故周人舞之，以祀四望：司中、司命、風師、雨師。七政，日、月、五星也。十二州者，青、兖、冀、荆、梁、雍、豫、徐、揚，九州之外，又有幽、并、營三州也。四望之祀，蓋《書》所謂「望于山川」者。

四、《大夏》。○禹樂。夏，大也。以其能大堯舜之德，而平水土，故周人舞之，以祭大川。《周禮注》：「言其德能大中國也。」

五、《大濩》。○一名韶濩，湯樂也。濩，護也。湯寛仁而能救護生民，故周人舞之，以享姜嫄。《周禮注》：「言能使天下得所也。」

六、《大武》。○武王樂。《傳》云：「武王以黄鍾布牧野之陣，歸以太簇、無射。」《周禮》注：「言能成武功也。」

「五射之目」

一、白矢。○言矢貫侯過，見其鏃白也。

二、參連。○言前放一矢，後三矢連續而去也。

三、剡注。○謂羽頭高鏃低而去，剡剡然也。

四、襄尺。○襄，俗作衰。《周禮》釋文：「音讓。」謂臣與君射，不與君並立，讓君一尺而退也。

五、井儀。○謂四矢貫侯，如井字之容儀。

「五御之目」

一、鳴和鸞。○和、鸞，皆鈴也。和，金口、木舌；鸞，金口、金舌，所以節車之行。鸞在衡上近馬，和在式上。衡是車前横木駕馬者，即軛。式是車上横板，手憑伏以致敬者。升車則馬動，馬動則鸞鳴，鸞鳴則和應，自然有箇節奏。若車速則不相應，遲則不響，又雜然都響，皆不合節奏。

二、逐水曲。○謂御車隨逐水勢之屈曲，而不墜水也。鳴和鸞者，御之常；逐水曲者，御之變。

三、過君表。○如轅門之類。《韻府》載：「禮設車宫轅門。」注：「君止宿險阻之處，次車以爲藩，仰車以其轅表門也。」

四、舞交衢。○衢，道也。謂御車在交道，車旋應於舞節。如過十字街頭模樣。❶若轉過這一邊，則須要轉得合舞底節奏。

五、逐禽左。○謂御驅逆之車，逆驅禽獸，使就人君以射之也。若禽在右邊，須要當得過左邊，以就主人之射。

❶「過」，嘉靖本、四庫本作「箇」。

「六書之目」

一、象形。○謂象其形也，注以爲如日月字是也。然以今日月字觀之，則若不甚類。何也？蓋古字用篆，不似今之楷書，楷書已多失古意矣。以古篆言，如日字，日本是⊙，員圍也，今作日，則方圍矣。員圍者，渾淪一體，奇也。其中一點，又中實之象，亦奇也。有是獨尊無對之意，長員不虧之道，皆陽一而實之義也，非象形乎？如月字，月本是☽，側而缺也。以不得如日之獨尊也，故側之；以不得如日之長員也，故缺之。即陰半於陽之義，偶象也；其中用二短畫子，亦偶數也，非象形乎？文如山川、屮草字。竹、个字。中正、凸凹、一二三四之類，皆宛然其形也，餘可以類而推。

二、會意。○注謂如人言爲信，止戈爲武，中心爲忠，如心爲恕之類，是切當矣。但曰會如人意，人字似無據也。今以其類推之，如日月爲明，至明莫如日月也。丘山爲岳，丘山莫大乎岳也。日出平地之上爲旦，日之未明爲昧，山之所宗爲崇，山之首領處爲嶺，皆會意而成者也。先儒程氏云：「力田爲男，蓋所謂百畝之田，匹夫耕之也。女帚爲婦，蓋吕公謂劉季曰『臣有息女，願爲箕帚妾』是也。」亦會意類也。

三、轉注。○舊注謂：文義相近，但旁邊改轉，如考即老之類。此說蓋以考爲父，故得謂與考義相近。若稽考之考，則其義遠矣。董氏非之是也。蓋謂之轉注，當是以此一字，既爲此義用，又轉注爲他義用也。若考與老乃轉文，非轉注也。今取程氏之意而演繹之，有一轉者，如中正之中，轉而爲中的之中，謂能得其中處也，則義轉而音亦隨之。如指揮之指，轉而爲指趣之指，謂其所指之意也，則義轉而音不轉。又有再轉者，如反正之反，以其反應乎前也，轉而爲反報之反，亦去聲；又以其與前者異也，轉而爲平反之反，則平聲。如好惡之好，以其人爲好也，轉而爲喜好之好，則去聲；又以其兩相好也，轉而爲好會之好，亦去聲。又有至三轉者，如行止之行，以其行有實迹也，轉而爲行實之行；又以其行當有次也，轉而爲行次之行；又以其直行不顧也，轉而爲行行之行。如數目之數，以其有數可紀也，轉而爲悉數之數；以其次數繩繩相繼也，轉而爲踈數之數；又以其數加多愈密也，轉而爲數密之數。以上或轉音，或仍音，又或別更其音，於義皆爲轉注也。

四、處事。〇舊注謂：「人在一上爲上，人在一下爲下，各有其處事得其宜也。」《玉篇》作「指事」，於味爲長。其注亦云：「指事爲字，上下之類是也。」董氏謂「人目爲見，兩户相向爲門，兩手合下爲拜」，義至切矣。抑不但見也，不見爲覓，占而見之爲覘。不但門也，門之有横木爲閑，門之常合者爲閤。不但兩手合下爲拜也，手之所包爲抱，手之所共爲拱。凡此皆直指其事而爲之字者也。

五、假借。〇舊注謂：「令長之類，一字兩用也。」注意蓋謂：「令，本命令，以其能令之，借爲令尹也。長，本長幼，以其實長之，借爲官長也。」然此義類，於假借未見端的。董氏更之云：「能，本獸也，以其最有才力，而借爲才能之能。豪，本山中豕屬，獸之最雄傑者也，因借爲豪傑之豪。」愚謂：如流者水也，以其不返，而借爲人之流蕩。木，植物也，以其朴鈍，而借爲人之木魯。理，本玉之理也，而借以爲道理之理。妙，本女之少好者，而借以爲精妙之妙。凡此之類，皆爲假借而用者。

六、諧聲。本一字以定其形，而附他字以諧其聲也。舊注謂：「江河之類，皆以水爲形，工、可爲聲也。」又曰：「江河之類，是上形下聲。蓋先從水而後從工、可也。此上下蓋只是先後之義。」又曰：「婆娑之類，是上聲下形。」愚謂：霜、霖之類，是上形下聲。又曰：「圍國之類，是外形内聲。闠闠衡御之類，是外聲内形。」愚按：闤闠與圍國，同是外形内聲，此蓋寫者之誤也。甚矣，字之不可苟也。天下之字，歸於六書，考文爲三重之一。古者天子常使行人正四方之字，使同文焉。學者最不可以己意增損點畫、易置上下也。略有增損易置，即是别字，或不成字。如木之一字，右上加一點則爲朮，左上加一點則爲米，或下加一畫則爲本，上加一畫則爲末，上畫稍短則爲未，其可少有苟哉！又如水，上加一點則爲氷。清，少一點則爲凊。肓，本膏肓也，目其下則爲盲。辨，本明辨也，力其中則爲辦。至如枝之於技，果之與杲，形差毫釐，義隔千里，可不慎哉！故程子作字甚敬也。

「九數之目」

一、方田，以御田疇界域。○即今丈量田地畝角之法。

二、粟布，以御交貿變易。○粟是米，布是錢，謂以多少錢糴得多少穀之類。交是買賣，貿是典約，變易是擅換。

三、衰分，以御貴賤廩税。○此是理會官員俸禄多少之法，如上士倍中士，中士倍下士之類。廩是廩禄，税謂采地所收之税。

四、少廣，以御積幕方員。○積幕，如今倉然，積米其中，外面遮蔽了。方員，以其器而知其多少。今税務中用此法，如看船中裝載貨物，用錐探其淺深，便知其多少。員器作如何算，方器作如何算，各有法也。

五、商功，以御功程積實。○商其功程，如打土，論方子，打算一方土，便會計得合用許多人工。如作屋亦可算幾間幾架，合用幾多人工之類。

六、均輸，以御遠近勞費。○均其道里遠近之勞與費。❶勞是力，費是裹足，如自某處到某處，用力幾何，裹足幾何之類。

七、盈朒，以御隱雜互見。○盈是多，朒是少。數之顯者可見，隱者不可見，至於雜則尤不可見，由其顯者以推其隱。如人有財物，失去一半，或大半，或小半，失物者道多無可考究。隱雜互見，是因其所存，以驗其所失之多少。

八、方程，以御錯揉正員。○今作曆者用此法，謂如算錢，逐件除下零細底，截長補短，湊得齊整便好算。如一年十二月，有月大，有月小，日子不齊，便將閏月來補湊，每月作三十日。又如日月星辰之行不同，却要算箇行之會都相合。

九、勾股，以御高深廣遠。○横爲勾，直爲股，斜爲弦，三者可互相求也。以勾中所容方直之積求之，則山之高、井之深、城邑之廣、道里之遠可以測知，❷此算術之極致也。勾股之術，如今木匠曲尺，尺頭爲勾，尺稍爲股，尺頭與尺稍盡處相去爲弦。

○「洒掃、應對、進退之節，禮樂、射御、書數之文」，「文」詳於「節」也，此二字似移易不得。若曰「洒掃、應

---

❶「其道里」，原作「是道理」，今據四庫本改。

❷「里」，原作「理」，今據四庫本改。

對、進退之文，禮樂、射御、書數之節」，於義當乎？學者於此亦可以識用字之法矣。齊氏以爲「節則有品節存焉，文特其文物而已」，却是節詳而文略矣，史氏非之，是也。然謂「以文對節而言，亦對舉而互見耳」，則恐或未得朱子用字之意也。

史氏非齊氏名物之説，特證以朱子之言，最得所據。朱子謂「小學者學其事，大學者學小學之事之所以」云云，此言自有斟酌，終不失大學淺深之序。蓋學其事，謂只是由其所當然，而未能究其所以然也。非謂止識其名數物件，便足謂之學其事也。果如其説，此時僅識其名數物件，則入大學之日，還須是補却許多習行功夫始得。不然，則終身只是識其名數物件而已，而又何謂之學其事，而又何謂之大綱都從小學中學了，大來都不費力耶？况後來三綱領、八條目中，又無此等事目。其格物致知，又只是窮理，非追補其事也。而誠意、正心、脩身之目，又説此事不入。乃知格物致知中，蓋自有朱子所謂「學小學之事之所以」者在，正所謂長許多知見者也。可見朱子之説自有斟酌，不成初間僅識其名物，後來又全拋了，不復理會其事。○在小學時，於五禮六樂之類，未必一一見之行事，如禋祀上帝、朝覲、冠婚之類，豈八歲以上者所宜有哉？要亦講求其事理之大略而已，但不可全然謂只識其名物也。如《内則》「十歲學書記，十有三年學樂誦詩舞勺」之類可見。

「天子之元子、衆子」止「與凡民之俊秀」

天子之元子，繼世而有天下者也。衆子亦有君國之任者。公卿、大夫、元士之適子，與凡民之俊秀，他日亦莫不各有民社之寄者。故皆入大學。○先儒有謂「爵位盛大以無爲德者，公也；知進退而其道上達者，卿也；智足以帥人者，大夫也；才足以事大者，士也」，此恐是臆説，無甚大義也。○稱元子、適子，而不稱太子、世子，或未立故也。

「凡民之俊秀」，《北史·蘇綽傳》「萬人之秀曰俊」，《楚詞注》「千人之才爲俊」，俊偉之義。○《西銘》曰：「賢其秀也。」《漢書》「洛陽守吴公聞賈誼秀才，召置門下」，秀才之名始此。漢光武名秀，改秀才爲茂才，於是有茂才異等之名。秀，言其才智之秀出乎等夷也。李令伯《陳情表》云：「前太守臣逵舉臣孝廉，後刺史臣榮舉臣秀才。」

或問：「凡民俊秀，既得入大學，不知公卿、大夫、元士衆子中之俊秀者，❶亦得入大學否？不然則是棄之矣。」曰：「非也。公卿之衆子，不復得爲公卿；大夫之衆子，不復得爲大夫，❷即便是凡民矣。其俊秀者，即便是凡民之俊秀者矣。若使不得入大學，寧非棄其才耶？聖人無棄人，如孟孫、叔孫、季孫皆魯桓公之後，未必皆適子也。如公子荆亦爲衛大夫，鄭子産亦公族也。但適子之外非俊秀者，不預耳。」

「窮理、正心、脩己、治人之道」

不止曰「脩己、治人」而必先以「窮理、正心」者，《大學》以知爲入門，苟不先有以知之，則己之當如何而脩，人之當如何而治，皆無所措手之地矣。心者，萬事之本根。窮理而不正心，則理爲徒窮，無所存貯之地，

---

❶「士」，原作「子」，今據四庫本改。

❷「大夫」，原作「元子」，今據四庫本改。「大夫」下，四庫本有「元士之衆子不復得爲元士」十一字。

失其發用之本矣。所謂「心不在焉，視而不見，聽而不聞，食而不知其味」，而「驕泰以失之」矣，故朱子於此二項，尤提掇而不敢略。至下文則只言「脩己治人之方」，蓋已詳於此矣。「窮理」二字，該格物、致知；「正心」二字，該誠意。

「夫以學校之設，其廣如此」止「其次第節目之詳又如此」

自王宫國都，以及閭巷，莫不有學。學校之設，其廣如此也。八歲則入小學，十五則入大學，教之次第也。小學則教以洒掃、應對等事，大學則教以窮理、正心等事，所教之節目也。此所謂「教之之術，其次第節目之詳又如此」也。○「廣」字、「詳」字，應前「備」字。○「所以爲教」，所教之事也。

「本之人君躬行心得之餘」止「彝倫之外」

「本之人君躬行心得之餘」，此指三代之隆時人君而言，所謂「以身教」者也，正可見君師之道，合而爲一處。○「皆本之人君躬行心得之餘」，兼小學、大學言。「皆」字亦可見洒掃、應對、進退等事，人君亦嘗躬行過，故天子之元子亦入小學。「本」字對上文「法」字看，不待求之民生日用彝倫之外。小學洒掃等事，亦皆爲人弟、爲人少者之行也，故曰「不待求之民生日用彝倫之外」，不止大學也。民生兼天子之元子以下。

「本之人君躬行心得之餘」，就上之爲教者言；「民生日用彝倫」，就在下之學者言。○學校之設既廣矣，教之之術，其次第節目既詳矣，向使徒法而已，而不本於人君躬行心得之餘，或異端，或小道，而或求之民生日用彝倫之外，則亦安能使人人勸學而成至治之俗哉？

「是以當世之人無不學」止「而各俛焉以盡其力」

雲峯曰：「前説上之所以爲教，此説下之所以爲學。」〇吴氏程以「當世之人無不學」兼小學、大學言，「其學焉者」則專指大學言，非也。小學之事，豈性分之外而人之職分不當爲者乎？其説支離矣。〇新安陳氏曰：「性分固有，即仁義禮智，是理是體；職分當爲，如子職分當孝，❶臣職分當忠之類，是事是用。知性分、職分，是知之事；俛焉盡力，是行之事。」與前「知性所有而全之」相照應。

「治隆於上」，應前段説上之所以爲教，所謂「本之人君躬行心得之餘」云云。〇「俗美於下」，應前段説下之所以爲學，所謂「當世之人無不學，其學焉者」云云。上有是教，治所以隆於上；下有是學，俗所以美於下。

「及周之衰」

與上文「三代之隆」及「古昔盛時」相應。

「賢聖之君不作」

有德曰賢，德之極其盛曰聖，是皆能知其性之所有而全之者也。

「學校之政不脩」

學，國學也。校，鄉學也。政，指學校之設之廣，及所教次第節目之詳者言。

❶「職」，原作「弟」，今據嘉靖本、四庫本改。

「賢聖之君不作」，與上文所謂「聰明睿智能盡其性」而「本之躬行心得之餘」以爲教者，反矣。○「學校之政不修」，與上文所謂「學校之設，其廣如此，教之之術，其次第節目之詳又如此」者，反矣。○「教化陵夷」，治不隆於上也；「風俗頹敗」，俗不美於下也。○教，因其不能而教之也。化，則不能者皆能矣。上行下效謂之風，民志一定謂之俗，因風成俗也。陵，謂下陵。夷，謂不振。頹，傾也。敗，壞也。不必依黄氏洵饒説。

「時則有若孔子之聖」

○孔子之聖，亦所謂聰明睿智能盡其性者也。

「不得君師之位以行其政教」

○適丁氣運之衰，天不命之以爲億兆之君師，使之治而教之也。

三代以上，君師之道合而爲一，故曰「立極」、曰「治而教之」、曰「本之人君躬行心得之餘」是也。衰周以後，爲君師者不能兼盡其職，自孔子以及朱子，只是以在下之人，而代上之人，任其責而已。然以其不在上位，故只能明其道，而不能行其道，所謂「三代以下，君師之道分而爲二」也。此古今之所以判也。

「獨取先王之法，誦而傳之以詔後世」

東陽許氏曰「兼小學、大學言」，是也。○「誦而傳之」，當時之人正以垂之來世，不使其法之遂泯滅也，看「以」字。

「《曲禮》、《少儀》、《内則》、《弟子職》諸篇」

《曲禮》對經禮言，皆飲食起居，細微曲折之事，禮之小者也。其目凡三千，故曰「曲禮」。〇《少儀》或曰「少者所習之儀」，非也，亦《曲禮》之類，以其非大節所係，故注云「非長少之少也」。所言者，洒掃射御之屬。〇《内則》者，門内之儀則也。所言者，子事父母，婦事舅姑之類，故曰「内則」。《弟子職》見《管子》，所言者，先生施教，弟子是則之類是也。

「固小學之支流餘裔」

「支流」猶言末流也。「餘裔」言餘緒也。番易齊氏曰「支流，水之旁出而非正流者。餘裔，衣裾之末也」，此説可用。東陽許氏析爲四字解者，非也。〇謂之「支流餘裔」，見其不全也，與下文「外極規模之大，内盡節目之詳」者相反。〇《離騷注》曰：「裔，衣裾之末，衣之餘也。」〇此謂古者小學之教，雖未至盡失其傳，而已不能得其全，爲可憾也。若大學，則猶得其全。

「因小學之成功，以著大學之明法」

此指孔子所誦傳大學之法，以詔後世者言也，不必兼及十傳。當時所誦傳，雖兼小學、大學，而今日所存，則小學僅得其餘緒，惟大學則規模節目尚皆備也。「此篇」二字，專指聖經言。下文「實始尊信此篇」，則兼經傳。要之，傳只是經之注脚，亦不害其爲同也。〇「因」、「著」二字，所指爲誰？曰：只謂此篇所載，乃因小學之成功，以著大學之明法。即所謂古人小學已自是聖賢坯樸了，但未有聖賢許多知見，故長來入大學，以長許多知見。

「外有以極其規模之大」止「之詳」

此謂大學之法，於規模極其大，於節目盡其詳，非謂孔子極之盡之也。據「大學之明法」言，明非支流餘裔也。○上文舉小學，特以照起此段，故下云「蓋莫不聞其説」，專指大學也。○「規模」、「節目」：規，所以爲圓者，是一箇大圈子；模，鑄金之模，空廓也，皆以其大綱言。節，竹之節；目，綱之目，皆以衆而小者言也。○據先儒説，「規模之大」者，「明德」、「新民」而「止於至善」也，此皆以大綱言，故曰「外」。「節目之詳」，明德裏面便有「格物」、「致知」、「誠意」、「正心」、「脩身」許多節目，新民裏面便有「齊家」、「治國」、「平天下」數端節目，此皆大綱中之條件也，故曰「内」。此説恐未當。依《語録》及《或問》則明白是以「明明德於天下」爲規模之大，自「格物」、「致知」以上，節節做工夫，至「齊家」、「治國」處，皆其節目之詳也。此乃朱子自下筆，自立意，自解説如此也。蓋若只是三綱領爲規模，則究其實便就是八條目矣，又何爲「規模」，何爲「節目」，何爲「大」，何爲「詳」哉？○《語録》雖亦有便當以「明德」、「新民」、「止至善」三項只作一項意説，非如新安陳氏之界然分貼也。故下文曰「不成只要獨善其身便了，所謂志伊尹之所志，學顔子之所學」，此定説也。

「三千之徒，蓋莫不聞其説」

○專承此「篇」字説來，不兼小學，下同。

「曾氏之傳獨得其宗」

○宗，非訓正，然宗必其正者也。

「作爲傳義，以發其意」，此與「右經一章」下注云「其傳十章，則曾子之意而門人記之」之説似不同，然實同也。使十傳果出曾子之自作，則「誠意」章不應獨有「曾子曰」云云。蓋「作爲傳義」者，曾氏也，非曾子也。曾氏與曾子不同，前後自不相戾。○所謂「曾氏」者，指曾子門人之得其傳於曾子者也。故曰「作爲傳義」，即所謂「曾子之意而門人記之也」。

「其書雖存，而知者鮮矣」

知，謂知其書之有關世教也。後來二程子獨始尊信此篇而表章之，既又爲之發其歸趣，可謂知其書者矣。此「知」字亦且淺説，不必説是真知而實用之。蓋説得深，便是「傳」字意了。言孟子没，傳其道者已絶，而知是書者亦鮮也。如董子正心、正朝廷之説，韓子引之自「平天下」至「正心誠意」，是蓋尚有知之者，但絶無而僅有，故曰「鮮」不曰「無」。然序文本意，是説孟子没後便無有知此書者，未説到秦漢以後，須看下文「自是以來」字。

「自是以來，俗儒記誦詞章之習」云云

朱子常謂：「自聖學不傳，爲士者不知學之有本，而所以求於書者，不越乎記誦、訓詁、文詞之間。是以天下之書愈多而理愈昧，學者之事愈勤而心愈放，詞章愈麗、議論愈高，而其德業事功之實愈無以逮乎古人。」○記誦，如鄭康成、馬融、劉原父之流。詞章，如相如、司馬遷、柳宗元、劉禹錫之輩。或併以韓、歐皆爲詞章者，愚謂彼未全是俗儒，如《原道》、《佛骨表》、《本論》、《五代史》所著，何處得此等俗儒耶？

「異端虚無寂滅之教」

新安陳氏曰：「老氏虚無，佛氏寂滅。」○雲峯胡氏曰：「此之虚，虚而有；彼之虚，虚而無。此之寂，寂而感；彼之寂，寂而滅。」○朱子曰：「吾儒便讀書，逐一就事物上理會道理。異端便都掃了，只恁地空空寂寂，便道事都了。君將些子事付之，便都没奈何，此正是高而無實也。」○佛老之徒，其天資亦甚高，自能清心省事，至於輕勢利，齊死生，亦豈易得？但能由此進學，以充其用則可。若止於此，人人皆然，則天地間自不容無許多事，教誰理會天下，其不至於相魚肉者，未之有也。吾儒則自有體有用，内足以成己，外足以成物，大足以贊化育而參天地。○俗儒無用，異端無實，皆言其不可以修己治人也。

「權謀術數」

權謀者，鞅、儀之儔，不必兼言管子，爲管子是孟子前人也。術數，焦、京、袁、李之屬，此皆係在「自是以來」之下。○「權謀術數，一切以就功名之説」，「説」字何謂？曰：鬼谷、孫吴輩，皆嘗有一家言以傳於世。

「百家衆技」

如九流等是也。○九流者，儒家之外，一曰道家，清虚之教，老氏之流也；二曰陰陽家，時日克擇之學也；三曰法家，專任賞罰，申、韓是也；四曰名家，專任名位禮數，此謂近正，但不能隨在致隆，隨時處中也，故亦爲偏曲之學；五曰墨家，愛無差等者；六曰雜家，蓋工匠之類；七曰縱横家，儀、秦之學；八曰農家，農本國之本，但亦有挾其術以爲可以治天下者，如許行之徒是也；九曰小説家，街談時語，零碎收拾，以爲有關世道也。○醫卜之屬，亦衆技也，終非大道，以其學泥於此也。○漢武帝時，聚會占家，問之某日可娶婦乎？五行家曰可，堪輿家曰不可，建除家曰大吉，叢厄家曰大凶，曆家曰小凶，天人家曰小吉，太一家曰大吉，辨訟不决，以狀聞。制曰：「避諸死忌，以五行爲主，人取於五行者也。」就此一端推之，則惑世誣民之徒，疑真有百家矣。今世諸家之學所以少見者，正以孔曾思孟、周程張朱之道盛行於世耳。所謂大明中空，爝火自熄。使微數聖賢者出，恐其蟬噪蛙鳴，或不止於百家也。

俗儒無用，異端無實，權謀不正，術數不經，百家衆技，旁蹊曲徑耳。此大學之道，所以不明不行也。

「惑世誣民，充塞仁義」

言諸家競起，而世爲之迷，民爲之欺，而仁義爲之充塞也。相連説，不必依胡氏謂「惑世誣民，使斯民昏而不能知；充塞仁義，使斯道壅而不能行」。○「所以惑世誣民，充塞仁義者」，此句該「權謀術數」及「百家衆技」，不專帶「百家衆技」一族也，何也？「之説」、「之流」二字相對，而「惑世誣民、充塞仁義」字與上「無用」、「無實」字相對也。○「雜出乎其間」，謂衆民之間也。上文「出於其間」，「間」字亦同。

「使其君子不幸而不得」云云「至治之澤」

使者，孰使之，指上文俗儒、異端之徒。○雲峰曰：「大道之要，是《大學》書中所載者。至治之澤，是自《大學》中流出者。上之人無能知此《大學》，故君子不得聞大道之要；上之人無能行此《大學》，故小人不得蒙至治之澤。」○君子，謂「凡民之俊秀」以上也。君子治小人，小人治於人者也。

「晦盲否塞，反覆沉痼」

晦盲，不明也，盲深於晦；否塞，不行也，塞深於否。反覆，展轉愈深也。沉，不可起也。痼，不可救也。此東陽許氏之説。黄洵饒曰：「晦盲，如耳目不聰明。否塞，如氣之不通。反覆沉痼，如疾之久，扶起扶倒之意。」按此八字，意本相連。今分而爲三，則「反覆沉痼」不見爲愈深意，且「晦」字未見是耳不聰，「否」亦當爲痞矣。

「天運循環」

環，圓物也，以其週而復始，旋轉不停，故曰循環。夫三代之隆，天運之泰也。周末及五季之衰，天運之否也。否極則泰來矣，無往不復也。○言天運亦自有意，所以作《綱目》必表歲以紀年，而因年以著統，亦默寄其意也。而他日作《周子祠堂記》，亦以道統之所以絶續歸於天。雖孔子亦曰「天之將喪斯文也」、「天之未喪斯文也」，孟子亦曰「吾之不遇魯侯者天也」、「夫天未欲平治天下也」，以此見天之一説，自不可廢，故聖賢往往有屈於氣數者。

「宋德隆盛」

○隆，高起也，與盛義亦差别。

「治教休明」

○休，美也。治教之治，去聲，死字也。治而教之之治，平聲，活字也。

「於是河南程氏兩夫子出」止「孟氏之傳」

應運而出也。○此句按張達善點本，「出」字連下字作一句爲是。謂之宋德隆盛，治教休明，便見庶幾於聖賢之君作，學校之政脩者矣。謂之「於是河南程氏兩夫子出而有」云云，便有見得君子幸而得聞大道之要矣。○按近代道學之盛者，稱周、程、張、朱四家。就四家論之，則張子宜少讓焉，程子所謂「非明睿所照，有迫切氣象」者也。若周子之博學力行，聞道甚早，《太極》一圖發天人之秘，《通書》數章明理義之歸，蓋有蓋世之德，有萬世之功，而二程之學實其所抽關而啓鑰也。而朱子亦嘗贊之曰：「道喪千載，聖遠言湮，不有先覺，孰聞我人矣。」今乃於《大學序》及《中庸序》，及《孟子》末篇所引伊川之言，則皆獨以程氏接孟子之統，而全不及周子，何耶？間嘗以意度之，或者《大學》體用全備之書，《中庸》聖道極致之言，二書所載，同一理也，所以爲天地立心，爲生民立命，爲往聖繼絶學，爲萬世開太平者，至矣，盡矣，再無餘法矣。《論》、《孟》、六經所載，概皆不外乎此。故孟子於《大學》、《中庸》之述作，雖未嘗預其力，而朱子序二書必及之者，則以孟子平日所得於己、所推於人、所注意於來世者，皆二書之藴也。若周子圖、書所著，其有功於來學，固無容議。但於《大學》、《中庸》體用極致之理，有未極於發越；梯航來學之功，有未極於詳備。二程雖淵源於周子，而其所自得者實多，所發明者尤盛也。故伊川在當時便以爲「明道先生生乎千四百年之後，得不傳之學於遺經，以興起斯文爲己任，孟子之後一人而已」，又其《祭劉質夫》文曰「吾生百世之後，志將明斯道，興斯學於既絶」，此類非止一二見，豈顧忍没其師之功哉？又伊川先生既没之後，胡文定先生建言於朝曰「孔孟之道不傳久矣，自頤先生始發明之」，則以道學正統獨歸之二程者。蓋天下後世，自有究極之公論，而非程子所忍自擅，朱子所能致抑揚去取於其間也。若朱子所作《周子祠堂記》，所謂「上接洙泗千載之緒，下開河洛百世之傳」者，蓋就周子所就之極功言之，固不害於其言之並行也。若張氏師曾所謂「周子之書，莫非明《易》，朱子序文之意，蓋主於《書》而言之，故不及周子」，此其言之得失，猶爲相半。至謂「因讀《祠堂記》，然後釋然，知周子之道繼乎孔顔之統，而程子之學則接乎孟氏之傳」，以道統之傳分爲兩家者，又全不可曉也，姑記所疑。

閣老李賢序《二程全書》曰：「周子雖曰默契道體，而二程受學之後，擴充廣大，發明親切，又有過於周子者。張子雖云妙契疾書，而及二程講論之後，盡棄其學而學焉，實有述乎二程者。至於朱子集群賢之大成，又自神會心得乎二程之言而興起焉者也。觀其於群書之中，摘《庸》、《學》、《論》、《孟》四書爲標指，而發明其理，以示後學於無窮。然則續孔孟千載不傳之緒者，非二程而誰？」朱子嘗曰：「文章到歐、蘇，道理到二程，方是暢愚意。」周子自是中興吾道之第一人，二程則得其要旨而昌大之者也。安得以二程昌大之功，而遂廢周子開創之功乎？如有周大統雖集於武王，然周家宗廟必以文王爲太祖，萬世無容議也。雖以夫子集群聖之大成，子思推本其「祖述堯舜」，不以夫子之大而揜堯舜之聖也。今伊川序《明道先生墓表》，獨以明道繼孟氏。後來如胡文定、朱晦庵諸先生，遂皆惟二程氏推，而不敢有所參評焉，是固愚生之所未安也。若謂周子於道學發越有未盡，則伏羲、神農、黄帝爲萬世道學之祖，自畫卦之外，他所發越以貽來世者有幾，固未嘗見少於後世也。又如顔子，初未嘗著書垂訓，其言行見於《魯論》者亦無幾，然朱子固已謂「顔氏之傳得其宗矣」。如周子之立德，何所不至，周子之立言，何所不盡。而二程後來所發越，其要又豈有出於圖、書範圍之外者哉？夫學而至於一貫之地，不容不以道統歸之矣，況吾道中興之祖乎？姑私記之。

胡安國《乞褒封程頤奏狀》曰：「孔孟之道，不傳久矣。自頤兄弟始發明之，而後其道可學而至也。不然，則或以六經、《語》、《孟》之書資口耳，取世資而干禄利，愈不得其門而入矣。」愚謂周子之功於是爲大，觀於其書可見矣。

「實始尊信此篇而表章之」

自孟子没而其傳泯焉，則其書雖存而知者鮮。至是始得程子知其爲非常之書，而拔之於《戴記》之中也。

「次其簡編」

○編，簡之成帙者也。此謂正其錯簡處。

「發其歸趣」

○東陽謂：「趣言其始，歸言其終。」吴氏程謂：「趣，指趣也。」吴氏較自然。歸，要歸也。此謂發明其道理處。

「大學教人之法」

指其事目而言。

「聖經賢傳之旨」

指其書中所云者。二句意自不重。

「粲然復明於世」

○於是向者俗儒之無用，異端之無實，與夫權謀術數，及衆技之流，皆在所黜，而不得以惑世誣民矣。

「亦幸私淑」

謂得程子之道於其三傳之延平李氏也。蓋程子傳之楊中立，中立傳之羅仲素，仲素傳之李延平及劉、胡諸公，朱子所從受其學者也。○按《性理大全》及《行狀》皆曰：「先生歸自同安，不遠數百里，徒步往從李延平。」按《年譜》則云：「癸酉年夏，將赴同安，往見延平。」蓋先生是歲二十四，登第始二年而除官，至七月始至同安任。《年譜》爲是。

「與有聞焉」

○謂聞古者大學教人之法，聖經賢傳之旨也。

「猶頗放失」

○放，散而不序也。失，闕文也。○放，如自「《康誥》克明德」以下，至「民之不能忘也」三章，舊本誤在「没世不忘」之下。釋「止至善」一章内，自引《淇澳》詩以下，誤在「誠意」章下云云。○失，謂如「格物致知」無傳。

「忘其固陋」

○忘，不自知也。固，不通也。陋，狹隘寡聞也。

「采而輯之」

○采，取也。輯，使得次序也。指《章句》，應上句「放」字。

「間亦竊附己意」

○張氏師曾曰：「間，中間之間，與《補傳》『間嘗』、《或問》『間獨』不類。」

「補其闕略」

○闕，不完也。略，不詳也。指《補傳》，應上句「失」字。

「以俟後之君子」

○言待後世君子之是正也。或以君子爲學者，謂是傳來學之意，非也。此只如曰「以俟知者」之義，本冉有所謂「如其禮樂以俟君子」云。

「極知僭踰」止「未必無小補云」

○雖「僭踰無所逃罪」，然實有補於國家之化民成俗，學者之脩己治人，亦孔子「知我者其惟《春秋》乎，罪我者其惟《春秋》乎」之意。○「國家化民成俗之意，學者修己治人之方，則未必無小補云」，此兩句亦不可草草看過。蓋自伏羲、神農、黄帝、堯、舜、三王，以至孔、曾、思、孟，所以爲世道着力者，要不過只是國家化民成俗之意，學者修己治人之方而已。今既於此有補，則朱子之功，近接程氏之傳，而遠紹伏羲、神農、黄帝，以至孔子及孟氏之正統明矣。所謂其辭雖謙，而其自任之重，實有不得而辭者。

「未必無小補云」。○謂國家之化民成俗，學者之脩己治人，必有取於吾所定之章句也，兼《補傳》在其中。

○新安陳氏曰：「朱子論學，必以復性復初爲綱領要歸。《論語》首注『學』字曰『人性皆善』，曰『明善而復其初』，《小學題辭》曰『仁義禮智，人性之綱』，曰『德崇業廣，乃復其初』。此序所謂『知其性之所有而全之，教之以復其性』，凡四致意焉。」○朱子謂：「某一生只看得這文字透，見得前賢所未到處。温公作《通鑑》言『平生精力盡於此書』，某於《大學》亦然。」然則學者其可不盡心乎。○愚謂看《大學序》，不但可以知《大學》一書之興廢始末，凡人才之所以盛衰，風俗之所以隆汙，家國天下之所以安危理亂，古之所以爲古，而後之所以不如古者，大要皆可得而知矣。孔子曰「其人存則其政舉，其人亡則其政熄」，是書豈不傳於世，而世自莫用其書耳。

「《大學》，孔氏之遺書」

此書乃孔子誦而傳之，以詔後世者也，故曰「孔子之遺書」。凡言「遺」者，皆其人既往，而其物猶存之謂也。○此「孔氏」字，當兼孔子、曾子說。如云「老氏、釋氏」，亦非專指老聃、釋迦也。凡爲其學者皆是也。○《論語》注引蘇氏曰「此孔氏遺書，雜記曲禮，非特孔子事也」，可證孔氏與孔子有別矣。且聖經一章，亦疑其出於孔子之言耳。

「初學入德之門」

一説，能格物致知，以至治國平天下者，德也。而此書則開示人以其途轍次第，故爲入德之門。而下却繼之曰「於今可見古人爲學次第者，獨賴此篇之存」，則所以明其所以爲初學入德之門也。味此一句，見學者當先讀《大學》書矣。

「《論》、《孟》次之」

謂《大學》最見古人爲學次第，其次則《論》、《孟》亦可見古人爲學次第耳。如《論語》「志於道」章、「興於詩」章、《孟子》「盡心知性」章、「人有恒言」章，亦皆有次第，但不如《大學》之規模全備，而節目詳明，故云「次之」也。○所謂《論》、《孟》猶處其次者，言其爲學次第，未如《大學》之詳明也。又《或問》自有「亦可見矣」四字可味。今人多就説做以《論》、《孟》次《大學》而讀，非也。○《或問》曰：「不先乎《大學》，則無以提挈綱領而盡《論》、《孟》之精微；不參之以《語》、《孟》，❶則無以融會貫通而極《中庸》之歸趣。」云云。按此數段，分明謂讀書者當以《論》、《孟》次《大學》讀。但據程子之言，便見得讀者當先《大學》，次《論》、《孟》，而後及於《中庸》，亦可知矣。「初學入德之門」，只依《學而第一》下注云「入道之門」、「積德之基」之類看，未説是當先讀《大學》，至下文云「於今可見古人爲學次第者，獨賴此篇之存」，方好相接。然如此説，便已見得讀者當先從事於《大學》矣。故繼以「《論》、《孟》次之」，亦見得當以《論》、《孟》繼《大學》讀也。自此與《或問》諸段相合而不相悖。只虚心以程子之言誦之可見，不可全以《或問》之言來填此數句也，須安在言外。

「學者必由是而學焉，則庶乎其不差矣」

「是」字指《大學》。按《或問》末云：「務講學者，固不可不急於四書。而讀四書者，又不可不先於《大學》。今之教者，乃或棄此不務，而反以他説先焉，其不溺於空虚，流於功利，而得罪於聖門者幾希矣。」愚謂所謂「棄此不務而反以他説先焉」，則是不由是而學也。「溺於空虚，流於功利，而得罪於聖門」，則是差矣。《或問》之言，正與程子之意相發明也。○一説「是」字，謂先《大學》次《論》、《孟》之序也。曰：如此説，則當云必由是而讀焉。且《大學》，正學也，合下便與空虚、功利者相反對，故曰「孔氏」云云。《二程遺書》第二卷有曰「《大學》孔氏之遺書，須從此學則不差」，可爲斷矣。

---

❶ 「語孟」，朱熹《四書或問》作「論孟」。

「大學者，大人之學也」

大人，成人也。《或問》曰：「此對小子之學言之。」○大人之學，謂大人所學者，非指學宮也。不可以「大人」之「大」字當「大學」之「大」字看，以其爲大人之學，而非小子之學，故謂之大學也。大學、小學，以學之大小言；大人、小子，以人之大小言，故不同。《章句》着一「者」字，是朱子解書，用字眼分法例處。○問：「年十五始謂之成童，今十五所學者，乃謂之大人之學，何也？」曰：「十五始入大學，非止十五而已也。自十五以上，則皆成人境界矣。古人四十曰彊，始仕，是四十以前皆是從事大學之日也。」《或問》云：「今子方將語人以大學之道，而又欲其考乎小學之書，何也？」小注朱子曰：「小學書，是做人底樣子。」又曰：「小學、大學，只是一箇事。小學是學事親事長，大學便就上面講究其所以事親事長者是如何。」按此即序文《語録》所謂「小學者，學其事。大學者，學小學之事之所以」，可見小學之不可忽，不可缺也。

「收其放心，養其德性」

○問：「放心者，或心起邪思妄念，耳聽邪言，目視邪色，口談不道之言，以至手足舉動之不以禮，皆是放也。收者，便於邪思妄念處截斷不續，耳、目、言、動皆然，此之謂收也。既能收其放心，德性自然得其養。不是收放心外，又養箇德性也。」朱子曰：「然便於邪思妄念處截斷不續，此説最好。」蓋於邪思妄念截斷不續，則此心已入於法度之内矣，此之謂收。

「察夫義理，措諸事業」

○玉溪注：「察夫義理，是格致；措諸事業，是齊、治、平。」愚謂事業兼誠意、正心、脩身在，或行之於身，或措之天下國家者，皆實事業也。或謂誠、正、修是事，齊、治、平是業。此説未穩，蓋「事業」二字對上「義理」而言，「義理」二字固不容分屬格物、致知也。

「薰蕕冰炭之相反」

○薰，香草也。蕕，臭草也。冰冷而炭熱，炭火之方燃而未灰者，不可以死炭言。

「扞格不勝，勤苦難成之患」

○《學記》：「發然後禁，則扞格而不勝。時過然後學，則勤苦而難成。」注云：「扞格，牴牾不相入也。」

○《學記》注：「扞，拒也。格，本洛字，地堅凍難入也。」

《或問》云：「是其歲月之已逝者，則固不可得而復追矣。若其工夫之次第條目，則豈遂不可得而復補邪？」小注朱子曰：「古人於小學，自能言便有教，一歲有一歲工夫，到二十來歲，聖賢資質已自有二三分，大學只出治光采。而今都蹉過了，不能更轉去做得。只據而今地頭便劄住，立定脚跟做去，栽種後來根株，填補前日欠缺。如二十歲覺悟，便從二十歲立定脚根做去，如三十歲覺悟亦然。便年八九十歲覺悟，亦只據現定劄住硬寨做去。」

「敬之一字，聖學之所以成始而成終者也」

敬所以爲聖學之所以成始成終者，以其心常在，故能照管許多事爲而不失，而不可以頃刻不存焉者。雖已到聖人地位，然一時不敬，則爲「惟聖罔念」，此堯舜之所以兢兢業業，一日二日萬幾也，况始學者乎？

「涵養本原」

○注云：「即前所謂收放心、養德性。」

「開發聰明，進德脩業」

○注云：開發聰明，格、致之事；進德，誠、正、修事；修業，齊、治、平事。問：「敬字當不得小學？」朱子曰：「看來小學却未當得敬，敬已自包得小學。敬是徹上徹下工夫，雖做到聖人田地，亦只放下這敬不得。」陳北溪曰：「主敬之功，貫始終，一動静，合内外。」○盧玉溪曰：「敬者，定志慮，攝精神，而存養本心之道，故爲聖學之始終。百倍其功，只在主敬。篇首三言，爲《大學》一書之綱領。『明明德』一句，爲篇首三言之綱領。朱子『敬』之一字，則又『明明德』之綱領也。」

「固其肌膚之會，筋骸之束」

○《記·禮運》：「禮義也者，人之大端也，所以講信修睦，而固人之肌膚之會、筋骸之束也。」注云：「會，合也，物合其則也，如頭容宜合於直之類。束，收斂也，如手容宜恭之類。」此注未穩，蓋人之肌膚，元有箇會處；筋骸，元有箇束處，惟心所運行而已。心存而不放，則肌膚之會，筋骸之束，自然凝固而不解，非强制之謂也。且注以頭容直爲固其肌膚之會，手容恭爲固其筋骸之束，亦牽强分别耳。

「身心顛倒，眩瞀迷惑」

○眩瞀甚於顛倒，迷惑甚於眩瞀。○朱子曰：「今人不曾做得小學工夫，一旦學大學，是以無下手處。今且當自持敬始，使端的純一静專，然後能致知格物。敬字是徹頭徹尾工夫，自格物以至平天下，皆不外此。」

「主一無適」

○程子曰：「主一之謂敬，無適之謂一。」○朱子曰：「如讀書時只讀書，着衣時只着衣，了此一件只做一件，身在這裏，心亦在這裏。」○又曰：「今講學，更須於主一上做工夫。若無主一工夫，則講底義理無安着處，都不是自家物事。若有主一底工夫，則外面許多義理，方始爲我有，都是自家物事。工夫到時纔主一，便覺意思好，卓然精明。」○北溪曰：「主一無適，只展轉相解釋要分明，非主一外別有無適之功也。」

「整齊嚴肅」

○程子曰：「只整齊嚴肅，則心便一，一則自無非僻之干。」○玉溪盧曰：「主一無適未易曉，故又就事實上教人，便只就眼前做工夫。如正衣冠，尊瞻視，足容重，手容恭之類，皆是內外一致。外面整齊嚴肅，則內面便一；內面一，則外面便無非僻之干。」

「常惺惺法」

○朱子曰：「惺惺，乃心不昏昧之謂，只此便是敬。」○又曰：「學問須是警省。且如瑞巖和尚，每日常自問『主人翁惺惺否』？又自答曰『惺惺』。今時學者却不能如此。」又或問：「佛氏亦有此語？」曰：「其喚醒此心則同，其爲道則異。吾儒喚醒此心，欲他照管許多道理；佛氏則空喚醒，在此無所作爲，異處在此。」○又曰：「心既常惺惺，又以規矩繩檢之，此內外交相養之道。」又曰：「今人心聳然在此，尚無惰慢之氣，况曰心常能惺惺者乎？故心常惺惺，自無客慮。」

「其心收斂，不容一物」

○祈寬問：「如何是主一？」和靖尹氏曰：「收斂身心便是主一。且如人到神祠致敬時，其心收斂，更着不得毫髮事，非主一而何？」○問程子、謝氏、尹氏所説敬處。朱子曰：「譬如此屋，四方皆入得，若從一方入到這裏，則那三方入處都在這裏了。」○問：「敬字，諸先生之説各不同，然總而言之，常令此心常存，是否？」曰：「其實只一般。若是敬時，自然主一無適，自然整齊嚴肅，自然常惺惺，自然其心收斂，不容一物。但程子整齊嚴肅，與謝氏、尹氏之説，又更分曉。」○問程子、謝氏之説，謝氏尤切當。曰：「如某所見，程子説得切當。整齊嚴肅，此心便存，便能惺惺。未有外面整齊嚴肅，而內不惺惺者。人一時間外面整肅，便一時惺惺；一時放寬了，便昏怠也。」○新安陳氏曰：「朱子深取整齊嚴肅之説者，蓋以有著實下手處耳。」○黄氏曰：「且將自家身心去體察，見得如何是主一無適，如何是整齊嚴肅，如何是惺惺，如何是其心收斂，不容一物，是四者皆以有所畏而然。朱子晚年言『敬字之義，惟畏字近之』，其意精矣。」

「敬者，一心之主宰，而萬事之本根也」

有敬則有心，無敬則無心矣，無心則無事物矣，所謂「心不在焉，視而不見，聽而不聞，食而不知其味」，不誠無物也。○無一動一息而非心所役運。且如今一日寫出數萬字來，實無一點一畫而非此心所役也。若一點不出於心，則雖點而不能善其點；一畫不出於心，則雖畫而不能善其畫。惟以此一端驗之，則可見萬事皆不可無敬，一不敬則事皆非其事矣，可不謹哉。○陳氏曰：「心者，一身之主宰。敬者，又一心之主宰。」

「大學之道」

道者，事物當然之理也。如在《大學》則明德、新民、止至善，即其理之當然者也。故《章句》亦有三箇「當」字。○「道」字，前輩訓作方法。一説，道以理言，非方法也。此蓋但知其所異，❶而不知其所同。蓋方法即道也。《孟子》「君子行法以俟命」條，《集注》曰：「法者，天理之當然也。」天理之當然，獨非道乎？又《大學序》文云：「古之大學所以教人之法也。」大學所以教人之法，非即大學之道乎？

「在明明德」

下「明」字連着「德」字，上「明」字是用工字，然上「明」字亦因下「明」字而生。蓋德本自明，而或爲物欲所蔽，今則從而明之，使不蔽於物欲而已，所以謂之「復其初」也。○「在」字，或以《章句》内「當」字貼説，大謬也。此只云大學之道何在，一在明明德，一在新民，又在各止於至善。

「明德者，人之所得乎天，而虚靈不昧，以具衆理而應萬事者也」。德者，得也。此箇明德，實得之天之明命，所謂「天命之謂性」，故曰「人之所得乎天」云云也。

「虚靈不昧」。○《大學》第一字是「明」字，「明」字第一義是「虚」字，惟虚則靈，而德之所以爲明者，盡於此矣。所謂「喜怒哀樂未發謂之中」者，虚也。所謂「無思無爲，寂然不動」者，虚也。所謂「戒慎不覩，恐懼不聞」者，存此虚也。所謂「發而中節」者，亦不過虚以應之而已。所謂「定之以中正仁義而主静，立人極」

❶「所」下，嘉靖本有「以」字。

者，亦不過充此心體之虛而已。虛之義大矣哉！學而有得於虛焉，至矣，盡矣。蓋虛則自然靈，所謂聰明睿智，皆由此出，以此事天、饗帝者也。所謂充拓得去，則天地變化，草木蕃者也。佛老之得處，亦在虛上；其失處，亦在虛上。蓋吾儒之虛，虛得活；佛老之虛，虛得死殺也。○「虛靈」二字，有動靜體用之分。玉溪云：「虛猶鑑之空，靈猶鑑之照。不昧，申言其明也。」○心惟虛則靈。故心有所忿懥，不虛也，則忿懥不得其正，而視不見，聽不聞，食而不知其味矣，何靈之有？

「人之所得乎天」一條，小注詳矣，又當知此是以心言，而理在其中。心所以能涵萬理者，以其虛也。人之五臟，惟心獨虛而靈，不與他臟同。虛則有以具衆理，靈則有以應萬事，能具衆理而應萬事，此所以爲明德也。○朱子曰：「有得於天而光明正大者，謂之明德。」又曰：「心與性自有分別，靈的是心，實的是性。性便是那理，心便是盛貯該載敷施發用底。」此皆切要語也。○《大學》之「明德」，即《中庸》「天命之性」也。但《中庸》「性」字兼人物，而「明德」則專指人，非物所得而同矣。

《或問》云：「天道流行，發育萬物，其所以爲造化者，陰陽五行而已。何謂天道？何謂造化？曰：天道，其本體也；造化，其功用也。造者，自無而有也；化者，自有而無也。」

「天道流行」。○不言地者，以形言，則天之形包乎地之外也；以氣言，則地之氣實亦天之氣也。生物主宰全是天，只借地以發育之耳。故地非天敵也，言天則地在其中矣。○或曰：陽氣下降，陰氣上騰，如何說地之氣亦天之氣？曰：凡萬有之生長收藏，其形雖寄於地，其氣實得之天，不曰「坤道其順乎？承天而時行」。若夫天降時雨，山川出雲，雲固陰氣之上騰矣。然究其極，天地間本一氣之流行，故必天將降時雨，然後山川始出雲。雲雖從山川而出，其實陽氣之所驅也，顧人多不察耳。○黄洵饒曰：「天道指太極，流行指陰陽。」又曰：「太極動而生陽，静而生陰，此是流行處。」愚謂太極即天道。動而生陽，静而生陰，即天道之流行。此「天」字是專言之者，正所謂「一陰一陽之謂道」也。黄説固是，但太分截，有似乎天道自天道，流行自流行耳。○「天道流行」，猶云「乾道變化」。

「發育萬物」，單言萬物，則人在其中，人亦天地間之一物也。

「所謂陰陽五行者，又必有是理而後有是氣」，此蓋根極天道之本體言也。周子所謂「太極動而生陽，動極而静，静而生陰，静極復動」者，亦是先有理而後有氣之説歟，抑非歟？○問：「必有是理，然後有是氣，是何如？」朱子曰：「此本無先後之可言，然必欲推其氣之所從來，則須説先有是理。然理又非别爲一物，即存乎是氣之中。無是氣，則是理亦無掛搭處。氣則爲金木水火，理則爲仁義禮智。」朱子此説，愚尚體認未真。蓋既曰「無氣則理無掛搭處，氣爲金木水火，理爲仁義禮智」，則是就人物言矣。就人物言，何謂必先有是理而後有是氣哉？○節齋曰：「先有理後有氣者，形而上爲道，形而下爲器之謂也。有則俱有者，道即器之謂也。蓋不分先後，則理氣不明；不合理氣，則判爲二物。如性之與情，未發已發，自有先後，固不可道性情同時也。然情之本，實具於性，非先有此性而後别生一情，是有此性即有此情也。故曰：象數未形而其理已具之稱，形氣既具而其理無朕之目。」愚謂以情性喻理氣，終未切當。嘗疑理氣是一齊有底。朱子謂「必有是理而後有是氣」，雖就天道本體言，然天道本體豈容無氣耶？無氣又何以爲天道耶？愚於此終欠體認也。○氣以理爲主，但理全而氣分，故號理爲太極也，故謂必先是理也。愚此説庶幾可解初學之疑耶？○愚謂理全而氣分，理統乎陰陽而不倚於陰陽，故曰「形而上者謂之道」；陰陽則各滯於一隅矣，故曰「形而下者謂之器」。其實道不在陰陽外，但以其不倚於陰陽，故曰「形而上」也。《或問》謂：「必得是理，然後有以爲健順仁義禮智之性；必得是氣，然後有以爲魂魄五臟百骸之身。」○愚謂天地間無懸空之理。此處雖先言氣後言理亦可也，今乃先言理而後言氣，何歟？且若未有魂魄五臟百骸之身，不知健順仁義禮智之性當安在何處也。但或者謂先有氣而後有理，則是全不知理之所以爲理，而亦不知氣之所以爲氣耳。

愚意天地間元無無氣之理，亦無無理之氣。但自造化言，則氣分爲二，而理兼有二，實能主宰幹運之，所謂「一故神」者也。故理尊於氣，而得太極之名，是亦可先言理後言氣耳。若自人物言，則有一身之氣，便有一身之理；有一髮之氣，便有一髮之理，其理不獨全，其氣不獨分也。理不獨全者，四端萬善，其分固殊也。氣不獨分者，有生之初，便全賦以一生所受用也。○凡立言當隨所在，如理氣之説，若主造化，則當先言理而後言氣；若主人物，則當先言氣而後言理。蓋理氣無先後，言理氣則有先後也。

「魂魄、五臟、百骸之身」。○陳北溪曰：「人始於氣感，則得魂爲先，既而體凝焉，則魄次之。魂主乎動，所以行乎此身之中，隨所貫而無不生者也；魄主乎静，所以實乎此身之中，隨所往而無不定者也。」○盧玉溪曰：「魂，陽之靈；魄，陰之靈。五臟，五行之質；百骸，萬物之象。」人之生也，得陽以爲魂，得陰以爲魄。得五行以爲五臟，故肝屬木，心屬火，肺屬金，腎屬水，脾屬土。而百骸又無非五行之所貫徹也，如鼻屬土，口屬水，目屬火，左耳居東屬木，右耳居西屬金，此見《事林廣記》。此外五行也。又按《洪範皇極·人體性情圖》：「筋屬木，毛屬火，肉屬土，骨屬金，皮屬水。」是又一項五行也。又按《群書備數》有五指、五會、六腑、九臟、九竅之類，要亦不外乎五行耳。此《或問》於理所以只言健順五常，而於氣則言魂魄五臟。且又言百骸者，以百骸總屬五行也，如云「五常百行」，百行亦豈有出於五常之外者哉？○百骸之身，亦非恰好是百箇骸也。如《大傳》云「二篇之策，萬有一千五百二十，當萬物之數也」。朱子亦謂：「天地間，亦非恰好只是萬箇物也，概言其多耳。」○周子所謂「無極之真，二五之精，妙合而凝」者，正謂此也。○玉溪曰：「真以理言，而理不雜氣；精以氣言，而氣不雜理。妙者，理氣之莫測。合者，理氣之無間。凝則有是形，而各一其性矣。」○周子先言「無極之真」，後言「二五之精」，此亦自造化言，理全而氣分，是理尊於氣者，故先言理後言氣也。

《章句》「氣稟所拘，物欲所蔽」。○雖云氣稟拘於有生之初，物欲蔽於有生之後，是兩平説。但凡爲氣稟所拘者，則必有物欲所蔽；凡物欲得而蔽之者，皆坐於氣稟之拘也。二者理實相須，故序文云「氣質之稟或不能齊，是以不能皆有以知其性之所有而全之也」。不及物欲一邊者，氣稟不齊，則必有蔽於物欲者矣。若《孟子》「待文王而後興」章，注云「惟上智之資，無物欲之蔽」，蓋以上智之資，氣稟清明，則物欲自不得而蔽之也。又《或問》「湯之盤銘」章，只言利欲昏之而不及氣稟者，蓋以其爲利欲之昏，則其由於氣稟之拘，亦不待言矣。故或兼言氣稟、物欲，或單言氣稟自可以該夫物欲，又或單言物欲亦自可以該氣稟。經傳中如此類者尚多，讀者可以類推而意會也。

「故學者當因其所發而遂明之，以復其初也」。○此一句，實朱氏所學之家法，亦從古聖賢爲學之通法也。

至朱子屢發之，以開示來學，故此云「當因其所發而遂明之，以復其初也」。《中庸》「致曲」章曰：「其次則必自其善端發見之偏，而悉推致之，以各造其極也。」《孟子》「人皆有不忍人之心」章曰：「四端在我，隨處發見，知皆即此推廣而充滿其本然之量。」云云。而傳之九章亦曰：「立教之本，不假强爲，在識其端而推廣之耳。」蓋學者惟不欲爲聖賢之學則已，但欲爲聖賢之學，即便是這箇模子，外此再無別法。以此見孟子「擴充」之説，大有功於來學。而孟子蓋又得之子思「致曲」之説歟，抑其所由來者遠矣。

「因其所發而遂明之」，遂明之者，格物致知，以啓其明之之端；誠意、正心、脩身，以致其明之之實也。◯味「遂明之」三字，便見有「苟日新，日日新，又日新」之意。◯《或問》云：「其必先之以格物致知之説者，所以使之即其所養之中，而因其所發，以啓其明之之端也。」◯「即其所養之中」，是承上文聖人施教，既已養之於小學之中而云也。「養」即所謂收其放心，養其德性者也。致知格物，只曰「啓其明之之端」，見明德實，工夫全在誠意、正心、脩身上，其格物致知特以爲誠、正、修之地耳。

「在新民」

新民之事，只是勞之、來之、匡之、直之、輔之、翼之，使自得之，又從而振德之，而新民之止至善亦不外是矣。◯「新民」二字，固是就教化上説，然非制田里、教樹畜、立法制以安其生，則亦無以爲施教化之地也。故使民樂其樂、利其利者，正爲新民之事，而理財用人，皆明明德於天下者之大節目也。孟子論王道，亦必先之以五畝之宅，百畝之田，雞豚狗彘之畜，然後及庠序孝弟之教，可見聖賢元不迂闊也。時文中無用及此，論理則然也。

《或問》云：「是則所謂新民者，而非有所付畀增益之也。」○玉溪曰：「非彼本無而我付畀之，非彼本少而我增益之。」

「至善，則事理當然之極也」。○此解字義，其實只是明德、新民之所極。凡事不屬明德，則屬新民，只入在這兩箇圈子裏。○新民止至善，此主在上新民者而言，非謂民德之新亦皆必止於至善也，其勢安得盡如人意。觀夫「没世不忘」一節，亦可見其主在上人言矣。但新民者本心，固未嘗不欲民德之新，各止於至善也。○事事處得恰好，便是止至善，其事總歸之明明德、新民二者而已。况二者又自相須，故曰「脩己以安百姓」，而傳者之釋新民，亦必以自新爲之本也。○至善者，事理當然之極致。舉其目之大者而言，則君之仁，臣之敬，父之慈，子之孝，與國人交之信，各有箇所當止之地是也。以此自盡者，明明德之止至善也；使人皆有以盡乎此者，新民之止至善也。○止者，未至其地則求其必至，不然是不當止而止矣；既至其地則止而不遷，不然是當止而不止矣。

明德、新民，只是去人欲、復天理而已，故《章句》末云「蓋必其有以盡夫天理之極，而無一毫人欲之私也」。至此則即《中庸》之中也，故《或問》又云「求必至是，而不容其少有過、不及之差焉」。○至善是無過、不及所在，不必於「止」字上分。必至於是而不遷，爲無過、不及也。○止至善，若就八條目言，須兼横說、直說方是。以明德言，如能格物致知矣，而或未能誠意、正心；能誠意、正心矣，猶或未能脩其身，則是明明德未能止於至善也。然知之致也，意之誠也，心之正也，身之脩也，一或少有苟且而未能各造其極，使無一毫之遺憾焉，是亦未能止於至善也。新民之止至善亦然。此說似可，然猶未爲精當。○一說必須兼格、致、誠、正、修之功，然後爲明明德，又必物極其格，知極其至，意極其誠，心極其正，身極其脩，然後爲明明德之止至善，否則雖亦格物，亦致知，亦誠意，亦正心，亦脩身，然安於小成，未至其極也。新民止至善亦然。若止是數者兼備，謂之止至善，則《大學》於明德、新民之外，亦不必更立箇止至善之名目矣。蓋若能格物，能致知，能誠意，能正心，而猶未能脩身，則於明德一箇圈子尚未填得滿在，而況可謂之明德之止至善乎？

問：十有五年以上，安可便責以明明德，而遂止於至善哉？況庶民俊秀，四十始仕，在大學中，又安得遽有新民之責哉？曰：明明德而止於至善，此固非旬時歲年工夫所能就者。故自十五便教之以此，元不以有位無位而有所作止也。且「明明德於天下」條，《或問》云「使天下之人皆有以明其明德，則各誠其意，各正其心，各修其身，各親其親，各長其長」，又不必有天下國家之責者乃然也。雖終身爲庶民，亦當有以明其明德也。惟新民則是大學中所素教而預養之事，故曰「夫人幼而學之，壯而欲行之」。范文正公自爲秀才時，於天下事便都一一理會過也。

《或問》云：「有不務明其明德，而徒以政教法度爲足以新民者。」云云。小注朱子曰：「不務明其明德，而以政教法度爲足以新民，如管仲之徒便是。自謂能明德而不屑於新民，如佛老便是。略知明德、新民，而不求止於至善，如王通便是。看他於己分上亦甚脩飾，其論爲治本末亦有條理，甚有志於斯世。只是規模淺窄，不曾就本原上着工夫，❶便做不徹，須是無所不用其極方是。古之聖賢明明德便欲無一毫私欲，

❶「夫」，原作「天」，今據嘉靖本改。

新民便欲人於事事物物上皆是當也。」凡事皆有箇天，然恰好處所謂天則之妙也。人只做得合他時，便是止至善也。至善，無過、不及。

大抵聖人設教，只是教人爲人而已。學者之學，亦只是學箇爲人而已。人之所以爲人者，明德也，故首以明明德。然人人各得是所以爲人之理也，故次之以新民。而人道自有箇至中、至正、至精、至當之所在，加之毫釐則太過，減之毫釐則不及者也，故又終之以止至善。至於止至善，則所謂成人而學之能事畢矣。此固聖人立教之本意，聖經立言之本旨也歟。

○「此三者，大學之綱領也」。○謂之綱領者，以其統乎條目也；謂之條目者，正以其隸於綱領也。如綱之有綱，綱舉則目張；如裘之有領，領挈而裘順。

「止於」之「止」，以工夫言。「知止」之「止」，以實理言，即傳之三章所云「安所止」也。○不曰「至善」而曰「止」者，正以見至善在所當止也，故《章句》云云，《或問》云云。又如《中庸》言道而加之云「君子之道」，以其爲君子之所當知當行故也。古人立字命意之精，有如此。

「知止而后有定」止「慮而后能得」

「知止而后有定」云云，譬如良醫，於百病所治之方無不精熟，則雖未臨病人，然於治病之術挾之有素，腦中自有主宰，不患臨證迷方矣。故隨人所請治，一時便能審病症，察氣脉，而以其素所精熟之方應之，無不中其病矣。○或曰：「《章句》云『志有定向』，而《或問》曰『皆有定理』，又曰『理既有定』，改『志』爲『理』，不同，何也？」曰：「一也。《或問》雖以理言，而上文則曰『方寸之間，事事物物皆有定理』，方寸之間，非志而何？」

「定而后能静」。○大抵外物所以能動其心者，只是見理不真，而胸中無定力耳，故曰「定而后能静」。○定則惟理是主，是非眩他不得，故静而不妄動。

「静而后能安」。○人之一身，以心爲主，心苟静而不妄動，則此身隨其所在，而無不得其所安矣。

「安而后能慮」。○全在日用之間，從容閑暇上，故曰「能定而后能慮」。朱子曰：「今人心中摇漾不定疊，還能處得事否？人處事於蒼冗急遽之際而不錯亂，非安不能也。」○慮，只是以平日所知者再審一審。

○《或問》曰：「然既真知所止，則其必得所止，固已不相遠。❶其間四節。」云云。朱子曰：「定、静、安、慮、得五字，是功効次第，不是工夫節目。纔知止，自然相因而見。」○又定、静相去不遠，但有淺深耳。與《中庸》動、變、化相類，皆不甚相遠。定以理言，故曰有；静以心言，故曰能。静是就心上説，安是就身上説。○饒氏曰：「定、静、安在事未至之前，慮是事方至之際。」○朱子曰：「定、静、安三字雖分節次，其實『知止』後皆容易進。『安而后能慮，慮而后能得』，此最是難進處，多是至『安』處住了。『安而后能慮』，非顔子不能。去『得』字地位雖甚近，然只是難進。挽弓到臨滿時，分外難開。」

「知止而后有定」者，事豫吾内也。「定而后能静」者，内有主也。「静而后能安」者，心泰則身隨之矣。「安而後能慮」者，猶止水能照物也。「慮而后能得」者，不慮則率意任情，亦無由得其理矣。此節承上言，明

❶「不」下，四庫本及朱熹《四書或問》有「甚」字。

德、新民固皆欲止於善，而其所以止於至善，必自知止始，知止則定、静、安、慮而得矣。看《或問》「推本」二字，❶見得全重在「知止」上，蓋深欲人端的所知於其始也。《或問》中鵠之喻尤明。○味經文數箇「而后」字，可見聖人於此極有不敢易之之意，故示人以先務知止也。

「知止而后有定」至「能安」，猶《孟子》「自得之，則居之安、資之深」也，皆事物未感之前也。「慮而后能得」，猶「取之左右逢其原」，則既與事接矣。可見孔、顔、曾、孟一道也。大抵聖賢所説，多有不同而其指同，或其指異而其歸同者。蓋萬古一理，千聖一學，自有不容不同者。若不同則異端矣，此般地所界限最嚴也。或謂静與安皆以心言，非也。「安，謂所處而安」，處，居也，非處事也，處事則能慮時矣。《論語》曰「懷土」，謂溺於所處之安，此可證也。《或問》分明謂「無所擇於地而能安」，小注分明謂「安以身言」，或曰小注又何以謂「但有深淺」？曰：「不但其心静，又連其一身皆安，非有淺深而何？大抵身以心爲主也。蓋有能安而或不能慮，❷能慮而或不能得者，未有知止而不能有定，定而不能静，静而不能安者。」

知止，物格知至也。能得，意誠以下之事也。○或以定爲意誠，静爲心正，安爲身修，蓋承知止爲物格知至言也。然則又將以慮與能得爲身心外事乎？殊不成説話。若只説到身脩住，則此條豈惟明明德得所止而已乎？按《或問》云：「格物致知，所以求知天至善之所在。自誠意以下，以至於平天下，所以求得

❶「本」，原作「承」，今據嘉靖本、四庫本改。
❷「不能」，原作「有能」，今據嘉靖本改。

乎至善而止之也。」朱子自有明解矣，何乃妄爲之説邪？

至善，即中也。「知止」一條，惟精惟一之事也。〇朱子以止至善爲明德、新民之標的。然則凡從事於大學者，可不知標的所在，而勉勉循循以求必至哉？故程子兄弟爲學，合下便以聖人爲師。或有以「知止有定」一條爲釋格物致知之義。〇方正學先生題《大學篆書正文後》云：「《大學》出於孔氏，至程子而其道始明，至朱子而其義始備。然致知格物傳之闕，朱子雖嘗補之，而讀者猶以不見古全書爲憾。董文靖公槐、葉承相夢鼎、王文憲公柏，皆謂傳未嘗缺，特編簡錯亂，而考定者失其序。遂歸經文『知止』以下至『則近道矣』以上四十二字，於『聽訟，吾猶人也』之右，爲傳第四章，以釋致知格物，由是《大學》復爲全書。車先生清臣嘗爲書以辨其説之可信。太史金華宋公欲取朱子之意，補第四章章句以授學者而未果。浦陽鄭君濟仲辨，受學太史公，預聞其説，而雅善篆書。某因請以更定次序，書之將刻以示後世。蓋聖賢之經傳，非一家之書，則其説亦非一人之所能盡也。千五百年之間，講訓言道者迭起不絶，至於近代而始定，而朱子亦曷嘗斷然以爲至當哉？故亦以待後世之君子耳。世之譊譊然黨所聞，而不顧理之是非者，皆非朱子之意也。舊説以『聽訟』釋『本末』，律以前後之例爲不類。❶合爲一章而觀之，與孟子『堯舜之智不徧物』之言正相發明，其爲致知格物之傳何惑焉？古人之説經，略舉大義而意趣自備，非若後世説者之固也。由國家而推之天下，《大學》之所宜爲，則欲致知者舍聽訟而何以哉？是語雖異於朱子，然異於朱子

❶「不」，原作「下」，今據嘉靖本改。

而不乖乎道，固朱子之所取也歟。鄭君多學而不雜，執中而不滯。觀其所好，其傳所謂近道者乎？」

前輩更定《大學》經傳如左：

「大學之道，在明明德，在新民，在止於至善。古之欲明明德於天下者，先治其國。欲治其國者，先齊其家。欲齊其家者，先脩其身。欲脩其身者」云云，「未之有也」。

右經一章

「知止而后有定，定而后能静，静而后能安，安而后能慮，慮而后能得。物有本末，事有終始，知所先後，則近道矣。子曰：『聽訟，吾猶人也，必也使無訟乎！』無情者不得盡其辭。大畏民志，此謂知本，此謂知之至也。」堯舜之智而不徧物，急先務也。

右傳之四章，釋格物致知。

清竊謂：諸先所定，亦有未安者。看來當先以「物有本末」一條云云，然後續以「知止而后有定」云云，而終以「子曰：聽訟，吾猶人也」云云。如此則由粗以及精，先自治而後治人，亦古人爲學次第也。今以「知止」居前，「知所先後」居後，則次序顛倒，文理俱碍矣。故清亦未敢全以爲然，竊復更定于此，以俟後之君子。

「所謂致知在格物者，物有本末，事有終始，知所先後，則近道矣。知止而后有定，定而后能静，静而后能安，安而后能慮，慮而后能得。子曰：『聽訟，吾猶人也，必也使無訟乎！』無情者不得盡其辭。大畏民志，此謂知本，此謂知之至也。」

右傳之四章，釋格物致知。

今本以「物有本末」之物，爲明德、新民，其實亦有所未安。故愚竊取方公之論，而私録之於此。且其言曰「異於朱子而不乖乎道，亦朱子之所取也」，最見得到。○或曰：如子所定云「所謂致知在格物者，物有本末，事有終始」，只用「物」字承之足矣，「事」字又從何而來？曰：「有是物，則有是物之事。實用工於格物者，自知之。」○或曰：格物致知之義，何用説到能慮、能得之境？曰：「必知止而后能定、静、安、慮，以至於能得，此所以必貴於知止也，不然終無得於道矣。夫知行豈可判然爲二哉？但始求知時，便是要爲踐行之地矣，故如此立言。」○朱子所定，是誠可疑。蓋既云「知止而后有定，定而后能静，静而后能安，安而后能慮，慮而后能得」，其先後之序已自説出盡了，其誰不能知，而又曰「知所先後，則近道矣」，不爲重復而有滯乎？況知止内，則能知明德、新民，知止能得之先後矣。三綱領八條目之外，又不該别立釋「本末」一章，且又缺了釋「始終」之義，是誠有可疑者。

「物有本末，事有終始」

按第二節，不過推本第一節「止至善」之意，非與首節對言也。而於此第三節，乃並舉而對言之，何耶？蓋物與事自不侔，事即是物中之事，特以其皆有先後之序，故對舉而言耳。○「物有本末」，先自治而後治人也；「事有終始」，行以知爲先也，故曰「知所先後，則近道矣」。只下箇「本末」、「終始」字，而其先後之序自昭昭矣。○明明德在己者，新民在人者，一内一外之相對也，故曰物事則一貫。

「知所先後，則近道矣」

近道，雖就知上説，而所以近道者，正以其於用工處知所先後也。故《或問》既曰「進爲有序」，而小注又云

「不知先後便倒了」，可見「先後」自重。不是全未下着工夫，只泛泛然僅知其序，即便爲近道耳。○此「近道」與「忠恕違道不遠」一般，故不必指爲近大學之道。蓋非爲大學之道，「道」字不足以該天下之道也。只是於詞氣之間欠寬平，不類古人言語氣象耳。所謂平地鋪着看，何傷《中庸》「忠恕違道不遠」，亦不必説是近中庸之道。道是天下古今公共物事。○近道，黄氏洵饒以爲是聖人之道，此亦無傷，要之聖人之道亦只是大學之道。故「管仲之器小哉」注云「不知聖賢大學之道」，可見聖賢之道即大學之道也。大學之道，所該亦廣矣。○近道，猶自今日言。○「知止」，「知」字深。「知所先後」，「知」字淺。此「知」字，又在「知止」之前。

「知所先後，則近道矣」，可見三綱領之有序。「古之欲明明德於天下者」云云，又見八條目之有序。

「古之欲明明德於天下者」一條

此舉古人爲學次第，以著綱領之條目也。此「古」字，孔子指三代之隆時言也。○不曰「古之欲平天下」而必曰「古之欲明明德於天下」者，正以見人己一理，其治人者，不過推吾所以自治者以及之耳。《或問》所謂「合之盡其大而無餘也」，又云「篇首之言，乃一書之綱領；而明明德一言，又篇首三言之綱領也」。問：此處「明德」二字，畢竟是在己之明德耶，抑天下之明德邪？曰：「畢竟是己之明德也，『明德』二字，豈可屬人。但云明之於天下，則是使天下之人皆有以明其明德矣，猶云行道於天下。《章句》與《或問》皆云『使天下之人皆有以明其明德』，天下之人，自公卿、大夫以至士、庶人，皆是也。明明德於天下，其實則是謂明天下之明德也。《章句》、《或問》其文與本文不類，所以發其意耳。不但明一己之明德，而必明天下之明德，此之謂『明明德於天下』。如《中庸》所謂『盡人物之性』者，元不在盡其性外，亦吾有以盡之也。八條目，其實一明明德之貫通。」○「明明德於天下」，語意猶云行道於天下耳。《章句》及《或問》爲要得此意明白，故多著字以發之，而讀者反泥以爲「明德」字屬天下，蓋誤也。故先儒謂明德、新民、止至善，三者爲一書之綱領，而「明明德」一言，又其大綱領者也。蓋以其於治己、治人，皆説得明明德也。如「盡其性」與盡「人物之性」，並舉之則爲三。若統而言之，則夫「盡人物之性」要亦「盡其性」之分内事也。此説未知是否，但以明德屬之天下之人，愚意有未安耳。《章句》及《或問》之言，則在人所體會。

東陽許氏曰：「不曰欲平天下先治其國，而曰明明德者，是要見新民是明德中事，又見新民不過使人之明其明德而已。」○《或問》釋「明明德於天下」，云「人皆有以明其明德，則各誠其意，各正其心，各修其身」，已足矣。而又曰「各親其親，各長其長」者，以身之所接者言也。然只及家而不及國與天下，且上去却格物致知者，但責以其所可能者耳。《或問》雖解曰「自明其明德而推以新民」，其實不是明德與新民平重。其曰「極體用之全」者，亦不過謂只是一明德之貫。史氏伯璿之説全謬，蓋其失在不詳下文許多次第，且其解《章句》「使」字尤謬也。

新安陳氏謂：「《或問》釋『明明德於天下』，只云各誠其意，各正其心，各修其身，各親其親，各長其長，而不曰各格其物，各致其知者，蓋民可使由，不可使知之故也。」○一説，此説未是。「自天子至於庶人，一是皆以修身爲本」，修身便包格、致、誠、正，況庶人既不能格、致，又安能誠、正乎？《或問》只是舉此該彼，爲省文之計耳。且民不可使知者，聖人無可奈何之詞也。伊尹曰「予將以斯道覺斯民也」，覺謂悟其所以然也，伊尹本心亦未嘗不欲使斯民之盡知道也。至於卒不可使知，則「堯舜其猶病諸」之意也。《大學》示人以明德、新民之標的，固不宜先自爲無可奈何之計也，故新民亦欲止於至善，此説更是。○首之以「明明德於天下」，至國、家則只曰治、曰齊，不復以明明德貫之者，舉一以見其餘也。至於下條，又只曰「天下平」，又可見此條首舉明明德之不爲無意。

平天下者，必使天下之公、卿、大夫各舉其職，使天下之士、農、工、商各得其分。自東自西，自南自北，無一人之不遂其生全之天，無一人之不歸於皇極之內，以至四夷八蠻之歸心，鳥獸魚鼈之咸若，所謂東漸西被，朔南暨北，彼此如一，均齊方正，乃所謂平也。○先治其國，則內而朝廷，外而四境，人人皆欲有以明其明德也。齊、治、平，皆新民之事。家曰齊，國曰治，天下曰平，字各有當，宜細玩也。○齊家之道，必篤恩義，使父子、兄弟、夫婦皆歡然有恩以相愛；必正倫理，使父子、兄弟、夫婦皆燦然有文以相接。男正位乎外，女正位乎內，是之謂齊。

「先修其身」

○身只對人而言。觀傳之八章釋修身、齊家之義，亦可見。

「先正其心」

○正心者，靜亦靜，動亦靜，所謂密察此心之存否也。心統性情，如何不兼動靜。○朱子小注謂「心兼動靜」，或謂動即意也，以意對心，似專指動。然考之後注曰「敬以直之，然後此心常存」，又曰「心有不存，則無以檢其身」，《或問》又引《孟子》曰「操則存」，曰「求其放心」，可見只是指所存主處言，非專指靜時也。

大抵正心正是尊德性工夫，所謂存心也。存心兼動静無疑矣。

意者，心之所發也。未發之先，心固在乎？曰：然。既發之後，猶有心在乎？曰：然。然則心兼動静，或静而未應物，或動而應物，皆當敬以存之矣。夫心對意而言，則爲本體。不必謂正心之心全是體，而以意爲用也。如彼説，則將以心、意分動静相對工夫矣。

「正心、誠意之别」

○看來心只是存主處，意則心之苗也。若不先誠其意，則惡念尚未除，欲正其心得乎？○意有善有惡，意既誠則善惡關已透了，其或心不正、身不脩者，只是不免有所偏滯而已，却非惡也，正所謂正路上差了脚。故曰：「意誠，則真無惡而實有善矣。」

問：按傳之七章，忿懥四者，皆心之用也，若意則心之發，同乎，異乎？本體只是心，心初發時有善惡兩路是意。若心之用則全行出外來，却又在意之後矣。但誠意之後已無惡，只有偏耳。○心體要虚。正心，敬以直内也。意之發，便要斬截向正路去，不干於邪。

「欲正其心者，先誠其意」

人心之所以不正者，大概皆妄念有以撓之也，去妄然後可以存其真，故曰「欲正其心者，先誠其意」。○意者，心之萌也。心該動静，意只是動之端，心之時分多，意之時分少。○或謂正心是静而存養工夫，誠意是動而省察工夫，先省察而後可以存養。然則所謂必其體立，而後用有以行者，非歟？而所謂心之用者，又將何所歸歟？其説恐非《大學》本指也。○正心只是主静之法，静亦静，動亦静也，故曰「敬以直内」。誠意者，致謹於動之端也。蓋一念，善惡分路之始也，别是一關頭也，故另爲一目。周子單言主静，則自兼得誠意矣。若以敬直内、義方外對言，則脩身以下皆方外之義，而誠意、正心皆屬内之直矣。○意與情不同。意者，心之發；情者，性之動。情出於性，隨感而應，無意者也。意則吾心之所欲也，視情爲着力矣。心之所之謂之志，心之所念謂之懷，心之所思謂之慮，心之所欲謂之慾，此類在學者隨所在而辨别之，然亦有通用者。《章句》舊本云「意者，心之所發也。實其心之所發，欲其一於善而無自欺也」，後依沈本改云「必自慊而無自欺也」。以愚所見，元本尤爲明白。蓋意之所發有善惡，於善而無自欺，則意誠矣。無自欺就見得必自慊，且先之以一於善，字面尤見端的，意者此其定本歟？

「先致其知」

誠意者，實於爲善去惡也。然不能致知，則何者爲善，何者爲惡，蓋有不辨而錯認者矣。《或問》謂：「天下之道二，善與惡而已矣。」○致知者，「推極吾之知識，欲其所知無不盡也」。吾之知識是元有底，所謂人心之靈莫不有知，乃良知也。然良知只是赤子之心，未能擴而充之，以至於無所不知。故必推而極之，使其表裏洞然，無所不盡，然後爲能盡乎此心之量也。○知者，心之神明，即心之靈也。朱子曰：「神是恁地精彩，明是恁地光明。」○妙衆理而宰萬事，是解知字；具衆理而應萬事，是解心字。然心是有知之物，而知即心之靈也。故所解之文，大同小異。○致知者，因其所已知，推之至於無所不知也。已知者，知其大概；無所不知者，知其細微也。

「致知在格物」

上文不曰「在」治其國、「在」齊其家云云，而必曰「先」云者，可見後面節節有工夫在，不是國治了而天下自平，家齊了而國自治。故下條《章句》下「可得」字，惟致知則「在格物」而已。格得一分物，則致得一分知；格得十分物，則致得十分知，無復先後之可言矣。○自「誠意」以下，一件自爲一件，惟致知格物通爲一件，故曰「在格物」。言致知更無他術，只在格物而已。然既如此，則只言致知或格物足矣，又必兼言之者，蓋格物是積漸工夫，致知是求到那一旦豁然貫通處。

或曰：格物直用以致知，致知全在於格物，二者本一事，何必分兩目邪？曰：「格物是逐件事，致知是全體事。聖人蓋恐人於物不能盡格，故又爲致知之目以要其成也。苟欲致知，而不先於格物，則又無以爲之地矣，故兼以爲教。如正心、誠意，亦必兼舉者，意又是心之念頭緊要處也。」○格，至者，謂必到之也。《章句》曰「欲其極處無不到也」，明白切當而痛快，無以加矣。只要人如此實用其工。此「格」字最難解，非朱子不能定。○格物工夫，要不出博學、審問、慎思、明辨四者。○凡物理皆有所當然而不容已，與其所以然而不可易者，要得此二意俱到方是。按《論語》「四十而不惑」，《集注》曰「於其所當然者，皆無所疑」；「五十而知天命」，《集注》曰「天命即天道之流行而賦於物者，乃事物所以當然之故也」。依此則所以然處，是天命。然事事物物各有箇所以然處，謂之天命，蓋究其所以然之極致也。

「物，猶事也」，如爲君是事，爲君而仁，事之理也。格之者，自表而至裏，自粗而至精，於仁之理，窮之無所不盡也。舉其大略，如爲君者，必使天下之賢人君子各得其職，必使天下之群黎百姓各得其所；必紀綱文章，謹權審量，讀法平價，無不備舉；又必有《關雎》、《麟趾》之意，以行周官之法度；又如必敬事而信，節用而愛人，使民以時；必不侮鰥寡，不虐無告；必有五畝之宅、百畝之田、雞豚狗彘之畜、庠序孝弟之教；又如凡爲天下國家有九經之類，凡此皆其所當然之則也。中間有表焉，有裏焉，有精焉，有粗焉。如所謂紀綱文章、百畝田、五畝宅之類，是自其行於外者言之，表也。如所謂《關雎》、《麟趾》之意，敬事而信之類，是自其存諸心、本諸身者言之，所謂裏也。精則是其本根大本所在，所謂「大德不踰閑」者也。粗則是其末節細故所在，所謂「小德出入可」者也。行於外者有精有粗，存於内者亦有精有粗，其謂之「所當然而不容已」者，何也？曰：但是當然，便是不容以不然，故謂之「所當然而不容已」。如必使天下賢人、君子各得其職者，不如此則天下之事不可得而理也，其可已乎？必使群黎百姓各得其所者，如此然後可以爲民父母而無負也，其可已乎？必綱紀文章，謹權審量，讀法平價，皆不可缺者，徒善不足以爲政也，其可已乎？必有《關雎》、《麟趾》之意者，徒法不能以自行也，其可已乎？必敬事而信者，上不敬則下慢，不信則下疑也。必節用而愛人者，侈用則傷財，傷財必至於害民也。必使民以時者，不以時則力本者不獲自盡也。必不侮鰥寡、不虐無告者，哿矣富人，哀此煢獨也。必有百畝之田，然後數口之家可以無饑；必有五畝之宅，然後五十者可以衣帛；必有雞豚狗彘之畜，然後七十者可以食肉；必有庠序孝弟之教，然後老者不負戴於道路。如此之類，又豈容已乎？是謂之所當然而不容已。○「所以然而不可易」，朱子曰：「君之所以仁，蓋君是箇主腦，人民百姓皆屬他管，他自是用仁愛，非是説爲君了，❶不得已以仁愛行

❶「了」，原作「子」，今據四庫本改。

之。」此則所謂天命之意，即爲君者所以當仁之故也，是統言之者也。

事事都要説到不可易處，方是。上不敬則下慢，不信則下疑，則敬事而信之理，決在所不可易矣。既不可易，則是天實使爲之也。欲數口之無饑，老者之衣帛、食肉，則五畝宅、百畝田、雞豚狗彘之制，決不可易矣。既不可易，亦是天實使爲之也。然究其所謂天實使爲之者，即天命之性之仁所爲也。只此便可見天「體物而不遺」，「昊天曰明，及爾出王；昊天曰旦，及爾游衍」，又所謂「天之明命」，其全體大用，無時而不發見流行於日用之間者也。他如臣之敬，父之慈，子之孝，以至事事物物，皆當以此類推求之，只是一箇所當然，一箇所以然。所當然者，有表裏精粗；所以然者，亦如之。不可謂所當然者爲表爲粗，所以然者爲裏爲精。蓋在表在裏，各有精有粗，驗之事物則然，小注之説不足盡憑也。或曰：《大學》格物，是所當然與所以然者一時齊格，而《論語》「四十而不惑」《集注》以爲「知其所當然」，「五十知天命」《集注》以爲「知其所以然」，何以不同？且聖人之「知所以然」，尚俟於「知所當然」之十年後乎？曰：「《論語》之言，本夫子因其近似以自名之詞，固不必太泥。但要其實，則學者之格物，誠非可以旬時之近，而遂至於知至之境也。世間容有格物窮理至數十年，而終身不能知至者，如今之皓首窮經，而不能得其理之所以然者，何限《論語》分『四十而不惑』爲知所當然，『五十而知天命』爲知所以然。固爲近似而有理也。」

以用功而言，則格物時不但求其所當然，便并求其所以然，乃格物以致其知者也。以成功而言，則知至時方爲能盡得其所以然，而凡所當然者不假言矣，乃物格而知至者也。方格物之時，其所以然者固亦有得，但未能盡得，則猶未可謂之物格而知至也。至於物格知至之時，則所謂「衆物之表裏精粗無不到，吾心之全體大用無不明」，觀「衆物」與「無不」字面，可見凡其所以然者悉爲我得矣。此《論語》所謂「知天命」者也。是二書所注，初看若有不同，終則實無不同也。

孟子之言「知性」，舉成功而言者也，是物無不格時事，應上文「盡心」者言也。故「知性」與「知天」是一時事。

孟子曰「知其性則知天矣」，以成功言。故《集注》云知性則物格之事，不曰格物之事也；盡心則知至之事，不曰致知之事也。○格物以致知時，物未盡格，知未便致也；物格而知至時，物無不格，知無不至也，有此分別。○「四十而不惑，五十而知天命」，亦皆以成功者言。若論用功，則「十五而志于學」時，已用其功矣。但聖人謙退，以爲四十時猶未便能知天命，猶只是能不惑而已。○凡言事理所以然之故，蓋有自統體而言者，亦有以逐事言者。如《論語》「五十而知天命」，注曰「天命即天道之流行而賦於物者，乃事物所以當然之故也」，此則自其統體者言。如《大學或問》曰：「於凡天下之理，皆有以見其所當然而不容已，與其所以然而不可易。」此所以然，則事事物物皆有箇所以然也。要之《大學》之格物，則兼是二者。如云「今日格一物，明日格一物」之類，則逐事之所以然者，在所格矣。如云「衆物之表裏精粗無不到，吾心之全體大用無不明」，則統體之所以然者，無不格矣。蓋衆物之表裏精粗無不到，非始格物時事，乃後來物格時事也，物格則與知至同時矣。知至則知天矣，故知天命當以全體者言。若方格物時，雖亦有得其所以然者，然猶未全也，未可便謂之知至，未可便謂之知天命。但統論聖學全體，則其知所以然處，便是知天命也。夢中有云：「四十而不惑，謂能隨事精察而力行之也。五十而知天命，則一理渾然，泛應曲當之域矣。」天命即天道之流行而賦於物者，乃事物所以當然之故也。何哉？蓋萬理悉聚於一心。理之聚於心者，謂之性，總其綱曰仁義禮智。而吾心之仁義禮智，非出於人爲也，即天之元亨利貞之降於人者也。故孩提無不知愛其親，及其長也無不知愛其兄，見孺子入井，自然怵惕之心生，遇嘑蹴之食，自然羞惡之心生，所以然者天也。人能見得此意分明，自然勉勉於善，有不容已者矣。故曰「知至而后意誠」，知至則知天命矣。○不可因《論語》言「四十而不惑，五十而知天命」，而分格物專爲知所當然，知至專爲知其所以然也。蓋格物時便當兼求其所以然，然必至於知至時乃爲能盡得其所以然也。此有用功與成功之分，逐事與全體之别，此説庶幾爲定論。○萬物各具一理，而萬物同出一原，故「知其性則知天矣」。但得夫逐件之所以然，亦自通融夫一本之所以然矣。若以萬物各具一理爲所當然者，萬理同出一原爲所以然者，則未然也。蓋各具一理，一理處已有所以然之説，《或問》載朱子小注亦有此説。

《小學集解》於題辭下引勉齋黄氏曰：「洒掃應對雖至小，亦有所以然者矣。」雖是逐件之所以然，其實所自出者同也。故曰：「大本者，天命之性，天下之理皆由此出也。」逐事之所以然，「小德之川流」者也；全體之所以然，「大德之敦化」者也。○大抵天下之理總括於五性，而五性出於天，故曰「天命之謂性」，又曰「知其性則知天矣」，「君子之道費而隱」，亦此理也。其曰「所以然而不可易」者，即所謂道之大原出於天，而不可易者也。○一説，凡事理之究極當然而不可易處，即天實爲之也，便是天命。如《論語》「君子有三畏」章，《集注》曰「大人、聖言，皆天命所當畏」。夫大人、聖言，於天命若無與也，而今乃曰「皆天命所當畏」，又曰「知畏天命，則不得不畏之矣」，正謂其即天命所在也。此亦可見天理之全體，❶而著見於事物之節文。此愚所謂逐事之所以然，固出於天者也，但有逐件、全體之分。必得其全體，方爲知至，方爲盡心，方爲知天命耳，非謂前此全無得於其所以然者也。曰「五十而知天命」，要其成也。曰「四十而不惑」者，未許其至也。此聖人爲衆人設也，若聖人則奚拘於此。孟子言「知其性」者，即「衆物之表裏精粗無不到」也；言「盡其心」者，即「吾心之全體大用無不明」也，一時事也。故曰「盡其心者，知其性也」，又曰「知其性則知天矣」。○格物之理，致吾之知，是者必極其所真是，非者必極其所真非，善必極其本之所由來，惡必極其幾之所由起，此之謂物格。由是而往，則意可誠而無一念之或欺，心可正而無一息之不存，身可修而無一動之或偏矣。故謂致知爲夢覺關也。○按《或問》云：「凡有聲色象貌而盈於天地之間者，皆物也。既有是物，則其所以爲是物者，莫不各有當然之則而自不容已。」此以其當然者言也。繼之曰「是皆得於天之所賦，而非人之所能爲也」，此則下文所謂「其所以然而不可易者」也。又曰：「今且以其至切而近者言之，則心之爲物，實主於身，其體則有仁義禮智之性，其用則有惻隱、羞惡、辭讓、是非之情，渾然在中，隨感而應，各有攸主而不可亂也。次而及於身之所具，則有耳、目、口、鼻、四肢之用。又次而及於身之所接，則有君臣、父子、夫婦、長幼、朋友之常。是皆必有當然之則，而自不容已，所謂理也。外而至於人，則人之理不異於己也；遠而至於物，則物之理不異於人也。極其大，則天地之運，古今之變，不能外

❶「見」，原脱，今據嘉靖本補。

也；盡其小，則一塵之微，一息之頃，不能遺也。」此亦以其所當然者言也。而繼之曰：「是乃上帝所降之衷，蒸民所秉之彝，劉子所謂天地之中，夫子所謂性與天道，子思所謂天命之性，孟子所謂仁義之心，程子所謂天然自有之中，張子所謂萬物之一原，邵子所謂道之形體者。」是即上文所謂「是皆天之所賦而非人之所能爲」者也，即「其所以然而不可易者」也。朱子之言之精密，類如此。

雖曰人心之靈莫不有知，然不格物以致其知，則其所知者，或得於此而遺於彼，或得其粗而遺其精，或失之過，或失之不及。甚者，孝或陷父，而慈或敗子，信或爲尾生之信，義或爲楊朱之義，所謂理有未窮，知必有蔽。❶此所以貴於格物以致其知，而陸氏之學所以深見非於朱子者也。

《大學》不説窮理，只説格物者，形而上之道與形而下之器元不相離，此所謂道亦器、器亦道也。「致知在格物」，此所以異於異端之外物以爲知也。

此條大概只是循八者之序，而各反其本，使人知所先務之爲要耳，非固謂必先了此而後可及彼也。如必待格物一件既透，然後進於誠意，則格物致知工夫亦須費許多年。孔子亦云「四十而不惑，五十而知天命」，然則人生百年之内，當何時方得了此八事也。

《中庸》之學、問、思、辨者，格物致知也。所謂篤行者，誠意、正心、修身也。或曰篤行兼齊、治、平，非也。《中庸》云云，止言「誠身」之事也。八條目以明德、新民分配説，則格、致、誠、正、修爲一節，齊、治、平爲一

❶「必有」，嘉靖本作「有所」。

節。若循其次序而概約之，則格、致爲一節，誠、正、修爲一節，齊、治、平爲一節，故朱子又有要做三節看之説。此説正與知止能得合。○格物、致知是窮此理，誠意、正心、脩身是體其所窮之理也，齊家、治國、平天下則推此理於人也，可見明德、新民一理也。○聖賢極致只是天德、王道，而天德、王道必自聖學始。就此書言之，格物、致知，聖學也；誠意、正心、修身，天德也；以之齊家、治國、平天下，王道也。有天德方可語王道，有聖學方可語天德，此自足以見三綱領、八條目之序矣。

「物格而后知至」一條❶

物既格則知便至，知既至則意可誠，意既誠則心可正，心既正則身可修，以至齊家、治國、平天下，逐節皆用一「可」字，其意方完。若曰「意誠心便正，心正身便修」云云，則只用一箇格物而諸事都完了，而又何用八條目，又何用曰誠意，曰正心，曰修身云云哉？《或問》雖無「可」字，然其意決不是説此一事既了，那一事便都了，亦不過欲人知所先務之意，故爲是抑揚之詞耳。若《章句》自是精確，朱子凡更幾番删潤，不可加減一字者也。《或問》又是敷演辨論説話，難以逐字逐句秤停。

上條云「明明德於天下」，而下條云「天下平」，便須知必是天下之人皆有以明其明德，然後爲天下平也。○或以「明明德於天下」一條爲明德、新民之條目，「物格而后知至」一條爲知止、能得之條目，❷而以朱子

❶「至」，原作「止」，今據嘉靖本、四庫本改。
❷「至」，原作「止」，今據嘉靖本、四庫本改。

後段總注爲據，是錯認矣。蓋朱子上段既曰「大學之條目」，則「止至善」之條目已在其中矣。《或問》於後段又曰「此覆説上文之意」，則非補「止至善」之條目明矣。其所以不曰格物致知則知所止，誠意以下則皆得所止之序，而必曰物格知至，曰意誠以下者，順知止能得之義而云，非固以貼後條意也。蓋明德、新民以用工而言，格物、致知一條亦以用工言者也；知止能得以成功而言，物格知至亦以成功者言也，故《章句》如此體貼。若朱子果是分貼兩條之意，則必不於上條先着「此八者，大學之條目也」一句矣。

「格物致知」兩條

小注上一節以「用工」言，下一節以「成功」言，此自無害於覆説之義。而今人痛非之，何也？嘗有問「思無邪」、「無不敬」之別者，朱子答云：「『毋不敬』是正心、誠意之事，『思無邪』是心正、意誠之事。」以此觀之，用功、成功之説何害？○一説，既曰覆説，便不是逆推工夫、順推功效矣。曰：「聖經本意固無工夫、功效之別，然上云『致知』，下云『知至』，其字語展轉之間，固不能無工夫與功效之別矣。」

「自天子至於庶人，壹是皆以脩身爲本」

「壹是，一切也」，一切，一齊也，刀之切物至齊者也。此「一切」之義所由取也。○或曰：「自天子至於庶人，是皆有天下國家之責者。庶人，是庶人中俊秀，乃養之於大學之中者，故亦責之以脩身，以爲齊、治、平之本也。」曰：「然則天子亦當只是天子之元子，而未即位者耶？是不然。《大學》説話，都是虛設箇規模，如齊、治、平，一皆是後來事，未必在大學中，便令家齊、國治、天下平了。聖經所言，只是論其道理以教人也。」

天子有天下與國家者也，士、庶人有家者也，諸侯、卿、大夫兼有國家之責者也，是皆當以修身爲本也。然「正心」以上，爲脩身而設也；「齊家」以下，自脩身而推也，此是聖人於八條目之中，舉其最要者言之。然「本」字還須與下文同對「末」字言也，❶見得是以身對天下、國家，與《或問》同。不可謂格、致、誠、正亦以脩身爲本，但欲脩身則格、致、誠、正四者皆不容缺矣。

只云「皆以脩身爲本」，則格、致、誠、正在其中矣，「本」字何嘗與下文不同？「其本亂」，不能格、致、誠、正以脩其身者也。○一説，此與下文「其本亂而末治者否矣」不同意，非可以一正一反言，故《章句》明分爲兩節。《或問》合而爲一者，非未定之見，即門人所記者也。如《中庸章句》首章「喜怒哀樂之未發」一條，注云「此言性情之德，以明道不可離之意」，語意既屬之上文。總注又曰「次言存養省察之要，終言聖神功化之極」，夫謂之「終言聖神功化之極」，則「喜怒哀樂」不該在其中明矣，而《或問》乃以合「致中和」爲一段。如此之類，不可强比而合之，姑記以俟知者。○據上節味之，格、致、誠、正四者，只該在「脩身」字内，無預於「本」字也。「本」字還是對天下、國家言。味《章句》意亦然，畢竟是同。「所厚者薄，無所不薄」者無他，人只一箇心，其心既頑於此，又安能仁於彼者哉？況厚薄亦不同科耶？或謂亦有不愛其親而愛他人者，不知此特其情欲所繫而已，豈真道心之愛也哉，且其愛亦多不終。

齊家、治國、平天下，大抵皆主教化言。或謂平天下必先治其國以爲之規模，治國必先齊其家以爲之規

❶ 「末」，原作「未」，今據嘉靖本、四庫本改。

模，辭若不背，然細味之，便不見得明明德以新民之意。蓋齊、治、平都是使人人皆有以明其明德也，故曰「一是皆以脩身爲本」，而《章句》曰「齊家以下，則舉而措之耳」。下章又曰「作新民」，曰「一家仁，一國興仁」，曰「所藏乎身不恕，而能喻諸人者未之有也」，蓋《大學》所謂「新民」，合下便主教化。

通經之一章，大抵都是孔子述古法，或全是先民所述者。不可謂某處是古法，又某處是孔子論述之言。○「血脉貫通」者，人之四肢百骸雖各自爲一體，然惟血與脉則實相貫通，故朱子借此以形容之。○連「文理接續」，都是假借形容字樣。《中庸》所謂「支分節解，脉絡貫通」者亦然。○「文」如云鳥獸之文，「理」是玉之理也，其勢皆相接續。「文理接續」只就一章之内言其逐節意義之相承，非通言十傳相承也。○「文理接續」就過度處説，「血脉貫通」就其中指意説。

重刊蔡虚齋先生四書蒙引卷之二

「《康誥》曰：克明德」

「克明德」，「明」字連上，所謂「明之」者也。德，自是明德。吴季子云：「明則衆人之所同，克則文王之所獨。」此語有病，蓋以「明之」之「明」，爲「明德」之「明」矣。非明德，安得爲衆人之所同邪？人多喜而用之，誤也。故「明」字須連「克」字讀。○「克」，止是能也。《語録》云：「克是真箇會的意思。」《或問》謂：「文王亦無待於克之而自明。」是皆説得「克」字太重，而與《章句》有不同。或者强而合之，非也。此處分明是不同。蓋《章句》是後來所脩改，其説又較平實。按朱子戊午歲《與廖德明帖》云：「《大學》又脩得一番，簡易平實，次第可以絶筆。」至庚申歲則朱子卒矣。可見《章句》是後來改定。朱子易簀之前三日，尚改《大學》「誠意」章。《或問》云：「文王之心，渾然天理，亦無待於克之而自明者。」猶孟子所謂「由仁義行，非行仁義」之意也。《或問》是以「克」字爲着工夫字，《章句》則不如是之拘急。

「《太甲》曰：顧諟天之明命」

「克明德」，是大概説。「顧諟天之明命」一條，又較喫力。故《章句》云：「常目在之，則無時不明矣。」○「常目在之」，此「目」字當緊帶着「在」字讀，莫以帶「常」字讀，乃是箇活字也。不然，當曰「目常在之」矣。此旨人多不察。○「明命」有何形狀，如何常目在他得？只是此心常存耳。如立則見其參於前，在輿則見其倚於衡。其實何嘗有箇物參前倚衡來，❶其實目中何嘗有所見也，只是此心常存，想着他，若見其參前倚衡耳。聖賢之言，有不約而同者如此。

「顧」字有惟恐失之之意。○「顧」謂常目在之也。論理，大凡人心所在，神則隨之，神聚於目，此理萬不失一。故古人有内視之術，神所到也。○日用之間，或一息一事之微，才少放過，便不是「顧諟」。故曰：「常目在之，則無時不明矣。」不然，將至墜天之休命，而失其付畀之初矣。

《或問》謂「天之明命，其全體大用元不相離」，含動静意也。蓋所謂「具衆理」者，其全體也。所以「應萬事」者，其大用也。○《或問》「成性存存而道義出」者，正《章句》所謂「則無時而不明矣」之意。言其天理之周流而無間也。

命本明，顧之者，欲其常明而不昏也。○《或問》云：「《太甲》則言天之未始不爲人，而人之未始不爲天也。」此言天命常流行發見於人事之間，人之所在，即天之所在。故須常照顧得到。所謂「文王陟降，在帝左右」，「不顯亦臨，無射亦保」也。○《或問》云：「《太甲》則明天之未始不爲人，而人之未始不爲天也。」看來此亦非本傳正意。《章句》云：「明命，即天之所以與我而我之所以爲德者也。常目在之，則無時不明矣。」無時不明，正貼「顧諟」之義。而所謂「天之未始不爲人，人之未始不爲天」者，其意又自不失。是尤爲正大而且周密。若一依《或問》則「明命」字獨重，而「顧諟」之意反輕矣。益信《章句》是後來所改定，

❶「嘗」，原作「常」，今據四庫本改。

其義尤精，此類略舉一二端，餘可意會。「克明峻德」，即所謂「惟天下至誠，爲能盡其性」。於天命之在我者，察之由之，巨細精粗，無毫髮之不盡也。○「峻德」亦非帝堯之所獨，萬物皆備於我，堯舜與人同耳。惟聖性者，浩浩其天，不加毫末，萬善足焉。○或以「峻德」爲「光被四表，格于上下」者，非也。蓋「明峻德」只就帝堯一身言，乃至誠無息處。光四表，格上下，則是徵則悠遠以後事，所謂「聖人之德著于四方」者也。故《帝典》於明峻德之下，方説親睦九族，平章百姓，協和萬邦。

《帝典》所謂光四表，格上下，連帶上文「欽明文思安安」、「允恭克讓」，蓋有體用之分焉。而注云「言其所及之遠也」，又云「放勳之所極也」，可見是説出外來也。然則今之言明峻德者，只可説其德之明，有以盡夫天理之極，而無一毫人欲之私，却是正意。若説出外，便是新民境界矣。○以上歷引三書，皆不用過文深淺始終之序，❶只可於言外意會。

「皆自明也」，着此一句，以别「新民」。小注以「爲仁由己」釋之，本文似無此意，觀《章句》「己德」二字尤可見。○傳文釋經，或歷引經傳而總結其意，錯引經傳而各申其意。

三引書固有次第，所謂「深淺始終」，至爲精密者也。他皆倣此。

今試以《帝典》置之《康誥》、《太甲》之前，或以《太甲》置之《康誥》之前，便覺意義有不順矣。但此意皆在

❶ 「序」，四庫本作「意」。

言外，學者不可拘拘於此，爲第一義也。蓋傳者只是次三書之詞，而總其意以歸於明明德耳。

「湯之《盤銘》」

「盤，沐浴之盤也」，邵氏以爲只是盥頮之盤，似有理。頮，荒佩切，洗面也。

「銘，銘其器以自警之詞也」，謂以此詞名之也。名，猶表也。墓誌銘之銘，義亦如此，非名字之名也。湯以人之洗濯其心以去惡，如沐浴其身以去垢，故名其盤。此二句見下面云云，之有取於沐浴之盤也。

○「苟，誠也」，誠字最重，此與上《論語》「苟志於仁」「苟」字一般。「苟日新」者，一日之新也。「日日新」者，不止一日之新，須是續續新去也。「又日新」者，言其日新之功，自此更無一日之或息，又深於「日日新」也。

「苟日新」，或多以格、致、誠、正安在此，似未爲不是，然實則未當。大抵説書，俱要隨文生義，眼前道理説出便切，不必執泥前後。且如此處，只要得自新意出便了。若拘於自新是明德，必兼格、致、誠、正言，則所謂「苟日新」者只謂一日之間耳。一日之内，安能便把物都格了，知都致了，又把意誠、心正、身修了。蓋此只是「有能一日用其力於仁矣乎」之意。如「顧諟天之明命」，也只宜把静存動察意貼他。明德功夫，全在誠意、正心、脩身上，格物致知特以啓其明之之端，存養、省察亦誠意、正心、脩身事也。況於明命之全體大用意尤協。○「滌其舊染之污」，舊染之汙只是物欲，不必又兼言氣質。

「《康誥》曰：作新民」

「鼓之舞之之謂作」，鼓之即所以舞之也。「新」字連「民」字，言自新之民也。蓋商之民染紂之汙俗已深，至武王布以維新之化，民亦皆有自新之機矣。但在上者未有振作而成就之，則亦未便能濯然一新耳。故武王於康叔之衛，告之云云。○按《或問》及《書傳》皆以爲作新乎民。惟《章句》以爲作其自新之民，蓋以晚年改定之説也。○小注云：「井田學校，作之之具。勞來匡直，作之之術。」若據《章句》作自新之民説，則「匡直」二字似説不得。匡是正其邪，直是樹其曲。自新之民宜無多邪曲者矣，但未必能全歸於王道正直之内，故宜更有以作之。○《或問》云：「然此豈聲色號令之所及哉？亦自新而已。」此言亦以見新民之必本於自新耳。若其所以作之之具，亦豈容無如舜命契教民，何不只教他自新以化之，却説「勞來匡直」許多云云，豈大學之道非堯舜之道乎？

按《或問》云：「武王之封康叔也，以商之餘民染紂汙俗，而失其心也。」味此語意，是不以爲自新之民，而與《章句》及陳氏小注反矣。又觀下文「去惡遷善，舍舊從新」之句，亦似不同。蓋《或問》是舊説，《章句》是後來所删定，當以《章句》爲正。《中庸序》明謂「一二同志記其所嘗論辨取舍之意，别爲《或問》」，而今之學者於《章句》、《或問》不同處，却强欲使之同，亦不深考之故歟？《章句》於「作」字單解，又曰「自新之民」，而《或問》「新」字實帶上「作」字爲義。又首章《或問》云：「新民云者，以傳文考之則有據。」此新、民二字也。

《或問》、《章句》又安得强而同之，其强而同之者，只是以《或問》亦爲朱子之説，不可以其説爲非耳。然義理無窮，已精而益求其精，此亦何害？且益足以見朱子之所以爲朱子，而學者之所以善學朱子者，亦未必不在於此。○《書傳》云「作新斯民」，亦與《或問》之説同，蓋皆用舊説。

「其命維新」，何處見得？只是德化大行，而歸附日衆耳。○饒氏曰：「明命是初頭稟受底，以理言；命新是末稍膺受底，以位言。」此等解義總是麗辭，然却無大害。

《文王》之詩，《章句》是就新命上推出一新民，又就新民上推出一自新。其理元是如此。自新而有以新民，可見其自新之極。新民而至於新天命，又可見其新民之極，故曰：《文王》之詩，自新、新民之極也。下文即繼之云云，「君子無所不用其極」。蓋自新而不用其極，則無以爲新民之本；新民而不用其極，則無以盡新民之道。此貫上三節而結之，非只結文王之詩也。而小注又以湯之《盤銘》爲自新之極，至《或問》又只云「《盤銘》言自新也」，而前一段又曰「蓋以是爲自新之至，而新民之端也」。前後似難見端的。大抵論湯、文之德，則皆是自新、新民而各用其極者，固無淺深。但據所引之詞，則略有淺深。蓋是《大學》傳文之體，所謂淺深始終，至爲精密者云爾。若論文王自新之極，亦不過如湯之日新又新而已。又小注云「明德便要如湯之日新，新民便要如文王之新天命」，則以《盤銘》對文王詩而言，而《康誥》又不知何所附，此爲難據，且據《或問》可也。〇《或問》「前云自新之至，蓋是以起下文新民之端也」，自新之至，謂已能自新也，故與下條「自新新民之極」自不相悖也。

「用其極」與「止至善」何別？蓋用者求以止之也，謂必欲至其極也。此「君子」泛言，或以爲指湯、武、文王者，非也。此章正釋新民，而必兼言自新、新民，皆當止於至善者何？《或問》之說「作新民」固曰「此豈聲色號令之所及哉」，亦曰「自新而已矣」，是新民之不離乎自新，猶影之於形也。故經曰「自天子以至於庶人，壹是皆以脩身爲本。其本亂而末治者，否矣」，而此章必首之以《盤銘》言「自新」，終之以「君子無所不用其極」也。至於釋「齊家治國」章，只言國之本在家可矣，而必曰「孝者所以事君，弟者所以事長，慈者所以使衆」，曰「一人定國」，曰「堯、舜帥天下以仁，而民從之；桀、紂帥天下以暴，而民從之」，曰「有諸己而後求諸人，無諸己而後非諸人」，是治國亦不能離乎脩身也。其釋「治國平天下」章，只言天下之本在國可矣，而又必曰「上老老而民興孝，上長長而民興弟，上恤孤而民不倍，是以君子有絜矩之道也」，曰「君子先慎乎德，有德此有人，有人此有土，有土此有財，有財此有用也」，曰「善則得之，不善則失之」，曰「必忠信以得之，驕泰以失之」，是平天下不離乎脩身也。信乎「自天子至於庶人，一是皆以脩身爲本。君子無所不用其極也」。

「《詩》云：邦畿千里」止「止於信」

首節言物各有所當止，二節言人當知夫物之所止者而止之，三節舉聖人能止其所當止之實，以示人所當止之則也。《章句》「物」字所該者廣，自君臣、父子，以至於動静語默之類，皆有所當止之至善。語其綱，則曰明德、新民耳。

「維民所止」之止，止居之止也。「物各有所當止」之「止」，「止至善」之「止」也，借彼之詞，寓此之意。○「緡蠻」二字，義無所取，只是以此二字狀黄鳥之聲，如雞鳴喈喈、鵝曰鶃鶃之類。○「丘隅」言山之一角峻處，「岑蔚」謂山峭高而木森蔚也，此地羅網之所不及，弓矢之所不至，黄鳥而止於此，止之得其所也。止亦粗説。❶○「言人當知所當止之處」，此「知」字兼能得意。胡氏以對能得言，恐太泥。如在黄鳥，只

❶ 「止」下，嘉靖本、四庫本有「字」字。

云「於止，知其所止」，便是能得所止了，不成黄鳥止時只是知所止，而猶未能得所止也。雖曰經文「知止」與「能得」相應，然《或問》嘗云「既真知所止，則必得所止」，❶固已不甚相遠矣。

「《詩》云：穆穆文王」

「穆穆」，深遠之意，此最宜玩味，非一言所能盡。○「緝熙敬止」，緝熙是概説，敬止則指其實而言之。據《或問》云「衆人不能常敬而安其所止」，可見「緝熙」只是常意。故《詩傳》云「緝，繼。熙，明。亦不已之意」。又云「不已其敬也」，此又可見此四字連爲一意。但「止」字則不依《詩》斷章取義也。「緝熙敬止」四字，依《或問》云「聖人之心，表裏洞然，無有一毫之蔽，故連續光明，自無不敬，而所止者莫非至善，不待知所止而後得所止也」，據此則朱子小注所謂「緝熙是工夫，敬止是功効」者，不必從矣。蓋此四字都是以成德時言也。

「聖人之心，表裏洞然」，心只是裏，安得有表？蓋存於内者爲裏，發於外者爲表，所謂心統性情。「繼續光明」，言其心常明也。故於敬曰「無不敬」，於止曰「安所止」，皆自聖人地位言也。○「敬止」之「敬」，專言之敬也；「爲人臣止於敬」，偏言之敬也。

「爲人君止於仁」一條，要指文王言，詳《或問》可見。此節是概舉聖人所止之實，示人以所止之則也。《詩》云：「儀刑文王，萬邦作孚。」○文王視民如傷，仕者世禄之類，可見其爲君止仁。三分有二以服事

---

❶ 「則」下，嘉靖本、四庫本有「其」字。

殷，可見其爲臣止敬。一日三朝，雞鳴問寢，可見其爲子止孝。如教育武王、周公，皆至於德爲聖人，而稱天下之達孝，可見其爲父止慈。如治岐之時，耕者九一，關市譏而不征之類，信以守之，終始不移，斯又可見其與國人交止於信也。○此一節須以文王事言，所以實敬止之義也，故不曰與朋友交，而曰與國人交。近時不主文王説者，殊無謂。

「物各有所當止」云者，謂其理各有極致所在也，如爲人君必十分仁，爲人臣必十分敬之類。但人所造有得一二分者，有得三四五六分者，有得七八分者，此等固亦可謂之仁，可謂之敬，但未可謂之止於仁，止於敬耳。必止於仁，止於敬，其仁敬方爲至善之仁敬。不然，僅可謂之善，未可謂之至善也。此本非奥義，爲見今之説者有曰「仁者君之至善也，敬者臣之至善也」，覺得於義未精耳。若曰仁者君之所當止，敬者臣之所當止，却無害。此節《章句》所謂「五者乃其目之大者也」。學者於此，究其精微之蘊，而又推類以盡其餘，則於天下之事，皆有以知其所止而無疑矣」，此意最重，時文中亦要用此意。○天下之事，無不各有所止，不特此五者。如夫制婦聽，兄友弟恭之類，以至「居處恭，執事敬，與人忠」，「視思明，聽思聰，色思温，貌思恭」，「進以禮，退以義」之類皆是。此特舉其目之大者，以例其餘耳。○小注云「爲人子止於孝，不先父而先子者，父雖不慈，子不可以不孝，故先言子也」，此説雖未知其果出傳者之意否，然於世教有補。大抵父子主恩。若君臣以義合，君使臣以禮，則臣事君以忠，故先君後臣也歟！

「與國人交，止於信」

上之使下，下之事上，有交道焉。《易》曰「上下交而其志同也」，其義亦可見。「信」即《論語》「敬事而信」也。

「穆穆文王」一條，不止言明德止至善，所以新民者亦在其中矣，蓋所謂立民之極也。〇聖人之止，明德、新民俱有，彼爲君止仁，爲臣止敬，及孝、慈、信之類，明明德之止至善也。然君仁而民莫不仁，帥天下以仁而民從之矣。臣敬則爲上爲德，致君爲堯舜之君矣。父慈子孝，而天下之爲父子者定矣。與國人交止於信，則民莫敢不用情矣。非新民之止至善而何哉？此乃理勢相因之必然。下文所詳新民止至善者，即盛德至善之餘澤也。〇文王之所以止於至善者，敬也。學者之所以得止於至善者，亦敬也。然則自士而賢，自賢而聖，一敬德之受用耳。故曰：敬者，聖學之所以成始而成終者也。

「《詩》云：瞻彼淇澳」

「道學」、「自脩」，言其所以得之之由。此「道」字與本文亦同，姑舉成文以湊句耳。〇一説與本文不同，是《中庸》「道學問」之「道」字。❶ 既如此，何不云學問自修，而必用此疑字耶？

《淇澳》之詩，《詩經》注有與此不同處，曰「猗猗，始生柔弱而美盛也。切以刀鋸，作刀斧。瑟，矜莊貌。僩，威嚴貌。喧，宣著貌」。〇《章句》曰：「赫喧，宣著盛大之貌。」饒氏分解「赫，宣著貌。喧，盛大貌」，而《詩傳》却解「喧」爲「宣著」，可見饒氏之穿鑿。按「赫赫師尹」赫赫，於盛大義尤近，不必分者爲是。且如「緝，繼續也。熙，光明也」，而《詩傳》則止曰「緝，繼。熙，明也」，讀者亦可就此分辨同異，以爲各有意

❶ 「學問」，《中庸》作「問學」。

義乎？

「恂慄」，謂仁、敬、孝、慈、信等之存於中者，純一嚴整，而無少頹惰放逸之意。「威儀」，謂仁、敬、孝、慈、信等之形於外者，光輝宣著，而自有從容中道之妙。其得所止之實，正在於此。所謂「恂慄」，亦專言之敬也。○「盛德至善」，此至善以所止於身者言，止字已在其中。

「恂慄、威儀，言其德容表裏之盛」，恂慄，德也，裏也；威儀，容也，表也。先有是嚴敬存於中，後方有是輝光著於外。此二句雖均是得之之驗，然自有先後表裏之別。○恂，敬信也。慄字意又深些，如云「戰慄」之類。○《章句》於「恂慄」則合解曰「戰懼也」，於「威儀」則分解曰「威，可畏也。儀，可象也」，則「恂慄」二字便當合看，如敬謹之意，斷不可分貼。○《或問》以恂慄、威儀爲得之之驗，看來亦不必把作效驗看，何也？嚴敬存於中，若以爲是盛德至善之效驗，則君子盛德至善之實事，又果何在？蓋但以對求之之方言，則爲得之之驗耳，讀者以意逆志可也。況《章句》云「恂慄、威儀，言其德容表裏之盛」，以在內者爲德之盛，在外者爲容之盛也。在內者既爲德之盛，如何又以爲盛德之效驗。或又謂按《或問》云「人心所同然者，聖人既先得之，而其充盛宣著又如此」，觀「又」之一字，則恂慄、威儀還當在盛德至善之外，效驗之説似未爲非也。曰：不然。《或問》之意，蓋謂聖人得此同然之理，而又極其至，此所以爲盛德至善耳，非必謂既爲盛德至善，而又充盛宣著也。○《或問》云「充盛宣著又如此」，充盛謂恂慄，以其積於中者言也，宣著則指威儀。

「民之不能忘也」，不必謂聖人之德被於人而不能忘，只當云德者人之所同得也，今聖人既先得之，而其光輝充盛又如此，故民皆仰望之而不能忘也。道學、自修，本學者事，而《或問》於此便以爲聖人者，蓋至於恂慄、威儀，便是聖人地位，是由學而至聖者也。夫明明德而止於至善，非聖而何哉？按此詩本詩人頌美衛武公之詞，武公未知是聖人否？然詩人推尊之意極重，有曰「睿聖武公」，則亦以爲聖人之徒矣。○觀《大學》所釋，皆詩人本意。○《或問》又云「人心所同然者，聖人既先得之，而其充盛宣著又如此」，「又」之一字似乎又有一重意，安得不爲效乎？曰：不然。言聖人得此同然之理，而又極其至云耳，非謂既已爲盛德至善，而又充盛宣著也。○明德與盛德又有不同，明德是就合下稟賦時說，盛德是明明德之止至善者，乃用工之所充，在學力上得來。

「於戲，前王不忘」

此所謂「賢其賢」，與《論語》之「賢賢」不同；此所謂「親其親」，與《中庸》「九經」之「親親」不同。蓋彼下一「賢」字指人言，而此下一「賢」字指德言；彼下一「親」字亦指人言，謂諸父昆弟之屬也，而此下一「親」字則指先王之遺恩言，所指異也。○「賢其賢」者，先王有是德業之盛，是其賢也，吾則從而賢之，所謂「率由舊章」者也。○「親其親」者，先王有是覆育之恩在我之身，是其親之所在也，吾則從而親之，所謂「子子孫孫，勿替引之」者也。

「樂其樂」者，先王於民所欲與聚，所惡勿施，而各爲之樂地也。○「利其利」者，先王制田里，教樹畜，而皆預有以利之也。○或曰新民主德，今言樂其樂、利其利者，特厚其生之事耳。曰「樂」、「利」雖皆養民事，然使不得樂、利，奚暇治禮義？此釋「平天下」章，所以開端言與孝與弟，而終歸之理財、用人云云也。況樂其樂、利其利，則老少各得其所，彼此各得其分，教亦行乎其中矣，所謂「黎民不飢不寒，老者衣帛食肉，而不負戴於道路矣」。樂利之爲新民事，似無所疑。

先王德業之盛，遺於後世，是其賢之所在也，後賢則從而賢之，所謂「率由舊章」也。先王覆育之恩，在於後人，是遺後人以所親也，後王則從而親之。○風清俗美，內恬外熙，是先王之遺後人以所樂，後人則得以享其樂；分井受廛，使民養生喪死之無憾，是先王之遺後人以其利也，而後人則得以安其利。所謂「其」者，皆指先王也。○其賢、其親、其樂、其利者，先王盛德至善之餘澤也。賢其賢，親其親，樂其樂，利其利者，後人之享其餘澤也。向使先王當時所以新民者未能止於至善，則何以能使後之人各得所承籍如此哉？《書》曰「丕顯哉，文王謨；丕承哉，武王烈。佑啓我後人，咸以正無缺」，此之謂也。

「聽訟，吾猶人也」

「無情者不得盡其辭」，「無訟」也；「大畏民志」，所以使民「無訟」者也。「無訟」者，民德之明也；所以使民「無訟」者，己德之明也。此處不可以「聽訟」爲末，使民「無訟」爲本，蓋是以明德、新民分本末也。「必也使無訟乎」，「使」字當玩味，是孔子自說也要如此。故《章句》、《或問》皆以聖人言之。「使」字內面正有道理，便是能明明德以「大畏民志」也。「無情者不得盡其詞」，只是無訟處，不是所以無訟處。○「此謂知本」，「此」指孔子所言也。《章句》曰「觀於此言」，正謂此也，謂孔子言不以聽訟爲難，而必以使民無訟爲貴。於此便見得明德爲本，新民爲末，故「可以知本末之先後」。或謂指孔子知本，此於本文似不費力，於《章句》則不合矣。以爲孔子知本，則孔子豈止近道者哉？《章句》所以不如此解者，正自有說也。經文之「本末先後」之義甚輕，特指初學者言。今必以聖人知本釋之，似不甚順，故前輩皆疑其爲釋格物致知之錯簡。況以連下文「此謂物格，此謂知之至也」，尤順。○不可以「聽訟」爲末，「無訟」爲本。須把「聽訟」一句置了，只就「無訟」句内討出本末之意。蓋民之無訟者，民德之新也，末也；所以使民無訟者，己德之明也，本也。必己之德明，然後民德始新而自無訟，本末先後了然矣。

《或問》「其亦末矣」之末字，與本文「末」字又不同。○傳只釋「本末」而不釋「終始」，意者釋「止至善」章，知止能得之，先後已在其中乎？抑舉本末之先後，便可以見始終之先後，而不必一一乎？

《或問》云：「其論夫始終者，古人釋經，取其大略，未必如是之屑屑也。且此章之下有缺文焉，又安知其非本有而并失之也邪？」愚按前章以爲本無本末一章，終是有理。

「所謂致知在格物者」

「蓋人心之靈，莫不有知」，如孩提之童，無不知愛其親，及其長也，無不知敬其兄也，渴焉而知飲，飢焉而知食，水火皆知不可蹈，烏喙皆知不可食，凡善者皆知其爲美，不善者皆知其爲惡，是人心元自有知也。

「天下之物，莫不有理」，《或問》云「今且以其至切而近者言之，則心之爲物，實主於身，其體則有仁義禮智之性，其用則有惻隱、羞惡、辭讓、是非之情」云。

「人心之靈，莫不有知。而天下之物，莫不有理」二句雖平説，然實以見乎人心所知者即物之理，而物之理元無不具於人之一心也。故下文遂繼之曰「惟於理有未窮，故其知有不盡」。○「人心之靈，莫不有知」，愚謂天决有靈，天若無靈，則人心之靈何從而得？故君子畏天而謹獨。○「是以大學始教」，須看「始教」

二字，《大學》夢覺關在此。○補注云「即凡天下之物，莫不因其已知之理而益窮之，以求至乎其極」者，格物以致知也。下云「至於用力之久，而一旦豁然貫通焉，則衆物之表裏精粗無不到，而吾心之全體大用無不明矣」，物格而知至也。○「用力之久」者，物格也。「豁然貫通」者，知至也。二句只是貼出此意，以終經文之義。

「衆物之表裏精粗」，或以理之表與粗者爲所當然，裏與精者爲所以然。看來不是。觀《或問》中有專謂「皆有所當然之則而自不容已」者，凡兩見，豈皆獨指其表與粗者，而遺其裏与精者哉？蓋凡所當然之則，其中自具有表裏精粗，而表裏精粗則各各自有箇所以然者，只在推原而已。此説較正大而理自不可易，小注只管分配亦太零碎，非真體認者。○「心之全體大用」，此當以「心統性情」一句來斷破。蓋全體指性言，即所謂「喜怒哀樂之未發謂之中」、「天下之大本也」；大用指情言，即所謂「發而皆中節謂之和」、「天下之達道也」。○體曰全體，以其妙衆理而無一之不具也；用曰大用，以其宰萬事而無一之不周也。○朱子補傳，不肯學古傳之文，只要得「致知在格物」之義明白，使學者曉得明明了了耳。文之古與不古，類與不類，所不計也。若他人如韓、歐輩，則豈肯如此補傳，豈肯云「言欲致吾之知，在即物而窮其理也」，又豈肯云「是以大學始教」云云，此見朱子之所以爲朱子。

「所謂誠其意者」

自欺，僞也。自慊，實也。惟慎獨則自歸於實，而不流於僞矣，故《章句》以「審其幾」言之。蓋意即獨也，即幾也。「幾，善惡也」。誠意之功，只「慎獨」二字足以蔽之而無餘矣。○兩箇「自」字，要體貼得明白。

蓋欺，自欺也；慊，自慊也，所以必慎其獨也。知自之爲自，則知獨之爲獨矣。

朱子曰：「欲動未動之間，便有善惡，便須就這處理會。若到發出處，便怎生奈何。」以此見慎獨之外，再無誠意之功，毋自欺而必自慊，須就這處理會也。○幾有善惡，此正獨知之地。故慎其獨，正爲審其幾也，《易》曰「憂悔吝者存乎介」是也。先儒謂周子極力説箇「幾」字，儘有警發人處。近則公私邪正，遠則廢興存亡，只於此處看破，便斡轉了。此是日用第一親切工夫，精粗隱顯一時穿透。堯舜所謂「惟精惟一」，孔子所謂「克己復禮」，皆是此事。○「其機如此」，雖與此不同用，然亦解云「發動所由」，可以證「幾」之爲初動也。

「毋自欺也」

此處工夫極細。如有九分義理，一分私意，便是自欺。不必以下文小人事來比，下文所云，又其甚者，故傳者特舉以爲戒。

「毋自欺」，所以誠其意也，自慊則意誠矣。且不必便分功與效，直至心廣體胖方見效。○「自脩之首也」，按修身必自格物致知始，而此以誠意爲自修之首也，何歟？蓋此自修專以力行言，本上章「如琢如磨者，自修也」。自修對道學，包誠意、正心、修身，故此爲之首。彼格物致知，特以啓其自修之端耳。自修之實却正在此。毋自欺者，禁止之辭，非戒令之詞。禁止，以自己禁止不爲而言，如「毋不敬」、「非禮勿視」之類是也。戒令之詞，以我戒他人而言，如「毋忘賓旅」、「毋專殺大夫」之類是也。○不曰知爲善去惡，而必曰知爲善以去其惡者，見得非爲善自爲善，去惡自去惡，其實一事也。《或問》平説，而此則輕重説者，所以互相發也，且《或問》亦是分貼。「如惡惡臭，如好好色」，不得不然耳。《章句》下文亦然。《章句》「皆務決去而求必得之」數字，衆人亦只管紛紛立説，殊不可曉。愚意朱子所以下箇「皆」字者，蓋以學者既知爲善去惡之後，其於惡者固在所決去矣，而亦或時有苟且爲之而未能決去者；其於善者固在所必得矣，而亦或時有苟且安之而未能必得者。故《章句》不但言「務決去而必得之」，而又必更著箇「皆」字也。孟子曰「人皆有所不忍，達之於其所忍，仁也；人皆有所不爲，達之於其所爲，義也」，正謂此也。此見聖賢方其下手做工夫時，亦或曾經此病來，故説得如此痛切。其曰「決」、曰「必」，則皆誠字之目也。若有不決、不必，則不誠矣。

「皆」之一字，自有正大之説。《或問》云云「所發之實既如此矣，而須臾之頃，纖芥之微，念念相承，又無敢有少間斷焉」，即此所謂「皆」也。《中庸序》亦曰「精則察夫二者之間而不雜也，一則守其本心之正而不離也，從事於斯，無少間斷，必使道心常爲一身之主，而人心每聽命焉」，亦所謂「皆」之義也。孟子曰「人皆有所不忍，達之於其所忍；人皆有所不爲，達之於其所爲」，皆謂之義，以此意求之，尤爲明白痛快。

題目若出「毋自欺」至「自慊」止，眼目便在兩箇「自」字上。此以理立主意也，非如近時妄作題目主意者。

○慎其獨便是毋自欺，毋自欺便是必自慊，必自慊便是誠其意。○意者，心之發也。又謂之獨者，心所自知也。《章句》「幽獨之中」，及「閑居獨處也」，此二「獨」字以地言，與「慎獨」之獨字以心言者不同。慎獨之獨，人所不知者也；幽獨之獨，人得而知之者也。慎獨之獨，幾方動；幽獨之獨，迹已形。若《中庸章句》所謂「幽暗之中」之幽字，却又與本文「慎獨」之獨字相符。

「所謂誠其意者」止「必慎其獨也」

凡意之不誠者，正坐不能謹獨而已。然原彼所以不能慎其獨者，其意蓋以其惡可掩而善可詐也。故下文極言惡之終不可掩，善之終不可詐，以見其所以當謹獨也。兩節相承之意蓋如此。

「此謂誠於中，形於外，故君子必慎其獨也」

誠中、形外之理，本兼善惡，但此所引之意，則主惡者言。下條《章句》雖兼言善惡之不可掩，然其意亦主惡言。○所謂「誠於中，形於外」，亦由一念之不謹，故至於此耳。故君子重以爲戒，而必謹其獨焉，不可不謹其一念之發也。

「十目所視，十手所指，其嚴乎」

即曾子此言觀之，尤見惡之實中形外，而君子之所以不可不謹其獨也。○「十目所視，十手所指」，若依新安陳氏用「常如」二字，則於本文「其嚴乎」之意反緩矣。要明説出不可揜之意，即上文所謂「人之視己，如見其肺肝然」，不必謂迹雖未形而幾則已動，人雖不知而己獨知之也。且從淺説，以此之故，所以君子必致謹於獨知之地，使不至於彰灼暴著之境，如「小人」云云也。○「引此以明上文之意」，「上文」只指「小人閒居」一條。一説，總明不可不慎獨，則連首節俱有。然不可揜意，只在第二節無疑。

「德潤身，能慎獨以誠意，則德有諸己矣」。○或曰：「誠意以上，猶有正心、修身工夫，如何意誠便爲有德而至於心廣體胖？」曰：「誠意是善惡關也，爲好人無疑矣，故就許之以此。其所謂正路上差了脚者，畢竟是希。」○能誠其意，即德也。心廣體胖，即潤身也。心廣體胖，則無所謂消沮閉藏之貌，而有形著明動之功矣。○「心廣體胖」，内焉心廣，外焉體胖，二句平説，皆潤身之實也。《章句》輕重解者，以心爲主也。其曰「心無愧怍，則廣大寬平」者，猶《孟子》「仰不愧於天」一條注云「人能克己，則仰不愧，俯不怍」者，皆推本之辭也。○「心廣體胖」，本文是平説，若原其所以，則心廣由於無愧怍，體胖由於心廣耳。《章句》所謂「心無愧怍」者，即意誠而自慊之謂也。○「蓋善之實於中而形於外者如此」，蓋至此則是能自慊而無自欺，而意已誠矣，故繼之云「故又言此以結之」。通此一條三句，皆爲結語也，不可專指「故君子必誠其意」一句。

「所謂脩身在正其心者」

「心有所忿懥，則不得其正」，本文只是「心」字，而《章句》必曰「心之用」云者，誠以心之所以爲心者，以其有是四者之用也。天下無有無用之心，無其用亦不爲心矣。心之不正，正在用上也。○《章句》云「一有之而不能察，則其用之所行，或不能不失其正」，蓋未見於用時，雖常人亦未有不正之可言。

看此章者，要見五箇「正」字俱一般，與經文元同方是。喜怒憂懼，各中其節，則不失其本然之正矣，是爲正心。蓋用得其正，則體即在是，所謂「動亦静」者也。○心以虚爲體，惟虚則靈，而所應皆當。故傳者歷歷以「有所」二字警發後人，蓋受病之源在此也，故不可不察。

天下無有無用之心，故曰「合性與知覺，有心之名」。亦無有不正其用而可謂之正心者，故此章之注，人或疑其多了「用之所行」四字，而不知其本自不多，本無可疑也。○忿懥、好樂、憂患、恐懼四者，即心之所在也。經文「正心」之心字，即指此心。當静時，雖在常人亦無得失之可議，故心不正須就用上説。若事未至而預期之，即便是動矣，便是有心矣。

心有所忿懥者，有心於忿懥也。若忿懥出於無心，則心得其正矣，餘放此。○或者專以正心爲静存工夫，於《章句》、《或問》俱不合。且《或問》所引「操則存，舍則亡」，「求其放心」，「養其大體」，以證正心之義者，豈皆以静存言乎？若專認爲静存，則《章句》所解亦可偏認爲静存矣。朱子元有「正心兼動静」之説。

蓋心之爲體，湛然虚明。如忿懥、恐懼、好樂、憂患四者，皆心之所有，而心之所以爲心者，實不外乎此也。但此數者惟能隨感而應，則施之各中其節，而此心不失其本體之正矣。若心有所忿懥，則是失之不察，而偏滯於忿懥矣，安得其正？若心有所恐懼，則是失之不察，而偏滯於恐懼矣，心又安能得其正？心有所好樂，心有所憂患亦然。歷歷言之，以見心中元不可有一物也。

按《或問》曰：「人之一心，湛然虚明，如鑑之空，如衡之平，以爲一身之主者，固其真體之本然。而喜怒憂懼，隨感而應，妍媸俯仰、因物賦形者，亦其用之所不能無者也。」此一段言本然道理，是乃人之性情然也。又曰：「方其未感之時，❶至虚至静，所謂鑑空、衡平之體，雖鬼神有不得窺其際者，固無得失之可議。」此愚所謂未見於用時，雖常人亦未見有不得其正者。又曰：「及其感物之際，而所應者又皆中節，則鑑空、衡平之用，流行不滯，正大光明，是乃所以爲天下之達道，亦何不得其正之有哉？」此所謂性本善，故順之而無不善者也。上文「固無得失之可議」一條除却不論，則此一段話正與本文「心有所忿懥則不得其正」

❶「方」，嘉靖本、四庫本作「故」。

者相反。應，是心得其正者也。又曰：「惟其事物之來，有所不察，應之既或不能無失，且又不能不與俱往，則其喜怒憂懼必有動乎中者，而此心之用始有不得其正者耳。」此愚所謂「心之不得其正，皆是用上累了」者也。今即《或問》分爲小段而疏之，益見向來有以正心只爲靜存工夫，而「不得其正」不指心之用言者，全非矣。○或疑心有所忿懥則不得其正，只言心不正，不言心之用不正。曰：「心未嘗無用也。心之所以爲心者，只是有這箇用，其靜時特未發耳。故心之不正，全是用上累了，而正心工夫全在必察乎此，而敬以直之也。」

天下無有無用之心，猶火之無有不熱者，不熱不爲火矣；水無有不冷者，不冷不爲水矣。○「有所」二字，傳者之所以曉悟人者在是矣。欲正其心者，不可有所，心若有所，便不得正。蓋心以虛爲體，故欲其動亦靜也。

大抵心之應物，未來不可預期，既來不可偏主，既往不可留滯，有一於此，皆爲心不正也。《或問》云「惟其事物之來，有所不察，應之既或不能無失，且又不能不與之俱往」，似亦有此三段意。蓋將迎之於先，亦是應之之失矣。而流滯於既往者，又即所以將迎於後事之先，三者有則俱有也。

要使此心如太虛，然應接萬務各止其所，而我無所與焉，乃爲得其正。所謂如鑑之照物，妍媸在彼，己何與焉者也。《大學》工夫，自誠意而後，愈細密矣。

「然一有之而不能察，則欲動情勝。」○察即是省察工夫，孰謂正心只是靜存工夫乎？忿懥等心既是有所，則非天理之正，而爲人欲矣。欲之動，情之勝也。

「心不在焉」

夫心有所忿懥，而不得其正，則心奪於忿懥，而不爲吾有矣，是心不在也。○「心不在焉」者，外馳於忿懥等，而内境虚明之地不能以自存也，故《章句》云「是以君子必察乎此而敬以直之」。

夫心者，一身之主也。故視雖以目，所以視而見者心也；聽雖以耳，所以聽而聞者心也；食雖以口，所以食而知味者心也，心既不存，則云云。

心不在則視不見，聽不聞。視聽之時，也要心在，然則謂正心專是静存工夫可乎？○正心，只是心存而不放，所以存其心者，敬也。○密察此心之存否，又在敬以直内前，故《章句》曰「然或但知誠意」云云。○敬以直内，故有以正心；❶密察此心之存否，故有以直内。心不存，則無以檢其身，既無以檢其身，則身不可得而修矣。「檢」字當不得「脩」字。

「所謂齊其家在脩其身者」

「之其所親愛而辟焉」，「之猶於也」，或者多以「向」字釋「之」，又太着力了。《章句》正是恐人認得「之」字太着力，故訓作「於」字也。是謂人之接物，往往不能無偏，或於所親愛而偏，或於所賤惡而偏云云。倒文而言，則是或偏於親愛，或偏於賤惡也。《章句》只是推言其所以偏者，以其隨其所向而不加察，且以教人加察則不至於偏耳。

---

❶「心」，嘉靖本作「身」。

「之其所親愛而辟」，此段不是就家言。吴氏謂「親愛等五者，皆是施於家者」，非也。只是泛言身與物接，而家人自在其中，味《或問》亦可見。

好惡既陷於一偏，則吾之所以自處者，已不得其理矣。此身之不修也，以之處家則好惡既偏，而吾家之長幼内外必不能使之各得其分而歸於齊矣。此則偏之爲害，而家之所以不齊也。

「故諺有之曰」，「故」字承上文，可見此節只是申明上文之意，不可另分爲家不齊。上文「故好而知其惡」，「故」字亦承上言，豈可泥「人莫知其子之惡」一句，遂以爲説入家人乎？「人莫知其子之惡，莫知其苗之碩」，甚言其偏也，其偏亦與上文偏一般。上文言「天下鮮矣」，與下節言「人莫知」，何以别乎？○偏之爲害，便在身不修上去，而家之所以不齊者，正以身之不脩也。

「人莫知其子之惡，莫知其苗之碩」，謂人之偏一至於此，將何以齊其家，而使一家之長幼内外各得其序而無不均之患哉？故曰：「此則偏之爲害，而家之所以不齊也。」看「所以」二字，只是説他偏，家不齊意在言外。○不可謂上條言好惡之偏而身不修，下條言偏之爲害而家不齊。蓋好惡一偏則身不修，身一不修則家自是不得齊矣。非是本文謂家不齊由身之不修，而《章句》乃謂家之不齊，由於好惡之偏之爲害也。○《或問》亦合兩節而論之，不曾分上一節爲身不修，下一節爲家不齊。蓋兩節通是身不修之事，而末乃結之曰「此謂身不修不可以齊其家」。兩節一意，皆言好惡陷於一偏而身不修也，即家之所以不齊者也。又不可因《章句》上節有「身不脩」字，下節有「家不齊」字，而遂分上節爲言身不修，下節爲言家不齊也。《章句》至下節方露出家之所以不齊，猶聖經序八條目亦至下節方云修身。以上明明德之事也，齊家以下新民之事也，云云。蓋皆必於其語勢終竟處，乃會其意而發之，此解經之法也。

「所謂治國必先齊其家者」

其家不可教者，身不修故也；不出家而成教於國者，身修故也。〇「其家不可教而能教人者無之，故君子不出家而成教於國」，此二句且慢説出家國一理，下文「孝者所以事君」三句方説出。蓋君子之所以不出家而成教於國者，正以「孝者所以事君，弟者所以事長，慈者所以使衆」故也。「孝者所以事君」三句，只做一人説。孝、弟、慈，此人也；事君、事長、使衆，亦此人也。孝、弟、慈，以家中之事言；事君、事長、使衆，以國中之事言。

言孝本家之所事親者，然而國之所以事君者即在此矣；弟本家之所以事兄者，然而國之所以事長者即在此矣；慈本家之所以字幼者，然而國之所以使衆者即在此矣。此之謂家國一理也。〇孝修於家，而國之所以事君者在此矣；弟修於家，而國之所以事長者在此矣；慈脩於家，而國之所以使衆者在此矣。本文三箇「所以」字最可味。然則非能孝於家，則其於國也何以事君？非能弟於家，則其於國也何以事長？非能慈於家，則其於國也何以使衆？分明是「其家不可教而能教人者無之，君子不出家而成教於國」矣。「成教於國」，不是教國人事君、事長、使衆也，凡吾所以事君、事長、使衆處，自有以教國人也。此節非是正言齊家以治國處，乃是究言治國之所以本於齊家也。蓋家國無二理，齊治無二機。故《或問》不曰事君之忠，而曰事君之孝；不曰事長之順，而曰事長之弟，旨哉。〇不是推孝、弟、慈以事君、事長、使衆，只是我能孝、弟、慈，則事君、事長、使衆道理便已在此，不待外求也。是謂理一。故《或問》曰事君之孝，而不曰事君之忠；曰事長之弟，而不曰事長之順。○傳者若云孝則國人皆孝，弟則國人皆弟，慈則國人皆慈，如此説於「成教於國」之意，不爲尤切乎？　而乃以事君、事長、使衆爲言者，蓋君、長與衆在國者也，此於教人之意爲顯耳，然其理則一也。　古人文章，理同不必字同，意同不必句同。　此節只要家國一理意出，是「不出家而成教於國」之所以然處。　若曰孝則國人皆孝，弟則國人皆弟，則是下文所謂「一家仁，一國興仁」，乃教成於國之効矣。　未及言其所以成教於國者，而遽言教成於國之効，豈釋經之法乎？　○「不出家而成教於國」，謂身不出乎家，而其化自爾風行於其國也。

事君、事長、使衆，皆所以教國之事。○或謂治國者國君也，今若言孝即所以事君之道，弟即所以事長之道，則是人臣之事矣，恐非本傳之意。　曰：此正爲傳者之意也。　蓋古人文字主於理勝，不如後人文字之拘拘於字目之間，而反略於義理之趣也。　且諸侯固是治國者，若齊之管仲、鄭之子産、魯之季桓子，獨不亦嘗治國乎？　故古之大學，雖庶民之俊秀亦以其皆將有天下國家之責，而預教以治國平天下之道，則「孝者所以事君」三句，只就人臣言之亦何害？　如第十章所謂「絜矩之道」，實平天下之要道也。　然其中所謂「若有一箇臣，斷斷兮無他技，其心休休焉，其如有容焉」云云，固絜矩之道也，是大臣亦有預於天下事矣。　又如孟獻子曰「畜馬乘不察於雞豚」云云，亦絜矩之道也。　孟獻子只是侯國之大夫耳，而其所言者固平天下之要道也。　傳者釋治國平天下，豈以其爲百乘之家，無預於平天下之道，而廢其言乎？　且周公亦嘗治天下矣，史中言相臣當國者非一，況此章下文亦言及堯舜帥天下以仁而民從之，初不泥於齊家治國之義也。　故嘗謂今之學者要以古人心胸讀古人文字，乃見得古人意思也。

《或問》謂此章「專以己推而人化爲言」，蓋己有可推則人化之，不然便是「所藏乎身不恕，而能喻諸人者，未之有也」。下章所謂化者，又是天下化之；所謂推者，又是推之於天下也。「如保赤子」條小注朱子曰「此且説動化爲本，未説到推上，後力全是説推」，其言似可疑。蓋治國平天下，非拱手以俟其自化者，但必已有可推之實，然後能使人化。故惟「有諸己而後求諸人，無諸己而後非諸人」者，乃能使「一國興仁」、「一國興讓」也，「堯舜帥天下以仁而民從之」正爲此也。苟不能自治，則無己可推矣，其何以化人哉？故推之與化，不可分爲兩岐也，只是推在己而化在人。

看此章須玩味一「教」字，立教之本在身，故曰「一是皆以脩身爲本」，又曰「身脩則家可教矣」。由是觀之，推之義不亦重乎？

人皆謂不難於推，而難於化；愚則謂不難於化，而難於推，何則？推謂推己以及人也，無善於己而求於人，非推之謂也。故「堯舜帥天下以仁」者，推也；「桀紂帥天下以暴」，則謂之「所藏乎身不恕」矣。不恕，是無己可推也。

或説自「一家仁」至「堯舜帥天下以仁」兩條，己推、人化二意俱有。愚謂通此章之言，都是言己推而人化之理也。○自齊家以至於平天下，總是推己及人事，但有廣狹耳，故《章句》於釋「新民」云「又當推以及人」也。○此章己推而人化，是推其化者於國也；下章推以度物，是推其國者於天下也。

「《康誥》曰：如保赤子」

本文「如」字意輕。○此節本文只是「立教之本，不假强爲」，其所謂「在識其端而推廣之」者，即本文言外之意也。蓋所以言「立教之本，不假强爲」者，正欲人識其端而推廣之耳。○此「推廣」不是推之以事君、事長、使衆也，乃承上文「識其端」而言也。蓋必識其端而推廣之，然後孝成箇孝，弟成箇弟，慈成箇慈，而立教之本自我立矣。

「識其端而推廣之」，此千古聖賢家法也。故聖經章釋「明明德」，則曰「其本體之明，則有未嘗息者，學者當因其所發而遂明之，以復其初也」。《中庸》釋「致曲」章，則曰「必自其善端發見之偏而悉推致之，以各造其極也」。在《孟子》則曰「凡有四端於我者，知皆擴而充之矣，若火之始然，泉之始達」，注云「擴，推廣之意」。其前篇釋「是心足以王矣」，則曰「王見牛之觳觫而不忍殺，即所謂『惻隱之心，仁之端也』。孟子舉而言之，欲王察識於此而擴充之也」。知此，則此節章句了然，而近日諸説紛紛，皆有不待辨者矣。「如保赤子」一條，《或問》曰「傳者引此，蓋以明夫使衆之道，不過自其慈幼者推之」，此一句只是貼「如保赤子」，而下文云云則貼「心誠求之」。以下只是説保赤子之道，不及「如保赤子」之意矣。看來傳者之意不重在「如」字上，故《章句》只云「此引《書》而釋之，以明立教之本，不假强爲，在識其端而推廣之耳」。推廣之説，不是推廣慈幼之心以使衆也。聖人進修家法自是如此，即所謂「當因其所發而遂明之，以復其初」，即所謂「自其善端發見之偏而悉推致之」，即所謂「四端在我，隨處發見，知皆即此推廣而充滿其本然之量者也」。○「心誠求之，雖不中不遠矣。未有學養子而後嫁者也」，此皆《章句》所謂「立教之本，不假强爲」者，「在識其端而推廣之」一句，意在言外。

傳者所以説「立教之本，不假强爲」者，正爲欲人「識其端而推廣之耳」。能識其端而推廣之，則教之本自我立，而一家仁讓，一國仁讓矣。○立教之本，兼孝、弟、慈言。所以謂之立教之本者，能孝、弟、慈，然後能不出家而成教於國。是成教於國，其本在此也。○立教之本，兼孝、弟、慈，傳者獨舉慈之一端，小注以爲孝弟之大，猶有失者。據《或問》云「既舉其細，則大者可知」，則孝、弟視慈尤爲大也。況孩提之童無不知愛其親，及其長也無不知敬其兄，孝弟之心亦豈有待於强爲哉？若論到失處，則不仁者以其所不愛及其所愛，亦豈惟孝弟有失而已哉？

細看《或問》「細」、「大」之説，似終不如小注所謂「即人所易曉者以示訓」之説更詳之。

「一家仁，一國興仁；一家讓，一國興讓」

上言齊家之道，即治國之道；此言既有以齊其家，則自有以治其國矣，此上下文相應之意也。《章句》云「此言教成於國之效」，蓋上言其理，此言其實事也。○「一家仁，一國興仁」，謂能脩身以仁而使一家皆仁矣，則一國化之而皆仁。興，謂有所感發而興起也，即化之謂也。或曰：「此以推言，故《章句》『興』字待後章方解出。」曰：「非也。看『其機如此』『機』字是如何解。況又曰『此言教成於國之效』，則『興』之爲感發興起蓋自明矣，故不復提掇。」

「一人貪戾，一國作亂」，「貪戾」以在上人言，「作亂」以在下人言。謂只消一箇人貪戾而不仁讓，則一國之内皆作亂矣。作亂者，不仁不讓之甚也。孟子曰「上有好者，下必有甚焉者矣」，亦何怪哉？○「一家仁，一國興仁」，饒氏以仁爲孝，讓爲弟，貪戾爲不慈。愚以爲不然。味《或問》「仁讓言家，貪戾言人」之説，則貪戾，仁讓之反也，而仁兼孝、慈，讓專屬弟可矣。況「貪」字於不能慈幼之義，亦不甚切。其説不可用。

○先儒又有謂貪則不讓，戾則不仁者。愚謂貪則必戾，仁者必不貪戾，讓者亦必不貪戾。貪固不讓，其能仁乎？所謂爲富不仁也。戾固不仁，其能讓乎？所謂悖逆爭鬬也。○《或問》曰「仁讓言家，貪戾言人」，何也？曰：「善必積而後成，惡雖小而可懼，古人之深戒也。《書》所謂『爾惟德罔小，萬邦惟慶；爾惟不德罔大，墜厥宗』，亦此意爾。」一言僨事，猶一言喪邦也。❶

「此謂一言僨事，一人定國」

上言仁讓、貪戾，一善一惡也；下引僨事、定國，亦一善一惡也。意亦相貼，新安之説不失。○上文所言者，教成於國之理；此節所言者，教成於國之效。效，實迹也。教成於國即是效，不可於成教之外，更討箇效也。○《春秋》桓公五年「夏，齊侯、鄭伯如紀」，胡傳云云，著齊人滅紀之罪，明紀侯去國之由，劉敞《意林》所謂「聖人誅意之效」是也。此「效」字亦云實跡，不可以對工夫言。○下章《或問》「未有上好仁」一條，亦云「此以財發身之效也」。○又《論語》「如有王者，必世而後仁」章，《集注》曰「周自文武至于成王，而後禮樂興，即其效也」。此「效」字正謂實跡也。

「堯舜帥天下以仁」

此承上文「一人定國」而言。堯舜帥天下以一身之仁，而天下皆從而仁，豈非一人定國哉？○「桀紂帥天下以暴，而民從之」，不能使之仁矣。是何也？「其所令反其所好，而民不從」也。此下一句不要兼堯舜

---

❶「一言僨事猶一言喪邦也」十字，四庫本在下文「一人定國」之後。似是。

說，己好仁而令民以暴，一脚莆說非是。〇堯舜、桀紂皆有天下者也，故皆言帥天下，而不必拘治國矣。

「是故君子有諸己而後求諸人」

「是故」二字承上「堯舜帥天下以仁」云云也。堯舜帥天下以仁，恕之自然者也，故忠恕一貫一理也。〇孝、弟、慈三者有諸己，然後可以責人之孝、弟、慈；不孝、不弟、不慈三者俱無諸己，然後可以正人之不孝、不弟、不慈。如此則是其所令者一如其所好，所謂恕也，庶乎能喻諸人矣。如使在我者不能恕，如何能喻諸人哉？此數「人」字，皆指國言，不兼家人。〇「求諸人」、「非諸人」之人字，並以國人言。蓋上文孝、弟、慈是以身言，而曰「所以修身而教於家者也」就含家了，下文便以國之所以事君、事長、使衆相對說。「一家仁讓」句内亦帶脩身，下句便以國對說。又「一人貪戾」與「一家仁讓」相對，而「國」字盡同，況此章是釋治國在齊家，故不應說有善於己，然後可以責家、國人之善云云也。家只跟著身，「國」字與之對。〇家最切近於身，乃經世者起脚第一步，而符驗之萬不失一者也。故傳文有所略而不言者，非不言也，亦不待言也。故於「所藏乎身不恕，而能喻諸人者，未之有也」之下，便繳云「故治國在齊其家」。

「所藏乎身不恕」

謂其所存於吾身者，未有可推以及人，則是所令反所好矣。

「恕」之正義，是推道理之盡於我者，而使人之必盡也。後世之所謂恕者，謂因道理之不能自盡，亦不計人之必盡也，其得失如此。〇「恕」之義見於經傳者多矣，大抵有指以治己之心治人者言，此章之類是也。有指以愛己之心愛人者言，「己所不欲，勿施於人」之類是也。《或問》亦分此兩端。然則《中庸》「以人治人改而止」，及「所求乎子以事父，未能也」，亦非忠恕外事矣。

「桃之夭夭，其葉蓁蓁」

或以「夭夭，少好貌」爲指桃花，非也。《詩》上章有云「桃之夭夭，灼灼其華」，則知「桃」只是桃身也。〇《詩傳》：「文王之化，自家而國，男女以正，婚姻以時。故詩人因所見以起興，而嘆女子之賢，知其必有以宜其室家也。」

「宜其家人，而后可以教國人」

此宜家人不復指女子言，就治國者言也。〇《小雅・蓼蕭》篇云：「蓼彼蕭斯，零露泥泥。既見君子，孔燕豈弟。宜兄宜弟，令德壽豈。」〇《傳》云：「諸侯朝於天子，天子與之燕，以示慈惠，故歌此詩。蓋諸侯繼世而立，多疑忌其兄弟，如晉詛無畜群公子，秦鍼懼選之類。故以『宜兄宜弟』美之，亦所以警戒之也。」〇「晉詛無畜群公子」者，初晉驪之亂，詛無畜群公子，自是晉無公族。詛，盟誓也。無公子，故廢公族之官。見《左》宣二年。〇「秦鍼懼選」者，秦后子有寵於桓，如二君於景，其母曰「弗去懼選」，鍼遂適晉。注：「后子，秦桓公子，景公母弟，鍼也。選，數也，恐景公數其罪而加戮也。」見《左》昭元年。

「其儀不忒」

其爲父子兄弟足法。不是謂一家之爲父子兄弟者，皆足爲人之法；是我之爲父、爲子、爲兄、爲弟，皆足以法於人，此所謂「其儀不忒」也。儀者，吾身實爲民之表也。

《曹風・鳲鳩》篇。〇詩人美君子如此，不知其何所指也。

「此謂治國在齊其家」

「此謂」，承上所引三詩云云也。「治國在齊其家」，道理盡於上數段云云矣。此引三詩而結之，皆以咏嘆上文之事耳，《或問》云云最宜玩味。

「所謂平天下」章

「所謂平天下在治其國者」，何也？但即國之治本於家之齊者觀之，便見天下之平本於國之治矣，故曰「上老老而民興孝」云云。

「上恤孤而民不倍」，「孤者，幼而無父之稱」，凡幼皆在所恤，獨言孤，何也？曰：「哀此煢獨，此尤在所宜恤者耳，所謂舉重以見輕。」○或曰：「孤者，人之不幸者也，亦有幸而無孤者，而此專言恤孤爲何？」曰：「有天下國家者，必不能無孤。周文武子孫，塞乎寰宇之內，漢之子孫，光武時一十一萬，其孤當何可勝計？今人一大族，亦有數十百孤者。」

「是以君子有絜矩之道也」

「絜矩」，謂絜之以矩也。矩能使物方，故借「絜矩」二字來用，矩字自有使天下平意也。○君子之所以爲矩者，無他，心而已矣。一人之心，千萬人之心也。故推之而無不準，便能使天下平。若不是心，如何説得所操者約而所及者廣。○制物者，度之以矩則物方；制天下者，度之以吾心之矩則天下平。○朱子曰：「矩是心也，孝、弟、慈便是。矩字固然是心，然須足出乎字意，矩是平物之具。」「君子必當因其所同，推以度物。」○「因其所同」，因天下人心之所同也。「推以度物」一句，連下句「使彼我之間各得分願」讀。

度物之物，指天下之人也。度之便是思所以處之，故繼之以「使彼我之間」云云。○上云「君子必當因其所同，推以度物，使彼我之間各得分願」，此數句全是説「絜矩」字。至下云「則上下四旁均齊方正，而天下平矣」，又是以「絜矩」貼出天下之所以平也，故中間下箇「則」字。

「則上下四旁均齊方正，而天下平矣」，此數字還是本文「君子有絜矩之道也」句内意，其下條「彼同有是心而興起焉者」，亦然。此正類《論語》首章所謂「其進自不能已矣」者，猶是「悦」字内意也。○「上下四旁均齊方正」，此數字只就「絜矩」二字之義言，不以所借「絜矩」二字之意言也。若所借二字之意，則是説使天下人人得遂其願。而天下之人，其位皆在君子之下，無復有在其上者，亦無復有與之平衡而爲左右前後者，又不可以前王與嗣王爲前後也。縱以爲然，終難説出「平」字意來。「平」字是指天下之人各得其所也。○《章句》「上下四旁均齊方正」，是形容字面，是形容彼我之間各得分願也。

問絜矩之道。曰：「使人興起者，聖人之心也；能遂其人之興起者，聖人之政事也。」出《朱子語略》。○「平其政以處之」一語，最重，究其實則是孟子所謂「五畝之宅，樹之以桑，五十者可以衣帛矣。雞豚狗彘之畜，無失其時，七十者可以食肉矣。百畝之田，勿奪其時，數口之家可以無飢矣。謹庠序之教，申之以孝悌之義，頒白者不負戴於道路矣」。老者衣帛食肉，黎民不飢不寒，即所謂「老吾老以及人之老，幼吾幼以及人之幼，天下可運之掌上」者也，天下其有不平乎？

本文「上老老而民興孝，上長長而民興弟，上恤孤而民不倍」，三「民」字指國人言，故《章句》截定曰「言此三者，上行下效，捷於影響，所謂家齊而國治也」。下即承之云「亦可以見人心之所同，而不可使有一夫之不獲矣」，其「人心」二字，則通指天下人心也，《或問》中「人心」二字亦然。《或問》云「前章專以己推而人化爲言，此章又申言之，以見人心之所同而不能已者如此。是以君子不惟有以化之，而又有以處之」，二「之」字皆指天下之人言也。蓋自興孝、興弟而「可以見人心之所同」時，便已有化天下之意在了。或者泥《或問》「不惟有以化之」，「之」字爲指國；「而又有以處之」，「之」字爲指天下。以爲二「之」字不同，謬也。且如其說，則是上章所云者只是化，而尚未有以處之也。若尚未有以處之，如何可謂之國治？故《或問》要看得活也。

大抵國狹而天下廣。四封之內，風化易同。若天下之廣，苟不平其政以處之，則是有仁心而不繼以不忍人之政矣，何以能仁偏天下？○《章句》「彼同有是心而興起焉者」，此「興起」者不是本文「興孝」、「興弟」之民也，乃承上文所謂「亦可以見人心之所同，而不可使有一夫之不獲」者言也。看「不可使有一夫之不獲」字面，其說天下之人亦分明。

一說「民興孝」、「民興弟」、「民不倍」，此三「民」字通指天下之人而言，《章句》所謂「家齊而國治」者特以承「上行下效，捷於影響」之意耳，故謂一一與《或問》同。且不特《或問》，又與下條所謂「彼同有是心而興起焉者」一句相應，其說似爲直截正大。曰：此說終不可用，還用上說爲當。依此說，則《章句》又何用「亦可見人心之所同」一轉語耶？未可貪其爲直截正大之説也。且依其說，則通此一章數百言，全不見有平天下在治其國之意矣。○又按下條「彼同有是心」之「同」，即此節「人心之所同」之「同」也。既曰「同有是心」，則其興起也必矣。又不必以此「興起」字與上條興孝、興弟同指國人也。○問：「家國亦宜有以處之，何至於天下乃用絜矩以處之耶？」曰：一國易化，天下難處。況《或問》「化之」、「處之」兩「之」字皆指天下，而齊家治國平天下總是一箇人也。○又，矩是所以使上下四旁均齊方正者，一國偏方亦當不得此「絜矩」二字。若「恕」字則皆用得家國，亦用不得平字。

《語録》謂「絜矩即恕」，然恕有二義。此所謂恕，以愛己之心愛人之恕也；上章所謂恕，以治己之心治人之恕也。治人之恕，謂必自盡其孝、弟、慈，而後責人以孝、弟、慈也；愛人之恕，謂我既得遂其孝、弟、慈，亦將使人皆得遂其孝、弟、慈也，其究一也。

「所惡於上」一條

○節節皆有箇絜矩意。合而言之，方見是上下四旁均齊方正處，於矩之意方盡，然逐條亦各有絜矩之意。○朱子小注云「在我上者使我如此，而我惡之，更不將來待在下之人。如此則自家在中央，上面也占許多地步，下面也占許多地步，便均平方正矣」，此説是也。又曰「若下之人事我如此，而我惡之，我若將去事上，便下面長，上面短，不方了，前後左右皆然」，此説最明，更詳《或問》須兼二義。○但説箇「矩」字，便兼有上下四旁意，原來矩是這樣物也。○「所惡於上」者固即是矩，「毋以使下」者固即是絜矩，但未足以盡「矩」字之義。矩，所以爲方之器也，終是要四畔周匝意思出，故《章句》一則曰「上下四旁，均齊方正」，二則曰「上下四旁，長短廣狹，彼此如一」。○「先後」、「從前」之義謂何？曰：彼既爲後，我當其前，便爲先後；彼既爲前，我承其後，便爲從前。從先二字，初無不好，但看所以從之先之者如何。下句「交於左」、「交於右」，「交」字亦何不好處。

「所惡於上」一條，亦不過形容絜矩之意義如此，非實就有天下者分上事説也，只説得取平之意在。觀《或問》所謂「各就其中，校其所占之地」云云者，益可見矣。○此條分明只是説出絜矩模樣，非正言其事也。若正言其事，則《章句》「彼同有是心而興起」三句俱無所用之矣。前云「上下四旁，均齊方正」，後云「長短廣狹，彼此如一」，知「君子絜矩」一條本無上下四旁之位，則知「所惡於上」一條亦無長短廣狹之物矣。故曰：要會其意，而無泥其辭。

「上下四旁，長短廣狹，彼此如一」，若以意言，則自天子以至於天下庶人，各得隨其分以盡其孝、弟、慈之道，不我有而爾無，不此厚而彼薄，便是下文所謂「彼同有是心而興起焉者，又豈有一夫之不獲哉」是也。○既云「彼此如一而無不方矣」，下却又云「彼同有是心而興起焉者」云云，似前意已完，而復提掇，且不相貫，如何？曰：上文所云者，是解「絜矩」正義，就上下左右前後説，未説上平天下意，故繼之以「彼同有是心而興起者」云云。

「彼同有是心」之上，似當承上文添助一句，云「夫爲天下國家而所以處心制事者，一出於此，則彼之同有是心者」云云，尤是明白耳。○自古聖賢析理，未有如朱子之繭絲牛毛者。且如「長短廣狹，彼此如一」，此數字下得自不苟。蓋廣狹如一，而長短不如一，非方也；長短如一，而廣狹不如一，亦非方也，其意義固周匝也。若周、程、張、邵諸先生之解經，則或未得如此之縝密。

「所操者約，而所及者廣」，只是我一人之心耳，然推之東海而準，推之西海而準，又推之南海、北海而準，所謂守約而施博者也。愚嘗謂：一孝、弟、慈而天下無異心，一絜矩而天下無餘事。○「章内之意，皆自此而推之」，言皆自以己度人而推之也，故章末總注云「皆推廣絜矩之意也」。絜矩之道，一貫之理也，何也？　矩即吾心也。毋以事上者，此心也。毋以使下者，此心也。毋以先後、毋以從前者，此心也。毋以交於左，毋以交於右者，亦此心也。故君子推之東海而準者，此心也。推之西海而準者，此心也。推之南海、北海而準者，亦此心也。此蓋曾子所傳於夫子一貫之學，可以見之事功之實者也。曾子嘗曰「夫子之道，忠恕而已矣」，絜矩即恕也，無忠做恕不出也。

《或問》曰「使吾之身一處乎此，則上下四方，物我之際，各得其分，不相侵越」，此以己身統對上下四方，言其平也。又曰「而各就其中，校其所占之地，則其長短廣狹、又皆均平齊一，截然方正，而無有餘不足之處」，此又是以己身與上下四方逐一度之，而見其平也。如以己身度之於上者分數如此，以己身度之於下者分數亦如此，無或有餘或不足也。以己身度之於左者分數如此，以己身度之於右者分數亦如此，無或有餘或不足也。前後亦然。蓋上節是統言之，下節是析言之，方得絜矩意義周匝也。要之，只用上一節意亦自該得下節矣，恐人不及致詳也，故於此備言之。

《或問》上節統言之者，是本文「所惡於上」至「毋以交於右」之全意也。下節析言之者，是本文「所惡於上，毋以使下」至「所惡於左，毋以交於右」，逐條之意也。故曰只用上一意，亦自該得逐節意矣。○所以必兼兩意者，意蓋謂若得上下均，而前後不均；或上下前後皆均，而猶有左右不均；或上下前後及左已均，而猶有右一邊不均，則亦未可謂之平也。故或只統言之而意已該，又或兼析言之以備其意也。○《或問》云「庭除之内」，除亦庭也，古人除草以爲庭，故云庭除，又云堦除。

《或問》云「跬步之間」，跬，羌垂切，舉一足行也，即半步也。

「《詩》云：樂只君子，民之父母」

此引《南山有臺》之詩而釋之，以明能絜矩者之得也。《詩》之云云者，以其知民心之好惡不異乎己，而推己之好惡以及於人也。如各得遂其孝、悌、慈之願者，民心所好也，君子則平其政以處之，使得遂其孝、悌、慈之願焉，是好民之所好也；不得以遂其孝、悌、慈之願者，民心所惡也，君子則早爲之所，凡不便於民者悉蠲除之，使不至於不得遂其孝、悌、慈之願焉，是惡民之所惡也。夫君子能絜矩，而以民心爲己心如此，是不以民視民而以子視民矣，民獨不愛之如父母乎？蓋上下施報，必然之理也。故曰：「此之謂民父母。」❶

以傳文味之，則似不以民之父母爲效，「此之謂」三字可見也。❷以《章句》味之亦然，「則是」二字可見也。既曰「愛民如子」，又曰「民愛之如父母」者，愚所謂理之必然也。蓋主「愛民如子」四字，而以「民愛之如父母」數字足其意耳。〇若不足以「民愛之如父母」一意，則亦非下文得衆則得國之意，且又不見其爲能絜矩者之得也，足此一句爲盡之。〇詩人本意「民之父母」與上下文「邦家之基」、「邦家之光」等同，元不以爲效也。

---

❶「民」下，四庫本及《大學》有「之」字。

❷「三」，原作「二」，今據嘉靖本、四庫本改。

「民之所好好之，民之所惡惡之」

○此「好」、「惡」字所該自廣。或專自用人言，以爲下文惟仁者能好惡人，及好人所惡，惡人所好，正與此相應者，誤矣。原《南山》之詩，初無所謂用人者。味本文之旨，則但見其概承上文絜矩而言耳。味《章句》之詞，亦但言其能絜矩，而以民心爲己心而已，皆未見得專就用人一端言也。其固執專就用人一端言者，謂下文「好人所惡」條《章句》云「自《秦誓》至此，又皆以申言好惡公私之極，以明上文所引《南山有臺》、《節南山》之意」，遂以爲此兩節皆是言公私好惡之意，抑不知此章大旨止是絜矩，絜矩止是與民同好惡。❶好、惡二字自是無所不該，如上文「所惡於上」一條，正解「絜矩」二字之義，所包固盡矣。故或上節概言好惡，下節專就用人言好惡。其言用人，雖若與上不同，其就用人言好惡則歸於同也，此便是「申言好惡」矣。安得因《章句》「申言好惡」數字，而逆以下文反證上文，謂其亦專就用人一端言耶？

或者又曰：章末《章句》云「此章之義，務在與民同好惡而不專其利」，「不專其利」，以理財言，則「與民同好惡」非以用人言而何？又《或問》云：「此章之義博，故傳言之詳，然其實不過好惡、義利兩端而已。」義利二字，亦以理財言也，則好惡二字，又非專言用人而何？是不然。單言好惡，則自無所不該。若對義利言，則好惡又止屬用人，而義利屬理財矣。此猶單言仁，則包得義、禮、智。若對義、禮、智言，則仁又只是愛之一端矣。經中如此類者，固非一二。見朱子當時只用好惡二字以該之，似亦足矣，又必兼言義利

❶「止」，嘉靖本作「只」。

者，何歟？蓋以好惡二字，於理財之義，本不甚顯。况又自《秦誓》以下，好惡字皆偏指用人，此《章句》所以不得不於好惡之下，復掇以「不專其利」數字，而《或問》又續出義、利二字也，其垂訓之意亦至明白矣。大抵萬世學者讀書解義之法，不出孟子所謂「不以文害辭，不以辭害意，以意逆志，是爲得之」之説矣。不然，鮮有不泥於辭而病於理。

「節彼南山」

○此詩家父所作，刺王用尹氏以致亂也。尹氏爲太師，蓋吉甫之後，《春秋》書「尹氏卒」，譏世卿也。民所瞻仰，或曰：望其能推己以及人也。

「赫赫師尹，民具爾瞻」

○望重則責深也，故曰「有國者不可以不慎」。「有國者」，不必專指師尹，此特引之以起下云。○「有國者不可以不慎」，且慢説好惡字出，所該意廣也。故下條《或問》云「上言有國者不可不謹，此言其所謹而當先者尤在於德也」，則似德之外，更有在所當謹者，而好惡亦在其中矣。若專説好惡，則「先慎乎德」亦説不來，此只是因下文《或問》而致遷就之意。其實《或問》意未甚精，觀下條以財散民聚爲有德而有人，可見好惡不偏即是德也。《或問》蓋多出門人之手。

「有國者不可以不慎」，正謂其好惡不可偏也，故繼之曰「辟則爲天下僇矣」，其旨不既彰彰哉？○《正韻》：「戮，刑也，殺也，病也，辱也，亦作僇。」又「僇」，注曰：「《莊子》『爲世大僇』，《田單傳》『僇及先人』。」按此「僇」字，正當作「辱」字看。

「殷之未喪師」

只看一「未」字，則今日之已喪師可見矣。此詩是殷亡後，周公戒成王而作。○「儀監于殷」，儀，《詩》作宜，今從之，儀義無取。

「道得衆則得國」

○二句説指殷爲當，❶如道善則得道學也之類。❷既著箇「道」字，便是釋文之辭。《或問》所謂「言能絜矩，則民父母之，而得衆得國矣；不能絜矩，則爲天下僇，而失衆失國矣」，此乃以上二條貼入此條之意，必非得衆得國、失衆失國二句全是説上二條也，正意還是釋《詩》本文。

《詩傳》曰：「殷未失天下之時，其德足以配乎上帝矣。今其子孫乃如此，宜以爲鑒而自省焉，則知天命之難保矣。」○此詩周王戒成王而作，其曰「克配上帝」，元只主德言，《大學》則主位言矣，然意亦相通。

○《章句》云「引詩而言此」，何不云引《詩》而釋之？曰：大抵只是要得失二字意出，故周旋其辭，其實未必不是釋也，分明有箇「道」字。

「有天下者能存此心而不失，則所以絜矩而與民同欲者，自不能已矣」，此正傳者引《詩》而言此之意，後人所宜念也。

---

❶ 「説指殷」，四庫本作「指殷説」。

❷ 「善」，嘉靖本無此字。「得」下，四庫本有「之」字。

「君子先慎乎德」

○能慎德，則必能絜矩而有人矣。看來能公好惡就是德，如「未有上好仁而下不好義者也」，好仁亦只是公好惡，即絜矩而已。財之與用，要甚分不得。

「有德此有人」

此，斯也，即是能絜矩而民父母之。○有德即是能絜矩，若好惡不公，豈所謂意誠、心正、身脩哉？

「德者本也，財者末也」

○不可説德爲財之本，財爲德之末。此一節起下「本」、「末」字，承上意，故曰「本上文」，非結上文也。

「争民施奪」

財用在天地間，只有此數，在上人既一事聚斂，則財歸於上，民窮無所出，自然相侵相盗而刼奪起矣。❶争民便是施奪，謂之施奪，見其起於上之外本内末也。○「外本内末，故財聚；争民施奪，故民散」，看兩「故」字就是本文「是故」二字。蓋外本内末，財始聚；争民施奪，民始散，又略有先後。○財散不必言散財於民，只不聚財於上便是也。民聚亦只是不離散耳，亦不必説近悦遠來。如周之成、康，繼世有天下，又安得更有遠來者？近時程文於有人有土處，皆説出化外去，亦似泥矣。

「言悖而出者，亦悖而入」

❶「相侵」，嘉靖本無此二字。

《或問》引鄭注云「君有逆命，則臣有逆辭；上貪利，則下人侵叛」，今當依此貼之。但言悖出悖入一句，本以起下句，故《章句》云：「此以言之出入，明貨之出入也。」〇上句不當因鄭説，而遂泥定以爲人君之言。凡人言語皆然，故一則曰者，二則曰者，是并下句皆泛説。鄭説雖只就人君言，意則與之脗合無間，故引之且云「得其旨矣」。是其説偶得傳者之旨，而未必是正釋其義也，與下二公之言，可謂深得此章之旨者同。

自「先謹乎德」至「亦悖而出」五條，只是一意反覆。〇善則得，不善則失，命何常之有？

《章句》云「因上文引《文王》詩之意而申言之」，蓋《文王》詩實結上文兩節之意。則此之申言者，亦皆結自先謹乎德以下云云，亦有能絜矩與不能絜矩之得失兩邊意也。❶故《或問》曰：「善則得之者，有德而有人之謂也；不善則失之者，悖入而悖出之謂也。」〇大抵此章雖或就理財言，或就用人言，其實只要得能絜矩與不能絜矩者之得失意現耳。用人也，有絜矩之能否；理財也，有絜矩之能否。〇「其丁寧反覆之意益深切矣」，丁寧者，正是所謂「有天下者能存此心而不失」云云之意。

人但知《章句》云「因上文引《文王》詩之意而申言之」，遂以爲無關於「先慎乎德」以下，而不知所引《文王》詩既爲結上文所引《南山有臺》、《節南山》之意，則此一節謂之「申言」，亦當爲收結「先慎乎德」以下之意

❶ 「也」，原作「似」，今據嘉靖本、四庫本改。

矣。況《或問》明謂「亦承上而言之」云云，❶安可忽耶？○且自「先慎乎德」以下，又因財貨以明能絜矩與不能者之得失。自《秦誓》以下數條，又皆以申言好惡公私之極，以明上文所引《南山有臺》、《節南山》之意，則此兩大段亦皆爲申言耳。總是絜矩之意，層見疊出。

「舅犯曰」

母之兄弟曰舅，妻之父亦曰舅，此是母舅。○申伯，宣王元舅；長孫無忌，唐高宗元舅，皆母舅也。詩《秦風·渭陽》「我送舅氏」，亦母舅也。《左傳》僖二十四年「公子曰：所不與舅同心者，有如白水」，注曰：「文公，狐偃之甥。」蓋文公乃狐姬所生也。又按《孟子》「帝館甥于貳室」，則古人於翁婿亦稱甥舅。

「《秦誓》曰：若有一个臣」

○一个，亦不必説是挺然獨立而無朋黨之謂，只用平平底説，若下文所言皆是氣節的事亦可。今既然朱子又不訓，何從見其爲挺然獨立而無朋黨之謂，非是説他未能無朋黨，但未及説到此意耳。○「斷斷兮無他技」作一句讀，不可謂有德無才。○味「斷斷兮無他技」之辭，穆公蓋亦苦於大臣之不能容才，故其所取者如此。

「其心休休焉，其如有容焉」

即是休休處有容也，不可分二意。其曰「其如有容」者，心之容物無形，此蓋以物之有容者狀之之詞。兩

❶「問」，原作「間」，今據嘉靖本、四庫本改。

句文意，頗類「恂恂如也，似不能言者」，又如「鞠躬如也，如不容」，「足縮縮如有循」之類。❶ ○「其如有容焉」，言如物之有容者，蓋人之一心，豈真有許多大、有許多闊，可以容受許多物哉？ 故爲之形容曰「其如有容焉」，此正指其心之休休處然也。

「人之有技」，有才者也；「人之彦聖」，有德者也。 彦聖猶云俊傑，連類字也。「彦，美士也」，美是懿美，指純德君子言。「聖，通明也」，不曰通也，又不曰無不通，而曰通明，可見是指一節言，與「智、仁、聖、義、中、和」之「聖」同也。

「不啻若自其口出」，尤重於「若己有之」，「違之俾不通」，尤重於「媢嫉以惡之」，蓋以其賢之小大，而異其待之之心也。 彼妬忌之人，見小賢則小惡之，見大賢則大惡之，其待之亦有淺深。 ○孔穎達《注疏》曰：「愛彼美聖，口必稱揚而薦達之。 其心愛之，又甚於口，言其愛之至也。」○如有技者、彦聖者，皆民心所好也，而我亦好之，是好民之所好也，則絜矩不在我乎？ 下文反看，講此一節，須有此意方是，❷更有得失之意。

「以能保我子孫」

「以」字人皆以人君用此人爲言，殊未是。 蓋以用也，古今文字所謂能用者甚多，豈皆以用人言？ 況「一

---

❶ 「縮縮」，《論語》作「蹜蹜」。

❷ 「有」，嘉靖本作「承」。

个臣」，便是人君所用者了。借曰亦有在位而不用者，如三仁之徒，然以人君用此人爲絜矩，則大臣好惡之公是無預於絜矩者乎？而與朱子小注所謂「斷斷者，是能絜矩；媢嫉者，是不能絜矩」之説背矣。大抵《秦誓》之言出於穆公，未必是説絜矩，《大學》引之，所以明絜矩也。《秦誓》之言重在大臣，朱子引之亦取好惡公私之意以明絜矩，豈必主於人君用之哉？○「以」字亦不是閑字，但鄙意不欲説做人君用此人。秦穆公當時説出此話，豈知後數百年有引之以釋「治國平天下」之義者哉？傳者引之，只見所説有合於能絜矩與不能絜矩之意，又何暇計其爲人臣之事，與其利害又在於君哉？故「以」字不必泥。

「以能保我子孫」爲句，「黎民」字帶下讀。大抵春秋戰國之君，多知有子孫而不知有黎民。如孝公用商鞅，屠戮其民不啻若犬豕，然其爲子孫計則亦密也。穆公固亦知有黎民者，故云「黎民尚亦有利哉」，然語意自輕於子孫也。○況《或問》云「好善之利及於子孫，不好善之害流於後世」，此與《易》「積善之家，必有餘慶」下程傳云「所積者善，則福慶多於子孫；所積不善，則灾殃流於後世」意正同也。○按唐朝《尚書注疏》古本所圈點，讀至「黎民」字爲句，而今蔡氏《書傳》無明訓。

又按「黎民尚亦有利哉」，《章句》云「尚，庶幾也」，只此一義亦足以證「黎民」二字之屬于下，蓋若平説以能保子孫黎民，則其利無以加矣，而乃曰亦庶幾有利，何哉？

「惟仁人放流之」

○依本文則上云「惟仁人放流之」云云，此處已是説他至公無私了，下文只引孔子所言以證之，「能」字好看也。○必能於媢嫉者放流之，而其放流之也，又直至「迸諸四夷」方爲仁人之惡人，方爲能惡人也。以下條「見不善而不能退，退而不能遠，過也」照看便見得。○媢嫉之人，雖未到至公無私者，亦或知惡之，但必「放流之」至「迸諸四夷」方爲至公無私之人，方爲能惡人也。○玉溪盧曰：「媢嫉之人，待之宜如此，謂之能惡人可也，而謂之能愛人何也？蓋小人不去，則君子不進。去小人不能絕之，則雖進君子而不能安之。去小人，固所以進君子；絕小人，乃所以安君子。吾之威在媢嫉之人，吾之恩在天下後世矣。」此説儘有理，但恐非傳者本意。傳者只是引孔子成語，不容去了「能愛人」三字也。《或問》謂「不惟保安善人，使不得肆其害；亦所以禁伏凶人，使不得稔其惡」者，是答問者「疾之已甚」之説，非以爲孔子「能愛人」之本旨也。

吴季子之説獨不兼好惡，亦是見得正。○遠而置之無人之境，以禦魑魅而後已。○魑，《正韻》曰：「鬼魅，《左傳》作螭。」○螭，《正韻》曰：「似蛟無角，如龍而黄。」○魅字無所考，《正韻》失之。○《文章正宗·辭令門·定王使王孫滿對楚子》篇云「螭魅罔兩莫能逢之」，注云「螭，山神，獸形。魅，怪物。罔兩，水神」。

「見賢而不能舉，舉而不能先」

○終落在「惡人之所好」一邊，要他何用。

「見不善而不能退，退而不能遠，過也」

○過，謂失了，此等人正當放流而迸遠之，却乃將就處之，是錯了，如云失刑也。○「好人之所惡」，《或問》作阿黨媢嫉説。然則此所謂賢，正是休休有容者；此所謂不善，正是媢嫉者，皆承「惟仁人放流之」一段說，下申言好惡公私之極。○一説上文只説箇好惡公私而已，至此則言見人之有技則如何，見人之彦聖則如何。或於娼嫉之人而放流迸遠之，有如此之公；或又有好人所惡，惡人所好，而拂人之性，有如此之私；或又有一等人，知所好惡而未能盡好惡之道，故此申言好惡公私之極。極，謂至於盡也。不必説《秦誓》爲好惡之公私，放流之爲公之極，好人所惡爲私之極。然按朱子小注「斷斷者，是能絜矩；娼嫉者，是不能絜矩」，仁人放流之是大能絜矩，好人所惡是大不能絜矩，則彼所云者又似是也。然據《章句》説，亦自該得此意，小注之説太傷於分析。○好惡公私，各有箇極處。此節有言好惡之公者，有言好惡之私者，有言其好惡之極其公、極其私者，有言好惡之未至於極者，今皆并舉而言，是爲「申言好惡公私之極」矣。○一説「好惡公私」之「公私」，以事言；至公無私之公私，以心言。事之公者，絜矩也；心之公者，其所以絜矩者也，故下文即斷之曰「君子有大道，必忠信以得之，驕泰以失之」。○「此謂惟仁人」至「災必逮夫身」，合此三段觀之，有天下者之鑑戒略備矣。

「是故君子有大道」

承上文而結之，意蓋謂好惡有出於公者，有出於私者，而其所以有公私之不同者，以存心有不同也，故曰云云。

「君子，以位言之」，此章上兩箇「君子」皆不釋，獨於此釋曰「以位言之」，下文又曰「道，謂居其位而修己治人之術」，凡兩舉「位」字何故？曰：此言「君子有大道」，要署以「生財有大道」例求其語意。蓋君子者，有天下國家者也。傳者之意，以爲有箇天下國家，便有箇所以處這天下國家的法則在，是君子有箇君子的大道也。總是上文君子，但語意畧不同。其釋大道必兼修己言者，君子是治人者也，治人終離不得脩己。以此章「絜矩」二字求之，矩便是脩己者，絜之則所以治人矣。故釋「新民」章，必先之以《盤銘》言自新，而自釋齊家治國以下，皆必以脩己之事爲言，此理萬古不能易也。

「君子有大道」二句，不是專就能絜矩者言，尚有「驕泰以失之」一邊。○大道，正指絜矩之道。此箇道，乃天下之所以平者也，故謂之大道。所謂「所操者約而所及者廣」，不謂之大道而何？○大道，是絜矩之尊稱也。○此題於「君子有大道」一句，❶未可用多言語講之。

「發己自盡爲忠」，此「自盡」是「親喪固所自盡」之「自盡」，不能自已之謂也。○「發己自盡爲忠，循物無違爲信」，忠信是一宗事。如爲子願孝，爲弟願弟，爲父兄願慈者，己之心也。父莫不欲子之孝，兄莫不欲弟之弟，子弟莫不欲父兄之慈者，物之理也。盡吾心之孝以事吾父，盡吾心之弟以事吾兄，盡吾心之慈以恤吾子弟，此則所謂盡己之心而不違於物者也。忠信豈判然二事哉？○何謂「循物無違」？❷如云老者有安之理，吾從而安之；朋友有信之理，吾從而信之；少者有懷之理，吾從而懷之，此正所謂循於物理而無違者也。○忠、信二字分言之，則曰「發己自盡爲忠，循物無違爲信」；合言之，則曰盡己之心而不違於物，然總之則皆爲脩己之事也。若大道則絜矩之謂，以己治人之事也。大道，恕也，無忠做恕不出，故大

❶「此」上，嘉靖本有「又」字。
❷「何」，嘉靖本作「所」。

道必以忠信而得也。

忠信，謂盡己之心而不違於物也。盡己之心而不違於物，謂如盡吾心之孝以老吾之老也，盡吾心之弟以長吾之長也，盡吾心之慈以幼吾之幼也。夫然後能以一己之心度天下之心，而知天下之心無異於一己之心，即推一己之心以及乎天下，使天下各有以遂其心矣。此正所謂「老吾老以及人之老，幼吾幼以及人之幼，天下可運之掌上」者也。忠信得大道之旨蓋如此，若驕矜侈肆，則惟知有己而不知有人，雖至親父兄子弟間已莫之省顧，固無能推以及天下之理矣，天下何由而平哉？○忠信與大道，俱説得孝、弟、慈。但忠信之孝、弟、慈，是所謂上老老、上長長、上恤孤者也，是脩己事。大道之孝、弟、慈，則是所謂絜矩之道，使天下之人各得遂其孝、弟、慈之願者也，是推以及人事。○或謂忠信只是心上工夫，不可説涉於脩爲。曰：非也。按《朱子語類》「乾九三文言」條：「或問：忠信，恐只是發己自盡，循物無違？朱子曰：此是言應事接物者，却又是脩詞立其誠了。」以朱子此言照之，則盡己與循物字面的有所指，而忠信之爲自盡其孝、弟、慈於己者爲無疑矣。○此忠信，是單言忠信，與《論語》「三省」章分説不同。「忠信以得」之「忠信」，蓋孝、弟、慈之自盡者也。得大道，是能使天下人人各遂其孝、弟、慈之願也。不然，則無己可推，所厚者薄，無所不薄矣，正「驕泰以失之」之謂也。大抵必先有盡己循物之心，❶然後能行推己度物之政。○絜矩，恕也。無忠做恕不出，故曰「忠信以得之」。蓋惟忠而後所如之心始得其正，是亦此篇先後本末

❶ 「盡己」，嘉靖本作「自盡」。

之意也。○忠信者，循理人也；驕泰，徇欲人也。循理者，自能推己；徇欲者，惟知有己，此大道之所以得失也。固是就心上説，所謂天理存亡之幾。

一説忠信以得、驕泰以失，只是謂大道之得失，係於吾心之敬肆，無許多煩擾説話也。○忠信者，盡己以處物也；驕泰者，惟知有己不知有物也。以此意求之，於本旨最爲明切，且與《章句》、《或問》所解，一一脗合而無間。○「驕者矜高，泰者侈肆」，既矜高則侈肆矣。○恣己徇私，惟知有己也；以人從欲，不知有人也。此與發己自盡、徇物無違，正相反。○以人從欲，謂都不管他人好不好，只把他人來就我所欲。如我只要自己自在，父，我也不理他；兄，我也不理他；幼，我也不理他，如此則無己可推矣，又安能絜矩？《或問》「忠信者，盡己之心而不違於物」，「盡己之心」貼「忠」字，「不違於物」貼「信」字。又曰「驕泰，則恣己徇私，以人從欲」，「恣己徇私」亦貼「驕」字，「以人從欲」亦貼「泰」字。○「矜高」，類「恣己」字；「侈肆」，類「從欲」字。○「以人從欲」，文意與「以身發財」相類，此是以他人來從己欲，彼是以己身去發財利。

章內三言「得失」而語益加切。得衆得國、失衆失國之得失，以人言者也；善則得、不善則失之得失，以身言者也；忠信則得、驕泰則失之得失，以心言者也，故曰「語益加切」。前云「深切」，故此云「益加切」。

「天理存亡之幾決矣」。○能絜矩與不能絜矩，天理之存亡也。忠信、驕泰，天理存亡之幾也。

天理其實只是事理，理便是天底，如所謂「盡夫天理之極」。○朱子小注云「忠信乃天理之所以存，驕泰乃天理之所以亡」，此可以證天理之爲大道。○《章句》云「章内三言得失」，首所言得失指國，次指天命，末指大道。此所謂加切者，蓋以謂善不善切於得衆失衆，❶而忠信、驕泰又切於善不善也。

「生財有大道」

言有國家者，欲得財用，則生之自有箇大道，而無事於聚斂也。孟子曰「無政事則財用不足」，政事是大道。○「生之者衆」，四「之」字皆以財言。

「此因有土有財而言」，何不從有德有人説來？曰：「有土此有財」，但在生之有其道耳。此義爲切，故截自有土有財言，《或問》亦曰「此所謂有土而有財者也」。○務本節用，便是不厚斂於民，便是好惡之公，便是絜矩。○國無遊民，朝無倖位，都從別人説。故吕氏云生者衆，食者寡，不違農時，量入爲出，則從自己出，故只云爲之疾、用之舒。本文雖一般用「之者」字，而先儒求理之密乃有如此之别。○有國有家者，俱要勤儉。「生之者衆，爲之者疾」，勤也，務本也，豐財之源也；「食之者寡，用之者舒」，儉也，節用也，止財之流也。如《孟子》「五畝之宅，樹之以桑，百畝之田勿奪其時，雞豚狗彘之畜無失其時」，亦勤也。必五十而後得衣帛，必七十而後得食肉，是亦儉也。所謂「食之以時，用之以禮」也。

「仁者以財發身」

頭會箕斂。○《前漢書・陳餘傳》：「秦吏到民家，計人頭數以箕斂之，而供軍需。」

此仁者與不仁者，都從心上言。及以財發身，以身發財，方見絜矩之能否，併其得失也。○仁者散財以得

---

❶ 上「善」，原脱，今據嘉靖本補。

民，民歸則身尊矣，故曰「以財發身」；不仁者，亡身以殖貨，貨聚則怨，斂而身危矣，故曰「以身發財」。

「生財有大道」至「仁者以財發身」

不可以上節爲生財，下句爲散財。蓋「生財有大道」，便不是外本内末以聚財者矣。不外本内末以聚財，便是散財而可以得民矣。故曰：「自此以至終篇，皆一意也。」

「未有上好仁」一條

○承上文言「仁者以財發身」之必然也。《或問》曰：「此以財發身之效也。」上、下以君民言，好仁内既有絜矩，則亦兼有事在矣。好義内亦然，故戴之爲君，親之如父母，車乘芻粟民爲之出，板幹力役民爲之供，是好義也。民既如此好義，吾見事必有終。爲臺爲沼，則不日成之；鑿池築城，則效死守之；以戰則勝，以攻則取，舉無不如吾願矣，是爲事必有終也。○「其事」，上之事也，與下文「非其財者也」之「其」字，皆指在上者言，看《章句》意亦然。

「孟獻子曰：畜馬乘」

孟獻子既是孟氏，而又曰「仲孫蔑」者，此與《論語》「孟懿子，魯大夫，仲孫氏」正同。蓋本是仲氏而今却爲孟氏，以别於本支，不敢與本支序也。○「畜馬乘」只言「察雞豚」者，士初試爲大夫，未必能畜牛羊，且未有實封百乘也。「伐冰」言「牛羊」者，卿大夫以上，其謀利又不止事小小雞豚間矣。獨於百乘言聚斂之臣者，此因采地言。采地所出，已足以給矣，乃又用家臣，於采地所出之外多方裒取之也。若惟正之供，則不謂之聚斂。此三事皆是當時之弊，獻子有激而云也。三段皆有絜矩之義。

「百乘之家」，有采地者也。○按天子之公卿，亦有采地者也，今泛言有采地者，蓋以采地就承百乘言。《正韻》：「因官食地，故曰采地。采，官也。」《書》曰「疇咨若予采」，又曰「亮采惠疇」，謂官家事也。又有僚采之説。○大夫百乘，陳文子有馬十乘，則以爲富家，何哉？且文子大夫也，如何只有馬十乘？或以爲百乘者，據采地所出兵車之數言；十乘者，據其家見在所畜者言，自有理也。○古者問大夫之富，數馬以對，蓋據見在所畜者言，若據采地所出，則大夫便有百乘，不待問、不待數矣。見在有畜馬十乘，可不謂富乎？○「畜馬乘不察於雞豚」，「百乘之家不畜聚斂之臣」，這便是能絜矩。然則謂以能保我子孫爲人君用之者，拘矣。

「與其有聚斂之臣，寧有盜臣」，吴季子曰「盜臣竊主之財以自私耳，能貧家而不能破家，能蠹國而不能亡國。乃若聚斂之臣，則挾利進身，爲主斂怨，用之家必破、國必亡。擇禍莫若輕」云云。此是本文下條意。○按吴説雖有理，然於《章句》所謂「君子寧亡己之財，而不忍傷人之力」者，其旨稍異。又《或問》云「聚斂之臣，剥民之膏血以奉上，而民被其殃；盜臣，竊君之府庫以自私，而禍不及下。仁者之心至誠惻怛」云云，固《章句》意也。○「不畜聚斂之臣」，或以此兼用人言，非也。須看此謂「國不以利爲利，以義爲利」之句，下文雖有「必自小人」之説，亦只是言小人壞之於前，雖君子亦不能善其後，以明「以利爲利」之害耳。故《章句》曰：「此一節，深明以利爲利之害，而重言以結之。」

「此謂國不以利爲利，以義爲利也」

如以利，則畜馬乘察雞豚，與畜聚斂之臣，亦可爲矣。惟以義，則非其所安，而不可爲也。故曰：「不以利爲利，以義爲利也。」程子謂「義之所安，即利之所在」，蓋是上段所謂「以義爲利」之意。上段所計，只在義不在利也，正所謂「正其誼不謀其利」者。至下段乃言若不以義爲利，而以利爲利，終亦必無利而有害，固不如以義爲利，而不以利爲利之爲愈也。此説疑是傳者本意，《章句》之意宜亦然。觀《章句》云「君子寧亡己之財，而不忍傷民之力；故寧有盗臣，而不畜聚斂之臣」，推此意也，於利意何有哉？至下段乃曰「此一節，深明以利爲利之害，而重言以結之」，是多少明白。其重言以結之，依舊與上段結語意同。《或問》之言，於兩段結語之意蓋不拘拘，蓋《章句》精矣。此猶「誠意」章上段言「君子必慎其獨也」，是自君子言之，至下段極言小人不能慎獨之弊，欲其重以爲戒，而又言「君子必慎其獨也」以結之。二處義例正相類也。○《或問》之言宜更詳之，《或問》未必皆朱子之筆，故《中庸序》以爲一二同志記所嘗論辨取舍之意，别爲《或問》云。○前條「國不以利爲利，以義爲利也」，只是義之所安即爲利，未是以爲利之害處，而照見爲義之利也，何也？畜馬乘之不察雞豚，伐冰之不畜牛羊，與百乘之不畜聚斂之臣，君子之心只是以義之不可而不爲，非是計到爲利之害而不爲也。故《章句》云「君子寧亡己之財而不忍傷民之力」，《或問》曰「仁者之心至誠惻怛」云云也。至下節「必自小人」一條，乃是深明以利爲利之害，而重言以結之。正如「誠意」章「小人閒居」一條，以君子重爲戒而必謹其獨者一例。

「長國家而務財用者」

此承上文言「以利爲利」之害，益可以見「國不以利爲利，以義爲利也」。○凡長其國家而務財用者，其始也必有小人以導之。蓋財利人所同好，自非上智之主鮮有不溺於此，故小人之媚其君，多借此以爲媒進之階。今人之欲中其人者，亦未有不投之以其所好也，而小人之情狀可得矣。

「彼爲善之，小人之使爲國家」

言小人豈可用哉？一用之爲國家，剥民之膏血以誑其上，用致天菑人害相仍並至。雖有賢德之君子，起而救之，然怨已結於民心，則非一朝一夕之可解，故君子亦莫如之何矣。向使不用小人而與民絜矩，則財散民聚而身尊，亦何至有今日之患哉？此謂「國不以利爲利，以義爲利也」。○此章所引所説，或人君事，或人臣事，又或概説，蓋傳者於此都不管，只要説箇絜矩意在耳。○「此章之義，務在與民同好惡而不專其利」。○「與民同好惡」，用人也；「不專其利」，理財也，還是二項。故《或問》曰「其實不過好惡義利之兩端而已」，兩端，言好惡一端，義利一端也。不可説是或好利而惡義，或好義而惡利也。○此「兩端」字，不與《中庸》、《論語》之兩端同。○用人理財之説，不可不用。○「民之所好好之」以下二段，好惡統言者也。○自「先謹乎德」以下，并《楚書》、舅犯之言，皆因財貨以明能絜矩與不能者之得失，理財也。○自「秦誓」以下，又皆以申言好惡公私之極，用人也。○自「生財有大道」以下，又言理財之能絜矩與不能絜矩者也。○故總之曰「務在與民同好惡而不專其利」，又曰「皆推廣絜矩之意也」。則理財用人，總是絜矩中事目，而傳者之意只重絜矩，不重理財與用人也。○「絜矩」二字是此一章之骨子，而「得失」二字又是眼目所在。蓋三言得失，意益深切，此最可以喚醒有天下國家者惰慢安肆之心，而朱子亦甚有味於其言，而爲後人喫緊道之矣。故於「殷之未喪師」條，注曰「引詩而言此，以結上文兩節之意。有天下者，能存此心而不失，則所以絜矩而與民同欲者，自不能已矣」。於「惟命下于常」條，注曰「因上文所引《文王》詩之意而申言之，其丁寧反覆之意益深切矣」。至篇末「君子有大道」條，則又曰「此因上文引《文王》、《康誥》之意而言。章内三言得失，而語益加切，蓋至此而天理存亡之幾決矣」。大抵國之得失，一判於衆之得失而已耳；衆之得失，又判於一人之善不善而已耳；一人之善不善，又只判於一念之忠信驕泰而已耳，則夫有天下國家者，可不知所務哉？嗚呼！此堯舜之所以兢兢業業，一日二日萬幾也；禹之所以臨兆民，若朽索之御六馬也；湯之所以慄慄危懼，若將隕於深淵也；文王之所以小心翼翼，無斁亦保也；武王之所以不敢泄邇忘遠也。《大學》爲萬世開太平而作，況此章爲有天下者設，安得不諄諄於其所以得失之際，以爲保邦制治之規也哉？○「第五章乃明善之要」，格物致知通是明善，「要」字何安？曰：明善是致知，其要在格物。○「第六章乃誠身之本」，所謂誠其意者，自脩之首也，又是一箇關頭也。不曰脩身，而曰誠身者，此明善、誠身皆用《中庸》二十章之言，欲以明曾子、子思相傳之一道也。

重刊蔡虚齋先生四書蒙引卷之三

「中庸章句序」

《中庸序》説得一箇道統之傳，意思甚分明，讀者不必别分節段可也。今提出序中眼目，便見首之曰「子思子憂道學之失其傳而作也」，下句便説「蓋自上古聖神繼天立極，而道統之傳有自來矣」。曰「堯之所以授舜，舜之所以授禹」，授即傳之也。曰「自是以來，聖聖相承」，既皆以此而接夫道統之傳。曰「若吾夫子，繼往聖，開來學」，曰繼曰開，亦傳也。曰「唯顔氏、曾氏之傳得其宗」，曰「及曾氏之再傳」，曰「自是而又再傳以得孟氏」，曰「程氏得有所考，以續夫千載不傳之緒」。至於自叙，則曰「雖於道統之傳不敢妄議」云云，然乃所以自見其有不得而辭者矣。但自文、武、周、召而上，則任是道統之傳者皆得以行之於上；自孔子而下，則任是道統之傳者僅得以明之於下。孔子之後，子思繼其微，至孟子而遂泯。孟子之後，程子繼其絶，至朱子而益明。然是道也，雖曰至孟子而遂泯，而此書則不泯也。雖曰至朱子而益明，非此書則不明也。子思之功於是爲大。

○道學之有成者，始得以與夫道統。道學以講道言，道統以傳道言。

「人心道心」

有是人則有是耳目鼻口四肢之類，故以耳目鼻口四肢之欲爲人心。道心指仁義禮智之性，則純是一箇天理，非形氣所得而雜者，張子所謂「天地之性」也，故曰道心。

○天與人以人心，必與之以道心以主宰之。道心不雜乎形氣，而亦不離乎形氣也。人品高下，則以二者分數之多寡勝負而別。

○不必專以人心之得其正者爲道心，如此則人心之外更無道心可言矣。且如惻隱、羞惡、辭讓、是非之心，隨其所發無非天理，豈必皆從耳目鼻口之欲上發來耶？但不可謂人心全與道心相反，蓋人心之得其正者亦即是道心爾。

人心與人欲不同，聖人絶人欲，不絶人心，故只曰「危者安」。

○目之欲色，耳之欲聲之類，心之知覺也。見孺子入井而惻隱，遇嘑蹴之食而羞惡者，亦心之知覺也。皆就心之動處言，故上兼言「心之虚靈知覺」，下只言「所以爲知覺者不同」。

人心所以危者，人心發於氣，若無理以御之，則流而莫制矣。道心所以微者，正以理在氣中，易爲氣所汩没故也。如此看頗見明白。

○先儒謂「人心本危，能收斂入來則安；道心本微，能充拓出去則著」。充拓出去之説，似無容議。收斂入來之説，尚有可疑。蓋人心之合乎道者，則謂之道心。其與道心相對者，正謂之人心。人心止是耳目鼻口四肢之欲而已，是正當節之克之，使其一聽命於道心可也。而乃但收斂入來，猶容其潛滋隱伏於胸中，何益哉？非徒無益而終有害矣。凡命詞不聽命於理，而有意於文采，或拘於隊仗者，鮮不有病，甚者害道。

○先儒「收斂人心入來」之説，蓋效孟子所謂「收其放心」之語而失之。蓋心放於外者，收之則存於内矣，是人之良心也，故利於收。若此所謂人心，乃對道心言者，若不以道心主宰之，而徒收斂入來，畢竟何所歸耶？必且潛滋暗長於隱微之中，終至有暴著而不可掩者，此必然之理也。爲此説者，其本意固不然，但其語之未瑩，覈之於理則未免此病，蓋致意於文采隊仗之過也。

「若成湯、文、武之爲君」止「道統之傳」

《大全》所載張氏師曾之説頗詳，今備抄之，間亦附一二語以發之。○於湯曰，《仲虺之誥》曰「王懋昭大德，建中于民」，孟子曰「湯執中」，此其最明著者也。○於文王曰，《詩》稱「穆穆文王，於緝熙敬止」，而《大學》於君仁、臣敬、父慈、子孝、友信，皆以止言之。蓋止者止至善之謂也，即所謂「中庸之爲德也，其至矣乎」，是文王以中而接夫道統之傳矣。○於武王曰，武王傳《洪範》謂「皇建其有極」，而受丹書之戒，不出於敬義之夾持，則其執中之意爲可知。蓋敬以直内，而不偏不倚，中之體也；義以方外，而無過不及，中之用也。其謂「皇建其有極」者，在當時惟武王當之，即所謂「大觀在上，中正以觀天下」者也。○於皐陶則曰，皐陶之陳九德，先正言而後反應之，皆所以明其德之不偏。又「同寅協恭和衷」，則民彝物則各得其正，非中而何哉！蓋皐陶所陳九德見於《皐陶謨》，曰：「寬而栗，柔而立，愿而恭，亂而敬，擾而毅，直而温，簡而廉，剛而塞，强而義。」此皆無過不及之中也，所謂先正言而後應之者也。寬而不栗，則過於寬而不及於栗；柔而不立，則過於柔而不及於立；餘倣此，亦可以概見皐陶之能執中矣。所謂「同寅協恭和衷」者，謂君臣同其寅畏，協其恭敬，一誠無間，流通融會，而民彝物則各得其正，蓋《易》所謂「重明以麗乎正，乃化成天下」者也，又非中而何哉！○獨舉皋陶而不及益、稷、契諸賢，蓋亦舉其尤者。故孟子曰「若禹、皋陶則見而知之」，又曰「舜以不得禹、皋陶爲己憂」，則固已不及益、稷、契諸賢矣。且舜傳禹，禹亦獨讓皋陶曰「朕德罔克，民不依」，皋陶邁種德，其後禹薦益於天，蓋皋陶時已殁矣。○於伊尹曰，伊尹自謂與湯「咸有一德」，而訓太甲之辭有曰「欽厥止」，則伊尹之執中亦可見矣。蓋一德者，純一之德，不二不息之謂也。「止」即文王敬止之止，至善之所存也。○於傅説告高宗曰「惟木從繩則正，后從諫則聖」，其曰「道積于厥躬」者，體之立；「教學于人」者，用之行。兼體用，合内外，無非求中之道也。蓋從諫者大，君之宜用中之謂也。而聖之所以爲聖，亦不越乎一中而已。傅説欲以中道引其君，則其自處宜無不中矣。故曰「大人者，正己而物正者也」。「道積厥躬」者，成己也；「教學于人」者，成物也。合内外之道也，故時措之宜也，非中而何哉！○於周公曰，孟子言「周公思兼三王以施四事。其有不合者，仰而思之，夜以繼日；幸而得之，坐以待旦」，亦所以求合乎前聖之中道也。蓋思之而夜以繼日者，慎於擇其中也；得之而坐以待旦者，急於行其中也；所謂擇之審而行之至者如此。○於召公曰，召公戒成王曰「王敬作所，不可不敬德」，夫以敬爲處所而居之不去，則其能守中爲何如。蓋《中庸》首章所謂戒謹不睹，恐懼不聞，静時之敬也；所謂慎獨者，動時之敬也；是其所以致中和者也。召公之知執中亦可見其概矣。○以上張氏注多是舉其言之見於經者，要之當兼行事論。又按《皋陶謨》曰「天叙」、「天秩」，和民之衷，伊尹曰「善無常主，協于克一」，傅説曰「慮善以動，動惟厥時」，周公曰「率自中」，召公曰「志以道寧，言以道接」，此數語似於中義尤切。其行事則有不盡傳於經者。

「惟顏氏、曾氏之傳得其宗」

流派所出爲宗，故有大宗、小宗之説。此謂所傳得其淵源也。

○先儒謂：「顏子博文精也，約禮一也。曾子格致精也，誠正一也。」其説固善，但於顏、曾之所以獨得其宗者，似有未盡。蓋博文約禮，格致誠正，此乃夫子之所以設教，而三千之徒蓋莫不聞其説，七十子亦嘗用其力者。要必言顏氏由博約之誨，而至於見所立之卓爾，曾子極格致誠正之功，而至於唯吾道之一貫，方見顏、曾之傳獨得其宗，而非他人所得與處。

「異端之説日新月盛」

承上文孟子没而遂失其傳，是指孟子没後之異端也。許氏兼言楊、墨，恐非是。楊、墨在孟子時已闢之矣，故韓子曰「古者楊、墨塞路，孟子辭而闢之，廓如也」，蓋不復昌熾於後矣。惟若荀、楊性惡、善惡混之説，莊生、列禦寇虛誕之説，申不害、韓非刑名之説，鬼谷、孫、吴權謀之説，秦漢間迂怪之士神仙黄白之説，凡一切惑世誣民，非聖人之道，而别爲一端者，皆是也，豈必皆楊、墨、佛、老而後始謂之異端哉！

○「老、佛之徒」非指老子、釋迦，是謂學老子、釋迦之學者也。蓋老子是孔子前人，與孔子同時，不待孟子没而後起。釋迦西番人，生于周敬王時，亦孔子前人也。至漢明帝時，佛法始流入中國耳。○佛、老之徒，已非老子、釋迦。今之僧人、道士，又非昔日佛、老之徒也。使老、佛若在，見今之僧道當自厭絶之矣。

「彌近理而大亂真」

吾儒之道不外乎致知、力行二者而已。致知者，盡心知性也；力行者，存心養性也。佛氏曰「明心見性」，甚有似吾儒之所謂「盡心知性」。老氏曰「脩心煉性」，甚有似吾儒之所謂「存心養性」。此可謂彌近理矣。然而吾儒之盡心知性者，所以擇善以明乎道，即堯、舜以來所謂「惟精」者也。彼之明心見性，則以覺爲妙，其歸至於絶欲棄智，空諸所有，所謂「語小則夢幻人世，語大則塵芥六合」者也。其於吾道果同乎？吾之存心養性者，所以固執以守夫道，即堯、舜所謂「惟一」之旨也。彼之修心煉性，則以退爲長算，其歸在於貪生罔利，獨立物表，所謂「將欲取之，必固與之」，「弱其志，强其骨，使人無知無欲」者也。其於吾道又果可同乎？此其大亂真可見。

○吾儒格物以致知，佛氏外物以爲知。吾儒成己以經世，老氏利己而遺世。

佛、老之彌近理而大亂真者，不止一二件。且如中庸之道，一平常不易之理也。佛氏云世間萬事不如常，又不驚人，又久長，何其近也。又如云「有物先天地，無形本寂寥，能爲萬象主，不逐四時彫」，又何其類吾儒之所謂「太極」也。吾儒曰「動静無端，陰陽無始」，老氏曰「虚而不屈，動而愈出」，「迎之不見其首，隨之不見其後」，又何其類也。吾儒曰「不言而信，無爲而成」，老氏曰「聖人處無爲之地，行不言之教」，又何其類也。然究其歸，則皆不免於外物以爲智，利己而遺世。佛、老之病一也。蓋吾儒之虚虚而實，老氏之虚虚而虚；吾儒之寂寂而感，佛氏之寂寂而寂。

○佛氏之所以大亂真者，以其動是仁義道德，極有精微動人處耳。此孔子所以深惡鄉愿之似德非德。而孟子之深闢楊、墨者，以其近於仁義也。若申、韓刑名之類，則麤踈淺陋，道心稍明者自不爲所惑矣。「子思之功於是爲大」

程子惟「得有所考，以續夫千載不傳之緒」，則子思憂失其傳者，今得其傳矣。「得有所據，以斥夫二家似是之非」，則子思懼失其真者，今不失其真矣。亦所謂「獨賴此篇之存」者。

「倍其師説而淫於老、佛者亦有之」

如楊氏論中，引莊周「出怒無怒，出爲無爲」之言，朱子以爲楊氏之言多雜於佛老者是也，正爲其涉於虚寂也。○如游氏云「其斯以爲舜，則絶學無爲矣」，楊氏曰「循天下同然之理，而行其所無事焉，夫何能之有」，朱子以爲皆老佛之餘緒，非儒者之言也。侯氏曰「中庸豈可擇，擇則二矣」，朱子謂其務爲過高而不顧義理之實。此類皆雜老佛，誠有所謂循其説而體驗之，若有以使人神識飛揚，眩昏迷惑，而無所底止之意。

「支分節解」

「支」是人之四肢，手兩肢，足兩肢也，「節」亦是支中之節，皆是借用字也。下句「脉絡」字亦借用者，脉是人身中之氣脉，絡是人身中經絡也。

○按興化舊説謂首章子思立言爲第一支，自第二章至第十一章爲其節解。第十二章「君子之道費而隱」爲第二支，自第十三章至二十章爲其節解。自「誠明謂之性」章爲第三支，自第二十二章至第三十二章爲其節解。第三十三章則自爲第四支也。看來此説近似而實未當。大抵自首章至第十一章爲第一支，而拆之爲十一節。自第十二章至二十章爲第二支，而拆之爲九節。自第二十一章至第三十二章爲第三支，亦拆爲十一節。第三十三章則獨爲一支，不必拘於節解之有無。蓋末章再叙成德入德之事，所謂舉一篇之要而約言之，又所謂一部小《中庸》者，無復用節解爲矣。夫支者大支也，節者其中節段也。節豈在支外哉？

「脉絡貫通」

以支分之脉絡貫通者言之，如第二支九章，要皆以申明第一支中道不可離之意。第三支十一章，則皆承第二支之天道人道而言也。第四支則本一篇之要而約言之，又通承上三支之意而言也。○以節解之脉絡貫通者言之，如《章句》所謂第一章「子思述所傳之意以立言」，其下十章引夫子之言以終此章之義，「文雖不屬而意實相承也」。如云「此章承上章，舉其不明之端以起下章之意」。又如云「承上章大智而言，又舉不行之端以起下章也」。此類今不盡舉，通一書皆然也。

支分節解同而異也，脉絡貫通異而同也，分解二字意與貫通相類相因，又與畢舉相對，蓋縱説横説，要得義理周匝也。○大抵非支分節解則渾而無别，而義不明；非脉絡貫通則散而無統，而意不貫。此二句一離一合言之也。

「詳略相因」

自支節言，如首章性、道、教，是舉體要言略也，則於其下十章詳之。第十二章言費、隱略也，則於其下九章詳之。第二十一章言天道、人道略也，則於其下十一章詳之。篇末則是復舉一篇之體要也。

一説其書始言一理，中散爲萬事，末復合爲一理。此詳略相因，其説最巧。但恐當自支節脉絡上言爲當，不必拘於程子所云也。

「巨細畢舉」

則謂支節中所言義理皆大小不遺也。如性、道、教之旨，兼説人物存養省察之功，則自由教而入之始，推而至於天地位、萬物育。自仲尼曰以下所論，有君子之事，有小人之事，有智愚、賢不肖之事，又有大舜之智、顔淵之仁、子路所聞於夫子之勇，何者而不備舉，推此類可見。又如第二支中有言費之太，有言費之小，或兼費隱、小大之類亦是。但不可如王魯齋之説，專以費隱、小大實之也。第三支中所言天道皆大者也，言人道皆小者也。致曲爲小，能化爲大。誠之爲小，時措之宜爲大。又如尊德性以極道體之大者爲大，道問學以盡道體之細者爲小。故《章句》謂「大小相資」是也。「仲尼祖述」章，兼内外，該本末，亦大小意也。「天道」章如「小德川流，大德敦化」，亦可分巨細，但不可拘於此耳。末章則自下學立心之始，推而言之，以馴致乎其極，巨細畢舉，又明矣。

王魯齋又謂支節中又有小支節，如戒慎、謹獨，分屬致中、致和。君子依乎中庸，不見知而不悔，分屬索隱行怪、半塗而廢之類。脉絡中又有大脉絡，如誠爲一篇之樞紐，智、仁、勇爲一篇之大旨皆是也。按此則詳略相因，巨細畢舉，亦皆有通大支言者，有逐一節言者，不盡然也。如君子中庸爲略，君子而時中爲詳矣。大智爲略，好問以下爲詳矣。其大孝爲略，德爲聖人以下爲詳矣。脩身也、尊賢也爲略，齋明盛服、非禮不動之類又爲詳矣。然此恐非朱子之本意。

「初學之士或有」止「云爾」

謂於道統之傳不敢妄議，而可以助後學之行遠升高。使其所立之卑近，烏能梯航入於高遠之域哉？蓋亦所謂其辭雖謙，而其所以自任之重，實有不得而辭者矣。

「中庸序」

「中庸」

鄭氏謂此二字蓋是編書者所立，以見一書皆中庸之道，非子思當時自取此二字爲名也。愚以爲，當時子思特爲憂道學之失其傳而著此書，將以垂之萬世，宜不容無箇名以舉之，且「中庸」二字發於孔子而述於此書，其義最爲廣大而悉備，尤爲精實而切至，名篇之義，無以易此者，疑非子思亦不足以與此。今以爲非子思所自名，未見有何證據。而以爲出於子思自名者，亦未見有何妨嫌也。且如後人凡作一篇人事文字，或一小詩，亦須自題箇名。況傳道垂世之書乎？此雖非大義所關，然天下無理外之事，亦所當論也。

「朱熹集注」

此《中庸章句》也，而刻「朱熹集注」四字於篇名之下，殊爲可疑。蓋以爲朱子所自筆，則不容下箇「集注」二字，當曰「朱熹章句」也。若後人所筆，則又不當下箇「熹」字，當曰「朱子章句」也。此蓋出後人之妄也，可以削去。

「中者，不偏不倚，無過不及之名」

偏是我這裏偏向去，倚便是靠着那箇東西了。如七情之發，其初或偏向在喜邊去，其後也結裹成箇偏喜了。偏、倚之相承，亦猶「意、必、固、我」之相爲次第云。〇「子路問强」章，《章句》云：「倚，偏着也。」加一「着」字，便自有辨矣。

按自有道統之傳以來，所謂「中」者大抵多就用處言之。自用處言，則只着得無過不及之説。見於經典者，如《虞書》之「允執厥中」，與《論語》所引「允執其中」，及「中庸之爲德也，其至矣乎」，以至《中庸》所載「中庸其至矣乎」，朱子皆只釋爲「無過不及」之義者，蓋堯之授舜，舜之授禹，與孔子之教詔門人者，大抵都就應用處言之，於「無過不及」之義爲切也。若子思之著是書，獨取「中庸」二字以爲名，則舉道體之全而言，該動静、體用而無遺者也。故朱子兼不偏不倚、無過不及之義而釋之。且如首章述所傳之意以立言曰「天命之謂性，率性之謂道」，性則未發之中也，道即性之見於日用事物之間者，已發之中也，是已兼體用言矣。下文便説「喜怒哀樂之未發謂之中，發而皆中節謂之和。中也者，天下之大本也；和也者，天下之達道也」。其兼體用尤爲昭然。蓋首章之言乃一篇之體要，其致意於體用之兼舉者如此。次章言「君子之中庸也，君子而時中」，君子之德分明是以體言也，隨時以處中，則爲無過不及之義矣，其兼體用又如此。又如「九經」以脩身爲本，其言脩身之事曰「齋明盛服，非禮不動」，則又主於内外交養而動静不違，其致意於體用之兼舉又如此。蓋必體立而後用有以行，此非小節目也。故朱子於「中庸」名篇處，必喫緊爲學者詳之曰云云，非過於求備也。知子思所以名篇之意，决是舉道體之全而言，不至遺其本體而專以用言也。

古人立箇「中」字，只是取箇理之當然的模樣耳。且其字法正是象形。○道理但至於中，則不容有改易矣。故堯、舜以來，只説箇「中」，至孔門而復加之以「庸」，其義益精且備矣。非中自中，庸自庸也。惟中故可庸，「庸」字特以申贊「中」字耳。

「中者，天下之正道。庸者，天下之定理」

「道」、「理」二字對舉之，亦互文耳。若細分二字之義，則「道」以統體之全言，「理」以其中條理言。如仁，道也，自父子之親，以至於仁民愛物之類，皆其理也。義，道也，自君臣之敬，以至於敬長尊賢之類，皆其理也。此處則不必泥以此義。

「此篇乃孔門傳授心法」

○「心法」二字，鄭氏謂「心即中也」，乃《禹謨》「道心」之「心」字，「心法」謂此書所言者無非此心之體用也。其説似未安。蓋「法」字屬人，以學言也，故謂之「傳授心法」。若心之體用，只是據心而言，未着得一箇法字。愚意喜怒哀樂之未發，心之體也。存養此心之體者，心法也。喜怒哀樂之既發，心之用也。省察此心之用者，心法也。且其發也，或爲三達德，或爲五達道，或爲九經，或爲三重，無往而非中庸之道，心法之所在也。

「其書始言一理」

指「天命之謂性」言，即所謂「中也者，天下之大本也」。

「中散爲萬事」

如戒懼謹獨，致中和，三達德，五達道，九經，三重，與凡大孝達孝，天道人道之屬，皆是。要非性外物也。

「末復合爲一理」

○「上天之載，無聲無臭」，是即大本大原所在，又萬事之所自出者也。○或謂「始言一理」通指第一章，

「末復合爲一理」亦通指第三十三章，不宜專指天命之性及「上天之載」二句，此説似是而實非。蓋程子時《中庸》一書只是籠統一篇，初無三十三章之别，自天命之性至上天之載，是始之以一理，復終之一理也。故朱子小注云云，而《或問》於誠爲一篇之樞紐一段，亦獨提綴此二句，不容有他議矣。或曰「上天之載，無聲無臭」末章，特以明聖人不顯之妙耳，豈固以明一理所在耶？曰：不顯之妙，與天合德，所謂「誠者，天之道也」，玆豈非一理所在耶！

由一理而散爲萬事，放之則彌六合也；由萬事而合爲一理，卷之則退藏於密也。○放者，自卷而放也。卷者，自放而卷也。要相因看。「放之則彌六合，卷之則退藏於密」，亦姑以形容其極於至大而無外，入於至小而無内耳。此只據書而言，不必謂卷舒在我也。○六合謂上下四方也。《書》曰「光被四表，格于上下」，總六合而言也。

「其味無窮，皆實學也」

○兩句相喚應。如管、商之權數，似乎有實用者，然理味無取焉。如老、佛之清虚，似乎有理味者，然而無其實焉。「其味無窮，皆實學也」，此所以爲中庸也。

「善讀者玩索而有得焉」

○「玩索」二字須要自家體貼得。蓋必虚心涵詠，切己體察，至於書中之意皆如出於吾之心，書中之言皆若出於吾之口，然後爲玩索而有得，然後終身用之不能盡。先儒有云：「以我視書，隨處有得；以書博我，則釋卷而茫然。」旨哉言也。○「虚心涵詠，切己體察」八字，實讀書之要法也。

「天命之謂性，率性之謂道，脩道之謂教」

子思子首釋性、道、教之名義者。蓋於名義之辨有所未真，則於趨向之路或有不得其正。此其所關繫最不細，而爲道學計者最宜先有以別白之也。○蓋當時異端之説亂真，將性、道、教等名字大概皆錯解了。故子思於此推本其義而正言之，曰如此而謂之性，如此而謂之道，如此而謂之教，此乃堯、舜、禹、湯、文、武至孔子所謂性、道、教者然也，外此則皆異端之説矣。

凡聖賢之著書以明道，欲人之體是道也。欲人之體是道，必先發出道之所以爲道者以昭示之，不然何以使之知所用力，而不差其所向之路哉？此三言者，大概欲人知其皆出於天而備於我也。若非其出於天而備於我，亦難以責人之必行矣。○教脩乎道，道出於性，性命於天。天一而已，則性、道、教豈容有二哉！

「天命之謂性」

獨言天則地在其中矣。蓋天包乎地，地之下皆天也，陽全而陰半也。形亦是如此，理亦是如此。凡地之所生，無非是得於天之所施，所以謂地對天不過也，所以獨言天命也。○程子曰「夫天專言之則道也」，邵子曰「道爲太極」，蓋太極則「動而生陽，静而生陰，陽變陰合而生水火木金土」矣。所以謂「天以陰陽五行化生萬物」云云也。不然天何以統乎陰陽五行耶？《楚詞·天問》篇朱子注亦謂「言天而不以地對者，以理言也」，即所謂「上帝降衷」，即所謂天命之性也。○天包地，則太極之全體亦在其中矣。故曰「夫天專言之則道也」。

○「氣以成形」。○氣謂陰陽五行之氣，氣本一也，分而爲二則曰陰陽，析而五之則曰五行，天之所以化生萬物者惟此而已矣，故曰「氣以成形」。如木以爲肝，火以爲心，金以爲肺，水以爲腎，土以爲脾，此五臟之出於五行者然也。又以外體言之，火爲目，水爲口，左耳居東方屬木，右耳居西方屬金，而鼻則屬土也。又通一身而論，其得於五行者，如吴文正公詩云「氣火血脉水，骨金毛髮木，五行皆有土，四物載於肉」是也。又内外五行及全身五行，其生也各分元、亨、利、貞四段子，是又一條五行也。蓋天一生水時，生意方萌，始有蒸潤之意，水煖後便成火，蓋生氣已旺矣。由是漸向於實而爲木，及實之堅而爲金，合成一物而歸於厚則爲土。蓋五行有横者，有直者，而直之中又有横，横之中又有直，錯綜之遍，無少縫隙，必兼言之其義始備，皆氣以成形者也。有氣斯有理，木之理爲仁，火之理爲禮，金之理爲義，水之理爲智，亦各有所屬也。此所謂「理亦賦焉」者也。

○「健順五常之德」。○兼人物言，自動物言之，如《或問》所謂「虎狼之父子」，仁也；「蜂蟻之君臣」，義也；「豺獺之報本」，禮也；「雎鳩之有别」，智也。至於信，則其性之出於實然者是也。又如燕鴻之去來有期，亦信也。蓋仁、禮亦屬健，義、智亦屬順也。若植物之五性，似當就其五味求之，蓋酸者得仁之理，辛者得義之理，苦以炎上爲得禮之理，鹹以潤下爲得智之理。就四味中求其中實者，則爲是得信之理矣。五者亦分隸於健、順也。此可見禽獸、草木之各有性也，但不得一一與人道相類。蓋氣有偏正，而理亦隨之，此自其分之殊耳。○《章句》云「天以陰陽五行化生萬物，氣以成形，理亦賦焉」，即此理氣之際，乃程、邵二先生之學之所以微有不同者也。蓋邵子之學固未嘗不尚理，但不免多從陰陽五行氣數上着工夫，以此於數學甚精，而於修爲之功、經世之務或略。若程子則以所賦之理爲主，其學便用在下文所謂戒俱謹獨，以至於致中和，天地位，萬物育，務以全其所賦之理，而成其參贊之功。雖亦知有數也，然所主在理。此則自古聖人所以自家做人，與所以教人做人者之正術，所謂「爲天地立心，爲生民立極」者也。而邵子於此略焉，故一聞杜鵑啼，而遂無意於當世。

「率性之謂道」

○《章句》云：「人物各循其性之自然，則其日用事物之間，莫不各有當行之路，是則所謂道也。」或者於此多錯認道屬事物，不知道自屬我也。蓋道由性而出，惟我有是性，則臨事物時只據吾性所發，便一一有箇當然不易之理在，若天素所安排者矣。故曰「率性之謂道」，只是觸事物而見道，道初不屬事物也。○《或問》曰：「程子之論率性，正就私意人欲未萌之處，指其自然發見各有條理者而言，以見道之所以得名，非指脩爲而言也。」此説於「率」字義甚解得分曉，精矣哉！蓋率，循也，猶言依也，不是持循遵循之謂。性、道、教三者，一中庸也。何則？天命之性，不偏不倚之中也。率性之道，無過不及之中也。脩道之教，又只是裁其過不及者，而使之無過不及，以中天下之不中也。而庸不外是矣。○性出於天，故曰「天命之謂性」。道者性之動處也，故曰「率性之謂道」。教者道之準則也，準則必出於聖人，故曰「脩道之謂教」也。天命之性，率性之道，皆不涉人爲，至教方是聖人所立，然亦非以己之私智爲之也。故曰「原其所自，無一不本於天而備於我」也。

蓋人知己之有性，而不知其出於天。○今之板行《章句》，凡四處改舊本，皆因先儒陳氏之言而改也。其一「天命之謂性」條，舊本云：「蓋人之所以爲人，道之所以爲道，聖人之所以爲教，原其所自，無一不本於天而備於我。學者知之，則其於學知所用力而自不能已矣。」今本改作：「蓋人知己之有性，而不知其出於天；知事之有道，而不知其由於性；知聖人之有教，而不知其因吾之所固有者而裁之也。故子思於此首發明之，而董子所謂道之大原出於天，亦此意也。」按二説俱出朱子親筆，似非後學所敢選擇於其間。但朱子當時自有去取，必是一説最精者。愚意當子思時，未必人人皆能知己之有性，皆能知事之有道，皆能知聖人之有教也。且舊本曰「原其所自，無一不本於天而備於我」，則於後本董子所謂「道之大原出於天」者意已該了，而又不失却「備於我」一意。況舊文末云「學者知之，則其於學知所用力而自不能已矣」，此一意尤最切要，可惜今本去了也。惟「人之所以爲人」一句，似欠了性字，然而人之所以爲人者即性也，性字意元不失也。疑舊本尤爲精矣。○其二「道也者，不可須臾離也」條，舊本云：「若其可離，則爲外物而非道矣。」今本改作：「若其可離，則豈率性之謂哉？」改本豈是未精者，但以舊本勘之，道便是率性之謂矣，似不必於此處乃丁寧言之。若必用此句，則須上句亦貼云：「道也者率性之謂也，故不可須臾離。若其可離，則豈率性之謂哉？」尤爲相照應也。又《或問》有云：「若其可以暫合暫離，則爲人力私智之所爲，而豈率性之謂哉？」人力私智即舊本所謂外物者，此用反詞明正意，其於道字有相當處，視改本之意爲更足。此節似亦不必改舊本也。○又其一「莫見乎隱」條，舊本云：「所以遏人欲於將萌，而不使其滋長於隱微之中，以至離道之遠也。」今本添兩字云「潛滋暗長於隱微之中」。愚意既是隱微之中，則雖只用「滋長」二字，亦自是潛滋暗長者矣。儘未爲欠字，且見無贅字，亦似舊本已精者。○又其一「天下國家可均也」條，舊本云：「三者亦知、仁、勇之事，天下之至難也，然不必其合於中庸，則質之近似者皆能以力爲之。」今本改爲：「然皆倚於一偏，故資之近而力能勉者皆足以能之。」愚意自古亦有均天下國家而合於中庸者，堯、舜數聖人是也。亦有辭爵禄而合於中庸者，孟子、魯仲連是也。亦有蹈白刃而合於中庸者，比干是也。若謂其皆倚於一偏，則詞氣之間似爲稍勁，未若「不必」字之爲從容圓活也。況力之能勉者，正以其質之近似也。故舊本云「質之近似者皆能以力爲之」，精矣哉！若改本謂「質之近而力能勉」，❶則是以資與力相對説矣，雖其意或未必然，然詞氣之間終似不如舊本之爲圓活也。愚意舊本正是朱子後來之定本，而今本乃是朱子未定之本，或者錯認而謬改之耳。

「不可須臾離也」

今人多説做「須臾離道不得」，以「不得」二字當「不可」二字。愚以爲只當用「不可」二字還他。觀《或問》有曰：「循之則治，失之則亂。」若是離他不得，又何以能失之？《章句》又曰「不使離於須臾之頃」，又曰「以至於離道之遠」，若是離他不得，又何消説「不使離」？又何以能「至於離道之遠」？《或問》又曰：「若其可以暫合暫離，而於事無所損益，則是人力私智之所爲，而非率性之謂矣。」按暫合，人合之也；暫離，人離之也。合則於事有所益，所謂「循之則治」也；離則於事有所損，所謂「失之則亂」也。是其或離或合亦皆在乎人耳，而又何謂「離他不得」乎？〇「須臾」非專指不睹不聞時也，惟是道不可離於須臾，故

❶「質」，嘉靖本作「資」。

雖不睹不聞之時，亦須戒慎恐懼也。雲峯就以不聞不睹爲須臾，則泥矣。○不睹不聞即是未睹未聞，以其未與物接，故無所睹聞也。人一應事，則耳目便有所屬，而有所睹有所聞矣。

《章句》「道也者，日用事物當行之理」，此處不可讀斷了，須連下面「皆性之德而具於心，無物不有，無時不然」，總做一大句讀，方於「道之不可須臾離」之意爲盡。或者乃謂「日用事物當行之理」數字爲釋「道」字之義，則誤也。然只味此數字，亦已略見得道不可須臾離意矣。但必須有下面十數字，其意方足。○既曰「日用事物當行之理」矣，而又曰「皆性之德而具於心」，自表而言及裏也。既曰「皆性之德而具於心」矣，而又曰「無物不有，無時不然」者，又自裏而言及表也。夫何故？蓋心雖主乎一身，而其體之虛靈足以管乎天下之理。理雖散於萬事，而其用之微妙，實不外吾之一心。理與心本是相爲表裏者，故朱子於訓義間亦一表一裏言之，以見道之不可須臾離者如此。

《或問》「充塞天地，貫徹古今」八字，是極其大且遠而言之，以見道之不可須臾離耳。今人皆以「充塞天地」一句貼「無物不有」，以「貫徹古今」一句貼「無時不然」，爲稍泥矣。蓋所謂「無物不有」者，謂自吾身之所具，如耳目鼻口四肢之類，吾身之所接，如君臣、父子、夫婦、長幼、朋友之類，以至於大而天下國家之故，小而動静食息之間，微而禽虫草木之屬，凡所遇之物、所觸之事，無不各有箇見成當行之理在。如此說方爲切於道不可離之意。惟極其大而言之，則曰「充塞天地」耳。「無時不然」云者，則謂其自不睹不聞之前，以至於應事接物之際，無時而不有道在也。坐如尸，坐之時有道也。立如齋，立之時有道也。終食之間，則終食有是道也。造次顛沛之際，則造次顛沛有是道也。時乎富貴，時乎貧賤，時乎患難、夷狄，無所往而不各有是道也。如此説「無時不然」，亦方爲切於道不可離之意。極其遠而言之，則曰「貫徹古今」耳。不必以「充塞天地，貫徹古今」爲「無物不有，無時不然」。其説雖無大害，然亦有毫釐之差。《或問》之言，元有斟酌，讀者往往指爲「無物不有，無時不然」之正義，似失其旨耳。○《或問》云「循之則治，失之則亂」，此治亂非就天下國家言。治，理也。事得其緒之謂理，亂則不理也。

「莫見乎隱，莫顯乎微」

隱，暗處也，指心曲中言。微，細事也，指一念之動言。方一念之動，極是細事。「事」字不可深泥也，解字法如此耳。暗處之「處」字亦然。隱微二字，其究一也。故《或問》一則曰「學者尤當隨其念之方萌而致察」，則似專言微。又曰「君子所謹者尤在於此幽隱之地」，則又似專言隱。以此見隱微二字只是一件。○既謂之隱而又曰莫見，既謂之微而又曰莫顯者，此意全在獨知上見得。故《或問》云：「人所不知而己獨知之，則其事之纖悉無不顯著，又有甚於他人之知者。」信乎天下之事無有著見明顯而過於此者矣。聖賢之言，句句是實事也。

○「以至離道之遠也」。○上只云「不使離於須臾之頃」，此却云「離道之遠」者，蓋隱微之際乃一念方萌之初，若未有相遠者，然理、欲從此一分，則或日進于高明，或日究于污下，而聖、狂遂異域矣，所謂差之毫釐，繆以千里。故曰「以至於離道之遠也」。「以至」二字是語其勢之必至者。吴説謂：「不睹不聞時而不戒懼，其離道猶未遠，以其特須臾之頃耳。若及其已發而不之謹，則離道遠，非特須臾之間也。」此説似是而非。蓋上文「須臾」二字所該至廣，故曰「無物不有，無時不然」，此説於「須臾」二字太輕看了。

「喜怒哀樂之未發謂之中」

本是有七情，今只言喜怒哀樂四者，何也？　樂兼愛，哀兼惧，怒兼惡，欲屬土而無不在也。　又約而言之，只是喜怒二者而已。　喜屬陽，怒屬陰，故《大學》言「之其所親愛而辟焉」者凡五事，而下面只以好惡二字該之。　○喜屬木，樂屬火，欲屬土，怒屬金，哀屬水，蓋五性出於陰陽五行，七情亦出於陰陽五行也。　○喜怒哀樂與惻隱、羞惡、辭讓、是非，究竟只是一箇情，其未發也渾然在中，則皆謂之性也。

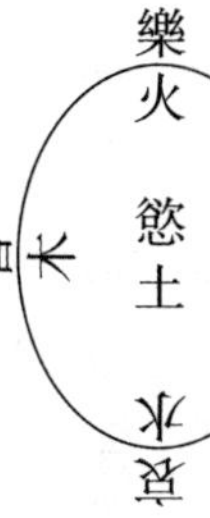

「發而皆中節謂之和」

即是率性者也，失之則亂，而不和矣。　和者，無過不及也。　周子曰：「中也者，和也，中節也，天下之達道也。」詞雖異而旨則同。

曰「情之正也」，便見那不和者非其正矣。　故上文只曰「其未發則性也」，而此即發箇「正」字，以其自有不正者。　○情之正者，是從本性發出，隨感而通者也。　其不正者，是感於物而動，所謂欲動情勝者也。　故須有戒惧工夫，方存得未發之中；須有謹獨工夫，方得有已發之和。　○朱子曰：「静而常覺、動而常止者，心之妙也。」精矣哉！　精矣哉！　○或曰天命之性只有仁義禮智，及其發則爲惻隱、羞惡、辭讓、是非之情，今置此不用，而用喜怒哀樂，何也？曰：子思、孟子立言雖殊，然要之亦只是一理。蓋仁義禮智之性，發而爲惻隱、羞惡、辭讓、是非之情，見於日用應事接物之間，究其目亦不過只喜怒哀樂而已。如惻隱於孺子之將入井，便是哀之中節者。羞己之不善，惡人之不善，便是怒之中節者。辭讓之中有因喜而辭讓者，亦有因怒而辭讓者。至於是非，必喜是而怒非。以此觀之，喜怒哀樂之情與惻隱、羞惡等情初非判然不相關，而仁義禮智之性與喜怒哀樂未發之性，亦非判然二物矣。但謂之中和，則與不中、不和者相對，尤見得不容不加戒懼謹獨之工夫耳。

「天下之達道」與「率性之謂道」，二「道」字大同小異。彼「道」字對性、教言，則爲義理之名目。此「達道」字對大本言，則爲「和」字之名狀。若必全以爲同，則上句當云「中也者，天下之大性也」，其可乎？「率性之謂道」，「道」字雖訓云「猶路也」，然須看一箇「猶」字，便見其小異處。若只言「喜怒哀樂之未發謂之中，發而皆中節謂之和」，而不曰「中也者天下之大本也，和也者天下之達道也」，則亦未見得未發之當存養，既發之當省察也。蓋未發而無以存養之，則大本不立；既發而無以省察之，則達道不行也。○《章句》謂「此言性情之德，以明道不可離之意」者，蓋有是人則有是心，有是心則有是性情。性之德即道之體也，情之正即道之用也。人孰無是性情哉？此道之所以不可須臾離也。

「致中和，天地位焉，萬物育焉」

味《或問》之意，「始之所發端，終之所至極」兩句，皆在「致」之一字內。戒懼謹獨，是由教而入者事，工夫之所發端也。自此而至於無少偏倚，無少乖戾者，工夫之所至極也。故曰：「此學問之極功，聖人之能事也。」

「自戒懼而約之」。○「約」是愈細意，與精字同類，乃約而不放之意，不是簡約、要約之約。新安陳氏曰：「收斂近裏，貴乎約；審幾微處，貴乎精。」二字下得尤不苟。○「至静」至字與「以至」字，只可略帶過下讀。或者誤認《或問》之意，而以「至静」爲不睹不聞之前者，亦非也。蓋「自戒懼而約之，以至於至静之中」，「自謹獨而精之，以至於應物之處」，此處不可讀斷了，須連帶過下文數十字讀之，則其義不辨而自明矣。史氏之説似未安。

《或問》「自其不睹不聞之前」。○「不睹不聞」只是未睹未聞也。「前」字是指此未睹未聞時而言，對下文隱微幽獨之際，念慮已動之時，則此固爲前也。○《或問》「愈嚴愈敬」與下文「愈精愈密」字一例看，不可泥「前」字爲指不睹不聞之先，而貼「愈嚴愈密」字意也。其曰「愈嚴愈敬，愈精愈密」，亦只是言其工夫之愈進愈熟耳。若夫動静之際，則豈得有高下之別哉！○史氏謂：大凡静是自外静至内，必耳目無所睹聞於外矣，然後此心亦寂然不動於内。内即所謂至静之中也。此説似太泥，是蓋以爲有箇不睹不聞之時節，又有箇不睹不聞以前之時節也。不睹不聞之時，只可謂之静；必至於不睹不聞以前，方得謂之至静之中也。然據其説，則所謂至静之中者，畢竟亦只是不睹不聞而已。雖曰「不睹不聞之前」，而究其所謂「不睹不聞之前」者，要亦不過止是不睹不聞而已。蓋不思致中和者，與夫由教而入者，其地位之高下固在於工夫，而不係於動静問也。工夫有淺深，動静無優劣。史氏却將朱子《章句》斷續看了，故失其命詞之意，而爲此曲説也。○史氏下文又曰：「動是由内動出外，必一念萌動於内矣，然後與事物應接於外，外即所謂應物之處也。」此説恐亦非也。蓋以應物之處在一念萌動之後，不知若無箇事物在，則此心何緣有動？而所謂動者，又何所寄也？縱事未到我面前，我既一念萌動，此一念便有所屬矣，便即是應用矣。何謂後此乃爲應物之處乎？史氏之説，總是不知工夫有淺深，而動静無優劣故也。〇《章句》「以至於至静之中」，「以至於應物之處」，此處不可讀斷了。蓋不用「至静之中」字，無以起下文之「無少偏倚，而其守不失」。不用「應物之處」字，無以起下文之「無少差繆，而無適不然」。安可泥此而以爲上面之静猶未是至静之中，上面之動猶未是應物之處邪？

須要知中、和之相爲體用，方知天地位、萬物育之相因也。於此益可以見中爲天下之大本。使大本不立，達道其能自行乎？使天地不位，萬物其能自育乎？故曰「必其體立而後用有以行」也。〇「萬化之本原」以中言，「一心之妙用」以和言。「聖人之能事，學問之極功」，以致中和而天地位，萬物育言。「萬化之本原」，猶云天下之大本。「一心之妙用」，以其和之極而無少乖戾也。《或問》此言蓋合本文兩條而結之。《章句》謂「天地萬物本吾一體」，静言思之，理固然也。蓋天地之所以爲天地者，不過陰陽五行而已。而其陰陽五行之理，則悉已交付在我之身矣。是天地，乃吾種也。至於萬物，亦同是出於天地之陰陽五行所生者。真箇是乾吾父也，坤吾母也，民吾同胞，物吾與也。如何不是一體？初間，天地以此理全付於我，我却自戒懼謹獨而充之，以至於天地位，萬物育，則能全盡其所付之理，而又有以參贊乎天地，如克肖子之能成父母之事者矣。此蓋此章之大旨也。

「蓋吾之心正，天地之心亦正」。〇天地之心正，然後天地之身安，所謂位也。天地之身安，則天地之氣順矣。天地之氣順，然後萬物之得是氣以化生於天地之間者始遂，所謂育也。昔者宋君有仁言，而熒惑爲之退舍。東海孝婦啲寃而死，而郡爲之大旱者三年。知此則知聖人之位育果有其理矣。仔細推求，❶天地之氣順，與天地位處，無甚分別。朱子只是於位育上各求其所以然之故，則如此云耳。

聖賢説致中和，便説到天地位，萬物育處。蓋功與效自相因，無有有其功而無其效者。凡聖賢立言規模，亦自是如此。且古之帝王所以能成不世之功業者，皆自身心上做工夫來。惟無意於功業則已，但有意於功業，便須下頭做此工夫也。聖賢所以動輒説道，説德，説精一，説敬義，説制事制心，説兢兢業業者，夫何故？蓋聖賢以一身擔負宇宙間事，欲爲天地立心，欲爲生民立命，其基址便是如此樹立。凡此工夫效驗，皆非迂闊之談，故曰「皆實學也」。○《語類》載或問朱子曰：「向見南軒上殿文字，多是要扶持人主心術。」曰：「也要在下人心術是，當方可扶持得。」愚謂此蓋所謂唯上下一於恭敬，則天地自位，萬物自育者也。○又問：「今日士風如此，何時太平？」曰：「即這心身亦未見得有太平之時。」愚謂此即功業基址所在也。○大抵天下有本然之義理，有當然之工夫，有自然之效驗。性、道、教三者，皆出於天本然之義理也。戒懼以致中，謹獨以致和，當然之工夫也。天地位，萬物育，自然之效驗也。蓋有是義理，必有是工夫以全是義理。有是工夫，則自有是效驗以應是工夫。學者知此可以讀天下之書，而論天下之事矣。

「君子中庸」章

❶ 「求」，四庫本作「來」。

「中庸者，不偏不倚，無過不及而平常之理，乃天命所當然，精微之極致也」。○本文「中庸」字屬君子，《章句》乃把作道理解者，蓋道理本自中庸也。故承之以惟君子爲能體之。體之者，依其本然之謂也。《章句》「體」字亦從本文下句「反」字而生。反者，不依其本然者也。《孟子》注云：「性本善，故順之而無不善；本無惡，故反之而後爲惡。」如此看亦見得「天命所當然」一句有着落也。○「精微之極致」，即所謂「中庸之爲德也，其至矣乎」。但此以理言，彼以人之得是理者言，爲小異耳。

「以其有君子之德，而又能隨時以處中」，「以其有小人之心，而又無所忌憚也」。○朱子謂：君子而處不中者有之，小人而不至於無忌憚者亦有之。故《章句》着兩箇「又」字以貼本文兩箇「而」字之義，其於動静體用之際剖析明白矣。○無忌憚者，肆欲而妄行，其於理之是非，事之利害都不顧也。

雖曰君子而又時中，小人而又無忌憚，其實重在時中與無忌憚上。故《章句》自「蓋中無定體，隨時而在」以下，亦獨爲時中與無忌憚致詳也。朱子又嘗曰：「中庸之中，本是無過不及之中，大旨在時上。若推其本則自喜怒哀樂未發之中，而爲時中之中。未發之中是體，已發之中是用。」

「君子知其在我」，蓋中庸之道乃日用事物當然之理，皆性之德而具於心者也，故曰「在我」。○或曰：小人之心，静而不中者也。静而不中時，猶未有事爲在，何以便謂其肆欲妄行耶？曰：静而中者，不偏不倚，七情未有所向，固是有静也。静而偏倚，則情有所著矣，是無静也。所謂梏之反覆，則其夜氣不足以存，如何得有静？如何不是肆欲而妄行？故愚謂君子雖動亦静，小人雖静亦動。○小人雖當静時，其心罔罔，無有定主，此便是動了。

《章句》所謂「戒謹不睹，恐懼不聞」者，所以存天理之本然，是爲屬君子之德，乃不偏不倚之中也，故能隨時以處中。小人則肆欲妄行者，則不能戒謹恐懼，雖静亦動也。此爲屬小人之心，蓋肆欲則妄行，而無忌憚矣。此正與戒謹恐懼相反。○不可以「戒謹不睹，恐懼不聞」對「無忌憚」説。戒謹、恐懼是君子静時事，無忌憚是小人動時事。觀本文兩「而」字及《章句》兩「又」字，其所以致意於動静體用之間者如此，則於《章句》後段所云此意亦不可忽也。《太極圖》曰：「君子修之吉，小人悖之凶。」注曰：「修之，悖之，亦在乎敬、肆之間而已矣。」即此理也。

一説《章句》曰「小人不知有此，則肆欲妄行，而無所忌憚」，不復及小人之心，亦猶《或問》此章解「中庸」云「無過不及而平常之理」，不及「不偏不倚」也。蓋不及小人之心者，行事時既無忌憚，則其静時所存只是小人之心，亦不言而可知矣。不及「不偏不倚」者，蓋動既無過不及，則其静時所存之不偏不倚，亦不言而可知矣。聖賢之言語文字，有不屑屑於對合者。《或問》與《章句》間雖小異，亦足以相發也。此説是以「肆欲妄行」字貼置本文「無所忌憚」字内，❶不以對上文「戒謹不睹，恐懼不聞」言也。雖於敬、肆之别，小人雖静亦動之理有所未盡，然却以意該之，亦未爲失也。

「小人而無忌憚」，《或問》專以胡廣、吕温、柳宗元爲言者，蓋胡廣在當時有「天下中庸有胡公」之譽，則廣之所自負可知。蓋廣本是同乎流俗，合乎污世者也。宗元嘗有「中庸可以入堯舜之道」之論，蓋自以爲知

❶ 上「字」下，嘉靖本有「只」字。

中庸矣，而不知中庸乃堯舜之道所歸宿處，非堯舜之道由此而入也。然則其所謂「中庸」，亦胡廣之「中庸」耳。吕温「中庸」事無可考，但觀其贊魏徵之詞云「撫我則后，各盡其志，沉浮變通，吾道不窮」，是亦妄自以爲識時中之道者，不知魏徵臣節有虧，非中庸所求乎臣之義。而「沉浮變通」乃適足以亂乎中庸耳。故朱子特斥此三子言之，皆以其似是而非也。不然古之無忌憚者何可勝數，而獨斥三子何也？

「此下十章，皆論中庸以釋首章之義」。如君子中庸，舜之智，回之仁，子路所聞於夫子之勇，以至遵道而行，依乎中庸，不見知而不悔者，便是能存養以致中，而天命之性立，省察以致和，而率性之道行，教亦在其中矣。若小人之反中庸，民之鮮能久，賢智、愚不肖之過不及，人之所以不能期月守，中庸之不可能，以至索隱行怪，半塗而廢，其間人品高下固有不同，然均之爲不能致中和，而無以立教於天下者也。通此十章之言，總只是首一章内所含之意，序次於其左，所以相發明也。故曰「以釋首章之義」。又曰「以明」，又曰「以終」云。○「釋」者有以解其義，「明」者有以申其意，曰「釋」曰「明」則皆所以申其義也。

「以性情言之，則曰中和」，中性而和情也。○「以德行言之，則曰中庸」，不偏不倚之中德也，所謂君子之德也；無過不及之中行也，所謂隨時以處中者也。故曰「中庸之中，實兼中和之義」，中則庸矣。○性情自一身言，德行兼事業言。

「中庸其至矣乎」

《章句》云：「但世教衰，民不興行。」或謂由在上無脩道立教之君，故民不興行。此蓋誤認「世教衰」之義，而以「民」字爲專指下民也。審如其説，則聖人但能以中庸之德責在下之人，而不以責在上之爲民表者，獨何理也？且君子不得聞大道之要，亦未必不以世教衰之故。蓋民即人也，《易》曰：「君子辨上下，定民志。」「民」字亦兼上下言也。

「然亦人所同得，初無難事」。○既是人所同得，初無難事，何故民乃鮮能之？曰：下章所言正是其所以鮮能之故。蓋以知愚、賢不肖者生禀之異而失其中，又無教以裁其過，引其不及而使歸於中也。

「道之不行也」章

「道者，天理之當然，中而已矣」。此「中」字爲本文知愚、賢不肖之過不及而設。

鮮能知味之「知」，所譬含知行二意，又稍在知行之前。故《章句》云：「人自不察，是以有過不及之弊。」而《或問》亦曰：「知道之中，則必守之而不失矣。」○以智者之過，愚者之不及爲道之所以不明，亦自説得，然更不得如此之切。蓋一則全以爲不足行，一則全不知所以行，此所以於説不行爲尤切也。彼知之過，愚之不及，間猶有知在也。❶以賢者之過，不肖者之不及，爲道之所以不行，亦自説得，然亦不得如此之切。蓋一則全以爲不足知，一則全不求所以知，此所以於説不明爲尤切也。彼賢者之過，不肖者之不及，固猶有能行在也。故交互言之，殊不苟也。

獨舉飲食者，飲食人之常事，以譬道不可離，爲尤切也。「知愚賢不肖之過不及」，生禀之異也。末云「鮮能知味」，以警其不察，啓以加學問之功也。生禀雖有過不及，若能加學問之功，則可以至於中矣。○味

❶「間」，嘉靖本作「固」。

烹調到正處，便亦是一事之無過不及了，故以爲得中道之喻。

要之，智者必賢，愚者必不肖，不明必不行，此章特以分繫於道之不明不行耳。故「道其不行矣夫」。朱子注曰：「由不明，故不行。」且舜之智自能用中，回之賢亦能擇中，而朱子前注亦曰：「賢者以道爲不足知，不肖者又不求所以知，智者以道爲不足行，愚者又不求所以行。」意自周矣。

「道其不行矣夫」

或謂「道其不行矣夫」，專指智者過，愚者不及，不宜通承上章「智愚賢不肖之過不及」，而以爲道不行。曰：如此則人皆曰予智，其不智，當起道之不行，而反以起道之不明，何歟？蓋孔子之言，初不爲中庸設，本是平日零碎說話，子思采集將來以發中庸之義，其相承次第亦止是其大意云耳。豈得一一若合符契哉！

「舜其大智也歟」

「舜好問」者，已知乎？未知乎？曰：聖人固無不知，然亦有所未知者，如孔子問禮、問官之類。亦有雖知而未能自信，必取質於人者，如孔子「入太廟，每事問」之類。若曰已知而復問，則是僞也。聖人無僞。若先儒說孔子雖知亦問，朱子以置之圈外，當有說也。

「舜好問而好察邇言」

看兩箇「好」字，其惓惓求益之心何如哉？一發於誠也。

「兩端，謂衆論不同之極致」。○「兩端」是舉首尾以該其中間，不止兩件而已，故曰「衆論不同之極致」，又曰「猶云兩頭也」。孔子曰：「惟上智與下愚不移。」是亦於性相近中舉其善惡之極致言也。○「蓋凡物皆有兩端，如小大、厚薄」，是譬喻字。近多用在正講，而又不用箇如字以起之，爲失旨矣。朱子謂「兩端只是箇起止二字」，方見是。衆論不然，只是兩端也。如自極厚以至極薄，極大以至極小，極重以至極輕，於此大小、厚薄、輕重之間，擇其說之是者而用之，乃所謂中也。如極厚之說是，則用極厚之說，而不爲太過。極薄之說是，則用極薄之說，而不爲不及。厚薄之中說是，則用厚薄之中之說，此又非子莫之執中也。輕重、大小莫不然。蓋中無定體，惟其是而已。

「擇之審而行之至」。○執其兩端，惟精也。精則孰爲過，孰爲不及，而孰爲中，皆辨别之無或混也，故曰「擇之審」。用其中於民，惟一也。一則專取其無過不及者，直頭做將去，而其他皆不足以間之矣，故曰「行之至」。

「人皆曰予智」章

人何曾納於罟擭陷阱，此等以喻禍機所伏耳，言其見利而不見害也。○利之所在，禍之所伏，即罟擭陷阱也。因逐利而罹害也。○知禍而不知避者，行險僥倖也，故卒不免。如貪財好色，彼豈不知其能致害，而僥倖之念未忘，苟且之習難革，必至於覆敗然後已，分明是知禍而不知避也。

「回之爲人也」章

如處一事也，始也擇其中而行之，必行之有終，乃能善其事。如處一物也，始也擇其中而行之，亦必行之有終，乃能善其物。是所以貴乎智也。若但能擇而不能守中於前，而過不及於後，則亦歸於過不及而已，何貴於擇哉？何取於知哉？○擇乎中庸，自博文而來也，服膺弗失，則約禮之至矣。○《或問》曰：「茲賢也乃所以爲智歟！」然則能擇而不能守者，茲其不智也，乃所以爲不肖歟！可信智必賢，❶愚者必不肖也。

「承上章大智而言，又舉不明之端，以起下章也」。舜之智，回之仁，所答子路之勇，及「人皆曰予知」，「天下國家可均」等，都是夫子平日評論之言，非專爲中庸發也。子思於《中庸》引之，則其先後次第自有意義，非偶然也，故朱子以承上起下言之。然深求其語次，未免有不甚相貼處，只當略略説箇大意如此耳。不然「人皆曰予知」章，正是不智，不智則是愚者，愚者不及，乃道之所以不行，而乃曰「又舉不明之端」，何耶？大抵重在能擇而不能守，以起下章之能擇能守。承上章則不智正與大智相反耳。○上章能擇而不能守爲不知，下章能擇能守却又爲仁，可見其上下相承亦大意而已。

「天下國家可均也」

此亦承上章之意而言。蓋必如舜之智，而後道可行；如回之仁，然後可明；則中庸之不可能可知，此其相承之意也。其先之以三者之難者，蓋人皆知均天下國家之難，與辭爵禄、蹈白刃之難，而不知中庸之尤難也，故特舉以明之。愚意「不可能」謂不可以力能也。蓋承上言，天下國家之均，爵禄之辭，白刃之蹈，皆是以力爲之者，惟中庸獨不可以力爲也。不然似説殺了，而爲楊雄「君子絶德」之論矣。○《章句》云「亦

❶「智」，嘉靖本作「知者」。

智、仁、勇之事」，要看「亦」字，智、仁、勇意不重也，只是就天下事中舉出至難者有此三事，非是於知、仁、勇三者之中各取出一事而言也。況知、仁、勇是子思作《中庸》時所立之意，以是三者爲入德之門耳。若夫子之爲此言，則所發之時不一，而所爲發之故亦不一，固未必有此意也。故愚謂其相承次第亦止大概云爾。

如管仲之匡天下，是能均天下國家也，然不能明德、新民，以致主於王道，是其不合中庸而徒以力爲之者。如丈人、荷蕢之徒，以隱爲高，不屑於當時之利禄，是能辭爵禄也，然果於忘世而亂倫，其於中庸之道何如？如北方之强者，衽金革，死而不厭，可謂能蹈白刃矣，然實爲氣所使，而無學問克己之功，其如中庸何哉？○子糾、子路之死，固未合於中庸，然當時之死則皆宜也，所以不得爲中庸者，在於失所事耳。

「子路問强」章

强者，力足以勝人之名。故下文節節有「勝人」字，末節則用「自勝」字。自勝則不期於勝人，而自勝人矣。

○南方之强，不及乎中者也。北方之强，過乎中者也。此亦且淺淺説箇過不及耳。蓋此二者之强，與下文「和而不流」、「中立而不倚」者絶非其類，二者止是氣質所爲。中庸之强，則自學問克治而來，其與二者非但過不及之差也，然亦總歸於過不及而已。○含忍如何謂之强？蓋忍人之所不能忍，是亦其勝人處，勝人則强矣。

○南方之强，不及乎中者也。○夫寬柔以教，則誨人不倦之事。不報無道，則犯而不校之理。如何猶謂之不及？蓋此只是任他氣質做得來，自不適中。如夫子不憤不啓，不悱不發，固亦不輕於教也。又君子有不屑之教誨，如孔子之於孺悲，孟子之於曹交是也。而一於寬柔以教，則有可以不用而用者矣，安得爲中？○孔子曰「以直報怨」。禮，兄弟之讐不與共國，父母之讐不與共戴天。律，父不受誅，子復讐，可也。魯莊公釋桓公之讐於齊，《春秋》譏之。宋高宗、楚襄王爲讐人役，貽憤萬世。袁紹死於曹操，其子譚乃投之以殺其弟，天下笑之。此見無道之有當報者。彼徒知含忍者，一於不報，安得爲中？故《或問》曰：「南方之强不及乎中者也，以其全憑氣質上做來，未合義理之正者也。」○夫論强而以方言，足見不是中庸義理之强也。

「衽金革，死而不厭」

○衽者，習而安之也，亦借意用字。○「衽金革」，猶言蹈白刃、枕戈相似，取蹈藉而安之意。❶金革非可衽也而衽之，白刃非可蹈也而蹈之，戈非可枕也而枕之，皆有藉而安之之意。

「君子之道也」，「强者之事也」，一曰道，一曰事，南北之强，其高下又可見矣。

「故君子和而不流」

和以處衆，易至於隨衆而流，而乃能不流；特立於衆人之中，而無所依其勢，易至於倚，而乃能不倚。達者志得，多至於喪其所守；窮者難堪，多不能終其所守。而乃不變塞焉，至死不變焉。所謂「强哉矯」者，全在此四箇「不」字上。蓋衆人都被這箇打倒，他獨植立得住，不爲之倒，所以爲强也。○「和而不流」與

❶「蹈藉而安」，嘉靖本作「藉而安之」。

「中立不倚」正相互説，中立則非和矣。猶下文「國有道」「國無道」亦相互説。甚矣聖人語意之周也！

「中立而不倚」

此最難言。中立者，無依而獨立也。此「中」字淺，與中庸之「中」不同。中立猶未是强，必至於不倚乃爲强也。如舉世皆出，而我獨處，是中立無依也。若非見得十分透，守得十分堅，少間未有不隨衆而出者。如伯夷、叔齊當武王之伐紂也，天下諸侯不期而會者八百，同心同德之臣至三千人，皆以爲紂可伐而從周矣。獨伯夷、叔齊斷然以爲不可，至於不食周粟，餓于首陽之下而死，是真能不倚者也。故韓文公作《伯夷頌》曰："一家非之，力行而不惑者寡矣。至於一州一國非之，力行而不惑者蓋天下一人而已。若至於舉世非之，力行而不惑者，則千百年乃一人而已耳。若伯夷者，特立獨行，亘古今，窮天地而不顧者也。"「今世之所謂士者，一凡人譽之則自以爲有餘，一凡人沮之則自以爲不足，彼獨非聖人而自是如此。」夫謂其「非聖人而自是」，「亘萬世而不顧」，此言疑於抑揚太過，而亦未足以語時中之聖者，然其力行不惑之操，真有中立不倚之風，斯言足以發之矣。又如舉世皆處，而我獨出，亦中立無依者也。然非知得十分透，守得十分定，少間亦未有不隨衆而處者也。孔子當衰周之季，歷聘諸侯之國，而所如不合，轍環不已，當時晨門譏之，楚狂避之，荷蕢非之，沮、溺、丈人之徒又往往刺之，雖親炙如子路者亦疑之數也矣，而夫子以其不磷不緇之操，終不爲衆所讙而少輟其無君皇皇之心。故曰「天下有道，丘不與易也」，又曰「果哉末之難矣」。蓋直欲排天地氣數而反之，拔斯民於水火之中，而置之衽席之上。信乎所謂「視天下猶一家，中國猶一人」，不能一日忘者也。故卒老于行而不悔，其中立而不倚，又何如哉！○唐王績作《過酒家》詩云：「此日長昏飲，非關養性靈。眼看人盡醉，何忍獨爲醒。」詩言志，亦可以知其不能中立而不倚矣。非惟不倚，雖中立亦不能矣。

「和而不流」，蓋以處常言。「中立而不倚」，蓋以處變言。和與人同，中立與人異也。下文又分處窮、處達言。和者，柔德也。中立者，剛德也。○一說「和而不流」者，和而不一於和，同而能異也。「中立而不倚」者，中立而不一於中，立異而能同也。愚謂説道理似不宜太拘於對偶。前說於理，似爲自然，乃面前道理也。○「中立不倚」，朱子《語録》曰：「如伯夷聞文王善養老，他便來歸，及武王伐紂，他又自不從而去，只此便是他中立而不倚處。」此説却是隨時處中之意，似是將「中立」字重看了。竊疑「中立」字只是對「和」字言，此未爲强也，其强處全在「不倚」上。如「和而不流」，「和」亦非强也，其强處則在「不流」上。須看本文兩箇「而」字，蓋此箇「而」字是轉語之詞，非直串意也。若要說得合本文意，亦當如韓子《伯夷頌》之意乃通。正恐朱子意是如此，或記者之不能詳耳。○「和」與「中立」字輕，與下文「國有道」、「國無道」亦一例，强處全在四箇「不」字上。

「國有道，不變塞焉」，既得人爵而不棄其天爵也。「國無道，至死不變」，便是遯世不見知而不悔也。「强哉矯」，矯，强貌，所以形容其强也。

「素隱行怪」章

此「隱」字是隱僻之隱，是常道之外者。下章「費隱」，是隱微之隱，乃常道之中者。一邪一正，字同而義不同。○此「隱」是僻惡之隱，對正大而言。正大之理，人皆可知、可能，人或忽之。惟「素隱行怪」，適中乎人情喜新之病，故曰「足以欺世而盗名」。孔子曰：「不怨天，不尤人。下學而上達。知我其天乎！」朱子釋之以爲「無以甚異於人而致其知」。則索隱行怪之足以欺世而盗名也可知。如讖緯之説，非人人所能知，則爲所欺而得知來之名矣。如陳仲子之行，非人人所能行，則亦爲其所欺而得廉潔之名矣。

索隱行怪，原此等人其設心正要做此一種奇特出人處，以取名於世，以爲不然則不足以得名。兼之人情喜新，故遂爲所欺以成其僞名。蓋亦兩邊病痛也。○此等人自有厭常之心，以爲聖賢所爲之事亦人之所能知、能行者，未爲奇特也，故務知人之所不能知，行人之所不能行，冀以聳動乎人情。殊不知天下道理但到中庸處，便爲至極而無以加了。所謂天命所當然，精微之極致，非難亦非易，似易而實難，不離乎近而有至遠者存，不離乎卑而有至高者存，不離乎淺而有至深者存，不離乎洒掃應對而有精義入神者存。蓋雖愈近愈卑，而愈覺其高且遠也。故曰：「中庸其至矣乎！」既曰「中庸」，又曰「其至」。彼務爲隱怪者，豈足以知此哉？

索隱行怪，是賢智者之過。半塗而廢，固是不及，然不必坐以愚不肖之名也。蓋過與不及，是活套字，元無指定名位。若上章「智愚、賢不肖」，只是就生稟上分箇過不及耳。今之説過不及者，每滯於此，是以不得脱洒。如南方之强，君子之道，亦是不及者，若概以爲愚不肖則過矣。

「君子依乎中庸」

「依乎中庸」，只説得智、仁。至於遯世無悔，方是智盡仁至處，勇即在中也。○遯世不見知而不悔者，正爲此箇道理出於天而備於我，乃吾分内終身所當服行，一息尚存，不容少懈者也。有見於此，故能遯世不見知而不悔也。

「君子之道費而隱」

謂之「費」者，以道體之散殊無乎不在者也。謂之「隱」者，所以贊費之妙也。「費，用之廣也；隱，體之微也」。○本文只是言此道之用廣，而其所以廣，則有不可知者耳，未必將體用做箇骨子也。《章句》云者，朱子解經法例如此。蓋是平日勘破天下許多道理，都出不得此兩字，遂用此兩字以貫之。如邵康節先生每遇一物，便截作四段看也。

費是率性之道，隱則天之命也。天命之所以爲隱者何也？「上天之載，無聲無臭」，其所以造化萬物，而各付以是理者，皆莫可得而見聞也。故曰「視之而弗見，聽之而弗聞，體物而不可遺」。但此章言「費而隱」，先用而後體；後章言「夫微之顯」，則先體而後用。蓋此以君子之道言，道乃日用事物當然之理，故先自其著者言之。後章主鬼神言，鬼神無形與聲者也，故必先言其體之隱。然後章之言亦以明此章之義，合而觀之，則是君子之道雖費而實隱，雖隱而能費也，一理也。

請問「隱」之義。按朱子云：「鳶魚飛躍，費也。必有一箇甚麼物使得他如此，便是隱。」愚謂此非天命而何？蓋天道雖曰無心而成化，而實陰陽五行之外無餘理也，即是無心之心也。○「費」只是無物不有，無適不在；「隱」只是上天之載，無聲無臭。如此說似不費詞。○自古聖賢論道者多矣，未有如子思「費隱」一章之精妙而該括者也。

聖賢學問，自是出人遠甚，如「君子之道費而隱」。若欲說到盡處，雖累數千百言不足也。而子思却都不用多費詞説，只下面摘箇愚不肖者之能知、能行，上面摘箇聖人之有所不知、不能，大處説箇天下莫能載，小處説箇天下莫能破，中間是該了多少義理，省了多少説話，而道無所不在之意，自已出於文字之外矣。看他是何等見識，何等筆力！　蓋凡愚不肖者既可能，在聖人則宜其無有不能者矣。在聖人既有所不能，則在愚不肖者宜乎斷不得與其能矣。而今也在愚不肖者乃有此能，而在聖人乃有所不能。天下凡大者必不能小，凡小者必不能大。而今也其大至於天下莫能載，而其小又至於天下莫能破。此其道之費而隱也爲何如哉？　甚矣，子思之善於模寫道體之妙也！　下面「鳶飛魚躍」一節，又豈特詩中有盡而已哉？「苟非達天德者，其孰能知之」，亦孰能形容之若是？　○在夫婦，一則曰「可以與知」，二則曰「可以能行」；在聖人，一則曰「雖聖人亦有所不能知」，二則曰「雖聖人亦有所不能盡」。夫婦之能知、能行者，是萬分中有一分，聖人之所不能知、不能行者，是萬分中欠一分。○聖人之所不知、不能，大概是没緊要事。若大節目所在，而有不知、不能，何以爲聖人？　故言及「其至」也，此「至」字不可解作至極義，只説到那盡處則容有所不知、不能者耳。○聖人所不知、不能者，則名物事變、日用常行不切之事，則非己之所能必致，與其勢之所不容如願者也。如孔子問禮、問官之類，則名物事變，非日用常行之所切者也。如孔子不得位、堯舜病博施之類，非己之所能必致，與夫勢之不能如願者也。皆非分内之切務，斯道之極致也。

「天地之大也，人猶有所憾」

此特因言聖人有所不能，而更上一步言。豈惟聖人，雖天地亦有不能盡者。所以甚言君子之道費耳。其實此章説「道」，只指君子所當知、當行者，非併責天地以體道也。

天地之大，或以形言，或以道言。主形言者，謂若説天地之道大，則天地已盡道了，又何以説人猶有所憾？主道説者，以爲此與後章「此天地之所以爲大也」一「大」字，俱以道言。《論語》「惟天爲大」，亦謂道大也。豈論其形邪？言道之用廣，雖聖人之德之盛不能盡，雖天地之大亦不能盡也。看來後説較長。蓋知聖人之高於夫婦者，以德不以形，則知天地之大也，亦以道不以形矣。○天能生覆而不能形載，地能形載而不能生覆，如何便憾得他？曰：如此則見得天地雖大，於道亦止各得其一隅，必兼覆載生成，方爲道之全體耳。憾只是未足他意，惜其猶有未盡也。寒暑灾祥之不得其正，亦是有不足他意。蓋天地雖大，亦形而下者也，終不免囿於氣數。道則形而上者也，所以律乎形而下者也，故天地猶有可憾處。

「鳶飛戾天，魚躍于淵」一節

鳶飛天，魚躍淵，上摘一箇，下摘一箇，亦如韓退之所謂「魚川泳而鳥雲飛」。

「化育流行，上下昭著」。○「化育流行」，就物上言。《易》曰「效法之謂坤」，「法」謂造化之詳密而可見者，就物言。或謂道者率性之謂，今云化育，乃天之命，非物之性也。曰：此知性命之分，而未知性命之貫也。《易》曰「各正性命」，「命」豈不就物言耶？况《章句》乃謂化育之流行者，昭著於上下，是盈天地間一天機也。或曰：此氣也，又何以言道？曰：鳶魚之飛躍，氣也；而其所以飛躍者，理也。氣便載得許多理出來，故理氣自相依而不相離。

「言其上下察也」。○謂即鳶魚之飛躍，而見道之昭著於上下，則可。謂上下止於天淵，道之昭著於上下，止於鳶魚之飛躍，則不可。○曰「上下察」似只見是充塞天地，其大無外言。今曰總申上文意，則是亦兼乎小者言，如何？曰：雖愚不肖之夫婦，亦能知行此道，此正與鳶魚之各率其性，而能飛躍者同一機括。可見此道無微不入，其小無内矣。然推其類而舉其全，則爲道無不在，而其大無外矣。實是總申上意。若下文「察乎天地」，則對「造端夫婦」言之，且承「及其至也」説來，故爲直指大者。○曰「上下察」，則凡際天所覆，極地所載，或大或小，皆在其中矣。又以上文大小參之，即上下之昭著，固所以爲大，而上下昭著之中，一物之細，一塵之微，亦莫不有是道，則自有極其小者矣。

《章句》以鳶飛魚躍爲道之用，而《或問》必兼體用言之。且用之廣者，固可以言昭著，體之微者，亦可以言昭著乎？曰：是有説也。蓋道之體用，自判然不容以混而無别，然其實則體用一原，顯微無間，用在是體亦在是矣。故朱子於《章句》屢析言之，而於《或問》則又混言之，所以互相發也。如即鳶飛魚躍固可以見道之用廣，然其所以爲體之微，豈有外於是哉？

「活潑潑地」，即上下察也之意。○朱子喫緊爲人處，是要人就此瞥地便見得天理全體活，只是不滯於一隅。不滯於一隅者，處處皆道，處處皆活也。○鳶魚飛躍，「子思喫緊爲人處，活潑潑地」者，是自外面者言之，謂其有以洞見夫道體之妙也。其與謂「必有事焉，而勿正心」之意同。「活潑潑地」，又是就無心内言之，❶謂心存則道存，而自有以洞見道體之妙也。非必仰而視夫鳶之飛，俯而觀夫魚之躍，然後可以得之也。蓋雖有鳶飛魚躍之天機，而無必有事焉之心，則道體之妙雖勃勃於目前，其如吾之憒憒不了何？

❶「無」，嘉靖本作「吾」。

此程子所以合子思、孟子之言，而流爲活潑潑地之論也，精矣哉！ 蓋實見得者自别也。○本文既曰「費而隱」，而《或問》乃曰「全體呈露，妙用顯行」，是隱者亦不爲隱矣，何謂也？ 曰：此正以其體用一原也。蓋其體之呈露，亦止是於其用之昭著處呈露耳，其實非有二也。

「及其至也，察乎天地」。 此聖人所以有不能也。

「察乎天地」，即所謂「洋洋乎，發育萬物，峻極于天」。 而天地，聖人之所不能盡者，皆在其中矣。 若鳶魚一節，則不必專屬於遠大，亦不必專屬於近小，總申上意也。 新安陳氏獨以屬之遠大者，似欠精切。

「夫婦之愚，可以與知焉；及其至也，雖聖人亦有所不知焉。 夫婦之不肖，可以能行焉；及其至也，雖聖人亦有所不能焉」。 再三誦玩此一段，總是見道之無所不在也。 至於「天地之大也，人猶有所憾」，則又甚之之辭，以見道之無有窮盡處也。 言之不足，又曰：「《詩》云：『鳶飛戾天，魚躍于淵。』言其上下察也。」則其喫緊爲人者活潑潑地，布在目中，而莫之揜矣。 遂申結之曰：「君子之道，造端乎夫婦；及其至也，察乎天地。」夫以君子之道，察乎天地，而其造端乃在乎夫婦，則體道者可不知所謹哉！ 此章之旨，大概只是如此。

讀此一章，直是能使人有不敢離道之法。❶ 蓋知夫婦之愚不肖皆可以與知、與能乎此道，則吾之未至，如此之愚不肖者，其可以自絶於此道乎！ 知聖人之於此道猶有所不能盡處，則吾之去聖人遠甚者，又可不

❶「法」，嘉靖本作「心」。

百倍其功而冀其有所造詣乎！知天地之猶有憾，則又當知天地雖大，尚未能得太極之全體，吾身雖微，而太極之全體則實具足於吾之一心。故潛天而天，潛地而地，苟弘其道，則兼天地，贊化育，又可以能天地之所不能矣。知鳶魚之飛躍各以道，則又當思吾爲萬物之靈者，當區處一世之民物，使大以成大，小以成小，各得其所，所謂「鳥獸魚鱉咸若」可也。由是論之，益信乎「道之不可須臾離也」已矣。

「子曰：道不遠人」

道者，人之道也，何遠於人哉？○有耳目則有聰明之德，有父子則有慈孝之心，率性而已，豈假外求哉？○「道不遠人」者，人外無道也。○道者，率性而已。率性何以是道不遠人？蓋性者，人之所以爲人之理也。

朱子曰：「人之爲道之爲，如爲仁由己之爲；不可以爲道之爲，如克己復禮之爲。」❶此説出於朱子，再無容疑矣。多少妥帖自在，而或猶欲强而同之，非也。○又按《孟子》「良知良能」章注，所謂「所以爲仁義」之「所以爲」，正與此章「則非所以爲道」之「所以爲」同也。○開端便曰「道不遠人」，可見此章是爲道在邇而求諸遠者發，故《章句》每以「高遠難行」字來相形説。

「固衆人之所能知能行者也」。○此衆人與第二條張子所謂「以衆人望人」者同，猶言人人也，不是指蚩蚩

❶「復禮」下，嘉靖本有「爲仁」二字。

之庸衆人。如何「以衆人望人」，[1]猶是責以盡人之道，但不責以高遠難行之事耳。豈謂但以庸衆人待之乎？

張子所謂「以衆人望人」云云。○此章朱子分三節，各一意。朱子蓋先入於張子《正蒙》之言乎，恐張子之言未必盡是子思之意也。蓋忠恕貫天下之道，其於上下文之意，宜無不盡該，非但指愛人一端而已也。如《大學》云：「有諸己而後求諸人，無諸己而後非諸人。所藏乎身不恕，而能喻諸人者，未之有也。」則「所求乎子，以事父，未能」一節，亦忠恕之事矣。又如《孟子》注云：「聖賢之於異端，拒之甚嚴；而於其來歸，待之甚恕。」拒之嚴，故人知彼説之邪；待之恕，故人知此道之可反。則「以人治人，改而止」一節，亦爲忠恕之事矣。

「忠恕違道不遠」

「盡己之心爲忠」，愛己之心也；「推己及人爲恕」，以愛己之心愛人也。蓋盡己然後能推己，愛人必本於愛己，此所謂忠恕猶形影，要除一箇不得也。○按此「忠恕」二字與《論語》「忠恕」指意不同。曰：「忠恕違道不遠」是學者事，程子所謂「下學上達」之義也。夫子之道忠恕，則忠當一，恕當貫，程子所謂「大本達道」之義也。而朱子乃皆以盡己、推己訓之者，蓋曾子以夫子一貫之旨難言，故借學者之忠恕以明之，字義皆同，其意致則異。不可以曾子言「忠恕」二字之義，爲有異於此也。亦不可以《中庸》「忠恕」之事爲即

[1] 「何」，嘉靖本作「曰」。

夫子之一貫也。當味《論語》注云：「借學者盡己、推己之目，以著明之，欲人之易曉也。」○此與《論語》不同處，不止謂忠恕有「動以天，動以人」之别。原來道字亦自不同。蓋此「道」字只據當然之實理言，乃衆人之所可知、可能者也。若《論語》「道」字，則就聖人地位言，所謂「譬則天地之至誠無息，而萬物各得其所」者也。故「忠恕」二字所指，因之有不同者也。

此本是恕之事，而注兼以爲忠恕者，蓋己所不願處，亦便是忠也。故曰：「無忠做恕不出。」又曰：「忠恕如形與影，要除一箇不得。」○「忠」字雖均曰盡己之心，然却有二義，如「爲人謀而不忠乎」，「臣事君以忠」之類，則盡己之心，「盡」字須要做着力自盡説。若夫「忠」字帶「恕」字言，則所謂盡己之心者，蓋自然而盡，故曰「中心爲忠」也。如施諸己而不願，只那所不願處便是忠也。無忠做恕不出，無忠則恕之所推者云何？蓋吾之一心，萬理皆具，盡吾之心，推之於子則自有箇慈，推之於父則自有箇孝，推之於弟則自有箇友，推之於兄則自有箇恭，以至事事物物，但盡己之中心以推之，則無不各有箇見成道理在。惟依其理而行之，自無不得其當。此之謂「忠恕違道不遠」也。若語其自然地位，則即是一以貫之者也。

張子所謂「以愛己之心愛人」。○程子曰：「以己及物，仁也；推己及物，恕也。」其義精矣！張子「以愛己之心愛人，則盡仁」。亦非以恕當仁也。其謂之「盡仁」，即如孟子所謂「求仁莫近焉」之意，但不如孟子之言於仁恕之義自然有辨耳。要之，恕之熟者即是仁。

「君子之道四」

四者固衆人之所能知、能行者，而聖人乃自以爲不能，何也？惟曰謙詞，毋亦不近人情乎？然味本文四箇「所」字，及觀《或問》四箇「如」字，方知所謂「未能」者，蓋聖人望道未見之心，不自滿其所至而云然也。○子、臣、弟、友之道，庸德也。以此道而形於言，庸言也。庸德而行之，必踐其實，使德有諸己也。庸言而謹之，必擇其可，若未能行而徒言，不可也。必其所能行者，然後見於言，是擇其可也。如此說方與下文之「言顧行」相合。

「謹之至則言顧行，行之力則行顧言」。言行相顧，則所責乎子之事己者如此，而反求乎己之所以事父者亦既能如此矣。所責乎臣之事己者如此，而反求乎己之所以事君者亦既能如此矣。所責乎弟之事己者如此，而反求乎己之所以事兄者亦既能如此矣。所責乎朋友之施己者如此，而反求乎己之所以先施於彼者亦既能如此矣。言行相顧如此，君子其不慥慥矣乎！贊美之者，願慕之意也，以是爲則而自勉也。○舊說以「庸德之行」以下爲孔子自言自脩之事，於「君子慥慥」一句不順。蓋「慥慥」贊美之辭，不應夫子自言而自贊美。且「君子」二字亦有碍，而與上文「君子之道」不同。今當斷自「庸德之行」以下爲正言君子之道如此，而欲以是爲則而自勉，則亦自脩之事。但自脩意當安在言外，不當直入本文，云吾於庸德則必行之，於庸言則必謹之，而又曰「有不足不敢不勉」云云也。《或問》所謂「於是於其所以責己者，反而自責於庸言庸行之間」，亦是以言外之意言之，最宜辨别得明白妥帖。

「庸德之行，庸言之謹」

所謂庸行、庸言，所該自廣，而意之所主，則重在子、臣、弟、友之道耳。如程子論「誠者物之終始」，而曰「至誠事父，方成人子；至誠事君，方成人臣」者亦此意。故下文曰「言顧行，行顧言」，言行相顧，則其所責乎子之所以事我者如此，而反求乎己之事父者亦既能如此矣；所責乎臣之事我者如此，而反求乎己之所以事君者亦既能如此矣云云。君子豈不爲慥慥乎！

人倫有五，君子之道四，獨遺夫婦一倫者，蓋此以責人責己言，不可曰所求乎婦以事夫未能也，故遺之。朱氏公遷乃曰：「道所當然，非所以求之閨門婦女也。」如此則《易》何以曰「利女貞」，前章又何以曰「君子之道造端乎夫婦」？朱氏此説，誠爲鑿矣。題若出「庸德之行」，至「胡不慥慥尔」，須以「言顧行，行顧言」截連上，若舊説則當截向下。

「君之素其位而行」止「無入而不自得焉」

「自得」者，無不足於心之謂。或者以爲如此則是不願乎外意，要作不失己爲，就事上説，此亦一意。如此拘則下條「在上位」、「在下位」及「正己」，豈不是亦素位而行意？《或問》明白「得者無不足於心而已」，安可誣也？況無不足於心，與心無慕外而援上陵下者自不同。○素其位而行，以事言；不願乎外，以心言。以下文「居易俟命」句照看，似亦難分。

「無入而不自得」

按小注「入」字闊，上四者特舉其概。蓋時有萬變，事有萬殊，物有萬類，而道無不在，所謂「無物不有，無時不然」，要當隨時隨處而各盡其所當爲。均一富貴也，而富貴等第不同。均一貧賤也，而貧賤亦有次第。對其弟則位兄也，對其兄則位又弟也；對其父則位子也，對其子則位又父也；對其君則位臣也，對其臣則位又君也。以至前後左右，無不皆然。如此推之，方説得素位而行意盡。○「無入」猶言無適也。所以自得者，以其道之所在而安之，吾何歉乎哉！

「素夷狄，行夷狄；素患難，行患難」，非謂苟免而從夷也，有道存焉。此句俗多借以文其苟免之計，差毫釐繆千里矣。○論素位而行，直至患難、夷狄者，非謂四者人人皆有之，特言道無不在，雖夷狄、患難亦有是道。君子雖在夷狄、患難，亦不離道耳。○人之處世，非富貴則貧賤，故對舉言之。至於言患難，則在平時可知；言夷狄，則中國可知。所謂「雖之夷狄，不可棄也」，是又舉此以見彼也。故未更云「無入」字該之。❶○「素富貴，行乎富貴」兩條，《章句》分貼「素位而行」，與「不願乎外」，不知亦是子思之意否？故今看「無入不自得」一句，易混入「不願其外」之意。看「正己而不求於人」一句，又易混入「素其位而行」之意。至於「君子居易以俟命」一言，又難分析二意矣。至於所引「射有似乎君子」云云，似益難於分貼，而朱子亦自不奈何矣。此與「道不遠人」章分三節處，後學尚未得胸中灑然。

在上位而陵下，則是張其威福，以剛制其下，使在下奔走惴畏，以伸其勢，故爲慕外。在下位而援上，則是不安於其下之所當爲，而陵分越等，如爲士也而欲自同於大夫，爲大夫也而欲自同於諸侯，或挾才恃功而有所要，或言語動静之有所忽，是皆慕外而然，責人而不責己者也。○不求人，故不陵下，不援上。不陵下，不援上，故無怨。陵下而不得伸，則怨其下；援上而有不得，則怨其上。上不怨天，下不尤人，只是贊詞。

❶「未」，四庫本作「末」。

「故君子居易以俟命」

「易，平地也」。如素富貴，則富貴所當行之道，乃我安穩田地。貧賤、患難、夷狄皆然，指分内事言。○「俟命」指那窮通得喪處，君子無心計較也，是俟命也。○舍素位而行，無可言「不願乎外」；舍居易，無可言「俟命」。

「小人行險以僥倖」

行險者，不爲其所當爲，必騁私智，作聰明，以爲奸邪之事。此險道也，正與居易相反。如此則或貧賤而求得富貴，或患難而求得苟免，亦非其所當得者，但幸焉而已耳，故謂之「僥倖」。且曰行險以僥倖，則亦未必得倖也。○此章本言君子，此兼小人，一正一反，一勸一戒之意。○居易者，順理則裕也；行險者，從欲惟危也。

「君子之道辟如行遠必自邇」

「君子之道」四字，宜連帶下面「辟如行遠必自邇」讀之，不可於「道」字斷了。故《或問》一則曰「二句」，二則曰「二句」，今人是作三句讀了，以見不可以君子之道行之必以漸爲言。蓋不以「道」字爲理之當然，而以死字看了，到下面行遠升高，方説出進爲字，出不思行遠自邇，❶升高自卑，即此便見道之無所不在也，皆所以明君子之道費而隱者也。

❶「出」，四庫本無此字。

邇者、卑者，下學入德之事；高者、遠者，聖人成德之域也。總不外知行二者，自知之始而漸至於知之盡，自行之始而漸至於行之極。然要之，邇者此道也，而遠者要亦不出乎邇之外；卑者此道也，而高者要亦不出乎卑之中。○行遠自邇，登高自卑，若就實事體貼，則所謂自戒懼而約之以至於至静之中，無少偏倚，而其守不失。自謹獨而精之以至於應物之處，無少差繆，而無適不然。又如始於灑掃應對，而終於窮理盡性；始於齊家，中於治國，而終於平天下之類。

「子曰：鬼神之爲德也，其盛矣乎」

前後諸章明道之不可離，是皆以其費言，而隱即止寓於其中。惟此一章則言鬼神之不見不聞，而體物不遺，爲兼費隱也。大抵只用鬼神體物不遺數字，亦都説盡了，只此便已見道之無所不在了，便已見道之不可須臾離了。蓋實有是物，則實有是氣；實有是氣，則實有是理。盈天地間一氣機之屈伸往來而不已焉，此即理之所在也，無物不有，無時不然，所謂「一陰一陽之謂道」是也。道容可離乎！

程子曰：「鬼神，天地之功用，而造化之迹也。」○程子之言，爲恐學者求鬼神於窈冥之鄉，故曰此乃「天地之功用，而造化之迹也」。説「迹」字略涉於見聞，蓋此章之旨本謂鬼神無可見聞，而却能體物不遺也。○天地之功用，即造化之迹也。造化指天地之作爲處言，造者自無而有，化者自有而無。

張子曰：「鬼神，二氣之良能也。」○「良能」者，其往來屈伸自然能如此，不待安排措置也。自然能如此處，即其靈也，靈則不待使之然，而亦不能遏其然，乃所謂自然也，乃所以爲靈也。

「至而伸者爲神，反而歸者爲鬼」。○至而伸，反而歸，止是進退二字耳。要認得正而實，若泥於「返而歸」

之詞，則異端所謂歸根還原者，亦無得而議矣。張子曰：「物之初生，氣日至而滋息；物生既盈，氣日返而游散。」朱子之説蓋本此。○其以二氣言者，亦言其屈伸各有所屬耳，非實有兩箇氣，而兩氣之外又别有一箇氣之貫者也，故「實一物而已」。

「鬼神」三段注，蓋程子之説未見鬼神是陰陽之二氣也，故用張子之説繼之；張子之説未見二氣之良能實一氣之屈伸也，故朱子又以一氣貫之，然後鬼神之義盡矣。朱子之説重一氣上，二氣則張子已説了。○清嘗合《章句》三説而一之，曰：鬼神者，天地之功用，二氣之良能也，其至而伸者爲神，反而歸者爲鬼，此鬼神、天地、人物，一以貫之者也。○陰陽非鬼神，陰陽之能屈能伸，一往而一來者，乃鬼神也。蓋即氣機之動静而已，故曰二氣之良能也，曰陰之靈也，曰陽之靈也。蓋天地無心而成化者也。○原陰陽之所以有是靈者，蓋太極動而生陽，動極而静，静而生陰，静極復動，一動一静，互爲其根，此其所以一往一來，一屈一伸，而不見其有窮已也，所謂「兩故化」也。知其兩故化，則知其體物不遺矣，無餘藴矣。

此章「鬼神」以往來屈伸者言，流行之陰陽也。所謂陰精陽氣，魂游魄降，乃是對待之陰陽，非此章之本旨。若夫陰精陽氣，聚而成物，則爲神之伸矣；魂游魄降，散而爲變，則爲鬼之歸矣。合則爲來而伸，散則爲往而屈，流行之義也。○《或問》所謂「錯綜以言，亦各得其義」者，謂方伸之氣亦有伸有屈，既屈之氣亦有屈有伸，皆主流行者言，但一分爲二耳。不可謂錯綜就是雜對待者言。先儒謂「二氣以陰陽對待者言，一氣以陰陽流行者言」，恐未然。朱子不云乎「二氣之分，實一氣之運」，又曰「其實一物而已」。○如日月寒暑，春夏秋冬，風雲雨露，山川陵谷，禽虫草木之屬，要皆是鬼神之傳舍也。小注云：「功用只是論發見者，如寒來暑往，日往月來，春生夏長皆是。」又曰：「風雨霜露，日月晝夜，此鬼神之迹也。」斯言要是借此示人，以默會鬼神之所在耳。若謂此即是鬼神，則爲視而可見，聽而可聞矣。且日月風雨之類，其合也，如何便爲物之始？其散也，又如何便爲物之終？要之，日月風雲之類亦物也，皆鬼神之所體者也。以功用謂之鬼神，兩故化也；以妙用謂之神，一故神也。「神」字對「鬼」字而言，則偏矣。單言神，則當得太極。○《或問》引孔子告宰予之言，而及鄭氏之注云：「其以口鼻之噓吸者爲魂，耳目之精明者爲魄。」蓋指血氣之類以明之，則知魂魄之云不足以盡此章鬼神之義也。繼則曰：「程子、張子更以陰陽造化爲説，則其意又廣，而天地萬物之屈伸往來皆在其中矣。」其意之廣，乃此章鬼神體物不遺之正義，非止於人物之魂魄也。○今人但知爲父母所生，而不知其所以生者，固自有天地之氣在；均一父母也，而所生或男或女，或賢或愚之不同者，所值天地之氣不同也。又今人但知天地間有許多物形，而不知天地間有許多物氣，有此氣方有此物，方養得成此物，其物方能生生而不息。如今若將北方胡桃來南邊種，必不能結子。若將南邊老葉去北邊種，亦必不成種。何者？以其地方元無此氣也。如淡水魚，放在海裹如何可活？亦有隨地而變其元者，如鄭之橘，楚之橙是也。今人墓中忽生鮠魚或樹葉之類，皆是無種者爲感於氣化之不常也。《朱子語類》「鬼神門」載，有人感猪氣而有猪毛，及爲猪鳴者，此其氣之雜揉也。○人身亦只是鬼神之傳舍耳，故淵明有釋神之説，昔有道士成丹，一日出神，分付其人曰：「七日不還則燒我身。」其人不及七日而燒之，道士神返而索其身不得，甚怒罵之。可見神自是神，身自是身，信乎人身是鬼神之會也。

問：祖宗没已久，後世子孫雖竭誠以祭，豈有能來格之理？曰：祖宗雖已没，而有汝身在，則祖宗之神固自有在也。祭外神而致享，亦是此理。蓋總是一箇神氣也。此亦一本之理，其分相當則其心相屬，其心相孚則其神相格。〇草木有根，人之根則在心。祭祖則未必其祖之實我享，然心根既絶，其人必無久存之理。不然亦必妄人也，罔之生者也。故有國者不重祭祀，其國必危。〇神之格思之神，即天地之功用，二氣之良能者之鬼神。何也？藍田之説見於《或問》小注者詳矣，精矣！其言曰：「鬼神者，二氣之往來耳。物感雖微，無不通於二氣。故人有是心，雖自爲隱微，心未嘗不動，動則固已感於氣矣。鬼神安有不見乎其心之動，又必見於聲色舉動之間，乘間以知之，則至著者也。」故下章曰「至誠如神」，謂鬼神知來者以此。〇屈子《遠遊》篇有曰：「道可受兮而不可傳，其小無内兮其大無垠。一氣孔神兮於中夜存，虚以待之兮無爲之先。庶彙以成兮此得之門。」此語與中庸之道只隔一間。屈子未必北學於周公、仲尼之道也，而所言亦有相符者。蓋均之爲造化門下人也，其天資高，其識趣妙，於造化之理氣有自得焉耳。〇鬼神體物，非謂造化生物也。「體」字該生死。

「爲德，猶言性情功效」。〇「爲德」二字最難解。蓋德者得也，取得之義，亦有二端。有以稟受所得者言，如明德達德之類，則解之曰「人之所得乎天，而虚靈不昧，以具衆理而應萬事者也」，曰「天下古今所同得之理也」。有以學力所得者言，如「爲政以德」，「據於德」，「知德者鮮」之類，則解之曰「德之爲言得也，行道而有得於心也」，曰「德謂義理之得於己者也」。惟鬼神之德難以得義解，其所謂德者，乃其性情功效耳。然難就以性情功効爲德之義，故爲之説曰「爲德，猶言性情功効」。故經傳中惟此一「德」字自爲一例解。○「性情功効」是一樣字，不可分體用。朱子小注謂：「視不見，聽不聞，是性情；體物不可遺，是功効。」蓋亦一時問答之言，意在欲人之易曉，而未必其終身之定論也，抑或者記之誤歟？朱子又曰：「性情便是二氣之良能，功効便是天地之功用。」信斯言也，則張子所論鬼神，僅得其體，而程子所論鬼神僅得其用歟？故學者於《章句》則當字字而精研之，至於小注所集《語類》之言多出於門人之所記，亦或其前後之異説，其合於《章句》者則取之以爲證佐發明，其不合者又自爲一例看可也。

「功効」二字當以下章所謂氣象功効例看，則情狀之意也。

「盛」字意重在體物不遺。上雖曰兼費隱，然隱只在費之中，即所以體物不遺處無可見聞也。蓋其運化機於無迹，斡玄功於冥冥，其曰視不見，聽不聞，亦是説他那合而爲物之始，散而爲物之終處，都無可見可聞，所謂「上天之載，無聲無臭」者也。豈謂體物不遺之外别有箇不見不聞者爲之體乎！○甚矣鬼神之不測也，且如天地間忽然光亮亮的而爲日，又忽然黑窋窋的而爲夜，忽然凍膚裂指而爲寒，又忽然流金爍石而爲暑。風雲雨露之屬忽然而至也，莫知其從何而來，忽然而止也，又莫知從何而去。人物忽然而動，又忽然而止，忽然而生，又忽然而死。凡此皆鬼神之爲也。氣機默運，自往自來，自屈自伸，人孰得其形迹而執之哉！故曰「視之而弗見，聽之而弗聞，體物而不可遺」。視不見，聽不聞，與體物不遺，只是一時事，今人多不解此理而錯認本文意也。

「視之而弗見，聽之而弗聞，體物而不可遺」

如今天地之覆載，日月之照臨，四時之代序，風雲雨露之變化，皆可見可聞者也。故指此以爲鬼神則不可，此等乃鬼神之迹也。鬼神則是氣機之往來，默運於其中者，誰得而見之，誰得而聞之？然鬼神雖不可見聞，但就物上觀之，則物之所以始者，陰陽之合也，神之伸也；物之所以終者，陰陽之散也，鬼之歸也。是物之始終，一皆鬼神之所爲，鬼神固無物不體，無所不在矣。道之不可須臾離也，於此可見。○以一歲言，春夏爲陽，秋冬爲陰，凡一歲之始終，莫非鬼神之所爲也。以一日言之，晝爲陽，夜爲陰，凡一日之始終無非鬼神之所爲也。又如人物之始生，草木之方榮，陰陽氣合之所爲也；人物之死，草木之枯，陰陽氣散之所爲也。又無非鬼神所在也。又如耳目物也，少壯之時，耳目精明，是陰陽氣合之所爲也；至於老大耳聾目昏，則是陰陽氣散所爲矣。可見鬼神之無物不體處。

「體物而不可遺」

鬼神雖無形也，而有以形天下之形，又併其形而反之；雖無聲也，而有以聲天下之聲，又併其聲而收之。故曰：物之終始，莫非陰陽合散之所爲也。○陰陽一合而物以之始，始者神之伸也；陰陽一散而物以之終，終者鬼之歸也。是其體物而不可遺矣。○陰陽合散之陰陽，則鬼神二字内各有陰陽也，是横的陰陽也。○依《章句》云，體物猶《易》所謂幹事，則鬼神與物當稍有先後之别，終是氣先乎物也。不先乎物，何以體乎物？物之終始也，亦必有以終始之者。○體物與幹事，義例亦小異，幹則外面有枝葉在，體則再無餘物在外。《章句》「猶」字亦自分曉。

「使天下之人齊明盛服，以承祭祀」

盛服兼冠履之屬，不專指衣也。衣與服不同，衣特服中之一件。故曰「服周之冕」，又曰「冕，祭服之冠也」。《論語》「羔裘玄冠」，俱是衣服之制內。又「周公成武王之德」一節，小注云：「鷩冕，諸侯之服也。」只可見「服」字所該之廣。○不是齋明盛服，以承祭祀了，然後有箇洋洋乎如在其上，如在其左右者也。只就祭祀時所見如此，見得鬼神之無所不體耳。若謂必待齋明盛服，以承祭祀，然後有箇洋洋乎如在其上，如在其左右，則亦未爲體物而不可遺矣。下言「神之格思，不可度思，矧可射思」，正爲此也，但不可專指祭祀時言耳。○鬼神之妙，充滿周匝於宇宙之間，有觸斯應，故一祭祀之間，而遂洋洋如在也。

「孔子曰其氣發揚于上」止「神之著也」。○「其氣」不必謂是陰陽之氣，亦不可謂是鬼神之氣，蓋此「其氣」字是指物之氣。《祭義》載夫子答宰我曰：「衆生必死，死必歸土，是之謂鬼。骨肉斃于下，陰爲野土，其氣發揚于上。」云云，此蓋以形斃之爲鬼，而以其神之焄蒿悽愴者爲神也。又自作一例論也，然畢竟同是一鬼神。

「夫微之顯」

言鬼神無形與聲，而乃無一物之不體，何也？蓋凡無形無聲便是無此事也，若鬼神則雖是無形與聲，然却是實有此事，以故在在著見，而物莫能遺也。

「誠之不可揜如此夫」

凡天下之無形與聲者，類皆僞焉而已矣。惟鬼神也，雖無其形，無其聲，而實有其理也。故陰陽之合，實有是合也；陰陽之散，實有是散也。惟其實有是合，故合則爲物之始；惟其實有是散，故散則爲物之終。是豈容揜也哉！

「舜其大孝也與」

大孝者，非常之孝也。下文云云，皆大孝之實也。然必以德爲聖人，序於尊富享保之上，此又非偶然者。故下節只提起大德與禄位名壽相對説。○此「大孝」二字，連功効都該了。

「德爲聖人」

大凡人能脩身慎行，不辱其先，或能改父之行，變惡爲美，已足爲孝。而舜之德則至於爲聖人，則所以揚名顯親者至矣，大孝也。

「尊爲天子」

凡人有三德而爲大夫，六德而爲諸侯，亦足以榮親而爲孝矣。舜德極其盛，至於天與人歸，而其尊爲天子，則其親爲天子之親，尊親之至也，非大孝乎！

「富有四海之内」

凡人之養親，或菽水可以盡懽，或每食必有酒肉，亦足爲孝矣。又或儋爵而有百乘之入，或受封而享百里之國，則其爲養已崇，而其爲孝也亦已鮮矣。舜則其富至於奄有四海之内，任土作貢，皆可爲養，以天下養，養之至也，非大孝乎！

「宗廟享之」

凡能不墜先世之緒，克紹前人之休者，亦可謂之孝矣。今舜爲天子，則當有數世之廟，以祀其先祖，與夫父爲士，子爲大夫，而祭以大夫之數者有間矣，此亦大孝也。○宗廟享之，謂宗廟享舜之祭。鄭氏謂「舜享子孫之祭」，未然也。

「子孫保之」

凡能燕翼其子若孫，或得以賞延于世者，亦可謂之孝矣。而舜則紹堯有天下，於是本支百世封有爵邑，以嗣以續，勿替引之，其子孫所保之業，又非其他之比也，亦大孝也。○舜之子孫，《章句》不舉商均，而乃及虞思、陳胡公之屬者，指其雲仍之遠者，言以見其遺澤之無窮，所以爲孝之大也。

「子孫，謂虞思、陳胡公之屬」。○虞思者，蓋虞君名思也，有夏所封，以其女妻少康於難中，與之田一成，衆一旅，因以匡復者也。陳胡公，周武王所封，其父在周爲陶正，武王以元女妻胡公，改封於陳，故曰陳胡公。胡公，謚也，依趙注如此説。今謚法有「彌年壽考曰胡，保民耆艾曰胡」。

「故大德必得其位」一條

若以大德當大孝，則禄位與名壽都是大孝之實。今却説大孝了方得那禄位名壽，豈不與上文意背邪？曰：只看上文以德爲聖人，序於尊富享保之上，便是有意在愚。故曰章首「大孝」二字將禄位名壽都該了，下節只把德爲聖人做本領，而以其他皆是聖德之致，要之并歸於大孝也。

「故大德必得其位」

此亦是即舜之事而論其理如此，與下文「栽者培之」同意，非專就舜一人言也。其曰「舜年百有十歲」者，《章句》以證其實也，亦見此節是因舜言也。○言大德必得其位則可，言必得天子之位則不可，以舜事安在本文外爲當。○一説凡有德者皆必得其位，有大德者必得天子之位，下文不曰「故大德者必受命」乎？

此章之微旨也。此説亦有理。

「必得其壽」

上言尊富享保，不及壽，此乃言壽，可見上文意重在大孝上，全未有獲福意。此方以德爲主，而言其理當得是福也。

「故天之生物」

物字兼動植，小注謂：「其本固者，雨露必滋培之；其本傾者，風雨必顛覆之。」以「其本固」釋「栽者」字，極正當。但雨露風雨，字面却未是，此只説得植物耳。《章句》曰「氣至而滋息爲培，氣反而游散則覆」，氣字豈指雨露風雨之屬耶？蓋其氣即在那物身上，是物自帶得箇培覆之理來也。

「必因其材而篤」

言因其材而有所加也。篤字非全好字，「栽者培之」固篤也，「傾者覆之」亦篤也，皆因其本質之異，而異其所加也。篤，厚也。厚，加也。人多不悟厚之爲加。○故「天之生物」以下，舊説「天」字重，今看來「因材」意思重。

天道福善禍淫，此理究竟如何？蓋天地之氣，有一陰一陽，一善一惡；人之所爲，亦有一陰一陽，一善一惡。方以類聚也，天之生物，因材而篤。人之所爲好，則天地好氣自與他相湊聚；若不好，則那不好底氣亦自與他相湊聚。故曰吉人行與吉會，又曰吉人自天相也。須知是實有此理。○使天地若果無靈，則人心之靈從何而出？

「無憂者其惟文王乎」

文王無憂，與大舜之無爲正相類。文王之無憂者，以其父作於前，而子述於後也。舜之無爲者，以堯當其勞於前，而又得人以任衆職於下也。

「以王季爲父，以武王爲子」

如舜、禹以瞽、鯀爲父，則作之者無其人矣。如堯、舜以朱、均爲子，則述之者非其人矣。能無憂乎？又如湯崩，太丁未立，而太甲之初立，尤未免於顛覆典刑，則在湯亦有遺憂矣。武王雖有聖父，然未受命，而成王幼冲，未克負荷，向非有周公爲之攝政，則周之王業亦未可知，然則武王亦不能無憂者矣。○子述之，文王蓋亦樂其業之有所托耳，非必冀其代商而有天下也。下文言武王、周公之事，則聖人之所以順乎天而應乎人者，豈文王貽謀之本心哉！所謂此事間不容髮，一日之間，天命未絶，猶爲君臣，夫子所以謂周之德可謂至德也。○文王之無憂，如何説是道之所在？蓋無憂非道，而其所以無憂者則道也。父作之者，積功累仁之事也。子述之者，繼志述事之孝也。非道之所在而何！

「武王纘大王、王季、文王之緒」

纘，繼也。緒，業也。此正謂繼世耳。「一戎衣而有天下」，却是後日事也。○《詩》云「大王實始翦商」，此蓋周人推本周家克商之業所自始，以迹言者也，非以其心也。後人因謂太王實有翦商之心，朱子之釋《詩》及《論語》，亦因之而未及有所改評。雙湖胡氏嘗有論矣。蓋據理言之，當太王時商未有大失德也，而太王又賢諸侯也，君臣大義與天地並，大節所在，太王何至便敢忘之乎？又以其勢言之，太王始爲狄人所侵，百方事之而不得免，危不自保，乃率其民而遷之岐山之下，當時實披草萊以與百姓共栖息，田野山澤之利多有未發者，民生日用之具多有未備者，雖曰德盛而民歸，然計其所得亦甫足償其所失而已，亦何暇遽有異圖耶？ 且以文王之德，三分天下有其二，尤不敢啓伐商之心。此何時也，乃敢輒萌非望之志乎？ 大抵太王只爲見季歷生一子，大異常人，意後日可以昌大其宗，故有意於以位屬季歷，此亦人之通情也。太伯知之，遂托故避之，以成父志，其後文王遂大其國，武王遂有天下，後人因原其所自，曰太王實始翦商，而夫子又推本文、武之得天下，由於太伯之讓季歷而得也。故曰：「太伯其可謂至德也已矣！三以天下讓，民無得而稱焉。」未必太王實有翦商之圖，而太伯實以商天下爲己物，而委之於季歷也。且《書》云「王季其勤王家」，當王季時，亦何王家之有？ 蓋亦後人追而稱之云耳。

「武王末受命」

味「末」之一字，可見武王初未有利商之心，而急於太統之集也。❶《易》曰「湯武革天命，順乎天而應乎人」，况太伯之日乎！ ○但曰「周公成文武之德」，便見周公不是專擅也，况在攝政之時乎！ ○成文武之德，曰德者，尊親之孝，固人子之德也。

「追王太王、王季」，不言文王者，蓋武王在時文王已追王矣，但以末受命，未暇推及太王、王季耳。○太王本號古公，今不曰古王而曰太王，恐如後世太祖、太宗之義。蓋周公以其爲王迹之所起，故如此追稱也。

---

❶ 「太」，嘉靖本作「大」。

又按《史記》載文王爲吕望曰：「吾先君太公望子久矣。」此太公即太王也。昔只謂之太公，而今追王則謂之太王，情理宜然也。以世次言之，文王於太王已稱爲祖，武王、周公時則宜稱爲太祖，故曰太王歟。曰王季者，以不容單稱王，故以季字配之。古人重字，如子思之於孔子，亦稱仲尼云。○太王、王季既追王，則祀以天子之禮，不待言矣。先公只祀以天子之禮，則追王之禮固不與也。○愚謂聖人制禮，毫髮不苟。先公只祀以天子之禮，而不追王，太王、王季只追王而不加謚，非獨以親疎之辨，亦以其功業之不同也。故武王初得天下，便追王文王。至於太王、王季，姑俟熟議，至周公乃成之。信乎武王、周公之孝，皆中庸之道也。

「斯禮也，達乎諸侯大夫，及士庶人」

使皆得以生者之禄，追享其親也。○葬用死者之爵，使死者得以安其分；祭用生者之禄，使生者得以伸其情。○「斯禮」即是上祀先公之禮。太王、王季既追王，則其祀以天子之禮，不暇言矣。「達乎諸侯大夫，及士庶人」，只管到「祭以大夫」處，不可謂管到「無貴賤一也」。蓋「達乎諸侯大夫，及士庶人」者，自上而達於下也。「期之喪達乎大夫，三年之喪達乎天子」者，自下而達之於上者也。此言喪禮，只是因言祭禮而及之耳，於葬禮意尤輕。○既曰「達乎諸侯大夫，及士庶人」，而下文只言大夫、士，所以爲例也。若父爲庶人，子爲士，則葬以庶人，祭以士。父爲士，子爲庶人，則葬以士，祭以庶人。父爲大夫，子爲諸侯，則葬以大夫，祭以諸侯。父爲諸侯，子爲大夫，則支子不祭，而自爲大宗矣。蓋葬主死者，祭主生者。祭出於禄，以禄享親也。斯禮也，達乎諸侯、大夫、士、庶人，主祭禮言。下文「父爲士」數句，亦重在祭上言，皆得用生者之禄也。葬禮只與祭禮相形言之，蓋葬用死者之爵，自周公未制禮之前已是如此。故「父爲大夫」以下，不可以葬禮並言。《儀禮·祭義》篇曰：「自天子達於庶人，喪從死者，祭從生者，支子不祭，諸侯不敢祖天子，大夫不敢祖諸侯。」又曰：「父爲士，子爲天子諸侯，則祭以天子諸侯，其尸服以士服。」注云：「不敢以己爵加之也。」又曰：「父爲天子諸侯，子爲士，祭以士，其尸亦服以士服。」注云：「謂父以罪失位，不成其爲君也。」○「喪服自期以下，諸侯絶」，則天子可知。「大夫降」者，期降爲大功，大功降爲小功，小功降爲緦麻，緦麻下則無服矣。○葬祭只言大夫、士者，自諸侯至庶人而中舉之，以見上之諸侯，下之庶人，可以類推也。○達乎大夫，達乎天子，皆自庶人達之也。此「達」字與達孝之「達」字意殊不同，雲峯胡氏之説非也。

○既曰「三年之喪」，又曰「父母之喪」，何也？「父母」二字最重。若曰惟「三年之喪」，則自庶人上達於天子者，何也？蓋三年之喪，父母之喪，彼諸父、昆弟猶可伸其貴貴之義。子生三年，然後免於父母之懷者，則初無貴賤之别也，於此不用其情，烏乎用其情！故凡爲父母喪者，無貴賤一也，語意是如此。○新安陳氏曰：「父母之喪，即三年之喪。朱子謂中庸之意，只是主父母而言，未必及其他者也。」所謂「未必及其他者」，《或問》小注吕氏曰：「三年之喪，父母之外嫡孫爲祖，父爲長子，夫爲妻而已。父在爲母及妻雖服期，然本爲三年之喪，但爲父爲夫屈者。此爲父指子言，此爲夫指母言，生者爲父屈，死者爲夫屈。」○期之喪，所以達乎大夫者，蓋親親、賢賢、貴貴三者，天下之通誼也。三者相值，則又隨所在而各伸其重。夫天子者，天下之主也。諸侯者，一國之主也。則於期年以下之親，皆其臣屬。惟始封之君，不臣諸父、昆弟；再世之君，不臣諸父而已。又安能一一爲之服乎？蓋其親不敵貴也。若夫父母之服，雖天子諸侯之貴，不可殺者，蓋貴不敵親也。若夫大有爲之君，必有所不召之臣，則賢賢之義亦在所伸矣。○末節要看《章句》數箇「推」字與「及」字，一則推文武之意，以及夫王迹之所起。二則又推太王、王季之意，以及於無窮。三則又推己以及人也。「推己以及人」，此句指「斯禮也，達乎諸侯大夫，及士庶人」，至於「父母之喪無貴賤一也」，即所謂制爲禮法，以及天下者也。上而追王太王、王季，上祀先公以天子之禮，此猶只是一家禮制耳。

重刊蔡虚齋先生四書蒙引卷之四

「武王、周公，其達孝矣乎」

繼志述事，志如太王因有翦商之志，事如所謂積功累仁之事。故曰：志者，祖父所欲爲而未就；事者，祖父所已爲而可法。

真西山曰：「當持守而持守，固繼述也；當變通而變通，亦繼述也。」此章言武王、周公之繼述，大抵皆就變通者言。

此本周公事，而兼武王言者，猶上章追太王、王季，而曰推文、武之意，以及乎王迹之所起。而本文亦曰周公成文、武之德也。知彼之兼文、武，則知此之兼武王、周公矣。

「春秋脩其祖廟」

祖廟，天子七，諸侯五，大夫三，適士二，官師一。按官師無祖廟，只是考廟，而就考廟祭其祖耳。此亦概言，然不可不知。

適士二，官師一，出《祭法》，其注曰：「適士，上士也。天子上中下之士，及諸侯之上士，皆得立二廟。」〇官師，官，有司也；師，長也。其注曰：「諸侯之中士、下士，爲一官之長者，得立一廟。」〇《祭法》又曰：庶士、庶人無廟。其注曰：「庶士，府史之屬。」其曰官師者，以别於庶士也。既曰庶士無廟，則中士、下士有廟可見。

天子七。〇古人廟制雖皆南向，然主則居西而東向。何也？蓋主在室中，古人室之户從東入，而以西爲上，祭者以東爲下，向上而祭。若曰神位南向，惟主東向，則太廟中祫祭時，昭居北牖下而南向，穆居南牖下而北向，主人却從穆主之背後行祭矣。宗廟惟重主神，惟依一主。若從其背後行祭，何理也！

《禮記·月令》「孟春祀户」，小注方氏曰：「户奇而在内，陽自内出之象也，故孟春祀之。門耦而在外，陰自外入之象也，故秋祀之。」

古人廟室之户從東南入，故室之西北隅爲屋漏，西南隅爲奥也。

《論語》「席不正不坐」，小注曰：「南向、北向，西方爲上。」

天子七廟之圖皆南向

祧者，親盡則遷其主，而藏之於此室也。

諸儒之説，謂武王既有天下後，亦只是五廟，但加文、武二世室爲七廟耳。劉歆之説，則謂武王有天下，便增立二廟爲七，文、武世室在外。朱子以爲理長。愚謂七世之廟在商時已然，歆之説誠爲長也。

周九廟圖

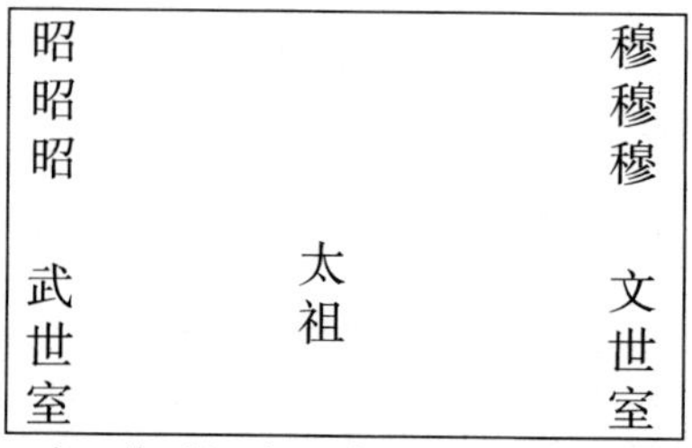

此周九廟，以文、武親盡當祧，而有功德當宗，不可祧。故別立世室，而皆百世不遷，與太祖同。世室者，不毁之名也。自是之後，穆祧者藏文世室，昭祧者藏武世室。

凡廟主在本廟之堂中，皆東向。及其祫于太廟之堂中，則惟太祖東向自如，而爲最尊之位。群昭之入于此者，皆列于北牖下而南向；群穆之入于此者，皆列于南牖下而北向云云，蓋群廟之列，則左爲昭而右爲穆。祫祭之位，則北向南。爲昭，而南爲向北。穆也。

文王時祫之圖
諸侯王廟也

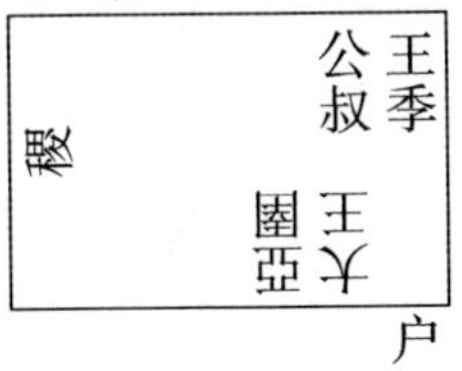

諸侯有時祫，無大祫。時祫者，四時各一祫也。大祫三年一行。祫以大禘五年一行。時，禘不以時，所以爲王者大祭。

共王時祫之圖
則天子七矣

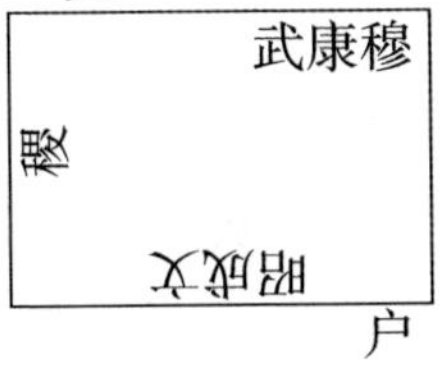

此乃祫祭於太廟之室中圖，故南北相向。若七廟則各專其尊，而皆東向矣。

周大祫圖

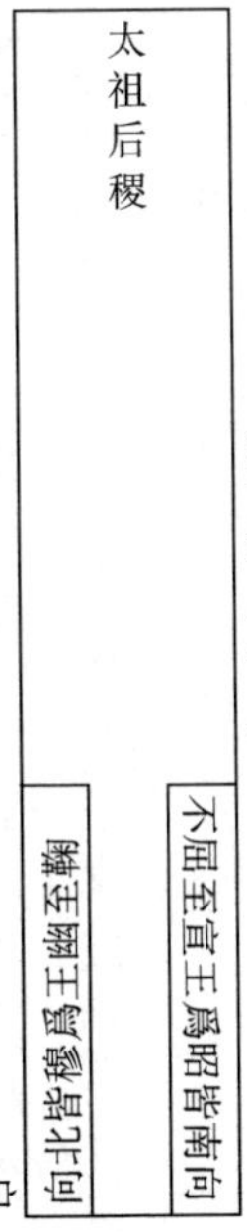

時祫，天子七，諸侯五而已。大祫則自始封之君，歷至祖考之主，皆在也。故《朱子大全》有曰：四時之祫，不兼毁廟之主。又曰：以上世之次推之，一昭一穆，固有定次，而其自相爲偶，亦不可易。但其散居本廟，各自爲主而不相壓，則武王進居王季之位，而不嫌尊於文王。及其合食于祖，則王季雖遷，而武王自當與成王爲偶，未可以遽進而居王季之處也。文王之爲穆，亦虚其所向之位而已，則雖北向，而何害其爲尊哉？故作此圖以見之。

周大禘圖

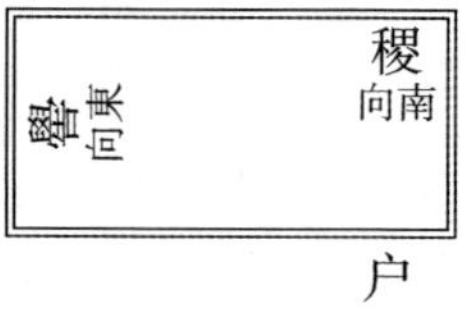

古人户從東南入，故室西北隅爲屋漏，西南隅爲奥。神主東向，尸又南向，不同位。

周洪謨先生著《朱子家禮祠堂圖説》曰：「古者廟皆南向，而各有室。神主在室則皆東向。先王之祭宗廟，有堂事焉，有室事焉。設始祖南向之位於堂上，昭東穆西，左右相向，以次而南，此堂事也。設始祖東向之位於室中，昭北穆南，左右相向，以次而東，此室事也。堂事、室事，皆父昭在左，子穆在右，則古之神道尚左，章章然矣。自漢明帝乃有尚右之説，唐宋以來皆爲同堂異室，以西爲上之制。然古者室事，始祖東向，則左昭右穆，以次而東者，不得不以西爲上。後世南向之位，既非東向之制，而其位次尚循乎以西爲上之轍，則廢昭穆之禮矣。」○謂之「若周」者，蓋春秋脩祖廟，陳宗器，是通上下言，此特舉周王家以見例耳。若下節所謂「有事於太廟」，獨言太廟而不及諸廟。又「序爵」云「爵，公、侯、卿、大夫也」，亦就天子之祭言。蓋皆舉其大者，不特《章句》如踐其位，行其禮，其指先王也。本文要亦就其大者言之耳。

「宗廟之禮」

此一條備言宗廟祭祀之禮，自始至終而無遺也。

「宗廟之禮，所以序昭穆也」

宗廟之次，左爲昭，右爲穆。此以左右分昭穆，蓋左陽明之方，右幽陰之方。以左對右，自有幽明之義，此據廟制而云也。若祫祭之時，群主皆入于太廟。則群昭之列於北牖下者，皆南向，爲向明，故爲昭。群穆之列於南牖下者，皆北向，北則爲幽陰矣，故爲穆。而昭亦居左，穆亦居右也。但以左右爲昭穆，而不以昭穆爲尊卑。○父爲昭，則子爲穆。父爲穆，則子爲昭。如文王爲穆，則武王爲昭。而凡周公、管、蔡一行兄弟，皆昭也。武王爲昭，則成王爲穆，而凡唐叔一行兄弟，皆穆也。故《或問》引《春秋傳》，以管、蔡、郕、霍爲文之昭，邢、晉、應、韓爲武之穆。此所謂子孫亦以爲序者也。

宗廟之禮，禮屬生者，所以序昭穆，全主生者。《章句》云：「宗廟之次，左爲昭，右爲穆。」此原生者所以序昭穆之由也。若死者之昭穆，則自其立廟時已定，不待祭時序之也。○按《或問》注，朱子曰：「昭穆本以廟之居東居西，主之向南向北而得名，初不爲父子之號也。」是昭穆本以宗廟之次言。下言「序昭穆」者，子孫因以爲序也。○「子孫亦以爲序」，此非指當祭之時言，子孫亦以名其行派也。下文「有事於太廟」云云，方是祭時序昭穆。○「有事於太廟，則子姓兄弟」云云者，先言子姓者，對祖而言也；後言兄弟者，子姓之兄弟也；皆生者也。「咸在不失其倫」者，序也，所謂昭與昭齒，穆與穆齒也。

群昭、群穆，不是昭一行之群，穆一行之群而已。如周公一行，文之昭也。成王諸子，成之昭也。武王諸子，又爲武之穆也。康王諸子，又爲康之穆也。○序昭穆，舉同姓者皆在，皆太祖子孫也。

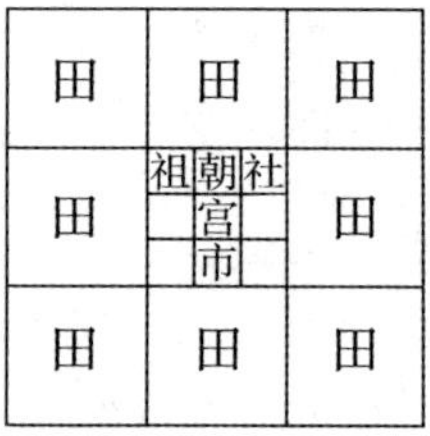

古人立國，大勢爲九區之形。中區則前朝後市，其中爲宮，祖廟當在宮之東南，社在西南。其餘八區概爲田，而四民居之。君臣之禄，胥此焉出，所謂采地也，皆取之以什一者也。

「序爵，所以辨貴賤也」

序爵，異姓也，同姓者不與。若説兼同姓，則盡已在昭穆列，不得復分身在爵列矣。昭穆明序親親。

但同姓序昭穆時，恐於中亦序爵，爵同則論齒。此雖無據，要亦自然之理，天秩所在也。○序昭穆無間親疎，同是太祖之子孫，則皆在所序，故云「群昭群穆」。序爵專異姓者，蓋序昭穆者序親也，正與序爵對。序昭穆，内不容有異姓。序爵，内疑亦無同姓。○公、侯，自侯國言，該伯、子、男也。卿、大夫，自内朝言，該上士、中士矣。此以天子之祭言，❶承太廟字説來。○此卿、大夫，指王朝者言，外服公侯既來助祭，❷則其卿大夫宜不預也。

「序事，所以辨賢也」

序事，或同姓異姓，各選其賢能者，以充執事。

「宗」是掌宗廟之人，如宗伯、宗人是也。「祝」是掌告神之詞者，如《周禮》云大祝、小祝，猶今之讀祝者是也。「有司」是宗廟中有所司者，如今之司帛、司樽之類是也。曰宗、祝，是專舉二者以見其餘也。曰有司，以見不可枚舉，但概言以總之。不可謂有司之職事即宗、祝也。

序昭穆與序爵、序事，各不相混，不相涉。看來群昭群穆做一處序，公、侯、卿、大夫陪祭者又做一處序，執事者則各布列於其所司之位。○一説昭一行，而昭之中有公侯焉，有卿大夫焉，則貴者居其行之中，而賤者以次列其旁，至燕毛則畧貴賤，而以其昭穆之齒序。如此則昭穆之序不混於貴賤，貴賤之序不妨夫昭穆，而燕毛之序亦不至没夫昭穆，禮義周至，而恩意隆洽，人心安而天秩正，皆無可議者也。

「旅酬下爲上，所以逮賤也」

此段據《章句》自明白，若牽於《大全》小注，則覺冗雜而難一。○《章句》云：「旅，衆也。」愚意「衆」正指賓

❶「言」，嘉靖本無。

❷「既來」二字，嘉靖本無。

弟子、兄弟之子，與其長也。○「酬，導飲也」。導飲者，自飲以導賓飲也。賓既飲，仍以酢主人，又飲也。❶朱子所謂「主人飲二杯，賓只飲一杯」，疑後世所謂主人倍食於賓者，此也。○導飲者，下也，故曰「下爲上」。○其曰「賓子弟、兄弟之子」，正所謂賤者，以其卑幼也。○「賓弟子」，即衆賓也。○據「旅酬下爲上」之文，則正賓、正主，斷斷不在旅字之外。其云衆賓、衆兄弟者，對正賓主而云耳。○使亦得以伸其敬者，下爲上，則敬意獲伸矣。只是賓弟子、兄弟之子，無所事於執事者耳。然曰賓，曰兄弟，曰賓弟子，曰兄弟之子，則凡與宗廟之祭者，皆一舉無遺矣。《語録》所謂「以次沃盥」者，亦在其中。而鄭説乃有庖人及役使之賤者，此不知何據。若沃盥者，却是有司職事之一，理宜得預。彼庖人及役使之賤者，豈容到廟廷相勸耶？恐誤説也。且以沃盥及庖人役使者爲賤，則非指賓弟之子與兄弟之子矣。如此説，却與下文「使亦得以伸其敬」者全相戾。蓋沃盥、庖役，正是有事了，又如何謂是以其無事，故而以此逮之耶？○《祭統》曰：「凡賜爵，昭爲一，穆爲一，昭與昭齒，穆與穆齒。凡群有司皆以齒，此之謂長幼有序。」疏曰：「此旅酬時，賜助祭者酒，衆兄弟子孫在昭列者則爲一色，在穆列者自爲一色，各自相施，長者在前，幼者在後，是昭與昭齒，穆與穆齒也。」○「賓弟子、兄弟之子各舉觶於其長」，舉觶非就是各勸其長飲也。舉觶只是執事者洗盞更酌，而歸於其長，其長則將此觶往勸他人飲耳。賓則勸兄弟，兄弟則勸賓，考《儀禮》如此。「賓弟子、兄弟之子各舉觶於其長」，「各」字、「其」字，可見賓弟子舉觶於賓之長者，兄弟

❶「又飲」上，嘉靖本有「主人」二字。

之子舉觶於兄弟之長者。故東陽許氏曰：兄弟之少者舉觶於兄弟最長者於阼階，亦先導飲，而長兄弟亦奠而未飲。以此見得賓弟子於賓之長者亦然。然後賓取所奠觶於阼階，酬長兄弟，長兄弟西階前酬賓，於是衆賓及衆兄弟交錯以徧，以及執事者無不飲。○觶即觴也，實曰觴，虚曰觶，此言觶則以實者言。○《詩經·楚茨》篇第三章，《傳》曰：「主人酌賓曰獻，賓飲主人曰酢，主人又自飲而復飲賓曰酬。此見主二杯，賓一杯。賓受之奠於席前而不舉，至旅而後，少長相勸，而交錯以徧也。」○許氏之説與《楚茨》詩《傳》合，但《楚茨》是以公卿之祭言，不知天子之祭，天子爲主，更誰與爲賓而與之交酬乎？曰：「自有兄弟之長在也，蓋獻神以天子爲主，酬賓以長兄弟爲主。凡天子之祭與賓相周旅者，皆長兄弟也。《楚茨》之詩所謂『主人』者，疑亦是國君之兄弟。若異姓諸侯，必不爲鄰國諸侯助祭也。」○旅酬不曰賓主，而曰賓與兄弟者，天子之祭，主便是天子，天子安得與賓交酬，只用兄弟之長者云云，天子是本支正嫡，若傍支自有年長之兄或弟，亦可爲主。○其衆賓及衆兄弟交錯以徧者，各自爲主賓也。當如《語類》所謂「主人飲二杯，客只飲一杯」者，方是導飲。○《章句》所謂「各舉觶於其長」者，蓋一時並舉。何者？長非一二人，賓弟子、兄弟之子亦非止一二人。若必依次傳致，則祭事尚未畢，必俟一番旅酬既畢，好生遲久，其如終禮何？必一時依次而舉，以周飲福之惠，則始終齊整矣。○旅酬，大抵是周飲福之惠，但必少者奉觶於長者，長者亦不容自享，而因以頒少者耳。其禮意自可以意會，若要盡歡以相飲，則有祭畢之燕在。○鄭云：按旅酬又燕毛，旅酬猶今飲福酒之時，意古皆飲，今獨主祭者飲，不然何以二次飲酒。○祭將畢而旅酬，只在西階阼階之下。蓋主人飲福酒之時，欲其惠之周于下也。祭既畢，而燕則在寢矣。廟廷非燕所也，况祭已畢而送神，不當褻其廟也。○若非飲福酒，亦不當在廟廷。○《叢説》云：「旅酬之禮，有事之賢者，無事有爵及賤而役於廟中，同姓異姓，皆得預焉。至燕毛之時，尸既出，異姓之臣皆退，獨燕同姓，是親親之禮也。」○兩「賤」字不同，上「賤」字指公、侯、卿、大夫中之位在下者言，下「賤」字指賓之弟子、主人兄弟之子也。

「燕毛，所以序齒也」

燕毛，祭畢而尸出，異姓之臣皆退，獨燕同姓，親親之禮也。○序昭穆時，自有序爵、序齒者在。何也？親同則論爵，爵同則論齒，此亦理之必然也。至燕毛，則雖公侯之少者，亦當序於卿大夫長者之下，又純以昭穆而論齒也。

宗廟、朝廷，皆禮法之所在。故序昭穆内，亦該論爵，爵同則自論齒矣。惟燕毛時，乃私宴也。宴於寢，家人之禮也。故純論齒不論爵。○燕毛序齒者，昭與昭序齒，穆與穆序齒，非混而爲序也。混爲序，則昭穆無別矣。此所以補序爵、序事不及也。若序昭穆時，爵同則論齒。至於燕毛序齒，則不復論爵矣。○燕毛獨以毛髮之色别長幼爲坐次者，恐宗人衆甚，若待一一問其年月，則廢時而叢脞矣。如商之孫子，其麗不億，周家螽斯羽之澤，滿天之下，其可一時悉覈以爲序哉？以毛髮之色别長幼，蓋取易見也。○一説此非只辦毛色，而全不問年齒。蓋年齒之早暮，毛髮之色與俱。其曰燕毛者，蓋有是年齒，則有是毛色，舉其易見耳，非不問年齒也。○《詩傳》曰：「凡廟之制，前廟以奉神，後寢以藏衣冠，祭於廟而燕於寢。故於此將燕，而祭時之樂，皆入奏於寢也。」○同姓者序昭穆，必自爲班位。異姓者序爵，亦必自爲班位。

有説在後。

序昭穆内，昭與同昭者序其爵，穆與同穆者序其爵，若與此就序齒，❶則其齒已定，後來燕於寢時，亦不用以毛髮之色别長幼爲坐次矣。故知序昭穆中有序爵，無序齒。若謂異姓與同姓者錯列，則昭穆混矣，決無此理。只有旅酬節次未明。同姓昭穆，即所謂兄弟及兄弟之子也異姓者，即所謂賓及衆賓也。〇欲知序昭穆與異姓者班位不同，當依許東陽之説，曰：「凡祭必立尸，必擇賓。賓一人，衆賓無算，其位在堂下西階之西。祭則子姓兄弟皆會。兄弟者，主人之黨，其位在堂下阼階之東。有司執事皆北面而立。」序昭穆，親親也。序爵，貴貴也。序事，賢賢也。逮賤則不偏於貴貴矣，序齒則不偏於賢賢矣，亦不偏於親親矣。禮意周密如此。〇序昭穆，同姓者也。序爵，異姓者也。序事、旅酬，兼同姓異姓也。燕毛時異姓者已出，獨同姓者燕於寢而序齒也。

「踐其位」一條

位者，先王之位，所以對越祖宗者也。禮者，先王之禮，所以奉祀祖宗者也。樂者，先王之樂，所以和樂祖宗者也。若夫先王之所尊者，祖考也。先王之所親者，子孫、臣庶也。已上皆孝子孝孫之所以不忍死其親之心者也。故謂之「如事生」、「如事存」云云。

禮樂是武王、周公所制者，如何説是先王之禮樂？此當以上文「斯禮也，達乎諸侯大夫」例論。上祀先公

❶「與」，嘉靖本作「於」。

以天子之禮，天子之禮如何可達得諸侯大夫、士庶人？蓋斯禮之達乎諸侯大夫、士庶人者，只謂均得以生者之禄祭其先也，非謂皆得以天子之禮祭其先也。行其禮，奏其樂者，以先王亦嘗以禮樂祀其先也，非謂武王、周公當日所用之禮樂，即先王之禮樂也。○所尊，先王之祖考；所親，先王之子孫、臣庶也。子孫、臣庶如何分？曰：「臣庶即指其子孫言也。至今太子、諸王對其君父，皆稱臣，不可謂臣庶又在子孫之外。蓋子孫皆吾臣庶也。」○一説先王建萬國，親諸侯，則異姓諸侯亦在所親也。又凡有事於太廟者，皆臣庶也。此較長。

孝之至也，與達孝一也。自其盡於己而言，曰至孝；自其稱於天下而言，曰達孝。

「郊社之禮、禘嘗之義」

上言宗廟之禮，對郊社而言，見得即上文所云者也。下言禘嘗之義，又見得宗廟之禮不出禘嘗而已。禘，大祭；嘗，小祭。嘗特秋祭，舉其一也。然郊禘者，天子之所獨。社嘗者，天子以下之所同。武王、周公所制祭祀之禮，不出郊社禘嘗而已。此一條悉舉其禮制而言，而深贊其意義之深遠，見得非武王、周公不能制此禮也。○郊社之禮，郊者天子所獨，社者天子以下所同。禘嘗之義，禘者天子所獨，嘗者天子以下所同。○此外尚有大祫、時祫。大祫附於禘，何也？惟天子得以行之。時祫附於嘗，天子以下皆得行之也。祭天何以謂之郊？外也。郊對廟言，廟是人鬼，人之生也，宫室而居，故其死也，以生之所養者奉之而爲廟。若天神地祇，非屋居者，故壇而不屋，今之山川社稷皆壇也。○天子之社便是地，豈社外又有地哉？故朱子取五峰胡氏之説，謂無北郊祭地之理，且引《周禮》及《郊特牲》爲證，似無疑矣。臨川吳氏乃反之，以爲天子祭地於北郊之方澤，此只據《禮記》之説，且曰胡氏以爲天子之尊，亦只祭社而已。蓋不知天子之社即地也。

「明乎郊社之禮、禘嘗之義，治國其如視諸掌乎」，此與《論語》同，皆當兼理無不明，誠無不格言，有知行意。○游氏所謂惟聖人爲能享帝，惟孝子爲能享親。此二句只是誠無不格意，所以朱子取之，其實於義未備也，尚有理無不明一邊。○王應韶嘗問清曰：「祭祀之禮，亦有似無謂者。今祭天地山川，悉以人間飲食之屬，其實天地山川之神，豈能飲食此耶？」清謂此箇道理終不可易。君但設以身爲繼天立極之聖人，欲制爲人道報本之禮，則自然是這箇規模子了。反覆以思，當自得之。

「哀公問政」

○孔子雖不得位，而其所答哀公問政之言，則皆論得位者之事。然則夫子之得邦家，其所設施可知矣。故孔子平日之言固無限，而子思於《中庸》所引以繼大舜、文、武、周公之緒者，則在此一章。蓋其體用全備，費隱大小兼該，一皆堯舜以來「惟精惟一，允執厥中」之正傳。雖爲哀公而發，其實萬世君師之要道也。

「文武之政」，要亦不外乎九經。如耕者九一，關市不征，重民五教，惟食喪祭之類，總是子庶民。仕者世禄，昭德之致于異姓之邦，無替厥服之類，便是體群臣。以此類推。

○自「文武之政」至「則知所以治天下國家」，言須正己以正人也。自「凡爲天下國家有九經」至「所以行之者一也」，備言正人之事，而實正己爲之本也。自「凡事豫則立」至「雖柔必强」，則又詳言正己之事也。蓋哀公問政，意止在正人；孔子之答，則重在所以能正人者。

「其人存則其政舉」

「其人」不必拘文武字，有是君，有是臣，總是有此等君臣也。且君是文武，臣亦是文武乎？如成康時，以成康爲君，文武之君也；以畢召爲臣，文武之臣也。宣王便是文武之君，仲山甫、張仲諸人便是文武之臣也。此意固淺近易見，爲初學有疑而問之者故云。○其人存則其政舉，其人亡則其政息，以此見任法不如任人。

「人道敏政」一條

上言「人道敏政」，重在人字。下言「夫政也者，蒲蘆也」，重在政字，又是一意。故《章句》曰「又易生之物」，又曰「其成尤速也」。○「蒲蘆，沈括以爲蒲葦」，蒲葦只是一物，匏瓜亦是一物，如楊柳、杞柳皆一物，而名有二字者也。

「故爲政在人」一條

「故爲政在人」，人字指賢臣，即上文「其人存」之人字一邊也。而爲政者又必能取人以身，脩身以道，脩道以仁，然後爲有其君也。合之乃當得上文之「其人存」。○「人道敏政」之人，即「其人存」之人也。然此兩人字都兼君臣，獨「爲政在人」之人，則專指臣。其爲政者，君也。身亦指君，賢臣便亦是能仁其身者，所謂有是君有是臣也。

○「道者，天下之達道」，所謂父子之親，君臣之義，夫婦之别，兄弟之序，朋友之信是也。以是親、義、序、別、信之道，脩其身則身正矣。何也？道者，吾身之道，凡親、義、序、別、信之理，皆不離於吾之一身。有是身，則生吾身者父也，吾身所生者子也，主養吾身者君也，吾所養而主之者臣也，作配吾身者婦也，與吾身同胞同氣者兄弟也，吾身所交處者朋友也。或天合，或人合，要皆吾身所不能離者。是以人之脩理其身者，要當以此五者自律，務使各得其道，然後吾身始無玷缺汙壞處，是謂能脩理其身者也。

天下道理，五倫該盡了。如《堯典》自「欽明文思」至「帝曰欽哉」，《舜典》自「重華協帝」至「分北三苗」，只是一箇君道。此類可見天下無道理不該括在五倫之内，故曰「天下之達道五」。

○道即五達道，仁即達德，智以開其始，勇以要其終而已。仁字固該得智與勇也。○「脩道以仁」，至於仁則盡道矣，仁不在道之外也。○「脩身以道，脩道以仁」，初無先後，故《章句》只曰「能仁其身」云。○但曰「能仁其身」，則道字在其中矣。○「脩道以仁」，此仁字周流乎五達道之中，是指已發者，而未發者自隨之正，與下文「仁者人也」之仁字同，而與《孟子》之「仁也者人也」小不同。故《章句》云「人指人身而言，具此生理，自然便有惻怛慈愛之意」，分明以愛之理言也。新安倪氏以上文仁字兼心之德、愛之理言，下仁字獨指愛之理言，是無定見也。蓋上文雖引《易·文言》「元者善之長」爲證，其實《文言》「善之長」亦對亨、利、貞而言之。

「仁者人也」一條

「仁者人也」，與《孟子》「仁也者人也」不同。彼專以心之德言，故曰「人之所以爲人之理」，又曰「合而言之道也」。此特以愛之理言，故曰「具此生理，自然便有惻怛慈愛之意」，又曰「親親爲大」也。人字内有惻怛慈愛意，故起得親親。○「仁者，天地生物之心，而人得以生者」，蓋若無那天地生物之心，便應無我這身子，纔有我這箇身子，便自具得那天地生物之心矣。非仁者天地生物之心而人得以生者乎！○「人指人身而言，具此生理，自然便有惻怛慈愛之意」，此解最要看得精切方好。○上節既曰「仁者，天地生物之心，而人得以生者」，此即所謂具此生理也。下節乃曰「具此生理，自然便有惻怛慈愛之意」，何如？曰：「上節釋仁字，此釋人字，本文曰『仁者人也』，須要見得人字當得仁字處，故如此解。」而首之云「人指人身而言」云云。今可合而讀之曰：「仁者，天地生物之心，而人得以生者。故人具此生理，自然便有惻怛慈愛之意。深體味之可見。」如此則仁字之歸於偏言，亦可見矣。○「仁者人也」，猶言是活物也，故曰「指人身而言」云云。

○「仁者人也」，此一解最妙。蓋人，生之物也；仁，生之理也。以物解理，所謂「道亦器，器亦道」也。夫人身豈頑然不知痛癢者哉！

○「親親爲大」，此親親所謂親睦九族者，及宜兄弟、和妻子皆是。故親親有殺，若專指事父母，則無殺可言矣。小注云：「待父兄如此，待宗族如彼，可見兼九族。」又曰：「親親則諸父昆弟不怨。」下文却解親親爲事親，蓋親親固仁之切者，而事親又親親之至切者，聖賢之文不拘泥如此。○或曰下文欲盡親親之仁，必由尊賢之義，則上文不可以不事親，事親只是親親。曰：「不必如此拘，且上文脩身以道，脩道以仁，故思脩身不可以不事親，仁字承脩道而言，則五達道之中皆有仁在，豈亦專指親親一節邪？」

「義者宜也」，宜字主人言，蓋事理本有所宜，人則從而理會其所宜，故曰「分別事理，各有所宜也」。分別便屬人矣，如尊者宜尊，人從而尊之之類。〇「義者宜也」，此宜字就人之别其所宜而言，不然便爲義外矣。

〇「尊賢之等」，如大賢爲吾師，次賢爲吾友。師又有一長一得之師，又有傳道授業之師。一長一得之師，如孔子之於老聃，師長之類。傳道授業之師，如顔、曾之於孔子之類。友亦不同，如曾子之於顔子，曰以能問於不能，以多問於寡；有若無實若虚，犯而不校，昔者吾友嘗從事於斯矣，則其待之之意當何如。至於子游，則曰吾友張也，爲難能也，然而未仁，則其所以待之者視顔子有間矣，自然是有此等級。此皆天理使然，而有不容不然者。此所以要知天。何謂天？理出於天，凡是理之所在，皆天實爲之，不可易也。自親親以至仁民、愛物，皆仁也，而親親爲大。自尊賢以至悌兄、敬長，及處事應物之各得其宜，皆義也，而尊賢爲大。尊賢之大者，以其最要而在所先也。若非以其最要，則君臣之義爲大矣。

「親親之殺，尊賢之等，禮所生也」

似不可以仁義禮爲性。親親尊賢，與親親之殺，尊賢之等，爲仁義禮之發，觀下文所謂親親之仁，尊賢之義，又曰禮則節文斯二者而已，朱子小注曰：「親之尊之，其中自有箇隆殺，這便是禮。」蓋此仁義禮，正與孟子「仁之實」、「義之實」、「禮之實」一般，是以其發用者言，非專以未發之性言也。不然何以曰「義者宜也」，又曰「分别事理，各有所宜也」，可見是就已發者言。

〇「禮所生也」，《家語》作「禮所以生也」，亦可見禮不可專指性也。親親即仁，尊賢即義，其等殺處即禮，三達德即行於五達道之中，故曰「脩道以仁」是主已發者矣。

○上言親親，仁也；尊賢，義也；親親之殺，尊賢之等，禮也。然仁義禮意却不重，重在智仁勇上。尊賢之義，是知人；親親之有殺，尊賢之有等，是知天。同是智也，曰義曰禮，却都歸在智上。惟親親依元是仁。○究其歸，則上條不是仁義禮，只是仁智也。而仁智之終其功者，即勇也。不可於仁義禮之外，别添箇智也。○問親親是仁，親親之殺却屬智，何也？蓋此章主在親親之仁，尊賢只是以講明親親之道而已。因親親之殺，併及尊賢之等，而皆爲禮之所生，皆不可以不知，知之則智也。其實親親之殺，言外就含君臣、夫婦、長幼、朋友之屬。故下文《或問》曰：「子庶民，來百工，柔遠人，懷諸侯，因親親之殺而推之也。」若以推爲在外，則謂自尊賢之等而推之亦可。

「故君子不可以不脩身」一條

「思脩身，不可以不事親」。○事親，是就親親中舉其尤重者而言，亦不止是父母，如諸父亦是在所事者。如孟子告齊宣王「老吾老」，《大學》所謂「上老老」是也。九族之親，附在「事親」二字之末，不可謂無諸親也。故下文「親親之殺」方接得來。

思脩身，不可以不事親，脩道以仁，五達道中都要仁。獨言事親，事親，其仁之所發而最切者，故每以親親言，必使五達道中同是一親親仁意之周流，方是脩道以仁。不可泥親親字，遂謂君臣、夫婦、長幼、朋友皆不預也。此亦是緊關處。○仁通行乎五達道，而乃以屬之親親者何？孝弟爲爲仁之本也，此理最妙。

「思事親，不可以不知人」

「必由尊賢之義」，尊賢所以講明乎達道之理也，莫把尊賢當朋友之交。達道之朋友，凡在鄉而同遊，在官而同事，在位而同列者，皆是也。尊賢則專指親師取友，以講明乎道理者言也。○其親師取友，以講明道理，兼五達道而講明之。而今乃曰：「欲盡親親之仁，必由尊賢之義。」孔子姑就其大者言之，以例其餘。朱子亦姑用本文之言，而聯絡其意，使學者尋其語緒而味之，自將因其所已言，而得其所未言矣，是所貴於讀書者也。故曰：「書不盡言，言不盡意，默而成之，存乎其人。」○鄭云：「按此曰『思事親，不可以不知人』，是先知人。下條曰『不順乎親，不信乎朋友』，是先順親。」爲何？蓋知人與信友不同，知人者事親之本，信友者順親之效。知人之賢，然後能尊之。尊賢則有以講明乎道，故先知人。如子賤之爲君子，本於尊賢取友是也。信友必先順親，親悅然後友信，故先順親。如舜克諧以孝，是順親也。四岳以其孝而舉之，是信友也。堯以是用之，是獲上也。由是暴之於民而民受之，是民可得而治也。

「思知人，不可以不知天」

知人帶事親來，只是謂知賢知天，則兼知親親之殺，尊賢之等也。夫其殺也，非吾自爲之殺也；其等也，亦非吾自爲之等也；皆天理之當然也，故欲知天。○親親之殺，尊賢之等，皆天理也。天理便有節文，節則無太過，文則無不及。

「天下之達道五」一條

○前章以喜怒哀樂之發而中節者爲達道。此章又以君臣、父子、夫婦、昆弟、朋友之交爲達道。二者果同乎？曰：和者率性之謂，天下古今之所共由也，故謂之達道。君臣、父子、夫婦、昆弟、朋友之交，亦率性之道，天下古今之所共由也，亦謂之達道。况五品之人倫，皆天性民彝所固有，而其相交相接，無往而非喜怒哀樂之情之所在。且如人君喜一人而賞之，怒一人而罰之，怒其所當怒，喜其所當喜。又如樂民之樂，憂民之憂，則君臣之道不出喜怒哀樂之情可知。又如父母愛之，喜而不忘，父母惡之，勞而不怨。養則致其樂，喪則致其哀，則父子之道不出乎喜怒哀樂之情。又可知其餘，可以類推，此又可見兩達道之相爲貫通矣。蓋前章「天下之達道」，謂喜怒哀樂之發而中節者也，發而中節，則即父子之有親，君臣之有義，夫婦之有別，長幼之有序，朋友之有信矣。非指喜怒哀樂之情便爲達道也。故曰「發而皆中節謂之和，和也者天下之達道也」。

不曰君臣之義，父子之親，而只曰君臣、父子者，蓋有君臣，必有所以爲君臣者，有父子，必有所以爲父子者，所謂有物有則也。可見人外無道，所以脩身必以道。○朋友獨加「之交」二字，蓋朋友實以相交而成者也。如父子、昆弟，皆天合，夫婦亦只一陰一陽，而終身不可解。君臣雖以人合，然莊生所謂「無所逃於天地之間」者。惟朋友一倫在所交而已，交則爲朋友，無交則不在其朋友之列矣，故獨曰「朋友之交」云。

按人在人類之中，其交際不止五者而已。如叔姪、甥舅、翁壻之類尚多，今獨列此五者，何歟？曰：此其大者也，故曰人之大倫有五，然其餘要亦在所該矣。如伯叔爲從父，姪爲從子，甥爲女兄弟之子，壻爲翁之半子，祖爲大父，則皆附之父子矣。若夫上下之際，凡有名分相統屬者，則皆附之君臣矣。內兄弟、外兄弟、及妻之兄弟，則皆附之兄弟。妾則附之妻，師則朋友之交中之最尊者也。或曰師父兄也，故從師者謂之弟子，似宜屬之父子。愚謂父子親屬，師弟義交，以附于朋友爲是。○一説朋友獨言交者，以其平交也，故其爲道也，我以是施之彼，彼亦以是施之我。若君仁臣敬，父慈子孝，兄友弟恭，則各有其道而不相通，惟朋友則同一道以相交者也。

「智、仁、勇，三者天下之達德也」

○智、仁、勇，是性分上帶來者，故曰「古今所同得之理」。蓋惟有是智，故能有以知此理。惟有是仁，故能有以體此理。惟有是勇，故能有以强此理。如所謂無惻隱之心，非人也。無羞惡、辭讓、是非之心，非人也。所謂「天下古今所同得之理」者如此，故曰「智所以知此也，仁所以體此也，勇所以强此也」。初非以其知此而謂之智，體此而謂之仁，强此而謂之勇也。如彼之説，則智、仁、勇全出於人爲所就，不唤做天下古今所同得之理，而智、仁、勇轉在達道之後，非達德之目矣，不可不辨也。○生知安行者，性之也。其學知、困知，亦本其良知。利行、勉行，亦本其良能。故曰達德爲天下古今所同得之理也。

「所以行之者一也」

夫智、仁、勇三者，即爲天下古今所同得之理，而乃有能行此達道，有不能行此達道者，何也？蓋理之得於己者雖同，而其出於心之誠與不誠者則不能同也。故所以行之者須是一也。一則知實是知，❶實於智則無有不能知此達道者矣。仁實是仁，實於仁則無有不能體此達道者矣。勇實是勇，實於勇則無有不能强此達道者矣。○「所以行之者一也」，一字對三字而言。下文「凡爲天下國家有九經，所以行之者一

❶ 下「知」字，嘉靖本作「智」。

也」，一字亦然，皆是數目字，但一字所指是誠也。故注不曰「一，誠也」，而曰「一則誠而已矣」。又曰「一者誠也」，不可謂一是不貳之名。蓋以不貳爲誠，又是一意。

「或生而知之」一條

生知安行者，智也。生知是智，安行亦爲智，何邪？蓋聖人氣禀清明之極，合下萬理一貫了，惟其知得透徹，故其行也亦至安，而行之全不費力耳。所以論聖人，則知上重。如舜之大智，豈謂有不足於行邪？○《章句》「以其分而言」，「以其等而言」，又下節云「通上文三知爲智，三行爲仁，則此三近者，勇之次也」，其説似不一，此有一大理，可以折斷之。蓋上節《章句》曰「知所以知此也，仁所以體此也，勇所以强此也」，則分明與下節「所以知者智也，所以行者仁也，所以至於知之成功而一者勇也」，其理脗合無間，止此一説盡矣。而下節「好學之知，力行之仁，知耻之勇」，皆以其分而言者也。此自正大明白，非他説可得而紊。其曰「以其等而言」，又曰「通上文」云云，乃其餘義。蓋朱子析理之密，見中間又有此一義在，不容已，於是爲後學併道之耳。○智、仁、勇之分，雖頗紛紜，其實自有正大明白之説。愚上所論意，朱子或未病其略也。蓋生知者智之至，學知者智之次，困知者又其次也。安行者仁之至，利行者仁之次，勉行者又其次者也。生知安行，不賴勇而裕如。學知利行、困知勉行，則皆有賴於勇，無勇不能至於知之成功而一矣。故《章句》謂「所以至於知之成功而一者，勇也」。曰「至於」則知其正指學知利行、困知勉行者矣。生知安行，分明是不賴勇者，然亦自有不勇之勇在。蓋既不可以勇目之，而又不可言其不勇也，故曰自有不勇之勇在。但「至於」二字，及本文「及」字，雖統承三「或」字而言，其實語意有所爲矣。

○「或生而知之」，此三「知」字皆以已知者言之。「或安而行之」，此三「行」字亦以已能者言之。其曰「及其知之一也」，「及其成功一也」，只是從上面評斷之詞耳。不然則生知安行者，又待何時方到及其知之、及其成功之地耶？

○「或生而知之」一條，《章句》雖或以其分而言，又或以其等而言，然正意則須主以分言者。只看下文「好學近乎智，力行近乎仁，知耻近乎勇」，則智、仁、勇之分昭昭矣。

以其分而言，則所以知者智也，所以行者仁也，所以至於知之成功而一者勇也。此與上條「智所以知此也，仁所以體此也，勇所以强此也」意正一般，都不是以其知之而謂之智，以其體之而謂之仁，以其强之而謂之勇也。看「所以」字，故曰須知達德是人所同得之理，非學力之目也。○以其分而言者，知與行各自分爲二項也。○以其等而言者，則逐分中各有高下等級言也。○《章句》分貼智、仁、勇，於此條既曰「以其分而言」，又曰「以其等而言」。下條「三近」，本智、仁、勇之次也。而又曰「通上文三知爲智，三行爲仁」，三近爲勇之次，終似論得破碎，如何？曰：亦不爲破碎也，須要看到相脗合處，方是精切。善乎節齋蔡氏之言曰：「生知者智之智也，學知者仁之智也，困知者勇之知也。安行者智之仁也，利行者仁之仁也，勉行者勇之仁也。好學者智之勇也，力行者仁之勇也，知耻者勇之勇也。」如此説，則以其分而言者，固不背乎以其等而言者；以其等而言者，亦不背乎以其分而言者。三近固爲智、仁、勇之次，而亦不害其通上文三知爲智，三行爲仁，而均爲勇之次也。蔡氏此説，妙之至矣。

《章句》謂「以其等而言，則生知安行者智也，學知利行者仁也，困知勉行者勇也」，以此論達德，終自可疑。

何也？ 智、仁、勇三者，天下之達德也，所以行乎達道者也，是每人行達道於智、仁、勇三者俱要有也。今曰「生知安行者智也」，則疑無事於仁、勇矣。曰「學知利行者仁也」，又疑無事於智、勇矣。曰「困知勉行者勇也」，又疑無事於仁、智矣。似與本文所謂「天下之達德」及《章句》「人所同得之理」之意有少相戾者。據朱子《文集》，此是用横渠與龜山之説，乃知先入之言，雖聖賢不能免也。惟節齋先生善解，今當用之。問達德既人所同得之理，如何又説或生而知之，或學而知之，或困而知之，及其知之一也？ 曰：若非性分上帶來元有此知，則雖困而亦不能知，安得至於知之一處，但未免暫爲氣禀所蔽耳。以此論之，則三達德爲人所同得之理，信然矣。〇本文曰「所以行之者三」，智、仁、勇也。而智、仁、勇又以仁爲主。蓋智只是知所以爲仁，勇只是强於爲仁，故上文止曰「脩道以仁」。

「好學近乎智」三句

蓋哀公資質凡下，故夫子獨以此啓之。至於末章又有「人一能之，己百之」之説，而終之曰「果能此道矣，雖愚必明，雖柔必强」。蓋聖人之所以拳拳於其君者如此。〇「好學近乎智」，此「學」字專指知，「好」字重，爲其不明而好學以明之也。〇「力行近乎仁」，「力」字亦重，本不能行而力以行之，如所謂力疾之力，比之「或勉而行之」者又其次矣。〇「知耻近乎勇」，「耻」字重，以不若人爲耻也。不可説知耻在好學力行之先。好學力行之，不容自已，而决要及人處，乃是知耻之勇也。凡勇隨智、仁言，不可以先智、仁也。

「知斯三者，則知所以脩身」一條

知所以脩身，兼知、仁、勇，格物致知，誠意正心，都包得。其云「治天下國家」，則即所謂齊家、治國、平天下也。萬古一道，萬卷一理，此其所以爲公共之器，而非一人一家一時之物也，安得不同！

「凡爲天下國家」

「九經」三段，雖正言爲政之事，然首之以脩身，次之以尊賢，親親則其大者，要不外乎上文所云。是雖備舉爲政之事，而益足以見脩身爲政之本也。蓋正人必先正己，此乃所謂王道也。王道必本於天德，不然便是不務明德，而徒以政教法令爲足以新民者矣。○既曰脩身，則必以仁，而親親在其中；必由知人，而尊賢在其中。今乃又以尊賢、親親對脩身而並列，何與？曰：「是雖與脩身並列而爲三，但觀吕氏注，實與上文脗合而無間。吕氏曰：『必親師取友，然後脩身之道進。』則分明是思事親不可以不知人矣。曰：『道之所進，莫先於家。』則分明是脩道以仁，仁者人也，親親爲大矣。蓋道理自有確然一定而不可易者，故聖賢之言，雖參錯不齊，而要其歸則無一毫差別也。」

尊賢者，以爲依歸準則而求益也。尊賢與體群臣、敬大臣不相混，尊賢是師之友之，非臣之也。○然必親師取友，然後脩身之道進。故尊賢次之，不是尊賢了方去脩身。脩身元在先，必尊賢以資講明脩身之道，方日進耳。上文欲盡親親之仁，必由尊賢之義，亦是如此。差之毫釐，則把親親都且空住，待尊賢以講明了方來親親。蓋脩身以仁，是我分内本領，第一件事。尊賢只是資其講明，以輔吾仁而已。

「柔遠人」，所謂無忘賓旅。賓，蓋朝聘諸侯及大夫。旅，蓋四方遊士、商旅之徒。下文所謂「嘉善矜不能」，蓋指遊士言。「送往迎來」，則兼指朝聘者，商賈行旅亦在焉。或不兼言商賈行旅，亦非也。下文《章句》曰「柔遠人，則天下之旅皆悦而願出於途」，可見矣，《周禮》可考。○《或問》云：「凡此九經，其事不同，然總其實，則不出乎脩身、尊賢、親親三者而已。敬大臣，體群臣，則自尊賢之等而推之。子庶民，來百工，柔遠人，懷諸侯，則自親親之殺而推之也。」蓋敬大臣，體群臣，固在尊賢之外，但於大臣則敬之，於群臣則體之，其理即尊賢之等也。故能盡尊賢之等者，必能推之以敬大臣而體群臣也。子庶民，來百工，柔遠人，懷諸侯，固在親親之外，但於庶民而子之，於百工而來之，於遠人而柔之，於諸侯而懷之，其理即親親之殺也。故能盡親親之殺，必能推之以子庶民，來百工云云也。

「尊賢則不惑」

「不惑，謂不疑於理。不眩，謂不迷於事」。自先事講明而言，謂之理。自臨時區處而言，則謂之事。故曰「臨事而不眩也」。

「來百工則財用足」

「財用」二字，饒氏以爲財是貨財，用是器用，農得用以生財，工得財以贍用。此説非也。有財此有用，如耒耜、布帛，皆財也。布帛有布帛之用，以爲衣服也。耒耜有耒耜之用，以供耕耨也。推之其他，如金木、舟車、弓矢、網罟，百爾器物，凡有資於民生日用者，皆財也，財皆有用也，不必金銀寶貝方唤做財。蓋凡地之所産而可用，人之所成以爲用者，皆財也。○財用猶言器用相似，有是財則有是財之用，有是器則有是器之用。

「懷諸侯則天下畏之」

懷諸侯本是德，乃曰「天下畏之」，何也？蓋「德之所施者博，而威之所制者廣矣」二句，雖是平説，下句又自上句而生。何也？以德服人，則心悦誠服，自有不威之威矣，是威生於德也。以今目擊論之，但凡感其德者，自然無不之畏，可以見服人之本矣。所謂「小邦懷其德，大邦畏其力」者，又是德力對説，與此不同。○此「畏」字非畏威懼討也，畏不義以負上也，蓋從德生威。

「齊明盛服」一條

「非禮不動」，此動字兼視、聽、言及思，通一身而言也。《論語》動對視、聽、言，則專指身心之動也。此動字對「齊明盛服」，有動静之分也，故動字所該尤廣。

「去讒遠色，賤貨而貴德」

色與貨，人情之所欲者，故令遠之賤之。至讒者，有何利焉，而人君每近之。何耶？蓋讒者必佞，所謂讒諂面諛也。佞者逢君之惡，長君之非，能先意承順，以取適人主之意，故人主多樂近之，然後彼得以行其讒，而人主不之覺也。故以與貨、色並言之。唐德宗曰：「人言盧杞姦邪，朕殊不覺其然。」李泌曰：「此乃所以爲姦邪也。」○去讒，遠色，賤貨，而一於貴德，此正所謂好仁者無以尚之也。人主一心不容以兩向，此重則彼輕，持衡之勢也。

「所以勸親親也」

勸賢，勸士，勸百姓，勸百工，此勸字就該得尊字、體字、子字、來字意，然不可以爲正當尊字、體字、來字、子字用也。至於親親，不徒曰勸親，而曰「勸親親」者何？蓋「上老老而民興孝，上長長而民興弟」，吾能親吾親，則人皆勸之而各親其親矣。不然，加一親字當作羨文矣。此一字似亦不可放過。所以勸百工也，❶此不信度，用孟子之言而不用孟子之意。蓋後之工官也，❷此之工匠也。不信度者拙，而失之不及作淫。巧者工，而失之太過也。

「凡事豫則立」一條

「凡事，指達道、達德、九經之屬」。曰之屬者，見得所謂凡事非止是達道、達德、九經數者而已。如言也、事也、行也，以至下條所推治民、獲上、信友、順親、誠身、明善，節節都要豫立乎誠也。若專以誠身爲誠，則自順親至治民，總用一箇先立乎誠而足矣。况誠身下又有明善一節，亦在所當豫者，豫之則亦爲先立乎誠矣。○凡事之事，加一凡字，見得無所不包。如言與行等，皆是事也。其下一事字，對言與行言，則發之於口者爲言，行之於身者爲行，見之於施爲者爲事。○豫非誠也，所豫者誠也。○按道字包得甚廣，道前定則衆理咸備，皆是之明而守之固矣。故泛應曲當，千變萬化而不窮，亦不但包上面達道、達德、九經之三者而已。凡獲上、順親之類，何者不囿於是道之中。

「此承上文，言凡事皆欲先立乎誠」。○上文兩言「所以行之者一」，是皆指誠而言，然未嘗明言誠與不誠之利害，故又承之以此云。○對哀公而言，不欲明斥人君，故只借在下者推論以警曉之，蓋其理則一也。明善、誠身。○誠、明二字不可泛泛看。《章句》解「反身不誠」，則謂「反求諸心，而所存所發未能真實而

❶「所以勸百工也」六字，嘉靖本無。

❷「後」，嘉靖本作「彼」。

無妄也」。解「不明乎善」，則曰：「謂未能察於人心、天命之本然，而真知至善之所在也。」是皆何等工夫地位也！○天命、人心之本然，道理依然散見於事事物物之間。萬物各具一理，萬物同出一原，非謂專明其一身之善，而無預於事事物物之理也。

「明善誠身」，此四字把下文許多都該盡了。下文却又提起「誠者天之道也」云云，正以明在天者本無不實之理，而在人者或有不實之心，故人當去其不實以歸於實也。此正脩身以道，脩道以仁之事。而擇善即達德之智，誠身即達德之仁，而勇即在其中矣。○「明善誠身」，此承上文，以在下位者言之。至下文「誠者天之道」以下，則不可拘於下位者矣。愚故曰：孔子爲對哀公，故只借在下位者言。

或説此又以在下位者推言素定之意，謂一皆自誠身始。如此則只是一件前定，非惟上面逐節，誠字無安頓處。且下文云「不明乎善，不誠乎身矣」，是先立乎誠之前，又有明善一段在所先，又見與下文背也。蓋此不必泥箇誠字，只以凡事豫來看，所豫者便是誠也。如治民一事也，必豫獲上；獲上一事也，必豫信友；信友一事也，必豫順親；順親一事也，必豫誠身；誠身亦一事也，必豫明善。豫字非誠，所豫者皆誠也，此之謂凡事豫也。

「誠者，天之道也；誠之者，人之道也」

○此二句是相承之言，非相對之言也。○天之道就人身上原其理之本然而言，人之道以人事當然者言。蓋理本無不實，人之未實者，當實其本然之實，所謂復其初也。○天之道也，是天命之性，本無不善者也。或以元亨利貞言，則是以命爲天道，非指性言矣。今但以理之本然爲天道，則正所謂人心、天命之本然者，善即真實無妄之理也。更以《孟子注》所云「理之在我者」一句證之，不待多言矣。且以人心駕在天命之上，命詞之意可知也。

「不勉而中」以行言，但中字重，不但尋常之能行而已。「不思而得」以知言，但得字重，不但尋常之能知而已。○按人之道本是誠之者，惟人中之聖人，則不用誠之而自無不誠，是不囿於「誠之」之數内矣，故亦曰「誠者」，又曰「亦天之道也」。○「誠之者，人之道」，聖人亦人也，如何又爲「誠者」？蓋聖人，人而天者也。○不勉而中，不思而得，先行後知者，成德以仁爲先也。先儒此說，愚初尚以爲疑，及觀下章曰：「自誠明，謂之性；自明誠，謂之教。」然後知此說之有據也。

《或問》曰：「誠之爲言，實而已矣。」然此篇之言，有以理之實而言者，如曰「誠不可揜」之類是也。「謂之」之類，正指「誠者，天之道；誠之者，人之道」而言也。誠者天之道，以實理言，而兼實心在其中。誠之者人之道，則專指實心言也。○又曰「誠者，物之終始，不誠無物」者，以理言之，則天理之理至誠而無一息之妄，故自古至今，無一物之不實，而一物之中，自始至終，皆實理之所爲也。以心言之，則聖人之心亦至實而無一息之妄，故從生至死，無一事之不實，而一事之中，自始至終，皆實心之所爲也，云云。以是言之，則在天者本無不實之理，故凡物之生於理者，必有是理，方有是物，未有無其理而徒有不實之物者也。在人者或有不實之心，故凡物之出於心者，必有是心之實，乃有是物之實，未有無其心之實而能有其物之實者也。程子所謂徹頭徹尾者，蓋如此。其餘諸說，大抵皆知誠之在天爲實理，而不知其在人爲實心。愚謂以上文觀之，方得天字明白，理與心字分曉，故備抄之以便覽記。

○此箇「誠」字，即前所謂「所以行之者一也」，故此當以三達德、五達道爲主意。如聖人則自然三達德無一之不實，而能行此五達道，乃生知安行之謂，正所謂「則亦天之道也」。其誠之者之擇善，即學知、困知也；固執，即利行、勉行也。此非所以「誠之」之目乎！○上文「脩身以道，脩道以仁」，即誠之者之事。

「博學之，審問之，愼思之，明辯之，篤行之」

○此誠之之目也。誠之之目，只是學、問、思、辨及篤行而已。下文「有弗學」一條，亦同是學、問、思、辨及篤行也。「學、問、思、辨，所以擇善而爲智，學而知也」。下文「困而知」者，亦所以擇善而爲知也。「篤行所以固執而爲仁，利而行也」。下文「勉而行」者，亦所以固執而爲仁也。故誠之之目，雖解在此條之下，而意實該到下條也。朱子曰「明者擇善之功，强者固執之效」，亦該兩條之意。

「人一能之，己百之；人十能之，己千之」

或說人字指學知利行者言，看來亦是。蓋除却生知安行者，不在所比方也。人一能之，十能之，但曰一曰十，便是經用工夫者矣。

「果能此道矣」

「果能此道矣」，此道二字兼學知利行、困知勉行，不專只是承困知勉行者。故下注云「明者擇善之功，强者固執之效」。且上文注云「擇善，學知以下之事；固執，利行以下之事」。以下字正指困知勉行者。

○孔子答哀公問政，觀其合下便云「取人以身，脩身以道」，便是以誠之者事，責望哀公矣。然必曰「或生而知之」，至於「及其知之一也」、「或安而行之」，至於「及其成功一也」。❶又曰「好學近乎知」云云，又曰「誠者不勉而中，聖人也，誠之者擇善而固執之者也」，又曰「有弗學，學之弗能，弗措也」云云，又曰「果能此道」云云者，其意至深至切矣。學者要思得之聖人愛君之心，何如此之拳拳哉！是心也，漢董子有之，故其告武帝曰：「事在强勉而已。强勉學問，則聞見博而知益明；强勉行道，則德日起而大有功。」信乎其爲漢醇儒，而度越諸子矣。蓋其心皆惟恐其君安於其質之卑下，而不能自克，故爲此以振勵之也，亦實理也。○孔子答哀公問政，縷縷於困知勉行之説者，正猶孟子告滕文公以聖人可學而至，而又恐其安於五十里之小，而不服瞑眩之藥也。是心也，愛君者所同也，蓋天性所具也。

○哀公問政，政者所以正人也。而孔子之言，乃多言脩身之事。何歟？蓋欲其正己以正人也，所謂王道也，聖門議論大率如此。故曰：「政者，正也。子帥以正，孰敢不正。」又曰：「苟正其身矣，於從政乎何有？不能正其身，如正人何。」又曰：「臨之以莊則敬，孝慈則忠，舉善而教，不能則勸。」此孔子家法也。反此，則爲所藏乎身不恕，而能喻諸人者未之有也。

「包費隱，兼小大」

包者是不明言，但包其意在中。此章論爲政之道非一端，可謂費而隱矣。然皆未嘗露出費隱之義而明言之，但存費隱之意於各節之中，故曰包。與前章所謂「皆費也，而其所以然者則爲體微矣」一般。○兼者

❶「功」，原作「公」，今據嘉靖本改。

並舉而明言之。如五達道，則夫婦之所能知能行者，此道也；聖人之所不能盡者，亦此道也。如三達德，則有生知安行者，亦有學知利行、困知勉行者。如九經，則脩身、尊賢、親親，此身家之事小也；敬大臣、體群臣、子庶民、來百工，則朝廷與國之事大也；至於柔遠人、懷諸侯，則自國以及天下，又爲大矣。可見其兼小大。○《章句》於「鬼神」章則曰「兼費隱，包小大」，於此章則曰「包費隱，兼小大」，何與？曰：「包者不明言，但意所包含也。兼者，其所明言者也。故不見不聞，隱也。體物如在，則費矣，此明言也，未嘗兼小大而言，而小大則皆在其中。此章自脩身以至於懷諸侯，自生知安行以至於困知勉行，大小亦皆兼言並舉矣。而費之與隱，則皆不出乎所言小大之中也。」

「自誠明，謂之性」

承上章夫子「天道、人道」之意而立言也。何以知之？蓋天下盡道之人，只有兩樣，一樣是生來合下便自能盡其道者，一樣是由學問脩省而後能盡其道者。生來合下便自能盡其道者，此所謂「自誠明，謂之性」者也，便是天道。由學問脩省而後能盡其道者，此所謂「自明誠，謂之教」者也，便是人道。天下只有此兩樣好人而已，外此則衆人小人不足言矣。此「誠明」二字從何而來？曰：「自上章所謂『明善誠身』而來，若明善乃所以誠身。今聖人不待明善，合下便無不誠。故此先用誠字，然亦自無不明了，故曰『誠明』。若明誠，則依上章明善誠身之序以立言。」

○「自，由也」，單誠明與明誠而言，非謂自誠而明，自明而誠也。張子曰「由太虚有天之名，由氣化有道之名」，即此義也。○誠明者，不勉而中，不思而得也。明誠者，則擇善而固執之者。《孟子集注》云：「性之、反之，古未有此語，蓋自孟子發之。」今觀《中庸》云「自誠明，謂之性」，則知孟子所謂「性之」者即此性字之義也。其次未能性之，則爲反之者矣。況先明乎善，而後能實其善，雖不言反，亦反之之義也。

「惟天下至誠，爲能盡其性」

○「惟天下至誠」五字，是提聖人名號。若論義理，則只是一箇至誠而盡己性，人性物性等都包完了。非待至誠了，方去盡其性，又去盡人物之性也。更以唯天下至聖爲能聰明睿智例之，方見不可謂以其至聖方能聰明睿智云云也。《章句》謂「德無不實，故無人欲之私」者，恐亦如《大傳》「易與天地準，故能彌綸天地之道」例，蓋惟其能彌綸天地之道，方見得是易與天地準。惟其能無人欲之私，方見得是德無不實耳。○看他至字盡字，及注中至誠則曰天下莫能加，盡其性則曰無毫髮之不盡，盡人物之性則曰知之無不明，處之無不當，則知立言輕重之法矣。

數「盡」字皆以已能者言，故上用三「能」字，下用兩「可以」字。

○盡其性與盡人物之性，是一時事，非盡其性了，然後方去盡人物之性也。總是至誠，便一時都了。若論所施次第，則己與人物，所施自有先後。

○「唯天下至誠，爲能盡其性」至「盡人物之性」，即首章致中和者，贊化育，參天地，則天地位，萬物育矣。不可謂盡人物之性爲萬物育。蓋盡人物之性者，知之無不明，處之無不當，還屬自身事。○人物之性亦我之性者，生理同也，同一陰陽五行造化也。泄破天機，只是此一句話，無甚深奧。

以天道、人道諸章，分配知、仁、勇之説，决非正意。今且按史氏之説而求之，以盡性贊化育爲仁，至誠前知爲智，至誠無息爲勇。有近似者，至以致曲爲誠之者之智，則擴充之功仁也。以自成自道爲仁，則其下文又自對成物之智而言，而其言仁又自與上言仁不類。至於鄭氏濟又謂，尊德性章「國有道，其言足以興國；無道，其默足以容」，猶君子之强章「國有道，不變塞；國無道，至死不變」之意，是勇也。則其穿鑿牽合又甚矣。按朱子只是反覆推明第二十一章之意，章章都有智仁勇。

「其次致曲」章

「其次致曲」，誠者性之全體也，曲者善端發見之偏處，是一偏之誠也。曲能有誠，則自一念之誠充之，至於全體皆誠也。所謂人皆有所不忍，達之於其所忍，而至於仁，不可勝用矣。

○曲能有誠，只可謂之誠，未可謂之至誠。至於能化，則亦至誠矣。或曰：如此則聖人之至誠，乃有待於外耶？曰：非也。曲能有誠之後，豈容便無工夫耶！聖人之德，日新月盛，自不容已，而物之化隨之。未至於聖，則精義利用、交養互發之機自不能已。至於聖，則不顯亦臨，無射亦保，又豈有間斷停歇時耶！故下文乃曰「至誠之妙」，妙字非指化字而言，乃曲能有誠者之所進也。蓋其德至於神化，方能致物之化也。不然，内面無根本以植其生意，外面又安得有許多光彩？

○今以事親一事論之，如事親之孝未能自然而誠，則當自其愛親一念之發，而推之以至乎純孝之地，是致曲也，如此則有以盡孝之道而誠矣。既誠乎孝，則發見於外，自然有愉色，有婉容，凡動手四體者皆此孝誠之發見也。由是其發見也，日有進焉，蓋其孝心充積於内，則其見於外者亦日以加顯宜矣。是形則著也，既著則令聞廣譽施於身，人不間於其父母昆弟之言，非光輝發越之盛乎！夫有光輝發越之盛，則自然感人心矣。是明則動也，動則物從而變。所謂天下之爲子者，皆知天下無不可事之親，顧吾所以事之者，未若舜耳，於是莫不勉而爲孝，所謂變也。至於天下之爲父子者，定則化矣。此特以一端推明之，其實曲能有誠，則悉有衆善，不止一端，况形著動變化乎！孟子曰「充實而有光輝之謂大，大而化之之謂聖」，於此章可證矣。但化字所指不同。○誠則形著明，總是充實而有光輝。但細求之，則有此等節次。至誠之妙，就本身言，不可以物化爲至誠之妙。然在己之德未至於至誠，則及物之功未至爲能化也，故曰「唯天下至誠爲能化」。○形者，誠之形。著者，誠之著。明者，誠之明。故動則變。注云「誠能動物」，非只是明動物也。○曲能有誠只是誠，未見是至誠。由形著動變，積而至於能化，則至誠之妙矣。鄭氏云「至誠之妙」指能化言。愚謂至誠須自聖人本身説，能化還是功用。謂就能化上見得至誠之妙則可，謂能化正是至誠之妙則不可。謂能化正是至誠之妙則是，謂其化不異於聖人，不是謂其至誠不異於聖人也。本文「唯天下至誠爲能化」，言若非至誠何以能使物化，是於能化上見其至誠之妙也。若曲能有誠，只説得誠，説不得至誠之妙。妙字還就至誠者本身上説。故末章曰「篤恭之妙」，又曰「篤恭天下平之盛」，妙字盛字分明有別。

「至誠之道，可以前知」

不可以至誠爲德無不實，前知爲明無不照。蓋明無不照者，所照即其所實之理也。前知又專指禍福一端，在明無不照正意之外。

○惟至誠則自然前知矣。故曰泰宇定而天光發，又曰清明在躬，志氣如神，又曰静而后能慮，又曰介于石，不終日，止水能照，静則生明，聖人者静亦静，動亦静，故知幾，所謂神以知來，智以藏往。○禎祥者，鳳鳴麟出之類。妖孽者，山崩川竭、蝗蝻生發之類。周之興也，鳳鳴岐山。伏羲之王也，龍馬負圖出於河。夏商之亡也，河洛水竭。周之亡也，川塞山崩。禎祥妖孽，於此可概見矣。禎，貞也，正也，明非妖邪也。麟鳳瑞禾之類，皆天地正氣，精英所鍾，故爲禎。○祥，祥瑞也，非常有者也。然祥與瑞，義不同。瑞，信也，符瑞也，祥便是箇瑞，如所謂禎符。○吴説以禎祥妖孽皆見於蓍龜四體也。❶按《章句》曰：「禎祥者，福之兆。妖孽者，禍之萌。蓍，所以筮。龜，所以卜。四體，謂動作威儀之間，如執玉高卑，其容俯仰之類。」然後蔽之曰：「凡此皆理之先見者也。」「凡此」二字，總包上云云，不見是只承蓍龜四體説。且《春秋》常紀灾異，安得謂蓍龜四體之外無禍福之兆也耶！○福之兆，禍之萌，一曰兆，一曰萌，亦互文也。○《説文》曰：「衣服、歌謡、草木之怪爲妖。禽獸虫蝗之怪爲孽。」蓋孽字一從虫下爲孽，故指爲獸鳥虫蝗之類。如王涯相國曰：「一釵四十萬，此妖物也。」君子曰：「服之不衷，身之灾也。」此衣服之怪也。衣服，人所製者，故以此爲妖，非衣服自生妖異也。○歌謡之怪，如檿弧箕服，實亡周國之類。草木之怪，如桑穀共生于朝，一夕大拱，王氏墳上梓樹，枝葉上出屋，根出地中之類。鳥獸之怪，如雉雊鼎耳，六鷁退飛，雀生鸇，丙吉見春牛喘，宋徽宗狐狸登御座之類也。虫蝗之怪，不待詳矣。按《説文》分妖孽爲二亦可矣。但其説不及日食地震、川竭山崩、彗見孛出、黄露星隕之類，似未足以盡妖孽之義，今定不用其説。

❶「也」上，嘉靖本有「非」字。

故上以五帝三代之所以興亡者，實禎祥妖孽之説。「見乎蓍龜」，如《左》昭七年所載，孔成子筮立衛公子元，遇屯，❶曰利建侯。僖十五年所載，秦伯伐晉，筮之遇蠱，❷曰：「貞，風也；悔，山也。歲云秋矣，我落其實，而取其材，所以克也。」遂獲晉侯以歸。此類甚多。○「動乎四體」，四體，四肢也，謂動作威儀之間，人之威儀動作全出乎手足，故只曰四體。與身字不同，身一身也，體有百體，手足各二爲四體耳。其實，語言視聽之間，皆可驗人之吉凶。先儒又嘗謂學者須先理會氣象者，容色辭氣動作之間，亦貴賤壽夭之所由係也。○邾子執玉高，其容仰，魯君受玉卑，其容俯之類，威儀之凶也。冀缺夫妻相敬如賓，而臼季薦於文公以爲下軍大夫之類，威儀之吉也。

○「凡此皆理之先見者也」。然惟誠之至極，而無一毫之私僞留於心目之間者，乃能有以察其幾焉」。大抵聖人胸中全無一物芥蔕，全無一事係累，空空凈凈，如太虚然，故禍福之將至，感於吾心，觸於吾氣，如有萌焉，無不前知也。

「無一毫私僞留於心目之間」。○僞對誠，私即僞也。謂私僞不留於心足矣，乃兼目言者，蓋人之常情，蔽交於前，其中則遷，目與心最相爲用者也。鬼神如何見其能知來？蓋將興之禎祥，將亡之妖孽，卜筮之吉凶，四體之得失，皆鬼神體物之爲也，則知來孰有如鬼神者哉！惟至誠則如鬼神之知來。○盈天地之

❶「元遇」，原作「遇元」，今據四庫本乙正。
❷「蠱」，原作「蟲」，今據嘉靖本、四庫本改。

間皆氣也。氣皆誠也，則皆靈也。故鬼神無處無之，無時無之，體物不遺，惟清明在躬者有感必通。○昔高宗夢帝賚以良弼，以象求之，果得之傅岩之野，此古今一異事。愚謂其原蓋自其諒陰三年不言，恭然思道而來，静極而靈，神與天通。夫豈一朝一夕之故哉！董五經事亦此類也。至誠之道，可以前知，復何疑哉！高宗欲得良弼之心甚切，傅説所抱負甚大，其欲得君行道之心亦甚切，二者於幽冥之中有相遇，故搆成一異夢，非可以尋常事理論也。

「誠者自成也，而道自道也」章

誠者自成也，非人爲也；而道自道也，由人乎哉！○兩「自」字不同，一是説他自然，一是説他自當然。味《章句》可見，一曰「所以自」，一曰「所當自」。○而道自道也，吴氏程曰：「加一『而』字，即承上文『自』字言之，非是二事，亦不過自道此而已。」故《章句》亦依之曰「而道者人之所當自行也」。○誠自成，兼人物言；道自道，專以人言。誠則物物都有，道則非人不能體而行也。○誠者自成，兼人物言，天地鬼神亦在其中。朱子所謂「有是實理，則有是天；有是實理，則有是地」，前章所謂鬼神「微之顯，誠之不可掩」是也。○誠者自成，猶鬼神之體物而不可遺，故曰「誠者物之終始」，徹頭徹尾也。

○「誠以心言，本也」，此本子思立言所主之意而發之。蓋其詞則兼物，意則專指人言。何以見其辭之兼物？觀下文「誠者物之終始」，及《章句》「天下之物，皆實理之所爲。故必得是理，然後有是物」云云可見也。何以見其意則專指人言？蓋此章本承二十章「誠之者人之道也」而言，故下條《章句》又曰「蓋人心能無不實，乃爲有以自成」，且本文曰「不誠無物，是故君子誠之爲貴」，如此解則於辭意兩盡矣。若他先儒解注，或泥於詞則失其意，或得其意又礙於詞。朱子精義之功，真繭絲牛毛也。故於此條先則順按其文，訓之曰：「誠者物之所以自成，而道者人之所當自行也。」然後爲發其旨意曰：「誠以心言，本也；道以理言，用也。」詞、意兩無間然矣。其解性、道、教一條，初則亦兼人物言，至末則曰「蓋人知己之有性，而不知其出於天；知事之有道，而不知其由於性；知聖人之有教，而不知其因吾之所固有者裁之也」，則亦專就人言，以發其所爲言之意矣。此朱子解經之法也。○「自成」、「自道」，兩自字亦不同。「自成」兼人物，「自道」則只是人。程子曰：「誠者自成，如至誠事親則成人子，至誠事君則成人臣。」此乃主於意言，故專就人說。○「道自道」對「誠自成」，實不過學者誠思之。○「誠以心言，本也；道以理言，用也」。不曰體而曰本者，蓋言體用則是內外動靜相敵對，而不見誠之重處。此言誠之者之事，全重在誠字上，道字與敵不過。故第二條只言誠不言道，而《章句》曰：「蓋人之心能無不實，乃爲有以自成，而道之在我者亦無不行矣。」而下文又曰：「誠者非自成己而已也，所以成物也。」則成己只是誠，成物亦只是誠，而《章句》亦曰：「自然及物，而道亦行於彼矣。」道字皆不說及，而自該得道在，此見誠之爲本，而道乃其用，惟心所役運耳。必能實其心，而后能行其道也。不然，心不在矣，復何能爲本也、用也。不可平看，如下文「成己，仁也；成物，知也」，則體用平舉矣。

「道以理言，用也」，此理字又與下文「天下之物，皆實理之所爲」者不同。總一理也，實理之事，天命之性也。「道以理言」之理，事物之理，率性之道也。此理在天則爲命，在人物則爲性，在事物則爲道，皆理也。○「誠者物之所以自成」，此物字，天地也，萬物也，人也，事也，皆在物之一字內。「誠者物之終始」亦然。

惟「不誠無物」則説向人上去，只説得事耳。如云：「至誠事親，方成人子；至誠事君，方成人臣。」則以人言。又曰：「誠心於孝，方成孝；誠心於弟，方成弟。」則又兼事意，《章句》所謂「皆實理之所爲」者。是以先儒有云《章句》「誠以心言，本也」四句都是爲「道自道」説，殊不可曉，豈「誠」字之下「道」字之内又有一誠乎？○朱子曰誠者自成「是孤立懸空説」，只一句，而胡氏據之以立説，看來此一句亦是朱子未定之見。蓋此章大意思、正意思，全在「誠者自成也」一句上，如何以爲是懸空説這一句，到得「道自道」方着人自去行。且下文《章句》云：「蓋人之心能無不實，乃爲有以自成。」是此一句已兼人言，是正「誠之」者之本領處，安得爲懸空説耶？蓋以爲着實説，則此章重處在「誠者自成」。以爲懸空説，則此章重處在「而道自道」。然以此章正意求之，及以下文《章句》玩之，則「誠」意重，而「道」意輕也，章章矣。

「誠者物之終始」一條

「誠者物之終始」，誠爲物之體，而物所不能遺也。○此節全不言及「道」者，明非以「誠自成」則不能「自道」也。故曰：「誠以心言，本也；道以理言，用也。」蓋心在是，道即隨之矣。

○《章句》「天下之物，皆實理之所爲」一句，統解「物之終始」意。「故必得是理，然後有是物」，解物之所以始也，即《語録》所謂「其所以始者，實理之至，而向於有也」。又曰「所得之理既盡，則是物亦盡而無有矣」，是解物之所以終也，即《語録》所謂「其所以終者，實理之盡，而向於無也」。可見有此物便有此誠，誠與物相爲終始也，不誠便無物矣。「不誠無物，誠之爲貴」，雖專以人言，然其實「不誠無物」一句正緊帶着「誠者物之終始」一句，而足之之詞，然後以「是故」引下去。故《或問》亦以此二句作一連舉，而方分釋之。

此正與首章「道也者，不可須臾離也，可離非道也，是故君子戒慎乎其所不睹，恐懼乎其所不聞」文勢一般。安可以「可離非道也」下句截連下句爲義耶？❶且「誠者物之終始」詞雖兼物，意實主人。但「物之終始」猶概説得，至「不誠無物」，則非人其誰任之？蓋天地、鬼神、山川、草木，則自無有不誠者。若鳥獸則又責他誠不得。故以「不誠無物」爲專以人言。○「誠者物之終始」兼人物言，「不誠無物，君子誠之爲貴」亦專以人言，不兼物者，本章意所主在人也。下文「誠者非自成己而已也」，則亦專就人言，觀成己成物字可見矣。凡兼人與物言者，則兼實理與實心。凡專就人言者，則只是實心，而理自在其中。蓋理具於心，心所以管攝乎是理。若天地鬼神之不待存誠，草木鳥獸之不能存誠者，則只有實理，不用説實心。○「誠者物之終始」，誠便有終有始。或有始無終，則即無終處便非誠了，便無物了。○「誠者自成也」，「誠者物之終始」，是以純乎誠者言也，故爲有以自成而道無不行，非如「三月不違」、「日月至焉」之終始者也。何也？物依誠以立，誠存則物存。若《或問》所謂「不違之終始，即其事之終始；至焉之終始，即其物之終始」者，是有間斷之終始也，故以係於「不誠無物」句内。其正解「物之終始」，則曰：「以理言之，則天地之理至實，而無一息之妄。故從生至死，無一事之不實，而一事之中，自始至終皆實心之所爲也。此所謂誠者物之終始者然也。」可見是以純乎誠者言。故爲有以成己，若有間斷，可許其自成乎？雖以一事而言，亦必貫一事之終始。其以三月不違、日月至焉爲言者，是以上文言聖人之誠而照之，則雖顔子之

❶ 上「下」字，嘉靖本作「一」。宜從。

三月不違者，亦在不誠之列。其曰不違之終始，即其事之終始者言其誠到此斷了。有其誠則有其物，無其誠則無其物，與上文「誠者物之終始」正相應和也。但物之終始，無不誠可言，故《或問》於「物之終始」則兼實心、實理言，於「不誠無物」則專用實心言。○「不誠無物」恰恰是靠那物之終一邊説，正與上句相唤應，但非自然到尾之終，乃間斷之終耳。故《或問》、《章句》所解，儘相牽帶「不誠無物」，要見前一段誠而有物處。故《或問》云：「苟未至於聖人，而其本心之實者猶未免於間斷。則自其實有是心之初，以至未有間斷之前，所爲無不實者。及其間斷，則自間斷之後，以至未相接續之前，凡所云爲皆無實之可言，雖有其事亦無以異於無有矣。」○蓋「誠者物之終始」，是長底終始也。不違之終始，即其事之終始。至焉之終始，即其物之終始，是短底終始也。而「誠者自成也」一句，則只是長底終始也。其短底終始，本是反言者。愚故曰：「誠雖以一事言，亦貫乎一事之終始。所謂從生至死，無一事之不實者，固見得誠爲物之終始。所謂一事之中，自始至終，皆實理之所爲者，亦是誠爲物之終始，皆長底終始也。貫乎一事之終始，便是徹頭徹尾。三月不違、日月至焉，還不是徹頭徹尾。若逐事言，則回之三月不違，其餘之日月至焉，故各有徹頭徹尾處，此又參錯而論也。但恐未到成己地位。《中庸》本文之意，下文及此，故於《或問》云云耳。」

「誠者非自成己而已也」

此以上論成己事，此一條論成己則自能成物道理。成己者，盡其性也。成物者，盡人物之性也。故《語類》説成物云「因物成就，各得其當」，即前《章句》所謂「處之無不當」也。而成己、成物，不害爲一時事，且與「時措之宜」句意相契合而無間。至此則與聖人天道一矣。成物不主化言，甚有理。觀本文云「所以成物也」，豈又另一時成物耶？而《章句》云「則自然及物」，「所以」字與「自然」字最可玩味。本以成己，却自然有以成物，不期然而然也。如我能盡誠以孝其親，則我既成人子矣，且有以致其親於允若，而自有以成吾親焉。吾能盡誠以忠吾君，則我既有以成人臣矣，且有以置吾君於無過之地，而自有以成吾君焉。所謂「道亦行於彼」者如此。故愚以爲上章「盡人物之性」亦不在「盡其性」後者以此。如此說似爲正當精切，得本文「所以」及《章句》「自然」字意，亦未敢以爲信然也，姑記之以俟問。

《章句》「誠雖所以成己」之誠字，既主我而言，則下句「道亦行於彼」之道字與行字，亦主我而言，無疑矣。方知所謂我能孝於親，人亦化之而孝於親者，其說偏滯。

○「合内外之道也」，蓋人己雖有内外，然仁以成己，智以成物，仁智則皆性之德，而初無内外也。性之德即誠也，非誠外有性、性外有誠也。誠者天之道也，誠之者全其天也。此又謂之性者，見得合下天命付與來，便有此理而實具於吾心也。首章大注所云「皆性之德而具於心」者，正取諸此。○其曰「體之存」、「用之發」者，猶孟子言仁義，爲並舉體用意耳，非以智在外也，自内而發於外耳。若説在外，則非性之德矣。○「合内外之道也」，道字意輕，先儒皆以爲與「道自道」之道同，殊未可曉，不知此豈有當行意耶？此據理之本然而言，彼以理之當然而言。

設使仁爲吾性之所有，而智非吾性之所有，容有内外之别，則亦只能成己耳，安得便有以成物哉？故字當如此解。○或説成己、成物，不要説做一時事，如明德、新民，明德非所以成己乎，新民非所以成物乎，然必明德而後能新民，既明德則自能新民。愚意《大學》言明德、新民，雖有先後之序，然却是並頭工夫事務，故曰「物有本末」，一物而内外相對也。此章却主於成己，而其效驗隨帶得成物耳。故能盡其性，則能盡人物之性，一至誠時都有了。故能盡人物之性，不在盡其性之外。贊天地之化育，不在盡人物之性之外。參天地，又不在贊化育之外。只歷舉而推言之，必有上一節方説得下節來耳。若論學者所爲之事、所施之序，則有先後，自成德者言，則不必如此。明德、新民之與此異者亦以此耳。

○「時措之宜也」，蓋仁智之德具於己，時乎成己則成己，時乎成物則成物也。仁智是德，成己成物是事，以時措之。正猶五者之德，溥博淵泉而時出之，惟其時措之，各得其宜，則纔有以成己便有以成物矣，亦不必説成物在成己之後。此説較純正，爲不駭人聽，而於《章句》「既得於己」一句亦爲穩愜。蓋得於己指性之德，實兼仁智，且成己成物，各有其事，事字又不虚也。○仁智是德，成己成物是事，故「時措之宜」注謂「見於事者」此也。德者所以成己成物之理也，皆吾心所具之實理也。

「故至誠無息」

此箇道理最好體驗。孔子曰：「亡而爲有，虚而爲盈，約而爲泰，難乎有恒矣。」朱子釋「察其所安」云：「所由雖善，而心之所樂不在於是，則亦僞耳，豈能久而不變哉？」故曰「既無虚假，自無間斷」。○至誠，以實心言，實理固在其中矣。朱子曰：「有以實理言者，誠不可掩之類是也。有以實心言者，反諸身不誠之類是也。」愚謂以實理言者，該不得心；以實心言者，則該得理。心非虚空物也，心雖主乎一身，而其體之虚靈足以管乎天下之理。理雖散在萬事，而其用之微妙，實不外乎人之一心。此亦朱子之言也。

○「不息則久」，不息與久有分別。不息者，今日如此，明日又如此，後日又如此，只管繩繩不已去。久則是從後來總計前頭，見得是久，久者不息之積也。

「故至誠無息，不息則久」，都是說內邊。「久則徵」，方說出來由中發外也，常於中則驗於外矣。既驗於外，則其所驗者益悠遠矣。是何也？存於中者既久，則驗於外者亦無暫理。悠遠，故其積也廣博而深厚。非悠遠，如何有積？亦猶非不息，如何有久？博厚，故其發也高大而光明。非其積之博厚高明，從何處發達？亦猶「久則徵」意。故博厚、高明，亦不可截作二件事，只是統說。聖人之功業積得來博厚，又從博厚上起高明。其載物、覆物，亦因博厚而分其類所屬耳。非真有一高明而覆之，一博厚以載之，如天地設位然。

「悠遠則博厚」

博在先，厚次之。蓋必悠遠，然後仁澤之被，日以遠到，至於無遠不届，所謂東漸西被，朔南暨北，聲教而廣博矣。悠遠，故其仁日以深，澤日以厚，所謂積功累仁，培植益固，浹於民之肌膚，淪於民之骨髓，而深厚可知。

「博厚則高明」

既博厚了，則自有一段高聳軒發，光輝宣著處。蓋博厚是徵於外者之積實處。既積實了，自然峻極于天，光被四表，所謂「巍巍乎其有成功，焕乎其有文章」，此非積之博厚，何以至此？要得分明，不可只挨説過。○天地間凡高者必明，卑則不明矣。雖日月之明，亦惟麗乎天則明，若運至地下，物亦不被其照矣。

此一端可見。人之生高明，細分亦高在先，明次之。天下之物，惟高則明，鑿鑿皆然。人之明者，亦有一段高處在先。人之生貌，天庭高聳者，亦多聰明。先儒亦謂禽獸之首惟横，故不智；其中稍知者，頭亦稍向上。此説似叢雜，然自有理。

○「悠遠」二字，雙峯説得最明。愚所謂高明者，亦與他意相似。其言曰「大率功効氣象之促迫者，便不長遠」云云，如地勢悠緩則其勢遠，斗峻則其勢絶，皆是惟悠故遠之義。○大抵聖人之道，從容不迫。舜命契曰「敬敷五教在寬」，仲虺稱湯曰「克寬」，皆是悠字意，故舜則光天之下，至于海隅蒼生，湯則萬邦從欲以治。

「博厚所以載物也」三句

如曰厚德載物，好生之德，洽于民心，此博厚所以載物也。如曰光被四表，光天之下，至于海隅蒼生，此高明所以覆物也。此聖人之神化，上下與天地同流者也。博厚、高明之有終，使天下之民親賢樂利，各得其所，天下之物各正性命，保合太和，其成物爲何如！

「悠久所以成物也」。○與上文所以覆載物同例，皆據見在高厚之悠久而言。其實上面高明下，無悠久字，却是那上面「徵則悠遠」者貫到此也。始之徵者，尚且悠遠，況至於博厚高明，有不悠久者耶？○且悠久與博厚高明同其始終，曰博厚則高明，内便藏有箇悠久了。○悠久即悠遠，兼内外而言之也。○既曰悠久即悠遠，悠遠只是驗於外者，又曰兼内外言，何也？蓋凡施於外者無有不根於中，其外之所施，而在中者即隨之，故曰兼内外。〇小注云「悠是久於外，久是久於内」，此説未當。蓋久字自兼内外也。或曰：然則悠遠亦兼内外否？曰：「露出久字，見兼内外，悠字帶説，故曰悠久即悠遠，主於外而合乎内者。」

已自悠遠説到博厚高明，却又於博厚高明之後著箇悠久字，是多少嚴謹而周密。天下豈有無體之用哉？但曰驗於外，是何物驗之？但曰施於外，是從何處施來？内外體用，便不相離。故曰忠恕二字，如形與影，又曰無忠做恕不出。

「博厚配地」三句

上章言聖人之功用，到此方露出天地字。下文則專以天地之道言，末方合言之，以見一理。蓋非天地，無以擬乎聖人；非聖人，無以配乎天地。邵子已言之矣。〇「此言聖人與天地同體」，亦就用上説也，蓋亦體用一原之理。〇「此言聖人與天地同用」，非至此始與天地同用也；「此言聖人與天地同體」，亦非至此始與天地同體也。看「言」字，其實博厚便載物，載物便配地，豈略有先後耶？〇天地，本體也；天地之覆載，用也。味此可見體用義。故曰：「如耳目之能視聽，視聽之由耳目。」

德之盛於内，自「至誠」云云則久，説到極盡處了。德之著於外者，自「徵則悠遠」至高明，亦説到極盡處了。悠遠在博厚高明之前，而貫于博厚高明之後，一氣事也。故曰悠久即悠遠，但兼内外。無有著於外而其根於中者不隨之。故誠則形，至於能化，有以見其至誠之妙也。

「如此者，不見而章」

此節意正如「肫肫其仁」一段，只是申贊配地配天無疆，皆出於自然，非推原配天配地之所以然也。○如此者，只用帶配地一段，不必兼管上文。蓋配地配天，非所以載物覆物者而何？爲此説者，正未認得上注兩箇「言」字意而泥之耳。○庶物露生之類，地道之章也，不待見。風霆流行之類，天道之變也，不待動。至於無爲而成，則要其終而言耳。

「其爲物不貳」

「物」指天地也。則其「生物不測」，「物」指天地所生之物也。

「博也，厚也，高也，明也，悠也，久也」

不專指形體，須兼性情而言，故言下文生物之功。如云所以覆物也，所以載物也，亦豈但軀殼之覆載而已耶？○此數句只是歷舉天地之道言，雖不及誠，然非不貳而誠，則何以臻此？故注云：「天地之道，誠一不二，故能極其盛，而有下文生物之功。」○不可謂博極其博，厚極云云爲各極其盛。是謂地既博也，又厚也，其博厚又悠久也，是地之道極其盛矣。在天則既高也，又明也，其高明又悠久也，是天之道亦極其盛矣。所謂各極其盛者如此。又曰悠也，久也，天地之道亦兼内外言耶？曰：天地有性有情，化工運行，皆有主宰處，故曰神曰化，安得爲不兼内外！

「天地之道」以下，要看得節節與至誠者相對始得。上云「至誠無息，不息則久」，此則云「爲物不貳」，不貳則誠，誠故不息而久矣。上云「徵則悠遠」，博厚高明又悠久，此則云「博也，厚也，高也，明也，悠也，久也」。上云「博厚所以載物，高明所以覆物，悠久所以成物」，此則云「日月星辰繫焉」云云，「載華嶽而不重」云云，「草木生之」云云，「黿鼉蛟龍」云云，節節相配合，信矣聖人一天地也。○《章句》云「此以下復以天地明至誠無息之功用」，此「至誠」云云，純指聖人言。末節《章句》云「引此以明至誠無息之意」，亦是純指聖人言。但本文則天道與聖人並言，意則專爲聖人，《章句》主於意言也。

問：上條云「各極其盛，而有下文生物之功」，至於下條又曰「由其不二不息，以致盛大而能生物之意」，不專爲生物之功何歟？曰：下條還是重在生物之功也。蓋看書自有法，則看本文但曰「斯昭昭之多」，則便是要起那「及其無窮」也；但曰「及其無窮」也，則便是要起那「日月星辰繫焉，萬物覆焉」，便見此條重在生物之功。

「今夫天」一條

「今夫天，斯昭昭之多」，如此造辭正是子思善形容天地之道大處。故不先言「斯昭昭之多」，無以見無窮之爲大；不先言「一撮土之多」，無以見廣厚之爲大；不先言「一卷石之多」，無以見廣大之爲大；不先言「一勺水之多」，無以見不測者之爲大。此乃立言者抑揚起伏之勢，不得不爾。○寶藏興焉、貨財殖焉還另說方盡。如金生麗水，玉出崑岡，山或出銅或出鐵，海或出珠或出珊瑚之類，難以草木、鳥獸、黿鼉之類爲盡山水之利，且與上文「日月星辰繫焉，萬物覆焉」不一例看，自未穩，要皆當依此例逐件自爲一件，此説儘長，蓋關入上句，有二不安。○《章句》曰：「昭昭，此指其一處而言之。及其無窮，猶十二章及其至也之意，蓋舉全體而言也。」如此則是昭昭與無窮同時有，撮土與廣厚同時有，非由昭昭積累而至於無窮，由撮土積累而至於廣厚。而又曰「然天地山川實非由積累而後大，讀者不以辭害意可也」，則又真若以子思之言爲由積累而大者，何與？曰：「此亦以子思之辭近似者云耳，意則不然也，意正是指其一處舉其全體也，故曰：『讀者不以辭害意可也。』」○又曰「此四條皆以發明由其不二不息以致盛大而能生物之意」，不知天地何時至誠無息，何時方盛大？曰：「此難以口舌取信也。有是理則有是事，當初天開於子，地闢於丑，方其天之未開，地之未闢也，太極混一，而其所以爲至誠無息者已在其中。不然，亦安能有此天地之盛大耶？朱子曰：『實有是理，則有是天；實有是理，則有是地。』意可見矣，分明是由其不二不息以致盛大也。『致』字須着還他明白。」

「致」之一字，亦須分明。如聖人之博厚、高明、悠久，實自至誠無息所致，而與之爲對待矣。

「《詩》云：維天之命」

此與「文王之德之純」，俱要説是在内者。此德字與聖人之德著于四方者不同。或曰同，但是著于四方則爲功用耳。此説亦可。此「維天之命」，即所謂「上天之載，無聲無臭」者，故爲以至誠之在中者言。○「文王純於天道」，言能全體乎天道也。○「不顯，猶言豈不顯也」。要説入之德之純内去，不要説在顯於外上。《中庸》所引之意，自不能拘得元意，引此以明至誠無息之意，不到功用處，是乃天道聖人之本體也。○天道之至誠無息如何？曰「維天之命，於穆不已」，此正是「上天之載，無聲無臭」處，以主宰者言也。至於覆載生成處，乃其功用也。功用則及物，本體只是至誠無息。惟其至誠無息，則自然有及物之功，天道聖人一也。此章大旨不過如此。

「大哉聖人之道」「大」字包衆小而言。

此「道」字即率性之道，以其非聖人不能盡也，故以屬之聖人。然非就聖人身上説道也。謂之「聖人之道」，亦猶云學者之事、宰相之職云爾，以其屬他故也。若以爲聖人所盡者言，則下文「待其人而後行，苟不至德，至道不凝焉」都説不去了。語意正與「君子之道費而隱」同，彼固非就君子身上説道之費隱也。

「洋洋乎發育萬物」

萬物之所以發育者，皆道之所在也。道體物不遺，無物不有，故曰「發育萬物」。非謂聖人之博厚載物，高明覆物，悠久成物，爲發育萬物也。《語録》謂聖道發育，「即春生夏長秋收冬藏，便是聖人之道，不須要聖人使他發育。峻極于天，只是充塞天地意思」。此説最好。蓋生長收藏，天地之道，即聖人之道也。天地之道亦屬聖人。○即是陰陽五行化生萬物，氣以成形，而理亦賦焉。知一陰一陽之謂道，則知道之發育萬物矣。物兼動植。

○「峻極于天」，謂其高際夫天也。凡盈穹壤間皆道也。程子曰：「天運而不已，日往則月來，寒往則暑來，水流而不息，物生而不窮，皆與道爲體也。」張子曰：「氣坱然太虚，升降飛揚，未嘗止息。浮而上者陽之清，降而下者陰之濁。其感遇聚散，爲風雨，爲雪霜，萬品之流形，山川之融結，糟粕煨燼，無非教也。」此程張二夫子之言，皆是極道之全體而言也。所謂「發育萬物，峻極于天」者，於此可見矣。○凡此道理，雖若泛然無與於人事者，不知其實皆在學者所融會貫通之中，又其踐行處，亦往往有與造化相符合，如所謂與天地相似者，故曰凝道。

「洋洋乎發育萬物，峻極于天」，此以外面規模言。「優優大哉」，則就裏面許多物項事目來説。其實所以大者，以其有是道心也。太山不棄尺壤，❶故能成其大。河海不擇細流，故能就其深。或曰如此則以發育萬物者逐件説來，便是小處。曰：「發育萬物，觀萬字與峻極于天字，總是舉大規模。三百、三千，本文不就上萬物説。然若就物言，固亦是衆小處，但猶未見其爲至小也。今曰『經禮三百，曲禮三千』，專就人事上説。夫人特天地中之一物，而其禮之至微，乃至於三千三百之多。如此則天地許多物，其理之細微可勝言哉？此所以爲至小而無内也。道之至小無内，其要只在謹獨矣。」

「待其人而後行」

要雙關着道之大、道之小處。故愚以爲，必德性弘大、學問精密之人，而後是道可行也。故脩德凝道，便亦有此兩端工夫，存心以極道體之大，致知以盡道體之微。蓋必德性弘大，然後是道之大者有以體之而無或遺；必學問精到，然後是道之小者有以察之而無不盡。

「故君子尊德性而道問學」

此章致知帶有力行，非謂學問只是知一端，不用行也。「經禮三百，曲禮三千」，不見於行，何以凝道？○德性者，吾所受於天之正理也，即所謂「天降生民，則既莫不與之以仁義禮智之性」者，「人物之生，因各得其所賦之理，以爲健順五常之德」者。此之謂德性也，使不先有以尊之，則中心無物，而失本然之權度，將何以窮至事物之理哉？故曰「非存心無以致知」，蓋涵養須用敬也。○尊德性工夫，閑只是存心，如温故

❶「太」，嘉靖本作「大」。

敦厚皆然。道問學，却費力推勘。○問學者，格致誠正之事，即博學、審問、慎思、明辨、篤行之功也。使不有以道之，則不能周知事物之理，將何以全吾所受之性哉？故曰「存心又不可以不致知」。非存心無以致知，故君子必存心，以極乎道體之大；而存心又不可以不致知，故君子又必致知，以盡乎道體之細。此存心致知二事，脩德凝道之大端，缺一不可。○《堯典》「欽明」二字，乃是作聖人工夫，欽即堯之尊德性處，明即堯之道問學處，故《集傳》云「欽體而明用也」。○「道，由也」，謂循其則也。孟子曰「君子深造之以道」，謂循其進爲之方也。循即由也。○道問學，學以問爲先，故曰問學。愚每謂學只是效，效須是問。○存心是規模要大，致知是工夫要縝密也。如此説便見存心致知二事已盡脩德之事，而致知之帶力行，亦可意會矣。

「致廣大」廣大與精微相對。

德性本自廣大，以私意蔽之，則非惟無以致其廣大，而廣大者轉狹小矣。故不以一毫私意自蔽，乃所以致其廣大也。人之心體，本有所謂洞然八荒皆在我闥者，故曰廣大。○「盡精微」，精則微矣，故精義入神。

「極高明」高明與中庸相對，惟中故庸。

德性本自高明，以私欲累之，則非惟無以極其高明，而高明者轉卑暗矣。故不以一毫私欲自累，乃所以極其高明也。人之德性，本有所謂清明在躬超然塵汙之表者，究竟則止是羞惡之心也。廣大究竟是惻隱，故體仁，則無一物不在所愛之中。欲致廣大，豈能將心胸勁展拓開闢將去使廣大耶？不過不以私意自蔽而已。若於此説工夫太重，又非存心之屬矣。○人心本廓然大公，但私意從中起，即障隔而窄狹了，故屬之廣大。人心本自高明，只爲外面物欲所動，則爲他累得卑汙昏濁了，故屬之高明。○不以一毫私欲自累，真箇有鳳凰翔于千仞之意，觀世之齷齪者略不少介意，何高明也！致廣大，横説；極高明，直説。私意輕、私欲重，爲廣大之蔽者，是私意，意既生則蔽其廣大矣。意如雲然，爲高明之累者，是私欲，欲既溺則累其高明矣。如石之沉於水，亦終究于汙下矣。○盡精微，道中庸，不必説廣大中有精微，高明中有中庸。蓋廣大高明是德性，精微是理之散於事者，中庸是事之合乎理者，以事理言，與心體有别矣。要其極則心體固自具乎事理也。

「温故而知新」

「故」是人心之良知，是德性元有的，故曰「故」。不必以爲廣大之已致、高明之已極者。○「謂故學之矣，復時習之也」，此學字與道問學之學不同，問學是致知，温故是存心。○或曰既以「故」爲德性之良知，如何云：「謂故學之矣，復時習之也？」曰：「『故學』字面若泥得深，則又不合於尊德性矣，乃涉於道問學也。已智者固嘗形諸云爲之間，❶是亦所謂習其事者，便有積習之意。故曰『謂故學之矣，復時習之也』，亦只是訓字義之法，不得不然，若深泥之，則此既曰『故學』，曰『時習』，下面何以又只曰『涵泳其所已知』？涵泳二字，只是『涵養須用敬』意也。」「涵泳其所已知」。○重在温字與涵泳字，存心意正在此。其所已知，此知字與致知之知不同。致知之

❶「智」，嘉靖本作「知」。

知，日知其所未知也。温故之知，習其所已知者，非存心無以致知。若説「故」是前日所知者，今又温之，則是非致知無以存心矣。豈不背乎？

○「温謂故學之矣，復時習之也」，猶《大學》云：「顧謂常目在之也。常目在之，則無時不明矣。」知明命之非真以目顧，則知尊德性之「温故」之非真出於舊日所學而知者矣。此證佐之法。

「敦厚以崇禮」

「敦，加厚也」，敦厚是敦其所已厚者，厚是德性之已能者，故朱注謂是「敦厚純朴」。○天資朴實，固有已能處。若資質不朴實者則如何，且何以知此爲指朴實者？蓋此朴實仁厚處人人都有，故具此生理，自然皆有惻怛之意也。

○朱子一説甚妙，宜記之，曰：「厚是資質朴厚朴實，敦是愈加厚重，培其本根。有一般人，實是敦厚純朴，然或箕踞不以爲非，便是不崇禮。若只去理會禮文，而不敦厚，則又無以居之。所以忠信之人可以學禮。」○「敦篤乎其所已能」。○朱子曰「厚是資質朴厚」，然則「故」者是已知，乃人心之靈，莫不有知者。蓋此時未有問學工夫，且是涵養。○「敦厚以崇禮」，先儒尚泥「以」字，而謂敦厚重者，謂崇禮只在敦厚。如此則與「存心者又不可以不致知」一句獨有碍。今斷只是一般，其改「而」爲「以」處，亦不必拘大意，總是「非存心無以致知，而存心又不可以不致知」。猶《易大傳》云「蓍之德員而神，卦之德方以知」，以亦而，而亦以也。豈可穿鑿而謂其有異旨耶？

「涵泳乎其所已知，敦篤乎其所已能」，其規模一何廣，信乎其爲存心以極道體之大者之屬也。○所已知，良知也；所已能，良能也。要見得是本然之德性，此時未有學問工夫。○「涵泳乎其所已知」以理言也，故「義理則日知其所未知」，亦以理言。「敦篤乎其所已能」，以事言也，故「節文則日謹其所未謹」，亦以事言。○《或問》又有「温故然後可以知新，而温故又不可以不知新；敦厚然後可以崇禮，而敦厚又不可以不崇禮」。然則泥以字而立異説者，殊無意謂。○道中庸是處事，崇禮是謹節文，分明是行，亦謂之「致知之屬」者，蓋道中庸必擇中庸爲先，禮之節文至繁密，要一一依他行，必先窮究得盡，是其所重，總在知上。故就其所重言之，總歸之致知耳。但曰處事，則不使有毫釐之差，節文則日謹其所未謹，便是示人以有力行在矣。看來看去，朱子注自不差。況此又是大節目所在，朱子豈容至有差耶！

○「致廣大而盡精微，極高明而道中庸，温故而知新，敦厚以崇禮」，都是相反而相應説。廣大，大也。精微，細也。致廣大者未必盡精微，他却有盡精微。極高明者多至於虚遠而欠平實仔細，他却又道中庸。涵泳乎其所已知者，或只守其所已知，他又却不以是自安，而日知其所未知。天資純一朴厚者，或不謹於禮節，而一循其性地之自然，而無檢勘，他却又於節文則日謹其所未謹。蓋道體一大一小，得其大者或遺其小，力於小者又或不及其大。故如此立言，以見必兩致其功，方爲周至。○胡氏又以知新應盡精微，意謂皆以理言；以崇禮應道中庸，意謂皆以事言。或曰温故只可應致廣大，敦厚只可應極高明乎？曰：「亦可致廣大而不以私意自蔽，知見上意也主理。極高明而不以私欲自累，行爲上意也主事。」此説甚覺有理。○道體之大，在德性上。德性是吾心體之本然者，何以見之？蓋廣大者，心體本自廣大也。高明者，本自高明也。人心之靈，莫不有知，所謂良知者，則故其本然者也。人得天地之心以爲心，具此生理，自然便有慈愛惻怛之意，所謂良能也，則厚亦其本然者也，故曰存心。胡氏説得此意出。史氏第三節説，要把道問學兼知行，而以盡精微、知新屬知，道中庸、崇禮屬行。愚以爲《章句》亦是此意，觀其曰析理，曰處事，理義曰知，節文曰謹，似儘明白可據，學者當詳讀史氏此一節之説，其末後行自不須用。〇史氏曰：「致知力行與存心致知，其先後次序不同。必曰明此理，而後能盡此理，此致知所以居力行之先也。必使一念全而萬理見，然後可使念慮精而萬理明，此存心所以居致知之先也。」蓋存心是全此理之體統，致知是各隨其理而察之，故與知行之序不同，此説甚好。

「聖賢所示人入德之方，莫詳於此」。〇既曰莫詳於此，則不但有致知，而力行亦在其中矣。朱子豈不知問學不只是知一邊工夫耶，又豈不知欠力行一邊工夫爲未詳耶？史氏之説痛快。若無力行，豈足以盡脩德之事耶？此是大關節所在，朱子宜不至有差誤也。〇或説朱子未是聖人。愚謂道不過極於至大而無外，入於至小而無内，兩端而已。贊朱子者曰心胸開豁，海闊天高，則所以尊德性而極道體之大者至矣。又曰義理玄微，繭糸牛毛，則所以道問學而極夫道體之細者至矣。如是則至德備而至道凝矣，不謂聖人而何！蓋亦由學知利行而至於聖域者也。

「是故居上不驕」

此言其於道之大小精粗，皆理會貫徹了後，盛德之效自然如此。然亦只是素位而行，意非有巧術也。乾九三進德脩業，却可上可下，不驕不憂，正是此理，又何嘗有甚巧術機關在？故朱子曰：「明哲只是曉天下事理，順理而行，自然灾害不及其身。」味朱子此語，又見得「明哲保身」之爲通管上四句，不專謂默足以容也。朱子此説，所救甚大。下文又以楊雄所言者爲是占便宜法，故終被他誤。又云若到舍生取義時，又不如此。論其所救又甚大。○至此則道理爛熟之後，從心所欲，不踰矩之境，左之左之，無不宜之，右之右之，無不有之者也，非聖人而何！○致知之功，非止仁敬孝慈信之類，在所當窮，若吉凶存亡之理，亦在所理會矣。故能於此可上可下，足興足容。○新安陳氏以明哲保身只是默足以容，史氏援《語録》以破之，極爲詳明痛快，且以此詩爲仲山甫作，山甫非容默者，尤爲的實。○問：國有道，足以興，何獨以言？曰：「此對默而云也，國無道而默，循默之類而推之，其所退藏收斂者固多也。國有道而言，循言之類而推之，其所直前敢爲處尚多也。聖賢之言亦多是舉一隅，而在學者之以三隅反。」

「愚而好自用」

看此章與下章，須要用德字、位字、時字來繩他。愚自用，無德也。賤自專，無位也。居今反古，戾乎時也。此皆非明哲保身之道。下文「天子」即下章之王者，則德、位、時之兼備者也。

「非天子」

此天子是受天命而爲天子者，如禹、湯、文、武是也，故有德與時在，非只以位言。若夏少康、商高宗、周宣王，俱不與焉。是爲當守先王之法，率由舊章者也。故《或問》以改正朔，易服色，殊徽號以新天下之耳目，而一天下之心志爲言。

「不議禮」

「禮，親踈貴賤相接之體也」。「親踈貴賤」四字，説得盡禮。曰禮也者體也。以貴賤言之，天子統三公，三公率諸侯，諸侯制卿大夫，卿大夫治士庶人之類，其相臨之際，各有分限節度，不容毫髮僭差也。以親踈言之，父子如何相接，叔姪如何相接，兄弟如何相接，宗族卿黨長幼朋友師弟又各如何相接，生而相待如何，死而服喪之制如何，亦各有分限節度，不容毫髮苟且也。○一説據《章句》「相接」二字，指在生時事，不及喪服之制。看來亦是。但據本文禮字，似當該了。聖人議禮，豈容不及喪服喪祭禮之大者也？「相接」字大概説耳。

「不制度」

「度，品制」，指車旗服色等制度。車如何制，旗如何制，又天子之車如何制，諸侯卿大夫之車又如何制，下文「車同軌」正應此，然亦舉其一端耳。況車又有許多等，但其軌則皆同。此類《周官》皆有載。謂之「品制」，品有不相混而各有倫之意。或曰如此則意在異不在同，本文意在同，故曰同軌、同文。曰：「非此之謂也。審異所以致同，如親踈貴賤相接之體，豈容不異？就逐項説，則天下皆同矣。」

「不考文」

按《章句》下《語録》云：「每歲使大行人之屬巡行天下考文。」而《或問》則曰：「外史掌達書名於四方，而大行人之法，則又每九歲而一諭。」不同何也？今按《周禮·大行人》：「歲偏考，三歲偏覜，五歲偏省，七歲屬象，胥諭言語協辭令，九歲屬瞽史論書名。」則無不同矣。或每歲而考之，或九歲而諭之，皆大行人之職也。○今按《章句》曰：「文，書名。」名是音聲，而許氏却兼象形言者，何與？蓋有其形則有其聲，其形差則其聲差，如木字加一點便唤朮，加一畫便唤未，既正其聲音，則畫在其中矣。故《或問》又云：「文者，書之點畫形象也。」與此互發。以象形言，日奇象，月偶象。以會意言，天，一大；地，土也。○今按訓文爲書之點畫形象，於文字爲切文。書名可改，曰形而名，亦在中矣。「書同文」，文者書文也，豈不是形？○東陽許氏曰：「書，名者，即字也。名則其字之聲稱也。如天字之形是書，讀之曰天是名，考者欲正其字形與讀之音聲。」或謂議禮、制度、考文三件，説天下之事還未盡，如不違農時，斧斤以時入山林，春取榆柳之火，夏取枣杏之火之類，當何所屬？又如征伐賞罰之類又不知何所屬？曰：「此以屬之制度，未見其不可也。」

「今天下車同軌」

此三句非虚尊當朝也，其實是如此。《或問》特爲明之，當看。可見古人雖於君父無溢美。

「車同軌」，應制度，轍迹之度。舉一以該其他，他物亦各有其度也。○車轍迹之度，周制輿之廣六尺六寸，故其轍迹之在地者相距之間廣狹如一。○轍不在車而在地，以迹爲驗也。

「行同倫」，應議禮，倫次序之體，即親踈貴賤相接之體也。

○「書同文」，應考文。上云「文，書名」，謂字之聲音也，聲音隨字形而别也。今曰「書同文」，謂天下之字同其稱名也。如「車」字如此寫，天下之人皆名之曰車也；「行」字如此寫，而天下皆名曰行也。○「今天下車同軌，書同文，行同倫」者何也？正以「非天子不議禮，不制度，不考文」也。○當時雖禮樂征伐不自天子出，然而諸侯不能以相一，天下猶爲周也，安得不仍文、武、周公之舊？且其由來非一日，如甲雖變而乙丙不變，終不能以通乎天下，亦徒自勞耳。故必能一天下，而後可以一新天下之耳目，而使八荒同度。

○天下之車，作者非一人也，而皆同軌。天下之字，書者非一手也，而皆同文。天下之行，行者非一人也，而皆同倫。豈非以「非天子不議禮，不制度，不考文」，而無敢自用自專而反古者哉！

「雖有其德，苟無其位」云云「不敢作禮樂焉」

禮樂，即所議之禮，所制之度，所考之文也。謂之禮樂者，禮樂是通套字。要之，禮一字盡該了。不可謂樂在制度内，以樂屬制度只説得樂器，樂却有聲容情文，度字如何該得？○「必聖人在天子之位」，聖人以德言，天子以位言，故《易》「首出庶物」，不可兼德位。○「必聖人在天子之位」，此句正與非天子不議禮、制度、考文相應。蓋《中庸》論理之常，則聖人必得位，故上以議禮等事歸之天子，而此則以雖有其位無其德，有其德無其位者來反論之。

「吾説夏禮，杞不足徵也」一條

按此條言語比《論語》尤爲周密。夏謂之吾説者，夏禮當時無可學處，但孔子旁搜博采，或聞一以知十，或因一以推百，故僅可得而説，即所謂夏禮吾能言之者也。既曰「有宋存焉」，則殷禮可學矣。○夏禮，吾雖能説，然無文獻可證，則人不信耳。要人信得，須是有證方可行。若孔子胸中已自了然，何用證耶？雖無可證，以義而起，斟酌百王，又豈拘拘於夏禮乎！○既曰「有宋存焉」，又曰「宋不足徵」，何與？蓋宋雖有存，存焉者寡矣，故以爲不足徵。亦可以爲有宋存亦可不，但其言各有所主也。下文《章句》又曰：「夏、商之禮雖善，而皆不可考。」

《章句》分明云「周禮乃時王之制，今日所用」，看此字面，非應反古而何？○見居今世，無敢反古，雖以孔子亦從周。「從周」二字，正與反古相應，或疑爲通繳者，非也。非惟上節失了居今反古句意，而此又失愚而自用一句意，皆不成文理。○《語録》分明云：「居周世而欲行夏、殷禮，所謂反古道也。」或者但以下章云「下焉者雖善不尊」注，舉孔子爲説，以爲不敢自專亦得。殊不知此則上文已有「雖有其德」一條了，此節只是生今世不反古道者，故以夏、商對周而言。若謂「雖有其位」條爲通應首節，則須添反古一段意以此節爲通結，則又須添自用自專兩段意。不如虚心以觀本文相應之意，自明白不待解説。○兩節分應首節三意。○「吾説夏禮」一條，與《論語》「夏禮吾能言之」，是非一時之言，意各有所主，非記者有詳略也。如「明乎郊社之禮、禘嘗之義」，與《論語》知其説者亦非一時之言，其云記有詳略者，特以指其掌一句言。其云「孔子既不得位，則從周而已」者，非以「不得位」三字應有德無位説，此又有意在，爲孔子若得位，則斟酌四代，不專於從周矣，故云。○此節夫子之所感者深矣！一以見先王一代制作其良法美意不得盡傳於今，一以見已不得取先王之遺典而集其大成以垂大法於後，只是遵時制而已耳。故曰：「鳳鳥不至，河不出圖，吾已矣夫！」

○「吾説夏禮」一條，孔子之意正有編采歷代之禮，而斟酌其中，以集其大成爲萬世常行之道之意，不是直止從周之禮而已。❶ 其曰「今用之，吾從周」者，不得位而安，爲下不倍之道耳。不然，只説從周便了，何

❶「之禮」二字，原爲空白，今據嘉靖本補。

必遠引夏、商云云？　蓋其意甚遠，其抱負甚大，但此意非《中庸》此章之旨。《中庸》所引，只在從周一意而已。○「孔子既不得位，則從周而已」，孔子之素志，固欲斟酌四代之禮樂，以立萬世常行之道，不止於從周也，特以不得位，故從周耳。　孔子曰「吾志在《春秋》」，故《春秋》行夏時，此則以天子行事也。

《或問》云：「古之有天下者，必改正朔，易服色，殊徽號。」按正朔，正謂歲之首也，朔謂月之一日也，如夏建寅，商建丑，周建子是也。　建寅之建，謂斗柄月建，非人建之也，故曰「夏以建寅爲人正」。　看「以」字，亦可見本是改正，不改朔，朔亦隨之。　蓋有寅正則有寅之朔，有丑正則有丑之朔。　正朔之名，其來久矣，今皆不告朔。

「王天下有三重焉」

此「王天下」者，即上章之「天子」也，是始受命爲天子者，故議禮、制度、考文，以新天下之目耳，❶一天下之心志，而世爲天下道，非指守成繼業者言也。　守成者雖賢聖，率由舊章，纘其舊服可也。

「其寡過矣乎」

○非謂天下寡過，謂天下之人得以寡過也。　下文所云「世爲天下道」者，此也。　注云「國不異政，家不殊俗」，此也。　人得寡過，則皆遵義遵路，會極歸極矣。　○《章句》「國不異政，家不殊俗」，正所謂同軌、同文、同倫。　國家分説，諸侯有國，大夫以下有家，政在上，俗在下，觀政於朝，觀俗於野。

❶「目耳」，嘉靖本作「耳目」。

「上焉者雖善無徵」，有其德與位而無其時也。「下焉者雖善不尊」，有其德而無其時與位也。○「無徵不信」，「不尊不信」，俱無「民」字，下方言「不信民弗從」者，蓋無徵與不尊則在己，自無以取信於人是不信，不信則在人，便自無可從之理，故民乃弗從。不可於不信上就説民不見信也。○「上焉者」不可露出夏、商字，只言時王以前則可。「下焉者」不可露出孔子字，只言聖人在下者則可。○上焉者、下焉者，則非當時之王天下者也。不信不從則不能使人寡過矣，此是正意思。下文「本諸身」則有其德矣，「徵諸庶民」則有其時，有其位，而人信從矣。既本諸身，徵諸庶民，則考三王自不謬云云，文意自相照應也。

「故君子之道，本諸身」

「本諸身，徵諸庶民」，此「本」字「徵」字，不要把對下句「考」字、「建」字、「質」字、「俟」字看，要把來對「不謬」、「不惑」、「不悖」字方是。故解云「本諸身，有其德也」，非謂今方反身以脩德也。「徵諸庶民，驗其所信從也」，非謂今方去驗他也，是已驗者也。此「信從」二字，是上文信從字，蓋以其又有時位也，驗自然驗，非我始稽驗之也。○此一條連「本諸身」盡作自然者言。

「建諸天地而不悖」

○以議禮言之，如天秩有禮而我庸之，天序有典而我惇之。其分之不相侵，即天高地下之不可易也。其情之相親，即天氣下降，地氣上騰之理也。是故君尊於上，臣卑於下，天地之大義也。男正位乎外，女正位乎内，亦天地之大義也。此以分之不相侵者言，固不悖於天地也。天地者，道也。以其情之相親者言之，上下交而其志同，與天地交而萬物通者一理也。男女睽而其志通，與天地睽而其事同者一理也。此以其情之相親者言，亦見其不悖於天地也。要其所不背者固非一端，此姑舉兼動靜而言，庶乎得其大端耳。○以制度言之，如上衣下裳之制，天地之位也。方底員蓋之屬，天地之象也。又如凡上下方員、剛柔動靜之類，即天地之陰陽也。凡金木水火土之用，或青黄赤白黑之色，此類皆天地之五行也。若泛而論之，又不必如此之拘拘於符合。蓋天地者，道也。道者，自然之理也。但制度合於當然之理處，便是與天地之自然者無所拂矣。○以考文言之，六書之法或象形，或諧聲，或會意，或處事，或轉注，或假借，其義無不畢歸於陰陽五行與萬物而已。先儒謂字生於聲，聲生於氣，二氣四聲之離合，而天下之字窮矣。夫天下之字，不出乎二氣四聲之離合。二氣四聲也者，非天地之所爲乎！且有是物，則有是聲；有是聲，則有是字。以天下之字名天下之物。有是物，聖人不容無其字；無是物，聖人不虛設其字。天下之字，人但知其爲聖人所制，而不知實本於造化所爲也。○二氣輕清重濁也，四聲平上去入也，清濁之内自該五音，亦猶陰陽之該五行也。○五音，宫、商、角、徵、羽也。宫爲喉音，屬土；商爲齒音，屬金；角爲牙音，屬木；徵爲舌音，屬火；羽爲脣音，屬水。一皆天地之五行所敷宣也。是何悖於天地乎？五音不出乎二氣之清濁輕重，故宫最重，而角次之，商最輕，而徵次之，羽則清濁之間。○不曰「天地，道也」，而曰「天地者，道也」，猶云「天者，理而已矣」。若三重，❶若百世聖人，皆是人道。「三重」亦皆人道也，故不用解。惟天地鬼神於三重若無相關，如何謂建之不悖，質之無疑？故解之曰「天地者，道也」，曰道便見其所以

❶「重」，嘉靖本作「王」。

有合處。曰「鬼神者，造化之迹也」，便見其有合於造化處。曰「鬼神者，造化之迹也」，明非窅冥不可測之鬼物也。自議禮言，如升降揖遜之儀；自制度言，如動靜曲折之機；自考文言，如點畫鈎扐之變，清濁高下之音；皆鬼神變化屈伸之體也。

「質諸鬼神而無疑」

以議禮言之，如郊則天神格，以此理之不疑於天神也。禋于六宗，望于山川，徧于群神，而群神之感格，亦以此理之不疑於群神也。〇又大概說，以議禮言，凡其所制親踈貴賤相接之體，其勢相爲屈伸，其情相爲往來，各當於理，而不失其倫，一鬼神屈伸往來之義也。〇以制度言之，如在璇璣玉衡以齊七政，而日月五星之運皆不違其度數之所窺。如制蓍以筮，制龜以卜，而可以探賾索隱，可以鉤深致遠，可以傳鬼神之意，而斷天下之疑。是亦質諸鬼神而無疑者也。〇以考文言之，如日之爲奇，月之爲偶，山有山形，川有川勢，如此之類，一造化之迹之呈露也，此以字形言也；曰噓則聲隨以出，曰吸則聲隨以入，曰來則其勢自彼而之此，曰去則其勢自此而之彼，如此之類，一氣機之出入變化也，此又以字音言也。又如曰出曰入，曰闢曰闔之類。〇又大概說，凡車旗服色之制，此屬制度，一陰陽變化之迹也；其方員動靜之象，一陰陽造化之妙也。〇又大概說，其字形之曲折，鬼神之變化也；其字音之清濁高下，鬼神之闔闢屈伸也。〇既曰鬼神造化之迹也，又曰鬼神至幽而難知，一也。迹指其屈伸往來言，非謂有迹可見聞也。

一說：三重合乎理，則合乎天地。天地，惟理而已矣。合乎理，則亦合乎鬼神。鬼神，亦惟此理而已矣。合乎理，則合乎百世之聖人。百世聖人亦惟理而已矣，合乎理則亦合乎三王。三王亦惟理而已矣，雖曰以已然之迹言，三王已定之迹，獨有非理者乎？　況其間必有所損益處，如周公思兼三王以施四事，亦惟理而已矣。若一一都求其所以合處，則百世聖人未來者又將一一比類而合之乎？　且三王不謬，又豈能以一一皆合而全無所損益乎？　若有所損益，則將以損益者爲謬乎？　亦惟當理而已矣。其曰考三王，建天地，又曰質鬼神，俟後聖者，只是言無往不合，無適而不見其善耳，故下云：「知天、知人，知其理也。」

○建天地，質鬼神，若只概説大理，則當云天地也當晝而晝，當夜而夜，當寒而寒，當暑而暑，當風而風，當雨而雨，山當峙而峙，水當流而流，草木當榮而榮，當悴而悴之類，其當然而然者，即理也。鬼神也當屈而屈，當伸而伸，當變而變，當化而化，當合而合，當散而散，當培而培，當覆而覆，當吉而吉，當凶而凶，其當然而然者，即理也。若聖人之議禮、制度、考文，禮當如此者則如此，禮當如彼者則如彼，度當如此者則如此，度當如彼者則如彼，文當如此者則如此，文當如彼者則如彼，禮之親踈貴賤，度之高下大小，文之多寡清濁，一一惟其當然而已。故乾之確然示人易，坤之隤然示人簡。道之明者也，建之不悖鬼神之潛往而潛來，無聲而無臭；至幽者也，質之而不疑前之三王，後之百聖，莫不皆然。如此説甚閑雅而正大，亦甚縝密。然究其所當然之實處，則前諸説似不可没也。蓋窮理須析之極其精而不亂，合之盡其大而無餘，乃爲得之。

○六事，一節説深一節，首身，次民，次三王，次天地，鬼神則至幽者，百世之聖則至遠者。而《語録》云：「第一句、第二句是以人己相對，第三句、第六句是以已往方來相對，第四句、第五句是以隱顯相對。」此説似不如一節深一節之意爲得其序。依此則其序當云：「考諸三王而不謬，百世以俟聖人而不惑，建諸天地而不悖，質諸鬼神而無疑，始得。」然亦有説也。蓋下條只言鬼神、後聖，蓋是以鬼神該天地，以後聖該三王。蓋鬼神之幽既無疑，則明而天地又何悖乎！後聖之遠既不惑，則近而三王又何謬乎！此則分明是以幽該顯，未然該已然，亦有對意也。

人得天地之氣，則具有天地之理，吾之理即天地之理也，天地一鬼神也，故曰「質諸鬼神而無疑，知天也」。○人同此心，心同此理，萬古一理，千聖一心。所謂百世之上有聖人出焉，此心同也，此理同也。百世之下有聖人出焉，此心同也，此理同也。故曰「百世以俟聖人而不惑，知人也」，如此説來庶幾真切。

「知天也、知人也」

曰天曰人，理無不盡矣。曰知天曰知人，此知非泛泛之知，乃至誠盡性章所謂察之至於「巨細精粗，無毫髮之不盡」者，以所知無不盡，故其制作無往而不盡其善也；以知其理無不盡，故做得來盡其美。○「知天、知人，知其理也」，其理則天人一也，説見上，可以意會。天之理盡於鬼神，人之理盡於聖人。質諸鬼神而無疑，是合於天；其合於天者，知天之理也。百世以俟聖人而不惑，是合於人；其合於人者，知人之理也。此又推本意，見其所以合於天人者非偶然也。由知天人而作也。❶

「是故動而世爲天下道」❷

---

❶ 「作」上，嘉靖本有「制」字。

❷ 「是故」下，嘉靖本有「君子」二字。

動、言、行，皆指「三重」。言是三重之見於號令議論者也，而人皆法之行，是三重之自盡於吾身，而措諸天下者也。而人皆則之如此，則國不異政，家不殊俗，而人寡過矣。

「言而世爲天下則」

此「言」字所謂「言出乎身，加乎民」者也，是號令訓誥之類。故曰「大哉王言」，又曰「仁言不如仁聲之入人深」，又曰「王言如絲，王言如綸」，皆三重之形於言語者也，故「世爲天下則」。則，準則也。豈直頰舌間之一談吐而已哉！

「以永終譽」，謂永終其譽也。「蚤有譽」，謂遽便有譽也。而新安陳氏乃曰：「永終譽，要其終；蚤有譽，原其始。」此説似小巧。蚤即先之意，謂必先有此六者，然後有此令譽。未有無此六者而先有令譽也。饒氏曰：「遽也，一理也。」○或問：王天下有三重焉，至於建諸天地而不悖，百世以俟聖人而不惑，似乎天道之事，而乃亦爲人道者，何也？曰：此承上尊德性章「居上不驕」而言，安得不爲人道？蓋此章不謬不悖云云，總是上章「居上不驕」一句内注脚也。原脉則在尊德性、道問學工夫上來。安得不爲人道？原與愚而好自用章言「爲下不倍」者類也。

「仲尼祖述堯舜」章

《中庸》一書，出於子思憂道學之失其傳，實所以衛夫子之正傳也。蓋道學非孔氏一家之學，自堯舜以至於文武，聖聖所以相傳之公物也。

○先孔子而聖者，非孔子無以明；後孔子而聖者，非孔子無以法。所以子思於《中庸》首章則述所傳之意以立言，所傳之意出於孔子者也。第二章便引孔子論中庸之言。自第二章以下，一書之中引孔子之言大半焉，而已所立言蓋無幾。雖其所立言，亦皆爲述所傳於夫子者也。至於此章，承上數章言天道人道之事者詳且盡矣，則於此復以仲尼一身之事終之。其下二章則承此章「小德川流，大德敦化」而言，皆所以盡此章之旨也。蓋以見群聖之道，畢集於夫子一人之身。夫子一身正所謂「爲天地立心，爲生民立極，爲往聖繼絕學，爲萬世開太平」者也。只觀於此章所謂「祖述堯舜，憲章文武」云云，「辟如天地之無不持載，無不覆幬」云云，則當時子思之所以推崇夫子者至矣，不可復有加矣。則所謂集群聖之大成者，亦不待至後世而後其論始定也。夫序中庸而終之以夫子云云者，舉中庸之道盡歸於夫子也。此實子思之意也。雖子思之意，實天下萬世之公論。故在孔門，當時宰我則曰：「以予觀於夫子，❶賢於堯舜遠矣。」在子貢、有若則曰：「自生民以來，未有夫子也。」後乎文中子則曰：「夫子與太極合德也。」周子則曰：「道德高厚，教化無窮，實與天地參而四時同，其惟孔子乎！」不及堯舜諸聖人也。蓋道原於天，賦於物，具於人，盡於聖人，而集其大成於夫子。自夫子以前，一世得一聖人而僅足；自夫子而後，千萬世得一聖人而有餘也。○堯舜所以相傳之要旨，曰「人心惟危，道心惟微，惟精惟一，允執厥中」，先儒謂此十六字爲萬世道學之祖，則知夫子之所以祖述堯舜者矣。○遠宗其道，如惟精惟一者，堯舜之道也。夫子所謂擇善固執，則精一之謂也。允執厥中者，堯舜之道也。夫子所謂君子時中，則執中之謂也。大概言之則如此。

❶「予觀」，原倒，今據嘉靖本乙正。

「憲章文武」。〇憲章曰近守其法。蓋上古列聖創制立法，至周文武而大備。故曰：「丕顯哉！文王謨。丕承哉！武王烈。啓佑我後人，咸以正無缺。」夫子之憲章者，一言以蔽之，則所謂「吾從周」是已。若考其實，則《詩》《書》所删述，備載文武之事。答哀公之問，備述文武之政。曰「文王既没，文不在兹乎」，則拳拳於文王之文之是承。曰「謹權量，審法度，脩廢官」之類，則縷縷於武王之烈之是述。斯亦可以見其憲章之大略。然即此求之，其中固有内而本者，亦有外而末者，蓋不能以一一指實而分類之耳。

「上律天時」，大凡隨時變易以從道者，皆是也。「下襲水土」，大凡隨寓而安、宜於土俗者皆是也。合内外本末皆然。

《或問》以仕止久速、各當其可爲「上律天時」，以用舍行藏、隨寓而安爲「下襲水土」，似若無别。曰：用舍行藏與仕止久速似無不同，若各當其可則附於時，隨寓而安則附於地，亦略有别。〇堯舜之道，文武之法，要亦不外乎上律下襲而已。故《或問》云：「古先聖王之所以迎日推筴，頒朔授民，而其大至於禪受放伐之各以其時者，皆上律天時之事也。其所以體國經野，辨物居方，而其廣至於昆虫草木之各遂其性者，皆下襲水土之事也。」此即堯舜文武之事也。

或以内而本爲聖人之大德敦化，外而末爲聖人之小德川流。按《或問》云：「以天地言之，則高下散殊者，小德之川流；於穆不已者，大德之敦化。以聖人言之，則物各付物者，小德之川流；純亦不已者，大德之敦化。」又《或問》云「以夫子已行之迹言之」云云，則概是物各付物之事。而所謂純亦不已者，乃是就聖人之心言，所謂德極其實，至誠無息者也。似不可以分内外本末。或曰内以心言，夫子一以貫之，亦不過是一心貫萬事而已。其言所謂内外不遺，《孟子注》所謂「内外本末，交相培養」，是皆以内爲心，則内似可爲大德矣。又下文曰「敦厚其化，根本盛大而出無窮」，則本字似亦爲大德所在。彼《或問》所云，蓋朱子明謂「姑以夫子已行之迹言之」，曰事曰迹，豈至誠無息、大德敦化謂耶？内本外末，自不相襲，内心外，行與事也。若心之所存，行事之所施，則又自有本末。如仁敬孝慈之類，在心之本也；細行必矜之類，在心之末也。如君子道者三之類，行事之本也；籩豆之事之類，行事之末也。夫子之祖述憲章，上律下襲，即前章所謂「惟天下至誠爲能盡其性」，巨細精粗，無毫髮之不盡者，故朱子如此立言耳。不然，亦何用此二句？若以配大德小德，則朱子豈肯既言内外，又言本末，如云「兼費隱，包小大」，又如云「動静不違，内外交養」，皆用字不重復也。若《孟子》持志養氣一節，兼言内外本末，則應上文急於本而緩其末，失於外而遂遺其内而言。其以心爲本，氣爲末，言爲外，心爲内，亦不重復也。又内外曰兼，本末曰該，亦各有當。此説但恐人未信耳。或又曰：内既以心言，非大德而何？曰：「此雖以心言，猶只就逐事上説他管攝處，如仁敬孝慈信之類，逐件内面存主工夫，皆以散殊者言，非指萬理之一原，天下之大本所在也。」《章句》云「皆兼内外，該本末而言」者，謂非可以一端盡也。故《或問》曰：「是不可以一事言也。」凡此祖述憲章、上律下襲者，非可以一端言，非可以一事盡也。或外或内，無不兼該；或本或末，無少欠缺。蓋舉天下之理，一以貫之而無遺矣。故能「如天地之無不持載，無不覆幬」，「如四時之錯行，如日月之代明」也。朱子立此「兼内外，該本末」云者，正爲下文「辟如」云云而設。而或者誤以爲預爲下文之大德小德而設也。

人道發源，實自堯舜。羲、農、黄帝，❶大概荒朴。故孔子删書，斷自唐虞。此「道」字該盡天下道理。「近守其法」。○文武者，法制之備。法亦道也。道較渾淪，法則詳密矣。如前云「聖人因人物所當行者而品節之，以爲法於天下」，又如云「立法垂訓於天下」，法豈道外物哉？三代之法，至周始備，故曰：「周監於二代，郁郁乎文哉！」○雖堯舜文武，所以行之於身而措之天下者，亦何者而非上律下襲之事！

「辟如天地之無不持載，無不覆幬，辟如四時之錯行，如日月之代明」

謂其萬理兼該，應用不窮也。○無不覆載，無遺也。錯行代明，無已也。○「譬如天地之無不持載，無不覆幬」，此言夫子之祖述憲章、上律下襲，則萬理兼該，衆善悉備。所謂「洋洋乎發育萬物，峻極于天。優優大哉！禮儀三百，威儀三千」，無不兼收並畜而無遺矣。○「辟如四時之錯行，如日月之代明」者，謂其自少而壯，自壯而老，所以藴之於心，而措之云爲之間者，泛應曲當，萬變不窮，有如四時日月之運行乎萬古，而無有一息間斷時也。要之，無不持載覆幬，與如日月、如四時，止是至誠而已矣。

「萬物並育而不相害」，謂其不相妨害，並生天地之間也。或者乃謂虎狼殘獸，鷹犬搏兔，獺之驅魚，鸇之驅雀，爲有相害者。不然也，有生之理禀於天，固不以此而遏彼。有生之後則隨其五行之生尅以爲消長之機者，亦理勢之自然而然，亦不害於並育也。如爲不並育，則至今獸兔魚雀之類當爲所害盡而無孑遺矣。要之，只是論其各具一理而已。《易》所謂「物各得宜」，不相妨害者也。○並育並行，是統而觀之；

❶「黄」，原作「皇」，今據嘉靖本改。

不害不悖，是拆而觀之。並育並行與不害不悖，是同時事，可以分合論，不可以先後論。

《或問》云：「自天地言之，則於穆不已者，大德之敦化；高下散殊者，小德之川流。」而不曰並育並行者，大德之敦化；不害不悖者，小德之川流。可見大德小德，還從裏面説，究其實則只是元亨利貞之分合言也。如萬物資始於元，而動植飛潛之爲始者，有萬不一，則自分箇大德小德矣。高下散殊，是舉成語亦自内邊言，故《章句》云「所以不害不悖」、「所以並育並行」云云，猶云所以知者知也，所以行者仁也。○自物而言，則並育並行處在此，而不害不悖亦在此，只有分合之殊，而無彼此之别。自天地而言，則並育並行者，大德之統乎小德也；不害不悖者，小德之分行乎大德也。但小德者，全體之分，分則自内而之外也；大德者，萬殊之本，本則外之所本也。故朱子小注曰：「小德是流出那敦化的出來。」

内，固心也，大德敦化亦心也。但大德敦化，是純亦不已之心，是體統之心也。所謂内者之心，是逐件之心也。聖人之小德之川流，如有容有執之類，何者而非心所主宰耶？○潛室曰：「細的道理爲本爲内，麤的道理爲末爲外。」○雲峯曰：「如不時不食是末，聖之時是本。如居魯逢掖是末，安土敦仁是本。」○朱子曰：「大德是敦那化底，小德是流那敦化底出來。」這便如忠恕。又曰：「如中和，中便是大德，和便是小德，只是一箇道理。」○曰脉絡分明，曰根本盛大，究竟其所以爲脉絡，爲根本者，豈在萬物與日月四時乎？必有在也。蓋元亨利貞，有統體者，亦有散殊者，如三綱領、八條目相似。○鄭云：「所以不害不悖者，小德之川流。如飛潛動植，各一其理；春夏秋冬，各一其氣；日月陰陽，各一其行度。乃一本之散於萬殊者，所謂脉絡分明而往不息也。所以並育並行者，大德之敦化。如飛潛動植，雖不同而本乎一元之氣以化生；日月四時，雖不同而本同太極之理以斡運。乃萬化之原於一本者，所謂根本盛大而出無窮也。」

蓋萬物、日月、四時，皆在外者；小德大德，是在内主張之者。○以聖人之不害不悖，而爲小德之川流者言之，如仁之於父子，固無害乎義之於君臣者；禮之於賓主，固無悖乎智之於賢否者。以聖人之並育並行，而爲大德之敦化者言之，天理渾然而燦然者，畢具於其中，至誠無息，而能使萬物各得其所者已在於其内，立天下之大本，而天下之理莫不兼收而並畜，知天地之化育，而天地之道有以兼總乎條貫者也。○曰：子論聖人之大德敦化處，只言立大本，知化育，而不兼言經綸大經，何也？曰：「三十二章言大德而兼五品大經言者，亦如爲下不倍章帶『雖有其位』而言也，宜細察之。此亦是一疑，更當質諸明者。」

内外本末，字不重復。蓋辟如天地日月四時處，實無所不該，不必就以内與本爲聖人之大德，外與末爲聖人之小德。蓋此以上，且説聖人之如天地日月四時處，未及推本其所以然也。至下文則云：「所以不害不悖者，小德之川流；所以並育並行者，大德之敦化。」大德敦化，則謂其根本盛大而出無窮。在聖人，則爲胸中之純乎誠而言也。小德川流，謂如川之流，脉絡分明而往不息，如天之物各付物，物物各具一太極處，故飛者自得其所以爲飛之理，潛者自得其所以爲潛之理，日明乎晝者不可少侵乎夜，月之爲夜者不可少混於日，時春而春，時夏而夏，時秋而秋，時冬而冬，四時各布其令，各供其職，真所謂脉絡分明而往不息者也。在聖人，則爲老者安之，朋友信之，少者懷之；物各付物，時乎有臨而聰明睿智，時乎有容而寬裕温柔，時乎有執而發强剛毅，時乎有敬而齊莊中正，時乎有别而文理密察。如此之類者，以其胸中之一理者拆而爲萬理，❶渾然者分而爲燦然，正所謂黄中而通理也。故曰：「小德者，全體之分，所謂一理之實而萬物分之以爲體者也。所分者，分此一理以各爲其理也。」○故朱子於《或問》答内外本末之問，只曰「是不可以一事言也」，謂其無所不該也。其上文論聖人，亦只曰「純亦不已」，聖人之大德敦化；其物各付物者，聖人之小德川流。絶無一字干及内外本末字，亦可見矣。

黄氏以萬殊之本爲天命之性，可矣。以全體之分者爲率性之道，則非也。要之，聖人之大德小德，皆在天命之性，其率性之道乃在如天地之無不持載覆幬，如日月四時之錯行代明，皆兼内外、該本末言。○若以内與本爲大德，外與末爲小德，然則循「皆」之一字而求之，當有四箇大德敦化，而可乎？○大抵自聖人而言，則只是一箇心體。所以祖述堯舜者，此心體也。所以憲章文武者，此心體也。豈不同一箇大德邪？不必以此内與本字當之也。○《通書》曰「混兮闢兮，其無窮乎」，曰混兮者，大德之敦化也；曰闢兮者，小德之川流也。故注曰：「體本則一，故曰混；用散而殊，故曰闢。」

並育並行，就把作大德敦化則不可。蓋所以並育並行者，乃大德之敦化也。一元之氣，於穆不已，是乃天地之根，四時之機，日月之精，萬物之命，正所謂天地之化育者。而萬物之所以並育，道之所以並行者，此也。並育並行，雖非大德之敦化，而大德之敦化亦不可外並育並行而他求也。

不害不悖之所以爲小德之川流者，亦然。蓋就並育並行中細分之，日往則月來，日自日，月自月，春往而

❶「拆」，嘉靖本作「析」。

夏來，夏往而秋來，秋往而冬來，冬往而春來，以至萬物之生，飛自飛，潛自潛，動自動，植自植，大自大，小自小，而其中又彼自彼，此自此，其所以不害不悖者，蓋此理之散殊分布爲之也。故曰「所以不害不悖者，小德之川流也」，所謂此理之散殊，即小德之川流者也。

並育並行，不害不悖者，氣化也，形化也，非德也。故大德小德，須從内面説，而於聖人大德小德，亦須以此意求之。○「小德者，全體之分」，全體即大德也。「大德者，萬殊之本」，萬殊即小德也。

此一節主天地言，不主萬物及日月四時也。故並育並行處，便見是大德之敦化；不害不悖處，便見是小德之川流。《章句》「所以並育並行者，大德之敦化」，「所以不害不悖者，小德之川流」。「所以」字亦甚重，推本之論也。或曰：「但主天地言，則大德小德便是萬物之所以並育而不相害，道之所以並行而不相悖處了，再無箇所以處。如説乾之元亨利貞，又謂剛健中正是其體，皆非也。」曰：「不然。並育並行，不害不悖，正如萬物資始，各正保合之類。大德小德，正如於物上見得乾之元亨利貞處，最要分明。」○又曰：「聖人盛德之至，泛應曲當。如仁於父子，無害於君臣之義之類，視之明，無害於聽之聰之類，則天地之不害不悖也。仁以愛人，知以知人，二者不惟不相悖，而反相爲用之類，即天地並育並行也。仁義禮智，以時出之，即天地之小德川流也；立天下之大本，知天地之化育，即天地之大德敦化也。」

「此天地之所以爲大也」，不要太泥「所以」字，要看「爲」字意。不必謂是推本其所以大，乃是備言其所以爲大之實也。萬物與日月四時，俱就迹上觀；大德小德，則説裏面所以主張之者也。

「唯天下至聖爲能聰明睿智」

聰雖以耳，而所以聰者心也。明雖以目，而所以明者心也。睿智則純以心言，智只是其心體之明處，睿則是其思慮之貫徹乎事物之微者，與智略分别也。○禮智之智，雖人之所同，睿智之智，聖人之所獨。睿智視禮智，其所知尤爲敏而詳耳。但此言智之德，曰文理密察，則亦非衆人所得而同者也，故朱子又曰「只是一箇智」。○「睿智」二字，饒氏曰：「睿則能思，智則能知。思屬動魂之爲也，知屬静魄之爲也。」又曰：「魂能知來，魄能藏往。」○聰雖屬耳，所以聰者心也。明雖屬目，所以明者心也。睿智則一以心言。以下五德，俱以心言。

裕深於寬，温深於裕，柔又深於温。發謂奮發，强則有立，剛則所立不撓，毅則又有不息之意，是强深於發，剛深於强，毅又深於剛也。齊謂心之齊一，莊亦謂心之端嚴，此皆以心言。有敬方自外言。或謂齊是心，莊是貌，爲分内外言，非也。中正則又益細微矣。理深於文，密深於理，察又深於密也。朱子曰：「如一物初破兩片，又破作四片，若未恰好，又破作八片，只管詳察。」○「寬裕温柔」，温柔更深。「發强剛毅」，則剛毅深。奮者未必强，❶雖强矣本體或未必剛，剛特一時，毅則堅忍而剛有終也。寬而後能温裕，柔則益純矣，仁之至也。○朱子曰：「此與睿智之智，總亦一般。」今須看得語勢有分别始得。蓋彼雖亦曰知，以資質言而歸「有臨」。此則就知之一字意而細推備言之，歸於「有别」，就可以應事上説。此則其不同

❶「奮」下，嘉靖本有「發」字。

處。故上雖以之「聰明睿智」，❶足以有臨」，下文當云「文理密察，足以有别」，不致重復。○「聰明睿智」一條，此則歷舉聖人之德，在此未説到行處，故一則曰「是以」，❷二則曰「足以」，言其德之具也。下文方説積中而發外處。

「溥博淵泉，而時出之」

溥，周遍之義。蓋自一事一物以至於萬物之理，無不備，是爲周遍也。博，廣闊之義。蓋自几席之近以至於四方萬里之遠，其理無不該，是爲廣闊也。凡此皆以其充積於中者言也。充積極其盛，言所充積者極盛矣。貼「如天」「如淵」，只是形容上文之溥博。淵泉，静深也。泉源，本也，故注曰「有本」。當分貼「淵泉」二字，皆假借字，尋譬喻也。❸下章「淵淵其淵」，只注云「淵淵，静深貌」，可見「有本」是解「泉」字。「溥博淵泉」四字，却有大德敦化意。誠以大德小德，亦不容判然不相干也。○「如天」、「如淵」者，此章小德，以其發見於外者言也，故浮其辭曰「如」；「其天」、「其淵」者，以其存諸中者言也，故實其辭曰「其」。○「舟車所至以下，蓋極言之」，不可謂極言敬、信、悦也。若曰敬、信、悦，則自「聲名洋溢乎中國」處便是極言了。此謂極言天下去處也。○「莫不尊親」，謂亦知所以敬、信、悦也。○「配天，言其德之所及，廣大

❶「以」，嘉靖本作「謂」。
❷「是」，嘉靖本作「足」。
❸「尋」，嘉靖本作「非」。

如天」，但仰其德處，便是他德之所感，非必是聖人施德至此，故曰云云。

「惟天下至誠」章

「惟天下至誠」，此只是提起聖人之名號。○「經綸天下之大經」，經綸只自聖人一身而言；天下大經，不是天下人之大經，而聖人經之以爲天下法也。此與天下之大本同例。只是謂聖人一身所處之五倫，皆是天下之大經，聖人處之能各盡其道，而無毫髮之過不及，則爲能經綸之矣。聖人自盡其道如此，所謂人倫之至，故足爲天下後世法也。注謂「各盡其當然之實」者，聖人之德極誠無妄，以其心言，本也；當然之實，以其理言，用也，同一實理也。○「經綸」二字，原有來歷。蓋初間人與人群居天地之中，涣然無統，於禽獸無以異也。自聖人者出，於是各自盡其道，以立人極，爲子而孝，爲父而慈，而其父子之相與也親，以做箇天下父子底樣子。是父子一倫，本自涣散，今爲聖人經綸成箇統紀矣。夫婦、長幼、朋友皆然，故曰人綱人紀。○如爲子而孝，爲父而慈，皆有理其緒而分之之意，所謂經也。其父子之相與也親，則又有比其類而合之之意，則所謂綸也。餘倣此。

「經綸天下之大經」，畢竟是大德中之小德，如小德川流章之有「溥博淵泉」也，不必强以經綸爲「肫肫其仁」，亦爲大德也。恐以大概而言，如爲下不倍章有曰「雖有其位」者云。○「天下之大經」，即天下之達道也，故曰畢竟是大德中之小德。其以經綸爲大德敦化，至於立大本又爲大德敦化，却成兩箇大德如何。

或曰上句是以心之用言，下句是以心之體言。然主於用，則其分殊而涉於小德矣。

「經綸天下之大經」，致和也。「立天下之大本」，致中也。立本渾淪説爲是。鄭氏謂：「立人之本，則仁民愛物之類從此出；立義之本，則敬長尊賢之類從此出。」如此則不見萬殊一本之意。況未發之中未可分條理，分條理言，則爲小德之事。人從心上起經綸者，正是心體所在，到起處方爲經綸。○或問：經綸天下之大經，是以存主處言，故爲大德敦化，而《章句》乃云「此皆至誠無妄，自然之功用」，既以存主言，如何爲功用？曰：「是功用也，經綸天下之大經，是吾身於人道各盡其當然之實，而使天下後世皆於我乎取，則人事盡於我矣，其爲功用何如！至於立天下之大本，雖不出乎吾之一心，然天下之道，千變萬化皆由此出，大而三綱五常之所以各盡其道者出乎此，小而百行萬善之所以各當乎理者亦出乎此，其功用又何如！蓋大本之立，非但立在心而已，謂萬化之本所自立也。」○經綸大經，心之大用也；立大本，心之全體也。

「知天地之化育」

化育是其大原處，即所謂天命也。該四時五行、庶彙萬品而言，要見得廣大之意，故曰「浩浩其天」。○今言二人相知之至者，必曰肺肝相照，以此箇人有此心，彼箇人亦有此心，兩心相契而無間，故曰相知。是爲真知，非但聞見之知也。今聖人之於天地，天地有此至誠之道，聖人亦有此至誠之道，一道相契，兩情無間，豈非至誠知天地之化育，非但聞見之知而已哉！○知化育以心言，知其理也；贊化育以事言，助其功也。○又此三段彷佛如云「窮理盡性以至於命」，不先以經綸天下之大經，則無以該人道之全，而非道不遠人，不遠人以爲道矣。○知天地之化育，所謂至命也。「知」字似不必深泥。然人於此但説得「知」字分曉，而欠廣大之意。蓋天地之化育，至廣大也，能知之則己之道亦至廣大也。故曰「浩浩其天」，浩浩，廣大貌。○「夫焉有所倚」，所謂由仁義行，非行仁義之意。但凡學力所就者，都必有所倚着，或憑師友之講明，或藉《詩》《書》之啓發，或待思而後得，或待勉而後中，是皆有所靠取，有所憑藉，非天然自能也。

「經綸天下之大經」，是以發於用者言，如何亦概爲大德敦化？曰：「此章須味《章句》數箇『極誠無妄』字。蓋『極誠無妄』云者，即上章所謂『純亦不已』者，大德之敦化也。純亦不已，以統體言；物各付物，以散殊言。此《章句》一則曰『惟聖人之德極誠無妄，故於人倫』云云，極誠無妄者，統體所在也，純亦不已也。又曰『其於所性之全體，無一毫人欲之僞以雜之』，是其以統體言，尤爲明白矣。而又曰『其於天地之化育，亦極誠無妄，有默契焉』，極誠無妄，非統體之純亦不已者乎！以此求之，則句句皆是大德敦化之事。但曰至誠，便是以心言。雖曰至誠爲能經綸天下之大經，然大經即以至誠經綸之，所重不在至誠乎！故《章句》每每提起至誠字，其爲言大德敦化也何疑！此說亦自主張未見自然正當者。」❶

「經綸天下之大經」三句，缺一不可，添一亦不可。蓋經綸，致和之事，以道言也；立本，致中之事，以性言也；化育，則與四時五行、庶類萬品之所自出者同其功用也。蓋至誠無妄，以心之實理言；功用，以心之實理之所就者而言。總是謂其知則生知，行則安行，皆非有待於外，有倚於物也。聰明聖智，所以不敢以聖字當仁義禮智者，爲上是聰明，下又是智，不容於中間著箇安行之德也。此聖字即當睿字，《書》曰「睿

❶「未見」，嘉靖本作「有理」。

作聖」。

「苟不固聰明聖智，達天德者」，須看一「者」字，只是說至聖之人。其曰「聰明聖智，達天德者」，只是其尊號耳。若於達天德處說得忒詳明，便正是說他已知至誠之道了。《易大傳》云：「其孰能與於此哉！古之聰明睿智，神武而不殺者。」夫其聰明睿智，神武而不殺處，亦不必說太重，只是舉聖人言耳。○達天德，謂能通乎天德也，指其仁義禮智之妙乎元亨利貞者言，無復疑矣。蓋兼此言，方得至聖之德完全，而生知安行，貫徹爲一。所謂生知安行者，智也，亦知上重矣。上章言至聖之德，至於天下之人皆知敬信而悦之，是至聖之德，人猶可知其概也。此言「苟不固聰明聖智」云云，是至誠之道，非聖人不知其蘊也。達天德者，此達字是下學上達之達，言其通達無間也。

「苟不固聰明聖智，達天德者，其孰能知之」

既如此，則子思亦未爲「聰明睿知，達天德者」。何以能知之，不知又安能言之，豈子思遽以此自處乎？曰：「先儒云有有德之言，有造道之言。子思此言，造道之言也。」或問程子曰：孟子還可謂聖人否？曰：「未敢便道他是聖人。然學已到至處。」正此謂也。子思、孟子亦皆「反之」之聖矣。○達天德，而知天地之化育，❶本無大異，但此是舉至聖之名德而言。惟聖人能知聖人，分明作兩聖人說，不可謂至聖之德自知其至誠之道。其實至聖之德固自有至誠之道，然子思本意實非做一人自知。小注云：「如孔子之

❶ 「而」，嘉靖本作「與」。

知堯舜，孟子云聞知見知皆真知也，皆非自知也。」

一説達天德只指聰明聖智言。曰：「至誠之德，豈止聰明聖智而已？ 更有仁義禮智之德在此，正上章之至聖者也。故曰至誠之道，非至聖不能知。」「如何只説聰明睿智？」曰：「此節重在智上，故只言聰明聖智。而聰明聖智中，自有仁義禮智之德。而仁義禮智之德，即聰明聖智之所爲也。故上章，陳氏曰：上一句包説，下四句方細分仁義禮智。」○黄氏洵饒上章注曰「聰明睿智」，此是小支；「足以有容」，包下文四者而言，「寬裕温柔」以下是節解。看來亦似有理。故《章句》嘗曰「生知安行者，智也」，豈非聰明睿智足以該仁義禮智？ 如此則達天德，只是聰明聖智妙契天德也。此説似長。

《語類》曰：「此兩章當以表裏觀之。至聖一章説發見處，至誠一章説存主處。惟其如天如淵，故日月所照，霜露所墜，凡有血氣者莫不知尊而親之，謂其自表而觀之則易也。惟其其天其淵，故非聖智達天德者不足以知之，謂其自裏而觀之則難矣。」

上章言聰明睿智，仁義禮智固是小德之川流，然溥博淵泉亦大德之敦化也。此章所言，經綸、立本、知化，固皆大德之敦化，然經綸五品之中，萬目該焉，則亦未嘗無小德之川流。要之，一本散於萬殊，萬殊原於一本，固自截然不得，此亦其大概分對觀之則如此耳。

至聖，概就德之施於外者言；至誠，概就德之存於中者言。故朱子以爲表裏之分也。○一説《章句》云上章言至聖之德，此章言至誠之道，是若以爲兩人言。及下文云：「然至誠之道，非至聖不能知；至聖之德，非至誠不能爲，則亦非二物矣。」此則是以一人言，故朱子小注謂：「至誠之道，非至聖不能自知也。」誠以仲尼祖述之小德大德，本主一人言耳。蓋其發用於外者，皆其存主於内者之所爲。其存主於内者，亦惟其至聖乃能自知也，故曰「則亦非二物也」。未知然否。但按上説，則所謂「至誠之道，非至聖不能知」，與本文「苟不固聰明聖知，達天德者，其孰能知之」詞意迥不同也，雖有朱子小注，還當斷從前説做兩箇人。

「《詩》曰：衣錦尚絅」章

此章再叙入德成德之要。○《朱子語類》云：「『衣錦尚絅』之意，大段好。如今學者不長進，都緣不知此理。雖是闇然而日章，《中庸》後面愈説得向裏來。凡八引《詩》，一步退似一步，都用那般不言不動，不顯不大底字，直説到無聲無臭。」故《或問》云：「其曰不顯，亦充尚絅之心以至其極耳。」由是言之，則入聖之功安得不自立心爲己始？○或曰既惡文之外見，一發不着錦可也。曰《詩傳》下箇「文之太著」，太字有斟酌。且《中庸》意要有錦，無錦則内空踈無物，是淡而厭，簡而不文，温而不理矣。

「故君子之道，闇然而日章」

至此方説就下學君子之事。然其意則與「衣錦尚絅」者的相當也。故曰：「尚絅故闇然，衣錦故有日章之實。淡、簡、温，絅之襲於外也；不厭而文且理焉，錦之美在中也。」此正愚所謂與「衣錦尚絅」相當也。或者不察，謂此一條通是就衣錦尚絅一事説，謂衣服飲食皆道之所在。此説亦能惑人，然看「日章日亡」字，便説不去有錦着在裏面，只可説章，如何説日章？日章者，日向章明也。無錦着在裏面，只是裏面無文耳，如何又説日亡？○「衣錦故有日章之實」，實是實迹實事之實，非謂裏面本實也。但朴實頭做人，便自有不厭而文且理在，不必説成德。○所謂爲己者，未有許多工夫在，只是有此心耳。故《章句》一則曰立心爲己，一則曰有爲己之心，下文則言爲己之功也。○淡、簡、温都是爲己之目。

「君子之道，淡而不厭，簡而文，温而理」

但立心爲己者，外面自然是淡，不覺有許多滋味也；自然是簡，不見有許多皎潔光采處也；自然是温，不見有許多齊整詳贍也。不厭而文且理，亦就外面説，其所以然，則以錦之美在中也。非以不厭而文且理，當錦之美在中者也。不厭與淡反對，文與簡反對，理與温反對。不必説君子之道何處是淡而不厭，何處是簡而文，又何處是温而理，此總是形容君子闇然日章之意耳，非是實事。○但曰淡中却不厭，簡中却有文，温之中自有理，則可。若曰外淡而内不厭，外簡而内文，外温而内理，則不可。淡、簡、温者，有若無，實若虚也。不厭而文且理者，其實則有且實也。○君子之道，不事高遠玄妙，淡也，然是實心所存，自有耐久之味，則不厭焉。君子之道，平易徑直，簡也，然是實心所存，應酬自有其度，固文也。君子之道，渾然不露圭角，外若無區别也，然是實心所存，妍媸自不相混，則固理也。此皆據君子一段爲己之心，而詳言其理之必有者如此。但實心所存，便自不厭而文且理。此理甚妙，蓋實理元自帶來，有莫之爲而爲之妙。○就衣服一端而言，亦是君子之心，但下句「君子之道，闇然而日章」，則已説開去，所該者廣。曰日章者，言其德日以光顯也，此豈特指「尚絅」一句耶？曰爲己之心者，此方寸地也。曰遠之近、風之自微之顯者，亦此方寸地也。要之，下文謹獨存養，皆只是爲己之功。爲己之心，便是徹上徹下之道。有爲己之心者，生來美質也。知所謹之由，得用功之要也。○或曰不厭而文且理，是後日所能之事。爲己之心，固只在淡、簡、温三字上，但今日淡、簡、温，即今日便自有不厭而文且理之實驗，非可誣也。就是一村夫、一牧子，但是朴實醇謹，便自有一段不厭之味，文理之效。不可謂今日淡、簡、温，後日方不厭而文且理也。○後來爲己之功，即所以充乎此心也。故曰：「自下學立心之始言之，而下文又推之以至其極也。」「知遠之近」，蓋人知有遠，而不知有遠之近；知有風，而不知有風之自；知有微，而不知有微之顯。故曰云云。○「見於彼者由於此」，此指吾身言，而内含箇心在。風之自，自則純以心言也。風則自此而之彼者也。知風之自，動化所由也。微之顯，則自其心之形於身，感於物者言也。○自立心之始，推而言之，以至其極。《或問》曰：「其曰不顯，亦充尚絅之心，以至其極耳。」故詳此一章之言，大概皆是此意。如曰淡，曰簡，曰温，曰近，曰自，曰微，曰内省，曰人所不見，曰不動不言，曰不賞不怒，曰不顯，曰不大聲色，曰德猶如毛云者，大概都是朴實隱約，足於己而無待於外之意。此孔子家法，此千聖心法也。

下文謹獨存養之功，是即於此所謂近、所謂自、所謂微者而謹之也。下文不賞不怒，天下平之效，是即此所謂遠、所謂風、所謂顯者也。夫豈有異旨哉！○篤恭而天下平，則合謹獨存養之功而致其極者也。○「知遠之近」三句，所知不是尋常細故，其知得已到頭了。下文「潛雖伏矣」而下，以至「篤恭而天下平」者，只是充此所知而已。

近者，遠之近也。自者，風之自也。顯者，微之顯也。人知有遠耳，而不知有遠之近；知有風耳，而不知有風之自；知有微耳，而不知有微之顯。遠之近，遠實近之爲也；風之自，風實有所自也；微之顯，莫顯乎微也。遠之近，風之自，微之顯，總在心上見，於彼者由於此。○彼指人，此指我。此字兼身心，不可全指心。蓋對彼字言，是人己相對，身之中便有心也。至下句「風之自」，則以形於身而加於人者爲風，而其所以形於身者，則心也。故《語録》曰「知遠之近，知在彼之是非，由在我之得失」，此與《章句》正同。又曰「知風之自，是知其身之得失，由其心之邪正也」，此句即有可疑。何也？得失以身言，邪正以心言，則《章句》此字内無心了，恐非本文大意，而先儒遂以爲自身而謹之，恐未免於誤也。風在遠前一步，遠近晝夜之象也。風自者，進退之象也。然風自總在一身之内，風在身之外，自而後近，近而後風，風而後遠，仔細勘别是如此，近只是身，風與自又總在一身上，自在身之内，風在身之外。

「可以入德矣」

文勢只帶「遠之近」三句。然立心爲己，其本也，故《大全》「有爲己之心」下注云：「本起語意説來。」看下文「知所謹而可入德」句，則知是帶三知説，而謹字與下文謹獨字同。然戒謹恐懼，存養之功，亦是謹也。「知所謹」，謹字兼戒懼謹獨。謹獨之謹，只是知所謹之謹之一半。心兼動静。謹獨，動時工夫；戒懼，静時工夫。故曰「知所謹」之謹全，謹獨之謹只是一半。○「可以入德矣」，據本文及《章句》，此句皆只帶「知遠之近」三句，不通帶「淡而不厭」云云。蓋入德全以知近謹言，自知識上論也，爲己之心，且説伊資質如此。

「潛雖伏矣，亦孔之昭」，正所謂莫見乎隱，莫顯乎微也。君子能於此致其謹，故内省不疚，而無惡於志也。不可以内省不疚，故謹獨工夫。❶ 此以已能如此者言，故下贊云「君子之所不可及者，其惟人之所不見

❶「故」，嘉靖本作「做」。

乎」。三山陳氏之説，非也。本文不曰「内省不疚」，故無惡於志。

「内省不疚」者，以能察乎善惡之幾，而遏人欲於將萌，故有善無惡，而内省不疚矣。○上言入德之門，此則言入德之事，由此直入到不顯惟德地位，方是住處也。○朱子曰：「古之室在東南隅開門，東南隅爲突，西北隅爲屋漏，西南隅爲奥，人進便先見東南隅，却到西北隅，然後始到西南隅，此是深密之地。」《曾子問》謂之「當室之白」，孫炎曰「當室之白，光漏入也」。○先見東南，次就見西北，而後及西南者，蓋東南與西北以叙相對，❶故身東南而面向西北，西北先見也。既見西北，則旋自西南。蓋西南與西北以直相對，故必見西北，然後見西南也。《語録》所謂「到者，目到也」。○室西南隅，所以謂之奥者，以其一室中至深密之地，後見之所也。室西北隅爲屋漏者，以其對東南之户，光所漏入也。

祭五祀於奥，以其幽陰也，求神於陰也。○古人室有南北二牖，此云光所漏入者，户之光，非牖之光。若牖之光，則西南隅亦可言屋漏矣。

「故君子不動而敬，不言而信」，此時未有事，所謂敬，所謂信，只是敬信之心常存耳。不動而敬，不言而信，即戒慎乎其所不覩，恐懼乎其所不聞也。

「則其爲己之功益加密矣，故下文引《詩》并言其效」。爲己之功既密則德成矣，德成則效應矣，故云「故下文引《詩》并言其效」。并言其效者，言德而因及其效也。此處德雖成矣，然未至於至德淵微之地，無聲無

❶「叙」，嘉靖本作「斜」。

臭之域。下文愈説深去，其不賞不怒，雖都不言德，然彼既以德致效，則其德之進亦不容至於此而自畫也。亦有德在，其不賞而勸，非以德而致其自勸乎！○爲己之功益加密，能於獨而謹之工夫已密矣，又於未動之前加敬工夫，益加密矣。

○首章先戒懼而後謹獨，是由内而外，由静而動也。此章先謹獨後戒懼，是由外而内，由動而静也。由静而動，則曰必其體立而後用有以行也。由動而静，則曰爲己之功益以加密也。二者將孰主？今欲下此二者工夫，當從首章之序乎，當從此章之序乎？曰：「動静二者，實相循環，動之前元有静，静之前亦有動。論工夫次第，則静體而動用，故先静。論工夫淺深，則静存之功更密於動察，爲其無事而用敬也。二者齊手交做，豈容一先一後！若致知力行然。然知行二者，亦是見一步地，便進一步脚。但終有先後一定，行後於知，不可以循環言。或又是知別項事，或又於此而益求所未至，非止一件知行也。」

論工夫次第，則先戒懼而後謹獨，體立而後用。有以行必存心，而後可以致知。喜怒哀樂之未發，分明在發皆在中節之前。論工夫踈密，則先謹獨而後存養。邵子曰：「思慮未起，鬼神莫知，不由乎我，更由乎誰？」存養之功，誠密於謹獨也。此以入德之序言，一節深一節也。

「時靡有争」，時字不作是字用。《詩經》無言靡争，俱是肅敬齊一之意。按《中庸》做兩意説，故云「進而感格於神明之際，極其誠敬，無有言説，而人自化之也」。是主祭者奏假無言，而衆預祭者皆化之，無有喧譁失禮者也。《詩經》無言靡争，通衆人言。○此以極其誠敬釋無言者，猶《易》觀卦「盥而不薦，有孚顒若」意。蓋有言説則奪吾心之敬，而不純一矣。其云人自化之，指預祭之人也。不賞而勸，不怒而威，是脱此意說出來。○不賞不怒，無言意也；民勸民威，靡争意也。

「不顯」至「其刑之」詩，以周先王言；「君子篤恭而天下平」說開來，此君子就是上面爲己謹獨存養之君子。

「篤恭而天下平」，即是致中和而天地位，萬物育，但此章意重在不顯上。然恭敬之心，但到至極處，便自然是幽深玄遠而不顯矣。故詩人以「穆穆文王」爲言，蓋盛德之形容也，自戒懼而約之，自謹獨而精之，則至不顯矣。篤恭，即是上文謹獨存養之極致處。敬貫動静，故曰篤恭即致中和。

《詩》云「德輶如毛」，此詩尹吉甫所作，以送仲山甫，《大雅・烝民》之詩。輶，輕也。本文云：「人亦有言，德輶如毛，民鮮克舉之。我儀圖之，維仲山甫克舉之。」言德雖若易舉，而民鮮克舉，亦猶《中庸》「易而難」之意。此「輶」字與詩意異。彼之輕是不重易舉，此之輕是細微之意矣。

此一章再叙入德成德之事，所謂一部小《中庸》者。蓋《中庸》一書，不是言入德之事，則是言成德之事。而此一章自始學推到至德、入德、成德之事，俱備悉而無遺，所謂三達德也，五達道也，九經也，三重也，天道也，人道也，其理一一不能外也。亦是自人道推到天道也。

《中庸》首一章則該括一篇之旨而無遺，末一章則收拾一篇之旨而無遺。○《大學》始終一敬，《中庸》始終一誠。然篤恭亦敬也，止至善亦誠也。○吾儒與佛老所以如水火者，只爲心上工夫不同。吾儒常養箇心令活，活將有用也，雖静而不死，故曰「中也者天下之大本也」，佛氏反是。

重刊蔡虛齋先生四書蒙引卷之五

學而第一

此爲書之首篇。「爲」字不可認做「是」字，又不可將做作書言。蓋《論語》二十篇，而《學而》一篇則爲之首也，亦是作字意，但不謂作書。○「故所記多務本之意」，道有本，學者之先務也。○「乃入道之門，積德之基」，入道以知言，積德以行言。此事在事物爲道，得此道於心則爲德。曰門曰基者，本之所在也，學者必先務此，而後道可入，德可積。○《大學》之明德，得於有生之初者也。此之積德，全於已生之後者也。

「學而時習之，不亦悦乎」

○《論語》二十篇，《學而》爲首。即此一章之言味之，學者之能事，盡於此矣。所謂始乎爲士，終乎爲聖者此也。蓋學莫先於成己，故以學習而悦先之。其次莫要於成物，故以朋來而樂次之。然其歸在成德，故又以不知不慍而爲君子終焉。總其語意，是皆以在下者言。如《大學》明德、新民、止至善，則皆以在上者言。然《論語》一書，以載孔子之言行。而此一章則雖孔子教人之言，其實一生之履歷皆不出乎此矣。門人記此於《魯論》之首，不爲無意。○「學而時習」一章，其於《大學》之三綱領已盡之矣。蓋學習而悦，明德之事也。朋來而樂，新民之事也。至於不知不慍而爲君子，則所性全矣。各爲止至善也。蓋是夫子就己分上言其道之始、中、終如此。

人性皆善者，理之一也。覺有先後者，氣質之不一也。注中「覺」字兼知行，本伊尹云「使先覺覺後覺」。不連先知云者：知，知其所當然；覺，覺其所以然。既覺其所以然，則知其所當然在其中矣。况伊尹先並言知覺，後專言覺，豈非以覺能該知乎？○「乃所以明善而復其初也」，先覺是已能明善而復其初者，吾必從而效其所爲，乃可以明善而復其初，即性善之本然也。○「必效先覺之所爲」，此「所爲」字兼知行，與「爲之不厭」、「汝爲周南」二爲字同。○知者知其理，未見於事；行者履其事，而理在其中矣。故曰心與理相涵，以知言也；身與事相安，以行言也，非理自理而事自事。○「習，鳥數飛也」。《禮記》曰「鷹乃學習」。《集注》之言蓋本於此。○「説，喜意也。」凡人之所以爲學，而意思苟且，工夫間斷，不喜學者，只爲暫去學他，而無時習工夫，所學不熟，中心不見那道理中一段可嗜之味故耳。故曰教人未見意趣，必不樂學。此「悦」正謂樂學也，故曰其進自不能已矣。非自負其所學者而自喜也。或以「悦」爲自得之妙者，非也。《集注》玩味可見。○「學者，將以行之也。時習之，則所學者在我，故悦。」此「悦」字專以知言，言學者正欲以行之也。苟時習之，則所學者爲我得而可見之行矣，故悦。此與上段程子之言皆主知，雲峯、新安二子皆以此節專主行言，是差認了。○人性皆善而覺有先後，味此言則知《大學·序》所謂「氣質之稟或不能齊，是以不能皆有以知其性之所有而全之」，與夫所謂「聰明睿知能盡其性者」，大抵皆是知上重了，固有知而不能行者。然知而不行者，亦未爲真知故也。

○看此一章，須要先認箇學字。○門人記此書，而獨以此爲首，亦可謂大有見者。聖賢亦讀書，今之學者亦讀書，然其中却有不可同年語者。故學者當先認箇學字。

「有朋自遠方來」

「朋，同類也」。謂吾輩學者自遠方來，從之見其不但近者來也。以善及人，而信從者衆，德不孤也。既能成己，則自能及物矣。此善字即人性皆善，及明善之善。○夫與人同歸於善者，君子之本心也，故信從者衆。則我之所知，彼亦知之；我之所能，彼亦能之。有以愜其素願矣，云何不樂？○「樂主發散在外」，此樂大段是舒泰，亦不説是手舞足蹈也。發散在外，非全在外也。

「人不知而不愠」

○此「人」字説得廣，然以善及人之人，皆在其中。人不知，不知其善也，謂之學亦可，蓋學所以學爲善耳。不愠，心中無少不平也。何也？爲其有見夫在我者，蓋自其學習之時，便全是有爲己之心，況其習之熟，悦之深而至此，又何欣戚之有？○人不知而不愠，此全是學力所到，德之成即學之成也。常人於不知而愠則懈矣。不愠者，惟知學爲分内事，俛然日有孜孜，而略不以在外者爲欣戚作輟也，德之成也可見。故曰「德之所以成」，亦曰「學之正，習之熟，悦之深而不已焉耳」。○「愠含怒意」，不可説得粗，故不止曰怒，而曰含怒；不止曰含怒，而曰含怒意。○「學在己」，無係於人也。「知不知在人」，無預於己也。有見於此，故能不愠。○夫學既足以及人，則所謂得志與民由之，至於道大行，無一夫不被其澤，固其能事也，而乃不爲所知，其能無愠者寡矣。故能不以此爲愠，則其所就所造爲何如，信君子也。○雖樂於及人，然猶未見其爲君子，以其未處逆境也。必不見是而無悶，則處逆境如順途，而凡一切身外之事，舉皆不足以介其念慮矣。此非成德不能也，乃所謂君子。○「人不知而不愠」，須要體認得君子學在己，知不知在人意思。不可舉「不知命無以爲君子」來實他，而以爲知命故不愠也。此等地位，去知命之君子遠矣。○學之正者，其所學者乃欲明善而復初，非異端俗儒功利之學也。程子曰：「古之爲學者一，今之爲學者三，文詞也，訓詁也，異端也。苟無是三者，則必求歸於聖人之道矣。」聖人之道，即所謂正學也。正學即明善以復初也。此即古之學者一也。○「悦之深而不已焉耳」，或者不察「其進自不能已矣」之句，是説喜意，乃謂與此正相應，而連此「不已」亦悮。説是悦後之不已，不知悦之深而又不已有何意思，只管恁地悦而不已。○樂由悦而後得，未有成己之悦亦無緣得及人之樂也。非樂不足以語君子，若未有及人之樂，亦未敢許其能進於君子之域也。

「其爲人也孝弟」

○聖人教人爲學，不過教人做人而已。而人所以爲人者，仁也。孝弟則仁道之大本也。孔門之學，以求仁爲要。此章論爲仁必本於孝弟，故以次於學而時習之後。○大抵人只一箇心，柔順人也一箇心，惡逆人也一箇心。人既柔順，外面所接的人雖不同，或親長，或師友，或衆人，我既能順親長，則於他人雖非親長之比，然我之心只是一箇，故不好犯上作亂。但所厚者薄，未有不薄者也。○味「其爲人也孝弟」一句，似乎專指氣質説，然亦難論。其爲人也多慾、寡慾，亦有資質合下的，亦有習成的。况君子務本，知務孝弟爲本而能孝弟者，亦有。上文是據見成的説。○「犯上」，犯者，不順也，拂逆也，與之忤也。「作亂」則爲悖逆争鬬之事，叛君賊父，好勇鬬狠之類。○孝弟則其心和順，犯上是小不順，作亂是大不順。好犯上，好作亂，好猶言愛也。孝弟之人犯上，雖未敢必其無，然終是少，若作亂則可保其無矣。孔子謂由、求二子曰：「弑父與君亦不從也。」蓋由、求亦是孝弟之人，爲親負米，有父兄在之類可見。○「干犯」之干，惹也。

「君子務本」

○能孝弟則仁道自此而生。少好犯上，不好作亂，即此意，而反言之也。○其爲人也孝弟，則少好犯上，不好作亂，而所爲皆仁道也，故曰「孝弟爲仁之本」。可見君子有志於仁者，當先務乎孝弟也。○本猶根也。本字説得廣，根專指木言。「爲仁之本」，本字與「君子務本，本立而道生」之本同。故須着箇猶字，事事有本。行字與爲字終有些不同。行，施行也，若專指在外者言。爲字則一身皆有。○謂行仁自孝弟始，始字與本字不同，故朱子不用，而以根字貼之。蓋必用根字，方見仁道自此而生。若始字則全是謂孝弟是行仁第一件事也，故不同。○孝弟爲仁之本，所厚者薄，無所不薄矣。要之，仁亦是孝弟之本。蓋仁是性也，孝弟是用也。事親孝，故忠可移於君。事兄弟，故順可移於長。事君忠，事長順，此便是仁道之生生處也。○「本立而道生」，凡所立者謂之本，本之所生者即其道也。○「謙退不敢質言」，質，實也。

「巧言令色，鮮矣仁」

○聖門之學，以求仁爲要。語其所以爲之者，必以孝弟爲先。論其所以賊之者，必以巧言令色爲甚。故記書者於首章之後繼以孝弟言者，示人以所當務也。又次之以「巧言令色」者，示人以所當戒也。夫容貌辭氣之間，正學者致力之地。然於此却有天理、人欲之分，在學者不可以不察也。如正顔色必近信，出詞氣必遠鄙倍，是乃爲己之實功，而非爲他人觀聽之美設也。如使巧其言，令其色，徒事華藻，一以悦人爲主，則本心之德雖有存焉者寡矣。○此等人只知善其辭色，而不知善其心術。且其所以善其辭色者，又皆只欲聳動人之瞻視，其心全走作在外，不復知有着己之實事矣。信乎其不仁也。○人之心，最要不爲物欲所役使。巧言令色所以鮮仁者，以其役於物也。如此等人，則富貴能淫之，貧賤能移之，威武能屈之，與「鄙夫可與事君也與哉」正一類人物也。○爲己爲人，天理人欲之分也。巧言令色，則全是爲人，而人欲滋熾，天理熄矣。本心之德，即天理也。○巧言令色，有所爲而然也。正顔色而近信，出詞氣而遠鄙倍，是在我朴實頭工夫，無所爲而然者也。有所爲而爲者，人欲也。無所爲而爲者，天理之當然也。○哀公問社於宰我，對以「周人以栗，曰使民戰栗」，充類至義之盡，是亦巧言之流也，夫子所以痛責之。或曰宰我本爲不知立社之本意，故附會云爾，非欲哀公之悦也。此説固是，然亦曲説。曲説者，必無直心，安知非以取悦乎？

「吾日三省吾身」

○曾子之學，隨事精察而力行之。此「三省」特其精察力行中之三事也。蓋曾子無所不用其省，此蓋其晚年進德，於他事已當其心，而獨於此三事自覺有不足者，故云然。亦其自述勉人之意歟！

「爲人謀而不忠乎」

○大凡人於自謀，未有不盡其心者；惟爲人謀，便不能視人之事猶己之事。故曾子以不忠自省。

「與朋友交而不信乎」

○不信則或面而不心，以實則外如是，内亦如是，無所不用其極。○此「信」字不但謂言語以實，凡事皆要實也。故《集注》曰「以實之謂信」而不曰言之有實也。蓋「弟子」章以信對謹，故有言行之分。「賢賢易色」章，子夏則分明謂「言而有信」，安得據子夏之言而律曾子之言乎？

「傳不習乎」

○傳於師者，退多不能習於己，而苟且鹵莽之弊，或不能免。故曾子以不習自省。○最要看三箇「乎」字，乎字有自猜自疑之意，正所謂省也。朱子云「有則改之，無則加勉」，有、無二字亦從「乎」字生。○所謂「得爲學之本」，指自治誠切言。誠，誠心不欺也。切，切己也。曾子之三省，決然在一貫之先。○廣平游氏小注曰：「古之人所謂夜以計過，無憾而後即安者，亦曾子之意。」此黄山谷刀筆答洪駒父第二書曰：「士朝而肄業，晝而服習，夕而計過，無憾而後即安，此古人讀書法也。」○曾子，孔子弟子，名參。參，七南反，此本小注。然古人多讀作所金反，樂天詩「鳥中之曾參」是也。

「道千乘之國」

○道，治也。朱子小注云：「不言治而言道者，蓋治者，政教法令之謂，爲治之事也。夫子此言者心也，故曰道。」依此則不當解云：「道，治也。」且此處既以道爲從心，然則「道之以政」，此道字又如何分别？蓋所引小注乃朱子未定之見。今曰「道，治也」，則道即治矣，不當異論。○道之所以訓治者，道，理也，理之謂治。○「道千乘之國」，馬氏謂八百家出車一乘，包氏謂八十家出車一乘。且一乘之車，甲氏三人，步卒七十二人，牛馬兵甲芻糧具焉。恐非八十家所能辦，審然則古制亦重矣，民力亦勞矣。故當據馬氏。○

八百家出車一乘，則千乘爲八十萬户矣。

「敬事而信」

○敬其事，如做此一件事，則心一於是，務要做得停當。敬訓「主一無適」，程子本兼動静。此處「敬事」之敬，則專是動也。○敬訓主一無適，而實不膠滯。若做此事，方主一於此，忽又一事有重於此者，則又當移其主一之心於彼矣。初亦不害其爲主一而無適也。○三解釋《堯典》之「欽」，曰欽只是主一，當事而存提撕警省，使常惺惺在這裏，便是欽。纔不欽，則心便昏昏。蓋人心萬理畢具，敬與一監官相似，監許多事物在這裏。前輩謂秉史筆者亦皋、夔，信矣。若非皋、夔，安能説到此地位。所謂前輩，謂曾南豐。

信於民，謂與民有信也。凡發號施令，朝會刑賞，不朝行而夕變，始然而終不然也。文王之與國人交，止於信，亦率是道而已。敬事者，敬己之事。節用者，亦節己之用度也。信者，與民有信也。或曰臣民皆當以信。「愛人」愛字説得廣，凡百官百姓、賢人君子皆是。但是人，皆當愛。「使民以時」，又專指民字出，可見其有異義。「使民以時」之時，不用農功之時也。不違農時之時，方用農功之時也。○「使民以時」之時，謂農隙之時也。或曰如春耕夏耘秋收之時，乃農隙之時，非農畢之時。至冬乃役之，冬乃農畢之時也，何必云隨其時事之隙？又「歲十一月徒杠成」注云「十月農工已畢」，況《周禮》以大司空爲冬官，亦取其農畢而可役民也。大抵畢字與隙字不同，畢是冬來方畢，隙只是逐時數日之間隙而已。春蒐、夏苗、秋獮、冬狩，便是使民皆隨時之隙也。朱子云：「古者四時之田，皆於農隙以講武事。」是四時皆有農隙。而杜氏注《左傳》所謂各隨時事之隙者，有足證矣。○《禹謨》曰「政在養民」，《舜典》曰「食哉，惟時」，一也。

孟子曰「民事不可緩也」。朱子曰：「敬事而信，是節用愛人、使民以時之本。而敬又信之本。」聖人言語，自有次序，不應胡亂散出。故此章之言，敬了是信，信了是節用，節用了是愛人，愛人了是使民以時。但聖人之言，是渾然天成。仔細看來，便反覆相因。雖然，後人若學聖人説時，把反覆相因來串著，又忒零碎不自然。依此玩味之可也。

○此章只要見得治國之要在此五者。此五者皆從爲政者身上説，所以爲治國之要。若夫禮樂刑政、紀綱文章之屬，乃其條目耳，非其要也。故曰亦務本之意。不然，則徒法不能以自行矣。味朱子在此五者之句，見得反覆相因之説，是餘意。

○楊氏「上不敬則下慢」之説，似乎臨之以莊則敬，非孔子正意。又曰「侈用則傷財，傷財必至於害民」，則兩事幾似爲一事看了。故朱子置之圈外。○《正蒙》十三篇曰：「道千乘之國，不及禮樂刑政，而云節用愛人，使民以時，言能如是則法行，不能如是則法不徒行。禮樂刑政，亦制數而已。」

「弟子入則孝」

○弟子即今所謂子弟，即小學生輩也。入孝出弟，弟子之大本也。謹行信言，弟子持身之事。愛衆親仁，弟子接物之際。此數句於弟子之職盡矣。○「汎愛衆」，弟子之愛衆，不過只是無憎嫌人底意，不自占便宜之類。○「親仁」，仁謂仁者，只是行輩中有見識、言動、立心、造行强似衆人底，我便當親他，所謂友勝己者。○愛欲其周，而親有所擇，仁即衆中之賢者。時文中不可講得太重，此小學之事也。

「行有餘力，則以學文」

○謂行此數者，一有餘力，則用之學文，于以考聖賢之成法，識事理之當然，使其所行者一合乎聖賢之成法，中乎事理之當然也。○「則以學文」，謂以其餘力而學文，不拋却許多餘力也。學文方是開發聰明處，謂日間脩行之外，一有餘力，便着去學文也。不可專說稽考入孝出弟、謹行信言、愛衆親仁底道理，然此數者道理亦在其中。若專說是考這許多道理，便不是。蓋《詩》、《書》所載不止是弟子之職。禮、樂、射、御、書、數，於此數者又何嘗一一相關？朱子末段所云，不過因洪氏之説而足其意云。○大抵學者之事，文、行二者而已。然小學先從事上著工夫，而後及於理。大學先從理上著工夫，而後及於事。雖均爲文、行，而所以爲文、行者又各不同。○此章學文固非輕，然以行爲重，故曰「有餘力則以學文」，且務本之意不可不知。○子以四教：文、行、忠、信。文亦不止是此等文，行亦不止是此等行，所謂格物致知、誠意正心、脩身者也。洪氏注以文對質而言，恐非孔子之意。○弟子之職，謂弟子職分之所當爲也。爲弟子之職，爲字重，謂行弟子之職事也。程子此説及尹氏但重在行上，與孔子意少異，故在圈外。洪氏猶有未盡者，故朱子補之。大抵學文亦是箇重事。○畢竟是小學事，先儒之説難依。據《集注》解「文」云《詩》、《書》六藝，則此章之爲小學事了然矣。朱子亦曰：「文是《詩》、《書》六藝之文。」古人小學便有此等，今皆無之，所以難。

「賢賢易色」章

尊賢、取友自是兩事。賢賢，尊賢也。與朋友交，取友也。《中庸》九經以尊賢，先親親，又曰：「思事親不可以不知人。」子夏言此四者，而以賢賢居首，有以夫。○「則古人之所謂學者可知矣」，此句正應「三代之學皆所以明人倫」一句。

子夏此章意思，與子路何必讀書，棘子成質而已矣意思相類，大抵都是有激之言，故欠平正。聖人灼理周匝，氣象從容，如曰「行有餘力，則以學文」，是多少有斟酌。至於抑揚之際，亦曰「禮與其奢也寧儉，喪與其易也寧戚」，是多少斟酌。○子夏此章言意，只程子亦不然。程子高於子夏，考之言論可見。○言此等人苟非質美而自能盡者，必其務學而後能盡者。故雖或以爲未學，吾必謂之已學矣。子夏此言亦務本之意。○吾意子夏是主資質之美者言，若兼必其務學之至説，則不至有廢學之弊，此恐是朱子替他周旋語意處。如「子張見危致命」一章，注云「一有不至，則其餘無足觀」，此語亦是替他周旋處。或者謂注中「必其務學之至」，此「必」字即是本文「吾必謂之學矣」之「必」字，未然也。本文之必，取必於己。注中之必，取必於人也。○子夏意主在資質上，故有廢學之弊。若重在務學之至，則是子夏以爲此非務學者不能，如此何廢學之有？○尹氏嘗言「讀書一尺，不如行得一寸，行得便是會讀書」，亦子夏之意義。

「君子不重則不威」

○此章亦要見務本之意，必威重而後學可固，猶忠信爲傳習之本也。先言不重不威，而學不固，是舉爲學之弊，欲人先有以立其質，後言忠信，擇友改過者，是指爲學之要，欲人知所以用其功也。威重就資質上説，此處全未説到學上。必有是資質方可爲學，不然便是無基址，縱學也不成。故主忠信是後面事。○學以威重爲質，自「主忠信」以下則皆學者之要務也。夫重厚有威，則學可固矣。主忠信，則學之大本立矣。友勝己，速改過，則日新矣。學之爲道，要不外此數者，亦務本之意。○學字兼知行，學則不固，與不重不威只是一套事。○游氏總注與朱子注旨意稍異。○威重就外面説，忠信自内面説。子以四教，文、行、忠、信，豈可以淺淺看耶？○威重雖就外面説，其實亦與内面相關，故曰整齊嚴肅則心便一。○主忠信者，凡事都要實去做，以實爲主，則孝真箇是孝，弟真箇是弟。○人多是臨深以爲高，故聖人言無友不如己者。

「慎終追遠，民德歸厚矣」

此章指在上者言，故下文曰民，《集注》又云下民。蓋是爲當時君、大夫爲民上者，多忽略於喪祭，無以端風化之本，故曾子云然。曾子是箇孝謹懇惻底人，凡所説話，氣象一一相似，學者宜即其言而想其氣象，真箇藹然可掬也。○追遠不止親父母，凡遠祖皆然。朱子云：「湖北人上墳，不問遠祖亦哭，這却好。只江南來不如此。」○又曰：「今之一身，推其所自，則必有本。便是遠祖，畢竟我是他血脉。若念及此，則自不能無追感之情。且如今老人若得見十世孫時也惜，畢竟是自家骨肉。人但是不思量到這裏，所以追感之情不至也。」

○民德歸厚，亦是慎終追遠，而各念所生。民德猶云民心。大抵春秋之時，世教既衰，民不興行，如慎終追遠意思都無了。曾子以爲此亦在上者無以倡之，故如此。因發此章之言。或者乃欲以民德歸厚爲泛説，得廣通上下而言，恐非也。如君子篤於親，則民興於仁亦然。當時民俗澆薄，皆由於爲人上者使然。如三年之喪，魯先君莫之行，吾先君亦莫之行，則慎終之禮薄矣。如禘自既灌而往者，吾不欲觀之之類，則追遠之禮薄矣。

「子禽問於子貢曰」一章

○「求之與？抑與之與？」此設兩端之疑也。子貢曰「夫子温、良、恭、儉、讓以得之」，則非求亦非與也。子貢之言，蓋謂夫子於國政自有以得之者，與且不足言，况於求乎！故置「與」不答，特借「求」之一字反言之，見其自有不求之求也。或者便以爲只是與，恐亦未得子貢之意。○子禽所謂「與」者是有人情意。若子貢言夫子温、良、恭、儉、讓以得之，則是出於時君之敬信就問，而非以此爲德矣。○此章只是聖人不求人，而人自求之之意。温、良、恭、儉、讓以得之，即夫子之求之也，此外更無求。此句還帶下句讀。○子貢本夫子聞政之實，反子禽所問之意。蓋他人之求，求也；吾夫子之聞政，以其德容之盛而自致，不求之求也。

「父在觀其志」

上二句看其人之善否，下一句則專就子道上看他。或以志字插入下句者非。下句尤重。味此章句意，必有爲而發。○三年無改，只是要有不死其親之心，此人子之大節也。此一點念若無，則是幸其親之没，得以自行，而天理人心所存者亦幾何哉？此夫子所以寓意於三年無改之説也。○朱子曰「下二句只是折轉上二句」，須要味「折轉」二字。依他講説，纔説三年無改，便是當改底事畢竟要改也，特時間未忍遂改耳。

「禮之用，和爲貴」

○禮之爲體雖嚴，而皆出於自然之理。故其爲用，亦必聽其自然之理，而從容順適，爲之無拘牽急迫之態，乃爲得禮之意，而可貴也。故曰禮非强世者也。○只看禮字，便是嚴的物事。君臣上下，不可以毫髮僭差。然非出於人爲，全是天理合當如此行，人心也要如此行方安，故用和爲貴。禮用，即禮之行處也。○朱子舊説云：「如父坐子立，君尊臣卑，多少是嚴。若見得父合坐，子合立，君合尊，臣合卑，則無不安矣。」○禮用之和，詳味小注，是説自然之和，非説人行禮必要和乃爲貴也。所謂纔放教和，便不和也。○禮之用，非人之用禮也，乃禮之爲用如此也。惟其爲用如此，故可貴。觀朱子上云「自然之理」，又云「理之本然」，此言「此理之自然，禮之全體也」可見。

吕與叔云：「自斬衰至緦麻，衣服異等，九族之情無所憾。自王公至皂隸，儀章異制，上下之分莫敢争。此出於情之所有，循而行之，無不中節也。」○體者，是禮之本意，本意以嚴而設也。○龜山與薛宗博説逐日會職事會茶。其人云：「禮起聖人之僞，今日會茶，莫不消得如此。」龜山曰：「既是不消得，因何又却會茶？」其人曰：「只爲心中打不過。」龜山曰：「只是打不過處，便是禮，非聖人之僞。」禮之用，和爲貴，只爲不如此則心有不安，故行之自和。○禮之用和，須要窮理始見得這道理合用恁地，便自不得不恁地。如入公門，鞠躬如也，屏氣似不息，過位踧踖如也。苟不知以臣事君合用恁地，終是不解和。且如今人被些子燈花落手便説痛，到灼艾時因甚不以爲痛，只緣知道自家病當灼艾，出於情願，自不以爲痛也。若要放教和，便是「知和而和」矣。○既曰「不以禮節之」，則知上面「知和而和」全是逸出禮外去了。上下兩段「和」字大不同。○此章之旨，謂禮之行貴於和，而又不可一於和也。一於和，則和非其和矣，外禮以爲和者也，與上文「和」字名同而實異。○禮之用和，是無心之和，趨理而行者也。知和而和，是有心之和，越理而行者也。○最要味朱子總注，所謂「嚴而泰，和而節，此理之自然」云云，蓋禮之用而不和，則一倚於嚴而失其中正矣，未足貴也。若知和而不知以禮節，則又一倚於和而失其中正矣，亦不可行也。○嚴而不泰，如秦始皇固不可行。泰而不嚴，如陳後主亦不可行。此皆人爲之害。禮之大體，原無此病。禮之用和，若推其極，夫子之恭而安亦不過此。○至嚴之中而有至和者存，自然之理使然也。朱子注不曰嚴而和，而曰嚴而泰，見其出於人心自然之安，而非著意於和者也。又曰：「和固不可便指爲樂，是禮中之樂。如天子八佾，諸侯六，大夫四，士二，此樂之有節處，又是樂中之禮也。便是禮樂不相離。」○樂勝則流，故有所不行。知和而和，不以禮節之，亦不可行也。此樂字只是禮中之樂，所謂樂只是一箇和。如群居交際之間，藹然有懽洽之氣，而無乖戾之心，此便是樂之實，其鐘鼓瑟琴之類，特以宣暢其情而已。又按「禮勝則離」，「樂勝則流」，二句出《樂記》，程子兼引下句，以配此章，下節亦借言耳。看朱子總注，方知此章全是無過不及道理。○周子曰：「陰陽理而後和，故禮先而樂後。」此二句足以解此章之大義矣。

「信近於義」章

○此章之言，有子是見人之言行交際，多有悔於終者，由其不能謹於始也，故教人謹始慮終之意。謹始慮終，是一時事。下三截皆是無自失之悔。○事必合義，然後可行。所約者不合義，則不可行矣，故斷不能踐其言。○「耻辱」，耻由內生，辱自外至。如曰見辱、取辱，可見辱之在外。如曰知耻、不耻，可見耻之在內。凡致恭或過或不及，皆可耻也。不及則失人，過則失己。○因是暫時，宗是久計。因之所關者小，宗之所關者大。因是始事，宗是後來事。如孔子於衛主蘧伯玉，必是初間曾與伯玉有交分在先，故後來事全主他。以此觀之，可見因依所當謹。○「因」字最輕，只是偶然依倚他。此時更須物色其人賢與不賢，後去亦可宗主。蓋古人適他國，但偶一依其人，則後來勢不得不宗之。所宗一失，萬事瓦裂，除是去之而已，亦有不及去者。故君子重之。○因依或邂逅之間，或共事之際，皆有因處。此依字不是依歸之依。宗乃是依歸也。○依只是偶然依倚。○觀《集注》「亦」之一字，可見只是宗夫昔日之所因者。○宗猶主也。彼尊我賤，而我宗之，非止以爲主人耳，故又曰「宗而主之」。因猶依也亦然。○當時羇旅之臣，所至必有主，故須於其相因之際擇之。○陳了翁嘗被蔡卞之薦，后來擺脱不得，亦是失其親也。初既因依之矣，后來勢不得不從而宗主之。夫因失其人，其失猶小，至於宗之失人，其失大矣。君子可不爲久遠計慮哉！故伯夷有望望然去之者。○「君子寧言之不顧，不規規於非義之信。寧身被困辱，不狥人以非禮之恭。寧孤立無助，不失親於可賤之人。」右張子之言，正可以足此章之意。

「君子食無求飽」章

○「君子食無求飽」至「慎於言」，當接説不可停住，語意好學者務欲得乎道也。道者，事務當然之理，無過不及者也。有道者，躬行心得，是當然之理，而無過不及者也。不求安飽者，志在於道也。敏事慎言者，用工於道之實事也。取正有道者，是欲使吾之道都恰好而無差也。好學意思，在無求字，敏慎字就正字内面見得有汲汲不自已之意。須合三節意，方説得是好學。尹氏之説全重在末句，意欠周匝。

「貧而無諂」章

「貧而無諂，富而無驕」，是猶知有貧富也。若夫樂與好禮，則身雖處乎貧富之中，而心已超乎貧富之外矣。「自守」云者，謂其不爲貧富所摇奪也。○「富而好禮」，知有禮而不知有財也。「好禮」云者，禮全是理之節文當然處。○「安處善」，以身所行言。「樂循理」，以心所樂言。○「貧而樂」者，富亦樂。「富而好禮」者，貧亦好禮。各以類與其重者言耳。○子貢之問，非以己事爲問也。夫子答之，亦就其所問而據理裁之耳。《集注》云「許其所已能，勉其所未至」，此是言外意。○「如切如磋」，不止就貧富言。講學進道，凡事都要如此。子貢之意亦闊然，却因夫子論貧富一節而觸悟得，故曰「其斯之謂歟」。○子貢引詩之意，須放寬説。若指定無諂、無驕，樂與好禮，便皆是夫子所已言者，不必説告往知來了。○夫子之言，是據見在説，未及夫學問之功也。子貢引詩，則謂學問之功當勉勉益進，不造其極不已也。

○「其斯之謂」，謂此詩所言，其即貧不以無諂爲足，而必求至於樂；富不以無驕爲足，而必求至於好禮之謂也。勉齋之言，略可疑。《集注》所謂「及聞夫子之言，又知義理之無窮」云云，觀「又知」字，便見得引詩所云，乃夫子所未言者。何謂「告往知來一句説不得」，蓋「斯」之一字當有所指也。

「告諸往而知來者」，往者其所已言者，來者其所未言者。朱子解注則然，學者學夫子説話時難入此注。○處貧富上，就是義理，就是學問工夫。朱子云「所已言者」，謂處貧富之道；「所未言者」，謂學問之功。此語在學者亦要以意逆志。「學問之功」四字，内就含有處貧富之道，非謂脱然於貧富之外而别爲一道，乃爲所未言者也。大抵「斯」字畢竟要有歸着。

〇此一章可與「衣敝緼袍」章參看。子貢引詩之言，又正與夫子激子路者相類。

「不患人之不己知」

夫子此意，常提掇以教人。曰不病人之不己知，病其不能也。曰不患無位，患所以立，不患莫己知，求爲可知也。曰君子病無能焉，不病人之不己知也。此爲學者設。或曰説得廣，言夫子未嘗指定，固是，但以此數章律之，似止爲學者設。

爲政第二

「爲政以德」一章

爲政，所以正人也；以德，則能正己以正人矣。能正己以正人，則天下皆歸於正矣。所謂堯舜帥天下以仁，而民從之，故無爲而治。〇爲政而本諸躬行心得者以正人，不徒恃法制禁令以治之，人將自服矣。〇爲政以德，朱子曰：「不是欲以德去爲政，亦不是塊然全無所作爲，但德修於己，而人自感化。然感化不在政事上，却在德上。蓋政者所以正人之不正，豈無所作爲？但人所以歸往，乃以其德耳。」必有德以爲動化之本，然後不待致詳於法制禁令之間而自服耳。故曰爲政以德，然後無爲。

〇爲政而徒恃法制禁令，以爲制服天下之具，則法制愈詳，禁令愈嚴，而民愈自不服。夫惟爲政而以德，則是本之正己以正人，故不待致詳於法制之間，致嚴於禁令之末，但見自東自西，自南自北，無思不服。如北辰之安然居其所，而衆星自拱之矣。原來北辰之不動，非有意於不動，衆星之拱之，亦非有意於拱之也。蓋天運左旋而之右，凡日月衆星皆然，則皆動也。只有北極出地三十六度在北上，南極入地三十六度在南下，二處都不動，如磨之心，如門之簨，故曰天之樞也。此獨言北極，不言南極者，南極入地，常隱不見，又在下，不比北極之在上，於取喻爲切也。

北辰非北斗，北辰只有五星，北斗則有七星。北斗常轉，去北辰不遠，故曆者以其斗柄所建，爲十二月分之候。北辰則專指五星中之一星，邊天壤而言。北極則兼連五星而言，亦有小分辨。○辰，天壤也，本非指中間一小星爲辰，只緣人要取此爲極，不可無記認，所以就其旁取一小星，謂之極星，即第三星，所謂太乙也。○天之無星處皆辰也，地之無石處皆壤也。石附於壤，然則星亦附於辰耳。○以星辰之位言之，謂之太乙。以其所居之處言之，謂之北極。以其衆星皆動而此獨不動言之，謂之天樞。○太乙如人主，北極如帝都，天樞則指朝廷人主所在也。天之運有常度而無停機，南北極則其所管轄處。

《天原發微·天樞》篇曰：「愚按北極五星在紫微垣中，北頭一星在天心，四方去各九十一度。九十一度者，四九三百六十五度四分度之一，四方輻輳將來，辰星居中，即北頭一星之内無星處也。衆星咸拱者，北辰在天，猶天之心，猶心在人爲身之主，手足耳目血脉膚體無不關也。世無非人也，而人君南面以爲之主。天體無非辰也，而北辰居中以爲之主。以至周天之度，萬有之夥，莫不脉絡於是。是則不動之辰，以爲群動之本。故曰無形者有形之統，不用之一，即無極之極，降而在我者也。嗚呼，精矣！」

「詩三百」

詩之所言，有邪有正，而詩之爲用，則皆欲人一歸於正也。惡者可以懲創人之逸志。逸志，放心也。

○「一言以蔽之，曰思無邪」，作一句讀。凡詩之言，善者可以感發人之善心，固所以使人思無邪也。惡者可以懲創人之逸志，亦所以使人思無邪也。

「思無邪」，思字最好玩味。思者聲詩之所由起也，故曰：「詩者志之所之也。在心爲志，發言爲詩。」又曰：「情動於中而形於言。」又曰：「情發於聲，聲成文謂之音。」故學者所當致力之地，全在於思。所思既無邪，則所言所行皆無邪矣。蓋思在言與行之先。孔子讀《詩》，於三百十一篇内，皆見得使人性情歸於正之意，但無如此一句切而盡者。如川上之嘆，乃其可指而易見者耳。○思無邪，是要使讀詩人思無邪。若詩人則有正有邪，如《桑中》、《溱洧》之詩亦邪也。○思無邪者，誠也，以自然者言。

「道之以政」章

○此章是聖人見得當時爲政者徒以政刑治民，而不知以德禮爲之本，故言刑政之效只如彼，德禮之效則如此，欲人知所重耳。然其實德禮政刑四者，皆爲政者之所不可廢。務德禮者，亦何嘗全去政刑？但與德禮並較，其得效有淺深耳。故雖堯舜也須用政刑，但堯舜之所恃者不在此。故曰：「不可徒恃其末，又當深探其本也。」聖人之意正如此，非欲貶政刑不用也。猶孟子善政不如善教之意，其實善政、善教安可缺也。○道政齊刑者，以政刑爲主，而不用德禮。道德齊禮者，以德禮爲主，而未嘗不用政刑以輔之。雖堯舜之治，亦不可無政刑。夫子此言，蓋爲當時爲治者只知有政刑而設耳。○道政齊刑，只是威民，故其效亦只是得民之畏而已。若道德齊禮，則是化民之道，故其效民亦化之。禮謂制度品節也。品節亦是制度中之品節。制度如吉禮如何，凶禮如何，軍禮如何，賓嘉禮如何，都有箇制度。品則有尊卑厚薄之等，節則有無過不及之差。○道政齊刑者，民惟見威而不見德也。德禮之效，所以如此其大者，蓋其所以道之齊之者，皆出於天理人心之同然而覺之耳。○法制，所以示之使依此做。禁令，所以戒之使不得不依此做。法制禁令，亦是使人爲善不爲惡，但「子帥以正」這一邊意思却無。○齊之以禮者，有箇規矩準繩，使賢者有所止，不肖者有所跂及，而淺者深者厚者薄者一歸於中正也。○「制度」二字何别？「制」通舉全法而言，「度」則其中之度數等差之類也。○「禮之用」，禮字指理而言。「齊之以禮」，禮字指五禮之文物而言。○「淺深厚薄之不一」，此句不必説資質，只是承上文觀感興起而言，謂感發之有過不及也。所感之所以有淺深厚薄者，則以其所禀之不齊也。○淺深厚薄，朱子《語類》一説云「觀感得深而厚者固好，若淺而薄者須有禮以一之」，則民將視吾之禮以爲依歸之地，無不深厚，是耻且格矣。○聖人之治，必德以道之，而布其具於政禮以一之，而厲其法於刑，所謂四者相爲終始也。○文與武，猶禮與法也。禮所不能化，斯用法矣。故謂德禮政刑，四者亦相爲終始。而《易大傳》曰「立人之道曰仁與義」者，深有旨也。

○味孔子此章之言，正是所謂「必有《關雎》、《麟趾》之意，然後可以行《周官》之法度也」。

朱子曰：「後世有聖人作，决不肯恁休，須法古從底做起始得。」有德禮，則雖用政刑，終是德禮之政刑。

「吾十有五」章

○夫子此章之言，多是爲學者設，意不重在自然上，故曰「因其近似以自名，欲學者以是爲則而自勉」也。知之明而無所事守，三十而立猶是着力守住，此亦由其所知之未能脱然。若於道理脱然有悟，則應酬日用之間迎刃而中，觸機而解，何用守爲？守便是慢定把持處。

孟子注孔子「四十而不惑」，亦不動心之謂。則今以四十不惑與耳順、知命皆爲偏主知者，疑亦有泥。蓋不動心，兼道明德立也。〇「五十而知天命」，凡事物到面前，不惟知其所當然，并其所以然亦無不瞭然於胸中了，則其行之至，又何待於言？蓋凡行之未至者，亦由知之未至也。此以知之至言，而行之至有不假言矣。學者反以專言爲疑，何哉！〇五十而知天命者，知《易》也。蓋不離乎形而下者，而得夫形而上者也。是「一陰一陽之謂道，繼之者善也，成之者性也」，此天命之實也。《易大傳》曰：「天一地二，天三地四，天五地六，天七地八，天九地十。天數五，地數五，五位相得而各有合。凡天地之數，五十有五，此所以成變化而行鬼神也。」此孔子五十而知天命之事也。凡人之仁義禮智，百行萬善，亦皆括於此，而無遺矣。〇三條雖俱就知上説，其實兼行在内。六十耳順，既曰不思而得，則五十知天命，亦是有待於思索而得者也。

不曰不踰規而曰矩，規員物，❶輪轉無定，矩則四角端正，確然有定，不得而越者也。故曰：「知欲員，而行欲方。」〇「從心所欲，不踰矩」，至此時是横行直撞，左來右去，初不期於中理，而自無不中理者。〇聖人志學時，便自期到「從心所欲，不踰矩」地位。想到立時已有不踰矩意思了，但年愈進則所造愈熟，此亦聖人大約分箇進步等第耳。

〇味注中「近似」二字，亦知聖人是大約説。或説節節都有知行，若聖人進德則知行俱進。但此章是聖人

❶「規」，原作「觀」，今據嘉靖本、四庫本改。

大約説話，據其辭亦略有知行之分。若全不論，則不思而得對不勉而中，亦安得説不是知行之分？

「孟懿子問孝」

○「無違」二字通上下言。蓋人之事親，隨伊分上自有箇當爲的道理。得爲而不爲，則是苟且以事親，非孝也。不得爲而爲，則是僭禮越分以事親，而親之受之亦有所不順，是陷其親於有過之地，亦不孝也。故「無違」一語，若出於無意而意已獨至矣。○生事葬祭，既曰以禮，則所謂無違者乃不背於理，而非以從親之令爲孝也。○以無違爲孝，意只在不敢苟且尊親也。

「父母惟其疾之憂」

○此指親心憂念其子之至切所在，欲人子之體之也。○既曰「惟其疾之憂」，而乃曰「無所不至」，何也？若有所不至，則不預憂其疾矣。

○武伯所問者，人子事親之道。夫子所答者，父母愛子之心。知父母愛子之心如何，則知人子事親之道當如何矣。

「子游問孝」

「犬馬皆能有養」，但不敬耳。養親而不敬，不亦類於犬馬視其親乎？所謂獸畜之也。子游雖不敬，未必至此。聖人亦是甚言之，警之深也。○「與養犬馬者何異」，此「者」字不以人言，指養犬馬之事言也。若別作「人」字説，便不見不敬之罪。雙峰之言曲説也。

「子夏問孝」

此謂事親之際，惟色爲難，其餘俱不足爲難也。○「有事」，父兄之事。「有酒食」，子弟之酒食也。此皆常事，可勉而能者也。惟愉悦之色，則有非人所能强者，故難。○愉色就面言，婉容連一身言。「對武伯者以其人」云云，故特舉最切者告之，使知體此，則凡一切可憂之事自不容於不謹矣。

「吾與回言終日」

此夫子已明見顔子之非愚，而後發此言也。舊説始而疑其爲愚，終而決其非愚，非也。○「意不相悖」，謂夫子之所謂是者，彼亦全不見有未是意；夫子之所謂非者，彼亦全不見有不爲非意；只管領受而已。此蓋由其於聖人體段已具，故一言點化便都釋然，而日用之間只管發揮出來。

「如愚」處，亦與以發處相發。蓋正是深潛純粹，默識心融所在。「吾與回言終日」，則見其如愚，退而省其私，則見其不愚。○顔子於聖人之體段已具，但未有許多光采耳。體段，猶云坯質。○「退」即孔子退也，承「吾」字來，謂顔子退，則下有私字在。

「視其所以」

視其所以而不觀其所由，觀其所由而不察其所安，人猶得以匿其情也。視是且大略看，至觀則用意看，察則看得深了，一節詳於一節。○此一章逐事看亦得，就其人之全體看亦得。○觀其所由，則所爲之未善者不必觀矣。察其所安，則所由之未善者亦不必察矣。

「人焉廋哉」

○三解「克明德」條曰：東坡曰：「知人之明不可學。」非也。伊川曰：「知道自知言，知言自知人。知人雖不可學，但學而知道則知人矣。」又曰：「堯惟欽明而後知丹朱之啓明，惟允恭而後知共工之象恭。」○天下之善，凡有心爲之，皆惡也。曰：何至於惡？曰：自有惡亦不得不惡。此惟深於理，熟於人情者信之。故此輩人全不足取。

「温故而知新」

○「故」者，舊日所已知者，於此而温之，而有以知其所未知，則見得滋味愈長，而推之無不通，扣之無不應矣。○師所以待問，温故知新，則非問之所能窮矣。○「温故而知新，可以爲師矣」，故學而時習之，然後有朋自遠方來，所學在我，則心與理一，無所假借，而隨問而應矣。○所學在我，而其應不窮。所學在我，自得也。自得之則居之安，資之深，源深流長，故其應不窮，可以爲師，全在知新上。

「君子不器」

○「器」則只當得一路用。天下之物，方者以方用，而不可借爲員。員者以員用，而不可借爲方。故舟不可以爲車而行於陸，車不可以爲舟而行於水，所謂器也。君子學既有成而德已就，則夫格致誠正之道，所以脩諸己者既無不盡，脩齊治平之術，所以推於人者亦無不明，所謂體無不具者也。故隨所用而皆通，爲趙魏老亦可，爲滕薛大夫亦可，爲委吏乘田亦可，爲大司寇攝行相事亦可，用之典禮典樂亦可，用之聽訟折獄亦可，用之宰一邑亦可，用之宰天下亦可，大用之則大效，小用之則小效。所以然者，以其體之具。而其體之具者，以其一心本有以具衆理，應萬事。第人無學力以充之，故其體不具，而用始狹耳。○《集注》「體無不具」在君子字内，乃所謂成德也，蓋亦自學問來。

「先行其言而後從之」

此爲子貢而發。其實，有德者必有言。若有此德，其言自足以明之，無有説不出底道理。○只爲子貢多言，不免有行未到而先説到者，故告以此。先行其言，所謂言者如曰仁曰義之類。

「君子周而不比」

○周是公底比，比是私底周。此與和、同正相類。然較之則同、比又深於和、周，分明是親厚。若君子之與人親厚也，則於人無不在所親厚之中，而未嘗有所偏私。若小人則唯其與己同者親之，而不能偏矣。○君子、小人均一與人親厚也，在君子則以公而不以私，故爲周而不比；在小人則以私而不以公，故爲比而不周。○周而不比，亦是隨其廣狹而言，不必説舉天下無人不愛方是周。如有百人於此，君子本心則皆愛之，若其中有一二不善者，君子亦須去之，雖去之然終不失其爲愛衆也。況去一惡人而衆受其利，是乃所以爲愛，何往而非周？如小人，千百惟群，雖無不愛，然群黨之外則異其心矣，雖連千百都愛，終是比。○古人立君子、小人二字，最好玩味。人但知其以德言，不知其本以位言也。然雖以位言，而實主於德也。曰大人者，意亦類此，蓋其規模意趣自别也。○王文公《君子齋記》曰：天子諸侯謂之君，卿大夫謂之子。古之爲此名也，所以命天下之有德，故天下之有德，通謂之君子。有天子諸侯卿大夫之位，而無其德，可以謂之君子，蓋稱其位也。有天子諸侯卿大夫之德，而無其位，可以謂之君子，蓋稱其德也。位在外者，遇而有之，則人以其名予之，而以貌事之。德在我也，求而有之，則人以其實予之，而心服之。夫人服之以貌而不以心，予之以名而不以實，能以位終身而無謫者，蓋亦幸而已矣。

「學而不思則罔，思而不學則殆」

○學者之事，只是學與思而已。學所以習其事，思所以求其理。夫事必有理，故習其事者又必求其理，而後所見益親。理必寓於事，故求其理於心者，又必親習其事，然後爲得其實。不然則各有一偏之弊矣。○學字亦無定指。如未能知而學，夫知者亦是學。未能行而學，夫行者亦是學。單言則該知行，又須看上下文何如。亦有專就知言者，如「博學於文」之類。亦有專就行言者，如「不學禮」語意近之。必學矣而又思其所學之理，思矣而兼學其所思之事，則所學者非但事爲之粗迹，所思者非但無實之虛見。

「攻乎異端」

○此章戒學者當正其學術，而不可他用其心也。言人於異端，若專治而欲精之，則內不足以脩己，而己之心術爲所蠹；外不足以治人，而人之心術爲所壞。生於其心，害於其政，發於其政，害於其事，綱常由是而弛，風俗由是而偷，此其害也。害不必說是害他人，就是我之害也。小注云：「既入於邪必害於正，正豈身外之物乎？」又曰：「佛氏若有精微動人處，從他說愈深愈害人。」又非吾自家被其害乎？內之既有以壞自己之心術，外之又有以蠹天下之風俗，實一害也。

「佛氏之言，比之楊、墨，尤爲近理」者，朱子云：「佛氏與吾儒，相似處如曰：『有物先天地，無形本寂寥，能爲萬象主，不逐四時凋。』他是甚麽見識，區區小儒怎生出得他手，宜其爲他下也。」又曰：「顧盼指心性，吾言超有無。」持作用是性之説，以爲妙道之所存。持無所染著之説，即求以超乎無象之表。其徒之黠者，又從而廣之曰但願空其所有，不願實其所無。❶所謂號言踐實也，❷躓彼荆棘塗。「其率天下至於無父無君」，此句指楊、墨。「專治而欲精之，爲害尤甚」，此句方指有攻乎異端者。

「由，誨汝知之乎」

子路「强其所不知以爲知者」，蓋遇事或有問他，他難於説我不知，是以不知爲恥，此其惑也。故夫子爲他去此一段惑，未是正告以求知之道。然此惑未去，則雖欲求知未易進也。○「是知也」，且淺淺説箇知意思。○「知之爲知之，不知爲不知」，則雖或不能盡知，而何者爲知，何者爲不知，皆了然於吾心之間，而無自欺之蔽矣，豈不爲知乎！

○夫子之意，謂知與不知，自家心裏明白，此便是知。蓋謂子路此病未去，難以進於知也，故淺淺地説。「况由此而求之，又有可知之理乎」，此二句是朱子祖程子意補之。然夫子所以以是告子路者，正爲必先去此一段蔽，然後有可進之機。所謂既能自知，則不安於已知；既能自屈，則不畫於已至。此亦理之必然也。○子路好勇，却亦好笑，未知處如何强做知得。看他初間也自任，其視夫子亦且行行然有不滿之色。如子見南子，子路不説。佛肸召欲往，子路又不悦。公山弗擾召子欲往，他又不悦。在衛聞正名之言，輒咈然曰「子之迂也，奚其正」。此皆氣象麤暴而好勝之病，豈知夫子於此却各有道理在。然其性却

❶「空其所有」、「實其所無」，二「其」字嘉靖本作「之」，四庫本作「諸」。

❷「也」，嘉靖本、四庫本作「地」。

直而義，「子曰乘桴浮于海，從我者其由也歟，子路聞之喜」，「使車馬輕裘與朋友共敝之而無憾」，「衣敝緼袍與衣狐貉者立而不耻」，此皆直義之氣所到。結纓一節，尤可見其非草草者。此所以爲聖門人才。雖以管仲之功業，先儒尤不敢屈子路而與之並，則他可知矣。

○「不知爲不知」，孔子所以删《書》斷自唐虞者，亦爲此也。如史遷便無此見，而爲怪誕不經之説矣。嘗曰：「夏禮吾能言之，杞不足徵也；殷禮吾能言之，宋不足徵也。」不足徵，便不言，聖人是多少謹重。

「子張學干禄」

爲干禄而學也。此五字是記者因夫子所言爲此而發，故著此一句以開先，不可説子張學干禄。

「多聞闕疑」一節

君子之學，所聞必多。多聞，言之資也。然所聞之中不無可疑者，未可以言也，則闕之不言，其餘所不疑者可以言矣。而又未可以易言，必慎而言之，能如是則寡尤。所見必多，多見，行之資也。然所見之中不無未安者，未可以行也，則闕之不行，其餘所已安者可以行矣。而又未可以易行，必謹而行之，能如是則寡悔。○寡尤，不止帶慎言意。寡悔，不止帶慎行意。連多聞闕疑，多見闕殆俱有。蓋聞見不多，則所以爲言行之資者狹矣，能無悔尤乎？然不闕疑殆，則不可言者亦言，不可行者亦行矣，能無悔尤乎？可以言可以行者，當其言行之際而或不謹，則所言所行者雖是，而不能無過當之病，又能無悔尤乎？必舉寡尤寡悔，而言禄在其中者，蓋至於寡尤寡悔，則志行乎，名譽著，自當有薦達之者，禄豈待求而後至哉！大抵子張之學以爲干禄，夫子所告者，都是禄不待干而自得之道。

「哀公問曰：何爲則民服」

以其所行順乎正理，故目之曰直。以其所行曲理，故目之曰枉。○「舉直錯諸枉」，則舉錯得宜，而當乎民心之公，民其有不服乎！「舉枉錯諸直」，則舉錯倒置，而無以服乎民心矣，如之何使民服也。○蓋是時三家恣横，哀公不能錯。賢人君子之在國者，哀公又不能舉。故孔子告之以此。○圈外謝氏注與本文稍異，讀者不可不知。

「季康子問：使民敬忠以勸」

康子所問，欲民之盡其道。夫子所答，欲己之自盡其道。

○「臨之以莊」，持己以敬也，故民亦敬之。孝於親則其德足以化乎民；慈於衆則其恩有以結乎民，民自然忠於我矣。善者舉之，則善者益進而不怠。不能者又教之，則不能者亦將企而及。民其有不勸乎！蓋舉善教不能，則所以勸民也。勸之蓋引誘他爲善的意。○「容貌端嚴也」，容貌猶云形色。容字實，貌字虚。貌猶狀也，一嚬一笑、一言一動都是貌。○舉善則善者益勸矣，教不能則不能者亦勸矣。

季康子問使民敬忠以勸如之何，「子曰」；季康子問弟子孰爲好學，「孔子對曰」；問政數章皆然，同一康子問也，同一孔子答也，或稱「子曰」，或稱「孔子對曰」，何歟？蓋記者之識見不同也。《論語》之書，記者非一人。其稱「子曰」者，以孔子於季氏非有君臣之分，此以大義用書法也。其稱「孔子對曰」者，以康子爲魯上卿，魯之政實自季氏出。《東萊博議》所謂季氏於魯如二君矣。故曰記者之識見不同也。不獨此耳，孔子與弟子，未嘗稱字，而曰「孝哉閔子騫」，又《孟子》：「於季桓子，見行可之仕也。」嘗竊疑之，蓋道其實亦可見稱「孔子對曰」之所自矣。

「或謂孔子」

定公初年，孔子不仕者，未仕也。或人疑其不爲政者，疑其有高隱之心，而終不爲政也。蓋是時孔子年四十三矣。○「又能推廣此心，以爲一家之政」，推廣其孝友之心，于以辨内外，明尊卑，序長幼。使一家之老者舉安，少者舉懷，是一家之政也。若居位治民，其道不過如此。故曰：「要之至理亦不外是。」孔子此言，謂素其位而行其道，不必於仕也。曾點浴沂之趣，實有合於此，故夫子許之。本托詞也，實則至理。

「人而無信」章

人之不可無信，猶大車之不可無輗，小車之不可無軏也。其何以行之也哉？帶大車小車言，而無信之不可行意却在外。

○此章之言，如「君子多乎哉不多也」之意，意謂人可以無信乎。看來人全憑信以行，如大車之行必以輗，小車之行必以軏。若使大車而無輗，小車而無軏，其何以行之哉？決然是不可也。○「不知其可也」，此「也」字與下章「子張問十世可知也」之「也」字同，皆「乎」字意。

「子張問十世」

子張問「十世可知也」，與子路問「事鬼神」，均非切問也。

子張問「十世可知也」蓋見夫子好《易》而前知，其發此問，意在得數也。夫子所告，只言理而不言數，亦罕言命之意。其答子路云「未能事人，焉能事鬼」，亦此意也。

○可知也，只帶所損益言。殷繼夏而有天下者也，其於三綱五常禮之大者，則固因乎夏而不變。若夫制度文爲之間，或有餘者而損之，或不足者而益之。如變尚忠而尚質，變建寅而建丑，是其所損益者，從可知矣。周繼殷而有天下者也，其於三綱五常之大者，則亦殷之舊而不能變。若夫制度文爲，或太過而損之，或不及而益之。如變尚質而尚文，變建寅而建子，是其所損益，又可知矣。「因」字更重於「損」、「益」字。所損益，特所因之枝節耳。如文質三統，亦不過君爲臣綱中之一事。○蓋其所因者固不待言，其所損益者亦不過如此而已，此所以雖百世可知也。姑據文質三統論之：蓋尚忠之極，則人必厭其無以寓此心也，必至尚質；尚質之極，則人必厭其朴略無文也，必至於尚文；既尚文，文勝矣，其勢又必反而歸於忠與質。如秦舉周家制度一删之，亦其理勢之所在，但其太過不中耳。三統周既建子，而秦却建亥，此其大謬也，非聖人之所可知也。聖人所可知者，知其大概也。

三綱以道之大端言，五常以性之條目言，一則天下之大經，一則天下之大本也。○或問忠與質如何分。朱子喜其善問，答曰：「質朴則未有文，忠則渾然無質可言也。」○忠不離乎心，質却是於制度上致意，然猶是大概，未有許多曲折也，至文則曲折備矣。此忠、質、文之分也。○天正地正人正者，一則大運至子始有天，至丑始有地，至寅始有人。一則天以十一月復陽氣，地以十二月始生物，人以正月始興事，此天地人正之所以名也。依行夏之時《集注》，則後説較明顯。○夏以建寅爲人正者，後天之學起於震也。周以建子爲天正者，先天之學起於復也。商建丑者，蓋起於艮之成始成終也，亦入於後天之學也。

朱子曰：「此章因字最重，所損益不過其所因中之制度文章小過不及之間耳。天下道理只一箇三綱五常都了。」○所因所革亦不過如此。言三綱五常，則萬世不容少變。而其間之制度文爲，則隨時不能無改更。故觀三代之已往者，則百世之未來可知矣。○所損益，只是所因中物事。文質三統，亦是三綱五常中物事。如建寅建丑建子，只是君臣中事。如忠質文之尚，則貫乎三綱五常之内，在在皆有，其事目固多。曰忠曰質曰文，亦舉凡而言耳。重在所因字。○馬氏曰：「所損益，謂文質三統。」《集注》用之而繼之曰：「其所損益，不過文章制度小過不及之間。」似亦不止文質三統而已。以養民之政言，如夏后氏五十而貢，殷人七十而助，周人百畝而徹之類，亦其制度文爲也。以教民之政言，如《王制》夏后氏養老以享禮，殷人以食禮，周人脩而兼用之之類，亦其制度文爲也。孔子又曰「周監於二代，郁郁乎文哉」，則其所損益者亦未易悉數耳。

《集注》云：「其所損益，不過文章制度小過不及之間，而其已然之迹，今皆可見。」自「不過」以下便入在「可知也」句内，方知「可知也」只帶所損益言。或説上二「可知也」兼所因及所損益。愚按大注於所因曰：「禮之大體，三代皆因之而不能變。」如何下文又通承之曰：「而其已然之迹，今皆可見。」愚意二「可知也」上帶所損益讀，其實所損益只是所因中物事，故下句又兼所因所革言。○「殷因於夏禮，所損益可知也」，《集注》曰：「三綱五常，禮之大體，三代相繼，皆因之而不能變。」此句似難繳以「而其已然之迹，今皆可見」。其曰「其所損益，不過文章制度小過不及之間，而其已然之迹，今皆可見」，正是貼「所損益可知也」。蓋自「不過文章制度」以下，便已離了所損益之文，而入向「所可知也」之句内矣。則可知也，只屬所損益爲是。蓋所因者，其可知也，不待言其所損益者。今亦已皆可知，此所以雖百世皆可知也。非謂上二「可知」只在所損益，下一「可知」乃兼所因所革也。按本文本注文勢意義，上二「可知」俱不兼言爲是。一説「殷因於夏禮」及其「所損益」可知也，「周因於殷禮」及其「所損益」亦可知也。如此説，則本文四箇「可知也」既相符合，而於《集注》所謂「而其已然之迹，今皆可見」者亦相符合，此説似長，人多從之。古之聖賢，實見得古人之道，即萬世常行之典，只得依他底。到得秦而後有不師古始之意，漢宣帝始有「自有制度」之言。彼獨見己之天下凡事須自己出，不知天地之常經至一而不可二。聖人之所以爲聖人，只是萬事惟聽道理所役使耳，敢自作聰明亂舊章乎？其隨時損益者，正所謂「不過制度文爲小過不及之間」者矣。

八佾第三

「孔子謂季氏八佾舞於庭」

○先王制禮辨名分，於斯須如佾舞之數，自上而下，降殺以兩，不可毫髮僭差也。而季氏乃以大夫上僭天子之八佾，以舞於家廟之庭，其忍於無君一至於此，更何事不忍爲！謂凡適己自便而未甚踰於大閑，剥下欺公而得苟免於刑憲者，皆將無所不爲矣。此説以「是可忍」者爲重。謝説以「孰不可忍」者爲重，非正意也。

佾數以八爲全者，《春秋》隱公五年書「初獻六羽」，《左傳》云：「衆仲曰：夫舞所以節八音而宣八風。故自八而下。」胡傳云：「魯用天子禮，樂於太廟，以祀周公，已爲非禮，其後群公皆僭用焉。」○佾，干羽之總稱。《春秋》書「六羽」，亦舞佾也。羽象文，干象武。○注「每佾人數，如其佾數」，人數以直者言，佾數以横列者言，故曰：「佾，舞列也。」○禮莫大於分，分莫大於名。名以命之，器以别之。如佾舞之等差，即所謂器也。○范注：「故兩之間，不可以毫髮僭差也。」僭有心，差無心也。一説差只是紊也，承僭字爲一類，此説較優於前説。○馮厚齋曰：「大夫不得祖諸侯。公廟之設於私家，非禮也，由三桓始也。惟三家皆祖桓公而立廟，故得以習用魯廟之禮樂而僭天子矣。」○范注本合正意，但「孔子爲政」以下非章指，故圈外之。○當是之時，王綱不振，其始也諸侯僭天子，大夫僭諸侯，至其甚也，則季氏以大夫而僭天子之禮樂矣，復何所不至哉！賈誼所謂「首足易位，而可爲痛哭流涕」者也。

「三家者以《雍》徹」章

○「三家者以《雍》徹」。子曰《雍》詩云「相維辟公，天子穆穆」，詩詞如此，亦何取於三家之堂？亦有辟公之相助乎？亦有天子之穆穆乎？既無此義，焉取此辭？適見其無知耳。

《雍》，《詩傳》以爲武王祭文王之樂歌。看來武王未受命，未及祭文王以天子之禮樂。武王没，周公相成王，乃成文武之德，追王太王王季，上祀先公以天子之禮。疑此時乃有《雍》詩也。或曰《中庸》言「追王太王王季」，而不言追王文王，則祭文王或先用天子之禮矣，故未克商已曰「有道曾孫周王發」。○按此詩有「文考」「文母」之言，其爲武王祭文王之樂歌無疑矣。○仁山曰：「堂，廟堂也。上文庭亦是廟庭。蓋廟制，室外爲堂，堂前爲庭。」

愚謂三家之始僭，蓋以桓公藉口也，而其後也則於桓公以下皆襲用之矣。《易》所謂「其所由來者漸矣」。

此程子所以盡歸於成王、伯禽賜受之非也。○三家祖桓公事，見《通攷》大夫士庶宗廟條，亦由魯祖文王，故三家效尤焉。

「人而不仁如禮何？人而不仁如樂何」

○夫禮樂之用，必本於人心。如禮有玉帛之類，所以將吾心之敬也。不仁而人心亡，則敬心安在哉？既不敬，則與玉帛之類判然不相干涉，雖欲用禮，禮豈爲之用哉？如樂有鍾鼓之類，所以發吾心之和也。不仁而人心亡，則和又安在哉？既不和則與鍾鼓之類判然不相管攝，雖欲用樂，樂又豈爲之用哉？○此禮樂以禮樂之文言。何也？對仁言也。仁以心言禮樂之理也。禮樂之理，俱在心中。禮樂則無有無聲容者，但亦不指玉帛鐘鼓，如周旋進退之間亦皆是。

朱子曰：「心既不仁之人，渾是一團私意。」蓋謂其心頑，而氣味與禮樂不相屬也。《語録》問答之言亦細膩，上條敬和之説尚欠切。○「人而不仁如禮何」，只是心不在焉，便使禮樂不動，蓋心全不醒了。○禮樂只是天理之著見，心不仁則天理滅矣，禮樂與我何預？○此「仁」字以全體言，此「禮樂」字以其文言。禮有玉帛之類，樂有鐘鼓之類，其實皆此心之流通也。人而不仁，則此心便死殺了，便行不去了，如禮樂何？

游氏以人心言仁，則該得理。程子以正理言仁，則該不得心。故置程説於圈外。李氏説禮樂二字不謬，但於仁字似踈，故又居後。

《綱目》：漢成帝詔立辟雍。胡氏注曰：「人而不仁如禮何？人而不仁如樂何？不仁之人，心非己有，視聽舉履皆迷其所當，而何以爲禮樂哉？惟仁者所行皆禮，所安皆樂，是則禮樂之本也。庠序聲容，特其具耳。無其本而欲以其具教人，祇益趨之於虚僞之域，不若不爲之愈也。」

「林放問禮之本」

放意以今世之所謂禮者，大抵都是繁文，非其本之所在也。故試問禮之本，意夫子之必有所指也。

○「大哉問」，此問自是大。何也？「本」之一字，已該了全體在其中，是問不其大乎！夫子正厭當時之文勝而忘本，嘗反時人之論而欲從先進。今放以是爲問，正與夫子之意不期而合，夫子故不覺健羨之。

○《集注》上云：「孔子以是時方逐末，而放獨有志於本，故大其問。」此是説夫子所以大之。下文云：「蓋得其本，則禮之全體無不在其中矣。」此是正説其問之大處。

○「禮與其奢也，寧儉」。儉雖非禮之中，而實本之所在也。「喪與其易也，寧戚」。戚雖非禮之中，而實本之所在也。儉雖非禮之中，然與其奢也，而過於文，則寧儉焉，然則儉其禮之本也。戚雖非禮之中，然與其節文習熟之勝，則寧戚焉，然則戚其喪禮之本也。○「林放問禮之本」，此禮字兼吉凶言。「禮與其奢也，寧儉」，此禮字對喪字，則只是吉禮也。○放問禮之本，夫子只答之「禮與其奢也，寧儉」，亦足以該夫喪禮矣。而又必曰「喪與其易也，寧戚」，何歟？其實，禮字該得喪字，但儉字該不得戚字。奢字亦兼不得易字。○「節文習熟」，謂其節文之習熟也。○「凡物之理，必先有質而後有文」，蓋禮起於儉，喪禮起於哀，故曰本，而文則皆從此生也。○范注「儉者物之質」，物猶事也。

朱子曰：「禮初頭只是儉，喪初頭只是戚。然初亦未有儉之名，儉是對後來奢字，爲之追説耳。東坡説忠、質、文，謂初亦未有質，只因後來文便稱爲質。」

○「林放問禮之本」，蓋亦近棘子成之意。曰「與其」曰「寧」，聖人之權度，固自精切矣。

「夷狄之有君」章

天下所以欲有君者，君所以綱維天下之名分。有君則有臣，有上則有下。故本文只言「夷狄之有君」，而《集注》則云「反無上下之分也」。

魯宣公十一年陳徵舒弑君，是時魯與齊方用兵伐莒，晉與狄方會于攢函，而不伐少西氏之逆也。而楚人能謀之，有辰陵之盟，此所謂禮失而求之野，夷狄之有君，不如諸夏之無也。○春秋二百四十二年，諸侯誠心以趨同盟之朝會者不可勝計，而終無一誠心正義以朝于周王者，諸夏其尚謂有君哉？○當時夷狄之君，未必能勝中國，孔子此語蓋亦痛中國之僭亂而甚之之辭。○本文既只曰君，而注又曰僭亂，乃知此章爲下僭上者設也。此春秋之所作也。

尹氏之説，專責在上者不能盡其道，不可引以爲孔子正意。朱子曰「只是一意」，亦一時之言，《集注》自分曉。

「季氏旅於泰山」

此是將祭之時。若是既祭，孔子何故教冉有救之？蓋成事不説，雖救無及矣。○孔子謂冉求，是要求止之。及求對不能，孔子乃説爾既不能救，季氏便將祭泰山矣。雖然，祭亦何益？「曾謂泰山不如林放乎」，所以注云「欲季氏知其無益而自止」。

《記・王制》：「天子祭天地及天下名山大川，諸侯祭名山大川之在其封内者。」愚按天子只當祭天地，諸侯既祭名山大川之在其地者，則天子不得兼之矣。《王制》出於漢儒，蓋祖《書・武成》，所謂「告乎皇天后土，所過名山大川」云耳，此非所例也。

「君子無所争」章

○「君子無所争」，必也惟於射，而後有争乎！　蓋射則因所射之中否，以角其勝負，因所中之多寡，以見其優劣。　當此時，人人俱欲勝，是亦有所争也。　謂之「必也射乎」，言惟獨於射有争也。　君子於此雖若有争，然其未射也則自出次而當階，自當階而及階，凡三揖以讓而後升也，此其雍容揖遜之見於未射者如此。及其既射則相揖以降，俟衆耦皆降了，勝者乃又揖不勝者，升取觶立飲也，是其雍容揖遜之見於已射者又如此。　是則雖有勝負之較，然自始至終，但見其相與雍容揖讓，其争也終亦君子，終是與小人之争不同。揖讓而升，兩耦相揖。　相揖者，相讓也。　三揖而後升堂者，耦本位阼階之東南隅，出次則西面揖一也，當階則北面揖二也，及階復揖三也，遂射。○耦進三揖，耦不止三耦，天子八，諸侯六，畿内之諸侯四，大夫三。　士無大射而有賓射燕射，士不知幾耦。　祖廟之制，大夫三，適士二，恐亦當如此例乎，但未有明徵。○下而飲，謂既揖而升射矣。　今射畢揖而下，既下復揖而升飲也。○揖讓而升，下而飲，此揖讓二字應貫下面升、下、飲三節。《集注》雖析解而不脱揖字。

此章本意欲明君子無所争。　若時文，破要於「必也射乎」截，則失夫子發言之意矣。○東陽許氏曰：「凡飲酒賓客，必拜以送爵。　今不勝者自飲，而無送爵勸飲之意，以是爲罰也。」

「巧笑倩兮」

「巧笑倩兮」，倩非口輔。口輔之好也，笑則見其口輔之好。好字即是巧笑之巧字。○倩兮，謂倩如也，與瑟兮僩兮同。○「美目盼兮」，目之美，黑白分明，盼如也。○此二句指美質而言，所謂素也。絢是此外物事。上二句賦，下一句比。○此詩恐是説女子之事，故孔子删去。

「素以爲絢」，文意如《文言》所謂「以成德爲行」也。○《集注》曰：「素，粉地，畫之質也。」又曰：「謂先以粉地爲質，而後施五采。」所謂地者，不必指粉壁粉墻爲地，當如《鄉黨》篇所謂古人飲食，每種各出少許，置之豆間之地之類。籩豆實奠諸席，而曰地者，非實地也。以素爲粉地，實指其素質而言，亦非有實地。如《中庸》云「畫布曰正」，則布其素地也。如《論語》曰「臧文仲居蔡，山節藻棁」，則節與棁其素地也。○此詩若無孔子之解，則可解云巧笑則倩然矣，美目則盼然矣。只此倩盼之素質，便是絢麗之色矣，不用更施文采也。唐詩云：「却嫌脂粉污顔色，淡掃娥眉朝至尊。」其意雖均之俗，然今昔人之見亦有同者。

「繪事後素」，則是先有素而後有絢也。此一句是夫子直解「素以爲絢兮」一句之義，以釋子夏之疑。

文章黼黻圖

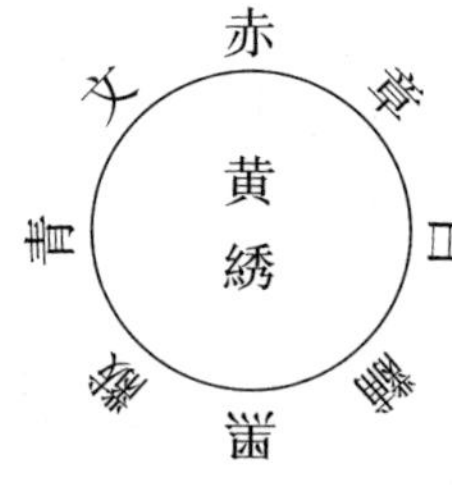

「禮後乎」，以儀文言也。○朱子所以解云「禮必以忠信爲質」者，蓋因《記·禮器》有「忠信之人可以學禮」一句，不然何以知忠信之爲質也？子夏之意實以此，想子夏時已有此成語。

○子貢因論學而知《詩》，子夏因論《詩》而知學，皆謂有得於詩詞外之意也。

「夏禮吾能言之」章

○聖人欲使二代之禮得傳於世，而二代之禮自無可傳之機也。「夏禮吾能言之」，然必有徵，然後人信之。今則杞不足徵也。「殷禮吾能言之」，今則宋不足徵也。杞、宋不足以取徵者，正以典籍放逸，人才衰落故也。典籍放逸，則所謂「文武之政，布在方册」者何在？人才衰落，則所謂「賢者識其大者，不賢者識其小者」何有？此夫子之所以難於言也。又繼之曰「足則吾能徵之矣」，今也不足，可惜哉！「足則吾能徵之矣」，意若曰使文獻若足，則我能取以爲徵，而二代之禮不至於遂泯滅無傳矣。深惜其遂泯滅。○「夏禮吾能言之」，「殷禮吾能言之」者，蓋聖人生知天縱，其於殷夏之禮得其一，自足以推其餘。況有百世可知者，固無難於言。但無徵不信，此二代之禮所以終不傳也。聖人斯言，蓋深惜之也。「夏禮、殷禮」與「子張問十世」章有相發者，此正所謂制度文爲隨時損益者也。若三綱五常亦不待聖人而後能言之，且亦何待於徵？○宋，殷之後，去周未遠，文獻雖不足料，未至如杞之甚。故夫子他日有曰「有宋存焉」，又曰「吾得坤乾焉」。坤乾，《歸藏》也。雖然，畢竟亦是不足也。不足者，不完備也。○杞去周極遠，且其爲國極小，文獻大段荒矣。朱子曰：「《春秋》所書，初稱杞侯，已而稱伯稱子，蓋其朝覲貢税之屬，皆以子男之禮從事。聖人因其實而書之，非貶之也。而滕國亦小，隱十一年來朝書侯，桓二年來朝書子。解者以爲桓公弑君之賊，滕不合朝之，故貶稱子。予嘗疑之，以爲自此以後，一向書子，使聖人實惡其黨惡之罪，則當止其一身，其子孫何罪，一例貶之，豈所謂惡惡止其身邪？」程沙隨云：「滕國至小，其朝覲貢賦不足以附大國之諸侯，故甘心自降爲子。子孫一向微弱，故終春秋之世常稱子。然則杞之文獻可知矣。當時文獻若足，聖人便當取以爲證，而筆之於書，使二代之禮與周並傳，不至泯滅而無聞矣。」

「禘自既灌而往者」

禘，魯之禘也，既灌而往，寖以懈怠。魯之君臣，凡祭皆然，不獨禘也。而夫子獨以禘爲言，豈非以失禮之中又失禮故耶？〇王者既立始祖之廟，又推始祖所自出之帝，則遠甚矣。故不立廟，當祭之時但設虛位於始祖廟中，而退始祖之主於南面以配之。周之禘也，以后稷爲始祖，以帝嚳爲始祖所自出之帝。魯之禘也，以周公爲始祖，以文王爲所自出之帝。不王不禘。魯，諸侯也，安得用天子禮樂與周家並哉！此章「禘」字且輕過，語頭全在「既灌而往」上。〇周始祖后稷，所自出者嚳也。魯始祖周公，所自出者文王也。宗祀文王，尊太祖也。郊祀后稷，及時祫大祫皆祖稷，尊始祖也。其禘嚳者，尊始祖所自出之帝也。〇昔者周公郊祀后稷以配天，宗祀文王於明堂以配上帝，此乃成王幼，周公位冢宰，攝行天子事之日也。不然，周公之衰也舊矣。

「鬱鬯之酒」，鬱，鬱金香草也。鬯，其氣芬芳條暢也。釀秬黍酒，和之以鬱金香草。秬，黑黍也。〇王者有禘有祫，諸侯有祫而無禘。禘，帝也，祭其所自出之帝也。祫者，合也，合群廟而祭之也。〇天子七廟，三昭三穆并始祖一，合七廟之主而祫也。諸侯五廟，二昭二穆并始祖一，合五廟而祫也。是祫之名雖同，而祫之等則不同也。○禘是祭之至遠且大者，愚意夏商以前未有，至周禮制大備，方有此歟？若四時之祭及祫祭，則止於太祖。若禘則遠追太祖之所由來者，故曰王者之大祭也。《通考》云：「王者立，三年喪畢之明春行之。」

「失禮之中又失禮」。○《春秋》所書郊禘，或以卜，或以時，或以望，或以牲，或以牛，皆「失禮之中又失禮」者也。見僖公三十有一年胡傳。○「考之當今又如此」，注云：「魯事非也，須兼周與魯言，謂考之周則爲幽厲所傷，考之魯又有禘郊之僭也。」

「或問禘之説」章

○夫子告或人以不知禘之説者，其來意有二：一則以或人不能知此而辭之也，一則以魯國不當有此而諱之也。○禘之説大旨，只是先王以天下養之心推之，以及其至遠之祖耳。故不王不禘，心雖無窮而分則有限也。○如周公成文、武之德，追王太王、王季，上祀先公以天子之禮者，正是以天下養之意耳。故云使四海之內，各以其職來祭，此聖人之孝也。

○大抵此先王報本追遠之意，仁孝誠敬之極者也。故既立始祖之廟，以爲百世不遷之祖，而又爲五年一禘之制，推其始祖所自出之帝，祀之於始祖之廟，而以始祖配之。蓋推始祖之心，以及於其所自出之帝也。噫！此人倫之至也，人道之備也，無以復加矣。故非察理之精微，誠敬之極致，❶不足以與此。

❶「敬」，原無，今據嘉靖本補。

《集注》「非仁孝誠敬之至，不足以與此」，此接上文「先王報本追遠之意，莫深於禘」，言其難知也。蓋此箇道理極精微而遠大，粗淺的人如何推度得到此，自非自得此一段深遠意思，行便不到。故程子曰：「惟聖人爲能享帝，惟孝子爲能享親。」若周家自成康以後，固無不禘者，大抵都是依故事行耳。若求能自得此一段意思者蓋寡，故曰「非或人所及也」。○「知禘之説」，既知得便行得。○「知禘之説」雖以知言，然非仁孝誠敬之至者不足以知此，則其誠之可以無所不格者亦在其中矣。蓋仁孝誠敬，固是有行了。○「理無不明，誠無不格」，言天下之理無所不明，吾心之誠無所不格。

「仁孝誠敬」，根於天理之自然之謂仁，形於人心之至愛之謂孝，真實無僞之謂誠，主一無適之謂敬。○制禮者非仁孝誠敬之至，推不到此。行禮者非仁孝誠敬之至，盡不得此。講禮者非仁孝誠敬之至，曉不得此。《集注》「不足以與此」，蓋指講禮者言。○「或問禘之説」，子曰「不知」。設顔淵、子貢以是爲問，其智足以及此，然則夫子之答之也當如何，是未可知也。

「祭如在」章

程子曰：「祭，祭先祖也。」父母亦在其中，如云「郊社之禮，所以事上帝也」，不言后土，省文爾。

此章重在前條，下文是記其所嘗言者，而「如在」之誠亦可見。○祭先主於孝，祭神主於敬。據本文「祭如在，祭神亦如在」，則若無異矣。程子推究其所以，以爲中間亦自有異處。蓋如在之誠雖一，然祭先主孝，祭神主敬，孝心純篤固如在，敬心純一亦如在。○「吾不與祭，如不祭」者，特以不得致其如在之誠耳。若其禮則固已行矣，但此意則不得伸耳。聖人所歉者，不在禮而在意也。○《祭儀》曰：「致齋於内，散齋於外。」致齋即戒也。致字對散字言，如專心致志之致，一於内無雜念也。散則非一，如不飲酒，不茹葷之類。

○問：人致其孝誠，以祀其祖先，果有祖先來享之事乎？曰：「難言也。先儒論之似詳矣，然愚以爲多是主於子孫一念不容已之心而有是也。如天地山川社稷之類，生氣萬古不化，隨祭而享，其理固真。若夫人死，則魂已歸天，魄已歸地，隨化而盡矣。一有凝結未散之魂，則以爲妖爲厲，而非其常矣。惟其所傳之氣，在於子子孫孫之身者，雖隔千年而猶一貫。此則理之無足疑矣。但其父祖已散之氣，終無復聚之理。所謂往者過，來者續，乃所以爲天地之化也。若其已散之氣，又隨祭享而聚，則是其既死之氣猶有潛寓於宇宙之間，而宇宙間去去來來只是這些氣了。而佛氏之説，儒者不當全斥其誕矣。大抵人之所以爲人者，以其心之異於禽獸也。况豺獺亦知報本，人於祖先能無時時致其思乎？思之則必有以致其如在之誠，而宗廟之立，祭享之儀，齋戒之禮，自有不容已者矣。然亦豈能必其果來享與否哉？古人謂『廟則人鬼享』，又曰『先王享帝立廟，所以聚其散』，如此之類不可勝舉。蓋其意自有所屬，而究竟到底，則愚之説亦其所緣起之義，而或未至大戾也。然但可與仁人孝子言，而不可與薄夫俗子道，正爲恐得罪於古人耳。日來被諸君詰難窘迫，姑發其愚，以俟斥正。」○若究竟到底，祖先之氣果是盡了，其不死者只是仁人孝子之心之所爲，此蓋先儒所謂有其誠則有其神，無其誠則無其神者乎？曰：「然然矣。」曰：然則人惟心存孝思，果於爲善，以不辱其先，亦足爲孝矣。何必爲此無實之文哉？曰：「此決不容已也。無惻隱之心，非人也。既有是心，必有是儀，不然豺獺之不如也。且聖人爲民立極作則，豈容使人道同於牛馬乎！抑不但人鬼之祭足以表其心也，今夫天地山川之祭，大抵此意亦多。且郊天用特牲，若天神真是來享，則一特牲豈足以供天神之享哉？抑亦以表其誠耳。知此則其餘祭亦概可推矣。」○北齊永安簡平王俊，高觀第三子也，八歲時問於博士盧景裕曰：「祭神如神在，爲有神邪無神邪？」對曰：「有。」俊曰：「有神當云祭神神在，何煩如字？」景裕不能答，及長嬉戲不節云云。見《北齊書·列傳》。

「王孫賈問曰」

五祀

春	夏	中	秋	冬
户	竈	中霤	門	行

凡祭五祀，皆先設主，而祭於其所，然後迎尸而祭於奥者，蓋以其本所，非可以展盡禮儀地場，故復迎尸而祭於奥，以成禮也。竈陘乃竈門外平直可頓柴處。○饒氏兩句説得最好，曰祭於其所近於褻，止祭於奥，又非神所栖，故兩祭之盡求神之道也。○君雖尊而政柄非自己出，猶奥有常尊而非祭之主也。臣雖在下，而秉國之柄，猶竈雖卑賤，而當時用事也。

○「天即理也」，愚謂天之所以爲天者，理而已矣。此注蓋謂此天字非以形體言也，又非以生物者言也，蓋就理言也。若謂只以天爲理，則注何以必曰逆理則獲罪於天，又何不曰逆理則得罪於理，又何不曰逆天則得罪於天，而本文又何不止曰獲罪於理，無所禱也。蓋孔子出一「天」字，特地是以壓竈與奥，而其所主則在道理上，故《集注》云耳。

○此箇道理，其體則謂之天，其主宰則謂之帝，如父子有親，君臣有義，雖是理如此，亦須上面有箇道理，教他如此始得。

○時孔子在衛。王孫賈，衛權臣也，爲見孔子於衛君分上愈致其恭，而於己畧不見親附之意，故引時俗之語以諷之云云。孔子答之云：「不然，媚奥媚竈皆非也。大抵天下惟道理最大，理之所在，即天之所在也。人苟逆理而得罪於天，再無所禱而能免者。」言媚奥固不能免，媚竈亦不能免也。然則人惟當順理而已。看來孔子此言遜而不迫，使王孫賈而知此云云禍。王孫賈只用奥竈二字來限夫子。夫子所答特出一天字，而奥竈皆卑矣。片言之間，非特有以屈姦雄之喙，抑亦有以折姦雄之心。

○媚於奥固不可，媚於竈亦不可也。莫尊惟天，苟逆理，而獲罪於天矣，豈媚於奥竈所能禱而免乎？禱，告求也。王孫賈欲夫子媚己，緊要是媚字不好。他是見夫子事君盡禮也，便以私心窺夫子説，是媚君以求進，而於己反不見有親附之意，故有媚竈之問也。夫子都不答，他只據媚奥媚竈之言而評之如此，都不關著自己事，亦不關著王孫賈事。味其語意，脱然在清净地位立。自非聖人，則率然酬應之頃，亦安能從容脱洒有若是哉！

○《集注》「非特不當媚竈，亦不可媚於奥也」，曰非特，曰亦者，見得天尊無對，人既獲罪于天，竈之卑固難爲免，奥雖稍尊亦難爲免也。

○或曰「無所禱也」不以禍福言。曰：「不必如此説得太精。蓋聖人之言，因人而變化。此言要使王孫賈曉得，况獲罪之罪字何謂也。若謂只逆理，便是禍害，此等意似恐非賈所及，抑反不足以折姦雄之心。」

「周監於二代，郁郁乎文哉」

視二代之禮而損益之，此禮字指制度文爲言，所損益者也。周文之盛，一部《周禮》盡之矣。○制作之善，固不可以不從；時王之制，又不敢以不從。

「子入太廟，每事問」

曰「是禮也」，只是淺應他，然即此一言，味之亦可以見其非不知而問明矣。或曰既知雖不問何害？曰：「雖已知其禮而未親其事，故自須問。在他人則或果未知，或既知，便臨時不問。此夫子所爲敬謹之至。」○曰「是禮也」，而或者乃譏其不知禮，然則孰爲知禮，孰爲不知禮邪？而得失有歸矣。

「射不主皮」

○治世行禮射，亂世用武射。當武王克商之後，偃武脩文，則射固不主皮矣。今周衰禮廢，列國兵争，則射一尚貫革，而古風不復見矣，故孔子嘆之。○「射不主皮」者，禮射也。本文上當用一禮字貼他説。若武射，如何不主皮？但當時尚武，雖禮射亦主皮，故孔子嘆之。○棲皮曰鵠，天子諸侯之的也。畫布曰正，大夫士之的也。天子三侯，虎熊豹。諸侯二，熊豹。大夫麋，士豻。凡侯必以其獸之皮爲革。大夫士無革，只是就布畫之，畫則畫其獸之類也。天子諸侯之的，既栖革則不用畫，所以必以熊虎豹麋豻爲的，取射獵之義。棲皮曰鵠，是以大射之侯言，又有賓射燕射。

「子貢欲去告朔之餼羊」

十二月，十二箇月也。月朔，每月之朔也。朔者，蘇也，謂月晦至一日復生明，是死而復蘇也，故以名。○頒朔，是頒曆也。曆有十二月。朔，十二月之朔也。朔只是其初一日，舉朔以該餘日也。古者視朔，則初一日尤重也。首事以朔聞，視朔之禮，當今之制猶然。○餼，生牲也，有司備之，則生未殺。若時君告朔，則殺而用之。○魯自文公始不視朔，書於《春秋》凡四書，至定、哀則習以爲常，《春秋》亦不屑屑書矣。○天子諸侯皆告朔，而注只言諸侯者，此章爲魯事而發也。

○子貢之意在惜小費，孔子之意欲存大禮。存大禮，故不惜小費。惜小費，則反亡大禮。於此可見聖賢所見之高下淺深矣。○子貢愛羊，猶是貨殖之見。

「事君盡禮，人以爲諂也」

○事君，自有事君當然之禮，人臣之所宜自盡者。今也事君盡禮，人乃以爲諂，蓋以爲諂者，不知其爲禮之當然也。大抵當時君弱臣强，人臣事君之禮日趨於簡便。彼見夫子之事君，拜必以下，過位必色勃，入門必鞠躬，執圭則如不勝，趨進則翼如也，君在則踧踖如也，與與如也，是多少疑駭，諂之云不亦宜乎。

《集注》云「孔子於事君之禮，非有所加也」，蓋盡者在禮之内，加者在禮之外。加則爲諂矣。加者固非，而不盡者亦非也。此夫子之所謹，而時人之所惑也。○要味《集注》「明禮之當然」一句，又要看「孔子於事君之禮，非有所加也」，如是而後盡耳，二句尤好。○一説事君盡禮，不可露出我字，自有程子説在難犯。

「君使臣以禮」

○忠信而待之誠，重祿而養之厚，接見之間則禮貌必隆，委任之際則事權必重，遣戍之時則或送其往，❶或勞其來，此皆使之以禮處。

○「臣事君以忠」者，敬其事而後其食，知有國不知其身，❷平時則恪共厥職而必盡其心，有難則鞠躬盡瘁而不屈其節，此皆事君以忠之事。○事君以忠，恐泛言平時，不必擬到伏節死義處。

「《關雎》樂而不淫」章

《關雎》所重在德不在色。此據詩而言性情，畢竟是有人方有性情，即便是詩人性情之正，故發於詞氣聲音者如此。○本文「哀」字當「憂」字說，至《集注》却全把「憂」字來换了他，多少是周旋。○若據詩而言，曰樂止於琴瑟鍾鼓，憂止於寤寐反側，則與下文「憂雖深而不害於和，樂雖盛而不失其正」相戾。詳味《集注》之意，蓋重在后妃之德上。惟后妃有是德，故詩人既得而樂之，雖如此其盛，宜也。豈失其正乎？未得而憂之，雖如此其深，亦宜也。何害於和乎？○《關雎》詩云「窈窕淑女，君子好逑」，此二句最見后妃之德，及詩人之所宜憂宜樂處。

《關雎》「樂而不淫，哀而不傷」，言其樂不爲淫，其哀不爲傷。朱子於《詩傳》「《關雎》三章，一章四句，二章八句」之下云：「孔子曰《關雎》樂而不淫，哀而不傷。愚謂此言爲此詩者，得其性情之正，聲氣之和也。

❶「戍」，嘉靖本作「使」。
❷「其」，嘉靖本作「有」。

蓋德如雎鳩，摯而有别，而后妃性情之正，固可以見其一端矣。至於寤寐反側，琴瑟鍾鼓，極其哀樂，而皆不過其則焉。則詩人性情之正，又可以見其全體也。」據此則不淫不傷正爲詩人發，而近時吴仲珠先生之説爲失之新奇矣。○《關雎》「樂而不淫，哀而不傷」，今看來斷是詩人哀樂之得其正也。蓋此詩是宫人所作，故《詩傳》曰：「周之文王，生有聖德，又得聖女姒氏以爲之配。宫中之人，於其始至，見其有幽閑貞静之德，故作是詩。」云云。○詩第二章所謂「寤寐思服」，「輾轉反側」者，即詩人願得淑女以配君子，而思服反側也。此既得之後，追言其未得之時然也，非謂文王求之未得，而思服反側也。故其傳曰：「蓋此人此德，世不常有，求之不得，則無以配君子，而成其内治之功，故其憂思之深不能自已，至於如此也。」所謂「無以配君子」云者，在詩人爲順也。若夫小注，朱子曰：「依此詩看來，是妾媵作，所以形容寤寐反側之事，外人做不到此。」此説必是朱子從前未定之説，與正傳不合，修書時不當引入於此。此條最惑後學，今不得不併録以與讀者商之。○其第三章曰「琴瑟友之」、「鐘鼓樂之」者，即詩人之喜得淑女以配君子，而友之樂之也。故傳曰「此人此德，世不常有，幸而得之，則有以配君子而成内治，故其喜樂尊奉之」詞，則其爲指詩人明甚。詩人即宫中人也。若謂文王既得而喜樂之猶可，爲尊奉之則決不可。夫爲婦之所天，而聖人何至於尊奉其婦？而本文「琴瑟友之」、「鐘鼓樂之」，其詞意猶未至此之甚，方知其爲指宫中之人無疑。而小注所載「外人做不到此」之説，益信其非朱子之定説矣。○《詩傳序》曰：「二南親被文王之化以成德，而人皆有以得其性情之正，故其發於言者，樂而不至於淫，哀而不至於傷。」此其爲指詩人性情之正，抑又彰彰昭甚矣。○又按《論語》本注曰云云，「蓋其憂雖深而不害於和，其樂雖盛而不失其正，故夫子稱之如此，欲學者玩其辭，審其音，而有以識其性情之正也」。其詞，詩人之詞也。其音，詩人之音也。則「其性情」之「其」字，獨非指詩人乎？而上文所謂其憂其樂之「其」字，同一指詩人也。〇嘗謂《關雎》所詠，本疑淫與傷也。但以施於文王之與后妃，而得爲不淫不傷耳。是亦微顯闡幽之意，不然三百篇中性情之得其正者，豈獨《關雎》？又如孔子曰「殷有三仁焉」，蓋以當時於三子有異論故也。

「哀公問社於宰我」

〇古之建國者，左祖右社。必立祖者，人本乎祖，且人屬也，陽也，故左祖。必立社者，人非土穀不生，社兼稷在其中，二神屬陰，故右社。有國則有社，國存與存，國亡與亡。若人君不修德用賢而養民，則國亡而不能保其社稷矣。愚竊謂宰我之答哀公者，宜用此意，乃徒以社之主木爲言抑末矣。況使民戰栗之說，又非所以爲人君之福乎！〇既曰各樹其土之所宜木爲主，則夏后氏以松，未必舉天下之諸侯社皆以松也。殷人以栢，亦未必舉天下之諸侯社皆以栢也。周人以栗，亦未必舉天下之諸侯社皆以栗也。魯人用栗，在齊在楚未必皆以栗也。宰我此對甚踈，下句尤鑿。縱使告以各樹其土之所宜木，亦未得立社之本意。《集注》句姑且就其言之謬而正之耳，未暇深論也。

夫子所以責之，爲好説的都不説，無打緊不好説的却又説。使當時宰我答哀公只上三句，無下一句，孔子責之亦不至如是之深。〇「成事不説」三句，往者既不可咎，來者其可以不謹哉！故曰「欲使謹其後也」。三句只是駟不及舌意。三句皆泛，失言之意在其中。雖云不咎其既往，實以警之於將來。〇初讀古作，有曰元之社屋矣，以爲社爲人所屋。及看《語類》云：「社只是壇，古者惟喪國之社屋之。」乃知學不可無稽考。

「管仲之器小哉」章

正己而物正，所謂大人也。然則管仲之器小亦可見矣。○局量褊淺，以内中所受言。規模卑狹，以外邊所設施言。如奢而犯禮，亦是外邊設施小了。然亦由其淺中見他些小功業，便以爲光前振後。所受既小，外面遂肆然無所顧忌，而入於僭犯之罪。○或曰奢而犯禮只是就局量褊淺處説，此難以語設施。朱子曰：「孔子『器小』二字是包括管仲一生，自本至末都盡了。奢而犯禮特其器小中之二事耳。孔子所以説他奢，只是應或人儉乎之問，非是直以此二事證他器小也。但從此二事看，亦見他器小處。」

「管氏有三歸，官事不攝」，此節固是説他奢處，然便亦可見其不知禮，不必都至樹塞門、有反坫，然後爲不知禮也，此在善觀者。○楹，柱也，謂兩柱盈盈然對立也。坫在兩楹之間，如今人把盞置槖盞于廳前中央也。

坫，受爵之器也。依注以木爲之，高約一尺，只在地，不如今人承以案。蓋古者地坐，未有椅桌。坫字從土，恐是瓦器。

「子語魯太師樂」

「樂其可知」，言不可不知也。可，猶云當也。始作、縱之、以成，是三關節。純、皦、繹如，俱綴於從之之下。以成，蓋從而收聲以爲一終也。○翕如，音律備也。純如，聲始暢也。皦如，暢而不混也。繹如，雖不混亦不間斷也。翕如與純如，則有先後。純如與皦如、繹如，則一時事，不可分先後。○清濁高下，便只是五音純如。○謂五音之相和，如五味之相濟也。皦如，清自清，濁自濁，不相混也。繹如者，一清一濁之相爲終始，一高一下之相爲起伏，而無間斷也。饒氏曰：「翕合之餘有純和，純和之中有明白，明白之中無間斷。」上句著餘字，下句著二中字，極有斟酌。○五音六律，八音中俱有聲，有高下清濁，故聖人括之以宮商角徵羽之五音。五音則各有高下清濁，故聖人又括之以黄鐘太簇等之六律。宮商角徵羽次序，以其分數之多寡言。宮最濁，商次濁，角徵清徵濁，徵稍清，羽最清。濁者低，清者高。十二管長者聲濁，短者聲清。

「何患於喪乎」

謂無患夫子之喪也，其喪亦不久矣。○「天將以夫子爲木鐸」，是言天運將復，而夫子之德如是，意者其天運之所屬乎！故曰「天將以夫子爲木鐸」。木鐸用後説，應不得「何患於喪乎」一句。

○若是聖人，天地要窮他也不得。如不得位，却便集群聖之大成，以垂憲乎萬世。在當時識者已謂其功賢於堯舜，自生民以來未之有矣。安知二帝三王在天之靈，不反有羡於夫子之能以萬世爲土乎！❶

「子謂韶盡美矣」

○舜有紹堯致治之功，武王有伐紂救民之功，以是功之盛而昭象於樂，其布之於聲，形之於容者，皆盡其美也。蓋聲容之間皆其功業之發揮也。然舜之致治，乃以性之之德爲之，德既極其盛，其有天下也，又且

❶ 「土」，四庫本作「位」。

從揖遜而來，非出於力取，此韶之所以盡善也。武王之救民者，乃以反之之德爲之，既非性之者比，又以征誅費力而得天下，不若揖遜之自然也，此武之所以未盡善也。盡美未盡善，皆於樂中見得，故不曰舜盡美而曰韶，不曰武王而僅曰武，皆舉樂言也。蓋揖遜、征伐之事，皆布在聲容之間，而性之、反之之德，亦寓於聲容之表。

○盡美處，且浮浮的看，見舜樂與武樂無異。但舜樂聲容中所發者性之也，又以揖遜得天下。武樂所發者反之也，又以征誅得天下，有此不同耳。

樂只是許多聲容，何處是盡美，又何處是盡善？曰：「盡美蓋只就聲容外面看，便是他美處。就聲容裏面看，其所以爲是聲容者，便見盡善與未盡善處。」○美是聲容之盛，善是所以爲是聲容底骨子。○盡美盡善，都是指樂言。注所云云，皆是原其所以處。○《書》曰：「德惟善政，政在養民。水火金木土穀六府。惟修，正德利用厚生三事。惟和。九功惟叙，九叙惟歌，戒之用休，董之用威，勸之以九歌，俾勿壞此大韶之本也。」出《禹謨》。

○《樂記》曰：「且夫武始而北出，再成而滅商，三成而南，四成而南國是彊，五成而分，周公左，召公右，六成復綴以崇天子。」此武舞之實也。周在南，商在北。○總干而山立，武王之事也。發揚蹈厲，太公之志也。觀此氣象，自是與韶不同。○《書》與《樂記》所言，正所謂聲容之實處，本是説揖遜有天下，征誅得天下之事，然性之、反之亦在其中矣。何也？蓋都是性之、反之之所爲處。

又何不言濩，而獨言武？湯較優於武也。朱子兼性之、反之説，所以處之者審矣。或曰夫子是據韶、武二樂言，武周祖之樂，韶在齊所聞，濩當時未聞耳。

「居上不寬」章

○「居上不寬」，則雖有條教法令之施，皆在所不觀矣。「爲禮不敬」，則雖有威儀進退之節，皆在所不觀矣。「臨喪不哀」，則雖有節文之習熟，皆在所不觀矣。聖人教人重本也，既無其本，則條教法令等都是無根的，都不是從心頭做出的。○寬者兼容包并之道，爲人上者之本等，第一事也。

○不寬不敬不哀，固無可以觀處。然既寬、敬、哀了，又何得失之可議？蓋寬亦有不是處，如子太叔之寬是也。敬亦有一於敬而禮文不足者，哀亦有一於戚而徑情直行者，須各於其中看其或過或不及。不是居上只是一箇寬便了，爲禮只是一箇敬便了，臨喪只是一箇哀便了。

里仁第四

「里人爲美」章

「里仁爲美，擇不處仁」，則是不知其爲美矣，「焉得知」？此仁字就里俗言，故曰仁厚。○不必謂既知其爲美，而又不處也。

「不仁者不可以久處約」

「不可」，不能也。約、樂以所處之地言。約，貧約也。樂，豐樂也。約是約而爲泰之約，樂是如樂歲終身飽，樂歲粒米狼戾之樂。○「久」之一字有二説，南軒謂其一時猶或能勉强，蓋久則濫淫必矣。吴氏謂聖人待人厚，立言從容，故如此，如「鮮矣仁」之例。前説長。仁者、智者，以人品言。安仁、利仁，以其德之淺深言。究竟則安仁、利仁，正仁智者之所以爲仁智者處，但文勢不是如此。○安仁者，久約自然不濫，久樂自然不淫。利仁者，亦能守之，不至於淫與濫也。安仁自不失者也，利仁惟恐失之者也。○《記》曰：「仁者安仁，智者利仁，畏罪者强仁」，强仁者又其次也。○「無適不然」，對不易所守言，只是自然也，言亦可約亦可樂，無往而不安於仁也。「無適不然」，與「無内外遠近精粗之間」不同。下二句云「非有所存而自不亡，非有所理而自不亂」，此説得安字意出。

「惟仁者能好人」

○好惡之心，人皆有之，然未能至無私地位，則所好者未必其所當好，所惡者未必其所當惡。夫惟仁者之心，至公無私，其所好者乃理之所當好，而所好當於理矣，是能好人也；其所惡者乃理之所當惡，而所惡當於理矣，是能惡人也。○善者在所當好，惡者在所當惡，此自有一箇正當道理，但此理惟心之公者得之。心若不公，則所好者未必其所當好，所惡者未必其所當惡。惟仁者無私心，所以能好惡人也。此可見必無私心，而後能事當於理也。○游氏注所以置在圈外者，「心有所係而不能自克」，此一語似説知其善而不能好，知其惡而不能惡。相似孔子正意，是説心既無私，則見得善惡十分分明，從而好惡之，自無不正者矣。所謂公生明也。

「苟志於仁矣，無惡也」

「苟志於仁」，則心有主矣。所主在此，自不至蹈於惡。若正路上差了脚，則未必其無惡。

「富與貴，是人之所欲也」

取舍之分，義利之辯，善惡之關也。此處一失脚，便已自絶於君子之路。聖門之學，以求仁爲要，求仁以明取舍爲先。若「無終食違仁」以下，則是守其本心之正而不離者。總是要無時無處不用其力，而有内外精粗之别焉。○富貴不苟處，貧賤不苟去，即仁也，即所以爲君子者也。故繼之曰「君子去仁，惡乎成名」。此以上皆就取舍大分言，至於「無終食之間違仁」以下，則爲仁之功益密矣。《集注》所謂存養者，蓋兼動静言。

「君子無終食之間違仁」

《集注》以此爲存養之功。按「存養」二字，元出孟子「存其心，養其性」，實兼動静。後人因《中庸章句》次言「存養省察之要」一句，遂專以爲是静工夫，不知「道不可須臾離」一節，亦自無所不該。故曰「無物不有，無時不然」云云也。如此章之言，造次顛沛，豈專是静時事耶？動意更多也，則存養亦將以爲存養於未應事之先乎？是可思也，省察要亦是存養中一端，但係最要緊處，故特提出以警學者，便與存養爲對耳。

此章不可泥存養對取舍，而分爲兩端言之。存養更密於取舍耳。蓋由大段分明處，説到至微至細處。故注曰：「自富貴貧賤取舍之間，以至於終食造次顛沛之際，無時無處而不用其力也。」此本章之大意也。

「我未見好仁者惡不仁者」

○《詩傳》曰「好賢如緇衣，惡惡如巷伯」，皆以其好惡之極言。「好仁者，無以尚之」，是好仁者誠未易得見也。「惡不仁者，其爲仁矣，不使不仁者加乎其身」，是惡不仁者誠未易得見也。然此亦在乎人之立志何如。其所以不可見者，蓋總是人不肯用力耳。「有能一日用其力於仁矣乎」？爲仁由己，寧有力不足者。用力於仁，只是擴天理，遏人欲而已。擴天理之至，則至於無以尚之域矣。遏人欲之至，則至於不使不仁者加乎其身之域矣。雖然，亦不可便道决無力不足者。蓋或有之矣，但我實全未之見，看來只是人不肯用力而已耳。自「有能一日用其力」至此，總是一意，所謂反覆嘆息也。此章三節，前一節輕，後二節重。夫子之意，在後二節。前一節特以發起下兩節之意耳。○此章是勉進學者之詞。○初言仁者之難得，後只言由人不肯用力耳。反覆嘆息，大意不過如此。○凡所謂好善者，須是好尚自己身上來，方可謂之好。若徒口羨之、心重之而已，身所爲與不肖類焉，又何取於好哉？其人亦末如之何也已矣。

○一説自首章「我未見」之詞，亦是嘆息，故終此章皆爲嘆息不止，是後二節爲反覆嘆息也。然據總注，合下便云「此章言仁之成德，雖難其人」云云，「雖」之一字，直喚起下文之言耳。

「人之過也，各於其黨」一章

○此言就過失上亦可知仁。謂均之爲過也，然其爲類則不同，過之所以爲類不同者，正以其存心之不同也。故「觀過，斯知仁矣」。豈可以其有過而概以不仁待之哉？

「人之過也，各於其黨。觀過，斯知仁矣」。此四句皆兼君子小人言，而意皆重在君子。蓋緣當時人議論太刻，君子但有用意過當處，人便薄了他，而不原其心之所存，故夫子發此。○過以事言，仁以心言。如過於厚，過於愛處，雖是過當，然即其厚與愛處，猶可見其仁，小人反是。○於君子之過厚過愛處看，便可見苟志於仁矣，無惡也。於小人之過薄過忍處看，便可見未有小人而仁者也。「仁」字兼仁不仁，尹氏圈内注也。况外注又云「人雖有過，猶可即此而知其厚薄」，「厚薄」二字，兼仁不仁也。又云「非謂必俟其有過而後賢否可知也」，「賢否」二字又兼仁不仁也。○詳《集注》「人雖有過」字面可見，此章意重在君子，然不可於下句獨指君子一邊言。

「朝聞道」

○胡氏曰：「苟無平日積累之勤，必無一朝頓悟之妙。」必如顏子之見卓爾，曾子之聞一貫，乃可謂之聞道，不可淺淺看。○聞字兼行字言。蓋既聞道，則宜其無悖於道者矣。故生順死安，於此觀之可見。道之不可不聞，而亦不可以易聞也。既聞道，則不愧於爲人矣，夕死可也。

「士志於道，而耻惡衣惡食者」

士既有志於求道，宜不以在外者爲重輕矣，而乃耻其衣食之麤惡不若人，則其識趣卑陋，而於道殊未有聞也，何足與議哉！○爲其不美於觀聽而自歉也，此亦於道未有所見故爾。蓋學者有志於道，必先掃去了此一段俗見始得，徇外者必忘内。

「君子之於天下也」

言君子於天下一切之事，初無必爲之心，亦無必不爲之心，顧義之所在何如，而惟義是從耳。如理果當爲則爲之，理果不當爲則不爲。義者事理之所宜也，義果當行則行，其行也以義，非吾有心於行也。義果不當行則不行，其不行也亦以義，非吾有心於不行也。若有心於行，則是適也。有心於不行，則是莫也。此三句語勢要相連説，言無此二者，只有一義耳。無適無莫，不是住語處，若無下一句亦不成説話。○天下之事，該得極廣大，而父子君臣之間，小而動静食息之際，近而一室之内，遠而萬里之外，一切的事都有箇道理在那裏。君子以其事之理而處其事，何容心於可否耶？

無適無莫，總言無心。無心者，無私心也。惟義是從者，從公理也。○無適無莫，不必言先有云云，只是應事時節據事之理合如何，便依道理處之，吾一無容私耳，别無他巧説。適是要這等，莫是不要這等。

○適是偏這一邊，莫是偏那一邊。「義之與比」又不是兩邊都要有，看理在何邊。理在這邊，便一向這邊去，不復顧那邊。理在那邊，便一向那邊去，不復顧這邊。若從兩邊取，便是子莫之執中矣。此正所謂時中者也。此正是不任情而任理。「比」，從也。與比者，與義比也，謂只倚在義一邊去，如倚靠之倚。

「義之與比」，事事到面前都元自有一箇義在，不用外面討一箇義來應他，但吾以心制之而已。○事事到面前，都有合當底道理，所謂義也。而是理無不具於吾心，酌之便出。○義當富貴便富貴，當貧賤便貧賤，當生則生，當死便死。朱子曰「義是吾心所處之宜者」，須著心字。

「猖狂自恣」，言放誕而不收拾也。蓋君子之心，雖無適無莫，而實有所依靠。若佛、老之心，雖似乎無適無莫，而實散漫無根著，此所以異。○佛、老是聽其自然，汝教我如此，我便如此，教我如彼，我便如彼。若君子則不然，汝教我如此，是義便從，若不是義，雖死不從也。此所以大不同。

君子之無心，無而有者也。何也？以義爲主也。佛、老之無心，無而無者也。何也？不知有義也。然老氏之將取必與，將翕必張，又難以無心待之，是全是私也，豈可與吾儒同年語？

「君子懷德」

此與「君子喻於義」相似。德字與「據於德」之德字不同，與「天下之達德」德字同，言人所同得之理也。仁義禮智，得於天之所付者是也。此君子小人又略各有差等。懷德無所畏，而不敢爲惡也。懷刑則出於有所畏矣。懷土已得所安而不能遷動者也。懷惠未得而經營必得之者。○懷德之君子，與懷刑之君子固有高下。懷惠之小人，視懷土之小人又下一級。○懷德者義理是徇，懷土者逸欲是耽，懷刑者畏法，懷惠者則雖有法而不顧矣。其爲懷雖同，而其所以懷則不同。○懷德者無所爲而爲善也，懷刑者有所爲而不敢爲惡也，懷土者戀己之有也，懷惠者利人之有也。惠，順也，便利也，如見人有好田宅，便思量欲得其田宅，見人有好官爵，便思量欲得其官爵，故懷惠爲貪利。漢舉孝廉，其目有曰「順鄉里，肅政教」。政教是亦懷刑也。無所畏而不敢爲惡，大抵是聖賢底事。此君子對小人言，是俗所云志誠人耳。能畏法而不敢爲非，即亦可取。

「放於利而行多怨」

○「放」字重看。這般人，事一到面前便揀擇他便宜路去做，凡事不知有他，只知有利也。此等人不惟自處之薄，而又有害於人，故多怨。○多怨謂多取怨，朱子恐或者認爲怨他人，故云「多取怨」，是爲人怨也。○程子之言「放」字説得輕，故在圈外，且言「必害於人，故多怨」。放於利而行者，不必被其害者方怨之，但其徇私自便，自是可惡，雖不被其害者亦自是怨他。蓋凡得利不自義中來，人情自是不能平也。放利而行，言其處心制行一從利邊做去，則拂乎人心之公，而且有害於人矣，多怨，宜也。豈惟多怨，將無有不怨，其不怨者特其所私，或其同類耳。若放於義而行，未必無怨於人，但識道理者亦須道他是，抑雖有怨者，亦不足恤矣。

「能以禮讓爲國乎」

○此就有國者言之。蓋禮之文，人皆能行之；禮之實，則鮮有能盡者。禮之文在外，禮之實在心。在外者皆可以僞爲，在心者不可以僞爲。讓者，禮之實也，所謂辭讓之心也。故有國者誠能以禮讓而治國，則至誠未有不動者，將見內而在朝，士讓爲大夫，大夫讓爲卿；外而在野，耕者讓畔，行者讓路。國其有不治者乎！故曰「何有」。○以禮讓爲國者，辭讓之實心，其行己也恭，而無驕泰之病。其養民也惠，而無貪戾之失。其使臣以禮，而無惰慢之非。則禮遜之俗成，爭競之風熄，於爲國乎「何有」。○讓字不解做實字。讓者，禮之實也。聖人只言禮讓，便是指實心言。辭讓之心，禮之實也。禮起於辭讓，不然禮文雖具，亦且無如之何矣。此正所謂「人而不仁如禮何」者。然則前篇所謂禮樂，非指禮樂之文而何？○讓者，禮之實也。要之，只是無欲上人之心耳。心不上人，則在在依理而動。當時如季氏之八佾，三家之雍徹，其原皆起於欲上人耳。如此則雖外面周旋揖遜，而其本已先曆矣，其如禮何？如四子之志，子路等只爲不達爲國以禮道理，故其言不讓，才雖有餘，實亦有病，箇箇是馳心於君國有土者之事，欲以功業誇人，多見其隘。○讓者，禮之實也。所謂恭儉，豈可以聲音笑貌爲哉？此爲當時君大夫亦有徒事威儀文物之間以爲禮，而無遜讓之實心者而發，此其所以無補於治也，不足以感人心也。

三解「允恭克讓」節云：「天地萬物本自同體，自夫人梏於有我之私，而慢易驕放之心形，則其與天地萬物自見隔絶而爲二。惟聖人實能盡此理於一身，故其見天地人物無一之可忽，無一之可傲。則天地人物，總在吾和氣中矣。堯之允恭克讓，皆其實然之理，至誠之充塞者也。」〇吕氏謂此義微而難看。人惟實不到恭遜地位，是以見不得被四表，格上下。學者試静思之，斯須之莊敬和樂，自有上際下蟠之理。左支右，吾出門如有礙，誰云天地寬者，皆其不恭不遜之根未去也。善乎楊敬仲之言曰：「堯未嘗推而大之，天地萬物皆在堯一性中，動之斯應，分内事也。」

「不患無位」章

〇「不患無位，患所以立」，此指從仕者。「不患莫己知，求爲可知也」，此泛指學者。大文兩段平舉，《集注》又兩段解，還作兩項看爲是。

「參乎！吾道一以貫之」

〇「吾道一以貫之」，「吾道」二字略讀，道字虚説。一是心，不是道，乃道之體也。貫之又不是貫道，貫乎事也。所貫者萬事也，而萬事之理本具一心。〇吾道若不就聖人身上説，如何云聖人之一貫？學者之忠恕，更以夫子所語子貢云「予一以貫之」，予之一字照看便見。〇一本是體，到貫處便有用。〇此一之未應事時則爲體，及此一之應乎萬事時則爲用也。〇真積力久者，用上工夫將有所得者，將得乎體之一也。〇聖人一心，萬理之會也。在心只一理，及應事來，事有萬殊，則一理散爲萬理矣。在内面只一理，在外面方有萬理。在内面所謂萬物統體一太極，體也；在外面所謂萬物各具一太極，用也。須見得體是用之體，用是體之用，方爲合内外之道。

「大哉聖人之道！洋洋乎發育萬物，峻極于天。優優大哉！禮儀三百，威儀三千」。然究其所以爲之者，只是一箇「中也者，天下之大本也」，此一貫之説也。○子曰：「老者安之，朋友信之，少者懷之。」此正一以貫之道。

○曾子隨事精察而力行者，是就事上討道理。夫子之所謂一貫者，是就心上討道理。「一貫」二字不可分，故曰「一以貫之」。一固是體之一，然貫亦非是用之萬，但其所貫者則是萬，所以貫之者則是一也。○就事上討道理，則道理猶在外，在外則道理不同，至有千條萬緒之多。若就心上討道理，則道理皆從中出，中出則千件事萬件事一到面前，只用一心之理應之，所謂因物賦形，無有不周匝處。

○蓋曾子向也知索理於事，而不知取理於心。索理於事，則一事一理，而費於擬議。取理於心，則萬理一心，而安於應酬。一事一理，而費於擬議，所謂隨事精察而力行者也。萬理一心，而安於應酬，所謂一理渾然，而泛應曲當者也。或曰既云一事一理，而又云一理渾然，何也？曰：「萬物各具一理，萬理同出一原，一者萬之合，萬者一之分也。合以立其體，分以應其用也。」○方其隨事精察而力行之時，未嘗不以心也。而曰索理於事何歟？蓋斯時也，事顯而心晦也。及其一理渾然，而泛應曲當，是時亦未不著事也，而曰取理於心何歟？蓋斯時也，心舉而理隨也。

○曾子未唯之前，但知就事索理，而不知就心索理，但知理之爲萬，而不知理之本一也。曾子既唯一貫之後，則知無不至，意無不誠，心無不正，而身無不修，而所以齊家治國平天下之道，所謂舉此而措之者，無不綽綽有餘裕矣。曾子豈不亦聖人哉？故號曰述聖公。於是又可以見《大學》八條目，亦就輕重而分先後耳。其實非今年格物，明年致知，今年誠意，而明年正心也。如曾子一唯之時，正所謂衆物之表裏精粗無不到，吾心之全體大用無不明，而意誠以下皆一以貫之而無餘矣。此以其真積力久，而一旦豁然貫通者論也。

「子出，門人問曰」

○曾子之學，主於誠身，故門人一問，即告之曰：「夫子之道，忠恕而已矣。」非其平素用力之專，安能應聲而發，切中道妙如此！

○忠恕是曾子平素用力者，但未聞一貫之時，亦未必知忠恕之相爲體用，其妙有如此。及夫子以一言點化他，他方曉得忠恕亦是這箇道理，故因門人一問，便把忠恕來當他說。

○曾子平日逐事認理，不免辛苦，到聞一貫來，想是自然從容閒暇矣。及其告門人，依舊只是隨事精察而力行之道理。忠在心裏只是一，恕則因外邊頭面不同，故不一。○此章忠恕，是動以天者。《集注》曰「借」曰「明」可見，其説詳見《中庸或問》。

○「忠恕而已矣」，不是正言忠恕，只是借「忠恕」二字貼出一貫底道理。○「忠因恕見，恕由忠出」，此朱子之言，正程子所謂「一箇忠做出許多恕」也。又曰「忠恕只是一件事，不可做兩頭看」，愚謂忠是恕之根，恕是忠之枝葉。忠未見是體，對恕方成體。

○發出忠底心，做成恕底事。做成恕底事，便是忠底心。右出陳北溪問朱子之言，最爲得旨，不費他詞。

○理本散於萬殊，在心中却只是一箇渾然，故曰一理貫萬事。一理隨事著見，頭面各不同。○一物各具一太極，萬物統體一太極，正如天上只一箇月，地下都有千潭萬沼，逐箇潭沼中就視之，各各都有這一箇月，而其實則總是天上一箇月而已。此乃所謂合萬爲一，一實萬分者也。一貫忠恕，亦是如此。○曾子通身不肯説一貫意思出。○據「中心爲忠，如心爲恕，於義亦通」觀之，則盡己之謂忠，正是所謂發己自盡者。盡字不必十分着力，只是實心。○一以貫之，猶云以一心應萬事。此箇心若不是盡己而無一毫之不實，如何只管推得去？

○朱子曰：「忠恕所以當一貫者，只是一箇真實道理。事事物物接於吾前，便只把這箇實應付將去。自家若有一毫虛僞，事物之來要去措置，他便都不實，便都不合道理。」○忠恕所以當一貫者，只是一箇實心，將照許多道理而應之，自無不周也。盡己處不用著工夫説，故《集注》止云「亦無待於推矣」，而不云「亦無待於盡而推矣」。此處只是説許多恕都是一忠之所爲，故云「然非是今日方著下盡己功夫也」。○覺軒曰：「須是此心發得十分盡方是忠。若留得一分未盡，便不得謂之忠。」○盡己所自盡也，不可輕看。○隨事精察而力行者，即盡己之忠，推己之恕也。一理渾然而泛應曲當者，乃自然之忠，自然之恕也。盡己之忠，推己之恕，忠恕之正名正義也，是曾子未唯一貫之前時事也。自然之忠，自然之恕，是所謂聖人之忠恕，動以天者也。本不可謂之忠恕，姑借忠恕以名之也，是曾子既唯一貫之後時事也。○一貫與忠恕，間架規模總一般，但有生熟之異耳。一箇忠做出許多恕，便是一理貫通乎萬事。○《論語》之忠恕，當主聖人言。愚今亦覺其然矣。向在京時領此教，而猶迷惑不悟，又不深留思，可知其卑下也。但清見近有朋友間看此句書，亦多因程子「動以天」之言，及《中庸或問》之語，而遂忽却忠恕正名正位之義，則又似不見得曾子當時所以欲人易曉之意也。愚意曾子本是降一貫而爲忠恕，程子則又是升忠恕以等於一貫。降一貫爲忠恕者，恐人之高視乎一貫也。升忠恕以等於一貫者，又恐人或因「忠恕而已矣」之言，遂卑視乎聖人之一貫也。要須認《集注》一「借」字，則既不失曾子以忠恕當一貫之本旨，而亦不混却忠恕一貫二者本等之界限也。未知如何？○《魯論》二十篇，所載皆在「參也一唯中矣」，抑不止《魯論》也。○子貢問：「一言而可以終身行之者乎？」子曰：「其恕乎。」可見忠恕之爲一以貫天下之道矣。○「萬殊一本」四字，在天地在聖人都有此，所謂道之體也。萬殊之所以一本也，道之用也。一本之所以萬殊也，都從天地分上説，然後方著一句云。以此觀之，「一以貫之」之實可見矣。

「君子喻於義」

此言君子小人識趣不同。君子只曉得義，事到面前，只管尋義上做去。小人只曉得利，事到面前，只管照利上做將去。

○此就處事而言，謂君子於天下，但知有義而已。如大而死生禍福之間，小而辭受取與之際，都惟義所在，故當辭則辭，當受則受，當生則生，當死則死，只曉得義理而已，全不計較到利處。若小人則雖當辭亦受，當死亦生，凡可以偷生苟得，無不爲矣，全不顧道義之合與否。此其識趣之不同也。○君子只知有義，則心全不入於利。小人只知有利，則心全不入於義。此夫子立言之意。此正所謂君子小人所爲不同，如陰陽晝夜，每每相反者也。○二句平説，曉云者知之悉也。曉比知爲深，《語録》所謂「君子之於義，見得委曲透徹，故自樂爲。小人之於利，亦是於曲折纖息間都理會得，故深好之」。此是「惟其深喻，是以篤好」意，圈外注也。

「見賢思齊焉，見不賢而内自省也」

敬夫言：「老子云：『不善人，善人之資。善人，不善人之師。』與孔子此章之旨不同，爲老子不是，有資之意不善也。」

「不善人，善人之資」，此語亦未害。《詩經》云：「他山之石，可以攻玉。」

「事父母幾諫」

○人子之事父母也，有過不容不諫，然不可顯然直遂己志，必用幾諫。如見其親之意有所不從，不可遂有所拂也。又必致敬而善入之，不敢違焉。其又不從，雖至於被其箠楚，如是之辛苦，亦不敢疾怨。其所以幾諫者，要不可或輟。如此則親之心庶乎其可回，而不至陷於有過之地矣。○不違者，委曲承順，必引之於善而後已也。朱子曰：「不違是主那諫上說。敬已是順了，又須委曲作道理以諫。」此章與《内則》之言相表裏。表裏只一套事，一表一裏，成套也。此章之言與《内則》同。主《内則》而言，則《内則》爲裏，此章爲表。主此章而言，則此章爲裏，《内則》爲表。蓋相發明也。○「又敬不違」，依舊是幾諫，猶言不替初心也。故曰：「上不違微諫之意，恐唐突以觸父母之怒；下不違欲諫之心，務欲置父母於無過之地。」蓋依舊是幾諫耳。○此之不違，即孟子所謂順親也。○或曰「勞而不怨」便是只恁休了，便又復諫。曰：「依舊是諫，不容只恁休，故曰父母有過三諫，不聽則號泣而隨之。」「見志不從」，謂見其意之不回也。「又敬不違」，愈敬以諫之，而又不違也。不違者，順以入之也。

「父母在不遠遊」

○「父母在不遠遊」，以繫累其親之心，或不得已而遠遊，亦必有定方。聖人此言，重在恐親之念我不忘上。故引范氏云：「子能以父母之心爲心，則孝矣。」○一說既言「父母在不遠遊」，則不遠遊是鉄定底了。下之「遊必有方」，非近遊而何？大抵遊都是遠，等常出入之間不喚做遊。如「已告云之東」，即不敢更適西。東西亦不是近之東西，此只借此二字以形容所在耳。○或又云既曰「遊必有方」，則人子之遊但能有方，儘遠遊無妨，何故聖人云「父母在不遠遊」？曰：「聖人爲見上句説不盡，故繼之云『遊必有方』，不可因下句無『遠』字就以爲是近遊也。《中庸》曰：『道也者不可須臾離也，可離非道也。』下句不言『須臾離』，豈是謂久離者乎？《語類》説自明。」

「父母之年不可不知也」

人於父母之老，而愛敬之心有不至者，亦緣不念及父母之年耳。苟於父母之年常記憶在懷抱間，則既喜其壽，又懼其衰，而於愛日之誠自有不能已者。○聖人意重在懼上，蓋喜者喜其已有此年，懼者懼其將來之日不多也，是所喜不足以敵其所懼。聖人欲人子之知懼者，欲其及時奉養而不懈耳。古人一日養不以三公换。嗚呼！○父母壽日增，則衰亦日甚。

「古者言之不出」

「古者言之不出，恥躬之不逮也」。故先行其言，而後從之。

「以約失之者鮮矣」

《性理·老子篇》朱子曰：「儉德亦好，凡事儉則鮮失。」《老子》言「治人事天莫如嗇」。○約未必皆中庸，此亦「禮與其奢也寧儉」之意。《集注》云「非止謂儉約也」，然儉約亦在其中。

「君子欲訥於言而敏於行」

欲，君子自欲也。此與「德欲其盛，禮欲其恭」欲字同。又以《大學》「自新，新民」之「皆欲止於至善」欲字例之，亦是據君子言，不是做他人言。○此言自修之君子，言便要訥，行便要敏，先行其言之意。

「德不孤，必有鄰」

○言德無孤立之理，但見有德者便有鄰。下句以實上句也。○以朱子小注合大注觀之，「德不孤」是泛論其理，「必有鄰」必字是實迹也。若據大文似自脱洒。

「事君數，斯辱矣；朋友數，斯疏矣」

○子游此言，是教人見幾而作也。大凡以義合者，皆當以義而進止焉。

公冶長第五

「子謂公冶長」

○「可妻也」，全在素行上取他。下文是替他分解那一段被累事，以實其無害於可妻。○「其必有以取之矣」，其指長，取猶致也。○縲字實，絏字虚。○《性理》内載勉齋黄氏曰：「讀書者最怕氣不平，且如『公冶長』一章，謝上蔡則謂聖人擇婿，驚人如此。楊龜山則謂聖人所以求於人者薄，可免於刑戮而不累其家，皆可妻也。上蔡氣高者也，龜山氣弱者也。故所見各別如此。要之，當隨文平看，方見得聖人之本意，此觀書之大法。」

「子謂子賤」

孔門君子，魯産者多矣。蓋謂子賤得於尊賢取友者爲多，是取諸人以成德者，故獨稱之。

「子貢問曰」

○子貢平日是好方人者，見孔子以君子許子賤，意以子賤是箇君子矣，不知我爲何等人耳。故問曰：「賜也何如？」○「賜也何如」之問，若無因端問不起，故朱子直以爲「子貢見孔子以君子許子賤」云。○子曰「汝器也」，蓋取其才之可用，亦猶器之可以爲用，故以器目之。○子貢以爲器之爲類不同，有貴有賤，有小有大，賜果何器乎？子曰：「汝自是箇非常之器，乃器中之瑚璉也。」蓋瑚璉，器之貴重而華美者也。子貢之才達於事理，可使從政爲大夫，則自華美矣。不必外求，其所謂華美也。○「器者，有用之成材」。在人則是有學以充其資質者，所謂成效意。○子貢，人中之貴重也。瑚璉，器中之貴重也。以瑚璉方子貢，此正所謂擬人以倫者也。瑚璉雖貴重，畢竟猶是器，未至於不器。使子貢能因今日之所至而益充其所未至，則其所就固未可量，安知其不至於不器？

問：子貢他日聞一貫及性與天道，此可謂不器否？曰：其庶乎不器矣。至此時節，則其自知已自了然，而「賜也何如」之問亦有所不屑矣。曰：何不遂許之以不器，而只曰庶乎不器？曰：「猶是知之也。固有知至而行必至者，亦有知雖至而行猶未至者。先儒所謂有有德之言，有造道之言者是已。如《中庸》論至誠之妙，而曰『苟不固聰明聖智，達天德者，其孰能知之』，此子思之言也，則子思其實知之矣。然子思亦未是『聰明聖智，達天德者』。吾故以子貢之聞一貫、性與天道，止於近於不器者以此。」○問子賤與子貢孰賢，曰：「二子晚年所就，固未知其孰優，但即夫子此言觀之，一則言其尊賢取友以成德，一則方以瑚璉之器。子賤言德，子貢言才。子賤有求益之意，子貢有自負之意。且《家語》記夫子將没之言曰：『吾死之後，則商也日益，賜也日損。』商也好與勝己者處，賜也好與不若己者處。然則子貢猶居子賤之下乎？而子貢之終不能至於不器，亦可見矣。」○既聞一貫，而猶有好不若己之病，是不可曉。《家語》之言，多出附會。○内方外員曰簠，内員外方曰簋，此别言之。「夏曰瑚，商曰璉」，則兼外方内員、外員内方者而通名之也。「宗廟盛黍稷」，見其貴重；飾以金玉，見其華美。

「或曰雍也仁而不佞」

○仲弓爲人，重厚簡默，而時人以佞爲賢，所以孔子他日曰：「不有祝鮀之佞，而有宋朝之美，難乎免於今之世矣。」則其時之所尚可知。所以或人評論仲弓，説道雍也仁則仁矣，惜乎不佞。或人此言，蓋在孔子面前説，所以孔子説：「何以佞爲，我看佞人所以抵當衆人者，但以口取辨而無情實，徒多爲人所憎惡耳，何益哉？女以雍爲仁，則我不敢知，但亦何用佞？雍之不佞，乃所以爲賢，而不足以爲病也。」

○口給之給，辨也，非辨也。○「重厚簡默」，重厚就大體上説，簡默就言語上説。簡是少説，默是不説。意或人未識仁體，其以雍爲仁者，亦是指他重厚簡默處。《集注》於此曰「重厚簡默」，是貼仁不佞意。於「可使南面」，曰「寬洪簡重」，是貼南面意。此皆倚文生義，今學者看書亦要依此法。

屢憎於人，言佞之不足取也。若是直言正辭，面折廷諍，雖見憎於人，亦非君子所避。此則言其無實之可惡，以見「焉用佞」之意。

○屢，每也，猶言往往也。「禦人以口給」，正《易》所謂「咸其輔、頰、舌」，滕口説者也。心口不相副，故招尤取怨。○屢憎於人，憎之者蓋君子人也。新安曰：「口才雖俗人所賢，實君子所惡。」

「全體不息」，全體非謂仁之全體，乃人全體之也，猶云悉有衆善之意。全體，所謂仁以爲己任也。不息，所謂死而後已也。故其注云：仁者，本心之全德，而必欲以身體而力行之，所謂全體也。又曰：一息尚存，此志不容少懈，所謂不息也。○「仁道至大」，以其包乎衆善，而無一息之可離也。○「顔子亞聖，猶不能無違於三月之後」，則雖全體而未能不息也。仲弓雖賢，未及顔子，則是體之未至於全，而息之之時又多者也，夫子安得輕許之哉？

「子使漆雕開仕」

○孔子使其弟子漆雕開仕。昔子路使子羔爲費宰，子曰：「賊夫人之子。」以其未學也。今特使開仕，是必其材之可以仕矣。開也乃不安於小成，而對曰：「開於此理猶未能真知而無毫髮之疑。」則是正當學時，未可以仕而治人也。夫開既自謂未能真知而無毫髮之疑，而不欲仕，則是必求至於真知而無毫髮之疑方始仕也。其志可謂篤矣，故夫子説之。○説之者，喜其將有大成就也。○此聖人所不能知而開自知之。聖人豈不知開之未能無毫髮之疑，但以爲亦可以仕，而不知開之立志高遠如此，則有出於夫子意料之外者。故一聞其言，而深喜之。「斯」字所指甚大，所包甚廣。「吾斯之未能信」，非謂無所見也，但未盡耳。

○此理在天地間，隨處充滿，無少欠缺。開既云「吾斯之未能信」，則是欲求到無毫髮之疑處方止，是有見夫此理之無時無處而不有也，此所謂見大意也，見道分明。小注謂：「毫髮之未信，皆自知也。」此亦未甚明白。或又説於凡道理皆見得分明，則又與「吾斯之未能信」者相悖。且「斯」之一字，意思亦甚彰灼，朱子云若目有所見，手有所指。此當體認已見大意，則於細微容有未盡也。○朱子曰：「他是見得規模大，不入這小的窠穴，所謂見大意也。看這氣魄多少是大。」○道理若到這信得及處，行一不義，殺一不辜，而得天下不爲矣。○古人見道分明，故其言如此者，蓋謂此理必先自信，然後推以治人，此便是道也。開惟見得此意分明，所以率然之間一毫不容自欺而勉從也。○古人見道分明，此與所謂真知其如此而無毫髮之疑者不同。

「道不行」

○所如不合，故欲浮海，言天下無賢君，我的道不行，我何爲栖栖於斯耶？我將乘桴而浮之海上去矣。顧吾黨小子，從我而往者，其由也歟？蓋由勇於義，能不以流離困苦而二其心，故夫子獨與之。子路聞夫子此言，以爲夫子之欲浮海，不與他人從而獨與己，遂喜。殊不知夫子此嘆，特傷天下之無賢君，而假設之言耳。子路聞之喜，則是以爲實然耳，是欠裁度了。故夫子復曉之曰：「由也好勇過我，可惜只是無所取裁耳。」意思説我向者之嘆，特假設之言，揆之事理當見之，而汝遽以爲實，然則是勇之過而不度於義矣。○「好勇過我，無所取裁」，是因此一事而言，非專謂此一事也。如不知食輒之食爲非義，亦是也。○

如浮海之事，裁之以義，自是不當往。

「由也，千乘之國」

夫子於子路則許其可以治千乘之賦，於冉有則許其可使足民，於子華則許其可使與賓客言。及觀他三子言志，子路則言可使有勇，冉求則言可使足民，子華則言願爲小相，乃知夫子之所許亦三子之所自許也。可見三子果有是善，則聖人必取其善。果未有是善，則聖人斷不輕許之矣。○子曰「不知也」者，難其辭也，蓋不能必其有，亦不能必其無。三節答意，皆云其才則吾所知，其仁則吾所不知也。

「子謂子貢曰」

「汝與回也孰愈」，謂汝自視與回孰勝也。

○聞一知十，只是有所聞即徹頭徹尾都默識心通了。

○「弗如也，吾與汝弗如也」，言汝以爲不如回，汝是誠弗如也。然汝既肯自以爲弗如，則有可進之機矣，吾許汝弗如之説也。蓋子貢自以爲弗如，則自知之明，而不難於自屈矣。自知之明，則不安於已知；不難於自屈，則不畫於已至。夫子之所以許之者以此。觀其終聞性與天道，不特聞一知二而已，則夫子今日之許果不虚矣。

「宰予晝寢」

○宰予能言，其平日所言必皆志學勤篤之事。今也晝寢，則是行之不逮處。故夫子既責其昏惰，復以其行不揜言者并責之，所以重警之也。言昔者吾於人也，聽其言如是，則信其行亦如是，而今已往吾於人也，聽其言如是，不遽信其行如是，必觀其行焉。我之所以改，是聽言觀行之失者，蓋於予之事而改之。看來聽言觀行，聖人不待是而後能，亦非緣此而盡疑學者，特以宰予能言之故，而重警之云耳。

「吾未見剛者」

堅强不屈，謂所守者固，而不可撓也。此與《易》所謂「不以人欲，害其天德之剛」剛字同。蓋剛者純是天理，不屈只爲不可屈撓，難限説不屈於欲。有欲故屈，無慾則不屈。不屈虚説，故云「根也慾，焉得剛」。

「我不欲人加諸我」

子貢此言，忒自然了。自然者，仁也。仁之地位，非子貢所及。仁、恕只是生熟之分。

「子貢曰夫子之文章」

此章要見聖人教不躐等，亦見子貢有獨得其味之意。○「至論」二字於性與天道，不甚體貼。

子貢始亦只是知夫子之文章，至是方聞夫子之言性、道，因嘆其美如此。○性是仁義禮智，天道是元亨利貞。夫子罕言之者，非中人以上者，不語之以上也。子貢至是始得聞之，文章日見乎外，固學者所共聞。聞字始知説，❶文章天道，開説不可合。

「子路有聞」

「惟恐有聞」，言其急於行也。

---

❶ 「始」，嘉靖本作「就」。

「臧文仲居蔡」

○夫務民之義，敬鬼神而遠之者，智也。今臧文仲初無所據，而爲藏龜之室，其室則刻山於節，畫藻於梲，不務民義而謟瀆鬼神如此，是何等樣智邪？

○夫卜筮之事，人固不可不信。但古之聖人作爲卜筮者，是以神輔人，非以神主人也。今文仲居蔡，其崇重至此，則是一心倚着鬼神，而有希福之心矣。既重於此，必輕於彼，而人道所當然者必在所略矣。此豈智者所爲乎？○知所當務之爲智。今文仲不務民義而謟瀆鬼神，則是於所當務者不知務，而在所不必務者反惑焉，此其智之所以下也。臧文仲事，只見是謟瀆鬼神，從何斷其不務民義？曰：亦嘗見有務民義者而暇此乎？故謟瀆鬼神者必不務民義。○凡人之信命者，必略於義，吾見亦多矣。○蔡，大龜也，長尺二寸，出蔡地，故以名之。「居蔡」謂築室以藏龜也。

「子張問曰」

「名穀於菟」。穀，乳也。於菟，虎也。謂乳虎也。楚人方言，爲穀於菟。「三仕爲令尹」章，注云「所以三仕三已」止「之私也」，此皆是解所答「未知，焉得仁」之意。三仕三已，是不以區區一身之進退爲欣戚。舊政告新，是其見得這政是國家之政，却要交付明白，不以己之去位故而怠其心。○據三仕三已，舊政告新，只説得忠。據棄馬十乘，亂邦不居，只説得清。便下仁字不得。設使其所以三仕三已而告新令尹者，皆出於天理而無人欲之私，其所以去亂者又皆出於義理之當然，而脱然無所累，非有不得已於利害之故者，亦仁矣。故只曰「未知」，非斷其不仁也。其曰「焉得仁」，亦曰據其事如此，亦未便見得是仁耳。且子文、文子之爲人，皆夫子之所知者，其不許以仁，必有以也。故後來朱子迹其行事，而直斷之爲不仁。蓋忠者未必仁也，而仁者無不忠。清者未必仁也，而仁者無不清。忠、清以一節之善言，仁以心德之全言。崔子弑齊君，陳文子有馬十乘，棄而違之，至於他邦，若究竟言之，止此一事已不得爲仁矣。「今以他書考之，子文之相楚，所謀者無非」云云，則是知有楚而不知有周。以《春秋》尊王之義責之，不仁矣。「文子之仕齊」云云，則是知有己而不知有齊，以《春秋》討賊之義責之，不仁矣。故夫子只言「未知，焉得仁」，而朱子直斷其不仁。蓋本章外，究竟到底之公案也。○「知有其國而不知有其身」，着此一句方見忠意。

「季文子三思而後行」章

○魯大夫季文子者，其爲人也，每事必三思而後行。孔子聞而譏之曰：凡事固不可不思，然思而至於再，斯可矣，何用三思？○「再，斯可」者，蓋人於應事間，於其理之未得也，仔細思量，至於思而得之，此方是一思如此，却又再思一遍，是思之熟而處之審矣，故曰「可矣」。若於是復有加焉，則是思倒轉來了，故曰「三則私意起而反惑」，斷是如此。○三思者，謂所思已審，而復展轉思之無已，非謂三次思量爲三思也。○程子只就爲惡一邊說，云：「爲惡之人，未嘗知有思，有思則爲善矣。」就惡一邊說，見得人貴乎有思耳，非是說爲惡人因思而後爲善也。此亦概言。若理明底人，便思三四番，亦不到得私意起。若魯鈍人，思一二番未得，到三四番始得，亦不可知。然而多思的人，大率流入私意者多。○季文子之三思，與微生高之乞醯爲鄰，可以相參看。何也？以其中有天理人欲相勝之機。張子云：「聖人不教人避凶趨吉，只教人以貞信勝之。」此可以破世俗之論。

「甯武子邦有道則知」

○甯武子當文公之時，國家無事，邦有道也。邦有道則仕，智者以之，而甯武子則智。及成公之時，君喪國危，邦無道也，在智者則皆遠身避禍矣，而武子乃周旋其間，盡心盡力，不避艱險，而處之以愚焉。以武子之智觀之，不過安常守分，無事可見，猶可及也。以武子之愚觀之，備嘗艱險，而能卒保其身，以濟其君，蓋有智者之所不能爲，是獨不可及也。

在朱子則以盡心盡力，不避艱險爲愚，以能卒保其身，以濟其君爲其愚之不可及也，此正意也。在程子則以沈晦爲愚，以免患爲不可及也，意與朱子不同，故在圈外。

「子在陳曰」一章

「斐然成章」，言他已自做成一箇狂簡，非有頭無尾，半上落下者。成章地位儘高，蓋真能以古人自期待，真能不以勢利羈，有鳳凰翔于千仞之志，有民胞物與之量，皆出自胸中之誠，而見於事爲之實者也。故夫子欲歸裁之，而交付以大業。如由、求輩，俱在下風乃是。○成章已成箇片段了，故可裁。

「伯夷、叔齊不念舊惡」

「不念舊惡」，所以爲聖之清。不以三公易其介，所以爲聖之和。如夷、齊之制行，怨之者宜多。如柳下惠，固宜寡怨也。○今人皆知天下歸仁，邦家無怨，爲仁人盛德事，固也。然薰蕕不同味，而去取生。涇渭不同流，而愛惡生。則夫爲政君子者，固不能無惡於人也。如司馬温公，雖姦邪小人惡其害己者，亦斂衽咨嗟其賢。如程明道先生，則狡詐者獻其誠，暴慢者致其恭。如諸葛武侯，則李平、廖立雖爲所廢，亦惜其死而爲之流涕。此無他，公也誠也。公則可怒在彼，誠則不言而信，皆夷、齊不念舊惡輩人也。

「孰謂微生高直」

乞諸其鄰而與之，是多少邪曲在中間，故斷其爲邪人也。

乞諸其鄰而與之，又不明其爲鄰家物也，故曰「掠美市恩」。一説縱明其爲鄰家物，亦恩從己出矣，皆爲掠美市恩。

「子曰：巧言令色足恭」

巧其言，善其色，過於恭，若此者出於僞爲，意在求悦於人，邪媚之甚矣。昔在左丘明以此爲耻，不但左丘明，丘亦以此爲耻。

〇人之爲人，其發於言，形於色，見於禮貌之間，各自有箇當然之則，而不容以僞爲者。而巧言令色足恭，則是出於僞爲，意在求悦於人，邪媚之甚也。人之爲人，既與之友，則當釋其怨，如其怨不可釋，則勿與之友。此則誠心直道也。如今心中匿其怨，而外面却與之爲友，若此者出於勉强，意在乘間而動，姦險之甚也。故左丘明與孔子皆恥之。夫左丘明恥之，其所養可知矣。夫子自言「丘亦恥之」，蓋竊比老彭之意，自附於古人，謙辭也。味其詞意，似謂左丘明嘗以此爲恥，而某所見亦偶與之合，須味「竊比」二字。

「盍各言爾志」

看來人之病，在於有己。人惟有己，則雖其骨肉親戚之間，且不免有所係吝，况於朋友乎？子路之志如此，亦可謂難矣。○子路之衣敝緼袍，與衣狐貉者立而不恥，與其自言「願車馬、衣輕裘，與朋友共，敝之而無憾」者正相符。蓋同是不以外物動其心也，設使敝緼爲恥，其能無憾於朋友之敝其車馬輕裘乎？若以車馬輕裘之敝爲憾，其能以敝緼儼立於狐貉之間乎？此可見古人言行一致，其所自許者如此，而人之許之亦以此。如後之學者言孔孟而行市廛，高自標致於稠人之中，而背後之疵議有不可勝紀者，何益之有？

○我有善理之所在，何有於己？願無伐善，我有勞爲吾所當爲而已，願無施勞。○顏子不自私己，故無伐善。顏子意，以善者人之所同，己有是，人獨無是乎？故曰皆與物共者也。○知同於人，故無施勞，此别一説。勞，勞事也。勞事非己所欲，故亦不欲以施於人。同，謂勞事人之所同畏也。顏子知之，故不以施於人。此説與正注不同。

○看來顏子之所以無伐善、施勞者，蓋有見夫性分之所固有，職分之所當爲。其善與勞都是盡其在我者，本無足驕於人，故能之。顏子之志如此，其視子路又有間矣。至於夫子之老安、少懷、朋友信，便有使物物各得其所之意，正如天地之化工，因物賦形，而己不勞焉。蓋天下只有此三等人，上一等老者也，下一等少者也，與我同等朋友也。而今老者安，朋友信，少者懷，則吾之一身凡其所接，莫不各盡其道，各得其分，停停當當，而無一之遺漏矣。此非聖人，其孰能與於此？然使顏子假之以年，充其無伐善施勞之心，亦可以至此。而子路之志不以勢利拘，若達却便也是這氣象。

○蓋子路有濟人利物之心，顏子有平物我之心，孔子有萬物各得其所之心，皆與物共者，但有小大之差耳。老安、少懷，兼内外説。蓋孔子此志，在一家則行於一家，在一國則行於一國，在天下則行於天下。况其餘澤所被，至使後世之君子賢其賢而親其親，小人樂其樂而利其利，豈惟使一世之民物得其所而已哉！

「已矣乎！吾未見能見其過而内自訟」

人非聖人，孰能無過？過而能改，則復於無過矣。但人有過者多不能知，雖知亦未能自訟，所以孔子嘆説「已矣乎」云云。

「十室之邑」

生質之美者，往往有之。彼如十室之邑，邑之至小者也，亦必有忠信之質如丘者焉，但不能如丘之好學以充其資質耳。以此見得美質易得，至道難聞。學則擴充其質而可爲聖人，不學則孤負其質而僅爲鄉人，可不勉哉！〇十室之邑，蓋有萬室之邑，有千室之邑。十室之邑則邑之至小者也。邑是虚字。仁山金氏謂「四井爲邑」云云者非。〇「必有忠信如丘」，此忠信是生質之粹美，難得者也，故注曰：「忠信如聖人，生質之美者也。」

重刊蔡虛齋先生四書蒙引卷之六

雍也第六

「雍也可使南面」

「有人君之度」，度猶言體也，不止德量。如言德量，止説得寬洪，包不得簡重。寬洪而不褊急，簡重而不輕躁，自是宜居人上。〇孔子稱仲弓「可使南面」，蓋以其寬洪簡重，有人君之度也，實是取其居敬行簡。仲弓蓋有以窺見夫子之意有在於此，又自覺其所以爲簡，有與尋常人不類者，故問伯子如何，將因夫子之與否，以證簡之得失也。

〇仲弓問子桑伯子，爲其居簡行簡與己之居敬行簡不同也。子曰「可也簡」，不盡許之，正仲弓之意也。

〇仲弓之簡，蓋凡事惟擇其要者行之。伯子之簡，則於其要者亦在所略矣，只是厭煩底人耳。〇當時夫子若只答云「可也」，無箇「簡」字，便難別了。「可也簡」，言僅可者以其簡也。

〇三箇「可」字要辨別。「可也簡」者，可其簡而非可其南面也。夫子之意，正病伯子之居簡行簡也，故於「可也」下露出一「簡」字。仲弓未悟夫子之意在此，以夫子是可伯子之居南面也，故曰「居敬而行簡，以臨民，不亦可乎」，言不亦可南面乎。「居簡而行簡，毋乃太簡乎」，豈亦可南面乎。「臨民」字正從「南面」字來，是雖疑夫子之言，而實得夫子之意矣，故曰「雍之言然」。仲弓之言，即夫子之意也。仲弓之誤，在於認兩「可」字爲同。○「居敬而行簡，以臨民」，言惟居敬，則行簡以居南面爲可也。居敬不止是心，如「居處恭、執事敬」皆是，簡却是臨民事。○「居」字與「行」字相對，居自合敬，行自合簡，居簡則不是。先自處以敬，則中有主，故臨事之際自能明灼事幾，而無私意之擾，切要在中有主上。中無主則所行又簡太四散，而無檢束收拾了。

○自處既敬，則雖行簡亦簡得是，不至無法度□之可守了。若居簡行簡，則全任簡，不管是不是，都從簡略去了。蓋簡可以施於人，而不可施於己，故行簡則可，居簡則不可。自己却要嚴謹，不可簡，簡便是自恕了。故曰居敬則自治嚴，居簡則自治疎。

「哀公問弟子」

○哀公問孔子，弟子孰爲好學，孔子對曰「有顔回者好學」。何以見其好學？夫人之常情，怒於甲未免移於乙，過於前未免復於後。而回也怒於甲者不移於乙，過於前者不復於後。回也克己之功，一至於此，可謂真好學矣。惜乎「不幸短命死矣」，今也弟子中無有如其好學者。不特弟子中所無，抑亦未聞有如此之好學者。既曰「今也則亡」，又言「未聞好學者」，蓋深惜之，又以見真好學者之難得也。○好學正是用工夫處，「不遷怒、不貳過」是工夫已到了事，不是就此事上用工夫。工夫全在克己上，所謂非禮勿視、聽、言、動者。到不遷怒、不貳過，便是已成就時節，然非用力克己者不能至此，故曰「好學之符驗也」。○不曰顔子克己之功如此，而必曰至於如此，故曰「好學之符驗也」。蓋此非好學之篤者不能也。若程子却連着勿視聽言動説，意亦差些，圈外注也。○問「怒於甲者」、「過於前者」字何指？曰：怒有幾般樣怒，過亦有幾般樣過，駡人也是怒，打人也是怒，阻人也是怒，失言也是過，行可悔也是過，非禮而視聽也是過。○甲乙是兩人，若以先後言便是不中節，不是遷移也。前後是兩時，所失不萌於再，聖人則怒自然不遷，心自無過可貳，此孔、顔之所以異。○不遷怒，不貳過，好學之實迹也，故謂之「符驗」。《大學》傳九章「此言教成於國之效」，《春秋》胡傳桓公五年：「齊侯鄭伯如紀，所謂聖人誅意之效。」效字亦指實迹可驗者，非功効乃證効。

「子華使於齊」

○子華爲孔子出使於齊。冉子，子華友也，爲子華之母請粟於孔子。孔子答之曰：「吾與之釜。」釜，六斗四升。冉子病其少而請益，夫子曰：「吾與之庾。」庾，十六斗。既與之釜，又加之庾，冉子又病其少，欲再請益則不可，乃自與之粟五秉。五秉則十六斛矣。❶此冉子之粟，非冉子私以夫子之粟與之也。夫子聞而非之，曰：「赤之爲我適齊也，乘肥壯之馬，衣輕暖之裘，其富如此。我聞之，君子周人之急，而不繼人之富。如今子華已富，而汝乃爲之請粟而又多與之，不爲繼富乎？」夫子此言，所以責冉子多與之非，而又以見己之所以與少之意也。蓋赤苟至乏，則夫子必自周之，不待請益矣。

○孔子爲魯司寇，原思爲之宰。宰有常禄，夫子與之粟九百，皆其所當得者。原思辭而不受，孔子止之

❶「十六」，嘉靖本、四庫本作「八十」，是。

曰：此皆汝所當得者，不必辭，有餘而以與爾鄰里鄉黨之貧乏者，不亦可乎？○一則與所不當與，一則辭所不當辭，故聖人皆教之以義。

○看此一章，須要曉得義字。子華爲夫子使齊，義也。冉子爲其母請粟，非義也。夫子與之釜，與之庾，義也。冉子與之粟五秉，非義矣。夫子又教之以君子周急不繼富，即義之所在也。原思爲之宰，與之粟九百，義也。思之辭，非義矣。夫子教以隣里鄉黨，此又義之所在也。○馮氏曰：「子華之使，原思之宰，非同一時事也，記者以其辭受互相發，故係於此。」

「子謂仲弓曰」

○仲弓，聖門賢弟子也，其父賤行惡。雖是父賤而行惡，然仲弓之賢自不可廢，所以孔子一日於背後譬論他說：「雜文之牛固不可用爲犧牲，而所生之子却純赤色，且又角周正如此，便可用以祭山川矣。縱然人欲不之用，山川之神其肯舍諸？」夫子言此，見得父之惡不能廢其子之善，如仲弓之賢自當見用於世也。蓋以「犂牛」譬其父，以其子之「騂且角」譬仲弓之賢，以「雖欲勿用，山川其舍諸」譬仲弓之必見用而不廢。然此特論仲弓云耳，非與仲弓言也。○大抵亦是當時人有以仲弓之父賤行惡而病之，故孔子發此，不然雖稱其子之賢，反彰其父之惡，宜非其子之所樂聞，而聖人隱惡揚善之心宜不如此其瀆也。○孔子當時只云云，初不曾一字染着仲弓。此亦是記者知其言之所爲發而係之如此。若有一字染着，便不是聖人之言。「騂且角」，謂其色既赤而又有好角也。

「回也，其心三月不違仁」

此章之言，爲其餘者設。仁者，心之德，非吾心之外又有所謂仁。心之所存，即仁之所存也。人之所以不仁者，私欲害之也。蓋心德與私欲不兩立。○「三月不違仁」者，此心常存，私欲不得而間之也。「日月至焉」者，私欲間斷之時多。○「三月不違仁」者，三月之内此心純是天理，絶無人欲，而心與仁一也。「其餘則日月至焉而已矣」，安能如顔子不違仁之久！○「三月不違」者，仁在内而爲主，私欲在外而爲客也。「日月至焉」者，私欲在内而爲主，仁在外而爲客也。

張子「内外賓主」之言，生於本文「至」之一字。

「過此幾非在我」，非謂過三月不違便是聖人也。此承上文「使心意勉勉循循而不能已」而言，能過此勉勉循循之關，則欲罷不能矣，只是此關難過。○「過此則聖人矣」，自顔子説。「過此幾非在我」，自學者説。○本注「而不能已」四字，只是勉勉循循意。「幾非在我」，則聖人之地可至矣。○朱子曰：「學者須是撥得這車輪轉到勉勉循循，便無着力處，自會長進。」因言韓退之、蘇明允作文，只是學古人聲響，盡一生死力爲之，必成而後止。今之學者爲學，曾有似他下工夫到豁然貫通處否？

「由也果，於從政乎何有」

○「由也果」，果則足以決大疑，定大事於俄頃之際。「賜也達」，達則事至物來於可否之間迎刃而解，觸機而中矣。「求也藝」，藝則設施措置應用不窮矣。故均曰「於從政乎何有」。○片言折獄，由之果可知。賜也達，穎悟通曉也，事理通達，故能言。子貢能言，亦其達之一驗也。求也藝，其爲季氏聚斂，只是不善用其藝耳，想其聚斂行得來也巧。○從政之義，君者出治者也，臣者輔治者也；君者爲政者也，臣者從政者也。然亦有不拘處。如「爲政以德」，固是指人君言。「子奚不爲政」，則亦指人臣言。人君則未有言從政者。

「季氏使閔子騫爲費宰」

○季氏使人召閔子騫爲費邑之宰。閔子本心不欲仕大夫之家，況季氏又不義而富且貴者，故因使者辭之曰「你好替我辭了他，若辭不得而再來召我，則我必之汶上」，斷然是不往。汶，齊南魯北境上，言出境而去，則非季氏使命之所能至矣。始言善爲我辭，辭之之言雖婉，終言去之汶上，絶之之意甚決。真有德行者，審於進退之言也。○閔子不欲臣季氏，但有難於顯言者，故但云云。觀其八佾之舞，歌雍之徹，泰山之旅，顓臾之伐，凡所以攘奪其君，刻剥其民者，無所不至。閔子視之真不啻犬彘，豈肯臣他？○「善爲我辭焉」，人多以下文來解，是泥《集注》，殊不知注上文下一「令」字，下文無「言」字，如何接得去？且「善爲我辭」之辭，辭今次之召也。「如有復我」，是預却其後次之召也。自是兩意。

「伯牛有疾」

「有疾」，先儒以爲癩，雖不可知，然以夫子斯疾之言玩之，則其疾必有非常疾者。

○「亡之，命矣夫」，謂伯牛疾勢如此，其死必然矣，然其以此病而死，是誠命也，不意此人乃有此疾。不意此人乃有此疾，不應有而有之，非命而何？然則非其不能謹疾而有以致之，亦可見矣。○命者，莫之致而至，是乃氣數使然，而非常理所可測也。○「斯人也而有斯疾也」，言其素有德行，理不應有是疾也。注云：「然則非其不能謹疾而有以致之，亦可見矣。」言夫子既言其不應有疾，則非惟其德行可知，而其能謹疾亦可見矣。○或曰：自所謂「不應有此疾」意玩之，只是説解謹疾，未暇論其爲人之素。然則只能謹疾一節，便盡得「斯人也」之意乎？○「執其手」者，念平生之深契，慨幽明之隔路，而與之永訣也。當是時，聖人痛惜之意不能自已，因嘆曰云云，所嘆之辭非永訣也。永訣自是永訣，下文是痛惜之辭。

「賢哉，回也」

「賢哉，回也」下文云云，是其所以爲賢也，故終之曰「賢哉，回也」。○所食者，一簞之食。所飲者，一瓢之飲，飲湯也。蕭然在於陋巷湫隘之中，❶他人處此蓋有不勝其無聊不平者矣。而回也處之泰然，獨不以是而改其所自得之樂，則有以出於尋常人之萬萬者矣。❷賢哉，回也！○大凡能輕外物者，皆己所懷挾有重於彼者，不然則爲外物所奪矣。此憂樂之所以分也。○君子無入而不自得，以其在在皆天理也。如顔子之非禮勿視，則所視皆天理矣；非禮勿聽，則所聽皆天理矣；非禮勿言、勿動，則所言所動皆天理矣。天理之所在，樂之所在也，《易》所謂「樂天」者也。○雖窮居不損焉，顔子豈以簞瓢陋巷而改其樂哉？使顔子而富貴，其樂亦猶是也。

「冉有曰：非不説子之道」

「子之道」，以一心而妙。動静之德，以一身而體。陰陽之和，其理則仁義禮智，其具則禮樂政教，其文則

❶「湫」，嘉靖本作「狹」。

❷「萬萬」，嘉靖本作「慕外」。

《詩》《書》《易》《春秋》，雖簞瓢不爲窮約，雖陋巷不爲荒凉。子之道内，正有可嗜之味在。

○此章冉求之言，蓋因夫子稱顔回不改其樂而發。冉求曰：「求也之心，不是不慕夫子之道而求以至之，只是力之不足，欲進而不能耳。」冉求此言，乃自諉之辭，而無復求進之心矣。故孔子曰：「所謂力不足者，非無所用其力也，蓋亦遵道而行，至於中途氣匱力竭而廢耳。廢者，不得不廢也，所謂力不足者如此。今汝乃畫地以自限耳，豈所謂力不足者哉？」冉求自謂：欲進而不能。夫子非之，而明其能進而不欲者，乃所以激而進之也。悦者，企慕欲得之意。○中道而廢，言已行到中道，因力不足故廢。中道分明是半途，廢是無奈何捨置了，不終其事也。《中庸》所謂「半途而廢」，自廢也。此之「廢」，不得已而廢也。語意自不同。○「今女畫」，言你何曾有求進之力，乃溺於怠惰，安於小成，自限其所至耳。謂之「畫」者，如畫地以自限也。「畫」字在畫地上生來，借作限字意用。冉有所謂「力不足」者，言其氣稟之弱，雖欲勉焉以求至，而於物欲之私有所不能自克。冉求意思，是認在中道而廢裏去。「今女畫」，是以今日之所至自滿，不求造其極也。或指冉求此兩言便是自畫，言其無復求進之意，非也。自畫是言其怠於用工。只恁説是自畫，則其失亦輕矣。然即此言味之亦可見。○謝氏曰：「以畫爲力不足，其亦未知所用力與？使其知所用力，豈有力不足者？其未知悦夫子之道與？使其知説夫子之道，豈肯畫也？」○冉求曰「非不悦子之道」，看來悦也未至，必如顔子之欲罷不能，乃爲悦之深耳。故胡氏曰：「使求悦夫子之道，誠如口之悦芻豢，則必將盡力以求之，何患力之不足哉？」

「女爲君子儒」

子夏之病在於近小，既有近小之蔽，則入於私，而非爲己之學矣。故孔子以此教之。然此亦必子夏初見孔子時事。○爲己者君子儒，爲人者小人儒。汝務必要爲君子儒，莫爲小人儒。蓋學莫先於明義利界限。

○女學爲仁，學爲義，但知其爲吾性分所固有，職分所當爲，盡吾事焉而已者，爲己也。若學爲仁爲義，而欲以求聲譽、干利禄者，便是爲人也。爲己、爲人之分，不于其迹而于其心，迹則同，心則異，所謂不同也，所謂「觀其所由」也。爲己者，欲自得於己。爲人者，欲見知於人也。○君子、小人同爲此學者也，一則是要自家好，一則是要别人道他好，蓋天理人欲同行而異情。

徒爲講説而不務躬行之實，雖知躬行而中有慕外之心，皆爲人也。反是則爲己。○前輩有云：「古者腐儒，今則皆盜儒矣。」嗚呼！

「子游爲武城宰」

武城，魯下邑，言魯君管下之邑。若費則季氏邑矣。窮鄉下邑，字意又不同。

○「女得人焉爾乎」，只是問説你爲宰於彼，曾得有立心制行之好人否，不必説爲政以人才爲先。子游不是取滅明輔政。

○曰有箇澹臺滅明者，其爲人也，尋常行路必由大路，不由小徑。若非公事，未嘗一至偃之室。即「行不由徑」一節觀之，則其動必以正，而無見小欲速之意可知。即「非公事不見邑宰」一節觀之，則其有以自守，而無枉己狥人之私可見。滅明之制行如此，真可謂好人，而子游以是取之，亦可謂之知人矣。

「飲射讀法之類」，飲自是飲，射自是射，讀法相連字，然古人飲多用射。飲，鄉飲酒，或賓興賢能，與蠟祭亦飲。讀法者，會民讀法，使知所謹守也。州長於正月之吉，黨正於四時孟月之吉，族師於月吉，閭胥於既，此皆讀法禮，以是知爲邑宰者亦然也。

子游之取滅明，非固只此取二事也。舉此二事可見其爲人也，其意思甚好，可見其人物。○注「動必以正，而無見小欲速之意」，「有以自守，而無枉己狥人之私」，兩句皆説出外來意，該得廣。

「孟之反不伐」

孟之反只奔而殿，便分明是一箇功在所不得辭了，反却耻以是自居，歸在馬不進上，真箇不伐。想反之本心，蓋曰戰敗而還，主憂臣辱，我又何故緣此占一功，此皆忠厚之心所到。○據莊周所稱，則孟之反此一節亦是老氏之行，但聖人取人之善以爲世勸，正不計其心云耳。言戰敗而北，人皆争先，我亦人耳，非敢獨後爲殿也，特馬不能進，故在後耳。

「不有祝鮀之佞」

世衰俗薄，不好德而好諛，不悦賢而悦色。雖以吾夫子之德之盛，然不用於魯，不合於齊，沮於晏子、子西，毁於叔孫、武叔，其見疾於人亦屢矣。故曰知德者希，孰識其賢？此章蓋有激而發，故曰傷之也。○「而」字似與「無虐煢獨而畏高明」之「而」字同。○宋朝之美，美色也，是體貌自然之美色，與人爲之令色不同。今只到京國中，看士大夫所尚，便可知我朝之風俗及天下之將治亂。

「誰能出不由户」

○户者，出入必由之。舉世之人，誰能出不由户？既知户之當由，則道尤人之所當由者也。何故乃不由此道邪？○户者，人所必由之地，誰能出不由户？道亦人所必由之理也，何莫由斯道？怪而嘆之，怪其知由彼而不知由此也。○道者，事物當然之理也。夫道若大路然，人病不由耳。然人之所以不由斯道者，物欲之蔽而不能自克也。

民之於仁也，甚於水火，道爲人之所當行，尤甚於户也。○《皇極》外篇四十二板曰：「誰能出不由户？户，道也，未有不由户而能濟者也。不由户者，鑽穴隙之類也。」

「質勝文則野」章

質勝文，則質有餘，文不足。文勝質，則文有餘，質不足。聖人之云云者，正欲學者損有餘，補不足，以至於成德之域也。

○質勝文者，凡一言也任意率然，而不知有語默之則；凡一動也徑情直行，而不知有進退周旋之節。此則謂之野人。文勝質者，品節詳明而忠誠之不足，文物燦然而實意之反疎，此則謂之史也。必文與質稱，質與文稱，舉無有餘不足之患，然後爲君子。君子與上文「野」字、「史」字正相反。夫質勝文則爲野，非君子也。文勝質則爲史，非君子也。「文質彬彬，然後君子」，意重在「君子」上。君子則威儀文辭之中自有忠信誠慤者存，忠信誠慤之表自有威儀文辭者在。此之謂文質彬彬。文質非判然者也，此與文猶質、質猶文之説不同。蓋此言彬彬者，如質當七分，文當三分，然後爲適均。文質彬彬，據本文是以成德者言，自無有餘，無不足，自不待損益。

以文爲威儀文辭，方於史字爲通。徑情直行亦是質之勝處，只是任箇真實自然是野。○須用七分質，三分文，方是彬彬。若以五分質，五分文，文質相半爲彬彬，則如五升水用五升鹽，而味不得調矣。此斷斷必然之理也。故子貢所謂「文猶質也，質猶文也」，爲失本末輕重之差。然又有不可一律拘者，如殷之輅則用七分質三分文，如周之冕則用三分質七分文，然皆不失爲彬彬也。○《毛穎傳》奇矣，後世工文，其流乃至此，亦可爲斯文太息矣。退之作此文字，殊不以爲耻，何也？而子厚又極深取之，豈此等文字亦惟子厚知其滋味乎！○退之此文，其機變之巧心亦露盡矣。文勝質則史，故孟子有「盡信書則不如無書」之言。

「人之生也直」

○民受天地之中以生，人既有此生則必得是所以生之理。如耳目則有聰明之德，父子則有慈孝之心，此皆實理自然而無一毫之屈曲者也，是人之生也直矣。生理本直，若人自罔之則逆其生理，而人之所以爲人者滅矣。理當死而猶生者幸免耳，聖人警人之意莫切於此。

「知之者不如好之者」章

此「樂」字與「樂斯二者」之樂一般。如顏子之樂又較深，是安其所樂，此朱子之説。○「知之者」知有此道，如父子知其當親，君臣知其當義，知之而已，他自却未曾實用其力以求至。「好之者」方是用力要得之，樂之則已得乎此理矣。聖人但説此不如彼，便是要人勉其所未至。

「子曰：中人以上可以語上也」

○「中人以上」者，語之「以上」則其言易入而不爲躐等。「中人以下」者，不語之「以上」，而僅語以日用常行之道，則其言亦易入而不至於躐等。○須看「可以」二字，言此等可語上，又一等不可語上，兼天資學力説。

「樊遲問知」

○此章答樊遲之問仁，知是必因樊遲有信惑鬼神、計較功利之失，而告之專務乎人道之所宜，至於鬼神則但敬之，盡所以報事之禮而已，而不諂瀆之以要福。如此則是知務其所當務，而不務其所不當務，可謂知矣。夫仁者，先其事之所難，而後其效之所得，則其心一於理而不計其私，可謂仁矣。

「務民之義」、「先難後獲」，皆舉見成底説，但未至自然地位。務民、遠鬼神，分明是於是非上見得透，故爲智。不惑於鬼神之不可知，謂吉凶禍福也。○「先難後獲」，分明是心一於理而無私欲之蔽，故爲仁。

○「仁者先難而後獲」，是仁者之心如此。「先難」言其心汲汲於是，而不及乎他也。先後猶緩急。

惟知爲其所當爲者，知者之事也。無所爲而爲者，仁者之心也。

「知者樂水，仁者樂山」

此章就仁、知之喜好不同上見得其體之異，而其效亦異也。知者動，周流乎萬變之内而不見其滯，可見其動。仁者惟理之安，所謂「無適不然」，「安土敦乎仁」者也。動静以體言，體猶言本質、體段是如此。

智樂水，仁樂山，由此觀之，智者動，仁者静，動則樂，静則壽。樂、壽據理而言。

智者之動，畢竟是達於事理而周流無滯，不然不謂之智。仁者之静，畢竟是安於義理而厚重不遷，不然不謂之仁。此其體段也。

「齊一變至於魯」

「齊一變至於魯」，至孔子時之魯也，此據齊、魯之政俗而言。聖人本心則皆欲變之以道，但齊之變道也難，魯之變道也易。齊、魯當太公、周公時大概一般，但自桓公創霸之後，至孔子時，風俗遂與魯頓異，故注云「孔子之時齊俗」云云。○聖人本意亦欲齊之至道也，勢不得直遂耳。蓋更桓公之霸，上下人心又添功利一膜矣。使夫子整頓之，必先去此一膜，然後一轉至道，非止欲變齊至魯而已也。

二國之政俗有美惡者，王霸之異也。孔子時之齊，固非昔日之齊，孔子時之魯，亦非昔時之魯矣，故皆須變。○施爲緩急之序，謂變齊所當急者，在革其功利夸詐之習，若脩舉廢墜在所緩。魯則脩舉廢墜宜急，若風俗本自近厚，可以少緩。又如變齊則至魯爲急，至道爲緩。○《正蒙》第九篇曰：「魯政之弊，馭法者非其人而已。齊因管仲遂併壞其法，故必再變而後至於道。」

「觚不觚，觚哉！觚哉」

「觚哉！觚哉！」言豈是觚哉觚哉。此與「水哉」詞意不同，此上有「觚不觚」字，一説只是聲「觚」之一字而重嘆之，便見其不得爲觚。故《集注》有箇「言」字，明其詞意如此。○看來孔子之時天下之物失其制者多矣，而孔子獨舉觚而言，蓋亦舉其一以見其餘，即其小以見其大。故君而失其君之道則爲不君云云，是亦觚不觚之類也。

「仁者，雖告之曰井有人焉」

「逝」雖訓往，然須着箇「使」字。「陷」，誣陷之陷，非自陷也。君子可得而逝也，不可得而陷也。蓋君子是有斟酌的人，非好仁而不好學者也。故繼之曰：「可欺也，不可罔也。」

「君子博學於文」

○「文」謂《詩》《書》之所載，與夫事理之所當然者，皆道也。君子博而學之，則所知者皆道也。禮則天禮之節文，❶即道之所存也。君子於所博者一以是約之，則所踐履者皆道也。故曰：「亦可以弗畔矣夫。」文有千端萬緒，博之極費工夫，到約禮時此理已尋有見成了，我只依他行，不費討索，件件都擇其精要者行之，須味「守欲其要」字面。○文與禮一理也，就文物上爲文，此理就吾身之行處說便是禮。博文者，究聖賢之成法，識事理之當然也。約禮者，動必以禮也。○多聞見者學之博，慎言行者守之約。博文不必件件都要行，如行夏時、乘殷輅，如何便行得？只是一一都考究得出。約禮則是非禮勿視、聽、言、動之類，件件都是我當行的，亦是我得行的。

○文者，道之散殊也。不博於文，則所以窮之者有所未盡。禮者，道之繩尺也。不約以禮，則所以踐之者未得其要，是未必其能不畔於道。

此處以「知行」二字貼不是，蓋此章重在「博約」二字。○博者在外，約者約上身來。○「弗畔」兼博約說爲

❶ 「天禮」，嘉靖本作「天理」。

長。若徒博文而不約禮，亦可謂之弗畔否？曰：「如楊、墨學仁義而差者」是也。楊、墨正畔道者也，蓋由其於文未能博，而所約又非禮也。

程子之説偏重在約禮，故在圈外。

「子見南子」

○「子路不悦」，其心是决然以夫子此舉爲非，其疑未易遽釋，故夫子誓之曰：「予之所行若有所不合禮、不由道者，天厭之！天厭之！」夫南子之在衛，君夫人也。夫子見之，見小君也。在我有可見之禮，則彼之不善，我何預焉？然此豈子路所能測哉？故重言以誓之，欲其姑信此言，而深思以得之也。饒氏曰：「子路氣粗見偏，卒未易回，巽言則不入，故與之矢言。」○南子是箇聰明的女子，若無見小君之禮，他亦不來請見。他既以禮來請見，孔子之志欲得行於衛，如何却不見他？聖人之意，自有所處。

「中庸之爲德也，其至矣乎」

中庸之德，德之無以加者也。「民鮮久矣」，非過則不及也。○或問道、理二字如何分？曰：「道是渾淪總括言，理是其中條理。地道有山川草木之條理，人道有仁義禮智信之條理。」

「如有博施於民」

○子貢有志於仁，徒事高遠，未知其方，故問如有博施恩惠於民，使民無不因之以有濟，如此可謂仁乎？子貢此問，猶疑其未足以盡仁也。

○聖莫聖於堯舜，堯舜於此猶有所未足，而豈止於仁夫？仁者不必博施濟衆也，但「己欲立而立人，己欲達而達人」，如此則天理周流，而不以物我間之，可謂仁矣。狀仁之體，謂狀出仁之模樣如此。然以己及人，自然而然，亦非學者所能遽及，但能近取諸身云云，只看「仁之方」字，便見此未是仁。○以己及人地位，非子貢所及也，故又以恕之事告之。

○《論語》説仁處不一，然其直指大體者有二。夫「仁者己欲立而立人，己欲達而達人」，此就愛之理上説仁也。「克己復禮爲仁」，此就心之德而言仁也。吕與叔《克己銘》是以「己」字作「我」字解，以町畦不立爲克己，以皇皇四達、洞然八荒爲天下歸仁，如此説非惟與四勿不通，亦對復禮不切。蓋不知孔子之告顔淵，是從心之德上論，而專以所謂愛之理者解之，故朱子不用。然移之以解「己欲立而立人，己欲達而達人」，則無得而議矣。大抵此銘亦不出「仁者以天地萬物爲一體」一句。

「仁者以天地萬物爲一體」一句，亦可當一篇《西銘》。○「己欲立而立人，己欲達而達人」，亦克己復禮者之事也。○《通書》云：「德愛曰仁，宜曰義，理曰禮，通曰智，實曰信。」此雖皆以用言，然以五者並言，則其理自分曉，況有「德」字冠於其上。若韓退之發端便云「博愛之謂仁，行而宜之謂義」，則以其發用之地而目爲道體之全，自是失真。《通書》云：「中也者和也，中節也，天下之達道也。」雖反《中庸》之詞，而實得《中庸》之旨。蓋所以發中庸之奥，使其體用之一原昭昭於後世也。嗚呼，精矣！

述而第七

「述而不作，信而好古，竊比於我老彭」

○言我只是述舊，初不自作始焉。蓋我惟信而好古，只見得古道在所當述，而不容於有作耳。然我之信古而傳述，在古之人有行之者，老彭是也。我之信古傳述，惟竊比於我老彭而已。蓋孔子删《詩》《書》，定《禮》《樂》，贊《周易》，脩《春秋》，皆傳先王之舊，而未嘗有所作也。但認述不認作，此更是謙。故曰：「作者之謂聖，述者之謂明，夫子是只以明者自居也。然又曰竊比老彭，則愈謙矣。」○古之聖賢，實見得古人之道，實萬世常行之典，只得述他的。到得秦而後有不師古始之意，彼獨見夫己之天下凡事須自己出，不知天地之常經，至一而不可二也。聖人之所以爲聖人，只是萬事惟聽道理所役使耳，敢自作聰明，亂舊章乎？其有隨時損益者，正所謂不過制度文爲，小過不及之間者耳。故自昔先王之世，便惡夫作聰明者。

「默而識之」

○默焉不言，❶而此理實得於心。理雖已得於心，而又加學習之功，日知其所未知，日行其所未行，而無厭射之意，至以此誨人，又必期其人之有成，略無倦怠之心，何者能有於我哉！言其無一有也，所謂「丘未能一焉」。曰「何有於我哉」，見其汲汲於此，惟日不足也。在聖人已能而猶自以爲不能，何其汲汲也！抑觀夫子他日嘗曰「予欲無言」，則是能默而識之矣。又曰「好古敏求」，則是能學不厭矣。又曰「未嘗無誨焉」，「叩其兩端而竭焉」，則是能教不倦矣。又曰「爲之不厭，誨人不倦」，則可謂云爾已矣。而今者之言如此，非聖人之謙而何哉？○識訓記訓存，不忘也，非着力記憶之謂，謂能不忘爲己有也。學不厭，誨

---

❶「焉」，嘉靖本作「然」。

不倦，皆說自然底。○「識」若讀爲如字，則意思淺，讀去聲却有自得居安資深之意。

「德之不脩」

○日新之要有四：脩德也，講學也，徙義也，改過也。德必脩而後成，今也不脩。學必講而後明，今也不講。聞義能徙則善日益，今也不能徙。不善而改則復於無過，今也不能改。如此則德無由成矣，學無由明矣，善日損而惡日長矣，尚何日新之有？是吾憂也。

○「德之不脩」以行言，「學之不講」以知言，「聞義不能徙」以爲善言，「不善不能改」以去惡言。要之，則德之所以脩者，此理。學之所以講者，此理。聞義而徙者，得此理於人，而舍己以遷之。改其不善者，自覺其非理，則以理易之。此二者又皆脩德内事，但不可就入在内，聖人語意是四件。○德者，吾所得於天之理也，仁義禮智是也。此理在吾心，而不能不壞於物欲，故必常去脩理他，然後德成於我，所謂立也。注云「德必脩而後成」如此。○「學必講而後明」，須是常去講論他，習其所已知，究其所未知，如此則於所學之理無不明者矣。○義與善不同。義者，事之宜也，是箇時中恰好處。不善分明是惡，不止於不合宜而已。○能是四者，則日新而馴致乎聖賢之域。不然則絶望矣，亦終爲下愚之歸耳，豈不可憂！○「憂」字只在四箇「不」字上。南軒推説一重，然須貼日新意。

「子之燕居」

○聖人陰陽合德，不但其應事接物之間各得其宜，至於一身之容色亦無不各得其宜。如在鄉黨而恂恂者，此鄉黨之所宜也。執圭而鞠躬，過位而色勃，此執圭、過位時所宜也。至於閒居，既非見賓承祭之時，亦非應事接物之際，故其容則申申然而舒泰，其色則夭夭然而和悦。然不曰申申、夭夭，而一則曰如，二則曰如者，以見聖人德容氣象有非言語可以名狀者，姑借此以擬議之耳。

燕，閑居也，息也。申申，即舒也。夭夭，即愉也。但申申舉一身而言，夭夭獨指見於面者言。○圈外程子注不分容與色，且「中和」字亦微泛。申申、夭夭，正是燕居之容，若在朝則色勃如也，在鄉黨則恂恂如也，各自有體。《鄉黨》一篇多此類。○聖人當燕居之時而自有燕居之氣象也。

「甚矣吾衰也」

○孔子云「甚矣吾衰也」，何以驗之？蓋吾向也氣盛之時常夢見周公，而今也久矣吾不復夢見周公，即久不夢周公觀之，可見我之氣已衰而志已灰也甚矣。不夢周公，可見其衰；久不夢周公，可見其衰之甚。

孔子不夢文、武而獨夢周公者，渠所志只是做周公。若志爲文、武，則亦是無將之心矣。故作《春秋》主於尊周。他日有曰「吾其爲東周乎」，亦只要做周公而興文、武之道也，非欲得文、武之位也。○《集注》云「孔子盛時」，以氣言也。「則無復是心」者，志也。「而亦無復是夢」者，夢也。「故因此而自嘆其衰之甚」者，指氣言也。孔子是就無夢上驗其一身氣運之衰。朱子是就夢上尋出志字。蓋夜之所夢，晝之所思也，所思處即志。○東萊《讀書記》第三卷云：「一體之盈虚消息，皆通於天地，應於物類。故陰氣壯則夢涉大水而恐懼，陽氣壯則夢涉大火而燔焫。陰陽俱壯則夢生殺，甚飽則夢施，甚飢則夢取。是以以虚浮爲疾者則夢揚，以沉實爲疾者則夢溺，藉帶而寢則夢蛇，飛鳥啣髮則夢飛，將陰夢火，陰疾夢食，飲酒者憂，歌舞者哭。」已上或曰出《列子》。○白樂天注云：「渴人多夢飲，飢人多夢食。」黄山谷云：「病人多夢醫，囚人多夢赦。」石屏曰：「窮者夢富貴，達者夢神仙。」○《詩・斯干》曰「吉夢維何」云云，「大人占之，維熊維羆，男子之祥；維虺維蛇，女子之祥」。傳曰：「夢之有占何也？曰：人之精神與天地陰陽流通，故晝之所爲，夜之所夢，其善惡吉凶，各以類至。是以先王建官設屬，使之觀天地之會，辨陰陽之氣，以日月星辰占六夢之吉凶，獻吉夢，贈惡夢，其於天人相與之際，察之詳而敬之至矣。故曰王前巫而後史，宗祝瞽侑皆在左右。王中心無爲也，以守至正。」傳曰：「熊羆，陽物在山，强力壯毅，男子之祥也。虺蛇，陰物穴處，柔弱隱伏，女子之祥也。」

「志於道」

○學莫先於立志，然有非所當志而志者，則所趨不正矣。必志於道，則所適者正，而無他歧之惑。行此道而有得於心，則謂之德。德而不守之，則始雖爲我得，終必失之，故又必據於德，則始終惟一，而有日新之功矣。至於心德之全而私欲盡去，所謂仁也。仁而不能依之，則私欲有時而復萌，而心德之在我者有不全矣。○自志道而據德，自據德而依仁，則本之在内者無不盡矣。然又當游心於禮樂之文，射御書數之法，則有以盡乎物理，周於世用，而其雍容涵詠之間，非僻之心亦無自入矣。不然則本之在内者雖無不盡，而末之在外者猶有未周，是亦君子分内之欠事也。故必先志道、據德、依仁，而又游藝焉，則本末兼該，内外交養，而君子之道尚何有加於此！

「志於道」，欲得此道也。○「據於德」，守其所得而不失也。○「依於仁」，則心德之全而與之爲一，無事守矣。○「游於藝」，藝雖末節，道之全體固無不該也，游者玩其理也，其味甚長。

理在事物爲道，道得於心爲德，德之全爲仁，藝則以餘力及之，所以博其趣也。○「志於道」，按注，知在志先，行稍在志後，德則行道而有得也。「據」如以身靠案，不離箇案也。○「德者，得也」，出《樂記》上文云「禮樂皆得，謂之有德」。○「依」者不違之謂，心與理一，相依而不相捨之意。仁則私欲盡去，而心德之全也。私欲未盡去，心德猶未全，未全只可言德，未可言仁。

「自行束脩」

○人但自行束脩以上之禮，禮物雖有厚薄之不同，要皆有求見之誠者也。我則未有不教之者，除是不知來學，則我不得而往教之耳。

「不憤不啓」

○教人者固不可有倦教之心，而學者亦不可無受教之地。故教人之法，倘非學者意欲通而未能通，則不爲之通其意；非學者辭欲達而未能達，則不爲之達其辭。雖然，憤而啓之，悱而發之，亦不過舉其一隅以告之而已。凡物有四隅者，舉一可知其三，若不能以三隅來相反證，則其不能自力，而了悟之途猶塞，便不再告也。○憤以心言，悱以事言。

○聖人固不倦於教，亦不輕於教。所以不輕教者，非有吝教之心也，欲使學者勉於用力，以爲受教之地也。不然，誨之諄諄，聽之藐藐，而教者、學者俱無益矣。故聖人謹之發此，使學者知所勉。○「舉一隅」可貫上説，是必其人可舉，示以一隅而後舉之。若非憤悱，聖人豈輕舉一隅？新安之説太泥。○必可舉一隅者，然後舉之以一隅，然則貫上二句非鑿也，宜也。不憤無可啓，故不啓；不悱無可發，故不發。○

或曰：若能以三隅反，又何待於復？曰：所復者又別一件道理，非以三隅復之也。

「子食於有喪者之側」

〇此章見聖人當哀，自不以樂而勝哀。夫子食於有喪者之側，臨喪而哀，哀心勝，雖食自不至飽。不特此耳，夫子若於此日吊哭人之喪，則一日之内餘哀未忘，自不能歌。學者於此二者可見聖人哀樂中節，性情之正也。〇注「哭，謂吊哭」，謂哭他人之喪也。若自家喪，豈但是日不歌哉？自彼而言，則曰有喪者；自我而言，則曰臨喪。

「子謂顔淵曰：用之則行」

〇子謂顔淵曰：「世苟用之則出而行，世苟舍之則退而藏，隨其人之用舍，而行藏安之若此者，惟我與爾有此。」便見其非他人所能與。行藏只是身之行藏，非道之行藏也。然聖賢身出則道與之俱伸，身退則道與之俱屈。「有是夫」，猶云能然也，不是有其具。〇大抵人於去就之間最可以觀人所造。聖人無我，顔子幾於聖人，亦能無我，故其安於去就之際略同。所以聖人旁觀一世，只有顔子與同，故美之曰云云。「命不足道矣」，命爲中人設，若中人未至無我地位，或進而主於行，到得不行，然後安於命。或退而主於藏，到勢不容已，然後以命而起。唯孔、顔無我，則處於行藏之間者，安之而無意、必、固、我之私矣。孔門三千，舍顔子之外無復可同者矣。〇據苟有用我者，措舍置也，則用舍亦不必言用舍吾道，用之固行矣，至舍之則藏，舍之固藏矣，至用之則又行。此二句又當如此看。顔子雖未用行，然其具在我，又無意、必、固、我之私，便是已能如此。

〇用之則行，我無必於行也；舍之則藏，我亦無必於藏也。隨寓而安耳。味此兩句意，全是説進退脱灑而無所係累意。

〇顔子具體而微，未必能如孔子聖之時之自然處。故孔子語之以此，亦因其可至而勉進之，所謂時雨化之也。不然則爲率以伐善而方人矣，此意最緊。〇聖人無我，顔子未達一間，故孔子進他一步，許其同能然者，實所以進之也，非互相標榜而已。若稱許之，則不必在其面前云云矣。如「回也，庶乎」及語之「不惰」之類，當非面語之詞。此云「我與爾」却是面語，面語則有引教意，非褒飾之也。

「子行三軍，則誰與」

〇子路曰：「用行舍藏，夫子既與回同矣。若行三軍，則所與同者誰歟？」子曰：「若徒恃其勇，徒手搏虎，徒手馮河，而爲虎所噬，爲河所溺，死而不以爲悔者，我不與行三軍也。我所與行三軍者，必其臨事而能敬慎以處之，好謀而有斷，能成其謀者也。」夫子言此，所以抑其勇而教之，然行師之要，實不外此。子路蓋不知也。〇「暴虎馮河」，便有死之理，故曰「死而無悔」。蓋方其暴虎馮河時，便已自擬其死，而不以爲悔矣。若已死了，聖人又何待説不與？〇「暴虎馮河」，有勇而無義者也。「臨事而懼」，能以義勇者也。事自外來者也，謀自己出者也。〇「好謀而成」，謂好謀而能成之，非好謀而有成也。故注云「成謂成其謀」，全是能斷。人多是初間會謀，後來無合殺，只是輕躁苟且。好謀而成，成之全在決斷，故曰蓄疑敗謀，沉毅爲要。自負其勇與抑其勇而教之之勇，皆指血氣之勇言。

〇臨事懼，好謀成，便是能用其勇。此以素行言，非謂行三軍時也。必如此者，乃可與行三軍。

「富而可求也」

○聖人明知富不可求，此獨開闢其辭以曉人耳。然此章言富不可求，是以命言，非以義言也。言命者，爲衆人設耳。聖人於富貴貧賤，一安於義而已，命不足道。然安於義，則其得與不得，惟命而已。義在我，命在天，但聖人無可奈何而受之之意耳。此要須識得。

○富若可以人力而求之歟，則雖執鞭之士至賤也，然可以求富，吾亦爲之矣。誠如有命者存，而不可以人力求，則惟從吾所好，而安於義理耳，何必徒取辱哉！○「從吾所好」與「吾亦爲之」吾同，孔子自言也。所好者，義理也。○《經世書》曰：「夫人不能自富，必待天與其富，然後能富。人不能自貴，必待天與其貴，而後能貴。則富貴在天也。夫人之能求而得富貴，求而可得者也。非其可得者，非所以能求之也。」云云。如知其非己之所能得，非人之所以能與，則天下安有不知量之人耶？

「子在齊聞韶」

○韶，舜樂也。舜之後封於陳，爲之後者得用先代之樂。自陳敬仲奔齊，故韶樂在齊。夫子周流四方，適在齊而得聞韶樂之音焉，蓋深有契於心者，因而學之，至於三月之久，心一於是，至不知肉味。既而嘆曰：「向也但聞韶樂之美，猶不意其作樂之至於如此之美也。」蓋其三月忘味之後，有以究極其情文之備，而凡韶樂之所以美處，聖人蓋深得之矣，故不覺其嘆息之深如此。○夫子於此，蓋其心可得而知，神可得而會，而口不可得而言，言不可得而盡也。故只曰「不圖爲樂之至於斯」。○《集注》「情文之備」，文謂聲容也，情謂聲容之實也。味夫子之言，蓋其中有不可形容之妙存焉。○此聖人之神，遊於帝之庭，故發此嘆也。自夫子而下，其誰識得此意？

「冉有曰：夫子爲衛君乎」

○不曰「仕衛乎」而曰「爲衛君乎」，正當輒拒蒯聵時也。

○君子居是邦，不非其大夫。故衛君之事，不可以面斥。而古人之事，則可以反觀。故子貢舉夷、齊爲問，以卜夫子之意，曰：「伯夷、叔齊何人也？」曰：「古之賢人也。」謂之賢人，則是已許之矣。子貢又以賢則賢矣，設其心猶有悔焉，尚有可議也，故復問曰：「當其時二子之心亦有所悔乎？」曰：「二子之心，正所以求仁也，既而各得其志焉，則安於窮餓矣，何悔之有？」子貢於是乃悟曰：「夷、齊兄弟遜國者也，衛君父子争國者也。夫子既以遜國者爲賢人，又以爲無怨，其與之深矣。以是而反觀之，則夫父子争國者，夫子豈屑立其朝而與之共事哉？」故出語冉有曰：「夫子不爲也。」夷、齊所爲，合乎天理之正，即乎人心之安。衛輒所爲，悖乎天理之正，拂乎人心之安。夷、齊所爲，見與於聖人。衛輒所爲，得罪於聖人矣。

○君子以同而異，夷、齊兄弟非不和也，各認其是而已。○伯夷、叔齊之讓，若天王判之，當屬伯夷。國本伯夷之國也，故孟子一則曰伯夷，二則曰伯夷，不及叔齊，權衡審矣。

「飯疏食，飲水」

○大抵聖人之心，渾然天理。天理之所在，聖人之心則安之。故一天理之外無餘物，或富或貧，聖人無乎不安也。故發此章之言，亦示人以内重而見外之輕意。

○我之「飯疏食，飲水」，飲食如此其菲薄。夜卧無枕，曲其肱而枕之，寢處又如此其荒凉。困亦極矣，只是我之所樂，初不以是而有所損，亦自在其中矣。若彼不義而富且貴者，勢則雖盛，天理何在？於我觀之如浮雲之無有，吾心固不爲之動也。

「加我數年」

吉凶消長之理，進退存亡之道，全以天時人事言。此道理具在《易》書，學《易》則有以明之。分而言，則吉凶消長，天時也；進退存亡，人事也。胡氏注及會講都認差。

○聖人生知，其心自與易理相契；安而行之，其身自與易理相符。若無待於假年以學《易》而僅得無大過，而猶言此者，蓋深見夫易道之果無窮，且使人知其不可不學，而又不可以易而學也。不可不學者，聖人猶藉之以圖無過，人其可不學乎？不可易而學者，聖人又有待於假數年以學《易》，然僅得無大過，人其可以易而學哉？○孔子聖之時，可見其早與《易》契。

「子所雅言」

「執禮」謂所執之禮，與《詩》《書》一類也。

「葉公問孔子」

○「葉公問孔子於子路」，問者問其爲何如人也。子路不答，蓋葉公不知孔子，必有非所問而問者，故子路不答也。及孔子聞知子路不對葉公之問，❶因自狀其爲人以告之曰：汝當時何不答葉公云：「孔某之爲

---

❶「知」，嘉靖本、四庫本作「之」。

人也，是箇篤於好學的人，於理有未得則發憤以求之，憤之極直至於忘食，及其既得而樂也，樂之極雖事之在所可憂亦忘其憂矣。是其一憤一樂，二者循環，俛焉日有孜孜，而不自知其老之將至如此。」聖人此言，但自言其好學之篤耳云云，有非聖人不能及者。抑聖人自言，雖只自狀其爲人，然其所以教子路之意亦在其中矣。此語恐亦非葉公所能領畧者，意在教子路居多。

「全體至極，純亦不已之妙」，此兩句不可分貼，須到「不知老之將至」後方見。蓋其一憤一樂，二者循環，直到老死方已，可見其於天下之理不容有一之或遺，而衆善畢集，本末兼該，非全體乎！其憤直至忘食，樂直至忘憂，而無一之不然，可見其至極而終，聖人之一身都是如此，所謂「至誠無息」也。又非「純亦不已」乎，但知義理之無窮，不知身世之可憂，歲月之有限，此非聖人不能及也。

《集注》「全體至極，純亦不已之妙」，小注所解或未然。蓋夫子一憤一樂循環，於終身可見。其無一善之或遺，是謂「全體」；無一善之不造其極，是謂「至極」；又無一時之或息，是爲「純亦不已」。本文三句要一氣讀下。

葉公僭稱，按《路史·國名記》第二十九板載云：「周人之制，内之天子、三公，外則二後之君曰公。《康誥》之周公、召公、畢公三公也。微子之建上公，二後之君也。然考諸經，五等之君通稱曰侯，亦通謂之公。康王之誥群公，與《儀禮》同稱之公，《春秋》之稱諸侯，與餘經通稱之侯，皆兼五等爲言。蓋公若侯爵之貴者代，故以是爲稱。聖人亦因而不之奪，乃若班爵則固自有差矣，非可紊也。《春秋》列君，平居必正其爵，至葬則從其稱，從其稱所以副臣下之尊敬，正其爵所以存王度於不凋也。雖然，正其爵矣，而於會盟總稱惟曰諸侯，世族所稱猶曰公子、公孫。魯君，侯也，每以公稱，至於盟會亦或侯之。吴、楚，子也，僭故不葬，然至世族亦稱公子。惟其爵之貴耳。」○愚謂今以縣尹而稱公，猶陪臣執國命而愈下愈紊矣。

「我非生而知之者」

○此必當時人見夫子無所不知，而以生知稱之，故夫子辭之曰：「我非生而自知此理者，我乃好古而汲汲以求之，故能知其理者。」聖人是以學知者自處，然即「好古敏求」之言而深味之，則其生知之實亦可見矣。

○此「古」字與「信而好古」之古同，即《詩》《書》禮樂之類，不可説聖人好古敏求只是禮樂名物之類。聖人是總説生而可知者義理耳，聖人已不自認了，又安得偏指敏求者爲禮樂名物之類？尹氏之説自非正意，乃後學議論之辭，然亦實理也。

「子不語怪力亂神」

○聖人所常言者，《詩》《書》執禮；所罕言者，利與命、仁也。又有絶不道者，怪力亂神是也。蓋怪異、勇力、悖亂之事，非理之正，在所不當言，鬼神雖非不正，又有未易言，故聖人皆不語也。然不曰「言」而曰「語」者，又有分别。蓋人雖言及，己亦不答也。故曰答述曰語，自言曰言。而本注一則曰「聖人所不語」，二則曰「不輕以語人」可見。

怪者，山精水妖，天地變異之類。力者，如烏獲之能舉千鈞，孟賁之生拔牛角，孟説之扛鼎是已。悖亂者，臣弑其君，子弑其父之類也。鬼神者，日月星辰之所以升降，風雨霜露之所以慘舒，四時之所以代序，萬物之所以榮枯者是也。○語怪則啓人惑，語力則啓人争，語亂則啓人悖理逆倫之事，語神則啓人以馳心於不可測知之境，是故聖人謹之。○南軒曰：聖人一語一默之間，莫不有教存焉。○孔文子欲攻太叔疾，訪於仲尼，仲尼不對，此不語亂也。子路問事鬼神，子曰「未能事人，焉能事鬼」，此不語神也。斥子路曰「暴虎馮河，死而無悔」，可知其不語力。《魯論》二十篇，所記嘉言善行多矣，獨無一語涉異者，且曰「索隱行怪，吾弗爲之」，可知其不語怪。

「三人行，必有我師焉」

○子曰：學者但有心於爲己，無往而非進德之地，便做三人同行，亦必有爲我師者在。何也？三人同行，其一我也，彼二人者一善一惡，我則擇其善者而從之，師彼之善，爲我之善，其不善者而改之，恐懼脩省，恐亦有是惡也。從之謂從他樣做，改之謂不與之類也。然此亦姑以一善一惡對言，以見善惡皆我師耳。若兩人皆善則皆當從，兩人皆惡則皆當改，若一人之身有善有不善，吾亦從其善而改其不善，無往而非師也。師者，教我者也。善，吾所以爲法，固師也。惡者，吾因之而改其惡，亦由彼之有以啓道我，是亦教也。故皆爲吾師。○聖人言同行者之可師，以其善惡皆爲我益也。

「天生德於予」

○生，賦也，言天賦我以如是之德。聖人不自名言，然亦果有以自見其得於天者獨厚矣。夫天惟無意於我則已，今也天既賦我以如是之德，則必嘿相我於冥冥之中，彼桓魋雖欲害我，其亦如我何哉？「必不能違天害己也」。違天謂逆天意，故與天忤也，謂天固欲佑之，魋固欲害之，是與天忤也，魋其能勝天哉？

○「天」字以主宰言。

「二三子以我爲隱乎」

○諸弟子以夫子之道高深不可企及，而今所以教吾徒者不過只是日用常行之際，威儀文辭之間而已，是必於其高深者有所隱而不以教人也。故夫子釋之曰：「二三子，爾之心疑我爲隱乎？吾其實無所隱於汝，我無一所行而不昭，然以示爾二三子者，是丘之所爲然也。吾豈有隱於爾乎？」蓋夫子所謂「無行而不與二三子者」，言其作止語默無非教也，見之雖若卑近而高深者存焉，道豈有不在於是乎？顧學者有所不察耳。以此言之，聖人果無隱矣。雖然，聖人自不肯隱，亦不能隱。使善觀，聖人者得而隱之乎？然使學者自家地位若淺，則聖人雖不隱，學者固自隱矣。「吾無行而不與二三子者，是丘也」，意若曰無一而不以教人者，莫丘若也。○一說吾無行而不以示人者便是一箇丘在這裏，亦見其實無隱也。

把「與」字對「隱」字看，見其自不容隱也。所與者，就在作止語默之間。「是丘也」，言丘之爲丘是如此，蓋丁寧之意。○注云「作止語默，無非教也」，又云「與天象昭然，莫非至教」，而《通書》亦曰「四時行，百物生，莫非至教」，《正蒙》又曰「糟粕煨燼，無非教也」，何不曰道而皆曰教？蓋以其常以道理示人而言也。《易》曰「夫乾確然示人易矣，夫坤隤然示人簡矣」，此天地之教也。○「作止語默，無非教也」，不可貼在「無行而不與二三子」句上，此意與上文俱安在「二三子以我爲隱乎」上。然所謂「無行而不與二三子」者，其實含「作止語默，無非教也」之意。

「子以四教」

〇夫子以四件事教人。四者何？其始教人以學文，使之講明夫天下之義理；其次教人以脩行，使其所講明者一一見之於躬行；又其次則教人以忠與信，使其所行者必盡己之心，而一一以實爲之誠。以不先之以文，則理有未知，何以責其行？不次之以行，則所知亦虚文耳。然行雖善而心有未實，則亦僞耳，故聖人之教必兼是四者，而四者之序又如此。忠就己上看，體也；信就事物上看，用也。忠、信疑通管文、行。前章「主忠信」，疑亦兼知、行。

「聖人，吾不得而見之矣」

聖人者，大而化之者也。君子者，大而未化者也。善人者，不踐迹而自不爲惡者也。有恒者，性地有常，重厚朴實人也。「有恒」字要淺説，方見在善人之下，不然反在善人之右矣，究其所行，猶有未善在。善人不踐迹，則天資亦甚粹矣，❶豈可淺淺看？

〇「得見有恒者，斯可矣」，然所謂有恒者無他，有爲有，無爲無，盈爲盈，虚爲虚，約爲約，泰爲泰，如是質實無僞，方能有恒。如使本無也而自以爲有之狀，本虚也而自以爲盈之狀，本約也而故以爲泰之狀，如此者雖能僞爲於一時，而無可繼於後，難乎有恒矣。然則所謂有恒者，只是質實無僞耳。人惟能有恒，則由此而進於有善無惡之域，而聖人君子之地亦可以馴致矣。故夫子特言無恒之失，以申有恒之義，其示人入德之門也。全盡人道者，聖人也。次於聖人者，君子也。得於天資自然，有善而無惡者，善人也。真實

❶「矣」，嘉靖本、四庫本作「美」。

無僞，亞於善人者，有恒者也。或以本無是善爲無，未實有是善爲虚，未能該衆善爲約者，非也。有恒以質言，不可説涉於學去。○此言「難乎有恒」，非正解其義。而注云「申言有恒之義」者，亦《大壯・彖傳》「剛以動，故壯」意。○或曰「子以四教」，忠信在後，而朱子謂「未有不自有恒而能至於聖者」，何也？蓋有恒者全是説資質，猶學以威重爲質，忠信之人可以學禮相似。

「子釣而不綱」

○孔子或爲養與祭祀賓客之需，未免於漁獵。然其漁也，以釣貪吾餌者取之而已，而不用網絶流而盡取之。其弋禽也，只取其飛者，宿者不射之，爲出其不意也。此可以見聖人於取物之中有愛物之仁。待物如此，待人可知；小者如此，大者可知。

○釣、弋皆男子之事，雖聖人有時爲之。魯人獵較，又非特少貧賤時耳。○綱即大繩，弋即生絲。不曰網而曰綱者，以其大繩屬網也。不曰射而曰弋者，以其生絲繫矢而射也。漢文帝身衣弋綈，「弋」字義同。

「蓋有不知而作者」

○天下之物，莫不有理，故爲其事者當先知其理。理即其事之所當然者也。蓋有不知其理而妄作其事者，我却無此。夫聖人生知安行，於天下之事，蓋不待先知其理而後爲其事。今乃曰我無不知而作者，則是言其於事皆必先知而後作也。故曰「謙辭」，便見得人須要知。下文承之云：「然知亦未易必也，多聞人之言，其言有善惡也，則擇其善者而依之行。多見人之行，其行有善惡也，善者記之以行，惡者亦記之，庶乎有以備參考，而不昧於所從。如此則雖未能實知其理，然亦可次於知，而不至於無知妄作矣。」

上言「不知而作，我無是」，便見得人須是知。下文「多聞」、「多見」，是教人以求知之方也。此兩句亦互相發。

○聞見之寡，不足以求知。多聞而擇，多見而識，所以求知也。若知者則所知無一之非實，此方是求到那知處，故次之。

孔子言未嘗妄行，蓋亦謙辭者，以其非聖人之極至也。

「互鄉難與言」

互鄉之人，習於不善，難與言善。有童子請見，門人疑之，以爲不當見也。

○子曰釋之也，人既一旦自潔而進見我，則但許其今日之潔耳，固不能保其往日所爲之善惡，但許今日之進見耳，亦不復許其既退而爲不善也。蓋既往之事既不追，將來之事又不逆，以是心至斯受之耳，又何爲已甚乎！

潔，修治也，自其今日之求見可知。○若追其既往，逆其將來，而不與其潔已以進，則非中庸之行而爲已甚矣。○「童子見」，謂得見也。

「子曰：仁遠乎哉」

○「仁遠乎哉」，仁者本心之德，非在外也。放而不求，故有以爲遠者。我但一念欲仁而反求之，則仁固吾心中物，隨求而得矣。然則仁遠乎哉？

○「仁遠乎哉」，且虚説。不可以注「仁者心之德，非在外也」貼在此句内，須安在下句。《集注》「仁者心之德」云云，都是解「我欲仁，斯仁至矣」，而「仁遠乎哉」之意自見。○「非在外也」，見不遠意。凡在外者求之，則有得不得，縱得亦無如是之速。惟仁是可自必底，隨求隨得，一念方動，應念而生。○「我」字虛說，不必指聖人身上説，《集注》全不提起聖人。此語所以甚言其近且易，使人知自勉而不憚於用力也。人固有以仁道遠而難至者，故夫子發此以示之。

「陳司敗問：昭公知禮乎？孔子曰：知禮」

蓋昭公素習於威儀之節，當時以爲知禮。而司敗復舉以爲問，即此而度其意，是蓋持其吴孟子一事，而不以爲知禮，故問之以試孔子。孔子答之以爲知禮，不過就其習於威儀一節而言耳。

○司敗聞孔子之言，心不以爲然。及孔子既退，適遇孔子弟子巫馬期者，司敗乃迎揖巫馬期，而進之曰：「我聞君子不黨於人，由今觀之，君子亦黨乎？爲何魯君娶於吴？魯與吴皆姬姓，是爲同姓，以其同姓而諱之，乃謂夫人爲吴孟子。夫同姓爲婚，知禮者不爲也。君而可爲知禮，孰不可爲知禮乎？而夫子以爲知禮，非黨乎？」

周女曰姬，商女曰子，齊女曰姜，楚女曰芈。吴孟子在魯，只稱孟子，今見於《春秋》「孟子卒」是也。謂之吴孟子，蓋當時譏諷之詞，故特冠以「吴」字，見其終不可掩也。使若宋女子姓者，然宋子姓也，又係吴以別之，「吴」與「子」字相軋矣，所謂欲蓋而彌彰也。魯人既是諱之，只用「子」字不必着「吴」字矣。今着「吴」字，意是他國譏諷之語。故加一「吴」字，以暴其事耳。

○巫馬期述司敗之言，以告孔子。既不可自謂諱君之惡，又不可以娶同姓爲知禮，故受以爲過而不辭，曰：「丘也幸哉！ 人莫不幸於不聞過，我苟有過，人必知之，既知於人，則聞於己而可改圖於後日矣，豈非幸乎？」

孔子既受以爲過而不辭，則司敗所斥吴孟子之事，固在所不辨矣。 一則不失君父之私諱，一則又不誣天下之公議。

「子與人歌而善」

○孔子與人同歌，而見其歌之善者，則且自停其歌，而必使之復歌。 使之復歌者，欲得其詳而取其善也，然後却從而和之。 和之者，喜得其詳而與其善也。「與人歌」，共歌也。「反之」，彼獨歌也。「和之」，我自歌也。 反，復也。 復，覆也，去聲讀差。

氣象從容，故能使反而後和。 誠意懇至，使之反，有自下之意也。 謙遜，是自認其不如彼也。 審密，欲得其詳，不揜人善，使彼得自見其善也。

「子曰：文，莫吾猶人也」

○若論文辭無分曉，我也相似人。 若論躬行實踐之君子，則我全未之有得。 文者，如説仁，説義，説得有次序，有條理，便是。 躬行君子，則曰仁，曰義，一一體之於身，見之於事也。 此皆聖人自謙之詞，而足以見言之易，行之難。 言易在所緩，行難不可緩也，欲人之勉其實。 實者言之實，躬行君子是也。「莫」，疑辭，猶俗言無分曉。 ○辭則自謙，意則欲人知言行之難易緩急而勉其實也。

「若聖與仁」

○當時有稱夫子聖且仁者，以故夫子辭之曰：「若聖與仁，則吾豈敢當哉？」抑以聖人之道爲之於己而不厭，❶以此誨人又不倦，則亦可謂如此而已耳。然爲不厭，誨不倦，非實有此仁聖者不能。夫子雖不居仁聖之名，而愈見夫子有仁聖之實也。公西華適在側，聞夫子此言而有悟焉，乃嘆曰：「正唯弟子不能學也。」

世固有未能盡仁義而教人仁義者，但不倦却難，故《集注》只提不厭不倦説。且夫子自謙之辭亦是如此，非固遜其名而却處其實也。

○聖者大而化之，德極其盛而又無其迹也。仁則以心德之全，人道之備，正是德之盛處。○大而化之之謂聖，若大而未化之只可謂之仁。

仁聖，自然者也。爲不厭，誨不倦，是以勉然者自處。然於不厭不倦味之，則又見其自然矣。夫子之自謙，與子華之體認，當如此分別。

《正蒙・至當》篇曰：「君子於仁聖，爲不厭，誨不倦，然且自謂不能，蓋所以爲能也。能不過人，故與人爭能，以能病人。大則天地合德，自不見其能也。」○南軒曰：「聖則仁之熟而至於化矣。聖非出於仁之外也。」

「子疾病，子路請禱」

❶「聖人」，嘉靖本、四庫本作「仁聖」。

○子路請禱於鬼神，欲爲夫子悔過遷善以祈神之祐。子曰：「果然有此，則丘禱久矣，亦不待今日有疾而始禱也。」聖人言此，意蓋以其未嘗有過，無善可遷，其素行固已合於神明矣。○子路請禱，而夫子問以「有諸」，蓋欲子路深省夫禱之理。苟知其有是理，則凡素行有愧於神明者宜用禱，而夫子無用禱矣。子路未達，故曰云云。○既曰「丘之禱久」，則死生付之命矣。○周公亦嘗爲武王行禱。子路之禱，固不爲非，但不宜請於病者。既以爲請，則夫子不得不辭之。然夫子不直止之，而但告以無所事禱之意，則禱之禮亦有不可以夫子之故而遂廢者矣。聖人雖在病中，而其言之從容曲折亦如此，真造化所在也。

上下神祇，上之天神，下之地祇也。「行禱五祀」，謂行禱禮於五祀也。「無其理則不必禱」，此注當用在「丘之禱久」上。○《大學衍義補》祈禱卷載：「朱子曰：『疾病行禱者，臣子之於君父各禱其於所當祭。子路所欲禱必非淫祀，但不當請耳。祈禱卜筮之屬，皆聖人所作。至夫子而後教人一决諸理，而不屑於冥漠不可知之間，其所以建立人極之功，於是爲備。』」

「奢則不遜，儉則固」

○凡禮得中爲貴。奢之弊，則僭上陵分而不遜。儉之弊，則朴焉無文而固陋。奢、儉既各有害，然儉之害小，而奢之害大，故與其不遜也，寧固。固則已分有未足，不遜則溢於禮法之外矣。○奢、儉二字便是失中，不遜與固皆其害也。

「君子坦蕩蕩」

○君子循理，不以得失利害爲心，故「坦蕩蕩」。小人役於物，則患得患失之心無時而已，故「長戚戚」。

「坦蕩蕩」，「長戚戚」，皆兼内外言。○「坦蕩蕩」猶云光煒煒，不可以「坦」字當「常」字對「長」字。○心廣體胖，此只做仁者不憂説，《大學》本意較深。

「子温而厲」

聖人容色隨時不同，而無一之不中和。時乎温也，温而厲。時乎威也，威而不猛。時乎恭也，恭而安。是皆中和之氣見於容貌之間者，然却本於全體渾然，陰陽合德。

「人之德性，本無不備」，言德性兼陰陽之理，本是中和。「氣質所賦，鮮有不偏」，言其氣或偏於陰，偏於陽，則其見於容貌者亦偏矣。「惟聖人全體渾然，陰陽合德」，言其氣質不偏，陰陽合德也。陰陽以氣言，德即陰陽是也，氣虚容貌實。○全體渾然，陰陽合德，則氣質亦中和，而於本然之德性無所障碍矣。故此中和之氣見於容貌之間云云，非容貌有中和之氣，乃中和之氣見於容貌也。○「恭而安」，按《堯典》述堯之德，始之以欽，繼之以安安。恭而至於安，則所謂篤恭而不顯者矣。堯、孔雖窮達不同，恭德之安則一也。

泰伯第八

「泰伯，其可謂至德也已矣」

泰伯，其可謂至德而無以復加者矣。何也？固以天下讓於商而不取，且又隱然不露形迹，而民莫得而稱之。夫以天下之大讓於人，而人又莫知其爲讓，此非其德之至極而何哉！○觀《集注》所序，見太王所以有翦商之志者，一則以商道寖衰，二則以周日彊大，三則又以孫昌之聖有王天下之理也。又云「泰伯不從」，此正泰伯之所以讓天下處，至於與仲雍逃之荆蠻者，特以遂其父傳歷之志。蓋知太王翦商之志既不可回，傳歷之志又不當拒，故去之以滅其迹，非固以無君之罪而嫁之也。若讓天下處却在前之不從上，此亦因其不從，故有是事也。自「太王乃立季歷」以下至武王乃「克商而有天下」，皆是叙周家來歷，見得武王只是終太王翦商之事耳，非固以文、武之有天下實泰伯之所讓也。

○泰伯若從太王翦商之志，則天下爲泰伯有矣，故曰「三以天下讓」，非因後來文、武有天下而推原以歸於泰伯也。其實是曾以天下讓也。○泰伯若從太王志，則太王時雖未有天下，至泰伯便當有天下矣。注云：「夫以泰伯之德，當商周之際，固足以朝諸侯、有天下矣。」何以見之？泰伯采藥荆蠻而人翕然歸之，遂成吴國，使其襲周邦之盛而爲之，豈不足以有天下？故夫子斷曰「以天下讓」也。○泰伯之讓季歷，正與伯夷之讓叔齊，其事迹與心正相契合，而注不言者，泰伯之以天下讓不在此也。故《集注》不曰即夷、齊讓國之心，而曰「即夷、齊扣馬之心」云云。○太王欲翦商，便是謀取天下，泰伯不從，便是以天下讓，非虚説也，非推本也。

○「蓋其心即夷、齊扣馬之心」，夷、齊之所執者，君臣之義也，泰伯所執者，亦君臣之義也。而事之難處有甚焉者，夷、齊之於武王有犯無隱，其去就可以顯其迹，泰伯處父子之間，則當有隱無犯，其去留不可以露其迹，此所以民莫得而稱之者也。至德只在可取不取上，而帶「又泯其迹」意。不可全重在「泯其迹」上，若重在泯其迹，則文王之至德又説不去了。或曰：「人知泰伯之逃荆蠻耳，而不知其讓國也；人但知其讓國也，而不知其讓天下也。」此説不是。全説以天下讓季歷，而與所謂「其心即夷、齊扣馬之心」者相背矣，不必依。

○此章一則見泰伯全君臣之義，所謂「三以天下讓」也；二亦足以見泰伯全父子之恩，所以「民無得而稱」也。重在君臣之義，至父子之恩亦帶説，對待舉不得。○泰伯若當武王時必不爲武王之事，文王若當武王時必不如武王之暴，當時紂既投火死了，何故又要斫其首而梟之？他雖天下罪之，❶亦做你底君父來，何至此之甚？湯之於桀亦放之而已。此孔子所以獨謂武未盡善。○泰伯既爲至德，太王則所謂未盡善者矣。○若季歷又生子昌，有聖德，太王恐亦未敢遽擬其有天下也。未知朱子所述云云果出何書，蓋《史記》也。然《史記》安能得聖人之心於千載之上耶？《少微鑑》載雙湖胡氏之説，及《通鑑》前編金氏之辨，似於義甚精，宜考之。

「恭而無禮則勞」

○此章重在禮字。蓋禮者天理之節文，即中之所在也。凡事貴乎得中，不中則各有其弊。如恭，美德也，恭而無禮以節文之則不當恭而恭矣，其弊也勞。慎亦美德也，慎而無禮以節文之則不當慎而慎矣，其弊也葸。勇亦美德也，勇而無禮以節文之則不當勇而勇矣，其弊也亂。直亦美德也，直而無禮以節文之則不當直而直矣，其弊也絞。○勞、葸、亂、絞，只就無禮處説，不是無禮了方勞、葸、亂、絞。○勞，所謂病于

❶「之」，嘉靖本、四庫本作「人」。

夏畦也。葸，所謂畏首畏尾也。亂，所謂犯上作亂也。絞，如證父攘羊是也。

此段不著何人説，舊以屬之上文而通爲一章。張子依之。至吴氏以爲當自爲一章，而疑其爲曾子之言。朱子亦然之。故今不連上文讀。

「君子篤於親」

○在上之君子，若能厚於其親，如父母及諸父昆弟之屬，處之各盡其道，則於其親篤矣。夫親親，仁也。上仁則民亦興於仁，而各親其親矣。若能於故舊盡忠厚之道以處之，而不忘其平生之好，則爲厚之道也。上厚則民化之亦不偷，而各厚於故舊矣。○此「親」字與「君子不弛其親」之親同，兼父母、諸父、昆弟、子姓説。「故舊」即與「故舊無大故」之故舊同。○「篤」字重，「不遺」字輕。篤於親，不遺弛於故舊，自有輕重。張子曰「人道知先後」云云者，言知所輕重，則恭、慎、勇、直施於親、舊者自無過中之失，而民化德厚矣。然較牽强。

「曾子有疾，召門弟子曰」

○「曾子有疾」，疾者病之革也。曾子平日以爲身體髮膚受之父母，不敢毁傷，至此自幸其得免於毁傷，故召在門弟子而詔之曰：「你輩開了被，看我底足，開了被，看我底手，其有不全者乎？且我之保守此身極難。《小旻》之詩曰：戰戰然恐懼，兢兢然戒謹。我之戒謹恐懼也，如臨深淵而恐其墜，如履薄冰而恐其陷，其焦心勞思，惟恐其毁傷有如此者，幸未有毁傷，至于今日。自今以後，我知得終免於毁傷矣。」小子語畢，而又呼小子者，以致反覆丁寧之意。蓋曾子最是箇懇篤底人，説這語便要入於人之耳，貼於人之心。如語孟敬子亦曰：「人之將死，其言也善。」都是要他記得，都是丁寧之意。

或曰：曾子所保者身也，所以保者心也，意欲全其身而不辱其親。然觀《集注》云：「曾子平日以爲身體髮膚受之父母，不敢毁傷。」又本文云：「啓予足，啓予手。」又觀夫子嘗語曾子曰：「父母全而生之，子全而歸之。」又以不虧其體、不辱其親對説，可見曾子此章本意只是説保全身體，雖謂所以保者心也。心是德所在，而「仁以爲己任」章全是心上事，此特仁以爲己任中之一事耳。大抵人知不忍毁傷其父母之遺體，則自能謹行而不至玷父母之令名矣。夫子告武伯曰「父母惟其疾之憂」，而朱子曰「人子體此，則凡所以守其身者自不容於不謹矣」，此則曾子之意也，豈可淺淺看？《詩》云：「戰戰兢兢，如臨深淵，如履薄冰。」此數句只是一箇恐字意，而今而後吾知免夫，可以無恐矣。

「孟敬子問之」

○曾子有疾，孟敬子往問其疾。曾子將有言以告之，又恐其忽之而不之識，故先自言以警之曰：「鳥之將死，其鳴也哀。人之將死，其言也善。而今我將死之言，善言也，子其識之。」想孟敬子平日是箇留心於細務而不知大本底人，故告之曰：「道雖無所不在，然君子所重乎道者，只有三事。三者何？不動容貌則已，一動容貌便遠了暴慢之氣，而容貌皆得其道。不正顔色則已，一正顔色便要近信而無色莊之僞，而顔色皆得其道。不出辭氣則已，一出辭氣便要遠鄙倍之失，而辭氣皆得其道。君子所重，在此三事而已，是皆脩身之要，爲政之本，所當操存省察而不可有造次顛沛之違者也。若夫籩豆之事，器數之末，道之全體固無不該，然其分則有司之守，而非君子之所重矣。」此「君子」對「有司」而言，大概指孟敬子一輩人説，不必專以德言。

《集注》「言，自言也」，此解「曾子言曰」之言字，與「其言也善」言字無預。將死言善，曾子「自言」也，謂之「自言」者，此是曾子説自家事，無預於敬子，然所以警敬子之聽也。○「人窮反本，故言善」，反本者，人性本善也。

道字該得廣，所貴者三事而已。動、正、出三字，無工夫，善惡未分。直至「遠暴慢」上，方見所貴乎道之意。蓋固有動容貌而暴慢者矣。遠暴慢，近信，遠鄙倍，都要在心裏做出來，總是「脩己以敬」。容實而貌虚，此以一身言。顔實而色虚，此以面上言。暴慢，暴剛者之過。慢，柔者之過。「正」字比「動」、「出」一字略着力。蓋緣顔色亦有容僞者，故獨曰「近信」。若容貌辭氣，則有不容僞者。信，實也，表裏如一之謂實。鄙，凡陋也，其失小。倍，背理，其失大。一説鄙是説得卑近者，背是説得過高而實背理者。前説似正，而過高之説亦兼之矣。

此三句，身上事盡之矣，而心亦在其中，但亦就孟敬子所及者而語之。若正論脩身，則須自誠意正心來。

○但以三者爲君子所貴，所貴在此，則所輕者在彼矣，何用汲汲爲「遠」字、「近」字？不必以爲貼「貴」字必遠必近方爲貴也。如已動容貌而遠暴慢，是所貴也。

○道本該本末，所貴乎道者三，則其本也，還要知籩豆之事亦在道中。動、正、出三字，不是用工夫字，工夫在斯遠、斯近上，但遠暴慢等工夫即在於動、正、出處，非動、正、出之外别有用工夫所在也。朱子小注答問之言宜細求之，自不相悖。

《集注》「學者所當操存省察」云云，在此三句外。此三句舉見成者而言，曾子以是告敬子，便見敬子當操云云。脩身之要，即爲政之本也。「要」字「本」字貼「貴」字意，對籩豆之事，言操存省察者未見於容貌色辭之時則如此存心，及見於應接之間則如此用力，而不可有造次顛沛之違者，所以實所重之意。

「曾子曰：以能問於不能」章

○以己之能，問人之不能；以己之多能，問人之寡能；其有也不自以爲有，而若無然；多其實也，不自以爲實，而若虛。然人若以非禮犯之，我本直而曲在彼也，己亦安然受之，恬不與較曲直。昔者吾友蓋常服行於此矣。但曰「昔者吾友嘗從事於斯」，便見今之無其人也。

○「以能問於不能」四句，以知言。「有若無」貼「問不能」句。「實若虛」貼「問於寡」句。能不能，就所造之高下言。所問者終是其不能處，或未能自信處。○顏子之問，初不知我是能，彼是不能也。但彼雖不能，我所問者却是彼之能處。非此事我本能也，又却去問人。那人又是不能者，如何答得，却枉費了工夫，非聖賢之實心下問。○「犯而不校」，是所存者大，故人犯着他，他自不覺得。此句對上四句，獨以行言。力行之事多，而獨以不校言者，於此逆境尚能善處，是爲能行人所不能行，則其他可知矣。此曾子之善立言也。此四五句所狀，皆是地位高人物，可謂善言德行。○甚矣曾子之善形容顏子也！欲說其學之高，不用數其事而稱，止說他云云，則其學之過人何如。欲說其行之高，亦不用多言，只說一句「犯而不校」，則其他皆可知。真箇一句當他人百句也。如夫子稱管仲，韓子推尊孟氏者，同一格式。

「惟知義理之無窮，不見物我之有間」，須要分曉，若於「以能問不能」内着箇物我無間之心，則此只是不耻下問地位。如云人之善亦猶我之善，我問之奚忝，似又非所以論顔子也。若於「犯而不校」内着箇義理無窮之心，則顔子之不校者乃是内省，恐怕是我之失所致，故不與校耳。若果無失，又將校之耶，亦非所以論顔子也。此與謝氏「不必得爲在己，失爲在人」之説戾。謝亦圈外注，若是如謝説，則不校後猶當做工夫。且既曰「犯」，便是失在他人矣，如何用得「不必得爲在己，失爲在人」之説，而謂但知義理之無窮乎？唐太宗問給事中孔穎達曰：「《論語》『以能問於不能，以多問於寡，有若無，實若虚』，何謂也？」穎達具釋其義以對，且曰：「非獨匹夫如是。帝王内藴神明，外當玄默。若位居尊極，炫燿聰明，以才陵人，飾非拒諫，則下情不通，取亡之道也。」胡氏曰：「穎達所對，亦足以箴太宗矣。雖然，吾友從事於斯之意，則未易曉也。夫既能矣，不自以爲能可也，而又問於不能；既多矣，不自以爲多可也，而又問於少。彼不能與少者，將何以益我，不幾於僞以下人者乎？是不然。惟善學者志不倦，心不盈，一言之不聞，一義之不知，歉然如飲食之不飽，此何所爲而然哉？誠以道無量，理無極，而事無方也。使太宗而知此，庶乎其少進矣。」右見《綱目》「唐太宗初即位置文館」下分注。

「可以托六尺之孤」章

○有人於此，其才可以托六尺之孤，爲幼君之輔，可以寄百里之命，一國之政皆自其手出，其才之過於人如此，且又臨大節所係底所在。他之所以輔幼君，攝國政者，卓然堅定，而不可以利害奪之。恁樣人，可謂之君子人與！看來才節兼備如此，信乎其爲君子也。蓋有是才而無是節，則終歸於小人；有是節而無是才，則亦僅得爲善人而已；皆不得爲君子。君子，才德出衆之名，所謂「君子不器」者也。

〇國有長君而爲之輔，猶未見其難，托孤方難。國之政事，君相共之，猶未見其難，攝政方難。平時托孤寄命，猶未爲難，至臨大節而不失其寄托之重，方見其難。「臨大節不可奪」，謂臨利害死生之際，其所以輔幼君，攝國之政者，卓乎其義理之精微而不可惑，確乎其志意之堅定而不可撓，社稷由之以安，生靈由之以全也。〇「臨大節」，大節字以事變言，不就君子身上説，謂臨大節所在，利不苟就，害不苟去也。托孤、寄命分爲兩事，看兩「可以」字，可見托孤必兼寄命，如周公之於成王是也。亦有寄命而非兼托孤者，如高宗在諒陰，政事聽於冢宰，又如季任爲任處守是也。〇臨大節不可奪，有生者，有死者，不可以生者爲優，死者爲劣，看事勢如何。曾子只言其節操之堅耳。蓋承上文二「可以」字説來，恐不消説到死處，然成敗利鈍，非所逆睹，亦不可拘定。〇「可以」，才可以也。「不可奪」，節不可奪也。丈夫所立，須要到招之不來，麾之不去地位，方是的當。

「士不可以不弘毅」章

〇此章之言曾子平日之所學，終身之所得，皆不出乎此。謂士不可以不弘且毅，爲何士者之擔子重而路頭又遠？惟其任之重，非弘不能勝其重矣。惟其道之遠，非毅無以致其遠矣。是故不可不弘毅。然果何以見其任之重而道之遠？蓋仁者，人心之全德，大而三綱五常，小而百行萬善，無一之不統於是，而以爲己任，必欲身體而力行之，此其任不亦重乎！且其身任是仁也，一息尚存，此志不容少懈，直到死而後已，此其道不亦遠乎！

看《集注》「必」字及「不容」字，後四句全説任重而道遠，未靠在士者用工處，若説得欠斟酌，便是弘毅了，須知任重道遠是所以當弘毅處。弘是有擔當，毅是能耐久，弘、毅之實一也。○「己任」之任與「任重」之任字同，皆作死字看，言仁所當身體力行者，任之重也，可不廓吾心胸以承載之乎？又仁乃吾所當服行而無一息之間斷者，道之遠也，又可不堅吾定力以終其事哉？

程子曰「弘而不毅，則無規矩而難立」，是說自今無規矩，而後來難久立。畢竟弘是身體力行，毅是志不少懈。一説身體此理而力行之，身體謂依此理也。故曰「以身體」謂以一身兼體乎衆理而力行之也。○《會講》曰：「士不可以一善自足，而容受承載之不弘；亦不可以半途而廢，而執守負荷之不毅。」○一息尚存，《相人編》第三卷《論氣》篇曰：「醫家以一呼一吸爲一息，凡一人晝夜計一萬三千五百息。」今觀人之呼吸，疾徐不同，或急者已十息，遲者尚未七八，而老肥者太疾，幼瘦者差遲。古人定數之言，亦舉大概而已。

「興於詩」章

○學者所造，必先有以興其好善惡惡之心，然後其善實有諸己，惡實無諸己，而能卓然有立，而不爲事物之所摇奪。既能立了，然後進而至於義精仁熟之域而成矣。然其所以興，所以立，所以成，又皆各有所由得。是故其始之興也，必於《詩》而得之。何也？「《詩》本性情有邪有正，其爲言既易知，而吟咏之間抑揚反覆，其感人又易入。」故學者之興也實得之。興固以《詩》，其立也又於禮而得之。何也？「禮以恭敬辭遜爲本，而有節文度數之詳，可以固人肌膚之會、筋骸之束。」故學者之立也得之。○「《詩》本性情有邪有正」，人之性情有邪正，《詩》亦有邪正。邪正二字，起下文善惡字。「其爲言既易知」，注云：詩辭明白而近人情也。「抑揚反覆」，注云：抑揚謂聲音高下，反覆謂前後重復翻倒。

「禮以恭敬辭遜爲本，而有節文度數之詳」，亦不是以「本」對「文」言，節文度數即恭敬辭遜之節文度數也。此兩句猶上節云「《詩》本性情」意，《詩》自是《詩》，性情其所本，禮自是禮，而恭敬辭遜其所本也。○此「禮」字不是禮書，書所載者是也。夫禮有本有文，恭敬辭遜，以禮之本言；節文度數，以禮之文言。恭，容也。敬，心也。辭遜，心之發也。節則無過，文則無不及。度有長短之制，數有多寡之宜。肌，肉也。膚，皮也。筋，所以聯屬乎骸。骸則脛骨也，骨其大者。注云：人肌膚本有所會，筋骸本有所束，至此愈堅固，執禮之力也。○卓然自立者，有定見，有定力，善必爲，惡必去，自家扶竪得起，而外物倒折我不得。故曰不爲事物所奪，言不能奪其所守也。

六律，在樂如黄鍾爲宫，則太簇爲商，姑洗爲角，隔八相生，而林鍾爲徵，南吕爲羽。或大吕爲宫，則夾鍾爲商，仲吕爲角，隔八相生，而夷則爲徵，無射爲羽。此六律相生之大畧也。「更唱迭和」，前者唱，後者和，而唱和又自相循環。○「可以養人之性情」，以其中和也，蕩滌其邪穢，去其物欲之汙也，消融其渣滓，又使道理之勉强而未純熟者，皆消融而無餘迹也。或謂渣滓只是邪穢之渣滓，不知蕩滌都無了。此二句如言已無不克、禮無不復相似，成德地位也。義精，知之至也；仁熟，行之至也。和順於道德，從容不待勉强也。仁義以人性言，道德以仁義之本原言，天道也。義精，窮理也。仁熟，盡性也。和順道理者，至命也。一説道德統言之也。○「聲依永」，聲，五聲也；永者，人歌聲之長短也。「律和聲」，律，六律音也。更唱迭和者，聲律相爲唱和也。此所以節夫歌舞八音也。聲律只在歌舞八音之内，舞雖無聲律，然其節亦協。

○「興於《詩》」見《詩》之當學也。「立於禮」，見禮之當學也。「成於樂」，見樂之當學也。又須細認興、立、成字。○興於《詩》，興此心也。立於禮，立此心也。成於樂，成此心也。只是此一箇心。

○興時，此禮猶未爲已有也，至立時方爲實得而守之。然立則猶未熟，至成時方純熟而無事守矣。興《詩》如志道，立禮如據德，成樂如依仁。

○「興於《詩》」者，以詩能興人也。「立於禮」者，以禮能立人也。「成於樂」者，以樂能成人也。故《集注》上三截皆言《詩》能興人，禮能立人，樂能成人也；下三截方言興於《詩》，立於禮，成於樂。○《語録》謂「禮指文，樂指本」，非也。《集注》立禮，起句便云「禮以恭敬辭遜爲本」，不見全是文解；成樂，起句便云「樂有五聲十二律」，不見全是本解。大抵《詩》、禮、樂皆在外。

朱子謂：「是三者只是游藝一脚事。」史氏曰：「雖云然，興《詩》即是志道時事，立禮即是據德時事。《詩》、禮雖是藝中所該，然方興方立，只可爲游之之漸，未可遽謂游止於如此也。直至成樂，方是依仁以後時事，此即『游於藝』之極至處。至此則興《詩》立禮之味亦熟，而游藝之實可見矣。」又曰：「非興無志，非立無據，非成無依。興雖在《詩》，而所興者則是志道。立雖在禮，而所立者則是據德。成雖在樂，而所成者則是依仁。」又曰：「藝是修治道德仁之器具，道德仁是頓放藝之處所。」

○興、立、成三字，皆以已能者言，謂其興也得於《詩》，其立也得於禮，其成也得於樂。興起其好善惡惡之心時，猶未及乎立也；至於立則真有是善，實無是惡矣；立猶是自守者也，至於成則義精仁熟，而自和順於道德，無所事守矣。此三段自始學至於成德者也。○此三者，「大學終身所得之難易、先後、淺深也」。難易、先後、淺深者，《詩》易於禮，禮易於樂；興爲先，立次之，成最後；興者淺，立者深，而成又其深者也。○「天下之英才不爲少矣」，以資質言。「特以道學不明，故不得有所成就」，以學力不至言也。

「民可使由之」章

○「民」指凡民而言也。蓋以斯道覺斯民者，聖人之本心也。然不能使人人皆覺者，則非聖人之本心也，勢也。故孔子說：「民但可使之由於是理之當然，而不能使之知其所以然。」蓋所當然者，如父當慈、子當孝之類，皆民生日用之事，固衆人所能行者，故能使之由。若夫父子之所以慈孝，則皆出於天命之自然與人性之固有者，自非中人以上者未足與語此，故不能使之知。○聖人本心，不但使民由之，更欲使民知之也，但不可得耳，故云。○此亦以氣稟所拘之故。孟子曰「人皆可以爲堯舜」，是謂論性不論氣，不備也。若論聖人明明德於天下之心，何所不至！

「好勇疾貧，亂也」章

○人之生亂有二，有亂在我者，有亂雖在人，而致之在我者。此章可見聖人說人之好勇，若不疾貧，則猶安分，未便至亂；雖疾貧，若不好勇，則不至於肆暴而橫行，亦未便爲亂。惟其好勇而又自疾其貧，而不安分，必作亂也。人而不仁，固在所憎疾，但不可至已甚，使之無所容其身，其勢必致亂也。蓋二者之心，雖有善惡之殊，然其生亂則一。然則人固不可自爲亂，亦不可以自取亂。聖人言生亂之道有此二端，所以示人當知所警戒也。○「好勇疾貧」，觀其文勢，重在下二字。或曰不然，只言其好勇而又疾貧也。

「如有周公之才之美」章

○此言人之有才而不可恃也。自古之有才者，莫若周公，然假使真有周公底才那樣美，設使以己有是才而自驕，以人無是才而吝焉，則大本已失，其餘皆不足觀矣。況無周公之才而驕、吝者乎？要足此句方見，本文特舉周公之意，而與程子「此甚言驕、吝之不可也」意相協。○「其餘」指才，「使驕且吝」則德喪矣。

「三年學，不至於穀，不易得也」

○世固有爲干禄而後學者，亦有學問之功始加而利禄之念隨之者。夫惟三年之久從事於學，但知學以謀道，而初無求禄之心，如此者不易得也。久於謀道而不謀食者，斯爲難矣！

○謀道不謀食，爲己不爲人，孔門顔、曾、閔、開之外，少有不爲禄而仕者，故孔子嘆之與！

「篤信好學」

○士君子要篤信，要好學，要守死，要善道，此四者要相爲用，而不可有一缺焉者也。蓋不篤信，則不能好學；然篤信而不好學，則所信或非其正。不守死，則不能善道；然守死而不足以善其道，則亦徒死而已。蓋守死者，篤信之效。善道者，好學之功。善道，謂能全乎道也。善道是要終地位，必篤信、好學、守死者能之。

○《集注》「不篤信，則不能好學」，「不守死，則不能善道」，下因乎上也。「然篤信而不好學，則所信或非其正」，「守死而不足以善道，則亦徒死而已」，是上因乎下也。○「好仁不好學，其蔽也愚」之類，所謂「篤信而不好學，所信或非其正」者也。篤信、守死，未分是否，必好學然後所信者是，必善道然後所死者是。守死未必死，以死言之，所守者堅也。去就出處，皆在此四者外，此是士之本領。

○無有用工篤信而不能守死者，故曰「守死者篤信之效」，是有守也。亦無有用工好學而不能善道者，故曰「善道者好學之功」，是有學也。既云「守死者篤信之效，善道者好學之功」，便見上四字尤重。說有守，便兼篤信、守死；說有學，便兼好學、善道。或曰：「如此則當云有守有學，而不曰有學有守矣。」蓋篤信好學者，學之事；守死善道者，守之事。

○「危邦不入」，爲在外不入者言也。若已仕其國，安可見危而去？亂邦未危，則仕於其國者可以見幾而去，然必亦嘗諫而不見聽乃去。若陳子之去，非矣。若邦已危則不可去。何也？方其亂時既不能諫，又不能去，直到危時方去，則將焉用彼相哉？仕危邦者，無可去之義，不能正於未然故也。○翔于千仞，覽德輝而下之，此其所以爲鳳凰。使神龍有欲，人得而醢之矣。士夫去就，其可忽諸？

「危邦不入」，不危斯入矣。「亂邦不居」，不亂斯居矣。非有學有守者一於不入不居也。去就之義潔，猶有就一邊在，天下無道則隱，老子、荷蕢之徒是也。所謂「滔滔者，天下皆是也」，故曰天下無道，舉一世皆然也。○《會講》云：「天下有道，則邦皆安而不危，皆治而不亂，無非可入可居之邦。」故見如此，則孔子去魯適衛，去衛適齊，爲隱乎？爲見乎？石門曰：「是知其不可而爲之者歟？」桀溺又以爲避人之士，正爲其不能隱而猶見也。故朱子曰：「有道不必十分太平然後出，無道不必十分亂然後隱。」此說最長，且應下文「世治而無可行之道，世亂而無能守之節」。若依《會講》，則是國有道，不是天下有道矣。

○「邦有道，貧且賤焉」，非甘貧賤也，人自不我用，不得不貧賤也，故可耻。蓋有道之邦，所用者必有道之人。「邦無道，富且貴焉」，希世投合而已，不但無守，亦是無學。若有學者，見道分明，豈肯闇然苟禄？

○上「邦」字指國，對天下。此「邦」字單言，指一世而兼國。若曰邦之有道，而無可行之道，貧日賤焉，可耻也。耻者，耻其無可行之道也。邦之無道，而無能守之節，富且貴焉，亦耻也，耻其無能守之節也。○無可行之道，無能守之節，以出處言，而去就在其中。

○不入、不居，則見則隱，此惟有學有守者能之。若邦有道，貧且賤焉，邦無道，富且貴焉，則是無學無守矣，秪可耻耳。

危邦不入，亂邦不居，無道則隱，非但有守，亦是有學，而見得透也。天下有道則見，非但有學，亦是有守，而果於行也。以此見得世治而無可行之道，不可專爲無學；世亂而無能守之節，不可專爲無守。雙峯之說可疑也。

○「世治而無可行之道，世亂而無能守之節」，此兩句不必再爲他意擾。蓋此兩句自是就他去就之義不潔，出處之分不明，而原其由，則是無學無守也。或曰：「不是推其由，此四條節節都有，就在其内。」然則危邦不入内，安得有好學工夫？

「不在其位」

有是位，則有是政。政乃有位者所當謀也。若不在乎其位，則其政乃吾分外者，亦不謀其政也。

○此章本意，只是言不在公卿大夫之位者，不當謀公卿大夫之政。即此言而推之，則上下之間，各有分限。天子不當治三公之職，三公不得兼諸侯之事，諸侯不得理大夫之政。以至左不得以侵右，右不得以侵左，皆不在位不謀政之意也。

此「位」字，大抵以臣言，不必説不在君之位則不謀君之政。「若君大夫問而告者，則有之矣」，此是言外意。昔温公爲相，問伊川曰：「欲除一人給事中，誰可爲者？」伊川曰：「先從泛論人才則可。今既如此，頤雖有其人，何可言？」君實曰：「出於君之口，入於光之耳，又何害？」先生終不言。所謂不在位不謀政也。不在位而謀，則爲思出其位，干分外之事也。非惟不必謀，自是不當謀也。此是界限處，謀是思所以處之，非當泛論而已，故注以「任」字代之。

「師摯之始」

《關雎》一詩，在《詩》則爲首章，在樂則爲卒章，故曰亂。曰：「《關雎》之亂，洋洋乎盈耳哉。」舉終以該始言，自始至終皆美盛也。○朱子曰「亂者乃樂終之雜聲也」，舉終以見始也。○《離騷》首篇「亂曰」注：「亂者，樂節之名。」《國語》云「其輯之亂」，輯，成也。凡篇章既成，撮其大要以爲亂詞也。《史記》曰：「《關雎》之亂，以爲風始。」《禮》曰：「既奏以文，又亂以武。」

「狂而不直」

○聖人説凡人氣質不齊，不能以皆無病，然有是病亦必有是德，然後可以入於善。以理論之，狂雖是病，然猶幸其直也，今也狂而不直。侗雖是病，然猶幸其愿也，今也侗而不愿。悾悾雖是病，然猶幸其信也，今也悾悾而却不信。只存得不好處，其好處又都無了，將焉用哉？然聖人無棄人。今曰「吾不知之矣」，甚絶之之辭。然使其知爲聖人所絶而改焉，是亦不屑之教誨也。

「學如不及」

○言人之爲學，惟日孜孜而競尺寸之陰，其用功已如有所不及矣；而其心猶竦然恐其或失之，而竟不能及也。「學如不及」，以功言；「猶恐失之」，以心言。聖人之意，蓋謂今日之學既無此工夫，而心中猶泰然不知恐懼，則將如之何？

「巍巍乎！舜、禹之有天下也」

○夫一命一爵之榮，猶能盛人之氣，而奪人之志。故世間尋常的人，有得一資半級，而自視侈然，以權自張者，何其卑也！巍巍乎！舜、禹二聖人之有天下也，以匹夫之身，一旦而享天子之貴，而能處之超然，不以爲樂，若無所與於天下一般，此其氣象視尋常人何啻萬倍！其巍巍可知。「巍巍」言其大過人也。若以有是位而遂盛其氣，則自卑小矣。原來舜、禹也只是内重而見外之輕。○巍巍，高大貌，此高大以氣象言。下文是有天下而不與，則天下爲小，舜、禹之心爲大，有以包乎天下，而天下不足以縈其心。○舜、禹視天下，只當等閒。獨舉舜、禹，舜、禹本是匹夫，一旦有天下實出望外，而却不以爲意，尤見其巍巍。

「大哉！堯之爲君也」

○「惟天爲大」，天於萬物無所不覆也。惟堯之德，有以準乎天而同其大。堯之德惟與之同其大，故其德之所被，廣遠無盡，蕩蕩乎無能名，亦如天之不可以言語形容也。於不可名言之中，只有箇成功之巍巍、文章之焕然者可言耳。若堯之德塞乎天地之間，即《中庸》所謂「洋溢乎中國，施及蠻貊，凡有血氣者，莫不尊親」是也，何可名言？ 觀上條文勢，巍巍指天，蕩蕩指堯，對天之巍巍說。「蕩蕩乎！ 民無能名」，已見堯之所以爲大處。至下節云云，其德終不可名，亦可見堯之大也。○蕩蕩，民無能名，此正是堯與天同其大處，非謂德之所施也。況此「德」字，就君德言。下文云云，此特君德中指其一二而已，其餘難以言語盡也，正是民無能名處。新安之說未當。❶

一說「蕩蕩乎！ 民無能名」猶《中庸》言德之所及，廣大如天，皆就德之所被言也。○「惟天爲大」至「民無能名」，大抵以其德之丕冒，而言其無處不周匝也。「惟堯則之」，正《中庸》所謂「配天」也，則下句非「惟堯則之」實歟！ 或曰：成功巍然，文章煥然，似亦盡矣，猶爲不可名乎？ 曰：「『大哉聖人之道，洋洋乎發育萬物，峻極于天』，豈止一箇『成功』、一箇『文章』便了得邪？ 但成功、文章亦不可小小說。曰『巍巍乎』，曰『煥乎』，大抵大人分上無小事。但孔子之意，則以爲此不足以盡堯耳。孔子所謂成功、文章，大抵是就《尚書》所載者言。若堯之所以爲堯，豈《堯典》一篇便細大都盡得邪？ 『書不盡言，言不盡意』，其來久矣。」○「成功」是事業成就處，如「百姓昭明，黎民於變時雍」是也。「文章」是其所以致成功底。成功以績效言，文章以其所施布之天下者言。文章，禮樂、法度也。禮樂，教也。法度，政也。

邵伯温《皇極經世解》曰：「堯得天地中數，故孔子贊堯曰『惟天爲大』云云。『煥乎其有文章』，楊雄亦謂：『法始乎伏羲而成乎堯。』蓋自古極治之盛，莫過乎堯。先乎此者，有所未至；後乎此者，有所不及。考之

❶ 「當」，嘉靖本、四庫本作「審」。

曆象，稽之天時，質之人事，若合符節。嗚呼盛哉！味此言則知，氣數亦當世下一世矣。」後世之欲復古者，不其難矣乎！程子亦曰：「唐虞之治，不可復矣。」或曰：無爲而治者，其舜也，與此獨贊堯之盛，何也？惟其有堯治功之盛，是以有舜治化之盛。因舜之無爲，益以見堯之大也。

「舜有臣五人」

○舜得臣五人，而天下自治，舜恭己無爲矣，則人才何其盛乎！禹平水土，兼宅百揆，而天下之民得平土而居之矣，天下之庶職亦咸熙矣。稷播百穀，而天下之民舉無饑矣。契敷五教，而天下之民自相親睦矣。皋陶明刑，而天下之民無敢作非矣。伯益焚山澤，而天下之民無禽獸之害矣。此舜之所以得臣五人而天下治者也。

○「武王曰：予有佐治之臣十人」。所以克商而造有周之業者，此十人之力也，則十人亦盛矣！

○孔子之言，蓋主周言，曰古語云「才難，不其然乎」，我看武王得臣十人而周室安，人才之盛如此。考之於古，惟唐虞交會之際，堯、舜聖人繼作，而五人者實爲之佐而天下治，視之有周爲獨盛耳。降自夏、商皆莫能及也。然十人之中，邑姜又爲婦人耳。以此言之，謂有十人，看來只是九人而已，亦未滿十數也，則人才之難得也，信乎其然矣。然武王以十人之力而克商有天下，猶未若文王之可以取而不取也。故孔子因武王之言，而及文王之德，曰文王「三分天下有其二」，只一反手而天下悉爲周有矣，文王不取，乃率商之叛國以服事殷，周之德其至德乎！

才者，德之用也。此章言才，皆就用處説，不是兼體用，是有體之用也。○「才難」一條，夫子本爲周言，而援及唐虞耳。當時門人聽言者亦甚高識，便敢把舜之五人爲過於周之十人，故以五人列其十人之上，以起夫子之言，而不以爲嫌。蓋人才不以多寡爲盛衰，顧其人物地位何如耳。

「禹，吾無間然矣」

○「禹，吾無間然矣」，何也？儉者或一於儉而不知所豐，豐者或一於豐而不知所儉，是皆不無可議。禹於己之飲食則薄之，至於鬼神則致孝焉，享祀必豐潔也；己之常衣服則從麤惡，至於朝祭之黻冕則致美之焉；自處之宮室則從卑陋，至於民間之溝洫則盡力焉。凡若此者，飲食、衣服、宮室當薄也，至於鬼神、黻冕、溝洫當豐也。今也豐其所宜豐，儉其所宜儉，豐儉各得其宜，縱欲指其隙而議之，無得而議之矣。故曰「禹，吾無間然」，再言「無間然」所以深美之。○黻冕，只是祭服，不兼朝服言。

子罕第九

「子罕言利與命與仁」

○夫子罕言利，及天之命，及人之仁。蓋計利則害義，夫子罕言之者，正義不謀利之心也。命之理微，仁之道大，夫子罕言之者，蓋非中人以上者不足以語上，不欲人之忽近而騖遠也。

○夫子罕言利者，蓋君子正義不謀利。然循義而行，雖不求利而利亦在其中。若計利則害義矣，故夫子罕言之。朱子曰：「凡做事止循道理做去，利自在其中矣。如『利涉大川』、『利用行師』之類，夫子豈不言利？但所以罕言之，恐人計利害義耳。」罕言者，不容不言，特不多言。

命以理言。若氣數之命，則夫子常言之。蓋命者所以勵中人，安得罕言？如「道之將行也與，命也」，「得之不得曰有命」，「亡之命矣夫」之類。小注曰：「理精微而難言，氣數又不可委之而廢人事。」今《集注》只曰「命之理微」，可見不兼氣。○一説：何以知命爲專指理也？曰：命之理微，以此知之。曰：然則使兼氣言，則曰命之理氣微耶，抑專指氣言，則曰命之氣微耶？可謂惑矣，須依輔氏注。

○罕言命者，蓋以理言之，則聲臭俱無；以氣言之，則雜揉難辨；是其理甚微也。《學的·上達》篇，朱子曰：「命只是一箇命，有以理言者，有以氣言者。理精微而難言，氣數又不可盡委之而至於廢人事，故聖人罕言之。」命之理微，此理字不對氣而言，乃兼言也。微字亦不同。

○仁兼理事説，統百行，該衆善，其道最大也。數言之，不惟使人躐等，亦使人有玩之之心，故罕言。楊氏謂：「夫子只言求仁之方，仁之本體終未嘗言。」非也，罕言非全不言也。「己欲立而立人」，「克己復禮爲仁」，此豈亦求之方邪？

命在天最玄妙，故曰理曰微。仁以道言，仁該衆善。道者，衆理之總名，故曰道曰大。曰命曰仁，即性與天道也。仁者，性之全體。命即天道之流行而賦於物者。前《集注》已曰「夫子罕言之」矣。聖人既不欲人之淪於卑汙，又不欲人之騖於虚遠。觀其罕言，此三者則可見矣。

「達巷黨人曰：大哉孔子」

「博學而無所成名」，黨人所謂博學者，蓋指才藝之類，亦未爲知孔子也，只言諸般都學，而無一般名家。

○五百家爲黨。「達巷黨人」，謂達巷黨之人也，猶言互鄉童子。「大哉」二字，意在博學，是美之。「無所成名」，又是惜之。難以「無所成名」爲大也。

○聖人之大，精粗本末，一以貫之。黨人特就粗末上譽聖人。夫子聞黨人之言，乃承之以謙，謂門弟子曰：「他説我博學無所成名，蓋以我不專執一藝也。不知他欲使我何所專執以成名乎？專執御乎？專執射乎？然則我將執御矣。」夫射、御皆藝之卑者，而御尤其卑者。夫子不處其他，而獨欲以御自處，是皆謙詞。然亦可見道之無所不在，雖射、御之卑，聖人亦屑爲之。而孔子之大，亦於是乎可見其一節矣。

○聞人譽己，承之以謙也。大哉博學，此人譽之，而孔子却只言「吾何執」云云，初不以博學自處，若爲不聞者，是謙也。觀孔子此言，似全未嘗博學，然故爲謙。○「執御」之云，要非聖人之真心也。聖人果欲執御以成名者乎，亦見達巷黨人之不足以知夫子矣。蓋道無往不在，豈必專攻一藝以成名哉？「承之以謙」之説，姑釋其詞，而未暇及其餘也。

「子曰：麻冕，禮也」

○古者之冕，以緇布爲之禮也。今也以其細密難成，改用絲爲之。用絲比之績麻爲之者，較爲省儉。儉雖非禮，然無害於義，猶可從也，「吾從衆」。若夫臣與君行禮，拜於堂下者，禮也。而今却拜於堂上，是泰也。泰則害義之甚，不可從矣。雖違衆，吾寧從下不顧也。以此觀之，可以見聖人處世之權衡以同而異處。學者即是推之，凡世俗之事無害於義者，皆可從；或有害於義，決不可從也。○儉可從，泰不可從也。朱注「不如用絲之省約」意，可見。

「子絶四」

○「子絶四」，何也？凡人之私，起於「意」，遂於「必」，留於「固」，成於「我」。四者常相爲終始，而夫子則無意、無必、無固、無我，自始至終，絶無一毫之或私焉。蓋聖人之於事，一任天理而已。○本文無循環意，《集注》推説，只用前注。○勿視、勿聽、勿言、勿動者，賢人之勉然也。無意、無必、無固、無我者，聖人之自然也。

「子畏於匡」

○子畏於匡，弟子懼，子曰：「群聖人之統，傳在文王。今文王既没矣，則斯文獨不在於斯乎？」言其在我也。夫斯文之興喪，皆天也。「天之將喪斯文也，後死者不得與於斯文也」，謂使天將喪斯文，則我後死者不得與於斯文，而文不在兹矣。今既得與於斯文，而文在兹，則是天未欲喪此文也。天既未欲喪此文，則我之一身，斯文之所在也。斯文之所在，天意之所在也。匡人其如予何？「文不在兹乎」，言文王方在，道在文王。文王既没，道即在我。道既在我，則天意在於我矣。故曰「天之將喪斯文也」云云。是則聖人之一身，其禍福豈止其一身之事哉？實斯文與喪所係也，豈偶然哉？故知匡人之不能加害，是則天之默相夫子於冥冥之中者，非爲夫子一身計，爲斯文計也。夫子一身所繫之大如此，匡人其如予何！○子曰「天之未喪斯文也」，是猶望其達也，非是止欲著書以傳來世也。此與「吾爲東周」之意同。

「太宰問於子貢曰：夫子聖者與」

○太宰問於子貢曰：「夫子聖者乎？不然，何其於禮樂、射御、釣弋、獵較之類，無一之不能也？」是太宰以多能爲聖也。子貢曰：「固然是天縱之，而將入於聖者。」然聖之所以爲聖者，却不全在於多能，又兼得多能耳。

○太宰以多能爲聖，是以多能爲出於天，非人所可學。子貢之意亦然。及夫子言「吾少也賤，故多能」，則以爲由學而通，非天之所生矣，乃推聖字不居，謙也。故注云：「非以聖而無不通也，且多能非所以率人。」若以多能爲尚，則人將循末而忘本也。○太宰所謂「聖」，指才言，亦只是以多能言才，正指釣弋獵較之類，其説最淺。殊不知，多能乃才中之末事耳。子貢所謂「聖」，兼才德言之，聖無不通，多能在無不通中最小事。○或以「才」字貼「多能」。多能當不得「才」字。存於心者爲德，見於用者爲才。凡建功立業，設施措置，經綸大猷，無不是才，多能特其末事耳。故曰聖無不通，非指德爲聖也，非專指德爲無不通也。即夫子「鄙事」之言觀之，可見多能當不得才字。若是脩政建功、敷施運用之才，豈可謂之鄙事？

「固天縱之將聖」，所謂生而知之者上也。「固」字不必做「實」字解，與「又」字相應。言夫子固然是天縱之不限其所至，而庶幾於聖者矣。既聖則無不通，是又多能也，明聖人之所以爲聖人者，不在多能也。

○「太宰，官名。或吴或宋，未可知也」。當時不但魯有太宰，吴、宋亦有太宰，故云。

「何其多能也」，「又多能也」，二「多」字重，下文應曰：「君子多乎哉？不多也。」此二句不是謙，特以多能非所以率人，故另是一意。○「子聞之」，兼聞太宰之所問，子貢之所答也。故注云「非以聖而無不通也」。

○此章凡四人之言，惟子貢之言爲的。夫子之言，前段是謙己，後段是誨人。太宰固不足以知夫子。琴牢所記，亦未爲深知夫子也。「固天縱之將聖」，以德言。「又多能也」，以才言。但太宰所謂多能，只指釣弋獵較之類，又才之末者耳。子曰：「君子多乎哉？不多也。」畢竟君子之所重者，自有在也，露出君子字面，避聖字也。

○琴牢亦曰：「夫子嘗謂吾因不爲世用，故得以習於藝而通之也。」以琴牢所聞證之，夫子「吾少也賤，故多能」者尤信，不必説是弟子記夫子此言之時，子牢因言云云。只是門人記夫子此言，又以子牢之言實之，此或是正意。吴氏注亦圈外也。

「子曰：吾有知乎哉？無知也」

○當時必有稱夫子無所不知者，故夫子辭之曰：「吾有知乎哉？實無所知也。但是有鄙夫來問於我，在他雖是空空如也，却不敢以其愚而忽之，所以告之者，務必罄吾所知，發動其兩端，而無一之不盡焉。我只如此而已矣，有何所知，而或者遂以爲無所不知耳。」此聖人謙己之意。然能扣兩端而竭焉，於此亦可見其無不知矣。蓋聖人雖不自聖，而實有莫揜其聖處。○《正蒙·中正》篇曰：「鄙夫有問，仲尼竭兩端而空空。」

「鳳鳥不至」

天將開天下之治，必有祥瑞以爲之徵兆。故舜、文之時則鳳鳥至，伏羲之時則河圖出。今也鳳鳥既不至，河圖又不出，是天未欲平治天下也，吾其已矣夫！○右上所説，於聖王字不貼。夫子嘗曰：「明王不興，天下莫能宗予。」此即「鳳鳥不至，河不出圖」，以徵聖王之不興。聖王不興，誰其用我，故曰「吾已矣夫」。

○或又以爲泛説，不指在上聖王。不知《集注》不曰皆聖人之瑞，而必曰「聖王之瑞」，夫子豈欲爲王乎？或曰：「不然。謂聖王者，指伏羲、舜、文言，孔子夢想只是要做周公，不是要做文、武也。」

「子見齊衰者」

衰，麻服也。齊衰，有下縫者也。「冕衣裳」，言不是尋常衣服。「雖少，必作」，言齊衰者、冕衣裳者與瞽者，其年雖少於我，我亦爲之起。此正意也。《集注》云「或曰少當作坐」，此又後一説，當看「或曰」二字。

○「見之，雖少必作；過之，必趨」，不可以「雖少」對「過之」，須以「見之」對「過之」説。「尊有爵」，敬也。「哀有喪」，「矜不成人」，如何也喚做敬？曰：「不是敬有喪者與瞽者，是自加敬也。哀矜施之彼，而我不覺自敬。此『敬』字皆指作、趨而言。」○見冕衣服者而作、趨，未見其爲聖人；見齊衰者與瞽者而作、趨，方見其爲聖人。

「顔淵喟然嘆曰」

○顔淵之在聖門，學既有得，因喟然嘆曰：「甚矣！夫子之道，無窮盡，無方體，仰之庶幾可及，則見其愈高而不可及，鑽之庶幾可入，則見其愈堅而不可入，瞻之已在前，似乎有方所矣，及趨而前則忽焉在後，而莫之爲象。夫子之道，其高妙如此！」

○此四句總是形容，未見卓爾也。慢説顔淵用力，用力處都在「欲罷不能」上。此只言夫子之道無窮盡，無方體，下文也未説顔子用力處，只是言夫子之教。

門人以夫子之道高深不可幾及，此即高、堅之意也。高、堅二字亦有辨。在前在後，一不及，又一大過也，亦有所當。

「既竭吾才」，此是就博約上着力。「末由也已」，方着力不得。或曰：通章都是化不可爲之意。

○高、堅、前、後，是全無入頭處，後因夫子善教，方得其所以然，猶不能如夫子之自然處。○高、堅、前、後，就夫子之道言。卓爾，就顏子所見言。只是此一理，向來摸索不着，如今却見得在眼前，然猶是見得未能至得。

○「如有所立卓爾」，謂日用事物之間，此箇道理的有定在，初無彌高、彌堅、在前、在後者矣。究其實，凡事物莫不有天然自有之中，所謂無過、不及，而至善之所在也。所謂彌高彌堅，在前在後者，意謂不失之過，則失之不及耳。○「所立卓爾」，就行上説。專説知，固不是；兼知行，又不是。蓋顏子是博文約禮，進進不休，方見得箇卓爾在。○卓爾亦在夫日用事物之間，人莫不飲食也，難能知味也。顏子則事事上認得出來，夫子則件件做得到。

○「如有所立卓爾」，猶出於力索也。若至於化，則無事於力索矣。要見得高、堅、前、後是一節，卓爾是一節。卓爾猶大也。至於化又是一節。○「所見益親」，不是認得而已也，就是行得，只是不得如夫子之自然純熟而神妙也。○言見得已親切，而猶未能與之爲一也。所謂「顏苦孔之卓也」，謂未能如夫子之從容中道耳。○「所見益親」，或謂高、堅、前、後，此是顏子深知夫子之道無窮盡，無方體處，是亦有見矣，至此方益親切。然泥不可及，不可入，不可爲象，此等字如何説是親？至此方爲益親。「益」字猶云「甚」也。

「子貢曰：有美玉於斯」

○子貢以夫子久懷寶不仕，故爲此喻，意其爲不沽者。故夫子釋其疑曰無此也。「沽之哉！沽之哉！」重言之，明其必以沽也，但汝欲我求價而沽，則我所未然，我却是待價者也。待價而價，未至其不沽也，又何怪哉！

「子欲居九夷」

薛敬軒先生《邵陽縣重脩廟學記》云：「予嘗行天下，登名山，涉大川，覽天地之高，迥極萬物之變化，然後有以驗是道之大無不包，而細無不入，初不以遠近而有間也。聖人之道，即天地之道，其流行充塞於宇宙間，亦豈有遠近之間哉？昔吾夫子欲居九夷，門人惑之，殊不知九夷雖遠，固不能外是道以有生。聖人所在，即道之所在，又豈有不化之人哉？今去聖人僅二千年，不問海内外、華邦蠻區、愚夫小子，皆能道吾夫子之號，而起尊信之心，由是愈見其道之大焉。『居夷』之言，非偶設也。」

「吾自衛反魯」

○按《集注》置《詩》於樂之上，則知以《雅》、《頌》爲樂之詩歌者，未然須《詩》、樂平説。「殘缺」，謂樂。「失次」，謂《詩》也。

「子在川上曰」

「逝者如斯夫！不舍晝夜」，其要只在謹獨。狹而用之，逆而行之，則爲《參同契》矣。皆無一息之或停者也。

「逝者如斯夫！不舍晝夜」，然有動静之分，故静而全神，動而利用，其幾則在謹獨。静要渾淪，動要條暢。○舊程文所講亦好，但以往者過來者續，分兩段貼道體，是未得本旨。蓋必合往者過來者續，無一息之或停，乃得「逝者如斯」之意。

「逝者如斯夫」至「不舍晝夜」，不可分兩截看。

○此章言道體無須臾之或息，所以示人體道當無須臾之或息也。故曰：「自此以至終篇，皆勉人進學不已之詞。」

有天德乃可語王道，有聖學乃可語天德。如《大學》之格物、致知，聖學也；誠意、正心、脩身，天德也；本此以齊家、治國、平天下，王道也。○「不舍晝夜」，舍字，去聲，讀爲捨者誤，見《離騷辨證》上第七板云「與次舍、屋舍之義同，爲止息也」。○右《離騷》洪注引顔師古云云。

「譬如爲山」

此喻人之爲學，廢於自怠，成於自强也。先言自止者，後言自往者，蓋以其前日之所進，證於今日之所棄，尤見爲可惜也。只是用「爲山九仞，功虧一簣」之意而演之耳。

「語之而不惰者」

「心解」，知也。「力行」，行也。「而不惰」，重在力行上，但由於心解。

「子謂顔淵曰：惜乎！吾見其進也」

聖人之惜大賢有進學之功，無自棄之失。○既曰進、止二字，説見上章，當不可以未見聖人之止之説爲解。孔子意謂：回之學進進不已，使假之以年，當優入聖域矣，而不幸短命以死，殊可惜也！

「子曰：苗而不秀者有矣夫」

○夫穀之生，自苗而秀，自秀而實，乃爲有成。然「苗而不秀者有矣夫，秀而不實者有矣夫」，孔子言此，以見人有始學而不至於發達者，亦有發達而不至於成就者。然則學者要自勉，不可以如穀方苗而秀者自止，必以既秀且實者自期。彼其始學而不至於發達者，始學而遂止也，故不發達。發達而不成就者，至發達而遂止也，故不成就。若能自勉而進進不已，未有不底于成者。始學而不至於發達者，是猶入門而未升堂者也。發達而不至於成就，是猶升堂而未入室者也。

「後生可畏」

「四十、五十而無聞」，謂無聞於人也。曾子曰「五十而不以善聞」。○「後生」，年富力强，足以積學而有待，其勢可畏。安知將來者之不如我之今日乎？然此亦顧其用力何如。若或不自勉，把好時節都挨過了，至於四十、五十而無善聞於人，則終爲庸人之歸耳，斯亦不足畏也已。○安知來者不如今，未必之辭，但言其足以積學，内要有工夫。「年富力强」，力，精力也，强，强健也，老則衰矣。○朱子曰：「『後生可畏』是方進也。『四十、五十而無聞』是半塗而廢也。」此説不必從。

○後生可畏，亦未見得他方進。四十、五十無聞，亦未見得是半塗而廢也。此章意在年紀上言，後生可以積學，若五十無聞則年已邁矣，縱勉强亦不能矣。○積學有待，有待只是足以積學意。若四十、五十則無待矣，如云不亡何待。

「法語之言」

○以正理而告之，此樣言語，人所敬憚，能無從乎？從之未爲難。依正言而改其失，斯爲貴。寛容巽順而與之言，恁樣言語，無所乖忤，能無悦乎？然悦之未爲難。能抽繹其所言之理，斯爲貴。○「改之」與

「繹之」二「之」字，都是閑字。若以「繹之」爲繹巽言，則改之爲改法言乎？此「之」字正與「不若儉而不備之爲愈」之「之」字同。悦而不繹，則全不足以知其微意之所在。從而不改，則亦面從而已，此樣人已甘爲下愚之歸，而終無自新之路矣，吾亦無如之何。法言所以人必從者，據理而言，詞嚴義正，安得不從？巽言所以必悦者，其言既有理，而又委曲善入，不傷人意，故必悦。但言婉而意微，若不將來細心尋討其緒，則但見其言之可聽，而不知其意之有在也，故貴繹。○巽言者，婉而導之也。導之者，正微意所在。○悦而不繹，則徒得其話皮，正意思所在都不解。如徒知古人所謂好色，而不知在内外無曠怨；徒知好貨，而不知有居室行糧。○悦而不繹，猶見賢而不能舉云云，又如見義不爲無勇，尤爲可責。○法語者，詞嚴義正，固無有不從者。巽言者，其言微婉，而不直指全用，繹之然後知其意。○破受言而能反於己者爲可尚，受言而不反諸己者爲難化。

「三軍可奪帥也」

○以三軍之衆而拱護一帥，宜不可奪也。然三軍之勇在人，勢有所不及，人有所不一，則帥可奪也。至於匹夫之微，自守其志，勢孤力獨，似可奪矣，然匹夫之志在己，我自家所守，要如此，雖千萬人無所用其力，不可奪也。○此章文勢如《中庸》「國家可均，中庸不可能也」之意，勉人自立也。

「衣敝緼袍，與衣狐貉者立」

大抵學先要不以貧富動心，有箇重内輕外之意，然後可與進道。若有恥惡衣惡食之意，則識趣卑下，無望其能有進矣。然此亦進道之資耳。若專挾此爲能，則志有所局，無復遠大之望矣。○「不忮不求，何用不臧」？人都緣此處蔽了，所以見物重己輕，而不足以有爲也。惟能不忮不求，何以不善？〇《集注》於「衣敝緼袍」一節云：「子路之志如此，則能不以貧富動其心，而可以進於道矣。」須看「可以進道」意，下文「何用不臧」便是此意。

〇始言「何用不臧」者，以其可進於道也。後言「何足以臧」者，以其不復求進於道也。

「智者不惑」

此進學之序也。這一句是對「仁者不憂」說。〇「不憂」，總是無私憂。「不懼」，則那裹不去了。此皆以成德者言。若無後篇「仁者不憂」一章，則此所謂「此進學之序」，而及後章所謂「成德爲先」者，俱無矣。同是一樣智、仁、勇。兩箇智者同是一樣，明足以灼理，故不惑也。兩箇仁者同是一樣，理足以勝私，故不憂也。〇此皆以成德者言，但以智者居仁者之先，是學之序也。不可以智者等俱爲進學者之人。

「可與共學」

「可與共學」，方是知所以求之之方。「求」謂求欲行之也。此是有志者，然未必能適道。下句方露出一「道」字，道是正路當行底，故曰知所往也。〇「可與共學」，只是有志要學的人，全未有一滴工夫，只是說可學，其實未曾爲學也。適道，却又是學得正。

知學，方可與共學。知所往，方可與適道。能立，方可與立。能權，方可與權。〇「可與立」，則於理之常者已盡之矣。「未可與權」，謂於理之變者有未敢必也。如伯夷、叔齊，可與立者。武王、周公，可與權者。節節皆曰「可與」者，此亦爲君子會友輔仁而言。

「唐棣之華」

夫子借其言而反之。《詩》言「豈不爾思，室是遠而」，以人言也。夫子只借詩之言而反其意，其實不曾指說出。朱子注云：「蓋即前篇『仁遠乎哉』之意。」蓋人固有思而不能必至者，難言何遠之有，故知其以理言。但時文中也要先鶻突説幾句，然後轉向理上去。今則無人如此解，直截説理上去了。

鄉黨第十

「孔子於鄉黨」

○「孔子於鄉黨，恂恂如也，似不能言者」，只是一意相連説，與後節「足縮縮，如有循」一樣語勢。或於此分言、貌者，非矣。

或以《集注》云「恂恂，信實之貌」，遂以此爲指貌；以本文謂「似不能言」有一「言」字，遂以爲指言。真未達哉！夫所謂「信實之貌」，此「貌」字虛，如《大學》「瑟兮僩兮者，恂慄也」，恂慄本指嚴敬之存於中者言，安得有貌然狀？釋字義之法，當如此也。「似不能言者」，以形似言，安得爲無貌？且以賢知先人者，不但言語，其氣貌亦自是一樣矣。「便便言，唯謹爾」，言、貌亦不相離。

「其在宗廟朝廷」

《集注》「詳問」貼在宗廟，「極言」貼在朝廷，似可。蓋在宗廟，難着「極言」字，在朝廷難着「詳問」字。若非「入太廟，每事問」一章，則朱子於此亦無由下箇「詳問」字，只用明辨解矣。近日學者太不分析，亦自是偏。

「朝，與下大夫言」

《集注》既引《王制》「上大夫卿，下大夫五人」，則不可謂孔子當時爲大夫，有在其上者，亦有在其下者。

「踧踖如也」，又且「與與如也」，止是恭而安之意。此節言其視「誾誾」、「侃侃」者，又不同矣。

此節記孔子在朝廷事上接下之不同。事君，事上也。與上大夫言而「誾誾」，亦事上也。一説以君對上下大夫，則君爲上，而上、下大夫俱爲下。以上大夫對下大夫，則又自有上下之别也，不必以上大夫附君，俱爲上，而只以下大夫爲下也。

「君召使擯，色勃如也，足躩如也」

此是方承君命爲擯之時，頓改常容也。

「躩，盤辟貌」，説者以爲盤旋曲折之意，而吴氏程以爲足盤桓似不能行者。大抵盤是不舒也，辟亦屏辟不寧之意。洪武《正韻注》亦曰：「屏也。」今之表體後有所謂不勝屏營之至。

「揖所與立，左右手。衣前後，襜如也」

「所與立，謂同爲擯者也」，只謂吾國之臣僚，賓所使則謂之介，此是賓主方相見之時也。○朱子曰：「古者賓主相見之禮，主人有擯，賓有介，賓傳命於上介，上介傳之次介，次介傳之末介，末介傳之末擯，末擯傳之次擯，次擯傳之上擯，上擯傳之主人，然後賓主相見。」中間更有自上擯傳至上介，以及於賓一節。○《周禮》云：「主君命上擯，請問來故。」蓋雖知其來朝，不敢自許其朝己，恐其或爲他事而來，示謙也。

上擯受君命而傳之次擯，迤邐傳至末擯，末擯傳至末介，末介以次繼傳上至于賓，賓命上介復命，復以次傳之擯，而達於主君，然後主君進而迎賓以入。○依《周禮·行人》注，則先傳主人之命而出，次傳賓之命而入，於是復傳主人之命以復於賓，而主人隨出迎賓以入也。○依朱子，則只是賓傳命而入，於是賓主乃相見。蓋朱子之心偶然，只舉其後一節耳。其首末委曲，自有《周禮》在，當依《周禮》爲詳。

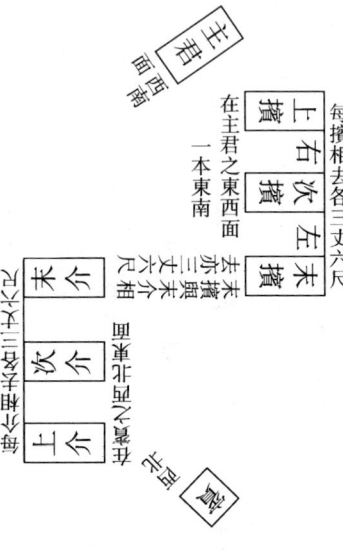

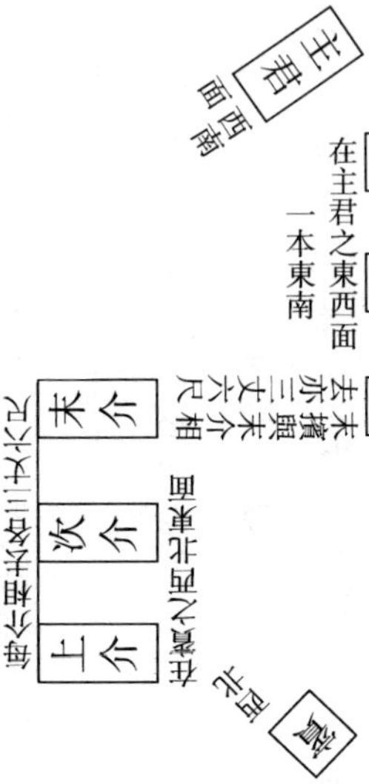

朱子曰：「揖左人，傳命出也。揖右人，傳命入也。」○孔子是時蓋爲次擯。揖者，揖而傳之以命也，故云「揖所與立」。所與立者，皆本國之臣僚，同爲擯者也。若末擯傳之末介，則不可以左右言。○揖只是拱起手，而以命傳付之，非如今日之相揖也。今世所傳射禮之揖爲可證。

○此節重在「衣前後，襜如也」。若「揖所與立，左右手」，則不必聖人獨然，凡爲次擯者皆然。言手動而身不動也，故衣自襜整。

○「趨進，翼如也」，此時主已延賓而入，爲擯者從其後而趨入，以有事也。

○「賓退，必復命曰：賓不顧矣」，此蓋只是主人送賓出就舘之時，未必一見成禮而遂送歸其國也。

「入公門」

○此節歷歷有次序，始於入門，繼則及所立，所履，進此則過虚位矣。又進則升堂矣，已則降堂以至復位矣。蓋自始至終，各中其節也。使擯執圭升車之類皆然。此一節記孔子在朝之容，無餘藴矣。

「立不中門，行不履閾」

「中門」，謂當棖闑之間，君出入處也。朱子曰：棖，如今兖頭相似；闑，當中碍門者。今城門有之。古人常揜左扉，人君多出在門外見人。當棖闑之間，爲君位。

又曰：疏云「門中有闑，兩旁有棖，中門謂棖闑之中」。然則門之左右扉各有中，所謂闔門左扉立于其中是也。依朱子上二説，則中門也不在二扉之中，❶乃在各扉之中也。一邊是棖，一邊是闑，故曰「謂當棖闑之間」也。闔門左扉，君立其中，豈不只是一扉之中邪？在右扉之中，則左邊是闑，右邊是棖，豈不謂當棖闑之間邪？蓋門凡兩箇棖，一箇闑也。或者多不之察，以爲兩扉之中，如此則止説當於闑爲可矣，何謂當棖闑之間？小注與大注脗合也，又與「由闑右」之説合。

❶「也」，嘉靖本、四庫本作「者」。

棖　中
闑
棖　中

饒氏曰：「棖是大門兩旁之木，如今尺璧相似。闑是中間兩扉相合之處，又有一木常設而不動。東西兩扉各有中，君出入則皆由左，出則以東扉爲左，入則以西扉爲左。士大夫出入君門，則皆由右，出以臬西爲右，入以臬東爲右。然雖由右，亦不敢正當棖闑之中，但挨闑旁而行，蓋避君出入處也。」

「過位，色勃如也」

「位」，君之虚位，謂門屏之間，君出入處也。屏，扆也。扆古作依，上聲，狀如屏風，故此以屏言。○門屏之間，「間」字亦要分明，屏之外，門之内也。朱子曰：「如今人廳門之内，屏門之外。古所謂外朝也。」饒氏曰：「門屏之間，謂治朝也。但天子外屏，其屏在路門外。諸侯内屏，其屏在路門内。則宁之處，天子當在門外屏内，諸侯當在屏外門内。此爲不同耳。」

門屏制何如？曰：樹小墻於當門，以蔽内外也。

人君宁立之處，所謂宁也。朱子曰：「古今之制不同，今之朝儀用秦制也。古者朝會，君臣皆立，故《史記》謂『秦王一旦損賓客而不立朝』。君立於門屏之間。」○饒氏曰：「古無坐見臣下之禮，至秦尊君卑臣，始有君坐臣立之制。」孟子曰「舜南面而立」。

「屏氣似不息者」

○未嘗不息，但似不息者。作此題雖極狀其恭敬，不寧亦要恭而安意。

「出，降一等」云云「踖也」

既和而踧踖，餘敬終不忘也。蓋在君所，可以敬勝和，不可以和勝敬也。

「執圭，鞠躬如也」

「執圭，鞠躬」一條，是指在所往聘之國「執圭」云云也。故遂繼之以「享禮，有容色」，而注亦曰「既聘而享」。

「上如揖，下如授」

《正蒙》十二篇曰：上堂如揖，下堂如授，其容紓也。○既曰「平衡」而又有上下者，步趨之間其手微有上下也。上下，高低也。

「享禮，有容色。私覿，愉愉如也」

享禮，公獻也。私覿，公事已畢也。○享用圭璧庭實，新安曰：「此之用圭璧，即玉帛之玉。與上文『執圭』不相妨。彼乃命圭也。」○庭實，謂皮幣輿馬之類。○私覿，以私禮見也。不知有土宜之類否？朱子曰：「享禮乃其君之信。私覿則聘使亦有私禮物，與所聘之國君及其大臣。」然此私覿專主獻其君言，不及其大臣也。○私覿，只主私覿於君。小注及其大夫之説，非正解也。

「君子不以紺緅飾」

此一節記孔子衣服之制。

○「君子」指孔子而言，猶言「君子有三變」，「君子之厄於陳蔡之間」，亦指孔子。孔子不以紺與緅二色爲常服之領緣。蓋齋服用紺飾，喪服用緅飾。此不以飾者，飾常服也。蓋齋自有齋服之飾，喪自有喪服之飾，常服自有常服之飾。此謂不以齋服、喪服之飾飾常服也。此常服領緣之制，莫説非正色，既非正色，如何齋喪用之？

「紅紫不以爲褻服」

紅紫二色，不以爲私居之服，非謂只不用爲褻服而已。褻服且不用，朝祭之服可知。所以然者，蓋紅，南方間色；紫，北方間色。間色不正，且近婦人女子之服。丈夫自有丈夫之服，所服自有正色，何用紅紫爲？○婦人女子自有婦人女子之服飾。「紅紫不以爲褻服」，則朝祭之服可知，此本文露出「褻」字之意。此丈夫服飾之制。

「當暑，袗絺綌」

○當暑，着單絺綌之衣也。必先着裏衣，表絺綌，而出之於外，欲其不見體也。蓋暑服雖宜於輕淺，而亦不宜於見體。袗絺綌而表出之，此暑服之制。

「緇衣羔裘」

○不但暑服，冬服亦有其制。蓋禦寒莫如裘，裘必有衣以裼之於外。夫子緇衣則羔裘也，使緇衣與羔裘以黑色相稱。素衣則麑裘也，使素衣與麑裘以白色相稱。黄衣則狐裘也，使黄衣與狐裘以黄色相稱。此冬衣之制。然聖人之或羔裘，或麑裘，或狐裘，非苟且隨意而服之也。蓋羔用之於視朝，麑用之於視朔與受聘享，狐用之大蠟息民。本文不重在此，此又添一意。

依《語録》則裼在内，依《集注》則裼在外。今考之《玉藻》曰「羔裘緇衣以裼之」，又曰「裘之裼也，見美也；服之襲也，充美也」，又《記》曰「曾子襲裘而吊，子游裼裘而吊」，由此觀之，則裼在外明矣。此皆朝祭之裘也。

○裼裘者，露裘在外。襲裘者，蓋裘於内。如今之短袖皮裘，内皆有衣以套之，而出其裘於外。況古人上衣下裳之制，裘固多止於膝間也。

「褻裘長，短右袂」

○至於褻裘用長，長則温也。裘雖要長，右袂却要短。人之作事用右手，短右袂所以便作事。此又褻裘之制也。

此褻裘之制，若羔裘朝服，鄭詩刺朝，晉詩刺在位是也。麑裘，聘享之服，見《聘禮》。狐裘，蜡祭之服，見《郊特牲》。

「狐貉之厚以居」

○然褻裘以何爲之？狐貉之毛最爲深厚，用以私居，取其適體也。狐貉之厚，謂裘也。此又褻裘所宜用之制也。

「去喪，無所不佩」

○至於佩玉之類，除是居喪不佩，若去喪則無所不佩玉者。君子之所比德，至於觿礪之屬。君子之所有事而不可缺，亦在所佩也，故曰「無所不佩」。此又一通制也。

「非帷裳，必殺之」

○「朝祭之服，裳用正幅如帷」，是謂帷裳。帷裳之服則不殺。除非帷裳則殺之，使要半於下，齊倍於要。殺則無襞積，以其斜裁也。不殺則有襞積，以其用正幅也。「朝祭之服，裳用正幅如帷」，謂之帷裳。帷裳，朝祭之裳也。帷裳不殺，非帷裳無不殺者。此又裳之制也。○朝祭之裳，名曰帷裳。裳且虛説，若説得詳盡，不待説必殺之矣。○考之《家禮》深衣制度有裳裳云云，則新安所謂深衣之裳者爲是。但注云「若深衣」，則不止深衣而已。凡裳恐皆然，帷裳不殺，其餘皆殺也。此又一制也。

「羔裘玄冠不以吊」

○此吊服之制。吊必變服。若羔裘玄冠，吉服也，不以吊。

羔裘朝服，玄冠祭服，皆吉服也，孔子不用之以弔喪。蓋喪主素，吉主玄。弔必變服，所以哀死。

「吉月，必朝服而朝」

服者，衣冠冕裳之總名。故帶冠亦曰服冠、服冕。致仕之時，人多不朝，朝或不以朝服。夫子則服朝服而朝，必謹其所服也。此又致仕朝君之制也。○吉月，謂每月之吉，不特正月之朔。○若不是致仕時，則無日不朝，不待吉月矣。且吉月而朝，亦常禮也，焉用記？故知其爲致仕時。

○以上所記夫子衣服之制，皆是與當時之人不同者。

「齊必有明衣，布」

○孔子當祭而齊，沐浴既畢，必有明潔之衣着之，所以明潔其體也。明衣只以布爲之，蓋但取其潔，不取其華也。

○然齊主敬，不可解衣而寢，又不可着明衣而寢。寢衣之制如何？其長也一身有半，其半蓋以覆足。

「齊必變食，居必遷坐」

○又必變食。平時飲酒茹葷，惟齊則變食，不飲酒，不茹葷，其居處也又必遷了常時所坐之處。若常時坐於此，齊則又易其處，以不與平時同也。此記孔子謹齊之事。前兩段就衣服上説，所謂致潔以盡敬，後兩段就食息上説，所謂變常以盡敬也。

「食不厭精」

○「不厭」字有斟酌。孔子固嘗飯疏食矣，❶何嘗必欲如是？

「割不正，不食」

「漢陸續之母，切肉未嘗不方，斷葱以寸爲度」。○按「以寸爲度」自是斷葱之法，與切肉無干。○《綱目》漢明帝十四年，楚王英以謀逆，連及太守尹興。陸續時爲尹興掾，逮考備受五毒，肌肉消爛，終無異詞。續母自洛陽來，作食以餽。續見考辭色未嘗變，而對食悲泣不自勝。治獄吏問其故，續曰：「母來不得見，故悲耳。」使者大怒，以爲獄門吏卒通傳，不然何以知之。續曰：「母切肉未嘗不方，斷葱以寸爲度，故

❶「飯」，原作「飲」，今據嘉靖本、四庫本改。

知之。」使者覈其實，陰嘉之以狀聞上，乃赦續等還里。

「不得其醬不食」

如食魚膾，用芥醬；食濡魚，用卵醬；❶食麋腥、濡鷄、濡鱉，皆用醢醬。○《内則》云：「濡豚，包苦實蓼；濡鷄，醢醬實蓼；濡魚，卵醬實蓼；濡鼈，醢醬實蓼。」注：濡，烹煮之也。煮豚，則包裹之以苦菜而實蓼於腹中。此四物皆以蓼實其腹而煮之也。○《内則》又曰：「魚膾，芥醬；麋腥，醢醬。」五物之用醬，皆以調和其汁也。

「惟酒無量，不及亂」

○「惟酒無量」，聖人不自爲量也。蓋酒以爲人合懽，在人飲量不同。若我爲主，而客能多飲，我亦須多飲陪他。若我爲客，而主人固多勸，我亦須爲之多飲。但都以醉爲節，而不及亂。亂則内昏其心志，外喪其威儀。「酒以爲人合懽」，人字泛説。

「沽酒市脯，不食」

○凡酒脯出於家造者，則精潔，而且無傷人之虞。沽酒市脯，則恐不精潔，或傷人也，故不食。

「不撤薑食」

○謂每食必設薑。

---

❶ 「卵」，原作「卯」，今據嘉靖本、四庫本改。下同。

「不多食」

〇適可而止。

「祭於公，不宿肉」

助祭於公，所得胙肉，「公」字讀。

〇助祭於公家，所得胙肉，當日即分賜了，不宿肉。至於家之祭肉，雖不當日分賜也，不過三日皆以分賜了。〇「出三日，不食之矣」。此記者推夫子之意也。今又當看地方及天時如何也。

「食不語，寢不言」

「食不語」，此節正意。「寢不言」，附記也。

〇當食而食，不對人説話。語，由人先發也。當寢而寢，自家也不説話。言，由己先發也。〇食謂正含哺時，非謂終食都不語。食不語，况自言乎？一説言語都是對人説話，但食對人，寢獨居，故云然。〇答，是他説我答。述，是我述與他言。〇寢不言也，是不與人言，不成都無人在，只我自説。以此見言、語不可分，只是所在不同故分。

「雖疏食菜羹，瓜祭，必齋如也」

食無不祭，而祭無不敬，聖人之誠也。〇若作「瓜」字，則在菜羹之内矣，「必」字爲是。〇「瓜」，依陸氏作「必」爲是。陳氏謂「瓜」即菜，意重。

「席不正不坐」

只是必正席之意。一説正席是其身之正於席也，與正席條朱子小注及《曲禮》之言不合。只做泛説爲穩，不必依葉氏注。○葉氏謂南鄉北鄉，以西方爲上，此以方爲正者也。有憂者側席而坐，有喪者專席而坐，此以事爲正者也。此蓋是外意，然亦聖人之所謹也。既不正不坐，則此等皆其所不苟矣。本文元未及此，須要主一。○大注曰：「聖人心安於正，故於位之不正者，雖小不處。」只是大概常説，如葉注云云，却是「不得其醬不食」之意。

「鄉人飲酒，杖者出，斯出矣」

以大聖人之德，而處鄉黨如是。後生小子輩可不謹哉？可不嚴哉？

「鄉人儺，朝服而立於阼階」

○鄉人非士大夫也。儺，非大祭之倫也，在常人以爲可忽矣。聖人之意，以爲鄉人爲我儺也，我則主人也。主人不可慢也，於是朝服而立於阼階。阼階，主人之位也。朝服，敬也。朝服乃當時有官者之常服，非如今制之大慶賀朝服也。萬石君子孫爲小吏來歸，君必朝服見之不名。○「鄉人儺」，爲孔子儺也，所謂索室中驅役也。孔子以爲鄉人爲我儺，我主人也，可不敬乎？「阼階」，東階也，主人之位也。○安定胡先生，雖盛暑必公服終日。古之公服，亦如今制之紗帽員領也。

「問人於他邦，再拜而送之」

○「問人於他邦」，人，夫子所交之人也。夫子遣使往問那人於他邦，使者即行，則從背後再拜而送之，如親見之敬也。○送，本送使者。而曰「如親見」，指其所問之人。蓋拜送使者，亦是爲所問之人也。

「康子饋藥，拜而受之。曰：丘未達，不敢嘗」

○季康子饋之以藥，大夫有賜義，當拜受，夫子則拜而受之。凡賜食必嘗以拜，夫子以康子所賜者藥也，藥則未知所用何品，所療何病，所以只拜而受之而不嘗。然受而不飲，則虛人之賜。不惟在我之意，有所不能達於彼；而在彼之心，亦不能無惑於我。故明告之曰：丘也未達，不敢嘗。夫大夫有賜，拜而受之，禮也。未達，不敢嘗，謹疾也。必告之，直也。一事而三善備焉。

「廐焚」

邢氏曰：孔子家廐也，以退朝知之。○吴氏曰：《家語》云「國廐」，恐非。國廐則馬當問，路馬則又重矣。○畢竟亦問到馬，只是初間廐焚之時，獨問人而不及馬。迥出常情之外，有非安排用意所爲者。此門人所以謹記之，以垂教也。

「君賜食」

○君以熟物賜之，夫子以君所賜，必正席而先嘗之，如對君然。但言「先嘗」，則餘當以頒賜矣。然君賜食，夫子既嘗之於己，又頒賜於人，而獨不以薦者，恐出之餕餘也。君賜之生肉，必火熟之，以薦於其親，榮君賜也。君賜之生畜，則養之，所以仁君之惠，無故不殺也，家有祭享及大賓乃用之。○君之餕餘，在君可以賜其臣，在子孫不宜以薦於其先。○食或餕餘，君上以賜於臣下則可，子孫以薦於祖考則不可。蓋只云「先嘗」，便知其不以薦，而所嘗之餘即以頒賜矣。

「侍食於君，君祭，先飯」

「侍食於君」，君一舉之食也，故有祭。

「疾，君視之，東首，加朝服，拖紳」

朱子謂：「常寢於北牖下，君問疾則移於南牖下。」蓋在北牖下，固東首矣，其遷南牖下，亦必東首。○朱子又曰：「常時東首，亦有隨意卧時節。如《記》云『請席何向，請衽何趾』。」○《玉藻》云：「居常當户，寢常東首也。」愚謂，寢當户，則風從頭後過，不受風也，豈亦古人之意耶？按「東首以受生氣」，似當西首乃受得生氣。今人所傳攝生調息之法，但要向東，豈其爲法不同歟？○「東首以受生氣也」，新安曰：「天地生氣，始生於東方。」依此説，則以人身亦小天地也。東首只是順其氣之行歟，故爲受生氣。

「君命召，不俟駕行矣」

○其於父母亦然。

「朋友死」

胡氏曰：「朋友，人倫之一。其死也，無父族、母族、妻族及旁親主之，是無所歸也。爲朋友者不任其責，則轉於溝壑而已，故曰『於我殯』。此節獨記一『曰』字，必嘗有是事，人莫知所處，而夫子有是言也。」又曰：「古者三日而殯，三月而葬。但曰『殯』，而不曰『葬』，則其親者在遠，必言告之未及故也。」❶

○朱子於此章，一則曰「朋友以義合」，二則曰「朋友有通財之義」。愚謂：「惟平日於朋友之饋，雖車馬受

❶ 「言」，嘉靖本作「訃」。

之，不至於感激無地者。方於朋友死，無所歸之時，可望其爲殯也。何則？只是於義字看得透也。此亦觀人之法。蓋能以義處己，方能以義處人。惟能以義處人，必能以義自處。」○雲峯曰：「此節《集注》於義之一字凡三見。朋友既以義合，當殯而殯，義也。當饋而饋，亦義也。義所當爲不可辭，義所當受不必拜。」○魏元忠受武后遺詔而感泣，不知義也。然則所謂一抔之土未乾，六尺之孤何在，元忠之不能效義於李氏也，固然矣。夫朋友非必有大氣力者，然車馬之饋且不拜，而元忠乃爲武氏之詭恩所動，甚可惜可恨也。

「寢不尸」

「尸」，謂偃卧。朱子曰：「女生必偃，男生必伏。」可見所謂「偃卧似死人」者，非謂覆卧也。朱子之言出《離騷》。

「見齊衰者」止「雖褻，必以貌」

「狎」與「褻」不同。「狎，謂素親狎」，謂其人與我素熟也。「褻，謂燕見」，謂我之見其人非在公所禮法之場，及稠人廣坐之中也。

「變」與「以貌」亦不同。「變」只是改舊容，有驚哀之意而已。「以貌」則加敬矣。而「以貌」之中亦不同。於見冕者，尊有爵而不敢忽也；於瞽者，矜不成人而亦不敢忽也。○既云：「見齊衰者，雖狎，必變。」而又曰：「凶服者，式之。」不亦重復乎？曰：不然。「式之」者，謂在車而式之也。「雖狎，必變」，不指在車。

「有盛饌，必變色而作」

○敬主人之禮，非以其饌也。主人禮意之厚，亦於盛饌見之。可見今之待客，亦不可任情從薄。但要知禮敬之意，有不全在飲饌之間則可矣。

「迅雷風烈，必變」

與大舜之烈風雷雨不迷者，並行而不相悖。故曰「必變」，非聖人爲所驚惶而失次也。《記》曰：「雖夜必興，衣服冠而坐。」但不迷而已。

「升車，必正立執綏」

范氏曰：「正立執綏，則心體無不正，而誠意肅恭矣。」蓋「正立」可見其心體無不正，「執綏」可見其誠意之肅恭。分貼未爲不是。

又曰：「蓋君子莊敬無所不在，升車則見於此也。」「見於此」謂其莊敬見於正立執綏也。

「車中，不内顧」

朱子曰：「『立視五巂，式視馬尾』，此二句最緊要。《禮》曰『顧不過轂』，視者直視也，顧者反顧也。立惟視五巂，式惟視馬尾。雖有顧時，亦不過轂，不内顧也。巂是車輪一轉之地，五巂則九丈之地矣。車輪高六尺，圍三徑一，則闊丈八，五巂爲九丈。」

「不疾言，不親指」

三者皆失容且惑人。失容爲重，故曰「雍也，可使南面」，以其寬洪簡重，有人君之度也。孟子謂梁襄王曰「望之不似人君」云云，可見德容表裏所繫之重，究其歸一也。

「色斯舉矣，翔而後集」

○此理最好，凡士大夫皆當服膺弗忘。如此等句，一倡三嘆，❶猶有餘味也。

「曰：山梁雌雉，時哉！時哉」

邢氏曰：「『時哉』，言雉之飲啄得其時。子路不達，以爲時物而共具之。孔子不食，三嗅其氣而起。」晁氏曰：石經「嗅」作戞，謂雉鳴也。劉聘君云：嗅當作狊，❷古闃反。❸張兩翅也。見《爾雅》。○愚按：依邢氏，則關孔子身上事，於《鄉黨》所載義類爲合。但雉終爲子路所共，則與上文「色斯舉」云者不符矣。○依晁、劉二氏，以共爲拱執之義，固於上所謂「色斯舉」者相符，但不關孔子事，非《鄉黨》所載之義也。故朱子缺其疑，而取邢説在前。○石經「嗅作戞」。石經者，漢靈帝熹平四年詔諸儒正五經文字，命議郎蔡邕爲古文篆隸三體書之，刻石立于太學門外，故謂之石經。

---

❶「倡」，嘉靖本、四庫本作「唱」。

❷下「嗅」，四庫本作「臭」。似有誤，與下音切不合。

❸「闃」，四庫本作「闐」。

重刊蔡虚齋先生四書蒙引卷之七

先進第十一

○「此篇多評弟子賢否」，注云：「評其賢則能者勸，評其不賢則不能者勉。」愚謂不特此耳。凡評人之賢，則不賢者有所激；評人之不賢，則賢者亦有所警；無非教也。○「此篇記閔子騫言行者四，而其一直稱閔子」，蓋其弟子尊師，故不字而子之。先儒程子又以《論語》之書爲成於有子、曾子之門人，故二子獨以子稱者，意正如此。

「先進於禮樂」

○此章前段是述時人論禮樂之失，後段是以己意矯其失也。謂夫今之人皆曰先進之於禮樂，文不及其質，乃野人耳。若後進之於禮樂，則文質彬彬，正君子之道也。時人之論禮樂如此，是固舍先進不從，而惟從後進矣。我則不然。惟不用禮樂則已，如用之，則吾必從夫先進。夫以孔子之必用先進如此，則先進之不爲野，而後進之未爲君子可知矣。蓋周末文勝，時人之論不自知其失中而過於文也。夫子之自言如此，則欲損過以就中也。

此禮樂所指甚廣，上而宗廟朝廷，下而州閭鄉黨，大而冠婚喪祭，小而動静起居，凡日用常行之間，莫不有禮樂焉。故曰禮樂不可斯須去身，自天子以至於庶人，皆不可一日無禮樂也。但周之盛時，文、武、周公監夏、殷之禮而損益之，當是時文、質得中正，所謂先進之禮樂也。及周末文勝，時人反以先進爲野人，而惟崇尚夫後進之禮樂。故孔子述其言而反其意，以矯其弊而歸於中也。

先進、後進，猶言前輩、後輩。爲輩字正貼進字不得，故着猶言云。謂之進者，天地間人物前一番進上了，後一番又進上來，有逐旋進上之意，故云進。○野人，郊外之民。以此知自古市廛之人多文，而郊野鄉村之人從來是朴質也。○君子謂賢士大夫。不獨曰士大夫，而必曰賢士大夫，兼德位而言也，與上句民字相對。○夫子之從先進，正欲復文、武、周公之舊，所謂「郁郁乎文哉」者也。或曰：「如用之」，夫子是謂他日得位而言，故曰「如」，假設之辭也。然則此所謂禮樂，專指宗廟朝廷之禮樂乎？而夫子所謂「吾從周」者，又何所指乎？且夫子如得位以用禮樂，則又將損益四代，以爲萬世常行之道矣，豈特從先進而已哉？

「從我於陳、蔡者」

重在上句，孔子豈以其不在門爲憾哉？以其嘗相從於陳、蔡間時，往來于懷而不能忘耳。於此可以見聖人所以待弟子之至情矣。○當時孔子在衛，靈公問陳，孔子不對而行，如陳，遂入蔡。陳、蔡連界而近楚，楚昭王聘之，陳、蔡大夫發徒圍之，孟子所謂「君子之厄於陳、蔡之間」者也。又，孔子凡兩次適陳。

「德行：顏淵、閔子」

○此十人者，皆從夫子於陳、蔡者也。門人以其各有所長，故分其目以記之。非當時夫子有如是之品題也。○朱子所以知其爲門人所記者，以夫子平日於弟子皆名之而不字，而此條則皆字之，故知其爲門人所記也。○聖人教人各因其材，於此可見。蓋即此而觀，既有德行、言語等科，則聖門之教不混於所施，必因其材而成就之，可見矣。此是餘意。○顏淵先顏路而卒，然嘗從夫子於陳、蔡，又嘗從夫子畏於匡，則父母在而遠遊者古人固有之矣。故夫子不徒曰「父母在，不遠遊」，而又必曰「遊必有方」，不然上句説殺了。○仲由，字子路，後爲季氏宰，因稱季路。

「回也非助我者也」

○聖人意，謂他弟子於問辯之間，常有以發吾所未發，是我蓋嘗得其助。若回也則非有助於我者也。蓋凡聞人之言者，必有所疑，然後有所問；必有所問，然後有所發。今回也於吾之言，或巨或細，或精或粗，無不歡然領受，而一無所疑。既無所疑，安得而有助於我哉？蓋顏子於聖人之言，默識心融，無所疑問，故夫子云然。其辭若有憾焉。其實乃深喜之。此二句注不分貼。○「顏子於聖人之言，默識心融，無所疑問」，此二句俱安在非助我、無不説上。小注分貼，大謬。今人只説得上句，如有憾焉，下句都説不得正意出，則雖知其不分貼，而亦終歸於分貼矣。宜細玩之，聖人本意全在下句。○惟其於吾言無不悦，故爲非助我者也，此豈憾之之辭？

「孝哉閔子騫」

○孝矣哉閔子騫。何也？父母、昆弟稱其孝友者固有之，然或溺於愛，蔽於私，而人未必以爲然也。今閔子騫不獨父母、昆弟稱之如此，外人亦如此稱之，都不異於其父母、昆弟之言。夫閔子能使内外稱之無異辭如此，自非其孝友之實有以積於中而著於外，何以臻此？故夫子特嘆美之。○新安曰：「夫子只稱其孝，《集注》兼及孝友者，蓋就昆弟之言見其友也。夫孝友一理，孝者必友，不友則非孝矣。」「孝哉」二字，兼友在其中，友實孝中一事也。○吴氏謂：「夫子之於弟子未嘗稱字，此或集語者之誤。」然考胡氏謂此篇記閔子騫言行者四，而其一直稱閔子，疑閔氏門人所記，則吴氏疑其爲集語者之誤，近是。或曰：「夫子蓋以其賢出群弟子之右，故特字之而不名，如《春秋》『季子來歸』之例。」然孔門弟子莫賢於回，夫子所稱亦莫盛於回，今其見於諸書者未嘗一以字稱。閔子雖賢，未及顔子，夫子亦安得獨字之哉？朱子不特解此一節者，豈以其無關於大義耶？○一説，夫子於此獨字閔子何妨？以回之賢而夫子名之亦可，以閔子之不如回而夫子字之亦可。看來此説亦近正大，然未爲定論也。

○「積於中而著於外」，不可以中爲家，以外爲外人。是言其孝友之實，人皆稱之。淳于髡曰：「有諸内，必形諸外。」亦是此意。亦不分言父母稱孝，兄弟稱友。蓋只是言家人稱其孝友，而外人亦信之耳。父母、昆弟，舉一家人而言。或以其獨處人倫之變，故夫子稱之。此説於夫子本意全不切。夫子本意只是見其孝友之實云云耳。胡氏注最得夫子本意，《集注》取之而不復贊一辭。○「人不間於其父母昆弟之言」，總見其實有是孝也。重在「人不間」三字。○一説，夫子意謂愛親者不敢惡於人，今閔子之行不但爲父母兄弟所愛，而亦外人所愛，故外人愛之之言無以異於其父母兄弟之言，此其所以獨爲能善事親也。然《集注》意不取此，亦可備一説。蓋言不必專主孝友，而孝友之稱亦不必出自其家人，况父不稱子善。今《集注》引胡氏説乃以内言爲據，而又以外言爲重，略有未能釋然者。○必曰「父母昆弟之言」者，凡有愛之之心，必有愛之之言見。古今人間愛惡，何者不形於言？故曰其心好之，不啻若自其口出。

「南容三復白圭」

○此當與第五篇「邦有道不廢」章參看。只是一個南容，南容亦只是一個賢，夫子亦只是一個取其賢，雖所記不同，然不容有異旨。故朱子亦參彼章來解，孰謂「邦有道不廢」意輕哉？《中庸》曰：「國有道，其言足以興；國無道，其默足以容。」又孔子曰：「邦有道，危言危行；邦無道，危行言遜。」此道理儘大。「南容三復白圭，而孔子以兄子妻之」者，蓋惟人不能謹言，是以國有道不足以興，國無道不足以容，而不足以托其子女矣。南容之欲謹其言如此，則邦有道可以不廢，邦無道可以免禍，而夫子所以兄子妻之也。○宋吳祥妻謝氏其子名賀，賀與賓客言及人之長短，夫人屏間竊聞之，怒笞賀一百。或解夫人曰：「臧否士之常，忍笞之若是？」夫人曰：「愛其女者，必取三復白圭之士妻之。今獨産一子，使知義命，而出語忘親，豈可久之道哉！」因涕泣不食，賀由是恐懼謹默。

「季康子問：弟子孰爲好學」

夫子答之，視答哀公雖略，然「有顔回者好學」一句已該「不遷」、「不貳」，「今也則亡」一句又該「未聞好學者」，雖略而未嘗有欠缺也。

「顔淵死，顔路請子之車」

顔淵死，顔淵家素貧，其殯也無椁，其父顔路不忍顔淵之無椁，以夫子於顔淵平日師弟之間恩義兼盡，意其當無所靳也，乃請夫子所乘之車賣之以買椁。殊不知顔淵既貧，其殯也可以無椁。夫子爲大夫，其出也不可以無車。故夫子不許，然恐其以爲吝也，故舉向日所以喪鯉者釋之曰：「子之才或不才，以父視之，則皆謂之子也。且汝之於回，猶予之於鯉也。昔鯉也死，亦只是有棺而無椁，當是時吾亦未嘗徒行而以車爲之椁。何也？以吾既是從大夫之後，則義當得乘車而不可徒行也。」由是觀之，夫子向也既不得舍車於鯉，則今也亦安得舍車於回哉？是固非吝於回也。吝於回則亦爲吝於鯉也，鯉親爲夫子之愛子，豈夫子而有吝於鯉哉？大抵夫子之愛鯉，亦不減於顔路之愛回也，顧有制於義而不得爲耳。夫子以是曉顔路，辭不迫而意獨至。學者於此觀之，可以見聖人之用財矣。

「才不才，亦各言其子也」。此兩字慢説回、鯉字出，❶《集注》是會意解，切不可以《集注》言「鯉之才雖不及顔淵」來硬貼此句。○「不才」字不可解作不及其才説，分明是説不才，孔鯉雖未爲不才，孔子稱其不才何害？如後人之言「豚犬」，然未必其子皆「豚犬」類也。○「脱驂以賻之」，「驂」，旁馬也。謂引車者一車駟馬，故曰「駟馬騑騑」，又曰「駟馬高蓋」。「脱驂」是解其旁一馬與之也。

一説自「吾不徒行以爲之椁」以下，不是承鯉事言，是説我今不徒行而以車爲顔淵之椁也。引《集注》孔子時已致仕云，非鯉死時，鯉死時孔子未致仕。此亦一疑，然觀大文之勢，全是説鯉，夫孔鯉之死亦孔子晚年，不得便以時字爲孔鯉死時説。蓋孔鯉死時孔子其實有位爲大夫了，其死也與回之死大抵不甚相遠，况《家語》亦有誤作鯉在回後死者，此雖不可信，然亦可見其死時之不相遠矣。仲珠之説，殊不管本文。

❶ 「字」，四庫本作「句」。

○聖人之言辭不迫切，而意已獨至。豈有硬硬説，曰「我不徒行以爲回椁也」，不成氣象，仲珠只要注好説。○即顏路請車一節，方知顏子是貧。若家有餘財，則顏路不至請車矣。顏路之請車，雖於大義若昧，然亦可見聖門師弟相與之際如同一體，而略無少忌嫌之心矣。

「顏淵死。子曰：噫！天喪予」

顏淵死，孔子痛之曰：「噫！天其喪予矣！天其喪予矣！豈特喪回而已哉？」夫顏淵之死，孔子痛恨之深，一至於此，何耶？蓋夫子之道賴顏子以傳者也。顏子在則道有傳，孔子他日雖死而有不死者存。顏子死則道無傳，孔子今日雖未亡而猶亡矣。夫以回之存亡，關於道統之絶續如此，此夫子所以深痛之，非惟以其疇昔師弟之好而已也。○孔子意謂吾道全賴顏子以傳，今回既死，則吾之身雖存，而吾之道已亡。是回之死，人但知其爲天喪回，而不知其爲天喪予也。

「顏淵死，子哭之慟」

顏淵死，夫子哭之至於慟。從者因請曰：「夫子慟矣。」是時夫子哀傷之至，猶不自知，乃訝而問從者曰：「果有慟乎？然此人哭之亦宜慟，若非此人爲之慟，而將誰爲慟哉？」明其非他人比也。看來聖人痛惜之至，施當其可，皆情性之正也。○新安曰：「夫不自知其慟，若過也，然哭顏淵而慟非過也，其哀之發而中節者。」○從者曰「子慟矣」，此亦不欲其過於傷之意，非譏之也，乃覺之欲令其節哀也。

「顏淵死，門人欲厚葬之」

夫子止之，曰不可。蓋喪具稱家之有無，貧而厚葬，不循理也。故夫子止之。○門人厚葬之，蓋夫子既止其欲厚葬矣，而今畢竟厚葬之，蓋顔路聽之也。即此一節，見得門人也大不是，顔路也大不是，非獨葬不循理，且違了夫子之命，若罔聞者。然夫子大度，故下文責之之辭不及此。

厚葬兼棺椁説。或曰棺椁是殯，非葬也。此説非不知「死葬之以禮」此句内有殯意在否，❶不成只是葬埋也，又與前注「喪具稱家之有無」不合，可見兼棺椁在内，「葬」之一字兼衣衾、棺椁、墳墓説。○子曰：「回也疇昔視我若父。」蓋吾之所是，彼亦是之；吾之所非，彼亦非之。至情無間，信若父然。「今也予不得視回猶子也」，蓋我本以回家素貧，欲從薄葬，如向日之葬鯉然，使死者得以理順，心安於地下而無憾。而今也回却以厚葬，是吾向也得盡道於鯉，而今也不得盡道於回，是我不得視猶子也。「然此事實非我所爲，蓋爾二三子所爲，置汝於非禮之地也。」

須看「不得」二字，蓋謂厚葬之意我固止之，彼固不聽而爲之，至使我不得以禮處汝，謂之何哉！○言非惟其生前之日，是非可否，一惟吾之是依，而其身後之事，厚薄當否，亦將惟我之所處。蓋視予猶父也。○吴仲珠曰：此數句皆以發上文「不可」之意，有理。○「回也視予猶父也」，總言其平日盡道於我。「予不得視猶子也」，總言其不得盡道於回。以「恩義兼盡」言者，固太泛；以「欲其循理」言者，又失之太拘。而於聖人發言，平平地鋪着，氣象益遠矣。○夫葬之厚薄，必視其家之貧富。雖以孔鯉至親，夫子不得而强厚之。蓋非薄也，宜也。今回家貧而厚葬，使回而有知，必不能無憾於地下矣。故夫子因嘆之，以責門

❶「否」，嘉靖本無此字。

人曰云云。夫子此嘆，只是深責門人。然始而曰「回也視予猶父也，予不得視猶子」，則若有自尤之意；繼而曰「非我也，夫二三子也」，則歸其責於門人，此乃深責門人也。蓋門人徒知厚葬其師之爲厚，而不知不以禮處其師之爲薄也。此正與子路欲使家臣治喪之見同。若聖人之心，大公正云云。❶

若聖人所以處顔子者，自常情觀之則幾於薄，自道理觀之則正所以爲厚也，所謂君子愛人以德者。

○合數章觀之，看來夫子於顔子，哭之則至於慟，傷之則直以爲「天喪予」，恩厚極矣。然於顔路之請車則却之，於門人之厚葬則責之，此見聖人至公至正之心，雖於情之所厚而終不以情勝義也，此乃所以爲厚於顔子。○看此一章書，須以「曾子易簀」事來參看，蓋聖賢於道理直是要無纖毫之遺憾，君子愛人以德意尤末也。

「季路問事鬼神」

○是問事鬼神之道當如何。子曰：「未能事人，焉能事鬼？」盍亦先求其所以事人之道邪！「敢問死」，何爲而死也？曰：「未知生，焉知死？」盍亦先求其所以生之道邪！鬼神指當祭者而言，山川社稷，天地人鬼，皆是此鬼神，當如何分？如天地社稷山川五祀之屬，則皆以氣之屈伸言，惟人鬼難分，然人既死雖曰歸盡，然祭之則來享，不然依舊歸空，亦有屈伸之意。○蓋誠敬既足以事人，則所以事神者，即此誠敬矣。能原始而知所以生，則能以是反終，而知所以死矣。

---

❶ 「公」下，嘉靖本有「至」字。

○「誠敬」、「原始」、「反終」字，都是朱子生出，今學孔子説話，未可便説未能盡誠敬以事人，則又焉能事鬼；未能原始而知生，則又焉能反終而知所以死。聖人語意自是藴而不露，引而不發。○蓋死生、人、鬼神本是一理，然必誠敬足以事人，然後能事鬼神；必原始而知所以生，然後能反終而知所以死。不然非惟求之失其序，亦終無可得之理。○季路此問，使夫子而正告之，亦須動着事人及所以生之道，不然更答不來。蓋要之至理實不外是，使子路果能因夫子之言，而先盡事人之道，則事鬼神之道不勞問矣；先知所以生之道，則所以死之道亦不待問矣。何也？理一故也。故先儒云：此乃所以深告之也。○先儒云：「晝夜者，死生之道也。」只是言此理循環，無他物也，故得此則併得彼。○一而二者，理雖一，而有幽明始終之分；二而一者，雖有幽明始終之分，而理則一。

使夫子若正告以事神及死之問，則當云何？竊以己意推之，似當云：「有其誠則有其神，無其誠則無其神，必也『祭如在，祭神如神在』而已。」若答問死，則亦當云：「爾知所以生乎？氣聚則生，散則死矣。」

「閔子侍側」

○當時夫子設教，所從游也皆一時之英才，❶其氣象各不同。閔子之侍側，其氣象則誾誾如。誾誾者，和悦而諍也。子路則行行如。行行者，剛强之貌也。冉有、子貢則侃侃如。侃侃者，剛直也。夫誾誾也，行行也，侃侃也，其氣象雖不同，然皆正氣挺立，有疑必問，有懷必吐，無有遮覆含糊之意，此皆一時之英才

❶「也」，嘉靖本作「者」。

也。故夫子樂之。樂之者，樂得英才而教育之也。使得謹厚循默之徒，則未必能振拔有爲，難冀其成就矣。故夫子有樂於此四子者。然誾誾者，内不失己，外不失人，此其善之善者也。至於侃侃，雖圭角稍外見，而亦未至於取禍。獨行行者，則有可危之理，故夫子因而戒之曰：「以吾觀之，若由也，似乎有不得其死者然。」夫子此言，蓋欲子路知所戒也，與「柴也愚」章同意。而子路卒死於孔悝之難，而中夫子之料者，正爲不能改其行行之故耳，非夫子所爲子路謀之初心也。

○孔子此言，非相子路也。蓋愛子路之深，而危其有取死之理，故特明言，使知所戒，庶乎其不至死於非命也。豈願其言之中哉？○孔子發此言時，其本心只欲其言之不中，而其言卒中者，則子路之咎也。此處不可露出「行行」字，蓋上文「誾誾」、「侃侃」、「行行」皆記者之辭，非夫子之所言也。上文「行行」亦作好者說。○孔子之料子路，孟子之料盆成括，皆聖賢之正術也。三子氣象大同小異，大抵皆剛正人也，此其所以爲英才，此夫子所以樂之。故朱子曰：「在三子者皆有懷必吐，有疑必問，無復遮護含糊之意。」此說最有味，學者常知之。知之則庶乎得在正路行矣。

閔子之剛氣含蓄得密，冉有、子貢則稍露，子路則全露了，然都是剛正人也。或者以下文之言，疑「行行」不得爲好氣象，不知此味者也，但恨其太露無含蓄耳。

《小學》云：「後生初年，且須理會氣象。氣象者，辭令容止，輕重疾徐之間，足以見之矣。不惟君子小人於此焉分，亦貴賤壽夭之所由定也。」故夫子於子路之「行行」有不得死之說。○先閔子，次子路，次冉有、子貢，蓋以齒序，與「子路、曾皙、冉有、公西華侍坐」序同。

「魯人爲長府」

○魯人亦當道人也。爲長府者，撤其舊而更新之也。閔子以其勞民傷財，因諷之曰：「凡改作，事出於不得已，則爲之可也。以予觀之，今之長府若猶在所得已，只仍舊貫如之何，而又何以改作爲然。」觀閔子斯言，始而曰「仍舊貫，如之何」，辭氣從容，似有商量未決之意，繼而曰「何必改作」，則有確乎不可易者，則其氣象亦可見矣。

○此兩句看來看去，只是一連串意，無有始而商量未決，繼而確乎不易之意。但其辭從容而厲，皆先輕而後重，如答季氏使者亦然。○仍，因也。因，依也。只如俗説照舊。貫字輕。

○蓋閔子平日是個持重寡言底人，今因魯人之改作長府，而一發此言。其言極切中時務，故夫子稱之曰：「此人不糊亂説話，但説着便中理。」蓋長府在當時，理當仍舊不當改作，閔子諷令仍舊而不改作，此所以爲當理也。

不必言曰「仍舊貫」如之何，則見仍舊爲理之所當爲。曰「何必改作」，則可見改作爲理之所不必爲。詞氣似太安排。亦不必言一正一反，二句氣勢自相連，文意與「有弗學，學之弗能弗措」，及「不遠遊，遊必有方」相類相趕説。○吴氏以爲妄發必不當理，當理者必非妄發，遂以爲一正一反。不知「不妄發」三字只是朱子周旋本文「不言」字面耳。○一説「言不妄發」不是膠解「夫人不言」一句，蓋朱子是會意解，則「言不妄發」一句連下句都完了，「發必當理」者又兼得「夫人不言」意。此説亦甚長，是亦一正一反也。若大文則非是閔子之言，總是愛民惜財之意，孔子稱之，總是言其説得好也。

「由之瑟，奚爲於丘之門」

此當以「由」字對「丘」字看。丘所尚者中和也，而由之瑟則不中和。故程子曰：「言其聲之不和，與己不同也。」言此以藥子路，欲使變其剛强之氣習也。蓋人於音樂，最有不容以僞爲者，心動於氣，氣發於聲，所謂得之於心而應之於手者也。使子路因夫子之言，而欲改其北鄙殺伐之聲，亦自養心養氣始，夫子之言固不專爲鼓瑟也。○「北鄙殺伐之聲」，北鄙謂北野，殺伐又言肅殺。北鄙以天地風氣界限言。《説苑》記孔子曰：「南者生育之方，北者殺伐之地。故舜造南方之聲，其興也勃然。紂爲北鄙之聲，而身弑國亡。」子路以行行之氣，而不得其死，人之所養，可不慎乎！○剛勇中和，皆分體用。

「門人不敬子路」

○門人蓋孔子門人也。夫子釋之曰：「由也之學已升堂了，特未入室耳。」蓋入道次第，譬之由入門而升堂，由升堂而入室。以有家言之，堂者高明闓爽之地，猶道之正大高明處也。室者一家之深處，猶道之精微之奥也。謂之升堂者，言其道已造乎正大高明之域也。謂之未入室者，言其特未深入精微之奥耳。夫子路之學雖未入室，然至於升堂亦難矣，未可以鼓瑟一事而遽忽之也。聖人之言，隨時變化，所施各當。「由之瑟，奚爲於丘之門」，爲子路言也。「由也升堂矣，未入於室也」，爲門人言也。爲子路言，則諷其所短；爲門人言，則表其所長。無非教也。○或問道之正大高明如何，精微之奥又何如？曰：「如仁如義，做得成就片段處，所謂斐然成章者，此正大高明之域也。至於義精仁熟，止於至善而適乎大中至正之歸者，此精微之奥，所謂室也。非是堂是一個道理，室又是一個道理。就鼓瑟一事而言，亦見得子路之升堂而未入室處。彼其以行行之資，兼人之勇，雖曰不足於中和，然其所發必終無一毫軟俗之態，其心事直可質之青天白日，此亦其已造乎正大高明之域也。然未能以理勝氣，使涵養純熟，中正和樂，粹然無復偏倚駁雜之敝，是未入室也。孔子斯言固不專爲鼓瑟發，然只是一個子路，故即此一端亦足以見其概云。」○須看《集注》「特」字。○正大高明是形容「堂」字，精微之奥是形容「室」字。似不必言子路已自入門而升堂，特未能自升堂而入室。要看堂、室二字氣象如何。說曰：❶「也要認入道次第意，堂前有室乎？門在堂後乎？」此說甚長。○要知堂與室亦非有兩樣道理，精微之奥亦不在正大高明之外。

「子貢問：師與商也孰賢」

子張近於狂，子夏亦未免於狷。○子貢之問，問二子之所造，故孔子言其成就各偏。而朱子本其才質言之，盡矣。○「子張才高意廣，而好爲苟難」，「子夏篤信謹守，而規模狹隘」，此兩句說二子之爲人如此，故於道爲過中與不及乎中也。無上文二句，便解不出看兩「故」字。

○孔子此言，亦是言二子各有所偏，不相上下之意。而子貢未喻，以爲過者勝於不及，故曰「然則師愈與」。子曰：「非也，過亦猶夫不及。」蓋道以中庸爲至，不及者固失中，過者亦爲失中，故難定其爲孰賢也。「過猶不及」，總是前意。○注中賢、智、愚、不肖字，非指二子，概論其理。然究竟論之，則子張便在賢智之科，子夏亦不免在愚不肖之科。何也？愚者智不足而厚有餘，子夏之規模狹隘，不其近之乎？

❶ 「說」，嘉靖本作「或」。

不肖者不及行，子夏終未免見小利而欲速之病，其資質固未爲賢智也，非賢智便在此一科了，不必依慶源分才質義理，總是子貢不解夫子之意云爾。若果如所云，則夫子須答云：「以義理論，則過猶不及也。」不必從觀《集注》所謂「賢智之過，雖若勝於愚不肖之不及」云云，則孰主才質言，孰主義理言。○前言「師也過，商也不及」，此便是主義理以斷才質矣。新安陳氏曰：「《集注》非指子夏爲愚不肖。」愚初意亦然，然天下畢竟只有此兩科人，顔、閔便近於中行，若曾子也不免在子夏一科，要之均不得爲中行，不得爲中行則在此兩科矣。尹氏「差之毫釐，謬以千里」，輔氏之解，説得好聽也，已解此兩句意義則可矣。然非尹氏本意，尹氏只説少有過不及，便失了中矣。詳味文意自見。○苟難，謂苟且難能之事，非正經義理所難者。

「季氏富於周公，而求也爲之聚斂而附益之」

○此兩句，求之罪案也。意若曰「周公以王室至親」云云，季氏已富於周公儘過了，無待於益矣，而求也又爲之剥民以益之，豈不負聖人之教邪？故聖人責之。○嘗怪孔子那樣聖人，那樣教人，冉求又聖門之高第，弟子乃亦有此，人品不同，真是難爲一齊教他盡善。冉有之在聖門，大抵名論亦卑，故凡諸弟子記者皆字之，而於此乃曰「求也」。又曰冉有曰「非不悦子之道」，可見其不爲人所尊重，蓋亦以其得罪聖門處多。○附益猶增也，加於其上之謂附。

○子曰：「求所爲如此，非吾輩人也。爾小子於求有朋友之義，鳴鼓而攻之可也。」攻非攻伐之攻，責也，如攻其惡之攻。夫以聖人之惡黨惡而害民也如此，然不徒曰「非吾徒也」，而又必曰「小子鳴鼓而攻之可也」，蓋絶之在我，正之又在於其友。師嚴友親之義，於此見聖人於絶之中而有不終絶之義，可見其愛人之無已也。○夫子以其黨惡害民也，故責之曰云云，聲其罪，謂宣其罪於衆，使人共知之。古人刑人於市，與衆棄之，亦此意。

鳴鼓者，蓋鼓所以號衆也。故爲聲其罪，所謂揚于王庭之意。范氏「冉有以政事之才，施於季氏」，此句最好。蓋嘗因是推之荀彧以謀略施之曹操，嚴尤以才智施之王莽，劉毅以才敏施之劉裕，皆失其所施，故《易》曰：「離，利貞。」○冉求自許可使足民，而反爲季氏聚斂以削民，這般所在，都顛倒了。○求也爲之聚斂，大抵都是法外加賦。若是惟正之供底，聖人亦未責他。

「柴也愚」

人之氣質，不能無偏。學所以變化氣質，矯其偏而歸於中耳。故聖人於四子，歷指其偏處，以詔之曰：「柴也病於愚，參也病於魯，師也病於辟，由也病於喭。」夫子以是告之曰，非訐人之短也，蓋欲使知其所病處，而克治之。如愚者使進於明，鈍者使進於敏，辟者使進於誠實，喭者使濟之以文，各矯偏以就中耳。○「愚者，智不足而厚有餘」。此處解愚字，與《中庸》「愚」字稍異。蓋以高柴之愚言也。然聖人意重在智不足上。○「足不履影」，《家語》云本文云「高柴自見孔子」云云，❶「往來過之，足不履影」，上「之」字指孔子，則此影是孔子身影也。○「啓蟄不殺」之心，便是數罟不入污池之意。「方長不折」之心，便是斧斤以

❶「家語云」，嘉靖本作「家語」。「本文云」，四庫本無。

時入山林之意。如此資質，成就起來，真當是一個人才。○「啓蟄」，《禮樂志》云「正身啓蟄」。

「柴也愚」，只是忒執一不變通。

「參也魯」，注云「曾子之才魯」。才，才質也。魯，遲鈍也，不敏也。人一看曉得，他便着兩三遭看；人一遍記得，他便着兩三遍記。

○曾子真實是魯，後人見他後來地位高，只管爲之回護，謂參之魯猶回之愚。不知夫子當時以與「柴也愚」、「師也辟」並論，則分明是魯矣。分明説是魯，亦何傷？適足以顯其學力之勇，能由學以至聖，而天下之學者庶乎知所勵也。孟子曰「人皆可以爲堯舜」，亦可見其有此理矣。○程子曰「曾子之才魯，故其學也確」，觀《曾子問》一篇，則其才之魯與其學之確皆可驗矣。「師也辟」，終是要做好看。○由只是粗率，不細膩。

「回也其庶乎！　屢空」

「回也其庶乎」，言幾與道爲一也。此近道與忠恕近道、知所先後則近道不同。○如聖人則與道俱化矣，顔子猶有未醇在，故只曰近道。「屢空」又却於顔子身上指出一件守人之所不能守處説，另是一意，正所謂「人不堪其憂，回也不改其樂」者。○只爲顔子貧，故云。若顔子富，雖不屢空，亦不害其爲近道。使顔子肯稍留心於家計，則亦不至屢空矣。故注云「不以貧窶動心而求富，❶故屢至於空匱也」。「故」字

❶「窶」，原作「屢」，今據四庫本改。

好看。

○「貨殖」，貨財生殖也。非其留心於家計，則貨何由生殖？與屢空正相反，非謂殖那貨也。殖，聚也。

○貧富有命，而子貢却留心於家計，故夫子謂其「不受命」。○不受命而貨殖，只一般。陳氏謂「貨殖是不如安貧，不受命是不如樂道」，殆非也。蓋受命則不貨殖矣，貨殖則不受命矣，語意相喚應，不必分看。

○「賜不受命，而貨殖焉」，此正與「屢空」相反，而其不得爲近道也，又不待言矣。○注内「子貢不如顏子之安貧樂道」，此樂道只帶安貧説，不可以安貧屬「屢空」，以樂道屬「庶乎」。○子貢既不能安貧，則亦不得爲近道矣。但不可分配上文，近道安貧此二句，道子貢之不如顏子處，是言其短，下句却舉他長處説。

勉齋之説未穩。

○「屢空」是因回之貧而見其安貧，「貨殖」是因賜之富而見其求富。屢空只當貧字，貨殖只當富字。○至聞性與天道，則固知貧富有命，從其所好，而不屑於貨殖矣。

○或曰：然則顏子之貧亦是他自不求富所致，而子貢之富由於自能生財，然則貧富不係於命矣。如何又怪賜不受命？曰：「非此之謂也。顏子之貧，命也，若復求富，是不安於命，而富非天所與之富矣。子貢雖能致富，然亦志有所奪，義有所妨，若只從道理做，亦無此富矣，故曰『不受命』。世間人事，若一硬以人爲做去，豈全無可得之理邪？然人品則從此分矣，而究竟利害亦自不同。」○「屢中」須看「屢」字，見其不中處亦多。何也？不由於學，只用其才質之敏而料事耳。○「屢中」與「言必有中」不同，彼以理言，此以事之成敗言，出於料者也，彼非以料中也。○饒氏「造道用心」之説似未害，然全依他説，則是以「不受命而貨殖」對「屢空」，以「億則屢中」對「其庶乎」，似太拘耳。聖人亦是信口説出，未嘗立字骨也，細思自覺煩碎。

「子張問善人之道」

○「問善人之道」，是問善人之所以善人也。曰：「善人雖不必踐舊迹，而自不爲惡，然亦不能入聖人之室也。」蓋所以不踐迹者，質美故也；所以不入室者，未學故也。質美而不踐迹，此固善人之所以爲善人；未學而不入於室，是又善人之所以止於善人。本文未有質美而未學字，然其意則如此。注中「雖」字、「然」字，似不必用來替聖人説話。蓋是朱子解書，意若用以替聖人説，則聖人是評論他話，不見是答子張問善人之道。○注曰「善人，質美而未學者也」，此句連下文，意盡有了，使孔子當時只如此答他亦可。

「論篤是與」

「論篤是與」，小注云：「言指論字，貌指色字。」此説不是。大凡言論篤實，貌亦在其中矣。色莊只是言僞爲於外者，言亦色所在，一顰一笑皆色也。

○君子者，心口如一。色莊者，心與口違。君子者，有德者必有言也。色莊者，有言者不必有德也。

「子路問：聞斯行諸」

○太過者退之，使反而就於中。不及者進之，使企而及於中。聖人造化二子之心，於是昭矣。

冉有問「聞斯行之」，是必疑其不可。子路問「聞斯行之」，是必疑其爲可而亦未甚安耳。所問雖同，而所以問則不同，聖人固不得不異其所答。

「子畏於匡」

「何敢死」，「敢」字不訓「必」字。注中「必」字在「死」字内。

「顔淵後」，謂後至也。方其相失之時，夫子懼其爲匡人所害，及其至也，喜幸之心不自覺，乃迎而謂之曰云云。

○謝氏曰：「『敢』非不敢之敢，乃果敢之敢。」此説恐未然。蓋死非難，處死爲難。故守死必善道，此孔門之正義也。顔子意謂：「夫子若不幸而遇難，回便當拚一死矣。今夫子既無恙，則回可以無死，又安敢輕擲一死哉？」看來只是不敢之敢。設回當時遽捐其生，則爲守死，而不足以善其道矣。故曰：「子在，回何敢死？」胡氏「幸而不死」一條最好，然似當更足之云：「便請於天子、方伯而不從，如孔子請討陳恒，然顔子又不但已當爲豫讓必報之舉，然後民生於三，事之如一之義爲盡也乎！」

「子在，回何敢死」？「敢」字不必依小注。韓文《張中丞傳後序》曰：「南霽雲曰：將欲以有爲也，公有言，雲敢不死？」此可以相發明矣。

「季子然問：仲由、冉求」

「吾以子爲異之問」，此是輕二子，非固輕二子也，抑季然也。

○「以道事君」，謂不以容悦事君，不以功利事君，而必以道事君。若君不從則去之。此兩句自相連帶，注亦要看得活。○「以道事君」者，必納君於道，而不從其欲以置君於有過之地。「不可則止」者，君若不行吾道而恣其欲，我則決去以行其志，不至容悦以苟留矣。「可謂大臣與」，是以二子之才行而擬之，非直謂可以爲大臣也。「可謂具臣矣」，便見得不能「以道事君，不可則止」。

○但居三公九卿之位，而不能稱其職，不失爲具臣。使居小官而能舉其職，或德浮於位，則其位非大臣，其道則大臣矣。楊子曰：「昔魯有大臣，史失其名。」蓋指魯兩生也。

曰「然則從之者與」，夫子恐其以爲然，而或至謂二子亦可挾以非義也，故曰「弑父與君，亦不從也」。蓋深許二子云云，不臣之心矣。

「子路使子羔爲費宰」

○子路方其使子羔爲費宰之時，未曾有「何必讀書，然後爲學」之意。此是因夫子責之，而臨時杜撰以折聖人耳。❶其言本非是，然失言之過小，欺心之罪大。故夫子不斥其非，特惡其佞。注云「然必學之已成，然後可仕以行其學」，與夫人幼而學，壯而欲行同。○此「學」字對「行」字，屬知，是指後來爲政之道説，所謂治民事神也。蓋方其未達之時，固未嘗無行，然所行者孝弟忠信之事，若夫治人事神則固未之行也，只是探討窮究在此。

「子路、曾皙、冉有、公西華侍坐」

---

❶「折」，嘉靖本、四庫本作「抵」。

○此章之言，都是四子未出仕時説話。夫四子之遊聖門非一日矣，夫子於其平日言行問答之間，固已知其學力之所至，然其將有所待而欲爲之志，則或未之知也。故因其侍坐而誘之言志，曰：「雖以吾一日長乎爾，然汝勿以我長而難言，有懷必吐，有言必盡。蓋汝方其平居之時，則皆曰『人不我知也』，假使或有人知汝，將舉而用之，則汝亦將何以爲用哉？試爲我言其所以待用之具何如？」

前條「以吾一日長乎爾，毋吾以也」，此且教他盡言，還未知是教他言個甚麽，至下條「則何以哉」方知是教他言志。假如夫子續「毋吾以也」云「我有過，幸爲我言之」亦何不可？方知上條虚説，未可就入志字，入亦須在言外。

夫子發此言時，四子蓋猶未知夫子欲使盡言何事也，及下云「如或知爾，則何以哉」，方知是使之言其所志耳。或者誤認《集注》之指，往往於上條就貼出使之言志字面，似失之太早，非言之序也。○若出二條可破云：聖人之於群賢始誘之盡其所言，繼諭之言其所志。

「子路率爾而對曰」

此下三子皆因夫子「則何以哉」一句説起。

○子路齒先諸子，固當首對，然其氣質粗勇，不知道理無處不在，言動應對之間皆不可苟，故一聞夫子之言，遂率爾而對曰：「以千乘之國，而管束乎大國之間，則動輒有所牽制，而不得自爲。又加之以師旅，且因之以饑饉，夫兵興則國危，而民生無以安，歲凶則民困，而國用無以足，此其時勢若難爲矣。以由也爲之，將及三年之久，可使民皆有勇，不徒勇也，且又皆知向義，而有親上死長之節焉。」子路之言，蓋以實才展盡底藴也。夫子聞而哂之。

「千乘之國」，慢露出大字，下句「大國」又不止千乘矣。如當時齊、楚、秦、晉皆地方千里，或數千里，豈特千乘而已哉？然亦不可説是小國，如滕之介于齊、楚然，爲下文「方六七十，如五六十」説不去耳。○萬二千五百人爲軍，二千五百人爲師，五百人爲旅。天子六軍，大國三軍，次國二軍。夏少康以一旅取天下，五百人也。○饑與飢不同，穀不熟曰饑，人無食曰飢，亦有通用處，然有飢饉無饑渴。

○「由也爲之」，必其善政以安民生，善教以淑民志，政教兼舉，然後能使民有勇、知方也，夫豈偶然也哉！

○「比及三年」，以三年爲計者，古者三載考績，要其成也。夫子亦曰「三年有成」。○「可使有勇」，勇敢之志，果鋭之氣，以之戰則勝，以之攻則取，是以力言也。至「知方」則是有尊君親上之誠，而樂爲之致死矣，是以理言。○「有勇」只是言其有勇往果鋭之氣，須要説着與「知方」有辨，方得知方是其勇得好。○所以能使民有勇而知方者，蓋其忠信有以結其心，果鋭有以作其氣。可破云：能作民之氣，而以理行之，此賢者自言其志然也。

○子路所任，亦極是難事，三代以下能如此擔當者極少。孔明則優爲之矣，此外更有幾人？權德輿稱孔明曰：地雖狹，國以勤儉富；民雖少，兵以節制强。○子路不但失之率爾，其言志亦終是有激昂軒發之氣，而不足於雍容。此夫子所以哂之。○看記者此處下個「率爾」，便知是對下面「鏗爾，舍瑟而作」言詳之。

「求！爾何如」

○求對，意以子路所任者非求所能也。求不過方六七十里，或五六十里，此等小國，求也爲之，比及三年，可使民皆富足而已，至如禮以節民性，樂以和民心，如此等事則以俟君子，非求所能也。蓋冉有謙退，本自遜了，又以子路見哂，故辭益遜。

○三年可使足民者，蓋必制其田里，教之樹畜，均其徭役，薄其税斂，食之以時，用之以禮，如此則民仰足以事父母，俯足以畜妻子矣。○安上治民，莫善於禮；移風易俗，莫善於樂。禮樂教民之事。治民者既富矣，而又教之，方爲盡道。冉求所任者，富民之事耳，見得還缺一段，故明説出而不自居。

○「如其禮樂，以俟君子」，此禮樂就化民上説。君子猶言賢者，賢者則能盡禮樂於己，然後能以禮樂化民也。

以此見由、求二子不但心術不同，才調亦自不同。子路所設施者兼政教，而冉求則只是政一邊。子路合下便説千乘之國，求則只六七十、五六十。子路便説出許多人不能爲，而己獨能爲之意思。冉求只恁地説個平常治道如此，然其所自許者只亦是足民而已。雖是謙詞，然其才品大概如此。夫子答孟武伯曰：「千室之邑，百乘之家，可使爲之宰也。」與此若合符節。且其許子路者亦無少異，方知三子所自任自是實事。○可使有勇之使屬由，可使足民之使屬求。

「赤！爾何如」

○赤之言志，承冉有而言。夫禮樂之事，冉有之所讓，實公西華之所志也。然華見冉有以歸諸君子矣，若據然承之，❶則是以君子自居。且子華自是禮樂中人物，固亦求之所知，其曰「以俟君子」，似亦有推讓子華之意。故子華將言己志而先爲遜詞曰：「夫禮樂，赤也『非曰能之，願學焉』。假如宗廟之事，或諸侯會同，以服則玄端，以冠則章甫，禮樂之所在也，於是時也，赤則願爲小相焉。」「願爲小相」，如云從大夫之後一般。據禮初無大相小相，然禮有上擯末擯之類，不可不知。

「願爲小相」，言願得贊禮於其間也，分明是相君祭祀，相君會同也。見天子時雖容不得，然諸侯相會，及在外間調度諸事，皆相也。○「宗廟之事」，禴祠與蒸嘗之祭也。宗廟指天子宗廟言，公西華所任者諸侯也，故下文繼以會同。○注何不曰「會謂好會，同謂同盟」，而必曰「諸侯時見曰會」云云，疑馮說不同，會同朝於天子也，非謂諸侯相會同也。時見曰會，不以常期見也。衆覜曰同，王十二年不巡狩，則六服一齊並見矣。○諸侯有四時之朝：春曰朝，夏曰宗，秋曰覲，冬曰遇。四時之外爲會爲同。四時之朝則六服分爲四分，更遞來朝，一歲而周，會則無常期，同則以王不巡狩，諸侯既不得就見，便當直往見以承王命云云。不分四時，一時盡朝也。若殷見四方，亦分四時而周，同巡狩。

《周禮·春官·大宗伯》「時見曰會，殷見曰同」，謂諸侯以非時見於天子，或同六服，齊見天子也，故曰宗廟會同，非諸侯而何！然則宗廟亦天子之宗廟也，諸侯相見不可謂之會同，此正名所不容，蓋言不順也。○宗廟會同，依馮氏說作諸侯事爲順，若作天子說，則天子之擯相，諒亦非諸侯也。若諸侯會同於天子，

❶「據」，嘉靖本、四庫本作「毅」。

則相於何處贊諸侯禮？ ○「端章甫」帶上讀，君相皆然，乃禮法之場盛服也。

「宗廟之事，如會同」，不必説諸侯字，至孔子方曰「非諸侯而何」，究其實則指諸侯也。

○宗廟只是諸侯，宗廟會同亦是諸侯，不必以天子爲主，而小相爲諸侯。既以小相爲諸侯，則與宗廟會同「非諸侯而何」一句全相反了，不成文理。

「點！爾何如」

○「撰」，具也，死字。三子言志云云，皆其素具也，故曰撰。點言「異乎三子者之撰」，似若有難言者。子曰「何傷乎」，言縱異於三子何傷，亦各言其志也。令點言其志，非謂三子亦各言其志也，與後面一句不同。點之所言，皆就今日之所樂而言，此便是其志也。方暮春之時，天氣和煦，於是冬衣已解，春服既成矣，時則冠者五六人，童子六七人，相與浴乎沂，風乎舞雩，又咏而歸，點之志如斯而已矣。

「鏗爾」帶下句讀，「鼓瑟希」非瑟音希也。「鏗爾」是以手推瑟而起，其音鏗爾也。○「暮春者，春服既成」，暮春決是夏正，若周正之正月，其時猶寒，何可浴也？雖今之三月，若非温泉，恐亦未可浴。故《集注》又附以地志温泉之説，有劑量矣。○「風乎舞雩」，三月似亦非乘凉之景，蓋和煦之時，遊行之餘，兼以温泉之浴，宜暫就高燥以取凉也。○「上巳」，三月第一巳日也，古今用此日祓除，自魏後只用初三日。上巳如首丁之類。巳日，甲也。祓除，祓亦除也，除舊取新之意。浴亦是去舊垢而自新也。浴，盥濯也。盥，洗手。濯，洗身。依《語類》只是手足壇墠。除地爲墠，築地爲壇。○舞雩，祈雨而祭之謂雩。謂之「春服既成」者，北人皆隨時辦衣，今年服者明年不可用，又却新置衣，或將舊衣再製，至今風俗如此。

○「暮春者，春服既成」一段，場中若出此題，篇末當發出「異乎三子者之撰」意思以繳之。蓋春服非章服之比，童冠非冠蓋軒冕之儔，沂水舞雩又非廟朝具瞻之地，詠歌而歸，各適其適，皆非有待於外者也，句句意在言表。

曾點言志一段，若仔細體認，令人消得無限利禄鄙吝之心。點見得這天理流行，隨處充滿，無一不周匝處，觸目都是這道理。其曰云云者，特就眼前觸景一事而言，非專以此爲樂。若專以此爲樂，則不足爲點矣。○天理流行，隨處充滿者，近自一身之間，目視而耳聽，手持而足行，以至於身之所接，如君臣父子之屬，皆是道理如此。一動静，一衣服，一飲食，以至鳶飛魚躍，都是此理，所謂「語大，天下莫能載；語小，天下莫能破」，「優優大哉，禮儀三百，威儀三千」者也。○朱注云「有以見夫人欲盡處，天理流行」，必兼「人欲盡處」言者，理、欲不兩立故也。如曾皙這等氣象，試看爲人欲所羈係者能有此否？蓋人惟心中有一點累，便自從容脱洒不得，且亦無緣有下面與物公共底意思。

「悠然」，悠，寬緩也，是無介累也，與「規規」正相反。凡人有介累者，自急促，無介累則超然物表矣。自「直與天地」云云，至「之妙」，所以狀其胸次之悠然，隱然自見於言外。曾皙當初説時，初未嘗特認這一個氣象説來，此是傍人看得是如此，故曰見於言外。當時唯孔子解此，三子與之同侍，亦未必知也。或因夫子嘆息而深許之，後方辨得出，亦未可知。記者蓋亦有以識此，便是知此。○「曾點之學蓋有以見夫人欲盡處，天理流行，隨處充滿，無少欠缺」。《集注》此段最有力。下面「動静」「從容」，自此一見上來。「其言志不過即其所居之位」云云，亦自此一見上來。且見得注中文字不虚。

朱子曰：「夫子與點，以其無所係着，無所作爲，皆天理之流行。夫何爲哉？恭己正南面而已。」「天叙有典，勑我五典，五惇哉！天秩有禮，自我五禮五庸哉！天命有德，五服五章哉！天討有罪，五刑五用哉！」即此氣象，夫子以其所見極高明了。

○「人欲盡處，天理流行」，只此一意，堯、舜、孔子便做得到，曾皙只是見到。如一個大寶珠，堯、舜、孔子便實有在懷袖中，皙便已曾看見在。○朱子曰：「上蔡説『鳶飛魚躍』，因言知『勿忘、勿助長』則知此，知此則知夫子『與點』之意。看來此一段好，當入在《集注》中。」曾皙終是狂，如季武子死，倚其門而歌。曾子芸瓜誤傷其根，被棒仆地，此亦堯舜氣象邪？就好處説，便是堯舜氣象；就不好處説，便自爲一等論。

○三子者正使得盡行其志，亦終局於一君一國之小，其事業猶有限量。如曾點所見充得去時，便能使四海之内無一物不得其所者。他是甚氣象！孔子老安少懷，便只是此意。○「視三子規規於事爲之末」，「末」字重，事爲非不好，只是三子説得氣象也局促，無廣大自得之意耳。○「事爲之末」，「事爲」猶言事功。曾點所言，只是日用之常，非事功也。門人記其本末，獨加詳焉，不必以「鼓瑟希」爲本，「喟然嘆」爲末，亦大概説本末，爲其事之首尾也。○莊周所見，亦有似曾點，但曾點是先得内一邊，便藐視了外邊，莊周都不曾有道理，隨處充滿之見，只是糠粃世故意多。

夫子「與點」，連「鼓瑟希」從容意思亦該了。觀《語録》可見，更以子路之「率爾」爲夫子所哂，照起尤信。○夫子嘆息而深許之，連動静從容，亦是隨處充滿中之一分。其哂子路亦連「率爾」，或欲以「喟然嘆」只帶「暮春者」，説及其言不讓，亦只是「千乘之國」云云。如此則記者著個「率爾」及「鼓瑟希」云云，都無用了。而朱注尤可據。○曾晳志趣無比底高遠，然其説得來却如此平實，此其所以愈見其爲高，而與聖人之志同也。但其重重説來，比老安少懷又覺似露痕迹矣，比三子儘閑暇平淡。

○仲珠之説，似以曾點之言亦爲見用之具而發。此處當有辨。朱子嘗曰：「曾點所見者大，故雖夫子有如或知汝之問，而其所對亦未嘗少出其位焉。蓋將終身於此者，而其語言氣象則固位天地，育萬物之氣象也。」味朱子斯言，則曾點所對不就如或知汝上説了。至其堯舜事業優爲之意，此乃後人在傍看出。朱子亦有含蓄意，故曰「視三子規規於事爲之末者」不侔。

「三子者出」

曾晳以夫子獨與己之志，而於子路則哂之，於二子則又默焉無言，未知果以爲何如，故留身而有請焉。

「爲國以禮」，要只是無欲上人之心所充。其言不讓，思在上人。○「爲國以禮」，禮以辭遜爲本，而由也其言不讓，是故哂之。「爲國以禮」，「禮」字該得廣，讓特其本耳。

○「惟求則非邦也與」，意以夫子既哂由之不讓，如求所言，亦是以君國自居而不讓者，何不見哂，故問之。「惟求則非邦也與」，其問也微，而夫子却答開去，不答以不哂之故。然曰云云，是亦許之，既許之則何哂，總是曾晳認其言不讓意未完。蓋夫子之哂子路，非哂其欲爲邦也，是哂其「率爾」，且其意氣激昂軒發，殊少雍容退遜之風，非爲其欲君國而哂之也。

○「安見方六七十如五六十而非邦也者」，言求之所任，固亦君國之事也。宗廟、會同兩項事云云，「非諸侯而何」，且其言曰「願爲小相」，夫以赤之才而爲之小，又孰能出其右而爲之大乎？然則赤所任者，固亦君國之事矣。○前赤言志處，若依馮説，則此處「非諸侯而何」一句似虚而無用了。

○須要見得，孔子虚空説個「赤也爲之小，孰能爲之大」，要何用？　蓋赤本意豈是要爲小相，不過擇其卑者而自處耳。　夫子獨解其意，而知其以宗廟會同之禮自當也。　今人都不解此意，而説得鶻突了。　或者以宗廟爲天子之祭，會同爲諸侯之事，亦非矣。　「非諸侯而何」一句，不可輕地看。　蓋亦謙言爲諸侯之小相，而實是要爲諸侯宗廟會同之事。○「與聖人之志同」者，聖人之志，與天地萬物上下同流，各得其所是也。曾點之志，亦與此同。　「行不揜」者，曾點只見得道理隨處充滿，未能行得隨處充滿。　若要行到隨處充滿處，亦不必得位，孔子是也。

○按曾點所言，止是童冠浴詠之常事細故耳，如何便爲有堯舜氣象而與夫子之志同？　雖曰：「有以見夫人欲盡處，天理流行，隨處充滿，無少欠缺。」然即其言而究其實，又果何以驗其真有此見哉？　曰：「道理之周匝，自跬步之間，目睫之内，以至於天之涯，海之角，真無一罅之欠缺處也。　若曾點之舍瑟起對而氣象之從容，樂與童冠浴詠而無慕乎其外，則是有見得眼前步步皆是道理，無所假借，無所等待者也。　若彼三子之所志，却是置却目前所得爲道理，而越向千里外尋事業，又却有待於夫人，而未必得自遂者也。　其視曾點所見道理，果孰爲到與未到哉？　如孔子老安少懷友信，亦是目前便可做得的事，而有能使萬物各得其所氣象，與曾點之見實一也。　又如顔子之毋伐善施勞，亦是眼前性分内做得的事。　若子路與朋友共之云，亦須有待於車馬輕裘之推濟矣。　所造所養不同，則其發於言論者終不得而强同也。」○子路只爲不達「爲國以禮」道理，曾皙達得了，便是堯舜氣象。　「知夫子之志」，非是説他只窺知得夫子之志底道理言，夫子所志底道理，曾皙亦知得也。

禮樂道理甚大，天高地下，萬物散殊而禮制焉；流而不息，合同而化而樂行焉。故先王大禮與天地同節，大樂與天地同和。由是而知，公西華所志者，抑禮文之末耳。然使公西華果能達此大源頭道理，則宗廟會同之間，皆天理之大原所在，如何小看得？但公西華其實未見得，若見得便在曾皙之右矣。其謙遜固好，但以曾皙大處來看，見猶是尋常。◯曾點之言儘平實如此等言，亦不怕行不揜，只是其氣象地位占得來大了，故難掩。

須要看得子路爲之三年，如何便能使民知方，冉求如何便能足民。程子所謂凡此類皆當思其作爲何如乃有益。至於曾點又當思其如何謂之堯舜氣象，須是見得方是。曾點所言，若無可楷諸用道理，聖人如何恁許他？惜乎點之行不掩言耳。◯《集注》謂「三子皆欲得國而治之」者，非謂其皆欲爲諸侯也，蓋所謂由也爲之，求也爲之，只是謂其得國之柄，如管仲爲政於齊，子產聽鄭國之政之類，不然則是遊心千里之外矣。其曰宗廟會同「非諸侯而何」，亦謂其得以周旋夫宗廟會同之間，以羽翼其事。即是子華、冉求爲國之意，亦非小小事任也。此說今人恐多未信。

此章所謂「三子皆欲得國而治之」，謂有能委國而授之以政者也。此與下文「惟求則非邦也與」初若不妨一理也。赤之願爲小相，本亦謂相諸侯。若使人人願爲諸侯，亦是游心千里之外，而覬不可必得之幸矣。顔淵問爲邦，豈固欲爲諸侯耶？朱子曰：「顔子王佐之才，故問治天下之道。」亦豈謂其欲爲天子耶？

◯四子侍坐，而夫子啓以「如或知汝，則何以哉」，蓋欲其試言用於世則何如也。三子皆言爲國之事，皆答問之正也。曾晳，孔門之狂者也，無意於世者，故自言其瀟灑之趣，此亦答問之正也。夫子以行道救世爲心，而時不我予，方與二三子私相講明於寂寞之濱。乃忽聞曾晳浴沂詠歸之言，若有獨契其浮海居夷之云者，故不覺喟然而嘆，蓋其意之所感深矣。所與雖點，而所以嘆者豈惟「與點」哉？繼答曾晳之問，則力道三子之美，豈以忘世自樂爲賢，獨與點而不與三子者哉？後世談虛好高之習勝，不原夫子喟嘆之本旨，不詳本章所載之始末，單摭「與點」數語而張皇之，遺落世事，指爲道妙。甚至謝上蔡以曾晳想像之言，爲實有暮春浴沂之事云，三子爲曾晳獨對春風冷眼看破。但欲推之使高，而不知陷於談禪，是蓋學於程子而失之者也。程子曰：「子路、冉有、公西華言志，自是實事。」此正論也。又曰：「孔子與點，蓋與聖人之志同，便是堯舜氣象。」此語微過於形容，上蔡因之而遂失也。曾晳豈能與堯舜易地皆然哉？至若謂：「曾晳，狂者也，未必能爲聖人之事，而能知夫子之志。」遂以浴沂咏歸之樂，指爲老安少懷之心，曾晳與夫子又豈若是其班哉？○竊意他日使二三子，盍各言爾志，此泛言所志，非指出仕之事也。今此四子侍坐，而告以「如或知汝，則何以哉」，此專指出仕之事，而非泛使之言志也。○老安少懷之志，天覆地載之心也，適人之適多。❶浴沂詠歸之樂，吟風弄月之趣也，自適其適之意多。❷曾晳未得與堯舜比，則豈得與夫子同？此亦合於其分量而審之矣。○曾點言志，似若未甚廣大者，蓋道理取之左右，而事功付之

---

❶「之適」下，嘉靖本有「之意」二字。

❷「其適」二字，四庫本無。

倘來也，故程子直以爲堯舜氣象，而與夫子之志同云。

顔淵第十二

「顔淵問仁」

○聖門之學，以求仁爲要。然仁道至大，雖以顔淵之天資，得聖人博文約禮之教而服行矣，然猶未能真見其所以爲仁者，故於此有問焉。淵問如何方是仁，夫子答之，意以人皆有是仁，而或不仁者，禮之未復也。禮之未復者，己之未克也。故必盡克了己私，而一歸於禮焉，則事事皆天理，而仁在是矣。然有是功則有是効，其功深者其効大，故誠能一日之間克己復禮而爲仁，則人同此心，心同此理，天下之人聞之見之，莫不皆與其仁矣。夫爲仁，只在於一日之克復，而其効極於天下之歸仁如此。然爲仁，只在我而已，由人乎哉？誠能決機於己，而日日克之，不以爲難，則私欲淨盡，天理流行，而仁不可勝用矣。

克，勝也，直至那邊全倒了，只有我在方是克。聖人此「克」字最重，故曰「如紅爐上一點雪」。○「己」謂身之私欲也，兼三項：氣質之偏一也，耳目口鼻二也，人我忌克三也。分言之則有三，若單舉耳目口鼻，便該了那兩項。且如氣質之偏，是偏個甚麼，人我忌克，是忌個甚麼。故下文之言，只說非禮勿視、聽、言、動盡之矣。謝氏謂「須從性偏難克處克將去」，是於「難」字提撕，亦非身之私欲外意也。○「克己」，「己」字下得最好，不曰克私，不曰克欲，而曰克己，蓋利心生於物我之相形，人惟知有己，故一向狥私去。注云「謂身之私欲也」，身對人，私對公，公則物我公共人所同然，而視、聽、言、動皆禮矣。○「性偏難克」，此

「性」字兼氣質而言也。或曰：「專指氣質，不兼理。」非也。氣質者，理之所寓，氣質偏則理亦隨之矣。○性偏難克，或偏於剛，或偏於柔，或性坦率之類，如子路之剛勇，子張之便辟，子夏之狹隘，冉求之退縮之類。謝氏此句重在「難」字，蓋恐人只從那易克處克去，而忌其難，故云然，亦是先其難之意。○「復禮」，復，反也，所謂欲盡而理還，則滿腔子裏盡天理，帶事説。○禮者，天理之節文也，猶言天理之當然，故下文只用「天理」字，無「節文」字。如慶源説，節者其限制等級，文者其儀章脉理。恐未解得此意。須看朱子解「禮之用」，則兼人事儀則，而此則專言天理節文者可見。

克己之外更無復禮。禮是吾本有底物，被己推出去，今既克了己，禮便自復。故下文曰「非禮勿視」，克己也。非禮勿視，則所視者皆禮矣。克己外豈有復禮乎？所以聖人只説非禮勿視，非缺了復禮意思也。味《集注》「蓋心之全德，莫非天理」，專指天理，下却云「亦不能不壞於人欲，故爲仁者必有以勝私欲而復於禮」云云。○克己復禮，間不容髮。

「克己復禮爲仁」，言克己復禮，此所以全其本心之德也。如此説方與注合。而本文兩個「爲仁」字都一般，不然則注所解之「爲仁」，乃「爲仁由己」之爲仁矣。○「仁者，本心之全德」，此據見在者而言。「爲仁者，所以全其心之德」，言復其本心之全德也。克則己私之盡去，復則天理之盡復，如此方是全其本心之德。○程子「方始是仁」一句，似與本文「爲仁」字不類。「天理流行」，「流行」字極重，須是己私克盡，然後天理之在我，無所阻礙，方得周流無滯。

爲仁全在復禮上，復禮全在克己上。克己再無别法，只要誠意。○「蓋心之全德，莫非天理」，言我之所得於天底物事，全是天理。「全德」字面虛。〇「事皆天理」，指視、聽、言、動之類，言天下無一物不關着心。克己如下文四勿，固是事，然須把定着心方得。勿者，從心上勿去。〇這克己復禮，不是一事二事克復，須要克盡己私，皆歸於禮，故曰「事皆天理」。且看仁是個全德，如何得一二事合理便了？克復地位，儘高儘難。

兩個「克己復禮」，畢竟都同，但下句須添一「能」字。〇上句「克己復禮」，以用工者言。下句「克己復禮」，以成功者言。故以「一日」字加其上，然畢竟同。

「天下歸仁」，天下之理有其功則有其效，其功深則其效大。人欲無一毫之不去，天理無一毫之不復，則無一事之非仁。無一事之非仁，則無一人之不歸吾仁。天下者，盡乎人之詞也。此天下不可說「營東郊西」云云，須要活説，猶子夏言「四海之内皆兄弟」，總是言無一人之不然耳。〇天下所以歸仁者，人同此心，心同此理。故所取必得由今而觀萬世，莫不歸仁於顔子矣，豈不信哉？〇「歸」，猶與也。與，許也。凡物與人，便是把這物歸他了。稱道人亦然，把這好名目加他，便是把這個歸他了。字義須要解得切。〇「天下歸仁」者，蓋仁者天下人心之所同。而克復以全其仁者，則吾之所獨也。吾能克復以全吾仁，則是人心之所同者，我先得之矣，天下安得不翕然歸吾仁哉？此正與盛德至善，民不能忘相似，皆實理也。人知而信者爲難。〇「天下歸仁」者，他能爲仁，天下之人聞之見之，盡稱許其仁，是以仁歸之也。如翕然歸之之歸。今人但見人事做得合天理，便都稱許他説，此人作事合天理，此便是歸仁。〇天下之事，功效相因，理之必然，故夫子告顔淵「克己復禮爲仁」。必曰「克己復禮，天下歸仁焉」，爲其事而無其功，髣未嘗覩之也。聖賢之學，正其誼不謀其利，明其道不計其功。夫子之告顏淵而有是言，亦以見仁之好爲也，告仲弓亦然，總是出於理之必然。下注云「亦以其效言之」，「亦」字承此章言。夫爲仁只在於克復，其效甚速而至大如此，然其機則惟於己決之。「爲仁由己」，此「爲仁」與上文同。○「機之在我而無難」，意在言外，天下之事凡由我者皆易，係於人者皆難。曰「爲仁由己，❶而由人乎哉」，正以見其無難也，在我決之而已，我要爲便爲。○機者，發動所由，物之所由以決者也。故古人有曰「決機」，又曰「其機如此」，言其所係也。如爲仁則係於己，故曰「其機在我」，既係於我則決之自我矣。○日日克之，不以爲難，是能決機於己也。○「爲仁由己」，仁者吾所自有，爲之何假於人之助，而亦非人所能助。

「請問其目」，是要夫子指出條目所在，與他去下工夫。夫子既答云云，他便請事斯語。

理、欲界限，甚難分别，多有認欲爲理者。舜命禹「惟精」，惟精則察夫二者之間而不雜，豈當爲易？顏子聞夫子之言，則於天理人欲之際已判然矣。此非顏子不能，故曰「非至明不能察其幾」。天理只是禮，人欲只是己。○嘗怪顏子於理欲之分際所在既皆如此分明，乃反不知其條目，爲何？須看直請其條目意如何。蓋夫子所以告顏子者，只是要他克己復禮，顏子便曉得何者爲己而在所當克，何者爲禮而在所當復，但不知夫子是要他克去何件。○「請問其目」，目，條件也。夫子云云，都是閑邪存誠之意。四者皆身之用，而爲由中應外者，勿則制之於外，以養其内也。○四勿不必分，謂防其自外入，謹其自内出，大抵四

❶「仁」，原作「人」，今據四庫本改。

者身之用也，夫子無此内外交進之意。

顔子之非禮，非若他人之非禮，略略出天理些便唤做人欲，便須克了。言動皆有所觸而後發，如何説是謹其自内出者，要皆是制外養中也。

程子「由乎中而應乎外」一句，帶「四者身之用也」，作一截；「制於外所以養其中也」，自爲一截。

視箴。〇「心兮本虚，應物無迹」。無迹者，出入無時，莫知其鄉，安有形迹可見？應物雖無迹，亦在操之而已。然操之則有要，惟視爲之則。此則字即上文要字，意非操心之要在於視，視其則也。〇何以視爲之則？蓋凡非禮之色，一接於目，便是一個蔽也。蔽一交乎前，吾其中動而遷矣，所謂物交物則引之而已。此蔽字作死字看，制之於外，不爲所蔽也。制之於外，應蔽交於前；以安其内，應其中則遷。「克己復禮」，此視上之克己復禮也。「久而誠矣」，此以制外養中説，久則外不待制而自無，内不待養而自存，是爲誠。〇「制之於外」，是克己也；「以安其内」，是復禮也。「久而誠矣」，謂從容不勉地位，是仁之極致也。

聽箴。〇「知誘物化」，「知」字從知覺上説，謂知誘於物，而爲物所化也。不見了秉彝也，遂亡其正。正即秉彝之性也。人有秉彝，秉彝出於天命。〇「卓彼先覺，知止有定」，是於天理人欲之際已判然了底。「閑邪」即克己，「存誠」即復禮。存誠即還其秉彝，而不忘其正也。

言箴。〇躁則雜冗，妄則逆理。静專不可依輔氏分。躁妄不可分屬氣屬陽。自「人心之動」，至「内斯静專」，專就理欲上説，是克己復禮正意。「矧是樞機」以下四句，則就利害上説。「興戎出好，吉凶榮辱」是六件，不可依蔡氏分貼。〇「傷易則誕」，所謂妄也。「傷煩則支」，所謂躁也。此二句貼前上四句。「己肆物忤，出悖來違」，此二句貼前下四句。○「樞機」不是謂「人心之動」有善惡，因言以宣之而後見於外爲樞機，此說且與《易大傳》本意不同，如此則心是樞機，不是言爲樞機矣。只下文「興戎出好，吉凶榮辱，惟其所召」便是此一句，只云言語是人之樞機所在，而下文便說出云。○「己肆物忤，出悖來違」，便是「矧是樞機」一段意。「非法不道」一句，只替「非禮勿言」一句，用亥韻爲協耳。「欽哉訓辭」，指非禮勿言也。

動箴。○兼「誠之於思」、「守之於爲」。言者、思者，心之動也；爲者，迹之動也。○朱子曰：「思者動之微，爲者動之著。」本文「動」字自兼此。蓋只思處便是動了，所謂迹雖未形，而幾則已動也。《中庸》便指一念之萌處爲動。○「順理則裕」，裕，安也，義中有利也。「從欲惟危」，❶利害相因也。「造次克念」，求誠之於思也。「戰兢自持」，求守之於爲也。○哲人、志士，以己能者言。志士雖見不如哲人之早，然亦不至有非禮之動。「習與性成」，言習慣如自然也。新安之說非是，以性爲氣質了。

四箴通是制外養中意。視曰「制之於外，以安其内」，聽曰「閑邪存誠」，言曰「發禁躁妄，内斯静專」，動曰「造次克念，戰兢自持」，都是此意。蓋克己就帶復禮也。

此章乃聖賢傳授心法。蓋從古堯、舜、禹、湯、文、武、周公，其相傳秘指只是一「精一執中」。「精」則察夫二者之間而不雜，所謂至明以察其機也；「一」則守其本心之正而不離，所謂至健以致其決也。

「仲弓問仁」

❶「危」，原作「己」，今據嘉靖本、四庫本改。

仁，非敬不存，非恕不行。不敬則所以處己者未免於私意，而有以來人之怨；不恕則所以處人者未免於私意，而有以來人之怨。能敬且恕而仁了，故内而在家，則父母稱其孝，兄弟稱其友，外而在邦，則以上得君，以下得民，總是仁之效。上章「天下歸仁」，此章邦家「無怨」，怨即歸仁之反也。要味「主」字、「行」字意思如何。○出門使民而不敬者有矣，未有見大賓、承大祭而不敬者也。○「使民如承大祭」，非不接物也，然敬還是自家敬。敬是用於己道理，恕是施於人道理。私意無所容，不必分内外。○「敬以持己」，只是收攝得心在。「恕以及物」，只是事事順天理，合人情，非有委曲姑息之私也。即是「敬以直内，義以方外」道理。○「出門如見大賓，使民如承大祭」，此或仲弓已仕時夫子所答之言，故有「使民」字。又依《左傳》則古語也，又難以意料論。○「天下歸仁」，是亦以其效言之，獨不言「使」以自考者，顔子無待於此也。○克己復禮、主敬行恕，所以不同者，只是克、復二字重。○惟謹獨便是守之之法，言不必勉强拘束也。新安之説恐非正意，守之謂守着敬心也。○有諸中而後見於外。其實見賓、承祭亦非全是外，只明其敬之見於應事者言，儼若思時則此敬全在其中。

「司馬牛問仁」

牛多言而躁，其病在於心不存。夫子答其問仁，何不只告以存心，使其於病根所在致力，而乃以「訒」言告之，何邪？曰：「自源固可以及流，泝流亦可以得源。故但訒其言，心便收攝在，固一舉而兩得也。如此則得訒言字面出，於牛易於體認省察耳。」○「多言而躁」，言既傷於煩，而發得來又躁，不仔細着思量方發。

「其言也訒，斯謂之仁已乎？」子曰：「女知仁者之言訒而已，而不知仁者之言所以訒。」蓋仁者爲之難，「言之得無訒乎」，不胡亂做者必不敢胡亂説，是則「其言也訒」，似若未足爲仁，而其所以訒者在於心之存而爲之難，則仁不外是矣。○牛意以「其言也訒」是强閉之而不出，故疑未足盡仁。夫子以爲是仁者全在心存而不放上，故《集注》於此眼目上發揮着力，心不放則事不苟，事不苟則言自不易。○「爲之難」者，以道理難盡，真知其難爲而不敢易爲之，不敢易爲之便是用心仔細，務盡道理，故其言自然訒。若以苟且心作事，何難之有？蓋爲不知其難也。惟不知其難，則輕易其言矣。○「蓋其德之一端也」，謂仁者之德不止此，此特其衆德中之一德耳。小注「四勿中之一」説未切。

「司馬牛問君子」

憂者，心懷憂戚。懼者，懼禍至也。憂對樂言，懼對安言，樂然後安。憂則必懼。可把「仁者不憂，勇者不懼」來照看，可見憂全在心，懼是作事有所怵畏之謂。

○「仁者不憂」，坦蕩蕩也，無愧於心也。「勇者不懼」，無所攝於外也。「内省不疚」，則吾之氣足以配乎道義，吾之志足以質諸鬼神，行與吉會，自無可憂懼。縱有非意之來，亦非己所自致，而不必憂懼矣。或曰「不憂不懼」未説到吉凶禍福，此泥也。且看「向魋作亂，牛常憂懼」，憂懼甚麽？「仁者不憂，勇者不懼」，豈都是不説到禍福？○不難於不憂不懼，而難於内省不疚。據不憂不懼，未足爲君子，然本其所以不憂不懼在於内省不疚，不謂之君子可乎？○内省不疚，何憂何懼，非寬之也，勉之也，使其能至於内省不疚，則爲魋憂懼之心亦自釋矣。夫子固不專爲此發，然亦在其中，所以爲聖人之言。○「内省不疚，夫何憂何懼？」然則向魋作亂，牛内省有愧乎？以爲有也則非其罪，而夫子其教之無憂懼矣；以爲無也，則司馬牛已君子乎，而此一事便得爲内省不疚乎？蓋夫子之言意渾然，而盡其在我之意亦在其中，牛亦自可意會。

「司馬牛憂曰」　含愁而言也❶

牛之憂，只爲其兄憂邪？抑亦是爲己憂也。然據子夏述所聞「死生有命，富貴在天」之語，則非專爲向魋解釋者。觀「我獨無」之句，則亦以己無兄弟爲憂。雖注爲「憂其爲亂而將死」是指爲魋，然畢竟牛之所以憂魋之將死者爲何，豈不是亦爲己耶？

「死生有命，富貴在天」，子夏述此，只要得「天命」二字出，言牛之有兄弟無兄弟亦天命也，何必憂？固非

牛憂桓魋之將死，而子夏言「死生有命」以寬之也。

○「死生有命」，言其已定了；「富貴在天」，明不在我也。蓋牛所憂者在無兄弟，子夏此二句意謂：「無兄弟也着罷了，憂之無益。」下文又告以自不必憂，言能脩己而不失人，則自有許多兄弟，何必憂焉？又是一意。○夫子嘗曰匡人「桓魋其如予何」。此死生有命之説也。又曰「得之不得曰有命」，此富貴在天之説也。

敬而無失，則所處無不當；恭而有禮，則人人都見好了。如是則愛人者人恒愛之，敬人者人恒敬之，而四

❶「含愁而言也」，或應在下文首段「抑」字之下。

海之内皆兄弟矣。○敬非難，敬而無失爲難；恭或能之，中節則未必能也。恭而有禮，當把恭近於禮。及恭而無禮則勞，來照方見，禮是個節文。今有人雖恭於人，但不問所宜，而泛泛一概施之，則人之愛敬我者反有限矣。何也？得人愛敬，須是有道理在。○「四海之内皆兄弟也」，此恐非聞之夫子者。故此一節都斷作子夏自言似當。蓋子夏因「人皆有兄弟，我獨無」而生，故知此不是述所聞，只是上兩句述來說。

「子張問明」

○大抵子張爲人踈略，易以言語惑亂者，故夫子告之以此。「浸潤之譖」，以漸而入，入之深也。「膚受之愬」，愬得痛切，有以觸動人也。如此者，人所易惑也。今焉有以察之而不行，可謂明也。「豈惟明哉」云云，可謂明之遠矣。○寬寬底譖，急急底愬。○「膚受之愬」，或云只是與急解救，非也。若已受害了底，便不可愬耶？愬則容亦有膚受者。

既曰「可謂明也已矣」，又曰「可謂遠也已矣」，以「明」不足以盡之也。○一説遠不是明之至，只是心之不蔽於近，要主圈内注，曰不然。

子張只是問「明」，夫子答之云云，「明」不足以盡之也。「此亦必因子張之失而告之」，此句是虚説。而輔氏便以好高務外來解，恐未然。○子張問「明」，夫子曰云云，他日問「辨惑」，夫子又曰云云，則子張躁率之病可知矣。

注云「遠則明之至也」，何以置在圈外？曰：「此句不差，只是『視遠惟明』一句『遠』字與本章不同，與上句不合。蓋自爲一説，亦不必與書本旨合也。《書》言『視遠惟明』，與『聽德惟聰』一類。」人須要居敬窮理，居敬則心有所把持而難動，窮理則人情曲折皆在所照而不可惑。子張爲人，恐於此猶未也。

夫子以是告子張，爲子張者着力，只在《集注》「察」之一字。

「子貢問政」

夫子三言，有富而教之之意。○自爲政者所施之先後言，則先兵、食而後信；自其輕重而言，則信重於食，食又重於兵。○「民信之」，言須求所以得民信者。○「民信之矣」，謂至此而民信之也，非謂至此方施信於民，而教民信也。味「矣」字可見，信者民生不可一日無者也，豈有容至兵、食足後方始施信民？「無信不立」，專主理言，注中「安」字貼此意。○兵、食，民賴以生之物，信則民賴以生之理也。○「民信之矣」，還主在上者言。且看下文注云「寧死而不失信於民，使民亦寧死而不失信於我」是如何，最要於「使」字上着眼力。○「然後教化行」，謂教化得行也，非謂至此方行教化也。又如仁謂教化浹也。

「必不得已而去」，不可指定如何不得已。若説如何不得已，則子貢亦可自擇所去矣，而又曰「何先」何歟？

○「必不得已而去，於斯三者何先」，請試言其狀。如河内凶則移其民於河東以就食，是食足矣。如河内無人可守，則兵又不足也，若移老弱於河東以就食，移河東之粟於河内以給兵壯，是食足，兵亦足矣。然遺民凋弊，行齎居送有所不堪者，是信又不得全也，則將奈何？曰「去兵」。蓋食足、信孚，上下輯睦，吾國無釁，敵國難犯，河内之守固應無恙也，萬一失守，必不至於土崩瓦解，此聖賢之長策也。○「必不得已而去」，言三者不容俱全也。如云得倉廩實，又不得武備脩；得武備脩、倉廩實，又不得教化行，則姑去其一，何者在所去乎？此皆主危急言。子貢又言只據食、信二者，若不容兩全，則當何去？子曰「去食」，下二句則言食即去而信不可去之意。○「寧死而不失信於民」，是教化行意；「使民亦寧死而不失信於我」，是民信於我意。○無信則雖有食而生，然相欺相詐，與禽獸無異，雖生有不安也。爲政者雖知信之當先，然其施爲必自兵、食始，若是則信之所全者多矣。若看朱子注而有泥於人情民德之言，則或不得並行不悖矣。要此意方明。○前言「教化行而民信於我」，後言「寧死而不失信」，此處常處變之別也。○或以注中「非兵食所得而先也」一「先」字來照，則是曰「去兵」則以信、食爲先矣，曰「去食」則以信爲先矣。此説似長，方於大文小注都合無碍，一定當從。○魯僖公二十五年冬，晉侯伐原，命三日之糧，原不降，命去之。諜出曰：「原將降矣。」軍吏曰：「請待之。」公曰：「信者國之寶也，民之所庇也。得原失信，何以庇之？所亡滋多。」退一舍而原降。若晉侯亦可謂知有信之爲重矣。晉侯，文公也。○温公曰：「信者人君之大寶也。國保於民，民保於信。非信無以使民，非民無以守國。是故古之王者不欺四海，霸者不欺四隣。善爲國者不欺其民，善爲家者不欺其親。不善者反之。」云云。昔齊桓公不背曹沬之盟，晉文公不貪伐原之利，魏文侯不棄虞人之期云云。晉文公將與楚戰，謀於舅犯曰：「彼衆我寡，奈何？」對曰：「戰陳之間，不厭詐僞。君其詐而已。」雍季曰：「以詐遇民，偷取一時，後必難復。」文公曰：「善。」乃以舅犯之謀與楚人戰，及勝而行爵，則先雍季，後舅犯。曰：「舅犯言，一時之權。雍季言，萬世之利。」仲尼聞之曰：「文公之霸也宜哉！既知一時之權，又知萬世之經。」

「棘子成」章

棘子成疾時人文勝而曰：「君子質而已矣，何以文爲？」子貢曰：「惜乎！夫子此説本崇本抑末之意，君子也。然意雖厚而言則病，今雖駟馬不能追其舌矣。」言出於舌，駟馬之行至速也，駟不及舌，斯言之玷不可爲也。「夫子但知質之不可無，而不知文之不可無也。」蓋文猶質，質猶文，文質一般重，不可相無。「夫君子小人之所以分辨者，全賴有文在。若必盡去其文，而獨存其質，則君子小人無以辨，而虎豹之鞟猶犬羊之鞟。」蓋虎豹之皮，所以異於犬羊者，獨以其毛之不同耳。若去其毛，則鞟一也。夫棘子成矯當時之弊，固失之過，而子貢云云，胥失之矣。必如夫子「文質彬彬，然後君子」，「禮與其奢也，寧儉」之言，始爲無弊。蓋文質彬彬，非謂文質相等也，只是謂文質相稱，相稱不必五分質亦五分文，是有七分質而又有二三分文以飾之，便相宜矣。如調五味然，豈必一椀水亦一椀鹽乃爲相稱？鹽特用些兒，如此方有本末輕重。故曰甘受和，白受采，此語便有輕重。當時子貢未解到此。〇子貢之言，當時記《魯論》者初不知其爲非。〇「夫子之説，君子也」一句輕，「駟不及舌」重，上句起下句耳，且有「惜乎」二字。

夫子之説，是以文爲可無也。若我所見，文猶質也，質猶文也，俱不可無者也。且文譬則毛也，質譬則皮也，文質俱存，然後君子小人可以辨，亦猶皮毛俱存，然後犬羊虎豹可以辨。若必盡去其文，而獨存其質，則君子小人無以辨，而虎豹之鞟猶犬羊之鞟也。上二句，子貢所見，以下句折子成之言也。是述己所見，以折彼所言。〇「君子小人無以辨」，君子謂賢士大夫，小人謂野人也。兼德位言，「夫子之説，君子也」，此君子只以其言意近厚而言，是以德言。〇「君子質而已矣」，此君子皆以德言，與《集注》不同。蓋纔把君子對小人說，便有分辨，單言則泛以德論耳。

此章當作三樣看：子成之意，去文存質者也；子貢之言，文質兼存者也；朱子之意，其存質與子成同，而不至如子成之甚，其兼文質，亦與子貢同，而意却自有輕重，又不至如子貢之混。《集注》末段，便是一公案也。

「哀公問於有若」章

稱有若者，君臣之辭。於夫子則稱孔子而不名者，君臣之分俱要有也。齊氏以孔子嘗爲大夫，只稱姓；而有若只爲庶人，故稱名。此說意度之非，其說亦淺近難通。且孔子雖爲大夫，非人臣乎？

「年饑，用不足」，意以年饑固當省賦，而我之用不足，則不容不加賦，故曰「如之何」，但不明說出。〇「年饑，用不足」，既是年饑，則民貧矣，却要加賦。哀公此意是如何，殊不可曉。哀公意固謂年饑，民不能供所賦，而國用有不足奈何，是欲加賦以足用也。〇大抵用之不足，不在於加賦，而在於節用。用不節，雖加賦無補於用之不足也。哀公但知國用之不足，而不知民用之已乏也。

有若曰：「盍徹乎？」此意云何？正以「百姓足，君孰與不足」也，看到後面方得有若意出。〇「通力合作」，通也亦均也。「計畝均收」，均也亦通也。新安之說太泥。通也，均也，相連解，如云忍也難也相類。「徹」是十取其一，通百畝取其十畝，零算便是每十畝取一畝，又零算每畝取一分。〇「逐畝十取其一」者，注云「又履其餘畝而十取其一也」，蓋是於十取一之外，復逐畝取其一，合之亦爲十取其一，通前已取其一，算來便是十取二。徹法十一，已是逐畝十取其一，今之稅畝，又是再逐畝十取其一也。「稅畝」，稅其餘畝也。如此説便明，餘畝言各零畝也。前以百畝總計什一，「大率民得其九，公取其一」，已爲十取一矣，今又逐畝十取其一，則爲十取二矣。「大率」者，周税比夏、商又爲輕於十一，故以大率言。「逐畝」二字，緣税畝字生。○「一夫受田百畝，而與同溝共井之人通力合作」，蓋徹兼貢、助二法。此言同溝者，鄉遂用貢法，十夫有溝也。此言共井者，都鄙用助法，八家同井也。

有若之對，所對非所問也，然意在節用以足民，則亦未必無補於用之不足也。

「君孰與不足」，言誰忍坐視其不足，而不之助哉？言上好仁則下好義，所謂車乘芻粟，民爲之出；錢穀金帛，民爲之供也。「君孰與足」，言誰放他獨足，明其不能獨享其富也。如此説方得「與」字活，而君民一體之意彰矣，且與《集注》合。若依尋常説，則只是民貧而君富，亦不謂之富，民富而君貧，亦不謂之貧。勉齋之説相似，恐與本文「與」字及注中「不至獨貧」、「不能獨富」字不相貼。

以一分税之於上，百姓固足矣，君亦何至獨貧？若十取其二，或又從而加之，則百姓不足矣，君亦安能獨富？或者乃以「井地均，穀禄平」爲百姓足，而「軍國之需皆量是以爲出」爲君孰與不足；又以「征斂無藝」爲百姓不足，而「費出無經」爲君孰與足。大泥。曰：楊氏之言，豈可逐句將來解經，且與注中「君臣一體」之意不切。○有若曰「盍徹乎」，不是就哀公分内底行徹，通國俱行徹，三家亦不得自專也。曰：三家可從乎？曰：不得三家從，雖自家分内田行徹，亦不濟，下無以富民，上無以富國。哀公若用有若，便須一番整起。

○「君民一體」，只言其休戚相關。何以見之？即上文「民富則君不至獨貧，民貧則君不能獨富」，民富君亦富，民貧君亦貧，君民寧不一體？ 君民既一體，何必厚斂於民，以取足於己哉？ 亦要行徹而節用耳。節用則民富，民富則君富矣。 行徹之所以能富國者，其道在節用。〇行徹則不厚斂於民，不厚斂於民如何能足用？ 蓋有節用道理在，所謂「軍國之需量是以爲出也」。 今不知節用而但欲加賦，賦愈加民愈貧，用愈不足，國愈困矣。 「盍徹」之言，誠不易之定論也。 其說則在下數句。 「盍徹」之意，全在足民上。 哀公之意，只欲足國。 有若之對，專欲足民。 民足則君亦足矣。〇「井地均」以民之所耕田言。「穀禄平」以君之所取税言。 軍國如言千乘之國以軍計也。〇軍國之需，如朝覲會同之費，祭祀兵革之供，頒賞往來之給，人君食飲服御之用，皆以是爲準，而節其用度。〇後世不究其本，不知仁政必自經界始也，惟未之圖，加賦以足用也。

「子張問崇德、辨惑」

德者心所得，惑者心所蔽也。「崇德」，積之而高也。「辨惑」者，祛其蔽也。 不曰祛惑而曰辨惑者，必有以辨之，然後有以祛之。 今之惑者，只爲不辨而不自覺耳。 使能辨之，何至於惑？

欲崇德者，必也内主忠信，使存於心者無一念之不實，而外徙乎義，使其於事爲之間無一毫之不當理。 夫主忠信則本立，徙義則日新。 德其有不崇乎？ 故曰「崇德」也。

人之進德，必先立個實心了，然後就事上處，要合義方能崇德。 如孝弟，必先立個孝弟底實心，有愛親敬兄之實心，則大本有了，然後求其所謂孝弟者若何而爲温凊之宜，若何而爲定省之節，若何而爲恭敬遜順之道。 未合宜便教合宜，未十分合宜便教十分合宜，則日得其所未得矣。 合是二者，可見德崇。 饒氏謂忠信是德，徙義是德崇，不可曉也。〇主忠信則本立，徙義則日新。最好看「本立」、「日新」字，是貼崇德意。本立是德之基址，立在此，日新是從此進進於善去。〇一説以主忠信爲實於爲善，徙義是遷其不善。要看得内外本末方是正意，徙義亦不是遷不善。〇小注云：「主忠信則其徙義也，有地而可據，能徙義則其主忠信也，有用而日新。」此句不是本立、日新字相貼。

「愛之欲其生，惡之欲其死」

愛、惡，人所不能無。然死生則人皆有定分。今也愛之則欲其生，惡之則欲其死。溺於愛惡之私，而以彼之生死爲可以隨己之所欲，且又不能自定。易喜易嗔，方其愛之既欲其生，及其惡之又欲其死，一生一死交戰於胸中。若此者，是皆虚用其力於所不能必之地，而實無所損益於彼也，可不謂之惑乎？所惑在此，於此而辨之可也。此皆指言其惑之所在，辨意在外，荅樊遲亦然。凡用心於理之所無者皆惑也。〇注云「則惑矣」，又云「則惑之甚也」，兩句只都在「是惑也」一句内，注如此區别也，見得本文四句有兩截意：上二句「欲其生、死」字重，下二句「既、又」字重。只是一個人在此，我愛之欲其生，我惡之欲其死，惑處已在欲其生死了，既欲其生，又欲其死，忽然要他生，又忽然要他死，造化生死之柄豈在吾予奪中邪？甚矣其惑也！既欲其生，又欲其死，只是不能自定之意，見得全任私意耳，蔽之深也。〇君子居是邦，不非其大夫。而夫子乃曰：「齊景公有馬千駟，死之日，民無德而稱焉。」此亦《春秋》褒貶垂世立訓之意，不得而避也。因誠不以富，亦祇以異，故附此。

「齊景公問政於孔子」

「君君，臣臣，父父，子子」，只此來盡政事之道，而實政事之根本也。〇景公失政，而大夫陳氏厚施於國，則君不君、臣不臣矣。景公又多内嬖，而不立太子，則父不父、子不子矣。夫子告之以此，非不告以政也，根本所在一失，徒法不能以自行矣。故曰：「有《關雎》、《麟趾》之意，然後可以行周官之法度。」夫子之意良有以也。〇「君君，臣臣，父父，子子」，謂君便當是個君，臣便當是個臣，父便當是個父，子便當是個子，詞語是如此。不曰君盡君道，臣盡臣道也，然其所以君君、臣臣者，則在各盡其道上來，此乃政事之根本，而非其條目也，然亦不可謂此非政事也。〇「君君，臣臣，父父，子子」，夫如是則彝倫攸叙，而百度可舉矣。政之道，何以加此！公曰「善哉」云云，「雖有粟，吾得而食諸」，言必至於危亡也。如此説方與《集注》「其後果以繼嗣不定，啓陳氏弑君篡國之禍」一句相合。且看一「果」字，便見與大文合。此與上章先儒所謂「雖有粟而難與食」者同。君不君，臣不臣，父不父，子不子，則紀綱已壞，而不成個政事了，其能國乎？正《管子》所謂「四維不張，國乃滅亡」者也。故曰「雖有粟，吾得而食諸」。景公此言，豈不誠説得是？但惜其不能反求其所以然，而見之行事之實耳。「其後果以繼嗣不定，啓陳氏弑君篡國之禍」，豈不是「君不君、臣不臣、父不父、子不子，雖有粟，吾得而食諸」耶？

「片言可以折獄者」

「片言」，所謂不待其辭之畢也。「折」，斷也。斷者，一條斷作兩段。折便是分判其孰曲孰直而兩開之。此所謂折也，謂剖而二之也。「折」字最有意味。〇「忠信明決」，正是「無宿諾」意。如踐言而不欺者，忠信也。急於踐而不滯者，明決也。但「忠信明決」説該得廣，而「無宿諾」只是其中一事。雖是其中一事，而子路明決之全體亦因可識。蓋是未曾發言，而折獄之先如此也。故《集注》云「故言出而人信服之也」，❶又曰「子路之所以取信於人者，由其養之有素也」。「取」字，「由」字即上文「故」字意。而輔氏、蔡氏之説皆小矣。○或曰：朱子何不以「忠信明決」解在下文？曰：「解經正要如此發明，方得『片言折獄』意出。不比如今依題作文字然。然『衣敝緼袍』章首段，朱子便先説出『可進於道』字面，此便是『何用不臧』意亦先解出，以見聖人語意。」○「忠信明決」，所謂信在言前也。子路「無宿諾」，正以平素之所養而言。夫子許子路「片言折獄」，正以其有「無宿諾」之操也，特辭不及耳。故門人遂記之，非唯以見子路之所以能片言折獄，而亦以見夫子之所以以是與子路者良有以也。○「小邾射以句繹奔魯」，小邾之邾國也，與「邾子益來朝」之邾不同，故言「小」以别之，猶言「小琉球」之類。射，其大夫名也。句繹，地名。射以此來奔，以其地降魯也。射曰：「使子路要我，吾無盟矣。」射以來奔當有盟，❷以盟不足深憑，願得子路之一言，雖不盟，其信尤固於盟也。使子路，子路辭康子，使冉有諭之。由曰：「魯有事於小邾，由更不敢問故，一聽上命，而死其城下以攻之可也。今彼叛君來奔，是不臣也。不臣而濟其言，是義之也，由不能看。」子路此意，何等剛正！故曰「弑父與君亦不從也」。而冉求乃爲季康子來説子路，求其難保哉？

「聽訟吾猶人也」

❶「人」，原無，今據嘉靖本及《集注》補。

❷「以」，嘉靖本、四庫本作「之」。

聽民之訟，而辨其孰曲孰直，吾固猶人也。然必也使民自無訟之可聽乎！蓋民之所以有訟者，以其德禮之化未至也，必也使無訟乎！何以使之？道之以德，齊之以禮，有耻且格，非有禁令以使之，而自有不使之使也。此與《大學》所引同。

「子張問政。子曰：居之無倦，行之以忠」

二「之」字同，皆指政言。政不外乎教養，常存教人養人之心，而始終無間者，無倦也。蓋人之常情，靡不有初，鮮克有終也。如一重在「終」字，行此教人養人之事，不但外如是，内亦如是，表裏如一，方是着實，方是忠。蓋人之常情，政行於外，皆是道理，然内之所存，或未必然，而有苟且鋪張之意，故曰「表裏如一」，重在「裏」字。如《語録》之説，心裏要如此，便外面也如此，却重在外上，此蓋記者之誤。何以言之？行之以忠，便在外面了，忠則實心所存，對上面便是表裏如一。○子張問政，夫子云云，兼所存所行言也。爲政者可無所存乎？不必言子張問外面事，而夫子兼内外言也。

「博學於文」

「博學於文」，凡理之所載者皆文也。文最廣，而學貴乎博，故曰「博學於文」。禮即文中所載的理，以其理之有規矩準則，爲人之所持循，故曰禮。向也多聞多見至博矣，今則將來身分上踐履其實。然方其學之也，遠求近取，旁搜廣訪至博矣，及其將來行時却容不得許多事項，只照一個是處直頭行將去，故曰「約之以禮」也。既博於文，又約以禮，道於是乎得矣。何畔之有？「亦可弗畔」，言將與道契也，在博文約禮之後，如此勉勉循循而不能已，則與道爲體矣。不曰與道契，而曰「亦可弗畔」者，蓋博文約禮，學者事也。

或曰：只約禮便自不畔道，何用博文？曰：「若不博文，則不知禮之所在。如聞見單寡，則所約之禮亦未必得其大中至正之歸也。」

「君子成人之美」

此以君子小人之用心不同言。然其所以用心，有如此之不同者，一則以其所存有厚薄之殊，一則以其所好有善惡之異。以其所存厚薄言之，君子存心厚，愛人以德，故成美不成惡；小人存心薄，樂人之短而忌人之長，故成惡不成美。不可依胡氏謂：「君子存心本於厚，而待人亦厚，唯恐人之不厚；小人存心本於薄，故待人亦薄，而唯恐人之不薄也。」其說非。○以所好之善惡言，君子自家好善，故見人之善，便喜心生，而樂成之；小人自家好惡，如博奕飲酒之類，己所好也，故亦喜他人爲之。此皆情理之必然，如胡氏說是。○「成之」者，有以其未爲而誘掖之，有以其已爲而獎勸之，皆所以致其成也。「成」字就其事之意，不可只以「誘掖獎勸」四個字來當他，看《集注》下面又有「以成其事」四字可見。

「季康子問政於孔子」

「政者，正也」。「正」之一字，主在正人。然正人與治人不同，必正己以正之，如云「格君心之非」一樣。故曰：格者，物之所取正也。

言政之所以得名者，謂以己之正而正人之不正也。夫如是則人之正不正，在我而已。子能身帥以正，則人皆歸於正矣，孰敢不正？然其所以帥正之道，則非一言所能盡也。不知康子解得否。非仁無爲，非義無行，則身正矣。此約言之也。○「魯自中葉」，「葉」字從草從木從世，草木一葉上生一葉，葉葉相承，猶人之父子相繼世也，故曰葉。

「季康子患盜，問於孔子」

言民之爲盜，固有由來矣。苟子之不欲，則廉恥風行，雖賞之不竊。此假設之言，明其必不肯爲也。○季氏竊柄，盜於國也。康子奪嫡，盜於家也。此便是魯之大盜，何以責民之爲盜？

「季康子問政於孔子」章

「如殺無道，以就有道」，意謂稂莠不去，嘉禾不生，有道者每爲無道者所病，故欲殺無道以成就有道。無道者，惡人也。有道者，善人也。子爲政，政者民所視效，焉用殺？故子欲善，則民於子乎視效而皆善矣。此欲善「欲」字重，如「欲仁而得仁」之欲，謂其只欲乎善也。此是躬行乎道。此下是譬喻子欲善而民善之理。蓋君子之德風，小人之德草也，草加以風必仆。君子之德能感，故曰風。小人之德，應上所感者也，故曰草。此正所謂以德感德。如此說方得二個「德」字親切。然則「焉用殺」？「君子之德風，小人之德草」二句且虛說，若說「殺」了，便起不得「草上之風必偃」一句。○自「子爲政」至「草上之風必偃」，只是一意。子欲善而民善矣，只是「子爲政，焉用殺」底意。「君子之德」至「必偃」又只是子欲善而民善意，又總是前頭「政者，正也。子帥以正，孰敢不正」之意，又只是「苟子之不欲，雖賞之不竊」意，亦只是「臨之以莊則敬」，「孝慈則忠」之意。聖人之所以告康子，終始只是一説而無異辭，雖異辭而實未嘗二意。此可見道理之所在矣，爲政者可不思哉？雖易其辭，不易其意，所以不易其意者，以理之不可易也。

「子張問：士何如，斯可謂之達矣」

「士何如，斯可謂之達」，要見得所以達之意。若只是問何謂之達，則「在邦必聞，在家必聞」，子張已自認出此意了，却要説得周旋。「達者，德孚於人而行無不得之謂」。德孚於人，又行無不得之由也，然此皆達字内意。若下文「質直好義」云云，則皆脩於己之事，非德孚於人也。○此一句是「達」字之正義，而非子張舉達爲問之本意也，乃孔子所謂達者。子張認聞爲達，非其正義也。○「在邦必聞，在家必聞」，此是子張自解其所謂達者之意，認聞以爲達也，言有聲於邦家也，在邦在家皆有聲也。蓋謂在邦則名聞于邦之人，❶在家則名聞于家之人也。

子曰：「是聞也，非達也。」達與聞相似而不同，不可以不知也。夫達也者，其始也初非有心於達也，不過自盡其自脩之實，質焉而已，無華飾也，直焉而已，無邪曲也。然質直特正其在内者，却又好義而外面處事，一一要當理。然一於「質直好義」又未免觸突於人，故又須檢點仔細於接物之際，察人之言，觀人之色，恐吾之言行未慊人意，而思慮只要下人，惟恐意氣有一毫加於人，而取人之怨怒也。凡若此者，皆「自脩於内」云云。而人信之，自然「在邦必達，在家必達」，此則所謂達也。然則「達」豈「聞」之類哉？而其達也亦出於自然耳，豈固有心以求達者哉？○「質直」二字似是在外，如何説作「内主忠信」？蓋人之質直，皆是心所爲，但凡言動不朴實的便是心病。質直是以此爲基也，能質直然後可語好義。不可以「質」字當「忠」，「直」字當「信」，此以意來解，只以下文「色取仁而行違」來照看，見質直之爲忠信。

❶「蓋」，嘉靖本、四庫本作「非」。

「色取仁而行違」，則非質直矣，而亦豈是好義乎？察言觀色，慮以下人，猶且自疑也，而彼則居之不疑矣。○「色取仁」，似若質直而好義者。○質直以心言，好義以事言。「色取仁而行違」，全是不質直，而好義亦在其中矣。蓋「色取仁而行違」，自相反了，不可以「色取仁」對質直，「行違」對好義，三注不是。仁乃吾心自有之物，欲仁而得仁，又豈有假於外哉？曰：色取仁便見是本不仁，而外面取個仁來粧飾也。○色者，外貌之謂，如此説方貼顔色，亦不必以色字全虚説。取仁之仁，不專指仁愛也，此專言之仁。○子張問達，夫子則并言其所以達者告之，見其與「聞」異也，只「在邦必達，在家必達」是正意。

夫聞也者，全是造作擺布得來，然以其專務於此，故亦得名譽著聞。色取仁，夷考其行則實不仁，然使其能疑，猶可見其心之不自安矣。乃又泰然處之，而不自疑，謂以仁自處也。須看他所以色取仁者是何意，豈不是假作仁以瞞人，使人皆以爲仁乎？所謂「居之不疑」，豈其能恬然不疑乎？彼蓋自以爲勢做到此，不容自收退，若收退來，連前底都壞了，不以我爲是了，故只得直擔當去。人未必都能看破也，故曰「此不務實而專務求名者」，故「在邦必聞，在家必聞」，一以名言，名有餘而實不足也。

「樊遲從遊於舞雩之下」

「脩慝」，亦謹獨克己之事也。蓋其惡未形，方匿於心而有以去之，則求拔其根矣。○「崇德」謹於爲善也。「脩慝」嚴於去惡也。「辨惑」又明於其所蔽者去之也。❶ 人雖能爲善去惡，然於性偏難克處，則不免溺於

❶ 「去」，嘉靖本、四庫本作「而撤」。

其所蔽，而有不自覺者，故又當有以辨之。言果能勉於崇德、脩慝，則惑亦庶乎其可無矣。又脩慝、辨惑亦皆崇德分内事。

「善哉問」，此三者皆學者爲學之要，遲以此爲問，可謂切問矣，故善其問。○「先事後得」，謂先其所事而後所得也，只知有所當爲者爲之而已矣，初不計其功效，如此則心力專一，工夫無間，而德將日積而不自知矣，非崇而何？

「先事後得」，則是「必有事焉而勿正，心勿忘，勿助長」也，德其有不崇乎？❶若一萌計功之心，則方有事而正之，正之不得，而妄有所作爲矣，德何由崇？○「德日積而不自知」，謂日有所得也，全是「必有事焉而勿正」意。「先事後得」，則純是天理，而私欲不得以間之，德安有不崇？

崇德、脩慝、辨惑，皆是心上工夫。理之得於心者崇之，惡之匿於心者去之，心有所蔽惑則辨之，都是心上工夫，故夫子善其切於爲己。朱子注有以意思高遠來説崇德者，又是一意，不必用。又有純是天理之説者，又是圈外，所謂人惟有利欲之心，故德不崇之説。本意只是心力專一，工夫無間，必有事焉而勿正底意，甚妙。

「攻」，專治也。最要看得「專」字意，今也專以治己爲心，專以自治爲事，而不暇及於責人，何惡不去？所以脩慝也。人之常情，責人常重，責己常輕，才有心去責人，自家過惡便鹵莽而不暇治矣。

❶「德」下，嘉靖本有「容」字。

如何辨惑？　如以一朝暫時之忿，不能寧耐，忘其身不顧，遂至禍又及其親，皆所不顧，此豈非惑歟？　夫一朝之忿甚微，而禍及其親甚大，知此爲惑，則有以辨之懲其忿矣。○「一朝」言其忿不終朝，暫時之忿也，猶所謂隔宿之怨，非不共戴天之讎，終身之恨也。○「忘其身以及其親」，一説忘身且忘親也，則「及」字與注不同。　一説忘其身而與人鬬，以至禍及其親，此「及」字與大傳「鮮不及矣」及字同，如前説則是忘其身與親耳。○或問：懲忿、辨惑亦略有先後乎？　曰：必辨其惑，方能懲其忿。○「樊遲粗鄙近利」，蓋近利則不能「先事後得」，鄙略則不能「攻其惡，無攻人之惡」，粗猛則不能顧身念親，而懲一朝之忿，故夫子告以此三者。　不曰「近利粗鄙」而曰「粗鄙近利」者，文順也。　粗鄙斯近利矣，此以其爲人言，故不拘拘於本文之先後也。

「樊遲問仁、知」章

「愛人」、「知人」，亦以已能者言。　此以仁、智之用言，然亦可見其能仁且知矣。　蓋本末未嘗相離，今答樊遲獨專舉用言，使其有所下手耳。　如「其言也訒」之例，若使樊遲少之，夫子之答，亦必與爲之難、内省不疚意同矣。「樊遲未達」者，以爲愛欲其周而知有所擇，吾爲仁不智矣，爲智不仁矣，奈何？　故猜疑而不能自解。　夫子因解之云：「此自不相妨，舉直錯諸枉，自能使枉者直。」舉直錯枉，智也；使枉者直，則仁矣。　是於知人之中自有愛人之實，仁、知何相悖之有？　然仁的意思全在知内出來，看「能」字。○樊遲學問本未深造，故此説話也不曉解。　夫仁者固愛人矣，然豈必不問善惡都愛邪？　都舉而用之邪？　智者固有所擇矣，但是舉措之間自有辨别，然亦豈都無憐愛他心，而一以土芥視之耶？　可見遲於窮理工夫全少，但以其能問，不肯抛放了，此則我師也。○「舉直錯諸枉」，謂辨其孰直孰枉，吾舉其直而錯諸枉者，彼枉者亦有所愧而自矯枉爲直。○着「使」字，是吾能愛人也。上文知、仁分説，此因其疑而合仁、知説。夫子以此告樊遲，遲猶未達，欲再問則近於瀆，故不敢，而退以質諸子夏。曰：吾見於夫子而問智，子曰云云。蓋遲以夫子之言專爲知者之事，故只曰問智，又未達所以能使枉者直之理，而以爲此句閑了，不知欲何用耳。故曰樊遲之疑在下句。遲述所聞曰「舉直錯諸枉，能使枉者直」矣，舉直錯枉，吾固知其爲智矣，但使枉者直，則未知其意之所在也，不知此於智的道理何指。子夏答云，此意自有所該也。「富哉言乎」，言只是一句，言不爲富，其富者言中所含之意也，然不可説出兼仁智。看下文注中「蓋」字，此句正應吾見於夫子而問智意，「選於衆」，舉皐陶、伊尹，舉直措枉也，而「不仁者遠」，則能使枉者直矣。

然則夫子斯言，豈專爲智者之事哉？

「不仁者遠」，不仁者皆化爲仁，只在眼前，但既化便若不知那裏去了底一般。○「吾見於夫子」，「見」字與「師冕見」及「暴見於王」之見字同，謂往見也，不知「孟子見梁襄王」何如。○「聖人之語，因人而變化」一條，饒氏解得不是，只淺淺恁地説，欲樊遲得受用也，然舜、湯云云亦不外此，便是包含無所不盡。此與「道千乘之國」章所謂「聖人言雖至近，上下皆通」者同，與本注「嘆其所包者廣」合。「學者之問也，不徒欲知其説」云云，如愛人、知人，此説也；方，其所施設如何處；事，其事迹之實也。以本文看亦出，但未必其正意。子夏之言，若依程子解亦通，則是「舜有天下」一段，只是説箇舉直錯枉云云的模樣，如此耳。不知朱子如何恁解，且朱子此解既不得子夏包含意出，又不知樊遲畢竟曉解否。朱子蓋因「吾見於夫子」而問智一句，照應看來。

「子貢問友」章

子貢問友道何如也。固有忠告而不善道者，蓋其心雖厚而不善於詞説，不得意思相入也。告非難，忠告爲難。道非難，善道爲難。忠告非難，忠告而又能善道爲難。忠告而善道之，則在我者盡矣，不聽則其失在彼，吾亦安能如之何？故止而無自辱。何也？朋友以義合者也。義合則合，不合則止，若以數而爲所疎，我便無意思了，是辱也。○「不可」非不肯也，言不可以忠告而善道也。「以道事君，不可則止」亦然。○然以義合，非天合之親，可合亦可離也。如王者天下之義，主「義」字亦是此意。

「君子以文會友」章

「君子以文會友」，非以利交，非以勢合，亦非以酒食遊戲相徵邀上也。❶「以友輔仁」，其所取者有在於是耳。二句相連説，但文者講學之事，知也；仁者進德之實，行也。故曰「講學以會友」云云「則德日進」。此一説也。○又一説，君子先自家講學了，然後以是會友，故曰「則道益明」。「益」字分明，不然則只曰道以明可矣。依前説乃全是會友講學，未是以文會友矣，「益」字如何通？夫會友則道以之益明矣。然所會之友，人各有善，吾則取其善以輔吾仁，所謂相觀而善矣。或曰得之講論之際，亦是，但恐是講學明道之事耳，與朱注不合。講學如「則以學文」都是自家或全無朋友，知覺從何而發？必先自講學也，曰不先

❶ 「邀」，嘉靖本作「逐」。

講學，無可以會者矣，若欲啓其知覺，必須尊師隆友。學是自脩，會則是共事也。○講學固所以明道，講學而以會友則道益明矣，爲善而得所資則德日進矣。注亦串。○曾子之意，謂夫會友非徒會也，以文會之也；爲仁非獨爲仁也，以友輔之也。「以文」、「以友」字重，然看「則道益明」、「則德日進」字面，則「會友」、「輔仁」亦重。

子路第十三

「子路問政」

子路問政。子曰：「爲政莫先於興民之行，然必以身先之，則不令而行也。爲政亦莫大於役民之事，然必以身勞之，則雖勤不怨也。」見得身爲政之本，誠能以身先之、勞之，民行安有不從，民事安有不勤者哉？子路則以爲政亦多端矣，先之、勞之之外，豈無所當用心者乎？夫子以勇者喜於有爲而不能持久，能先之、勞之於始，未必能先之、勞之於終，故以「無倦」告之，姑使之深思也。先之，引之也。凡引人者，皆在先勞之，爲勞己也，不只使工役人而已。○先之、勞之不相襲，是兩件：先民之行，勞民之事也。一是本，一是末，皆是政裏面事。先之、勞之，教養俱舉矣。○以身先之，則不令而行；以身勞之，則雖勤不怨。此爲政之所以必貴於先之、勞之也。不是朱子引蘇氏爲之著其效，此與上章「則道益明」、「則德日進」，下章「則己不勞而事畢舉」、「則刑不濫而人心悦」之類一意。

「請益。曰：無倦」。夫子意云：「先之、勞之，二者儘足了，何須益？只是無倦便好了，無倦是益之也。」

○子路之問多請益，又多不足於孔子，蓋其性勇心粗，不能細膩遜志以求道理。○子路之請益，意在先之、勞之之外；夫子答以無倦，意不出乎先之、勞之之内。

「仲弓爲季氏宰，問政」

宰，各有屬，故曰「有司」，有司其屬也。如士師不能治士，士師亦有屬，宰其長也。○宰之所屬，有典財穀者，有典兵賦者，有典禮制者。凡事必先於彼，責使治之，吾但考其成耳。○宰兼衆職，謂衆官職也。

「赦小過」，過，失誤也。失誤已在所矜，況小過乎？大者於事或有所害，亦不得不懲。如今律法，失誤者亦有罪名，如公錯之類。○人之過失，大者有所害，不得不懲，小者則赦之而不治。士庶中有才德者，吾則舉之以爲有司。三句平説。舉賢才不兼已用者説。仲弓以爲「先有司」可能也，「赦小過」亦可能也，獨賢才散出於稠人之中，而一己之見聞有限，故問云：何以能周知一時之賢才而舉之耶？曰：「汝雖不能周知，而未必全無所知也。汝既不能無不知，而他人則未必皆不知也。爲汝謀者，但舉爾所知之賢才，其爾所不知者必有人知之，知之者其肯舍之而不以告我乎？」夫舉其所知者於己，而付其所不知者於人，則何患賢才之不盡舉哉？此説不是。

「舉爾所知」，謂汝但舉其所知之賢才，爾所不知者人未必不知，皆將舉而用之矣，其肯舍之哉？夫人各舉其所知之賢才，然後不獨舉其所知之賢才，如此則天下之事無不舉矣。何必求以盡知一時之賢才哉？此説勝前説，且與大注程子「人各親其親，然後不獨親其親」之意合，且見仲弓用心之小，不如聖人用心之大。一定如此説。○三注兼舉有司之賢才，言舉而加之上位，不知自身爲邑宰，舉有司之賢才，要何路用，亦只到爲宰耳。上位恐難説。公叔文子之臣，大夫僎與文子同升諸公，緣文子是大夫。○程子「只在公私之間爾」一句，只是以用心之大小爲公私。

「衛君待子而爲政」

出公無父，孔子必不仕之。不仕固無義，仕於出公尤無義也。子路昧於義，以爲可仕而仕之。是時孔子居衛，子路亦以爲將仕衛，故問曰：衛君有待於子之出仕而爲政，不知子之出仕其所設施何先？○「爲政」二字屬衛君，不屬孔子。若屬孔子，不用「而」字，只曰衛君待子爲政可也。胡氏曰：「孔子爲政，而以正名爲先。」此指孔子，非本旨矣。「爲政之道，皆當以此爲先」，亦然。

「子曰：必也正名乎」

此「名」字是名分之名。温公謂「禮莫大於分，分莫大於名」是也。孔子告齊景公曰「君君，臣臣，父父，子子」，此正名之説也。饒氏謂「事事皆要正名，君臣父子固是正名中之大者」，此説雖善，而非本章之意，與下面「施之政事皆失其道」相戾，詳之。○一説「施之政事」亦是上文「事」字，「施」字終難解。且上只曰「事」，下却言「施之政事」，必有以也。○父子相繼，禮也，故禰其父。今出公不父其父而禰其祖，是實紊而名與之俱紊矣。名實既紊，政未易舉也，故孔子爲政必須矯之。○不曰「不禰其父而禰其祖」，乃曰「不父其父」者何？蒯聵猶在故也。父廟曰禰，未死何廟？○輒不當立，正名之説見胡氏注云云。然此亦概論，非謂仕輒了却要如此做也。

子曰：「必也正名乎！」此一句分明是不與輒，非惟見衛君之名不正，亦以見孔子之仕衛不成矣。非但答其「子將奚先」之問，亦示以不肯仕衛之意也。當時若仕於輒了，又如何廢了輒，而請命立公子郢乎？既要廢他，又如何仕他？若要先勸他如此，區處亦不成仕也。所以知其不仕衛。仕衛則食輒之禄，爲非義矣。出曰「夫子不爲也」，不既彰彰乎！

「子路曰：有是哉，子之迂也」

子路一聞「正名」之言，便曉此意，知其事之難濟，而仕之不諧也。故曰：「有是哉，子之迂也。」一句讀，言子乃若是其迂哉，夫爲政者唯取其今日所宜者而行之可矣，奚必拘拘於名之正耶？

「子曰：野哉由也」

夫爲政必先正名，此子路之所不知也，便當且闕其疑，未可便道孔子不是。今子路乃徑以爲迂，故孔子責之曰「野哉由也」。君子於其所不知，蓋闕如也。闕如，疑之狀也，與率爾相反。君子則不野，何曾便率爾妄對而以他人爲非乎？自「名不正」以下，極言名之不可不正也。一正一反説。

「名不正則言不順」

名者，所以名其實。實者，理而已矣。事不順理，則名色不正；名色不正，則口頭説出便有碍，説且不去，如何行得去？故事不成。○言者，話其實也。名不當其實，則言不順矣。所言必有實。實者，事之幹也。名不當實，而言不順，則無以考實，而事之難成矣。事不成，即便無序而不和了，禮樂何所安着？故禮樂不興。禮樂不興，便正經道理都廢了，則其所施爲全是糊亂做了，故施之政事皆失其道，而刑罰不中。獨舉刑罰者，其害尤甚也。○「名不正則言不順」，只着個「名不正則事不成」亦可了，何必又着個「言不順」？蓋名一不正，則口頭説出便有碍，説且不去，况行得去乎？故事不成。〇問：事既不成了，如何又得施之政事？曰：「事不成，只是據理而言，言其無可行之理也，故曰『無以考實而事不成』。須味『言不順，則無以考實而事不成』一句，可見只是説不成箇事體。『施之政事』之事與『事不成』之事不同。」〇《朱子語類》曰：「事不成是麤説那事做不成。禮樂不興是和這理也没了。事只是説他做出底，禮樂却是那事底理。禮樂只是一件物事，安頓得齊整有次序便是禮，無那乖争底意思便是樂。」此説最明。

「名不正則言不順」，俱要從君臣父子大綱領處説，方説得事不成，禮樂不興。蓋事不成者，君不君，臣不臣，父不父，子不子也，禮樂從何處安頓而敷施？如此則教化不行，將至任刑罰矣。而刑罰不中，斯民無所措手足，國之危亡無日矣。名不正之害，一至於此，爲政者可不先正名乎！

禮樂與刑罰，相爲用舍存亡者也。吴氏注甚暢。吴氏曰：「此禮樂非玉帛鍾鼓之謂，事事物物得其理而後和之謂也。名不正，言不順，則事物之間顛倒乖戾，禮樂何由而起乎？事失其理而不和，故慶賞刑威無一中節。獨言刑罰者，賞過則濫利及小人，刑過則淫禍及君子，舉其害之重者言之。刑罰所及非不善之人，則民莫知趨避之路矣，將安所置其手足乎？自名不正推而至於民無所措手足，聖人洞燭事情，深達治體如此。」

事既行不去，則序與和安在？而所作者盡是糊亂做去了，民將不聊生矣。如衛輒以子拒父，是實壞而名不正了，便説出口頭也有礙行也，行不去，不成箇事體了，而禮樂又安在乎？其所施爲全是悖天理、逆人心底事，刑罰如何中，民如何聊生？在輒當時也未嘗無所施爲，只是大本一差，萬事瓦裂了，所謂吾何以觀之哉？○大概只是名不正了，那言不順，事不成，禮樂不興，刑罰不中，民無所措手足，一齊都到，特節節推出來耳。

「故君子名之必可言也」

○自「名不正」至「民無所措手足」，言名一不正，則其弊至於此。是以君子之爲政也，無所名則已，名便要正，必可言也；無所言則已，言便要順，必可行也。「必」字着力說。

「名之必可言也」，總是名要正，「言之必可行也」，總是言要順，兩「必」字有意。名不正則言不順，故君子名之必可言也；言不順則事不成，故君子言之必可行也。所謂名實相須也。名「之」、言「之」二字虛，如云行之有常、言之有實之「之」字。○一說「君子名之必可言也」，「之」字不作虛字看。此兩句正見名實相須意。

「君子於其言，無所苟而已矣」，只是言名不可不正也。獨舉「言」者，有其名必有其言也。或曰：「責子路以苟於言也。」如此則「苟」字與注中「苟」字不同矣。○一說正謂子路苟於言也，與上文「野哉由也」、「君子於其所不知，蓋闕如也」相應，謂子路不闕其所不知，而苟於言也。注云「一事苟，則其餘皆苟」，謂名一不正，則言不順，事不成，以至民無所措手足矣，非貼「君子於其言，無所苟而已」也。「一事苟」，「事」字虛，猶云一件苟也。苟，不正也，獨指名而言，則其餘項都苟了，指言不順以下，不當其實，便是苟。言之必可行，可行則禮樂興、刑罰中矣。

「君子於其言，無所苟而已矣」，「一事苟，則其餘皆苟」矣。然則爲政必先正名，非迂也。○「名實相須」，此一句也要看得好。名不正則言不順，言不順則事不成，固可見名實之相須；名正而言順，言順而事成，亦可見名實之相須。或者都認好邊説，不是。唯其名實相須，故一事苟，而其餘皆苟。○「名實相須」一句直解此節到底，不是只解「名之必可言也」住。蓋「君子於其言，無所苟而已」者，正以其名實相須也。○「一事苟，則其餘皆苟」，亦直解通節意。上文楊氏曰「名不當其實則言不順，言不順則無以考實」，豈不是名實相須？而禮樂不興、刑罰不中意自見矣，又何必贅？陳新安之説非。

《語類》云：或問：「胡氏之説固善，但以事情論之，晉人正主蒯聵，勢足以壓魯，聖人如何請于天子，請于方伯？天子既自不奈何，方伯又是晉自做，如何得？」朱子曰：「道理自是合如此了。聖人出來，須自能使晉不爲蒯聵。」賀孫因問：「如討陳恒事，也只是據道理，不論事情。」曰：「如這兩件大事，可惜聖人做不透。若做得透，使三綱五常既壞而復興，千條萬目自此而更新。聖人年七八十歲，拳拳之心，終做不成。」吴伯英又問：「若使夫子爲衛政，不知果能使出公從蒯聵否？」朱子曰：「聖人行事，只問義之合與不合，不問其能與不能也。若使每事只管計較其能與不能，則豈不惑於常情利害之私乎？」又曰：「輒若用孔子，孔子須先斷約如此，方與他做。以姚崇猶先以十事與明皇約，然後爲之相，而況孔子乎！」

輒父子當時若兩邊都避去便好，若是一人避，終是名不正。○輒立十二年，而蒯聵入衛，出公奔魯，蒯聵立，即莊公也。子路死於孔悝之難，即其事也。孔悝，孔文子之子，得衛政，蒯聵因之而立。莊公後亦爲晉所逐，至於踰牆折股，卒見殺於戎州。己氏之妻爲莊公嘗髡其髮，以爲其夫人吕姜氏之髢也。

朱子答范伯崇「衛君待子而爲政」章曰：「熹嘗問先生瞽叟殺人事。先生曰：蒯聵父子只爲無此心，所以爲法律所縛，都轉動不得。若舜之心則法律縛他不住，終身訢然，樂而忘天下，求仁得仁，何怨之有？然此亦只是論其心耳，豈容他如此去得？」問：「先儒八議之説如何？」曰：「此乃蔽罪時事，其初須着執之。不執則士師失其職矣。熹嘗以先生之意，參諸明道及文定之説。竊謂蒯聵父子之事，其進退可否只看輒之心如何耳。若輒有拒父之心，則固無可論。若有避父之心，則衛之臣子以君臣之義，當拒蒯聵而輔之。若其必辭，則請命而更立君可矣。設或輒賢而國人不聽其去，則爲輒者又當權輕重而處之，使君臣父子之間道並行而不相悖，亦必有道。苟不能，然則逃之而已矣。義至於此已極精微，但不可有毫髮私意於其間耳。來喻以爲蒯聵之來，諸大夫當身任其責，請命於天子，而以逆命討之是矣。已嘗有天子之命，而蒯聵逆之，則不請命亦可。但又云輒不與謀其事，避位而聽於天子，則恐不免有假手於大夫以拒父，而陰幸天子之與己之心，揜耳盜鍾，❶爲罪愈大。」又云：「遽然興師以脅其父，於人子之心安乎？自衛國言之，則興師以拒，得罪於先君；而不當立之世子，義也。自輒言之，則雖已不與謀，而聽大夫之所爲，請命於天子而討之，亦何心哉？來喻本欲臣子之義兩得，立意甚善。但推而言之，便有此病。似是於輒之處心緊要處看得未甚洒落，所以如此。孟子所謂『不得於言，勿求於心，不可』者，此也。故愚竊謂：『輒之心但當只見父子之親爲大，而不可一日立乎其位。自始至終，自表至裏，只是一箇逃而去之，便無一事，都不見其他，方是直截。』」

❶「鍾」，嘉靖本作「鈴」。

「樊遲請學稼」章

朱子曰：「遲學稼，當時自有一種説，如有爲神農之言許行『君臣並耕』之説之類。」〇「蔬菜」，凡草菜可食者通名爲蔬，菜，其一耳。今相對言，則菜之外如茄如蒜，諸葷之類皆是蔬。

樊遲爲人，粗鄙近利，聖賢大學之道未之聞也，故一旦請學稼。稼者，種五穀也。請學者，欲夫子教之也。夫子答曰：「我却不如老農。」稼之事，惟老農精於此。子欲學稼，須從老農而請之，學圃亦然。夫子兩言「不如」，雖不顯闢之，已婉拒之矣。遲之學，疑不及此，而不能問。及其既出，夫子恐其終不喻，而或至於求老農老圃而學也，則其失愈遠矣，故譏之曰云云。

夫子以樊遲所請學者，皆小人之事，而不知有大人之事在所當爲，而於此自有所不必爲者，故譏之曰「小人哉，樊須也」。學者自有所當爲之事，若能爲之，雖不必學稼圃，而自有爲之稼圃者矣，何必身親其事而屑屑然留心哉？〇君子小人，皆以位言。

「上好禮」，禮者敬而已矣。好禮則能自處以敬矣，民以類應，孰敢不敬乎？「上好義」則事合宜，事既合宜，民焉敢不服乎？凡民之所以不服者，都是在上之人有不得其宜處，致得他心不服。故舉措得宜則人心服，上無失政則下無私議。又云特以處置得宜，能服其心故耳。「上好信」，有孚惠心而吾之情輸於下矣，民獨無人心者耶？故「莫敢不用情」。「用情」猶云以實也，謂致其誠於我也。

「上好禮」，是能自重矣，民孰敢不敬？此「好禮」只就本身説，與「上好禮則民易使」不同，彼「禮」字闊，兼「好義」意了。〇按禮、義、信，五性舉其三，不及仁、智者，禮、義、信皆仁者之事，智則知斯三者弗去是也。

自「上好禮」至「焉用稼」，都是前云「吾不如老農」句內之意。才説「吾不如老農」，便有許多云云意了，故拒之。惟楊氏善看書，曰「故復言之，使知前所言者意有在也」，極妙。

「四方之民，襁負其子而至」，不可説營東郊西、越南冀北，只是大概説，與「天下歸仁」同類。〇「焉用稼」，非惟不屑爲，自不用爲矣。孔子是説箇不用爲道理，故曰「焉用」。〇此章是教以學大人之事，是未仕時説話。若説遲已仕又請稼圃，似不近情。

「誦《詩》三百」章

「《詩》本人情，該物理，可以驗風俗之盛衰，見政治之得失」，故誦之必達於政。又「其言温厚和平，長於諷諭」，故誦之者必能言。若誦《詩》三百，授之以政也而不達，使於四方也而不能專對，則亦徒誦而已矣。這等誦《詩》何益？故曰「雖多，亦奚以爲」。學者須於夜半一覺之時試思，看古人教之讀這書是何意，人所以不可不讀書是何以，此吾所自愧也。

「多」，三百也。「雖多，亦奚以爲」最好看，窮經將以致用也。既不能用，徒誦而已。〇「不達」，不通於政理也。當行不行，不當行而行也，或行之而裁處不當，皆不達也，非謂不曉知而已，就行上説。〇「可以驗風俗之盛衰，見政治之得失」，亦於其所載之人情物理上驗見得。〇「驗風俗之盛衰，見政治之得失」，則有以得其所以然，而其施之政事，從其得且盛者，不從其失且衰者，自有不容已者矣，故宜其達也。試舉一詩論之，如《關雎》一篇，以人情言，則憂樂得其正；以物理言，則關雎荇菜皆在其中矣。即此而觀文王后妃室家之好，如此則所謂身脩家齊，刑寡妻而御家邦者在是矣。政治其有不得乎？風俗其有不盛乎？ 不善者反是而觀之。○「專對」，獨對也。 從容酬對於稠人之中，而自有以折衝於口舌之下，片言有萬鈞之勢，一語有回天之力，如富弼之使契丹，孔明之説孫權是也。 然非有温厚和平之味者，亦不能有回天之力，而折衝於樽俎之間也。 或曰：此説似太軒昂，不見得温厚和平氣象。○「長於諷諭」，使吾言易入而聽者易悟意。○使有正有介，正使不能對則衆介助之。 專對是能不用衆介之助也。○「以」訓用，爲語助辭，言何用誦詩爲。 一説「誦詩雖多，何所用哉」，小異。 從舊説則是何以爲用，「爲」字當用字了。今據「則何以哉」例。○問：同一誦《詩》也，有誦而達者，有誦而不達者，何也？ 善哉問，思之。○凡窮經而不能致用者，皆是「雖多，亦奚以爲」。 獨舉《詩》，蓋偶爲讀《詩》者言耳。

「其身正，不令而行」章

此章所謂以身教者從，以言教者訟。 此「訟」字只是退有後言意，不是告官也。 可以仁義孝弟之類解説，只是《大學》「其所令反其所好而民不從」意。

「魯衛之政，兄弟也」章

魯、衛本是兄弟之國。 以今日觀之，兩國之政也，正是兄弟。 魯則禄去公室，政逮大夫，君不君，臣不臣。衛則不父其父而禰其祖，父不父，子不子。 魯、衛之政相似如此，故孔子發此「兄弟」之嘆也。 「兄弟」言其相類也。○或曰言相爲伯仲，亦説得好，但與注中「本兄弟之國」字意及「政亦相似」字意不類。 只得做相類説。○若相爲伯仲，便是不相爲上下意，又畧轉些。

「子謂衛公子荆善居室」

此章要説得循序有節，不以欲速盡美累其心。循序則不欲速，有節則不求盡美。依《大全》説，方其初也，始有之時，在他人雖合，而猶不以爲合，必求至於盡合也，彼則曰吾今已「苟合矣」。既而少有也，在他人雖完，而猶未以爲完，必求至於盡完也，彼則曰吾今已「苟完矣」。又久之至於富有也，在他人雖美，而猶未以爲美，必求至於盡美也，彼則曰吾今已「苟美矣」。夫由合而完而美，既可見其循序漸進，而無欲速之心。而其合曰「苟合」，完曰「苟完」，美曰「苟美」，又可見其所欲易足而有節，曾無盡美之心。其善居室者何哉！

始有即合也，少有即完也，富有即美也，但公子荆皆曰苟而已，非是謙詞，直是其始有與他人之始有者不同，故道其實曰「苟合矣」。○「合」者，初湊聚而未備也。「完」則備矣，而猶未至於充足而有文采也。「富」則有餘，盈溢而文生矣，故曰「美」。○但人皆知「苟」字重，而不知「矣」字之意見得荆之知足處。○三「有」字言家中所有，家中之百爾器物用度之類，非指所居之室言也。「善居室」，言善爲家也。朱子小注有以牆壁言者，是亦特舉其一耳，非專指此爲居室也。味大文「有」字説得自寬。

「子適衛，冉有僕」章

子適衛，冉有爲之僕。僕，御車也，執轡在手也。夫子入其境，見人民生聚之衆，因嘆曰「庶矣哉」。冉有曰：「既庶矣，又何道以加之？」曰：「庶而不富，則民生雖衆而無以遂其生，必也有以富之，如制田里，薄税斂，此富之之道也。」冉有曰：「既富矣，又何道以加之？」曰：「富而不教，則民生雖厚而德不正，未免近於禽獸矣，故必有以教之，如立學校，明禮義，此教之之道也。」

「田」是百畝之田，與他耕而食也。「里」是夫里，即五畝之宅與他蚕而衣也。賦，兵也。斂，征税也。又「征」是取其貨，「税」是取其租。兵以戰役，如爲臺爲沼、鑿池築城之類。然「賦」字亦有爲「斂」字用者，如「不賦其廛」之類。「征」亦有以「賦」言者，如「力役之征」之類。○「制田里，薄税斂」，税斂固因田里分數敷布，然不止於布帛穀粟。○「立學校」，兼鄉學、國學，所謂家有塾，黨有庠，術有序，國有學也。○「明禮義」，不止孝弟，亦不止五倫，大司徒以鄉三物教萬民，一曰六德：知、仁、聖、義、忠、和；二曰六行：孝、友、睦、婣、任、卹；三曰六藝：禮、樂、射、御、書、數。皆禮義也。「禮義」二字相連説，禮必有義，猶云道理、道統，言理其條理也。蓋才説禮義，便不止孝弟、五倫矣。《易》曰「有上下，然後禮義有所錯」是也。五倫舉其大綱言，孝弟尤其重者也。

「庶」據見在而言，「富之」從而加之者也，「教之」又從而加之者也。○「天生斯民，立之司牧」，「司牧」言主養斯民者也。「寄以三事」，主庶、富、教言，不可以父生之來説。制田里，薄税斂，非所以生之耶？既曰父生、師教、君食，便是民生於三之義，而非「寄以三事」之意矣。輔氏之説非是。○曰「西京之教無聞焉」，則不止文帝，而文帝在其中。○「尊師重傅」，師道之教誨，傅傳之德義。○「三老」只一人做，「五更」亦一人做。三老，老人知三才之道者。五更，老人知五行之事者。

「苟有用我者」章

「苟有用我者」，謂委國而授之以政也。只消一年十二月，而大綱小紀次第舉了。若至三年，則治定功成，化行俗美，便是「爲東周乎」，所謂「至於道」也。

朞月可者，興衰而起廢，革故而鼎新也。三年有成，則財足而兵强，教行而民服矣。○紀綱也不外乎教養之具，有成也是以此爲治而其功成也。紀綱不出乎政、教、刑三者而已。○「可」者，僅辭。或曰紀綱粗布者，非也。紀綱布方是僅可，不是紀綱僅可。○「朞月，謂周一歲之月」，周一歲在「朞」字内之月也，正貼「月」字。朞月已可，就近説來以及遠也，近之則朞月已可，遠之則三年有成。當時無賢君，使聖人君國濟世之抱負徒託諸空言，惜哉！

「善人爲邦百年」

吴仲珠曰：「『善人』，善有諸己者也。『百年』，祖孫父子相繼而久者也。『勝殘』者，是我之善足以化其殘暴之人使不爲惡也。『去殺』者，是言民化於善，自無極惡大罪，可以不用刑殺也。善人爲邦之久，則化人之善者久，故能勝殘去殺，其功如此。『誠哉是言』一句，蓋言善人爲邦百年，實能勝殘去殺，古人之言信不誣矣。『漢自高、惠至於文、景』，貼『爲邦百年』句。『黎民醇厚』有勝殘意，『幾致刑措』有去殺意。」○勝殘，「勝」者盡也，化殘暴之人使不爲惡，若爲惡者都消化澌盡了一般，故曰「勝」。勝者化之使舊迹俱泯也。○「勝殘去殺」意相連説，有殘暴不得不用刑殺，勝殘去殺矣。

「亦可以勝殘去殺」，饒雙峯曰：「謂之『亦可』者，微寓不足意，以有未能必其殘果能盡，勝殺果能盡去之意。蓋亦所謂『幾致刑措』者也。」○《皇極》第九篇曰：「苟有命世之人，繼世而興焉，則雖民如夷狄，三變而帝道可舉。惜乎時無百年之世，世無百年之人，比其有代，則賢之與不肖何止于相半也，時之難不其然乎？人之難不其然乎？」

「如有王者，必世而後仁」章

此章見仁澤之難浹也。言如有王者，其教化之浹亦非旬時之間所能就，必其仁心之所涵育，仁政之所薰陶，積而至一世之久，然後仁也。可見王道無近功。○不可謂王者受命而興，謂之聖人受命而興則可。既是王者，不消言受命而興矣。仁者字究竟是主王者，故曰「教化浹」。蓋此「仁」字是其布之天下者也。周自文、武至于成王，而後禮樂興，即其効也。「効」謂實迹。此「仁」字主理言，故曰「教化浹」；無兼教養意，故曰「漸民以仁，摩民以義」云云，是四海之内無一人不歸於善矣。「浹」者，貫通融液，無一處不透徹也。○大注、小注只説到成、康，不知堯、舜獨不謂之「必世而仁」者乎？堯、舜相繼，且在位一百年或五十餘年，當時「黎民於變時雍」，無爲而治，比屋可封，人人士君子，非仁而何？三十年爲一世，故《集注》不主相繼而久者説。如堯、舜在位皆過三十年，後漢武帝五十四年，梁武帝四十八年，宋仁宗四十年，皆過三十年。如「爲邦百年」，朱子分明解云「相繼而久也」，與此不同。

「苟正其身矣，於從政乎何有」

爲政所以正人，然苟能正其身矣，於從政以正人也何有？苟不能正其身，如正人何？此章無注，以下二句便見上二句意。

以仁意講正身亦可從政，❶謂爲大夫已解在前，則此一章主爲臣者言，可從。○「爲政」兼君臣，不必依饒

❶「意」，嘉靖本、四庫本作「義」。

氏説專主人君。如「子奚不爲政」，孔子爲政、季桓子爲政於魯之類。蓋彼兼君臣言，此專爲臣言。○一説「爲政」與子張問「從政」同，皆言爲政以正人也，非專言爲大夫也。

「冉子退朝」章

「冉有退朝」，家臣見大夫亦曰「朝」。如「公父文伯退朝」，朝其母。大凡以臣見君皆曰朝。家臣之與大夫，自是君臣。如厚齋之説，欠稽考。且此是記者之辭。○「何晏也」，晏，晚也，遲也，非日晚也。對曰「有政」，子曰「其事也」。冉有所聞，實是國政，非是家事。夫子亦知是國政，但是時季氏專魯政，不議於公朝，而獨與家臣謀於私室，則雖政亦事也。故夫子爲不知者而言云云，正欲開曉冉有，使知國政之不可私議於家也。可謂詞不迫切而意已獨至矣。冉子對曰「有政」，更不知其非矣。○政、事，泛言之則通用，曰國事亦政也，曰家政亦事也；别言之，大曰政，小曰事，如曰「作於其政，害於其事」之類。公朝之事曰政，私家之事曰事，此章是也。○夫子曰「雖不吾以，吾其與聞之」，冉有聞此，當愧汗浹背矣。○夫子明知冉有所議是國政，乃陽爲不知，而以爲家事。魏徵明知太宗所指是昭陵，乃陽爲不知，而以爲獻陵。夫子欲冉有知國政不當私議於家，魏徵欲太宗知不望昭陵而望獻陵，雖不盡同，大畧同也。又魏徵獻陵之對，與視九功而不視七德意亦略同。

「定公問：一言而可以興邦」章

《詩》曰「如幾如式」。幾，期也。式，法也。《楚茨》詩傳云：「神之錫福，其來如期，其多如法也。」「法」謂法度。世間法式何限，無一物無法，無一事無法，故曰「其多如法」。此「幾」字與下文兩「不幾乎」幾字同。

「言不可以若是其幾也」，然亦有之，「人之言曰：爲君難，爲臣不易」。如知爲君之難也，則必戰戰兢兢，臨深履薄，無一事之敢忽，所謂「后克艱厥后」者矣。然則此言也，豈不可以必期於興邦乎？「如不善而莫之違也」，則爲桀、紂之拒諫，遂非毒殺諫臣者矣，不幾乎一言而喪邦乎？

據此章，一言興邦，一言喪邦，又略有少異。一言興邦者，因此言而知爲君之難也。一言喪邦，是自言如此，總是一言興邦，一言喪邦，便是夫子又何暇問是誰所言耶？○一説「爲君難」，一言可以興人之邦。如言「莫予違」，一言可以喪人之邦。○「不亦善乎」，大凡「不亦」字，都是從容語意，如有未盡然之意。如「不亦説乎」、「不亦宜乎」，皆是。「亦可以勝殘去殺」，「亦」字亦然。

此一章可熟讀，爲作文之法。

「葉公問政」

吳仲珠曰：「爲政以得民爲要。近悦遠來，爲政之道當如是也。不可就一邑説，亦不可作效驗説。」看來還是爲政之驗，但孔子意云必有是效驗方好。此便是答他問政了。

○夫葉公問政，夫子不告以施爲之方，而乃告以爲政之效者，蓋有是效，必有所以致是效者。近者之悦，非偶悦也，必有以致其悦。遠者之來，非自來也，必有以致其來。若所施爲不合天理，不順民心，其能有是近悦遠來之效乎？如前説。○「聞其風」，不必依新安謂聞近者悦之風也。兩「其」字同，近者得被其澤，遠者不得被其澤，只是聞其風而已。○兩句平説，然先言近悦，而後言遠來，亦見必近者悦而後遠者來也。

「子夏爲莒父宰」

子夏問政。子曰：「無欲速，無見小利。」何也？事之遲速有自然之次第，若欲事之速成，則急遽無序，而反不達矣。事之大小有自然之分量，若見小利則所就者小，而大事反不成矣。此兩開說。饒氏合說，雖非正意，然於道理有發。○本文兩開說，蓋欲速自是以速爲利也，見小利又是自無大規模意思。非謂因是利其小者，故欲速也。然嘗驗之天下之人，未有見小利而不欲速者，亦未有欲速而不見小利者。

「葉公語孔子」章

葉公語孔子曰「吾黨有直者」，葉公之問，已自許其直矣，故只曰「其父攘羊，而子證之」，而不曰如何，其意蓋謂莫親於父，猶且證其惡，則其直也爲何如。○有因而盗曰「攘」，非穿窬而盗也，如入人室中見可欲者隨手取去。又如拾遺亦是。如攘鷄便是他人鷄入其家，便掠而殺之。

○「父爲子隱，子爲父隱」，雖不求爲直，然而順天理，合人情，直固在其中矣。尋常説隱與直正相反。夫子此言非指隱以爲直也，只是隱其所當隱，於天理人情爲正，故曰「直在其中」。直便不隱，而此以隱爲直者，直之權，理之經也。○衛州吁弑桓公，石碏之子厚從之，出奔，石碏執而殺之，大義滅親，與周公之誅管蔡同，一天理之正也。若霍光陰妻邪謀殺其國母而不自發，便大得罪了。以此見父爲子隱者亦是非大故，未爲絶天理事。若父爲弑逆之謀，而子亦將不隱乎？曰：如唐李懷光之子璀是也。

凡言人情，有天理内之人情，有天理外之人情，天理内之人情可爲也，天理外之人情不可爲也。蓋天理内之人情亦即天理也，如「父爲子隱，子爲父隱」之類，故今之律，親屬得相容隱而不坐罪，孰謂法律有外於道理哉？其與道理背者，非先王之法也。

「樊遲問仁」章

樊遲問仁。子曰：「仁體事無不在，隨在皆有此理也。隨在而盡其理，則此心常存，而仁不外是矣。」此之謂仁，所謂心存而理得者。

雖之夷狄，居處不可不恭，執事不可不敬，與人亦不可不忠也。此言所以勉其固守而勿失。此注在言外，然固守勿失便是「不可棄」意，不必依陳氏注。○「居處」未嘗應事接物，「執事」、「與人」平説，無先後之可言。黄氏謂應事未涉乎人者，非是。居是居室，處是未動也。細分之，然恭主容。程子曰「未有外箕踞而心正者」，然則敬亦在其中矣，非謂只是貌恭，而恭見於外亦是自然而見於外也。○「充之則睟面盎背」，以自脩而言；「推而達之，則篤恭而天下平」，以及人言。「徹上徹下」，此上下以地位言，所謂上下一理也。

「子貢問曰」章

子貢問曰「何如斯可謂之士矣」，言何如始稱士之名也。

○人之志，患在無所不爲；人之才，患在無所能爲。「行己有耻」，志有所不爲也；「使不辱命」，才足以有爲也。本末兼全，士之爲士如此也。

「子貢能言，故以使事告之」，行己有耻在外。○「蓋爲使之難，不獨貴於能言而已」。使於四方，不能專對者能言也，使於四方，不辱君命者有爲之才也。「不獨貴於能言」，以見貴於不辱君命也。新安陳説非是。

○朱子小注曰：「行己有耻則不辱其身，使能盡職則不辱君命。」不可以「不辱君命」專指能專對言。蓋「不辱君命」重在才足以有爲上，所謂「爲使之難」正在此上。

○夫才行俱全，此士之上也。若宗族稱孝，鄉黨稱弟，則次之。蓋能孝能弟，則大本立矣。然止於能孝能弟，而此外無復才能之可稱，則其才有不足，比之才行俱全者不及矣，故爲其次。

○「行己有耻」説得廣，而孝弟亦自有了。孝弟又該不得「行己有耻」，但更是大本，故不曰行立，而曰「本立」。○「宗族」，宗共姓，宗族共姓爲一族類也。堯舜之道，孝弟而已矣。有子曰「孝弟其爲仁之本」，此乃以爲士之次者，蓋孝弟爲仁之本，由此充去，非謂止此也。堯舜之道，孝弟而已，是舉其大而無所不包者，所謂立愛惟親，立敬惟長，始于家邦，終于四海者也。亦非止孝弟一節，如此章所云是只此二者而已，蓋僅能使其身無過，而無益於人國，守一夫之私行，而不能廣其固有之良心也。

○「言必信」一條，「此本末皆無足觀，然亦不害其爲自守者」，蓋「言必信」，所信者雖不管是不是，然猶知有信也，下此則言誕矣。「行必果」，所果者雖不管是不是，然猶知有果也，下此則行縱矣。「本末皆無足觀」，在本文外，此只是自守。○此小人只以規模器量淺狹言，與前小人謂細民小異。

「今之從政者何如」，亦可謂士乎？曰：「斗筲之人，何足算也。」安得爲士？○上文《集注》云「下此則市井之人，不復可爲士」，則此「斗筲之人」便當作市井之人，言誕行縱者也，何足備士之數乎？

「不得中行而與之」

「不得中行而與之」，言不得中道之人而授之以道也。此言其所以取於狂狷之有在也。大抵天下好人自有三樣：一等志極高而行不揜者，是之謂狂；又一等智未及而守有餘者，是之謂狷；又一等有狂者之志而所行又精密，有狷者之節而又不至於過激，此則所謂中行者也。中行者其上也，狂者其次也，狷者又其次也。然狂狷者有是德又有是病。世間自有一等謹厚寡過底人，若可與也，其實既無向上之志，又無特立之操。故聖人既不得於中行，則寧舍謹厚者，而取狂狷也。或都把注中「徒得謹厚之人，則未必能自振拔而有爲」一句忽略看了，不知此句自虛他不得，要仔細看。

○此章言中行、狂狷，雖據見在而言，其實都是指資質上做出底，不然知行不過而中行了，聖人又何用復傳他道。蓋所云皆是資質，如「剛毅木訥近仁」亦如此照看自見。

○「狂者進取，狷者有所不爲也」，不猶愈於謹厚者乎？此二句是就他好處説，言其所以有取於狂狷者之意，非謂進取是知之過，有所不爲是行之過。○「狂者，志極高而行不掩。狷者，智未及而守有餘。」此朱子正解狂狷之所以爲狂狷處。而本文所謂進取及有所不爲，與夫所以有待於激厲裁抑之意，皆在其中矣。《集注》此已解盡了。下文則畧言之，只見是「不若得此狂狷之人」，又曰「因其志節」云云耳。言「狂者進取」便見只是進取即志極高也，有所不爲即守有餘也。只言其好處，而不好處自見於言外。言「狂者進取」便見只是志，言「狷者有所不爲」便見只是行。

○「狂狷」自是病痛字面，似不若謹厚者之無過。然狂者則進取，狷者有所不爲，有恁好處可成就。彼謹厚者特怕事底人，雖無過可舉，其實不足以有爲，故聖人畧之，而獨有取於狂狷。○有是志者，可以裁抑其知之過，激勵其行之不及，而使進於道。有是節者，可以激勵其知之不及，而裁抑其守之過，而使進於道。孔子以是取之，非止取其志節而已也。故注曰：「非與其終於此而已也。」此「與」字與大文「與之」之與不同。「進取」言其有向上之志，「有所不爲」言其有能守之節。○「激勵裁抑」，仲珠曰：「因狂者之志而激勵之以力行之功，又裁抑之以行當揜言，毋徒志極高而行不足，以副之終於狂而已。因狷者之節而激勵之以致知之力，又裁抑之以知當推廣，毋徒守有餘而知不足，以及之終於狷而已。」此「中行」，只就資質言其無狂狷二者之病耳，非謂「依乎中庸」也。孔子只得是人而與之，則至於義精仁熟，從容中道之地也。○狂狷得之可與進道，齊一變至於魯也；若得中道而與之，則魯一變至於道也。

「人而無恒」章

「人而無恒」，凡事皆不可，獨言「巫醫」者，南人俗語云耳。若此意出於士君子，則不專指巫醫。南人之言，非以巫醫爲小，蓋以其重也，故注亦推其本意云「尤不可以無常」。此「無恒」謂無常心也。常心，人所固有之善心也。巫所以交鬼神，古人於禱祝用之。○輔氏曰：「交鬼神而無常，則鬼神不之享。治疾病而無常，則人不敢寄以死生。此見人無恒，不可作巫醫也。」○南人之言，似專指爲巫醫。孔子稱之曰「善夫」，則不專指巫醫矣，蓋無所用而可也。○「稱其言而善之」，既曰「稱」又曰「善」者，稱，述也，非褒稱之稱，毁亦訓稱人之惡，今俗語亦有謂稱說者。孔子稱其言而善之，其所感者深矣。

「不恒其德，或承之羞」，正孟子所謂「不仁不智，無禮無義，人役也」意。○一説「不恒其德」則事皆不可爲，而爲人所薄矣，故曰「或承之羞」。「不占而已矣」，言無恒則取羞，在《易》有明訓，人惟不占而已矣，苟玩其占，亦何以至此。○一説無恒而取羞，不待占筮而信然矣。南軒、新安皆如此説，此説較優些。蓋

「不占」二字説得切，如未占有孚之義，但恐與《集注》相反。○陳新安曰：「此章見無恒者雖賤役不可爲，且羞辱不可免，以見人決不可以無常也。」

「君子和而不同」

君子之與人也，視人猶己，泛以愛之，和而已矣；初非以其合於己而比之也，是不同。小人之於人也，不過其合於己而與之比耳，是同也，何曾是公心泛愛而和以處之哉？蓋和與同相似而實不同，和公而同私，此君子小人之所以分也。故夫子别而言之，欲學者察乎兩間，而審其取舍之幾也。

「和是公底同，同是私底和」，朱子此説極妙。差之毫釐則繆以千里，君子以同而異。夷、齊兄弟非不和也，各認其是而已。○朱子小注後一説極痛切人情，然大抵是尹氏圈外之意，非孔子本意。孔子是外相似而實不同意。

「鄉人皆好之」章

子貢問曰：「鄉人皆好之，何如，可謂賢乎？」子曰：「未可也。」蓋一鄉未必皆善人也，安知其非同流合汙乎？又問：「然則鄉人皆惡之，何如，可謂賢乎？」子曰：「未可也。」蓋一鄉未必皆不善人也，安知其非詭世戾俗乎？必也「鄉人之善者好之，其不善者惡之」。夫爲善者所好，則可見其有可好之實；爲不善者所惡，又可見其無苟合之行。斯可謂之君子矣乎！

「君子易事而難説也」章

事自我事，彼而言悦，自彼悦我而言。「君子之心公而恕」，公而難悦，恕則易事。本文先言易事、難悦，

《集注》倒解，先公而後恕者，蓋《集注》自下二句順解之也。

「君子泰而不驕」章

「泰」是從容自在底意思。「驕」是負他才能，負他勢位，作意氣相似。驕與泰亦相似而不同。

○君子之泰，非有意於泰也。君子循理，内省不疚，則自然心廣體胖，所謂「坦蕩蕩」也，故泰。小人一下得志便縱欲逞氣而驕矣，豈泰耶？全是理欲之分，故泰公而驕私。

「剛毅木訥」

「剛毅木訥，近仁」，言此性質底人，於仁爲易得也。

○「毅」兼用言，即健也。「訥」者遲鈍，不專謂言之鈍也，是似不能言者模樣。夫子意謂：「夫仁，人心所必有者，但柔脆者有物慾之累，華辨者有外馳之失，故其去仁也遠矣。惟夫剛而有立，毅而有爲，木而不華，訥而不佞，如是則不屈於物欲，不至於外馳，雖未得爲仁，然於仁爲近也。」

「子路問士」

子路問士。子曰：「行行如也，悻悻如也，非士也。必其『切切』情意之懇到，『偲偲』語告之詳勉，而又『怡怡』然，一團和氣之可掬，如此可謂士矣。然此三者皆不可闕，而其所施則不可混，必也『朋友』。」云云。

「善人教民七年」

教之孝弟忠信者，使之知有君親之義；教之務農者，使之無飢寒俯仰之累；教之講武者，使之熟於金鼓坐作之屬。夫孝弟忠信之行，其本也；務農、講武之法，其末也。兼本末而教，則民知親其上，死其長，可以

「即戎」矣。「即戎」使戰也。○或曰親上死長似只承孝弟忠信意，非也。若不使之深耕易耨，則壯者何由得以暇日修其孝弟忠信？且無德上之心，而有救死不贍之患矣，何以能親上死長？若不教之以講武，則民之耳目不習於金鼓車旗，身不習於甲胄，手足不習於弓矢干戈、坐作馳騁之節，見敵未動而先潰，鼓聲一聞而膽破，亦安能親上死長耶？故兼言之爲是。○「即戎」者，民平居只是耕食蠶衣，今則將來用他披堅執鋭，以攻以守以戰，是俾就戎也，猶今云「從戎」之意。○「亦可」者，亦僅辭。善人教民七年如此，亦未必爲節制之兵。一説「即戎」主上之人言。○注云「孝弟忠信之行，務農講武之法」，行與法爲本末。新安陳氏却以務農亦爲本，又是一意。

「以不教民戰」

此二章教民兼務農、講武。至孟子以「不教民而用之，謂之殃民」，則只言教民者教之以孝弟忠信云云。蓋講武之法，戰國之君自不缺也。

憲問第十四

「憲問耻」

「憲問耻」，言世間何事最可耻。子曰：「邦有道，不能有爲，而但知食禄；邦無道，不能獨善，亦但知食禄；是皆可耻也。」蓋憲狷介人也，「邦無道，穀」之可耻者，憲之所知；「邦有道，穀」之可耻者，憲之所未知。夫子兼舉以告之，蓋欲其因所已知而進於所未知，自其有守而充之以有爲也。

但即夫子之答憲問耻者求之，士君子立身天地間，只消得一箇有守，一箇有爲而已。然未有不自有守而能有爲者也，故曰「人有不爲也而後可以有爲」。故在原憲，則難於有爲；在衆人，則難於有守。自當時原憲問之，當以有爲爲重；自後世學者觀之，則當以有守爲重。○憲問耻時已知有「邦無道，穀」之可耻，其以問者，特欲質諸夫子以信其志耳。故夫子并其所未知者告之。注云「夫子因其問而并言之，以廣其志」，若只知有「邦無道，穀」爲可耻則狹矣。

○甚矣，人不可只是有守而不能有爲也。朱子曰：「不能有爲只是小廉曲謹，濟得甚事？且如舊日秦丞相當國，有人壁立萬仞，和宫觀也不請，此莫是世間第一等人。及秦檜既死，用之爲臺諫，則不過是能論貪污而已。」愚謂孔子答子貢問士，以稱孝稱弟者爲次。孔子平日議論最重行，而於此乃以次等目之，意豈苟哉？

「克、伐、怨、慾不行焉，可以爲仁矣」

此與「問耻」都是質諸夫子以信其志耳。怨，忿恨。輔氏注云「忿見於外，恨藏於中」者，非也。「忿」字從心，且懲忿及一朝之忿，豈皆是見於外者耶？蓋朱子解此極分曉，倘只曰恨而不曰忿，便没分曉。何處不是恨？

○子曰「可以爲難矣」。夫人之常情，克則克耳，伐則伐耳，怨則怨耳，慾則慾耳，作於其心，害於其事，有諸中必形諸外，未有能制之者。今乃能制之不行，豈不可以爲難？此亦虚虚答他，不是曰你如此亦可爲難。憲所問，亦不曾曰我克、伐、怨、慾不行焉。夫克、伐、怨、慾四者，約言之只兩件，又約言之只一件，總是人欲。理、欲不兩立。既曰不行，則是人欲猶在而但力制之耳。至於仁則天理渾然，而人欲退聽矣。

「拔去病根」，注中有兩説，一是積漸消磨，一是勇猛决去。勇猛决去者，所謂質美者明得盡，渣滓便渾化，却與天地同體，顔子之克己是也。其次惟莊敬以持養之，則原憲之所可能也，故積漸消磨之説於憲爲切。

「士而懷居」

所貴乎士者，以其但知惟義所在，而無係於情欲也。今也士而懷居則不求義之安，而惟狥情之安矣。何足爲士？不必又推一重，言趨利背義將無不爲，方爲不足爲士。○既謂之士，便當有異於常人處，而乃懷居是亦常人也，何足爲士？

○「懷居」亦懷土也。但自小人言之，則爲溺於所處之安；自君子言之，則只是意所便安處有不能斷然舍去之意。此章蓋爲當時士者周行列國，或於其國義不當留，乃有所顧戀而不能便去之意，所謂係遯者也，故爲此言。夫於所居而有所顧戀，則凡聲色耳目之欲皆在其中矣。而或者乃以「意所便安處」爲泛言，不指居處者，亦非也。但以專懷宫室則不是。

「邦無道，危行言遜」

邦無道，危行便無不是處了，言遜特以避禍耳。○如蕭望之、范滂之徒，便是不知言遜道理，至於張禹、孔光輩，其罪不在於言遜，正在於不能危行耳。且言遜亦非阿諛也。○一説「危行言遜」指在下位之士者言，若居其位者自不容於言遜，只宜去其位耳。

「有德者必有言」

此章之意，似謂固有有言而無德者矣，未有有德而無言者也；固有有勇而無仁者矣，未有有仁而無勇者也。蓋此得以兼彼，彼不得以兼此。夫子發此，欲脩身者知所重，欲觀人者知所尚也。

有德者，「和順積中，英華發外」，未有不能言者也，故必能言。若夫有言者，或是箇便佞口給底人，未可知其必有德。

仁者，心無私累，見義必爲。人之所以不能勇於義者，都是有所牽係。既無所係，惟義所在，則必奮然爲之矣，故必有勇。若是有勇者，或是血氣發出來，未可知其必有仁。〇「德」以理之有得言，「仁」以心之無私言。「德」字泛，「仁」字重。有德之能言，又不若仁者之能勇。但此以德言，仁勇相對，德字泛而偏，仁字重而全。此仁字不主於愛言。

「和順積中，英華發外」，此二句出《禮記》，言和順之德積諸其心，而和順之英華自達於外，必能言也。孔門所謂能言，大抵皆就和順英華上説。如「誦《詩》三百」章云「其言温厚和平，長於諷諭」，「不學《詩》，無以言」則曰「心氣和平」。試觀天下之人，凡言語之能入人者，無不是自和順中來，亦可見聖言之不可易矣。〇英華者，是草木生意積滿之所發達者也，故借以言。花之未吐者爲英，已開者爲華。〇天下之義理皆和順，有德者是得乎義理者也，故曰「和順積中」。〇圈内注仔細，一則「或便佞口給」，二則「或血氣之强」，正貼二「不必」字。若尹氏則下箇「徒能言者」、「徒能勇者」，便失了孔子意。夫謂之「徒能言者」，必無德也亦可矣，豈但未必有德乎？

「南宫适問於孔子」章

南宫适問曰：「羿善於射，奡能盪舟，以力言之，天下無與敵者矣。然一則爲其臣寒浞所殺，一則爲夏后少康所誅，皆不得其死。禹、稷躬稼，若以權力言之，似出人下。然禹則親受舜禪而有天下，稷之後至周武王亦有天下。」南宫适此問，蓋以羿、奡比當世之有權力者，而以禹、稷比孔子。夫以羿、奡比當世之有權力者，夫子已難於言，以禹、稷比孔子，尤難於言矣。故孔子不答。然适之問雖不可答，而适之言則實可取。故孔子俟适既出而嘆之曰云云。蓋君子之所以爲君子者，尚德而已。故君子必尚德，而不尚德者非君子也。

南宫适之言，似問而非問，非問而似問也。答固當，不答亦可。若适正問曰「何如」或云「是何也」，則夫子亦安得全然無一言？○禹平水土，暨稷播種，二者相須爲力者也，故皆曰「躬稼」。禹平水土者，所以爲播種之地；稷之播種者，所以成禹平水土之功。《孟子注》云「水土平然後得以教稼穡」是已。○播種，分布而種之也。撒種之類皆是播種，與今插秧之類少異。○言禹、稷之德而獨稱躬稼者，見其有德於斯民甚厚也。一説此説於孔子不貼，只從南軒見於行事之實説。

饒氏以爲南容是以羿、奡比三家，非也。南容親爲孟懿子之兄，其心固知三家之非義，然於説詞之間必不若是，其自計也果然，夫子亦未必取之。大概是泛論耳。况當時三家季氏最强，孟氏最弱，容之意殆非以己家門事來説也。

考之是時，田恒之篡齊，六卿之分晉，三家之專魯，皆得以老死牖下，而夫子春秋一布衣耳。适之言復何徵乎？然不知彼數子者遺臭簡編，千載有餘戮，而夫子之累朝褒崇，歷萬世而有光也。於此又可見天誅有罪，天命有德之深意，而适之言終不誣云。

「君子而不仁」

君子而不仁者，偶然失之也。未有小人而仁者，未有偶然得之也。仁豈有不求而自得底理？凡外物固有偶然得之者，惟仁則不可以偶然得。○不要依謝氏注以仁不仁主心。愚疑三注二三説俱非，爲把「仁」字説忒重了，他把做全體之仁説，斷不是。

「愛之，能勿勞乎」

此蓋爲當時有知愛而不知勞，知忠而不知誨者發。蓋人徒知愛之爲愛，而不知勞之所以爲愛也。愛而知勞之，則其爲愛也深矣。人但知忠之爲忠，而不知誨之所以爲忠也。忠而知誨之，則其爲忠也大矣。愛之與勞，忠之與誨，似若相反而實所以相成也。愛而不勞亦不成愛，忠而不誨亦不成忠。○味二箇「能勿」字，便見理勢之必然處。夫不愛人則已，愛之能勿勞之乎，言其勞之也必矣。以此見愛而或不勞者，禽犢之愛，非所以爲愛也；忠而或不誨者，婦寺之忠，非所以爲忠也。○愛不但是父之愛子、兄之愛弟、士之愛友，君之愛臣民、師之愛子弟亦有如此者。忠不但是臣之忠君，子亦有盡忠於父處，士亦有盡忠於友處，凡爲人謀亦有盡其忠處。但不必貫忠、愛而一之也。

忠、愛以心言，勞、誨以事言，自其心之忠、愛中來也。本文「忠」、「愛」二字，以正經忠、愛者言也。蘇氏注皆可放在本文之外説。○朱子曰：「凡人之愛，多失於姑息。如近有學者持服而來，便自合令他歸去，却念他涉千里之遠，難爲使他徒來而徒去，遂不欲却他。此便是某姑息處，乃非所以爲愛也。」

「爲命，裨諶草創之」

辭命，最有國者重事，所以交隣事大者在是，所以解紛息争者在是。惟鄭國之爲辭命也，以裨諶素善造謀也，而草創之；世叔熟於典故也，而討論之；子羽爲行人之官，善於應對，而能酌其中也，則脩飾之；東里子産其賢又非他人比，凡事皆視其成也，則潤色之。夫辭命一事耳，始之以裨諶之草創，繼之以世叔之討論，又繼之以子羽之脩飾，而終之以子産之潤色。制一國之辭命，盡四賢之所長如此，是以應對諸侯鮮有敗事。孔子言此，蓋善之也。然於此亦可見鄭之四賢者公心體國，物我無間，略有虞廷九官相讓，各濟其能之風。故世叔討論，而裨諶不以爲嫌；子産潤色，而子羽不以爲羞。夫子稱之，豈惟以其辭命一事之善？使爲人臣者皆能如此，所謂以能保我子孫黎民，尚亦有利哉！○草創，起草也。討論，則將草稿來探討其故典，而以義理論斷之。草創者，未必皆合於典故，未必皆合於義理，惟探討之則大概皆是矣。然未必其無過不及也，故過者在所脩，不及者在所飾。「子羽脩飾之」，則其辭大概得宜矣。然於文采或未足也，「子産潤色之」，則加以文采，而詞氣充明，論説允當矣。

「或問子産」

「惠人也」，一言以蔽之也。蓋子産之爲政，黜汰侈，崇恭儉，作封洫，鑄刑書，此類雖嚴，皆是用以濟寛也。

「惠人」兩字全在心言。

「駢邑三百」，依厚齋馮氏，則以三百爲三百家；依雲峯胡氏，則以三百爲三百社。一社凡二十五家。大抵古者皆以户計，如二十五家，以至萬二千五百家，皆是以户計。其曰「書社三百」者，亦只云户口之書於社版者三百户耳，未必是三百社也。○管仲之德不勝才，子産之才不勝德，皆以資質言，聖學概乎其未聞。「概」者平斗斛之物，言其均之未聞聖學也。

「貧而無怨難」

貧，逆境也。富，順境也。人之常情，最難於處貧，故處貧而能安於義命，無一毫怨懟之心者，人情之所難。人之常情，不難於處富，若但知義理，稍能守分，便能無驕，故無驕者人情之所易，然人當勉其難，而不敢忽其易也。世固有處貧賤而無失者，一旦處富貴則失其本心。此以人情事勢，而别其難易如此，重在人之常情上。《大全》胡氏諸説，人情俱不出。

「孟公綽爲趙、魏老」

孟公綽，魯大夫。魯之在春秋，其視滕、薛等國，雖若差大，然大概氣勢日趨於衰弱也，是箇國小而政繁者矣。任國政者非得碩才，未易卒辦。而以孟公綽爲之大夫，大概是不稱。故夫子因私下評論他説：「孟公綽設爲趙、魏老則優矣，不可以爲滕、薛大夫。」夫公綽，本大夫也，而曰「爲趙、魏老則優」，已自見得不足於大夫之任矣。且公綽，魯大夫也，而曰「不可以爲滕、薛大夫」，聖人不欲顯斥之，然既不可以爲滕、薛大夫，則亦未得謂優爲於魯之大夫矣。蓋公綽是廉静寡欲而短於才者也。惟其廉静寡欲，故優於趙、魏老；惟其短於才，故不可爲滕、薛大夫。夫子此言爲魯病也。○公綽爲魯大夫，而夫子曰云云，分明是説他不稱職，但意思甚婉轉，且見得好處，此其所以爲聖人之言。

「子路問成人」

「成人」，完成的人也，知見得明，廉守得定，勇行得果，藝應得去。武仲之知，雖未可知，然必是聰明穎悟人也。○養心莫善於寡欲，故曰「廉足以養心」。○假如有人知了，又廉又有勇又多才，此亦何等人物了，況又文以禮樂，大概儘高，故曰「亦可以爲成人」。

禮樂，中和之德也。節之以禮，使各適其中也；和之以樂，到那從容自在處。中正只是知、廉、勇、藝做到中節而無偏倚處，和樂只是知、廉、勇、藝做到從容純粹而無駁雜處。以此見得四子未免皆以一善成名，未免偏倚，未免駁雜。

「知足以窮理」四句，未宜說上盡好去，爲有下文「文之以禮樂」在。「使德成於内而文見乎外」，猶在「文之以禮樂」句内，則才全德備。四句却只自「文之以禮樂」說合，亦可以爲成人。

四者只是才德，必文之以禮樂，方才全德備，渾然不見一善成名之迹。不然雖兼四子之長，人猶見是知、是廉、是勇、是藝，到文之以禮樂，則無智名，無勇功，而廉與藝皆不見痕迹矣。○「使德成於内而文見乎外」，表裏如一也，所謂「充實而有光輝」者也。此即所謂禮義充溢於中而得時措之宜也。○「文見乎外」，「文」字不可與「文以禮樂」之文字同看，彼「文」字當節字、和字，此「文」字當死字看，然亦從彼而生也。蓋非「文之」，亦無由有「文」也。若謂「文之」全是外面工夫，亦不是。本意在中正和樂上。

「見利思義，見危授命」

廉、勇爲德，知、藝爲才。見利思義，則亦公綽之廉矣。見危授命，則亦卞莊子之勇矣。則雖其才智禮樂有所未備，而其忠信之實亦似未易能也，故「亦可以爲成人矣」。○才智未備，是欠了武仲之知、冉求之藝。○「久要不忘平生之言」，與人有舊約，終不忘其平生之言。○「忠信之實」三句，總言之也，不可分。○上節所謂「亦可以爲成人」，蓋自人道上已做到七八分處言也。下節所謂「亦可以爲成人」，蓋對異類而言亦成人矣。不然趨利避害，翻雲覆雨之徒，其去禽獸也幾希。○上文「亦可以爲成人」者，對聖人而言也。下文「亦可以爲成人」者，對下文而言也。❶

程子曰「知之明」，智也；「信之篤」，廉也；「行之果」，勇與藝也。人若無才藝，措置不去，亦不果也。○程子曰「若今之成人，有忠信而不及於禮樂」，至朱子正解曰「雖其才智禮樂有所未備」，方知「才知」二字是指武仲之知、冉求之藝。或曰不然，莊子之勇、公綽之廉，非忠信也。曰：「公綽之廉，存誠者也。莊子之勇，與子路同，子路無宿諾，勇也。非忠信乎？若使是他人問『成人』，夫子必以子路之勇爲言，而不取莊子矣。」

胡氏以後節爲子路之言，較是，但有一疑。子路當時既如此云云，夫子安得都無説話？如子路「終身誦之」，夫子便云「是道也，何足以臧」，此却寂然爲何？先儒未嘗疑及此爲何。大抵此書後十篇多闕誤，信矣。

「子問公叔文子於公明賈曰」

夫子以當時稱文子「不言、不笑、不取」，已過其實了，故質諸公明賈。而明賈之言愈過其實，夫子不欲正

❶「下文」，嘉靖本作「衆人」，四庫本作「上文」。

言其非也，故疑其辭云耳。○公明賈之言，雖以解告者之過，而不知己之所言尤甚過也。然則文子未得爲中正之士矣，抑亦將不得爲廉静之士乎？「讀其書，不知其人可乎？」此又學者所當知。○「其然，豈其然乎」，不可以上句爲微疑，下句爲深疑。蓋聖人詞氣含洪忠厚自如此。

「臧武仲以防求爲後於魯」

臧武仲身據防邑，而使使者求爲後於魯。夫武仲既得罪出奔，請後可也，據邑請後不可也。其據邑以請者，以示若不得請，則將據邑以叛也。人雖曰不要君，吾亦必以爲要君矣。

「武仲以防求爲後於魯」，此「以」字與公山弗擾「以費畔」之「以」字同。要，有挾而求也。武仲以防而求後，便是挾防而求，史曰「挾韓而議」是也。○武仲據防求後，分明是要君，故夫子直曰：「不要君，吾不信也。」非如楊氏所謂「誅意之法」。大凡「誅意」皆是事不如此，若無可誅者，而其心則如此，實有可誅也。武仲分明要君，則自不容於誅矣，故曰「要君者無上，罪之大者也」。

一説「臧武仲以防求爲後於魯」，在當時人未必知其爲要君也。夫子是闡幽之意，誅意之法，明臣子之於君父不可干以不順，所以正天下之大法也。要處在「以防」二字，誅意正在此，非夫子不能爲此言。○又按臧武仲以智名當時，然以孟氏之誣以甲從己爲孟氏除葬，遂有奔邾如防求後，既得立後而奔齊，齊將田之，乃以鼠諷齊，竟不得。故仲尼曰：「智之難也。有臧武仲之智，而不容於魯，抑有由也，作不順而施不恕也。夏諺曰『念兹在兹』，順事、恕施也。」右見《左傳》。

「晉文公譎而不正」

「譎」、「正」二字皆以心術言。此夫子以桓、文二公而較其優劣則然，非取桓文正也。《集注》於此有功矣。孔子所謂「正而不譎」者，對晉文而言也。朱子所謂「心皆不正」者，對王者而言也。侵曹伐衛，無鐘鼓曰侵，有鐘鼓曰伐。○《集注》云，皆以證孔子「正而不譎」、「譎而不正」之言耳，非孔子云云也。然亦非云云之外有所謂正、譎也。

朱子於此極仔細。於桓公則曰「猶爲彼善於此」，於晉文則曰「其譎甚矣」。謂之「彼善於此」，則未得爲盡善盡美。謂之「其譎甚矣」，則桓公亦非不譎者，但未至如文公之甚耳。自齊桓言之，楚未服也，則問王祭之不供，而責以尊王之義，楚既服也，則退師召陵，而責以如師之盟，其視晉文則正矣。自晉文言之，楚圍宋也，既伐曹衛以致楚師之救，楚釋宋也，又復曹衛以攜二國之交，則其詭甚矣。考之傳，未見楚之釋宋處。

桓公之伐楚，《春秋》書曰：「公會齊侯、宋公、陳侯、衛侯、鄭伯、許男、曹伯侵蔡。蔡潰，遂伐楚，次于陘。楚屈完來盟于師，盟于召陵。」書晉文曰：「晉侯、齊師、宋師、秦師及楚人戰于城濮，楚師敗績。」踐土之會，「天王下勞晉侯，出於王意，非晉召之。不書者，不罪晉而爲王諱也。于幽之會，分明是晉侯召天王而使之狩。書「天王狩於河陽」，罪晉而不得盡爲王諱也。○齊桓葵丘之會，見于《孟子》詳矣，皆關係綱常。首止之盟，所以定王世子之位，世子即襄王也，名鄭，乃惠王之長嫡。王將以愛易太子，故桓公特爲此舉，其後葵丘初命之詞亦皆以申此義。桓公正而不譎，亦信矣夫。

「子路曰：桓公殺公子糾」

子路以管仲爲未仁者，以其忘君事讎也。夫子以管仲爲「如其仁」者，以其相桓公伯諸侯也。子路之疑管仲者在彼，夫子之取管仲者在此。子路之疑者，記其過而忘其功也。夫子之取管仲者，録其功而不計其過也。蓋其過小，其功大也。至於忘君事讎一節，則夫子姑置不論，初未嘗爲解釋也。下章之論亦如此。「如其仁」，此「仁」字全以其施於外者言，不指本心。○管仲當時不死而就囚者，自知有叔牙在，必能爲桓公所用，而有後功可圖也。管仲當時不死，合下便知有後來功業在。故孔子只稱述其後功，見其所以不死者有在也。

子路以管仲爲未仁，此他日所以必死於孔悝之難也。子路見雖偏亦見，到底亦是偏於好處，與忘君輩見到而行不到者有間，所以爲聖門之學者。○夫惟桓兄而糾弟，則忽之於糾，雖有可死之道，而仲之於桓亦無不可事之理。

「不以兵車」一句最重，「如其仁」就承他説。「如其仁」不依蔡氏以召忽來比，只泛説爲正意。蓋召忽之死不可非，若以忽之仁不如仲，又以爲匹夫匹婦之諒，則是聖人非召忽矣。召忽之失不在於死，而在於輔糾。若聖人既非召忽，則便當爲仲解釋矣，何故無一言及之？聖人爲萬世綱常作主，如何肯非忽之死而是仲之不死？其是非蓋他有在也。○「不以兵車」，蓋以其能昭大信於天下，而諸侯自率從也。今以《春秋》考之，自伐楚之後，只有伐鄭、伐北戎二三舉而已，其餘皆盟會也。桓公之伐楚、伐北戎之類，固以兵車，而其糾合諸侯，何嘗以兵車，全是以大義驅之，大信一之也。如此則尊周攘夷之功，使人不被左衽之化者，果誰歸耶？然非管仲之善爲謀，不能及此。

「子貢曰：管仲非仁者與」

前一節稱其功，後一節不責其死。稱其功以見其仁，不責其死以見其無害於仁。不可以上節爲答「又相之」，下節爲答「不能死」。蓋子貢是非其相桓，孔子所説是就他功業説，非正答其「又相之」之問也。下節只承上節説，非另答箇「不能死」也。正經答「不能死，又相之」意思，全在下節歸結。如上章答子路只述其功，而不必死之意自在其中矣。○召忽之死，管仲之不死，正所謂可以死、可以無死者也。然則仲之不死，更爲是矣。

當時無管仲，則天下其楚矣。桓、文之功，皆以攘楚。六國之併於秦，只爲無管仲耳。魯仲連有管仲之志，而不得管仲之權。管仲成功過於魯仲連，而其識與守則不逮矣。

「豈若匹夫匹婦之爲諒也」，承上文云，仲之不死，其功之在天下後世者如此，豈若匹夫匹婦之自經於溝瀆，而卒莫之知者乎？夫子之取管仲，非以後功贖前罪，以前無罪而後又有大功，故取之也。使管仲而有弑父與君之罪在前，後來雖有此功，聖人亦安得而録之？

管仲雖有尊周室之功，然其實不能使禮樂征伐自天子出。夫子「吾爲東周」之意，正不然。○子路，勇者也，故只疑其不死。子貢，智者也，故言其不死猶可，相之則已甚矣。此先儒説也。看來二子亦有意見了。當時人只爲管仲功高，取之者萬口雷同，而二子獨疑之，便見聖門意思。

「公叔文子之臣」

大夫僎，本公叔文子之家臣，故曰「公叔文子之臣大夫僎」。「與文子同升諸公」者，文子薦之同升也。

古者生有爵則死有謚。公叔文子既死，而謚曰文子。後來孔子聞其嘗有此薦賢之美，而稱之曰文子所爲如此，謂之文子是誠「可以爲文矣」。蓋文者，順理而成章之謂。若僎之賢，理所當薦而薦之，是爲順理而成章矣，謂之「文子」不亦宜乎！○「順理成章」四字不作平説，言順理而有可觀也。○謚法亦有所謂「錫民爵位曰文」者。孔子意不在此，只是順理而成章之意。看注中「亦」字，洪氏注文子「三善」，總不出文公「順理」二字，不可謂孔子以其有是三善而許之云云。

如「孔文子」章是子貢問曰「孔文子何以謂之文」，故答曰「是以謂之文也」。而朱子不復解「文」字之義，以本文便是了。至於此章則因其有是薦賢之美事，而據理評之曰「可以爲文」，言其無愧於文之謚也。故朱子先特解之，而後以謚法所載者實之。○「錫民爵位」之説最遠，使朱子欲再改《集注》，或在所删矣。蓋司馬遷無識，多信僞書，所謂「勤學好問爲文」，則取諸「孔文子」章而附會之。「錫民爵位曰文」，則取「公叔文子之臣大夫僎」章而附會之，其説殊非周公之舊。

「子言衛靈公之無道也」

大概謂其彝倫不叙、綱紀不張也。此一句如「孟子道性善，言必稱堯舜」一般，皆大約之辭，其中云云最多，故孔子承之曰「夫如是」。「夫如是」三字有所指，不止是「無道」二字。○喪，失位也。如魯昭公之見逐於乾侯，齊莊公之見弑於崔子，衛成公之見執於晉人，皆失位也，不止是亡國家。使昭公爲季氏所得，亦不免於殺矣，奚但逐也？衛成公爲晉所執，歸之，其不死者幾希。

「三人皆衛臣，雖未必賢」，賢以德言。「其才可用」，只取其能也。本文「仲叔圉」三句，主衛靈公用人言，不主三人之才言。「賓客」二字如何分？「客」似不論貴賤，較泛些；「賓」又其盛者。然再考之，凡尋常羈旅皆謂「客於某所」，若謂「賓於某所」則不可。《詩》多言「嘉賓」，見其盛也。○孔子因靈公之無道而又特取其用人，其所用之人固皆平日之所不與者，而又不没其才，可見聖人至公之心，天地之心也。

「其言之不怍」

有必爲之志者，必不敢有易之之心。不敢有易之之心，必不至於大言無當矣。不是「仁者其言也訒」意。「其言之不怍」，則占知其「爲之也難」矣。注云「而不自度其能否」，縱自度其能者，亦自不敢易。如孔子猶曰「躬行君子，則吾未之有得」。

敏於行者必訥於言。若其言也自許太高而不以爲慙，如此則無必爲之志，而不自度其能否矣。欲踐其言，豈不難哉？古者言之不出，耻躬之不逮也。

「陳成子弑簡公」

「崔子弑齊君」，「陳成子弑簡公」，此皆記者之辭。如《春秋》法則名之矣，如下文便是。○沐浴則齊戒矣。古者三日沐，五日浴，齊戒必沐浴。故知沐浴之爲齊戒也。○「陳恒弑其君」，凡在官者殺無赦，請舉師而討之。○「陳成子弑簡公」，是時孔子已致仕居魯矣。見得臣弑其君，人倫之大變，天理所不容，人人得而誅之，況鄰國乎！所以特爲沐浴而朝，告於哀公曰云云。不徒朝必沐浴而朝者，重其事而不敢忽也。天子討而不伐。此云「討」者，正所謂人人得而討之也。○公曰「告夫三子」，孔子因出而言曰：「弑君之賊，法所必討。以吾從大夫之後，不敢不告也。君乃不能自命三子，而曰『告夫三子』者。」○蓋一國之命討，自其君出。君若能召三子，而以大義招之，誰敢不從？孔子曰：「以吾從大夫之後，不敢不告也。」孔子當告，哀公獨不當討乎？　蓋是時魯之兵柄分屬三家，哀公不得自專，其曰「告夫三子」者，難之也。及孔子出而曰云云，蓋已知其事之不行矣，特將君命而猶冀其萬一耳。

「之三子告，不可」，是所謂「使人可其奏」之可。

自當時觀之，孔子此請亦無益矣。自今日觀之，孔子此請至今猶足以寒亂賊之膽而折其不臣之心。且在當時，三家聞之亦能無凜凜乎？　故曰「其所警之者深矣」。○一則曰「以吾從大夫之後，不敢不告」，二則曰「以吾從大夫之後，不敢不告」，則正爲君卿者當何如？

夫子初間請討，是決然要討他，非徒舉其義以警三家耳。及後不從，則所謂「非臣之明所能逆覩」者也。夫告者在我，從不從者在彼。然此一事係天討，乃天下之大幾也。使當時能從之，周室其復興乎？　孔子此請，非特爲哀公計，其實亦爲哀公地也。

此事當時自哀公處許行便行得成。若令「告三子」，則可否之權在三子，而不在哀公矣，萬無成理。○當時哀公若自許了，就令三家出兵，以大義驅之，三家似實難以不從。○胡氏曰：「仲尼此舉，先發後聞可也。」此只是人人得而討之意。雲峯却解云：「先發後聞謂魯也，非謂孔子也。」亦太委曲矣。胡氏只是聲《春秋》之義，故嚴於辭耳。但此説與《語録》不合。○愚謂孔子於義盡矣，此事果可先發後聞，則夫子亦爲之矣，不待胡氏發其所不及也。此言似不必附《集注》。出《黄氏日抄》。

「勿欺也，而犯之」

「勿欺也」，泛言。「犯之」，指諫諍言。

言事君要在不欺君。如凡所獻納於君者，必盡吾心而言之，不敢有所虛。凡所宣力於君者，必盡吾心而爲之，不敢有所僞。至於君之有過也，則直言正辭，有犯無隱，必欲歸之於道而後已，此所謂「犯也」。○子路好勇，多是强其所不知以爲知者，如使門人爲臣一事亦是欺，則「勿欺」固子路所不足者。至於犯顔一節，如季氏伐顓臾而不能諫，孔子亦謂其不能「以道事君，不可則止」，則「犯」亦非子路之所已能者。故六字作一句讀者非。范氏自是圈内注，朱子取范氏注只在「先」、「後」兩字上，非打併説也。然「先」、「後」二字亦要看得平正，非夫子告子路有先此後彼之意。

「君子上達」

天理本自高明也，君子循仁義禮智之天理，故日進於極仁極義極禮極智高明之地矣。人欲本自汙下也，小人狥乎聲色貨利之人欲，故日究於淫聲惡色、私貨邪利汙下之地矣。高明、汙下者，貼本文「上」、「下」字。日進、日究者，貼本文「達」字。

君子、小人各有所達。君子循天理，天理自高明，故只日進高明去。小人狥人欲，人欲自卑下，故只日究汙下來。正如君子喻義，小人喻利相似，各有所喻，但所喻不同。此「達」字兼知行。○「達」一也，朱子於「上達」則「日進」，「下達」則「日究」，上下之義也，皆有積漸至極之義。

「古之學者爲己」

古今所學之事都同，但古今學者之用心則不同。古之學者用心，惟欲得之於己。今之學者用心，惟欲見知於人。夫惟欲得之於己，則亦少有不見知於人者，然知不知非所計也。夫惟欲見知於人，則虛譽雖隆，而實德則病矣。

此章先要認箇「學」字，然後及於爲己、爲人之辨。孔子之時，學者所學之事尚皆是正學，但視其所以則同，觀其所由則不同。

「蘧伯玉使人於孔子」

「使人」如云官人，又如云官之也，又如云奴之之類，所以通問也。「孔子與之坐」，對坐乎，坐之於傍乎？曰：「以理度之，及『對曰』二字看起，只是傍坐，便見敬他意了，不必與抗禮。」伯玉使者本難與孔子抗禮，但夫子敬其主以及其使，乃與之坐，而問曰：「夫子近日間都何所爲？」對曰：「夫子無他，常有意寡過，而猶未能耳。」即使者此言觀之，則伯玉省身克己，常若不及之意可見矣。使者之言云云，子曰「使乎，使乎」，其深知君子之心而善於辭令者矣。○人但知使者之善於詞令，而不知其深知君子之心，所以爲可取也。假如伯玉未能如此，而使者云云，則夫子未必許他。如公明賈之對亦善乎其爲詞令矣，而反以來聖人之疑。故《集注》又曰：「不惟使者知之而夫子亦信之也。」人貴乎肯認過。自聖人以下，孰能無過？顔子「不貳過」，則未免於過矣。伯玉欲寡過而未能行，「年五十而知四十九年之非」。今人有過，不喜人規，及人説時又硬要辭開去，不知如此使得心術畢竟卑了。○「省身克己」，即省察克治也，省身有過，便克治了。○「省身克己，常若不及之意」，吉人爲善，惟日不足也，此即所謂「踐履篤實」也。○「光輝宣著」，只看使者知之，而夫子亦信之，便見得。「使者出」，蓋出就歇處。

「使乎，使乎」，如「時哉，時哉」，「水哉，水哉」之例。「使乎，使乎」，猶言真使者。再言之者，重美之也。○大抵此使者所造也儘高了，不就事爲上說，獨指他用心處說，真可謂知言。

春秋諸賢大夫，如伯玉，却是有裏面工夫底人。觀其欲寡其過而未能且耻，獨爲君子，而其出處又合聖人之道，可謂有體有用之君子矣。雖不與聖門，然考其所立，顔、曾之亞，閔、冉之儔也。「伯玉行年六十而六十化」，歲歲變新也。「伯玉行年五十而知四十九年之非」，本出《淮南子》，而大注皆以爲《莊子》，亦適然之誤。

「君子思不出其位」

所思不越乎所處也，泛説爲是，不必以此「位」字當上章「位」字說，上是職位之位。曾子之「位」，依《易・象》意說，與《大學或問》所謂「蓋其所居之位不同，故其所止之善亦異」之位字同。曾子只以一人說，范氏則有各止其位意，故在圈外。

「君子耻其言」

凡耻皆有羞赧退怯之意，故以狀不敢盡其言者。此以君子之能如此者言也。夫言易至於有餘也，而耻之；行易至於不足也，而過之。此君子之所以爲君子也。

「君子道者三」

曰「仁者不憂」，見其未免於憂也。下二句亦然。

本文絶不可說出「成德」字，出「子罕」章亦不可說出「進學」字。且「進學」、「成德」字是范氏合二章而言，其一則智爲先，一則仁爲先之意耳，非經旨也。

「夫子自道也」，言此特夫子之言如此耳。以賜觀之，夫子於此三者蓋綽綽乎其有餘矣。不可以「言」字當「謙」字。

夫子自以爲未能，而子貢又以爲「自道」。子貢之言是，則夫子之言非其情矣。夫子之言果然，則子貢之言幾於阿矣。曰：「夫子之言，聖不自聖之心也。子貢之言，智足以知聖人之智也。」〇「自責以勉人也」，此一句不可等閑看，有聖人猶憂，況學者乎之意。蓋此三者在夫子猶以爲未能而自責，則學者更當何如其猛於用力耶？此句要看「以」字，與下文「自貶以深抑之」之例同。

「子貢方人」

「子貢方人」，夫子以爲賢，褒之也。而曰「賢乎哉」，則又疑其詞。謂「我則不暇」，自貶也。然夫子於此且不暇，而子貢獨暇之乎？蓋急於自治者，自不暇於方人也。其自貶者乃所以深抑之也。子貢方人也，是一箇大病痛。

「不患人之不己知」

「不患人之不己知」，有能則人自知之矣，何用患爲？此章凡四見，而文皆小異，則「聖人於此一事蓋屢言之，其丁寧之意」切矣。學者須要念聖人所以丁寧之意。

「不逆詐，不億不信」

天下之人防範過密者，多逆億之私，其不逆億者又墜於小人之計。今也初不逆人之我欺，初不億人之吾疑。然却於人之我欺、我疑者未嘗不先覺，則既不先事而預料人之奸，而亦不臨事而墜於小人之計。斯其爲賢矣乎！○要見得逆億是有心以迎之，先覺是無心而自悟。○大注云「於人之情僞，自然先覺」，兼言情僞者，猶《大學》之「善惡不可掩」例，詞若兼意則有所主。○「誠明」二字固可用，但范氏謂「未有誠而不明者」，則是惟其不逆不億，故能先覺，是誠生明之意，則非本意矣，故在圈外。且「誠明」二字亦説得大了。《語類》云與本文都不相干。新安「先事」、「臨事」之説，人多非之，看來無害，非之者非也。○李綱告宋欽宗曰：「天下之理，誠與疑，明與暗而已。誠則明，明則愈誠。自誠與明推之，可至於堯舜。疑則暗，暗則愈疑。自疑與暗推之，其患至於有不可勝言。」

「微生畝謂孔子曰」

微生畝以隱爲高，往而不返者也。故見孔子歷聘栖栖，而疑其爲佞。殊不知吾夫子可仕則仕，可止則止，豈若小丈夫執一不通哉？故答之謂：「夫我之爲是栖栖者，非敢爲佞以悦人也，誠以不如是則執一不通，乃我所惡者也，故不欲望望然去之耳。」惡是聖人自惡執一不通之事，非惡執一不通之人也。然曰「非敢爲佞」，則夫子不佞矣。曰「疾固也」，則微生畝爲固矣。微生畝正是執一者，夫子曰「疾固」，其警之也深矣。

「驥不稱其力」

驥之見稱於人舊矣，然驥之所以得名，則不稱其力之足以任重致遠，却是稱其調良之德也。向使驥有是力而無是德，則人亦何取於驥哉？大抵驥馬自然調良，蓋在馬中便是稟德之最純者也。如蘇氏謂「馬蹄齧者必善走，其不善者必馴」，此又以凡馬言，不可以此例驥也。驥亦馬中之君子與！

「或曰：以德報怨，何如」

「以直報怨」，顧道理何如耳。理當愛、當取，則愛之、取之，初不以其有怨於我，而不愛之、不取之也。如理在所惡、在所舍，從而惡之、舍之，亦不以其有怨於我而避嫌，故不惡、不舍之也。只看道理如何，一似未曾有怨一般，所謂直也。

存心薄者，必以怨報怨。至如或者欲以德報怨，則又過於厚。二者均之失中也，故聖人如此開交。

「以直報怨」，全不怨人，待之已極厚了，如當賞則賞，不當賞則不賞，道理至此方爲中，亦至此爲極。「以德報德」，但凡可爲他着力而不害義處都爲他。

「以德報德」，愛憎取舍雖有加厚意，然君子亦未嘗以私恩害公義。公道上去不得處，終是不肯以私害公。可厚則厚，不可厚處亦難强要厚得，必不把法度都賣了，然則報德亦顧道理如何。大抵天下之事，須要論理便做。君父之仇，亦有當報不當報之别。《周禮》曰「殺人而義者令無仇，仇之則死」，此不當報者也。《春秋傳》曰「父不受誅，子復仇可也」，此當報者也。不可只據《曲禮》曰「君父之仇，不與共戴天」。道理有幾般樣，須要斟酌。

「指意曲折反覆」，如造化之微妙無窮，只在上文云云。蓋「以德報怨」則報怨過厚，而報德亦無以加此，是彼此俱不得其平了。惟「以直報怨，以德報德」，則於有德者固不没其德，其意固厚矣，而於有怨者亦不復記其怨，亦未嘗不爲厚，其於彼此之報各得其平。

「子曰：莫我知也夫」

「莫我知也夫」，正含下文意。夫子自嘆，以發子貢之問也。此「發」字與下文「故特語以發之」之發字不同。

子貢曰「何謂其莫知子也」，言人所不知子者安在？「何謂」，何所爲也。夫子下文則指言其人所不知我者，實所以教子貢也。而子貢却未達，若達則當如曾子曰「唯」，公西華曰「正惟弟子不能學也」。而子貢默然，朱子是以斷其未達也。

「不怨天，不尤人，下學而上達」，三句意不斷，「下學」二字就套在不怨、不尤裏。「下學」即自脩之實也。大凡怨天尤人者，必不知反己。反己自脩者，自然無怨尤。但反己自脩，則理在事中，事亦非理外，便自然漸進矣。此皆朴實頭爲己，而非有所歆動於人處，固非所以致其知，抑亦非人所得而知也，大注「此但言其反己自脩，循序漸進耳，無以甚異於人而致其知也」，直解到「其天乎」住。或者止截到「上達」處，非也。與「葉公問孔子」章大注「此但言其好學之篤耳，然深味之則見其全體至極」云云同。

「下學」者，今日格一物，明日格一物，今日行一善事，明日行一善事，久則自然知天立命，而萬境洞然矣。○不怨、不尤，則不責之人而責之己。下學人事則不求之遠而求之近，此固無異於人而不駭於俗矣。人亦何自得而知之也耶？及其「上達」，而與天爲一焉，則又有非人所能及者，此所以人莫之知而天獨知之也。洒掃應對上，真有精義入神處。且如數人共坐，我坐此，你在彼，或上坐，或下坐，或坐而言，或起而對，此一坐作語言之間，其所以然者從何處來？蓋由心生也。心之所以有是布置者，便是天命之性也。

天命之性，便是「上天之載，無聲無臭」者也，安得爲非精義入神耶？百姓所以日用而不知者，只緣當坐亦坐，當起亦起，但於其理之所以當然者則懵然耳。惟聖賢則於一坐一作之間自有和順道理而理於義。○聖人下學便上達，如何説循序漸進？如程子説忒緊了，程子只恐人認上達在下學外，故云。若孔子本意，却是謂我只管下學，而自然至於上達。不是方下學便一蹴到上達處。只是上達不在下學外耳。○程子又云「蓋凡下學人事，便是上達天理」，此句亦忒緊了。如「民可使由之，不可使知之」，又曰「終身由之而不知其道者多矣」，則下學與上達亦須有别，方是如權與經亦當有辨。但其意總是要人曉得上達不在下學外，此其所以取之。但聖言便不然。

「下學而上達」，孔子還是斂退説話，不似今人説得鬧動了。故朱子正解云「反己自脩，循序漸進」，此都是平實意，却於後綴云：「然深味之，則見其中自有人不及知而天獨知之之妙。」○若不下學，更無可説上達處，便是異端之學矣。○「幾足以及此」，此指其中人不及知而天獨知之之妙。

大注謂當時「惟子貢之智幾足以及此，故特語以發之」。愚疑此説亦未盡，恐亦以子貢平日好爲皎皎之行聞於人，故特説出「不怨天，不尤人，知我其天」之事。倘遇顔、曾之徒，又未必不别説出一段道理也。蓋聖人之言，如天地之化工，因物而賦形，然其語雖不一，却同是一箇聖人氣象。此又不可不知。

「公伯寮愬子路於季孫」

「夫子固有惑志於公伯寮」，言其心爲寮所惑也。「吾力猶能肆諸市朝」，若果如所云，則子路之得罪於季孫者將益多矣，不知如何。

「道之將行也與？命也」，寮固不能使之廢。「道之將廢也與？命也」，則又何預於寮？故曰：「公伯寮其如命何。」

上二句且虚説，不必因謝氏注，便以寮之愬不行爲道之將行，以寮之愬行爲道之將廢。若如此説，如何再説得「公伯寮其如命何」一句出？亦不可依小注齊氏説，公伯寮之愬子路是假以沮孔子意，與下句「公伯寮其如命何」都不相貫，只恁平實伶俐説去，聖人無如此曲折。蓋子路若得行於魯，便是得志，便是道之將行了。〇「聖人於利害之際，則不待决於命，而後泰然也」。蓋命以氣言，聖人則以理爲主。惟道之安而命由我出何待决於命？聖人不言命，凡言命者皆是爲衆人設也。

「賢者辟世」

三箇「次」字，愚意只就世、地、色、言上説來。然與程子説似不合，然大意却不背，細看當見得。〇小注以「靈公問陳」爲有違言，恐非本旨，只是要扯來填這一腔子耳。「違言」是言不相合也。違，忤也。靈公問陳，孔子是見得他已無道，復志戰伐，是算殺他不足與有爲，故去之耳，非有所忤也。

「作者七人矣」

此孔子憂世之言。「作」是見幾而作之作。作者已七人了，味其語意，有天地閉，賢人隱之傷。言好人去了恁多，怎地好。蓋國而無賢，則將何以爲國乎？此夫子所以嘆之。如宋楊繪言群賢未老求去意，繪之言曰：「范鎮年六十有三，吕誨五十八，歐陽脩六十一而致仕，富弼六十八而引疾，司馬光、王陶皆五十而求散地。陛下可不思其故乎！」

「子路宿於石門」

晨門意謂：「既不可爲，斯已而已矣，而孔氏尚欲爲之乎？」是譏之也，蓋未知聖人耳。然其言聖人則非其自處則是。勉齊此兩句道得最好。

「子擊磬於衛」

當時自是衰世，而孔子憂世之心不能一日忘，故於其擊磬也，憂世之心寓焉。有荷蕢而過孔氏之門者，聞其磬聲而知其有心於世，乃言曰：「有心哉，你看他磬聲乎！」非是説他猶有心於聲磬也，❶此未有貶意。○「蕢」，草器也，今草包之類既謂之器，便是可用以盛物者，且與孟子「我知其不爲蕢也」相協，蓋蕢似屨也。

荷蕢譏孔子曰：「何爲如此硜硜然專確執一不通，而不能適去就之宜乎？」夫人不知己則當斯已，如深厲淺揭可也。今天下既忘乎己而已猶不忘天下，乃擊磬於衛，如彼則是深不知厲，淺不知揭，誠鄙哉硜硜者乎！「硜硜」亦專確之意，言胡爲猶戀戀於斯世也。○「深則厲，淺則揭」，舉《詩》詞也，正如「不忮不求，何用不臧」例，不必説《詩》云。或有以「《詩》不云乎」一句過起，然畢竟也是《詩》云了。

「視天下猶一家」，兼中國之外説。「中國猶一人」，説較近些。「一人」又切於「一家」矣。

「《書》云：高宗諒陰，三年不言」

❶ 「聲」，嘉靖本作「擊」。

考之《書》，只《説命》上句云：「王宅憂諒陰三祀，既免喪，其惟弗言。」此便是《書》云云了。不必要有成語，朱子不解《書》何篇者，以其無成文也。○「諒陰」，若依孔氏、胡氏、邢氏，則諒爲信，陰爲嘿，而於「不言」二字爲重復矣。當依覺軒蔡氏説，諒者梁也，闇者倚廬之廬也，方知《書》所謂「王宅憂諒陰者」爲合，而於鄭氏謂柱楣所謂梁闇是也，尤爲有證。○大注云「諒陰，天子居喪之名」，此與覺軒注不同，蓋未定之見。或説「古之人皆然」，爲天子皆然，君薨爲諸侯亦然，不必從「總己」是百官自總己職，連他衙門大大小小事都總束上，一聽冢宰之處分。

「君薨」既兼天子、諸侯，則「百官」亦兼王朝之百官與侯國之百官矣。○子張是疑，人君不容以三年不言。孔子是與他説，人君所以得三年不言之故，蓋古制也。○胡氏説與大注不合，故在圈外，非總注也。

「上好禮」

「上好禮」，則自其身之動静，以至事爲之設施，無一步離了禮。如此則禮行於上矣，行於上則達於下矣，達於下則下各安其分矣，以禮驅之，何不可使？若自家不好禮，而但以禮驅人，則所令反其所好而民不從矣。「好禮」該本末言。○禮達於下是觀感也。若説「官府之政、學校之教」便是好禮處，非禮達也，乃達禮也。「禮達」、「分定」字在「上好禮」之下。○要依「答樊遲」章就上人本身説，不可依饒氏「官府之政、學校之教」説。然其達於下而分有定，則民易使矣。然亦不必全依輔氏謂「上好禮則品節詳明，而誠意退遜，故觀感於下亦皆安己之分」云云，如此則禮達、分定意思又不見了。○胡傳：「與賢者貴於與人，與子者定於立嫡。傳子以嫡，天下之達禮也。故有君薨而世子未生之禮，植遺腹，朝委裘，而天下不亂者，以名分素明而民志定也。」此可見爲國以禮道理矣。夫禮與國，相爲存亡者也。

「子路問君子」

「子路問君子」，是問君子之道如何，如「顔淵問仁」意思。下文所云云，皆非君子不能也。

「脩己以敬」是工夫，及子路少之，而告之曰「脩己以安人」。工夫只在脩己上，「安人」則有不在我者，「安百姓」亦然。然方見聖人詞意之周至，抑子路使反求諸近，但求諸近則遠者不外是矣。蓋其充積之盛，自然及物也。豈是我脩己特地去安人，又脩己特地去安百姓耶？

「脩己以敬」，此一句兼大小，包遠近，在其中雖未曾説出充積之盛意思出，然亦不是只説那小底。「脩己以敬」，此一句徹上徹下。下文「脩己以安人」，「脩己以安百姓」，則是因子路少之，故就那充積及物處來説。○「脩己以敬」，兼内外動静而言，只在一句便都了，只緣子路問不置，故并其效而言之。而曰「堯舜猶病」，學者須要真見得。

「脩己以安人」，脩己内有箇敬。蓋脩己以敬，而極其至則静虚動直，何所施而不當？故百姓安。○人惟敬則百事胥當，不敬則百事皆不當。此「脩己以敬」所以有「安人」、「安百姓」之理。百姓，舉天下而言。○程子注要詳細看，「脩己以安百姓，篤恭而天下平」，兩句一意，可以相發明故兼舉之。「惟上下一於恭敬」者，我能敬則人感化亦皆敬，不獨我能敬也。此自然之理，故又兼言之，所謂「不顯惟德，百辟其刑之」也。○「惟上下一於恭敬」，則和氣充塞於兩間，是以天地位，萬物育，而和氣之精英又鍾爲四靈，如《禮運》所謂「鳳凰、麒麟皆在郊藪，龜、龍皆在宫沼」者。○「此體信達順之道」，體信達順都在「敬」字内，兼體用言，即所謂「致中和」也。《中庸》「致中和」只是一箇「敬」，舉其極功而言，故曰「致」耳。能「致中和」便天地位，萬物育，此自然之理。程子此言，學者須把做箇第一大題目看。「聰明睿智皆由是出，以此事天享帝」，「是」字、「此」字皆指體信達順。體信達順即敬也。〇「聰明睿智皆由是出」者，誠則無不明矣，心胸越開朗，義理越明瑩，以此事天享帝，「文王陟降，在帝左右」。惟聖人爲能享帝之於天下也，其如「視諸斯乎」之義。

《尚書》三解「允恭克讓」節云：「天地萬物，本自同體。自夫人梏於有我之私，而慢易驕放之心形，則其與天地萬物自見隔絶而爲二。惟聖人實能盡此理於一身，故真見天地人物無一之可忽，無一之可傲，則天地人物總在吾和氣中矣。堯之允恭克讓，皆其實然之理，至誠之充塞者也。」愚謂此義微而難看，人惟實不到恭遜地位，是以見不得被四表，格上下。學者試静思之，斯須之莊敬和樂，自有上際下蟠之理。左支右，吾出門如有礙，誰云天地寬者，皆其不恭不遜之根未去也。善乎楊敬仲之言曰：「堯未嘗推而大之，天地萬物皆在堯一性中，動之斯應，分内事也。」

「原壤夷俟」

子曰：「人之生世，方其幼也，有長者在上，則當遜弟；及其長而成人，便當有以自立於世，使人得有所稱述。今也自幼便驕惰壞了，幼而不遜弟；及其長也，又只是碌碌庸人而已，長而無述焉。如此則不如早死，免得久留身世間，爲風俗之蠹。乃又老而不死，徒足以敗常亂倫，是賊而已矣。」既正言以責之，而又以杖叩其脛，責其「夷俟」也。

按《檀弓》，原壤母死，孔子爲之沐椁。而原壤歌，孔子弗聞也而過之。如今乃責其「夷俟」如此之嚴，何舍重而責其輕耶？蓋數其喪母而歌，則原壤當絶；叩其箕踞之脛，則壤猶爲故人。盛德中禮，見乎周旋，此亦可見。○蹲，踆也。夷俟既不立，又不正坐。○又按《檀弓下》，原壤母死而歌，夫子爲弗聞而過之。❶從者曰：「子未可以已乎？」夫子曰：「丘聞之，親者毋失其爲親也，故者毋失其爲故也。」壤之歌曰：「狸首之班然，執女手之卷然。」狸首班，謂其木文之華，如狸之班也。執女手之卷然，言沐椁之滑膩，如執女手之卷然也。千載之下讀此歌者猶爲之不忍，看來亦不必責他了，此在聖人則可耶？

「闕黨童子將命」

闕黨童子在聖門下，聖人使之將命。夫聖人所以使童子將命者，其意固自有在。或者以爲此童子必其學有進益，故孔子使之傳命以寵異之，故問曰：「此童子是益者與？」聖人因道其所以使童子將命之意，其意正與或人所疑者相反，然實所以益之也。

禮，童子當隅坐，而此童子，吾見其居於正位也。禮，童子當隨行於長者，而吾見其與長者平行也。夫不止於童子之所，而自進於成人之列如此，然則此童子「非求益者也」，但是「欲速成者也」。蓋求益便當循序依禮，言此者以見我所以使之給使令之役，觀長少之序，習揖遜之容。蓋所以抑而教之，非寵而異之也。

❶「過」，原作「告」，今據嘉靖本及《禮記·檀弓下》改。

重刊蔡虚齋先生四書蒙引卷之八

衛靈公第十五

「衛靈公問陳於孔子」

「俎豆」二字因問陳而生，夫子既曰「未學」，則在靈公爲不當問矣；既曰「嘗聞」，則在靈公所宜加意矣。蓋爲國以禮，兵陣之事非所宜先。○俎、豆皆禮器，但俎如几子，木爲之以載牲體，豆容四升，亦木爲之以薦菹醢。○靈公問陳，夫子便知其不足以有爲矣，故去之。

按《史記》問陳之明日，又有仰視蜚鴈之事，故孔子遂行。

○夫子所學者，俎豆之事；靈公所問者，軍旅之事。此其志意已不相投矣，尚可留乎？故去之。夫孔子自少以知禮聞，則俎豆爲夫子之所學者，已不待言。至於軍旅之事，夫子豈真未之聞哉？觀其却萊兵、誅少正卯、墮三都，❶風采凛然，且嘗曰「我戰則克」，夫子豈短於此哉？爲此語者，特以拒衛靈公之問耳。然不直曰軍旅未之學，而又啟之曰俎豆之事則嘗聞，使靈公能改兵陣之問而爲俎豆之問，不亦美

❶「萊」，原作「莱」，今據四庫本改。

哉？○徐節孝先生曰：「兵者，實大賢盛德之事，非不才小智所能用，而酷慕諸葛孔明。」○「靈公問陳子曰」云云，齊宣問齊桓、晉文之事，孟子曰：「臣未之聞也，無已，則王乎。」其家法一也。蓋不止遏其所不當問，而又啟其所當問者也。然齊宣繼是能有「何如則可以王」之問，衛靈則畧無憤悱意，又以見二君之優劣，而夫子之所以遂決於去衛也。

○夫子既拒其問，明日遂行。蓋靈公無道之君，復有志戰伐之事，故答以未學而去之。去之陳而絶糧，從者飢甚俱病，莫能興起。子路愠見曰：「君子宜乎無窮。既是君子，乃亦有窮乎？」子曰：「禍福成敗有不在我者，君子安能必其無窮，固亦有窮時。但君子能守其窮，若小人窮則放溢爲非矣。然則今日但當守窮而無至濫，斯可矣。」此其所以警子路者，亦有在矣。○濫，溢也。小人窮則自放於禮法之外，而無所不至，亦如水之溢出外也。固窮，作固有窮時説，方應「亦有窮乎」之問。若未答他「亦有」字意，只先説固守其窮，亦不成語次。且下句「小人窮斯濫矣」句内，便亦該得君子能固守其窮之意了。

○聖人當行而行，無所顧慮，於其明日遂行。在陳絶糧，見之「處困而亨，無所怨悔」，於其所謂「君子固窮，小人窮斯濫矣」見之。但全章題目則不可如此分截，如《中庸》所謂「首明道之本原出於天而不可易，其實體備於己而不可離，次言存養省察之要，終言聖神功化之極」正一般，亦不可依他分截。且依饒氏分，但謂「顧是顧後，慮是慮前；怨是怨人，悔是自悔」，不必依他。一説便無絶糧之事，朱子亦曰「無所顧慮乎」，而小注「都不計較」之言，豈亦虚設邪？○在陳絶糧，不必拘説遭厄。蓋依大注「當行而行，無所顧慮」之説，只是説夫子要去便去，都不計較，所以絶糧也。然據《孟子》之「厄於陳蔡之間，無上下之交也」，則是實有難矣，不知如何。○《集注》「在陳絶糧」之下，既無患難之説，總注又有「無所顧慮」之説，可見不用此意，只是無盤纏耳，亦是無相知人。在孟子「無上下之交」之言爲實，而「發兵圍之」之説未見其的也。

「賜也，汝以予爲多學」

多學，多聞多見也。能識，是所聞所見又都記得也。

○「賜也，汝以予」之道，爲出於「多學而識之」者歟？子貢始而曰然者，以夫子於天下之理無一之不周知，非多學而識者不能，是多學而識者也。既而疑之，以謂夫子豈專用心於外者邪，必有一箇道理在，而非徒多學而識者也。子貢方信而忽疑，蓋其積學功至而亦將有得也。○夫子欲其知所本也，蓋萬理同出一原，人之一心萬理皆從此出。得其本，則本原清明之地，此理無不容受，有感皆通，雖不拘拘於多學而識，而自無一理之或遺。若但費力於多學而識而不知所本，則徒得其用之殊而不得其體之一，亦烏足爲盡心知性而知天者哉。

「非也，予一以貫之」

○言天下萬理同出一原，我只是一箇道理以該貫他，何至於多學而識邪？○子貢只就外面探討得許多，孔子則只把他一心來照外面許多，而見其無一理之或外也。○天下無一人無有一貫底道理，何也？心之虛靈知覺具衆理而應萬事者，人所同也。雖聖人一貫，亦不過是全此箇理耳。所謂質美者明得盡，不見渣滓而一貫之妙在是矣。其次則必自格物致知，以至於知性知天，則亦能一貫矣。邵子曰「心爲太極」，一貫之謂也。學至於一貫，則千端萬緒隨取而隨得矣。雖不拘拘多學而識，而自無一之或遺矣。○彼以行言，此以知言。行該得知，知該不得行也。故曰曾子「蓋已隨事精察而力行之」，精察非知而何？單言行，知在其中矣。○蓋聖人雖未嘗不博，然非止務博也。是知子貢博學者也，夫子博而約者也。不可以「非也」二字便説聖人全不用博，聖人不專務博而未嘗不博，若不博又安有約邪？○一固一也，所貫則不一也。亦何嘗不博，但有約以御博耳。○謝氏注引「上天之載，無聲無臭」者，明聖人一貫之妙，如天之於衆物，匪物物刻而雕之也。尹氏注則言子貢不如曾子，愚按以下則又言諸子不如子貢。

「由！知德者鮮矣」

○德謂義理之得於己者，既是如此，則不可謂知義理之得於己者爲鮮也。知者，知其意味之實也。能知其意味之實，則富貴不淫，貧賤不移，威武不屈，無入而不自得矣。此知德之所以爲難也。此章蓋爲愠見發歟？不然，何獨呼由而告之也。知德與知道不同，觀大注可見。○義理對利害而言，有意義理實得於己，則利害不能動於己矣。善乎！饒氏之説曰：「既知得這裏面滋味，則外面世味自有不足以奪之。」○在物爲理，處物爲義。○《集注》曰「非己有之，不能知其意味之實也」，此意云何見其所以鮮也。○子路在聖門號勇於義者，夫子嘗曰「乘桴浮海，從我其由」，然一爲絶糧所困，尚爾愠見，况其他乎？信乎，知德者之鮮矣！蓋子路之勇於義，是資質上來。若知德，則必自學力上來，始見滋味。子路於細膩克己工夫則未也。○路豈有未行而知其曲折者，❶其未行而知其曲折者，只是得於傳聞，識箇方向耳。故學者要真知。

「無爲而治者，其舜也與」

○獨稱舜者，紹堯之後，而又得人以任衆職。則既有帝堯以當其勞於前，又有衆賢以分其勞於下，此舜之德所以雖不必有盛於他聖人，而無爲之治則有他聖人不能及者矣。此二句都是推孔子所以獨以無爲而治歸諸舜者之意，若用在下句尤不是。然今人只知舜是紹堯之後，又得人以任衆職，所以無爲，至於德盛民化，則又略之，殊不是。蓋自古聖人德皆盛，德皆盛皆可無爲而治，但舜不徒盛德，又有此兩段機會，尤爲無爲耳，故獨稱之。

「夫何爲哉，恭己正南面而已」，見其實無所爲也。○「恭己正南面」，本不是説他無爲，而益以見其無爲也。語意與堯之德不可名，所可見者其功業、文章巍然焕然而已相似。○恭己，以敬之見乎外者言，故曰「敬德之容」。「敬德」二字，就在内面説箇無爲而治。下文又言「恭己正南面而已」，蓋其爲治之迹不可見，而惟敬德之容爲可見也。○曰「無爲而治者，其舜也與」，未必其他聖人皆擾擾然有爲也，有爲則非聖人矣。曰「無憂者，其惟文王乎」，又未必其他聖人皆戚戚然長憂也，有憂則亦非聖人矣。要皆舉其尤者言。○「封山、濬川」，封，表也，即封贈之封。封十二山者，每州封表一山以爲一州之鎮，如《職方氏》言

❶「折」，原作「拆」，今據嘉靖本、四庫本改。下「曲折」同。

「楊州其山鎮曰會稽」之類。濬川，濬通十二州之水也。

「子張問行」

子張問行，問如何便處處都行得，子曰顧自處何如耳。

○子張問行，問如何才行得也。夫子告以如此則行，如彼則不行。你如今欲如此而不如彼，必也於忠信篤敬念念不忘，雖欲頃刻離之而不可得。夫然後一言一行，自然不離於忠信篤敬而蠻貊可行也。○「言忠信，行篤敬，雖蠻貊之邦行矣」，子夏所謂「君子敬而無失」一條亦有此意，但不應説四海皆兄弟之言。蓋忠信篤敬則人恒愛之，人恒敬之矣，故蠻貊可行，蠻貊之人亦有人心在也。○蠻貊可行，則近者可知；州里不行，况於蠻貊乎？行舉其遠，見其無處不可行也；不行舉其近，見其無處而可行也。孟子言「苟能充之，足以保四海；苟不充之，不足以事父母」，一樣語意。子張書諸紳，書「言忠信」至「夫然後行」數句。今此數句，蓋是記者録他書紳之成文也。○行篤敬者，篤則不薄，敬則不苟也。○參前倚衡，是説未行未言之先能如此，夫然後言自然忠信，行自然篤敬，而蠻貊可行也。參前倚衡，只是此心不忘，到處相隨之意。夫然後行，意謂言忠信，行篤敬，而蠻貊之邦可行者，豈可以襲取而强爲之哉？○上一節據見在説出兩端，下一節乃教以下工夫。

○子張書諸紳者，蓋以受教之時此心固在，聞教之後怠心或生，故特以孔子上文所告盡書諸紳。書諸紳，則身在是，紳亦在是，紳在是，則忠信篤敬亦在是矣。然此在顔、曾則不用書紳，亦可見子張之爲有志者，發於實心見於實事也。○「質美者明得盡」，明如「明明德」之明，兼知行，欲盡理還意思。學要鞭辟近裏著己，所鞭辟者非妄也。

「直哉史魚」

此兩句重在「邦無道，如矢」，下兩句重在「邦無道，則可卷而懷之」。如矢，言直也，《詩》云：「周道如砥，其直如矢。」問：「尸諫一事，只見他無道如矢，何以見其有道亦如矢？」曰：「無道尚如矢，有道有不如矢者乎？蓋不難於有道之如矢，而難於無道之如矢也，詳《集注》意。」○「邦無道，則可卷而懷之」，味一「可」字，則史魚「邦無道，如矢」，雖欲卷而懷之有不可得也。「卷而懷之」之字，不可指道，以身言也，言斂身而退也。不曰邦無道則卷而懷之，必曰邦無道則可卷而懷之，然則史魚爲傷於直矣。可之一字端不虚下，可字亦似能字意。

○看來史魚之直，能伸而不能屈，未盡君子之道。若伯玉則能因時屈伸，近於夫子之「用則行，舍則藏」，故曰「出處合於聖人之道」而爲君子也。然聖人之稱二子云云，非有品題其高下之意。大抵衛之賢大夫只有此二子，故夫子稱之而各言其賢。然自傍人即聖言觀之，亦可見二子之高下矣。○衛獻公使太師歌《巧言》之卒章，有「無拳無勇，職爲亂階」之句，所以速孫林甫之謀亂也。○做時文則於尸諫及不對而出兩事，俱用在外。

「子曰：可與言」

此章是言人之語默中節爲難。言人既可與言，當與之言也，乃不與之言；其人不可與言，宜勿與言也，而又與之言，此無他，不智故也。惟智者明見得那人可與言則與之言，既不失人；見得那人不可與言則不與言，亦不失言。○可與言而不與之言，不知其可與言也，非故也；不可與言而與之言，不知其不可與言也，亦非故也，故曰知者不失人，亦不失言。觀此章者，其用工不在於語嘿上，而在於知人。欲知人，則在居敬窮理，看書都要如此。

「志士仁人」

同一「無求生以害仁，有殺身以成仁」，只是在志士則爲勉然，在仁人則爲自然。志士，利仁者也；仁人，安仁者也，皆非死生所能怵之也。○心不安處便是害其心之德，心安德全所謂仁也。朱子曰：「求生如何便害仁，殺身如何便成仁，只是争箇安與不安耳。」然心之所以安者，理也；所以不安者，非理也。○兩「以」字，不要爲用力字解。○殺身以成仁者，非不得其死；求生以害仁者，亦非考終命。○程子曰「實理得之於心自别」，此「實理」字就下文解處便是。○陳曰：「孔曰成仁，就本心安適處言；孟曰取義，就切身斷制處言。」又曰：「仁以心之全德言，義以身之大節言。」

「子貢問爲仁」

凡問仁者，要其成也。若問爲仁，則是求其所以用力之方也。工欲善其事，必先利其器，蓋器其所資也。君子之爲仁，亦必有所資。故居是邦也，上焉，則事其大夫之賢者；下焉，則友其士之仁者。事大夫之賢者，則有所觀法而起嚴憚之心；友其士之仁者，則有所切磋而生勉勵之意，是有所資以成其德矣。

嚴憚、切磋分貼，如新安看事字、友字方知分貼爲是。若士之仁者猶可以嚴憚，若大夫又安得暇與我相切磋邪？○賢以事言，事亦仁之發也；仁以德言，居仁則大人之事備矣。欲爲仁而先親仁、賢，猶工欲善其事而先利其器也。

「行夏之時」

「顔子王佐之才，故問治天下之道。曰『爲邦』者，謙辭」，亦以夫子所答而見之也。○此章之言，皆於先王之法中揀出箇大中至正者，以爲顔子告。如曰自古帝王有作，皆曆象授時以定一代之正朔，然惟夏時爲最善而當用。自古帝王皆有車，然其略者或等威之不備，其詳者又失之過侈，惟商輅則朴素渾堅而等威已辨，是商輅所當用。冕之爲制，自黄帝以來已有之，「制度儀等至周始備」云云，是周冕當用也。至於樂自黄帝以來諸聖人都有，而盡善盡美者莫如韶，故樂自當用韶舞。以上於各代之制，亦各舉其一之至盛而大者，以例其餘耳。○夫敬授人時者，古聖帝明王所以敬天勤民之第一件事也。故夫子首以行夏時告之，取其時之正者，以其爲春令之首月，於時爲正也。令之善者，三陽開泰，協風乃至，景候善也。饒氏之説不可曉。○史氏伯璿曰：「按四時改易，冬不可以爲春之疑，今亦不在多辨，但以夫子『行夏之時』一言證之足矣。夫時之一字，非但指正朔月數而言，必是指春、夏、秋、冬四時而言，甚明。既有所謂夏之時，則必有所謂商之時、周之時矣。顔子問爲邦，夫子欲其行夏之時，則是當時所行未必是夏時也。未是夏時，非周之時而何？夏之時以建寅之月爲春，則周之時必以建子之月爲春矣。若周之時，春亦建寅無以異於夏時者，則又何以必曰行夏之時爲哉？」餘則陳定宇之言備矣。○説者解夏時爲《夏小正》之屬，小正，夏時書名也，屬字有該括。《夏小正》之屬，據《中庸或問》二十章辨蒲盧有曰「决非孔子所建夏時之本文也」。謂之本文，足見是書想似《月令》。又《或問》戴《小正》之文云：「十月，玄雉入于淮爲蜃。」○斗柄于夜初昏，隨十二月分，各指十二月辰位。建者，立也，柄之所竪也。今之所謂月建，是從此上來。以初昏爲的，斗柄一日一夜周十二辰位，但以初昏爲的。○元統會，會統運，運統世，世統年，年統月，月統日，日統時，時統刻，刻統息。息積而爲刻，刻積而爲時，時積而爲日，日積而爲月，月積而爲年，年積而爲世，世積而爲運，運積而爲會，會積而爲元。時以作事，人可施工。十二會爲一元，三十運爲一會，十二世爲一運，三十年爲一世，十二月爲一年，三十日爲一月，十二時爲一日，八刻爲一時，一百三十五息爲一刻。《格致餘論·濇脉論》曰：「一晝一夜一萬三千五百息。」凡測星辰都用初昏，測日景却用日中。○人生於寅，物與人同生。若生人未生物，人亦無所養而隨死矣。此獨言人者，時以作事，於人爲切，况人亦物類之首者，言人則物在其中矣。

樂則韶舞，謂用樂則用韶而及其舞也。蓋樂主音，故增一舞字，或單言樂則兼舞。○上是舉大法告之，至「放鄭聲」以下，却是戒意。○《詩》曰：「彼婦之口，可以出走。」重耳得之而申生失之也，孔明嘗以此教劉琦矣。《易》曰：「近而不相得則凶。」

放鄭聲，絶之使不接於耳。遠佞人，斥之而不近也。所以然者，鄭聲淫，淫則蕩人之志；佞人險，險則能變亂是非，以覆人邦家。「淫」字、「危」字，當如此説。

○顔子之學博文約禮，以至所立卓爾，三月不違，是王道本領都有了。有天德方可語王道，故夫子以四代禮樂告之，三代之下王道所以不復見者有以也。○「發此爲之兆」，朱子曰「兆謂準則也」，此何以訓準則，蓋其大端大例也。

「人無遠慮，必有近憂」

言人之慮不及遠，以爲可苟目前之安，殊不知所慮不遠，處置不十全，只目前便亦不安了，况能久安乎？此正以時之遠近言。○爲謀不周，則其患立至矣。彼不周於謀者，徒苟目前之安耳，而不知危者安其位者也，雖目前亦不獲安矣，此慮之所以必貴遠也。《詩》曰：「貽厥孫謀，以燕翼子。」夫謀至於孫，而後子可獲安。向使及子而止，非惟孫不獲祐，雖子亦曰殆矣哉。○朱子引蘇氏注，蔡氏、饒氏都看錯了，只管分争個地與時做甚？不知蘇子所謂「千里之外」、「几席之下」字樣，只是發明遠、近二字之意，而非其以爲慮到千里，方得無几席之憂也。孔子正是以時言。○朱子曰「事常先難而後易，不然則難將至矣」，看來天下道理都是如此。《易》曰：「危者使平，易者使傾。」

「已矣乎！吾未見好德如好色者也」

前篇「已矣乎」解曰「恐其終不得見而嘆之」，此則解曰「嘆其終不得而見之也」，何異乎？蓋此只是「子罕」章所記而增三箇字耳，其實一意。既一意，若云恐其終不得見而嘆之，則成兩意矣。○加此三字，警人之意尤深。何謂警人？蓋既謂之未見，則是當時諸人俱未能如好色矣，聞此能無警乎！

「臧文仲其竊位者與」

臧文仲，蓋是竊位者與，何也？柳下惠之賢，文仲非不知也。不知則已，知之便當薦之與並立，而文仲固抑之而不與同立於朝，此何心哉？正以其德之不稱，恐下惠見用而形已之短故耳，非竊位而何？○蓋文仲不與下惠同升，只是蔽賢，而夫子以爲竊位，何歟？蓋竊人之物者，惟恐人見而奪之；竊人之位者，惟恐賢者見用而逼己。自古大臣妬賢嫉能者，豈有他哉？正恐賢才進而形己之短、妨己之位耳，夫子「竊位」二字誅其心也。○柳下惠，魯大夫，既爲大夫，何謂文仲不與並立邪？蓋必先爲文仲所抑，想是三黜時也。然以下惠之賢，終是抑他不得，所謂「雖欲勿用，山川其舍諸」，爲大夫是後來也。○下惠何如？曰：「據《語》、《孟》所載，直道事人、和而不流處，亦可概見其賢矣。」

「躬自厚而薄責於人」

人之常情，責己常輕，責人常重，此其所以來怨之多也。惟吾躬自厚而薄責於人，則身益脩而人易從，怨可得而遠矣。自厚，自處其厚也。所謂其責己也重以周，其責人也輕以約，不然便是以聖賢責人，而以常人自待也。○自厚者，爲人謀惟恐一毫之不忠，與朋友交惟恐一毫之不信，所求乎臣以事君吾未能也，所求乎朋友以吾先施之未能也。自己要做到盡處，所謂自厚也。至於人則不求全而責備，所謂不盡人之情、不竭人之忠者也。○責己厚，則身益脩而無可怨；責人薄，則人易從而不招怨。

「不曰如之何如之何」

蓋凡人之作事，必有箇熟思審處之心，然後人言可入。若自家只恁率意妄行，更不思量道當如之何、當如之何，如此之人自用其愚，吾亦奈之何哉？言無由入也。○「如之何、如之何」，當依饒氏，觀《語録》可見。末句「如之何」三字，與上文不同，與「悦而不繹」章意同。

「群居終日」章

言不及義，就言上説；好行小慧，就行上説。蓋君子以文會友，以友輔仁，如此乃克有進。若群居終日，譊然雜處，此之所唱，彼之所和，全不到義理上去，而又同邪相濟，只好行小小意智。夫言不及義，則放辟邪侈之心滋；好行小慧，則行險僥倖之機熟。如此者難矣哉，而朱子何以知其爲言無以入德，而將有患害也？只據理而言耳，然必如此方説得「難矣哉」意全。入德，就好路説；患害，就不好路説。好處便無不好事，便有是此意思。○小慧，是不順義理之正，就其利欲之私者。饒氏謂：「言不及義，故無以入德；好行小慧，故將有患害。」此説非也。放僻邪侈，則陷乎罪矣；行險僥倖，則心術自虧矣。嘗疑「群居終日，言不及義」做一句讀，「好行小慧」另説。然《語録》則「群居終日」統下兩句，看來當依《語録》。一説非群居無與言者，若行小慧，只自家不可邪？

「君子義以爲質」

○君子於應事接物之間，其始也必以義來爲本質。義之所可則可，義之所不可則不可。既以義爲質矣，若行不以禮，則失之徑情直行矣，故又要節文具備，不疎略苟簡而已。行之雖以禮，然不以遜出之，則無和順雍容之意，徒脩箇禮節次弟而已，故又要遜順以出之。既以義爲質矣，而又行之以禮，出之以遜，設使不成之以信實，則亦文焉而已矣，故又信以成之，使自始至終一實心、實理之周流而已。夫君子之處事，其不苟有如此，真箇是君子哉！○義者，制事之本。義以爲質，凡一事之應，且都未理會其他，且先理會看於義如何，必先裁决得合義了，然後商量去做他。做他時要合禮，一於禮則拘澁而有圭角，又必於其發出之時有遜順之風。然一有不信，則亦僞而已，故又當信以成此事。○義以爲質，是起初頭未行也。義者，事之宜也，行之、出之、成之，皆指其事也。味本文曰「義以」、曰「禮以」、曰「遜以」、曰「信以」，可見都指事言。出之，出其事也，非指出辭氣也。總是於言動之發，從容不迫，婉順而無圭角耳。所謂言動之發，言動即事也，非是事務外另有言動。○義以爲質是根本，禮行、遜出、信成是從此上加料理，本文大注皆然。但三箇「之」字或都指義字説，似太執泥，不如寬寬説。指義説者，蓋謂禮行者，義之所當行；遜出者，義之所當出；信成者，亦義之所當成者也。於此益見義以爲質，「質」字重，此説畢竟太泥。○禮行、遜出、信成是一時事，非是禮行了方遜出，禮行遜出了方用信成。信以成之，亦言總歸于誠耳。

「君子病無能」

君子病無能焉，此是求其在我者而已，非是以爲我有能而人自知也，如此則亦是正義謀利了，失其旨矣。病亦患意，以此爲病也。

「君子疾没世」

君子疾没世而名不稱焉，正以其無實也。非求人知也，正是求其在我者。○疾，自疾也。疾没世而名不稱者，恐其没而名不稱也。若已没世了，如何疾得，厚齋之説不必用。

「君子求諸己」

求諸己、求諸人，言一切事皆然也，故本注有箇「無不」字，而南軒亦有「無適」字。○君子求諸己，求其在我者也，如病無能焉之類是也；小人求諸人，求其在人者也，如病人之不己知之類是也。此章與「古之學者爲己」章同意，都是指其用心之不同處，所謂君子小人每相反也。○自此以上三句，同是君子求其在我者之意，楊氏却轉折作三意説，朱子以爲雖巧而有益於學者，故取之耳。

「君子矜而不争」

○莊以持己曰矜，雖矜也，然亦正其在我者而已，初無忿世戾俗之意，故不至於争；和以處衆曰群，雖群也，然所以持己者終不失其正，而無狥物苟且之意，故不流於黨。○矜而不争，嚴而有和者存；群而不黨，和而又有嚴者存。無忿戾之意故不争，無阿比之意故不黨，故字也要分明。此與「泰而不驕」、「和而不同」相類，蓋矜疑於争、群疑於黨皆相似而實不同也。○又據「和而不流」、「威而不猛」，則與「泰而不驕」、「驕而不泰」相反説者異味，大注兩「然」字可見，故南軒、慶源之説可用。

古之矜也廉，廉即矜也，莊以持己也；今之矜也忿戾，戾則争矣。此難以與「周而不比」、「和而不同」例同看，當與「患而不費」、「欲而不怨」、「威而不猛」例同看。蓋彼是君子、小人相反看，一則周、一則比，一則和、一則同，文意相反説，自爲一例。

「君子不以言舉人」❶

人多有以其言之善而舉其人者，亦有以其人之惡而并其言棄之者。惟君子則不然，固不以其言之善而舉用其人，亦不以其人之惡而并棄其言。蓋言自善而人自惡，不以相掩也。此非君子之公心無蔽，何以得此？○以言舉人者，論篤是與也；以人廢言者，不知取節也；不以言舉人，如孔子聽言必觀行是也；不以人廢言，如孟子不没陽虎爲富不仁之言是也。

❶「以」下，原衍「一」字，今據嘉靖本、四庫本删。

「子貢問曰：有一言而可以終身行之」

所謂一言者，非一句言也。一，字也。子貢多學而識，乃有此問，亦將可以語一貫矣。○「己所不欲，勿施於人」，恕之爲恕如此也。「己所不欲，勿施於人」，則凡所施於人者，無非己所欲者也。以己所欲而推之人，則於己無費而於人有濟。自少而壯，壯而老，終身用之有不能盡者矣。○子貢問一言可以終身行，夫子合以一言包體用者告之，而只曰恕，何也？曰：「無忠做恕不出，恕固非無體之用也，然則體固在其中矣。」然仁者本心之全德，且於內爲無私心，於外爲當理，其分數更全而大，何舍仁而言恕邪？曰：「恕便是此道理。恕，仁之方也。仁則未易至，而恕則學者可及也，夫子嘗曰『非爾所及也』。」

「誰毁誰譽」章

聖人言我於人之惡者，固未嘗不稱之，然其惡止於是，而吾之稱之亦惟止於是而已，吾於人也誰毁；於人之善亦未嘗不揚之，然其善至於是，而吾之揚之亦惟至於是而已，❶吾於人也何譽。然或有所譽者，則必有以試之，而知其將然矣。是則自今日言之雖未免於譽，以將來言之則亦不爲譽矣。此二句見得畢竟是無譽。然獨言譽而不及毁者，蓋聖人善善長，惡惡緩，有先褒之善，無豫詆之惡。此正所謂「樂道人之善」、「惡稱人之惡」、「與其殺不辜，寧失不經」也。○下二句亦只是明其無譽也，故下文就承言我之所以

---

❶ 「揚」，原作「楊」，今據嘉靖本、四庫本改。

無所毁譽者。蓋以今日之民即三代直道而行之民，其善善惡惡自有箇是非之公在那裏，我豈得枉其是非之實而妄有所毁譽哉？原來聖人之無毁譽者，出於公心自然，而非因民心之公不可枉，故不敢有毁譽也。其爲此言者，特以見人之善惡自有公論，吾雖毁譽亦不容吾毁譽。以此待民，愈足以見聖人之至公而無我。民心之公，千載一日，安得而有毁譽邪？新安之説，以直道而行歸之於上了，非也。《書》云「無有作惡，遵王之路；無有作好，遵王之道」，是以民言。

舉三代者，三代直道之世也。大凡人之公私都就見上來。聖人爲見民心之公，古今一日，故無容私。常人之有私者，豈非以是非之實可得而昧故然邪？此却是大道理。大凡古人禄之以萬鍾而弗顧，有殺身以成仁，都是有一段見破處，但未易與俗人言也。

「善其善、惡其惡而無所私曲」，指民而言，不指三代之民言，故曰「即三代之時」云云。饒氏謂此節以君對民而言，非也。○如有所譽者，其有所試矣，如「雍也，可使南面」之類。

「吾猶及史之闕文也」

風俗之不古，固已久矣，然向者吾猶及見史之闕文。有馬者借人乘之，猶有此等近古處，如今此等事全亡了，蓋悼時之益偷也。須看本文「猶」字、本注「益」字，可見風俗向時已偷，如今益以偷矣，傷時之甚也。○史闕文者，不挾所見以自是也；馬借人者，不挾所有以自私也。聖人以昔之所見不見於今，今之所見有乖於昔，其傷時悼俗而警人以崇忠厚之意，亦深切矣。

《春秋》桓十四年書曰「夏五」，此傳疑也，所謂及史之缺文也。○遇舊舘人之喪，脱驂以賻之，所謂有馬而借人乘也。二事已不足爲矣，二事當時亡之，而孔子存之。

「巧言亂德，小不忍則亂大謀」

○德者，人心所守之正也。夫是非有定理，而巧言者以是爲非，以非爲是，聽之使人喪其所守，是亂人之德也。凡謀大事者，當忍於其小。若小不忍，如婦人之仁不能忍其愛，匹夫之勇不能忍其忿，則大事去矣，是亂大謀也。

夫巧言亂德，是巧言之不可惑也。小不忍則亂大謀，是小不忍之不可有也。○巧言，他人之言也。小不忍，自己小不忍也。如前篇「爲君難」是他人之言，「予無樂乎爲君，惟其言而莫予違」是自己之言，要之一言可以興喪邦則同。○巧言亂德，稽之於古，如漢高帝拔韓信於逃亡之中而屬以大將之任，信自當爲漢死，而蒯通乃說之曰：「當今兩主之命懸於足下，莫若兩利而俱存之，三分天下鼎足而立，若天與弗取，反受其咎。」此皆巧言。非韓信自不忘漢王解衣推食之恩，則韓信此時便負萬世之罪矣，其戮又甚於赤族，萬世之下誰復念其功而冤之。又如曹氏令女不肯改志而以刀斷其鼻，或謂之曰：「人生世間，如輕塵棲弱草耳，何辛苦乃爾。且夫家蕩滅已盡，守此欲誰爲哉。」此皆所謂巧言也。向非令女所守之堅，能不爲此等言語所奪乎？

又如蘇秦欲敝齊爲燕，則說燕王曰：「臣居燕不能使燕重，而在齊則燕重。」乃僞得罪於燕而奔齊，說齊宣王，高宮室、大苑囿以明得意，欲以敝齊而爲燕，豈非巧言之亂德哉？張儀說魏背從約曰「夫諸侯之約從，盟於洹水之上，結爲兄弟以相堅也。今親兄弟同父母尚有争錢財相殺傷，而欲恃反覆蘇秦之餘謀，其不可成亦明矣」，魏王乃背從約而因儀以請成于秦，此非巧言亂德而何？所謂亂德，如惡鄉原恐其亂德之亂，若説得不成道理，如何能亂人德，亦不爲巧言矣。惟其説得來似是而有理，故能亂德，而仲尼之所深戒也。告顔淵曰「遠佞人」，佞人殆正以此耳。○「婦人之仁、匹夫之勇」，不過是説箇小不忍様子，非是「小不忍」句裏有一箇婦人及匹夫在。○韓信策項王曰：「項王喑啞叱咤，千人皆廢，然不能任屬賢將，此特匹夫之勇耳。項王見人恭敬慈愛，言語嘔嘔，人有疾病涕泣分食飲，至使人有功當封，刻印刓忍弗能予，此所謂婦人之仁也。」此可見婦人之仁、匹夫之勇皆爲丈夫言。○小不忍則亂大謀，如沛公因項羽王之於漢中，而欲攻項羽，向非蕭何之諫則亂大謀矣，是匹夫之勇也。如趙王太后愛其少子成安君，不肯使質於齊，向非左師觸龍之言則亂大謀矣，是婦人之仁也。韓信胯下之辱，彷彿近於能忍。

「衆惡之必察焉」

天下之善惡，固有如黑白之明者。衆之好惡，固所同也。至於其事若善而其情則有害事，若不善而其情則可取者，此衆人之所惑而君子之所察也。

○聖人言有人於此，衆皆惡之，吾亦未可遽以爲惡而惡之也，必察焉，蓋人固有事若不善，而其情則可矜者；又有人焉，衆皆好之，吾未可遽以爲善而好之也，必察焉，蓋人固有事若善，而其情則有害者。若衆之所好，吾亦從而好之，衆之所惡，吾必從而惡之，使衆之所好惡者皆當，不亦善乎？如未必當，則吾亦蔽於私矣，故「必察焉」。一説「蔽於私」指衆人言，此説似較長。○衆惡之必察，如孔子之於公冶長、孟子之於匡章是也；衆好之必察，如孔子之於微生高、孟子之於陳仲子是也。必察者，察其好惡果公否。楊氏曰：「惟仁者能好惡人，好惡才爲得其正，衆未必皆仁者也。衆好惡而不察，則惟狥衆人之好惡而已，是蔽於私也。」

「人能弘道」

弘道，非道本小而我大之也，只是滿其分量處便是。文王爲人君止於仁，與國人交止於信，亦非於性分之外有所加也。既是如此，如何説箇弘字？蓋道體寓於事物之間，何能爲哉？得人把這道理發揮出來，則道體方爲之光輝宣著、盛大流行，豈不是人能弘道。其「非道弘人」一句，只是搭上一意也。〇此見人當力於弘道也。〇據雙峯之説「以四端爲道，於弘字爲好説」，然非正意。蓋道與性自有分别，依彼説便是人能弘性，此張子注所以在圈外。「道者，事物當然之理」，朱子已解在「朝聞道」章了，如父慈而子孝、視明而聽聰之類是也。此道理都在吾身，只在我充大出去廓大之，都在心上發揮，故曰「人心有覺，若四端則是性也」。性、人心，活物也，如何説道體無爲？且《中庸》「大哉聖人之道」亦曰「待其人而後行」。饒氏如何説「道自際天蟠地，何待人弘」，黄氏兼體用亦非也。此專主用言，才説廓而大之便是用。「人外無道，道外無人」此二句要細味，看朱子下此二句要何用。

「過而不改，是謂過矣」

過而不改，便成過了，此見過而能改則復於無過，勉人改過之意莫此爲切。而朱子又下箇「將不及改」字，總是「過則勿憚改」之意，兩「過」字略有浮實之别。

「吾嘗終日不食」

○聖人言看來人不可以全靠思而不學，我曾終日不食，終夜不寢，恁樣用力於思以爲必可得也，而終無益，還是要學。蓋學則下其心以習其事，習其事而不已，則理在其中矣。看來人固不可以徒思而不學，亦不可以徒學而不思，夫子此言蓋特爲思而不學者言之耳。

○思者只據他心胸思，要做得成學，則有箇古人成法爲之持循，故思者求諸心，學者習其事。○勞心以必求者，强探而力索硬要得也，故勞而無功；遜志而自得者，深造之以道而自然得也，得之於優游涵泳之中，其理實而味永也。○「不如學也」，學者，低心遜志、勉勉循循之謂也，是優游工夫。故曰：「惟學遜志，務時敏厥脩乃來。」○大概世會凡幾，更聖賢凡幾，作天下之事，前人蓋各有箇成規故轍在矣。學者要須遜志以求之，其視徒費一己之心思者，所得不既多乎。

「君子謀道不謀食」

謀道以事言，憂道以心言，言君子終日乾乾以謀乎道，而初不謀乎食。然耕也，本所以謀食而反不得乎食；學也，初不謀食而自然得其食。雖然得其食，原來君子只是憂道耳，非爲憂貧之故而欲爲是以得禄也。○憂道是本其所以謀道之心也，憂還在謀先。

「智及之，仁不能守之」

○此章是就士大夫言，見得當本末内外之兼脩，方是知及。仁守，則理得於心矣。不莊以涖，則其形於身者猶未也。知及仁守而涖以莊，則其形於身者亦無愧矣，然動不以禮，則其見於事者亦未也。以此見得道理要做到徹頭徹尾處方是，知及仁守，全是自家分上事。○既仁不能守之，又何謂雖得必失，蓋且就知之上説箇得。下文注云「則所知者在我而不失矣」，方知此處是言所知者終非我有也。○知及而仁不能守者爲何？只爲私欲所牽制耳，若能勇以充之則能守矣。

○有動之不以禮在下面，方知知及仁守全是本身事務。此禮字就動民説，上文智及仁守則持身道理都了。禮者，天理之節文也，謂凡號令設施措置舉中道理。節則無過，文則無不及，如「齊之以禮」之「禮」字。自古聖人以禮立國，所以能使民忘其勞，忘其死處也，只是以禮。禮能固民之心，得民之力，在上者勞人而無難辭，在下者勞於人而無難色，一聽其所指揮。○晉文公與諸臣謀霸，必要民之知禮者以此。禮字單言者也。○德愈全則責愈備，不可分貼，德全而後責備也。

「君子不可小知」

君子所短者小而所長者大，小人所短者大而所長者小，故長於其大而短於其小猶不害於君子，若短於其大而長於其小是亦小人而已，此君子、小人之所辨也，故曰「此言觀人之法」。此章不可以才德分大小，大者兼才德，小者特一事之末、一藝之才耳。君子言才德、小人言器量者，言「材德」方接得「任重」字，言「器量」方接得「淺狹」字。胡氏曰：「材之所成爲器，德之所充爲量。」考之《集注》有曰：「器者，有用之成材。」則材、器是一類矣。又曰：「仲弓寬洪簡重，有人君之度。」則德、量是一類矣。

「民之於仁也，甚於水火」

仁之在民不可無，尤甚於水火之不可無。蓋水火外物而仁在己，外物爲重乎，在己者爲重乎？無水火不過害人之身，而不仁則失其心，人身爲重乎，人心爲重乎？所謂「甚於水火」者此也，《集注》凡有二節意。

且水火亦有時而殺人，仁則未嘗殺人，亦何憚而不爲，本文此又一意。如徐仲車所謂「不勞己之力，不費己之財，諸君何不爲」，君子意思總是勉人爲善而已。○上言仁之甚切於人，以見其所當勉；下言仁之無害於人，益以見其所當勉。聖人勉人爲仁之意，何其懇切如此。

「當仁不讓於師」

弟子於師，凡事皆所當讓，但以仁爲己任，此事雖師不讓也，可見人當勇往而必爲之，何也？仁者，人所自有而自爲之，非奪之彼而先之也，何讓焉？○當仁，擔當乎仁也。言只管發憤擔當將去，雖師不讓。○或以當仁便是不讓於師，注中勇往必爲就是當仁，此説未安，所謂不把第一等事讓與他人做者此也。○仁在内者也，善名在外者也。○何不曰當仁不讓於父兄而必曰於師者，蓋師是己所推服以爲不可及而素讓之者也，猶且不讓焉，其擔當可知。當仁不讓父，當仁不讓兄，非獨師不讓也。

「君子貞而不諒」

貞與諒皆爲固守之義，但貞者正而固，諒則固而未必正也。君子則惟正之固，而不拘拘於爲諒。蓋貞疑於諒而實不同，故夫子特别而言之，如周比、和同、驕泰之屬。

「事君，敬其事而後其食」

注云：「後，與後獲之後同。」見其去了利禄之念而不萌也，非先此而後彼也。若先此而後彼，則利義交雜，終則利勝義矣。爵禄，人君所以勸功，若在臣子只宜自盡而已，非以有勸而爲功也。

「有教無類」

人固有善惡之不同，教則變其惡而歸於善，反其異而同之也。故不教則已，有教則不當復論其類。才説箇類字，便見有惡者在。無類，自教者立心言，所謂不當復論其類之惡也，正是無所擇意。未説到人復於善處，只是人皆可復於善也。

「道不同，不相爲謀」

此是論箇理勢如此不同，如善惡、邪正之類。善惡，以君子、小人而言；邪正，以吾道、異端言。

「辭達而已矣」

未達要達，既達則不可以復有加也，所謂「不以富麗爲工」也。「而已矣」三字重，所謂「行於其所當行，止於其所不得不止」亦得此意。

「師冕見，及階，子曰：階也」

蓋即是老安、少懷，使物各得其所之理。○子張問曰：「所以曰階、曰席、曰某在斯云者，乃與師言之道與？」孔子即承之曰：「然。此正是相師之道也。」與師言之如此，即所以相之也，故曰「其道如此」。非與師言之道外，別有箇相師之道。○「相師」字面有自來。○按小注先正教人，只看「師冕見」與「子見齊衰」章，則一部《論語》盡在是，此徹上徹下之道，真格言哉，真格言哉！奈此言何，奈此言何！

季氏第十六

「季氏將伐顓臾」

顓臾，魯附庸也。《孟子》注：「小國不足五十里者，不能自達於天子，因大國以姓名通，謂之附庸。」而庸字無解。今考「庸」字只有三解，曰用、曰常、曰功，無訓通者。此蓋取常義也，謂以附爲常也。顓臾則附於魯也，故曰魯附庸。

季氏之伐顓臾，不過欲取以自益，未必顓臾得罪於公家，亦未有犯於季氏。當時季氏亦必借一辭以爲兵端，然據冉有曰「固而近於費」似又無他端，縱使伐之，亦只是假借之辭，不必計也。○冉有、季路，季氏家臣，而孔子弟子也。因見孔子而以其事白之，曰季氏若將有事於顓臾。有事，言以伐顓臾爲事也。其以白孔子者，此事二子與焉，其心亦有所不安者，故以白之，觀孔子意以爲何如耳。

○孔子以二子雖同仕季氏，而求尤用事，故獨責之曰：「求！此事毋乃爾之過與。」言必冉有爲之謀也。夫顓臾，昔者有周先王封之於東蒙山之下，以主東蒙山之祀，其立國有自來矣。且在魯邦域之中，而非敵國外患者比，况顓臾爲魯附庸，又是社稷之臣，而不在季氏管轄之内也。夫顓臾乃先王封國，則不可伐；在邦域之中，則不必伐；是社稷之臣，則非季氏所當伐也，何以伐爲？○附庸，只是附大國以自通於天子耳，宜非諸侯所得而臣者，而此曰「是社稷之臣」，何歟？及觀之《魯頌》云：「乃命魯公，俾侯于東，錫之山川，土田附庸。」乃知是實爲公家之臣矣。然據《魯頌》云云，可知魯之始封其地亦必不止百里，孟子之説難據。仁山金氏以爲孟子所謂百里者，蓋專指土田言，除起山川附庸也。然亦未必土田只一分，山川附庸却有六分。○社稷，魯公之社稷也，故曰社稷猶云公家。○冉有爲季氏計，孔子是爲魯計，故曰「是時四分魯國，季氏取其二，孟孫、叔孫各取其一，獨附庸之國尚爲公臣，季氏又欲取以自益，故孔子」云云。○求爲季氏計，孔子爲魯計，此與「爾愛其羊，我愛其禮」同意，其用心之大小尤懸絶矣。甚矣！冉求之得罪於聖門處多也。○四分魯國，猶三分天下云。分者，拆也，如字。既成分矣之分字，則去聲。

季氏之伐顓臾，冉求實與謀。以夫子非之，故自解云「夫子欲之」云云，下文「固而近於費」，又是爲季氏解説。

○冉求自解云云，夫子言如何説得去？「求，昔者周任有話説：『爲人臣者，能盡其力則就其位，不能盡其力則止而不就其位。』且如瞽者之立相，所以扶顛而持危也，若危而不持，顛而不扶，則何以相爲？你既不欲，則當諫；諫而不聽，則當去也。」○持危、扶顛有淺深，危未顛也。持危、扶顛即陳力之意，下三句只是上文之意，通此段俱作周任之言。

○又承上文諫而不聽則當去言，你説道吾二臣皆不欲，以爲得辭其責矣，殊不知這話却過了。虎兕在山，龜玉在外，無與於典守之事；虎兕既在柙，龜玉既在櫝，則有典守者矣。如虎兕出於柙，龜玉毁於櫝中，是非典守之過而誰？而今二子居其位而不去，則季氏之惡已不得辭其責矣，便儘説吾不欲也，解不得了。言季氏見今伐顓臾，你二子見今爲季氏宰，你將安所逃其責乎？○二子居其位，亦有典守之責，乃縱季氏伐顓臾，便是虎兕出柙、龜玉毁櫝中矣。除是去了方解得，如今只説吾不欲，如何解得。龜玉，龜亦寶也，所以卜。《易》曰「十朋之龜」，大寶也。

○「今夫顓臾，固而近於費」云云，此又冉求爲季氏解云云，乃所以自解也。飾辭，便是自家飾辭。求前既云吾不欲，如今却又言顓臾當伐，可見實與季氏之謀矣。觀其言動，全似俗人一般，可怪可怪。「固而近於費」，固則在彼有難克之勢，近於費則在我有侵凌之虞，及今不取，後世必受其害矣。子孫，季氏子孫也。冉有言此，以見顓臾之不得不伐，全只知有季氏，寧復知有魯。甚矣！冉有之不可曉也。

「求！君子疾夫」句，言此乃是君子之所疾也，語意與「是故惡夫佞者」同言。季氏伐顓臾，本是貪其利，乃不曰貪其利，而必爲之辭言爲子孫憂，反謂彼爲我害。○「舍曰欲之」欲字，與「夫子欲之」欲字不同，故此欲字注特解曰「謂貪其利」。

○我看來季氏之欲取顓臾，患寡與貧耳。丘也聞有國有家者，所患不在民寡，而患彼此之分不得其平；所患不在貧，而患上下之不相安。誠使君十卿禄，彼此之分既均，則君安於君之所當得，臣安於臣之所當得，雖貧不見其爲貧矣。均而無貧，則君視臣如手足，臣視君如腹心，而君臣之情自相和睦矣。和則君百乘，卿大夫十乘，雖寡不見其爲寡矣。和而無寡，則君安於臣無所疑忌，臣安於君無所猜嫌，而君臣相保，永無傾覆之患矣。○有國有家者，有國謂諸侯，有家謂卿大夫，泛說。○季氏之欲取顓臾，患寡與貧耳，此便是貪其利。季氏但知患寡與貧，而不知不均不和之爲可患，故夫子泛言「有國有家者」云云，見得季氏非爲子孫憂也，憂寡與貧也。然寡與貧非所憂，而不均不和實所宜憂也。下文只是終此節之意，但此節猶泛言，及提起「今由與求也」，方又指伐顓臾事説。○上文寡與不均對，貧與不安對，下宜曰均無寡、安無貧方是，而又互言爲何？蓋均無貧則和矣，和則安矣，無寡意似輕。以愚意只是均則無貧無寡，無貧無寡則和，和則安而無傾矣。饒氏之説亦好，均無貧者各得其分而不見其貧也，和無寡者財由民出。貧財則見民之寡矣，既不患貧而和，自是不見民寡。

○「夫如是」指「均無貧，和無寡，安無傾」説。夫如是則内治脩，宜遠人之自服也。設不服，則當脩文德以來之，亦不當勤兵於遠。既有以來之矣，然來之固難，安之尤爲不易，安之令無去心也。「遠人不服」，是因「固而近於費」一句説起，據下文「相夫子，遠人不服而不能來也」，分明是顓臾不服。○季氏患寡與貧，既與「夫如是」者相反；其興兵伐顓臾，又與「脩文德以來」相反。當時已自是不均不和了，不是伐顓臾以自益方爲不均不和。蓋是時四分公室，季氏取其二，孟孫、叔孫各取其一，而魯公無民，不均不和孰甚焉。自「丘也聞有國有家者」至「則安之」都是泛説道理。「今由與求也」下方就季氏説，皆反上文意而言也。「脩文德」，或指「内治脩」言，非也。「内治脩」，指「内無貧、和無寡、安無傾」，此只因「季氏之取顓臾，是患寡與貧」一節説。若脩文德，則説得廣矣。文德，仁義是也，君君、臣臣、父父、子子之類。又據下文「遠人不服而不能來，邦分崩離析而不能守」，方知内治脩不是文德，乃是兩平説。○遠人不服而不能來者，不脩文德也；邦分崩離析者，大夫爲公室之患，家臣又爲大夫之患。

析而不能守者，不脩内治也。謂外則不能懷遠人，内則不能脩内治，而謀動干戈於邦内，承此兩句謂不以德而以兵，不治内而治外也。

○「而謀動干戈於邦内」，承上言汝之相季氏，既不能脩文德以來遠人，又不能脩内治以守邦家，而乃謀伐顓臾，曰恐爲子孫憂，不知不均不和内變將作，正恐季氏憂不在顓臾而在蕭牆之内耳。○不均不和，只承分崩離析言，於蕭牆之憂爲切，故不及脩文德意。○不患寡而患不均，《皇極》外篇三十六板曰：「今有食一杯在前，二人大餒而見之，若相讓則均得其食矣，相奪則争，非徒争之而已，或不得其食矣。此人之情也，知之者鮮，知此則天下之事皆如是也。」○蕭牆，明其近也，後世有謂患生於帷幄，起於肘腋，皆是近意。干戈，猶甲胄之與弓矢，戈主刺，干所以蔽敵之刺。分崩離析，分崩之中又離析。○四分魯國，下三注季孫舍中軍，季氏罷魯中軍，不以此歸公家也。○卑公室也，四分公室，故公室愈卑也。○魯之中軍作於襄公之十一年，毁於昭公五年。中軍有三，作中軍時已自君弱臣强了。經於襄十一年書曰「春王正月，作三軍」，注「三家分公室之始也」。此「軍」字是軍國之軍，非對民言也，即民也。初魯只有上下二軍，盡屬於公，有事則三卿帥之以征伐耳，初不屬三家，三家不得而征之也。季氏欲取而屬之於己，三家不均，故作三軍而各分其一，則不爲公所征矣。然孟氏特取其一，猶以三分歸公，叔孫氏猶以父兄歸公，而季氏則盡取之矣，惟以時貢獻於公。盡取之者，連其父兄子弟俱征之，無有入於公也。

「天下有道則禮樂」

有道、無道不必説，於下文見之，只是言世治、世亂云耳。禮樂征伐，本天子之事也，故曰「自天子出」。「陪臣執國命」，因禮樂征伐自諸侯出，其因襲之弊或自家臣出矣。國命畢竟是禮樂征伐，蓋禮樂征伐既出自諸侯大夫，則禮樂征伐只爲侯國之事，而不復爲天子之器矣，故只稱國命。或曰：何不只言自陪臣出，而曰陪臣執國命？此猶可疑。且下文曰「政不在大夫」，政是以國政言也。然於逆理愈甚則其失愈速，説不去，故貫説爲是。若不貫説，則「陪臣執國命」與「自大夫出」者正一般，如何説是愈甚？○陪臣，陪者，副也，重也。○自諸侯出者，王柄下移也。希不失者，失其柄也。

「天下有道，則政不在大夫」。○當時列國之政皆自大夫出，故夫子云然。此政字只是國政也，要之亦是禮樂征伐。○或泛言賞罰號令，若指定禮樂征伐，則當曰「天下有道，則政不在諸侯」，可見是國政無疑。○此章統論天下之勢，不可以「政不在大夫」爲主國言，爲上有「天下」字，便是通論天下。

「天下有道，則庶人不議」，此又見當時爲上者皆不免於庶人之議，故云然。「上無失政」，「上」字指天子、諸侯、大夫言，此四字當置在「天下有道」之下，「庶人不議」之上。「上無失政」，此「失」字因上文「失」字來，蓋此是通論天下之勢，正與「自天子出」意同。

天子政不在諸侯，諸侯政不在大夫，大夫政不在陪臣，此是上無失政，既説「上」字，便該得廣。

或以政爲禮樂征伐者，非，天下有道，諸侯安得有禮樂征伐爲大夫所僭邪？若陪臣執國命，却是禮樂征伐。蓋天下無道，則禮樂征伐之柄或移於陪臣；天下有道，則禮樂征伐之柄亦不及於諸侯與大夫。天下有道，便是禮樂征伐自天子出時節，故政不在大夫，而庶人不得而議。但此兩節非相承言，或以「政不在大夫」便是「上無失政」者，未安，各提端説。

「禄之去公室」章

「自大夫出，五世希不失」，如今禄去公室有五世，政逮於大夫有四世，故知三桓之將微。○計大夫專政之日久，而知大夫失政之日近也。○禄去公室，政逮大夫，互言也。故《集注》只用政事，都不計較重在大夫。○依南軒禄去公室又一世，而政移於大夫，則此説不通。○《經世》曰：「《春秋》之《易》者，藏生之謂也；《春秋》之《書》者，藏長之謂也；《春秋》之《詩》者，藏收之謂也。」此即所謂有隱、桓、莊、閔之《春秋》，有僖、文、宣、成之《春秋》，有襄、昭、定、哀之《春秋》之意與？

「益者三友，損者三友」

〇益者有三友，損者亦有三友。以益者言：責善而無所回互者，直也，吾友之；信實而無所欺僞者，諒也，吾友之；該博古今而識見通敏者，多聞也，吾友之。夫友直則聞其過矣，友諒則進於誠矣，友多聞則進於明矣，有不益乎？習於威儀而不直者，便辟也，吾友之；工於媚悦而不諒者，善柔也，吾友之；習於口語而無聞見之實者，便佞也，吾友之。夫友便辟，則不得聞吾過矣；友善柔，則誠心日喪矣；友便佞，❶則聞見日趨於卑陋矣，有不損乎？三者損益正相反也。

大抵自天子至於庶人，未有不須友以成者，而其損益有如是者，可不謹哉？故孔子他日有曰「與善人居，如入芝蘭之室，久不聞其香，則與之俱化矣；與不善人居，如入鮑魚之肆，久不聞其臭，亦與之俱化矣」，甚矣，友不可不慎也。然朱子於友直則但曰「聞其過」，至於友諒則曰「進於誠」，友多聞則曰「進於明」，下一箇「進」字者，蓋以誠明之道甚大，非友諒、友多聞一會便能誠明了，故各下箇「進」字，有斟酌也。〇直與諒不同，諒是朴實頭、無柔邪的人，直者是曰是、非曰非、面折人過失的人，多聞是博古通今。〇便辟：便，習熟也；辟，開張也。便辟者，乍俯乍仰、迎喜迎怒也。衣冠雖甚都，進止雖甚雅，而實無剛直之操、箴規之益，故曰便辟，謂習於容儀而不直。

〇《綱目》漢哀四年二月下「尚書鄭崇獄殺之」云云，《集覽》曰：「便辟，或解云：『便者，便人所好；辟者，

❶ 「友」，原作「有」，今據嘉靖本、四庫本改。

辟人所惡。』」便佞、便辟，猶驕樂、宴樂。便辟，威儀上便習也；便佞，口辭上便習也。驕樂，以驕爲樂；宴樂，以宴爲樂也。○或謂「益於人者之友三，損於人者之友三」，此説未當。益者、損者，據見成的人説，如「闕黨童子」章云「益者歟」可見。○益者、損者，或曰不必説益於人、損於人，只説益者、損者，還他如云益友、損友，皆據其人而言，又如「闕黨童子」章云「益者歟」之「益者」。

「益者三樂」

樂節禮樂，兼内外説。講明不置則存之熟，是非不謬則守之正。存之熟，就心説；守之正，就事説。存之熟，則内有以養其莊敬和樂之實；守之正，則外有以善其威儀節奏之文，其爲益何如。

○節禮樂，節，節之也。禮樂本有節，而我去節之，故曰「辨其制度聲容之節」。夫禮之制度，其多寡之數、降殺之等，無非一中之所在，有不容以毫髮差謬者；樂之聲容，其清濁高下、俯仰疾徐，亦無非一中之所存，有不容以毫髮差謬者。故君子樂於辨之，以其一一皆至理所寓也。

○樂道人之善者，天地間方以類聚，物以群分，自家爲善，則見人之善，不知不覺自然好之。若自己出惡人，見人之善則臭味不相同，不知不覺而妬之、忌之，自然是不愛説起。説起則見形己之短，不惟自家不肯説起，亦不要聞他人之稱説矣。驗之世人，自見得有一段好笑處。○多賢友，所親者皆善人，所聞者皆善言，所見者皆善行，自有一段可樂處。賢友直諒多聞，便是不必別討。多賢友，此子賤所以得爲君子。

○樂道人之善，則悦慕勉强之意新，所謂見賢思齊者有之；樂多賢友，則直諒多聞之士集，而過失日聞，誠明日進矣，其爲益何如？○驕樂者，侈肆而不知節，不是小注「峻宇、雕墻」之類也。此侈肆是就他身上說，言動驕縱而不知約之於禮義之中，與節禮樂相反也。○佚遊則惰慢而惡聞善，謂懈惰荒寧、群居終日博奕遊觀之類，都不以進脩爲事，欲心方肆，善言無由入也。○宴樂則淫溺而狎小人，如飲食聲色之類，惟歌童、舞女、狎客之徒見親，則君子日踈。大注此三句雖皆著箇「則」字，不可入在「損矣」句界，且在本文上三句内。大注只是言其與上文正相反之意，難把上章「則聞其過」諸「則」字同例，此説未當。○總是以侈肆對節禮樂，惰慢對道人善，淫溺狎小人對多賢友，非解「損」字也。○侈肆而不知節，則人欲肆而本心之德亡矣；惰慢而惡聞善，則雖有賢者亦不樂告以善道矣。淫溺而狎小人，則所謂與不善人居，久則與之俱化矣，是其損也。

「侍於君子有三愆」

○如言猶未及我，未可言也而遽言之，是謂之躁。言既及我，可以言也而又不言，是謂之隱。或不先不後，時可以言而所與言者意不在是，則亦非可言之時也，故又當察君子之顔色何如。若都未見顔色，恣己之意而言，則謂之瞽。此所謂三愆，而人之所易犯者也，聖人言此，以見侍於君子者所當戒與！○瞽無目不能察言觀色，察言帶説，大抵人情心喜則色喜而言亦喜，心怒則色怒而其言亦怒矣；心左則色左而言亦左，心右則色右而言亦右。「無目」只是訓「瞽」字義，此「瞽」字只是借説，與「躁」、「隱」類同，「無目」字不必拘。

○未見顔色而言，終是未可言而言也。或君子之言未及我，或雖概問而有齒長者在，是亦未應我言也，是謂言未及之。或君子專問及我，或長者已對以次及我，是謂言及之也。一説專主侍君子説，君子言未及之而我言，則爲躁；君子言已及之而我不言，則爲隱；或言而未見君子之顔色何如，則瞽。然據黄氏、汪氏之説，亦未爲不是侍君子事也，且説得更盡，故從之。

「君子有三戒」

○君子有三戒：少之時，血氣未定，易動於欲，故戒在色；及其壯也，血氣方剛則健於鬭，故戒在鬭；及其老也，血氣既衰則前無所希，而身家之慮重矣，故戒在得。○血陰而氣陽，不必説血出於陰、氣出於陽，只是據見在分屬説。血静而氣動，血重濁而氣輕清，血無爲而氣有覺也。○「血氣，形之所待以生者」，「待」字也要分曉，無血氣則無是形矣。○血氣未定，是方動也。少之時，弱冠前後也。壯之時，三十曰壯也。老者，五十血氣始衰以後也。○人到老來變節，亦是英氣已老，前日之精神鼓舞至是已倦，而本然之俗心故態不覺至是畢露矣，故曰：四十見惡，其終也已。○得，貪得，若義所當得者則何戒，故特解作「貪得」。

三戒皆是以理自持而不動於血氣也。

要之三者，自少至老皆所當戒，夫子特隨時而指其甚者耳。若學者於此三者，尚當如曾子之一日三省始得。○新安曰：「朱子之説欲以理勝氣，范氏之説欲以志帥氣。」要之志亦定向於理而已，然志有善惡，理則無不善也，故主理。且范氏之説，志、氣二字亦混了。

「君子有三畏」章

○畏天命，天命只是天理，但是指賦予之初説。畏者，不敢失墜之意，「存其心，養其性，所以事天也」，此是畏天實事。畏大人者，以其爵位通顯、齒德俱尊也，敢不敬乎？畏聖人之言者，法言所敬憚也。○畏者，嚴憚之意也，謂非畏縮也。大注「知其可畏，則其戒謹恐懼自有不能已者」，此「戒謹恐懼」亦貼「畏」字，不要説是戒慎不睹、恐懼不聞，静時存養工夫也。下箇「知其可畏」，正應下文「小人不知天命而不畏也」，此亦理之必然。

○三畏本平説，然以下文照起，方見重在天命。君子惟知畏天命也，故於大人、聖言自不得不畏；小人惟不知畏天命也，故狎大人、侮聖言無所不至，此亦聖人意也。故以畏天命爲首，但辭頭俱平，意則有輕重先後，至下文亦做三條説。大文於「狎大人」上不曾有箇「故」字，大注皆是發明之辭，然則下節過狎大人如何？曰：「只言小人不知天命而不畏也，至於大人則狎之，聖人之言則侮之，如此而已。」不必依小注以大人爲天命之所存，聖言爲天命之所發，只是説大人、聖言皆天命之所當畏。○君子有三畏，小人無之，只是敬、肆二者而已，所謂「君子脩之吉，小人悖之凶」者此也。○尹氏注不知重在知、不知上，乃謂小人不務脩身誠己故不畏，與本文意小異，故在圈外。○君子所畏在此三者，然則死生非所畏也，利害得喪非所畏也，毁譽予奪非所畏也，此非正意，亦可推見。

「生而知之者，上也」

人之氣質大約有此四等：如其所禀清明純粹，絶無渣滓，則生而知之、無待於學者，此上等氣質也；其或得於清明純粹而不能無少渣滓者，則雖有待於學，而亦自知學以求其理，此次等資質也；又有或得於昏濁偏駁之多，而不能無少清明純粹者，則必待困而學之，又其次也；至於昏濁偏駁之甚，而無復清明純粹之氣，雖困而安之，恬不事於學，則民斯下矣，全以氣質言。○困而學之，有所警發而後學也。如徵於色、發於聲而後喻意思困，是於事理不通，然後學以求其通也。若學而知之，則不待有所激而自然學。○困而學之者，昏中猶有明也；困而不學者，則全昏矣。

「君子有九思」

視便要看得透，不爲物所眩，是謂無所蔽；聽便要聽得透，不爲人所欺，是謂無所壅。色思温，所謂温如其玉也；貌思恭，惰慢之氣不設於身體也；言思忠，心口如一也；事思敬，執事敬也；疑思問，必解其疑也；忿思難，忍小忿也；見得思義，不苟取也。視思明，便是非禮勿視也。非禮而視，則蔽交於前，其中則遷矣。聽思聰即閑邪存誠，非禮勿聽也。

視聽聰明，主理而言，不是泛泛聰明。看《朱子語録》，蓋九思都是君子思誠之功，不是泛泛見得分明，聽得分明，便謂聰明。○九思次第，饒氏説亦無妨。蓋視、聽、色、貌、言皆吾身事件，事、疑、忿、得則以身連事説，然大抵都是君子誠身之事。○九思亦似説得完了，處己待人、應事接物都在，但能無終身顛沛造次之違，則自明而誠矣。如所謂「主敬行恕」、「居處恭」、「與人忠」、「其言也訒」之類，大概俱不外此。

「見善如不及」

善不善，事也，不必指人，與好仁、惡不仁都是事。本文只是誠好惡意，無真知意，然非真知善惡，不能誠於好惡，故注增此，非是貼本文「見」字也。「如不及」，泛泛説，惟日不足也。「如探湯」，鼎鑊之湯，方熱不敢染指也，所謂「不使不仁者加乎其身」也。輔氏小注不好。

隱居以求其志，此志是尚志之志，非高尚之志也。上文見善不及，見惡探湯，皆是求志之事。

○求其志，如所志者仁也，則求其仁而守之於己；所志者義也，則求其義而守之於己。○前一節似當先云「吾聞其語矣」，然後云「吾見其人矣」，然先説「吾見其人」，便合知從前有此語矣，此又在人自會得。

○行義，出而行義也；達道，達其所守也。行義不要説得重了，只是指出仕而言，故曰「君子之仕也，行其義也」。若行義説得重，則與達道意重復了。

「齊景公有馬千駟」

在車則爲千乘矣，蓋一車四馬。必曰「死之日，民無德而稱」者，蓋棺事已定，所謂「没世而名不稱」也。新安「身死而名隨滅」，亦是照下文耳。○「民到于今稱之」，稱其高節也。高節者，正以讓大利而不取也，舍富貴而甘貧賤也，正謂詩詞相合。

「陳亢問於伯魚曰」

禮三千三百之禮，學禮不比學詩，須是一一都習過，故德性堅定，即所謂立禮，禮豈止是讀過耶？

○學詩、學禮，總入在文行内去，非異道也。詩屬文，禮屬行，博約之訓亦然。伯魚兩「獨立」字有意，言獨立時宜得異聞也，而所聞者竟無異。

○伯魚之答陳亢，辭氣儘好，不忝爲聖人之子矣，豈真不才？陳亢始終之言，都是俗夫之見，氣象霄壤。

「問一得三」在下文「又聞君子之遠其子」，陳亢俗夫之見以爲實然，非藏意之言也，故上云「陳亢退而喜曰」。○聖人只是不私其子，非是遠其子也。遠其子便是有意了，此陳亢之所以爲陋也。

「邦君之妻」

此章亦未見得是正嫡妾之名分，只是申古制諸侯之妻稱謂之法耳，必有爲而言。○「邦人稱之曰君夫人」，猶言主夫人也，此「君」字與小君之君同，不可曰君之夫人。戰國所謂君王后者，正是此義。

陽貨第十七

「陽貨欲見孔子」

此一章，上條序其事，下條序其言，故以「遇諸途」帶上言，「謂孔子曰」處方分過。

○陽貨欲見孔子，貨欲得孔子來見己也。孔子不見，不往見也。貨於是爲之計，以禮大夫有賜於士，不得受於其家，則往拜其門，故瞰孔子不在而歸之豚。歸，饋也，與也，是欲令孔子來拜而見之也。若在則拜受於家，而不待往拜其門矣。當時貨雖非大夫，實行大夫之事，而以自居矣。孔子以其爲叛人，若不之拜，則非所謂避咎者矣。貨即瞰孔子亡而歸之豚，使孔子而直往拜之則中彼之計，使孔子而不拜之則失己之禮，故夫子亦待其不在而往拜之，蓋欲其内不失己之禮，外不中彼之計也，不意遇諸塗。○問：「何以知歸孔子豚之爲瞰亡也？」曰：「若不亡，孔子何消往拜之。若非貨有意瞰亡，孔子亦豈肯用意於瞰彼之亡。」○問：「子見南子，何不見陽貨？」曰：「南子，小君也。陽貨，陪臣執國命者也，孔子何爲往見之。他當時若不來加禮孔子，孔子亦何故要與他往還。」

○「謂孔子曰」，來迎而謂之也。「予與爾言」句絶，不可帶「曰」字讀。「可謂仁乎」，貨意謂仁者志在國家也，子曰「不可」，蓋懷寶迷邦則忍矣，焉得仁？「可謂智乎」，貨意謂智者動不失時也，子曰「不可」，蓋好從事而亟失時則愚矣，焉得智？ 「日月逝矣」，言及今不仕，則仕將無日矣。 曰「吾將仕」，則固未嘗不欲仕，而亦未必於仕也，故訓「將」曰「且然而未必之辭」。

大注「貨語皆譏孔子而諷使速仕」，此句不可分解。 如懷寶迷邦可謂仁乎，是譏孔子之懷寶迷邦，而諷其無懷寶迷邦而速仕也，下條亦然。 孔子若不諭其意者，只據理答曰「不可」。 「日月逝矣，歲不我與」，是譏其往日之已過，來日之不多，而諷使速仕也。○「懷其寶」，寶，謂道德也。 「迷其邦」，謂不得他道德用。「好從事」，如從王事之義。○「歲不我與」，那與我留底歲月便是與他底，與之義如此。○孔子固未嘗如此，而亦非不欲仕，此句似當分，不分決說不得。○「日月逝矣」一條，是承上文「懷寶」、「失時」二條言。貨意謂孔子所以日月逝者，皆以懷寶失時而然耳，故諷之云歲月不爲我少留，不可終於懷寶失時也。○「不復與辨」者，不辨其未嘗如此，而亦非不欲仕，但不仕於貨之意也，不自明也，然終無所詘。○孔子曰「吾將仕矣」，不可依《會講》偏言「我今將仕而不終於懷寶失時」，此說不是。 依此說，則孔子已自認是懷寶失時了，不可從。○「吾將仕矣」，只是未嘗不欲仕之言，然陽貨猶在，孔子決不成仕。 先儒謂陽貨之欲見孔子，雖其善意，然不過欲使助己爲亂耳。 蓋當時孔子若仕，便是仕於貨，何也？ 陽貨囚季桓子而專國政，孔子若仕，則是仕於貨而助彼爲亂矣，此所以決知其不成仕也。 陽貨所以諷孔子速仕者，欲得孔子用也，非欲其助己爲亂而何？ 先儒所謂「但不仕於貨」者以此。

○陽貨之問，着在孔子身上來；孔子之答，不認作自家身上去。 及其曰「歲不我與」，則便曰「吾將仕矣」，應答如響，全不與較，此所謂「直據理答之，不復與辨，若不諭其意者」。○或曰：「兩箇『曰不可』都無『孔子』字，至下文方有『孔子曰』，爲何？」只看後章「居，吾語汝」都無「曰」字爲何，且此章「好從事」及「日月逝矣」都無「曰」字亦爲何，可見文字有不必泥者，而以爲陽貨自設問答者，妄也。○陽貨奔齊曰「吾欲張公室」，即此一言觀之，當時陽虎作亂專政，蓋自以爲救國之迷亂也。自古奸臣所爲，未有不假名義者，考之《語類》「陽虎云吾欲張公室」，又曰「家臣而欲張公室，罪莫大矣」，可見。

「性相近也」

「論性不論氣，不備」，此章大意若云人之善惡分數相去或相倍蓰，或相什百，或相千萬，如此之相遠者，夫豈其性然？或原來他性本自相近，❶未至如此之相遠。其所以如此之相遠者，習也，非性也。此是據其習相遠，而原其性相近也。

○此所謂性兼氣質而言者，以其理落在氣質之中也，如此則是氣質之性，而非指天地之性矣。氣質之性，據見在言，固有美惡之不同也。然以其初而言，則實同得天地之理以爲性，雖不能不因氣質之禀而異，然善惡分數大概亦争不多，豈有如此之相遠哉？其所以有如此之相遠者，由後來所習而然耳，夫豈其初之本然哉？蓋當時之人皆以爲由性如此，故夫子云然。○魏了翁云：「天氣而地質，氣輕清而質重濁也。」「以其初而言」，此「初」字不是指天地之性，但對「習」字言，藏在「性」字内抽出。若天地之性，固不得謂相遠，亦安得謂相近？纔説相近，便有不同，天地之性安有不同？本注「初」字對後面「習」字説。○性若

❶「或」，嘉靖本、四庫本作「哉」。則屬上。

不相近，便非人矣，既是人，則性猶相近也，何也？ 形相類，則性安得全不相類。○既兼氣質，如何又只言性，而注又曰「氣質之性」是如何？ 蓋本然之性寓在氣質之中，雖隨氣質而合爲一，而其本然之性常爲之主，故云。

「性相近」，只説得中人上下者耳，故下章除却上智、下愚説。○《伊訓》「習與性成」，夫子之言性習本此，《書傳》所謂太甲「習惡而性成者也」，言習成如性成，賈誼所謂「習慣如自然」。○問：「孔子言性兼氣質而言，不知孔子之意重在理上，重在氣質上？」曰：「重在理上，蓋是就氣質中，指出天地本然賦予之理，不離乎氣質者而爲言耳，故曰：孔子之言性，以其不離乎氣質者而言；孟子之言性，以其不雜乎氣質者而言，蓋雖不離乎氣質，而亦不雜乎氣質也。」

孟子性善之論，要亦孔子之言，但孔子語意渾全而無罅。孟子曰：「非天之降才爾殊也，其所以陷溺其心者然也。」非即孔子習相遠而性相近之言哉？ 同一扶持世教，開曉人心也。

性者，此理素具於此心，人得之於天以生者也。自一陰一陽之謂道，而繼之者善，于以賦予萬物。人爲萬物之靈，其性之所自來固無有不善，而既屬於人則不能以盡同，故夫子一言以蔽之曰「性相近也」。至孟子當人欲横流之時，特推其所本然者以曉當世，故專以性善爲説。自此言性者紛紛矣，由今觀之，謂性相近，則驗之身、稽之人、參之往古、考之當今、上探之聖賢、下察之衆庶，無一不合，信乎其爲相近也。謂性爲皆善，則自己而人、自古而今、自聖賢而衆庶，皆不能不少殊，雖禹、湯、文、武之聖亦未見其盡與堯、舜爲一，孟子蓋獨推其所本然者以曉之也。言性之説至本朝而始精，以善者爲天地之性，以不能盡善者爲氣質之性，此說既出，始足以完孟子性善之說。世之學者乃因此陰疑吾夫子之說，而不敢明言其非，則曰性相近是指氣質而言，若曲爲之回護者，然則孟子之言性何其精，而夫子之言性何其粗耶？竊意「天命之謂性」，所謂天地之性，是指天命流行之初者言也，推性之所自來也。所謂氣質之性，是指既屬於人而言也，斯即其謂之性者也，夫子之言性亦指此而已耳。本朝之言性，特因孟子性善之說，揆之人而不能盡合，故推測其已上者，以完其義耳，言性豈有加於夫子之一語哉？且天下之生，凡同類者無有不同，而纖悉則不能盡同，此其所以爲造化之妙。如桐梓之生一也，而枝條花葉之横斜踈密則無一同，然要其所以爲桐梓者終相若也，此相近之說也，而可以知人矣；人之形體一也，而耳、目、鼻、口之位置美惡則無一同，然其所以爲人者終相若也，此相近之說也，而可以知其無形者矣；人之能言一也，而其聲音之清濁高下則無一同，然要其所以爲人聲者終相若也，此相近之說也，而可以推人之性矣；其賦自天何有不善，自陰陽雜揉屬之人而謂之性，宜不能粹然而皆善矣，此相近之說也，奈何主性善之說，而遂廢性相近之説耶？故嘗謂夫子言「性相近」，惟指其實然者，故他日言中人以下、中人以上，生而知、學而知，人品節節不同，皆與相近之言無戾。孟子專言性善，惟推其本然者，故他日言二之中、四之下，性之、反之，先覺、後覺，人品亦各各不同，終歸於夫子相近之說。學者亦學夫子而已，夫子未嘗言性，言性只此一語，何今世學者言性之多也？無亦知其性之相近，而戒其習之相遠可乎？孟子言「忍性」，是性不能皆善，而忍亦習之義也。

「惟上智與下愚不移」

由上章而言，則美惡可以習而移矣，然惟上智、下愚則非習所能移矣，方知上章云云是指中人上下者而言耳。或曰：「如此則大注『氣質相近之中』，『中』字當作『外』字，蓋上文渾淪説出，謂之中亦是謂之外。」亦是，此難以口舌辨。

自性而言則曰美惡，自習而言則曰善惡，《集注》當如此看。然性固有美惡，若非兼氣質言，則亦着不得惡字矣。聖人説話自是平，上曰「性相近」，兼氣質而言，此又曰「惟上智與下愚不移」，又以「性相近」一句未完也，是多少平易穩實。若孟子千句萬句只是性善，雖曰主於救世，然使孔子在其時必不如彼定，須有少異。「性相近」，不是有餘於仁而不足於義之説，乃以其美惡高下之等言耳。○《皇極外篇》第四十七板曰：「莊子著《盗跖》篇，所以明至惡雖至聖亦莫能化，蓋上智與下愚不移故也。」不移分明是不可移、不能移也，而《語録》又謂「只説不移，未嘗説不可移」，此又是一時之言，主大注爲是。

上智下愚亦是氣質之性，下愚非無本然之性也，本然之性爲氣質昏濁埋没了，故不移，所謂「困而不學，民斯爲下」者是也。程子之説分明與孔子不合，主於垂訓則可，故朱子置圈外。然小注又曰「須知其異而不害其爲同」者，大抵程子云「語其性則皆善也，此以本然之性言；語其才則有下愚之不移，此即以氣質之性言之」，故曰程子兼指其稟於氣者言之，則人之才固有昏明强弱之不同，隱然一箇「性相近」，及「上智下愚不移」都在其中矣。蓋才者，性之能也，有是性則有是才，才尤易見，故特用才説。自孟子只説性善，後人看不破、信不到，故有許多議論，如善惡混之説。至周子《太極》，始説陰陽五行之變不能齊，而太極之理即寓其間，則分明是兼氣質了，故程子遂有氣質之説，而朱子亦得有所據以解此章之言。

程子云「語其才則有下愚之不移」，既知是如此，如何又説其質非必昏且愚？　蓋程子雖以才言，其實指自暴自棄者，大要孔子是言其不知學，程子是言其不肯學，惟其不知是以不肯，惟其不肯是以不能，同處蓋在此，然亦不可强以爲盡合也，還要公心看他。○三品。○堯、舜、禹、稷與之爲善則行，鯀、驩兜欲與爲惡則誅，可與爲善，不可與爲惡，是謂上智；桀、紂、龍逢、比干欲與之爲善則誅，子莘、紂之勇人。崇侯紂之佞臣。與之爲惡則行，可與爲惡，不可與爲善，是謂下愚；齊之桓公，管仲相之則伯，竪刀輔之則亂，可與爲善，可與爲惡，是謂中人。

「子之武城，聞絃歌之聲」

禮樂不專指絃歌，惟其以禮樂爲教，故邑人皆絃歌，絃歌特禮樂中物事耳。○絃歌相連字，歌必叶於絃，歌如是，絃亦如是。

「夫子莞爾而笑」句絶，「曰」字連下。　笑者，内喜之也。　喜之是真，則其所戲是假，設以試其實，見何如耳。

○「夫子莞爾而笑」云云，其心則深喜，其辭若有譏焉，實反言以戲之，以觀子游之自信何如耳，非虚戲也。

○「夫子莞爾而笑」者，以衆人多不能用禮樂爲治，而子游獨行之，故夫子驟聞而深喜之也。

「君子學道則愛人」，當時孔子平説，子游於此引之，重在下句。　如《會講》云「我今爲武城宰，亦君子也；所宰武城之民，即小人也」，此説穿鑿，子游豈是至武城方學道？　如此便是以政爲學，而子路之所以見責於夫子者也。　大意只云人人皆不可不學耳。　○「君子學道則愛人」，言學道方能愛人也，豈臨時學道，臨時愛人耶？　又不可以教民禮樂爲愛人，讀書最不可牽强。○大注言「君子、小人皆不可以不學」，此只是貼本文兩句虚説，不可入武城事。下文方言「故武城雖小，亦必教以禮樂」，此句自分明了。蓋武城雖小，然人人皆當學禮樂，如何得不教他？

「君子學道則愛人」，孔子説此時未必專謂禮樂，而禮樂固在其中矣。禮樂亦道也，故注云「何必用此大道」。○子游爲武城宰，只是以禮樂爲教，不是以禮樂爲學也，故以子游爲君子學道似泥。

「二三子！偃之言是也」，「嘉子游之篤信，又以解門人之惑」，此注不可分貼大文。惟「復是其言，而自實其戲」，則分貼「偃之言是也」，不可以與「然有是言也」同例看。

「公山弗擾以費畔」

陽虎之畔，只因季平子卒，虎以平子嘗攝君事，欲與璠璵葬。梁仲懷亦家臣也，以平子立定公而復臣位，義不可用此，虎怒之。既而告弗擾，擾亦止之。後因桓子行郊，只加敬仲懷，而仲懷又不敬弗擾，擾怒，遂激虎囚桓子，逐仲懷，諸人而與之畔。弗擾據費時，虎又敗而奔齊，或在晉矣。○「以費畔，召」，此「召」字難與《孟子》「召之，則不往見」之「召」同，此召是聘召，有禮在也。

弗擾召，子欲往者，孔子意不在弗擾，是欲因此以得魯柄，而大爲魯人立紀綱，以平天下耳。當時此數人據魯邦域之中而畔，若不得他馴化，魯未可爲也，故夫子始欲往。

子路不悦，曰：「道既不行，無所往也，斯已而已矣，又何必公山氏之往也？」注「弗擾，季氏宰」，不解「公山」者，以下文有「公山氏」字在也。子曰：「彼惟不來召我則已，夫召我者，豈徒然哉，意者必用我也。當此之時，如有用我者，周道將自我而興，吾其爲東周乎？」言東周對西周言也，周自文武宅於豐鎬，在天地之西，而魯在其東。使孔子用於魯，則周道其東矣，言使魯爲東周也。問：「『吾其爲東周乎』，魯爲東周歟？抑孔子爲東周？」曰：「畢竟是魯，然興之者孔子也。三子言志，皆欲得國而治之，畢竟地位也是諸侯之相，然其事則君國之事也。故孔子只是夢周公，不是欲使魯爲天子，繼文武而治也。」○孔子用於魯，則興周道於東方，是周爲西周，我爲東周也，言又是一周也。此與亡秦之續、大輅小輅語意相類。○問：「《集注》於陽貨之欲見孔子，謂『不過欲使助己爲亂耳』，公山弗畔之召，獨不然乎？」曰：「弗擾誠意來召，却有可以挽回之機。若陽貨全用機械，如何可同？」

「子張問仁於孔子」

子張問仁，而夫子告以五者，若無朱子解出「心存理得」字，何處見得是仁，恭、寬、信、敏、惠都要説箇心存理得意。心存則理得，不可分貼。恭則心不放，寬則心不褊，信則心不僞，敏則心不怠，惠則心不刻，此皆理之所在，故心存則理得矣。此答問仁，與答樊遲問仁意同，都教他做工夫。恭、寬、信、敏、惠如五美一般，有以見於身者言，有以見於事者言，然皆心之所由存，理之所由得也。己不敬則人慢，故能持己以恭，則儼然人望而畏之矣，誰敢侮予？宅心以寬爲本，不寬則自無容人之度，而人亦不爲我所容矣，故寬則足以容人而得衆矣。己不信則人疑，朝更夕改，人無所憑準，故信則人皆倚靠他。惟勤有功，作事不敏則苟且因循，而百事俱廢矣，故敏則有功。人若無恩惠及人，則難以得人用，故惠則人感其惠而易使矣。「能行五者於天下」是一句，不可分兩截，「能行」二字直趕到「於天下」，不是只到「五者」住。朱子以「行是五者」截解，必如此解方得明暢耳。且大文「爲仁矣」三字，實該「行五者於天下」，朱子豈不曉得，而只就

「行五者」處截，故與孔子異旨邪？人自不察，奈之何哉？「心公平」貼「五者」，「周遍」貼「於天下」。小注分「心公平」、「理周遍」，不是。○大注「行是五者，則心存而理得矣」，此一句通一章，解出答問仁之意。「心存理得」，在大文「仁」字内。下文又另提曰「於天下，言無適而不然」也，非是心存理得了，又無適不然方爲仁。○勉齋之注未當，輔氏所謂「恭則仁之著」諸語，及「仁之體用」字面，恐皆非本旨。

「佛肸召，子欲往」

佛肸召，子欲往，其迹實可疑。若回、賜則智足以知夫子矣，他弟子豈都不疑，然都不見問，而子路獨數數不悦，此又子路之優於諸子處。○「親於其身爲不善者，君子不入」，以其能浼人也。「子之往也，如之何」，恐其被浼也。浼，汙也。

「子曰：然。有是言也」，指「君子不入」之言也。謂之「不曰」、「不曰」者，言我向日固有不入不善之言也，亦獨無堅者磨而不磷、白者涅而不緇之言乎？○不曰「不觀堅乎，磨而不磷」，而曰「不曰堅乎」云云，此必亦孔子所嘗言也。言吾固有是言矣，又獨無此言乎？吾今日之欲往爾，當以此言律我，而不以向所聞者泥我也。○《春秋》首書「春王正月」，胡氏傳曰：「或曰：『非天子不議禮，仲尼有聖德、無其位而改正朔，可乎？』曰：『有是言也，不曰：《春秋》天子之事乎？』」此其證類也。如何爲「磨而不磷」，如何爲「涅而不緇」，大概是言德之盛而人莫之浼也。德之盛，内自有過化存神之妙，有伸縮變化之機。○「涅，染皂物」，謂染皂那物也。以染字五色皆用，得涅則只是染黑，故曰「染皂」也。皂字活，非謂染那皂物也。「磨而不磷」，便見可往，若不往，便是匏瓜之繫而不食矣，爲其無變通也。即是上文「子欲往」之意，若他能浼我，則不可往矣。○堅白磨緇分明都是借喻説，❶有以德之堅白言者，作實説了，如此則磨磷涅淄等語都説不去。

「吾豈匏瓜也哉」，一説言其伸縮在己，去就得以自由，如此則與上文意思少異。蓋佛肸所以不能浼我者，以我堅白故也，若依此説，則又是以我能隨時應變，彼不得而浼我，又一意了。「堅白」二字，亦不必於聖德説如何是堅、如何是白，既如此，則人之浼之者又何如？「匏瓜繫而不食」，如長沮、桀溺輩正坐此，聖人斯言似亦意有所指者。○「吾豈匏瓜也哉」，此節再不解意者，以正意都在上文「不能浼己」内了。○匏瓜只是一物，此是指摘起底匏瓜，故言繫，非在蔓之匏瓜也。「一則生物之仁，一則知人之知」，生物爲愛人也，不曰「愛人」而曰「生物」，見聖人之仁同乎天地也。

公山佛肸之召，夫子始欲往者，蓋皆權詞遜避之意，而子路不喻，輒不悦而有言。夫子固難於顯言也，姑應之云云，亦是有此理也，愚意聖心尚未白於千載之下。○或問：「虎與不狃欲去三桓，一也。虎欲見而孔子則不見，不狃召而孔子欲往，何也？」蓋不狃名爲叛臣，勢不得來見聖人，故欲見而召，不害有向慕之誠；虎既可得見，又瞰亡而歸之豚，則其意愈譎矣。且二人雖皆欲去三桓，然不狃則真欲張公室，特不知非家臣之所宜舉耳；虎則意不在公室，特欲假公室以制大夫，爲自己之利而已。觀於異日，齊欲伐魯而不狃止之，虎乃謂三家於魯則可取，見其用心之不同矣。夫子之不見虎，而於弗擾之召則欲往，殆謂

❶「緇」，嘉靖本作「涅」。

是歟？

「女聞六言六蔽矣乎」

夫子直呼子路而問之，分明要藥其病，以見欲有是德者，當務於學以知其蔽也。故下文信、直、勇、剛都就子路身上之所好者言，曰仁、曰智，則統言天下大道理之名目，故先之也。

「六言」之「言」，即「一言可以終身行之」之「言」也。如恕、如仁等，皆是一言也。「六言六蔽」，謂一言一蔽也，相連帶説。「蔽，遮掩也」，如爲物遮掩，僅得其一偏而不及其全體也。如「其蔽也愚」，則其仁亦一偏之仁，而非正經全體之仁矣，餘倣此。

「好仁不好學，其蔽也愚」之類，正所謂篤信而不好學，則所信或非其正者也。〇六蔽俱在「不好學」之後，若好仁等而又好學，則無此蔽矣。〇學謂效之師友之言行，求之方册之記載，皆學也。此章可與「直而無禮則亂」章參看，亦與孟子「非禮之禮、非義之義」意同。〇仁者必不愚，知者必不蕩，此是慕仁智者之名而好之，都不知明理，故有此蔽，而好仁未能仁、好智未能智也。

「好仁不好學」，則有不當仁而仁者矣。惟學以明其理，理明則自無此蔽，而仁其所當仁矣。愚謂愛人而失己也。

「好智不好學」，則爲索隱之智，而有窮其所不當窮者矣。「其蔽也蕩」，猶言其失也蕩，總是失之蕩也，不可謂爲蕩所蔽。此説當更詳：「蕩，用心於虛無之地也，『謂窮高極廣而無所底止』，窮高，直説，極廣，横説，語意自有着落。」

「好信不好學，其蔽也賊」，大凡言必信、行必果，則不顧義理，只要我信，而於人之利害有不恤者矣。「賊，謂傷害於物」，不可只作害事，説害事不唤做賊。賊者，害人之名，要得此意出。大抵只要自家信，便顧不得他人利害，便至害人矣，言物者兼人。

「好直不好學」，則訐以爲直而絞矣，爲其無含弘寬緩之意，南軒謂「務徑情而不知含蓄」最切。

「好勇不好學」，則不知義理，徒恃其血氣之强，而横行作亂必矣。「好剛不好學」，則凌世傲物，軼蕩不羈，要行便行，要説便説，不管着前後，所謂躁率也。獨解狂爲「躁率」，見得不是志大言大之狂，剛惡也。剛就體性上説，勇就敢爲上説。

「小子！何莫學乎《詩》」

此「學」字指誦讀，不必兼知行，下文多「識」字，如何兼知行？

「可以興」，謂《詩》可以感發己之志意也；「可以觀」，謂《詩》可以考見己之得失也；「可以群」，謂《詩》可用於群也；「可以怨」，謂《詩》可用於怨也。「以」下皆據《詩》言云云，而見其當學。以學《詩》之法爲聖人意者，非也。如此則當云「孔子曰：小子何莫學夫《詩》，然學《詩》又有法」云云，而大文幾箇「可以」字都説不去。惟其和而不流，故可以群。惟其怨而不怒，故可以怨。惟其人倫之道無不備，故邇之可以事父，遠之可以事君。又該載有許多名物，故又可以資多識。此説長也。

感發志意，考見得失，與群、怨皆屬己事，此數句皆言學《詩》之有益於己，以見《詩》之當學。味「考見」二字，分明是因《詩》所美所刺之得失，以考見己之得失。○可以群，以其和而不流也；可以怨；以其怨而不怒也。獨「感發志意」、「考見得失」二句，是正貼「興」、「觀」二字，不可作一例說。今人說書或都作推本說者，固不是。或都作正貼說者，也不是，如何說可以怨而不怒、可以和而不流爲是正貼耶？聖賢解書隨文隨意，豈若後人推本則一例推本，正貼則一概正貼，今人有見者亦不如此。

《詩》有善有惡，故可以興；有美有刺，故可以觀。

《關雎》性情之正，鄭衛淫奔之風，誦《關雎》、鄭衛之詩，則可以感發志意；二《南》王化大行，《黍離》王教始衰，誦二《南》、《黍離》之詩，則可以考見得失。

君臣之情雖通，而君臣之分自存也，《天保》之祝君，《鹿鳴》之燕臣，誦之則知和而不流矣；如《凱風》之於母，《祈父》之於君，雖有淒怨之聲，而無憤激之意，誦之則知怨而不怒矣。○《凱風》之怨親，衛有七子之母，不能安其室，七子自責猶曰「母氏聖善，我無令人」，是怨而不怒矣。《祈父》之怨君，只曰「祈父予王之爪牙，胡轉予于恤」，祈父，軍帥也，不敢斥王也，是亦怨而不怒也。

誦《蓼莪》之詩，則近而事親之孝可得矣，曰「欲報之德，昊天罔極」；誦《四牡》之詩，則遠而事君之忠可得矣，曰「王事靡盬，不遑啓處」。《關雎》、《鳲鳩》、《騶虞》、《白駒》之類，《葛藟》、《荇菜》、《菀柳》、《棠棣》之屬，則鳥獸草木之名，亦由是而可以多識矣。

由是而觀，人而不學《詩》，則無以興，無以觀，無以群，無以怨，邇無以事父，遠無以事君，且於鳥獸草木之名亦有所不知，然則小子亦何莫學夫《詩》哉？

「女爲《周南》、《召南》矣乎」

此「爲」字專指誦《詩》，正與《孟子》「高叟之爲《詩》也」同，與上章「何莫學夫《詩》」之「學」亦同。

《周南》、《召南》所言，皆脩身齊家之事，而人之最切者也。於此而不治，則身且不知脩，家且不知齊，不待出門，便已動不得了，况能及遠乎？如云「州里且不可行，况蠻貊乎」意，故曰「正墻面而立」。正墻面而立，正謂近處不可行也。○不爲《周南》、《召南》，則身且不知脩，家且不知齊，何望其能經邦而濟世，正君而善俗哉？○注「一物無所見，一步不可行」，有知行意。○「正墻而立」，此「正」字可以證《易經》「正位居體」之「正」字。

「禮云禮云」

敬而將之以玉帛，和而發之以鐘鼓，則有本有末，禮樂之正義也。當時人只以玉帛之屬爲禮，鐘鼓之屬爲樂，故夫子發此。

「禮云禮云，玉帛云乎哉」，見得徒事玉帛者，不足爲禮，必敬而將之，以玉帛乃爲禮也；「樂云樂云，鐘鼓云乎哉」，見得徒事鐘鼓者，不足爲樂，必和而發之，以鐘鼓乃爲樂也。○「只此兩字，含蓄多少義理」，盡天地之内道理，只消「禮、樂」字都蔽了。○「且如置此兩椅」，椅，倚也，謂之椅者，人之所倚也，身所掛倚也。○程注「必相統屬」，禮也；「必相聽順」，樂也。又見《綱目》第四十六卷之二十一葉「朱滔、田悦、王武俊、李納皆自稱王」條下胡氏注。○破云聖人嘆禮樂之爲禮樂，有非末文所能盡也。

「色厲而内荏」

「色厲而内荏」，色對内言，凡形於外者皆是。如論篤亦色莊也，此以當時在位之大人言，故曰「譬之小人」。○言今有一等人，色尚嚴厲，似乎確然有守、毅然有爲一般，而内實柔弱，甘於利而怵於害，如此之人無實盜名而常畏人知。譬之於下人，其猶那穿窬之盜也歟？蓋穿窬者，内懷爲盜之實，外飾非盜之狀，都是人看破他的意思。○大注「無實盜名而常畏人知」者，蓋此等盜名於世而畏人知，猶穿窬者盜物於人而畏人知也。

「鄉原，德之賊也」

「鄉原」二字都要體認。鄉者，鄙俗之意，鄉人之原，見其非士君子公論之所在也。原者，謹厚之意，其實未必能真謹厚，只是同流合污，不立異於人，瞞得人人都叫他好耳。若果端的謹厚，則何惡於原耶？○「似德非德而反亂乎德」，似德非德則亂乎德矣，孟子只言「似德非德」。德者，中庸之道也，又云「天下之正理」。○一鄉皆稱原人焉，是人皆以爲德，只是如此了，豈不亂德？○「德之賊也」，「賊」字只把「害」字替他，不作盜賊之賊，又有小異。

「道聽而塗説」

道，眼下路也，塗是前頭路，謂才這裏聽得，到前頭就説了。

於此有人，路上才聽得一句善言，不知存之於心以行之於身，乃到前頭就與人説了，如此則只是以資口説而已，何有於我哉？「德之棄也」，蓋實有心於進德者，聞一善言，他自能藴畜於不言之表，而潛玩其理，踐履其事，自不輕於口頭説過。○所貴於聞善言者，以其欲行之也。子路有聞，未之能行，惟恐有聞，何嘗只恁騰口説而已。○「德之棄也」，「德」字以行道得於心者言，謂所得也；「德之賊也」，「德」字以道理之正言，如所謂德善之類，二「德」字小異。

「鄙夫可與事君也歟哉」

鄙夫者，知有己而不知有君，知有家而不知有國者也。方其富貴權利之未得也，則躁急心熱，千方萬計，只患不能得之；及其富貴權利之已得也，則戀位耽寵，爲深根固蔕之計，只患恐失之。夫事君而至於患失之，則何事不可爲哉？小則吮癰舐痔，大則弑父與君，皆生於患失而已。夫鄙夫患得患失，而至於無所不至，如此與之事君，徒足以賊吾君而病吾國耳，與之事君可乎？自「其未得之也」至「無所不至矣」，盡説鄙夫之爲鄙夫者如此，而不可與事君之意自見。○「鄙夫可與事君也歟哉」，蓋仕者都有同寅協恭的人，如泰之君子固拔茅而連茹，否之小人亦拔茅而連茹。○「鄙夫」云云者，言不足與同心戮力以佐邦家也。如漢之丙魏，同心輔政；唐之房、杜、姚、宋，亦戮力以興唐。又如古者九官相讓，十亂同朝，皆有與者。○「鄙夫，庸惡陋劣之稱」，謂其卑而陋也。大抵論人識守最重，而識尤爲重，無守由無識，或識未透也。○「吮癰舐痔」，癰，背病也；痔，後病也。雲峯以吮癰舐痔爲柔惡，弑父與君爲剛惡，看來不必分剛柔，只分小大。但是能吮癰舐痔者，必能弑父與君，凡計利自私之心，乃弑父與君之原。吮癰舐痔，是可忍也，孰不可忍也？○「許昌靳裁之」，許昌，地名；靳是姓，裁之，字也。《性理》中載朱子曰：「胡安國學問，多得潁昌靳裁之啟發，後得之上蔡爲多。」安國之子五峯先生，嘗著《知言》。《伊洛淵源》載胡公行狀有曰：「胡公入大學，同舍有潁昌靳裁之，嘗聞西洛程先生之學，獨奇重公，與論經史大義，公以是學問益强，知識益明。」

「古者民有三疾」

「氣失其平則爲疾」，疾，身之疾也，「故氣禀之偏者亦謂之疾」，以其亦失其平也。「或是之亡」，或者，不敢決然之辭。○氣禀之偏者謂之疾，肆、廉、直是也，只是無學問以變之耳。若夫蕩、忿戾、詐則是習而然，非氣禀之偏矣，此不可不辨。潛室陳氏之説所以害道也，陳氏以孔子主氣數言，不知孔子是主習俗言也。三疾，不可依雲峯分知行。此章大概與「吾猶及史之闕文」同，都是傷俗之言。

狂、矜、愚，疾之名也。曰肆、曰廉、曰直，疾之實也。曰蕩、曰忿戾、曰詐，肆、廉、直之流也。狂、矜、愚，本指肆、廉、直言。其以蕩爲狂，以忿戾爲矜，以詐爲愚者，以今人言也，其實不得爲狂、不得爲矜、不得爲愚，故曰「或是之無也」。今之疾，亦非古矣。

不拘小節，即志願太高，便會如此。○肆是近處肆，蕩則遠去矣。矜者持守太嚴，廉則稜角峭厲而已。○廉只是有稜角，莫依朱子小注分義利説，與大注「稜角峭厲」之説相背。○愚者暗昧不明，直則徑行自遂而已。○詐如何謂之愚？行險僥倖，挾私妄作，未有不蹈於禍者，則亦愚而已矣。

「惡紫之奪朱也」

凡天下之理，真非者不足以惑人，惟似是而非者最能惑人。以色之似者言之，紫似朱而實非朱，故惡紫之奪朱也。以聲之相似者言之，鄭聲有似雅樂，故惡鄭聲之亂雅樂也。夫天下之是非自有定理，非可得而亂者，惟利口之人舌端變化，能以是爲非，以非爲是，或不之察則爲之顛倒，而邦家亦由此而覆矣，其可惡孰甚焉？利口能奪正理，故覆邦家。○上二句起此一句，上二句末用「也」字，下一句末用「者」字。○非朱而似朱，則能奪乎朱矣。非雅樂而似雅樂，則能亂雅樂矣。佞人殆，故利口覆邦家。不必以「覆邦家」對上文「奪朱」、「亂雅樂」說。孟子曰「惡利口，恐其亂信也」，此却對得「覆邦家」，雖亦是利口之害，然又深一重了。○「利口之人，以是爲非，以非爲是」，能倒置得是非，惟其能倒置是非，是以能覆邦家。○「惡紫之奪朱也」，莫依《語録》，孟子分明引孔子曰「惡似而非者云云，惡紫恐其亂朱也」，豈此處作「奪」字，便說亂了朱，❶就奪了朱耶？○孟子引孔子言「似是而非」凡六條，總是起那「惡鄉原，恐其亂德也」一句。《論語》記孔子此三句，上二句總是起下「惡利口之覆邦家者」一句，依此看來，三句分輕重昭然矣。

「予欲無言」

以言語觀聖人，如何樣？曰：「是尋常聽得聖人說如何爲仁、如何爲義，他然後從此去求聖人之所以爲仁、爲義處。殊不知聖人一動一静，無非教之所在，善觀者當自得之，不待聖人一一以言語指陳出來也，如顏子便不如此。」○惟其徒以言語觀聖人，而不察其天理流行之實，有不待言而著者，是以徒得其言而不得其所以言。雖能以語言觀聖人，其實所以觀之者，亦未真實到精微藴奥處，此必然之理。

「四時行焉」，時推一時，時時自不昧其候；「百物生焉」，物各付物，物物自不踰其則，豈非天理發見流行之實而何？聖人之道，一理渾然，周流於日用之間而泛應曲當，在學者潛心以觀之耳。不可依輔氏以「天理發見」貼「百物生」，「流行」貼「四時行」，其以「發見」安在「流行」之上，亦自有理。○「妙道精義」，依

❶「亂」，嘉靖本作「過」。

《孟子》「配義與道」注，少有體用之别。「妙道精義之發」，發謂發見，不是妙道精義在内面，却發在動静上。○「聖人一動一静」，注都在「天何言哉」四句外，貼「聖人一動一静」，都就不言處説。○此亦開示子貢之切，惜乎其終不喻也。然子貢後來聞性與天道，如何説終不喻？依新安謂無曾子之唯，亦無領會之言，見其未喻。「終」字只在此一時，非蔽其終身，他日日月之喻、宫墻之譬、天階之辨，是亦窺得有天何言哉意，不然如何勉强推崇得至此。○夫子發此以警之，不是自珍重、有吝教之意，只是唤醒他，使知所以體認吾道，而不徒泛泛然領解於言語之末耳。

「孺悲欲見孔子」

孺悲，魯人，嘗學士喪禮於孔子。一日求欲見孔子，❶想當時必有以得罪者，所以孔子托疾以辭之。然既辭以疾矣，俟傳命者方出户，則又取瑟而歌，使孺悲聞之，而知其非疾也。夫孔子於孺悲之見，本非疾也而辭以疾，絶之也。既辭以疾矣，又使之知非疾，警之也，此所謂不屑之教誨，乃所以深誨之也。○「取瑟而歌」，取瑟而絃歌之也。○南軒以爲使將命者聞之，非也。將命者自是孔子邊人，方其辭以疾之時，將命者豈有不知其非疾，而必取瑟而歌方知邪，自是使孺悲聞之。其曰「將命者出户」者，見其當時下就取瑟，使歌聲徹於外，爲孺悲所聞耳，豈有客人帶人直將命到主人居處處耶？若此則只辭以疾，將命者亦曉得是無疾了。

❶「求欲」，嘉靖本作「欲求」。

「宰我問三年之喪」

宰我問三年之喪，只到期年亦已久矣，爲何？　蓋居喪則不得習於禮樂。夫君子三年不爲禮，則曠廢日久而禮必壞；三年不爲樂，則曠廢日久而樂必崩，夫喪必三年，其害有如此者。以一年言之，穀之舊者已没，新者又升，且鑽燧以取火，而四時之火隨時迭改。由此言之，天運一周，時物皆變，喪至此可止矣，又何必三年？　此兩條言三年有妨，一年自可以止，所以盡上條「期已久矣」之意。三年之喪，父母之喪也，三年字輕。

「舊穀既没，新穀既升」，以歲一收之田言。如今年正月至明年正月，固是舊没新升；如今年十二月至明年十二月，亦是舊没新升。「春取榆柳之火」云云，春火之在榆柳者旺也云云。故榆柳青，木色；棗杏赤，火色；桑柘黄，土色；柞楢白，金色；槐檀黑，水色。四時之色也。

《周禮》又云：「季夏出火，民咸從之；季秋内火，民亦如之。」注：「季春，則火星見於建辰之月，因出之以宣其氣，雖烈山焚菜，不禁也；季秋，則火星伏於建戌之月，因内之以息其氣，雖鑠金焚雉，不爲也。」○方長不折，如何於季春烈火焚菜？　斧斤以時入山林，如何季秋焚薙？

朱子小注云：「夏季又取一番火者，土旺於未，故再取之。」蓋春木、夏火、秋金、冬水，四時既各取火，土旺中央，季夏十八日内却有土在，雖四時而有五行，故一年五番取火。○鑽燧，謂鑽取那燧以改其火，故注曰「取火之木」，非取火於木也。凡木中皆有火，燧是也，故取其燧之火以傳。鑑曰「燧人氏鑽木取火」，此又一説。凡木皆有燧，燧者，火之所在也。鑽燧，謂鑽取其火，非但取其燧萌而已。改火者，改舊用新也。

説改火，便兼了四時，注「春取榆柳之火」，此火即燧也。既取此火，却以木傳之，而所傳之火，皆榆柳之火也。未知是否，看「鑽」字當不虚。○古人鑽燧改火者，對時育物之道、參贊化育之機也，後世都不理會，如何得天地位、萬物育？

尹氏曰「短喪之説，下愚且耻言之云云，有所疑於心，而不敢强焉耳」，此説固忠厚，然不知宰我獨以此爲疑是如何，則其心可知矣。

「食夫稻」

此且概言汝於父母之喪，三年之内，食稻衣錦，於女安乎？自始喪至大祥之内，皆是如此，《集注》意自平正。○注是按「禮」云云，見得三年之内，總無食稻衣錦之理，其注皆一食一衣，詳之自見。既殯，其食也粥，其衣也粗衰；既葬，其食也疏食水飲，其衣也受以成布；期而小祥，其食也始用菜果，其衣也練冠、縓緣，腰經不除，是皆無食稻衣錦之理。○「食夫稻」，謂食稻飯也，粥不與焉，此二句總説三年之内如此。於女安乎，言於汝心安否。曰安，則不察其心，而自以爲安於食稻衣錦矣。一本作耳。

「夫君子之居喪，食旨不甘」者，心不安也；「聞樂不樂」者，心不安也；「居處不安」者，心不安也，惟其心不安於此。「故不爲也」，「爲」字指食稻衣錦言。《拔萃》解「爲」字是短喪，不是食稻衣錦，不知期年之外即食稻衣錦，便是短喪，况「爲」字即食稻衣錦，於本文爲切。○「食旨不甘」三句，必有成語，此處舉之，不必俱與食稻衣錦相入也。「爲」字，承上「汝安，則爲之」，應下文「汝安，則爲之」，二「爲」字意皆同。

「予之不仁也」，言由其不仁，故愛親之薄如此。仁以性言，愛親以情言，所謂論性則以仁爲孝弟之本者，朱子此注曰「由」曰「故」是如此説。然只就愛親之薄説他不仁，不做推本説，似亦可。且愛親以情言，仁以性言，人性皆善，豈有不仁者？若曰由其仁，故愛親之厚，却使得，不知朱子何以如此解。且上條「此夫子之言也」一句，亦似不必下。蓋本文雖無「曰」字，兩箇「汝安則爲之」，且「食旨不甘」，亦誰認作宰予説耶？又前條取尹氏「短喪」之説一段，替宰我回護，此語亦可不集，而又置在圈内，似不可曉。且其曰「宰我既出，夫子懼其真以爲可安而遂行之」，此句尤不可曉，夫子上文既責之曰「女安則爲之」云云矣，宰我何至猶真以爲可安而遂行之乎？聖人只是深探其本而斥之耳。愚此説，則所謂有所疑於心而不敢强爲也，倘朱子再詳《集注》，此等當削去。○「愛親之薄」，就安於食稻衣錦而喪不三年上説。不仁者，以其心之忍也。不忍之心，仁也。「天下之通喪」，謂自天子達於庶人也。○「予也有三年之愛於其父母乎」，除是無三年之愛於父母便罷，既有三年之愛，如何却無三年之喪，以此見予之不仁。

孔子三條話，一節深一節。第二條，見得心不安，故不食稻衣錦。第三條，見得以其有三年之愛，故不能安於食稻衣錦，以見喪之所以必三年，而不容已於期年也。孔子此三條，始終只是要唤醒宰我而使自得其本心，絶之雖甚，責之雖嚴，而此意終有不能自已者，所以爲聖人也。孟子所謂「亦教之以孝弟而已」者，亦此意，可見聖賢自非常。

「飽食終日」

「博，局戲也」，局，限盤也。依《詩學》古者烏曹作博，以五木爲子，有梟盧雉犢爲勝負之采，大意如今之擲骰子，有箇圖，圖中有鳥獸位。依《詩學後説》骰只當作投，陳思王博陸，謂雙陸也。《博經》云陸，六。博六，博者，六棊子白，六棊子黑，通十二棊子，即魯齋王氏注所謂「六著十二棊也」。「難矣哉」，兼無以入德，終有患害説。蓋飽食而一無用心，則妨功廢業，悠悠蕩蕩，未有不入於邪僻者矣。夫博奕，不可爲者也，然爲之猶愈於無所用心者，則人可以不用心哉？蓋非教人博奕，所以甚言無所用心之不可耳。

「君子尚勇乎」

子路勇則勇矣，義則未也，故夫子答之如此，所以救其失而進之也。君子義以爲尚，除去了勇説，不必説勇合於義爲尚，只專説義。合義，勇亦在其中，下節云云都去了。○「小人有勇而無義爲盗」，此非竊盗而已，强盗剽賊也，是須見勇意。夫有勇無義之害，一至於此，則夫君子可不尚義而徒尚勇乎？○三箇「君子」當分别，「君子尚勇」與「君子義以爲尚」，此二箇「君子」皆以德言，「君子有勇而無義」對下「小人」説，則「君子」、「小人」皆以位言也。

「君子亦有惡乎」

子貢問意，謂君子於人無不愛，不知亦有所惡乎？子貢蓋心有所惡也，故以質之夫子。子曰：「有惡。夫人固不能無惡，但隱惡匿瑕者，君子仁厚之心也。若見人之惡，則譊譊然宣諸口，樂得其短而攻之，是誠何心哉？仁厚之心絶無了，故惡稱人之惡者。凡居人下，須要有忠敬其上之心，此亦天理也。且如上人有過，尚當爲之揜，况無過而以己私謗之者乎？是無忠敬之心矣。故惡居下流而訕上者。人固不可無勇，然勇必合禮而施於其所當施，勇無禮則爲亂矣，故惡勇而無禮者。人之作事，必先明義理，審時勢果可爲，然後决然爲之，便不至窒滯。若都不度理勢，果而窒焉，則妄作矣，故惡果敢而窒者。」「果敢而窒」，是自己窒塞不通，不是行去見窒，然必見窒矣。○「勇而無禮」，就血氣争强上説。果而窒，就作事説。

「賜也亦有惡乎」，夫子以子貢問有惡，知其必有所惡也，故問以發之。觀夫子之所惡如彼，子貢之所惡如此，此皆惡其所宜惡，而合乎天理人心之公者，所謂「惟仁者能惡人」也。

「徼以爲知」，伺察人之動止，而自以爲於人之情僞無不知者也。不安分，不循理，而恃其血氣之强，以下凌上，以少奪長，而自以爲勇者，「不遜爲勇」也。專好攻發人之陰私，而略無一毫含洪之意，自以此賣直者，「訐以爲直」也。○「徼以爲知」，小慧之知也；「不遜以爲勇」，無禮之勇也；「訐以爲直」，以曲爲直也。不要作夫子所惡以警人，子貢所惡以自警，都是惡人也。觀注「惟仁者能惡人」可見。○「惡徼以爲智者」三句，不可以爲似知仁勇而非者，「直」如何貼「仁」字。近時學者之弊，如此處最大害，所謂驅率聖言以就己意，使子貢當此時，又加一惡矣。

「惟女子與小人爲難養也」

○養，猶待也。

近之則玩狎矣，遠之則疎斥矣，二者皆非君子所以待小人之道，近則失之不及，遠則失之太過。「莊以涖之」，不近之也；「慈以畜之」，不遠之也。蓋此等雖有難養之情，君子則有善養之道。自其近不遜、遠則怨言之，固見其難養；自其莊以涖、慈以畜言之，則無難養者矣。聖人言此，以見常情非近之則遠之，二者人所易犯，而示人以當思待之之道，使不至不遜而怨也，非特患其難養也。

「年四十而見惡」

「四十，成德之時」，成德者，以此爲斷。人年至四十，則神日衰怠，少能精進矣。於此而見惡於人，則善之未遷者，終不及遷，過之未改者，終不及改，其亦止於此而已，勉人及時遷善改過也。

微子第十八

「微子去之」

微子去之在先，據《書經》可見。箕子之囚，比干之死，則不可知其先後，然以事理度之，箕子之囚在先。彼時紂怒未甚見，諫者猶只囚之耳。至後來比干諫，則紂之忿嫉已甚，遂殺之。至殺比干時，武王之兵所以隨至也，故《泰誓》聲其罪曰「剥喪元良，賊虐諫輔」是也。且箕子之諫時，已自拚死了，偶然紂怒未甚，故只囚之耳。然則《論語》此三句，非特其事之難易可見，其去留、死生、先後之期，亦只此爲據矣。朱子《或問》從《史記》，不必用。

「殷有三仁焉」

孔子此句，真萬世之公案。蓋當時此三人，或死或不死，或去或不去，疑於此是則彼非、伸此則屈彼者，故夫子即其位、揆其時而原其心，而直斷其爲同出於憂君愛國之心，迹雖不同，心則一也。此等公案，非孔子誰能斷之？ 如夷齊之無怨，泰伯之至德，武王之未盡善，若非聖人，斷不敢於千古是非林中擔當一分也。今且虚心讀此大文，上曰「微子去之，箕子爲之奴，比干諫而死」，三人者分明不同矣，而孔子一之曰「殷有三仁焉」，是多少義理、多少意味。然當時三公者，亦已各自認過了，其曰自靖自獻于先王，三公之心直可質之青天白日，照耀天下與來世矣。○「至誠惻怛」四字孰重？曰：「至誠重，然以惻怛爲主。」此處仁，主於愛言。千載之下，當想及三公當時一段憂苦之意。微子之仁，憂國家之失祀也；箕子、比干之仁，拯其君於危亡也，何嘗咈乎愛之理。曰「不咈」者，似咈而實不咈也，與《中庸》「身不失天下之顯名」之「不失」同意。蓋以迹言，微子則遠禍而去之，愛何在乎；箕子之徉狂而爲奴，近乎怨；比干之死，一發索性以彰君之暴，似無委曲保全之意。然同出於憂君愛國之誠心，仁孰加焉？由是而觀，則死者非沽名，生者非懼禍而引身以求去者，非要利以忘君矣。「至誠惻怛」，至誠者，仁之存；惻怛者，仁之發。此「仁」字重在「愛之理」上，然惟「不咈乎愛之理」，則「有以全其心之德」矣。○三人之仁，看來看去，孔子只是取其同一憂君愛國之心也，無他深奧，然細味之，仁道豈易全乎？「微子去之，箕子爲之奴，比干諫而死。孔子曰：殷有三仁焉」，大哉！言乎一言，而三子之心白、天下之論定矣。不然，後之人於是三子，必有所軒輊予奪於其間也。厥後孟子得此意，故其論曰「三子者不同道，其趨一也。一者何也？曰：仁也」云云。

孟子曰「皆是也」，又曰「君子亦仁而已矣，何必同」，孔氏家法也。○先儒非有所爲而爲之意，看來孔子本意未及此。

或曰：「聖人無死地，若使處比干之地，將不死乎？」曰：「此未易言也。只恐聖人當此境，又自有旋乾轉坤之事，不坐而與天下共斃矣。」

「柳下惠爲士師，三黜」

柳下惠爲士師，三黜。人或有諷之者，曰：「屢擯不用如此，尚未可以去而之他乎？」惠曰：「我之所以三黜者，只緣直道耳。夫直道而事人，則直道難容，往往然也，焉往而不三黜？然苟枉道而事人，則枉道易合，在魯亦自可矣，而又何必去父母之邦爲？」夫「柳下惠三黜不去」云云「是則所謂必以其道，而不自失焉者」，此所以爲聖之和也。下惠此言皆曉或人，以不去之意而自許其終身直道矣，此所以終在逸民之列也。○先儒謂據下惠此言便是欺天下，無一君之可事，無一國之可往，此便是他不恭處，最是在聖人，則無不可化之人，無不可爲之事矣。然未可以是少貶下惠也。孟子曰「君子不由也」，願學孔子之意。○夷、惠、尹三公，當時皆自以爲其制行得時中之道矣。○士師，刑官。○《書經》「舜命臯陶，汝作士師」，士，刑官也，師，其官之長也，其屬人有鄉士、遂士之官。

「齊景公待孔子」

齊景公之待孔子也，其言曰：「若必如魯公所以待季氏之禮待之，則吾不能矣。當以魯君所以待季、孟二氏之間者待之。」既而又曰：「彼雖賢矣，惜乎吾老，而不能用也。」夫以孔子之聖，使景公以季氏待之，亦何足爲過？然以季、孟之間待之，則禮亦未爲薄。但孔子之所以留其國者，冀其可用以行其道耳，而曰「吾老不用」，則雖禮遇之隆，亦何取哉？故孔子去之。然此言必非面語孔子，蓋自以告其臣，而孔子聞之也。

程子曰：「季氏强臣，君持之禮極隆，❶然非所以待孔子也。」愚竊謂湯之於伊尹，桓公之於管仲，學焉而後臣之，堯與舜迭爲賓主，使景公以季氏待孔子，似未爲過，而乃以季、孟之間待之，則禮少殺矣。故大文竪此一段説話，夫豈無謂而曰「不係待之輕重」哉？孟子曰「其尊德樂道，不如是，不足與有爲」，如何説「不係待之輕重」。且「孔子行」三字，實通承上文，蓋豈止專承「吾老矣」一句，朱子所以取程子之言置在圈外耶。

當時只待以季、孟之間，而不曰「吾老矣，不能用」，孔子猶未決於去也。惟「不能用之」言既出，孔子復何俟哉，此所以果於去也。景公不能用之意，蓋自於晏嬰。

「齊人歸女樂」

孔子用於魯，駸駸然日有治强之勢，齊人懼，直歸女樂於魯以沮之。當時辭受之權在季桓子，季桓子受之，於是君臣之間荒於聲色而怠於政事，三日不朝，其簡賢棄禮，不足與有爲可知矣，故孔子行。此孔子去魯之本意也，以孟子參之方知。郊不致膰俎者，直托一事耳。〇當用孔子時而受女樂，簡賢也。三日不朝，棄禮也。〇「齊人歸女樂」，只説「歸」字，不曾説箇「歸桓子」，則知君相俱有，而季桓子受之，亦爲魯君受之矣。「三日不朝」者，君三日不視朝，臣三日不往朝。〇「此篇記仁賢之出處」，不可分三仁爲仁，柳

❶「持」，嘉靖本、四庫本作「待」。

下惠以下爲賢。折衷亦難，以折衷三仁，三仁自是當了，❶故朱子曰「若三仁則無間然矣」。孟子曰「不信仁賢」，此「仁賢」是相連字，朱子以其此下便説孔子事，故綴之於此，非總上章也。

「楚狂接輿歌而過孔子曰」

楚之狂人接輿者，歌而過孔子之車前曰：「鳳兮！鳳兮！鳳有道則見，無道則隱。此何時也而猶不隱，何其德之衰乎？且向日之不隱，已過之事，今不可諫矣。然來者之日猶可追，那向日之失，及今庸不可隱乎？已而，已而！如今就可隱去了，今之從政而不隱者，危矣！」味接輿之歌，既比之以鳳而又疑其衰，既幸其或止而又慮其殆，蓋知尊孔子而趨不同者也。○接輿此輩人亦甚高，除是孔子方可道他不是。孔子時在車中，聞其歌，遂下車，欲與之言。而接輿自以爲是，不欲聞其言，趨而避之，孔子終不得與之言。○夫以此等人，天資氣節之高，使聞孔子之言，其有不幡然而悟者乎？

「長沮桀溺耦而耕」

長沮、桀溺二人，相與爲耦而耕，時孔子自楚反乎蔡，過其所耕之地。孔子以濟渡未知安在，使子路往問津焉。本子路御而執轡，今下問津，故夫子代之，長沮因指孔子而問曰：「夫那執轡者是誰？」子路曰：「是孔丘。」長沮曰：「正是魯國孔丘邪？」曰：「是也。」曰：「他人容有不知津處，若是孔丘自知津，而無待於問矣。」長沮此言以孔子數周流也，蓋長沮是托此以拒之，本是心不然孔子之周流而不遂隱也。觀其辭

❶「了」，原作「乃」，今據四庫本改。

意，亦何等人物了。子路以長沮不答，又轉問桀溺。想當時子路之問長沮，桀溺必見，長沮與子路問答之言，桀溺必聞，故不問孔丘而獨問仲由，且其辭語意思又較從容得多。

桀溺曰：「我看來滔滔者，舉天下皆是也，無一可與有爲者，而將誰與變易邪？言欲變易誰邪？且彼在魯，不合則去之齊，之齊不合，則去之衛、之楚。此處不合則去彼處，彼處又不合則又去之一處，此則避人之士也。予以爲滔滔天下皆是，舉世皆在所避矣。且汝與其從避人之士，豈若從避世之士哉？」此又諷子路，何必從孔子周流之意也。於是耰而不輟，亦不告以津處。○「人」字狹，「世」字盡。安人，安百姓；治人，治天下國家，皆如此分。○除鳥獸是飛走之屬，則不可以同群矣。彼天下皆人也，吾亦人也，則吾所當與同群者，斯人而已，吾非斯人之徒與而誰與哉？如之何絶人逃世，以爲潔邪？且彼謂天下無道，誰與易之？殊不知若天下有道，則丘不用變易之矣；正爲天下無道，故欲以道易之耳。此皆反桀溺之言，然二人所見所執實同，反桀溺而長沮亦在其中矣。

「子路從而後，遇丈人，以杖荷蓧」

杖，所芸之器，杖頭必鋤，概謂之杖耳。方知「耰」字訓「覆種」，不是鋤耰之耰，後來所謂耰者，是因其用而名其具也。「蓧，竹器」，蓋籃也。「植其杖」，植，立也，蓋荷蓧始至，杖猶未植也，今始植而芸。

子路問曰：「子見吾夫子乎？」丈人蓋知其爲從孔子遊者，乃正辭以責之，曰：「汝於四體則不勤，於五穀則不分，徒遊手遊食而已，而乃問夫子於我，我知孰爲爾夫子邪？」遂植其杖而芸草，竟不答他。○仲珠曰：「不勤不分，是責其不事農業。孰爲夫子，是責其從師遠遊也。」

子路聞其言，知其爲隱者，遂拱而立。「拱而立」，即敬之也，不必説心敬之故拱而立，然拱而立亦由心生。丈人於是止子路，宿於家，殺雞爲黍而食之，且使其二子出見。「殺雞」二字，不對「爲黍」説。言「爲黍」，安排飯也；言「殺雞」，見其盛也。○明日，子路辭，丈人行。既見孔子，因以丈人昨日所責之辭、不答之意及所以相待之禮爲告。○「至則行矣」，行者，只是出去，逆知子路之必將來，故先去之，其家猶在也。但子路若等他，他終不肯見矣。且子路與夫子在行中，又如何久等得他，他決是不肯見了，朱子以爲「先去之以滅其迹」。

丈人既不得見矣，子路因述夫子之意而言曰：夫出仕以事君者，義之所在也，不仕則無義矣。且彼於二子相見，則於長幼之節固知其不可廢矣；而以長隱爲高，則廢了君臣之義矣。且夫長幼之節固不可廢也，君臣之義如之何其廢之邪？大凡欲潔身而遠逃，則於五品之人倫俱廢了，彼蓋欲潔其身，而不知君臣之大倫亂矣。故君子之仕也，所以行君臣之義，使無廢也。若夫道之不行，則固知之矣，但不忍廢君臣之義耳。觀子路所述夫子之意如此，則君子於仕亦急矣。然一則曰「義」，二則曰「義」，則「事之可否，身之去就，亦自有不可苟者。是以云云狗禄也」。使丈人不去，子路得而見之，其所告之言，必無以加此矣。惜乎！丈人之不聞也。孔子使子路反見，直是要他聞此言。

按此自「不仕無義」至「已知之矣」，皆是反覆言君臣之義不可廢。而自「長幼之節」至「已知之矣」，又皆以申明「不仕無義」一句。

仕如何？則行君臣之義。蓋仕，事君也，以臣事君，非義而何？莊子曰：「君臣之義，無所逃於天地問。」義者，制事之宜，自君臣言之，道合則從，不合則去，有義存焉。此非本文之義，但「義」字却是如此。按朱子小注説「義」字，亦太偏於去就上説，如此則曰「君子之仕也，所以行去就之義也」，似亦難説，恐未可據。但要得「義」字意思在，蓋君臣主義，便理是如此，味《集注》自見初不主去就説。事之可否，就行事説；身之去就，就進退説。〇提「長幼之節」引起「君臣之義」者，因其所明以曉之也。

「不仕無義」，泛説。「欲潔其身而亂大倫」，指丈人説。兩句似重而實不重，南軒正如此説。〇「欲潔其身而亂大倫」，即「吾非斯人之徒與而誰與」意，不然則舍人類而群鳥獸矣。故《集注》兼解，朱子雖兼解，然子路只是指君臣。蓋君臣、父子，五者之屬，皆大倫也，豈有潔其身，連五倫都没道理？如丈人見二子，則父子固在，有父子則有夫婦矣，如耦耕則亦有朋友。

子路後來此言，是向人説底，但不知是因丈人不見就在彼處與人言邪，抑反來見人而言之邪，皆不可知。若以爲子路只「述夫子之意如此」，畢竟是述在何處，只述在《論語》書邪？然終是可疑，故《集注》又取國初本所記附之於後。〇「隱者爲高」、「仕者爲通」，「爲」字不必依饒氏作「作爲」説。〇「決性命之情以饕富貴」，謂越了道理以求富貴也。決，如水之決防而出也。性命之情，情之正者也。〇丈人，非姓字也，如石門、荷蕢之流。丈人，老人也，不得其姓，字亦不知。既止子路宿，見其二子，安得不知其姓字邪？然以後來滅跡，想起他終是不説姓字。〇此篇記仁賢之出處，則丈人之流，朱子亦以爲賢者，後人如何可輕毁譽耶？但惜其不知聖人耳。〇子路問津，自楚反乎蔡也，子路從而後，即此時也。又皆序楚狂之後，故知四人皆楚人也。〇丈人荷蕢之徒，終是於天命之性上有蔽處，故勇於隱而怯於仕也，特天資亦高矣。

「逸民：伯夷、叔齊」

逸民，古逸民也。孔子下文，論列不及朱、張，不知如何？○下惠雖和，和中有清，是以均謂之逸民。夷齊之逃，只是遜國，當時若治平，則猶可仕也，故孟子以爲避居海濱。泰伯居於吴，故不以逸民列。

「不降其志，不辱其身，伯夷、叔齊歟」

《古史・伯夷傳》録其讓國、叩馬二事，謂：「夫子言其不怨，以讓國言；言其不辱，以去周言。」《黄氏日抄》曰：「雖夫子發言之意未必盡然，而旨義則過遷史遠矣。」愚謂「不辱，以去周言」，誠是，蓋此章主逸民言也。惟不怨專主讓國言，則未可知。新安以非其君不事，爲不降其志；以不立惡人之朝，爲不辱其身，此不可曉。大抵一以志言，一以身言，而辱身又重於降志，所謂「天子不得臣、諸侯不得友」者也。

「柳下惠、少連」

注云「柳下惠，事見上」，只三黜不去，便見降志辱身處，亦不必依季氏分貼。且柳下惠「言中倫、行中慮」，亦在上章。見得三黜不去，而其辭氣雍容如彼，而其確乎不能枉道之意，亦自見於言外，言中倫也；三黜而猶仕，仕而終不枉道，行中慮也。言當乎事理，行合乎人心。慮者，心之所思也，人有心則有慮，以慮言見其合人意耳。

既曰「降志辱身」而又曰「中倫」、「中慮」者，見其和而不流也，然則其異乎他人之降志辱身矣。「其斯而已矣」，指中倫、中慮言，謂其所可取者在此耳，不可謂其無他善也。

以言乎虞仲、夷逸，雖隱居放言，而中清、中權也。夫隱居獨善，則其身合乎道之清；放言自廢，則其廢合乎道之權。放言自廢，自示其不可用也。隱居放言，比之中倫、中慮者，又不同矣。

夫此七人，不降志、不辱身而隱居放言，則所可在隱，所不可在不隱矣；降志辱身而言中倫、行中慮者，則所可在不隱，而所不可在隱矣。惟我則異於是，我初無可，亦無不可，顧時義何如耳。孟子曰「可以仕則仕，可以止則止，可以久則久，可以速則速」，所謂無可無不可也。○或曰：「逸民則皆隱矣，如何如此分可、不可？」曰：「如柳下惠，終無必隱之心，仕意較多，而夫子概以逸民稱之者，以其終不遇於世，而顯行其道耳。此亦是大疑難。」○七人各有可、有不可，不可分孰爲可、孰爲不可。○一説七人者，但其言必如此，即是有可、不可。蓋七人所爲，皆主於可者也，而其不可者亦自可以反見矣。且既稱逸民，如何又説有所可在不隱者耶？

無可無不可者，以心言也，不以事言也。心則無有可、不可，若事則當自有可不可在，安得無可、無不可？魯既受女樂，決然是當去，又可以不去耶？若魯能却女樂而反夫子，則夫子便當還矣，此正是無可、無不可處。若於事無可否，何以爲孔子？孔子曰「無適也，無莫也」，此無可、無不可之説也；曰「義之與比」，則自有可與不可在矣。○仲珠云：「夷齊只知不降志辱身之爲可，而降志辱身之爲不可；在惠連則以降志辱身、中倫中慮之爲可，而不降志辱身與不中倫中慮之爲不可。」下句便説不得去了，下條亦然。如何説不降志辱身之爲不可，且不中倫、不中慮無所往而可矣。其不可者，固是也，孔子亦惡得而可之耶？○謝氏「立心造行」，不分貼本文。此本以制行言，然行由中出，有此立心，則有此制行矣。○「下聖人一等」者，謂夷、齊無少屈也。若下惠以下，則皆有少屈從權處矣。饒氏注最好，但不是正解，此意却説得夷、齊自好。

「太師摯適齊」

前只云「太師，魯樂官」，而此云「魯樂官之長」，對下文其屬而言。○亞飯，謂掌亞飯之樂官，名干。不言初飯者，或太師、少師掌之，或當時無其人了，或其人不去，必有掌初飯者。然朱子又曰「《白虎通》曰『王者四飯，諸侯三飯』，則初飯無了。」然據事情，以初爲亞，以三爲四，似亦難必。○「以樂侑食」，侑，勸也。脾好音樂，故以此勸之。今人歌曲以至戲場，其原蓋出於此。○眼如望羊，望羊，視也，羊善望，如云虎視。○「聖人俄頃之助」者，樂官識樂之正，而不爲三桓僭妄者用也。諸樂官之所以散去者，以樂官失其職也；所以知失其職而去者，以其識樂之正也；所以識樂官之正者，以夫子正樂之功也，看此章者，當得此意。引此章，所以傷今也；後列魯公八士二章，所以思古也，皆衰世之章也。然傷今則思古矣，思古所以傷今也。大抵此下「太師摯適齊」以下，及上柳下惠，皆是孔子之言，故載在《魯論》。朱子亦以爲夫子皆稱贊而品列之。

「周公謂魯公曰」

不必以親，親敬故任賢。用人立説，總要見得忠厚之意，若衰世安得有此氣象，傷今則思古矣。

「周有八士」

「一母四乳」，乳，育子也，謂一産也，非指其妳言，蓋一母四乳而生八子也。此朱子疑出，以本文伯、仲、叔、季四字俱雙，想是如此，似不宜就安在本文説。總見周之盛時，人才之盛如此，今則不可得矣。按朱子於「師摯」、「八士」、「魯公」章或自云「未必夫子之言」，❶或又引胡説「其或夫子嘗與門弟子言之」，然終則曰「孔子於三仁、逸民、師摯、八士，既皆稱贊而品列之」，而於「柳下惠」章下亦曰「此必有孔子斷之之言而亡之」，還主孔子説意多。其曰「未必夫子之言」，亦未必耳，然是意居多。

子張第十九❷

「子張曰：士見危致命，見得思義」

世間惟利害最重，今見害不苟去，見利不苟就；世間惟喪祭最重，今祭能思敬，喪能思哀，則大節無虧，其亦可矣。其曰「思義」、曰「思敬」、曰「思哀」，皆就士者地位説。其實敬、哀，皆須不待思而自然，方是其可已矣。子張意謂儘可了，朱子訓曰「則庶乎其可」，似少抑之。蓋士者分内事固不止此，今曰「其可已矣」，則失之太快，而不類聖人之言。注又曰「一有不至，則餘無足觀」，俱是陰補子張言意大急處，恐後之學者遂以此爲極致也。○「見危致命」，言見危而能不畏死以貪生也，見危即致其命，不暇致思也。「見得思義」，顧着義也。「祭思敬」，兼内外神言。一説思敬，懷敬；思哀，懷哀也。孟子曰「事親若曾子者可也」，伊川曰「事君若周公者可也」，則此所云云，誠似失之太快。

---

❶「按」，原作「接」，今據嘉靖本、四庫本改。

❷「九」，原無，今據嘉靖本、四庫本及《論語》補。

「執德不弘，信道不篤」

執德，以行言；信道，以知言，一理也。方其聞是理而未爲我有也，則謂之道；及其行是道而得諸己也，則謂之德。是德也，執之可矣，然必執之弘，然後衆善益集，而德不孤；是道也，信之是矣，然必信之篤，然後此志益堅，而道不廢。德不孤，道不廢，然後能卓然有所建立於天地之間，而足爲世輕重。若或以少有得自足，而執德之不弘；於其道雖信而不能無不信者存，而信道之不篤，則德孤而道廢。道德既非我有，吾見世雖有是人也，焉能爲有？世雖無是人也，亦焉能爲無？○執德之不弘者，量之不廣也；信道之不篤者，知之不真也。此與「弘毅」自不同，蓋「信道篤」非毅也。○此有無，不可以道德有無言，其説大謬。然其所以不能爲有無者，則以其道德之孤、廢也。故濂溪周子曰「天地間至尊者道，至貴者德，至難得者人，人而至難得者道德有於身而已」，可引以解此章之意。○子路之終身誦，子貢之以無諂無驕爲至，執德不弘也；宰我之憂爲仁之陷害，冉求之自畫而謂力不足，信道不篤也。執德不弘，信道不篤，總是無以異於人，故不能爲有無。

得於己者，執之不弘；聞於人者，信之不篤。有知行意，不然道德不分曉。

「子夏之門人」

「子夏之門人問交於子張」，子夏已嘗告以交友之道，而門人復問於子張，是必有不足於子夏之言。○「可者與之」，謂可友者則與之友；其不可友者則拒而勿與之友。如直諒多聞者可，便辟、善柔、便佞者不可。○子曰「毋友不如己者」，亦非是「不可者拒之」，此其言所以爲迫狹。

子張破子夏云：「君子之交於賢者，尊之；其衆之未賢者，亦容之。於善者嘉之，於其不能乎善者亦矜之，而何以拒人爲？且我之大賢歟，則自不肯拒人；我之不賢歟，則亦不得而拒人矣。」此皆以破「其不可者拒之」之説。尊、賢兩句，言君子當如此，總見可者固與之，其不可者亦不拒之也，與下文大賢何所不容同。○「異乎吾所聞」，《繩尺論》以爲聞之夫子，非也。「我之大賢，何所不容」，此二句非夫子語意，故朱子破之云云，其論是陳止齋説。

賢，如仁義實有得於己者；善，則方爲仁爲義者；衆，只是無以異於人者。不能，則有不善之意。此二句，子張述所聞言也。「我之大賢」以下四句，則方是把子夏話來破了，上二句虚説。○賢勝於善，衆又勝不能，略有等第。一説，賢以德言，善以才言，不如前説，善不貼才。其下文只言賢、不賢，又該善、不能在裏。不可以「嘉善矜不能」爲釋上句之義，蓋尊與嘉不同，容與矜亦不同，子張何故重復説，必各有攸當。子夏之病，病在有所拒；子張之病，病在無所拒。若子夏説出所以當拒者，子張説出所以不可與者，亦必拒之，則皆無病了。

「雖小道必有可觀」

雖是農圃醫卜之屬，恁樣小道，然其初固皆聖人之制作，而各有一事一物之理存焉，故必有可觀者。然局於一偏，滯於一隅，若以推之天下國家，則恐不通，就行不去了。是以君子於大道盡心焉，而於小道不屑爲也。可觀，以其理未嘗不在，而各有濟於用也。

「日知其所亡」

人之爲學，誠能孜孜汲汲，日惟知其所無，所無者既有諸己了，積至於月，又無忘其所能而終不失，如此便是無一時而不學。而一日有一日之功，一月有一月之功，可謂好學已矣。○「知」字對「無忘」字說，非知行之知。日知所無，謂汲汲以求其所未有也，兼知行，所能亦然。○此所謂好學者，皆是有進進不自已之意。「日知其所無」，皆以心言，功則不外是矣。

「博學而篤志」

子夏云：「人皆知力行之所以爲仁，而不知致知亦可以得仁。誠能博而學之，聞見不隘而又篤志。心一於是，問不泛問，切己者問之，思不泛思，即其近者思之。凡此皆致知之事，未及乎力行而爲仁也。然從事於此，則心不外馳，此心常存，而理之存於我者，亦由是而固。是雖非所以爲仁，而仁亦自在其中矣。」○篤志，今人說及此二字多不切，又說開去了，何以爲致知之事，故只曰「心一於是」。朱子曰：「篤志只是至誠懇切以求之，不是理會不得又掉了。」○篤志，堅心也。切問，切於己也。近思，近於己也。自「博學」到「近思」，漸說近裏着己來，所以仁在其中。「博学而篤志，切問而近思」，此非徒事致知者所爲也，細思！細思！

一說博學是廣求此理，篤志是定向此理。定向之說與朱注異。問易泛，思易遠，人之常情也，自非篤實爲己者，不能切問近思。由此觀之，子夏之學可知矣。新安謂「博學是總其綱，篤志、切問、近思是分其目」，此說未當。大抵以序言之，則先博學，次篤志，又次切問近思耳。「學」字是對「志」、「問」、「思」說，《中庸》、《文言》皆然，難說提綱。如《中庸》、《文言》「學」字如何該得力行字？○朱子解「三仁」之「仁」，就理說及心；仁在中、五者爲仁，則就心說及理。如孟子說仁，則解曰「心之德、愛之理」；有子說仁，則解曰「愛之理、心之德」。

「百工居肆以成其事」

工不居肆而在家，則幹他事，理他物，是爲遷於異物。君子不學，則心用在外物上，不在道理上用，故無以致道。此則子夏本意，畢竟居肆與學分數較重。然不特居肆而已而曰「以成其事」，不曰「學而已」而曰「以致其道」，則知居肆者，特地是欲成其事，非閑居也；學者特地是欲致其道，非空學也。所以二說相須，其義始備。○學者，求知其理而行其事也；致其道者，造乎道之極致也，亦是做到家之意。「成」字、「致」字，重看。○學亦有不能致其道者，如學小道與「中道而廢」之類，故「學」字且虛說。若實說學道，便小道說不得。

「小人之過也必文」

「必文以重其過」，「以重其過」四字，朱子警人尤切。文則重其過矣，何也？始焉不知慎思而行與理悖，是過了，而又飾之以爲欺，是增益其過也。「重」字，去聲讀。

「君子有三變」

君子一身有三變，如何？自遠而望之，則見其正衣冠，尊瞻視，儼然其貌之莊也。望之儼然，若不可得而親矣，及其近而就之，則其色温藹然，和氣之可掬也。即之也温，雖可得而親矣，及聽其言也，則又非法不道，是是非非確乎其不可易，則雖可親而不可狎。是則君子一身，自遠望之是一樣，近而就之是一樣，及聽其言又一樣，此所謂三變。然君子豈有意於變哉？蓋其陰陽合德，所養者周，是以其見於外者自然如此，不待有所矯而然也。「君子有三變」，言盛德君子如此，莫指孔子，然孔子必如此。「望之儼然」，舉一身言；「即之也温」，指見於面者。

「君子信而後勞其民」

必其誠意惻怛而民信之矣，然後可以勞其民，若未信，則勞者非人所使，彼必以爲厲己也；亦必誠意惻怛而君信之矣，然後可以諫於君，若未信，則諫者逆耳之事，彼必以爲謗己也。可見君子之事上、使下，皆必以信爲之本，有其本，然後可以有爲也。信在使民諫君之先。○信謂上下交孚，故曰「誠意惻怛而人信之」，兼人我説。固有己之心雖出於誠，而人未必信者，故本文「信」字做「人信之」説，而其本則在「誠意惻怛」上最要細。或以信爲己信，固知所重矣，而不知本文信字本旨。❶ ○「信而後諫」固是，然亦有雖不信而不容不諫者，箕子、比干是也。又如羅應奎彈李賢一章，雖不見信，而有補於綱常，亦非無益之諫也。「信而後勞」亦有如此者，如子産爲政，初間民或有欲殺之者，子産亦不恤也。但君子立心切要他信，然其所以致信非有所强也，誠意惻怛而人自信之也。君子指士大夫言，上有君，下有民。

「大德不踰閑」

言人於君臣父子等之大倫，皆一一盡道，而無越於準繩之外了，則雖於一動静、一語默及應對進退之間，

❶ 「本旨」，嘉靖本作「主位」。

有未盡合理，亦可也。○饒氏謂「此章用以觀人，則可；用以律己，則不可」，至言也，子夏本意却未分觀人、律己，此所以有弊。

「子夏之門人小子」

「本」、「末」二字，子游以大學、小學言，差了。蓋大學、小學，可以分先後，而不可以言本末。子夏以「始」、「卒」二字替他，便見子夏見識高於子游，此篤實之效也。《集注》依舊用本末，還是亦據子游意耳。子游之意，蓋以大小分本末，似謂洒掃應對是末節，正心誠意是大本云。此《大學》未説到齊、治、平，就學者分上説，故只作正心誠意。

「言游過矣」，只指言語上指他過，不必曰言過也，「過」字活套。

「孰先傳」、「孰後倦」，此「先」、「後」是活字，言何者則先而傳之，何者則後而倦焉。蓋以學者所至，自有淺深，有可告以大者，有只可告以小者，譬之草木區以別矣。若夫有始兼有卒，本末兼舉者，其惟聖人乎？而今之小子未必皆聖人也，安得不且先教以小學耶？本注「一以貫之」，本、末都在所貫内，此與前章萬殊一本意思小異，此只是一時並舉之意。○「區，猶類也」，厚齋之説不必用，彼以區域言，若區域分類，却不如就草木分類爲是。○淺深、生熟要分辨，造到深者，又要等熟然後可進以他説。子夏此説，便是「中人以上，可以語上」之意。○程子五條，首一條是發子夏本意，後五條是破子游小視了洒掃應對以矯其偏。然此意子夏當時亦説不及此，恐亦未必曉得也，曉得則亦聞性與天道矣。

程子曰「洒掃應對，便是形而上者」，此句亦如云「蓋凡下學人事，便是上達天理」，語勢似忒緊，此只爲人認本末爲二致，故立言如此。○「故君子只在謹獨」，不忽於小也，且兼事有大小，理無大小，事有可、不可，聖人心無可、不可。❶○程子所謂「理無大小」者，大小以事言，所以爲理無大小。事有大小，故其教有等而不躐；理無精粗，故惟其所在而皆不可不用其極，此朱子之言，極妙，極妙！○「洒掃應對」所以直與「精義入神」同者，洒掃應對，其源頭便是天命所在也，雖聖人之下學上達亦是此理。○觀此章者要知大學、小學，理一而分殊。

「仕而優則學」

二句平説，蓋各有所指。上句爲已仕者言，蓋當時固有仕而不學者；下句爲未仕者言，蓋當時亦有學而不仕者。《集注》「然仕而學」。「然」字説出本文外意。或以二説相須例觀者，非也。此與「然人當勉其難而不可忽其易也」，「然必近者悦而後遠者來」，俱是言外意。○看來重在「則學」、「則仕」上。朱子注意以本文不直曰「仕而學」而必曰「仕而優則學」，不直曰「學而仕」而必曰「學而優則仕」者，蓋「當其事者，必先有以盡其事，而後可及其餘」耳。此正與「行有餘力，則以學文」語意相同。○新安説「仕與學，理同而事異」處，不是。蓋學所以求此理，仕則只是行此理，非有二理也，故曰「理同」。求其志，即守其所達之道；達其道，即行其所求之志也。事異自然，亦不待新安所解。

「子游曰：喪致乎哀而止」

❶ 「心」，嘉靖本作「必」。

子游曰：「以吾觀之，喪只極乎哀而止，何以文飾爲？」蓋亦激於當時之節文習熟，而哀戚之不足者，亦棘子成之意也，故不能無弊。「而止」二字，所以爲微過於高遠者，只是簡略細微之意。細微處簡略，則能過於高遠，而失之踈薄矣。亦須看「微」字，不可說大勁。○合「問孝」章觀之，可見子游之事親也，養有餘而敬不足；子游之喪親也，哀有餘而禮不足，皆足以見其任情自遂，而脱略細微。

「吾友張也」

子游曰：「吾友張也，才高意廣，人所不能者，彼獨能之，是難能也。然而殊少誠實惻怛之意，其於仁則未也。」蓋「師也辟」，再下便是「巧言令色，鮮矣仁」矣，可不謹哉。○子張之難能處，大抵亦務外所爲。○以子游視子夏，則子游爲過；以子張觀子游，則子張尤爲過，觀其言可知。

「堂堂乎張也」

「堂堂乎張也」，其務外自高如此，欲輔之而爲仁歟，則彼之務外自高，無舍己下問之意；欲以輔人之仁歟，則彼之務外自高，無惻怛俯就之心，是難與之共爲仁矣。曾子此言，蓋就爲朋友分上說，蓋仁惟務內而平實者能之，而亦可以爲人所資。○於己無體認密察之功，於人無切偲觀感之助，難與並爲仁也。合兩章而觀之，皆可以見子張之不足於仁處。然亦可以見仁爲心之德，根於人心，惟求之至近而脩其在內者，乃可以至之。

「人未有自致者也」

朱子解云「人之真情所不能已者」，是以自然說。尹氏注「於此不用其誠」，是以當然說，故在圈外。曾子述所聞於夫子者如此，於此自識其良心而已，非謂他事俱不能自盡，而惟此節能盡。其曰「人未有自致者也」，亦指常人言。夫常人他不能盡，而惟喪親爲能盡，蓋足以見仁親之心達之天下，無不同也，此厚者之言也。噫！○若中人以上，則不獨親喪爲能自致矣，凡理所當然者，皆所自盡。饒氏之説，極妙、極妙，雖聖人復起，不易斯言矣，記之！記之！蓋「乎」字，有感動人意。聖人言人無有不能如此者，而不能如此者，是誠何心？此夫子所以默寓微意也。不然只管説人盡能如此，似乎無味。

「吾聞諸夫子」

「其他可能也」，謂生而能事，死而能哀，皆可能也。蓋其父之臣與父之政，固可遵而不可改。人之適己自便，而以死待其親者，雖不可改，而亦改之矣。而莊子則不然，於其臣也，父用之，吾亦承而用之；於其政也，父行之，吾亦承而行之，都不改其臣與其政。此實人所難也，蓋以其所關繫尤大也。○難、易亦不必深辨，父臣既賢，父政既善，承而用之、行之，非惟理所當然，亦勢之順而易者也，故朱子《集注》改用「善」字。或者曾子所述於夫子，而門人又述於曾子者，未能纖毫無間。

「孟氏使陽膚爲士師」

「上失其道」，使之無道，教之無素也，是以情義乖離而民散矣。惟其散也，故或迫於不得已而犯法，或陷於不知而犯法。夫如是則犯法者，民也；所以致民犯法者，上也。是以汝出而爲士師，於辨訟折獄之間，❶如

❶「折」，原作「拆」，今據嘉靖本、四庫本改。

得其罪惡之情，則須哀矜之而勿以爲喜。蓋得情而喜，則太刻之意或溢於法之外；得情而矜，則不忍之意常行乎法之中，勉齋之言也，仁人之言蓋如此，舜曰「欽哉！欽哉！惟刑之恤哉」同，此一點生生之心也。○注曰：「故其犯法也，非迫於不得已，則陷於不知也。」此三句在「民散久矣」之下，故得情則當哀矜勿喜。○使之無道而乖離，則迫於不得已；教之無素而乖離，則陷於不知。失道故民散，民散故犯法，孟子曰：「無恒産者無恒心。苟無恒心，放僻邪侈，無不爲已。及陷乎罪，然後從而刑之。」至切！至切！

「紂之不善」

子貢云：「今天下之言不善者，一歸於紂。原來紂之不善，不至如此之甚也，只緣紂自致其身於下流之地耳。是以君子惡居下流，一居下流，天下之惡皆歸焉。」子貢言此，欲人常自警省，不可一致其身於不善之地，非謂紂本無罪，而虚被惡名也。「下流」二字，極有意味。○先儒曰：「子貢非爲紂分辨，其意在下兩句耳。」

「君子之過也」

君子固不能無過，但小人則諱過而不能改。君子之過也，譬如日月之食焉，何也？蓋方其過也，不自隱諱，人皆得而見之；及其更也，復於無過，人又皆仰之。夫過而人皆見，更而人皆仰，不猶日月之食乎？○蓋日月之方食，舉天下人皆得而見之，及其復也，則所以明照萬國者如故矣，人又孰有不仰之者乎？○更改，以君子言，在日月不説更，只可説復。《孟子》「更」字亦然，其注云「更之則無損於明」，亦以君子言，「明」字借説。或以「人皆見之」處截，非也。君子非久過者，日月非久食者，故「日月之食」一句直該到「人皆仰之」處爲是，此與《孟子》文大同小異。

「仲尼焉學」

衛公孫朝問於子貢曰：「仲尼何所從學邪？」子貢曰：「文王、武王之道，未便至墜落於地，還是在人。彼賢者，識見明敏，則有以記其大節；不賢者，識見雖稍劣，亦有以記其小節。或記其大，或記其小，小大雖不同，要皆是有文武之道存焉。夫子焉所不學？如賢者識其大，夫子則於賢者而學其大；不賢者識其小，夫子則於不賢者而學其小。然既無往而不學，則自無往而非師矣，亦何常師之有？」○此「道」字，指謨訓功烈、禮樂文章之類，非指道之全體也。若道之全體，則豈盡於賢不賢者所記而已哉？且夫子之於禮樂制度，皆文、武所垂，而新安以爲「列聖道統傳在文、武，文、武又傳在孔子」者，非本指矣。況公孫朝之問，亦只見孔子於禮樂制度之類無所不通，而不知其得之於誰耳。子貢亦只如此答他，何暇論到道統去處？○謨訓，見於言語者；功烈，見於事爲者；禮樂文章，見於政治者。如此解文、武之道，便見不是論道之全體。看書須看是甚樣人說，甚樣時說，又看是爲甚樣事說。若只說一「道」字，便要說到二帝三王之經天緯地處，則又何用做古人名字說話？或說「仲尼焉學」爲仲尼何嘗學，如太宰「夫子聖者歟」之意，蓋以下文「而亦何嘗師之有」，「亦」字爲好說耳。不知公孫如此問，子貢何須非他，且「賢者識其大，不賢者識其小」意思俱閑泛了。○太宰之問，意思亦甚小，非知孔子者。○「亦」字只是承上疊說。「師」字只因上「學」字生。大是大綱，小是節目。「未墜於地」，大凡物至墜地，便失壞了，故以爲喻。○「在人」，言人有能記之者，不比《中庸》實體備於己之意。

「叔孫武叔語大夫於朝曰」

上只云「譬之宫墻」，而不兼宫室之淺深、廣狹言者，爲何？　蓋凡室淺者，其墻自卑；宫廣者，其墻自高，此又物理自然。　故賢人之道卑淺而易見，聖人之道高深而難知。○眼中曾見大宫廣廈而短墻矮壁者乎？　亦曾見有小寓斗室而高大其門墻者乎？　故首只云「宫墻」而下兼及宫室。「墻卑室淺」字平，下文「墻高而宫廣」亦是如此，不可因此便輕重説。「譬之宫墻」，言賜之道與夫子之道譬之於宫墻，此下只説宫墻，並無一句實指説喻體也。○「賜之墻也及肩，窺見室家之好」，言其不足於深厚，而才美易見也。　若夫子則良賈深藏若虚，君子盛德容貌若愚，故難知。

「譬之宫墻」以下，只把宫墻説，下文便承言「得其門者或寡矣」。　然則夫子所謂賜賢於仲尼，豈故爲是揚賜而抑仲尼也哉？　正爲不得其門耳，夫子之云，不亦宜乎。○觀子貢此言，非其深知夫子之道，不能如此推尊；非其善於説辭，亦不能如此譬喻也。○「不得其門而入，不見宗廟之美，百官之富」，明其非宫墻外望所得而見也。○須要見得子貢如何是「墻卑室淺」處，夫子如何是「墻高宫廣」處。《禮記·儒行》篇：「儒有一畝之宫。」注：「墻，宫墻垣也。」

「叔孫武叔毁仲尼」

叔孫武叔訕謗仲尼。　子貢曰：「云云，他人之賢，所至有限，丘陵也，是猶可踰也；仲尼之賢，其高莫擬，日月也，安得而踰焉？」踰，過也，不是躋攀之意。　如丘陵雖高，日月猶在其上，便是踰了。「仲尼，日月也，無得而踰焉」，仲尼既是日月，是以人雖欲以謗毁而自絶之，其實何傷於日月邪？　即無傷於日月，而故欲謗傷之，適見其不自知其分量耳。○《詩傳》：「高平曰陸，大陸曰阜，大阜曰陵。阜，土之高而有平陸者。」

「子禽謂子貢曰：子爲恭也」

言君子一言而成智，一言而成不智，智、不智只係於一言之間，言其可不慎乎？　適者子之言，失之不智矣。且以夫子之聖，豈可及哉？　夫子之不可及也，莫測其妙，直如天之不可以梯而升然，何也？　以其感人者言之，夫子惟不得邦家耳。夫子之得邦家者，所謂「立之斯立」云云，夫以夫子之神化在人者如此，如之何其可及邪？　此正所謂不可階而升者也，不是别一意。○「立之斯立」至「其死也哀」，皆莫知其所以然，此便是化不可爲處。○聖帝明王之治，天下不出教、養二字，夫子之得邦家，亦不過此。立之，養也；道之，教也。綏之，立之固也；動之，道之深也。子貢語意不到「斯和」截，直到「其死也哀」處。○「聖人神化」「化」字，與上文「化不可爲」「化」字不同，此是「存神過化」之「化」，彼是「大而化之」之「化」。○榮，人榮之也，尊親之也。范氏謂「生則天下歌誦」，亦好，言其感應之妙，神速如此。此句只貼到「動之斯和」處，「斯」字正是感應神速該了，故「榮哀」二字，朱子另解在下。○桴鼓，桴與枹同音浮也。「桴鼓影響」三般意：鼓應桴，影應形，響應聲。

堯曰第二十

「堯曰：咨！　爾舜」

「堯曰咨」句，嗟嘆聲也。「爾舜」句。《書》云「咨！有十二牧」，小異。其曰「咨！禹」者同，「咨有十二牧」，記者之辭，故此首下箇「堯曰」字。

「天之曆數在爾躬」，亦以其德當天心也。

「允執其中」，又是叮嚀之辭。言爾今陟帝位，以治天下也，要必事事惟信，執其中者而用之，不可作推本能執中，故知其曆數在躬也。若不能允執其中，而致四海之困窮，則天禄永終，而曆數之在躬者，亦不爲爾有矣。

此處咨命之辭，只是以帝位屬之，其實舜未便即位。按《書》：「堯命舜曰：爾陟帝位。舜讓于德弗嗣。正月上日，受終于文祖。」傳云：「文祖，堯始祖之廟也。受終者，堯於是終帝位之事，而舜受之也。」未就受其位也。自是齊七政、徧群祀、覲四岳群牧、巡狩、封山、濬川、象刑、四罪，二十八載之間，都是攝行天子之事耳。及帝乃殂落，百姓如喪考妣。三年正月元日，然後舜格于文祖，此時始登天子位，正與《孟子》合。但無《孟子》，則《書經》云云恐後人亦看錯了，方見孟子看書看得精到，便如此了斷得明白。讀「堯曰」者當知此，禹之受於舜亦然，故《書》曰：「率百官，若帝之初。」

「舜亦以命禹」，此處不應説出「人心惟危」二句，《集注》只云「《禹謨》比此加詳」。今人講文章，亦就依《書經》講，反於本文「亦」字説亂了。且《大禹謨》「允執其中」之下，又凡九句，方到「四海困窮，天禄永終」處，所謂加詳者，此亦是。

禹之後，大德受命而有天下者，湯也。據《湯誥》湯既有天下，乃作誥以告諸侯，因述其初請命伐桀之辭曰：「予小子履，敢用玄牡，敢昭告于皇皇后帝。有罪者，我不敢赦而弗誅；至於天下之有德者，皆上帝之臣，我亦不敢蔽而不用。蓋其有罪也、有德也，皆已經閲於上帝之心，我唯聽上帝之命而已。天討有罪而我刑之，天命有德而我章之。此湯自述其初伐桀時，請命于天之辭，以誥諸侯也。然古人質朴，如堯、舜、禹，當時尚皆以名稱，至湯而后有號，至周而后有謚。○生名死諱，今人謂名曰諱。

「帝臣不蔽」，謂聽天命之所歸己，不敢利天下，而蔽天下之賢也。故《書・咸有一德》篇曰：「監於萬方，啟迪有命。眷求一德，俾作神主。」《少微鑑》亦曰：「湯既放桀，退就諸侯之位曰：『天子惟有德者可以處之，亦必有所受矣。』」

又曰：「天既以萬方臣庶付之於我，則我當任其責矣。是故朕躬有罪，此自朕所爲，不以萬方也；萬方有罪，則非萬方之罪也，自是我弗克負荷，而使萬方至於罪戾耳，罪在朕躬。」又按此段今人都泛看過了，前段重在命德討罪上。蓋命討者，天下之大事，人君之大柄，但使功罪各當，則天下之事了矣。此前段所關之意也。○《正蒙》第十篇：「『帝臣不蔽』，言桀有罪，己不敢違天縱赦；既已克之，今天下莫非上帝之臣，善惡皆不可揜，惟帝擇而命之，以爲天下君，己不敢不聽。」○後段全在自責上説，蓋君道之脩否，生民之休戚，國家之治亂，天禄之存亡，全在自治與不能自治之間。故曰：「禹湯罪己，其興也勃然；桀紂罪民，其亡也忽焉，豈細故哉？」此後段所關之意，此是成湯以天下自任處。○成湯所以自責，非獨厚之至，亦理所當然也，非過也。「百姓有過，在予一人」，實是如此。

武王則曰「有罪無罪，惟我在」，湯則曰「有罪、有德，皆簡在帝心」，一則以命討任之於己，一則以命討聽之於天。蓋武王是就「作君作師，其助上帝」上説來，故以任諸己；成湯是就「請命於天，以伐有夏」上説來，所謂「有夏多罪，天命殛之」也，故以聽於天，然其心一也，其道同也。噫！聖人以天行事耳，何利於天下，所謂「有天下而不與」也。

「無以萬方」，或言不以及萬方者，非也。「無」當「不在」字，詳《集注》自見。「周有大賚，善人是富」，言周大賞賚於天下，非人人而富之也，惟善人是厚而已。按《周書》云「散鉅橋之粟，發鹿臺之財，大賚于四海，而萬姓悦服」，則是賚百姓。此則言「其所富者皆善人也」，與《書》不同，故又曰「《詩序》云『賚所以錫予善人』」。説得實了，難説是周有大賚于天下，而大賚之中，又獨於善人是加厚焉，此説與注反，不可用。

大抵此下述武王事，都是反紂之所行。「善人是富」，蓋紂爲天下逋逃主，凡天下小人皆得志，此時君子、善人皆不得吐氣，故武王伐紂云云，所以抑小人而彰有德也，皆反商之舊也。紂雖有許多至親，然身爲不道，衆畔親離，又不如周家之多仁人，此正所謂「紂有億兆夷人，離心離德；予有亂臣十人，同心同德」意思。言至親宜可得力，而反畔之；我許多仁人，豈必皆至親哉？《書傳》云「紂雖有至親之臣，不如周仁人之賢而可恃也」，然則其至親皆不賢者，若是賢亦不爲紂所用，雖用亦在散地，不可得力。今既不可得力，非離心離德而何？此是武王誓師，據人事有必克之理也。〇一説莫做紂至親離心離德説。蓋《書經》「離心離德」之説在上了，此又一重意，故《書傳》亦把與上文兩平解。下曰「紂雖有夷人之多，不如周治臣之少而盡忠也；紂雖有至親之臣，不如周仁人之賢而可恃也」，當從此説。〇據《書經》「不如仁人」之下，又隔「天視自我民視，天聽自我民聽」，方是「百姓有過，在予一人」。此二句，人亦都想不得聖人意思出，蓋武王如此說，是爲何？蓋是毅然以天下爲己任，言民德之正、不正在我，所謂百姓有罪，曰我陷之也，一夫不獲時，予之辜者也。不然，只恁責己何爲？直是要處置天下，使無一人之不得其所，無一人之不歸於善。

「謹權量」

權者，銖、兩、斤、鈞、石，五權也。量，龠、合、升、斗、斛，五量也。二十二銖爲兩，十六兩爲斤，三十斤爲鈞，四鈞爲一石。❶〇「謹權量」，不過取於民。「審法度」，如禮樂制度之類，可因者因之，可革者革之，可益者益，宜損者損也。「脩廢官」者，以其官之廢而不舉，故從而舉之也。「脩」字照「廢」字言，不是「脩削」之「脩」。〇「四方之政行焉」，說在外，與下文「天下之民歸心」一般，不可謂「謹權量」云云就是「四方之政行」。此亦因紂時權量無度、法度隳墮者，百官不職，故武王舉之，亦反商之舊也。

「興滅繼絶」，朱子合解耳，其實不是一事。小注不是，還作二項。如無其國者，滅國也，吾則開封其國。或有其國，而國緒已墜絶者，吾則再續之，封一人使承其緒。「興滅」是其子孫微甚，國土盡無了，吾則搜訪尋出一箇來，封爲諸侯。「繼絶世」是其子孫還衆多，爵土之遺者猶未盡無，我則扶竪起來，使重膺封爵，以繼前人之烈也。〇一說「滅國者，絶世之久者也；絶世者，滅國之近者也」，此說與前說相通，但不可合二爲一。爲《集注》「三者」二字說不去，朱子合解爲「封黄帝、堯、舜、夏、商之後」者，蓋以黄帝、堯、

❶「鈞」，原作「斤」，今據四庫本改。

舜、夏、商之後，有久滅者，亦有近絶者，故云。〇「舉逸民」不可説泛了，專指「釋箕子之囚，復商容之位」言，爲其無他事實也，此當有事實解他，蓋本文是叙事。商容是商賢人，爲紂所擯棄者，故《書》曰「式商容之閭」。《禮記》以爲「使之行商容而復其位」者，殊不可曉，故知《禮記》有出於漢儒之附會。

此段亦爲紂當時滅人之國，絶人之世，廢棄箕子、商容而不之用，故然，亦反商之舊也。〇三者皆人心之所欲也。蓋滅國、絶世，其先皆有大功德於民，民孰不欲存其後邪？逸民有才有德，正所當明揚者，又孰不欲其顯邪？

「所重」者，民、食、喪、祭。當紂時，民之所以養生喪死者，皆有所憾，故武王反之。

自周有大賚，至食、喪、祭，或摘其辭，或舉其事，湊成武王一段事實。

「寬則得衆」四者，堯、舜、禹、湯、武王之所同也。自此以上，不必節節討箇「中」字，無非道之所在也。若把「中」字説，便似《論語》述此有個骨子一般。設使湯、武生在前，堯、舜生在後，《論語》據其時而述其事，又將以何爲貫也？若據學者論道理，則安得以湯、武所行者爲非中邪？亦不可立「咨命」、「誓師」爲主張，蓋「誓師」二字自該不去，故楊氏又著個「與凡施諸政事者」一句。

大抵聖人道無二致，而時位不同。堯、舜、禹、湯、武王之所行者，即孔子之所講明者也；孔子之所講明者，使得時、得位而措之，亦即堯、舜、禹、湯、武王而已。

「子張問曰」

「尊五美，屏四惡」，一勸一戒也。

大凡惠易費，今也惠而不費，此所以爲美也，以下倣此。

「因民之所利而利之」，非以己之利與之也，所謂「用天之道，因地之利」者，若以府庫之財與之，則惠而費矣。

「擇可勞而勞」，不但播穀乘屋，大凡不得已，而鑿池、築城、行師、禦寇，是亦可勞也。「可」字要説得活，但只是我之所可勞便是，何必指定播穀乘屋言。況《孟子》此句注亦曰「如播穀乘屋之類」，「如」字、「類」字包得廣。○「擇可勞而勞之」，小注云「惟喜康共不常厥邑」，此二句不相連出。《盤庚》「共」，如字，去聲。此句在中篇，言我所以勞女者，惟與女同安耳。「不常厥邑」出上篇，言商之先王猶不常其邑，于今已五遷矣。又注云「其究安宅」、「百堵皆作」，出《詩經》。

「欲仁而得仁」，就從政上説，不必依注以治己言。凡從政時，應事接物，一無私心，而當於理便是仁。○凡外物，欲而得之便爲貪。惟仁者，吾所自有，而當然底物事，故欲而得之不爲貪。○此「欲仁而得仁」，語勢與「我欲仁，斯仁至」不同，彼是隨求而隨得之意，此只是「欲仁」字重。

「無衆寡」，以人言。「無小大」，以事言，兼接人應事也，語意之密如此。能敬，則所應接舉得其道，自有安舒自得之意而泰矣。然泰自敬上來，何驕之有。

正衣冠，尊瞻視，非有意於令人畏也，然儼然人望而自畏之，此所以爲威不猛。

不素教之，以善而殺其不善，謂之虐。凡號令興舉，不及戒以速成，而遂考其成者，謂之暴。或故意慢其令於前，而刻期以急之於後，是悞民而必刑之，謂之賊。總是以物與人也，但與之之際吝而不果，此則謂之有司。蓋出納之吝，在有司則可；在從政者，則不可。有司爲主者守財，施予不得自由，故可吝。若爲政者，予奪之權在我，除是不當予，則一介不以與人；若果在所當與，則便以與之。如是則彼之受惠者，見我有樂與之意，自感激効力矣。若當與者，臨時却遲回顧惜，若不忍舍，如此則雖畢竟是與他，彼亦不懷其惠矣。此一惡比上三條雖小，然亦極害事，故舉項羽以垂千古之訓。

「有司」本非「惡」字，然爲政者而爲有司之所爲，則惡矣。

出納，正是關出物以予他時節，出於此而納於彼也。

「不知命，無以爲君子」

義命可相有，不可相無。不知命，則不顧義而避害趨利，將無不至矣，尚何以爲君子？「無以爲君子」，失其所以爲君子者矣。知命非特泛泛然知而已，知有命而信之也。此都是事到頭時，是臨利害之際，我知命而一惟命之安，乃爲知命。○或以不知命做一頭言，非也。此章自是三段，不必與「三畏」章同。且注云「君子之事備矣」，此「君子」與「無以爲君子」之「君子」亦不同。○禮所以檢身也，不知禮，則耳目無所加，手足無所措。蓋人步步離不得禮，有禮方可以自持。

言，心之聲也，人心之邪正，於言乎見之，所謂「人心之動，因言以宣」也。知言者，亦不是只泛泛知他言語耳，知其言之所以然也。如《孟子》知言，「詖辭知其所蔽，淫辭知其所陷，邪辭知其所離，遁辭知其所窮」。然孟子所説廣，故注云：「於凡天下之言，無不究極其理而識其是非得失之所以然。」且其所説都就詖、淫、邪、遁一邊，此則虚説，亦只概説人言。

北京大學《儒藏》編纂與研究中心 編

《儒藏》精華編選刊

四書蒙引（下）

〔明〕蔡清 撰
李存山 高海波 陳明 校點

北京大學出版社
PEKING UNIVERSITY PRESS

重刊蔡虛齋先生四書蒙引卷之九

孟子序

今欲講《孟子》，則《孟子序》亦當看過。

蓋朱子以前，《孟子》只有後漢趙氏一篇《題辭》。及朱子《集注》之成，蓋有不滿於《題辭》者，故特於篇首節録出本傳及韓子、程子、楊氏之言，使人讀《孟子》者，開卷之初，已得孟子之履歷、學術之大概，亦提綱挈領之意。今時初場雖不以命題，然二場三場，往往有及之者，不可畧也。蓋舉本可以該末，正學不妨科舉，人但能以程朱所以教人爲學者而學焉，則理得於心、形於身、舉而敷之筆下，自然詞理俱到，出人一頭地矣。於以圖科名也何有？於以慰父母親朋之望而自光明於民庶之上者，皆不期然而然者矣。

「《史記列傳》」

漢太史令司馬遷讀其父談書，創爲義例，起黃帝，迄漢武獲麟之歲，撰成十二紀以序帝王，十年表以貫歲月，八書以紀政事，三十世家以序公侯，中間惟孔子布衣；七十列傳以志卿、大夫、士、庶，孟子列其中也。上下三千餘載，凡爲五十二萬六千五百言。遷没後，缺《景帝紀》、《禮》、《樂》、《律書》、《三王世家》、《漢興以來將相年表》、《日者》、《龜策傳》、《靳蒯列傳》等十篇。元成間，褚少孫追補，及益以武帝後事，辭旨淺鄙，不及遷書遠甚。

右出《文獻通考》晁氏云。

趙氏，趙岐也。字邠卿，一字臺卿。東漢京兆人。首尊信《孟子》，爲之章旨，分爲十四篇。又爲之《題辭》。辭，即序也。岐每好異，故獨名《題辭》。

此《孟子題辭》注云然也。其出處見《古今紀要》。❶

趙岐，中常侍唐衡兄玹尹京，以岐輕議己，殺其家。岐逃難，賣餅北海。孫嵩載藏複壁。諸唐滅，拜刺史并州。坐黨事免。守燉煌，爲賊所執，詭辭免。獻帝西都，副馬日磾撫天下，所至皆喜。貽書公孫瓚、紹等，各引兵去。説劉表衛朝廷。死荆州。右出《紀要》。

騶本作鄒，本邾國也。

按《史紀》本傳注，邾後徙於鄒，故又稱鄒，如魏都大梁而稱梁類也。

「受業子思之門人」

依吴氏程注，孟子游齊、梁時，距孔子時一百六十餘歲云云，見得不是親受業。《少微鑑》載：「孟軻嘗問『牧民之道何先』，子思曰：『先利之。』孟子曰：『君子所以教民，亦仁義而已矣，何必曰利！』子思曰：『仁義固所以利之也。』」云云。此大抵後人所爲，欲湊成思、孟一段授受者耳。〇此段本出《孔叢子》，正朱注

❶ 「紀要」，嘉靖本作「紀事」。下注文「右出紀要」同。

所謂「趙氏注及《孔叢子》等書皆云孟子親受業於子思」者也。

吴氏程曰：「按孟子自魏惠王三十五年游梁，至哀王七年而燕人畔齊，距孔子蓋一百六十七年，是爲周赧王之三年，而孟子著書之成，固猶在其後也。况孔子夢奠時，伯魚之没已六載，子思固長，不然亦非幼矣。子思享年六十有二，去孔子四五十年而卒，而孟子始生，其不得親受業可見矣。故孟子但曰『私淑諸人』，而《集注》以爲子思之徒，於《論語序説》只稱門人。」

〇愚按《綱目》「孟軻至魏」，分注又謂「受業孔子之孫子思」，蓋兩存以備考定耶？下條韓子曰：「惟孟軻師子思，而子思之學出於曾子。」然則受于子思門人者，從史遷之言；親受子思者，從韓子之言。恐當從史遷。〇此段今斷從子思之門人。若得親受業於子思，不應七篇全無所述而曰「私淑諸人」，如此輕他。如顔子則曰「夫子循循」云云，曾子亦屢曰「吾聞諸夫子」。

《索隱》云〇《索隱》者，河内司馬貞所謂《史記索隱》也，所謂小司馬者。有自序，署爲朝散大夫、國子博士、弘文閣學士，但不知爲何代人。以序文考之，蓋唐人也。其上文序諸家有力於《史記》者則曰漢，曰晉，曰魏，曰宋某人，曰南齊某人。其後乃只云貞觀中諫議大夫某人，以此疑爲唐人也。姑記之以俟知者。

「《孔叢子》」

《通考》第二百九板，晁氏云：「楚孔鮒，字子魚，孔子八世孫也。仕陳勝，爲博士。以言不見用，托目疾而退，論注其先仲尼、子思、子上、子高、子順之言及己之行事，名之曰《孔叢子》，凡二十一篇。叢之爲言聚也。」

「道既通」

○此句亦只可淺説。若正經説到道處，又非司馬遷見識所能到。遷之見，只是説他學通相似。

趙氏曰：「孟子通五經，尤長於《詩》、《書》。」蓋爲見其屢引《詩》、《書》而以爲尤熟於此耳。不然，何以知其獨長於此？後學如此比度前賢，其亦無據而可笑，無怪乎高子以追蠡而議禹之聲尚文王之聲也，故程子闢之。

「游事齊宣王，宣王不能用」止「不果所言」

古史亦據《史記》，先事齊宣王，後乃見梁惠王、襄王、齊湣王，獨《孟子》以伐燕爲宣王時事，與《史記》、《荀子》等書皆不合。而《通鑑》以伐燕之歲爲宣王十九年，則是孟子先游梁而後至齊見宣王矣。然《考異》亦無他據，又未知孰是也。

新安陳氏曰：「謹按《通鑑綱目》：周顯王三十三年乙酉，『孟軻至魏』。慎靚王三年壬寅，❶『魏君罃卒，孟軻去魏適齊』。五年乙巳，『燕君噲以國讓其相子之』。赧王元年丁未，『齊伐燕，取之』。分注但云『齊王』，其下即書『孟軻去齊』。赧王二年戊申，即齊湣王之元年。❷伐燕事，《史記》以爲齊湣王十年丁未，《通鑑》以爲宣王十九年丁未，《史記》、《通鑑》之不同如此。證以《通鑑綱目》，丁未宣王卒，湣王立，戊申

❶「三」，按《通鑑綱目》在二年，爲壬寅年。四庫本《四書大全》引陳櫟説亦作「二」。

❷「之」，原作「也」，今據嘉靖本改。

方改元，則丁未乃宣王末年、閔王繼位之年，蓋未能的知伐燕之爲先君事與嗣君事也。以淖齒事證之，閔王爲是。《孟子》謂爲宣王，乃傳寫之誤耳。吾所折衷，姑以《綱目》爲據。」

據《綱目》，則孟子先游梁，後適齊。蓋孟子游齊、梁時，年皆晚矣。故於梁，則惠王一見稱之曰「叟」；於齊，則曰「惡得有其一以慢其二哉」，是以齒德自居也。蓋是四十不動心方始出而欲擔當天下事也。

新安陳氏謂伐燕事以淖齒證之，閔王爲是。此不知何謂也。淖齒是楚人，楚使將兵救齊，因爲齊相。齒欲與燕分齊地，乃執閔王殺之，擢其筋，懸之廟梁而死。後爲王孫賈所誅，其見於《史記》者如是。此只足以證湣王爲燕所敗，何足以證伐燕之必湣王事？事見《史記・田敬仲完世家》。❶淖齒無傳。

按《史記》載：梁惠王三十五年，孟子始至梁。後二十三年，當湣王十年，齊伐燕，孟子在齊。古史乃謂孟子先事齊宣王，後及梁惠、襄及齊湣王。晦庵序《孟子》，謂「未知孰是」。晦庵又謂：「《孟子》以伐燕爲宣王時事，與《史記》、荀卿書皆不合。《通鑑》以伐燕爲宣王十九年，則是孟子先游梁而後見齊宣王，亦未知孰是。」

此段今斷從《黄氏日抄》。蓋《孟子》出於所見，《史記》得於所聞，所聞不如所見之真。況温公《通鑑》又自與《史記》相戾。不知温公生於千載之下，又何據而不從《史記》也。義理則可斷，若是實年次，安得夢而知昔人之非耶？故以《孟子》所稱齊王而不曰宣王盡爲湣王。此説應是。

❶「完」，原作「見」，今據嘉靖本及《史記》改。

愚按：此説誠長，清亦每有此私議，[1]爲諸侯謀救燕伐齊不成也。若湣王，則遂爲諸侯所滅，又不止燕人畔也。

按《史記》齊伐燕有二事：齊宣王先嘗伐燕。燕文公卒，易王初立，齊宣王因燕喪，伐之，取十城。是即《孟子·梁惠王》篇所載問答稱「齊宣王」者也。此一事也。稱宣王者，《孟子》作於宣王已没之後，故以謚稱，而趙岐注亦稱齊宣王也。齊湣王後又伐燕。燕噲以燕與子之，齊伐燕，下燕七十城。是即《孟子·公孫丑》篇所載沈同問「燕可伐歟」者也。此又一事也。上稱齊王者，作《孟子》時，湣王尚在，未有謚之可稱，趙岐注亦稱王也。燕噲遜國，在宣王卒後九年。湣王伐燕，在齊宣王卒後十年。以此見伐燕噲非齊宣甚明。孟子以周顯王三十三年見梁惠王。齊宣王以顯王四十五年卒，其子湣王立，在位四十年。孟子初見梁惠王，已稱爲叟，姑以五十歲約之。又後之二十三年，齊湣方伐燕，孟子當年七十四五歲，距湣王之卒，孟子約一百餘歲，孟子當不及見湣王卒。故《孟子》自《公孫丑》篇後，凡涉齊事，皆止稱王。陳賈作《周公未盡仁智論》，終篇只説齊王，蓋嘗考究《古史》、《通鑑》少誤。近世師儒援爲王留行事，有謂區區齊宣王不足爲聖世道，説者遂亦誤指伐噲爲齊宣王事。故私記之，以俟考古者質焉。

「游事齊宣王，宣王不能用」云云「闊於事情」

此言其齟齬於時也。

---

[1] 「每」，原作「無」，今據嘉靖本改。

「當是之時，秦用商鞅」止「是以所如不合」

此言其所以齟齬於時也。須以「攻伐」、「縱横」字，與「唐虞三代之德」字相對看。

「秦用商鞅」

鞅本衛之公族。《綱目》大書：衛鞅，後封之於商地，故又稱商鞅。

「楚、魏用吴起」

起初用於魏。魏武侯卒，❶奔楚。楚君類卒，楚人殺之。

「齊用孫子、田忌」

此孫子指孫臏，非孫武子也。武子，則吴王闔閭所用，殺二寵妃爲隊長者也。❷齊伐魏，以田忌爲將，臏爲軍師，威王時。

「天下方務於合縱連衡」

新安陳氏曰：「蘇秦主合縱之説，欲合六國爲一以抗秦。張儀主連衡之説，則離六國之交以事秦。六國，楚、燕、齊、韓、趙、魏也。」《史記》蘇秦説六國「從親以擯秦」，注「以義利相合曰從親」，又謂之從約。又謂張儀爲衡人，言主衡者。又毛遂定從。

---

❶「侯」，原作「帝」，今據四庫本及《史記》改。

❷「二」，原作「一」，今據嘉靖本及《史記》改。

《史畧》又謂蘇秦去趙而從解。儀專爲衡，注：「以勢相脇逼曰衡。」

《詩經》「横縱其畒」，注：「東西爲衡，南北爲縱。」

七國地圖畧

○「從」、「衡」二字之義，當主《史畧》注：「以義利相合曰從，以勢相脅逼曰衡。」如《詩傳》「南北曰從，東西曰衡」者，不切。然當時二字之名所由起，則是如《詩傳》之説也。《史畧》注亦未得其所以然。蓋秦居陜西，以陜西而視山東諸國，東西連亘，其勢衡也。故以秦而脇六國，是主於秦也，故曰連衡。山東諸國，則無西一面，只以南北相合而爲從，故以六國合約以抗秦，所主者六國也，故謂之從耳。○「連」字與「合」字一類，所謂連諸侯者也。

「從」、「衡」二字，就天下大勢上起名。

新安陳謂：「『孟子曰』字，蓋是後人所加者，正如周子《通書》亦爲後人每章加以『周子曰』字。」

「《合縱連衡論》」

天下之勢，輕重於權謀之中，君子於此，可以觀世變矣。夫天下之勢，必有所在：在德則正，在力則偏，在謀則變。德者，來天下之勢者也；力者，據天下之勢者也；謀者，盜天下之勢者也。舉天下之大，狥于匹夫之口，押闔張弛，惟其所命，其爲變也，不既極乎？《孟子》曰「五伯者」云云。嗚呼！爲從衡之説，何人哉？周失其德，天下之勢涣然無所歸，既久而爲秦所據。六國之命皆制于秦，朝夕惴恐，撑柱之不暇，故儀與秦也，得肆其邪謀詭計于其間。大抵爲從者多訹之以利，爲衡者多訹之以害。利害交戰于天下而不能辨，故合而連，連而合，莫之適成，展轉眩瞀，「載胥及溺」而後已。固世之變，亦謀之罪也。二者曲直固不暇論，然就而論之：從之謀在六國，猶可言也；衡之謀在秦不在六國，無可言也。秦自孝公之後，并吞之勢已成，决非犬馬玉帛之可事，則六國之勢不可不合，故秦説一行而天下響應。然不數年，雖秦也亦無以謀其身矣。但以桓文之才，假尊王之義，猶不能革一鄭之反覆，而秦以區區頰舌，合異爲同，聯踈爲親，欲其久而不散，豈不難哉！儀乘諸侯不勝畏讐之餘，故得以劫行其説。秦死，乃得大肆，而又解於武王之隙。不然，六國之束手就擒，授人以勢，蓋不待數十年之後，天下已爲秦有矣。夫勢專，則秦以數千里一衡之地，而卒并天下；勢分，則齊及燕趙皆以二千里、韓魏以千里、楚以五千里合從之地，而卒并于秦。由此觀之，君子不能無憾於從約之解也。雖然，秦嘗以帝業説秦，不用而後爲從于六國；儀嘗倚秦以爲用，❶見辱而後爲衡于秦。不然，則秦之爲衡，儀之爲從，皆未可知也。小人盜天下之勢，而又反覆

❶「秦」，據《史記》當作「楚」。

骫骳，爲其私身計如此，六國乃視之以爲輕重，而於其時有孟子者，其去其就，皆惄然莫之計也，是可委之世變而已乎？ 如孟子之言，行王政而王，如湯如文王者，雖一國可也。 彼六國者何足慨哉！ 吾故著儀秦之禍，以爲利口覆邦家者之戒。

《史記》謂：「孟子所如不合，退而與萬章之徒序《詩》、《書》，述仲尼之意，作《孟子》七篇。」韓子曰：「非軻自著，軻既没，其徒萬章、公孫丑相與記軻所言焉。」朱子曰：「愚按二説不同，《史記》近是。」

問：「《序説》謂《史記》近是，而《集注》於《滕文公》篇首章云『門人不能悉記其詞』，又第四章云『記者之誤』，如何？」曰：「前説是，後兩處失之。 熟讀七篇，觀其筆，如鎔鑄而成，非綴緝可就也。《論語》便是記録綴緝所爲，非一筆文字也。」

程子曰：「孟子曰：『孔子可以仕云云。 孔子，聖之時者也。』故知《易》者莫如孟子。」如此論孟子之知《易》，趙氏怎生得到？ 邵子亦曰：「孟子不言《易》，而深得於《易》。」又曰：「孟子善用《易》。」○如曰「《春秋》無義戰」，又曰「《春秋》，天子之事」，非深知《春秋》者，怎道得出？ 都是一言以敝之。

「退而與萬章之徒序《詩》、《書》」❶

問：「《詩》、《書》既删於孔子矣，孟子又何以序爲？」蓋取孔子所删定者而序正之。 孟子嘗曰：「予未得爲孔子徒也，予私淑諸人也。」是時去孔子百餘年，則《詩》、《書》豈能無舛逸失次者邪？

❶ 「退而」至「序詩書」十字，嘉靖本無。 另下「問詩書」一段嘉靖本與下條合爲一段，置於「承上章言」前。

「退而與萬章之徒」云云「作《孟子》七篇」

承上章言，既是所如不合而道不得行於當時，是以退作七篇，欲以傳於來世。

〇清嘗記一書載朱子之言，謂：「《孟子》一書，決是孟子所自作。不是孟子，如何寫得精意如此透徹，首尾如此貫串？」看他是甚麽樣文氣。若當時門下有人，寫得如此意思出，亦不可謂「軻之死，不得其傳」矣。故曾南豐謂《書》二《典》亦皐、夔輩人所作。以公孫丑、萬章平日所問難於孟子者觀之，似未能寫出《孟子》七篇文字如此精粹員活也。

〇愚謂孔子以道不行，晚年便贊《周易》，脩《春秋》，删《詩》、《書》，定禮、樂以垂萬世。蓋既不得行於當時，便當思以傳於來世。此所謂是這般時節，則聖賢所作，是這般樣子者。今孟子道又不得行於當時矣，則其所以規天絛地之規模，豈徒終鬱於胸中，而與其身俱逝邪？當時在門，又無卓然高第能傳其道而發明之者，又安得不一索筆爲吾道計，以閑先聖邪？如顔子不著書，則以時有孔子在，且早死。至曾子則有《大學》，子思則有《中庸》。以此言之，信是孟軻自著。

《文獻通考》曰：「晁氏曰：『趙岐謂軻以儒術干諸侯不用，退與萬章、公孫丑之徒難疑答問，著書七篇。』按韓愈以此書爲弟子所會集，與岐之言不同。今考其書，載孟子所見諸侯皆稱謚，如齊宣王、梁惠王、襄王、滕定公、滕文公、魯平公是也。夫死然後有謚，軻無恙時所見諸侯，不應皆前死。且惠王元年至平公之卒，凡七十七年，軻見惠王，目之曰『叟』，必已老矣，決不見平公之卒也。後人追爲之，明矣，則岐之言非也。」諸謚亦恐爲後人所加。

又曰：「《荀子》載孟子三見齊王而不言，弟子問之，曰：『我先攻其邪心。』《楊子》載孟子曰：『夫有意而不至者有矣，未有意而不至者也。』今書皆無之，則知散軼也多矣。岐謂秦焚書，以其號諸子，得不泯滅，亦非也。或曰：豈見於《外書》四篇邪？若然，則岐又不當謂其不能洪深也。」○岐之言本司馬遷。○此段斷從《通考》。《綱目》亦以爲軻後門人爲之。

「韓子曰『堯以是傳之舜』」

程子曰：「韓子此語，非是蹈襲前人，又非鑿空撰得出，必有所見。若無所見，不知言所傳者何事？」

朱子曰：「此非深知所傳者何事，則未易言也。堯、舜之所以爲堯、舜，以其盡此心之體而已。禹、湯、文、武、周公、孔子傳之以至於孟子，其間相望有或數百年者，非得口傳耳授，密相付囑也。特此心之體，隱乎百姓日用之間，賢者識其大，不賢者識其小，而體其全且盡者，則爲得其傳耳。」

○愚謂：程子謂「韓子此語，非是蹈襲前人，亦非鑿空撰得出」，許之亦幾於過矣。蓋韓子此語，全得於《孟子》「見知」、「聞知」一章。他是何等聰明人，融會出來，便成此一段説話。

韓子此語，出《原道》篇，其上文云：「夫所謂先王之教者，何也？博愛之謂仁，行而宜之之謂義，由是而之焉之謂道，足乎己無待於外之謂德。其文：《易》、《詩》、《書》、《春秋》；其法：禮、樂、刑、政；其民：士、農、工、賈；其位：君臣、父子、師友、賓主、昆弟、夫婦；其服：麻、絲；其居：宫、室；其食：粟米、蔬、菓、魚、肉。其爲道易明，其爲教易行也。是故以之爲己則順而祥，以之爲人則愛而公，以之爲心則和而平，以之爲天下、國、家，無所處而不當。是故生則得其情，死則盡其常，郊焉而天神格，廟焉而人鬼享。曰：

『斯道也，何道也？』曰：『斯吾所謂道也，非向所謂老與佛之道也。堯以是傳之舜云云。』」

今按韓子此語，則「是」字已自有所指，而程子、朱子却又云云者，何也？豈都不觀其言意所自來耶？「堯以是傳之舜」，此一段又見於《送浮屠文暢師序》者，畧同。《送文暢序》曰：「民之初生，固若禽獸然。聖人者立，然後知宫居而粒食，親親而尊尊，生者養而死者藏。是故道莫大乎仁義，教莫正乎禮、樂、刑、政。施之於天下，萬物得其宜；措之於躬行，體安而氣平。堯以是傳之舜，舜以是傳之禹，禹以是傳之湯，湯以是傳之文、武，文、武以是傳之周公、孔子。書之於册，中國之人世守之。」依此説，見得皆未及此心之體處，故朱子嘗謂「韓子徒知用之可及乎天下，而未知體之必本於吾心」。

「軻之死，不得其傳焉」

或曰：「孟子之後有董仲舒，如何不之與？其所持所造，似猶優韓子。」曰：「視韓子則醇正過之矣。若以配堯、舜及孔、軻，如何得？地位小弱，如何可進之堯、舜、孔、孟之班行乎？」今以先儒所論董子者，録于後以備考，便見董子之爲董子矣。

程子曰：「董子言『仁人正其誼，不謀其利；明其道，不計其功』，度越諸子遠矣。」

又曰：「漢儒近似者三人：董仲舒、大毛公、楊雄。」

朱子曰：「仲舒資質純良，模索道得數句着，然亦非他真見得這道理。」

又曰：「仲舒識得本原，如云『正心誠意可以治天下國家』，如説『仁義禮樂皆其具』，此等説話，皆好。」

問：「舒云『性者，生之質也』。」曰：「不是。只當云：『性者，生之理也；氣者，生之質也。』」問：「其以情爲人之欲，何如也？」曰：「未害。蓋欲爲善、欲爲惡，皆人之情也。」

問：「董仲舒見道不分明處。」曰：「也是鶻突，如『命者，天之令；性者，生之質；情者，人之欲』，『命非聖人不行，❶性非教化不成，情非制度不節』等語，是不識性善模樣。」又曰：「『明於天性，知自貴於物，然後知仁義；知仁義，然後重禮節；重禮節，然後安處善；安處善，然後樂循理。』又似見得性善模樣。終是説得騎墻，不分明端的。」

又曰：「仲舒所立甚高，後世之所以不如古人者，以道義功利關不透耳。其議匈奴一節，婁敬、賈誼知謀之士爲之，亦不過。」

又曰：「班固所謂醇儒，極是。至於天下、國、家事業，恐施展未必得。」○又嘗説：「仲舒固善，❷無精采。」

○又曰：「《三策》説得稍親切，終是脱不得漢儒氣象。」

西山真氏曰：「仲舒醇正，近理之言，見稱於諸老先生外，如曰『彊勉學問，則聞見博而智益明；强勉行道，則德日起而大有功』，又引《孟子》遵聞行知之説，此二條最有功於學者。蓋道學之要，致知、力行而已。《虞書》之『精』、『一』，《論語》之『知及』、『仁守』，《中庸》之『博學』、『篤行』，秦漢以下未有識之者，而仲舒

❶「行」，嘉靖本作「立」。

❷「固」，嘉靖本作「困」。

能言之，此豈諸儒所及！其曰『道之大原出於天』，則『天命』、『率性』之意，尤所謂知其本原者。❶至謂『有國家者不可不知《春秋》也』，其言亦有補於世。本傳稱其『進退容止，非禮不行』。兩相驕主，正身率下。方公孫弘以阿意容悦取相位，仲舒獨終始守正，卒老于家，以其質之美、守之固，使得從游聖門，淵源所漸，當無慚於游夏矣。惜其生於絶學之後，雖潛心大業，終未能窺大道之全，至或流於灾異之術。吁！可笑哉。」

愚按：仲舒所言如此，亦是工夫真積得來。本傳謂其「下帷講誦，三年不窺園」，以潛心于大業，亦是甚麼樣下工夫。不然，絶學之後，能見得到此？

孟軻之後庶幾焉者，只董子一人矣。若文中子也，儘有志氣，儘有格言，只是有些外華魔病。吾道以誠實爲主，况又欲速，故作《續經》，這也是器量不可大受處。❷

「荀與楊也擇焉」云云「而不詳」❸

荀、楊是誠有不精不詳處，但不知韓子之見，是指何處爲不精不詳耳。

今按周子曰：「荀子云：『養心莫善於誠。』荀子元不識誠。既誠矣，心安用養邪？」

❶ 「尤」，原作「又」，今據四庫本《西山讀書記》改。
❷ 「處」，嘉靖本作「矣」。
❸ 「云云」，嘉靖本作「而不精語焉」。

真氏曰：「荀子云：『水火有氣而無生，草木有生而無知，禽獸有知而無義，人有氣、有生、有知亦且有義，故最爲天下之貴也。』其論似矣。至其論性則以爲惡，論禮則以爲僞，胡其自相戾耶？」

荀子論心，爲「湛濁在下，❶清明在上」，此語可疑。蓋心之虛靈知覺，萬理具焉，初豈有一毫之汙濁哉！汩於物欲而後汙濁耳。今曰庭，其視順杞柳之性者，孰爲無瑕之璧也？大本既乖，雖其書極天下之雄，而豈足以掩其疵乎？大原既舛，雖其辭極天下之艱深，而豈足以匿其弊乎？雖微韓愈，其醇其疵，吾固有以知之矣。反覆讀《荀》一篇，以軻、雄爲聖人之徒，以荀卿在軻、雄之間，儔取而例論之，若無所高下者。而其終也，以醇乎醇歸之孟子，以大醇歸之荀、楊，韓子固爲確論矣，而未嘗明言其醇所在。吾自其言性而論之，則知愈之所以爲是抑揚者，思過半矣。

又曰：「三子之醇疵，愈之論則非矣。吾不知愈之爲是醇疵之論者，將爲道邪？將爲書邪？欲削前氏之不合，以附于聖人之籍，愈不過爲書計也。異時《原性》之作，以爲性之品有三，三子者得其中而遺其上下，則未免離性以爲情，而合才以爲性矣。慕孟子之醇而未能同其醇，指荀、楊之疵而未能去其疵，則愈之爲愈，特因書而見道，非遺書而得道者也。」

「楊子」

程子曰：「楊子謂老子『言道德則有取，至如槌提仁義、絶滅禮樂則無取』。言其道德有取，此自是楊子不

---

❶ 「湛」，嘉靖本作「汙」。此段下同。

見道處。又謂『學行之上也，名譽以崇之』，皆楊子之失。」

龜山曰：「楊雄云：『多聞則守之以約，多見則守之以卓。』其言終有病。不如孟子言『博學而詳説之，將以反説約也』爲無病。蓋博學詳説，所以趨約，至於約則其道得矣。謂之守以約、卓於多聞、多見之中，將何由見得此理分明？然後知孟子之後其道不傳，知孟子所謂『天下可運於掌』爲不妄。」

「湛濁在下，清明在上」，是物欲之害，初未嘗去，但伏而未作耳。

「又曰：『孟子醇乎醇者也。荀與楊大醇而小疵。』」

程子曰：「韓子論孟子甚善，非見得孟子意，亦道不到。其論荀、楊則非也。荀子極偏駁，只一句性惡，大本已失。楊子雖小過，然亦不識性，更説甚道。」

孟氏醇乎醇者也。本出《文集·讀荀子》篇。

謂其擇之精，語之詳也。擇之精以窮究言，語之詳以議論言，故以擇之精爲先。

「荀與楊大醇而小疵」

「大醇」，以其皆知崇正道、黜邪説也。「小疵」，即「擇焉而不精，語焉而不詳也」。

朱子曰：「韓子謂荀、楊『大醇而小疵』，非是。由田駢、慎到、申不害、韓非之徒觀之，則荀、楊爲大醇耳。」

慎到，趙人。田駢，步堅反。齊人。皆學黄老道德之術，各有論著。到嘗著十二論。出《史記·孟軻傳》後。

按《論會大全·孟荀楊醇疵如何篇》曰：「言必堯舜，談必仁義，孟之醇，何如也？一則曰尊王，二則曰尊王，荀之醇，何如也？適堯、舜、文王者謂之正，非堯、舜、文王者謂之他，❶雄之醇，又何如也？夫閱其書而考其本，玩其辭而究其源，則俱可謂之醇矣。」獨不思聖人之作書，非爲書，蓋爲道也。凡與道背馳者，不足以爲書。凡與性背馳者，不足以爲道。彼其性惡之論，與夫降衷下民者霄壤，其視無有不善者，孰爲無瑩之玉也？善惡之論，與秉彝好德者徑雄之學似出於老子，如《太玄》曰：「潛心于淵，美厥靈根。」楊子論性爲善惡說。

「又曰：『孔子之道，大而能博。』」此《文集·送王塤秀序》。

問：「大是就渾淪處說，博是就該貫處說否？」朱子曰：「韓子亦未必有此意，但如此看亦自好。」

問：「學焉而皆得其性之所近。」曰：「政事者就政事上學得，文學者就文學上學得，德行、言語者就德行、言語上學得。蓋以其不能徧觀而盡識也。」

按韓文自「孔子没，獨孟軻之傳得其宗」，下文云：「夫沿河而下，苟不止，雖有遲疾，必至於海。如不得其道也，雖疾不止，終莫幸而至焉。故學必慎其所道。道於楊、墨、老、莊、佛之學而欲之聖人之道，猶航斷港絕潢以望至於海也。故求觀聖人之道必自孟子始。」以此觀之，則謂孟子得聖道之大全正宗而非偏岐末流之學，信矣。

韓子《原道》，述《大學》「平天下必先治國」一條，而遺「格物」、「致知」。蘇氏《古史》，述《中庸》「不獲乎上，

---

❶「他」，嘉靖本作「馳」。

民不可得而治」一條，而遺夫「明善」、「誠身」。此非其偶遺之也。吁！此韓子之所以止於韓子，蘇氏之所以止於蘇氏而不得以與於斯文也。温公《通鑑》引《孟子》「立天下之正位，行天下之大道」，却去了「居天下之廣居」一句，此亦是無頭學問也。

「觀聖人之道者，必自孟子始」

按上文云：「孔子之道大而能博，門弟子不能偏觀而盡識也，故學焉而皆得其性之所近。其後離散，分處諸侯之國，又各以其所能授弟子，源遠而末益分。唯孟軻師子思，而子思之學出於曾子。❶孔子没，獨孟軻氏之傳得其宗，故求觀聖人之道，必自孟子始。」

愚按韓子此言，只是謂聖人之道，全體之道也。當時自顔、曾外，諸弟子惟得其性之所近，未有能具體者。其後又各以其所能授弟子，源遠而末益分，而於道之全體，愈寥寥矣。獨孟軻師子思，而子思之學出於曾子，爲得聖道之大全，故曰：「獨孟軻氏之傳，得其宗。」又曰：「求觀聖人之道者，必自孟子始。」正以其得斯道之大全正宗，爲非偏岐末流之學也。學者必由是而觀焉，庶乎其不失耳。今觀程子注，乃似不然。豈以其啓手足時之言，爲正見其全體不息而不安於小成處邪？輔氏乃以用心於内説固善，但不切耳。恐韓子見不到此，大概説學而已。觀其「偏觀盡識」字面可見。其曰「必自孟子始」者，猶曰「顔子發聖人之藴」者耳，正論觀聖道必自曾子之《大學》始，所謂「初學入德之

❶ 「學」，原作「遠」，今據嘉靖本、四庫本改。

門」者，此言只是主孟子言耳。亦行遠自邇，登高自卑之意。

程子注曰：「孔子言『參也魯』，然顔子没後，終得聖人之道者，曾子也。觀其啓手足之言可以見矣。所傳者子思、孟子皆其學也。」程子此言，不是正改韓子之言，朱子以其可相發明，故附云。

按程子此注，全是參也竟以魯得之之意。其曰「觀其啓手足之言可見」者，以其説「吾知免夫」，得見是死而後已，爲實得斯道之傳耳。又曰：「楊子雲曰：『古者楊墨塞路，孟子辭而闢之，廓如也。』」此二句，是子雲之言。自「楊、墨行，正道廢」以下，皆韓子之言。

「其大經大法皆亡滅」云云「爛而不收」

「其」，指先王也。出韓文集《與孟簡尚書》之篇。此係節文，其本文一則曰「先王之法」，二則曰「先王之道」，三則曰「先王之事」，又曰「二帝三王群聖人之道」，可見。

「大經」，蓋本《中庸》之「大經」。上自王朝之間，以至父子、夫婦、房闥之内，先王莫不制爲之禮。此皆係五品之人倫事，如《儀禮》、《典禮》所載，猶可見其畧也。

「大法」，蓋指刑政、典章之屬。如周室班爵禄之制，當時孟子已曰「其詳不可得聞」，「諸侯已去其籍矣」。至於論井田，則亦曰：「此其大畧也。若夫潤澤之，則在君與子。」亦可見大法之亡滅已多。

「存十一於千百」

孟子所謂「於傳有之」者，今皆無此書矣，可見所存能幾。然而無孟氏，則皆服左袵而言侏儷矣。無孟氏，則楊墨行、正道廢，天下皆歸於無父無君之教，而淪胥於夷矣。

一説是真實至「服左袵言侏離」。觀晉滅三綱，宗老、莊，而夷胡亂華者近二百年，宋徽宗隳四維，尚玄教，而蠻狄入據中原，馴至胡元，遂主中國是也。按此説較切實，得「左袵」、「侏離」字面不虚。

「服左袵、言侏離」

袵，衣襟也。《韻府》謂裳之交接也。侏離，蠻語，不分明之意。

「故愈嘗推尊孟氏，以爲功不在禹下者，爲此也」

《書》云：「地平天成，萬世永賴，時乃功。」則自古功高者，莫禹若也，故獨舉禹以推揚孟子之功。○新安陳氏曰：「洪水溺人之身，異端陷溺人心，心溺之禍，甚於身溺也。」

或問：「孟子便可謂聖人否？」程子曰：「未敢便道他是聖人，然學已到至處。」輔氏曰：「『未敢便道是聖人』，以其行處言。『學已到至處』，以其知處言。孟子論『大而化之之謂聖，聖而不可知之之謂神』，與夫聖智、巧力之譬，精密切當，非想像臆度之所能及，是其學已到聖處。然其英氣未化，有露圭角處，故未敢便道是聖人。此其權度審矣。」

「孟子有功於聖門」云云「孟子有大功於世」

二字其功甚多，專指養氣。前聖所未發。

程子曰：「孟子有功於聖門不可勝言：仲尼只説一箇仁字，孟子開口便説仁義；仲尼只説一箇志，孟子便説許多養氣出來，只此二字其功甚多。」

蓋專指「養氣」二字，不必謂義與氣。單説「氣」之一字，如何便有功？若上云「有功聖門」，則兼「仁義」與

「養氣」。○又曰：「孟子有大功於世，以其言性善也。」又曰：「孟子性善、養氣之論，皆前聖所未發。」

慶源輔氏曰：「言『性善』，使資質美者聞之，必求復其本然而充其善；資質不美者聞之，亦知所自警而不流於惡。言『養氣』，使氣質剛柔不齊者，勇猛奮發於道義，而無巽懦怯弱之弊。皆發夫子所未發，其功多蓋在此，此所以有大功於世也。」

學者全要識時。孟子有些英氣。

孟子以道自任。英氣甚害事。

程子曰：「學者全要識時，若不識時，不足以言學。顏子陋巷自樂，以有孔子在焉。若孟子之時，世既無人，安可不以道自任？」

新安陳氏曰：「『英氣甚害事』，蓋責備賢者之辭。」

問：「孟子英氣害事處安在？」曰：「孔子德性較寬大，氣象較從容，故卑者亦得而親之，高者亦愈見其不可及，故曰：『夫子溫、良、恭、儉、讓以得之。』又曰：『即之也溫，聽其言也厲。』蓋狡詐者獻其誠，暴慢者致其恭，如飲醇酎，❶令人不覺自醉。譬之春風著物，自然能使發生也。如此而猶有不入不行處，則命也。若孟子則不如孔子多矣。既是如此，則其所以感人者，亦未得如孔子矣。程子安得不責其備？」

❶「酎」，嘉靖本作「醪」。

一説「英氣甚害事」，程子爲戒學者設，非謂孟子。曰：「孟子既有英氣，又有獨無害事處邪？然則謂他人有英氣便害事，孟子有英氣獨不能害事，可乎？程子是以全人來律孟子，何必爲之回護。」

顔子去聖人，只毫髮間。

孟子大賢，亞聖之次。

蓋以顔、曾爲大賢，亞聖，而孟子次之。其實把孟子、顔子並觀，其氣象自有次第，但難於口舌譊譊也。料造詣深者當自會云。

或曰：「英氣見於甚處？」曰：「但以孔子之言比之便可見。且如冰與水，精非不光，比之玉，自是有温潤含畜氣象，無許多光耀也。」

冰與水非不光。水字讀，不可讀作「水精」也。有水晶，無水精。

温潤含蓄氣象。〇輔氏曰：「言，心聲也，德之符也。有德者必有言，若就言上看得分明，則其德無餘藴矣。玉有温潤含蓄氣象，所以爲寶；人有温潤含蓄氣象，所以爲聖。其理一也。」

孟子雖賢，畢竟有戰國氣習。然也是賴有那睟面、盎背、四體不言而喻一段器宇，所以致得當時人君無厭心，而得全其大名也。雖曰不遇，終是所在堂堂，去就光明，舉止軒豁。其「三宿出晝」者，自是捨不得齊王待遇之厚耳。然亦可想見其在齊日，儘亦積誠意，以冀其感發矣。不然，何以爲孟子？

楊氏曰：「《孟子》一書，只是要正人心云云。千變萬化，只從心上來。心得其正，然後知性之善，堯舜所以爲萬世法。」

聖賢作處。人性上不可添一物。

楊氏曰：「《孟子》一書，只是要正人心，教人存心、養性，收其放心。至論仁、義、禮、智則以惻隱、羞惡、辭讓、是非之心爲之端。論邪説之害，則曰：『生於其心，害於其政。』論事君則曰：『格君心之非。』『一正君而國定。』千變萬化，只説從心上來。人能正心，則事無足爲者矣。《大學》之脩身、齊家、治國、平天下，❶其本只是正心、誠意而已。心得其正，然後知性之善，故孟子遇人便道性善。歐陽永叔却言聖人之教人，性非所先，可謂誤矣。人性上不可添一物，堯舜所以爲萬世法，亦是率性而已。所謂率性，天理是也。❷外邊用計、用數，假饒立得功業，只是人欲之私，與聖賢作處，天地懸隔。」

朱子曰：「『心得其正，然後爲性之善』，語若有病。蓋知性之善，然後能正其心，心得其正，然後有以真知性之爲善而不疑耳。」

輔氏曰：「『人能正心，則事無足爲者。』此語亦失之大快。觀《大學》正心之後，於脩身、齊家、治國、平天下，更有工夫在。

愚謂孟子「大人格君心之非」，「一正君而國定」，豈亦大快哉！

輔氏曰：「自『堯舜所以爲萬世法』至『與聖賢作處，天地懸隔』，此數句判斷二帝、三王及漢唐以後爲治之

❶「大」，原作「夫」，今據嘉靖本、四庫本改。

❷「天理」上，嘉靖本、四庫本有「循」字。

道所以不同明白詳盡。」愚謂「二帝、三王及漢唐以後爲治之道所以不同」，只是王霸之分耳。看他說「天理」、「人欲」及「計」、「數」等字。❶

〇《孟子》之書，所以救世而垂後也。當時舉世滔滔，皆没溺於功利，孟子所以遇人便道性善，言必稱堯舜。而性之所以善，堯舜之所以爲堯舜者，仁義而已矣。所以托始於「見梁惠王」一章，通七篇都是這一線脉灌注流通。

愚按《孟子》七篇，❷皆在見孺子入井上得來。蓋因見孺子將入井，特一段光景，而驗得人皆有不忍人之心。然後方敢排衆論之參差，而斷然一以爲性善。既是性善，則性中只有箇仁義，何必曰利，而七篇之書，自此成矣。《荀子》曰：「能定而後能應。」此語最好。人但見孟子雄辨，泛應千變萬化，而不知其胸中有主本，特因形賦物而已。以謂主本者何？性善、仁義也。工夫到也。

梁惠王章句上

「孟子見梁惠王」

❶「他」，原作「地」，今據嘉靖本、四庫本改。

❷「按」，原作「嘗」，今據嘉靖本改。

僭稱王。○東陽許氏曰：❶「孟子至梁時，魏尚爲侯，此章稱之爲王，乃著書之時追書耳。蓋始各王於其國，至徐州之會，則王之號通於天下矣。」○《綱目》「周顯王三十三年，孟軻至魏」，梁惠王之三十五年也。○「三十五年齊、魏會於徐州以相王」，惠王之三十七年也。○《史記》：「惠王三十五年，卑禮厚幣以招賢者。」按《綱目》「會於徐州以相王」之年，始書「魏惠王一年」，則此所謂「惠王三十五年」者，是自始爲侯即位時計得此年數，不是爲王之三十五年也。爲王只一年而薨，見《綱目》「周顯王三十五年」下分注。然周烈王之六年，魏侯罃即位之年也。分注亦曰「魏惠王、韓懿侯元年」，蓋要其終也。惟大書則不假借，未稱王之前則正名書「侯」，如曰「魏侯斯卒」、「齊侯來朝」之類；既稱王之後，則改書「君」，如曰「楚君類卒」、「魏君罃卒」之類。蓋《綱目》辨名實。尹起莘曰：「《綱目》於諸國未稱之前，各書本爵。至稱王之後，通書曰君。蓋不予其自稱之僭也。」○《綱目》此法本《春秋》不與吴楚例。或疑：朱子後來定説，以《孟子》之書爲孟子自著，孟子何不辨名實？此豈孟子不尊周之説耶？然朱子又何爲尊周？曰：「時天命已改，朱子亦不得尊周矣，故改書君而不純依《春秋》楚子之例。謂之君者，各自君於其國耳。」○「然則《孟子》書王可乎？」曰：「此亦非後學所敢議。既可以書王，《綱目》又何爲不稱王？若曰《孟子》不必與《綱目》同律，然則道有二乎？《孟子》、《綱目》同是爲生民立極，爲萬世立法之書，此是則彼非，容誰含糊得？今按《綱目》分注載孟子、惠王問答，凡『王曰』皆改作『君曰』。如『王何必曰利』改作『君何必曰利』，

❶「氏」，原脱，今據嘉靖本補。

以下亦然，頗見爲賢者諱耳。」或曰：「《孟子》雖説是自著，然亦無甚憑證。其循其僭號稱王者，恐亦是記者爲之乎？但一稱王便是便宜與他了，孔子所以終身不至吴、楚。」朱子嘗責楚子西不能革其僭王之號：「雖説天命已改周，然王者是有天下之號，既未能朝六國而一天下，亦何必稱此不貼身底名號？」〇此道理所以無窮無盡，聖人所以兢兢業業不敢一毫放過，《中庸》所以謂「及其至也，❶雖聖人亦有所不知焉」，皆實語也。

「孟子見梁惠王」

孟子平生執不見諸侯之義，今其曰「見梁惠王」者，陽貨先，豈得不見之義也。故《集注》收「惠王三十五年，卑禮厚幣以招賢者」之語。〇問：「惠王不必是就見，迫斯可以見。他只是厚幣來交耳，何爲獨往見？」曰：「孟子已言之矣，『季子不得之鄒』。」

「王何必曰利，亦有仁義而已矣」

不必説亦有仁義可以益王之國，只是對「利」字言，不必要對「吾國」字。但説到「未有仁而遺其親，未有義而後其君」，則自然有以利其國矣。此句且莫鑿破他。

注：「仁者，心之德，愛之理；義者，心之制，事之宜也。」〇朱子曰：「『心之德』是渾淪説，『愛之理』方説到親切處。『心之制』是説義之體，程子所謂『處物爲義』是也。『事之宜』是就千條萬緒各有所宜處説。楊

❶「其」，原作「共」，今據《中庸》改。

雄言『義以宜之』，韓愈言『行而宜之之謂義』，其只以義爲宜，則義有在外意思。須如程子所言，則處物者在心而非外也。事之宜雖若在外，然所以制其宜，則在心也。」○按此「事之宜也」，是以處得其宜者説，不是據事而言。據事而言，只喚做理，不喚做義。「處物爲義」，故「事之宜也」一句，當如此看。但以其所以得其宜者出於心，故先着「心之制」一句。然朱子又曰：「所謂『事之宜』方是指那事物當然之理，未就到處置合宜處也。」此却不可曉。如此安得是性？是義亦一半在外了。○朱子曰：「仁義兼言者是言體，專言者是兼體用而言。」又曰：「仁對義爲體用，仁又自有仁之體用，義又自有義之體用。」○又曰：「仁存諸心，性之所以爲體也；義制夫事，性之所以爲用也。然以性言之則皆體也，以情言之則皆用也。以存心、制事言之，則仁體而義用；以陰陽言之，則義體而仁用也。錯綜交羅，惟其所當，而各有條理焉。」○問：「人所以爲性者五，獨舉仁義者，何也？」曰：「天地所以生物，不過陰陽五行，而五行實一陰陽也。人性雖有五，然曰仁義，則大端已舉矣。以陰陽五行言，則木火皆陽，金水皆陰，而土無不在。以性言，則禮者仁之餘，智者義之歸，而信亦無不在也。」○看《易》横圖便見一理也。○又曰：「禮者仁之著，智者義之藏。」○疊山謝氏曰：「夫子罕言仁，不過於隨事發見處言。孟子『仁人心』一語，直説仁之本體。此朱子於《論》注先言『愛』而《孟》注先言『心』，真得孔孟之要旨。」○愚按此説亦未然。所謂「《論》注先言愛」者，是有子孝弟爲仁之本章。蓋有子之言主愛上説，故曰「爲仁」，謂「親親」、「仁民」而「愛物」者也，所以注先言「愛」。又不干孔子以隨事發見者言，況「仁遠乎哉」！「顏淵問仁」注，只言「心之德」而全不及「愛之理」，又何先愛之理之有？若孟子並舉仁義是以體用言，而仁義又各自有體用，則先體後用者，立言解義法當然也。縱孟子無「仁人心」之言，亦當如此解。○諸葛氏曰：「《孟子》此章以仁之體言，故《集注》先言『心之德』。」此亦未是，讀者詳之。○東陽曰：「『心之德』是專言之仁，固全説體。『愛之理』是偏言之仁，其中又合體用，愛爲用，其理則體也。」○愚謂「愛之理」對「心之德」則爲用，若對「心之制」、「事之宜」則仍又爲體。蓋體用無所不在，所謂「交羅錯綜，惟其所當而各有條理」者，真至論也。

○孟子嘗言「説大人則藐之」，以其在我自有一段高似他底正經本子在。至如問對之間，他都有一段出他頭上底正經議論在。梁王問利，他便有仁義來換了他；齊王問桓、文之事，他便有王道來換了他。蓋其所據者正，才又非常，所以迎刃而解，觸着他的，都自分做兩邊去。「我知言，我善養吾浩然之氣」，其所受用者，此而已矣。

「上下交征利而國危矣」

求利自上始，其下化之皆求利，畢竟其害歸於上。仁義亦自上始，其下化之亦皆仁義，畢竟其利歸於上。

○「萬乘之國，弒其君者必千乘之家」云云，此分明言上下交征利，畢竟上人受虧也。當看「必」字。

千乘之國、千乘之家辨。

《路史·國名紀》第二十九板云：❶「家、國之稱，抑又不一。《孟子》言『千乘之家』而《王制》縣內之采，一

---

❶ 「名」，原作「多」，今據嘉靖本、四庫本及《路史》改。「紀」，原作「記」，今據四庫本及《路史》改。

皆曰國。《周官》朝大夫且稱『每國』，是國亦謂之家，而邑亦或稱國矣。豈非公、侯、卿佐，謹度以事其上，則全於臣；節制以禦其下，則王於君。自臣道言之，雖國亦家；而自君道言之，則邑亦國耶？采邑曰國則卿、大夫固可謂諸侯矣，所謂『內諸侯』也。」〇「萬乘之國」，地方千里也。凡言「方千里」者，謂四方千里也。〇《玉海·地理通釋》五服章曰：「以《周官》大司馬九畿之籍考之，方千里曰國畿，其外亦皆以方言。方者，謂四方也。四方環之爲千里，徑數之，每方當止爲二百五十里。」〇此說與《王制》不同，見後。〇天子之公、卿，采地方百里。采，官也。因官食地，故曰采地。

大國地方百里之圖

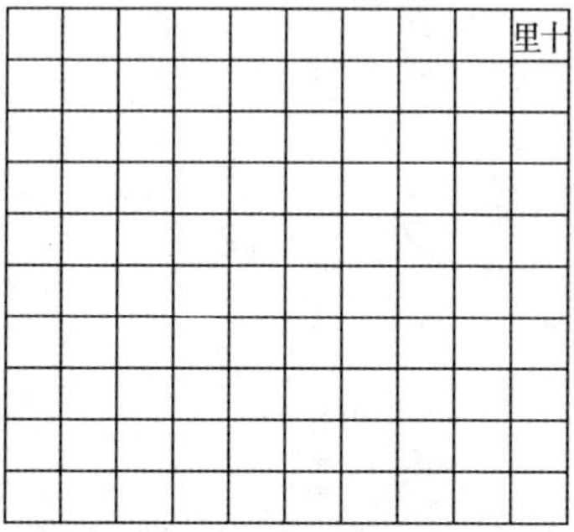

爲方十里者百也。
每孔十里，四方皆百里也。

《王制》云：「方千里者，爲方百里者百。」愚以此推，則地方百里者，爲方十里者百也。地方七十里者，爲方十里者七十也。方五十里，爲方十里者五十也。

次國地方七十里圖

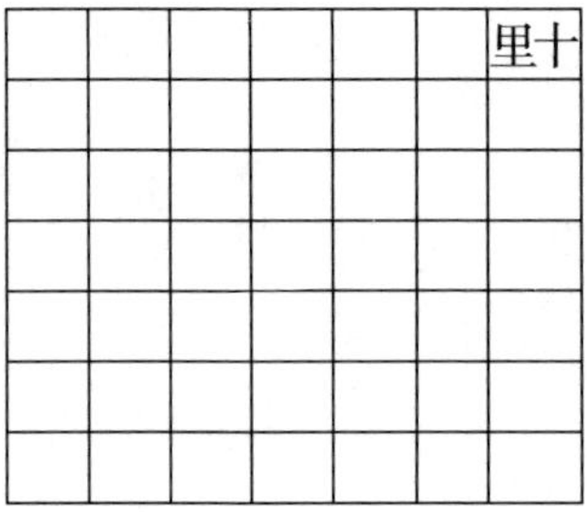

每孔十里，四方皆七十里。

小國地方五十里圖

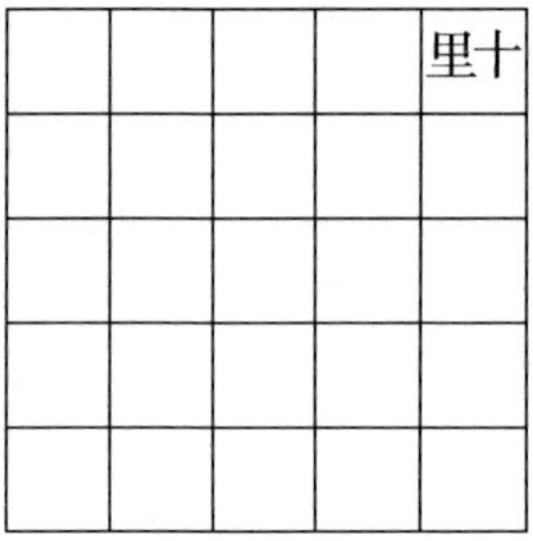

每孔十里，四方皆五十里。

「萬乘之國，弑其君者，必千乘之家」。○愚意千乘之家，左右是千乘之國，皆地方千里，出車千乘者也。入則爲公、卿，出則爲侯、伯。其曰「家」者，特對「國」而言耳，君臣之别也。萬乘之國，弑其君者，豈必王朝之公、卿而後可哉？幽王之見弑於申侯是已。○但此處朱子大注，分明謂天子之公、卿。蓋本《萬章下》天子之公卿受地視侯説，大抵是要「家」字端的，未可輕疑妄議。

上取乎下，下取乎上，故曰「交征」。○上取乎下是已，下如何取之於上？蓋天地間之利只有此數，上求利便着取之於下，下求利便着取之於上矣。不然，取將何之？如魯季氏攘奪其君，是取之上；剋剥其民，是取之下。大夫雖爲君之下，猶爲民之上也。若夫「士庶人曰何以利吾身」，則非取之於上，而又將誰取？

有税有賦，税以足食，賦以足兵。

程氏復心曰：「按《王制》：『天子畿内，地方千里，爲方百里者百。』則千乘之家，當地三百一十四里有奇，爲方百里者十；百乘之家，地方百里，爲十里者百。故《刑法志》云云與《集注》不同。要之，孟子特就當時假設言之，非謂古法然也。」○愚謂程氏何不直疑《孟子》之誤，而乃謂假設言之。然則天子之制，地方千里，公侯皆方百里，周公之封於魯，爲方百里，太公之封於齊，亦爲方百里者，豈亦假設之言邪？○東陽曰：「萬乘之國，則千乘之家；千乘之國，則百乘之家。此以君十卿禄，大概言之也。王畿方千里，固可出車萬乘。天子之卿，受地視侯，則方百里，方百里，不能出車千乘也。千乘之國，當三百十六里有奇；百乘之家，則當方百里矣。諸侯、卿之采地，未必如是之大也。讀者不可以辭害意。」○然按《大學》「孟獻子曰『百乘之家，不畜聚斂之臣』」，則已先孟子言之矣。豈彼百乘不謂大夫耶？○詹氏道傳曰：「《書》孔疏：『凡出車一乘，則有兩車，一正一副。一曰輕車：甲馬四疋，甲士三人在車上，左主射，右主刺，中主御。步卒七十二人隨之：前拒二十四人，左角二十四人，右角二十四人。共七十五人。甲士三人分統。❶二曰重車：牛十二頭，炊家子十人，固守衣裝五人，廄養五人，樵汲五人，共二十五人，皆所以佐兵車者。兵車以戰，大車以載輜重，兩車總百人。』」○《正韻》：「輜，庫車也。」

「萬取千焉，千取百焉」

此最不可曉。且如天子畿内千里，只得萬乘，其公、卿諒非只一二人，欲每人各取其十之一，則萬乘盡矣，

---

❶「統」，原作「銚」，今據嘉靖本、四庫本改。

天子又於何而取給？ 愚謂「取」字之義，只是君十卿禄之意，言以公、卿而所取萬乘者得千焉，以大夫而所取千乘者得百焉。未知是否，以俟明者。大抵臣之於君，每十分而取其一分，只是君取其十，臣取其一耳。不然，當如上條所疑。

「苟爲後義而先利，不奪不饜」

「萬取千焉，千取百焉」，上下之間，各安於其分之所當得，所謂義也。「苟爲後義而先利」，則稱欲以求，寧有底極耶？ 必盡取乃已。然亦有未已，如漢武帝、隋煬帝，又欲兼四夷、跨三代。故愚嘗謂充其求利之心，必見害而後已。所謂盡心力而爲之，後必有災。〇單言義，以義利相反對言也。兼言仁義，亦對利言，然該體用之全也。新安陳氏曰：「仁有温然慈惠之意，義有截然斷制之意。取其斷制以勝私去利，則義之用爲尤切。」又曰：「下文仁施於親，義施於君，此對君臣之故。單言義亦通。」新安此二説亦無害。若論所安，姑守愚見。

「未有仁而遺其親者也，未有義而後其君者也」

上文只曰「亦有仁義而已」，而此則又加以未有「遺其親」、「後其君」者，蓋直是要説仁義自有其利也。仁義既自有其利，於此愈見得又「何必曰利」。❶〇此「利」字與上文「何以利吾國」、「上下交征利」之「利」不同。此利是仁義中之利，天理之公也，故始終是利而無害。上條所言利，是仁義外之利，則人欲之私而

❶ 「於」，嘉靖本作「如」。

已，故不免於害也。○本文「仁義」字似指在下人言，故有君有親。孟子只概就在下人說，便見得人君躬行仁義而無求利之心，則其下化之，自親戴於己也，利却歸於上。○細看大注「躬行仁義」與「仁義未嘗不利」兩个「仁」、「義」字，與本文「仁」、「義」字，及注中「仁者」、「義者」字不同。蓋仁義未嘗不利，亦是就人君言，非是謂仁者自享愛親之利，義者自享敬君之利也。○程子曰：「義所安處便是利。」固是。但不當把在此處說，非孟子開導惠王之本意。○雲峰胡亦曰：「本文『仁』、『義』二字，指下之人而言。《集注》必自人君『躬行仁義』上說來者，蓋上文先言王，而後言大夫、士、庶云。」○新安倪亦說「仁義中之利」，「仁義外之利」，而曰「不遺其親即是親親之仁，不後其君即是尊君之義，豈非仁義中自然之利乎」？愚謂此語尚欠別白。如此則是在下人之利，抑不是在上人之利。○「利心生於物我之相形」，此句最好，所以見得性本善。毫釐之差，千里之謬。○一則愛親尊君，不求利而自無不利；一則不奪不饜，利未得而害已隨之，「千里之謬」也。利與害之分，義與利之間耳，此所謂「毫釐之差」。○覺軒蔡氏曰：「學者細玩『而已矣』與『何必』之辭，孟子語意嚴厲，斬釘截鐵，斷斷然只說仁義，更不向利上去。若董子『正其誼不謀其利，明其道不計其功』意，亦得其傳者邪？」

太史公曰「余讀《孟子》書」。

此太史公是朱子稱司馬遷，非謂其父太史談也。馬遷自叙所稱太史公，則其父也。父子相繼爲太史，故俱稱太史公。○東陽曰：「君子利己之心不可有，利物之心不可無。」

造端托始之深意。○謂仁義與利之公私，及求利之害、仁義之利也。連上文云云，都是深意處。不可謂只是説仁意，亦不可謂只説仁義與利之辨，須兼説到利害。詳其文意自見。○《詩·秦風·權輿》傳曰：「權輿，始也。」小注曰：「造衡自權始，造車自輿始。」「造端」，如造衡者必先爲權，造車必先爲輿。「托始」，謂於此而始也。

拔本塞源。○「本」、「源」，害之本源，指利也。觀上文一則曰「利，誠亂之始也」，又曰「常防其源也」，又曰「好利之弊」，又程子曰「但專以利爲心，則有害」，又曰「救其弊」，可以見矣。○「拔本」，以草木言，本，根也。「塞源」以水言。

「王立於沼上，顧鴻鴈、麋鹿曰：『賢者亦樂此乎？』」

「此」字指「鴻鴈」、「麋鹿」。或曰：「臺池獨不可樂乎？」曰：「惠王是顧之而言，奈何欲兼臺池言。」○「賢者亦樂此乎」，故欲做泛應説賢者，非也。如此則孟子所對非所問矣。還是指人君之賢者，如宣王問「賢者亦有此樂乎」，是指以下賢者。孟子則答之云云矣。

「古之人與民偕樂」

是説平日有恩惠及人，治岐之政是也，不必兼言「勿亟」之命。又須於「經始」之日，亦爲「與民偕樂」也。蓋詩人言「經始勿亟」是與下句「庶民之來」相叫應，言文王尚戒以勿急，而庶民亦自急也，以見其得民樂之意耳。「不日成之」，成之急也。又追言之曰方其經始之時，王尚戒以勿亟，而庶民歡欣踴躍，亦自爾其急也，所以「不日成之」。臺既成矣，臺下有囿也，於是遂言「上在靈囿」云云。囿中有沼也，於是又言「王在靈沼」云云。詩人語次蓋如此。

「故能樂也」

全在「民樂其樂」上，故《集注》用此句以發揮其義，不然亦何以能樂？壬辰會試，講「偕樂」處：「咸和」之政，素孚於治岐之日；「勿亟」之令，又布於「經始」之時，是以戒民「勿亟」爲偕樂矣。信乎？然則當時倘不戒以「勿亟」，民有不「子來」乎？若泛論「勿亟」，亦是愛民處，則何不可。○饒氏謂：「文王畢竟『自朝至于日中昃，不遑暇食，用咸和萬民』，人必得所，然後有此樂，所謂『後天下之樂而樂』。」此意亦好，不然文王之「視民如傷」，忍苦役之以供吾樂耶？○《論範》引《詩》曰：「文武始於憂勤，終於逸樂。」此其證也。「王在靈囿，麀鹿濯濯」，此皆和氣之所薰蒸，盛德之所感召。《國風·定中》曰：「秉心塞淵，騋牝三千。」漢史載「魯恭爲中牟，雉馴于桑」之類，皆是。○「於牣魚躍」。於，嘆美辭。此乃民樂之辭，與上文「麀鹿攸伏」正同，皆是民樂文王之所有，非可謂文王自嘆美其有是魚躍也。今云『然則』，辭氣不迫而理完矣。」○南軒曰：「孟子欲答云賢者何樂乎此，則非惟告人之道不當爾，而於理亦有未完也。今云『然則』，辭氣不迫而理完矣。」○楊龜山曰：「世之君子，其賢者乎，則必語王以憂民而勿爲臺、沼、園、囿之觀，是拂其欲也。其佞者乎，則必語王以自樂而廣其侈心，是縱其欲也。二者皆非能引君以當道。惟孟子之言，常於毫髮之間，剖析利害之所在，使人君化焉而不自知。夫如是，其在朝則可以格君心之非，而其君易行矣。」○民反歡樂之，指「庶民子來，不日成之」也，不是包「謂其臺曰靈臺」以下。

「梁惠王曰『寡人之於國也』」

觀惠王自負其盡心恤民而訝其民宜加多而不加多者，意亦爲歲凶所爲，人力終無如之何也。且一則曰

「河東凶」，一則曰「河内凶」，要其實，則其民之飢未必皆歲所爲也，由惠王不能行仁政而暴虐其民耳。夫既不能行仁政而暴虐其民，則於今雖費力於移民、移粟，亦何救？故曰：「狗彘食人食而不知檢，塗有餓莩而不知發。」○漢文帝《水旱責躬詔》曰：「夫度田非益寡，而計民未益加。」此「益」字，即「加」字之義。○「何也」二字，是推在「歲凶」上去，末段《集注》明白：「乃以民不加多歸罪於歲凶。」

「移其民於河東」

移河内之民於河東也。

「移其粟於河内」

移河東之粟於河内也。○設若河内、河東俱凶，則惠王又將何以處之。甚矣，爲國在行王政也，王政行則三年耕有一年之食，九年耕有三年之食，所謂「樂歲終身飽，凶年免於死亡」者矣。○「寡人」，所寡者德也。注曰：「言寡德之人也。」

「王好戰，請以戰喻」止「百步則何如」

這都不相似聖人辭氣。雖説得恁活落，折得來痛快，終是於誠意動人主上欠幾分。愚謂：若於誠意動人主意思十分重，則應時間自無此許多闢闔、變化、講論。先儒謂「孟子未免有戰國氣習」，此所以做人必到聖人地位，然後爲盡善盡美。

「填然鼓之」

「鼓」字非虛指戰士言也，如《孫武子傳》所謂「於是鼓之」、「於是復鼓之」者一例。○兵以鼓進，以金退。

依小注則大司馬之法，鐲進鐃退。此亦大畧之辭。然後世戰陳皆以金退，蓋自戰國已然也。〇楊氏曰：「移民、移粟，荒政之所不廢也。然不能行先王之道，而徒以是爲盡心焉，則末矣。」〇此且未追咎他前日所行之病民，此説他今日所行之未足以救民，至末段乃追舉其時病所在而切告之，亦醫國之術，不得而爲之護疾也矣。〇惠王曰「察鄰國之政，無如寡人之用心者」，此正是以五十步笑百步也。

「不違農時，穀不可勝食也」

農時與農隙不同。農時是正治田之時，農隙是不治田之時。依「文王之囿方七十里」章注云：「古者四時之田，皆於農隙以講武事，則四時皆有農隙，不專謂冬也。故春有蒐，夏有苗，秋有獮，冬有狩，豈必皆至冬乃役之乎？」曰：「然則如此注何？」曰：「田以講武，則四時皆可伺農隙以役民。凡有興作，則決須至冬也。『歲十一月徒杠成，十二月輿梁成』，注云：『農功已畢，可用民力。』此正『凡有興作，不違此時』之説也。大抵尋常説農時、農隙，皆就興作上説，不要把田獵事來絆他，彼特因田獵而一見耳，況此主農時言，故曰：『謂春耕、夏耘、秋收之時，凡有興作云云也。』興作，興徒作事也。田獵以講武，不與興作之目，未知是否。」〇「穀」專指稻，不兼黍、稷、麥、菽也。黍、稷、麥、菽，不必皆春耕、夏耘、秋收也。一説：正不可如此拘。此因天地見成之利而爲目前之計，如何必棄黍、稷、麥、菽而專種稻乎？春耕、夏耘、秋收，亦大概舉其大畧云耳。〇論理當兼説方是。春耕、夏耘、秋收，恐亦舉其大畧邪？穀蓋本謂粟，故字從禾，❶

❶「從」，原作「將」，今據嘉靖本、四庫本改。

以黍、稷、麥、菽亦穀屬，故謂之五穀。又以凡蔬果之類，皆可以養人之生也，故謂之百穀歟？《正韻》謂「穀者，百穀總名」，想亦因《大易》「百穀」字言耳。❶舊《蒙引》無此段。

「數罟不入洿池」

必用四寸之目也。○「洿池」二字平看。洿，地勢自然者，池是人所鑿者。

「斧斤以時入山林」

山林之分，高者爲山，平而多草木者爲林。○斧、斤當有別，賈誼《治安策》曰：「至於髖髀之所，非斤則斧之。」但考之韻書，俱無二義，當再詳之。意者有大小之別之類。《説文》：「斤，砍木斧也。」《正韻》引《莊子》「釿斤通。鋸制焉」。又「劑斷也」。斧蓋今之斧頭，斤蓋今之鋏刀。蓋斧以破之，斤以斷之，故曰「劑斷也」。

山林川澤，與民共之，而有厲禁。○厲禁，厲與禁也，非謂嚴禁也。《周禮》：「山虞掌山林之政令，❷物爲之厲，而爲之守禁。」注「物爲之厲」，每物有藩界也。「爲之守禁」，爲守者設禁令也。鄭司農云：「遮列守之也。」○雲峰曰：「『文王治岐，澤梁無禁』，此所謂『山林川澤與民共之』，即是『澤梁無禁』。『無禁』者，文王愛民之仁也。雖『無禁』而『有厲禁』者，文王愛物之仁也。」又曰：「『澤梁無禁』者，不禁民之取；而

❶「言」，原作「因」，今據嘉靖本改。

❷「政」，原作「物」，今據四庫本及《周禮注疏》改。

『有厲禁』者，禁民之不以時取也。」

王道以得民心爲本。○「得民心有道，所欲與之聚之。」既能令其養生喪死皆無憾，則民心自不能舍是而他適。此亦應前面「加多」之意。若不能，且因民所利而利之。仰不足事父母，俯不足畜妻子，則民心有離散者矣。元許衡陳時務四事，一曰立國規模，云：「古今立國大要，在得天下心，得其心無他，愛與公而已。愛則民心順，公則民心服，既順而服，則紀綱法度施行有地，天下可不勞而理也。」所謂「紀綱法度施行有地」者，正此所謂「王道之始」之意。○王道以得民心爲本，得民心以植民生爲本。○「養生喪死」，舉人世之始終也。○喪讀如字，不音，去聲。喪，謂死而喪之也。○抑又論之：五畝宅，百畝田，鷄豚狗彘之畜，獨不可以得民心乎？而此獨爲王道之始，何也？曰：「當法制未備之時，且要安插吾民，使得將就生理，所以收攝民心，使無至於涣散，所以爲王道之始耳。如漢高入關，悉除秦苛法，而王基遂定。唐高祖始定河北，亦能安民，故民歸之者如市。皆是收拾民心於大事未定之時。」

「五畝之宅」

二畝半在田曰廬，二畝半在邑曰里。廬各在其田中，而里聚居也。❶春令民畢出在野，冬則畢入於邑。五十始衰，非帛不煖。○《禮記・王制》曰：「五十始衰，六十非肉不飽，七十非帛不煖，八十非人不煖，九十雖得人不煖矣。」○惟《孟子》以爲「五十非帛不煖，七十非肉不飽」。大注本後篇云：「『五十非帛不煖，

❶「居」下，嘉靖本有「於邑」二字。

七十非肉不飽』，此孟子自疏也，安得偏據漢儒之《王制》？」○又曰：「五十杖於家，六十杖於鄉，七十杖於國，八十杖於朝，九十者天子欲有問焉，則就其室以珍從。」「七十不俟朝，八十月告存，❶九十日有秩。」「五十不從力政，六十不與服戎，七十不與賓客之事，八十齊喪之事弗及也。」「五十而爵，六十不親學，七十致政。」

「鷄豚狗彘」

豚，稚豕也。彘，相承言，牝豕也。然考諸韻書，並無此明訓，只云「豕也」。惟《正韻》：「豚，小豕也。」《周禮・天官・庖人》注亦然。蓋麋，鹿之大者；豚，彘之小者。曰麋又曰鹿，曰豚又曰彘，兼舉耳。《庖人》注曰：「羔，羊子。豚，豕子。」○狗有三：守狗、獵狗、豢狗。此是指豢狗也。

「百畝之田，勿奪其時」

上文「不違農時」，猶未有百畝之制，至此方一夫受田百畝。然雖有田百畝，而民奪其時亦無益矣，故又須勿奪其時。與上句「雞豚狗彘，無失其時」同。或謂勿失其受田之時者，非也。

「謹庠序之教，申之以孝悌之義」

庠序，指鄉學，非謂國學也。舉俊秀及凡鄉之民皆教之，所謂「使契爲司徒，教以人倫」者也。所教之中，又以孝弟爲重。此說可從。蓋春、秋教以禮、樂，冬、夏教以《詩》、《書》，無非教也，豈特孝弟在所教耶？

---

❶「告」，原作「有」，今據嘉靖本及《周禮注疏》改。

但以此爲重耳。或者只見《集注》云「既富而又教以孝悌」，即以此爲憑，謂本文「謹庠序之教」，全虚説，所教者只是孝弟而已。若果只是孝弟，亦不用「申」字了。申，重也，以此爲重，而丁寧反復之也。既以此爲重，則有在所畧者矣。《集注》特以其所重者而省文言之耳。○既曰「申之以孝弟之義」，則庠序之教，不止孝弟明矣，孝弟特其重者。夫人倫有五，而《詩》、《書》、禮、樂亦皆教也。

盡法制、品節之詳。○饒氏謂：「五畝宅、百畝田，是法制；五十衣帛、七十食肉，是品節。」看來此説亦無憑據。蓋法制固所以品節之也，况此節重「五畝宅」、「百畝田」及「雞豚狗彘之畜」上，其曰五十、七十足以衣帛食肉者，乃其效耳，本意非以此論品節也。觀上條注有「法制未備」字，可見法制亦自兼得品節了。又或以「五畝」、「百畝」爲法制，「勿奪其時」、「毋失其時」爲品節，亦大牽强。一説田宅之類爲法制，庠序學校之教爲品節。○又「樽節」之「節」，與下條「法制品節」及「制度品節」之「節」，大不同。故「狗彘食人食」一句，只與「五畝之宅」一條相反看可也。○盡法制品節之詳，即所以極裁成輔相之道也。

則與先王制度品節之意異矣。○以《集注》此句觀之，上節饒氏所謂五畝宅，百畝田，是法制，五十衣帛，七十食肉，是品節，又若有理。然自傍人觀之，必五十乃衣帛，七十乃食肉，亦是一制度品節也。○又一説：因天地自然之利，而樽節愛養之，此亦是先王制度品節處，但未盡其詳也。

「狗彘食人食而不知檢」

此即所謂「殺人以政」者也。

「刺人而殺之」

刺人而使之死，便是殺之也，非謂既刺而復殺之。○「狗彘食人食而不知檢」，既有以致人之死；「塗有餓莩而不知發」，又無以救人之死。是人之死者，我也，非歲也。「今於人死，則曰『非我也，歲也』」云云。○注：「則與先王制度品節之意異矣。」蓋先王在上，「數罟不入洿池，斧斤以時入山林」，於此尚爲之制，惟恐民用之不繼。且又必「五十者然後衣帛，七十者然後食肉」，於人尚爲之制，惟恐其濫用而無節。況於狗彘，其肯使食人之食乎？○此句上面，須知自《集注》下「惠王不能制民之産」一句起。當時惠王若遂用孟子之言而見之施行，必先發倉廩而賑貸以舒目前之急。次行王道之始事，而後及王道之終事耳。或者不察，只謂劈初頭便只是「不違農時」、「數罟不入洿池」、「斧斤以時入山林」，不知民只管「塗有餓莩」等，你「不違農時」、「數罟不入洿池」、「斧斤以時入山林」，如何濟得？反是「迂遠而闊於事情」。孟子斷無迂闊事。且是時，民既有飢色，野有餓莩矣，聖人通變宜民，雖使數罟入洿池，斧斤不以時入山林，亦可也。

則其所移，特民間之粟而已。○此一句，是朱子以孟子之言照出，見上文所謂「移粟」者，是民粟耳。初間讀「移其粟於河内」，亦謂是在官之粟移將去。及孟子「塗有餓莩而不知發」，方知只是民之粟。愈見惠王之不得罪歲，而其惠之小也亦甚矣。倘所移是在官之粟，孟子豈故面誣之哉！蓋所移者只是科率不凶之地之民之粟而已，故又有「樂歲終身苦」之言。安知此類不以及之。○初觀惠王之問，似若無罪歲之意，然孟子一聞其言，遂得其意於其所謂「鄰國之民不加少，寡人之民不加多，何也」數字内，就見他是欲歸罪於歲，以爲我雖盡心如此，然民終不加多，意者天殃下民而奪之歲，人力終莫如之何耳。況其所問，一則曰「河東凶」，一則曰「河内凶」，再不曾省及己之政有未善處，而一惟歲凶是圖矣。觀下章云：「庖有肥肉，廐有肥馬，民有飢色，野有餓莩，此率獸而食人也。」惠王能罪歲得乎？

王者，天下之義主也。○義云者，義合則從，不合則去之意，如云君臣皆以義合也。《書》曰：「撫我則后，虐我則仇。」《傳》曰：「得衆則得國，失衆則失國。」此義主之謂也，見其以人合者也。○項羽怒楚懷王，如約之言而尊之爲義帝，「義」字最不好也。《春秋》所謂「將」者，在此。

「寡人願安承教」

按上章孟子之於惠王，既曉以小惠之不足以得民，又備舉王道之始終告之，以見其所以得民者在此而不在彼，❶末又指其所行之病民者以諷切之。惠王蓋有感於其言，至是請於孟子曰：「寡人願安承教。」謂之安者，見其出於中心之誠，而無所勉强也。凡「安」字，多對勉强言。○孟子向之所以告者亦既詳矣，無用贅言矣。爲惠王計者，今日切務，惟在除去目下所行之虐政。虐政既除，然後王政以施。蓋興一利，不如除一害，凡害之除亦利之興也。不然，雖縷縷於王道之陳，何益哉！此即所以教之也。○若不早除虐政，吾見民不堪命，將有離散於四方，或顧而之他者矣，可不知所務哉！然以惠王狃於故習，猶未知其所爲之病民一至此極也，故以挺、刃二端先發其意。○《皇極經世》第八篇曰：「夫殺人之多，不必以刃，謂天下之人，無生路之可趨也，而况又以刃多殺天下之人乎？」愚謂政之殺人，即此所謂「無生路可趨」者

❶ 上「在」上，嘉靖本有「止」字。

也。○《綱目》：「宇文周癸巳年，齊王遊南苑，殺其從宮六十人。」《發明》云：「先儒有言：『無以政事殺人民，毋以貨財殺子孫，毋以學術殺天下後世。』」舊《蒙引》無此數段。

「以刃與政，有以異乎」

此亦所謂「苛政猛於虎」者也。

既又曰：「以刃與政，有以異乎？」曰：「無以異也。」孟子乃曰：「王如知此，則今日之政，當有在更張者矣。」蓋王之庖則有肥肉矣，王之廄則有肥馬矣，且肥肉何從而得，肥馬又何從而得，豈非厚斂於民以養禽獸哉？於是民則有飢色矣，野則有餓莩矣。夫因獸病民，以至於飢而死，是率獸而食人也。○「庖有肥肉，廄有肥馬，民有飢色，野有餓莩，此率獸而食人也」。此即其殺人之政，無異於刃者也。○「獸相食」一條，極言人君以子民之責而反爲殘民之事。「作俑」一條，又痛言民之不可殘也。○惟其「庖有肥肉，廄有肥馬」，所以「民有飢色，野有餓莩」也。此非「率獸食人」而何？

○提出「爲民父母」字，所以動其惻隱之心也。人君知其有作民父母之責，則如保赤子之念，自有不容已者矣。夫父母之於子，寧有忍虐殺之者乎？此孟子之善於啓迪，不可及也。

「爲其象人而用之」

不必說到殺人殉葬之漸處，只謂天地間難得者人，今作俑者象人以殉葬，猶未至於真殺人也。然以其用於死地，孔子猶惡之，况使民飢而死，爲真虐殺其民者耶？甚言不仁也。○小注所引孔子《禮記》之言，大抵與此二意，今人皆以彼證此。○中古易之以俑，蓋世俗人所爲，非周公之制作也。新安曰：「作俑者，殺人殉葬之漸，孔子惡之者，以此。」愚謂：孔子之意，未知其果在是與否。然以愚論之，始者之爲芻靈，尤爲不仁。蓋此有芻靈，久則自當有木俑出來。既有木俑，久則自當有殺人以殉，如秦三良之殉穆公者矣。然則始爲芻靈者，其無後乎！朱子注曰：「古之葬者，束草爲人，以爲從衛，謂之芻靈，畧似人形而已。」愚謂：雖曰畧似人形，畢竟是象人也。但太古之時，但象人而不能甚象，至中古，工巧日興，則自有面目機發而太似人者，安得全不提爲芻靈者之罪，而專罪作俑者耶？孔子蓋特遇俑而發耳。

○愚謂：夫子「無後」之言，發於深惡痛絶之情耳，不必如此求實。且穆公後，至二十七世始絶，殉葬之報亦太緩矣。又始皇乃不韋之子，陰易秦祚，縱不殉葬，理亦當絶矣。○安成劉氏曰：「古之葬者，有明器，但備物而不可用，如芻靈亦其類也。不幸流俗之弊而至於作俑，又不幸而至於用人。然作俑者，夫子且以爲不仁而謂其無後，況秦武公既用殉，五傳至穆公而又用殉，夫子之言，反似無驗。孰知穆公之後二十一傳至莊襄王，而呂氏之子遂絶嬴氏之統。夫始皇不知所監，驪山葬後未三年，而呂氏之祀又絶。嗚呼！不仁之禍及子孫如此。○按惠王曰「寡人願安承教」，是欲孟子教之也。今孟子但直斥其虐政之殺人，而終無一言以教之，何歟？蓋斥其虐政之殺人者，是欲惠王之除其虐政而更施以仁政也，此即其所以教之也。況王政之詳，已前告之矣，上章所云云是也。今惠王既是安意以承教，則宜急改此等所爲矣。不然，雖有仁政，將何施乎？古云：「興一利，不如除一害。」蓋除害則興利也，孰謂孟子之終無以教惠王邪？

「願比死者一洗之」

不可謂死者爲太子申，亦不可謂凡死於戰者，是指其先人言也。毛遂謂楚王曰：「三戰而辱王之先人。」蓋辱及其先，辱之大者也。此是惠王問計痛切之詞，謂晉國當我先人時，天下莫强焉，及寡人之身，乃喪敗如此，寡人耻之，所以欲爲先人一雪其耻。故孟子解之曰：「地方百里而可以王，雖敗衄猶可爲也，莫如爲仁耳。」又實之曰：「仁者無敵，何畏乎秦楚之堅甲利兵。」此一句當如此説，則前後意思都照應矣。

「地方百里而可以王」

下文四條皆是推明此句之意，故注中「能行仁政，則天下之民歸之」者，不可説太早。惠王此問，即是前面「亦將有以利吾國乎」之意，孟子之答，是即「亦有仁義而已矣」之意。○地方百里而可以王，况以堂堂千里之梁？何以見百里可王？「王如施仁政」云云。❶○「地方」之「方」字，不是與「地」字相連，如今之言地方之類，乃是「海内之地，方千里者九」之「方」字也。正與方寸、方丈之義同，纔足之義也。又以下篇「然而文王猶方百里起」照之，愈見。從前。或以爲「四方」之「方」者，俱謬。

「王如施仁政於民」

「省刑罰，薄税斂」，此二者仁政之大目也。○仁政又不止此二者，此特其大者耳。仁政是統言綱領字也，省刑、薄斂是仁政裏面事，故曰「目」。然仁政先於養民，而其事莫有大於此二者，又當時切務也，故曰「大目」。如「關市譏而不征」、「澤梁無禁」、「罪人不孥」之類，與凡《周禮》一書所載，大抵皆仁政也。○惠王

❶ 「仁政」下，嘉靖本有「於民」二字。

當時病痛之切者，最是嚴刑重歛，故孟子告之以此。觀其厚歛於民以養禽獸，則其重歛可見。民既窮矣，而又歛之重，自不得不嚴刑罰以督促之，不然不能辦矣，此漢武帝之所以不得不用酷吏也。○輔氏以「深耕易耨」爲薄歛所致，「孝弟忠信」爲省刑所致，蓋由不知二者相因之理，而爲是費辭也。

「深耕易耨」

「深耕」，深於耕也，不苟且鹵莽而已。「易耨」，易，治也，如「喪與其易」及「易其田疇」之「易」，有整辨齊飭之意。與「深」字意相類，俱是得盡力之意。

「壯者以暇日脩其孝弟忠信」

「孝弟」以事父兄，「忠信」以事長上，分貼可。○或曰：不分爲是。蓋孟子曰「仁義、忠信」，「忠信」可上貼「仁義」也，則亦可上貼「孝弟」，孝弟獨不用忠信乎？答曰：「事兄亦可謂之孝乎？事父亦可謂之弟乎？事長上亦可爲孝弟乎？然則不容不分矣。若以『忠信』全貼『孝弟』，則孝當屬父兄，弟當屬長上，如何得。」○單言「仁義」，可以「忠信」貼之，若「孝弟」則亦不用「忠信」字矣。雖曰「誠於孝弟」，亦只歸在孝弟内矣。但「孝弟」可分貼「父兄」，「忠信」不可分貼「長上」，長尊而上卑也。○一説據《大學》章有事君之孝，有事長之弟，則「孝弟忠信」通説事父兄、長上亦可。○是以尊君親上而樂於效死也。○「尊君親上」字，屬本文「可使制挺」一句，其即「入以事其父兄，出以事其長上」者，緊緊連帶着「壯者以暇日脩其孝弟忠信」一句。出事長上，以平時言也。「尊君親上，而樂於效死」，以有事時言也。惟其知尊君親上，故樂於效死。○夫甲兵固非挺之比，而秦楚之堅甲利兵又非他國甲兵之比，今而云云者，民知尊君親上而樂於效死故也。○盡己之謂忠，以實之謂信。○「盡己」以心言，「以實」以行言。○愚謂：以本文觀之，自「省刑罰」至「入以事其父兄，出以事其長上」，似都是説仁政之施當如此，以下文「使不得耕耨以養其父母」云云照之，尤見其然。蓋仁政兼教養，如上章所陳意。愚非敢悖聖賢也，有所疑而不得自解耳。

「彼奪其民時」

○「彼奪其民時，使不得耕耨以養其父母」止「兄弟妻子離散，何暇治禮義哉」貼此一句，自與上文相應而意亦方足。○「彼奪其民時」，不必謂是重刑罰、厚稅斂，然究而言之，既奪其民時，必非能省刑薄斂者。○「彼陷溺其民」，指奪其民時，使不得耕耨云云。

「夫誰與王敵」

非敵不過也，自不與我爲敵。如紂之「前徒倒戈，攻于後以北」者是也。若使彼皆人人致力以敵我，我亦安能取勝？秦楚之堅甲利兵，又豈吾挺所得而撻也哉！○或曰：「『可使制挺以撻秦楚之堅甲利兵』者，謂吾民樂於效死也，非謂不用斷殺也。」若不用斷殺，則亦不用制挺矣。蓋此是以吾得民心而言，其實不用戰，故有下文之言。

「王請勿疑」

一説是請勿疑「百里可王」之言，又一説是請勿疑「仁者無敵」之言。按本意似以「百里可王」之言疑於迂闊，故引「仁者無敵」之言以實之。蓋以「仁者無敵」之言觀之，則「百里可王」之言信矣，故又勉使勿疑也。前説爲長。蓋「百里可王」之言，乃此一章之大旨，下文都是申明此一句，非另有「仁者無敵」一句道理也。

此章主於「百里可王」、「仁者無敵」之言，皆是客詞也。大注云：「『百里可王』以此而已。」亦提掇得緊急。

「孟子見梁襄王」

孟子見梁襄王，爲其容貌詞氣之間，皆不當人意，故孟子蓋將去之，故出語云云，决無久留於梁之理矣。凡聖賢之至於其國而見其君，皆是欲觀其動静，以卜吾道之興廢，不然，至彼何爲？今見襄王氣象如此，其不足與有爲决矣，故出以語人而去之。此雖無可考證，然以理斷之，决然是去而之他矣，不必有傳記考證。○看來天下有可一之理，孟子又有能佐其君以一天下之才，但襄王未有一天下之器耳。孟子既有去志，而述此以語人。蓋其所以望斯道之行者，至是已盡。况當垂暮之年，已有「吾已矣夫」之悲矣。讀者於此，當知聖賢不遇之不幸。然此一段議論所關繫於世道君道者甚大，不可以不傳，故出以語人而且以垂後世。○觀此言可知其不久留於梁矣。

「天下惡乎定」

言天下當何所定，謂定於誰也。孟子答之，以爲今天下之勢，分崩離析，如何可定。必合于一，然後定也。今既未有能一之者，奈何？可擬定於何所乎？於是襄王隨問曰：「孰能一之？」言當此之時，天下諸侯勢均力敵，孰能一之也。

「不嗜殺人者能一之」

此亦觀其時何如。在戰國决然如此。湯武若不遇桀紂，終身只是諸侯，故周公不有天下。是以孟子以五六月之旱苗得雨爲喻，而上章言「百里可王」，亦必以彼奪其民時者爲言，斷斷乎其然矣。

「孰能與之」

言當此之時，君各民其民，民各君其君，孰得而歸之也。當時列國既各有疆域，則各畫地而守之，民有欲舍彼趨此，似亦難矣，必在所禁制也。下文「沛然孰能禦之」，正是答此意。

「誠如是也，民歸之」

「誠如是」該「如有不嗜殺人者，則天下之民皆引領而望之矣」二句。「望」與「歸」不同。歸，扶携來歸也。「引領而望」，且説他得民心之向慕。○「誠如是也，民歸之猶水之就下，沛然孰能禦之」，重在「猶水之就下」上。蓋上文言「引領而望」，是聞風而向，欲歸之之急也。誠然如是，民遂即歸之，其勢有若水之就下，沛然其莫可禦矣，誰復得而制之？○孟子真是善説辭，蓋不先着「今天下之民皆引領而望之」一句，亦無緣起得「民歸之猶水之就下而莫禦」之意。惟其不嗜殺人，而天下皆引領而望之，此民歸之所以莫禦也。設使其心不吾向，則未必能遽吾歸而莫禦也。此數句斷然是如此看。大概自「如有不嗜殺人者」至「誰能禦之」，不可十分斷，故大注云：「天下悦而歸之。」○或要把「其如是，孰能禦之」與下文「誠如是也」至「沛然孰能禦之」相並對看，亦非也。蓋「其如是，孰能禦之」就指苗之勃然興處言。下文曰「誠如是」，則與「其如是」語意不倫矣。況下句又更出一「民」字，如何盡同得。若論其大意，則固兩柱相對也。以苗之勃興於久旱之雲雨，喻民之樂歸於嗜殺人之中之不嗜殺人者。○此節重在「今夫天下之人牧，未有不嗜殺人者」及「七八月之間，旱則苗槁矣」二句。因襄王不曉而問「孰能與之」，故以其時勢開曉之如此。○初年讀此，覺亦似有迂闊意。今究論其理：蓋我國之民，既知尊君親上，而樂於效死；彼國之民，又皆疾怨其上，咸有「徯后」之望，是惟不往，往則必勝矣。故湯之什一征，而民有后我之怨；武王之伐商也，民皆壺漿相迎，决然是仁者無敵。湯以七十里，文王以百里，决然是不迂闊。若徒欲以兵刀取勝，以雪其憤，則愈遠愈難，而反失之矣。蓋孟子之言，句句是事實者如此。

「齊宣王問曰『齊桓晉文之事』」

齊宣王，名辟疆。辟，音壁。疆，渠良反。○許東陽曰：「《集注》作開闢封疆説，則上音闢，下音姜。作闢除强暴説，則上必益反，下區良反。」許氏此言，正以元注不分曉。❶上音壁，既是「開闢」之「辟」；下字渠良反，則又是「强暴」之「强」，於義不協，故此正之。今定依前説，作開闢封疆之義。以此爲名，或者其有是志也，故以命名，故嘗曰「將以求吾所大欲也」。辟土地，朝秦楚，蒞中國，撫四夷」云。昔趙元昊名曩霄亦此意。若作闢除强暴讀，於義固通，然恐當時人君之志，於求所大欲意更重也。此雖不繫大義，然義理無乎不在！亦須秤停較當，方是。

○此章當疊上看。劈初出一「王」字，究其所以王者無他，「保民而王也」。又究其所以保民者無他，「是心足以王矣」。「是心足以王」如何？反其所以及禽獸者而以序行之，「老吾老以及人之老，幼吾幼以及人之幼，天下可運於掌也」。老幼吾老幼以及人之老幼，而天下可運於掌者如何？五畝之宅，可以衣帛；百畝之田，可以無飢；雞豚之畜，可以食肉；庠序孝弟，頒白不負戴，然而不王者，未之有也。蓋其胸中王

❶「元」，原作「先」，今據嘉靖本改。

道素具，特隨時酬應，而覓路以開導之耳。吁！若使爲人臣者論事皆如此，假遇頗治之君，豈有不能堯舜其君！

「齊桓、晉文之事，可得聞與」

所問在此，所志在此也。○朱子曰：「事者，營霸之事。」營霸，謂經營霸業也。以言其經營霸業之事，大抵皆先詐力而後仁義也，是故孟子不欲宣王聞之。

因當時無道其事者，故後世無得而傳焉。惟其無傳，故臣亦未之聞也。三句意相承。○王氏若虛曰：

「齊桓救邢封衛，養亂爲功；晉文伐衛致楚，陰謀取勝。」二君他事亦多類此。

「無已，則王乎」

大注：「『無已』，必欲言之而不止也。」謂必欲孟子言也。

○「王」謂王天下之道。「道」字重，對上文桓文之事說。一說王必欲言之不止，豈以其爲王天下之道乎？此說非。甚矣，孟子之善言也，梁惠所問在利，孟子不言利而言仁義，然仁義自無不利也。齊宣所問在霸，孟子不言霸而言王道，然其功效更萬萬於霸也。故始也似拂其志，終則實有出於其意外之望者。此孟子之所以爲命世亞聖之大才，而其辨謂之雄辨與？本是理勝。

「德何如則可以王矣」

「德」字輕看，不必云「齊王以王道本於德也」。只是人君之德當何如乃可王。

「若寡人者，可以保民乎哉」云云

本意言卿試度吾能保民否也。乃不敢質言而謙之曰：「若寡人者，豈亦可以保民耶？」言恐不能保民而王也。故孟子下文屢屢於「不爲」、「不能」之辨。

「將以釁鍾」，釁，本釁郄，今曰「釁鍾」，則是因鍾之釁而釁之，使釁者不復釁也。作活字看。○「釁鍾」之「釁」，如「予有亂臣十人」之「亂」字意。○「釁郄」之「郄」與「隙」義同。○「釁鍾」之「釁」，謂填釁也，如古人以亂爲治義一般。○釁鍾，亦有釁鼓，後篇「師行而糧食」下小注曰「君以軍行，祓社釁鼓」，亦解作「殺牲以血塗鼓鼙」也。

「若無罪而就死地」

○「無罪」，指人言，然則牛豈有罪乎？蓋宣王平日惟知人之無罪者，使之就死地爲可哀，以爲至所不忍者也。一旦見牛之觳觫，乃亦覺有似乎此者，故不忍而以羊易之，分明是見牛未見羊也。○一說：「『王若隱其無罪而就死地』，則何嘗是以人爲況？」曰：「以牛無罪，若人之無罪而就死地也。」○上既言其若人之無罪而就死地，則牛無罪而就死地明矣。故此承而言之，不必用「若」字也。○一說：「『若無罪而就死地』，正指此牛觳觫之情狀言之，言似若無罪而令就死地然者。如此說方於『王若隱其無罪而就死地』一句爲無碍，而於『若』字亦有安頓。」此似不如前說。

「『然則廢釁鍾與？』曰：『何可廢也，以羊易之。』」

必欲生此牛也。天資如此，孟子安得不眷眷而日望之。

「是心足以王矣」

○既曰「是心足以王矣」足矣，又曰「百姓皆以王爲愛也，臣固知王之不忍也」，何意？蓋緣着「不忍」字，要生議論。「是心」，不忍之心也。不忍於一牛而忍於百姓乎？「達之於其所忍」，「仁不可勝用」，而王道畢矣。○一篇生意，❶皆在「百姓皆以王爲愛也，臣固知王之不忍也」二句。愛則非不忍，不忍則非愛，只從此生議論。

「齊國雖褊小，吾何愛一牛？」亦不消如此説，孟子已曰「臣固知王之不忍也」了，又何消解剥。蓋孟子此三句話意思，直是欲王察識其本心而擴充之。今齊王畧不見有察識之意，只管答得冷淡來，所以孟子又設法以開之，難之曰「王無異於百姓之以王爲愛也」云云，欲王反求而得其本心也。王又只恁順承將去，都無合殺。孟子乃爲之解曰「無傷也」云云，才起得他「此心之所以合於王者」一問。○既曰「是心足以王矣」，又曰「百姓皆以王爲愛也，臣固知王之不忍也」者，明其果出於不忍也。所謂「是心」者，即指此「不忍」之心也。「愛」字正對「不忍」字，愛則非不忍，不忍則非愛。愛者計其財，而不忍者痛其死。孟子著此兩句，所以提掇箇「不忍」字，惟其實有此不忍之心，故足以王也。此兩句又似爲下文根本，然下文許多話，只是「愛」與「不忍」字反覆辨論。

「不忍」二字，此一章之骨子。孟子只得齊宣王「吾不忍其觳觫」一句，遂堅執著「不忍」字，一開一闔，百方開導，要他察識而擴充之。○「是心足以王矣」，不是愛一牛便足以王天下，爲有此心在，擴而充之，則可

❶「生」，疑爲「主」字。

以王天下矣。擴充之實，在「老吾老以及人之老」云云。○「百姓皆以王爲愛也」一句，亦甚喫緊。蓋不著此句，無以發其論難，而啓其察識擴充之端。若只言「是心足以王矣」，他不曉問，便只恁地訖了。甚矣，孟子之善于言語也。○「以羊易之」，亦無許大見識，然當時若計較著，則不成「易」矣。惟其無計較，所以見其爲一時惻隱之真心所發見，而有符于仁術也。此正所謂乍見孺子入井之時，其心怵惕，乃真心也，非思而得，非勉而中者也。○又此事，在孟子開導齊宣則云然耳，若在聖人，則自能遠庖厨，縱使見之，亦不至以其觳觫而改用羊也。蓋宣王之易羊者，仁也；聖人之不必易者，義也。此時正用義之時，所謂「食以時，用以禮」者。若易牛之事，只可於無心中一行耳。如每見每易，則於道悖甚矣，故曰孟子主於開導齊王則云然。又觀孟子之開導時王處，每每生權立論，如齊王嘗自病其好貨，彼則告以好貨無傷，與民同則可；王自病其好色，則又告以好色亦可王；以至好勇、好俗樂，皆謂其無傷，而就於其中斡旋之，使進於王。真命世之大才，可與權之君子也。

欲王察識於此而擴充之也。○察識，如下文注所謂「乃知此心不從外得」者。蓋人皆有不忍人之心也，擴充則須是自親親而仁民，自仁民而愛物，所謂反其本而推之，有所不忍，而達之於其所忍者也。

○「孟子故設此難」，「故」字是「故意」之「故」，欲王反求而得其本心，直是要繳出他「見牛未見羊」一句，惜乎王之不能然也。

「若隱其無罪而就死地，則牛羊何擇焉」

「夫孟子固知王之不忍也，今而曰云云，乃亦似以王爲愛然者，特故爲此難，欲王反求而得其本心耳。設使王能反求而得其本心，則如何？」曰：「只是認得是『見牛未見羊』便都了，此却是真情也。」

「我非愛其財而易之以羊也」

是反辭，不宜直辭。言我若非吝財，何故以羊之小易牛之大，所謂「是誠何心哉」，所以「宜乎百姓之謂我愛也」。蓋被孟子難得來迫，自迷其向日處心之所以，解不得開了，姑得自伏將去，然實則是不忍也，非愛也。

○問：「當時宣王若能反求而得其本心，則將如何爲辭？」曰：「合當云：『見牛未見羊也，子今言之，於我心猶戚戚焉。』即問『此心之所以合於王者何也』，便快了。」

「見牛未見羊也」

「見牛」，則此心已發而不可遏，言不可自沮了，决須行得透。「未見羊」，則其理未形而無所妨，言初未嘗有不忍之心之可遏，於事何所妨礙。謂之「理未形」，以是時未有心可言，故曰理而已。蓋理素具，而心隨感而發者也。理亦仁也，即所謂性也。心則統性情。「見牛未見羊也」，則其爲不忍而非愛也，不待言矣。○惟其「見牛未見羊」，故以未見之羊而易所已見觳觫之牛，使牛與釁鍾兩全而無害，此所以爲「仁術」也。此二字就發用上説，其本體具於心者，用不得術也。○術，謂法之巧者。於難處之際而有善處之方，是謂之術。得術處，只在兩全無害上。○小注：朱子曰：「『未』字有意味。蓋言其體則無限量，言其用則無終窮，擴充得去，有甚盡時。」此言人心爲仁之宅，如今日見牛而惻隱之心固發矣，設見羊之觳觫則又有惻隱發焉，雖至於十百千萬，凡見有不可忍處，皆隨感而發，無有盡時，故曰「仁不可勝用」。

○見牛之觳觫而不忍殺固是矣，然獨奈釁鍾何？若但以釁鍾之不可廢而終殺之，則一念之仁自我而發，亦自我而遏矣。今又姑全此牛以行此一念之仁，則釁鍾之禮，又自我而廢矣，故以羊易牛爲得其術。然初來齊王之以羊易牛，亦未有此巧妙見識，亦偶然適合於仁術耳。孟子意主於開道，故爲是獎誘之説。

「聞其聲，不忍食其肉」

「聲」，謂將死而哀鳴也。若平時之聲，人誰不聞，又安得一一「不忍食其肉」耶？

「是以君子遠庖厨也」

齊王之以未見之羊易已見之牛，便正是符著此理，則是一仁術也。○亦以預養是心，而廣爲仁之術也。爲不能屑屑然以所未見而易其所見也。○「預養其心」，即廣其爲仁之術也，重在「預」字上。養之也預，則不至有是心，而抑遏不得施者矣。故其仁術自廣，蓋有不勝計者矣。

○「君子之於禽獸也」至「遠庖厨也」，此因「見牛未見羊」及之，孟子開導齊王本意不重在此。○庖厨，庖取烹炰之義，《周禮》有庖人。厨，庖屋也。○「夫子言之」，專指「仁術」一條。

「於我心有戚戚焉」

此句最重，所謂「乃知此心不從外得者」在此。蓋前日之不忍者，此心也；今日之戚戚者，亦此心也；是心固有不待外求。

「於我心有戚戚焉」，正被孟子「見牛未見羊」一句打動了，使得他前日見牛觳觫之光景，宛然如在目。要見得此心不從外得意，依舊是前日之心復作，豈待外假？反而推之，在我而已。吁！若使爲人臣者論事每如此，豈不能堯舜其君哉！○「於我心有戚戚焉」，「乃知此心不從外得」，此二句最要看得仔細，是孟子所以斷知王之可以保民處，故又曰：「是心固有不待外求，擴而充之，在我而已，何難之有！」○齊王問曰：「此心之所以合於王者，何也？」孟子答之，若曰惟在反其本而推之耳，故曰：「今恩足以及禽獸，而功不至於百姓，爲不用恩焉。故王之不王，不爲也，非不能也。」○反其本，只仁民是本，以「民」對「物」，下文云「恩及禽獸，而功不至於百姓」是也。

然猶未知所以反其本而推之。○舉斯心加諸彼，老幼吾老幼以及人之老幼，是所謂反其本而推之也。皆由近以及遠，自易以及難，所謂由親親推之，然後及于仁民，又推其餘，然後及於愛物，此正反其本而推之也。齊王却未知如此做去，故孟子又拳拳於「今恩足以及禽獸，而功不至於百姓者，獨何與」之問。○一說未知反諸心而推之以保民，也未善。「反其本」云者，謂從頭起也，即所謂由近以及遠，自易以及難。「今王反之」云云，此句即張南軒所謂「能反而循其不忍之實」者也。

「則王許之乎」

注：許，猶可也，猶言准他説否。○推廣仁術，則仁民易而愛物難。❶ ○「此仁術」，猶言仁道，不必與上文一例看。爲上文有難處者，故「術」字重，此則泛言耳。○一説：「只是上文『仁術』，但是推廣出去，更無難處、善處之説矣。」此説爲正當。○「難」、「易」二字，不必依饒氏。

❶ 「仁」，原作「人」，今據嘉靖本改。

「老吾老以及人之老」云云

「『及人之老』，自『吾老』而推之，『老吾老』則自何地而推之？」曰：「舉斯心加諸彼而已。惟毋反其序，則是。」○「天下可運于掌」，言四海可得而保也。「天下」對上「人」字，天下則盡乎人矣，對下文則老幼吾老幼以及人之老幼，是推恩，天下可運於掌。只保四海，然又必曰「推恩足以保四海」者，「故」字承「舉斯心」說來，而與下面「不推恩無以保妻子」反對說。○大注：「『運於掌』，言易也。」蓋即上文「莫之能禦也」及「足以」之意。

「《詩》云：『刑于寡妻。』」云云

○引此詩，重在序上，解詩就揭一「心」字出，應前「是心」字。是心也，所以老幼吾老幼者，此也，所以及人之老幼者，亦此也。如此，則「天下可運於掌」，「是心足以王矣」，此之謂也。○「故推恩足以保四海」，「仁者以其所愛，及其所不愛也」。○「不推恩無以保妻子」，「不仁者以其所不愛，及其所愛也」。○「故推恩足以保四海」，有欲不作效言，只作保民言者，愚謂：一則礙「推恩」二字，已有保民在內了。二則又礙「足以」二字隔著，姑得作效說。

「言舉斯心加諸彼而已」

以心對彼而言，則「寡妻」、「兄弟」、「家邦」，盡是彼也。

此一章「心」字是骨子。○詩之所云，舉斯心加諸彼也。然則老幼吾老幼以及人之老幼者，獨非是心所推乎？「心」字最重，通此一章，是「心」字做骨子。

「古之人所以大過人者，無他焉，善推其所爲而已」

「大過人」，是以保四海之功業言。所以能保四海者，惟能推恩而已。「古之人」，指二帝、三王言。○魯齋王氏曰：「『善推其所爲』，是孟子平生工夫受用只在此。」○「恩及禽獸而功不至於百姓」，非善推也。○心之所加者即恩也，以其見於行事，故又謂之「所爲」。○今王反之，則必有故矣，故復推本而再問之。○此「推本」與前面「反其本而推之」之「本」字不同，蓋即是上文「故」字也。「推」字亦不同，此易見。○饒氏曰：「因愛牛之心説到此，欲其因愛物之心，反而見得仁民；因愛人之心，反而見得親親，便就親親推而至於仁民，自仁民推而至於愛物。『運於掌』，言其近而易，天下雖大，只由一家老老幼幼推去，又何難且遠之有？『運於掌』與『視諸掌』不同，運屬行，視屬知。」

「權然後知輕重，度然後知長短」

權雖解作稱錘，度雖解作丈量，然實當作活字看。

○或曰：如此則「度」字當作入聲。曰：「還作去聲，不害爲活字。若心之應物，則其輕重長短之難齊，輕重長短不在心，亦不在物，在心之應物上。蓋民與物皆物也，仁民、愛物，則是應物也。難道物有輕重長短。又難道心有輕重長短。」○「本然之權度」，謂當然之理也，不容人爲者也。蓋人之一心，萬理具焉，孰爲重，孰爲輕，莫不各有本然一定之權度。○上文既發其端曰：「今恩足以及禽獸，而功不至於百姓者，獨何歟。」分明是含説箇輕重長短之當度在裏面。蓋齊王正是輕重長短之失度者。

○上文末句是結其所以「恩及禽獸而功不至於百姓」之故，此則承之而言禽獸與百姓孰爲當重，孰爲當輕，請比度之。一定是百姓重，既百姓重，王乃「恩及禽獸而功不至於百姓」，其故何哉？是豈以三事爲快耶？然三事實非人心之所快，有甚於殺觳觫之牛者，於此亦可以度矣。此又是一重度了。要看《集注》「愛民之心所以輕且短者」之「所以」二字。此三者既是言其所以，比上文「度」字，❶豈不又是一重？下條亦言：「此其愛民之心所以輕且短，而功不至於百姓也。」

「心爲甚」

「果何以見心之當度，尤甚於物處？」曰：「試論今有一匹布，不用丈尺，以二丈爲一丈，只是這一匹布上失耳。若人君於民物之間，失所權度，至於『恩及禽獸而功不至百姓』，則將有所謂『庖有肥肉，廄有肥馬，民有飢色，野有餓莩』者，其差視以二丈爲一丈者相去何如？看是甚乎不甚乎？」

○朱子小注曰：「物易見，心無形。度物之輕重長短易，心之輕重長短難。此是心爲甚。」一說了，又曰：「度物差了，只是一事；心差了，萬事差，所以心爲甚。」此又是「爲甚」之一說。今定只依大注。此二說，俱小異。看來只在不可不度上有甚。且其曰「度心之輕重長短難」，心安有輕重長短？須應物時，就那物上方有箇當重而長底，或有當輕而短底。又曰「心差了，萬事差」，如此，則心之不差，只消一度了。蓋事至物來，千態萬狀，其輕重長短當隨物賦形，惟在居敬窮理以照之耳。若謂「心一差則萬事都差」，則未應物時，初何差之可云？既應物，則又未有萬物一時俱差者。大抵應此一物差，固是心差，應彼一物差，

❶「比」，原作「此」，今據嘉靖本改。

亦是心差，「差」字面所該亦廣，如此看方可通。○若云：「一心如印文，印文正，打過千張紙、萬張紙俱正。若印文不正，則千張、萬張俱不正。」此固是理如此，但自此處言，則度字説不去。其或輕或重，或長或短，自有許多，要看得細膩方得。

○「今恩足以及禽獸而功不至於百姓」，對言之度也。「抑王興甲兵，危士臣，搆怨於諸侯，然後快於心與」，單言一事之度也。下節以兵興、臣危、搆怨諸侯對觳觫之牛看，則孰爲當重且長邪？此指以問王之意也。

「抑王興甲兵，危士臣，搆怨於諸侯，然後快於心與」

雖正是「請王度之」處，其實又更深一節。蓋是言其仁民之心，所以輕且短處耳。《集注》分明。○王之所以功不至百姓，興兵、搆怨累之也。王之所以興兵、搆怨者，「將以求吾所大欲」蔽之也。

「抑王興甲兵，危士臣，搆怨於諸侯，然後快於心與」，意謂此比觳觫之牛如何？

「吾何快於是，將以求吾所大欲也」

「不快於此者，心之正也；而必爲此者，欲誘之也。」兩「此」字同，都指三事。「尚明於他」，亦指三事之不快。「獨暗於此」，則又指「欲之誘」，與上文「此」字不同。

「欲闢土地，朝秦楚」

必闢土地然後朝得秦楚，既闢土地、朝秦楚，然後中國俱吾所涖，而四夷於我乎撫矣。「涖中國而撫四夷」，此句又要看一「而」字，似不苟。

「猶緣木而求魚也」

緣，攀而升。《本義》曰：「躍者，無所緣。」反看則「緣」字之意明矣。○緣，攀附而上也。《離騷》首篇十九條注，有曰：「薜荔緣木而生。」○木在山，魚在水，求水物而于山，非其地矣。《恒》六三之所以「田無禽」。

「以一服八，何以異於鄒敵楚哉」

所謂「霸必有大國」也。○「今王發政施仁」，至「其若是，孰能禦之」，所謂「王不待大」也。○「使天下仕者皆欲立於王之朝，耕者皆欲耕於王之野」云云，所謂「朝秦楚、莅中國」就在其中矣。

「蓋亦反其本矣」

此與前注「反其本而推之」又不同。○反本說見下文，只是「發政施仁」。其曰「使天下仕者」，即「發政施仁」有以使之也。故曰「發政施仁」，所以王天下之本也。然則盡心力於興兵、構怨以求王天下，抑末矣。「本」字當如此照看。○「發政施仁」而王於天下，「士者皆欲立於王之朝」云云，則大欲得矣，故曰：「其若是，孰能禦之。」

「王曰：『吾惛，不能進於是，願夫子輔吾志云云，請嘗試之。』」

孟子以爲惟保民而已，故曰「無恒産而有恒心者，惟士爲能。若民」云云。左右是前面意，更端而詳言之耳。○此章與孔子答哀公問政一章一般，只是一箇意思，疊出而詳言之耳。

「明君制民之産」

「今也制民之産」，都虚説。

「王欲行之，則盍反其本矣」

此「反其本」又與前「反本」不同。注曰「使民有恒産者，又發政施仁之本也」，是指發政施仁中之大者以爲之本也，如「孝弟爲仁之本」一般，都只是仁中事。

「五畝之宅」

此言制民之産之法也，保民之實事也，所謂及人之老幼而運天下於掌者也。○末段獨提「老者衣帛食肉，黎民不飢不寒」而不兼收「頒白不負戴」一意，何也？曰：「禮義生於富足，衣食足則禮義興矣。况老者衣帛食肉，便是少者知所以養之，故老者得安於衣帛食肉，而自無負戴之勞亦可知矣。聖賢語話自活落，然亦不至有晦漏。或舉重以見輕，或提此以該彼，不如後人文字綳着格子做。」○此言制民之産之法也。「謹庠序之教」序於制田里、教樹畜之後，分明是先使民有常産，然後得有常心，所謂「然後驅而之善，故民之從之也輕」意，不是教養平説，故釋之曰「此言制民之産之法也」。❶

○此一章書通是説王道之易。蓋因齊王謂「德何如則可以王矣」，又曰「若寡人者可以保民乎哉」，又曰「何由知吾可也」，皆是難之之辭，故孟子答之，一則曰「保民而王，莫之能禦也」，又引胡齕之言而曰「是心足以王矣」，及「明足以察秋毫」之辨，以至「天下可運於掌」，「言舉斯心加諸彼」，通是易的意思。至於「百畝田、五畝宅，然而不王者未之有」，則所謂「保民而王，莫之能禦」者，豈不信哉！○自「若寡人者可以保

❶ 「故」，原作「此」，今據嘉靖本、四庫本改。

民乎哉」至「是心足以王矣」，則是言齊宣之可以保民而王者，以其有不忍之心也。○自「百姓皆以王爲愛也」至「是以君子遠庖厨也」，則於告語之中，寓開發之術，欲王反求而自得其不忍之心，以爲保民而王之本也。○自「王説，曰：《詩》云『他人有心』」至「折枝之類」，皆以明其決可以保民而王而自不爲也。○「老吾老」一條，則正言「是心足以保民而王」之實，而怪宣王不能推之以保民也。○「權然後知輕重」一條，請王度愛物與仁民孰爲當重且長，孰爲當輕且短也。○「抑王興甲兵」以下，又明知宣王之興兵、搆怨以致仁民之心輕且短者，由於求所大欲，其勢之不得不重此也。故下文反之而示以得所大欲之本，在於制民之産，乃「是心足以王矣」之實事也。○用恩與推恩何别？曰：「單言親親亦爲用恩，仁民亦用恩，愛物亦用恩也。推恩則有次弟，故曰『古人必由親親推之，然後及於仁民，又推其餘，然後及於愛物』云云，『是心足以王矣』。」

「蓋亦反其本矣」，又云：「王欲行之，則盍反其本矣。」前言求所大欲之本，在於發政施仁，而「使天下仕者皆欲立於王之朝」云云。後言「王欲行之」，謂「發政施仁也」，則其本又在制民常産焉。而恒産之制也何如？「五畝宅，百畝田」云云，後乃繼以「庠序之教」、「孝弟之義」者，「然後驅而之善」之意也，故大注統以爲制民之産。

○人之所以能參天地贊化育者，亦只是一箇心而已。此一箇心在人所用何如，其所蓄元無限量，其出之固無窮已時，亦無有窮極處也。今人雖各有是心，而猶未真知其日用間，無一毫不是此心之主宰運用也。但人有用得盡者，有用得不盡者；有用得正者，有用得不正者；有用得大者，有用得小者；有用得遠者，有用得近者。如堯、舜、孔、孟，一心用之於滿天下，無處不周匝，又直用至千萬世而猶不竭，此最善用其心者也。嗚呼！吾雖知之而晚矣，同遊之士，幸早悟此，再不消多言，然要用之於正學。○梁惠王問利國，孟子言利之害而進以仁義之效。梁惠王沼上之樂，孟子言獨樂之患而進以與民同樂之效。宣王問威文，則黜威文之無足道，而進以行王道。齊宣王有不忍一牛之心，則反復言之，而使推此心保四海。及教齊梁以王道，又皆歸之耕桑孝弟之實。無非因其機而時進之。晦庵《集注》已各發其旨趣之歸，辭意瞭然，熟誦足矣。

梁惠王章句下

「莊暴見孟子」

「莊暴見孟子」，「見」如字，特地來見也。

「暴見於王」，「他日見於王曰」，「見」音「現」，有因得見也。

「暴未有以對也，曰：『好樂云云，則齊國其庶幾乎。』」

通篇之意已具，而暴不能再問也，故「他日見於王」云云。如孔子答孟懿子問孝，曰：「無違。」其中正有意在，而孟懿子不能問，故因樊遲發之。大抵言有序，聖賢家法如此。

「齊國其庶幾乎」

言可王也，不謂只是能治其國。孟子大凡説着與民同樂處，便是到王天下。如「好貨」、「好色」、「好勇」，

「樂以天下，憂以天下」之類是也。今有以前只言「齊庶幾」，後乃言「可王」爲疑者，非是，此何須疑。

王語暴以好樂。○謂己好樂也。○曰：「好樂何如？」暴問王好樂何如也，疑有病於治也。○「暴未有以對也」，意歸在「好樂何如」上。○「寡人非能好先王之樂」二句，意謂不足以瀆賢者之聽也。

「王之好樂甚，則齊其庶幾乎」條

獨樂，不若與人；與少樂，不若與衆。與人、與衆，所謂「甚」也。就「不若」字照見得，即所謂「與百姓同樂」者也。○「今之樂猶古之樂也」，言世俗之樂何傷。○言但好樂之甚，則齊其庶幾，不必計樂之今古也。○「今之樂猶古之樂也」，此皆實理。蓋古樂好之甚，固足以王，今樂好之甚，亦足以王，分明今之樂猶古之樂也，豈過爲是無據之雄辨而已哉！故范氏曰：「其實今樂、古樂何可同也，但與民同樂之意，則無古今之異耳。」而楊氏亦曰：「使人聞鍾、鼓、管、絃之音而疾首蹙頞，則雖奏以《咸》、《英》、《韶》、《濩》，無補於治也。」蓋《咸》、《英》、《韶》、《濩》，古樂也。夫不與民同樂，雖古樂而無補，則知與民同樂，雖今樂亦何害。二氏之言，得孟子之旨矣。○范氏曰：「其實今樂、古樂何可同也，但與民同樂之意，則無古今之異耳。」「其實」，説時不要入同樂意思，同樂意思却入在「甚」字内。

孟子只謂今樂也是這鍾、鼓、管、籥，古樂也是這鍾、鼓、管、籥，今樂也可以爲樂，古樂亦可以爲樂，今之樂何異於古之樂哉！讀者不以辭害意可也。○俗樂如何能亂雅？愚謂以人心之正而言，則雅樂固非俗樂所能亂；以人情所便而言，則人情自爲俗所亂，故魏文侯曰：「吾聽今樂而不知疲，聽古樂則思睡矣。」蓋其中於人情所便故也。

「可得聞與」

是欲聞其所以好樂甚而齊庶幾者，不兼今樂猶古樂，不重在此。

「曰『獨樂樂，與人樂樂』」

王氏曰：「下樂音洛，朱子從古注。然以文義推之，則下樂如字，上樂音洛爲是。若從古注，則朱子當時似尚欠一句云『樂，鼓樂也』。」○依朱子元注，上樂如字，下樂音洛，不必依仁山金氏。蓋上「樂樂」字，自含有鼓樂意在。如「芻蕘者往焉」，「雉兔者往焉」，亦不必有「採擊」字，而自含「採擊」字意在矣。

○獨樂不若與人之爲甚，與少樂不若與衆之爲甚，此是開導出齊王之善心處，不消吾爲之開說。蓋天理之權衡在彼之心所自有者，吾特導之使自見耳。○凡言開導者如治水然，只開一隙以導其流耳，吾何容力焉。○孟子最善於言語善於開導，先曰「以挺與刃，有以異乎」，俟其曰「無以異也」，然後進一步曰「以刃與政，有以異乎」。先曰「獨樂樂，與人樂樂，孰樂」，俟其曰「不若與人矣」，然後進一步曰「與少樂樂，與衆樂樂，孰樂」。先之曰「生之謂性也，猶白之謂白與」，俟其曰「然矣」，然後從而曰「白羽之白，猶白雪之白，白雪之白，猶白玉之白與」。其言猶階級而不驟，善入而難拒，此雖是理精，亦是才到也。

「今王鼓樂於此」條

管：管，六孔，如篴，併兩而吹之者也。篴，今之笛也。

籥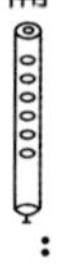：籥，如笛而六孔。或曰三孔而短，由中聲而上下之。

○「鍾、鼓之聲，管、籥之音」，猶「郊、社之禮，禘、嘗之義」，互文耳。下文「車馬之音」可見，不必拘。聲成文者謂之音。《正韻》「音」下注云：「聲生於心，有節於外謂之音。宮、商、角、徵、羽，聲也。金、石、絲、竹、匏、土、革、木，音也。」〇《詩》大序曰：「情發於聲，成文謂之音。」注：「成文，謂其清、濁、高、下、疾、徐、疏、數之節，相應而不和也。」

愚按：舉天地間，萬物之有聲者，皆謂之聲。至於音，似屬人所作，以節度乎聲者，似有樂有音，故《正韻》據《説文》云宮、商、角、徵、羽爲聲，金、石、絲、竹、匏、土、革、木爲音。《樂記》曰：「知聲而不知音者，禽獸是也。知音而不知樂者，衆庶是也。惟君子爲能知樂。」〇若是以車馬之音言，則此處亦難拘以此義，只是互文。〇旄與旗不同，旄有毛羽，旗只是畫帛。但旄有旗竿。「羽旄」，《集注》曰：「旄屬。旄，總名，旄特其屬之一也。」按《詩經·出車》篇有旟，有旐，有旂，有旌，有旄。《周禮》有九旗之類，以牛尾注於旗干之首曰「旄」，析翟羽設於旗干之首曰「旌」。〇翟者，江淮間雉，青質備五色者。《説文》：「山雉曰翟。」出《正韻》。〇出《書經》。

羽

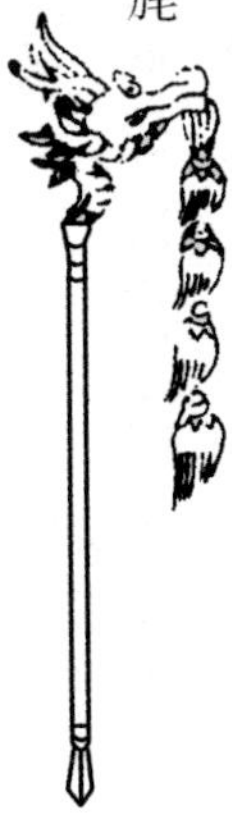

旄

田獵。

古者四時之田，皆於農隙以講武事，獵亦農家之事，故亦謂田也與？○獵，逐獸之名也。○古者四時之田，此「田」字非「田疇」之「田」，乃「田獵」之「田」也。○《文獻通考》卷一百五之十卷「田獵門」曰：「天子、諸侯無事則歲行蒐、苗、獮、狩之禮。」○又曰：「獻禽以祭祀。」○又曰：「致禽以祀祊云。」○又曰：「田者，大芟草以爲祊。」○又曰：「以教坐、作、進、退、疾、徐、疏、數之節。」又曰：「已有三牲，必曰狩者，孝子之意，以爲己之所養，不如天地自然之牲逸豫肥美，禽獸多則傷五谷，因習兵事，又不空設，故因以捕禽獸，所以共承宗廟，示不忘武備，又因以爲田除害。」○又曰：「天子不合圍，諸侯不掩群。」○又曰：「天子、諸侯無事則歲三田。」注：三田，夏不田也。○又曰：「豺祭獸，然後田獵。」

「疾首蹙頞」

「疾首蹙頞」者，蓋飢者弗食、勞者弗息之情狀也。然「疾首蹙頞」對「欣欣然有喜色」看，亦是臨時然也。上帶「聞」字，蓋其心元有憂樂之異，故聞王之樂而憂樂之容亦隨之。○唐人吴融作《華清宫詩》云：「四郊飛雪暗雲端，惟此宫中落便乾。緑樹碧簷相掩映，無人知道外邊寒。」謝君直注曰：「知華清之煖，不知外邊之寒，士怨、民怨、軍怨皆不暇問矣，如之何不亡？此詩意在言外，殆非止詩人也。語不奇巧。」○愚謂當時人君好樂，而不知民之父子不相保，兄、弟、妻、子離散，正不知外邊寒之謂也。以其有足相發明者，故附録之。

「此無他，不與民同樂也」

「不與民同樂」，獨樂耳。獨樂不若與人，非好樂甚也。

「吾王庶幾無疾病與」

民愛其君，惟恐其疾病，故曰：「庶幾無疾病與？」庶幾，猶云殆也。○「吾王庶幾無疾病歟？何以能鼓樂也。」「夫子聖者與？何其多能也。」中間都着「不然」二字貼説。○「夫何使我至於此極也」，言其但恣己之樂，而不念民之瘼也。「吾王庶幾無疾病與，何以能鼓樂也」，惟恐其有疾病，見其能鼓樂而喜也，所謂「民亦樂其樂」也。不與民同樂，則民咨怨之。與民同樂，則民歡樂之。

「此無他，與民同樂也」

大文「此」字，兼鼓樂田獵，而注獨云：「與民同樂者，推好樂之心以行仁政，使民各得其所也。」蓋田獵亦好樂之類也，故概以好樂。朱子不如後人計較，今人多以此致疑亦末矣，此何足爲疑義。❶ ○與民同樂者，非同鼓樂也，推好樂之心以行仁政云云也。下條言好樂而能與百姓同之，即是推好樂之心以行仁政也。

「今王與百姓同樂，則王矣」

因上文言一與民同樂，則民之憂樂有若此，以此見得王能同樂，則天下之民皆歸己而王業成矣，豈但其國之民欣欣相告而已哉！○「今王與百姓同樂，則王矣」，只用説好樂，且應上文「王之好樂甚，則齊其庶

❶ 「義」下，嘉靖本有「哉」字。

幾」。

民窮財盡。○「財盡」者，民之財也，方起得下文云云。○樂以和爲主，使人聞鍾、鼓、管、絃之音而疾首蹙頞，則不得人和矣。此《易》所謂人心和樂以應其上爲豫也。○「姑正其本而已」，「本」即所謂樂以和爲主也，主亦本也。○《咸》、《英》、《韶》、《濩》，古樂也。○《咸池》，黄帝樂。《英》，帝嚳樂。《咸池》，謂澤無不施也。英，華茂也。

「齊宣王問曰：『文王之囿方七十里，有諸？』」

「文王之囿，方四十里」，蓋宣王時已有侈心矣，故有四十里之囿。當時愛君者，或規以其制過大，而諛佞之臣，必有引文王七十里之囿以爲之辭者，如陳賈所謂「王自以爲與周公孰仁且智」之類。宣王蓋喜其言之便於己也，故質諸孟子云。○「蕃育鳥獸之所」，如籠中之雞，苙中之豕，此只可謂之育，不可謂之蕃育。「蕃育」者，度閒曠荒野，草木自生，禽獸自居之地，使得以生聚長養，而吾時獵取之，非惟以爲逸豫之資，而祭祀賓客之需，亦於是乎取焉。○「四時皆於農隙以講武事」，四時皆有農隙也。○「稼穡」，場圃之中，種曰稼，斂曰穡。又《詩經》：「在田曰稼，在圃曰穡。」二説相通。蓋種之在田曰稼，斂之在圃曰穡。○然文王七十里之囿，其亦三分有二之後也與？

○然南軒猶以爲：「文王豈崇囿如此，蓋其蒐田所及，民以爲文王之囿耳，以芻蕘得往知其然也。」愚謂此説似長。蓋文王不縱意于田者，且雖曰三分有二，然當時靈囿亦豈至七十里之廣？信然，文王亦非制節謹度者矣。況文王「三分天下有其二，以服事殷」，既曰「以服事殷」，則疑不敢安於七十里之囿矣。使真有七十里之囿，則似已侈於桀矣，縱曰桀壞宫室以爲苑囿，文王之囿七十里亦爲五十步之於百步者矣。《集注》曰：「其亦三分天下有二之後也。」然則固亦致其疑矣。

「於傳有之」

輔氏曰：「亦言據古書有此説也，然未必其然否。」看來孟子都不肯辯折他，只要大處合正便罷。如焚廩、浚井之説，最宜駁倒，孟子亦不之駁，只要有「象憂亦憂，象喜亦喜」二句便罷。

「若是其大乎」

真西山《大學衍義》卷之二十四篇有曰：「文王之囿百里，初不經見，而於傳則有之。孟子亦欲齊王與王同樂，故其爲説曰『芻蕘者往焉，雉兔者往焉』。」

「民以爲小，不亦宜乎」

蓋文王之囿既與民共其利，則囿之所出有限，民之所取無窮，宜乎猶以爲小也。〇文王之囿既與民同，吾見囿愈大則草木愈茂，禽獸愈蕃，芻蕘、雉兔之利愈無窮矣，民以爲小不亦宜乎？

「殺其麋鹿者，如殺人之罪」

夫殺其麋鹿，其罪本不至於殺人者等也，但齊王有殺其麋鹿者，輒以殺人之罪加之故云。

「則是方四十里爲穽於國中」

夫愚民見麋鹿必逐而殺之，而豈知其國之有禁，且至如此之嚴乎？故曰「爲阱於國中」。阱，坎地以陷獸者，揜其不知而取之也，故用「其」字。〇國外百里爲郊，郊外有關，關蓋與隣國交接之界限也。以此推之，恐爲太公、周公之封齊、魯，爲方百里者爲可疑，而《左傳》所載管仲之言云云者，亦可參證也。○「則是方四十里爲阱於國中」，民利其麋鹿也，而乃因以殺身，是以囿爲阱，麋鹿爲餌也。○可惜以四十里生物養人之地，而設險以供一人之逸樂，此外全爲荒棄無用之地矣，民以爲大，不亦宜乎？

「齊宣王問曰：『交隣國有道乎？』」

宣王之時，諸侯失睦，今日東國來侵，明日西國來伐。以兵則或不敵，以盟則或不信，以禮則又或適以示弱而已，宣王所以有交隣之問也。況交隣講好，亦先王之令也。○如梁惠王則東敗西喪，幾至於不支，但憤於喪敗，故有雪耻之情在。齊宣王則與隣敵相持，互有勝負，宜有息争求寧之意，故問交隣之意。此一問亦好意思。

「惟仁者爲能以大事小」

仁者以大事小，智者以小事大，大概都是忍小忿而已。○「仁人之心，寬洪惻怛」，「寬洪」故能含容人不恭，「惻怛」故能矜人之惡而不較。○「智者明義理，識時勢」，小之事大，一則義理之當然，二則時勢之不得不然也，此正所謂「天者，理勢之當然也」。知兼明理勢，仁則惟見理而不見勢。○勢在己則當忘，勢在人則當順，知者之識時勢，順其勢之在人也。仁人之無計較大小强弱之私，忘其勢之在己者也。樂天、畏天之分，正在此。

「文王事昆夷」

○「《詩・緜》八章曰：『肆不殄厥愠，亦不殞厥問。』本謂太王事，然《孟子》後篇『稽大不理於口』章曰『文王也』，豈孟子時是以此詩爲文王事歟？」曰：「然也。故朱子於此亦曰『文王事，見《詩・大雅》』，《大雅》再無他詩言及文王事昆夷事者。」○獯鬻，即狄人也。狄人與昆夷不同。太王初居邠，狄人侵之，乃去而國于岐山之下，又爲昆夷所愠而侵之。《緜》詩「肆不殄厥愠，亦不殞厥問」，下文曰：「柞棫拔矣，❶行道兑矣。通也。昆夷兑矣，❷竄伏也。維其喙矣。」褐息也。又注：「蓋已爲文王之時矣。」想文王初年，亦須字之也。若依「肆不殄厥愠」，則是小事大矣。此須重講明：文王事見《詩・大雅》，大抵亦非以「肆不殄厥愠，亦不殞厥問」二句爲文王事昆夷事實也。蓋以昆夷事在《大雅》之《緜》，而因可見文王事之之事畧而已。○若後篇所謂「文王也」，乃是謂文王足以當之，如上文「『憂心悄悄，愠于群小』，孔子也」，孟子亦非以孔子爲事實也。○按《緜》詩，周太王事昆夷，猶爲以小事大，至文王時，國勢日削，則爲以大字小矣。但太王事昆夷，在事薰鬻之後。昔者太王居邠，則爲薰鬻所侵。及去之岐山之下，則又爲昆夷所擾。是兩項事。

○「交隣國有道乎？」曰：「有。惟仁者爲能以大事小，惟知者爲能以小事大。」見齊宣之於隣國，其大者則當以智者之道處之，其小者則當以仁者之道處之，二端之外，無餘法矣。○「惟仁者爲能以大事小，是故湯事葛，文王事昆夷；惟智者爲能以小事大，是故太王事薰鬻，句踐事吴。」蓋孟子胸中是先有箇「湯事

❶「棫」，原作「域」，今據嘉靖本及《詩經》改。
❷「昆」、「兑」，《詩經》作「混」、「駾」。

葛，文王事昆夷」四句，然後説出「惟仁者爲能以大事小，惟智者爲能以小事大」，况仁者、智者已有所指了。

○説「仁者爲能以大事小」，必曰「湯事葛，文王事昆夷」；説「智者爲能以小事大」，必曰「太王事獯鬻，勾踐事吴」，見得大事小、小事大，古之人皆有行之者，而今當法而行之也，如言有故事然。○仁者若居小國，必能以小事大；智者若居大國，未必能以大事小耳。《大全》亦有此説。

大事小者，樂天者也。

「天者，理而已矣」。輔氏曰：「即程子所謂『夫天，專言之則道也』。」○「自然合理，故曰樂天。不敢逆理，故曰畏天。」雲峰胡氏曰：「字之之心，自不能已，即是自然合理。須味一『自』字，見樂天之意。」又曰：「事之之禮尤不敢廢，即是不敢逆理，味『不敢逆理』字，見畏天意。」○又曰：「『包含徧覆，無不周徧。』寬説，不專指事小也。即其字之之心，而其氣象愈充拓愈恢宏。「愈」字，似下不得，則是更進一步，非也。『制節謹度，不敢縱逸。』即其事之之禮，而其規模愈收斂愈謹密。」此説似疵。○「制節謹度」，「制」字與「謹」字相對。制，猶守也，自節限也。「節」字與「度」字相對。按《記路・國名》第二十九板載云：「公、侯、卿佐謹度以事其上，則全於臣；制節以御其下，則正於君。」○鄱陽董鼎《孝經注》曰：「制節，制財用之節；謹度，謹守法度也。」愚謂不止財用當有節，况此處須就以小事大上論。若《孝經》則下云「滿而不溢，所以長守富」，固指財用也。○樂天者無所爲而然，畏天者有所畏而然。

「樂天者保天下，畏天者保其國」

真實會保天下，會保其國。或謂只是論其氣象與規模而已，非也。其曰「保天下之氣象」，「保一國之規模」者，蓋謂樂天者如何，屬以保天下；畏天者如何，屬以保其國。蓋樂天者「包含徧覆，無不周徧」，便是保天下之氣象也，故屬以「保天下」也云。且氣象無迹而難量，規模則有限矣，此又朱子用字之意。○以大事小者，無所爲而然，惟知循理之爲樂，不知勢力之有餘在己，不足在人也。若以力言之，以戰可勝而不求勝，以攻可取而不肯取，凡於强弱大小等處，都忘却不計較了，故曰「樂天者也」。以小事大者，不免於有所畏而然，然能如是，則亦可以殄絶人之愠悶，❶而無隙之可乘矣，故曰「畏天者保其國」。蓋孟子但論道理都帶箇後效，與時君言，多有勸有戒，疊疊是此意。曰「保天下」、「保其國」，爲宣王言也，而《語類》又拘拘於氣象、規模者，蓋非有此氣象，有此規模，亦無緣有保天下、保一國之事矣。○「樂天者，保天下」，明説做效。蓋「包含偏覆，無不周偏」，則天下皆翕然歸心矣，天下安得不爲其保。

「《詩》云：『畏天之威，于時保之。』」

只申「畏天者保其國」，若今人立言有此一證，無彼一證，則此一證亦棄了。駢驪之弊甚矣。

「寡人好勇」

勇，即小忿也。宣王言「寡人好勇」，猶言不能忍氣相似，故孟子曰：「王請無好小勇。」

「夫撫劍疾視」

❶「悶」，嘉靖本作「怒」。

撫劍，按劍也。○小勇，血氣所爲。大勇，義理所發。必如此解，方見得義理是正氣，而與小勇異趨也。

○「事大恤小」，改「字小」爲「恤小」，以其理一，取音韻之順耳。

「《詩》云：『王赫斯怒。』」

其上文云「帝謂文王：無然畔援，無然歆羨，誕先登于岸。密人不恭，敢拒大邦，侵阮阻共。❶王赫斯怒」云云。○傳曰：「賦也。『帝謂文王』，設爲天命文王之辭，如下文所言也。無然，猶言不可如此也。畔，離畔也。援，攀援也。言捨此而取彼也。歆，欲之動也。羨，愛慕也。言肆情以狥物也。岸，道之極至處也。密，須氏也，姞姓之國，在今寧府。阮，國名，在今涇縣。共，阮國之地名，今涇縣之共池是也。按，遏也。人心有所畔援，有所歆羨，則溺於人欲之流而不能以自濟。文王無是二者，故獨能先知先覺，以造道之極至。蓋天實命之，而非人力之所及也。是以密人不恭，敢違其命，而擅興師旅以侵阮，而往至于共，則赫怒，整兵而往遏其衆，以厚周家之福，而答天下之心。蓋亦因其可怒而怒之，初未嘗有所畔援、歆羨也。」小注云：「有所畔援、歆羨，不得其欲而怒，則其怒也私而已。」○遏，《詩》作「按」，止也。《詩傳》則曰：「按，遏也。」然則其義一也。○莒，《詩》作「旅」。「徂旅」，謂密人侵阮徂共之衆也。上曰「莒」，《詩》作「旅」，繼之曰「徂旅」，謂密人侵阮徂共之衆。下句不用「莒」字，則此一字，斷當從《詩》作「旅」矣。蓋衆則旅也，「莒」字未詳何義。《通考》趙氏德曰：「莒當讀作旅。」○密人不是來侵周，乃侵阮也。但文王是方伯，而密人乃敢擅

❶「阻」，《詩經》作「徂」。

興師以侵阮，是無文王矣，故曰：「密人不恭，敢距大邦。」○又曰：「以遏徂莒，以篤周祜。」密人不是夷狄。姞姓之國也。○「侵阮徂共」，密來侵阮，已至于共矣。

「《書》曰『天降下民』」

按《書·泰誓》篇述武王之言曰：「天佑下民，作之君，作之師，惟其克輔上帝，寵綏四方。有罪無罪，惟我在，予曷敢有越厥志。」○「惟曰其助上帝」，蓋天能生民，而不能使遂其生；天能賦民以性，而不能使盡其性。今作之君師，正賴其能治民，使遂其生；教民，使復其性，爲有助於上帝。既曰「天」，又曰「上帝」者，帝以主宰言也。○「寵之四方」，因君師有以助乎上帝，故上帝寵異之於四方，使之高位乎九重之上，統有乎萬方之衆，而富莫與敵，貴莫與並矣。○饒氏曰：「《書》言『寵綏四方』，指君言；孟子言『寵之四方』，指天而言。《書》之『有罪無罪』，指紂而言；孟子之『有罪無罪』，指諸侯而言。」此語皆是。但下又云：「《書》之『越厥志』，指君而言；孟子之『越厥志』，指民而言。」此却未安。蓋孟子之「越厥志」，亦不但指民，凡諸侯、卿、大夫亦有稱亂者耳。且《書》言「予曷敢越厥志」，是武王自謂我非敢越厥志，而僥倖非望也，一聽天命以除暴安民耳。○味「有罪無罪，惟我在，天下曷敢有越厥志」之辭，其氣象嚴毅正大，凜凜有不可犯，而天下倚以立命之意，信乎一怒而安天下也。

「一人衡行於天下，武王耻之」

言天下設有一人作亂而暴民者，武王耻之，必除之以安民也。○或曰：一人衡行於天下，謂紂也。如此則《集注》當有明訓，方是。「衡行」，不順道而行也。○「一人衡行於天下，武王耻之」，必是不宜也。既是天下不宜有一人之衡行，則皆是「遵王之路」、「遵王之義」者，而天下安矣，是「武王亦一怒而安天下之民」者也。○文王、武王一怒而安天下之民處，只從上文看出，不須説出外來。○丘先生曰：「漢武帝之出師塞北，隋煬帝之渡海征遼，元世祖之興師日本，斯民生于元狩、太初之間，大業、至元之世，何不幸而遭其君之怒哉！　吁！　文武之怒，上怒而下喜；三君之怒，上怒而下怨，後世人君，尚知所監哉！」

「今王亦一怒而安天下之民」

承上文文王、武王之一怒安天下而云也，故注以王若能如文武之爲什之，是乃設辭也。

「民惟恐王之不好勇也」

言要他如此也。○問：「孟子既教以『一怒而安天下之民』，又安在其能事大恤小而交鄰國乎？」曰：「此又是一意了。此章當作兩截看。蓋自宣王言『寡人好勇』，則是已不能事大恤小矣，故孟子又從他好勇處引將去，不復拘其恤小事大矣。故總注曰『此章言人君能懲小忿』云云。安天下，前段似未有懲小忿意，然小國雖或不恭，而吾所以字之之心，自不能已；大國雖見侵陵，而吾所以事之之禮尤不敢廢，此非忍小忿而何？　亦見得齊王所以不能事大恤小者，正坐此病也，故曰：『寡人有疾，寡人好勇。』」

○問：「既是一怒安天下矣，又安得爲恤小事大以交隣國邪？　彼小國之不恭，大國之見侵陵也，若皆在所誅耳。　或應曰：『小國之不恭，大國之侵陵，尚未至於暴亂也。』」曰：「如此則密人不恭，文王何以必誅？　密人侵阮，文王何以發怒？」「亦非也。大抵只説到大勇處，便不復顧得事大恤小以交隣國矣。蓋恤小事大者，只爲交隣國言也，故總平提曰：『能懲小忿，則能恤小事大以交隣國。』此節到『于時保之』

住，自此以下，則是説能用大勇，則能除暴救民以安天下，又是一截意思了。然亦必能懲小忿，然後能用大勇；能用大勇，則自無小忿矣。如密人不恭，而文王忿之者，亦非爲私也，爲其害民也，既爲其害民而忿便屬大勇矣。故湯雖嘗事葛，而不免爲匹夫匹婦復讎，當時非不忿也，但其名謂之大勇耳。」○恤小事大，而不計小國之不恭、大國之見侵陵者，此意只是要説入那交隣國圈子裏去耳。若説到大勇處，則乾旋坤轉雷厲風飛，不暇顧此細行耳。○血氣之怒不可有，義理之怒不可無，如此則可以見性情之正，❶而識天理人欲之分矣。○同一怒也，生於道心者謂之義理之怒，發於人心者謂之血氣之怒，然理實主乎氣，而人心當聽命於道心也，故曰：可以見性情之正而天理人欲之分於此乎見矣。

「齊宣王見孟子於雪宫」

○雪宫，王之離宫也。時王舘孟子於雪宫而就見之也。若説王在雪宫而見孟子，則當云孟子見齊宣王於雪宫矣。且與大注下文「非但當與賢者共之而已」及小注「所謂賢者亦樂此，其辭遜；賢者亦有此樂，其辭驕」者，不相符合耳。○離宫，輔氏曰：「别在所居宫室之外，故曰離宫，蓋如漢之甘泉，唐之九成之類。」離宫，想今古皆有之。○或曰：「王之離宫，孟子豈當舘於是？」殊不知孟子之滕，亦嘗舘於上宫矣。上宫亦離宫也。況孟子當時，後車數十乘，從者數百人，以傳食於諸侯，此自是常事。且自以爲如其道，舜授堯之天下，不以爲大矣。

❶「如」，《孟子集注》作「知」。

「賢者亦有此樂乎」

以其非賢者之素有也，故曰「其辭驕」。

「孟子對曰：『有。』」

此「有」字正答齊宣王「亦有」之問，是説賢者固有也。賢者亦安得有此？孟子意以爲當得也，如答彭更「不已泰乎」及答公孫丑「不素餐兮」之意。○《集注》言「人君當與民同樂，不可使人有不得者」以下，盡屬「在人不得，則非其上矣」句内，與「有」字無干。輔氏之説不是。○言人君能與民同樂云云。此樂，謂皆有此宫室安居之樂也，非謂以雪宫與民共之，乃爲人皆有此樂也。○輔氏謂：「大注『君能與民同樂，則人皆有此樂』，此釋『有』之一字。」❶非也，不可不辯，最易悮人。下注雲峰胡氏却説得明白。

「賢者亦有此樂乎？」孟子曰：「有。」然不但賢者有此，人皆須有。人有不得則非其上矣，所以人君要當與民同樂，非但當與賢者共之而已。蓋雪宫之樂，在賢者分上，元無許多道理可説。若只管以爲當有，則賢者似不宜以此爲事，故孟子只用一箇「有」字答了便罷，再不復顧此問，只引向與民同樂上説道理爲正當而切要。甚矣！孟子之善於開導人君也。

對曰「有」，然不但當使賢者有此樂耳，凡人皆當使有此樂也。人若不得有此樂者云云。

「不得而非其上者，非也；爲民上而不與民同樂者，亦非也」

---

❶「釋」，原作「什」，今據四庫本改。

用上句以陰助下句，非是平説也。韓子作文嘗得此法，如曰：「以故在下之人負其能，不肯諂其上；上之人負其位，不肯顧其下？故高才多戚戚之窮，盛位無赫赫之光。」又曰：「未嘗干之，不可謂上無其人；未嘗求之，不可謂下無其人。」或用上句陰助下句，或用下句陰助上句，亦言語之法也。

「樂民之樂者，民亦樂其樂」

樂民之樂而民樂其樂，「民之樂」自是民之樂，「其樂」自是君之樂，如宣王之雪宫，景公之遊觀是也，不要曲爲之説，曰：「以民之樂爲樂，此便是君之樂，如此則必民得遂其樂，而後君得遂其樂，民既得遂其樂矣，又代人君之樂也。」忒要牽强樂民之樂，❶總是與民同樂，豈樂民之樂外，人君都不可有臺池鳥獸之樂了？文王又何以有臺池鳥獸之樂？

其曰「樂民之樂，而民樂其樂，則樂以天下」者，蓋「樂民之樂」，固見得是「樂以天下」，至於「民亦樂其樂」，此非其「樂民之樂」不足以致之，愈見得「樂以天下也」。「憂以天下」之義亦然。○「樂以天下，憂以天下」，謂不以己也。○「樂民之樂者」，「所欲與聚」；「憂民之憂者」，「所惡勿施」也。國君樂民之樂，而民樂其樂，如何就是「樂以天下」？此「天下」字，正如「君子不以天下儉其親」之「天下」同，故曰「不以己也」。○蓋得安其居者，民之樂也；推己及民，使民必得安居者，君之樂民之樂也。○不得安居者，民之憂也；惟恐民之不得安居而爲之防制其憂者，憂民之憂也。

❶「忒」，原作「或」，今據嘉靖本、四庫本改。

「吾欲觀於轉附、朝儛」

轉附、朝儛，蓋旁西北，近齊國都，海在其南，故曰「遵海而南」。琅邪，則齊東南境上邑名也。海皆在東南地方。

「吾何脩而可以比於先王觀也」

蓋嘗聞有「省方、觀民」之説矣，不然無此問也。然至於「大戒於國，出舍於郊，興發補不足」，則所謂「欲觀轉附、朝儛，放于琅邪」者，皆不果矣。

「天子適諸侯曰巡狩」云云

「天子適諸侯曰巡狩」，又必解曰：「巡狩者，巡所守也」；「諸侯朝于天子曰述職」，又必解曰「述職者，述所職也」，是何也？正以見其無非事者，言一爲巡諸侯所守而行，一爲述所職於天子而行，是皆非無事者。○曰「巡狩也」，曰「述職也」，便見是無非事者，非訓解之辭。○省耕、省斂，天子諸侯皆然，夏諺獨言王者，蓋畿内之諺也。孟子引以爲證，則不拘於諸侯耳。○夏諺只帶省耕、省斂，不必通管巡狩、述職。○上言巡狩、述職，只説得「非無事而空行」，説「恩惠及民」不得。「恩惠及民」須是補助不足，故夏諺只可帶省耕、省斂説，不可通帶上文。況巡狩者，巡行天下，欲就便省耕、省斂，亦不得只省畿内。○或曰：「省耕、省斂爲民事也，非遊豫也，而乃以爲遊豫，何哉？」曰：「巡狩、述職亦豈遊觀也哉！而孟子乃以答遊觀之問，何與？故省耕、省斂亦説得遊豫，以夏諺屬省耕、省斂，斷無疑。」

○省耕、省斂，天子諸侯都有此法，都是先王之制也。此又在巡狩、述職之外，不是「巡狩述職，就便省民以補不足也」。天子只是省其畿内，於天下，則但巡狩以考其田野之治否，老幼之得養與否，而爲之賞罰耳。○省耕、省斂，每年春秋二行，至於巡狩、述職，三代則王十二年方一巡守，諸侯六年方一朝。見小注。○堯、舜五載一巡狩，群后四朝。○夏諺曰「吾王不遊」云云，蓋王畿之諺也。或謂吾王不遊，則諸侯無所取法，而吾無以休矣。此説未是。只看朱子注可見，「王者一遊一豫，皆有恩惠以及民，而諸侯皆取法焉」。順説下來，不見得是諸侯取法了，方有恩惠及民。○問：「遊與豫如何分？」曰：「無分。」曰：「何以重言之？」曰：「此詩歌體也。且如《詩》云『參差荇菜，左右流之』，又云『參差荇菜，左右采之』；『葛之覃兮，施于中谷，維葉萋萋』，又云『葛之覃兮，施于中谷，維葉莫莫』；『樂只君子，福履綏之』，又云『樂只君子，福履將之』。此類不可勝舉，可以證解矣。然此類詩猶隔章之句也，至如《芣苢》之詩曰『采采芣苢，薄言采之。采采芣苢，薄言有之』之類，則正與此夏諺相符。蓋歌詠故反覆重復其辭而不爲厭也。其實遊便樂也，遊豈有不豫者哉！豫豈出遊之外哉！若説豫是不必出遊而樂，凡在宫室苑囿皆豫，則在宫室苑囿，難於施恩惠及民也。『吾王不豫，吾何以助』，分明是省耕斂而助不足者也。」

○「一遊一豫」，遊者，遊行巡視也；豫蓋如田獵之類。二字須當有分别方是。此與前説異。按此説爲是。

「今也不然，師行而糧食」

言君行則師從，師從且糧食，非惟供億之費，民實出之，而夫征之擾，民實供之，故「飢者弗得食，勞者弗得息」。○按饒氏曰：「君之行也以師，其食以糧。」如此，則只是人君食糧矣。愚嘗笑而駁之曰：「恐糗糒之屬，非當時食前方丈之諸侯所能甘矣。」○左氏曰：「君行師從，卿行旅從。」「師」字當如此認，故大注曰：

「二千五百人爲師。」○「睊睊胥讒」，就是「民乃作慝」也。

「方命虐民」

大注：「方，逆也。」按《書經》：「方命圮族。」傳曰：「方命者，逆命而不行也。王氏曰：『員則行，方則止，方命，猶今言廢閣詔令也。』」❶○糧，謂糗糒之屬。糗，熬米麥也。糒，乾飯也。○胥，相也，共也。胥讒，非交相怨謗也，謂相與謗怨也，與「聿來胥宇」之「胥」字同。「若流，如水之流無窮極也」，此與「從流下而忘反謂之流」者不同。「從流下」，分明是放舟隨水而下以遨遊也，乃實事也。○「若流」之「流」，水流也；「流連」之「流」，舟流也。

「從流下而忘返謂之流」一節

此釋上文之義也，是晏子自釋也，直至「惟君所行也」，皆述晏子之言，至「景公悅」以下，則兼述其事。○「從流下而忘返謂之流」，順水而下固謂之從流，逆水而上如何亦謂從流？蓋「從」不訓「順」，乃訓「逐」也。從流下，自上逐流而下也。從流上，自下逐流而上也。下句「從獸」之「從」亦是逐也。○「言廢時失事」，「廢時」指「荒」，「失事」指「亡」。其上文開兩段解曰：「從獸，田獵也。荒，廢也。樂酒，以飲酒爲樂也。亡，猶失也。」此則總言之曰「廢時失事」也。

「先王無流連之樂」

❶「閣」，原作「格」，今據《書經大全》改。

言先王之遊，非巡狩則省耕、省斂也，是無流連之樂，荒亡之行也，不必拘述職也。○或曰：是爲先王之法如此，則兼得述職意，蓋景公時諸侯猶朝於周天子。

「景公悦，大戒於國」

「大戒於國」，謂布告境内，以圖回治政也。如今政令，凡一切勞民傷財之事，悉皆停免；凡一切奸宄情弊之事，盡行禁革；凡諸利於國、利於民之事，盡許陳納無隱之類。蓋人君但有志於圖回政治，便須有一番告命，以彰境内之耳目也。○「出舍於郊」，自責以省民也。蓋以示不敢安居深宫之意，且於省民之不給爲便也。省民者，省民之耕斂也，故出郊，但不知其出舍之時爲春爲秋耳，此則不必求者也。○興發，舉發也。

「爲我作君臣相悦之樂」

以上文觀之，君臣相悦之情爲何如哉！蓋全在「景公悦」以下，「相」字不必交互説。一説景公欲比先王之遊觀，而晏子善之，歷歷告以先王之法及今時之弊，而請使自擇，此臣悦其君也。景公聞晏子之言，遂「大戒於國，出舍於郊而興發補不足」，此君悦其臣也。此説亦無妨，但恐晏子對景公時，尚未必其果能行與否，未敢便悦，若悦，亦須是「大戒」、「出舍」之後，方見相得之情耳。且其「召大師」云云者，乃發自景公意也，更詳之。作樂實在「大戒於國」之後，晏子之悦，亦可想見。

○君之悦臣，只用上文「景公悦」「悦」字是了。然景公之悦晏子，而悉以其言見之行事，如此則晏子之悦景公，又當何如邪！此可以想見矣。是晏子之悦其君，當在「大戒」、「出舍」之後，不必就以上文「善哉問也」以下爲臣悦其君也。況使非「景公悦，大戒於國」云云，則臣之悦其君者，亦不成矣。

「蓋《徵韶》、《角韶》是也」

言今所傳之。《徵韶》、《角韶》是其樂也。○樂有五聲，獨舉《徵招》、《角韶》二者，以《角》爲民，《徵》爲事，取其切者也。景公一場作樂，必不止作二音之樂而已。或者當孟子時，只有此二音之樂在，其他亡失不可知，故特舉其見存者耶？○每一音之樂，皆須具宫、商、角、徵、羽，如《徵招》之内，固有宫、商、角、徵、羽，《角招》之内，亦須有宫、商、角、徵、羽也。此之《徵招》、《角招》者，又是箇大角、徵也。蓋五音旋相爲宫。○「蓋《徵招》、《角招》是也」，此一句是孟子述事之言。當孟子時，此樂蓋猶在也，故孟子舉以實之。○其曰：「《招》者，舜樂也。」當時《韶》在齊，齊景公蓋用之而被以新詩，故其樂亦謂之《韶》也。若説盡是舜樂，則「畜君者何尤」之詩又説不來。分明是言晏子能畜止其君之欲。或曰：「虞廷君臣相戒飭亦甚至，元有是詩，亦不可知。」

「畜君者，好君也」

又是孟子解此詩，此解極有意。○當朱子時，無可據了，故兼言《徵招》、《角招》之詩，或只是《角招》之詩，或只是《徵招》之詩耳。

○「畜君者，好君也」。既出於好君，夫何尤哉！如此説方見是釋詩意。○或曰：「《徵招》、《角招》固爲取其切者矣，然君臣相悦，宫爲君，商爲臣，獨不切乎？」曰：「其君臣之所以相悦者，以民及事也。孟子當時觀告齊王之意，則止重在民與事耳。」

「齊宣王問曰『人皆謂我毁明堂』」章

趙氏曰：「明堂，泰山明堂。」「按天子巡狩，隨方之鎮山，各設明堂，此之明堂，趙氏何以知其爲泰山明堂也？」曰：「以其在齊境内也。巡狩至泰山明堂，所謂『歲二月，東巡狩，至于岱宗，望秩于山川』者也。五月至南岳，八月至西岳，十一月至北岳，一如岱宗之禮。」○「漢時遺址尚在」。輔氏曰：「出《漢書・郊社志》：武帝元封元年，封泰山。泰山東北址，古有明堂處。」愚謂《集注》此句，亦足以證齊王因孟子之言而不果毁也。○趙氏曰：「明堂，泰山明堂，周天子東巡狩朝諸侯之處。」只此二句是趙氏之言，下云「漢時遺址尚在」，即不是趙氏説了。蓋趙氏漢人也，不應自説漢時遺址尚在。

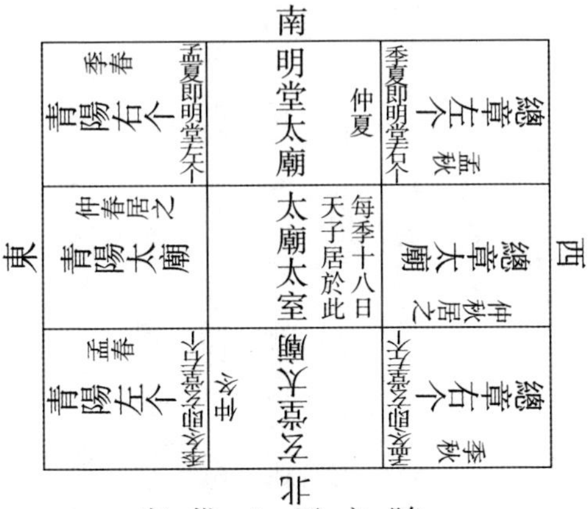

隨其時之方位開門，須是四窗八闥，方是俗謂玲瓏窗也。

明堂。

《文獻通考》曰：「孟春之月，天子居青陽左个；仲春之月，天子居青陽太廟；季春之月，天子居青陽右个；孟夏之月，天子居明堂左个；仲夏之月，天子居明堂太廟；季夏之月，天子居明堂右个；中央土，天子居太廟太室；孟秋之月，天子居總章左个；仲秋之月，天子居總章太廟；季秋之月，天子居總章右个；孟冬之月，天子居玄堂左个；仲冬之月，天子居玄堂太廟；季冬之月，天子居玄堂右个。」○愚按：以玄堂對明堂觀之，則知明堂者，向明之義，不如先儒所謂彼此通明之説也。○又曰：「上員下方，八窗四闥，布政之宫，故稱明堂。周公祀文王於明堂，夏后曰世室，殷人曰重屋。東西九筵，南北七筵，堂崇一筵。五室，凡室二筵，蓋之以茅。」○又曰：「《晏子春秋》曰：『明堂之制，下之潤濕不及也，上之寒暑不入也。』」○又曰：「明堂者，通明之堂也，所以朝諸侯、行王政者，在是；所以享上帝、配祖考者，在是。非七筵、九筵之脩、廣不能行也。五方四隅，亦惟辨其方，正其位，隨行者所居之月，掌次以帷幕幄帟爲之，以詔王居，以順《月令》，以奉《月令》之五人帝、五人神，所以配食四郊也。」○《通鑑綱目》「漢武帝建元元年，迎申公爲太中大夫」條。《集覽》曰：「《孝經援神契》云：❶『布政之宫，在國之陽，上員下方，八窗法八風，四闥法四時，九室法九州，十二重法十二月，三十六户法三十六旬，❷七十二牖法七十二候。』」

❶ 「孝」，原作「季」，今據四庫本改。

❷ 上「三」，原作「二」，今據嘉靖本、四庫本改。

宗祀文王於明堂，以配上帝。○《通考》曰：「宗祀文王則成王矣，成王不祀武王而祀文王者，蓋於是時，成王未畢喪，武王未立廟，故宗祀文王而已，此所以言『周公其人』也。」○朱子曰：「古者祭天地於圜丘，掃地而行事，器用陶匏，牲用犢，其禮極簡。聖人之意，以爲未足以盡其意之委曲，故於季秋之月，有大享之禮焉。天即帝也，郊而曰天，所以尊之也，故以后稷配。后稷遠矣，配稷於郊，亦所以尊稷也。明堂而曰帝，所以親之也。以文王配焉，文王親也。祀文王於明堂，亦以親文王也。尊尊而親親，周道備矣。然則郊者古禮，而明堂者周制也，周公以義起之也。」

○議者但以爲非一統之王者，不宜居此，故欲毀之。以臣論之，王如欲行王政，則亦可以王，而明堂即王之所居矣，何必毀哉！

「王曰：『王政可得聞與？』」

蓋王雖未能必行王政，而實不能無羨慕於王天下也，故曰：「王政可得聞與？」

「昔者文王之治岐也」

八家各受私田百畝，而同養公田。養，去聲，事也。○潛室曰：「文王『關市譏而不征，澤梁無禁』者，因民所利而利之，乃王道之始。成周門、關、市、廛皆有限守，山、林、川、澤悉有厲禁者，經制大備，乃王道之成。」此說不如前篇雲峰所謂「『澤梁無禁』者，不禁民之取，而有『厲禁』者，禁民之不以時取也」。蓋「關市不征」、「澤梁無禁」與「門、關、市、廛皆有限守，山、林、川、澤悉有厲禁」者，自不相妨也。潛室工於立說，而踈於明理矣。雲峰之說最痛快明徹。況所謂「限守」、「厲禁」者，正合前篇「王道之始」事。○「澤，謂瀦水。梁，謂魚梁」。饒氏曰：「澤是水所都處，梁是水所通處。水所通處，正可絶流而漁，故以爲魚梁也。」《正韻》曰：「注石絶水爲梁，梁所以節水。」杜詩曰：「曬翅滿魚梁。」○士、農、工、商皆有所養，鰥、寡、孤、獨尤在所先，文王之治岐然也。○趙氏悳所論鰥、寡、孤、獨之序及「其」字義，不必盡從，惟「鰥」字爲有義，以孤爲顧，以獨爲鹿，皆所不可知。

「文王發政施仁，必先斯四者」

或謂「發政施仁」指上文「耕者九一」至「罪人不孥」，非也。「發政施仁」是虚字。「先」者，重之也。亦非先恤窮民，而後行九一世禄之法也。人君不發政施仁則已，一行仁政，便是此數者一時出令，但此數窮民，尤在所宜留意耳，故曰：「尤宜憐恤，必以爲先也。」此「先」字亦如「後義先利」之「先」字，不可拘以時之先後爲言也。

鰥、寡、孤、獨。○凡民之老幼，文王則導其妻子，使養其老而恤其幼。鰥、寡、孤、獨之人，則無父母妻子之養，而官養之者也。○想當時諸侯興兵搆怨，❶無時或已，兼凶荒頻仍，天下鰥、寡、孤、獨之民多，故孟子之言如此。

「《詩》云：『哿矣富人，哀此煢獨。』」

煢，《詩》作「惸」，音相同。大夫憂亂而作，首章「正月繁霜」。正月，正陽之月，四月也。言霜降失節，不以

❶ 「搆」，嘉靖本作「結」。

其時。此第十三章曰：「佌佌彼有屋，蔌蔌方有穀。民今之無禄，天夭是椓。哿矣富人，哀此惸獨。」○只此數句，見得文王當時治岐，舉許多等人，都區處得當了。《大學》曰：「君子賢其賢而親其親，小人樂其樂而利其利，此以没世不忘也。」此之謂也。

「乃積乃倉，乃裹餱糧，于槖于囊」

此言公劉之民富足如此也。以此推之，非公劉好貨，而能推己之心以及民不能，其實不見得公劉好貨處。○積，無屋而露積也。倉，屋以貯之者也。○「餱，乾糧也」。《詩傳》與此不同，曰：「餱，食；糧，糗也。」又分作二字看。大抵或合看，或分看，總是乾糧也。○槖、囊，皆袋也。不用竹木器，出行輕便也。或曰：「囊」字從衣，「槖」字從木，惟囊爲袋也。○「『無底曰槖』，既無底，何以裹糧？」曰：「蓋如今布袋是也。《正韻》曰：『槖，無底囊是也。』又曰：『囊，袋也。』」愚按：囊爲袋，則槖合是兩頭皆可入穀，乃並束結而載之背者也，今北方常用之。○公劉遷豳，逼於西戎故也。○《詩》上文言：「篤公劉，匪居匪康。」言公劉逼於戎狄，而不遑安居也。繼曰「乃埸乃疆」，言帥民以勤事農畝也。繼曰「乃積乃倉」，言田畝有秋，或露而積之，或倉而貯之也。于焉遂裹餱糧于囊槖之中，言有行齎之具矣。於是思安集其人民，以光大其國家，而有弓、矢、干、戈、戚、揚之悉備，于以往遷于邠焉。蓋公劉之居邠，被西戎之侵擾，民不得安堵，而國亦以弗振，故曰思安集其人民以光大其國家也。○咏《詩傳》「厚哉公劉之於民」一句，則知所謂「治其田疇，實其倉廩」兩「其」字，是指民言。然於此亦可以見君民一體之實。

干

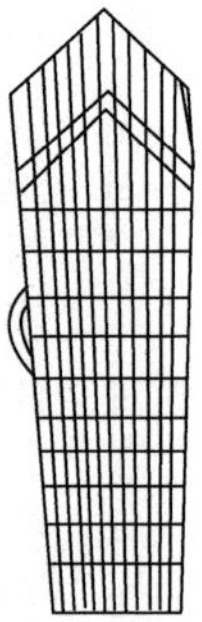

干，楯也。自關而東，或謂之干，或謂之楯。關西謂之楯。

戈

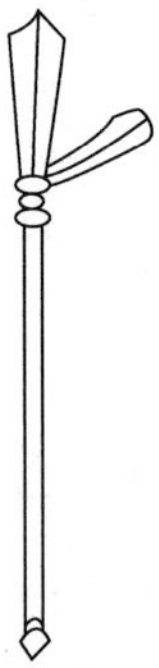

戈，柲長六尺。有六寸戈，主於刺。

戚

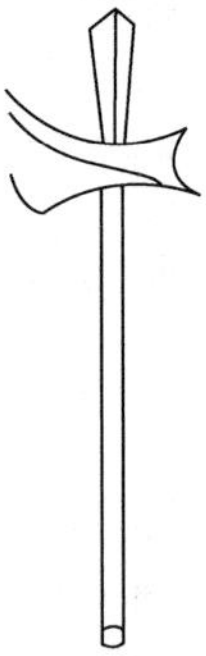

戚、揚，二者斧鉞之别名。

揚

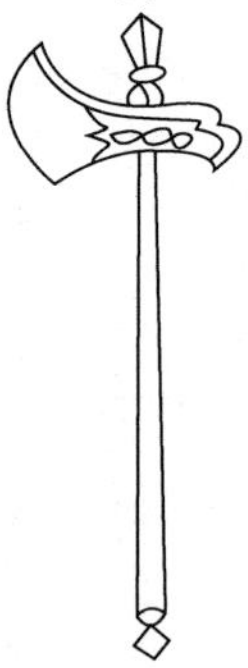

戚爲斧，揚爲鉞。鉞大斧小。

「來朝走馬」

○奔狄人之難，而來急也。

「爰及姜女，聿來胥宇」

蓋同時「率西水滸」而至于岐下也。蓋太王是避狄人之難而去，不忍委其民而與之偕，豈使其妃獨後乎？不可因上句「古公亶父，來朝走馬」爲初只太王獨來，而不察「爰及姜女」之一句爲並至而共居也。○注：

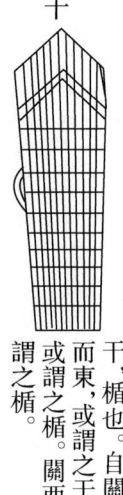

「胥，相也。宇，居也。」謂來相共居也。

「當是時也，內無怨女，外無曠夫」

亦無事實據證，然以太王之德，必能如此無疑也。○蠱惑，蠱壞而蔽惑。奢侈，開奢而侈靡也。

○吾於此章，見孟子之不得久於齊者矣。蓋宣王聞孟子王政之言而善，及激之使行，則曰「寡人有疾」、「寡人好貨」。孟子告之以「王如好貨，與百姓同之，於王何有」，在王亦可以自厲矣，乃曰「寡人有疾」、「寡人好色」。俟孟子又告之「王如好色，與百姓同之，於王何有」，乃竟不聞其見之行事焉，何哉？此所謂「王之不王，不爲也」，「悅而不繹，從而不改」，孟子且奈何哉！○「王如好貨，與百姓同之」，「與百姓同之」者，好貨而推己之心以及民也。推己之心以及民便是「耕者九一，仕者世祿」云云矣。好色與民同亦然。

○究公劉之好貨，止於「乃積乃倉，乃裹餱糧」而已，他無所謂好貨也；究太王之好色，亦止於「爰及姜女，聿來胥宇」而已，他無所謂好色也，然則亦所謂「其爭也君子」。雖然「乃積乃倉」，乃民之貨，非公劉之貨也；「爰及姜女」，乃天理人情之當然，太王豈可委其妃而獨行哉！然則亦何好色之有？孟子之權辭耳。○使齊王好貨好色而止如此，庸何害乎？而况於與百姓同之。不只就事論事，謂每因事而格其心也。○就事論事，則其理只在於其事之內；每因事而及君身，則其意常溢於其事之外。無他，人情物理爛熟於胸中，惟其所舉而無不通，無不合者也。○「皆天理之所有，而人情之所不能無者也」。七情亦皆天之所賦也，故曰「皆天理之所有」云云。○人皆知鍾鼓苑囿、遊觀之樂云云之爲人情，而不知其亦天理也，故朱子兼之曰云云。

○「天理人欲，同行異情」。愚以爲只係能推與不能推之間耳，推之功用亦大矣哉！若論好處，大概亦同也，但公劉、太王好之而能推，齊王則但好之而已，故曰：「古之人所以大過人者，無他焉，善推其所爲而已。」○「循理而公於天下者，聖賢之所以盡其性也；縱欲而私於一已者，衆人之所以滅其天也。」循理謂之「盡其性」，明其非有所加也。縱欲謂之「滅其天」，甚其縱欲之罪也。天即理之所從出也，此所謂「違曰悖德，害仁曰賊，濟惡者不才也」。○是非得失之歸。○「歸」字重看，是而得者歸於王，非而失者歸於亡，差毫釐而謬千里也。○一説：「是非以理言，得失以效言。是者歸於天理，而爲有道之主；非者歸於人欲，而爲無道之君。得者歸於王，而可以保四海；失者歸於亡，而不足以保妻子。」○「其法似踈而實密，其事似易而實難」。輔氏曰：「法，指孟子之説。事，指公劉太王之事。」

則有以識其非曲學阿世之言。○蓋以好貨好色之類，皆不之禁，而反導之以與民同，古聖賢俱未有此説，似若近於阿世者矣。然其意則欲時君就人欲上行天理也，故又曰「知所以克己復禮之端」云。端者，言下「克己復禮」之工夫自此始也。蓋己之與禮，所謂同行異情，幾微之際者也。○好勇、好貨、好色之類，但能推之以與民同，則己之好亦自然有節。此理甚巧。噫！此孟子之所以不禁時君之好，而惟導之以與民同與？蓋心存故也。夫心存，則所好有節而能推；不存，則縱欲忘返而何暇及於推哉？○「克己復禮」之端，只是「强恕而行」，所謂推己及民也。○楊氏曰：「孟子與人君言，皆所以擴充其善心。」此「擴充」二字，與孟子所謂「擴充」正意不同，然亦是自其善端而導之也。

「王之臣，有託其妻子於其友而之楚遊者」章

「比其反也，則凍餒其妻子」。非是自楚反，彼乃凍餒其妻子，蓋反之日，乃知彼之凍餒其妻子也。○「凍餒其妻子，則如之何」？托以妻子者，當何如處也。「棄之」，絕交也。

「士師不能治士，則如之何」

言當何以處之也。「已之」，廢之也。

「四境之内不治，則如之何」

○直說在王身上。

○「王之臣，有托其妻子於其友而之楚遊者」，受人之托妻子而不免凍餒之者，固不得辭其責矣。爲官長而不能治其屬者，亦不得辭其責矣。「四境之内不治」，人君獨得以辭其責乎？一則曰「棄之」，一則曰「已之」固矣，「四境不治」，已獨且奈何哉？此孟子諷切齊王之意也，亦可謂直而且近於戇矣。所謂「良藥苦口而利於病，忠言逆耳而利於行」，愛之也深，則其告之也切。古之人有面對其君，不如桀、紂，不如桓、靈者。又高允每直言於魏王，屏人切諫，至有魏王所不忍聞者矣，他只是愛君而已。此亦可以想見古人正直之遺風。若在今日，則所謂君日驕而臣日諂者，雖科場文字，亦動輒云「今幸有聖人在上」，或云「何幸躬逢其盛」。甚者輒以超三皇邁五帝爲説，此是何等意趣。○茅蕉對秦始皇謂「桀紂之暴不至是也」，晉劉毅謂「武帝不如桓、靈」。○此章與「齊宣王問卿」章所謂「君有大過則諫，反覆之而不聽則易位」，同一切直。○凡天地間，人各有其職，自天子至於庶人，或爲子、爲弟、爲長、爲幼、爲貴、爲賤，無不

各有所當盡之職。雖爲父、爲君，亦有爲父、爲君之職。但在下之失職者，人得而罪之，在上之失職者，人不得而罪也。人雖不得而罪之，而其可罪之理，則固無所逃也。其甚者，得罪於群臣、百姓而不知省，亦鮮不及於禍，桀、紂、幽、厲是也。○「四境之内不治」，或治道乖方而邑里之蕭條，或教化陵夷而風俗之薄惡。

「王顧左右而言他」

○使不「憚於自責」，則必曰：「此則寡人之罪也。」使不「耻於下問」，則必曰：「如之何而四境可治？寡人願安承教也。」而惟顧左右而言他，其不治之責，固無得而諉也。秪以見其甘於不君而不辭耳。此孔子所謂「吾末如之何也已矣」。○趙氏曰：「言君臣上下，各勤其任，無墮其職，乃安其身。」「君臣上下」注謂并王與士師言。愚謂須兼友之受托者言。蓋受人之托，便亦有一職在身。職者，分内事者也。必無隳其職，然後不爲友人所棄而身安矣。蓋上二事皆是設言以發之，不是只重在士師一節也。○各勤其職，乃爲不墮其職也。不墮其職，然後友不爲友所棄，士不爲君所黜，人君亦得安於民上而保其社稷矣。○趙氏總注頗失輕重。

「所謂故國者，非謂有喬木之謂也」章

喬木、世臣，皆故國所宜有。蓋古人立國，凡廟、朝、壇、壝、宫、府及臺、榭之所，皆必植之名木，如三槐、九棘之類。歲數既久，則成喬木。或千尋之高，或百圍之大，是亦故國之一證也。若新造之邦，亦安得有此。○《正韻》：「九棘，孤卿位焉。」出《周禮・秋官》。○植棘者，取其赤心而外刺。「三槐，朝士面三槐，三公位焉」。所出同上。○夫國有故國，亦有新造之國，今人概指喬木之類，以爲故國立證，殊不知故國所重，在人不在物也。○「王無親臣」，責其輕視臣下也。○大凡有爲之君，必有親信之臣，若無親信之臣，概是庸常之君。夫其所以無親臣，正坐於不知人也，而知人有道，孟子此章概盡之矣。○大凡有爲之君，必有親信之臣，堯、舜之於禹，臯輩，君臣日相都俞吁咈於一堂之上而無間然。湯之於伊尹，高宗之於傅說，武王之於周、召，無不皆然。下至霸者，如桓公之於管仲，景公之於晏子，其君臣相得之情，亦可考矣。後世如漢高之於蕭何，一不在左右，則如失左右手。於韓信，初間解衣衣之，推食食之。光武之於鄧禹，嘗與同卧起。太宗之推心房、杜，或剪鬚和藥賜功臣。太祖雪夜幸趙普第。我太祖之作《大誥》三編，亦托始於君臣同遊，蓋皆有見乎此。此理斷不可誣也。○昔者，昨日也。「凡語及千百年之遠，概謂之昔者，而此乃釋爲昨日，何與？」曰：「此對下文『今日』言也。孟仲子曰『昔者有王命』，對『明日出弔於東郭氏』，則『昔者』之爲昨日，其來尚矣。」「他日孟子謂樂正子曰：『子來幾日矣？』曰：『昔者。』」注曰：「昔者，前日也。」則又隨文而訓義。○此「進」字不是泛泛進用，蓋是其所親幸，而將倚以爲腹心者，故以「不知其亡」爲無親臣也。若是百僚庶官之中，有今日進而明日亡去，亦何怪得王之不及知。

「王無親臣矣，况世臣乎」

然則安在其爲故國。○「世臣，累世勳舊之臣」。蓋自其先世，有大勳伐於國家，而又代有聞人，世其禄位，與國同休戚者也。在商則有伊陟象賢，在周則有召穆公虎，爲康公奭之十六世孫也。故《詩》曰：「文武受命，召公維翰。無曰予小子，召公是似。」故國之爲故國，有在於世臣者如此，有國者其可弗知所重耶？

「國君進賢，如不得已」

國君進賢，致謹之意，審而又審，若有不能得已焉者如何？　以下文觀之：左右皆曰賢，若可矣，猶未也。諸大夫皆曰賢，可矣，又未也。　至於國人皆曰賢，可矣，又必自察之，然後進而用之。　其審之又審，畧不少苟如此，真若意不欲進，而不得不進者。　○不進則是退矣，故以不可者與之平衡論，而皆歸於進賢也。　不可謂退是退在位者，如此則又有退人如不得已一脚了，故注云：「如是，則於賢者知之深任之重，而不才者不得以倖進矣。」所謂進賢「如不得已」者，如此只説就一邊。　○所謂「如不得已」，非真有不得已者，以其審了又審，三番五覆審之，而後始從而取之，有似乎不得已而進之者。　「如不得已」，最形容得真切。　若輕信而遽用之，有如不得已意乎？　○「不得已」，如今人言無奈何相似。　○「如不得已」，言其審之又審，謹之又謹，似有靳吝顧惜之意然者。　○蓋尊尊、親親，禮之常也。　小注以爲用世臣是尊尊親親者，非也。○「將使卑踰尊，疏踰戚」，其可苟哉！　是恐今日所進者不賢，後來又著更賢，而親疏尊卑有易位者耳。此是懲前而戒後也，故曰「將使」，又注曰「故不可不慎也」。　○於此不謹而誤用之，則既在尊親之列矣，他日未免使卑踰尊、疏踰戚而越常理矣。

「左右皆曰賢」

「進賢如不得已」，如此有不識其不才而誤用之者乎？　「進賢如不得已」者，如不得已於未用之先也。　不然，則將實有不得已於既用之後者矣，故曰：「將使卑踰尊，疏踰戚。」○「見賢焉，然後用之」，則後日自不至於卑踰尊、疏踰戚矣。見不賢焉，然後去之，則今日既無倖進之失，後日亦無踰等之患矣。○《尚書三解》云：「聖人序《書》，於《堯典》既言『將遜位』，於《舜典》後言『將使嗣位』，二《典》之序，各提起一『將』字，於此見爲天下得人難意。」蓋「將」之爲言，持重諄複，不苟之意也。堯舜不輕授人以天下，必持重諄複，再三詳審，釋然知舜之德與堯合，然後可以當堯之天下，不然，聖人不苟授也。故嘗謂堯未知舜之前，堯不敢有一毫輕天下之心；堯既知舜之後，堯不敢有一毫繫天下之心。○「左右皆曰不可」者，亦是今日所欲進用之人，不可謂是已在位，而尊親之不賢者也。不但進賢如不得已，退人亦如不得已，方爲退得當。下文殺人亦如不得已，也總是好惡與民同也。

○「左右皆曰不可，勿聽」云云者，誠恐其失賢也。恐其失賢者，正欲其得真賢也，故二條總歸於「進賢如不得已」。蓋不果進，則在退列矣。進退相形，非固增一箇退人說也。○《書·君陳》曰：「有廢有興，出入自爾師虞，庶言同則繹。」此成王之告君陳爲政之法也。孟子之言，正與此意同。○要說退人如不得已亦可，但不可謂進其疏遠者，而退其尊親者，以下文注「非獨以此進退人才」句看，則以此退人才者，非以如不得已之道退之而何？但前面主在進賢說，退者特與之相形論之。○「大注：『天命』指進退人才言，『天討』指刑殺言。如何以退人才亦爲天命有德邪」？曰：「有進便有退，以此相形言耳。意重進賢，退只是不用，不可謂之天討。」○若下文「民之所惡惡之」，則兼「去之」、「殺之」。上文因説進賢，却形出一箇退的來說。此條只說可殺者，亦就藏得一箇不可殺的在裏許。蓋國人曰「不可殺」，或察之，見不可殺，則不殺矣。「左右皆曰可殺」，此條「不可」，依南軒、新安，帶連上文進退人才，言不可而甚者，則殺之，如舜之於四凶。非也。蓋不可而去之者，正是所進之人才，詢察其不可進而退之者，亦何至有可殺之罪邪？若四凶自是積惡犯罪，非是因人薦進之際，知其不可而殺之也。《集注》明曰：「此言非獨以此進退人才，至於用刑，亦以此道。」分明界斷了。

「齊宣王問曰『湯放桀，武王伐紂，有諸』」章

「湯放桀，武王伐紂」，此一問，亦可以窺見齊王之志矣。蓋齊宣王素以「辟土地，朝秦楚，莅中國，撫四夷」爲心，實有滅東周而自帝之意，故發此問耶？孟子之言，其所以警齊王自省君德之意，又有出於其意外者。

「賊仁者謂之賊」

賊仁者，其心忍，故注曰：「凶暴淫虐，滅絶天理。」賊義者，其事乖，故注曰：「顛倒錯亂，傷敗彝倫。」○「滅絶天理」，言其心已死也。凡大倫大節皆敗了。○「傷敗彝倫」，言事不循理，則於彝倫有虧。○朱子曰「傷敗彝倫」，只是小小傷敗常理，如不以禮食，不親迎之類。如紾兄臂，踰東家牆，便是「滅絶天理」。蓋「傷敗彝倫」，只是事錯而致敗倫耳，天理之在心者，猶未至盡滅也。○朱子曰：「仁是天理根本處，賊仁則大根大本虧滅了，便是殺人底人一般。」故謂之賊，賊者害人之名。○殘，破也，故曰「傷敗」。賊，害人之名，不仁也。天之所以立君，民之所以戴君，爲能爲天下守此箇仁義也。今也仁義乃自彼而壞，則是喪其所以爲君者矣，不爲獨夫而何？

「聞誅一夫紂矣」

孟子此言，儘可以警戒人君矣，但恐未可以語人臣，似欠一段攔截意思，故須補以「惟在下者有湯武之仁，在上者有桀紂之暴則可」之注。○孟子是以「誅」字換了「弑」字，「一夫」字換了「君」字。○大抵天生斯民而立之君者，欲其主張此綱常，所謂皇極主也。今既賊仁、賊義，則人道絶，而自失其所以爲君者耳，故湯武之兵，謂之爲天下除殘賊，不謂之弑君也。

「爲巨室，則必使工師求大木」

前段是譏其不任賢，下段是言愛國者必任賢。王不任賢，則其視國家爲何如？是愛國不如愛王矣。兩段意自相叫應。

「則王喜以爲能勝其任也」

謂大木勝巨室之任也，不謂工師勝任。○先儒謂任賢不如任匠，非是不如任匠，乃是不如任木也。○一說工師比賢者，大木以比賢人所學之大，還是任賢不如任匠也。

「夫人幼而學之，壯而欲行之」

幼而學者，仁義也，故壯則欲行夫仁義。今王曰「姑舍女所學而從我」，是欲令舍其所學之仁義，而狥吾所欲之功利也。○賢者所學者，大道之大者，不外於仁義也。○「夫人幼而學之」，此孟子之所謂學也，故曰「所學者大也」，亦緣上文「求大木」字照出。

「今有璞玉於此，雖萬鎰，必使玉人雕琢之」

萬鎰，言其價值之小也。問：「萬鎰，子猶以爲小乎？」曰：「自我輩言，則何翅云多也。自齊王有國家者言，則萬鎰所值才幾何？　孟子此語，爲齊王言也，方起得下句『至於治國家』字，而合『愛國不如愛玉』意。」○以萬乘之國而視萬鎰之玉，其輕重較然矣，萬鎰不爲少而何？

「則何以異於教玉人雕琢玉哉」

舊説玉人自有治玉之法，不待人教之，猶賢人自有治國家之法，不用人君教之，故曰云云，則何以異於教玉人雕琢玉哉！　此説雖得「教」字穩，然於「愛國不如愛玉」意，將晦了。　蓋此「教」字是命字之義，如云「謹如教」之類。　言玉則教玉人琢之，而國家則不使賢者得伸其志以治之，豈非「愛國不如愛玉」哉？　○堯以不得舜爲己憂，舜以不得禹、皐陶爲己憂，正以天下爲重故也。　○「教」字誠不必重，觀大注只云「是愛國家不如愛玉也」，此句正是大文「則何以異於教玉人雕琢玉哉」一句。　若「教」字有許重，大注亦不應如此畧過了他。　○此語與「人少則慕父母」下注所載《戰國策》魏牟諷趙孝成王之語極相類，豈其祖此意而爲説歟？　○《戰國策》「趙孝成王」篇：「公子魏牟過趙，趙王迎之。　反至坐前，有尺帛且令工人以爲冠，工見客來也，因避。　趙王曰：『願聞所以爲天下。』魏牟曰：『王能重王之國，若此尺帛，則國大治矣。』趙王不悦，曰：『寡人豈敢輕國若此？』魏牟曰：『請爲王説之：王有尺帛，何不令前郎中爲冠？』王曰：『郎中不以爲冠。』牟曰：『爲冠而敗之，奚虧於王之國，而王必待工而後乃使之。　今爲天下之工或非也，社稷爲虚器，先王不血食，而王不以予工，乃與幼艾。』」此所謂「令」，即孟子所謂「教」也。　○饒氏曰：「兩箇譬喻是兩意，前是譬任賢不如任匠，後是譬愛國不如愛玉。」此説雖未得孟子兩喻相貫之意，然猶未甚失。　至新安陳氏以爲「前譬王欲小用賢者，後譬王不專用賢者」，則全不識孟子意矣，新安陳氏最少失，不知此處如何看得恁淺。○兩段都是「姑舍女所學而從我」，不知新安何以説「上是小用賢者，下是不專用賢者」，果何所憑？

「齊人伐燕，勝之」章

按《史記》「燕王噲讓國於其相子之」云云，《史記》是作湣王，入於此不識其異者，識在下條也。

「宣王問曰：『或謂寡人勿取。』」

「大注曰：『以伐燕爲宣王事，與《史記》諸書不同，已見《序説》。』此注宜於上條就入，乃留置於此者何？」

曰：「以『宣王』字於此可見也，故於此識之。」

「孟子對曰『取之而燕民悦，則取之』」云云

齊王意欲取之而托天以爲辭，孟子之意則曰：觀天命者，當於民心，今民心皆未肯歸齊，未見得是天以燕與齊也。故曰「取之而燕民悦，則取之」云云。若欲民心之歸，則須是以仁易暴。蓋以齊萬乘之國，而伐燕萬乘之國，彼燕之民簞食壺漿以迎齊之王師，豈有他哉！爲燕所虐而望救於齊耳。王於此時，正宜發政施仁，以大慰燕民之心可也。若更爲暴虐，如水益深，如火益熱，則民將轉而望救於他人矣，齊焉得而强取之哉！

「取之而燕民不悦，則勿取。古之人有行之者，文王是也」

畢竟文王三分天下有其二，還是天命未絶商，而夫子以爲至德者，蓋在他人則必舉大事矣。不然，亦以有二者自有矣。而文王乃復以之而事商焉，是亦可取不取，可爲不爲，而爲至德也。若使諸侯不期而會者

八百，雖文王亦安得而止之哉！故曰：「堯、舜、湯、武，其揆一也。」○商一代人心最堅，武王既克商，商之餘民猶有不悦者，然則文王之不取，獨不觀之天命人心乎？○不可謂文王欲取商，以商人不悦而止，文王初何心哉？時可未取，文王自然不取也，初無非覬之心也。蓋三分有二，商民猶有未歸心者。此後一條，見得是當施仁政以慰燕民之心，民心悦則天意得，而燕庶其可取矣。○按：此一條分明是説齊未能得燕民之悦，而未便有可取之理。其曰「如水益深，如火益熱」，蓋已窺見其將有「殺其父兄，係累其子弟，毁其宗廟，遷其重器」之意矣。然當時猶未有其事，方是始勝之日也。○「如水益深，如火益熱」，此「如」字是「假如」之「如」也，非「如似」之「如」也，即《集注》「若更爲暴虐」之「若」字。若作「如似」之「如」，則上文當有話。況上文「避水火也」，皆未有「如」字，而必於此方用「如」字，何也？故斷是作「若」字。

○蓋以上條觀之，固未見得民悦齊，亦未見得民不悦齊，故此條勸以行仁政，猶或可取也。及齊不行仁政，而更爲暴虐，致煩諸侯之兵，孟子乃轉教以置君而去。蓋是時已失燕人之心矣，無復可爲者矣。二章之旨所以爲不相悖。○或曰：「然則孟子是教齊王行仁政以收燕之人心，然後從而取之與？」曰：「何傷！上文分明謂『取之而燕民悦，則取之』，使齊王能得燕民之悦，則孟子亦主張他取燕矣。況孟子常常教時君行仁政而王，亦何但燕哉！」❶○或問：「此處是教齊王如何樣行仁政以慰其壺漿相迎之意邪？

❶ 「但燕」，嘉靖本作「傷」。

或説是要著他反旄倪、止重器而别立君？」非也，此時未擬到此節。蓋虜掠其父兄，係累其子弟，毀其宗廟，遷其重器，是取之以後事，此則方是圖謀要取之耳，尚未曾俘畧其父兄，係累其子弟云云也。○蓋此處只是教他反燕政以慰民望，即如沛公入關，與秦民約法三章，餘悉除去秦苛法則善矣。

「齊人伐燕，取之」

不用孟子上章之言也。○「何以待之」，謂何以備之也。

「東面而征西夷怨，南面而征北狄怨」

只曰東征西怨，南征北怨可也，必曰西夷、北狄，何與？舉其遠者言，則近者可知也。此孟子之善用字眼處。

「若大旱之望雲霓也」

大注：「雲合則雨，虹見則止。」若望雲者，仰其來也；若望霓者，又疑其不來也。望霓處不好説，不要説是見霓而知其不雨也，須要説是望看是霓與不是霓，猶未實，只是願其雨，而又恐其不雨，故只管望看是雲是霓耳。差之毫釐，便失其旨，而與大旱之望雲雨者異意矣。宜細酌之。○霓，虹也。單言則同，對言則分。○趙氏惪曰：「雄謂之虹，雌謂之霓，見後孔氏注。」愚每疑霓安得有雌雄，及考《正韻》「霓」字注曰「霓，屈虹也」，方知虹是長虹，所謂蝃蝀者。霓只是雲端之白者，故謂之屈虹也。○又趙氏惪曰：「雲出天之正氣，霓出地之正氣。」此亦可疑。天降時雨，山川出雲，何謂雲爲天氣？《蝃蝀》之詩傳曰：「虹者，日與雨交，倏然成質，似有血氣之類，乃陰陽之氣不當交而交者，蓋天地之淫氣也。」何謂虹爲地氣？

○《詩》孔氏注曰：「雙出色鮮盛者爲雄，曰虹；暗者爲雌，曰霓。」

○《書》之言至「奚爲后我」，止自「民望之」以下，孟子申言也。謂當湯未至時，則「民望之若大旱之望雲霓」，及湯既至則「歸市者不止，耕者不變，誅其君而弔其民，若時雨降，民大悅」矣，故又提《書》曰「徯我后，后來其蘇」，見得以上是孟子之言也。下篇亦然。○一説：依《集注》，只曰：「兩引《書》，皆《商書・仲虺之誥》文也，與今《書》文小異。」則似全作《書》文。然但兩引「《書》曰」，則作兩處《書》耳。然「歸市者不止」云云，恰似《書經》「攸徂之民，室家胥慶」意。○據《集注》「兩引《書》皆《商書・仲虺之誥》文也」，則是此條通是《書》文，故下篇「有攸不惟臣」一條，《集注》則斷自「其君子實玄黄于篚」以下，曰：「孟子又釋其意，言商人聞周師之來，各以其類相迎者云。」○《書》曰「湯始征，自葛始云云，奚爲后我」，此《書》之言也。「民望之，若大旱之望雲霓」以下，孟子言也，故更端云：「《書》曰：『徯我后。』」《滕文公下》亦然。不可泥《集注》「兩引《書》之文」，謂無申釋之等字，以爲全是《書》文也。既全是《書》，何用兩箇「《書》曰」？按「咸丘蒙」章，「舜既爲天子矣，又帥天下諸侯以爲堯三年喪」，是孟子之言，而注止曰：「又引《書》及孔子之言以明之。」亦可泥乎？○《書》本文曰：「乃葛伯仇餉，初征自葛。東征西夷怨，南征北狄怨，曰：『奚獨後予。』攸徂之民，室家相慶，曰：『徯予后，后來其蘇。』民之戴商，厥惟舊哉！」

「如之何其可也」

「今燕虐其民，王往而征之，民以爲將拯己於水火之中也」。「若殺其父兄，係累其子弟，毀其宗廟，遷其重器」，則是覆燕以自利而已，安在其爲「拯民於水火之中也」？故曰：「如之何其可也！」○「若殺其父兄」

云云，當時猶未殺也，下做此，故下云「止其重器」。

「今又倍地而不行仁政」

「若倍地而行仁政，如何？」曰：「連倍地已不是了，故饒氏曰：『當時齊王只當誅子噲、子之，别立君而去。』而孟子下文亦云。緣當時齊已取燕了，故孟子只重在仁政上，故曰：『今又倍地而不行仁政，是動天下之兵也。』及既已動天下之兵，當時齊王恐了，故可教之曰：『王速出令，置君而後去之，則猶可及止也。』以其已取燕，故曰：『今又倍地而不行仁政。』惟重在『仁政』上，不復咎其『倍地』也。是前一節。又以諸侯將伐齊以救燕，故又曰：『謀於燕衆，置君而後去之。』不復膠於已取也。是後一節。」○「齊之取燕，若能如湯之征葛，則燕人悦之，而齊可爲政於天下矣」。言齊之取燕，若能如湯之征葛，誅其君而弔其民，則燕人無不悦而齊可王矣。此亦以既倍地了言。「天下信之」，説「天下信之」，便見得齊不爲諸侯所信，是以動天下之兵也。○既動天下之兵了，而爲之計，則須是置君而去。若只施仁政，亦無開交，蓋晚矣。若初間倍地而行仁政，則燕民戴之，諸侯亦無釁可乘。○「反其旄倪」，旄，去聲。與「耄」同，九十曰耄。

「則猶可及止也」

當時齊王惟恐無以止之，非惟燕終不爲己有，而故物亦恐不能保也。

○湯十一征，决不是滅其國而取之以爲己有，故其非富天下之心，昭然於四國而無或疑，如皎日之在天也。當時齊於勝燕之後，若能置君而去之，不毁其宗廟，遷其重器，則亦庶幾乎湯、武定亂之師，而將有朝諸侯、莅中國之勢矣。乃貪小利而忽遠圖，最爲負孟子也。○「湯一征」至「奚爲后我」，以此觀之，凡湯所未至之國，其「民望之若大旱之望雲霓也」。及既至其國，「歸市者不止，耕者不變」云云，「王速出令，反其旄倪」云云。蓋當時諸侯謀伐齊者，以齊之殺燕父兄，係累子弟等爲亂也，❶故教以「反其旄倪，止其重器」云云。蓋只論曲直，未暇論强弱之與勝負也。

○使齊王若用孟子上章之言，則燕或竟可取。今既不從其言而遂取以召諸侯之兵矣，則孟子爲之計，只得從後一著，置君去之而已。所謂理之可爲者，不過如此。不然，以理言之，既自失於前，以勢言之，又不敵於後，不及今爲善變之術，恐日後有噬臍之悔矣。《易》曰「不克訟，復即命」者，此也。

「鄒與魯鬨」章

鬨，鬭聲也。○鬨，本謂聲之鬨鬨也。不着「鬭」字，解不來，故云。本文只説鄒與魯鬭。

○吾有司爲我死於敵者，三十三人，而民皆莫肯爲有司致死，民之不用情於其長上如此。吾欲誅之，則人衆不可盡誅。若宥之而不誅，則後日將習此澆風，惟疾視長上之死而不救，難爲有司者矣。然則如之何則可？穆公之問，惟知罪民，孟子之答，則罪有司。然上以是施，下以是報，理之常也。且孟子之罪有司者，非惟得其情理之實，亦所以警動穆公，使知所以恤民也。

「疾視其長上之死而不救」

此長上爲有司也。大注。○凶年，凡疾疫之類皆是。飢歲，只是歲不熟。

❶ 「亂」，嘉靖本、四庫本作「辭」。

「是上慢而殘下也」

此「上」，謂君及有司也。大注。

○「凶年飢歲，君之民，老弱轉乎溝壑，壯者散而之四方幾千人矣，而君之倉廩實，府庫充」，此君不是也；「有司莫以告」，此又有司不是也。「是上慢而殘下也」，則兼謂君及有司也。

「夫民今而後得反之也」

南軒曰：「有司視民之死而不救，故民視有司之死而亦莫之救，所以爲得反之也。」

「斯民親其上，死其長矣」

「上」字仍上注，謂君及有司，但「長」字專指有司。「死其長」，言不疾視其死而不救也。一説此條「長」、「上」二字，皆指有司，謂合大注。愚謂：如此，則民無事之時，只親戴有司，都不親戴其君耶？○又或以「長」字亦兼人君，此又非也。不知「死其長」，是接上文「疾視長上之死而不救」説來。

○蓋有司之所以不恤民者，以君之所愛在於財而不在民也。是不恤民者，固有司之罪，而所以致有司之不恤民者，則君之咎也。君若以愛民之心而行仁政以恤之，則有司知體君心而各愛其民矣。吾見民於無事之日，則皆親其上，有事之日，則各死其長矣。何至疾視長上之死而不救哉！○范氏曰：「有倉、廩、府庫，所以爲民也。豐年則斂之，凶年則散之，恤其飢寒，救其疾苦。此所謂「君行仁政」也。是以民親其上，此所謂「親其上」也。有危難則赴救之，如子弟之衛父兄，手足之捍頭目。」此所謂「死其長」也。○新安陳氏曰：「平時親其上，有危難則死其長。」

「滕文公問曰『滕，小國也』」章

此數章，意實相承。初因文公問而告以死守。後因其問又告以太王之遷。及其又問也，則合死守、遷都而請其自擇。蓋理之可爲者，不過如此。

○此章言有國者當守義而愛民，不可僥倖而苟免。滕文公問曰：「滕，小國也，間於齊、楚，事齊乎？事楚乎？」是欲擇一强者而事之，僥倖苟免之計也。

「是謀非吾所能及也」

以其欲爲僥倖苟免之計而拒之也。

「效死而民弗去」

「效死」者，君之守義也；「民弗去」者，由愛民而然也，故云「非有以深得其心者不能也」。○愚嘗疑智者爲能以小事大而保其國，今滕文公欲事齊、楚，而孟子乃曰「是謀非吾所能及」，何與？蓋以小事大，文公自能之，不待教也。但文公全欲憑大國之援，以僥倖旦夕之無事，而不知有自固之義，故孟子獨以所缺者箴之。南軒曰：「與其望二國矜己以求安，不若思所以自强而立國。」雖曰自强立國，然論到道理十全處，齊、楚還當事他，當以鄭子産爲法。○「效死而民弗去」，此處還未是派到破國處，正是要立國也。孟子正恐二國之不足恃，而反以致亡，故教以自固之策云。然國君死社稷，必不得已，亦須死了，故曰：「世守也，非身之所能爲也，效死弗去。」

「齊人將築薛」章

一則曰：「非擇而取之，不得已也。」二則曰：「君如彼何哉！」蓋當時滕勢危於累卵，保民而王，又非旦夕可期者，故只教以遷國圖存。

「强爲善而已矣」

當時齊人將築薛，文公已甚恐矣。孟子乃始教以爲善，不知是教他怎生樣爲善？且不能紓其目前之憂，但教他爲善以爲子孫興起之地，而又言其不可必，但當强爲善。夫人令其强爲善亦是矣，但不知其怎麽解得他「吾甚恐」之問？在下條明之。

○愚意大王之爲善，避狄遷都以存其宗社，保其人民，不忍殘民以與敵争，而積功累仁，以有待於後，此是太王之爲善處。孟子令文公强爲善者，意蓋亦欲其如此，方續得上文太王遷岐云云。斷是如此。

○更詳「君子創業垂統，爲可繼」意，似是亦就遷國圖存上説。况「君如彼何哉」一句，尤明言彼今方築薛，勢已迫矣，吾力既莫如之何，只得效太王之爲善，自爲可繼，以俟命於天爾。所以下章之答，亦一邊是遷國圖存，一邊是守正俟死。○或謂引大王去邠事，只是言其不得已也。言古人亦有處此變者，非必令其遷國也。且文公當時如何得去，又將遷之何地？曰：「不是。下章分明告以太王之遷邠。又曰：『君請擇於斯二者。』况此下『苟爲善，後世子孫必有王』。《集注》分明入大王在内，但令其無期必耳。」○又楊氏總注亦自分明無疑。

○「君子創業垂統，爲可繼也。」正是遷國圖存之事，方説得創業垂統。如此説，非惟與上文「苟爲善，後世子孫必有王者矣」相爲脗合而無間，且與下文「君如彼何哉，强爲善而已矣」相照應而有味，故曰：「斷從此說。」○「爲可繼也」，謂爲其所可繼者而已。

○遷都如何見是爲善？蓋被人侵迫，不與之較智力以敝其民，乃遠避而去之以自圖存，其爲善也孰加於此？但爲其所當爲，便是爲善。○此章斷作遷國說，方見所謂「非擇而取之，不得已也」有着落，不然，孟子特提太王事何爲？且下文如何接。○此章言人君，但「當竭力於其所當爲」，「創業垂統，爲可繼也」，「不可僥倖於其所難必」，「若夫成功，則天也」。○「强爲善而已矣」，味「已矣」二字，又見得是「不可僥倖於其所難必」。「君如彼何哉」，此一句足見遷國是不得已也。○一説：「苟爲善」至「爲可繼也」，泛説。

「君如彼何哉」，乃是指滕文公說。

「狄人之所欲者，吾土地也」

言吾以其志在財幣，故事之皮幣，又事之犬馬、玉帛。今皆不得免焉，然而狄人之所欲者，非皮幣也，非王帛也，❶非犬馬也，是欲吾土地也。今吾欲與之争，則勢力不敵，徒使吾民膏血於鋒鏑之下云云。

「二三子何患乎無君」

依韓文公《岐山操》曰「伊岐有阻，我往獨處。爾莫予追，毋思我悲」云云觀之，則是以「二三子何患乎無君」爲自有人來君之，不是命以從己之詞也。而南軒注亦云：「其遷本以全民，不敢必民之歸而强之從也。曰『二三子何患乎無君』，此天地之心，真保民之主也，民心自不容釋乎太王耳。」此其詞雖善，然其意

---

❶「王」，據上下文當作「玉」。

亦與韓文公同。愚以爲非也。民非后何戴，后非衆罔與，守邦而曰「我往獨處，爾莫予追」，何哉？故曰：「無太王之德而去，則民或不從而遂至於亡。」可見矣。其何忍以其積世之赤子，而委之狄人哉！如此乃屬其父老而告之，何爲與之訣別乎？夫邠人之不能釋乎太王，太王亦自去之矣，而乃僞爲是辭以動之乎？古者君臣一心，况太王之於邠人，直似子父親戚然，明告以去邠圖存之意，何嫌乎？但亦非强之也。此須以太王公正之心看之。况前此公劉之遷，則曰：「乃裹餱糧，于槖于囊。思戢用光，弓矢斯張；干戈戚揚；爰方啟行。」都是帥民而去，太王乃欲棄其民而獨往耶？情理俱碍。○「然則所謂『二三子何患乎無君』，此言何謂邪？」曰：「下句不云乎？『我將去之』，便是有君也。蓋當時若不遷去，則勢力不敵，反成無君矣，故曰云云。」○當時若不避之，則無國、無君、無民矣。去之，則民存、國存、君存、宗祀存。

「邠人曰：『仁人也，不可失也。』」

此是邠人相告勉以急於從遷之詞，故曰「從之者如歸市」，非謂太王不欲其從，民以其仁而相率以從之也。○「仁人也，不可失也」，以平昔有德於民言，非惟一時所謂「不以其所養人者害人」數語而感得民之樂從也。仁言不如仁聲之入人深也，故注云：「若無太王之德，則民或不從，而遂至於亡。」正以平昔言也。君請擇者，亦觀平素所施何如耳。○既告以太王遷邠之事矣，乃又曰：「或曰：世守也，非身之所能爲也，效死勿去。」度其不能遷都也，故又曰：「君請擇於斯二者。」蓋能遷國以圖存固甚好，但恐不能如願，則當守義而已矣。彼僥倖苟免之計，誠非吾所能及也。所謂理之可爲，不過如此。

「或曰：世守也，非身之所能爲也」

注曰：「或謂土地乃先人所受而世守之者，非己所能專。」言不可輒舍去而遷之他也。問：「太王何以去之？」曰：「亦是權也。然權不失經，以權濟經，以權存經也。」○愚嘗謂權以輔經，經以存權。○小注：晏子曰：「君民者，謂君乎民。社稷是主；臣君者，謂臣於君。社稷是養，故君爲社稷，死則死之，亡則亡之。」晏子此意，爲崔子弑齊君，君之死以淫，不以社稷也，故晏子不死之，亦守死善道之意。

守正而俟死者，義也。○或問「義」字當作「經」字，朱子深是之，謂義便近權，既對權便用經。但未及改耳，蓋板已行故也。愚以此思之，則知先儒所謂權，是臨時之義者，爲有旨也。○東陽曰：「當時西方地近戎狄，皆間隙之地，非封國之經界，故太王得優游遷徙。若滕在中國，又介大國之間，無可遷之地，民雖或從之，亦無所往，孟子特舉太王之得民，以警文公耳，故下文言俟死乃其正也。」

○問：「孟子答滕文公三段，皆是無可奈何，只得勉之爲善之辭。想見滕文公至弱，都主張不起，故如此。」朱子曰：「滕是必亡，無可疑者。况王道不是一日行的底事。他又界在齊、楚之間，二國視之如泰山之壓卵焉耳。❶若教他粗成次第，此二國亦必不見容也。若湯、文之興，皆在空間之地，無人來覷他，故日漸盛大。若滕，則實是難保也。」

「何哉？君所爲輕身以先於匹夫者」

「爲」如字，言君爲此輕身匹夫之事云云。

---

❶「卵焉」，嘉靖本作「鳥卵」。

本是樂正子仕於魯，孟子至魯，樂正子乃以其賢而告於平公，平公將爲樂正子行，乃爲臧倉所沮，是以樂正子入見云云。此自有明文，而新安陳氏乃謂平公之欲見，乃得於樂克之言云云。此乃意度之說，不知下文自有明證，何用此臆説爲？

「前以士，後以大夫；前以三鼎，而後以五鼎與」

樂正子亦善説辭，意謂其厚於母者，時爲大夫也，非固獨致其厚於母也。其不得厚於父者，時方爲士也，非固儉於其父也。所以破後喪踰前喪之説，故平公應曰：「否。謂棺槨衣衾之美也。」「美」字應前「踰」字。蓋以棺槨、衣衾，人人皆可以自盡，時時皆得以自致，固不拘其爲士、爲大夫也。而孟子之後喪，實美於前喪，前喪實不如後喪也。故樂正子又釋之曰：「貧富不同也。」言時乎喪父，棺槨衣衾雖可以自盡，然而猶貧也，則亦稱家之有無而已。及時乎喪母，則所謂得之爲有財者也，故不以天下儉其親，而得以自盡其心。○雖使孟子自解，亦不過如此。○按此因後喪踰前喪之説而言，則據《禮記》，士有士之喪禮，大夫有大夫之喪禮，亦各有定制，不必專以三鼎、五鼎祭禮實之也。蓋三鼎、五鼎，只是祭禮，須兼喪禮看。孟子言「諸侯之禮，吾未之學也」，語意則士與大夫喪禮，亦當有别。○勉齋批點《孟子集注》曰：「《儀禮圖》云：『三鼎，豚、魚、腊，用特豚，而以魚、腊配之。』」○五鼎，羊、豕、魚、腊、膚，用羊、豕而以魚、腊、膚配之。○如所謂「凡有爵者之喪禮，則職喪蒞其禁令，序其事」，此可見其喪禮亦當有異處。○一説「前以士，後以大夫」二句，只如「小德役大德，小賢役大賢」之例。大抵此説爲正大平穩。蓋樂正子只用説「前以三鼎，後以五鼎」，而乃先之曰「前以士，後以大夫」者，直是要露出「士」、「大夫」數字，以陰折之，故平公即曰：「否。云云也。」且祭不必喪後方有祭，自初喪未葬之前，皆有祭也。古禮可考。○「前以士，後以大夫」，不即是三鼎、五鼎。○此謂喪禮，指儀節度數之問，見《喪大記》。但亦難説。○曰：「否。謂棺槨衣衾之美也。」言此乃人之所得自盡者，非以前爲士，後爲大夫之有制者議之也。○謂棺椁衣衾之美，人人得自盡者也，如中古棺七寸，椁稱之，自天子達於庶人者也。○一説士喪禮，大夫喪禮恐只是棺椁衣衾，而平公云「謂棺椁衣衾之美也」，則知所謂「否」者，否其三鼎、五鼎之説也。然考之《喪大記》：大夫之喪，三日而殯。士之喪，二日而殯。大夫設夷盤造冰焉，士併瓦盤無冰。注：夷盤，小於大盤。瓦盤小，故併設之。無冰，盛冰也。小斂，大夫以蒲席，士以葦席。小斂布絞，大夫縞衾，士緇衾。○葬用死者之爵，祭用生者之禄，依《喪大記》以解「前以士，後以大夫」一句，則是孟子之父前爲士，後爲大夫矣。其可乎？不如依舊説，如「小德役大德，小賢役大賢」之例爲無破綻。○「前以士，後以大夫，前以三鼎而後以五鼎與」，此非問辭，乃因問而解也。

「吾之不遇魯侯，天也」

此「天」字以氣數言。

○謂氣數未亨，吾道當窮，故平公將行，而有臧倉之沮也。沮之言雖出臧倉之口，然要其所以，臧倉亦胡爲而有是沮也。蓋皆氣數之爲，不但孟子之出處制於天，而臧倉之一沮，亦受命於天者也，彼何能爲哉！○味斯言也，可見其有樂天之情焉。孔子曰「不怨天，不尤人」，以其樂天知命也，此聖賢大節也。○孔、孟之不得行其道者，天之未欲平治天下也。孔、孟之不見害於人者，天之未喪斯文也。饒氏却以《論語》

「天之未喪」之「天」字，對此「天」字説爲一則取必於天，一則取必於己，亦看得「天」字未透徹，故岐而二之矣。

○「吾之不遇魯侯，天也」。以其爲治亂興衰之所係也，不偶然也。○范氏曰：「在孟子可以言天，在魯侯不可以言天，吾見聖賢之出處，關時運之盛衰。既以時運言，則魯侯之惑於臧倉，亦天也。」然范氏此意自好，亦得君相造命之意。若魯侯能不惑於臧倉之言，或因樂正子後來之釋，而復駕從之，則是侯能以人力回天矣，亦有此理也，故孔、孟皇皇於春秋、戰國之時者，爲此。不然，聖賢豈不知時運之當衰耶？○當時孟子若得遇於平公，則吾道以之行，生民以之泰，天下以之治。其不遇，吾道終不行，生民終不安，天下終不治。夫以吾道之興廢，關生民之休戚，天下之治亂，而乃厄制於臧倉一豎子之三寸舌，有是理乎？氣蓋實丁氣運之衰，故生此讒慝及庸君，而聖賢不得所遇耳。縱使當時平公果見孟子，終亦何能爲哉？氣運既衰，上下不交，左右孟子，亦終留不得。「遇」字更看得重，若但以駕乘一見，爲孟子之遇魯侯，則孟子平日所遇亦多矣，如齊宣、梁惠相見，不既頻耶？

重刊蔡虛齋先生四書蒙引卷之十

公孫丑章句上

使天地重一混沌之後，恐依舊又有佛、老之學，便亦有管、商之學，只是體用之非。天地正氣，則傳在堯、舜之精一執中矣。

仁不合於義，墨氏之仁也；義不合於仁，楊氏之義也；禮義有不合於仁義者，皆非其正也。

孟子曰：「我知言。」告子曰：「不得於言。」此乃《易大傳》「係辭焉以盡其言」之言也。合天下，言者也。「言」字就粘帶事物，故曰：「知言者，盡心知性。」於凡天下之言，無不有以究極其理而識其是非得失之所以然也。理者，事物之理也。惟於理有所不達，故其言有所不究知也。

孟子一生受用，只是精義、集義二者。精義故能知言，集義故能養氣。精義者，《大學》所謂格致，《論語》所謂博文，孟子所謂盡心知性，堯、舜所謂惟精者也。集義者，《大學》所謂誠意、正心、修身，《論語》所謂約禮，孟子所謂存心、養性，堯、舜所謂惟一者。由此而往，則爲齊家、治國、平天下矣。

「夫子當路於齊」

「當路，居要地也」。路者，人所必由也。如掌刑罰之權，則凡入刑罰之科者，必由焉。如操錢穀之柄，則凡有錢穀之數者，必由焉。是彼當要路，而我必經由其路，而通塞有在於彼者，故曰「當路」也。王孫賈曰：「與其媚於奧，寧媚於竈。」以竈之當時用事，喻權臣之操政柄而能爲人之休戚者也。此正「當路」之意。○「要地」者，謂必由也。

「管仲、晏子之功，可復許乎」

「許，猶期也」。謂自許也，自期也，不是從人説，是對孟子言，故當作自許説，問孟子敢自許否。一説下文「願」字與此相應，謂從他人望之之辭。○公孫丑問曰：「夫子當路於齊，管仲、晏子之功，可復許乎？」吁！公孫丑之待孟子如此，則當時之知孟子者，信寡矣。○以今之道德，一時而觀孟子，猶未甚見孟子之高處。惟自當時言之，則滿天下是治功利之學者：君非此不以求於下，臣非此不以獻於上，士非此則全不見數於人。内而父兄之所以教其子弟，外而朋友之所以相傳授付囑者，無非是功利。獨有孟子一人，汲汲焉，皇皇焉，力以堯舜之道、孔子之教爲説，必欲一掃功利之蕪穢，以還先王之大道，此是何等用心！何等氣力！真有大功於天下萬世也，故曰「孟子之功不在禹下」。○戰國之時，功利之習深入於人心，不但申、商、孫、吴、儀、秦之屬争道而馳。若無聖賢，而天下之士，亦皆歆艷其所爲，若以爲功業之極致然者。且如孟子之德之才，宜不下於伊、傅、周、召，而公孫丑乃疑其不敢當管仲，則孟子之賢益可知，而其道之難行亦可見矣。

「子誠齊人也，知管仲、晏子而已矣」

公孫丑此問，亦當得如此答他，如曰：❶「君不知故人邪？」○觀公孫丑此問，尚未敢必孟子之能爲管、晏，而不知孟子之不屑爲管、晏也。齊人但知其國有二子，不復知有聖賢之事。○「聖賢之事」，謂正心、脩德而致主於王道也，即《大學》一部，孟子所謂「以齊王」者。○「知管仲、晏子而已矣」，言管、晏之外，更有抱格心致主之學，掀天揭地之功者，皆所不知也。

「吾先子之所畏也」

子路勇於義，而不可以勢利拘，又負大有爲之才，若達却爲國以禮道理，則便是堯、舜氣象。結纓之節，有行一不義，殺一不辜而得天下不爲之心，所立如此，曾子服之，非謙辭也。然曾子惟其知畏子路，此曾子之所以爲曾子也。曾子最服善，如「以能問於不能」章，其追慕顏子如此。又知畏子路，非用心於内者，豈肯信意服人邪？其曰「堂堂乎張也，難與並爲仁矣」，則以用心於内處不相合耳。所敬畏者在此，則其所不足者，固當在彼。

「功烈如彼其卑也」

「烈，猶光」，指功業之著見者言也。謂古之聖賢，間有功烈，不至於大就者，則以不得君之專任，或在位之不久耳。今管仲云云，此其所以不足多。○夫子大管仲之功，而曾西乃卑管仲之功烈，何也？大管仲之功者，據其所就之事業言也；卑管仲之功烈者，本其心術之不正，而要其所就，亦終不得與於王者之徒

❶ 「如曰」，原脱，今據嘉靖本補。

也。二者固各有所指。曾西之卑，其功烈即夫子之小其器也。夫子之大其功，是恐人盡遺其長，故特揭而張之，「惡而知其美」之意也。若有問孔子曰：「吾子與管仲孰賢？」則夫子亦斷不曰「微管仲云云矣」。○功烈其實是卑，只到富强住了，視伊、周何如。○「楊氏曰：孔子言子路之才，❶曰：『千乘之國，可使治其賦也。』」一條，下云：「辟之御者，子路則範我馳驅而不獲者也。管仲之功，詭遇而獲禽耳。」以「範我馳驅」比子路，以聖門規矩作爲也。「不獲」以比子路，僅可治千乘之賦，而九合一匡，有所不逮也。以「詭遇」比管仲之行伯術，以「獲禽」比管仲之九合一匡之功業也。此意讀者了了分明，不待辨説，而輔氏乃云：「謂子路是範我馳驅而不遇王者，故不獲；管仲則詭遇以逢桓公之爲，故得禽多耳。」饒氏亦云：「然皆不可曉。」是拘以射、御之兩人也，太拘亦太鑿矣。○又謂《集注》增益楊氏數字云云，不知字雖益，意未嘗益也。只是要楊氏説一發明白耳。輔、饒二先生説太遠，楊氏之説只取「範我馳驅」及「詭遇」字，初不及「舍矢如破」一句，何乃拘射、御之爲兩人邪？又《詩》所謂詭遇者，爲遇禽耳，豈謂遇射者耶？

「爾何曾比予於是」

「曾之言，則也，乃也。」謂之言者，蓋「曾」之一字即言也。此與七言、五言之言同，謂曾之所以爲曾者，則也；如學之爲言，效也；政之爲言，正也；德之爲言，得也。大意皆同。但「曾之言，則也」，去了「爲」字，

---

❶「孔」，原作「孟」，今據《孟子集注》改。

又與解學、德、政微不同。蓋學、德、政俱實字，效、正、得則皆虛字。若曾與則，則皆虛矣。況「曾」字與則，未必全同。「曾」字或作「則」字用，「則」字難把「曾」字替，故又須著箇「之言」二字，而不曰：「曾，則也。」謂何乃比予於是也。○上云「爾何曾比予於管仲」，下云「爾何曾比予於是」，是承「得君專，任政久，而功烈卑」言也。謂爾何乃比我於此等之得君專，行政久，而功烈卑者邪？

「而子謂我願之乎」

「願，望也」。此與「可復許乎」，一從孟子説，故許爲自許，一從尹説，故願爲相願。○或人初擬曾西於子路，因其不敢當，乃始以管仲擬之。然則或人之權衡，殆亦審矣，第猶未知曾西耳。○此人見識，優於公孫丑。若公孫丑，必不以子路爲優於管仲。

「管仲以其君霸」云云

「夫管仲以其君霸，有可言者矣。晏子以其君顯處，何如？」曰：「當晏子時，五霸俱没，中夏諸侯，惟齊最强大。景公在位且五十八年，諸侯莫侵侮之者，其任晏子，或用其省耕、省斂之言而興發，或用屨賤踊貴之言而寬刑，或增其室，或更其宅，此皆賢君所爲。知夾谷之會，能歸侵疆，亦庶幾知强仁義者，在當時宜其視他諸侯爲獨顯也。蓋自所謂彼善於此者歟？其晚年失政，使陳氏得厚施於國，又多内嬖而不立太子，則自其失矣。」

「以齊王猶反手也」

此是孟子自負也，以言能佐輔之也。○「以」字正承上文，「以其君霸」、「顯」二「以」字説來，皆謂能致其君也。一説只言以齊之時勢而王猶反手，非也。如此，則只是説時勢之所致，❶而非説孟子之所致也，便如何答得「管仲、晏子猶不足爲」之問，與不爲管仲之意。其下文雖只説齊之時勢易，德行速，而不及孟子致君之事。然行仁政以解倒懸，非孟子佐之而誰克舉此？故曰「如欲平治天下，當今之世，舍我其誰也」，亦可見於言外矣。

「若是，則弟子之惑滋甚」

言以管、晏爲不足爲，弟子既已惑矣。今又言「以齊王猶反手」，則惑轉甚也。

「且以文王之德」

德，蓋指治岐之政，「九一」、「世禄」、「不征」、「不孥」之類。下文「德行速」亦指仁政也。且與「未洽」及「大行」字意相符，不只就文王一身上説。

「百年而後崩」

不可謂在位百年也，在位無百年。只言其壽之長，以見其在位之久也。

「然後大行」

兼武王、周公説，《集注》云：「文王三分天下有其二。武王克商，乃有天下。周公相成王，制禮作樂，然後教化大行。」此「大行」，只就周公一邊説，與本文「大行」小異。○「且武王只是克商以有天下，如何亦説

❶「時」，嘉靖本、四庫本作「齊」。

『大行』?」曰:「沛然德教溢乎四海,無遠弗届,非前日青、兖及冀,又非有周政化所及之日比也。」○《集注》於周公必曰「教化大行」者,承「制禮作樂」言也。《孟子》只言「大行」,省文也。❶ 朱注却要分明與後人觀。○在武王爲政化大行,在周公爲教化大行。

「今言王若易然」

一説承上齊王反手,言齊王之易,若此也。一説謂似無難然者,據下文「今時則易然」,則當從無難然之説,不必拘拘於猶反手之説。

「文王何可當也」

○當,猶敵也。

以其德不可當也,孰謂文王不足法哉! 但文王所遭之時勢難耳。「由湯至於武丁」至「故久而後失之也」,此言其時之難,以下條注云「自文武至此七百餘年,異於商之賢聖繼作」至「異於紂之猶有善政」可見。「尺地莫非其有,一民莫非其臣」,至「是以難也」,是言勢之難。

「是以難也」

此句只帶「然而文王猶方百里起」,不兼承上文,上文自有「故久而後失之」一句在了。○一説文王之德,

❶ 「省」,嘉靖本、四庫本作「古」。

自不足當，但其時勢難爲，就帶下云云。一説文王時勢何可當齊，然以理言，❶丑問云「則文王不足法歟」，孟子亦須應他云「何可謂文王不足法」方是。遽謂文王何可當齊，亦似非問答之正。

問：「周自太王之時，商道寖衰，而周日强大矣，何文王猶方百里起也邪？」曰：「是時太王、王季雖盛，商運雖衰微，然王制猶未改，故只是仍舊百里之國。太王、王季又非挾君無已而併吞鄰國以自封殖者，其所謂强大者，只是國勢内實而有可畏不易敵之勢耳。『文王由方百里起』之言，固自無可疑。」

「由湯至於武丁，賢聖之君六七作」

湯崩，太甲顛覆湯之典刑，伊尹遷太甲於桐，處仁遷義。既復辟，而保惠庶民，不敢侮于鰥寡，號爲太宗。○太甲五世至太戊，脩德而祥桑死，商道復興。○太戊三世至祖乙，以河決之害，去亳遷耿。○祖乙六世至盤庚，又以河決之害，遷于亳。有《盤庚》三篇在。行湯之政，商道復興。○盤庚二世至武丁得良弼，戒雉雊，伐鬼方，商中興焉。又八世而爲紂。凡一百單八年云。

「賢聖之君六七作」，則其教化之陶習民俗者厚，惠澤之固結民心者深，故繼之曰：「天下歸殷久矣，久則難變也。」

「武丁朝諸侯有天下，猶運之掌也」

蓋商自盤庚之後，小辛、小乙二王繼立，商道又衰，諸侯多不來朝矣，天下多非其有矣。而武丁能用人脩

❶「言」，原脱，今據嘉靖本補。

政，於是諸侯無敢不來庭者，商道遂赫然中興，故曰「武丁朝諸侯有天下，猶運之掌也」，言其中興之盛也。惟有鬼方，負遠不服，於是有三年之師，亦可想見其中興之盛。

「其故家遺俗，流風善政」

故家，舊臣家也。遺俗，舊民俗也。此在下者。〇「流風」以脩身、齊家之化言，「善政」以紀綱、法度言，此全是在上者，曰「故」、曰「遺」、曰「流」，皆自商之先王身上來也。

「微子、微仲」

微子名啓，故知微仲又是一人。

「王子比干、箕子、膠鬲」

作五箇人看。❶

「故久而後失之也」

〇失之於武王時，言不在文王手頭失也。

「齊人有言曰：『雖有智慧，不如乘勢。雖云云待時。』」

❶「王子比干」至「作五箇人看」一條正文注文，四庫本在上條正文「微子微仲」與注文「微子名」之間，屬一條。

《正韻》鎡基注：「鎡錤，❶鉏之别名，《孟子》『雖有鎡基』。二支韻。」〇錤。注：錤，鉏也。《孟子》作「鎡基」，《月令》注作「錤」，《樊噲贊》作「兹基」。三微韻。〇基注：踁也，業也，止也，始也，設也，本也。〇以此觀之，孟子之「基」字，蓋從簡也。〇「雖有智慧，不如乘勢」，以作事言；「雖有鎡基，不如待時」，以種田言。蓋以待時譬乘勢也。此「待時」與下文「時之易」又不同。「今時則易然也」，此「時」字，又該時勢。〇然説「智慧」、「乘勢」，然後以「鎡基」、「待時」譬之，猶云「人無有不善，水無有不下」，皆以下句明上句也。

「夏后、殷、周之盛，地未有過千里者也」

三代盛時，王畿不過千里。「盛」字重看，言其盛時，王畿猶不過於千里，則齊之千里之地，所以爲廣也。

夏后、殷、周之時，普天皆王土，率土皆王臣之日也。

「雞鳴狗吠相聞而達乎四境」

人之所居，必有雞犬故云，則是人煙接連，無間斷處也，不既庶矣哉！

此言其勢之易也。易是甚事易，謂齊王易也，故此條曰「行仁政而王，莫之能禦」，下云「飢者易爲食，渴者易爲飲」，以比民心之易得。或者只以地辟、民聚爲勢易，而以行仁政而王爲勢易之外句，誤矣。

「地不改辟矣」

言地已闢而不待再辟矣。凡改者，皆是更圖之辭，如改卜、改筮、改日之類。〇一説：地闢於齊矣，「不改

---

❶「鎡基注鎡錤」，嘉靖本作「基注鏶」。

辟」也；民聚於齊矣，「不改聚」也；「行仁政而王，莫之能禦也」，言以此之勢行仁而王易也。與下條「飢者易爲食，渴者易爲飲」相對。

「飢者易爲食，渴者易爲飲」

以況憔悴之民易爲德也。此之「飢」、「渴」，猶下文之「倒懸」也，皆是喻。○或指説民之飢渴易爲飲食者，非也。憔悴之民，豈必皆渴，而人君當用水漿以飲之也邪？

問：「勢易、時易，如何分？」曰：「勢易以齊力量而言，時易以天下機會而言。有其時而無其勢，固不足以致王，滕文公是也。有其勢而無其時，亦不可以致王，大王、王季，雖周日强大，然商命未絶，至文王亦只三分有二是也。」

「孔子曰：『德之流行，速於置郵而傳命。』」

「置郵」云者，置驛也。郵，馹也，即今之鋪亭。但漢五里一置，古今里步長短之數不同耳。又《字書》曰：「馬遞曰置，步遞曰郵。」大抵置長而郵短，故置用馬遞，而郵用步遞也。即今官文書，常者逐鋪遞，急者驛馬遞。○漢五里一置，馬遞曰置，步遞曰郵。○《黄霸傳》「郵亭」，大抵置長郵短，以馬遞、步遞推見。郵亭，蓋即今之遞鋪也，亦有亭。

孔子此言，未必就時勢之易説，然孟子引意，則疑主此。蓋爲其綴在「時易」、「勢易」之末也。且於「勢易」則曰「地辟」、「民聚」、「行仁政而王，莫之能禦也」；於「時易」則曰「飢者易爲食，渴者易爲飲」，此非即是「德行速」意乎？於下條又曰：「當今之時，萬乘之國，行仁政，民之悦之云云。」或以「德行速」對上文「勢易」、「時易」，作三段平看，非也。只是孔子此言，以申上意耳。故本文只曰「今時則易然也」，又曰「惟此時爲然」。而《集注》曰「由時易而德行速也」，「德行速」只附在「時勢易」上，觀《集注》「孟子引孔子之言如此」，不着他語，明其止是引證上意，無他意也。○本文曰「惟此時爲然」，而注曰「由時勢易而德行速也」，分明以「德行速」附於「時勢易」，而本文「惟此時爲然」實已該「德行速」在内矣。況通章主意在「今時則易然也」上説，❶「德行速」一條獨可自爲德之易而與時勢之易鼎立乎？此固當隨章取義無疑。「擇不處仁，焉得智」，孔子元主擇居，而孟子乃用爲擇術説尚可，此又何必依孔子原旨？○一説孔子此言，不必在時勢易上來，蓋德之感人自是速也。蓋其感應之妙機有捷於置郵者。誠然如此，如滕文公仁政一行，遂有自楚之滕，自宋之滕者，雖無時勢，一何捷也。今孟子引此，亦未必定拘在時勢易上來。蓋時勢易内自有仁政感人之意思在了，此又引孔子之言明德行亦本自速也。或曰其有爲而言，亦不可知。○「德之流行」一條，不必言時勢既易，則德行自速。蓋自爲一條。上文雖云「行仁政而王莫之能禦也」，「飢者易爲食，渴者易爲飲」，然其實只據見成時勢道，雖兼德化意，不曾兼德化對説，至此方説出德行之速。而下文方總之曰：「當今之時，萬乘之國，行仁政，民之悦之，猶解倒懸也。」至此，所謂「行仁政，民之悦之，猶解倒懸」，方實説出「由時勢易而德行速」意。若上文「行仁政而王」者，猶是輕帶説。○若以「德之流行」就帶上文時勢易説，則下文所云「當今之時，萬乘之國行仁政，民之悦之，猶解倒懸」者，不必用矣。故須

❶「時」，原重文，今據嘉靖本删其一。

各自爲一項説，而下方總云云。○「德行雖不過於置郵之傳遞，而乃以爲更速何也？」曰：「此亦甚言其速耳，如云『捷於影響』，豈真有捷過影響之理？」○時兼時勢，「時勢易」則德行之速者愈速矣，故連「德行速」説在内。

「當今之時，萬乘之國」云云

「當今之時」，時易也；「萬乘之國」，勢易也。「行仁政，民之悦之，猶解倒懸」，「德行速」意也。此處方帶連「德行速」，然亦不是「時勢易」，故「德行速」也，只是此節意重在「德行速」耳。○新安陳氏曰：「丑並論管、晏，孟子只及管仲而不及晏者，蓋晏之事功，又在管之下，不必言也。」又曰：「晏事景公，政在陳氏，晏未嘗齊政也。」又曰：「才不及管而其人稍正於管，此孟子所以置晏不言而專言管歟？」此説皆非也。前面孟子只説管仲者，以「或問曾西只及管仲」云云，故只承之曰：「管仲，曾西之所不爲也，而子爲我願之乎。」初非以晏子之事功不及管，且未嘗當齊政，又以其人稍正而無可譏也。

「公孫丑問曰『夫子加齊之卿相』」章

此一章當分五節看。東陽許氏之説。○一自「夫子加齊之卿相」至「又不如曾子之守約也」，大概言孟子能不動心，未詳其所以不動心處，只略露其端。○一自「敢問夫子之不動心」至「是氣也，而反動其心」，則言孟子之不動心異於告子者，且從養氣一邊説。○一自「敢問夫子惡乎長」至「聖人復起，必從吾言矣」，乃詳孟子之心所以不動處，兼知言、養氣二者言也。○一自「宰我子貢善爲説辭」至「乃所願，則學孔子也」，則皆是願學孔子之意。以言外味之，又見得孟子雖不敢自以爲聖，然知言、養氣，學已到聖處，蓋已寓繼孔子之意矣。○一自「伯夷、伊尹於孔子」至「未有盛於孔子也」，❶則皆盛言孔子之聖，卓冠於百王，以見孟子之所以願學者也。一説第五節只可與第四節合一。○「必有事焉」一條，朱子注曰：「此章須從頭節節看來看去，❷首尾貫通，見得活方是，不可只略涉獵得見便了。」

「雖由此霸王不異矣」

「此」指得位行道。○謂居卿相之位，而期王霸之業，任大責重，如此無不動心否。蓋丑見孟子謂「以齊王猶反手」而未能遽信也，故有此問。○任大、責重亦有分别，如爲泉州府知府，則此一府之事，皆其職任也。若府事之治不治，民之安不安，則皆其責也。○公孫丑以管仲、晏子期孟子，既爲孟子所斥，於此又渾舉伯王爲言，足見當時功利入人之深，而丑之識見如此，七篇之書，仁義道德之微旨，决非其所能述也。○春秋、戰國時人，道着霸字，口津津的，公孫丑曰：「雖由此霸王不異矣。」至項羽又自稱爲西楚霸王，不知此字在孔門，以爲至不好事，在三王時，則又以爲罪人也。

亦有所恐懼疑惑而動其心乎？○饒氏曰：「要之，不疑惑然後能不恐懼。」《集注》論心之動，則以恐懼居先，論心之所以不動，則又以無所疑惑居先。「我知言，我善養吾浩然之氣」一條注先云「於天下之事無所疑」，後云「於天下之事無所懼」，是論心之所以不動也。

❶「至」，原脱，今據四庫本補。
❷「此」，原作「比」，今據《朱子語類》卷五二改。

四十强仕。〇《禮記·曲禮上》、《大全》第九板曰：「人生十歲曰幼，學；二十曰弱，冠；三十曰壯，有室；四十曰强，而仕；五十曰艾，服官政；六十曰耆，指使；七十曰老，而傳，傳家事於子也；八十九十曰耄；七年曰悼，❶耄與悼，雖有罪而不加刑；百年曰期頤。」

君子道明德立之時。〇理在事物爲道，故曰「明」，屬「無所疑」；理得於己爲德，故曰「立」，屬「無所懼」。

孔子四十而不惑，亦不動心之謂。〇雲峰云：「孔子四十而不惑，在三十而立之後，德立而道明，誠而明者也。孟子所以不動心者，先知言而後養氣，道明而後德立，明而誠也。」此説似是而非。蓋孔子不惑，亦兼道明德立，非專是明也，正與不動心相類，豈可如此强分別？蓋認「不惑」字不真故也。

「若是，則夫子過孟賁遠矣」謂其男於擔當也。❷

「丑蓋借之以贊孟子不動心之難」，朱子下一「借」好，蓋孟賁以力，孟子以心，丑非全不曉，而以孟子之不動心爲孟賁類也，故曰「借」，而丑亦自言「過孟賁遠矣」。若全以爲一類，亦不得爲過之遠。〇此亦即是「孟施舍之守氣，又不如曾子之守約」意思。

孟賁，勇士。齊人，力能拔生牛角，秦武王好多力士，賁往歸之。

「是不難，告子先我不動心」

---

❶「年」上，原衍「十」字，今據《禮記》删。

❷「男」，據文義疑當作「勇」。

「告子先我不動心」者，襲而取之也，然又全無義以襲之。○告子名不害，不知何所出，如孟施舍、北宮黝，亦皆不知其出處，故曰：「黝蓋刺客之流，舍蓋力戰之士。」

「視刺萬乘之君，若刺褐夫。無嚴諸侯。惡聲至，必反之」

「無嚴諸侯」，謂無可畏憚之諸侯，非謂無足畏憚之諸侯也。只是説天下諸侯，不見有可畏者，甚言其勇而已。若説惟無足畏憚之諸侯，惡聲至乃敢反之，非孟子立言之本意也。要之，此等人若遇真主，亦自當垂首喪氣，安能得無畏憚，不見李密之見秦王世民乎？况以道德爲威者哉！蓋萬古不動心者，只有孔、孟一道，如北宫黝、孟施舍，雖能以血氣强之於一時，然無道義以爲主張定力，則豈能終無所動哉！我以氣陵人，人亦得以氣勝我；我以力加人，人亦得以力制我。惟道義之重，自能使王公失其貴，賁、育失其勇，外此無他術也。○或曰：「藺相如、毛遂，真是如此。」曰：「彼皆有氣兼有義。其曰『五步之内，王不得恃楚國之衆，請得以頸血濺大王矣』，亦皆是恐之之辭。且皆出此一時不得已之計，以救其國於綴旒之際，所慮者大也，非特以區區小忿故而直取萬乘以取快者。故欲刺萬乘者，惟相如、毛遂乃能成事，如黝輩，誠恐臨時手顫股栗也。」

「無嚴諸侯」自爲一句，言無可畏憚之諸侯也。

「惡聲至，必反之」，此句不可連屬「無嚴諸侯」讀，若以屬下，却是言其怯，非侈其勇也。

「視不勝猶勝也」

言我雖戰不勝，自視猶勝也，何也？彼「量敵而後進，慮勝而後會」，便已是無勇而畏三軍者也，則雖勝而未免於懼，猶不勝矣。「舍豈能爲必勝哉！ 但能不懼耳」，其與北宮黝俱是不畏死而已，皆有勇無謀之士。〇「量敵而後進，慮勝而後會」，此子行三軍之道也，而舍以爲「是畏三軍」，何哉？ 孟子取其守約，固亦彼善於此之意。 要之，其勇皆無足論也。〇「量敵而後進」，或進而攻之，或進而拒之，不專進戰也。「慮勝而後會」，則專指戰焉。

「舍豈能爲必勝哉！ 能無懼而已矣」

此舍自言，不是孟子言。 注云：「舍蓋力戰之士，以無懼爲主。」此言在本文之外。〇究竟能無懼亦歸於必勝，孟子立言之法，由粗漸入精耳。〇舍、黝二節，皆以明不動心之有道，所謂「心有主」者也，但精粗得失不同耳。 告子亦是有主者。

「孟施舍似曾子，北宮黝似子夏」

〇「黝務敵人」，所務在外；「舍專守己」，所務在內也；子夏篤信聖人，所務亦在外；曾子反求諸己，所務亦在內也。 故論其大略氣象曰：「孟施舍似曾子，北宮黝似子夏。」饒氏曰：「孟施舍取必於己，其氣象如曾子之反求諸己，北宮黝取必於人，其氣象如子夏之篤信聖人。」此說尤最好，「取必」二字妙。〇「黝務敵人」，只是必勝；「舍專守己」，只是無懼。〇子夏篤信聖人者，以聖人之言爲必可信，爲必可行，輒以聖人爲法，所謂志於其上之意，此所以有類於「黝務敵人」。 程子學必以聖人爲師者正此意。〇或曰：「上既云『孟施舍似曾子，北宮黝似子夏』，便是舍賢於黝矣。 乃又曰『夫二子之勇，未知其孰賢』，何與？」曰：「舍似曾子，黝似子夏，此只是言二子之所以爲勇者，其不同有如此，未說到優劣也。」〇「然而孟施舍守約也」，要之北宫黝亦有所守，均是心有主也，心有主便亦是其所守，但所守不如舍之約也，故注云：「論其所守，則舍比於黝爲得其要也。」○黝、舍之勇，皆是客氣，但黝之客氣較浮，仔細看來，正是無能爲，而爲知用勇者之所擒也。觀之關羽、高曹敖可見。○「夫二子之勇，未知其孰賢，然而孟施舍守約也。」漸次説入裏來，所謂言有序者。○優劣亦不足深辨，「守己」二字亦輕看。大抵是漸次説上去，如「殺人以挺與刃，有以異乎」，「獨樂樂，與人樂樂」之類，孟子立言之法，大概如此。

「昔者曾子謂子襄曰：『子好勇乎？吾嘗聞大勇於夫子矣。』」

便見得子襄所好，亦是小勇，故曾子云云。○子襄，曾子弟子也。竟不知何姓，亦以其言知之。○「自反而不縮，雖褐、寬博，吾不惴焉」者，非怕褐、寬博也，怕理也。「自反而縮，雖千萬人，吾往」者，非輕視千萬人也，恃君理之勝，不見千萬人之爲衆也。○「自反而不縮，雖褐、寬博，吾不惴焉」，要以起下段之「自反而縮」者。蓋浩然之勇，以無懼爲主，爲褐、寬博者所惴，終是理不直而有所懼也。○「吾不惴焉」，猶云：「吾欲不怕他，不可也。」「不受於褐、寬博」者，不知此義也；「能無懼而已矣」者，亦不知此義也。正可以相形觀。○「吾不惴焉」。「焉」猶「乎」也。大注：「惴，恐懼也。」今人或謂是恐嚇他，非也。○「惴，恐懼之也。往，往而敵之也」，二「之」字同。○褐爲賤服，猶可，寬大之衣，如何爲賤者之服？蓋以其貼身衣少，又不以時澣濯整摺，自然虚軟而寬博也。○「褐、寬博」是兩般，不是「褐衣寬大也」，以注有「之衣」二字。○孟施舍之守氣，又不如曾子之守約。○不是以「氣」字對「約」字，言舍所守雖約，猶是氣耳。其守約，又不如曾子也。○以舍視黝，則舍爲守約；以曾子視舍，則曾子爲守約，故皆謂之守約。○「舍豈能爲必勝哉，能無懼而已矣」，此言亦有含蓄氣象，此二句頗可取。○孟施舍之守氣，猶告子之强制其心云，要之，善守氣者須如孟子所云「無暴其氣」。

○「孟子之不動心，其原蓋出於此，下文詳之。」蓋謂孟子之不動心在集義以養浩然之氣，而孔子此言，正以直養氣之説也。是孟子得之於曾子，曾子得之於孔子者也，故曰：「其原蓋出於此。」然孟子之不動心，實兼知言、養氣，而養氣中許多節目，皆未及也，故又曰：「下文詳之。」此「詳」字，與下文「又詳告之以其故」者同。饒氏之説少異。○「孟子之不動心，其原蓋出於此」，承上句「反身循理」説。

「敢問夫子之不動心，與告子之不動心，可得聞與」

此承孟子「我四十不動心」及「告子先我不動心」之言而問也。丑問意兩平，孟子只述告子之所以不動心者而論斷之，亦就見得己之所以不動心者也。○此問是問孟子告子所以不動心之道處，正承「不動心有道乎，曰『有』」而云也。如黝之不動心，其道在「必勝」；舍之不動心，其道在「無懼」；曾子之不動心，其道在「反身循理」；下文告子之不動心，其道在「不得於言，勿求於心；不得於心，勿求於氣」；孟子之不動心，其道在「知言」、「養氣」。雖有得失、精粗之不同，然要皆心有主而能不動者也。

「不得於言，勿求於心」

「不得於言」，所病在心也，而乃「勿求於心」。「不得於心」，所失由氣也，而乃「勿求諸氣」。氣，謂目視而耳聽，手持而足行之類。○「於言有所不達」，「言」是己之言也。言之所以不達，其病本出於心，今乃不求其理於心，蓋以若求其理於心，則心爲之撓亂矣。告子只要制得心定，以論性數章觀之，可見。○「不得於言，勿求於心」，如某句書不曉，則置之念慮之外，左右不去求曉，心便不動矣。

「不得於心，勿求於氣」

「不得於心，勿求於氣」，如失禮尊長，心有不安也，理當去補禮伏罪，我左右任伊失了，此亦得心不動，此豈理也哉！稍知理者終不安矣。○「『不得於心』，而不求助於氣者，如何？」曰：「如一事之失，心所不安也，則力制其心，既往不咎，不必復用力追改前事之失也。彼以爲若復用力以追改前失，則心爲之動矣。只是勁把心制住，豈是自然能不動？論理則正當改却前失，然後心始得安，告子只是『悍然不顧』耳。」○告子曰：「不得於言，勿求於心；不得於心，勿求於氣。」注：「此其所以固守其心，而不動之速也。」愚謂：告子實未嘗不動心，何以言之？「不得於言」，「不得於心」，便是動心了也，故曰「冥然無覺，悍然不顧」而已，然其心終有必不安者。不動心豈有兩種道理邪？如北宫黝、孟施舍各有所主，而暫能不動，然主非其主，恐皆不免於静中之動。嗚呼，微矣，孟子豈不知哉！對公孫氏子云云耳。○「不得於心」，亦須求於氣者，如手容亦要恭，足容亦要重，視亦要明，聽亦要聰。要之，心與氣未始不相通也，故告子之言，只得爲僅可，終未得爲是也。

○問：「『不得於心，勿求於氣』，如何模樣？」曰：「如適有客來訪我，却不禮待他，此是心不安處，則當追而謝之可也。彼則力制其心，以爲既往不咎，不復追謝而盡禮，以贖前過可也。蓋凡視、聽、言、動皆屬氣。」

○「不得於心，勿求於氣」，如學者於心中理有不明，是「不得於心也」，則當覽觀乎經史，質問於師友，以求其明，此皆目視、耳聽、手持、足行之事，便是求助於氣處。

○告子「不得於言，勿求於心」者，直恐動其心也。「不得於心，勿求於氣」，又恐氣反動其心也。「此所以固守其心，而不動之速也」。如此不動心，是誠亦不難。○告子「不得於言」，本是心之失也，而乃「勿求於心」；「不得於心」，本是氣之失也，而乃「勿求於氣」。此告子之執拗自用，所以爲不智甚也。○「不得於言，勿求於心；不得於心，勿求於氣」。告子全不知學問工夫。

○「不得於言，勿求於心」之所以不可者，誠以言之病不病，正出於心也，然則其「勿求於心」之「不可」也，❶斷矣。

○「不得於心，勿求於氣」所以爲「可」者，蓋心爲氣主，本非氣所能助。今心既違理而不安矣，求助於氣，何益？此所以爲「急於本而緩其末」。其實亦不是能「急於本」，但以所緩者末爲急於本耳。然學問之道，苟心不安，亦可求助於氣。本末亦不可相無，但要從根本上正起，故曰：「持其志，毋暴其氣。」謂之僅可，則有不可在矣。○「『不得於心，勿求於氣』，如何爲『急於本而緩其末』？」曰：「心者，氣之主也。『力制其心，而不爲氣所動』，是亦知心之爲重也。此只就『力制其心』上説，但『急於本』，若正論『急於本』，則須是『持其志』方是。此特據告子所病，而取其彼善於此者云耳。」○輔氏曰：「氣固有時而能動其心，然心之不正，則未必皆氣使之。」○愚始以「不得於言」之「言」爲告子自己之言，後以「知言」一節《集注》云：

❶「也」，嘉靖本無。

「彼告子不得於言，而不肯求於心。」則又以爲他人之言爲疑。今觀雲峰胡氏注云：「或疑兩『言』字不同：告子『不得於言』，己之言也；孟子『知言』，天下之言也。應之曰『理一而已』，告子於己之言且不能反求其理，如何能於天下之言而求其理？孟子於天下之言能究極其理，則於己之言可知也。」以此證之，則告子「不得於言」爲己之言益信，而與孟子「知言」者相反，亦自不相妨矣。理雖一，而界限却要分明。且「知言」節注云：「至爲義外之説，則自不免於四者之病，其何以知天下之言而無所疑哉！」益見其爲自己之言無疑矣。

「夫志，氣之帥也」

如目視而耳聽、手持而足行等，皆一氣之寓也，一惟心所役運，非志爲氣帥乎？目之視，人但知其爲目之視，而不知其所以視者，心實使之也；耳之聽，人但知其耳之聽，而不知其所以聽者，心實使之也云云。○「氣，體之充」，則凡目之視、耳之聽，皆氣之所在，體之所充也。○「氣，體之充」，氣貫乎一身之間，而主於一心，上既曰「志，氣之帥」，則氣非志之卒徒而何？所以朱子直出「卒徒」字，亦本吕氏《克己銘》。○「氣，體之充也」，氣自是氣，體自是體，自首至足都是體，氣則行乎體之中，體無氣則餒而不能運動矣，❶故曰：「氣，體之充也。」《易大傳》曰：「原始反終，故知死生之説。精氣爲物，游魂爲變，是故知鬼神之情狀。」○「夫志，氣之帥也」，輔氏曰：「不言心而言志者，心之動而有所之處也，但志則就其動處言，故

❶「餒」，原作「餧」，今據嘉靖本及《孟子集注》改。

尤切耳。下文又言『是氣也，而反動其心』，亦可見矣。」

「夫志至焉，氣次焉」

「至」字與「次」字對，猶云第一件也。○人只是理、氣、心、體四者而已，理在心，氣在體。○天下只是理與氣，人身只是心與體。○「致養其氣」，潛室陳氏曰：「必言『致』者，見養氣之難，須以集義爲本，又無正、忘、助、長之弊，方爲能致養也，故曰：『是集義所生者，非義襲而取之也。行有不慊於心，則餒矣。』」可見要致養，不是易事。

「毋暴其氣」

愚謂氣固氣也，「毋暴其氣」，則亦有志在焉，下文「善養浩然之氣」自有「持志」在，故雲峰云：「養氣之功在集義，而所以集義者，在敬以持志。」○此「無暴」字，兼「直養而無害」。

○「夫志，氣之帥也」至「無暴其氣」，全是破他「不得於心，勿求於氣」之説，以見「内外本末，交相培養」，而不可只「力制其心」而不求助於氣也。其「不得於言，勿求於心」一句，已斷以爲「不可」了，故不復論。然此處雖不多斥破他，至下文詳「知言」處，自是不破之破矣。○注：急於本心。而緩其末。氣。○失於外言。而遂遺於内。心。○内、心。外、氣。本、心。末，氣。交相培養。○兩「本末」字皆同，兩「内外」字則惟内同而外不同。「失於外」之「外」指「言」，「内外交相培養」之「外」指「氣」。○告子曰：「不得於言，勿求於心；不得於心，勿求於氣。」「此其所以固守其心而不動之速也。」

「不得於心，勿求於氣，可。不得於言，勿求於心，不可。夫志至焉，氣次焉，故曰：『持其志，毋暴其氣。』」

此則孟子之心，所以未嘗必其不動而自然不動之大略也。○但孟子之不動心一脚，只是即告子之言而斷之，因以見其大略耳，故丑復有下條之問。○或謂「不得於心，勿求於氣，可」兩句，當以屬告子之不動心，非也。此兩句正與下句「志至，氣次」、「持志，毋暴其氣」相照對，是一叫一應文字，還都是即告子之言而斷之者。○大注：「此則孟子之心，所以未嘗必其不動而自然不動之大略也。」固守其心而不動者，必其不動者也，造意安排等候者也。

○持志、養氣，正孟子之所以不動心者，而乃只曰「不動心之大略」，何也？蓋其所以不動心，還有兩端：一端是知言，今此所云，只是養氣一端，故下條注云「孟子又詳告之以其故也」，詳略相對，况此亦但云云而已矣。至於「至大至剛」，「配義與道」，「是集義所生，非義襲而取」，「有事勿正，勿忘、勿助」，許多曲折，俱未之及，又非只是「大略」而何？

○「此則孟子之心，所以未嘗必其不動而自然不動之大略也」。此處孟子未嘗正言己之心所以不動處，只是即告子之言而以己意詳斷之，然亦可以概見其所以異於告子者矣。至丑問「夫子惡乎長」，然後正告之曰云云，是「詳告之以其故也」。

「既曰『志至焉，氣次焉』，又曰『持其志，毋暴其氣』者，何也」

孟子言「氣次焉」，次者，「即次」之謂也。此處「即」字不必提。依丑之問意，則是認「次」字爲「後」字義矣。差之毫釐，謬以千里，故義理之微，須至繭絲牛毛處。

「志一則動氣，氣一則動志」

志一動氣，則志固不可不持；氣一動志，則氣亦不可以暴。彼告子乃「不得於心，勿求於氣」，抑何其不知義邪！○「志一則動氣，氣一則動志」，兼善惡説，不可專就惡邊説。志向於善，則氣亦從而善，亦見得志當養。氣放此。

「今夫蹶者趨者，是氣也」

○「此氣之不出於志者也。蹶固是忽然喫一跌，趨走則是着意者，如何以爲氣動志？」曰：「趨走雖着意，然亦非預擬之者，故《或問》朱子曰：『蹶、趨多遇於卒然不虞之際，所以易得動心。』朱子曰是。」○「氣一則動志」，人多要主不好者言，蓋以蹶者趨者之反動其心爲證，是未然也。孟子舉其易見者以曉公孫丑云耳。且如聖人之論恕曰「己所不欲，勿施於人」，此只是從不好邊説。然要之，己所欲者，則以施於人，亦此理也。又如下文「知言」，只説「詖辭知其所蔽」等，都是自不好者一邊説。然言之病者，既知其所以然，則言之不病者，亦知其所以然必矣。豈可謂恕只是推不好者於人，知言只是知那不好者之言哉！近時學者，讀書論理，有此等執泥，不可不説破。氣之所在不善，則心爲之不寧静，此固可見氣之不可暴。氣之所在者善，則心便爲之寧静，此亦可見氣之不可暴也。「志一動氣」亦然。○人之趨走則氣喘，而心懷爲之拍拍不寧静矣。但要「反動其心」意出，便是。或説趨向是自高臨下，如下峻坂而自趨者，未必是否，尚須闕疑。○按此説「蹶」、「趨」便是「暴其氣」，故朱子曰：「君子所以足容重，手容恭，聲容静，氣容肅，行中鸞和，步中《采薺》，皆是要『毋暴其氣』。」

○問：「『持志』與『無暴其氣』，孰重？」曰：「論理以『持志』爲重，論孟子此節之意，則『無暴其氣』爲重。」

蓋自「夫志，氣之帥也」至「無暴其氣」，俱是以破告子「勿求於氣」之説言云云，豈可以「勿求於氣」哉！下節「志一則動氣，氣一則動志」，亦重在氣一邊。○雲峰注：「行中和鸞，步中《采薺》。」音咨。行是車行，步是徒步，不然行與步何別？《周禮・夏官・大馭》云：「趨以《采薺》，行以《肆夏》。」行謂大寢至門外，行欲緩，故歌《肆夏》以爲節。趨謂路門至應門，趨欲速，故歌《采薺》以爲節。《肆夏》、《采薺》，皆詩名也。右二詩，今三百篇皆無之，蓋古詩，今無傳也。鸞、和二者，皆車上鈴，五御之目，有鳴和鸞。蓋車行則馬動，馬動則鸞鳴，鸞鳴則和應。○氣動志不止於蹶、趨，凡視、聽、言、動，氣用事到勝處，皆能動志，所以説「致養其氣」。自蹶、趨而言，則當是謹慎步履之間，不使至於蹶、趨，是爲不暴其氣也。所以趨走要實説是趨走，不是卒然值峻坂而下者。蓋不咎其動心，而咎其蹶、趨；不咎其蹶、趨，而咎其自暴其氣，以至於蹶、趨。此説自與朱子諸説合。「趨以《采薺》，行以《肆夏》」，豈無謂哉！○今夫「蹶者趨者，是氣也」，此氣之不出於志者也。若持志工夫到，則亦不至有蹶躓及妄奔趨。○「今夫蹶者趨者，是氣也而反動其心」，然則「不得於心」，亦安得遂「勿求於氣」邪？正所以破告子之非也。

「敢問天子惡乎長」

上文孟子總是言告子之不動心出於强制，我則異於是，於是丑問孟子不動心不待强制而自然不動者，是果何所長而能然。孟子乃言「我知言，我善養吾浩然之氣」。蓋惟知言則於天下之理無所疑，養氣則於天下之事無所懼，此其所以不待强制其心而自然能不動者也。公孫丑但問「不動心有道乎」，便意是有術以制之矣。不知孟子之術獨異於衆人，有出於丑意料所不及者。○「今夫蹶者趨者，是氣也，而反動其心」，如孟子則自無蹶、趨之失以反動其心矣。此公孫丑所以問「烏乎長也」。○上文所説已見孟子不動心之大略，然孟子只是即告子所以不動心者而論斷其得失，而孟子之所以不動心者，亦因之可以見其大略矣。其實孟子未嘗正告以我之所以不動心處如何，然公孫丑因孟子之言，便知得孟子之不動心異於告子矣，故復問曰：「告子之不動心如此，而夫子之不動心，所以異於告子如此者，有何所長而能然？」「能然」者，能不動心也，非謂其所以異也。觀其曰「有何所長而能然，而孟子又詳告之以其故也」，「其故」即所謂「所長」也。然則所謂「能然」者，非指「不動心」而何？

○上文誦告子之言而以己意斷之，但見其不合而有異耳，未見其所以異處何在。此則明説出他知言、養氣，則其所以異者正在是矣。蓋據孟子之「知言」，便見得與「不得於言，勿求於心」者異。據孟子之「養氣」，便見得與「不得於心，勿求於氣者」異。○以志對氣，則「持志」與「無暴其氣」爲二事相交養。以知言對養氣，則養氣内自有敬以持志者在。○知言，知也。養氣，行也。知言、浩然舉成功言，其用功則在精義、集義上，孟子之學一出於孔門也。○知言則彼不能惑於我，養氣則我無所懼於彼。○或曰：是非以義理而言，得失以利害而言。

「我善養吾浩然之氣」

謂之「浩然之氣」，則是氣本浩然也，「善養」者，亦順而不害之謂耳，非謂必善養，然後浩然也。

○「養氣」者，「必有事而勿正心，勿忘、勿助長也」。事皆合義，自反常直，而此氣自然發生於中者也。或失養，或助養，皆非善養也。

○「氣所謂體之充者，然則謂『氣體之充也』爲浩然之氣，可乎？」曰：「且未可也。何也？彼只承告子『勿求於氣』之氣説來，未正名其爲浩然之氣也。況此於浩然之氣，亦析而釋之曰：『浩然，盛大流行之貌。』氣即所謂『體之充』者，蓋恐人以浩然之氣爲非『體之充』之氣，故如此解耳。其實『體之充』之氣，本自浩然也。」

○我知言，此是盡心、知性時事。

○「我善養吾浩然之氣」，此以養成之時言，即存心、養性所成就也。告子之學與此正相反。○孟子「知言」，而告子曰「不得於言，勿求於心」，則亦「冥然無覺」而已。孟子「善養浩然之氣」，而告子曰「不得於心，勿求於氣」，則亦「悍然不顧」而已。○既曰「又詳告之以其故」，則前之持志、養氣，固亦「其故」之一端也。○孟子先言知言，而丑先問氣，《集注》則以爲承上文先論志、氣而言，《語録》則以爲乃是丑善問，如《大學》「正心」、「誠意」，只合殺在「致知在格物」一句。愚竊謂公孫丑意，只是以知言爲稍易，而浩然之氣獨爲難曉，故先問浩然之氣，而後及知言也邪？○《語録》一説似不如《集注》，善問之説，恐丑未到此，觀其慕管、晏而稱孟賁可見。

○浩然之氣，本難言也，聊試言之，「其爲氣也」云云。

○「浩然，盛大流行之貌」。輔氏云：「盛大，謂氣之本體；流行，謂氣之本用。」愚亦謂「盛大」蓋所謂「至大」之意，「流行」蓋所謂「至剛」之意。輔氏於「至大」、「至剛」下注亦云。○問：「他書不説養氣，只孟子言之，何故？」朱子曰：「這源流便在那箇『心廣體胖』，『内省不疚』，『夫何憂何懼』處來。」○又曰：「才説浩然，便自有廣大剛果意思，如長江大河浩浩然而來也。富貴、貧賤、威武不能淫、移、屈之類皆低，不可以語此。」

○此一句，愚竊疑焉。恐是説富貴、貧賤、威武之類皆低。若説富貴不淫，貧賤不移，威武不屈，則在那「居天下之廣居，立天下之正位，行天下之大道」上來，所謂「浩然而盛大流行」者，豈有加於此！此固所謂「和而不流，中立而不倚，國有道，不變塞，國無道，至死不變」者，《中庸》之勇，「惟聖者能之」也，如何乃猶以爲低而不足以語此耶？大抵是記録者之誤無疑。明道之詩亦曰「富貴不淫貧賤樂，男兒到此是豪雄」，則亦以爲人道之極致矣。○程子曰：「浩然之氣難識，須要識得。當行無歉於心之時，自然有此氣象。」此言最有味。蓋雖難識而實要識得也。然非行無歉於心之時，則亦會不得此氣象也。「無歉於心」與「不慊於心」不同，「無歉於心」，則慊於心矣。「不慊於心」，則歉於心矣。

「曰：『難言也。』」

非終不言也，言不得也。

「其爲氣也，至大至剛」

此一節正言浩然之氣是這般樣子氣之體段也。「直養無害」輕説下，「塞乎天地之間」則是「至大、至剛」，但必「直養無害」方全得此氣之體段耳，故云「本體不虧而充塞無間」。○「至大」，初無限量，「盛大」也；「至剛」，不可屈撓，「流行」也，其體段本如是也。輔氏以爲舉體以該用者，非也。體段猶云形像模樣耳，非體用之體。

○「至大」初無限量：天下之廣居，吾居也；天下之正位，吾立也；天下之大道，吾行也；天下之大經，可經綸也；天下之大本，可立也；天地之化育，可與之脗合無間也。此氣之行，推之東海而準，推之西海而準，推之南海而準，推之北海而準。「舟車所至，人力所通，天之所覆，地之所載，日月所照，霜露所墜，凡有血氣者莫不尊親也」，何大如之！

○銖視軒冕，「左之左之，無不宜之；右之右之，無不有之」。賁育遇之，無所用其勇；王公遇之，無所用其勢；儀秦遇之，無所用其辯；良平遇之，而無所用其智。天理周流而無間，天德自强而不息，何剛如之！

○「至大、至剛」，只是説無事做不得，但理所當盡者皆能爲之，此便是「塞乎天地之間」。○浩然之氣，只是載理以行者，此氣不得理，則不能浩然矣。蓋天之生人，合下是理氣一團交付他了。○朱子曰：「天地之氣無處不到，無處不透，是他氣剛，雖金石也透過去。人便是禀得這箇氣無欠缺，所以程子曰：『天人一也，更不分别。浩然之氣，乃吾氣也。』」

「以直養而無害」

本文曰「以直養」，而注曰「惟其自反而縮，則得其所養」，猶《文言》曰「敬以直内，義以方外」，而程傳曰「敬立而内自直，義形而外自方」，皆是先儒剖析精微處。蓋養氣工夫，只在「直」上，不在「養」上，故曰：「必有事焉而勿正，心勿忘，勿助長也。」○「以直養而無害，則塞于天地之間」，此所謂「善養之，以復其初」者也。○「其爲氣也，至大云云天地之間」。此段本論氣之本體，若非直養無害，則所謂本體者，不可見矣，故併言之。

○「至大、至剛」，即是「浩然」。「以直養而無害，則塞于天地之間」，即是復於浩然者矣。「浩然」字本都該了，因丑問「何謂浩然之氣」，故又爲之狀其體段如此。○此處不可説效，下文「配義與道」方是説效。○「則塞于天地之間」，只是「至大、至剛」道理。○浩然之氣是以養成者言，養成云者，非養不成也，故必曰：「以直養而無害，則塞于天地之間。」又曰：「是集義所生者，非義襲而取之也。」○「至大、至剛」與「塞于天地之間」雖只是一理，其實若曰：「其爲氣也，塞乎天地之間，以直養而無害，則至大至剛。」便説不順。蓋初間「至大、至剛」，是可以「塞乎天地之間」，然必「直養而無害」，方能「塞乎天地之間」。其實有作爲發揮了，但此節本意，只是要「塞乎天地之間」意思出，以顯明浩然氣象耳，非全不着人説也。

「其爲氣也，配義與道」

義者，人心之裁制；道者，天理之自然。○朱子曰：「道義別而言之：則道是物我公共自然之理，即所謂天理之自然。義則吾心之能斷制者，所用以處此理也，即所謂人心之裁制。」○又曰：「道是舉統體而言，義是就此一事所處而言。如父當慈，子當孝，君當仁，臣當敬，此義也，此即是就此一事所處而言。所以孝慈，所以仁敬，則道也，此乃大本大原處，即是舉統體而言，所謂即天道之流行而賦於物者，乃事物所以當然之故也，故後面只説集義。」○以人心對天理説，自「人心之裁制」曰義，自「天理之自然」曰道，猶云「在物爲理，處物爲義」。天人一也，因是「天理之自然」，故「人心之裁制」無不然者。○道之大原出於天，故曰「天理之自然」。○兼道與義而言，猶云「和順於道德而理於義」也，《易》又云「道義之門」。下文自所集而言，只應説義。

○「道者，天理之自然」猶云「在物爲理」也，「義者，人心之裁制」猶云「處物爲義」也。

合而有助之意。○雲峰曰：「所謂『合』，即延平所謂『一究出來』之意。所謂『助』，即延平所謂『襯貼』之意。」皆誤認延平之旨矣。蓋延平所謂「襯貼」者，實兼「合而有助」二意。但凡物之襯貼者，皆必是有合然後相襯貼，若方底而員蓋，其能相襯貼乎？又所謂「一究出來」者，延平恐人謂氣與道義相配，爲是兩物相輔貼，故曰「一究出來」，以見理氣之相依耳，亦非以强合言也。○「一究出來」，渾合而無間也。○不是「以直養而無害，塞乎天地之間」之後，方能「配義與道」，此本是一時事。上節只言浩氣，下節以氣對道義而言配道義，所以能無疑懼而不動心也。

○「配義與道」，正是説他「不動心」處，上節「直養無害」，正是説他「善養浩然之氣」處。蓋「善養浩然之氣」，則自然「不動心」，故《集注》曰：「養氣則有以配乎道義而於天下之理無所懼也。」然其實不是今日「善養浩然之氣」，明日方能「不動心」。

○亦有理直而氣不足以配之者：今有兄弟兩人，同是一項事，同爲人所誣，其一氣弱者，只是此理，而發不透徹，只伸説得三五分。其一有氣者，亦只是此理，發便十分透徹，自是能動人之聽，則氣之合乎道義而有助，亦可見其大意矣。

「無是，餒也」

謂無此氣，則道義莫爲之配，便是體不充矣，故曰「餒也」。○「無是，餒也」，謂氣是人之所以充滿於身者也，若無此氣，則無以充其體而餒矣。餒則道義無所配，而不免於疑懼矣，安能不動心。此説較明。

○「餒」字對「充」字，「無是」，謂無此氣也。餒，體不充也。「是」者，指謂有道義而無氣，氣不足爲理之輔也，故理亦蕭索而不行，衰落而不振也，所以大注云：「若無此氣，則其一時所爲，雖未必不出於道義，然其體有不充，則亦不免於疑懼而不足以有爲矣。」「不免於疑懼而不足以有爲」字，貼在「餒」字下。○「氣，體之充也」。無此氣則無以充其體，而道義莫爲之配矣。

○注云「言氣雖可以配乎道義」，下一「雖」字者，言氣雖爲道所資，其初則又是資道義以生，單言義則道在其中。曰「其爲氣也，配義與道」，則知氣自氣，道義自道義。氣只是體之充者，但本自浩然，無向不濟，故謂之「浩然之氣」耳。不可不分曉。朱子所謂「義理附于其中」者，只是無私欲以拗折之爾。

○「其爲氣也，配義與道」，正言氣之功用也。「無是，餒也」，特反言以明之耳，非並舉之詞也。○氣既浩然了，又能配義與道，使其行勇決而無疑懼，此猶「自得之，則居之安，資之深，左右逢原」，皆自得之節次也。「樂則生矣」至「手舞足蹈」，皆樂之深也。

○「言人能養成此氣」，「以直養而無害，則塞于天地之間」，此正所謂「養成」也，「是集義所生者，非義襲而取之也」。

○同一義也，謂之「集義」，則是事事皆合義，謂之「義襲」，則見只是一二事合義而已。蓋養氣者，只要在義上做工夫，不要於氣上着力，所謂「必有事焉而勿正，心勿忘，勿助長」者，正以此。○今日行一難事，明日行一難事，久則自然充養而有得矣。○養氣別無法，只是日日時時集義而已。○集義可爲也，浩然不可爲也，故「必有事焉而勿正，心勿忘，勿助長也」。

○朱子曰：「『是』字與『非』字對，『襲』字與『生』字對，其意蓋曰：此氣乃集義而自生於中，非行義而襲取之於外云爾。」又曰：「生是自裏面生去，取是自外面取來。」

上文「不得於言，勿求於心」，則「義外」之意。○「非義襲而取之」，謂非可以義襲取之也。欲以義而襲取之，則其義有未集矣，故注云：「非由一事偶合於義，便可掩襲於外而得之。」蓋謂之「襲」，便是不自然。

○論「集義所生」，則義爲主；論「配義與道」，則氣爲主。○雲峰曰：「『集義』只是『以直養』，『義襲而取』即是有所作爲以害之。然則所謂『直養而無害』者，正該『必有事焉而勿正，必勿忘，勿助長也』。」

○「是集義所生」，不兼言道。饒氏曰：「道體義用，體上無做工夫處，故只説集義。」蓋是也。但其上云：「浩然之氣，其體配道，其用配義。」此説似戾。蓋「配義與道」皆是就行處説，故曰：「使其行之勇決，無所疑憚也。」饒氏又云：「『無是，餒也』，是無氣則道義餒。『行有不慊於心則餒』，是無道義則氣餒。」此説尤謬。二「餒」字本同也，皆謂體不充。

○「言氣雖可以配道義，而其養之之始」云云。此「始」字，正對上條注「養成此氣」之「成」字。蓋氣之始養也，則氣實資理以生，而氣之養成也，則理又資氣以行。○「行有不慊於心，則餒矣」，故曰「非義襲而取之也」，兩句相發明。蓋只行一事，偶合於義，則其不合於義者多矣。行有不合於義而歉於心則餒，如何可以「義襲而取之」哉！

○「是集義所生者，非義襲而取之也。行有不慊於心，則餒矣。」又曰：「必有事焉而勿正，心勿忘，勿助長也。」味此數句，看他是下許多無量底工夫，方道得此數句來。孔子曰：「十室之邑，必有忠信如丘者焉，不如丘之好學也。」豈不信哉！○「集義」而「浩然」，亦由「忠恕」而「一貫」也。「集義」是脩爲，「浩然」是得效。○自「集義」而「浩然」，正由「格物」以至於「知至」也。○依朱子前注，則謂道是義之統體，乃其所以然者，故下文只説集義，爲正。○據理而言，則有義有道，據盡此理而言，則只是集義，告子未常知義。○或説「行有不慊於心則餒」，是帶下句「告子未嘗知義，以其外之也」説，非是。蓋上文「是集義所生，非義襲而取」，内無有箇心在，故注云：「自反常直，是以無所愧怍。」「無所愧怍」，即慊於心也。「非義襲而取之」，則正與「集義所生」相反説，而「行有不慊於心則餒」，正所以發其意也。此三句皆見得義内處。注云「然則義豈在外哉」，亦通管上三句，詞雖不管，意亦自管到。○「集義」只是「直養無害」，「直養無害」即是「必有事焉而勿正，必勿忘，勿助長」。「集義所生」者，慊於心而發於氣也。「義襲而取」者，有不慊於心者也。此皆可見義之在内，故下文云云。

「是集義所生者，非義襲而取之也。行有不慊於心，則餒矣。」如何見得義之在内？蓋心之慊否，一係於心之得失，此見義之屬於心處，而告子以義爲外，則必不能集義以求慊於心，而是浩然之氣無自生矣。

「故曰：『告子未嘗知義，以其外之也。』」

○合於義則慊於心，其心慊則其氣充。夫心之慊否，係於義之得失，則義之非外也昭昭矣。告子既外義，則必不能集義矣。不能集義，而能先孟子不動心者，豈其不動心之謂哉！○既曰「告子未嘗知義，以其外之也」，然則亦安能不動心哉？則是始者所謂「是不難，告子先我不動心」者，亦是口頭之辭，聊答公孫丑、孟賁之言耳，非固許其不動心也。○「告子未嘗知義，以其外之也」，不可謂指「不得於言，勿求於心」

説，大注只是因舉以證之耳，故曰「即外義之意」，又曰「見《告子上》篇」。○外義，故不能集義，何也？以其不知其爲吾性所固有，而不復以爲事也。○「上文『不得於言，勿求於心』，即外義之意」。蓋「不得於言」，言中自有義也。注云「不求其理於心」，義即理也，「其理」即言中之義也。○朱子曰：「告子之病，蓋不知心之慊處，即是義之所安，其不慊處，即是不合於義，故直以義爲外而不求。」○如何不得於義，便心不慊，豈非以義與心根脉相連邪？蓋仁、義、禮、智者，是心内物也，此義字又該仁、義、禮、智、信，單言者也。

「必有事焉而勿正」

「有事」、「勿正」，不是兩意，故注曰：「趙氏、程子以七字爲句。」集義者，今日行義，明日行義，行之又行，行而不已，此所謂集也。若有預期之心，則非集矣。只看大注「但當以集義爲事」字面，亦見得，所以下文亦只以不耘譬忘者，揠苗譬助長者。

○言養氣者，但當以集義爲事，而勿預期其效，久之當自然有效。設或久之不見效，則恐是集義之功猶有所未至，故但當勿忘其所有事，只管益集其義，切不可作爲以助其長也。助長之害，視之忘其有事者，尤甚也。○「必有事」，謂把他當一件事，時時下手看。○正氣未充，而助長雖亦未惡，但便不免有僞在，亦豈能久而不變？古今病此者亦多，故每有不滿人意處。○朱子曰：「助長者，氣未至於浩然，便作令張主，謂已剛毅無所屈撓，便要發揮去做事，便是助長。」○所嫌於助長者，蓋以天理十分爲率，若養到五分天理者，尚有五分人欲在，養到九分天理者，尚有一分人欲在，終是於事未盡善。集義到盡頭處，則有以盡夫天理之極，而無一毫人欲之私，何節不立？何功不成？富貴不能淫，貧賤不能移，威武不能屈，何浩然如之！

○朱子曰：「今人之於物，苟施種植之功，至於日至之時，則自然成熟。若方種而待其必長，不長則從而拔之，其逆天害物也甚矣。」問：「助長者模樣何如？」曰：「堅白未足而欲自試於磨涅，自負可不至於磷緇者，是也。」○助長多見於臨時之際，蓋由平日不能養其氣也。饒氏亦有此說。○大抵人之集義、養氣者，往往有此二般意，或忘或助，而忘之與助，又皆生於正也，故注曰：「其或未充，則但當勿忘其所有事，而不可作爲以助其長。」○忘與助長，皆生於正之不得。○正、忘、助長三病，亦相因而至。蓋有忘而不助者，❶助則無不忘矣。

○但能集義到底，正、忘、助三病俱無。有是病者，則先正而後或忘或助。無則一發俱無，無復先後之可言者，豈有先「勿正」，然後「勿忘」，又然後「勿助長」之理？

○人固當養氣，但養氣者，只當於義上着工夫，不要於氣上着工夫。正與助長者，正是於氣上著工夫。其忘者，又不能於義上着工夫到底。

○此數句總是說要集義到底。「是集義所生」，這一句裏面也有不正，也有不忘，也有不助長，才得他生。「生」字與「取」字正反對，生是自然來底，取是計較得來底。○所以戒之「必有事焉而勿正」。○「勿忘、勿

❶ 「忘而不助」，嘉靖本作「正而不忘」。

助長」者，正以其「是集義所生者，非義襲而取之也」。若有事未幾而正之，或忘或助，則是皆欲以「義襲而取之」者也。〇「必有事焉」，雲峰分「念念合義」與「事事合義」，不是只當以事言，念則隨之，參之前後大注皆然。蓋言集義，則持志自在其中。蓋義者制事之宜，無事只應守著心，難以喚做義，《書》曰「以義制事，以禮制心」，可見。

集義養氣節度。〇「節度」，猶言法則也，不是節次度數。〇注：「養氣者，但當以集義爲事，而勿預期其效。其或未充，則但當勿忘其所有事，而不可作爲以助其長。」味注意，則「勿忘、勿助長」，詞雖兩平，❶意則歸重下句也。

〇觀孟子詳言養氣之制度，要在一於集義而已矣。夫浩然之氣，非義襲而取之也，能有事焉勿正，但勿忘勿助，而惟一於集義焉，則得矣。助長必入於剛惡，不然則折而爲柔且不支矣，故曰：「非徒無益，而又害之。」

〇孟子一生受用，全是「知言」、「養氣」，其刻苦工夫，則在「必有事而勿正心，勿忘、勿助長也」。甚矣，聖賢之爲聖賢，不偶然也，是何等做工夫來。

〇養氣工夫，以一言該之，曰：「集義。」以二言該之，曰：「直養而毋害。」以四言該之，曰：「必有事焉而勿正心，勿忘、勿助長也。」其實一而已。有事固是集義，「勿正」、「勿忘」、「勿助長」，要皆不出一「集」字之外

❶ 「平」，原作「乎」，今據嘉靖本改。

也。蓋養氣工夫，只當在義上着力，不消於氣上着力也，氣上着力，便是助長矣。

「宋人有閔其苗之不長而揠之者」

此段近似《莊子》，其事之有無不可知。然謂之宋人，何也？○只説「勿助長也」可矣，而必以宋人揠苗爲言者，顯其害也。「必有事焉」一條，引宋人亦是譏告子。注又云：「如告子不能集義而欲彊制其心，則必不能免於正助之病，其於所謂浩然者，蓋不惟不善養，而反害之矣。」要之，不能集義以生浩然之氣者，正是不善養而又反害之也。本文「必有事焉」一條，亦只是申詳「集義所生」一條意耳，故文意皆自相會通。

「今天下之不助苗長者，寡矣」

○言天下之養氣，不似那宋人之助苗長者，寡矣。彼以爲氣無益而舍之不養者，猶似不耘苗者耳，未爲害也。至於助氣之長者，正如揠苗者也，則非徒無益於氣，而又反害於氣矣。重在助長之害，不可「以無益而舍之者」對看，不可以分賓主，❶不可以《集注》「無是二者」云云，爲正解本文。

○氣之在人，多不知養，間有知養之者，又往往有助長之病，謂之「天下之不助苗長者，寡矣」，明指斥告子。

「非徒無益，而又害之」

深言助長之害。○蓋天下之知養氣者，大抵多坐此病，故曰：「天下之不助苗長者，寡矣。」欲速則不達。

❶ 「主」，原作「王」，今據嘉靖本改。

就苗上説以見意亦可。❶ ○或疑注謂「然不芸則失養而已，揠則反以害之」爲專説苗，以證本文「非徒無益，而又害之」亦只是説苗。不然也。「天下之不助苗長者，寡矣」，豈天下治苗者皆助長乎？亦借説耳。此二句注，亦是借説養氣者，故下即承之曰：「無是二者，則氣得其養，而無所害矣。」豈有上二句説苗，下二句接説養氣？又縱無此下二句明注在，愚終不以證本文爲説苗。○大注「則必不能免於正助之病」，觀此句，見得「有事」、「勿忘」是「直養」之目，「勿正、勿助長」是「無害」之目。○又觀下文「則不惟善養而又反害之」二句，見得告子亦非只是有害者，天下未有有害而得爲善養者。只是集義到底，便是「直養而無害」。

○孟子曰：「以爲無益而舍之者，不耘苗者也。助之長者，揠苗者也。」先氣而後苗，直説也。《集注》曰：「舍之而不耘者，忘其所有事。揠而助之長者，正之不得而妄有所作爲者也。」先苗而後氣，倒懸也，一理也，互相發也。○「是集義所生者」至「非徒無益，而又害之」，大抵語意都從「敢問夫子惡乎長」上説來，故往往碍着告子。「集義所生」一條，本文則曰「告子未嘗知義，以其外之也」，而注云：「則必不能集義以生浩然之氣矣。」

「何謂知言」

據孟子所言，非知言，乃知心也。不知其心，不足爲知言。因言以知心，心總是言之源頭也，故曰：「詖辭

❶ 「以見意亦可」，原爲注文，今據嘉靖本改爲正文。

知其所敝，淫辭知其所陷。」重在知其「蔽」、「陷」、「離」、「窮」上。

「詖辭知其所蔽」

即其辭之詖若此，則知其心之所蔽者有在，淫、邪、遁皆然，要著四箇「所」字。詖、淫、邪、遁、蔽、陷、離、窮，皆是大綱字，其實詖有許多樣詖，蔽亦有許多樣蔽。

○「詖辭知其所蔽」，是自其辭如何樣詖，便知其心之所蔽者何在，非但泛然知其有蔽而已。下放此。彼告子不得於言而不肯求之於心，又安能即其言之病而知其心之失？○至爲義外之說，則亦是詖、淫、邪、遁之說也，是自不免於四者之病矣，故總之曰：「其何以知天下之言而無所疑哉！」

平正之反　　通達之反

詖 始移	淫 遂之移	邪 遂入邪	遁 竟不通而逃
蔽 有以蔽之	陷 蔽之深	離 投於邪而去道遠	窮 無所歸矣

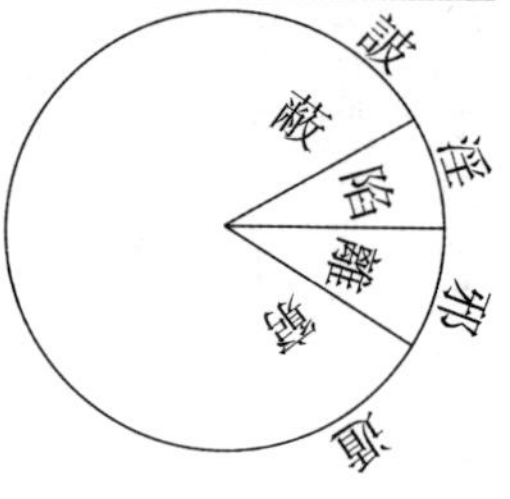

詖者，心蔽而言亦蔽也。○淫者，心陷而言亦陷也。○邪者，心離而言亦離也。○遁者，心窮而言亦窮也。○但在言謂之詖、淫、邪、遁，在心謂之蔽、陷、離、窮，各以類耳，理則一也。

○「詖，偏陂也」。理本平正，偏則不正矣，陂則不平矣。有所蔽者，其平正之理在於心者，爲物所蔽也。如仁義之理，人心固有，本自平正，楊氏乃以爲我爲義，墨氏則以兼愛爲仁，只見一邊而不周見其全體，故

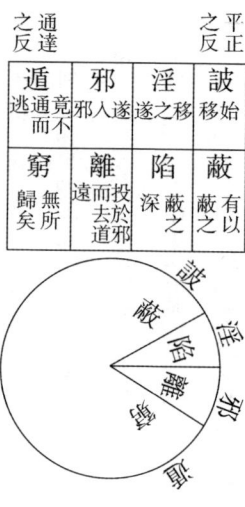

謂之蔽也，言遮隔也。○此四者有則俱有，未有詖而不淫、邪且遁者，則自詖、淫、邪而來，如意、必、固、我一般，起於意，遂於必，流於固，而成於我，皆不獨立，亦皆以類相因而至也。○朱子曰：「心有所蔽，只見一邊，不見一邊，如楊氏爲我，墨氏兼愛，各只見一邊，故其辭詖。詖是偏陂，此理本自平正，他只說得一邊。」○又曰：「字凡從陂，❶皆是一邊意，如跛是脚一長一短，坡是山一邊斜。」愚嘗以此求之，如破字亦是。但波字則未見一邊意。至於被字，則却是周遮意，不盡然也。謂言說得一邊，因是心只見得一邊。○又曰：「蔽則陷，陷，深入之義也。是身陷在那裏，如陷溺於水，只見水，不見岸了。故其辭放蕩而過，說得周遮浩瀚。」○「詖辭知其所蔽」等，内各有節目。蓋從大綱說，只是陂與蔽，而其中却有或蔽於氣質，或蔽於物欲，或學術之蔽，或習俗之蔽。然就氣質之蔽，亦有許多端：或蔽於剛，或蔽於柔之類。其言則以類而分。學術之蔽亦有許多端：以楊氏蔽於爲我，墨氏蔽於兼愛，告子蔽於强制之類。其言亦以類而分。只此四病，所該甚廣。○「其心明乎正理而無蔽」。四病起於蔽也，既有蔽，則陷與離、窮相因而見矣。○愚謂心之所蔽者深，則辭之所遊者遠矣。○知言獨就詖、淫、邪、遁不好邊說者，亦是從告子說來。此章自此以上，節節大概都是與告子反者。蔡氏以爲是指楊、墨，以「好辨」章照起，固是。告子、楊、墨，概皆邪說也。

「生於其心，害於其政」云云

❶ 「陂」，據文義當作「皮」。

謂詖、陷、離、窮之失，既生於心，不但發於言者有詖、淫、邪、遁之病而已，必且害於政，而所設施之間，大綱皆不是了。大綱既不是，則本根壞而枝葉隨，於是衆目俱差了，政事亦不必十分分先後，故注云：「又知其害於政事之决然。」不得似生心、害政之先後矣。或生於心而害於政，或生於心而害於事，本無先後，害則一時俱害，此亦立言一時之不同耳。○此「政」字不是有位者之政，有位無位，皆有政也，只是大綱所在。政之與事，猶有子言小事大事一般。○或問：「爲何『知言』章先説『害於其政』，『好辯』章先説『害於其事』？」曰：「此亦無説，必求其説，則鑿矣。蓋告子與楊、墨等是邪説，等是詖、淫、邪、遁也。非楊、墨之害先事而後政，告子之害先政而後事也。然究其至當歸一之説，則又似先政而後事者爲正。蓋大綱是大本所在，大本既受病，則其餘枝節可知，故先害政而後害事之説爲長。」

○饒氏曰：「孟子不欲以知道自謂，所以只説知言。」愚謂説知道又不如説知言之深，知道只是泛説知道理而已，知言則即人之言而探見其心術之隱處，蓋尤難也。能如是，則知道又不足言矣。○知言最是不易，故前注云：「知言者，盡心知性，於凡天下之言，無不究極其理而識其是非得失之所以然也。」解得亦十分重。○「生於其心，害於其政」，謂不但發於言之病而已也。○生之端微，發之迹著，試云「發於其心，生於其政」，則便不通。「好辯」章曰：「作於其心。」作，起也，其端亦微。

○蓋所謂知言，則只是知到其詖、陷、離、窮而已。然詖、陷、離、窮不止爲言辭之害，又爲政事之害，故兼及之。然朱子大注於下文却總之曰：「非心通於道，而無疑於天下之理，其孰能之。」則又似皆爲知言之事。豈以詖、淫、邪、遁之辭，實生於心，既生於心，必害於政與事邪？曰：「未必然也。如此説，則是詖、淫、邪、遁之辭，害於政事矣。以爲辭之害政事，不如説心害政事。蓋心之病，一路發於言，一路發於政事，言病則政事亦病。孟子知言之極，所以知其蔽、陷、離、窮之害於政事者。何以知之？亦不過是因辭之詖、淫、邪、遁而知其心之蔽、陷、離、窮，即就此而并知其蔽、陷、離、窮之害於政事之必然耳。豈不亦是知言之事乎？如此説，則理意昭然矣。故孟子嘗曰：『聽其言也，人焉廋哉！』孔子亦曰：『不知言，無以知人也。』聖賢之知人，最憑言語，故孟子不曰『知道』，不曰『知心』，不曰『知人』，只説『知言』。然則所以知其蔽、陷、離、窮之生於心而害於政事者，非以其言而何哉！」○知言、養氣，亦要相通，觀「生於其心」一言亦可見。若養得其心之正，亦自無病。若非養得其心之正者，亦不能詳此病。

「聖人復起，必從吾言矣」

此句只帶「生於其心」四句，不連帶上四「知」説。大注云：「又知其害於政事之決然而不可易。」○「聖人復起，必從吾言矣。」所以明其爲理之必然也，非固自矜其言之必信也，故曰：「孟子，知言之極。」○其心明乎正理而無蔽，然後其言平、正、通、達而無病。○「明」字與「蔽」字相對，無蔽則亦無陷、離、窮矣。平、正、通、達與詖、淫、邪、遁相反。○其言平、正、通、達而無蔽。○平、正對偏、陂而言：正則不偏，平則不陂。通、達則不窮而離、遁矣。「言有詖、淫、邪、遁之四病，反之者獨言平、正、通、達，何也？」曰：「平、正原其始，通、達要其終，而淫、邪之反者在其中矣。言之所以平、正者，以其心之平、正也。心之所以平、正者，以其理之平、正也。理之所以本平、正者，所謂『天然自有之中』也。天然自有之中在於人，人實得此理於心，則發於言者自平正而不偏陂，其終至於通達而無礙矣。是豈能於其所本然者，而有所加益哉！」

○或問：「去蔽之道，當何如？」饒氏曰：「孔子嘗謂六言六蔽，皆基於不好學。欲去蔽者，當自好聖賢之學始。」○大注「又知其害於政事之決然」，不粘着「心」字者，承「知其心之失」言。抑又可見生於其心，非有詖、淫、邪、遁矣。倘是指詖、淫、邪、遁，則注云「又知其害於其政事之決然」，爲決一「言」字及一「心」字矣。

心通於道，而無疑於天下之理。○道以理之本體言，理以道之散殊者言。○「心通於道」，猶云「知命」也。「無疑於天下之理」，猶云「不惑」也。○知言，只就知詖、淫、邪、遁，亦猶孔子言恕，云「己所不欲，勿施於人」一般。蓋不欲勿施，則所欲者必以施於人矣。

○孟子知言，正如人在堂上，方能辨堂下人曲直。若猶未免雜於堂下衆人之中，則不能辨決矣。○問：「人在堂上，如何便能辨堂下人曲直？嘗見儘有巍然堂上，召一案數十人而鞫之，或連數日不得其曲直事情所在，而數十人之中，必有退而抑腕嗤鄙其不明，❶以爲此事只用提其端，斷某項用某言折某事，言之了了分明，直恨堂上之人不得其要領者。然則堂上之人豈必皆能辨堂下人曲直，而雜於堂下衆人之中者，皆不能辨乎？抑以勢位言乎？」「非也。吾嘗觀此而有感矣。古者六德爲諸侯，三德爲大夫，其下凡有一才一善者，位皆稱之，所謂『自公卿而下，位各稱其德，終身居之得其分』者，所謂『小德役大德，小賢役大賢』也。其在堂上者，必其才其德宜在堂上；其在堂下者，亦必其才其德不得在堂上之人。程子此

❶「抑」，四庫本作「扼」。

言，理之正而常者也，非只是以見識之超衆比在堂上，以見識之混於衆比在堂下而已。」○古者天子之射，其步遠於諸侯，諸侯之的，又遠於大夫。蓋其力量亦須過人，然後能服人也。五帝官天下，五帝亦以爲當然而已。使朱、均果足以負荷天下，堯、舜則以授之，亦何嫌哉？堯、舜亦不過爲天下主張箇公道而已，坐堂上以辨堂下人曲直而已。○謂之「人在堂上」，以其有超於堂下之人也；謂之「未免雜於堂下衆人之中」，以其見識只在衆人之列也。

「宰我、子貢善爲説辭」

○大概只是善辯。

「冉牛、閔子、顔淵善言德行」

然則「善爲説辭」者，亦淺矣。「善言德行」，「善言」字輕，「德行」字重。○「善爲説辭」，則是有言者不必有德；「善言德行」者，不期於有言也，有德者必有言也。

○學到善言德行地位，難矣。所謂立言者，必須如冉、閔、顔之善言德行方是，方可傳後世。○丑於冉牛、閔子、顔淵，不曰「有德行」而曰「善言德行」者，承上文「善爲説辭」言，見得三子不但善爲説辭而已。其所説辭，又皆得於躬行心得之餘者也。或曰丑之見，恐未及此。○問：「『冉牛、閔子、顔淵善言德行』，是亦兼言語、德行而有之乎？」曰：「丑之學識粗淺，蓋以爲只是善言德行而已，不能善説辭也。以此當孟子之善養氣。若以理言，則實是兼言語、德行。然公孫丑之見，不及此也。」○公孫丑所見，果尚粗淺，如下文孟子告以「乃所願，則學孔子」，則伯夷、伊尹於孔子，其高下已判矣。彼乃因「皆古聖人也」一句，而復問曰：「伯夷、伊尹於孔子若是班乎？」可見其學識所到。

「孔子兼之，曰：『我於辭命則不能也。』然則夫子既聖矣乎」

語意亦明説孟子勇於自任，故先説「孔子兼之」一句，《集注》若不欲分明提綴然者。○程子曰：「孔子自謂不能辭命者，欲使學者務本而已。蓋有德者必有言，孔子是何等盛德，乃獨短於言邪？其謙己者，所以勉人耳。」○「我於辭命」，此「命」字是「爲命，裨諶草創」之「命」。

「聖則吾不能，我學不厭而教不倦也」

饒氏謂學聖人之道不厭，以聖人之道教人不倦。今據《論語》注：「爲之，謂爲仁、聖之道。誨人，亦謂以此教人。」則可從饒説。○或曰：《論語》一章，或正是答子貢之問，而公西華應之，記者詳略不同耳。

○「學不厭」者，求以自明，故曰「知也」。「教不倦」者，推己及物，故曰「仁也」。「仁且智，夫子既聖矣。」夫孔子實既聖，而猶不敢當，爾遽以我爲既聖，惡！是何言。○「昔者子貢問於孔子曰：『夫子聖矣乎？』『仁且智，夫子既聖矣。』」愚每讀此一段，以爲孟子既是不敢當「既聖」，則只宜引到「聖則吾不能」，或到「我學不厭而教不倦也」，亦可。今乃又引：「子貢曰：『學不厭，智也；教不倦，仁也。仁且智，夫子既聖矣。』」却又自家推説「夫聖，孔子不居，是何言也」，爲不可曉。

○一説是明孔子雖既聖，而猶不自聖，以見己之尤不敢當也。今宜從此説。

「夫聖，孔子不居，是何言也」

一段其實是自任，而固爲謙拒，殊不可曉。况下文又明言「願學孔子」，雖顔子亦所不安，則非自任以「既聖」而何？但不顯然自承耳。清每疑此一節。

「子游、子夏、子張，皆有聖人之一體」

朱子曰：「聖人道大而能博，如游、夏得其文學，子張得其威儀，皆一體也。惟冉牛、閔子、顔淵氣質不偏，義理完具，獨能俱有聖人之全體也。但未若聖人之大而化之，無限量之可言，故以爲具體而微耳。」〇「具體而微」，謂其有全體。此「體」字，是「身體」之「體」，故曰「一體」，謂一肢也。「全體」以《噬嗑》，《本義》所謂「全體骨而爲之者」同。〇孔門四科，猶乾道之四德，四德之元，統亨、利、貞，四科之德行，亦統乎言語、政事、文學，何也？有德者必有言，故冉牛、閔子、顔淵皆善言德行。又顔子，王佐之才，政事之長，何如？「博我以文」，則嘗「既竭吾才」，其文學又可知。冉牛、閔子雖無事實可據，然舉一亦可以三隅反矣。又曰：「冉牛、閔子、顔淵，則具體而微，信乎其兼言語、政事、文學矣。」〇要之，孟子所就，雖猶不及顔子，然其所志已在孔子，則雖顔子亦在所舍矣。天台潘氏曰：「是誠有不足於顔子者，蓋非不足於顔子，以顔子不幸短命而未至於聖人之域。」〇又曰：「前輩云：『纔遜第一等事與別人，便是自棄。』古人之志，大率如此。然立志之後，須要力行以酬其志，不可徒有此志也。」

「『伯夷、伊尹何如？』曰：『不同道。』」

言與己不同道。蓋己之志在學孔子，則伯夷、伊尹亦爲不同道矣。下云：「乃所願，則學孔子也。」然則伯夷、伊尹，雖皆古聖人，亦未免爲不同道。曰「不同道」，就是「姑舍是」之意。如此説，方答得「何如」之問。「何如」者，言夫子肯處之否。曰「不同道」，則亦在所不處矣。故不必依「百世之師」章，説作與孔子不同道。○曰：「伯夷、伊尹何如？」曰：「不同道。」謂於己不同道。才見得非其所安，己之道便是孔子之道。「百世之師」章，作與孔子不同道。然孔、孟同道，與己不同道，便與孔不同道，與孔不同道，便與己不同道。○或曰：不要説與我不同道，言與我所願處者不同道也。其詞意近婉，此亦是一意。但孟子尚不如顔子，夷、尹亦不能過顔子，而孟子於顔子，亦曰：「姑舍是」矣，何必曲爲婉轉。

「治則進，亂則退」

伯夷無「治則進」之實事，此只是伴説。蓋論「亂則退」，則治而進必然矣。❶《易·文言》乾初九曰：「樂則行之，憂則違之。」初九只是憂違，曷嘗有樂行之事？其並舉言者，正是此例。○又問：「伯夷何以見其治則進？」曰：「如文王作興，曰：『盍歸乎來！』」曰：「非也。此所謂來就養，非求仕也。」○「可以久則久」，久於其國也。○「可以速則速」，去之速也。○問：「仕止、久速，如何分？」曰：「仕止以出處言，久速以去就言。『危邦不入，亂邦不居』，去就也。『有道則見，無道則隱』，出處也。故曰：『去就之義潔，出處之分明。』或遠或近，或去或不去，亦然。方知聖賢言語之精密。」

「『伯夷、伊尹於孔子，若是班乎？』曰：『否云云孔子也。』」

不知是從仕止、久速各當其可上説，抑以事功上説？若止以仕止、久速各當其可上説「自生民未有孔子」，則自生民以來聖人，不止都是伯夷、伊尹之倫耳。伏羲、神農繼天立極之聖，皆是時乘六龍以御天，

❶「治」，原作「冶」，今據嘉靖本、四庫本改。

先天弗違，後天奉天時者，其處孔子之地，獨不能仕止、久速各當其可乎？　況舜嘗耕于歷山，陶于河濱，漁于雷澤，此亦時止而止也。　及膺堯之薦，於是納于百揆，賓于四門，以至於受禪爲天子，若固有之，是豈當孔子之時，不能爲孔子之事，而謂自生民未有如夫子之仕止、久速各當其可者乎？　惟以事功言，則群聖之功，止於一時，而孔子之功，垂及萬世，所謂「仲尼以萬世爲土」者。❶　蓋孔子之功，所以集群聖之大成，一世用之，一世之治也；十世用之，十世之治也；百世、千世，以至萬世用之，則百、千、萬世之治也，皆其功也。　如此説，則誠有群聖所未有者，此程子事功之説，所以最爲有功也。　然此等事功，亦非堯、舜不能爲，夫子獨能爲之，乃其所處之時不同故耳。　使堯、舜若當孔子之時，道既不得行於當時，則亦必將集先聖之大成以垂法萬世無疑矣。　若使孔子得爲堯、舜，亦無此事功矣。　而謂夫子之聖，實有盛於堯舜乎？　○「自生民以來，未有孔子也」。　此句似只承上節仕止、久速之各當其可而言，然以下文「敢問其所以異」數段證之，則又是以事功言。　大抵孔子只是一箇孔子，自古聖人則自羲、皇、堯、舜以至伯夷、伊尹、柳下惠之儔，皆古聖人也。　以孔子之時中言之，則伯夷、伊尹、柳下惠等數聖人所未有。　以孔子之事功言之，則羲、皇、堯、舜等群聖人所未有。　蓋孔子一身，其時中之道，既集伯夷、伊尹之大成，而其事功之盛，又集堯、舜、禹、湯群聖人之大成也，故曰兼説爲盡。

○「自生民以來，未有孔子也」。　以出處言之，則仕止、久速各以其時，既爲伯夷、伊尹所未有。　以事功言

❶「土」，原作「上」，今據嘉靖本改。

之，則删述六經，垂功於萬世，又爲堯、舜等群聖人所未有。信乎「自生民以來，未有孔子也」。○雲峰曰：「『姑舍是』者，孟子以顔子具聖人之體而未極其大，故欲學其大。曰『不同道』者，孟子以伯夷、伊尹有聖人之德，而未極其全，故欲學其全者。」

「『然則有同與？』曰『有』」云云

「以百里而王天下，德之盛也。」苟非其德之盛，安能以百里而王天下邪？德之盛，則近悦遠來，所謂「仕者皆欲立於王之朝，耕者皆欲耕於王之野」矣。

「行一不義，殺一不辜，而得天下，皆不爲也」

朱子曰：「以其讓國而逃，諫伐而餓，非道義，一介不取與觀之，則可見。」○「行一不義，殺一不辜，而得天下，不爲也」。况於枉尺直尋乎？

「得百里之地而君之，皆能以朝諸侯而有天下」

不以土地甲兵之力也，德何盛哉！其處心之正，雖使行一不義，殺一不辜，而可以得天下，亦不肯爲，則其心之正爲何如！此無實事，不如此説，無以表其德之盛，心之正處。此孟子之所以爲善辯。根本節目之大者。○新安陳氏曰：「『德之盛』，根本之大也。『心之正』，節目之大也。」○蓋聖人之所以得爲聖人者，根本全在德上，故德之盛爲根本之大。然取與之際，最是大節目處，假使行一不義，殺一不辜，所失者如此其小，而可以得天下，所得又如此其大，彼亦不屑爲之。其存心之正如此，故曰：「心之正爲節目之大也。」○問：「根本節目分否？」曰：「分。」「何以言之？」曰：「凡一草一木，根本自是根本，節目自是節目，二者既不可混而爲一，則於此借言之，獨無分乎？故分如上。根本節目之外，乃爲枝葉。」

「敢問其所以異」

「宰我、子貢、有若，智足以知聖人」，分明是高明了，然縱使其汙下而不高明，諒亦不至阿其所好，而空譽之。夫雖污下，尚不至於阿所好，則其言之可信也明矣，故曰：「明其言之可信也。」○三子者之言，本出一時已見，而萬世之下無異詞焉，益以見其智之明也已。

「以予觀於夫子，賢於堯、舜遠矣」

夫子推明群聖人之道，以垂後世，一世用之，則夫子一世之治功也；十世用之，則十世之治功也；百世用之，則百世之治功也；千萬世用之，則千萬世之治功也。以此言之，其理賢於堯、舜且遠，亦宜矣。○程子曰：「語聖則不異，事功則有異。」此程子之言，最爲有理，但亦未審宰我本意，果是如此否。如下條子貢云「自生民以來，未有夫子也」，有若曰「自生民以來，未有盛於孔子也」，亦盡以事功言乎？抑又是宰我、子貢、有若自見夫子之聖，而不及見羲、皇、堯、舜之聖，故以爲前此所未有乎？周人謂武王克商之功，于湯有光，然以今觀之，武之功亦未必過於湯也。如伊川謂明道曰「孟子之後一人而已」，而後人稱邵子、朱子亦皆謂秦漢以來一人，又何其一人之多耶？愚此疑人，未有不以爲狂妄者。

清以爲群聖人之道，皆盛行於當時，而寖微於其後，獨吾夫子之道，雖湮晦一時，而愈章明於後世。吾夫子之道明，則群聖人之道亦隨之以不墜矣。此天下之所以通祀夫子，而共宗其道，無或間然者也。由漢至今世，振一世則後乎千萬世可知矣。

「見其禮而知其政，聞其樂而知其德」

○此是子貢「由百世之後，等百世之王」的訣子，言今日見其所遺之禮，而可以知其當日之政；今日聞其所遺之樂，而可以知其當日之德。在當日者既與其人俱往矣，而禮樂之遺於後者，尚未與之俱亡，固可即此而推之。○問：「見禮知政，聞樂知德，是謂夫子，是謂他人？」朱子曰「是大概説之。大凡」云云。○如舜之德，性之也；武王之德，反之也。皆於其樂見之。政乃其施於外者，德乃其得於中者。○或以德爲功及物者，依上節事功例也。曰：「此處甚難解，有子之言未必主於事功，雖宰予之言，亦未必然也，顧今人未之信耳。程子事功之説極爲有功，但虚心平氣而玩宰我、子貢、有若之言，則似有未盡然者。「然則夫子之德，果亦有過於堯、舜群聖人者乎？」曰：「不然也。」「然則三子者，何以言之？」曰：「孔子之德，雖亦不過堯、舜，而三子者，親覩夫子之聖而知之真，至於堯、舜，則不及見，其謂夫子爲尤盛於堯、舜，固亦宜也。」○「然則夫子亦有樂乎？」曰：「有。子與人歌，擊磬於衛，弦誦於陳，皆樂也，不必謂『只和便是樂』，爲『聞』字説不去。」

○「見其禮而知其政」云云，孔子亦在其中。子貢所以知夫子爲生民以來所未有，亦以此耳。如「夫子温、良、恭、儉、讓」，「在鄉黨而恂恂」，「入公門而鞠躬」之類，此皆夫子之禮也。禮之行於身者，無過不及，周旋中度如此。此其見於設施者，順天理、合人情，無偏無陂，有紀有綱，可知矣，故曰：「見其禮而知其政。」蓋必有所謂「立之斯立，綏之斯來，動之斯和」者。

○心和則氣和，氣和則聲和，天子之樂，雖無所考，然必有聲氣之中和，節奏之克諧，有所謂「始作翕如，縱之純如、皦如、繹如」者。於此味之，則其德之盛，中正和樂，粹然無偏倚駁雜之弊，亦可知矣。○凡人皆然，不但王者。今人但於禮度之間，從容中節，是必有設施措置者矣。此理可必。○但其發於辭氣之間，音吐洪亮而氣調平和，則其所存，斷然可知。甚矣，子貢之高而精也，宰我、有若之言，俱不到此。

「有若曰：『豈惟民哉！』」

有若本意，只是就民類言，其曰「麒麟之於走獸，河海之於行潦，類也」，特用以比況耳，故下即承之曰「聖人之於民，亦類也」，以終首一言之意也。而下又繼之曰「出乎其類，拔乎其萃」，只承「聖人之於民，亦類也」說，不必兼麟、鳳、山、海。須觀其意之所主。蓋既露出「聖人之於民，亦類也」，則不必復粘泥着麟、鳳、山、海矣。彼皆客辭客意也。○「出於其類，拔乎其萃」二句，「言自古聖人，固皆異於衆人也」。○此二句似重要，當依出潛離隱，「咸其股」、「執其隨」之例看。「拔乎其萃」，又是形容申明那「出於其類」一句也。程子曰：「孟子此章，擴前聖所未發。」○依程子他日謂「横渠《西銘》與孟子性善、養氣之論同功」，則是「擴前聖所未發」者，只謂養氣，而小注乃曰：「指養氣與知言而言也。」蓋聖人復起，必從吾言之意，亦見是發前聖所未發。○雲峰小注所謂「闢異端，承聖道」云云者，全不可憑。

「以力假仁者霸」章

此章論王霸之辨最爲深切而著明。蓋王伯之辨，只是誠僞之分。王者、伯者，其操術固有誠與僞之異，而人之應之者，亦隨其所感而異。然則天下之理，其得失可以坐判，而有世道之責者，宜知所自擇矣。○此章「仁」字宜以「天理之公」言。

○孟子意謂人有恒言曰王伯，究其所以爲王伯者，何也？　如本非有爲仁之真心，乃以其土地、甲兵之力而借事以爲仁者，斯則伯矣。　然伯者由來，必有大國，苟非大國，則無其力；無其力，則亦無其仁也；無其仁，則亦何以能霸哉！　若夫理得於心之謂德，自吾之得於心者推之，無往而非仁，鑿鑿乎皆濟人利物之實事也，斯則王矣。　王者之仁，只自胸中流出，無假於外，故王不待乎大國矣。　如湯以七十里而王，文王以百里而王，何待於大哉！　○「王」字或讀如字，或讀去聲，未知孰是。

○按此章言王伯之辨，❶只讀如字亦可，謂以力假仁者是伯也，以德行仁者是王也。　蓋仁一也，有假於外者，有出於中者。　若作去聲，則是謂以力假者伯諸侯，以德行仁者王天下。讀作去聲爲是。若「王伯」字相連，則平聲。　○王則朝諸侯以有天下，伯則挾天子以令諸侯，而其名實俱不同。　大抵行伯道而伯，行王道而王，此「王」字亦平聲。　謂以力假仁者是伯，便只是伯諸侯而已。　謂以德行仁者是王，便是王天下者，義亦兼之。　蓋其道如此，則其功効亦如此，所謂行伯道而伯，行王道而王也。

「湯以七十里，文王以百里」

若據此二句，則似讀去聲，又較明白易直。　蓋「湯以七十里，文王以百里」下面，無「而王」二字，是得上面是去聲。　然以「行王道而王」一句例之，則皆平聲，但義不同耳。　更以質諸高明者。　○此處若讀作去聲，

❶「按此章言王伯之辨」，嘉靖本在上「未知孰是」下，其下另爲一段。

則上章「雖由此伯王不異矣」，亦當作去聲，而大注所謂「如此而成伯王之業」與此章注「論王伯者多矣」，「王」字自爲平聲。前篇「寡人之於國也」章注曰：「凡有天下者，人稱之曰王，則平聲；據其身臨天下而言曰王，則去聲。後皆放此。」則王讀作去聲爲長。○「以德行仁者王」，朱子曰：「這『德』字説得來闊，是自己身上事都做得來，是無一不備，所以行出來便是仁。且如湯『不邇聲色，不殖貨財』，至『彰信兆民』，是先有前面底，方能『彰信兆民』，救民於水火之中。若無前面底，雖欲救民，不可得也。」

○按《書・仲虺之誥》曰：「惟王不邇聲色，不殖貨利。德懋懋官，功懋懋賞。用人惟己，改過不吝。克寬克仁，彰信兆民。」又《泰誓》曰：「亶聰明，作元后。」蓋聰明亦得於心者，元后作民父母，其所行者，固皆仁也。○饒氏曰：「齊問罪於楚，以尊周爲主，其事屬義，孟子不説假義，却説假仁。蓋仁包五常，言仁則義在其中。如『伐原示信，大蒐示禮』，皆是假仁處。」○愚按饒氏引「伐原示信，大蒐示禮」，謂「假仁」字兼義、禮、智，固是。但詳左氏本旨，則示信、禮於「以力假仁」及大注中「假借其事以爲功」、「以力服人，非心服，力不贍」等語，俱不切。○按：「假借其事以爲功」，如救邢存衛、定襄王、定王世子之類，方是假仁之功。然此非以其力，亦不能糾合一時諸侯以爲此事。蓋其心不信於人，故須以力驅之耳。如湯征自葛始，天下信之，則不同矣。

「以力服人者」一條

○此節又是解上節之意，言伯者之所以必有大國，與王者之所以不待大者，其故何也？蓋一是以力服人，一是以德服人。「以力服人者」，其人則既服之矣，然「非心服也」，乃爲「力不贍也」。此非有大國，則人得以力拒之矣，是故「必有大國」也。若夫「以德服人者」，非有所强也，乃其「中心悦而誠服也，如七十子之服孔子」，至於困厄流離而不舍去者，孔子豈有名位勢力以驅之哉！信乎其爲以德服人者矣。故詩云：「自西自東，自南自北，無思不服。」此即以德服人之説也。王之不待大也，可見矣。

○「以力服人者」，謂以力得人之服也，非謂用這力去服那人也。義亦小異，當辨。○「以力服人者，非心服也，力不贍也」。苟非大國，則彼之力亦贍矣。○下條虚空突出「以力服人」、「以德服人」字。蓋上文已藏得有「以力服人」、「以德服人」意了。如「富與貴，是人之所欲也」一條，雖未露出「仁」字，然「於富貴則不處，於貧賤則不去」，這便是仁了，故下文即承之曰：「君子去仁，惡乎成名。」與此相同。○「伯必有大國」，端的是以力服人。「王不待大」，端的是以德服人。

○「七十子之服孔子也」。自古帝王得人之心悦誠服，如成湯之東征西怨；文王之「虞芮質成」；武王之「八百諸侯不期而會」；堯之崩，百姓如喪考妣三年；舜之所居，一年成聚，三年成都，天下悦而歸己；與夫諸侯朝覲、訟獄、謳歌者，不之堯之子而之舜、禹，孰非心悦誠服乎？而必獨以七十子服孔子爲譬者，蓋孔子布衣耳，初無勢力位號，又當時亦極流離困苦，而七十子咸心服之而無所强，此尤可見其心悦誠服處，故朱子曰：「七十子之服孔子，至於流離饑餓而不去，此又非有名位勢力以驅之也。孟子真可謂長於譬喻矣。」○「無思不服」，言無不心服也，故《詩傳》云：「無思不服，心服也。」蓋本《孟子》，與《中庸》「神之格思，不可度思」之「思」不同。○王伯之辨，誠僞之分，只是「德」、「力」二字。○不可謂上節是言「王伯之心，誠僞不同」，下節是言「人之所以應之者，其不同亦如此」。蓋下節「以力服人」、「以德服人」，「德」、

「力」二字，便是王伯之誠僞矣，不用於上節取索也。下節正是申解上節之意。○齊桓公伐楚，陳大夫轅濤塗謂鄭大夫申侯曰：「師出於陳、鄭之間，二國必甚病。若出於東方，觀兵於東夷，循海而歸，其可也。」言免二國供給之擾。申侯曰：「善。」濤塗以告，齊侯許之。申侯見，曰：叛濤塗也。「師老矣。若出於東方而遇敵，懼不可用也。若出於陳、鄭之間，共其資糧扉屨，其可也。」齊侯悦，以申侯爲忠，與之虎牢，邑名。執轅濤塗。以誤軍。是年冬，叔孫戴伯帥師，會諸侯之師，侵陳。討其不忠之罪。陳請成，歸轅濤塗。以此事觀之，則知當時厭苦齊桓，與「奚爲後我」者，天淵懸隔矣。

「仁則榮，不仁則辱」章

預收賢能以實吾國，一旦國家可以有爲，則遂及時而使賢者能者各効其力，以明其政刑，則吾仁矣。如是則雖大國，必畏之矣。仁則榮，理固然也。○或謂「明其政刑」處，不要入「賢」、「能」。然則仁君自理會乎？且上言「賢者在位，能者在職」，欲何爲？曰：「《集注》既言之矣。『賢者在位』，則足以正君而善俗。『能者在職』，則足以脩政而立事，是也。」曰：「既是『正君』、『善俗』、『脩政』、『立事』矣，又何爲至此方曰『及是時，明其政刑』？且上注兩『足以』字好看，是未見於『脩政』、『立事』，然既有其人，則已足以『脩政』、『立事』。『正君』、『善俗』亦然。且『正君』、『善俗』亦不是空坐無爲者，『政刑』二字盡之矣。」○貴德，能尚德也。士則指其人而言之，賢，有德者。才，有能者。士則指其人，指有德之人也。「德」字單言則兼才，才亦是德之用，如「才難，不其然乎」，才亦兼德。下句「賢者」、「能者」，皆士也。五命中有云：「尊賢育才，以彰有德。」○或者以爲賢者尊之，才則育之而已，是何也？賢有德，故特尊之以彰有德也。此説最鄙。蓋此「德」字，兼賢才也。必如其説，則此一命，桓公不爲當時諸侯不用賢才設，只是爲諸侯待賢才無分別説，恐非本旨。蓋尊賢育才，與養老慈幼，無忘賓旅，均一類也。

○依《大全》當作兩樣人。饒氏説以能爲賢者之能也，居是位則有是職然者，則并合説，亦未爲孟子本意。但其謂「如此説，則賢是箇無能底人」，亦是。蓋賢者未必無能，但以人君所以處之者所重在德，故置之尊位以正君、善俗。有德固可兼夫才，有才者未必有德。如爲宰相亦有宰相之事，爲三公亦有三公之職，豈皆不任事耶？但其所重在德耳。○「賢者在位」，尊賢也；「能者在職」，使能也。「在位」、「在職」自不同。○《離騷經》首篇第三條「又重之以脩能」，注云：「能，獸名，熊屬，名力，故有絶人之才者謂之能。」

○當以下文「及是時般樂怠傲」相對看。問：「何以必及國家閒暇，乃明其政刑也？」曰：「戰國之時，七雄虎視，無日而不干戈之遑，無歲而不城野之争，國家多事，常是危急存亡之秋，故孟子有此云。彼般樂怠傲者，方其未閒暇時，亦不得以般樂怠傲，故云『及是時』。」

「《詩》云：『迨天之未陰雨，云云侮予。』」《鴟鴞》四章，此其第二章。

○此章亦爲鳥言，我及天未陰雨之時，而往取桑根以纏綿巢之穴隙，使之堅固以備陰雨之患，則此下土之民，誰敢有侮予者，亦以比己深愛王室，而預防其患難之意。故孔子贊之曰：「爲此詩者，其知道乎！能治其國家，誰敢侮之。」輔氏曰：「疑當時流言，必以爲周公平日勤勞，皆是自爲己謀，故今攝政而欲不利於孺子耳。故周公言此，以曉成王也。」○此出《鴟鴞》之詩，然所謂鳥，非指鴟鴞，鴟鴞，鳥之害也。以「迨天之未陰雨」比及時以「徹彼桑土」，「綢繆牖户」比「明其政刑」，以「今此下民，或敢侮予」比「雖大國必畏之」。○「今此下民」，注曰「在下之人」，《詩傳》曰「下土之民」，一也。蓋鳥之巢在民居之上，故曰下民。○其實鳥雖善爲巢，下民無知者將莫如之何耶？以意逆志可也。大抵纏綿根固，則能免於兒輩射擊崩頽之患而已。爲鳥言：向未有巢時，每被人驅擊。今既有巢可安，人莫我奈何矣。○「或敢侮予」，「或」即下句「誰」字也。

「爲此詩者，其知道乎」

「知道」，只是知道還他，不要説是治國平天下之道。蓋率性之道，亦道也，治國平天下之道，亦道也，但不宜先説出，下文「能治其國家，誰敢侮之」，道斯在矣。知道云者，其知此而已。「知道」是通套字，雲峰之説稚也。

「今國家閒暇，及是時般樂怠傲」云云

《正韻》：「般，旋也，運也。」般樂，蓋樂而又樂，樂而忘返，故有般旋之意。此所謂縱欲也。怠，惰也。傲，恣慢也。此所謂偷安也。般樂以動言，怠傲以静言。○饒氏曰：「般樂則不暇明其政刑，怠傲則不暇貴德尊士。」此説不必從。與上文對反置矣。○「般樂怠傲」，不恤政刑也。不恤政刑，無求於賢才，而惟姦諛是崇是用矣。自與本文相反對，不必如饒氏所分。

「禍福無不自己求之者」

「禍福」，榮辱也。「自己求之」者，仁不仁也。「今此下民，或敢侮予」，亦做鳥説，故曰：「予，鳥自謂也。」

「《詩》曰：『永言配命，自求多福。』」

《詩・大雅・文王》之篇第六章曰：「無念爾祖，聿脩厥德。永言配命，自求多福。殷之未喪師，克配上帝。宜鑒于殷，峻命不易。」○傳云：「聿，發語詞。言欲念爾祖，在於自脩其德，而又常自省察，使其所行無不合於天理，則盛大之福，自我致之，有不求而自得矣。」

○言，猶念也。大抵言者心之形，念之所在也，故解之爲念。凡人所存所念，往往於言語間見得，心存在於是，則其言亦不覺出於是。不曰「永念配命」，而曰「永言配命」，亦見古人心口如一之意。○命，天命，《詩》作「天理」。

「《太甲》曰：『天作孽，云云可活。』」

《皇極外篇》第三十一板曰：「天之孽十之一，猶可違；人之孽，十之九，不可違。」○天作孽，如水火、盜賊之災，誠猶可避。至於放僻邪侈以陷乎罪，姦盜詐僞以失其身者，是真無所逃於天地之間，而舉天地之間，皆爲牢獄也。

「尊賢使能，俊傑在位」

賢者尊之，能者使之，便是俊傑在位處。俊傑在位，言在位皆非掊克庸劣之徒也。○俊傑即賢才，故曰「才德之異於衆者」，以其異於衆，故曰「俊傑」。

「市，廛而不征，法而不廛」「市」字微讀，不與「廛」字相連。

「關，譏而不征」「關」字微讀，不與「譏」字相連。

「耕者，助而不税」「耕者」，與「市」、「關」字一例。「助而不税」，與「廛而不征」一例。

「廛，無夫里之布」「廛」字與上條「市」字、「關」字、「耕者」一例。大注：「市宅之民，已賦其廛。」此「廛」字帶「賦」字，又與本文小異。「天下之士」，民中俊秀。○「天下之商」，在市曰商。○「天下之旅」，在途曰旅。○「天下之農」，以耕曰農。○「天下之民」，以居曰民。其實民未必不爲農與士、商，亦未必不爲旅。

「市廛而不征，法而不廛」

市與廛亦不同。市是大統言，廛是市中列肆，故曰「市宅也」，官爲之者。

「法而不廛」此句題目難做，要記。《周禮·地官·司市》曰：「司市掌市之治教、政刑、量度、禁令。以叙次分地而經市。○以陳肆辨物而平市。○以政令禁物而均市。○以量度成價而微價。音育。○以質劑結隨反。結信而正訟。劑，齊也。質劑，謂兩書一札而別之也。若今手下書，言保物要還矣。○以賈民禁僞而除詐。○以刑罰禁虣皮告反。而去盜。○以泉府同貨而斂賒。○大市，日昃與昃同。而市，百族爲主。○朝市，朝時而市，商賈爲主。○夕市，夕時而市，販夫、販婦爲主。○蓋逐末者多，則廛以抑之，少則不必廛也。多少以貨言。○後篇有曰：「古之爲市者，以其所有云云。征商自此賤丈夫始矣。」此可見「廛以抑逐末之多者，而少者不必廛」之意。○「逐末者多，則廛以抑之」者，爲其厚於利也。○「少則不必廛」者，官爲廛以居之，亦不取其廛之税也。○問：「市廛，此市在何處？」曰：「此都邑之市。國都如井田樣，畫爲九區，面朝背市，左祖右社，中一區，君之宫室。宫室前一區爲外朝，朝會藏庫之屬皆在焉。後一區爲市，市四面有門，每日市門開則商賈百物皆入。惟民入，公、卿、士、大夫皆不得入，入則有罰。市官之法，如《周禮·司市》平物價、治争訟、譏察異言異服之類。左右各三區，皆民所居。外朝一區，左則宗廟，右則社稷。此國君都邑規模之大概也。」

左右各三區，皆民所居，此是「廛無夫里之布」之「廛」。

後市之廛，是「市廛而不征」之「廛」。市四面皆有門。

「廛而不征，法而不廛」之「廛」，是活字。「廛無夫里之布」之「廛」，是死字。

「廛無夫里之布」

《周禮》之「宅不毛者，有里布」，❶「民無職事者，出夫家之征」。《孟子》本文「夫里之布」，「布」字內附帶「征」字。《周禮》「夫家之征」，「征」字內亦附帶「税」字。正是一例。不可謂廛無夫與里之布也，不可謂民無職事者出夫之税與家之征也。〇「廛無夫夫，家。里之布」，征税。「夫」字內附有「家」字。「布」字內附有「征」字。「征」字內又附有「税」字。〇「宅不種桑麻者」，此主宅內言，謂荒其地也。〇「民無常業者」，此主游手游食言。「常業」，謂工之作，商賈之貿遷貨財也，不兼士

---

❶ 「之」，嘉靖本、四庫本無。

之學言。只指市宅之民，亦似不兼農言，故小注載鄭氏曰「宅不毛者，出里布。農不耕者，出穀粟。無職事者」云云。上條自有士農。

○有布縷之征，粟米之征，力役之征。「一里二十五家之布」，布縷之征也；「一夫百畝之税」，粟米之征也；「一家力役之征」，則力役之征。征也名色，❶只有三項，至今亦只是此三項，如方物之類，則皆附在布縷之征内也。

○夫里之征，先王設此本以罰游惰之民，非常賦之制也。如市宅之民，已賦其廛，猶爲常制。今既廛之，又令出夫里之布，不以爲罰，乃以爲賦，戰國之君，蓋亦不復知夫里之布之所自來矣。可嘆哉！

○「今戰國時一切取之」，謂「一切取」者，謂其不問其宅之毛不毛與常業之有無，而一切取其夫里之税也。

○閭師凡無職者，出夫布，此不是罰。解曰：「凡無職者，一而已。載師出夫家之征，閭師止言出夫布，何也？載師承上文『宅不毛』、『田不耕』之後，乃示罰之法也。閭師承上文『九職』、『征民』之役，乃常法也。均一無職之民，而待之有二法，何也？蓋古人於游惰不耕及商賈末作之人，皆於常法之外，別立法以抑之。如關市或譏而不征，或征而不譏者，常法也。征者，所以抑之也。閒民或出夫布，或并出夫家之征。夫布其征也，并出夫家，所以抑之也，罰其無職也。」

○所謂「布縷之征」、「粟米之征」、「力役之征」，是惟正之供者，常法也。此所謂「一里二十五家之布」、「一

❶「也」，嘉靖本作「之」。

夫百畝之税」、「一家力役之征」，却是先王所設，以警游惰之法，非常制也。後之暴君污吏，乃承之以爲常制之名色，遂使民不聊生爾。或曰：「恐只是此三者之税。前所謂『布縷之征』、『粟力之征』、『力役之征』，恐不復行矣。」曰：「於不當取者且取之，其當取者，固有遺而不取乎？豈孟子欲諸侯爲貊道乎？」

〇《文獻通考》卷之十《户口考》篇「載師凡民無職事者，出夫家之征」，注：「夫税者，百畝之税；家税者，出士徒、車輦，給徭役。横渠張氏曰：『夫家之征，疑無過家一人者謂之夫，❶餘夫竭作，或三人，或二人，或一人，或一家五人謂之家。』」

〇馬端臨曰：「云云。夫家解當如横渠之説。鄭注謂令出一夫百畝之税，一家力役之征，重并出邪？抑是只一夫則使出百畝之税，則無田而所征與受田者等，不幾於太酷乎！」若有餘夫，或五口以上，則令出一家力役之征耶？曰：「大抵布以里計，税以夫計，力役以家討。家者，八家同井之家也。有夫便有家，如此看，則是未免并出也。蓋罰其游惰，不得不重不嚴也。如《酒誥》，酒之刑亦甚重。」

〇「市廛而不征」之「廛」，就市上廛之，故曰：「廛，市宅也。」此是「前朝後市」之「市」。「廛，無夫里之布」之「廛」字，「願受一廛而爲民」之「廛」也。蓋在田與在邑之宅也，故下自云：「天下之民，皆悦而願爲之氓矣。」前主商言，此主民言，其《集注》云「市宅之民，已賦其廛」者，言其在市宅有賦，則非宅不毛與無職事者矣。豈應復令出此夫里之布哉！前條解曰「廛，市宅也」，此節則仍之，不別解廛義，爲可疑。

❶「無」，原作「太」，今據《張子全書》及《文獻通考》改。

○一說：雖均爲市宅，但彼是商之市宅，此是民市宅，似較明白。○一說：市謂都邑之市，兼在田、在邑者說，不是。○二「廛」字大抵不同。蓋在市之廛，貿易之所也，似難責以種桑麻。且在市爲商，便非無職事者矣。○總只是一箇廛。廛是民所居以爲市者。先王之時，逐末多者，上則廛之而不征，其小者則惟法而不廛。至戰國時，不復問其逐末之多少，一概皆廛之矣。既廛其居，又征其貨，又以額外所罰游惰者之夫里之布爲常額而併取之。非惟受在市一切之賦，又併出在田無名之征。蓋《周禮》「宅不毛者，有里布；民無職事者，出夫家之征」，此決然指市宅之民。蓋一在市宅，便是爲商，爲商便是有職事，有職事便難責以種桑麻矣。戰國時都不問，但見前時有此名色，便以爲名而賦於民。在市曰商，在野曰農。今出此夫里之布謂之民，則廛宜不爲市，而亦非在野者，甚不可曉。按《滕文公》注曰「廛，民所居也」，似亦可爲市，故曰：「文公與之處，其徒數十人皆衣褐、綑屨、織席以爲食。」則其自市亦可見。蓋是就居民之有貨市者以爲廛，而不征其夫里之布也，故又曰：「民，野人之稱。」然則「市廛而不征」之「市」，與「廛無夫里之布」之「廛」，固自有分。

「信能行此五者」

此五條且條舉王道，而言其理如此。此則言當時人君，誠能云云。○一說：上五條言王者「尊賢使能」，則天下之士歸；「廛而不征」、「法而不廛」，則天下之商歸云云。末則言今之人君誠能云云。「鄰國之民，仰之若父母」，吾爲其父母，則彼爲吾子弟矣，率子弟以攻父母，其誰能舉之？

「人皆有不忍人之心」

「不忍人」，「忍」字是反字。❶ 饒氏謂人心慈愛惻怛，才見人，便發將出來，更忍不住者，非是不忍人，不忍害人也。○「天地以生物爲心，云云之心以爲心」。天地無心而成化，此何以云「以生物爲心」邪？曰：「天地別無勾當，只是生物而已，則其所主宰者在此，此便有心之道。畢竟天地之心，不得似人之心靈活，何也？動物則有知覺，故其爲心也活，静物便不如此矣。此動静之分也。草木亦是静類，不能運動。」或曰：「水，動物也，何以亦無心？」曰：「水對山則爲動，其實亦静也。其流行澎湃，衝激號鬧者，勢之所激也。其潮汐者，氣之嘘吸所使也。草亦隨風而動耳。」○春生、夏長、秋收、冬藏四者，若作陰陽對看，則春、夏主生，秋、冬主殺，《復》所謂「復見天地之心者也」。若天地別無勾當，惟以生物爲事。春、夏、秋、冬，往古來今，生意流行，則春、夏主生，秋、冬主成，同歸於生物也，所謂「維天之命，於穆不已」者也。天地生物之心，只是元、亨、利、貞。

○真氏曰：「天地造化，無所作爲，往古來今，生意周流。萬物從天地生意中出，故物物皆具此理。何況人爲最靈，宜乎皆有不忍人之心也。」○「天地以生物爲心」，究竟亦只是氣，即乾元、坤元也。「天地無心而成化」，以其有生生之理在也。○問：「『人皆有不忍人之心』，是説性，是説情？」曰：「是亦情也，故下條解『怵惕惻隱』云：『此即所謂不忍人之心也。』又曰：『因論惻隱而悉數之，則與不忍人之心一類也。』」○「人皆有不忍人之心」，此一句兼四端。此一章重擴充。此章有一節當做大旨看。自「所以爲人皆有不

❶ 「反」，嘉靖本作「歹」。

忍人之心者」以下，總是申説「人皆有不忍人之心」。自「凡有四端於我者」以下，是説人當如先王有以推不忍人之心。前只言「不忍人之心」，後兼言四端，分明仁統四德。前是專言之仁，後是偏言之仁。

「先王有不忍人之心，斯有不忍人之政矣」

「全體此心，隨感而應」，「由仁義行者也」，不待着力察識而擴充之。察識、擴充，「其次致曲」者也。「有不忍人之心，斯有不忍人之政矣」，是自然能充者也。看「斯」字最緊。〇「先王有不忍人之心，斯有不忍人之政」者，胸中無一物以障之，故天理自然流出，無壅蔽也。衆人雖有不忍人之心，然物欲害之，則爲他隔着，流不出來矣。故「人皆有所不忍」，而又須「達於其所忍」也。「達之於其所忍」，則須察識、擴充。惟聖人全體此心。〇「全體」字與上文「物欲害之」一句相反，照本文「先王有不忍人之心」，此一句無全體意。朱子解之，以爲先王有不忍人之心，何以便有不忍人之政耶？先王全體此心，無物欲之害故也。此朱子釋經之法。

物欲害之，存焉者寡，故不能察識而推之政事之間。〇此是「先王」上照出「惟聖人全體此心，隨感而應」，則自無用於察識而推之矣。〇大注「故不能察識而推之政事之間」，此「政事」衆人俱有，❶與「發於其政，害於其事」之「政事」同。

「治天下可運之掌上」

❶「政」，原作「攻」，今據嘉靖本及上下文改。

蓋「以不忍人之心，行不忍人之政」，則「老者衣帛食肉，黎民不饑不寒」，然而天下不治者，未之有也。○「人皆有不忍人之心」，此句如云「人皆有之」。「先王有不忍人之心」，此條如云「賢者能勿喪耳」。非爲先王詳也，故下條即接之云「所以謂人皆有不忍人之心者」，不然是隔着「先王」一段了。

「所以謂人皆有不忍人之心者」「孺子」之「孺」，稚也。

「怵惕、惻隱」四字，「不忍人之心」之目也，其形容也，怵惕在先。

程子曰：「滿腔子是惻隱之心。」此句何以不首引「在人皆有不忍人之心」之下而至此方引出？曰：「引之於此，以其滿腔子是惻隱之心，隨感輒發，有不容遏者。朱子所謂『纔觸着便是這箇物事出來，大感則大應，小感則小應』。」○腔子是指身，不是指心。滿身都是這生生之心所在也，故曰：「惻隱之心，人之生道也。」凡知痛癢處都是仁。「腔子」是活套字，不指竅子也。朱子曰：「猶言軀殼耳。」

「非惡其聲而然也」

是惡被不救人之名，真氏謂「不仁之名」。愚謂「今人乍見孺子將入於井，皆有惻隱怵惕之心」，只是乍見時光景，未説至救處，亦當辨也。只用「不仁之名」説。然既怵惕惻隱，則隨而救之矣。

「無是非之心，非人也」

「是非」是活字，是其所是，非其所非也。

「惻隱之心，仁之端也」

因情以見性也。性無而情有。

心統性情者也。○承上文言「惻隱、羞惡、辭讓、是非，情也；仁、義、禮、智，性也」，心則統性情者也。心既統性情，故惻隱、羞惡之屬，亦曰心也。○以其有仁、義、禮、智，故有惻隱、羞惡、辭讓、是非也。○「惻隱之心，仁之端也」，必於此露出仁、義、禮、智者，見惻隱、羞惡、辭讓、是非之所自出也。有諸中而後見於外，未有有其外而不本於内者，故又言此云云。孟子平日論性，只見就情上説。他日人問：「何以言性之善也？」曰：「乃若其情，則可以爲善矣，乃所謂善也。」誠以四德渾然在中，無迹可見，故只就其發於外者而指以示人耳。

「人之有是四端，猶其有是四體也」

此二句是起下句「自賊其君」之意，謂之「猶其有是四體」，蓋以見其必有也，意尤明切。○或言：「『人之有是四端也』，此四端指性。謂前言『無惻隱之心，非人也』四句言情，爲人所必有。此言『人之有是四端，猶其有是四體也』二句言性，爲人所必有。」此説非也。「端」是見於外者，非性也，如云「仁之端也」，仁在内，而仁之端則在外矣。爲此説者，蓋不知此節上二句是起下句之意。

自謂不能者，物欲蔽之耳。○此句人皆以貼在「自賊者也」，愚謂不然，只推原所以「自謂不能」之故。

○「謂其君不能者」，不勉之「以不忍人之心，行不忍人之政也」。

「凡有四端於我者，知皆擴而充之矣」

「擴，推廣之意」，「有所不忍，而達之於其所忍也；有所不爲，而達之於其所爲也」，即《中庸》所謂「致曲」。

注：「知皆」二字緊要。

「若火之始然，泉之始達」

「若火始然，泉始達」，所以「日新又新，有不能自已」如此者，蓋因其有而充，❶易爲力也。若非本性所有，安得一擴充之而遂沛然燁然之不可禦？

「苟能充之，足以保四海」

此是仁無所不愛，義無所不宜，禮無所不敬，知無所不明。

「苟不充之，不足以事父母」

事父母亦須用四端，無四端，則不孝矣，何以事父母？

大注「知皆即此而充滿其本然之量」，一「此」字指上文「四端在我，隨處發見」者言。又云「能由此而遂充之」，「此」字又指「知皆即此推廣而充其本然之量，則其日新又新將有不能自已者」言。二「此」字所指不同。○「以不忍人之心，行不忍人之政，治天下可運之掌上」，自然也；「知皆擴而充之，若火之云云保四海」，勉然者也。其道一也。

○「苟能充之，足以保四海」，是有不忍人之心而能察識擴充之，以行不忍人之政者也。至於「足以保四海」，則亦「治天下可運之掌上」矣。

○此章大抵亦如「仁則榮」及「矢人豈不仁於函人哉」二章，皆爲當時諸侯發。○「足以保四海」，大抵此亦

❶「充」，嘉靖本、四庫本作「有」。

爲當時諸侯言，故曰：「苟能充之，足以保四海」，「樂天者，保天下」，「天子不仁云云四海」，皆是主在人上者。〇「此章所論人之性情，心之體用，本然全具，而各有條理。」「人之性情」即「心之體用」也。「本然全具」，體也，即四德之渾然在中，而未發者也。「各有條理」，用也，即四端之發於外，隨感而應者也。雲峰之説自明白。〇「四端之信，猶五行之土，無定位，無成名，無專氣。」「成名」之「名」，職名也，不然，則既名曰土矣，又何謂無成名？〇如知縣之名，專治一縣，知州之名，專治一州，此成名也。

　　金
火　土　水
　　木

饒氏依此看，則似有定位、成名、專氣。

「四端之信，猶五行之土」，此「五行」説得廣。〇雲峰曰：「按：饒氏云：『以四方論之，土無定位，無成名，無專氣。以五方論之，未嘗無定位，無成名，無專氣，不可執一看。』此説未善，雲峰復正之曰。愚見朱子之説，是就五方看，方見得。試以《河圖》看之：五十土居中，似有定位。然三八木，位乎東，不可以西；一六水，位乎北，不可以南。如中間五點，則自具五方，而於東、西、南、北無所不該，似有定位，而實無定位也。」〇一、二、三、四位，各因五而後成七、八、九、六，故於四季各寄王十八日。❶

❶「王」，嘉靖本作「旺」。

○木、火、金、水，各專生、長、收、藏之一氣，而各成生、長、收、藏之一名。然無土皆不可，是則土無專氣，而氣無所不貫，無成名，而名無所不成。就四方看如此，就五方看亦如此，似不必分也。○又云：「分看，則論土於四方之外，是猶論性於四端之外。合看，則土實在四行之中，而信在四端之中。此說亦是妙。」

○無定位，無成名，無專氣。無定位，位寄於木、火、金、水也；無成名，名寓於木、火、金、水也；無專氣，氣貫於木、火、金、水也。

○木位乎東，金位乎西，火位乎南，水位乎北，皆有定位也。而土則惟定乎四位之間，是無定位也。木以生發爲名，火以明盛爲名，金以堅利爲名，水以源活爲名，皆有成名也。惟土則惟定乎四者之中，是無成名也。至若木、火、金、水，各得生、長、收、藏之一氣，是皆有專氣也。而土則爲定乎四者之間，是無專氣也。○定位、成名，以質而語其生成者也。專氣，以氣而語其流行者也。❶有是位則有是名，故以名次位。四時寄王，❷以氣言也。○或說五常之信，便是四德中之太極。五行之土亦然，皆居中以主宰而終始之也，故五行謂之至土而終亦可，謂之從土而始亦可。至土而終者，歸於土也。從土而始者，資生於坤之序也。其謂天一生水者，資始於乾之理也，故多用天一生水之說。

○一說不可以土爲四行中之太極也。蓋五行皆器也，太極其理之全體也。

❶「以」，原作「一」，今據嘉靖本、四庫本改。

❷「王」，嘉靖本作「旺」。

○一年四季，各九十日，土寄旺十八日，是得五分之一，則水、火、木、金之成終爲土。然即成終以成始，如水之成終，則生後來之木，木之成終，則生火，所謂水、火、金、木無不待是以生也。

○水、火、金、木無不待是以生者，如每季九十日，各除末十八日爲土。春木，末十八日爲土，則木之所以生火者，此也。夏火，末十八日爲土，則火之所以生。土爲旺，又因以生秋金者也。秋金，末十八日爲土，則金之所以生水者，此也。冬水，末十八日爲土，則水之所以生木者，又此也。

「矢人豈不仁於函人哉」章

○孟子曰：「矢人之本心，豈固不仁於函人哉！然以其術言之，矢人惟恐其矢之不利而不傷人，一何其不仁。函人惟恐其甲之不堅而至於傷人，一何其仁。巫匠亦然。」「巫者，爲人祈祝，利人之生」，又何其仁。「匠者，作爲棺槨，利人之死」，又何其不仁。此無他，皆術使之然也，故人之於術，不可不慎也。此「術」字，不只是藝術而已。然矢、函、巫、匠所治者，亦不可不謂之術也。本文「惟恐」字、大注二「利」字最重，皆以心言。心以習異也。○孟子此説，嘗有戲反之者，曰：「矢人似不仁於函人，然爲軍者，得矢以射賊，則未害於仁。爲賊者，得甲以自衛，則函人之助虐矣。巫爲人祈生，亦有罔之生也幸而免者。匠者作爲棺槨，死者，人所不免，向無棺槨，則委於溝壑，由是言之，匠之仁大矣。」

「故術不可不慎也」

此句最重。孟子一生受用，萬古光明，亦自善擇術來。此節之意，非爲矢、函、巫、匠役也。○「惻隱之心，人皆有之」，性之本善也。「矢人惟恐不傷人」，匠者「利人之死」，習之不美也，術不善也。

「夫仁，天之尊爵也，人之安宅也」云云

「莫之禦而不仁，是不智也」，是昧於擇術也。○昧於擇術，便是不智。不仁、不智了，方爲人役。一説不智内含「爲人役」意，詳下文亦然。○仁爲天之尊爵，人之安宅，則仁道之關係於人者大矣。莫之禦而不仁，不智孰甚。

仁者，天地生物之心，得之最先。○「得之最先」，不是得仁在義、禮、智之先。朱子曰：「人得那生的道理，所謂『心生道也』。有是心斯有是形以生也。」○「得之最先」，此句當依小注説，云「有是心斯具是形以生也」，不然，則本注「天地生物之心」一句可去了。只云「仁、義、禮、智皆天所與之良貴，而仁者得之最先，而兼統四者」，亦俱完了，又何必再用「天地生物之心」？且此注是有《集注》後答問之詞，當從。○「得之最先」，已有「尊爵」之義，「兼統四者」，亦爲「尊爵」之義。

在人則爲本心全體之德。○味此一句，則知「天之尊爵也」一句是緊帶「天德之元」上説，故注引：「元者，善之長也。」其曰「得之最先」，是有人以得之，然且以付與之際言，是主天言也，故下注曰「在人」。分明一天一人，二字對説，然又不可截斷爲二。蓋既謂之二，則屬人矣。

○「夫仁，天之尊爵也」，猶云「誠者，天之道也」，就人分上指出天説。兼統四者。○「看來只是兼統義、禮、智，如何説統四者？」曰：「有仁之德，有仁之義，有仁云云之智，豈不是兼統四者？」仁兼統四者，則仁當「性」字也。

○「在人則爲本心全體之德」，亦爲「單言則包四者」之義。

「有天理自然之安，無人欲陷溺之危」，於「安」字較見。「人當常在其中，而不可須臾離」一句，於「宅」字較見。○「仁、義、禮、智，皆天所與之良貴」，此句於「爵」字見。「仁者，天地生物之心，得之最先，而兼統四者」，此句於「尊」字始見。

「是不知也。不仁不智」止「人役也」

夫人之所以不仁者，固由於是非之心不明，然既以是非之心不明而不爲仁，則其心日益昏頑，而自此又不知矣。不知則懵然無知，又何有於禮義？是其身無一之足貴，❶而自流於污賤之歸矣。孟子曰：「夫人必自侮，而後人侮之。」「滄浪之水濁，斯濯足矣。」○以用工之序言，則先智而後仁；以自然之理言，則先仁而後智，故上文云「莫之禦而不仁，是不知也」，下云「不仁不智」。○「不仁不智」，以不仁故不智。此與上文爲序不同，故真氏曰：「仁智二者常相須焉，不仁斯不知矣。」下文「言之不智，斯不仁矣」，此是也。慶源之注當從。○一説與上文同言以不仁故不得爲智也。曰：「不然。觀此條注曰『以不仁故不云云之所在』，然則兩『故』字不同耶？又以下文注曰：『不言智、禮、義者，仁説全體，能爲仁，則三者在其中矣。』以此照之，豈非『以不仁故不智而無禮無義』耶？又何必曲爲之説，以强合於上文耶？新安、慶源蓋亦欲合之而不可得，故别自爲説也。」

○「不仁不智云云役也」。人能仁、義、禮、智，則天爵既在我，人爵當自至，有自然之安，無陷溺之危，何至

---

❶ 「之」，原重文，今據四庫本删其一。

爲人役？ 此理也，亦勢也，故孟子雖專言仁義，而未嘗遺利也。○「人役而耻爲役」以下，皆是激而進之之辭。

「如耻之，莫如爲仁」

其初所以致此耻者，由於不仁，故耻之則莫若反其所爲而爲仁。

「仁者如射」

承上文「如耻之，莫若爲仁」説，爲仁便是仁者。○「仁者如射」一句之下，皆就射上説，而「爲仁由己」之意在於言外。猶有爲譬「若云云九仞」以下，皆就掘井，而「有爲者必底于成」之意，亦在言外。

「仁者如射，云云己而已矣」

愚謂似爲當時諸侯言。諸侯之反求諸己如何？ 如「貴德而尊士，賢者在位，能者在職，云云畏之矣」。何至爲人役之有？ 前章亦以此爲仁也。○「反求諸己」，脩德自强也。○「反求諸己而已矣」，本文屬射者，

饒氏一説甚當。

「子路人告之以有過則喜」

仲由喜聞過，令名無窮焉。○非是説喜聞過一事令名也，因喜聞過而勇於自脩，故有善可稱，而令名無窮也。故有過不喜人規，如諱疾忌醫，寧滅其身而無悟矣。

「禹聞善言則拜」

「禹聞善言則拜」，反不若舜之不拜者，猶有物我之分也，猶是未免見善之在人也。既見善之在人，則亦若

未免無見善在己之痕迹耳，故曰：「大舜有大焉。」然非孟子斷不能别之。

「大舜有大焉，善與人同」

「善與人同」，内無嫌於己，外無德於人，真以天下爲一家氣象，是甚次第。視聞善而拜者，誠爲有間矣。

非孟子不足以識此。○「善與人同」，無物我之痕迹在胸中也。

「舍己從人，樂取諸人以爲善」

朱子曰：「二句本一事，特交互言之，以見聖人之心表裏無間如此耳。」○二句只是一事，故下只言「無非取諸人者」。○「舍己從人」，「己」字重。「從人」即是「樂取諸人」也。蓋「二句本一事」也，舍己之未善而取人之善以爲善也。○或曰：「舜亦未善者耶？」曰：「此聖人純亦不已之心也。」○「善與人同」，此「善」字以天下之公善而言，不可認作舜之善，故曰：「善者，天下之公理。」○朱子曰：「『舍己從人』，言其不先立己，而虚心以聽乎天下之公。」蓋不知善之在己也，亦人己爲一。○又曰：「『樂取諸人以爲善』，言其見人之善，則至誠樂取而行之於身。」蓋不知善之在人也。」亦人己爲一。○「『樂取諸人以爲善』，以爲『不知善之在人』；『舍己從人』，以爲『不知善之在己』。何以言之？」曰：「『舍己從人』者，其心只要可當而已，不以善爲己有也。若有以善爲己有之心，則自病其己之未善，而欲文飾以爲善，而不能舍己必矣。若究其極，則當合二句言。外不知善之在人，内不知善之在己。非惟不知善之在己，其無係吝氣象亦若不知未善之在己也。」○下文「無非取諸人者」一句，實兼物我兩忘之意，愈見得當合二句言。外忘其善之在人，内忘其善之在己。

「自耕稼、陶、漁，以至爲帝，無非取諸人者」

耕稼，謂耕那稼也。稼以禾言，《詩》曰：「在田曰稼。」○孔子曰：「十室之邑，云云丘之好學也。」觀於舜又可徵矣。方遜志先生曰：「誰能百無爲，自致孔與周。」

「取諸人以爲善」

不可謂只是取人之善言，如「好問」、「用中」之説耳，須兼言行，故曰：「聞一善言，見一善行，若決江河，沛然莫之能禦也。」

「是與人爲善也」

與，猶許也，助也。「許」、「助」二字，亦難曉，今姑以近語贊之。「取諸人以爲善」，則是引其人以爲善矣。所謂許、助，同是引之之意。○「取諸人以爲善」，自他人觀之，只見得是取人以爲善而已，不見得又是與人爲善也。唯孟子則便見得至此。

「故君子莫大乎與人爲善」

孟子以與人爲善爲莫大之善，然則聖賢之心，何心哉？故曰：「有朋自遠方來，不亦樂乎。」「得天下英才而教育之，三樂也。」「此章言聖賢樂善之誠，初無彼此之間。」○「子路人告之以有過則喜」，喜出於誠也；「禹聞善言則拜」，拜出於誠也；舜之舍己從人，又不待言矣。子路之喜聞過，禹之拜善言，舜之舍己從人，同一樂善也。○「彼此之間」，今人以由、禹與舜分彼此，非也，是以人己分彼此。子路聞人告以過而喜，子路樂善之誠，不以彼此而間也。禹聞善言則拜，是禹樂善之誠，不以彼此而間也。故下二句俱通三人説。朱子統觀此章之文，而總其旨以示人也。蓋孟子之説，分殊也；朱子之説，理一也。聖賢之言，時有足前人之所未備者，此類是也。如《綱目》「王何必曰利」悉改「王」字爲「君」。

「伯夷非其君不事，非其友不友」

此條是節節説深去。「不立於惡人之朝」，不但「非其君不事」，足亦不立其朝。「不與惡人言」，非但非友不友，口亦不與之言。○或説「不立於惡人之朝」，只是非君不事。曰：「非也。宜別説更深一節。且如孟子不仕於齊、梁，然豈不亦暫立其朝邪？又如人臣當爲君聘於鄰國，春秋之時常有之，豈不亦暫立其朝邪？與人言，亦未便是與爲友也，今人所與言亦多矣，豈箇箇便是友耶？」○「塗炭」，塗是泥，炭是火，蓋水火之分也，故云「民墜塗炭」。○「坐於塗炭」也，《通鑑》曰「漢光武皇帝二年，遣將軍馮異入關，徵鄧禹還京師」條，《集覽》云：「元元塗炭者，元，善人也，元元者，非一人也。民陷於晁塗，❶爇於炭火。」

「推惡惡之心，思與鄉人立」

○鄉人又未至於惡人，推惡惡之心至此者，極言之也。又深一節。推，孟子推之也。思，伯夷自思，見得如此也。

「其冠不正」。○鄉人之冠不正也。

---

❶「晁塗」，嘉靖本作「塗炭」。

「是故諸侯有善其辭命」云云❶

此却是實事。自「推惡惡之心」至此，文勢相連。

○詞命雖善，而其人未善也，故亦不受。若孔子，則交以道，接以禮，斯受之矣。

「不受也者，是亦不屑就已」

只就諸侯説，衆人亦可知。解其不受之故，由其心之不屑也，清之極也，真是聖人之清，非尋常之清。

○「不屑」之「屑」，趙氏曰：「潔也。」一説也。○《説文》曰：「動作切切也。」又一説也。○「不屑就」，言不以就之爲潔而切切於是也。○此朱子之説，又兼二説也。蓋惟不潔之，故不切切之也。故兼説得，非調和之謂。

「推惡惡之心云浼焉」

此無實事，而孟子本其心而形容之如此耳。○「是故諸侯有善其詞命而至者」，「是故」二字承上文。

「柳下惠不羞污君」

柳下惠，姓展字禽，名獲，居柳下而謚惠，故曰柳下惠。蓋後人尊之之辭，故不姓名字之。

○「不羞污君，不卑小官」，是進也，然「進不隱賢」，而「必以其道」。「必以其道」，則未免於「遺逸」、「阨窮」矣，然「遺逸而不怨」，「阨窮而不憫」。「阨窮」深於「遺逸」。

❶「命」，原作「令」，今據四庫本及《孟子集注》改。

○夫「不羞污君，不卑小官」，和也。惟「不隱賢，必以其道云云不憫」，是和而介也。夫和而介，則雖不絶於惡人，而實未染於惡人，故其自言曰：「爾爲爾，我爲我，雖袒裼而露臂，裸裎而露體於我之側，其無禮如此爾，亦焉能浼我邪！」唯其不能浼我，故常由由然與衆人並處而不自失焉。自「進不隱賢」至「不自失」，皆是説他介處。○惠所以「由由然與之偕」者，恃此而已，不然，則亦不能終其和矣。此所以爲聖之和。○「援而止之而止」，言欲去之際，援而止之，則亦止也。泛説。○「由由然」，惠由由然也。○「與之偕」，「之」字指「爾爲爾」者言，不必拘「袒裼裸裎」。

「是亦不屑去已」

言不以去爲高而必於去也。○「遺逸」與「阨窮」不同，「遺逸」是去位也，「阨窮」是困也，「阨窮」是「遺逸」後事。○「不屑去已」，「不屑去」之意，何以見得？蓋是所謂「直道而事人，焉往而不三黜」，故不屑去。有留之則亦留也，故三黜三仕。

「伯夷隘，柳下惠云云不由也」

○伯夷雖是聖之清，然既專於清，則有當和處亦不能爲和矣，此其弊之隘也。柳下惠雖是聖之和，然既專於和，則有當清處亦不能爲清，而玩視一世，只和光同塵矣，此其弊之不恭也。故君子可由其清，而不可由其隘，可由其和，而不可由其不恭。○「不恭」，朱子謂「是待人不恭」。《語録》曰：「是他玩世，不把人做人看，如『袒裼裸裎於我側』是已。邵堯夫正是這意思。如《皇極經世書》成，封做一卷，題云：『文字上皇堯夫。』」❶〇愚謂是有待於後世子雲之意。愚謂桀溺曰「滔滔者，天下皆是也」，正是不恭。

公孫丑章句下

「天時不如地利」

破意。〇舉用兵所恃者而第其輕重，示人當知所重也。

時日支干孤虛王相之屬。〇支干不出於時日，孤虛王相不出於干支。❷蓋時日有支干，而支干有孤虛旺相也。〇「天時」二字，兼「時日支干孤虛之屬」。「時日」，「時」字對「日」字説。「孤虛王相」，是「時日支干」之孤虛王相也。「支干」又是「時日」之支干。兵家蓋只就孤虛王相上論吉凶。〇蔡氏曰：「時，四時也。日，日辰也。」〇輔氏曰：「時，十二時。日，十日。」二説不同。按：以四時，恐用不得干支推算，恐是十二時。若作四時，只須分作十二月，如正月建寅，二月建卯，方用得干。〇大抵是十二時，若依四時，則是日之上欠「月」字。〇「時日」者，「時」謂四時，主蔡氏説，該十二月在其中，日則該十二時。此猶年有四時，而錯舉「春秋」二字以該之也。皆以五行生克論。如十干則東方甲乙木，南方丙丁火，中央戊己土，西方庚辛金，北方壬癸水。十二支則東方寅卯木，南方巳午火，西方申酉金，北方亥子水，中央辰戌丑未土。

---

❶「皇」，原作「王」，今據嘉靖本、四庫本及《朱子語類》改。

❷「王」，嘉靖本作「旺」。

而又有納音之五行。如甲子乙丑海中金，甲乙不爲木，子不爲水，丑不爲土，而總謂之金也。丙寅丁卯爐中火，寅卯不爲木，而丙丁仍爲火也。此又别是一道，其説見於《三車一覽》云：「甲己子午數九，乙庚丑未數八，丙辛寅申數七，丁壬卯酉數六，戊癸辰戌數五，已亥二位數四。」甲子、乙丑屬金者，甲數九，子亦數九，乙數八，丑亦數八，二箇九二箇八共成三十四，除五六三十數，零有四數，故納陰，屬金。又如戊辰、己巳，戊數五，辰亦數五，己數九，巳數四，共成二十三，除五四二十數，零有三數，是以納音，屬木。○孤虚一類，然孤自孤，虚自虚。○王相一類，然王自王，相自相。○「之屬」二字，所説者廣，其在兵家，不止孤虚王相而已。○孤即空亡，《三車一覽》論「空亡」曰：「甲子旬中戌亥是，甲戌旬中申酉是，甲申旬中午未是，甲午旬中辰巳是，甲辰旬中寅卯是，甲寅旬中子丑是。」○問：「何以謂之空亡？」「甲子旬中，遁至酉而十干足，❶以無戌亥爲空亡也。空亡即孤也。甲戌旬中，遁至未而十干足，以無午未爲安亡也。❷餘倣此。」○虚者，子實則母虚，如甲乙木實，則壬癸水虚，丙丁火實，則甲乙木虚之類。○旺相者，如春木旺，木生火，則火相。夏火旺，火生土，則土相。旺者爲主，相者輔之。○旺相孤虚似是元亨利貞之意。先言孤虚者，蓋由静而動，避害爲先之義。○旺與孤相反對，旺之所以自生者爲虚，而其所生者爲相，相，連於上下者也。

❶ 「遁」，嘉靖本作「遞」。
❷ 「安」，據文義當作「空」。

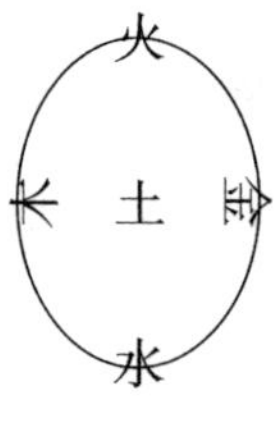

兵家論孤虛旺相，大概如看命家所論，不出五行而已。乘時者王，所生者相；生我者休，克我者囚，我克者死。如木畏金克，火能克金，亦得火以制金；金畏火克，水能克火，則金得水以制火。然亦看地方與天文如何。秦符堅伐晉，秦群臣曰「歲鎮在吴，伐之必有天殃」是也。然亦有不拘者，如紂以甲子亡，武王亦以甲子興之類，此見人和爲重也。如苻堅滅燕，亦犯歲而克。蓋苻堅協衆情而伐燕，違衆議而伐晉也。孟子之言，於苻堅一人，亦足驗矣。〇次乎王者爲相，得其助也；敵乎王者爲孤，以相克也；生乎王者爲虛，子實則母虛也。大意蓋如此。未得其明與其詳。

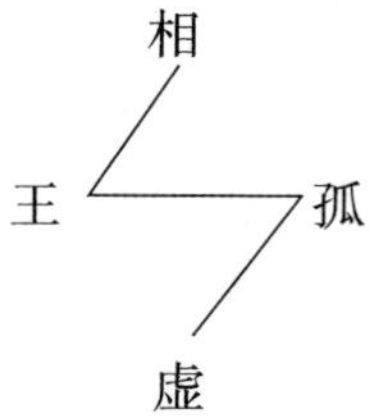

「天時」、「地利」、「人和」。看來兵家天時一事，亦其甚靈者，如春秋世，歲星在越而吴伐之。三十六年，越卒滅吴。晉時苻堅犯歲伐晉，卒以敗亡。當其將伐晉時，其臣諫如「歲星在晉，不可伐」。堅曰：「我昔滅燕，亦犯歲而克。」不知肥水之敗，燕慕容垂遂以復興燕業。天時亦有如此不爽者，況於地利，況於人和乎？○然天時終不如人和。歲星在越而吴伐之，卒爲所滅者，非獨天時之不利，越無罪，吴無德，吴恃强好大耳，故敗。漢高入關之年，歲在東井。井，秦分也，而秦見滅，何哉？秦實無道，歲星不能爲福而反爲禍也。又如周武以甲子興師而勝，紂亦以甲子興師而敗；宋劉裕伐南燕，以七日而勝。故曰：「天官時日，明將不法，闇將拘之。」

「三里之城，七里之郭」條

此條申「天時不如地利」，就攻上説。

「城非不高也」條

此條申「地利不如人和」，就「守」字上説。○兵革米粟皆出於地利，故亦爲地利。按上注：「地利，險阻城池之固也。」❶

○人和，得人心之和不離叛也。

「曰『域民不以封疆之界』」條

此條重在「得道多助」一句，其「封疆」、「山谿」，意不主地利言。此節無地利，專言得人和之所以，在得道，此聖賢之兵法也，所謂不戰而屈人兵也。○此段極言有國者，當務於得人和也。或説是謂得人和之本，在於得道。此説於理亦無害，但未必其本意也。蓋孟子但謂要得人和，内便含有得道意，不必再推一層，

❶「也」下，原有「上」字，今據嘉靖本删。

再序一段也，看「故曰」二字可知。而其旨意，又歸在下文，以終所言之意也。○「『威天下不以兵革之利』，兵固是利，革何以亦謂之利？」曰：「此猶『夫里之布』該『征稅』字意也。或曰：革之堅處亦是利，此『利』字不專訓爲鋭，蓋功利之利也。」○「得道」大要，在於用賢而愛民，所謂「貴德而尊士」與「施仁政於民」也。「親戚」者，相親愛則相憂戚也。

「故君子有不戰，戰必勝矣」

此以人和言之，言其無恃於地利，更無拘於天時也。○非惟天時之善，人爲之乘，地利之險，人爲之守，亦無假於天時之善，地利之險矣。

「孟子將朝王」

孟子之在齊，此時實處賓師之位，非受禄有官職者。比凡人君之於賓師，若欲有所訪，則當就而見之，不可以召見。或賓師以事自請見之，固亦可也。

「寡人如就見者也」

如，往也。○「朝將視朝」，上「朝」字謂來旦也。○「朝將視朝，不識可使寡人得見乎？」分明是召。○注：辭疾出吊，與孔子不見孺悲，取瑟而歌同意，直欲王之知其非疾也。○問：「孟子本欲朝王，雖王托疾以召，若可往也。」曰：「彼自往朝，則非往召，猶可也。今既有召命而往，則是賓師應召矣，孟子所以執而不往。」○「采薪之憂」，病則不能采薪，故曰「采薪之憂」也。孟仲子權辭以對。孟仲子之見，亦景丑氏之見也。甚矣，知己之難也。

「不得已而之景丑氏宿焉」

蓋欲歸，則以仲子之要，而勢有不獲。欲往，則以齊王之召，而義有不可，是爲「不得已」。○景丑氏，姓景丑，名氏，指其家而言。

「内則父子，外則君臣，人之大倫也」

按：人之大倫有五，則自父子、君臣以至夫婦、朋友、長幼，皆是大倫，今此特以父子、君臣爲大倫，則自夫婦、兄弟、朋友亦皆爲其次矣。大抵以父子、君臣而視夫婦、兄弟、朋友，則父子、君臣爲大倫。以夫婦、兄弟、朋友而視三族之屬、九族之親、鄉黨故舊之交，則與父子、君臣并爲大倫矣。當隨文解義。其實五倫之首父子、君臣。

○一説：「言夫婦爲人之大倫亦可，言兄弟、朋友爲人之大倫亦可，今此特舉父子、君臣爲人之大倫耳，非以父子、君臣對夫婦、長幼、朋友而言也。」此説較平正。○如此推起，真是不敬。孟子之言，句句是事實，此言最得其情。

「我非堯、舜之道，不敢以陳於王前」

堯、舜之道，仁義也。○「我非堯、舜之道」，「堯舜之道」，承上文「仁義」言。露出「堯舜」字，見其以堯、舜望其君，所以爲敬君也。

「景子曰：『否。非此之謂也。』」

謂不論其心，但以禮貌間論也。景子只是俗人，聞孟子之言，全無醒意。

「君命召」止「若不相似然」

孟子時在賓師，景子以臣禮律之，誤也。孟子且未暇與明此一節，但下云云亦以賓師論也。惟朱子有眼目，總注曰「見賓師不以趨走承順爲恭」云云。不曰「人臣」，以對下「人君」字，有旨也。

「彼以其富我以」止「吾義」

仁則循理樂天而安貧矣，故與「富」對説；義則不苟受，不以三公易其介矣，故與「爵」對説。○此自古高人所以有藐萬乘而不屑爲者，所謂「王公失其貴，晉楚失其富」。他自有浩然之氣在，到他面前，却都難爲了。○「彼以其富，我以吾仁，吾何慊乎哉！」其詞只兩平，其意則重在仁義。蓋富爵之與仁義，自是抵對不過。曰：「人人有貴於己者。」又曰：「不義而富且貴，於我如浮雲。」又曰：「天地間至尊者道，至貴者德，至難得者人，人而至難得者，道德有於身而已。」但以仁對富，義對爵，便有輕重。

「夫豈不義而曾子言之？是或一道也」

本不消如此説，只緣景丑俗人，恐他未信得到，不得不如此提掇，所以深明其言之可信也。○《語類》曰：「文勢如『使管子而愚人也則可』。」

「爵一、齒一、德一」

朝廷莫如爵，故爵爲一達尊；鄉黨莫如齒，故齒爲一達尊；輔世長民莫如德，故德爲一達尊。三句所以申上爵、齒、德所以爲天下之達尊耳，非是又添「隨所在而致隆」一意也。若説「隨所在而致隆」，則所謂「惡得有其一以慢其二」者，孟子於齊，又豈有鄉黨之分哉？○「朝廷莫如爵」三句，申言齒、德、爵爲天下之達尊也。「隨所在而致隆」之説，不是正議，是議論詞。○詳味朱子小注有謂「其迭爲屈伸以致崇極」之義，不異於孟子之言者，尤見得「朝廷莫如爵」三句，是各自爲説，非以相值之時言。○朱子曰：「三者不相值，則各伸其尊而無所屈。一或相值，則通視其重之所在而致隆焉。」○又曰：「爵也，齒也，蓋有偶然而得之者，是以其尊施於朝廷者，則不及於鄉黨，及於鄉黨者，則不及於朝廷。而人之敬之也，亦或以貌而不以心。惟德，得於心，充於身，刑於家，推於鄉黨而達於朝廷者也。」○「輔世」對「御世者」言，「如五百年必有王者興，其間必有名世者」，「王者」便是「御世者」，「名世」便是「輔世者」。就人臣之分言，故不曰「治世」而曰「輔世」。○長民，長，治也，君長之長。自天子至大夫、士，皆説得長民，非長育之長也。○一説「輔世」只是濟世，如云「輔之翼之，以左右民」，皆就人臣之分言。

「惡得有其一以慢其二哉」

此句接上文，當過文云：「夫天下三達尊，今齒、德二者皆在我，而齊王僅有爵耳，惡得有其一以慢其二哉！」只是以一二較多寡而爲屈伸，不復拘於「朝廷」、「鄉黨」與「輔世長民」矣。尤見得「朝廷莫如爵」、「鄉黨莫如齒」三句，只是申明其所以爲天下之達尊，而無「隨所在而致隆」之意。

○「孟子亦惡得有其二？且『鄉黨莫如齒』，孟子之於齊王，何鄉黨之論乎？」曰：「此只要『齒』字出，不以鄉黨也。以此見『隨所在而致隆』之説，不當以俗説解作齒在所重，則爵與德在所後等説也。」

○「惡得有其一以慢其二哉！」此等言語，自今觀之，孟子之圭角，嶢嶢然不可犯矣。然在當時，亦不甚以爲怪也。田子方云：「亦貧賤者驕人耳，富貴安敢驕人云云。夫士，謀不用、言不聽，則有納履而去耳，焉往而不得貧賤哉！」如今日此等言語，不論在人主背後，或在面前，皆道不出矣。故天下不得大治而久安者，亦勢然也。其有願治之君，必就忠諫之士，必略崇高之勢，勢分輕者，道理重也。○明其不可召也。夫不可召而王召之，則王疑於不足與有爲矣，故繼之曰：「故將大有爲云云召之臣。」

「必有所不召之臣」

不可説做不召乎臣也，但要主人君，言「欲有謀焉則就之」，正是不召也。必如是其「尊德樂道」，乃可有爲，非欲自爲尊大也。

○自古名世之士，大抵皆以此卜其君，以決其去就。

「欲有謀焉則就之」

帶上文看。○「尊德樂道，不如是」，謂不如是其尊德樂道也，非尊德樂道而又不如是也。

○德就賢者身上説，道就賢者所抱説，如「仁、義、忠、信，樂善不倦」，其德也；如孟子所舉平治天下之具，其道也。

「湯之於伊尹，學焉而後臣之」

「有所不召之臣」也，故不勞而王，斯大有爲矣。

「桓公之於管仲，學焉而後臣之」

「有所不召之臣」也，「故不勞而霸」，斯大有爲矣。「故將大有爲之君」，須看一「將」字。○「地醜」，無一箇能辟土地。「德齊」，無一箇德稍優。苟能好臣其所受教，則德進而地辟矣。○「德齊」之「德」，以所就功業言。李斯云「王者不却衆庶，故能成其德」是也。《集注》「德業成」之「德」，對「業」字言，朱子用字也。○「好臣其所教」之人，「惟言莫違」也。○「不好臣其所受教」之人，「姑舍女所學而從我」也。○「今天下地醜德齊，莫能相尚」，不能大有爲也。「好臣其所教，而不好臣其所受教」，「尊德樂道」，不如是無不可召之臣也。○孟子既説得明白如此，使齊王待之之禮不有加焉，當去矣。「此章見賓師不以趨走云爲敬」。新安曰：「恭見於外貌者，故於『趨走承順』言之。敬存於中心者，故以『責難陳善』言之。」則上下交而德業成矣。○天道下濟，地道上行，天地交而造化成，故人君常患於亢，而人臣常患其卑。苟人君能降志於其臣，而人臣能亢志於其君，則德業成矣。此天地之大義也。

「王餽兼金一百而不受」❶

一百鎰，二千兩也。一鎰，二十兩也。○七十鎰，一千四百兩。○五十鎰，一千兩。

「前日之不受是，則今日之受非也。云云不受非也」

重在「非」字上。

「夫子必居一於此矣」

謂不免於一不是也。

「皆是也」

❶「王」上，嘉靖本有「陳臻問曰前日於齊」八字。

主於義言，故曰「皆是」，不必説出皆是義也。惟其皆適於義，故得爲皆是。○陳臻之問，只有「是」字，無「義」字。

「辭曰：『聞戒，故爲兵餽之。』」

當時列國各有封疆之界，一出薛之關，則非薛之令所能行矣，故薛君之於孟子，只得以金爲之兵備。蓋僅能助其備，亦不能與之兵也。

「若於齊，則未有處也」

「處」字，一説是孟子無所處，一説是齊王之餽無所處，然以上文「予將有遠行，予有戒心」照之，則是孟子未有處也，而齊王乃餽之，則無辭矣。又按本文「若於齊，則未有處也」，是孟子於齊未有處，無疑。○上文兩箇「辭曰」字重看，正與此段「未有處」相應，齊之餽，便無辭。

「是貨之也」

謂以物餌之也，從餌以去則爲貨取矣。兩「貨」字，皆是活字。

「孟子之平陸」

「平陸，齊下邑」。下邑，屬邑也，如云「管下」。

「子之持戟之士」

戟，大注：「有枝兵也。」趙氏德曰：「雙枝曰戟，單枝曰戈。」○枝，旁枝也。如鎗，只直刃而無旁枝。

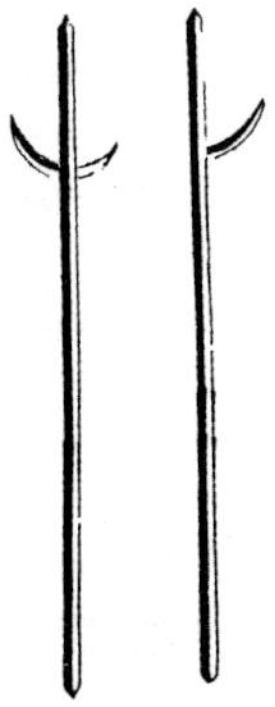

戈　戟

《論語》：「謀動干戈於邦内。」注：「戈，戟也。」以其一類也，亦有枝也。○「失伍」，不在伍也。○「去之」，猶言除之也，故解作「殺之」。○「凶年」，凡有兵戎疫癘之類皆是。「飢歲」，穀不熟曰飢也。○「溝壑」：溝，長溝；壑，深谷有水者。

「求牧與芻」

「牧，牧地也」。蓋草場也，就地食草也。芻，蓋刈去之草。○大抵春夏則就牧地牧，秋冬則須用刈草，亦隨所居之便。今之養牛羊者，大抵不出此二端。○凡養蓄，日則飼之於牧，夜則飼之以芻。

「何不致其事而去」

致，推而還之也。下章「蚳鼃致爲臣而去」，注曰：「致，還也。」

「王之爲都者」

○「邑有先君之廟曰都」。蓋其邑嘗爲先君所都，後遷之他，乃只爲邑，故猶有廟在而稱都也。不然，均是邑也，何此有廟而彼獨無廟耶？○須要究其先廟之所以有無。○《語類》曰：「看得來古之王者嘗爲都處，便自有廟。太王廟在岐，文王廟在豐。武王祭太王則於岐，祭文王則於豐。『王朝步自周至於豐』，是自鎬至豐以告文王廟也。又如晉獻公使申生祭於曲沃，武公雖自曲沃入晉，而其君之先廟，則仍在曲沃。」

「臣知五人焉」○知，識也。

「爲王誦之」

此句記述之言，非孟子曰「爲王誦之也」。若曰「請爲王誦之」則可，然下文須費辭。

「王曰：『此則寡人之罪也。』」

蓋不得行其牧民之志而不去者，距心之罪；使不得伸其牧民之志者，寡人之罪也。○「此則寡人之罪也」，即距心前云「此非距心之所得爲也」，言此乃王之大政使然，非所謂「寡人之罪」乎？○陳氏曰：宗，晉臣，三山人。「孟子一言而齊之君臣舉知其罪，固足以興邦矣。云云故邪？」按：「悦不繹，從不改」，意在齊王，不必兼距心。若繹而改之，不得自專，則致其事而去耳，何關於齊之爲善國也？

「齊人曰：『所以爲蚳鼃則善矣。』」

今按：孟子謂蚳鼃曰：「子之辭靈丘云云以言歟？」只是激之諫，及至諫於王而不用，致爲臣而去，此乃蚳鼃自行其志也，如何是見得孟子爲蚳鼃也？曰：「不必如此。蓋有言責者必言，不得其言則去，❶此自古士夫去就之律令然也。孟子使鼃言，鼃既言時便是自如此擬斷了。用則留，不用則去，豈復有餘法哉！

❶「言」，嘉靖本作「旨」。

况孟子云『今既數月矣，未可以言與』，其意便是謂苟不得言便當去耳，亦未見蚳鼃之去亦孟子之爲之也。」

「有官守者不得云云言則去」

輔氏曰：「蚳鼃有言責，距心有官守。」○又曰：「蚳鼃賢於距心，以其能諫，又能去。」○此時未嘗爲卿於齊。○進退，即去就也。「進」字對「退」字生。

「我無官守云云有餘裕哉」

此孟子最高處。蓋自見王於崇，退而有去志，便商量此一著了，非常法也。

「孟子爲卿於齊」

前章注「孟子之於齊，處賓師之位」下，有問賓師如何，朱子曰：「當時有所謂客卿是也。大概尊禮之而不居職任事，召之則不往。」今此「爲卿於齊」，難説全是客卿。又後章注曰「我前日爲卿，嘗辭十萬之禄」，❶則是實爲卿，但不受其禄，以示齊王非利富貴耳。若全説是客卿，則不居職任事，况可使爲我出吊乎？召之且不往，况實使之乎？不必全説是客卿，但與他卿終是不同，爲不受禄也。故又曰「仕而不受禄」，就「仕」上見得不全是客卿，「不受禄」上見得不全是齊卿。○王驩蓋攝卿以行，故曰「齊卿」。不可依俗説，謂孟子爲正卿，驩攝以行爲齊卿也。齊，還是齊國之齊，齊卿猶曰漢使。○南軒曰：「孟子雖爲卿，而

❶「禄」，原作「録」，今據嘉靖本及《孟子集注》改。

實賓師也。其使於滕，齊王特借孟子以爲重。」○問：「既是賓師，如何謂之使？」曰：「所以使王驩爲輔也，此孟子所以不辭行也。」

「夫既或治之」

大注「有司」，不指王驩。若是驩，朱子何故又云「有司」？且驩既號齊卿，則又難以有司目之。惟南軒以爲驩，是各自爲説，非解有司以爲驩也。○大注「有司」字在何處尋來？或曰在「夫」字，非也，在「或」字。問：「當時出使，既有副使矣，又焉用有司？途次何容得許多人？」曰：「今之出使外國，有正使，有副使，副使之下，又有許多名色人等，皆所以辨使事者，而二使皆只是總大綱挈要領而已。此事古今大略相同。」○當時驩，王嬖臣也，亦甚尊重，豈於行事一一親理？問：「當時設有司所未治，孟子容得無言否？」曰：「自不至有不治，孟子只是托言耳。慶源之説太泥。」○「夫既或治之」，言自有人理之了，不必與驩言也，朱子實是於「或」字生出「有司」字。○輔氏曰：「有司既已治之而得其宜矣，自不須更與王驩言也。蓋有難以顯言者，故托此以告之。」○公孫丑此章之問，與《論語》「子奚不爲政」之問略同。孟子、孔子當時皆有以難顯言者，皆是托詞以告之，但孟子之托，托得切而閑，孔子之托，則近於遠矣。只因「施於有政」一「政」字，生出「奚其爲爲政」。蓋是因問得來不好答，若丑，只從言語上問。

「使虞敦匠事，嚴，虞不敢請」

言當時心疑其太美，欲請其説，庶幾少損之，以事急而止。○「充虞，孟子弟子，嘗董治作棺之事也」。不是虞平素以治棺爲業，只是説嘗爲孟子董治作棺之事耳。若説以治棺爲業，則當下一「蓋」字。○董治，董督也，非自治也。○「使虞敦匠事」爲句，「嚴」字另作一句。○不曰「木，棺也」，而曰「木，棺木也」，重在「木」字。棺之美惡，只在木之厚薄堅脆，若制作，無甚工否。

「非直爲觀美也」云云「使土親膚」

虞蓋以爲觀美。○「非直爲觀美」，言俗有但爲觀美之事者，此却非也。「直」字帶下讀。先以「非爲觀美也。然後盡於人心」破之，乃接之云：「雖必如是，然後盡於人心，然使無財，或法制所不得，亦不得以自盡其心也。」下文又承之云：「所以得之爲有財而遂用之者，正爲『無使土親膚』耳。」

「不得，不可以爲悦」

悦，快也，所謂盡於人心也。

「得之，爲有財」

言得之而又爲有財也。○法制所當得，畢竟是「棺七寸，槨稱之，自天子達於庶人」，然上面「自天子達於庶人」只言聖人制禮，棺、槨皆令得致其厚者，非爲觀美，爲「然後盡於人心也」意垂下來，❶然後承之云「惟必如是，然後盡於人心，然不得不可以爲悦」云云。「且比化者，無使土親膚」，則又是一意。上文「然後盡於人心」處，亦未得見此意出，到此方云云。蓋孝子仁人之用心，正在此耳。天理當如是，勢又得如是，而或不如是，則是爲天下儉其親矣。○「然後盡於人心」，得盡其心則悦矣。下文則承之曰「不得不可

❶「垂」，嘉靖本作「乘」。

以爲悦，無財不可以爲悦」云云。然此意尚輕，下文「於心獨無恔乎」，乃是此意。此段尚重在「得之爲有財」。○「不得不可以爲悦」一段，重在「有財」上。蓋上段「自天子達於庶人」，已是法制得爲了，故下段斷之曰：「且比化者，無使土親膚，於人心獨無恔乎！」乃可以爲快也。○一説不如上所説。蓋充虞之疑，真於無財一節，固無庸及矣，惟疑其過制耳，故孟子先引中古之通制以釋之曰云云。其於無財一邊，亦無庸及矣，却於下文反之曰「不得」云云，「無財」云云。既是「得之，爲有財」，則可以求快其心矣。「無使土親膚」即是上文注中所謂「堅厚久遠」者，豈有兩三重意哉！「不以天下儉其親」，亦正所謂「得之爲有財」也。

「且比化者，無使土親膚」

化者，死者也。生變而爲死，故曰化，猶逝者。○「無使土親膚」，正是「堅厚久遠」處。○其所以以此爲盡心，以此爲悦者，其歸在於「無使土親膚」而已。

○一則曰「然後盡於人心」，又一則曰「爲悦」，二則曰「爲悦」，又終之曰「於人心獨無恔乎」，孟子於此，只是要自盡其心而已，豈有一毫外慕之心哉！信乎所謂「必誠必信，勿之有悔」，而喪死可以當大事矣。○「且比化者」一條，不是别一段意，即上文「然後盡於人心」也。蓋「得之，爲有財」而遂用之者，正謂「無使土親膚」耳。尋常説者泥著「且」字，遂爲更端之語，非矣。「且」是發語辭，其實一意相發，故總結之：

「吾聞之也，君子不以天下儉其親。」

「君子不以天下儉其親」

大注：「送終之禮，所當得爲而不自盡，是爲天下愛惜此物，而薄於吾親也。」「此物」二字，不專指棺槨，是泛説也。且曰「吾聞之」，即此一語，古語也，安得知古語是爲棺槨説耶？或兼生事葬祭耳。「此物」二字，自虚，不可指定棺槨，就此章言，則是送終之禮。○「天下」，猶言「世上」，言無來由爲世上惜此物，而薄於吾親，爲何。○愛其所不必愛，而薄其所不當薄。

「沈同以其私問曰：『燕可伐與？』」

初，燕王噲讓國於其相子之，而國大亂，有釁可乘，齊人謀伐之。時孟子在齊，齊之君臣，蓋有利人土地之心，而又恐爲賢者所不與。沈同蓋齊臣中用事者，故以私問於孟子。亦或齊王之陰使之也，故私以其事問，而卒行其事。○古人伐國不問仁人也，然伐罪之師自古有之，此沈同之所以果於問，而又必稱「以其私問」也。○季康子問弟子孰爲好學，孔子只對曰「有顔回者好學」云云。不得如對哀公之詳矣。今沈同以其私問，孟子只告以燕可伐，而不及齊之所以伐燕當如何，亦其理也。若後來之事，聖賢豈能灼於未然哉！

「何以異於是」

言子噲、子之以國私相授受，何以異於以爵禄而私相授受者，所以著其罪也。著其罪，所以明燕之可伐也。○或疑孟子之答沈同大略，似宜益以一二語，若曰「有天吏則可以伐之矣」。彼心不安，若再問，則併其所以告之，如所謂「湯征葛」等語，庶幾其言早達於王。倘伐而勝之，當無「殺其父兄，毁其宗廟」、「如水益深，如火益熱」等語，而亦不至「以千里畏人」矣。其爲猶可及止，豈不尤爲有力哉！而乃不然，致後來許多紛紜，反受勸齊伐燕之誣，事之不可預處也如此夫。

「『勸齊伐燕，有諸？』曰：『未也。』」

不曰「無之」，而曰「未也」，何歟？ 蓋燕有可伐之罪，若有明王在上，或湯武爲侯伯，決於所伐。❶ 孟子當日目擊燕事，胸中亦准擬其可興問罪之師矣。 但齊不能脩其內治，使近者悦而遠者來，則固未可與議此也。 然孟子時久於齊，所謂「予日望之。 王如用予，豈徒齊民安」者，其心未嘗一日忘也。 使齊王稍能用其言而行仁政，孟子固自勸之伐燕矣。 如伊尹之說湯伐夏救民，周公之贊成王誅紂伐奄，有何不可？ 特惜乎當時燕、齊兄弟之政，而未有其機耳。 故曰「未也」，而不曰「無之」。 ○一說，「未也」只是言未曾。 ○齊人伐燕，或問曰：「勸齊伐燕，有諸？」或者之問，蓋不以伐燕爲然也。 ○或疑此問者，發於「燕人畔」之後，蓋有追咎之意。 曰：「未然也。」首之以「齊人伐燕」，即繼之曰「或問曰」云云，只是知其未然也。

「今有殺人者，或問之曰：『人可殺與？』」

兩「人」字不同，下一「人」字，是「殺人」之「人」也。

「今以燕伐燕，何爲勸之哉」

「君子居是邦，不非其大夫」，而孟子明說「以燕伐燕」，且尚在齊，蓋亦不得已也。

「燕人畔，王曰『吾甚慙於孟子』」章

❶「於」，嘉靖本作「在」。

前「諸侯將謀救燕」則曰「宣王曰」，此但言「王曰」，疑是湣王也。蓋著書時，湣王未卒，無謚可稱也。

「知而使之，云云，是不智也」

陳賈意，只要坐「不智」與周公，故下文又云：「『周公知其將畔而使之歟？』曰：『不知也。』」賈斷曉不是知其將畔而使之，亦斷曉得孟子不以爲是知其將畔而使之。○「然則聖人且有過與」？不智是過，若不仁，則不止於過也。「過」字要如此認。

「周公，弟也；管叔，兄也」

愛兄之心勝，容有不料其有他而使之者。

「周公之過，不亦宜乎」

周公之過，天理人情所不能免之過也，故曰：「不亦宜乎！」明其不幸也。○蓋必求無過，必須逆探其兄之惡而棄之矣。然則孰與有過之爲愈乎？蓋有過之過小，無過之過大也。此等過，真是聖人之不幸而已，何可求免也。

周公之過，所以爲宜者，此惟仁者能知之，薄於骨肉者所不知也。陳賈亦未必便深曉其所以爲宜處。○「周公，弟也。管叔，兄也。周公之過，不亦宜乎。」天然之言，不假人爲。噫！甚矣，聖賢之爲聖賢，不偶也。

「且古之君子，過則改之」

「今之君子」，不必説指賈，亦不必説指王，只是泛論，而寓責賈之意於不言之表。聖賢是甚次第，爲見賈特地撰出此議論於他面前講，必有個來頭，心是恁窺度也，故綴以此語，其實未知其爲王解「燕人畔」之慙也。〇「其過也」與「及其更也」相對，皆就君子身上説，故注曰：「更，改也。」又曰：「更之則無損於明，故民仰之。」〇「民皆見之」、「民皆仰之」，亦全就君子身上説，故《論語》曰：「過也，民皆見之；更也，民皆仰之。」而此章亦曰：「更之則無損於明，故民仰之。」「順之而爲之辭，則其過愈深矣。」皆就君子言。〇「更之則無損於明」，「明」，君子之明也。〇「及其更也，民皆仰之」句内，即説「有如日月之食而復其明」者，意謂上已有「如日月之食」了。

「且古之君子，過則改」云云。〇此是一節意。

「古之君子，其過也」云云

此又是一節意。此與下文三句相反對，見得不是「爲之辭」，所謂磊磊落落，如青天白日者。若爲之辭，則前無「民皆見之」，後無「民皆仰之」。

「豈徒順之，又從爲之辭」

重在「爲之辭」一句。「豈徒順之」承上文而帶過下意耳。〇「又從爲之辭」，「爲」字是如字，不可讀作去聲。林氏注謂「陳賈鄙夫，方且爲之曲爲辨説」，此「爲」字是去聲，亦是圈外注。〇「責賈不能勉君遷善改過，而教之以遂非文過。」此意也要微微説。〇愚觀新安陳氏注云：「孟子窺賈爲君文過之心於不言之表，而責言之亦有斟酌分曉。孟子責陳賈意，亦微微説。當時賈不曾明説出云云，孟子亦安得顯然責之云云。故『君子』字不可認作齊王，又不可認作陳賈。」愚意孟子之説虚，虚依《集注》則「君子」是齊王。

「孟子致爲臣而歸」

致，送至也。見《正韻》。「致爲臣」，送還其政於君也。○孟子始在齊，爲賓師，後雖爲卿而不受禄，齊王蓋猶以賓師待之。○其「致爲臣」，還卿位也。○孟子於齊，仕而不受禄，其所謂仕，不過署其名，而實則未嘗食禄任事，正所謂「前日爲卿，常辭十萬之禄也」，故云就得以自由。

「得侍，同朝甚喜」

本是孟子千里而見王，今曰「得侍」，是言己得侍賢者也。本是齊王自喜，今曰「同朝甚喜」，見得同朝皆喜，則王之喜，又當何如。亦善爲辭也。○「得侍」，王謙言得賢者。「同朝」，謂群臣也，同是齊王朝裏人也。

「他日，王謂時子曰：『云云，爲我言之。』」

他日，王謂時子曰：「我欲當國之中，授孟子以室廬，使得便於居處。且其弟子自遠方來者數多，自給爲難，吾將養其弟子以萬鍾，使吾國中諸大夫及國人皆有所矜式。吾此意，子盍爲我言於孟子，庶幾其少留乎？」○此時，齊王不曾要留孟子。「他日，王謂時子」，時王蓋以孟子尚在未去，故云云歟？尤爲不知孟子。○「他日，謂時子曰」，愚每因「他日」二字，見得孟子亦有遲遲其去之意。○「受室」二字，按《二程文集》第三册卷之九，《定親書》，伊川所作也，有曰：「頤第幾男雖已勝冠，未諧受室。」但「受」字不同。

「時子因陳子以告孟子」

因，依托也。此方是托陳子以告孟子，下句方是陳子以時子之言告孟子，不然下一句是衍了。○「時子因陳子以告孟子」。因，因而托之也。因，依傍也。愚每因「陳子」、「徐子」字面，又疑非孟子自著。蓋先師不稱弟子爲子，或托爲他人記之而云歟？○小注輔氏曰：「辭禄而受餽，雖多寡之不同，畢竟是不得於此，而又求得於彼。」○「高子以告」，亦弟子也。

「孟子曰：『然。夫時子惡知其不可也！』」

此「然」字，只因陳子所述時子之言而曰是如此耶？然時子惡知我之不可以復留耶？○夫時子惡知其不可爲此而留耶？且王之欲養弟子以萬鍾者，豈以予爲欲富乎？「如使予富」云云。

「如使予欲富，辭十萬而受萬」

又前日不受卿禄，亦是以當時諸侯只挾其勢禄在手，以爲足以輕重天下士也。如是，則待賢之心薄了，安望其上下交而德業成也。故孟子早見，而堅執不受其禄，使齊王知其志不在温飽耳。故曰：「如使予欲富云云乎？」

○且吾既以道不行而去，乃復以萬鍾之饋而留，則是不得於彼，而又欲得於此，其趣不足言矣。季孫曰云云。

「使己爲政不用」

己，叔疑也。使之者誰使之？「使」字猶云如也，❶彼也。與「使其子弟」之「使」，蓋不同。○二「使」字不同，上「使」字是「如使」之「使」，下「使」字是子叔疑使之也。己，指子叔疑。「已矣」之「已」，止也。《集注》

❶ 「使」，嘉靖本作「此」。

云：「蓋子叔疑者，嘗不用，而使其子弟爲卿。」可見二「使」字不同。

「人亦孰不欲富貴云云，私龍斷焉」

「獨」字與上句「孰不」字相反，應「獨於富貴之中，有私龍斷焉」，直指子叔疑也。○「龍斷，岡龍之斷而高也」。斷，其陟絶最高處。○龍斷猶言絶頂，故曰：「岡壟之斷而高也。」○「而獨於富貴之中，有私龍斷焉」，言獨於富貴之中，有私龍斷，所謂云可賤者。○問：「子叔疑是既不得於此，而又求得於彼。龍斷者是欲得於此，而又兼得於彼。如何以爲同？」曰：「不得此，又欲得彼者，原其本心，固是欲得此，而又取彼也。」

「而罔市利」

注：「罔，謂罔羅取之也。」言一罔將去，猶俗云都包得去。○「必求龍斷而登之，以左右望而罔市利」者，蓋市所貿易，或此處有穀粟而無魚鹽，則魚鹽得利矣；或此處有魚鹽而無穀粟，則穀粟得利矣。或止利魚鹽而不兼穀粟，或止利穀粟而不兼魚鹽，猶未爲龍斷也。龍斷者，登高望之，盡得其所有無，却以魚鹽馳至無魚鹽處而貨焉，又以穀粟馳至無穀粟處而貨焉，以至非他所利處皆然，是爲罔市而包括取之，故使人賤之也。然隆古之時，尚以此爲賤，而今世則皆以此爲當然，而不復以爲怪，惟恐貨利之不充而已，是又可以論世道矣。○罔謂羅罔取之也，有一罔括盡之意。○龍斷市利，是上古時人。○此章當以程子之說來斷他，程子曰「齊王所處孟子」云云。

○蓋孟子之去齊者，以道也，而齊王之所以留者，利也，此齊王之所以終爲不知孟子，孟子之所以終不留於齊，而其道之所以終不行，齊之所以終於不振也。

「孟子去齊，宿於晝」

「孟子去齊，宿於晝」，固是遲於出晝，故致「有欲爲王留行」。其「致爲臣而歸」，不以明日而遂行，故致王有萬鍾之留。甚矣，聖賢之心，每有不得白於人者。❶要之，久而後明也。然亦可見，在常人，不可不知避嫌矣。

「泄柳、申詳，無人乎繆公之側」

昔者魯繆公之所以能安於魯者，以繆公常「使人伺候道達誠意於其側」故也云云。○泄柳、申詳，其賢固非子思之比，而繆公之尊之，亦不敢望如子思之重，但其義不苟容，所以能安其身於魯者，以其常有善類在於繆公之側，維持而調護之也云云。○朱子曰：「非謂二子倚君側之人也，語其勢則然耳。」○「有欲爲王留行者」章，輔氏注大謬，不知輔氏是何等人物耳。

「子爲長者慮而不及子思」

上文「泄柳、申詳，無人乎繆公之側」，只見其類同，故引之，其實孟子非止泄柳、申詳之匹，亦非只望齊王待以泄柳、申詳之禮者，故於此只言「子爲長者慮而不及子思」。❷

---

❶「每」，嘉靖本無。

❷「於此只言子」，嘉靖本作「言此只」。

「子絶長者乎」

全在「爲長者慮不及子思」一句上，正爲繆公是自使人於子思之側。今齊王不使子來，而子自欲爲王留我，則不以子思待我矣，非薄我乎？亦宜乎我之絶子也。○《集注》「先後」二字，亦是爲孟子周旋語意處，不應「隱几而卧」。雖説不是絶他了，但是他先不是了。○「子爲長者慮而不及子思」，則待我薄矣。○「子絶長者乎」，要下一「先」字。卧而不應，不可謂不是絶。

○但不承王命來留，而特以己意來，這便是無禮了。你是何人，敢持一匹夫之身，掉三寸之舌，欲爲王留大賢之行，以獻媚於王哉！蓋小人也，是故孟子絶之。

「孟子去齊，尹士語人曰」

聖賢要做事業，都有個準擬在胸中，如孔子當時，最準擬箇魯，故曰：「齊一變至於魯，魯一變至於道。」後來不合而去，所以遲遲其行也。孟子當日最準擬箇齊，故曰：「王猶足用爲善。如用予，則豈徒齊民安，天下之民舉安。」所以當時亦遲遲於去齊。○「尹士譏孟子有三段，一曰『是不明也』，二曰『是干澤也』，三乃曰『是何濡滯也』。今孟子只辨『是何濡滯也』一句，上二句都不管者，何邪？」曰：「『千里而見王，是予所欲也』。既如此説，便見不敢逆以爲不足爲湯武，且非干澤之意尤明矣。」○「不識王之不可爲湯武」，此句亦太刻，然則孔子亦不免矣。陳止齋《仲尼不爲已甚論》説得好。○識其不可，然且至，則是志不在於功業，不過只是求些小恩澤以自潤而已矣。

「士則兹不悦」

言平日敬慕孟子，只因此是有不足於孟子者。○「千里而見王」，豈能輕於去哉！「不遇故去」，蓋有不宜不去者。無乃「三宿而後出晝，❶是何濡滯也」，言其猶有戀慕不決之意也。○「非本欲如此也」，此「本」字，正是後面「本心」之「本」。○「千里而見王」，直欲行吾願也。「不遇故去」，則違吾願矣。豈能以遽去哉！此孟子之意也。○但曰「是予所欲也」，則是有意於王之爲湯武，而非干禄可見矣，故於上二譏，不條析。○或疑孟子千里而見王，是自請見齊王，不如見梁惠王爲應聘而往見也。曰：「非也。不見諸侯之義，決是孟子終身所守而不變者。前日應齊宣王之聘而往，亦説得『千里而見王』也。」

「王庶幾改之。王如改諸，則必反予」

言我之於王，尚望其能改之也。然王如果能改之，則必追我而反之。夫惟其出晝而王不予追也，予然後浩然云云。「庶幾」，望之之辭。○「予雖然，豈舍王哉」以下，至「予日望之」，又是出晝之後之心如此，至此尚猶未能舍王也，愈見其愛君澤民惓惓之餘意。

「王由足用爲善」

所謂「爲善」，是後日事。「王如用予，則豈徒齊民安，天下之民舉安」，此正是「足用爲善」處。輔氏以此爲「行道濟時之本心」，非也。正是愛君澤民之餘意處。此是出晝後心事。○當時孟子既不遇於齊，他國再難望了。「三宿而後出晝」，去梁決不然也，故曰：「王猶足用爲善。」

❶ 「晝」，原作「書」，今據《孟子》改。

「王庶幾改之，予日望之」

言毋謂三宿出晝爲滯也，吾猶以爲急也。今雖决去矣，猶望王改之而復來也。正反尹士之意。○「予日望之」，仍又是「王如改諸，則必反予」之意，要見得。

○未出晝時而三宿於近郊，已是一節，望王之改而留之矣。不然，三宿之晝何爲？及出晝，而猶自以爲速，曰：「王庶幾改之。王如改諸，則必反予。」此第二節，望王之改而留之也。「夫出晝而王不予追也云云。予雖然，豈舍王哉云云。王庶幾改之，予日望之。」此又是第三節之望王之改而留之也。於既去之日，而猶三致其意而不已，聖賢之急於行道如此。然其不肯枉道之意，則有確乎其不可易者。嗚呼！聖賢是甚次第。「王如用予，則豈徒齊民安，天下之民舉安」。以此言之，孟子今日一身之去就，其關係何如也，安能果於去齊哉！當時列國之君，舍齊宣，無一可望者矣。甚矣！孟子之不能果於去齊也。○但是聖賢生來便是要以斯道覺斯民，所謂「爲天地立心，爲生民立命」，皆不容已之情也。○「惓惓之餘意」，即汲汲本心之不容釋者。「汲汲之本心」，所謂「是予所欲也」。「惓惓餘意」，必「予不得已」之後事。○一説尹士只譏其「三宿而後出晝」，其所謂「濡滯」者，指其三宿之時言。孟子則謂吾三宿而出晝，在吾心猶自以爲急，何也？「王庶幾改之。王如改諸，則必反予」，此予之所以顧望於齊王者如此，乃指其方出晝之時言也。「夫出晝而王不予追也，予然後浩然有歸志。予雖然」以下云云，又是既歸之後，所望於齊王者，如此其未衰也。○「王庶幾改之。王如改諸，則必反予。」此謂三宿時心事也。「夫出晝而王不予追也」，謂吾出晝而不見王人之來追也。其時心方决去耳。雖然，猶有不舍王之心云云，只是兩節。此説似更安穩。○「王如用予，豈徒齊民安，天下之民舉安」。此節是「王猶足用爲善」處，如「苟爲善，後世子孫必有王者矣」。其爲善乃是下文所謂「垂統爲可繼也」。蓋隨他地位上説爲善，與尋常之人爲善不盡同矣。下篇又曰「猶可以爲善國」，亦此意也。○尹士曰：「是何濡滯也。」而孟子曰：「不遇故去，豈所欲哉！予不得已也。」藹然行道之本心，愛君之餘意。聖賢之情固如此，宜乎卒使尹士自伏其過也。○此章自「尹士惡知予哉」以下，通是「愛君澤民，惓惓之餘意」，其「行道濟時，汲汲之本心」，只從此得見耳。○「千里而見王，是予所欲也」直至「王庶幾改之，予日望之」。愚每吟誦此章，恍乎孟子不豫之色猶在目也。○李氏曰：「於此見君子憂則違之之情」，只是不得已之意，要看箇「情」字。○尹士視荷蕢、接輿之徒，其氣象較從容，其心較虚，而非執拗者，蓋可與者也。○尹士人品亦高，前面所譏之詞亦好。○尹士最有功於孟子。當時若無尹士之譏評，無以發孟子之本心。七篇中所載諸人，與孟子相辨論者，皆無如尹士之優柔而深切，主於義理而不主於勢利，其人品爲獨高也。且問孟子之言，而遂幡然責己曰：「士誠小人也。」嗚呼！尹士其誠君子哉！

○觀孟子所解尹士之言者，只是一箇不忍之心而已。凡聖賢出來，無不欲擔荷世道，正以其所得於天地生物之心有不宜自遏抑者。如孟子此章「行道濟時，汲汲本心。致君澤民，惓惓餘意」，實一不忍人之心也。其「好辨」章許多言語，説他「不得已」處，亦全是箇不忍之心而已。故曰：「楊墨之道不息，孔子之道不著。」直叙至於「率獸食人，人將相食」處，何莫非自其一念不忍中來邪？蓋聖賢生來，合下便是民胞物與之心。○水母無目，以蝦爲目，❶天地無心，以聖賢爲心。○「行道濟時，汲汲之本心」，「千里而見王，是予所欲也」。「愛君澤民，惓惓之餘意」，「不遇故去，豈予所欲哉」。「三宿而後出晝」，「雖然，豈舍王哉！　王庶幾改之，予日望之」。輔氏以「王如用予，豈徒齊民安，天下之民舉安」亦爲「行道濟時，汲汲之本心」，不知此正是「愛君澤民，惓惓之餘意」也。

○此數言，意儘盡矣，再不用餘言矣。乃又曰「予豈若小丈夫」云云者，所以願學孔子而未到也。

「孟子去齊，充虞路問曰：『夫子若有不豫色然。』」

「由周而來，七百有餘歲矣，以其數則過矣」，是一段事。「以其時考之，則可矣」，又是一段意。其歸則同。

「以其數則過矣」

言王者不興，則不得一有所爲，以立吾名世事業，能無不豫乎？○此段似亦有負其所有之意，不知朱子如何以爲「樂天」。○言其當不終窮也，有藏器待時之意。在孟子分上，亦樂天之事。「樂天之誠」，此「天」字以理言，與本文「夫天未欲平治天下也」之「天」字不同。○愚謂：若云吾道雖不得行於當時，然猶足以傳之來世，如此説，尤見樂天耳。今云「如欲平治天下」云云，厥後天終不曾用以平治天下，然則孟子終不免於不豫乎？○「樂天之誠」，似與顔子陋巷之樂稍不同。且此「天」字，又是從氣上説。《易大傳》曰「樂天知命，故不憂」，天以理言。○「憂世之志」，憂以天下也。若憂及一己之利害，則不能與「樂天之

❶「目」，原作「心」，今據嘉靖本改。

誠」並行而不悖矣。

「孟子去齊，居休」

「前面則説『三宿出晝，猶以爲速』，且曰『王猶足用爲善。王庶幾改之，予日望之』，今於丑之問，則曰『始見王，則有去志』，又曰『久於齊，非我志』，何歟？」曰：「不汶汶於留，而亦不悻悻而去，此義自並行而不相悖，故君子雖不潔身以亂倫，亦未嘗狥利而忘義也。」○新安陳氏曰：「不受齊禄，此孟子最高處。其超然不屈，進退餘裕，本全在此。一受其禄，則爲禄所縻，是爲爲禄而仕耳。十萬之禄，脱屣而去，齊王猶以萬鍾縻之，豈知孟子者？吾意戰國之世，高節如許，惟孟子一人而已。庶幾焉者，其仲連乎！」○國既被兵難以請去，非避嫌也，直是勢有所不得去者。此處聖賢不避嫌，賓師不與臣同。義果當去，心果欲去，便去了，豈爲避嫌姑留？直是國既被兵，上下戒嚴，勢不得不且留。且見王天資亦可取，故留而爲卿，以觀其久後感悟何如。但不欲變其去志，故不受禄耳。○國既被兵，難以請去，據朱子是主於義而言，據新安陳是主於勢而言。按：孟子當時仕而不受禄，終是賓師之意在，與子思「如伋去，君誰與守」者不同。恐只是戒嚴之勢有不容直遂者。蓋國既被兵，則國門之外，都是行不得者。○一説孟子要去，亦豈無機會？但孟子之望於齊者，終是惓惓。前説未安。○《黄氏日抄》曰：「孟子拳拳救世之心，雖齊宣不足以共此，而因以垂訓萬世者，❶則皆齊王發之也。」

❶「者」，原無，今據嘉靖本補。

重刊蔡虚齋先生四書蒙引卷之十一

滕文公章句上

「滕文公爲世子」

「世子，太子也」。或謂天子之子爲太子，諸侯之子爲世子，非也。周公立教世子之法，成王亦稱世子，則世子、太子，天子、諸侯之子，通稱矣，故曰：「世子，太子也。」後世乃分。○「性者，人所稟於天以生之理也。」此所謂「天地以生物爲心，而所生之物，因各得夫天地生物之心以爲心，所以人皆有不忍人之心」。不忍人之心，即所謂仁，而義、禮、智、信皆在其中矣。性之所以爲善者，豈有外於此哉！○但衆人汩於私欲而失之。○《正韻》注：《莊子》「與汩偕出」注：「回洑而涌出者，❶汩也。」然則「汩没」二字，似有浮沉之意。蓋汩者，乍出乍入之義，不全是没也，故此句下有「而失之」三字。若作「没」字解，可不用「而失之」三字矣。○「但衆人汩於私欲而失之」，不可兼氣稟所拘説。蓋孟子此處，正是「論性不論氣不備」者。下文説堯舜，亦只言「堯舜則無私欲之蔽，而能充其性」，不言氣稟清明、無物欲之類也。

---

❶ 「涌」，原作「浦」，今據嘉靖本及《南華真經義海纂微》卷五九改。

「言必稱堯舜」

「言必稱堯舜」者，每言堯舜盡性之事以實之，見人皆可以爲堯舜也。如「二者皆法堯舜」、「子服堯之服」、「舜爲法於天下」、「堯舜與人同」之類，不拘一格。○「道性善」與「稱堯舜」二句，互相發者也。蓋知人性之本善，則知堯舜之可爲。知堯舜之可爲，則性之本善益可見。○朱子曰：「孟子見滕文公便道性善，他欲人先知得一箇本原，則爲善必力，去惡必勇。」

「欲其知仁義不假外求」者，以仁義皆吾性所固有也。「聖人可學而至」者以聖人與我一性也。○「仁義」二字從何來？從「善」字來也。性有仁義，所以爲善。孟子論道理，只以「仁義」二字該之。○注「欲其知仁義不假外求」貼「性善」，「聖人可學而至」貼「必稱堯舜」。

程子曰：「性即理也。」似當云：「性即人心之理也。」下文云：「喜怒哀樂未發，何曾不善？」可見非泛泛言理者矣。○「天下之理，原其所自，無有不善」，即下句「喜怒哀樂未發，何嘗不善」者也。「發而中節，則無往不善」，所謂「情之正」也，所謂「乃若其情，則可以爲善」，「惻隱之心，仁之端也」之類也。「發不中節，然後爲不善」，氣用事而理爲所蔽者也。○「凡言善惡，皆先善而後惡」云云。然亦有不盡然者，如邪正、災祥、曲直之類，蓋從語音所便也。又如牝牡、雌雄、臣主之類，亦皆顛倒其字，皆從一時語音所便，久之遂爲不易之成語耳。

「世子自楚反，復見孟子」

○當戰國之時而言性善，人固已不能信矣，況又言堯舜可學而至，其誰不駭且惑哉！其不闕然與之争辯，已是難了。惟滕世子資質最善者，故能領受孟子之言。然終不能無疑，故自楚反，復至宋而見孟子。「蓋恐別有卑近易行之説」，以其前言之難充也。孟子即迎而謂之曰：「世子疑吾言乎？夫道，一而已矣。」固不可抗之使高，亦不可貶之使卑，吾安能復有異説哉！當味箇「一」字，不容二説也。

「夫道，一而已矣」

言道既一，吾不容有二説也，前言已盡矣。道，理也。此「道」字泛説尤活。或以「道出於性，性一故道一」言者，雖知有道性之別，然則解此義泥矣。不知此「道」字，正指性也。道者，性命德行之總名，何者不是道？此處不必拘於《中庸》性、道之分。○問：「道與性同異？」按《集注》云：「以明古今聖愚，本同一性。」而《語録》云：「古今聖愚，本同一性，則天下固不容有二道。」道與性，固疑有別，然看「天下」字面，則其語意自寬，非必如《中庸》「天命之性」與「率性之道」相對爲體用者比也。○且如父子之親，君臣之義，夫婦之別，長幼之序，朋友之信之類，皆道也。五者爲天下之達道，正以其爲天下古今之所共由，無智愚、無賢不肖，其理之所當行者，一而已矣。此豈可因其資質之卑而少有所貶損之論哉！依小注，則道之一者，根於性之一也，故曰：「道之大原，出於天而不可易；其實體，備於己而不可離也。」

「成覸謂齊景公曰」條

此承上文言「道既一而不容有二」説，然則惟在世子「篤信力行，以師聖賢」而已，又豈可「復求他説」哉！○「引此三言以明之」，據此三人之言，可以見道之無二致也。道無二致，則力行以求其必至，豈不存乎其人哉！

○「吾何畏彼哉」者，以其道之一也。「有爲者亦若是」者，亦以其道之一也。周公以文王爲我師者，亦以其道之一也。此正《集注》所謂「既告以道無二致，而復引此三言以明之」者也。「欲世子篤信力行，以師聖賢，不當復求他説」者，言外意也。○「舜，何人也？予，何人也？」意謂豈是兩樣人哉！「有爲者亦若是」，舜之所以爲舜者，能有爲也，能有爲者，盡其性而已矣。吾亦能盡性，則是有爲矣，有爲則亦如舜矣。若不靠性善與聖人同，則何以謂之「有爲者亦若是」哉！又何以謂之「吾何畏彼哉」？又何以謂之文王真可師哉？此條以性善入説者，不爲非也。

○成覸、顔淵、公明儀所以如此云云者，正以「古今聖愚，本同一性」耳。然則世子復何疑？惟「篤信力行，以師聖賢」而已矣。

「今滕，絶長補短」

承上文，言聖賢既可學而至，但恐世子自「安於卑近，不能自克」，則終不足以望聖賢矣。○此一條所以策勵世子之志，使決意自克，以圖恢國勢也。兼有勸戒二意。

「猶可以爲善國」

言猶可以自立也。此於性善、堯舜之説何預？蓋惟其自克而不安於卑近，則必擴充其仁義之心，而以堯舜爲法，其心必正，其身必脩，其國必治矣。此其體用一原之理，又有不可易者。○問：「『但恐安於卑近』之語，恐就國勢來，何關於性善？」曰：「天下無性外之事。且於脩己以安人、安百姓者，豈有兩項事體哉！故就其持身言，若『安於卑近，不能自克』，不足以去惡而爲善，則其國亦不得爲善國矣。『安於卑近』，本自其持身言，不謂安於國勢之卑近也，謂以其國小勢弱，而不求大有爲也。」

「《書》曰：『若藥不瞑眩，厥疾不瘳。』」

此言其當奮志以有爲，勵精而求治，不可少有苟且因循之心也。一或苟且因循，則國事日非，而終無以自存矣。可不懼哉！孟子此言，蓋深警之也。愛之至也，厚之道也。辭兼勸解。○《書》曰：「若藥不瞑眩，厥疾不瘳。」此出《書・說命》上篇。蓋高宗初得傅說，爰立作相而命之曰：「朝夕納誨，以輔台德。若金，用汝作礪。若濟巨川，用汝作舟楫。若歲大旱，用汝作霖雨。啓乃心，沃朕心。若藥不瞑眩，厥疾不瘳。若跣弗視地，厥足用傷。惟暨乃僚，罔不同心，以匡乃辟。」

○大抵人以一身之微，立乎天地之間，其所以能爲賢、能爲聖，而極其功用，至於可以參天地而贊化育者，無他，只是憑一箇性而已矣。性無有不善者也，無古今、聖凡之別者也。孟子當時，所以皇皇然、吸吸然力排楊、墨、申、商等之邪說，以拯一世之頹波，以閑先聖之大道，異上以致君於堯舜，下以正學者之道術而救民於塗炭者，莫切於性善之説也，而亦莫有外於性善之説者。亦雖不得行其説於當時，然今其道之備載於七篇，以垂教於萬世者也，不外乎性善之理而已矣。蓋天下無性外之理，聖賢亦無性外之事功。其平生所見諸侯，想其所遇合，莫有如滕文公者，其相與言者，不能悉記，但曰「道性善，言必稱堯舜」而已。雖喪禮廢壞之後，而獨能聽信孟子之言，違其父兄百官而自盡其三年之喪。雖以蕞爾小國，惴惴焉自保朝夕之不暇，而能用孟子之言，力行舉世所迂闊之仁政，許行、陳良之徒，聞風而至，此是何等氣質！何等學力！而乃卒困於勢，卒滅於大國，哀哉！哀哉！使以文公之賢，而爲齊、梁之君，得行孟子之言，則三王可四，必矣。天人之際，每不相爲謀，聖賢亦且奈何哉！斯又以見理之與數，常相爲勝負，而不可測知其端倪也。

「滕定公薨」章

「且《志》曰：『喪祭從先祖。』」曰：「吾有所受之也。」

「然友之鄒，問於孟子」

按東坡《春秋列國指掌圖》，滕與宋近隣，封皆今河南境也。鄒去滕近千里，今山東境也。○按孟子下文曰：「百官有司，莫敢不哀，先之也。」曰「先之」則父兄百官，皆有三年之喪可知。「諸侯之禮，吾未之學也」，此其分之殊者也。「雖然，吾嘗聞之矣：三年之喪，齊疏之服，飦粥之食，自天子達於庶人」，此其理之一者也。分之殊者，節文度數之詳，固非今日所可考。理之一者，乃其大本大經之所在，出於天理人心之不容已者，則固無庸致疑於服行也。此孟子之學，所以爲識其大者，而能因略以致詳，推舊以爲新者也。○問：「古喪禮實廢於何時？」曰：「南軒言：『三年之喪，其廢也久矣，其在周之末世乎？』則已莫考其的爲何時已。」○問：「孟子只是欲世子行三年之喪乎？抑欲併使其大夫士俱服三年乎？」曰：「孟子所論者，先王之禮也，豈敢有所損益哉！則併使其大夫士俱服無疑矣。安得使世子獨爲君子，而不以禮處人耶？故其父兄百官皆駭之，而不欲行云云。」曰：「觀下文『世子曰：「是誠在我。」五月居廬，未有命戒』，則惟是世子自行耳。其曰『百官族人，可謂曰知』，但不言百官族人之服喪如何也。」曰：「『百官族人，可謂曰知』，此句上下有闕誤必矣。安知其非言父兄百官之皆從之而不敢後乎？且上文曰『百官有司，莫敢不哀，先之也』，又曰『草上之風必偃』，孟子豈不欲其同行喪禮乎？　蓋但欲其以身帥之，而不以法令迫之耳。　如君三年而臣子固違異，則是不君不臣矣。　據其所謂『百官族人，可謂曰知』及『吊者大悦』，決不至有違異者。」○此服惟封建之法行，然後服之爲稱。　且今知府便是一府之父，有卒於其任，能使士民服此否？　古者君臣之間，恩至厚也，今人有未能測知者。○「三年之喪，齊衰之服，飦粥之食」，非獨世子爲然，其父兄百官皆有此服，故皆不欲也。　按《大記》：君之喪，子、大夫、公子、衆士皆三日不食。子、大夫、公子食粥。　士蔬食水飲。　夫人、世婦、諸妻皆蔬食水飲。　既葬，主人蔬食水飲，不食菜果。　婦人亦如之。　君、大夫、士，一也。　練而食菜果，祥而食肉。○《儀禮》引《喪大記》全文云：「君之喪，子、大夫、公子、衆士，皆三日不食。　大夫、公子食粥納財，財，谷也。❶ 朝一溢米，暮一溢水，二十兩曰溢。 食之無算。居喪困病，不能頓食。 士蔬食水飲，食之無算。　夫人、世婦、諸妻皆蔬食水飲，食之無算。 婦人質弱，恐食粥傷性，故言「蔬食水飲」也。 大夫之喪，主人、室老、子姓皆食粥。　衆士蔬食水飲。　妻妾蔬食水飲。　士亦如之。　既葬，主人蔬食水飲，不食菜果。　婦人亦如之。　君、大夫、士，一也。　練而食菜果，祥而食肉。」○又曰：「不能食粥，羹之以菜可也。　有疾，食肉、飲酒可也。　五十不成喪。 成，猶備也。 所不能備，謂不致毁，不散送之屬也。 七十惟衰麻在身。」○又曰：「五十不致毁，六十不毁，七十惟衰麻在身，飲酒、食肉，處於內。」○又曰：「喪食雖惡，必充飢。　飢而廢事，非禮也。　飽而哀，亦非禮也。　視不明，聽不聰，行不正，不知哀，君子病之，故

❶「谷」，當作「穀」。

有疾，飲酒、食肉，五十不致毁，六十不毁，七十飲酒、食肉，皆爲疑死。」疑，猶恐也。○曾子曰：「喪有疾，食肉飲酒，必有草木之滋焉，以爲薑桂之謂也。」增以香味，謂其疾不嗜食。○《喪大記》又曰：「喪父三年，喪君三年，示民不疑也。」疏曰：「君無骨肉之親，若不爲重服，民則疑君不尊。」○又曰：「天子之與后，猶父之與母也，故爲天王服斬衰，服父之義也。爲后服齊，服母之義也。」○又曰：「父能生之，不能養之，母能養之，不能教誨之，君者，已能食之矣，又善教誨之者也。三年畢矣哉？」疏：「『畢矣哉』，言猶未必也。」○又曰：「既葬，若君食之矣，大夫、父之友食之，則食之矣。不辟粱肉。若有酒醴，則辭。」○且以道去君而未絶者，猶服齊衰三月，則知古禮臣爲君服三年無疑。

「然友反命」云云

定爲三年之喪，則所謂「齊疏之服，飦粥之食」在其中矣。○朱子大注曰：「然《志》所言，本謂先王之世，舊俗所傳，禮文小異而可以通行者耳，不謂後世失禮之甚也。」○《志》之言未有所考，愚意「喪祭從先祖」，是從先進之意。當時父兄，亦徒得其言，而不得其所以言耳。蓋正元初先祖所當受者，不受而反以季世上手祖宗變古之法爲所當受也。只看「先君莫之行」可見矣。如宋人議廢立后曰「祖宗有故事」類耳。但於大注，皆不敢妄。自是區區愚意，聊説以俟後日如何看破耳。

「吾他日未嘗學問」

此問世子，是何意慮？蓋以其阻於父兄百官之不欲，而莫知所處也。既不得遂行孟子之教，又不敢輕從父兄百官之議，却是一團不决之意。此時之情，視向日初問時之情，頗有危機矣。孟子告之云：「惟在世子之自盡，彼之不欲者，姑置之。」蓋知人子秉彝之心，自有同然之理在，世子既有以先之，彼必終於感悟而無異詞也。此聖賢之正術也。所謂「以身教者從」，故曰「不可以他求者也」，又曰「是誠在世子」，與上章「世子疑吾言乎？夫道，一而已矣」者，同一機軸。○「孔子曰君薨」直至「草上之風必偃」，皆是孔子之言。惟「是在世子」一句，是孟子言，故注曰：「孟子言但在世子自盡其哀而已。」獨露出「孟子」二字，見上云云，皆孔子也。

「即位而哭」

○位，喪位也。

「世子曰：『然。是誠在我。』」

「是誠在我」一句最好。居今之世，而欲行古之道，變今之俗，如此而已矣。是認得孟子「是在世子」一句話。君子不以成敗論人，世子亦偉人哉！

「五月居廬」

諸侯五月而葬。○《左傳》隱公元年：「天子七月而葬，同軌畢至。言同軌，以别四夷之國。諸侯五月，同盟至。同在方岳之盟。大夫三月，同位至。士踰月，外姻至。此言赴弔各以遠近爲差，固爲葬節。」○「未葬，居倚廬於中門之外。」《禮記·喪大記》：「父母之喪，居倚廬，不塗，寢苫枕塊。非喪事，不言也。」○疏曰：「倚廬者，於中門外東墻下，倚木爲廬也。不塗者，但以草夾障，不以泥塗飾之也。」

「四方來觀之」

禮，「諸侯五月而葬，同盟至」，則四方來者，必有鄰邦使者在内也。

「弔者大悦」

愚以爲是四方來弔者也，父兄百官不與存焉。〇觀世子問喪禮一章，可以見古道之可復於今，再無庸疑矣。

「滕文公問爲國，孟子曰：『民事不可緩也。』」

言君當以民事爲急也。「亟其乘屋，其始播百穀」，民自以農事爲急也。惟民所急在此，故君當以爲急也。〇「晝爾于茅，宵爾索綯」，乃冬月事也，故云：「來春將復始播百穀，而不暇爲此。」〇「宵爾索綯」，謂索是絞也。注：「綯，絞也。」

「民之爲道也」條

無恒産而放僻邪侈，以陷乎罪者，仰不足事，俯不足育，救死不贍而不暇治禮義也。〇放，始違於道，僻則浸淫矣，邪則成其惡矣，侈則益肆矣。亦有淺深之别。〇「罔民」者但知自利，而不知利民，故曰：「爲富不仁矣。」此其上下文相屬之意。「賢君必恭儉」正與「罔民」者反也。取民有制，便是仁。恭者必儉，儉者必恭。取民有制者，必能以禮接下，以禮接下者，必能取民有制，故併言之，不似後人之綳定文字格式也。先儒謂「禮下，所以開世禄及學校之事」者，大泥。蓋自「民事不可緩也」直至「雖周亦助也」，皆只是説爲國者當先制民恒産之意。「設爲庠序、學校以教之」一條，方是教民之事，所謂「然後驅而之善也」。

「賢君必恭儉，禮下，取於民有制」

「恭儉」以持身言，「禮下」、「取民有制」以其所施者言，故曰：「恭則能以禮接下。」不可以爲指恭儉之實也。看「則能」二字。○一説「恭儉」以德言，「禮下」、「取民有制」以事言。有是德於中，則云云。○上言仁人之急於制民産，只是儉德。下復兼恭儉言者，蓋恭與儉，皆賢君事也。恭者必儉，儉者必恭。恭儉直以持身言；禮下、取民則自其處物者言。恭儉實德之流行者也。且分田、制禄，二者相須。制禄即「禮下」之事，分田即制民産之事，故於此兼言之。井田行則民有恒産，學校立則民有恒心，二者之相須，固昭於上下文之間矣。○《集注》云：「恭則能以禮接下，儉則能取民有制。」可見「恭儉」與「禮下」、「取民有制」，當略有分别。孟子云：「恭者不侮人，儉者不奪人。」「禮下」則不侮人也，「取民有制」則不奪人也。

「陽虎曰：『爲富不仁矣。』」

不制民恒産而罔民，則是厲民自養矣，非爲富不仁乎？○「恭則能以禮接下」，無關於教民之事。且世禄以養之，亦非「以禮接下」也。○以禮下爲起下文云云者，未必然也。

○「賢君必恭儉」與「爲富不仁」二條，帶下文「夏后氏五十而貢」諸條，作一段説話，都是植民生之事。

「夏后氏五十而貢」條

「制民常産」中自有「取之之制」，故「夏后氏五十而貢」條注云：「此以下皆言制民常産，與其取之之制也。」○要之，「制民恒産」謂自有「取之之制」，而乃兼言者，何也？蓋「制民恒産」，以私田言也；「取之之制」，以公田言也。夏時五十畝，無公田，則計其五畝之入者，爲「取之之制」也。○不可以夏之五十、殷人七十、周人百畝爲「制民恒産」，以「而貢」、「而助」、「而徹」爲「取之之制」。蓋是一氣事也，不可分拆。下文云：「請野九一而助，國中什一使自賦。」凡九一之内，自有助，什一之一，則是「使自賦」者也。此其證佐矣。

○「夏后氏五十，殷人七十，周人百畝」，制常産也；「而貢」、「而助」、「而徹」，則其「取之之制」也。還要分拆方明。若單言貢、助、徹，則該制常産之義矣。此爲定説。

千夫之澮，即如十夫之溝。

萬夫之川，即如百夫之洫。

四邑爲丘之圖，餘可推

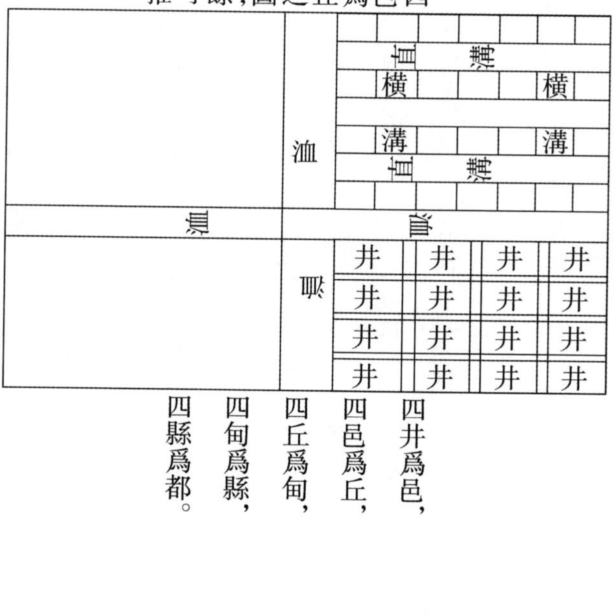

四井爲邑，

四邑爲丘，

四丘爲甸，

四甸爲縣，

四縣爲都。

《通考》曰：「三代貢、助、徹之法，歷千餘年而不變者，蓋有封建足以維持井田故也。三代而上，天下非天子所得私也。秦廢封建，而始以天下奉一人矣。三代而上，田産非庶人所得私也。秦廢井田，而始捐田産以與百姓矣。」○金履祥曰：「以今尺步計，古之百畝，當今四十一畝；古之二畝半，當今之一畝十步。」愚謂：以故一夫能耕百畝也。又北方不純是水田，多只一季收，不多費力也。○鄉遂用貢法，見於《周禮・遂人》，曰：「凡治野：夫間有遂，遂上有徑；十夫有溝，溝上有畛；百夫有洫，洫上有涂；千夫有澮，澮上有道；萬夫有川，川上有路，以達於畿。」○右鄭注以爲此鄉遂用溝洫之法也，用之近郊。都鄙用助法，見於《考工記・匠人》，曰：「匠人爲溝洫：耜廣五寸，❶二耜爲耦。耦廣尺深尺，謂之甽。❷田首倍之，❸廣二尺、深二尺，謂之遂。九夫爲井，井間廣四尺、深四尺謂之溝。方十里爲成，成間廣八尺、深八尺謂之洫。方百里爲同，同間廣二尋、深二仞，謂之澮，專達於川。」○右鄭注以爲此都鄙用井田之法也，用之野外縣都。

○《文獻通考》曰：「按自孟子有『野九一而助，國中什一使自賦』之説，其後鄭康成注《周禮》，以爲周家之制：鄉遂用貢法，《遂人》所謂『十夫有溝』是也。都鄙用助法，《匠人》所謂『九夫爲井』是也。自是兩法。

---

❶「五」，原作「七」，今據四庫本及《周禮・考工記》改。
❷「甽」，原作「圳」，今據四庫本及《周禮・考工記》改。
❸「倍」，原作「陪」，今據嘉靖本、四庫本改。

晦庵以爲《遂人》以十爲數，《匠人》以九爲數，決不可合。以鄭氏分注作兩項爲是，而近世諸儒合爲一法爲非。然愚嘗考之《孟子》，所謂『野九一』者，乃受田之制；『國中什一』者，乃取民之制。蓋助有公田，故其數必拘於九，八居四旁爲私，而一居其中爲公，是爲九夫，多與少皆不可行。若貢則無公田，《孟子》之『什一』，特言其取之數。《遂人》之十夫，特姑舉成數以言之耳。若九夫自有九夫之貢法，十夫自有十夫之貢法，初不必拘以十數而後可行貢法也。今徒見《匠人》有『九夫爲井』之文，而謂《遂人》所謂『十夫有溝』者，亦是以十爲數，則似太拘。蓋自遂而達于溝，自溝而達于洫，自洫而達于澮，自澮而達于川，此二法之所以同也。

○「行助法之地，必須以平地之田，分畫作九夫，中爲公田，而八夫之私田環之，列如井字，整如棊局。所謂溝洫者，直欲限田之多少而爲之疆界。行貢法之地，則無問高原下隰，截長補短，每夫授之百畝。所謂溝洫者，不過隨地之高下而爲之蓄洩。此二法之所以異也。

○「是以《匠人》言遂必曰二尺，言溝必曰四尺，言洫必曰八尺，言澮必曰二尋。蓋以平原曠野之地，畫九夫之田以爲井，各自其九以至於同，其間所謂遂、溝、洫者，則不足以蓄水，而廣則又至於妨田，故必有一定之尺寸不可踰也。

○「若《遂人》只言夫間有遂，十夫有溝，百夫有洫，千夫有澮。蓋是山谷藪澤之間，隨地爲田，横斜廣狹，皆可墾辟，故溝洫亦不言其尺寸。所謂『夫間有遂，遂上有徑』，以至『萬夫有川，川上有路』云者，姑約畧言之，大意謂路之下即爲水溝，溝之下即爲田耳，非若《匠人》之田，必拘以九夫，而其溝洫之必拘以若干尺也。

○「《訂義》所載永嘉陳氏，謂《遂人》『十夫有溝』是以直度之，《匠人》『九夫爲井』是以方言之。又謂《遂人》所言者積數，《匠人》所言者方法。想亦有此意，但其説欠詳明耳。

○「然鄉遂附郭之地，只是平衍沃饒，可以分畫，宜行助法而反行貢法。都鄙野外之地，必是有山谷之險峻，溪澗之阻隔，難以分畫，宜行貢法而反行助法，何也？蓋助法九取其一，似重於貢。然地有肥磽，歲有豐凶，民不過任其耕耨之事，而所輸盡公田之粟，則所取雖多，而民無預。

○「貢法十取其一，似輕於助，然立爲一定之規，以樂歲之數而必欲盈於豐歉之年，至稱貸而益之，則所取雖寡，而民已病矣。此龍子所以言『莫善於助，莫不善於貢』也。○鄉遂迫近王城，凶豐易察，故可行貢法。都鄙僻在遐方，情僞難知，故止行助法。此又先王之微意也。○然鄉遂之地少，都鄙之地多，則行貢法之地必少，而行助法之地必多。至魯軍公始税畝，❶杜氏注以爲公無恩信於民，民不肯盡力於公田，故履踐按行，檡其善畝好谷者税取之。❷蓋是時，公田所收，必是不給於用，而爲此横征。《孟子》曰：『《詩》云：「雨我公田，遂及我私。」惟助爲有公田。由此觀之，雖周亦助也。』則是孟子之時，助法之廢已久，盡胥而爲貢法矣。孟子特因詩中兩語而想像成周之助法耳。自助法盡廢，胥而爲貢法，於是民所耕者私

❶「軍」，據文義當作「宣」。
❷「檡」，據文義當作「擇」。

田，所輸者公租，田之豐歉靡常，而賦之額數已定，限以十一，民猶病之，况過取於十一之外乎！」

「其實皆什一也」

夏時一夫受田五十畝，而計其五畝之入以爲貢，是於五十畝之内取其五畝也，其爲十取其一，最爲明白矣。○商時井田之制，八家私田各七十畝，而其助耕公田。七十畝公田内，除地十四畝爲廬舍，見在公田，僅五十六畝，八家所助，各得七畝，七八五十六也。是於七十畝之外，取其七畝也，爲十一分取其一矣。○周制鄉遂用貢法：十夫有溝，十夫各受田百畝也，而各自貢其十畝之入。此亦是於十分之内取其一。○都鄙用助法：八家同井，八家共受私田九百畝，而共耕公田百畝。公田内，除二十畝爲廬舍，則公田僅八十畝，每夫所助僅十畝。此亦是於十分之外取其一。周時鄉遂之貢無幾，惟井田之制爲多，貢法是於十分中取其一。○助、徹二法，若計廬舍，則是於十分外取其一，大概則同矣，故曰：「其實皆什一也。」

貢、助、徹，大概則皆是十取其一也。究其實，則助法是十一分取一，又輕於十一矣。

十夫有溝。八家同井。○夫與家一般，一夫上有父母，下有妻子，或九人，或五人，所謂「數口之家」也，非夫與家不同也。然則何以言「十夫」也？《周禮·地官司徒·遂人》：「凡治野：夫間有遂，遂上有徑；十夫有溝，溝上有畛。」故用其文云「十夫」也。○「耕則通力合作，收則計畝均分」，此周家之徹，兼鄉遂之貢與都鄙之助皆然也。其曰「計畝而分」者，十夫同溝者亦然也。若純以都鄙之助法言，則爲計區而分，而該不得鄉遂之貢矣。

中以二十畝爲廬舍。○新安陳曰：「二十畝，分爲八家，家各二畝半，以爲治田時所居，所謂『二畝半在田』是也。」○周制則公田實計十畝，其以十四畝爲廬舍云云者，乃都鄙用助法者也。不言鄉遂用貢法者，十而自賦其一，不用訓解也。

○「徹」字當與「貢」、「助」二字爲一類，即是「取之之制」也。按朱注曰：「耕則通力合作，收則計畝而分。」此便是徹義，所謂均也，通也。袁氏明善曰：「『請野九一而助，國中什一使自賦』，即周之所以通用二代之法而爲徹者也。」後人緣用，誤謂以其通用貢、助之法而名曰徹，則非矣。此本袁氏措詞之不瑩，而後人亦錯認其旨也。○朱子曰：「嘗疑孟子所謂『夏后氏五十而貢，殷人七十而助，周人百畝而徹』，恐不解如此。先王疆理天下之初，做許多畝、澮、溝、洫之類，大段是費人力了。若是自五十而增爲七十，自七十而增爲百畝，則田間許多疆理。孟子當時未必親見，只是傳聞如此，恐亦難盡信也。」

「龍子曰：『治地莫善於助，莫不善於貢。』」

○「夏后氏五十而貢」一條，備舉先王取民以制之法也。「龍子曰『治地莫善於助』」一條，則從而裁其所宜行於今者。

○「校數歲之中」，猶云約數歲之中以爲常，年年令如此貢於上也。「校數歲之中」，謂樂歲與凶歲二者之中也。蓋數歲之內，自有凶樂之不同，此亦近於子莫之執中矣。然按周制鄉遂用貢法，亦有司稼之官，巡野觀稼，視年之上下以出斂法，則其弊未至如龍子之言，乃當時諸侯用貢法之弊耳。司稼之説，出《大全》注。

「樂歲，粒米狼戾，多取之」云云

狼戾，猶狼籍。《韻府》曰：「言粒米饒多，狼籍棄捐於地也。」「戾」字亦有顛亂之意。

「凶年，糞其田而不足」

謂以所得者供壅田之費，尚不能給也。糞田亦必資米穀以爲餉也。○自此以下，亦且做龍子之言看，爲大注不曾曰：「自某以下，申龍子之言也。」○朱公遷曰：「龍子之言如此，則貢法之不善，甚矣。但意其初制未必然，惟行之既久而不能無弊耳。鄉遂用貢法，周亦未嘗廢之，孟子亦言『國中什一使自賦』。蓋斟酌損益，推舊爲新，貢、助兼行，此王制之大略也。先王之法，何爲不可用哉！」○孟子引龍子之言，所以明助法之善而不可不行耳。其實龍子所譏，非大禹之元法也。自古無法無弊，蓋無人則弊矣。

○「校數歲之中以爲常」，蓋亦禹之舊設，使盡是後世之流弊，則湯之興，只去其流弊，而仍用其正法亦可也，何必又改用助法？今人只是恐傷了大禹，則如朱公遷說耳。夫聖人隨時有作，法則因時詳略。禹去唐虞未遠，世尚古樸，只用貢，亦足治矣。至後來，子孫不善用之，不能隨時豐歉以爲賦之增損，而拘守成法，則見其弊耳，故後世改用助、徹。而儒者之論，亦不能不置優劣也。○周家鄉遂用貢法，亦是局於地勢之不獲也。大抵貢之法，若常有禹用之，則決無弊。若禹生於周時，亦不止用貢。於此亦可以判其得失之所在矣。○一說龍子不見禹時之貢，其爲此論固宜，安得以此累禹？確論。

○使文王、武王、周公生於大禹之時，亦決只是行貢法而已。蓋是時洪水方平，懷山襄陵之患始息，❶上

---

❶「始」，原作「姑」，今據嘉靖本、四庫本改。下一句「始」字同。

窟下巢之居始變，其民大概星居散處，其田亦大概段落不相聯屬。若聚其田而經界之，聚其民而使之八家同井，通力合作，大抵是難。及歷四百年而爲商，又五百年而爲周，則天下之田土盡已墾辟，天下之生齒益以繁庶。且周監於二代，安得不會貢、助而爲徹哉？故曰：「時之未至，聖人不能先時而有爲；時之既至，聖人不敢後時而不爲。」龍子之言，蓋激於當日之弊，而未及考聖禹之時也。

「夫世禄，滕固行之矣」

上方論貢、助、徹之法，而忽着此一句者，蓋「耕者九一，仕者世禄，二者，王政之本也」，故言此以起下文，見二者當並行而不可偏廢，即下文「無君子，莫治野人；無野人，莫養君子」之意。况世禄雖行，而助法未舉，則所取於民以供世禄之需者，猶未出於王政之本意。今即其所已行，而使併舉其所未行，則不惟其所未行者，得因以行，而其所已行者，亦因得以正矣。此句特以起下文，孟子之意固有在矣。○「夫世禄，滕固行之矣」。此不必是公田所需者。蓋當時助法不行，那有公田，只是於貢法隨俗加賦而取之，正是取民無制者也。大抵是魯宣公税畝之法，或者更加重耳。當時諸侯，量不止魯宣税畝，舉天下之君皆然也。但《春秋》是魯史，孔子從而脩之，因筆其事，後世遂只知有魯宣之税畝耳。○貢法無公田，而《集注》乃曰「蓋世禄者，受之土田，使之食其公田之入，實與助法相爲表裏」云云。此蓋正言之，❶乃承上文「耕者九一，仕者世禄」而云也。

❶「蓋」，嘉靖本作「乃」。

「《詩》云『雨我公田』」條

朱子曰：「考之《周禮》：行助法處，有公田；行貢法處，無公田。」

「設爲庠序學校以教之」云云

《王制》：「有虞氏養國老於上庠，養庶老於下庠。夏后氏養國老於東序，養庶老於西序。殷人養國老於右學，養庶老於左學。周人養國老於東膠，養庶老於虞庠。虞庠在國之西郊。」○注：「皆學名也，異者四代相變，或在西，或在東，或在國，或在郊。上庠，右學，太學也，在西郊。下庠，左學，小學也，在國中。王宮之東，東序、東膠，亦大學也，在國中。王宮之西，西序、虞庠，亦小學。西序在西郊，周立小學於西郊。」○國老，謂卿大夫致仕者。庶老，謂士及庶人在官者。養國老者爲大學，養庶老者爲小學。○愚按：孟子之言，與此不盡同，然其義類則可見矣。

古人立學，於養老之義最重，故以天子之尊，亦躬行養老之禮。「祭酒」二字，亦是衆人中推一年尊者祭神也。

庠以養老爲義，序以習射爲義，而所教實兼五品之人倫，此皆鄉學。三代所教皆同，但取一義以名學。○序以習射爲義，朱子曰：「古人之學，與今日不同。孟子謂『序者，射也』，則學蓋有以射爲主者矣。《記》所謂『魯人將有事於上帝，必先有事於泮宮』。蓋射以擇士云耳。」

「庠者，養也；校者，教也；序者，射也」

「庠者，養也」。或養國老，或養庶老，所以教民之老老而長長也。○「校者，教也」。教民不外乎六德、六行、六藝之屬也。○「序者，射也」。必内志正，外體直，持弓矢審固，然後可以言中也。○《射義》曰：「古者諸侯之射也，必先行燕禮。卿大夫士之射也，必先行鄉飲酒之禮。燕禮者，所以明君臣之義也。鄉飲酒之禮者，所以明長幼之禮也。故射，進退周旋必中禮，内志正，外體直，然後持弓矢審固，持弓矢審固，然後可以言中。此可以觀德行矣。」

○夫先王制禮，豈苟爲煩文末節，使人難行哉！亦曰以善養人而已。蓋君子之於天下，必無所不中節，然後成德；必力行，而後有功。其四肢欲安佚也，苟恭敬之心不勝，則怠惰傲慢之氣生，動容周旋不能中乎節，體雖佚而心亦爲之不安。安其所不安，則手足不知其所措，故放僻邪侈，越分犯上，將無所不至，天下之亂，自此始矣。聖人憂之，故常謹於繁文末節，以養人於無所事之時。使其習之，而不憚煩，則不遜之行，亦無自而作。至於久而安之，則非禮不行，無所往而非義矣。君子敬以直内，義以方外，所存乎内者敬，則所以形乎外者莊矣。内外交脩，則發乎事者中矣。射，一藝也，容比於禮，節比於樂，發而不失正鵠，是必樂於義理，久於恭敬，用志不分之心，然後可以得之，則其所以得之者，其爲德可知矣。○是故古之天子，以射選諸侯、卿、大夫、士。射者，男子之事也，因而飾之以禮樂也。故事之盡禮樂，而可數爲以立德行者莫若射，故聖王務焉。○是故古者天子之制，諸侯歲獻貢士於天子，試之於射宫。其容體比於禮、其節比於樂而中多者，得預於祭；其容體不比於禮、其節不比於樂而中少者，不得與於祭。數與於祭而君有慶，數不與於祭而君有讓。數有慶而益地，數有讓而削地。故曰：「射者，射爲諸侯也。」是以諸侯君臣，盡志於射，以習禮樂。夫君臣習禮樂而以流亡者，未之有也。○陳氏曰：「古者二十五家爲閭，同在一巷。巷首有門，門側有塾。民在家者，朝夕授教於塾也。」愚謂八歲所入之小學，即此五百家爲黨，黨之學曰庠，教閭塾所升之人。術當爲州，二千五百家爲州，州之學曰序，序則教黨學所升之人也。天子所都，及諸侯國中之學，皆謂之國學，以教元子、衆子。〇家有塾，二十五家一鄉學也。黨有序，五百家一鄉學也。恐是教塾中所升之俊秀也。州有序，二千五百家爲州，州序亦鄉學也。蓋又以教庠中所升者。雖皆是鄉學，然黨庠、州序所教，大抵皆十五以上者，謂之□大學矣。〇朱子策問曰：「先王之世，士出於田里者，有黨庠、遂序之教，而公、卿、大夫之子弟，則又有成均之法以養之。蓋無不學之人，則無不治之官矣。」愚按：此説於鄉學、國學所教士，剖判得最明白。

〇「設爲庠、序、學校以教之」。或曰：非使滕文公兼設此四學以教民也，只是舉三代教民之制如此，故有庠、有序、有校，又有學也。若使文公當日設學教民，只用一鄉學、一國學足矣。鄉學則不止一所：古者國學，惟天子之都，以及諸侯之國都有之。鄉學，則隨所在而酌立之。鄉里子弟之秀者，則以次升之，至於國學而待用。其不然者，則歸之農，而士農分矣。然「設爲庠、序、學校以教之」，以「設爲」二字提端，而「夏、商、周」字在下，還當作使文公設學教民云。

〇兼舉庠、序、學校。文公若行時，聽其自擇一名也。

惟項氏説周兼立四學，俱在王城，蓋皆大學也。

《通考》載江陵項氏《松滋縣學記》曰：「學制之可見於書者，自五帝始，其名曰成均，説者曰：『以成性也。』然則有民斯有教，自開闢則既然矣。有虞氏始即學以藏粢而命之曰庠，又曰米廩，則自其孝養之心發之也。夏后氏以射造士，如《行葦》、《矍相》之所言，而命之曰序，則以檢其行也。商又以樂造士，如夔與大司樂所言，而命之曰學，又曰瞽宗，則以成其德也。先王之所以教者備矣。周人脩而兼用之，內即近郊，並建四學，虞庠在其北，夏序在其東，商校在其西，當代之學居中，南面而三學環之，命之曰膠，又曰辟雍。郊言其地，壁言其象，❶皆古人假借字也。其外亦以四學之制，參而行之。凡侯國皆立當代之學，而損其制，曰泮宮。凡鄉皆立虞庠，凡州皆立夏序，凡黨皆立商校。於是四代之學，達於天下。夫人自幼而習聞之，故今百家所記，參錯不同者無他，皆即周制雜指而互言之也。」

○項氏《松滋學記》曰：「蓋至於商人，先王之所以教者備矣。周人兼用之，內建四學，虞庠在北，夏序在東，商校在西，當代學居中，而三學環之。」愚謂是庠、序、學校兼設也。「其外亦以四學之制，參而行之。凡侯國皆立當代之學，而損其制，曰泮宮。凡鄉皆立虞庠，凡州皆立夏序，凡黨皆立商校。」愚謂此亦是庠、序、學校兼設也。○程子曰：「古者八歲入小學，十五入大學，擇其才之可教者而聚之，不肖者復之農畝。蓋士農不易業，既入學，則不治農，然後士農判。古之學者，自十五入大學至四十方仕，中間自有二十五年，學又無利可趨，則所志可知。」

○《記》曰：「天子設四學。」蓋周之制也。周之辟雍，即成均也。東膠，即東序也。瞽宗，即右學也。蓋以其明之以法，和之以道，則曰辟雍。又以其成其虧，均其過不及，則曰成均。以習射事，則曰序；以糾德

---

❶ 「壁」，疑當作「璧」。

行，則曰膠；以樂宗在焉，則曰瞽宗；以居右焉，則曰右學。蓋周之學，成均居中，其左東序，其右瞽宗，此大學也。虞庠在國之西郊，此小學也。《記》曰：「天子視學，命有司行事，祭先聖、先師焉。卒事遂適東序，設三老、五更之席。」又曰：「食三老、五更於大學，所以教諸侯之弟。祀先賢於西學，所以教諸侯之德。」〇右出《文獻通考》。〇夫諸侯之學，小學在內，大學在外，故《王制》言「小學在公宮南之左，大學在郊」，以其選士，由內以升於外，然後達于京故也。天子之學，小學居外，大學居內，故《文王世子》言「凡語于郊」，然後於成均「取爵於上尊」，以其選士，由外以升於內，然後達於朝故也。

「人倫明於上」

「人倫明於上」，則小民各服其教，而自相親於下矣。相親於下者，如所教之人倫，父子親，君臣義，夫婦別，長幼序，而朋友信也。

「小民親於下」

當如饒氏說：「君與臣自相親，父與子自相親，長與幼自相親，非『尊君親上』之『親』。」此說可從。蓋合帝命契所謂「百姓不親，五品不遜」之義，然後自該得親上之義矣。

「有王者起，必來取法」

言以上所言養民教民之法，皆出於古而宜於今，乃百王不易之良法也。於今行之，雖以國小，未能自致王業，然王者有作，决不能舍是而他有所取矣，故曰：「是爲王者師也。」而滕之勢，亦將日以强大，如文王之能新其天命，可期也。蓋當時國勢大概弱甚，未可責效於旦夕。若許齊、梁之君者，故但云云。

《日抄》之説，以爲「是爲王者師」指三代，言滕當師之王而取法之也，如云師文王意。蓋上文全是舉三代成法，全未有一句説滕行之話，至此下文云云。

「子力行之，亦以新子之國」

是多少順。今如此解，却是既以「王者師」著其效，又以「新子之國」著其效，意反重疊而相碍。

○蓋天下之事，有理有勢，如齊如梁，有其勢者也，若行仁政，則理勢俱到矣，故曰：「然而不王者，未之有也。」若滕，未有其勢者也，苟行仁政，亦僅有其理，而勢不足輔之，故止曰「是爲王者師」，「亦以新子之國」而已。大抵理勢之間，學者所當默識。孟子他日論天下有道無道云云，以爲「皆天也，順天者存，逆天者亡」，則聖賢於世，故可謂審矣。

「夫仁政必自經界始」

此「仁政」，專指「分田制禄」。○「經界始」，謂治地分田，經畫其溝、塗、封、植之界也。○溝，水界也，溝洫之類也，如曰澮，曰川，皆是。塗，陸界也，如曰徑，曰畛，曰涂，曰道，曰路皆是。封，土堠也。植，種木也，直音，曰五里一堠。○經界不正，則田無定分，而在上之豪强者，得以兼并，故井地不均，而野人有失其所者矣。賦無定法，而在上之貪暴者，得以多取，故穀禄不平，而君子有失其所者矣。惟經界一正則豪强不得以兼并矣，貪暴不得以多取矣，分田制禄定矣。

「經界不正，井地不均，穀禄不平」

此士民之所病，而暴君污吏之所利也，故曰：「暴君污吏，必慢其經界。」蓋暴君污吏，正所謂「豪强之兼并」、「貪暴之多取」者也。「慢其經界」，然後「田無定分」，而豪强始得以兼并；「賦無定法」，而貪暴始得以多取。

「夫滕，壤地褊小」

君子、小人，不可相無，故「分田制禄」之法，不可偏廢。

「將爲君子焉」

將，殆也。將爲，言殆必有爲君子者，非將然之理。○「將爲君子焉，將爲野人焉」，言殆必有爲君子者焉，殆必有爲野人者焉。此兩様人，皆不可無，則分田、制禄兩様法，皆不可缺矣。

○孟子所以言分田制禄不可偏廢者，蓋當時上之所以自養者或大過，而其所以養下者多不及。士夫固自有常禄，惟民庶則未有常禄，故孟子告以「無君子莫治野人，無野人莫養君子」。禄固當制以養君子，而田尤不可不分以養野人也。其詞雖若兩平，其意則重在分田上，故夫世禄，滕固行之矣，惟助法未行，故取於民者無制。且其貢，亦不止什一也。

「請野九一而助」

「野，郊外都鄙之地也。」平原曠野，可畫爲萬夫之井，故爲公田，而行助法也。

○「國中，郊門之内，❶鄉遂之地也。」包山林陵麓在内，難用井里齊整分畫。只絶長補短，計之約田百畝，

❶「内」，原作「外」，今據四庫本及《孟子集注》改。

則授一夫，使自貢其什分之一于上也。○溝洫亦經界之法，井田亦有溝洫，此云「田不井授，但爲溝洫」者，貢法只有溝洫，無井田也。

○「請野九一而助，國中什一使自賦」，總言行周之徹也。○周監於二代，故周之徹法，鄉遂用夏之貢，都鄙用殷之助。○輔氏曰：「都鄙用助法，則收公田所入，以爲君子之禄。鄉遂用貢法，則使什自賦一，以充國家所用。」此説意周蓋君子之禄，即所謂「君十卿禄，卿禄四大夫，大夫倍上士」者，皆有畝數，決是助法之公田無疑。然國家供費萬端，又將於何取給？故知貢法所取者，實以給之。此外又有布縷、力役之征，工、商、衡、虞之入，凡皆野人所供也。○「前只言『治地莫善於助』，至『雖周亦助也』，切切焉只要滕行助法，都不及貢。及答戰，則云『請野九一而助，國中什一使自賦』，却又兼貢，何也？」曰：「滕當時只是行貢法也。世禄已行者，正是將貢上之粟，充世禄也。惟助法未行，故始則切切然只言助法。後告畢戰，不得不兼言貢、助，蓋授以方畧形勢也。然滕雖嘗用貢，而貢亦不止什一，又不止鄉遂用貢也，故又云：『國中什一使自賦。』而注云：『以此推之，當時非惟助法不行，其貢亦不止什一矣。』」

「卿以下，必有圭田」

注：「圭，潔也，所以奉祭祀也。」據此，大注圭潔之義自明甚矣，而趙氏悳注乃曰：「圭，潔白也。德行潔白，始與之田。」亦大鑿矣。只是專以奉祭，故云。先儒釋注，每有不能爲經文助，而反爲經文累者。○「圭田五十畝」，是卿以下皆同也。蓋制禄之法，則有定分：卿禄四大夫，大夫倍上士，上士倍中士，中士倍下士。惟圭田，乃是分外加厚之田，則一視同仁，無卿、大夫之别。蓋先王之特恩也。

○「卿以下，必有圭田」。卿之下爲大夫，爲元士，蓋皆五十畝，無豐殺。惟下士與庶人在官者，或不預。按祖廟之制：適士二，官師一。既得立廟，則皆有圭田矣。注：官司，謂諸有司之長。東陽許曰：「官司，蓋上、中、下士，不必曰官師矣。蓋下士皆有官者，但其長乃得謂之官師。下士既與庶人在官者同禄，恐不得齒於官師而立廟，但未有他據。」○但曰「卿以下」，則大夫、士皆舉之矣，不必外覓證佐。

○一説下士既以身委於官，乃不得一廟以祭，何也？且庶人祭於寢，寢以上皆廟也。今無下士寢祭之文，則安得謂無廟？既有廟有祭，則安得獨不與之圭田？况野人尚有以厚之，餘夫皆二十五畝，而下士乃獨無圭田，反不得齒於餘夫矣，故宜皆有圭田也。○或曰「官師、下士」，亦是。不曰「中、下士」，而曰「官師」者，以別於「庶人之在官者」耳。庶人在官者，終不謂之士，只是庶人，但食於官，與下士之禄同。

○「適士二，官師一」，出《祭法》。其注曰：「適士，上士也。天子上、中、下之士，及諸侯之上士，皆得立二廟。」○官，有司也。師，長也。又注曰：「諸侯之中士、下士，爲一官之長者，得立一廟。」

○《祭法》又曰：「庶士、庶人無廟。」其注曰：「庶士，府史之屬。」愚謂其曰「官師」者，以別於士庶也。既曰士庶無廟，則中、下士有廟，益可信。○愚按：天子之大夫視諸侯，故受地視伯。元士亦視子、男。其中、下士，當與侯國之上士，皆爲適士等也。○饒氏曰：「圭田、餘夫亦是百畝中撥與。地半分則五十畝，四分則二十五畝。」問：「各受田百畝，六十歲，父傳與其子，子養其父。但只是長子受父之田，次子便是餘夫，別請二十五畝。若無子，則百畝納之官。」曰：「然。」

○卿以下，必有圭田。圭田五十畝，餘夫二十五畝。此亦井田之制也，非井田法外之制，但是分田制禄常制之外爾。圭田則都是井田之中而未有所屬，中分之爲二十五畝，五十畝也。圭田則是或都鄙之井田，或鄉遂十夫之田，而四分之，爲四箇二十五畝也。「夫仁政必自經界始」，通連此二條，直至章末，都是答畢戰問井地也，豈不是井地？○問：「人物繁庶，國家安得有許多田分授？」曰：「天地間只看許多物事，少間人物過多，便自有乘除，亦理勢使之然也。」

「死徙無出鄉」一條

○此言井田之法之有以善民俗也。若只説井田之善，則上下俱見其善，不獨民俗矣。今觀「死徙無出鄉，鄉田同井，出入相友，守望相助，疾病相扶持，則百姓親睦」，都是就百姓説，故定爲井田之法有以善民俗，亦不必云「著其效」也。蓋都是井田之制使然耳。若云行井田之法之效，則必至「願受一廛而爲聖人氓」處方是。○聖賢文字，多是信筆文章，如此節。若論到理之密處，似當云：「鄉田同井，出入相友，守望相助，疾病相扶持，死徙無出鄉，則百姓親睦。」然聖人固不拘拘，而大理自無所失。此段大概言井田之制之有以善乎民俗也，不可以爲井田之效也。先王立法之意，則如此。❶ ○鄉田同井，則十夫有溝者不在此耳。

「方里而井，井九百畝」

「此詳言井田形體之制，乃周之助法也」。大注云：「上言野及國中二法，此獨詳於治野者。國中貢法，當

❶「則」，嘉靖本作「蓋」。

世已行，但取之過於什一耳。」《王制》井田形體之制尤詳。○古者建步立畝，六尺爲步，步百爲畝，畝百爲夫，夫三爲屋，屋三爲井。井方一里，是爲九夫，八家共之。一夫一婦受私田百畝，公田十畝，是爲八百八十畝。餘二十畝以爲廬舍。民受田：上田夫百畝，中田夫二百畝，下田夫三百畝。歲更耕之，換易其處。○注：何休曰：「司空謹别田之高下、善惡爲三品。上田一歲一墾，中田二歲一墾，下田三歲一墾。肥饒不得獨樂，磽确不得獨苦，三年一换土易居。其家衆男爲餘夫，亦以口受田如此。」○民年二十受田，六十歸田。

「公事畢，然後敢治私事，所以别野人也」

「别野人」，以見其不得同於君子而在所後也，故云：「據野人而言，省文耳。」

「此其大畧也」

指「仁政必自經界始」至「所以别野人也」。此比《周禮》亦爲畧，今動輒以《周禮》律之。蓋孟子不見《周禮·王制》，又漢儒剌六經爲之者，故講《孟子》者只用《孟子》大意，不必過求强合，益紛紜而不相入矣。但其所以異處，亦當考而知之，庶幾其於古法，默有權度，而得師其意以見諸用耳。

「若夫潤澤之，則在君與子矣」

潤，柔而不硬也。澤，滑而不澁也。推此義可見。但凡論古制，後面都着用此意合殺。○饒氏曰：「前面記底是箇硬局子，到這裏須要會變通。」○又曰：「潤澤非文飾之謂，乃是和軟底意思，不全是硬局子。温潤滑澤，方可行得。」

○「潤澤」二字最好。若古法有不宜於今，若不能因時制宜而善用之，只拘古制而定於時，是又何取於古？商不能盡因乎夏，周不能盡因乎商，故曰：「周監於二代。」如何拘於古得？○「潤澤非文飾之謂，乃和軟滑澤之意。」饒氏此説最精，故朱注曰「潤澤，謂因時制宜，使合於人情，宜於土俗」云云。以此見上文所言，只是硬局子也。愚謂：使當時諸侯不去其籍，孟子若得志行王政於天下，亦須有所損益折衷，故曰：「三王不同禮。」又曰：「『周公思兼三王，以施四事』，此便是任法不如任人之理。」○饒氏曰：「井田之法，黄帝便做成了，商人如何改得七十畝？周人如何便更百畝？至於溝、壑、塗、畛，亦非一朝一夕所能成。朱子亦嘗疑之。《王制》與《周禮》已不同。孟子多是億度言之。井田可行於中原平曠之地，若是地勢高低，如何可井？恐江南是用貢法。阡陌是田間路。古人車制：一車闊六尺有餘，兩傍又翼之以人，占田太多。商君欲富國，所以鑿開阡陌爲田。前此諸侯富其國，井田大綱已自壞了，商君則索性壞却。」

荀悦論曰：「古者什一而税，今漢氏或百一而税，然豪强輸其賦太半。官家之惠，優於三代；豪强之暴，酷於一秦。文帝不正其本，適以資豪强也。且井田之制，不宜於衆人之時，卒而革之，蓋有怨心則生紛亂。若高祖初定天下，光武中興之後，人民稀少，立之易矣。今既難行，宜以口數占田，爲之立限，人得耕種，不得買賣，以贍貧弱，以防兼并，且爲制度張本，不亦善乎？」

蘇老泉曰：「議者皆言奪富民之田，此必生亂。如乘大亂之後，土曠而人稀，可一舉而就。吾又以爲不然。今雖使富民奉其田而歸諸公，以爲井田，其勢亦不可得，何則？井田之制云云。萬夫之地，蓋三十二里有半，而其間爲川爲路者一，爲澮爲道者九，爲洫爲塗者百，爲溝爲畛者千，爲遂爲徑者萬。此二者，非塞溪壑、平澗谷、夷丘陵、破墳墓、壞廬舍、徙城郭、易疆隴不可爲也。縱使盡得平原曠野，而遂規畫於其中，亦當驅天下之人，竭天下之糧，窮數百年，盡力於此，不治他事，而後可以望天下之地盡爲井田，盡爲溝洫。已而又爲民作屋廬於其中，以安其居而後可。吁！亦迂矣。井田成而民之死，其骨已朽矣。」又曰：「孔光、何武曰：『吏民名田，毋過三十頃。』『期盡三年，而犯者没入官。』是又逼蹙平民，使自壞其業，非人情，難用。吾欲少爲之限，而不奪其田之已過吾限者，但使後之人不敢多占田，以過吾限耳。要之，數世富者之子孫，或不能保其地，以復於貧，而彼嘗以過吾限者，散而入於他人矣。或者，子孫出而分之以無幾矣。如此則富民所占者少而餘地多。貧民易取以爲業，不爲人所役屬，各食其地之全利，全利不分於人而樂輸官。夫端坐於朝廷，下令於天下，不驚民，不動衆，不用井田之制而獲井田之利，雖周之井田，何以遠過於此！」

葉水心曰：「昔者自黄帝至於成周，天子所自治者，皆是一國之地。是以尺寸步畝，可歷見於鄉遂之中，而置官師、役民夫、正疆界、治溝洫，辛苦以井田爲事，而諸侯亦各自治其國，百世不移，故井田之法，可頒於天下。然江漢以南，臨淄以東，其不能爲者，不强使也。今天下爲一國，雖有郡縣，吏皆總於上，率二三歲一代。其間大吏，有不能一歲、半歲而去者，是將使誰爲之乎？」

又曰：「封建既絶，井田雖在，亦不可獨存矣。故井田、封建，相待而行者也。」

《通考》曰：「小國寡民，法制易立。竊意當時有國者，授其民以百畝之田，壯而畀，老而歸，不過如後世大富之家，以其祖父所世有之田，授之佃客，程其勤惰以爲予奪，校其豐凶以爲收貸。其東阡西陌之利病，皆其少壯之所習聞，雖無俟乎考覈而奸弊自無所容矣。降及戰國，大邦凡七，而么麽之能自存者無幾。諸侯之地愈廣，人愈衆。雖時君所尚者用兵争强，未嘗以百姓爲念，然井田之法，未全廢也，而其弊已不可勝言，故孟子有『今也制民之産，仰不足以事父母，俯不足以畜妻子』之説，又有『暴君汚吏，慢其經界』之説。可以見當時未嘗不授田，而諸侯之地廣人衆，攷覈難施，故法制隳弛，而奸滋弊多也。❶至秦人，盡廢井田，人民所耕不計多少，而隨其所占之田以制賦。蔡澤言：『商君决裂井田，廢壞阡陌，以静百姓之業而一其志。』夫曰『静』曰『一』，則可見周授田之制，至秦時必是擾亂無章，輕重不均矣。」

命世亞聖之學。○按《史記》第二，序有曰：「云云，信命世之宏才也。」注：《索隱》云：「『五百年必有王者興，其間必有名世者。』趙岐曰：『命世次聖之才，物來能名。』此言命者，名也，言賢人有名於世也。宏才，大才，謂史遷。」○命之訓名，猶今之人題書名，亦云命之曰何書者，名之義也。亦有理。○此二字不見經傳。《三國史》橋玄謂曹操曰：「天下將亂，非命世之才，不能濟也。能安之者，惟在君乎！」「命世」二字，蓋出於此。

「有爲神農之言」

既曰「爲神農之言」，則其所稱，非必神農之言矣。○「有爲神農之言者許行」，著一「爲」字，便見其言本非神農之言矣。「爲其言」之「爲」字，彷彿似云「爲其學者」之類。孟子曰「固哉！高叟之爲詩」云，亦其

❶「滋弊」，嘉靖本及《文獻通考》作「弊滋」。

意類。

「遠方之人，聞君行仁政」

「夫仁政必自經界始」，何爲仁政？按上文「經界既正，分田制禄，可坐而定也」，則以「分田制禄」爲仁政亦可。

「願受一廛而爲氓」

按《集注》：「廛，民所居也。氓，野人之稱。」則此廛，❶固非市宅矣。野人元不在市宅，在市宅者，商賈也。「願受一廛而爲氓」，則有田可知。陳相兄弟，則負耒耜之滕，曰：「願爲聖人氓。」《周禮·地官遂人》「上地，夫一廛，田百畝，五十畝」云云。

「皆衣褐，捆屨、織席以爲食」

「衣褐」二字爲讀，其所以衣者也。「捆屨、織席以爲食」爲一項，其所以食者也。舊讀「衣褐、捆屨」爲一讀，至「織席」以爲一句，最疎漏而無謂。

「曰：『聞君行聖人之政，是亦聖人也。願爲聖人氓。』」

此言蓋非面對滕君也。上文則云「踵門而告文公曰」，方是面對之詞。○許行自楚來，既「捆屨、織席以爲食」，陳相自宋來，又負耒耜，只是其未相見之前，已有默相見之機矣。許行較又是傳法沙門者，故「陳相

❶「廛」，原作「田」，今據嘉靖本及文義改。

見許行而大悦，盡棄其所學而學焉」。

「雖然，未聞道也」

蓋謂神農之道也。○「賢者與民並耕而食，饔飧而治」云云，不知是何道理？成何世界？每一覽，輒令人一笑。

○許行本是喪心病狂底人，却天生箇陳相來尊信他，天地間類聚群分，聲應氣求之理，自不可盡曉。○「陳相見許行而大悦，盡棄其學而學焉」，則惟見許行之道爲是，而孟子之道爲非矣。○陳相、許行之言所刺在滕君，而其所以刺，則在孟子也。陳相見孟子而道其言，蓋將有所軒輊予奪於其間也。許行之學，亦將思以易天下者，然真所謂邪説也。

「許子必種粟而後食乎」

「許子必種粟而後食乎？」曰：「然。」此決知其然者，以起下句之難。猶將問「以刃與政」而先問「以挺與刃」；將問「與少樂樂，與衆樂樂」，而先問「獨樂樂，與人樂樂」也。孟子於折辯之際，多用此法。○曰：「否。許子衣褐。」陳相本以衣褐逃孟子之駁也，然要亦逃不得。孟子姑置之，續以「許子冠乎」，曰：「冠。」又曰：「奚冠？」恐其如衣褐之説。彼則曰：「冠素冠。」素乃布爲之者也。即曰：「自織之與？」至此，則陳相無逃處矣。曰：「否。以粟易之。」則已自爲孟子辨之之地矣。又曰：「害於耕。」則盡之矣。此雖孟子長於論説，然亦其理之自勝，有非取辯於口舌間也。雖出於勝之理，然非孟子之辭辯足以發之，則亦未能破人之惑志而折人之詞鋒也。蓋其精義之功如此。

〇「許子必種粟而後食乎」，此一段意，總謂莫道是爲人君者難以與民「並耕而食，饔飧而治」，便是他這一匹夫之身，已不能盡兼他技。況人君一身，百職攸萃乎？❶故每詰之云云，而果不盡待辨而自支離矣。〇「許子衣褐」，豈貼身皆是褐乎？故曰：「要亦逃不得也。」〇上文因論冠，彼曰「以粟易之」，則詰之曰：「許子奚爲不自織之？」論「釜甑爨」、「鐵耕」，彼又曰「以粟易之」，則不復曰：「許子奚不自爲之？」蓋以其理之同也。即此就是語言之長才，文章之妙法。

「許子以釜甑爨，以鐵耕乎」云云

「械器，釜甑之屬」，謂其機械便當也，凡民生日用所資器皿皆是，故用「之屬」二字以該之。下文亦兼百工言之。就本文而言，則「甑爨」、「耒耜」皆是也，但不可分貼，惟陶冶則分。朱注曰：「陶爲甑者，冶爲釜鐵者。」〇「陶何以能爲甑？」曰：「古之甑，實陶爲之，故從瓦。北方原無杉木可爲木甑，今有之者，皆自南方往也。」

〇曰：「許子奚爲不自織？」曰：「害於耕。」則已可拆之矣。❷然孟子理義之在胸中者，厭飫充足，酬應不窮，而其詞辯之出於頰舌間者，變化敏妙而無方。方且欲多其邪遁之辭，以爲折服開悟之地，故不即闢之而又曰：「許子以釜甑爨，以鐵耕乎？」彼則又曰：「然。」又曰：「以粟易之。」然後曰「以粟易械器者，不爲

❶「攸」，嘉靖本作「尤」。

❷「拆」，疑爲「折」之誤。

厲陶冶」云云。人但見孟子之多其詞説，而不知此法即省了許多詞説也。不然，彼之邪説蔽錮已深，其執拗論辯，可遽申吾説耶？以朱子之正學精義，而不能折服象山氏兄弟於一時之語次，意亦其雄辨之不如孟子也。

「以粟易械器者，不爲厲陶冶云云，可耕且爲與」

○此「厲」，因他「厲民自養」而發，言汝謂滕有倉廩、府庫爲厲民自養。以今觀之，「以粟易械器者，不爲厲陶冶，陶冶亦以其器械易粟者，豈爲厲農夫哉」。知陶冶與農之相易爲不相厲，則滕君之不「並耕而食，饔飧而治」，亦未爲「厲民以自養」也可知。此已足以折陳相之説無餘矣，然猶未也，又繼之曰：「且許子何不自爲陶冶？」則凡百器械，止皆自取於其家，而用於其家，是多少便。而乃何爲紛紛然與百工交易？何許子之不憚煩？曰：「百工之事，固不可耕且爲也。」即應之曰：「然則治天下，獨可耕且爲與？」蓋上既承其「害於耕」之説，而明彼此之不相厲，以見滕君之非「厲民以自養」矣。此則又承其「百工不可耕且爲」之説，而明彼此之交相濟，亦以見滕君之不「厲民以自養」也。只是一意，錯出於語次之間，不必强分爲二意，抑通章是此意也。○舍，去聲，朱注：「止也。」

「有大人之事，有小人之事」

天地間大綱有兩樣人，亦大綱有兩樣事，大人自有大人之事，小人自有小人之事。

「且一人之身而百工之所爲備」云云

此即因陳相所謂「百工不可耕且爲」之説，而敷暢言之也。所謂「因其所明，通其所蔽」也。

「故曰『或勞心，或勞力』」云云

此四句皆古語，而孟子引之也，恐人只以「或勞心，或勞力」二句按「故曰」二字爲古語，而以下四句爲申釋之詞，故因解「治於人」等句之義，而承之曰：「此四句皆古語，而孟子引之也。」

「當堯之時，天下猶未平，洪水横流」二節

○上言「治人者食於人」以見其不暇耕。自此以下，皆是反覆證明此意。蓋堯之時，敷治者，舜也；烈山澤者，益也；治水至三過門不入者，禹也，皆「治人者」也，雖欲耕，得乎？「食於人」也，又「教民稼穡」者，稷也；承勞、來、匡、直之命，而教民人倫者，契也，亦「治人者」也，「而暇耕乎」？亦以「食於人」也。本文「雖欲耕，得乎」一句，只承「禹八年於外」説，「聖人之憂民如此，而暇耕乎」一句，亦只承勞、來、匡、直、輔、翼數句説，似於舜、益、后稷諸公有欠詞焉。然古之文，多取意足而已，其於辭，有不屑屑然者，而實足以互見而相發也。抑亦多是舉其功而重以該其餘，❶如此段「禹八年於外，三過其門而不入」，則於不暇耕之意，尤切。放勳曰：「勞之、來之、匡之、直之、輔之、翼之，使自得之，又從而振德之。」聖人之命官教民，叮嚀煩悉如此，其於憂民之意，尤切，故曰：「聖人之憂民如此，而暇耕乎？」其他則皆可以意會矣。○「當堯之時，天下猶未平」，此以下言自古聖君賢臣歷歷可數，那有一箇是「與民並耕而食，饔飧而治」者耶？○「洪水横流，氾濫於中國。草木暢茂，禽獸繁殖」。蓋惟「洪水氾濫」，草木得水則暢茂矣，禽獸得

---

❶ 「功」，原作「切」，今據嘉靖本及文義改。

草木則繁殖矣。禽獸、草木，皆妨害五穀者，故「五穀不登」，則人類益稀，而「禽獸逼人」，舉中國多是禽獸之地。此其上下文相屬之大意也。

○「洪水横流」云云，使於是而遽施治水之功，則草木之暢茂者，道途既爲之梗塞而不通，而禽獸之逼人者，又方巢穴於其中而不可避，治水之功，固未可施。舜灼見其理勢，乃先使「益烈山澤而焚之。」草木既焚，禽獸失其所依，乃皆逃匿遠去，然後禹得以施功於水土。如黄河之水，天下之最大者也，禹則於兖州之域，疏大河之流爲九河以分其勢，又疏通濟水、漯水并九河皆注之海。九河、濟、漯，皆西北方水也。又次，南决汝水、漢水，排淮水、泗水而注之江。天下大水，只有此數者，今導其流而注之江海之中，然後大地就平，中國之民可得而粒食以相生相養，而免於墊溺之患矣。且當是時也，禹治水在外者凡八年，三次過家門而不入，其憂民之急如此，雖欲耕，得乎？然不但禹之急於憂民，其迹尤顯，❶故獨言之，而其他可以類推。○「益烈山澤而焚之」。烈，熾其火也。焚之者，灰之也。「焚」字從林從火，此亦六書之會意者也。

「禹疏九河，瀹濟、漯而注諸海；决汝、漢，排淮、泗而注之江」

九河，當按《書傳》「簡潔」合爲一河。又其一，則河之經流也。《書傳》曰：「先儒不知河之經流，遂分簡潔爲二。」新安陳氏曰：「《書傳》經朱子晚年訂正，當以爲定也。」此説又與《楚辭注》不同。《楚辭注》以爲徒駭是河之本道，本道即謂此經流也。尚未知孰是。○《離騷・九歌・河伯》篇云：「與汝遊兮九河。」其注

❶「其」，嘉靖本作「之」。

曰：「河爲四瀆長。九河：徒駭、太史、馬頰、覆釜、胡蘇、簡、潔、鈎盤、鬲津也。禹治河，至兖州分爲九道以殺其溢。其間相去二百餘里，徒駭最北，鬲津最南。蓋徒駭是河之本道，東出分爲八枝也。」

○九河勢意當如此分。

○《集注》曰：「據《禹貢》及今水路，惟漢水入江耳，汝、泗則入淮，而淮自入海。此謂四水皆入于江，記者之誤也。」仁山金氏曰：「當是疏九河，瀹濟、漯，排淮、江而注之海，決汝、泗而注之淮，決漢而注之江。」《書傳》「漯，河之枝流也」。

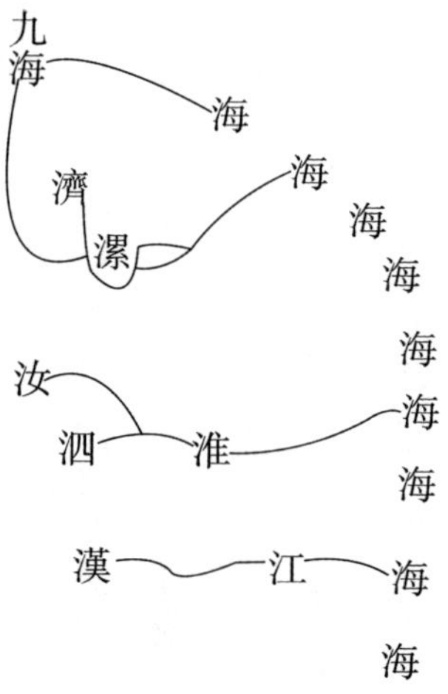

漢武帝時，九河已堙矣。今以一淮而受大黄河之全，蓋合二瀆而爲一也。自宋以前，河自入海，尚能爲並河州郡之害，況今河、淮合一而清口又合，沁、泗、沂三水以同歸於淮也哉！《禮》曰「四瀆視諸侯」，謂之瀆者，獨也，以其獨入於海，故江、河、淮、濟皆名以瀆焉。

○「當堯之時」一段，雖末云「三過其門而不入，雖欲耕，得乎」，是禹其實憂水土之未平而不暇耕者，堯、舜亦在焉。蓋舜是承堯之憂，禹、益又是承舜之憂。數聖皆是急於民病而不暇者，但三過不入之不暇耕意，尤顯然可以曉折人耳，故末特言之。下節稷之「教民稼穡」與命契教民，言其「憂民如此，而暇耕乎」，亦是此意。故下云：「堯以不得舜爲己憂，舜以不得禹、皋陶爲己憂。」獨舉堯舜，可見憂責猶在堯、舜。蓋當時代天救生民者，堯也；贊堯代天救生民者，舜也，故下文獨舉堯、舜而畧禹、益、稷、契。○「三過其門而不入」，八年在外，三次過其家門，尚不得入見其骨肉之親，況暇於耕乎？

「后稷教民稼穡」

水土方平，稷便教民粒食，以免其艱食之患，急於民之事如此，是亦自有不暇耕意在。○民纔得粒食，堯舜又慮其無教而入於禽獸之歸，又便急急使契爲司徒，教民人倫。堯又且叮嚀告戒之曰「勞」、「來」、「匡」、「直」、「輔」、「翼」云云。「聖人之憂民如此，而暇耕乎？」此聖人指堯與舜。契，舜臣名。「使契爲司徒」，舜舉而使之。但天無二日，民無二王，制誥拜除，還須自堯出，此古今所以同也，故是「放勳曰」，亦可謂得其事之實矣。其時言「舜臣名」，舜是堯之臣，言契爲舜臣，則該得堯。古人遞遞有君臣之分，況契後爲舜臣？若只説爲堯臣，則該不得舜矣。《論語》：「舜有臣五人。」〇「聖人有憂之」，聖人獨指堯言。「舜命契」者，舜攝政事時也。然當時堯爲天子，禮樂政令自天子出，民無二王，當時誥勑之類，必皆出於堯，故下文云「放勳曰『勞之來之』」云云。而「聖人之憂民如此」與「聖人有憂之」二聖人，同指堯也。言堯之憂，則舜與契亦非恝然無慮者矣。

「堯以不得舜爲己憂」云云

上二條言聖人憂民之事備矣，此則承言「聖人之憂民如此」，固「非事事而憂之也」，惟先務其大者耳，所謂「所以憂民者，其大如此」。不必另説一意。〇一説承上文言聖人之憂民者悉矣，然要知聖人之憂，惟急所先務，初非事事而憂之也云云。

「堯以不得舜爲己憂云云，得人者，謂之仁」

「堯以不得舜爲己憂，舜以不得禹、皋陶爲己憂」，「治人而食於人」者也。「夫以百畝之不易爲己憂者，農夫也」，「治於人而食人」者也。夫以不得人爲己憂，其功利之及人者大矣，故曰：「分人以財，謂之惠；教人以善，謂之忠；爲天下得人者，謂之仁。」

「以天下與人易，爲天下得人難」

聖人序《書》，於《堯典》既言「將遜位於舜」，《舜典》復言「將使嗣位」，二《典》之序，各提起一「將」字，於此見爲天下得人難底意。蓋「將」之爲言，持重、諄復、不苟之意也。堯舜不輕授人以天下，必持重、諄復，釋然知舜之德與堯合，然後可以當堯之天下；禹之德與舜合，然後可以當舜之天下。不然，聖人不苟授也。

故嘗謂堯未知舜之前，堯不敢有一毫輕天下之心；堯既知舜之後，堯不敢有一毫係天下之心。右見《尚書三解》。

○「『是故以天下與人易，爲天下得人難』。此句與上文『爲天下得人者，謂之仁』何所關？」曰：「『是故』二字，可味也。蓋上文謂『爲天下得人者，謂之仁』，言得人之功大也，故下『爲天下得人之難』，以見其功之所以爲大也。而必『以天下與人易』對言之，此猶《中庸》言『天下國家可均也』至『中庸不可能也』，《論語》謂『三軍可奪帥也，匹夫不可奪志也』之例。」○或謂「以天下與人」亦即爲堯以天下與舜，舜以天下與禹、皋陶，❶非也。舜夫嘗妄以天下與禹、皋陶也。❷方堯之得舜、舜之得禹之初，固未嘗必欲以天下與之也。故堯之於舜，歷試諸艱而大用之，久而後付之天下。○一說：惟「爲天下得人難」，此堯、舜之所以孜孜然用心於得人也，故曰：「堯以不得舜爲己憂，舜以不得禹、皋陶爲己憂。」惟難故憂也。此說優。

「大哉！　堯之爲君也」條

此條莫依愚舊說。其引「孔子曰」云云者，總是説堯、舜之德業巍巍如許，雖有所用心，亦斷不至於耕。○「亦不用於耕」，謂其心不至用於耕也。看「於」字。○「唯堯則之」。「則，法也。」「法」字與《論語》解齊

❶「禹」，嘉靖本無此字。下「禹」同。
❷「夫」，據文義當作「未」。

準義亦同。蓋法天，則亦與天同其大矣。意稍有緩急，然未見孔子一言兩義處，❶又未見此處不可解爲齊準處。按《詩經》引在四書中義同字異者亦多，學者正當平心以求之，如「緝熙敬止」及「爰整其旅」等處可見。

「吾聞用夏變夷者」

此條言陳良非可倍者而倍之爲乖方也。○又按「陳良北學中國」，亦是「用夏變夷者」也。陳相始從陳良，而改從許行，亦「變於夷者」也。

「昔者孔子没，三年之外」

此條意有三段，皆不倍師，而以其尤難者在後。

「入揖於子貢，相向而哭，皆失聲，然後歸」

厚於師也。

「子貢反，築室於場，獨居三年，然後歸」

尤厚於師也。

「他日，子游、子夏、子張以有若云云，皜皜乎不可尚已」

不肯以其事夫子者改事有若，其視陳相以其所事陳良者，而改事於其道相反之許行者，何如？尤見曾子

❶「孔子」，原作「孟子」，今據嘉靖本及文義改。

的然尊信其師，而不惑於衆人之見也。

○「江漢以濯之，秋陽以暴之」，分明是謂夫子道德光輝明著潔白，譬如江漢之所濯，秋陽之所暴，皜皜乎無以加已，有若安能擬其彷彿？有若既不足以彷彿夫子，而乃事以事夫子之禮，不惟尊信有若爲過高，以夫子爲有若所可同，其待夫子反卑矣，而可乎？有若之道德，本不足以彷彿夫子，特言其言行氣象有類焉。而諸子至欲以所事夫子者事之，何與？雖然，有若之言行氣象，猶有類於夫子者，而諸子之移所事夫子者事之，亦未有倍事師之志也。但擬人非其倫，爲有負於夫子耳。曾子且爲之變色厲辭以正之，況陳良豪傑之士，許行鴃舌怪僻之人，相之背此趨彼，誠孟子所謂「不善變」也。

○門人以有若言行氣象類孔子，而欲以所事孔子事之。有若之所學，何也？曾子以孔子非有若可繼而止之。孔子「自生民以來未有」，固宜非有若之所可繼，而非故貶有若也。有若雖不足以比孔子，而孔門之所以推，一時皆無有若比可知。咸淳三年，升從祀以補十哲，衆議必有若也。祭酒爲書，力詆有若不當升而升子張，不知《論語》一書，未嘗深許子張。據此章，則子張欲事有若者也，子張之未能爲有若昭昭也。陸象山天資高明，指心頴悟，不欲人從事問學。嘗斥有子孝弟之説爲支離，奈何習其説者不察，因剏攻之於千載之下耶？子張有靈，回觀有若，恐不自安其位次耳。江漢、秋陽之喻，曾子蓋甚言夫子道德盛大彰著，灼然非他人可擬之狀，而講象山之學者，又往往襲取以證精神之説，❶恐本旨亦不如此，在學

---

❶「取」，嘉靖本作「此」。

者詳之。右出他書，莫記所在。

「今也南蠻鴃舌云云，異於曾子矣」

「非先王之道」，此「非」字不訓詆毁，與《論語》異端非聖人之道而别爲一端者同。○獨言異於曾子者，獨舉其不改所事，於陳相正相反者，言爲尤切耳。實則此條不倍師者有三，不全是曾子。

「吾聞出於幽谷」止「入於幽谷者」

此與上節「吾聞用夏變夷」章一意而疊出，❶所以深責之也。

「以有若似聖人」，當時子游、子夏、子張直以有若之道德亦似聖人，故欲以事孔子者事之。《集注》曰：「蓋其言行氣象有似之者。」此乃朱子截斷之辭，非可謂子夏等止以有若之言行氣象有似聖人者也。

「從許子之道」一條

陳相又見許子之道如此，蓋神農始爲市井，故許子又托於神農而有是説也。

「布帛長短同，則價相若」

如一尺布五文錢，二尺布十文錢，通天下布價一定如此。下倣此。看來此説亦一路通，但天下通是一樣則可，若布不能無高下，則其價亦安得不爲之高下？雖戰國之世，處士横議者多，然求其悍然全不顧理勢，而倡爲此等狂論邪説者，計亦惟許行、陳相二人而已。

❶「章」，原作「重」，今據嘉靖本改。

「巨屨、小屨同價，人豈爲之哉」

此「巨」、「小」與上文屨小、大者不同。此「巨屨」、「小屨」設言，當精粗美惡説，言巨屨與小屨同價，則人豈肯爲其大者哉！論物若不論美惡，美者與惡者同價，則人又豈肯爲其美者哉！都一向從簡陋易就上去了，何能治國家？《孟子》此章，折難陳相所稱許行之言，還不甚虧他。「許子必種粟而後食乎」一段，反難得好痛快。「分人以財謂之惠」一段正大甚，此聖賢議論，後世絶少。

「墨者夷之」章

「夷子思以易天下」，言其道宗於薄，而自用則又獨出於厚，何也？此便是因其所明而通之。

「儒者之道，古之人」止「何謂也」

○喚起「之則以爲，愛無差等，施由親始」，此兩句是夷子自以己意解書之言，以釋己厚葬其親之意。蓋謂我之「愛無差等」，即儒者之「若保赤子」者也。然愛無差等，親與他人一般樣，而施必自親始，此吾之所以厚葬吾親，正「施由親始」之説也。

○墨者以薄親爲道，而夷子獨從厚，此正其一點天理之不容泯滅處，孟子所以直用以入其教也。孟子蓋亦愛其人也。夷子是甚次第聰明，蓋曉得孟子之意欲以兩路擒獲也：❶若伸我之厚者，是則與其道之薄者戾矣；若伸其道之薄者，是則我之獨厚又無謂矣。左右皆坑谷也。乃爲執中之説，騎墻之勢，曰：「吾

❶「也」，嘉靖本、四庫本作「他」。

之兼愛，與儒者之保赤子，何異？ 但謂之『如保赤子』，則所施尚自親者始，我之獨厚，亦未爲倍也。」蓋兩捄之詞也。

○既曰「愛無差等」，並不論親踈矣，而又曰「施由親始」，則又畧有親踈之辨。 此其言亦自相矛盾，足見其遁也。 然下句自有是處，夷之所以未盡滅其本心，孟子之所以得以入其教者，正惟有此一綫在。 故孟子不攻其説之矛盾處，而但力攻其本病之所在也。「二本」之説，尤極正大而精至。

○夷子意謂儒之「如保赤子」，亦即我之兼愛也；我之「施由親始」，亦即儒之立愛自親始也。 不知儒者「如保赤子」之言，自有所取義。 蓋理一之中，自不害其分之殊也。 墨之「施由親始」，其無差等之愛而已。 蓋自決其分殊之界限，而又非其理一之本然也，皆所謂遁辭也。 ○蓋天下之勢，正而順者常重，而無待於外；邪而逆者常輕，而不得不資於人。 夷之之厚葬其親，便是心有不安者矣。 既有所不安於其教，而猶未能自振拔以歸於正，故一則「援儒而入於墨」，其援我者，其勢之輕，將籍我以爲重也。 二則「推墨而附於儒」，其附儒者，其勢已孤，又將籍我以少立也。 蓋天命無二理，天命無二道，凡外吾道而別立門户者，其勢將歸於支離也，不特墨道爲然。

「夫夷子信以爲人之親其兄之子，爲若親其鄰之赤子乎」

言且無論愛己之子過於鄰之子也，視兄之子自是過於鄰之子，則己之子益可知。 ○鄰之子不必比於吾兄之子，則於吾之子可知，故只言「兄之子」。

「彼有取爾也」

見下文，「爾也」二字，皆語助辭。

「赤子匍匐將入井，非赤子之罪也」

明「小民之無知而犯法」，要亦非小民之罪也，乃上之失其道致然也，故保民當如保赤子耳，豈真以爲民與吾子全無差等哉！　如夷子之所見，則父母與路人一也，豈不爲二本而逆天哉！

「且天之生物也，使之一本，而夷子二本故也」

○「愛無差等」，待其親如路人，待路人如其親，是親其親也，路人亦其親也，非二本而何？　抑豈惟二本，蓋千萬本也。　豈人道？　○夷子之學，本不純乎墨，始也葬其親，今其與孟子辨也，又曰：「施由親始。」○朱子曰：「夷子學於墨氏而不從其教，其心必有所不安者，故孟子因以詰之。」○又曰：「然其於先後之間，猶知所擇，則又本心之明，有終不得而息者，此其所以卒能受命而自覺其非也。」

「夫泚也，非爲人泚」

注：「言非謂他人見之而然也。」言其泚無所爲也。「所謂一本者，於此見之，尤爲親切。」「蓋歸反虆梩而掩之」，通是一本之意，不止「非爲人泚」也。　注只云「於此見之，尤爲親切」耳。

「非爲他人見之而然」。○言非爲他人之子見之而然也。

○若爲他人，豈有是泚哉！　「中心達於面目」，正爲吾親也。　一本之理，豈不尤章灼哉！　○一説謂「非爲他人見之而然也」，乃爲己見之而然也。　其所見者，己之親也，惟至親故然也。　若「在他人見此，則雖有不忍之心，而其哀痛迫切，不至若此之甚矣」。　此所謂一本也。○一説其泚也，非爲他人泚也，吾之至親也，其泚由中心而達於面目，不能自已者也。若是他人之親，則一見之間，雖亦有不忍之心，而其迫切之情，當不至如此之甚。此見生物一本之理，人其可逆是理而薄於其親，視與他人無異哉！○一説其泚也，非爲他人見此而發愧有泚也，乃其至親至痛之情，發於中心而達於面目，自無所爲而然者。然與注中下文所謂「在他人，則雖有不忍之心」云云者，若不合耳。

「在他人，則雖有不忍之心」云云。他人，謂路人見之者也。此「他人」字，不必拘與上文「非爲他人見之而然」者相同，上文明是謂非爲他人見之發愧而泚也。未知是否。○問：「『非爲他人見之而然也』，此『他人』字，是指他人之子邪？抑指他人之親邪？」「泛指路人耳。」

「掩之誠是也，則孝子」止「有道矣」

明聖人復起，必從吾言矣。蓋以其根於天性一本之理，而墨氏之逆天常以爲道者，斷不可也。○「夷子二本」一條，只破其所謂「愛無差等」者，以其逆夫一本之理也。「蓋上世嘗有不葬其親者」一條，則又因其厚葬之本心而痛言之，以深明夫一本之意。其所以開發之者，可爲中其肯綮矣。夷子自有資質，宜其所以悟也。

「夷子憮然爲間，曰：『命之矣。』」

夷子憮然，茫然自失，蓋於我心有戚戚焉。

滕文公章句下

「陳代曰：『不見諸侯，宜若小然。』」

○陳代蓋謂孟子以謀王斷國之大材，其致主安民，可指日期，而乃固執不見諸侯之一節，致使齟齬於世，而上下俱不得蒙其功惠，以爲迂也，故諷之如此。

○陳代曰：「不見諸侯，宜若小然。今一見之，大則以王，小則以霸。」此只是枉尺直尋道理。又引「《志》曰」云云者，明其從來有此説話，而諷其爲之也。○南軒曰：「此自春秋以來風俗，習於霸者功利之説。看陳代此言，孟子是迂闊了。枉己未有能直人者也，孟子深得此意分明耳，故曰：『使不恤去就而可以行道，孔孟皆先爲之矣。』又如云：『故將大有爲之君，必有所不召之臣，其尊德樂道，不如是不足與有爲也。』此亦是見得透徹，故守得堅牢耳。聖賢豈迂闊哉！」朱子解「子欲手援天下」章云：「直己守道，所以濟時；枉道徇人，徒爲失己。」此朱子之在當時，所以亦難仕也。直道難容，詎不信然！然聖賢是行一不義而得天下不爲之心，看聖賢正在這所在。

○天下之事，有義理有利害，孟子之不見諸侯，主義理者也；陳代之言，主利害者也。然主義理者，自兼得利害；專主利害者，未免乖於義理，而終之則利害所計者亦不完。此章自「齊景公田」以下，俱從義理上説，至末云「枉己者，未有能直人者也」，則所計者，於利害亦盡矣。

「昔者齊景公田，招虞人」止「而往，何哉」

溝壑，溝長而小，壑深而大。壑，谷之受水者。○朱子曰：「『不忘』二字是活句。」○愚意「不忘是活句」，言是拚了，能不顧利害，不是説定要死於溝壑而喪其元。

○「如不待其招而往，何哉？」主於義而言也。「枉尺直尋」，則主於利而言也，故此下正其所稱「枉尺直尋」之非。蓋枉尺直尋，不宜於出處去就上用也。一枉尺，則無復直尋之理矣。○朱子又曰：「須是這裏參取，若果識得此意，辯得此心，則無入不自得，而彼之權勢威力，皆無所施矣。」○南軒曰：「充虞人之心，行一不義而得天下不爲之心也，人紀之所由立也。」又曰：「義之所在，事無巨細，苟愛一身之死，應非其招而隳天命之正，則凡可以避死者，將無不爲，而弑父與君之所由生也。」○愚按南軒此言，的實而痛切。然則爲人君者，亦何利於奔走承順之臣而寵之哉？

○問：「虞人是志士乎？是勇士乎？抑兼得志士勇士乎？」曰：「若貶斥而死，則爲志士矣；若被刑而死，則爲勇士矣。虞人奚擇焉？且此二句，是孔子諷誦以嘆贊虞人之言，辭本虛而意則有所屬耳，固非確然以爲勇士也。不必泥『不至將殺之』句。」○朱子《贈日者李堯舉序》云：「稱説云云。若有可疑者，是殆見吾阨窮之久，意其所不堪，而姑爲是言以悦之耳。嗟乎！士之辱於草野泥塗之中，不幸而類予者，何可勝數。生雖愛之，而不忍其然。必欲人人揣其所忻厭以爲避就，斯可謂信吾術於當世，則亦勞矣。『志士不忘在溝壑，勇士不忘喪其元』。彼爲此者，其殆必有以樂乎？此生又安知其果以吾言動心乎？」

○愚按：此即所謂「識得此意，辨得此心，則無入不自得」者。吾輩胸中，誠不可無此一段趣味。○大注：「此以上，告之以不可往見之意。」「以上」二字，就末句説去。

「且夫枉尺而直尋者」止「亦可爲與」

○大注：「此以下正其所稱枉尺直尋之非。」謂汝所引枉尺直尋云云，以利言也，士君子出處進退，可徇利乎？且若果惟利是狥，則雖枉多伸少而有利，亦將不復顧道義而爲之耶？甚言其不可也。本文兩「利」

字，俱就出處上説。其曰「枉尺直尋」，俱只是借他字意説。○「一有計利之心，則雖枉多伸少而有利，亦將爲之與？甚言其不可也。」蓋枉尺直尋，已是不可；枉尋直尺，尤不可也。然以求利者之心推之：夫既枉尺直尋，則其苟得之心，必至於枉尋直尺而後已，然而甚不可也，故極其末流而闢拒之。❶

○「甚言其不可」者，蓋枉尺而直尋已不免於喪己而爲不可，乃至於枉尋直尺，所喪愈多，所得愈少，乃不復計較廉耻而爲之，甚不可也。孟子非是以枉尺直尋爲可，至於枉尋直尺乃不可也。亦以其枉尺直尋，而計其勢之所必至而言之。其曰「亦將爲之與」，猶言「女安則爲之」之意。言只看有利便爲了，都不要管道義了，都不要守廉恥了。善乎尹氏之言曰：「有枉尺直尋之心，斯必至於枉尋直尺矣。」○「如以利，則枉尋直尺，而利亦可爲與？」蓋以情則在所必爲，以義則愈不可爲矣，故如此立言。

○此便見得枉尺直尋之言，不是正當話，然猶是做有直尋之利説。至末段，則又破去了「利」字，謂決無枉尺而能直尋之理。皆是正其所稱「枉尺直尋」之非也。

「昔者趙簡子使王良與嬖奚乘」

「與嬖奚乘」，御在王良，射在嬖奚。

「强而後可」

强者王良，可者嬖奚也。

❶「極」，嘉靖本作「及」。

「謂王良」

簡子語之也。一説或使人謂之，不可知。觀下云云似非面語簡子之辭。一則曰「吾」，二則曰「吾」，❶曰不在此，咸丘蒙曰：「舜之不臣堯，則吾既得聞命矣。」周公《金縢》曰：「今我即命于元龜，爾之許我，我其以璧與圭歸俟爾命。」禹對舜曰：「帝，予何言，予思日孜孜。」❷古者弟子之於師，父之於子，君之於臣，皆如此。王良面對簡子，自我獨不可乎？況下有「請辭」字，亦一證佐也。

「吾爲之範，我馳驅」

大注：「範，法度也。」言吾爲之律，以我馳驅之正法云云。

「爲之詭遇」

詭遇獲禽，疑設機取捷，不循馳道也。饒氏之説未曉。○分明謂之詭遇，全是不意而取之，「弋不射宿」之意全荒矣。○朱子曰：「詭遇獲禽，與行險僥倖不同。詭遇是做人不當做底，行險是做人不敢做底。」

「不失其馳，舍矢如破」

兩句要相連説，重在下句，看大注「而」字可見。且獨曰「今嬖奚不能也」，尤可見下句重。「請辭」亦王良之言，非孟子記述之言。○或謂「王良與嬖奚乘」一段，與虞人一段意同，非也。虞人非招不往一條，重在

---

❶「吾」，疑當作「我」。

❷「予」，原作「帝」，今據《尚書注疏》改。

「如不待其招而往，何哉」一句。王良與嬖奚一條，重在「比而得禽獸，雖若丘陵，弗爲」句上。一則是言其能守義，一則是言其能不忘義以狥利，意固不得而殺也。但能不顧害，便能不狥利矣。此只是體貼孟子兩段意云耳。孟子引虞人一段，却未有破其直尋之利不足爲意同。

「御者且羞與射者比」

亦是不肯枉尺而直尋者。○南軒曰：「事無巨細，莫不有義利之兩端存焉。曰：『比而得禽獸，雖若丘陵，弗爲也。』學者要當立此心。」

「枉己者，未有能直人者也」

枉尺無直尋之理。○言汝謂一屈己便可致王霸，不知道不行於己而欲行於人，無是理也。尚何王霸之望哉？故曰：「直己守道，所以濟時。」乃知孟子堅執不見諸侯之義者，非固自爲貴重也，爲是故耳。

○此章之旨，陳代諷孟子以小屈其所守以伸道。孟子始引虞人言不可自失其所守，繼引王良言彼且不肯狥利而自屈其所守，如何使我爲之？末言其所守一屈，亦決無能伸之道理。○愚按：「御者且羞與射者比」至「不爲也」，當以連屬上條，「且子過矣，枉己者，未有能直人者也」，當更提頭自爲一條，如何？○新安陳氏曰：「楊雄謂孔子見陽貨爲屈身以伸道，龜山謂雄非知孔子者。蓋道外無身，身外無道，身屈矣，而可以伸道，吾未之信也。」當即此意以論孟子此章。

○請問：三代之下，冠裳譽望之流，得如此虞人與御者幾人？甚矣，吾道之衰也。○又竊謂：陳代以不見諸侯爲小節，殊不知自君子觀之，守孰爲夫？守身爲大。枉己從人，失身莫大焉，不可以謂所屈者小也。枉己則是枉道，枉道決不能行道，所關之大如此，而可視爲小節乎？

「景春曰『公孫衍、張儀』」章

「以順爲正者，妾婦之道也」

看本文及《書》注，此三句似乎是孟子之言。然問諸讀《禮》者，則謂此二句皆是《禮》言。而本注云云，當貼在此外。今觀本注下節「蓋言」二字云云，亦明白是貼在此二句外。〇《通鑑》所謂「犀首」者，即衍也。犀首，魏官名，衍嘗爲此官。又秦惠王使犀首救齊、魏，與共伐趙，以敗從約。〇當時游説士，惟秦、儀、衍最著。

「丈夫之冠也，父命之」

引禮意，全在「女子之嫁」云云，挾帶此一句。〇「衍、儀勢焰如此，已能使諸侯懼，如何又是妾婦順從之道？」曰：「正有道理。蓋二子初非有甚人民甲兵在手也，不過掉三寸之舌，假時君之力以鼓其氣焰而已。當時諸侯，莫不貪得土地，所謂『求吾所大欲』者。二子因投其所好，從而捭闔張翕之，是以有驚動一時人耳目之勢。他此驚動人處，雖若非順從者，要其所以驚動人之勢，則全在順從上來，故注云：『阿諛苟容，竊取權勢。』不是阿諛苟容，如何能竊取權勢；使得諸侯懼？懼，是他國諸侯懼也。本國諸侯，他却著阿諛苟容始得。」〇「阿諛苟容」，阿，依也；諛，諂也。阿諛，所以苟容者也。

「居天下之廣居」一條

此惟孟子能之，儀、衍所爲，件件反此。蓋「居天下之廣居」者，必能以天下爲度，而不忍禍諸侯、毒蒼生以就其一己之私計也。

○「立天下之正位」者，必能以道自重，不肯致身於汙賤之地，而盜弄人之權勢矣。

○「行天下之大道」，必能動與義俱，而彼捭闔縱横之事，又皆不屑爲矣。○居廣居三句，有次序，朱子曰：「此心廓然無一毫私意，直與天地同量，這便是『居天下之廣居』，便是『居仁』。到得自家立身更無些子不當於理，這便是『立天下之正位』，便是『立於禮』。及推而見於事，更無些子不合於義，此便是『行天下之大道』，便是『由義』。論上兩句，則居廣居是體，立正位是用；論下兩句，立正位是體，行大道是用。要之，能『居天下之廣居』，自然能『立天下之正位』，『行天下之大道』。」○「廣居」曰「天下之廣居」，「正位」曰「天下之正位」，「大道」曰「天下之大道」，「天下」字不閑。蓋皆是第一等的，直到至極處，故《語録》説居廣居則曰「無一毫私意，直與天地同量」，説立正位則曰「更無些子不當理」，説行大道則曰「更無些子不合義」。

○朱子曰：「廣居是處心，正位是處身，大道是處事。」○「與民由之」，「之」字指仁、禮、義。○「獨行其道」，「道」字亦指仁、禮、義。○此只言仁、禮、義不及知者，知則知此三者弗去是也。○朱子曰：「『居廣居』以下，惟集義、養氣方到此地。『富貴不能淫』云云，以『浩然之氣』對看，便能如此。」○又曰：「觀孟子答景春之言，直是痛快，三復，令人胸次浩然，如濯江漢而暴秋陽也。」○按：此「濯江漢而暴秋陽」，只是「痛快」意。

○孟子因景春「大丈夫」三字上生出此議論，可謂的確矣。不是學問徹底精微，心胸徹底明朗，如何有此雄辯？

「周霄問曰：『古之君子仕乎？』」

公明儀曰：「古之人，三月無君則弔。」所以弔者，説見下文。〇《禮》曰「諸侯耕助」至「以爲衣服」，又「惟士無田，則亦不祭」，只此四句是《禮》文，在《禮》是兩段，一出《記·祭義》，一出《記·王制》，餘皆孟子解《禮》之文。「則不敢以晏，亦不足弔乎」兩句，只帶「惟士無田」一段，蓋主意在答「三月無君則弔」。其上云「犧牲不成，粢盛不潔，衣服不備，不敢以祭」，此正是「諸侯之失國家」者，此是孟子解《禮》之言。〇説「夫人蠶繅」而又兼「祀先王、先公」者，諸侯亦助祭於天子之廟故也。〇蠶本是世婦，繭成然後獻夫人繅，今云「夫人蠶繅」者，蠶亦夫人主之也。且曰「使世婦」，使者，誰使之？夫人治内事也。〇《禮》曰：「諸侯爲籍百畝。」按《禮》「天子亦爲籍千畝」云云，此不云者，只從「諸侯之失國家」上説。

夫人副褘受之。〇注云：「王后之服。」又曰：「副者，王后之首服，猶王之冕。褘者，王后之衣，猶王之衮衣。二者皆王后之服，此言『諸侯之夫人』者，《禮記》注謂『審二王之後』與？」〇又曰：「《周禮》内司服掌王后六服，褘衣其一，首服爲副。副、褘皆祭服。」〇愚按：謂「王后之服」，只循舊文，而不察夫人亦有副也。如衮、冕一般，天子有衮、冕，諸侯亦有衮、冕，但天子自有天子之衮、冕，王后自有王后之副、褘，制固必有等殺矣。此處小注，都欠主張。〇吴氏程曰：「副，編髮爲之，所以覆首爲飾。❶褘與翬同，刻繒爲之

❶「飾」，嘉靖本、四庫本作「節」。

形而采畫之綴於衣。」〇「褘與暈同」,未詳。〇「繅三盆手」,小注不甚明,《禮記》注曰:「『三盆手』者,置繭于盆中,而手三次淹之,每淹則以手振出其指,故曰『三盆手』也。」方氏云:「夫人之繅,止於三盆,猶天子之耕止於三推。」〇《孟子》注:「淹,大總也。」〇繅,繹繭爲絲也,亦作繰。

「惟士無田,則亦不祭」

「士有田則祭,無田則薦」,出《王制》:「庶人春薦韭,夏薦麥,秋薦黍,冬薦稻。」〇「士無田」,不仕則不得公田所入,是謂無田也。或曰:此説恐非。古者庶人各有田百畝,其後井田不均,故有無田者,故曰:「有田則祭,無田則薦。」愚按上説雖若有理,但於本文「惟士無田,不祭則吊」者不合。孟子曰:「士之失位也,猶諸侯之失國家也。」蓋諸侯失國家,則無田而不祭;士失位,亦無田而不祭,豈不明與? 〇「士庶人若無田,如何又令冬薦稻? 若有田而薦稻,又何用以祭?」曰:「禮,有田者既祭又薦,新祭以首,時薦以仲月。薦者不得以兼祭矣。」

〇愚謂:祭則必諸品備,薦則只用稻,事簡矣,雖無田者,亦可以時貿易。

黍稷曰粢,在器曰盛。〇好自然注解。

牲,殺牲必特殺也,不敢用見成牲肉也,故曰「牲殺」。〇又曰:「皿,所以覆器者。」此器與皿之别。

「不敢以祭,則不敢以宴」

輔氏解「不敢以宴」爲「神不敢以自安」者,非也。上句「不敢以祭」是人,下句承言「亦不敢以宴」,乃所謂神乎? 且神既不自安,則人又當何如? 何不就言「人不敢自安」,愈爲見其可吊耶? 蓋必説因不敢祭,而遂不敢自安，方有焦然抱恨之意，乃見其所以可吊耳。初非奥義難曉也。○饒氏曰：「『三月無君則吊』，恐爲士先有位後失位者言之。一年有四時之祭，失位三月，則是廢一祭，故可吊。吊其不得祭，非吊其不得君也。古人重祭祀，故如此。今看起來，失位而失祭，是亦可弔。」○「不敢以祭，則不敢以宴」。或謂古人祭畢則宴，因不敢祭，遂亦不敢宴。如此，則弔是弔，其不得與賓客飲宴而已耶？亦無謂矣，何輕祭而重宴耶？宴與晏，考之《正韻》亦通，但「早晏」之「晏」，在諫韻，不在霰韻。

「晉國亦仕國也」

「晉國，解見前篇。」魏人之稱晉國，猶胡人至今猶稱中國人爲漢人。

「媒妁之言」

媒，引合也。妁，酌也。斟酌二氏以成配合也。○輔氏曰：「周霄亦頗有策士之風，但孟子據道之極，不爲其動，直述其義理以告之而已。」

○由前段「出疆必載贄」、「三月無君則弔」之説，則君子之急於仕也如此。由後段「又惡不由其道」之説，則君子又有不欲速者在。雖曰「不敢以祭，則不敢以宴」，而有所不恤也。

「彭更問曰『後車數十乘，從者數百人』」章

「以傳食於諸侯」，傳，張戀反。與「傳車」之「傳」同。《正韻》云：「驛遞，驛馬也。」又曰：「遞，續禄食也。」然「傳」字二項，當從後注。○饒氏曰：「當時諸侯，尚知尊敬儒者，如孔子之適衛，孟子之在齊，皆有所養，亦足以見先王之澤未泯。」

「子不通功易事，以羡補不足，則農有餘粟，女有餘布」

言必不容於不通功易事也。一通功，則有功者得食之矣。然有功於器用者，子尚食之，有功於吾道者，子反薄之，奈何？此孟子推彭更之意也。

「梓、匠、輪、輿」

趙氏悳曰：「梓人成器械以利用，匠人營宫室以安居。」按「匠人斲而小之」，則匠是營宫室者。恐梓人是操引杖以度材者，匠人是斧鋸者。又曰：「輪人作車輪以運行，輿人作車輿以利載。」此無容議，然據「木工」字面，豈只是作宫室？依《大全》長。

「入則孝，出則弟，守先王之道，以待後之學者」

或謂其功只此而已乎？曰：「孟子論道義，以『仁義』二字總括之，而論『仁之實』則曰『事親』，『義之實』則曰『從兄』，有子亦以孝弟爲仁之本，此文下即以仁義承之。」蓋孟子當時無位，無他功可言，故只云云。其曰「孝弟」，舉大端也；其曰「守先王之道」，則所該尚多。至如論井田、學校之制，喪禮、封建之法，何莫非先王之道？凡皆以垂後世也。

「梓、匠、輪、輿，其志將以求食也」

「彭更，孟子弟子也。而曰：『梓、匠、輪、輿，其志將以求食也。君子之爲道也，其志亦將以求食與？』似非弟子之言者。」曰：「想當時人，以此庇議孟子者必多，彭更蓋惑之，故直言以質之，安知其非發於愛師之心耶？《禮》：『事師無犯無隱。』」

「『且子食志乎？ 食功乎？』曰：『食志。』」

此則彭更執拗之詞也。 初間謂「士無事而食，不可」，已是主於「食功」矣。❶ 見孟子説出一段有功處，彼却逃之於「食志」，此所以終見破於孟子理到之言也。

「有人於此，毁瓦畫墁」

「墁，墻壁之飾也」。 如白灰蓋之，便是飾之於外；若以細土近白者蓋之，亦是飾也。 畫，非畫以采也，如以木石畫成縱横之文於上，皆畫墁也。

「其志將以求食也，則子食之乎」

此難，似猶可解曰：「此則喪心病狂之人所不論也。 凡執藝以求食者，必無此矣，而何害其爲食志？」然孟子必將應之曰：「然則子固以其藝而食之矣，非食功而何？」

「萬章問曰『宋，小國也』」章

「要其有酒食黍稻者奪之」

要，攔截也。 食，便飯也。 黍稻，預爲飯者，未熟者也。 食指熟者。

「紹我周王見休」

大注：「紹，繼也，猶言事也。」紹何以爲事？ 蓋向日事商則繼事周矣。

❶ 「已」，嘉靖本作「也」。

「孟子謂戴不勝曰」章

「子謂薛居州，善士也，使之居於王所」

味「謂」字及「使之」字，疑居州是不勝所引拔也。

〇味孟子此意，蓋不勝是得宋柄且有心於國者，故孟子告以此，欲其旁招群彥，使忠賢畢集，庶幾成正君之功，非徒責其薦居州無益也。

「公孫丑曰：『不見諸侯，何義？』」

問：「孟子不見諸侯，其見惠王何也？」曰：「不見諸侯，不先往也。見惠王，答其禮也。」

「古者不爲臣不見」

此句正答「不見諸侯」之義，然雖不爲臣，苟君求見之切，則亦可以見矣。如陽貨瞰亡，欲見孔子，則孔子不見。倘能先加禮，亦安得不見之耶？但以曾、路所譏觀之，則君子所養可知，决不肯枉己以求見也。

此上下段相承之意也，不可泥總注，而界然分爲三意，全不相屬也。

〇曰「古者不爲臣不見」，然亦惟何甚？「迫斯可以見矣」。如孔子之於陽貨，亦何嘗絶之而不見？但自有其節，不至淪於汙賤，必俟其禮之至，而後往見之也。此是此章數節相承之説。

「陽貨欲見孔子，而惡無禮」

「此又引孔子之事，以見可見之節也」。「可見之節」四字有味，所謂「聖人，禮義之中正」也。

「當是時，陽貨先，豈得不見」

一說當時陽貨若不瞰其亡而先加禮焉，孔子豈有瞰亡往拜而不見之也耶？言一定之見也。新安陳及南軒俱是如此說，故曰：「不欲見其人，義也。」此說長，方不背上文兩箇「瞰亡」字，而於上條意爲尤串，乃設言之辭。○一說當時來意不誠，故孔子亦瞰其亡而不之見。君誠先來加禮，孔子豈容不之見哉！以爲「可見之節」，言其尚不爲過甚也。此說未安。蓋當時陽貨若不瞰孔子之亡，則孔子自拜受於其門矣。陽貨亦何緣得見之？况饋孔子蒸豚，便是先來加禮了。還從舊說爲安，所謂「聖人，禮義之中正」也。○孔子未嘗見陽貨，孟子曰：「陽貨先，豈得不見？」惜其不能先而不得見也。或曰：「如此，則說不得辟咎。」曰：「恐是『遇諸塗而不避者，不終絶也』之意。」○「注曰：『陽貨於魯爲大夫，孔子爲士。』貨本陪臣而執國命，僭以大夫自處耳。然能先施，則孔子亦往見之，乃士禮也，奈何亦以大夫處貨耶？」曰：「恐是『見惡人辟咎』之義。」

「脅肩諂笑」

大注：「脅肩，竦體。」非謂脅爲竦，肩爲體也。此是會意解，人竦體則脅肩張矣，故曰云云。○脅，腋下也。❶肩在背之上兩邊，脇在下，肩在上，二者爲一體。○汪氏廷直曰：「君子所養，貴乎中而已。太剛則至於絶物，太柔則至於喪己。」

「戴盈之曰：『什一。去關市之征。』」

❶「腋」，原作「腰」，今據嘉靖本、四庫本改。

「如知其非義，斯速已矣，何待來年」

此直是說請輕之，以待來年然後已者，不必兼攘鷄者平說。觀本注云「知義理之不可而不能速改，與月攘一鷄者何異」，此自有賓主，末用一句繳耳。○觀上下文勢「不然，斯速已矣」，此「已」字，止也，與上下兩箇「然後已」之「已」，正相應之辭。○只就月攘人鷄上說，《集注》云云，當綴在本文言外，實孟子之意也。若「月攘一鷄」條末有「則可乎」等字，而後繼以此，則此條當指「請輕之，以待來年」言也。蓋爲上條言語未有關鎖。○以攘鷄事譬言未能「什一去關市之征」者，以其取非其有類也。○南軒曰：「君子之遠不義也，如惡惡臭；其不邇也，如探湯；其不敢須臾寧，如坐塗炭；而其從義也，如飢渴之於飲食。蓋見之之明而決之之勇，以爲不如是，則不足以自拔而自新也。士之持身於改過遷善之際，而爲盈之之說，則將終身汩没於過失之中。人臣之謀國於革弊復古之事，而爲盈之之說，則終陷於因循苟且之域。故自脩身至治國，知、仁、勇之三德，缺一不可也。」

「公都子曰『外人皆稱夫子好辯』」章

「予不得已也」

要知其所以不得已處，韓子曰：「如古之無聖人，人之類滅久矣。」知此，則知聖賢之所以不得已處。

「天下之生久矣，一治一亂」

其亂也，常由於氣化之衰與人事之失所致，而其治也，則常由人事之有以挽回乎氣化也。○「氣化盛衰，人事得失，反覆相尋」兩平說，各自有「反覆相尋」。治亂所因，有自氣化之盛衰者，有自人事之得失者，亦有二者俱有者。小注二説，未必精。○「大注必以『氣化盛衰』置之『人事得失』之上，又有以以氣化之反覆相尋，❶固矣，人事之得失者，亦何有反覆相尋處？」曰：「《大易》之吉、凶、悔、吝，生於得、失、憂、虞之循環者，朱子論之詳矣。又如云『亂極思治』，云終止則亂，其理豈不彰彰矣。」○朱子作《李忠定公奏議後序》云「天之愛人，可謂甚矣。惟其感於人事之變，而迫於氣數屈伸消息之不齊，是以天下不能常治常安，而或至於亂」云云。所謂「感於人事之變」者，自人事得失言也。所謂「迫於氣數屈伸消息之不齊」者，自氣化盛衰言也。

「當堯之時」

「下者爲巢」，下地卑濕，故架木爲巢以居。○「上者爲營窟」，以其地高燥，故可穴居。○堯之一治，純由乎氣化，而曰「警予」者，堯尤求之人事也，❷所以不從胡氏説。氣化盛衰而人事得失隨之者，正爲此。如堯之一亂，氣化之衰也，當時，堯何嘗因之，而人事遂失耶？○洪水之災，非堯所致，堯猶曰「洚水警予」，後世乃以天旱爲乾封，不亦大可笑乎？

「使禹治之」

禹之一治，以人事挽回氣化也，不必如輔氏云「氣化人事相參」。堯、禹同時，豈今日氣衰明日氣盛？若

---

❶「又有」至「相尋」十一字，此句疑有訛誤。

❷「尤」，嘉靖本作「由」。

論堯、禹之生，則是氣化之盛矣，但非本旨。○輔氏曰：「人與鳥獸，亦相爲多寡，蓋同稟於氣故也。繁氣盛則正氣衰，正氣多則繁氣寡。聖人於其間，有造化之用，亦時焉而已。」

「堯舜既没」止「天下又大亂」

不及桀之亂、湯之治者，姑舉其尤大者耳。❶○「由堯、舜至於湯，亦五百有餘年，而湯實伐夏救民，是亦反一亂而爲一治者，孟子何故畧之？」曰：「據湯聖德，實不在武王下，然桀之亂，不如紂之甚，而湯靖難之功，亦止一舉而大事定，悉數之，不過什一征耳，比於禹之治洪水，武王、周公之『誅紂、伐奄』、『驅飛廉』、『滅國者五十』、『驅虎、豹、犀、象』，其勞實數倍也，故畧之，舉其甚者言。蓋亦偶然，無意於抑之也。」○輔氏曰：「自堯、舜没，暴君不一，至紂而大敗，極亂無以復加矣，故直推至紂時言之。想見夏桀之時，亦未必有飛廉等惡人，與夫虎、豹、犀、象之類也。」○愚謂：如炮烙之刑，剖心剔孕之事，恐桀亦未至此。

「邪説暴行又作」

一説上文云云就是，謂之「又」者，又一亂也。○一説上文云云，全指在上人爲亂首者。此句通上下而言「暴行」，不止謂上文云云也。如此説「又」字方有歸着。不然，「又」字無安頓了。饒氏曰：「『暴行』，通上下而言。必有邪説糊塗了箇義理，然後暴行始作。」誠哉是言。唐高宗欲廢立后，許敬宗倡爲「田舍翁多收拾斛麥」之説以贊之，然後廢立始成。王安石將行新法以罔民利，必假《周禮》以文之，如惠卿云：「有

❶「尤」，原作「猶」，今據嘉靖本及文義改。

一年一變者，布法象魏之類是也。」自古及今，大抵皆然，有暴行，必有邪説以文之。○輔氏曰：「此一治，氣化人事相符也。」或謂：此只是人事，暴君「壞宫室以爲汙池，棄田以爲園囿」，干氣化甚事？必如堯之洪水，方是氣化。曰：「觀本文首云『堯、舜既没，聖人之道衰』及『園囿汙池，沛澤多而禽獸至』，則豈全無氣化耶？蓋堯之洪水，純是氣化者也。此之一亂，復有成、康，豈不尚維持其理邪？故曰：『氣化而兼人事者也。』」

「周公相武王，誅紂伐奄，三年討其君」

討，則誅矣。伐奄至三年之久，乃得其君而誅之。○引《書》以明一治之功，如此其盛也。不可依近時説：天下大悦，是治功大慰於當時。《書》曰云云，是治法垂於後世，作兩意看，非也，只是一治之意。

《書·周書·君牙》篇。君牙，穆王時爲司徒，故曰「我後人」。○此一治，以爲氣化人事相參。愚謂迹其實而言之，人事更居多焉，亦如上條之一亂。○輔氏曰：「正可爲也，無缺爲難。無缺，謂禮、樂、刑、政四達而不悖；三千三百之儀，與至誠無息之道，並立而不偏；所以正德、利用、厚生之具，無一之不備；防僞、禁邪、正慝之法，無一之或隳，❶夫然後可以爲無缺。」

「世衰道微」止「有之」

輔氏曰：「前乎此者，雖曰亂世，然但有以戕民之生，未有以賊民之性。至此以後，則遂至傷壞人倫，將使

❶「隳」，嘉靖本作「踈」。

人盡爲禽獸之歸，其禍又慘矣。」○「有作」之「有」字，與「又」義通用。○兼氣化人事。

「孔子懼，作《春秋》」

要看「是故」二字下兩句，都要粘著「天子之事」一句説。

○「《春秋》，天子之事也」。究而言之，《春秋》，天子之權也。故爵者，天之命；刑者，天之討。王使宰咺歸仲子，則得而貶之，諸侯定王世子，天子不得而違焉。○稱天王，其職名也。王而不職，非天也，徒名也，而所謂天者，固在也。孔子以天而是否之。○「孔子作《春秋》，而亂臣賊子懼」，豈非一治？○此一治，純乎人事也。雖氣化不應，而人事自有功。

○朱子説「一治」，只云「致治之法，垂於萬世」而不及亂賊懼。《語録》又云：「非説當時便一治，只是存得箇治法，使道理光明燦爛，有能舉而行之，爲治不難。」此正與《集注》一般，當如何分豁？曰：「《集注》及《語録》與孟子自言『孔子作《春秋》，而亂臣賊子懼』俱一般，何也？亂臣賊子，豈謂當時亂臣賊子邪？是自有《春秋》之後底亂臣賊子懼也。豈非『致治之法，垂於後世』也耶？蓋是誅其既死者，以警其將來者。《傳》曰：『誅死者於前，所以懼生者於後也。』」

「聖王不作」條

或曰：「天下若皆歸楊、墨，則皆爲我、兼愛，亦何至『率獸食人，人將相食』處？」曰：「勢之所激也。何也？人心原自有本然之仁義，今把本然根心之仁義充塞了，外面别討箇僞仁義，欲來受用，天下之人如此其不齊也，人心之欲如此其多方也，如何能相安於爲我、兼愛之場，而不群起以相劘相刃耶？蓋爲把他本來性根仁義破壞了。那楊、墨之仁義，是外面栽插的，這箇其涸可立待，遂流爲泥淖必矣。安得天下人人都是楊朱、墨翟？故孟子極其流弊言之。君是楊朱、墨翟，吾知其學術雖誤，然其本身，必不至弑父與君而食人矣。」

朱子曰：「楊朱、墨翟，只是差些子，其末流遂至於無父無君。蓋楊氏見世人營營於名利，埋没其身而不自知，故獨潔其身以自高，如荷蕢、接輿之徒是也。然使人皆如此潔身自高，則天下事教誰理？此便是無君。墨氏見世間人自私自利，不能及人，故兼天下而盡愛之。然不知一有患難，在君親則當先救之，在他人則後救之。若不分先後，則是待君親猶他人也，此便是無父。此二者之所以爲禽獸。」

○問：「墨氏兼愛，何遽至於無父？」曰：「人也，只孝得一箇父母，那裡愛得許多？但能養其父母，則已難矣。想得他之所以養父母者，粗衣粗食不能堪，兼他既欲兼愛，則愛父母必踈，其孝必不周至，非無父而何？墨子尚儉、惡樂，所以『里號朝歌，墨子回車』，想得是箇淡泊枯槁底人，其事父母也可想見。」

○墨氏之道，主於仁而仁非其仁；楊氏之道，主於義而義非其義。惟孔子之道，仁也而未嘗不義。仁而義，則仁非兼愛矣。義也而未嘗不仁，義而仁，則義非爲我矣。此其所以爲大中至正之極，而可爲萬世皇極之主。而楊、墨之所執，反爲吾道之賊。此孟子之所以闢楊、墨以閑孔子之道也。

○問：「率獸食人，亦深探其弊而極言之，非真有此事。」曰：「不然。即他之道，便能如此。楊氏自是箇退步愛身、不理會事底人，墨氏兼愛，又弄得無合殺，使天下倀倀然，必至於大亂而後已，非『率獸食人』而何？如東晉之清談，此便是楊子之學，即老、莊之道。少間百事廢弛，遂啓夷狄亂華。其禍豈不慘於洪水猛獸之害？又如梁武帝事佛，至於宗社丘墟，亦其驗也。」○輔氏曰：「此一亂，又氣化人事相符者。聖人之道，非不愛身也，然有致身事君之義，有殺身成仁之時，故不至於無君。非不愛人也，然親親而仁民，仁民而愛物，有自然之序，故不至於無父。」○孔子之道，理一分殊而已。惟其理一，故義不至於爲我；惟其分殊，故仁不至於兼愛。

○始也，楊、墨蠱壞人心，猶是率獸食人也。其終也，人人中其毒，皆無父無君而相劘相刃、相戕相賊，無復世道人理矣，非「人將相食」而何？

「吾爲此懼」條

「邪説者不得作。作於其心」，二「作」字不同。雖皆訓爲起，然「不得作」，謂不得復起於世以惑人也。既不得作，則所謂「害於事」、「害於政」者，俱免矣，又非一治而何？「作於其心」，心惑於兼愛、爲我之説也。

○真氏曰：「事者，政之目；政者，事之綱。」○程子曰：「楊氏爲我，疑於義。」○朱子曰：「楊朱看來不似義，他全是老子之學。只是箇逍遥物外，僅足其身，不屑世務之人。只是他自愛其身，界限齊整，不相侵越，微似義耳。然終不似也。」○自信其言之甚者，欲其言之信於人故也，所謂「賢人之言，必引而自高，不如此，則道不尊」者，豈虚語哉！非故爲浪誇也。○又曰：「楊、墨只是硬恁地做，佛氏最有精微動人處。」○「害於事」、「害於政」二處，先後不必深爲之説。若自有深義，朱子當先爲之解矣。大抵「害於其政」者，亦能「害於其事」，「害於其事」者，亦能「害於其政」。

○仁山金氏曰：「佛氏寂滅類楊，而禪定超脱之説過之；慈悲普施類墨，而平等無生之説過之。蓋兼無父無君之教，而資率獸食人之禍者，所以其害爲尤甚。」

○楊氏奂曰：「晉魏出，臣道壞。佛老興，子道絶。」又曰：「異端蟠結於中國而不解者，以名士大夫主之也。故唐則蕭瑀、王縉、白居易、裴休、梁肅也，宋則王安石、蘇軾、黄庭堅、張商英也。故上而君相，下而閭里，信之而不疑也。」

○按二程闢佛老之説，凡五十餘條，而其要則曰：「佛有髮而僧復毁形；佛有妻子去之，而僧絶其類。」○其二則曰：「釋氏謂既明此理，而又執持是理，故爲障。此錯看了理字也。天下只一箇理，既明此理，夫復何障？若以理爲障，則是己與理爲二矣。」○又曰：「釋氏有出家出世之説，家本不可出，却爲他不父其父，不母其母，自逃去，固可也。至於世，則怎生出得？既道出世，除是不戴皇天、履后土，始得。然又渴飲而飢食，戴天而履地。」○又問：「《華嚴》第一真空絶相觀，第二事理礙觀，❶第三事事無礙觀，譬如鏡燈之類，包含萬象，無有窮盡，此理如何？」曰：「只是釋要周遮，一言以蔽之，曰：『萬理歸於一理也。』」凡此，足以見其似是而非，與夫大亂真者矣。因并附焉。

「周公兼夷狄、驅猛獸而百姓寧」

按：「誅紂伐奄，滅國五十」，不曾説有夷狄。或曰：但暴行邪説、無父無君者，是皆夷狄也。如《春秋》中夏而行夷道，則從而夷之。且與下條「周公所膺」意脗合。雖似有理，然孟子若設此字樣，便巧也，聖賢

❶ 「理」下，《二程集》有「無」字。

無巧，大抵「滅國五十」，内豈無夷狄？又按：趙氏謂奄國在淮夷之北，是亦夷狄也。夫夷狄且兼之，則紂及中夏諸爲暴之國，在所不免矣。豈是此意，故特言夷狄耶？○此夷狄，蓋在所伐五十國之内也。曰「兼夷狄」，則紂、奄、飛廉，亦舉之矣。如曰「東面而征，西夷怨；南面而征，北狄怨」，言夷狄，則近者可知也。○「孟子知言，先淫辭後邪説，此則先邪説後淫詞者，何也？」曰：「説短而辭長，故淫辭居後。」

「無父無君，是周公所膺」

此段直是要起下段，以楊、墨正是無父無君，是在所膺者也。不連上意。

「我亦欲正人心，息邪説」云云

「正人心，息邪説，距詖行，放淫辭」四句，亦有序。蓋人心不正，所以邪説得間而入，邪説既入，行亦隨而詖矣。詖行既行，於是互相倡和，又有一段淫辭，成一篇説話文字，故云云。

○一治之功，皆歸之三聖，則多是人事之得，如孔孟一治之功，則氣化之衰者終不改，全是人事幹回氣化也。○朱子《集注》曰：「再言『豈好辯哉，予不得已也』，所以深致意焉。然非知道之君子，孰能真知其所以不得已之故哉！」今學者，尚真知其所以不得已之故否？○一説：但生得聖賢出來撥亂爲治，即便是氣運之盛也。

○問：「孟子欲息邪、距詖而必以正人心爲先者，何也？」曰：「此探本之論也。以聖道不明，而人心不正，邪説得以乘間入之也。」曰：「然則亦明聖道以正人心而已，何必爲此紛紛而涉好辯之嫌哉！」曰：「邪説不息，❶則人心益以不正，聖道益以不明，此又其末之不可不理者也。故孟子道性善，稱堯舜，必使天下曉然知仁義之所在者，此所以正人心，而爲息邪、距詖之本也；排爲我、斥兼愛，必使天下曉然知邪詖之不可由者，所以息邪、距詖而爲正人心之用也。蓋其體用不偏，首尾相應，如此然後足以撥亂世而反之正，此所以雖得其本，而不免於多言也。然豈其心之所好哉！亦畏天命，悲人窮，不得已而然耳。昔湯伐桀，曰：『予畏上帝，不敢不正。』武王伐紂，曰：『予弗順天，厥罪惟均。』豈好戰哉！孟子之心，亦若此而已，豈得以好辯之小嫌，而遂輟不言哉！」

「能言距楊、墨者，聖人之徒也」

言此楊、墨爲害，非惟我所力距，正要人人同力以距之才是，故誘之曰云云，是要人人與之爲敵，然後可必勝，而永絶其根柢耳。此孟子致意之深處，然即此言亦可以見當時楊、墨入人之深，而惑人之衆矣。設無孟子，真箇是皆服左衽而言侏𠌯。○大注：「聖人救世立法之意，其切如此。」吁！可念哉！此「聖人」，或專指孔子《春秋》之法，謂孟子特祖其法耳。又或兼指孟子闢邪説之法，故下句以攻、討並言也。恐前説爲長。《春秋》之法，實孔子立，魯史元無此意，❷故曰：「其義，則丘竊取之。」○又曰：「若以此意推之，則不能攻討，而又倡爲不必攻討之説者，其爲邪詖之徒，亂賊之黨可知矣。」愚謂：此又救世立法之嚴處，

---

❶ 「息」，原作「入」，今據嘉靖本、四庫本改。

❷ 「意」，嘉靖本、四庫本作「見」。

聖賢衛道，先後一心也。○新安曰：「如解『攻乎異端』爲『攻擊』，『閑先聖之道』爲『閑習』，皆是『不必攻討』之説。」○朱子曰：「此段正好看，見諸聖賢遭時之變，各行其道，是這般時節，其所以正救之者，是這般樣子。這見得聖賢是甚樣大力量。恰如天地有缺罅處，得聖賢出來，補教他周全。過得稍久，又不免有缺，又得聖賢出來補。這見聖賢是甚力量，直有闔闢乾坤之功。」○新安曰：「既以不得已於辯者自致其力，尤以能言距楊、墨望凡爲徒者之同致其力焉。非朱子深知孟子之心，孰能發其精微之藴如此哉！此章於古今世道，聖賢事業，關係甚大，宜精察深思之。」○許氏曰：「此皆聖賢作用，參天地贊化育之功。」

「匡章曰：『陳仲子，豈不誠廉士哉！』」

「居於陵，三日不食」云云，言其飢餒之甚也。蓋仲子本是世家之子，乃甘於窮約如此，匡章所以取其廉。○匡章意以仲子世禄之家而能如此，故難之而贊其廉。孟子則以仲子本世禄之家，無用爲此苦節，故斥其悖謬，而不成其廉也。夫廉，只是有分辯、不苟取耳，而豈用無故避兄離母，至三日不食以求延喘，食於井上之殘李哉！正所謂「廢大倫而全小節」者也。在三王之世，當屏諸四裔矣。○大注：「廉，有分辯，不苟取也。」即此便見仲子之過於廉，而反不得爲廉處。只是不苟取，仲子何乃自苦如此？

「於齊國之士，吾必以仲子爲巨擘」

欲抑先揚。蓋當時决性命之情，貪饕於利欲之場而不知止者，滔滔皆是，仲子焉得不猶在所取耶？

「雖然，仲子惡能廉」止「可也」

言不得成其廉也。廉只是不苟取，而仲子以苦節爲廉，能爲蚓乎？此孟子嗤之之意，故曰：「然此豈人之所可爲哉！」仲子所坐，在廢人倫而甘於小節。

「夫蚓，上食槁壤，下飲黄泉」

此段承上「必蚓而後可」説，明其未能如蚓之廉也。○大注「仲子未免居室、食粟」一句，貼在本文「下飲黄泉」二句内，無與下文「仲子所居之室」句。

「伯夷之所築」二句

言未知其果合義與否。若合義，便是伯夷所築，不義，便是盗跖所築。不要泥「伯夷」、「盗跖」字。○「以仲子之廉，孟子何至疑其所居或盗跖之所築，所食或爲盗跖之所食與？」曰：「明其所居、所食之不能義於其兄之室，兄之食也。然據理考實，其辟兄離母，此其不義已甚，而尚欲以一節成名，决是君子之所不許也。」

「仲子，齊之世家也。兄戴，蓋禄萬鍾」

孟子此數語，非爲仲子叙家世也，固有意在，所以明其兄之禄爲可食，兄之室爲可居也。而仲子乃以「兄之禄爲不義之禄而不食，以兄之室爲不義之室而不居」，故曰：「是尚爲能充其類也乎？」明其乖方也。○蓋以義言之，其兄之禄，兄之室，乃正所宜食，所宜居也。而其妻之食，於陵之室，豈必能義於此乎？故上文云：「仲子所居之室，伯夷之所築與？抑亦盗跖之所築與？所食之粟，伯夷之所樹與？抑亦盗跖之所樹與？是未可知也。」是豈游詞慢説哉！其所據者正矣。○「伯夷之所築與」四句意，正謂仲子之食於妻，居於於陵，視夫居兄之室，食兄之禄，則其義在此，而不義在彼也。孟子胸中，實是如此評斷，但含意不露，下文方畧露此意耳。自「仲子，齊之世家也」以下，都是盡發此意，元無兩層話意也。○仲子蓋以伯夷之倫自居，而自以兄之禄、兄之室爲非伯夷所築、所樹者，不之食、不之居也。

「曰：『是鶂鶂之肉也。』」

一說是其兄譏之之言，一說是仲子因其兄之來，而覺其爲前日之饋者。看來前説爲長，若是他自說，又何用「鶂鶂」字？

○仲子辟兄離母，不知有何大故？只此便是不義了。

○夫以齊之世家，而其兄見有萬鍾之禄，於此而居，於此而食，孰有義於此者？乃避之於陵，以就妻食，果孰爲義，孰爲不義耶？且以此爲不義，則是必蚓而後可也，而終不能爲蚓，故曰：「充仲子之操，則蚓而後可也。」明不可爲蚓也。○仲子之義，適所以爲大不義，所謂「欲潔其身而亂大倫」之尤者也。

「以母則不食，以妻則食之」一條

以理評之，則食於母，猶爲義於妻也；居於兄之室，猶爲義於於陵也，故曰：「是尚爲能充其類也乎？」

○類是何類？仲子所操之類也。仲子所操之類謂何？以母之食、兄之室爲不義而不食、不居是也。妻之食、於陵之室，安知其爲義於母之食、兄之室哉！既不能義於母之食、兄之室，則是亦不義之類耳，故曰：「是尚爲能充其類也乎？」「若仲子者，蚓而後充其操者也。」明決無此理也。

○「若仲子者，蚓而後充其操者也」。即是上文「充仲子之操，則蚓而後可者」之意，言據仲子之志，則將求爲蚓，而實不能爲蚓也。明其非廉之正也。○朱子曰：「余隱之曰：『仲子之兄，非不友，孰使之避？仲子之母，非不慈，孰使之離？』愚謂即不慈不友，❶亦無逃去之理。觀舜之爲法於天下者可知。」○愚謂仲子處心真薄，他要得廉名，却彰其母兄之不義甚矣，况又是誣其母兄，何忍哉！○輔氏曰：「聖賢之道，充之則至於與天地同功。仲子之道，充之則至於丘蚓同操。是豈人理也哉？」○新安陳氏曰：「匡章以父爲重，故視妻子爲輕；仲子反視母兄爲輕，而於妻則反食。孟子取匡章而非仲子，有以也。」

❶「即」，嘉靖本作「正」。

重刊蔡虛齋先生四書蒙引卷之十二

離婁章句上

「孟子曰：『離婁之明。』」

蓋人皆有不忍人之心，非獨古者聖君賢相有是心，雖戰國之君臣亦有是心焉。但古之聖君賢相，則能以不忍人之心，行不忍人之政，如此章所謂「既竭心思焉，繼之以不忍人之政，而仁覆天下矣」。若當時君臣，則雖有是心，而蔽於物欲，狃於功利，而不能師先王以行仁政，此治亂之所以分也。○蓋自開闢以來，所歷聖君賢相多矣，其所以爲生民計者悉矣，凡皆仁民之實政也。後之人亦不用有所作爲矣，但時有增損而已，所謂「文武之政，布在方策，其人存則其政舉」，其政舉則其治功成矣。夫何爲哉！不然，事不師古，徒弊精神而無益於天下之治矣。此孟子此章之意也。

此條離婁，至明者也；公輸子，至巧者也。使不以規矩而徒恃其明與巧，亦不能成方員。師曠，至聰者也，使不以六律而徒恃其聰，亦不能正五音。堯舜，至有道者也，使不以仁政而徒恃其有道，不能平治天下。此「道」字對上面「聰」、「明」、「巧」，當主「仁心」說。蓋「聰」、「明」即下文所謂「耳力」、「目力」者。「仁心」便是「道」，此「道」字指「仁心」。

「師曠之聰，不以六律，不能正五音」

六律，六吕之法，每三分而損益，隔八位以相生。如不以八十一數之黄鍾，不能正夫音之宫；不以五十四數之林鍾，不能正夫音之徵。是宫也，徵也，必以黄鍾之律而後正。不以七十二數之太簇，不能正夫音之商；不以四十八數之南吕，不能正夫音之羽；不以六十四數之姑洗，不能正夫音之角。是商也，羽也，角也，必以太簇、南吕、姑洗之律而後正焉。由一鈞以往，旋相爲宫，而莫不皆然，然後五音始可得而正焉。○即古人審音不可無法度，明帝王治世不可無法度。

「堯舜之道，不以仁政，不能平治天下」

堯舜之道，此「道」字指其藴蓄運用於一心者也。對仁政而言。○當時諸侯，若能行先王之政，只用《孟子》首篇「不違農時」一條，則民之養生喪死無憾矣；只用「五畝之宅」一條，則「老者衣帛食肉，黎民不饑不寒，然而不王者，未之有矣」。孟子所謂「先王之道」，正謂此也。○饒氏曰：「規矩、六律，當初皆是聖人做起，雖離婁、公輸、師曠亦不可無之，况庸匠庸工乎？不以仁政，雖聖人也不能平治天下，况後世乎？」

「今有仁心仁聞而民」止「道故也」

似只用言仁心，今却兼言仁聞者，有其實必有其名，有諸中必形諸外，故或兼言仁聞，或只言仁心，一理也。

「故曰『徒善不足以』」止「自行」

重在「徒善不足以爲政」，通章之意，是如此。○程子嘗言「爲政須要有綱紀文章」至「不可缺」，❶引此以證「徒善不足以爲政」也。又曰：「必有《關雎》、《麟趾》」至「之法度」，此又證「徒法不能以自行」也。綱紀文章，謹權審量，讀法平價。○朱子曰：「文章便是文飾那謹權審量，讀法平價之類耳。」

「《詩》云『不愆不忘，率由舊章』」止「之有也」

「不愆不忘」，一説「過差」是有心者，「遺忘」是無心者。愚謂既謂之過差，便不以有心之罪目之。蓋前人舊章，損益非一手，沿歷非一時，凡所當行者，皆周悉而無遺，且斟酌之已當。惟其斟酌之已當，故今遵之而不過差。惟其周悉而無遺，故今遵之而無遺忘。○「不愆不忘，丕顯哉！文王謨。丕承哉！武王烈。佑啓我後人，咸以正無缺。」「以正」，故後之人得以「不愆」；「無缺」，故後之人得以「不忘」。○「蓋遵先王之法，則天下國家可得而治矣，何過之有？」

「聖人既竭目力焉」

自此以上，皆言爲政者當行先王之政，此則承言先王正爲仁心不足以偏天下及後世，故制爲仁政以繼續之。下即承之而言，此爲政者所以當因之也。○聖人既竭目力、耳力，不可與公輸等相干，此皆以制器立法之聖人言。公輸、離婁所用之規矩，師曠所用之六律，皆出自聖人，非離婁、公輸、師曠能制規矩、六律也。然重在「心思」、「仁政」。○「繼之以規矩準繩」爲讀。「以爲方員平直」連下文「不可勝用也」爲句，不

---

❶「至」，嘉靖本作「止」。

可「以爲方員平直」帶上讀，此言「其用不窮」也。「以爲方員平直」是正言其用也，「不可勝用」是言其不窮也。○大注：「故制爲法度以繼續之，則其用不窮，而仁之所被者廣矣。」此「法度」字，該「規矩準繩」、「六律」、「不忍人之政」。「其用不窮」，貼二「不可勝用」。「仁之所被者廣」，專貼「仁覆天下」。○問：「在聖人本身，若竭心思而不用仁政，果亦能覆天下否？」曰：「分明説『堯舜之道，不以仁政，不能平治天下』了。先儒謂『聖人只若竭心思而不繼以仁政，則仁自聖人而始，亦自聖人而止』者，誤矣。」○師曠、離婁等，所用之規矩、六律，亦皆古聖人所制，如醫有神聖、工巧，聖人則神聖，離婁僅工巧耳。○聖人若只竭心思而不繼以仁政，則其所及者無幾，而所不及者多矣。此所謂無以偏天下及後世也。如古之良醫，有不用診脉，有不用古方，亦能起人之疾者。但所及不多，故須制成良方，及診治之法，乃能廣其仁術。○此「心思」亦着於迹，不是懸空之思，如「我欲仁，斯仁至」，亦有實事工夫。此對「耳力」、「目力」言，如我太祖不用大明律斷罪，亦自當，但天下後世之欲斷罪者多矣。

「故曰：『爲高必因丘陵。』」

鄒氏曰：❶「自首章至此，論以仁心、仁聞行先王之道。君臣俱在内，不可專指人君説，下面方分言君臣當各任其責。」

「上無道揆也」

❶ 「鄒」，原作「鄭」，今據《孟子集注》改。

「上」字與「下」字對。以君對臣，則君爲上而臣爲下，所謂「朝」與「工」也。以君臣對民，則君臣皆爲上而民獨爲下，所謂「君子」與「小人」也。觀《集注》云「無道揆則朝不信道，而君子犯義」，是「朝」與「君子」，皆屬上也。「無法守，則工不信度，而小人犯刑」，是「工」與「小人」，皆屬下也。○「上無道揆」，是謂上人之身，「下無法守」，亦指下人之身。此「下」字還是官吏主法之人，故曰「法守」。「朝」舉朝廷，「工」舉衙門。「君子」、「小人」，則以君子對小人分上下。君子不止君身，小人不止百官也，遞説下來矣。

○「工不信度」，工，官也。此「官」字對「朝」字言，謂官所也，如今云衙門是也。賈誼云：「學者所學之宫也，謂學舍也。」李旴江曰：「如學官缺狀是也。」❶夫道主於朝，度主於官，彷彿如云「求名於朝，求利於市」相似。《書》曰：「無曠庶官，天工人其代之。」可見工即官，有其官舍，必有其官。○一説君子小人，只是上面「上」、「下」字，但「犯」字重。蓋「上無道揆」則道不信於朝，而君子於義有犯矣。○「工不信度」，則百官連在内在外徧布宇縣之間大小衙門，皆官也，民則悉隸於官矣。可見「下無法守」之「下」字，説得盡「朝不信道」，全主於君。但「君子犯義」似不得不兼卿、士、大夫之有位者。「小人犯刑」，自來經典中君子小人主位而言者，未有以官僚爲小人。若主德言，雖公侯亦有小人矣。此不論也。故以此「君子」字兼臣民，以此「小人」字專指民，爲其遞遞説下，不可太拘定分之則爲六者矣。如下文「上無禮，下無學」，又與此「上」「下」字不同。「上無禮」是謂君臣，「下無學」只是細民，故云：「上不知禮，則無以教民；下不知學，

❶「如」，原作「知」，今據嘉靖本改。

則易與爲亂。」如《大學》孝弟慈章之言仁讓與單言仁，及《章句》言善惡者，安得拘拘較其義哉！○「君子小人，以位而言也」。但凡握法之人，皆是君子，聽法之人，皆是小人。如《噬嗑》卦所謂「初、上无位，爲受刑之象，中四爻爲用刑之象」。今但有官者犯刑，則皆謂之犯人，而不以官論矣，亦小人也。○「上無道揆」，專指君身；「下無法守」，專指臣民，此不易之論。以朝對工，則朝爲上，工爲下；以君子對小人，則君子爲上，小人爲下。君子爲主法者，君臣皆是也；小人爲受法者，只是下民耳，故下云：「上無禮，下無學。」安可拘拘哉！○上專指君身，下兼臣民：工其臣也，小人其民也。君子亦兼君與臣言，遞爲上下，不拘拘也。朝則以君爲主。○朱子曰：「『上無道揆』則『下無法守』，雖有奉法守一官者，亦將不能用而去矣。『信道』、『信度』，信如『憑信』之信。此理只要人信得及，❶自然依那箇行，不敢踰越。惟其不信，所以妄作。如胥吏分明知得條法，只是冒法以爲姦，便是不信度也。」○一說：朝謂朝廷中，工謂百工衙門中人。○一說：上只指君身，下兼指臣民。○一疑官猶有位。○「上無道揆」以法制而言，「下無法守」以守法而言。「下無法守」，非果無法也，法爲上所奪，而不得行其法也。如某人當問某罪，法司擬了罪進奏，而朝旨饒了。某人法得輕罪，法司定了罪，而朝旨加重之。故知「下無法守」，全因「上無道揆」，而此一條，全重在責其君。

○「道揆」主義理，「法守」主法律，「信道」、「信度」亦然。故「君子犯義」，雖法所不加，理則可咎也。「小人

❶「及」，原作「乃」，今據《朱子語類》卷五六改。

犯刑」，則入於吏議矣。承「法度」字來也。○出令者朝也，承朝令而致之民者官也。君子小人，則凡有位者皆君子，無位者皆小人也。「工不信度」，「度」乃上之人所畀付於百官者也。

○上之一身，既無道揆，則朝廷元雖有其道，而自不信道，而在位君子，皆以私滅公而犯義矣。下之臣民，既無法守，則庶官元雖各有其度，而自不信度，於是小人皆無所忌憚，犯刑憲如飲食矣。如此，庶得六者頗分明。○「上無道揆」，上之一身無道揆也。「朝不信道」，則舉朝綱皆不正矣。浸說得廣，❶由是，凡有位之人，無不犯義矣。○「下無法守」，在下之人，因「上無道揆」而不知所遵守也。「工不信度」，則凡各衙門事體俱無定準矣。漸說下來，由是，至於細民，亦莫不犯刑矣。

○惟上不以道揆，故其道不信於朝，❷於是君子皆違道而行而犯義矣。惟下無法度可守，則法度不信於庶官，於是小人皆冒法而爲而犯刑矣。❸六者相因，意思分明。○「不信道」者，知有道而不信道也。「不信度」者，知有法而不信法也。

○「下無法守」，則度不信於官，而小人於刑有犯矣。不信道則犯義，不信度則犯刑，其目雖曰六者，究其實，則只是二者。下文云「上無禮，下無學」，即此之謂也。○「犯刑」不必謂有人刑之，只是於刑有犯耳。

❶「浸」，嘉靖本作「寖」。
❷「故」上，原衍「事」字，今據嘉靖本删。
❸「刑」，原作「法」，今據嘉靖本改。

當此之時，已不信度矣，安得一一刑之？但不依度行，便是犯法了。○「上無道揆」、「朝不信道」、「君子犯義」，曰道，曰義，一也。自所犯言之，則曰義。○「下無法守」、「工不信度」、「小人犯刑」，曰法，曰度，曰刑，亦一也。自所犯言之，則曰刑。○上面「下」字兼臣民，下面「君子」字兼君臣。此説人多疑之，然百官分明是有位者，安得不以爲君子？

○六者，最重在「上無道揆」，正是「不仁在高位」。至於「下無法守」，則播惡於衆而喪亡無日矣。○此六句只是要起「國之所存，幸也」，言上下都糊做，無復紀綱矣，其何能國？

○惟「上無道揆」，故「下無法守」，此所謂「不仁而在高位，是播其惡於衆也」。雖平説六者，然却重在君身。蓋自「惟仁者」，以至「喪無日矣」，皆所以責其君。朱子曰：「其要只在於『仁者宜在高位』，所謂『正君而國定』。」

「故曰：『城郭不完。』」

此條重在「上無禮」。蓋由「上無禮」，故「下無學」，即是「不仁而在高位」之禍也。○上不知禮，則無以教民，故下無學；下不知學，則易與爲亂，故賊民興。賊民猶云奸民，《語録》所謂「不好之人並起也」，不要説賊民者興。正如陳涉、吴廣、黄巢、朱温、楊么、李全之徒。蓋有此六者，則民志不固，國無所恃，此輩一起，土崩瓦裂而事去矣。管子曰：「禮義廉耻，是爲四維。四維不張，國乃滅亡。」亦此意也。

「《詩》云：『天之方蹶，無然泄泄。』」

《詩·大雅·板》之篇，傳曰：「序以爲凡伯刺厲王之詩。」其小注朱子曰：「天之蹶動，而人當斂飭也。今乃弛緩而不以爲事，則是自絶於天矣。」《詩》注所謂「人」，考其上下文，亦以群臣言。

「事君無義，進退無禮」止「沓沓也」

此數者，在當時不以爲沓沓，在孟子以爲沓沓也。

「事君無義」，不能陳善閉邪也；「進退無禮」，但以奔走承順爲恭也。即是「泄泄」、「沓沓」之意。

〇「事君無義」，「義」，事君之義也，如責難、陳善，以義正君者也。「進退無禮」，對「事君無義」言，是謂持身不正也，自待之卑者，其待君亦卑也，指奔走承順爲恭說。「言則非先王之道」，自家不由之，亦不望其君之由也。務要以下文來反證他，正是怠緩、説從之意。

〇一説「事君無義」，就大體説；「進退無禮」，就動静説；「言則非先王之道」，就言語説，則主後説亦盡矣。

〇「進退無禮」有二説：一謂其去就之間不以禮，但知爵禄之爲重，雖不當進而亦進，雖當退而亦不退，則此進退，「進以禮，退以義」之進退也。如此者，豈敢望其能正君哉！一謂其動静之間不以禮，但見其擊跽曲拳，奔走承順而已，是乃進退之節者也。如此，又安敢望其正君哉！三説皆可。

「故曰：『責難於君，謂之恭。』」

「責難」且大概寛説箇規模，至「陳善」方説出「仁政」云云，庶於遺辭無滞礙。〇本文只是「恭」、「敬」，范氏注何緣添「大」字、「至」字？蓋「責難」乃謂之恭，則知奔走承順，特恭之小者耳，此則其恭之大者也。「陳善閉邪」乃謂之敬，則知徒爲容悦者，特敬之小耳，此則敬之至者也。〇「責」是箇大規模，「陳善閉邪」是内面事項。「恭」字亦包了「敬」，朱子曰：「恭意思較闊大，敬意思較細密。」「責難」是先立箇大志，以帝王之道爲必可信，必可行。「陳善閉邪」即是做那「責難」底工夫。○「責難於君」謂以極等之事望其君，不當問其才智之高下，志趣之優劣也。若以其材智下志趣劣而低一着望之，便是謂「吾君不能」矣。○「陳善」以「閉邪」，蓋「閉邪」全靠「陳善」。君心既溺於邪了，我須有箇正當好事物，去替了他，方得他回，故朱子曰：「君心有邪，所當閉也。然不知所以閉之之道，而逆閉之，則動有矯拂之患，言不可得而入矣。故不爲之開陳善道，使之曉然知善道之所在，則所謂邪者，亦難乎閉之矣。孟子與時君論事多如此，其所謂敬王，豈虛語哉！」

○「責難」、「陳善」，究其實，是以仁心行仁政也。

「吾君不能，謂之賊」

「賊」字是活字。○謂吾君不能，正與責難、陳善者相反。

君臣各任其責。○即所謂「欲爲君，盡君道；欲爲臣，盡臣道」，如此，則上下交而治道成矣，此孟子之意也。

「六律五音説」

○六律。

黄鍾：復卦。陽氣鍾黄泉而出也。鍾者，踵也。律有形有色，五色莫盛於黄，故陽氣鍾於黄泉，孳萌萬物，爲六氣元也。位於子，十一月。

太簇：泰卦。太，大也；簇，湊也，言萬物隨於陽氣太簇而生也。位於寅，正月。

姑洗：夬卦。姑，故也。洗，鮮也。萬物去故就鮮，改柯易葉，莫不鮮明。位於辰，三月。

蕤賓：姤卦。言陽氣幼小，故蕤萎。陽不用之，故曰賓。位於午，五月。

夷則：否卦。夷，傷也；則，法也，言萬物始傷，被刑法也。位於申，七月。

無射：剥卦。射，終也，言萬物隨陽而終，當復隨陰而起，無有終已也。位於戌，九月。

六律之吕：

大吕：臨卦。吕，助也，謂陽氣方生，陰氣助其宣物。位於丑，十二月。

夾鍾：大壯卦。夾，孚甲，言萬物孚甲，種類分出也。又當陰陽相夾，則位於卯，二月。

仲吕：乾卦。言萬物盡旅而西行，只謂陽氣盛長，陰助成功也。位於巳，四月。

林鍾：遯卦。林，茂也，盛也，六月，陽氣茂盛，積於林野。又林，衆也，萬物成就，種類衆盛也。位於未，六月。

南吕：觀卦。南，任也，謂時物皆秀，有懷吐之象。八月初，物皆咸秀，懷吐之象。陰任陽功，助陽成功也。位於酉，八月。

應鍾：坤卦。應，和也，謂歲功皆和，陽功收而聚之也。又陽氣應不用事，陰雜陽氣閉塞，萬物作種也。位於亥，十月。

右皆趙氏悳注本，出《史記·律書》，亦有異説處，不知何據。又曰：「律，法也，言陽氣與陰氣爲法。吕，助也，言陰氣助陽宣氣。總言之，陰陽皆稱律，故謂之十二律。」

《史記・律書》注：「《釋名》云：『律，述也，所以述陽氣也。』」此説似長。又曰：「古律用竹，又用玉，漢末以銅爲之。」

《律書》首云：「王者制事立法，物度軌則，一稟於六律，六律爲萬事根本焉。其於兵械，又所重，故云望敵知吉凶。」注：《周禮》「太師執同律以聽軍聲，而詔其吉凶」是也。故《左傳》稱師曠「知南風之不競」，此類也。

「聞聲効勝負」。注：「凡敵陣之上，皆有氣色，氣强則聲强，聲强則其衆勁。律者，所以通氣，故知吉凶也，百王不易之道也。武王伐紂，吹律聽聲。」

黄鍾，長八寸七分一，宫。
大吕，長七寸四分三分一。
太簇，長七寸七分二，商。
夾鍾，長六寸一分三分一。
姑洗，長六寸七分四，羽。
仲吕，長五寸九分三分二，徵。
蕤賓，長五寸六分三分一。
林鍾，長五寸七分四，角。
夷則，長五寸四分三分二，商。

南呂，長四寸七分八，徵。

無射，長四寸四分三分二。

應鍾，長四寸二分二分二，羽。

《春秋傳》：「楚師伐鄭，師曠曰：『吾驟歌《北風》，又歌《南風》，南風不競，楚必無功。』」是吹律以觀楚之强弱。

《大全》注：《前漢·律曆志》六十二律，黄帝之所作。「黄帝使伶倫自大夏之西、崑崙之陰，取竹之嶰谷生其竅厚均者，斷兩節間而吹之，以爲黄鍾之宫。制十二筩以聽鳳之鳴，其雄鳴爲六，雌鳴爲六，此黄鍾之宫，而皆可以生之，是爲律本。」陽六爲律，陰六爲吕。律以統氣類物，吕以旅陽宣氣。只言六律者，陽統陰也。

○《書經》：「同律、度、量、衡。」傳曰：「律，謂十二律云云。凡十管皆徑三分有奇，空圍八分。而黄鍾之長九寸，大吕以下，律吕相間，以次而短，至應鍾而極焉。以之制樂而節聲音，則長者聲下，短者聲高；下者則重濁而舒遲，上者則輕清而剽疾。以之審度而度長短，則九十分黄鍾之長，一爲一分，而十分爲寸，十寸爲尺，十尺爲丈，十丈爲引。以之審量而量多少，則黄鍾之管，其容子穀、秬、黍中者，一千二百以爲龠，而十龠爲合，十合爲升，十升爲斗，十斗爲斛。以之平衡而權輕重，則黄鍾之龠所容，千二百黍，其重十二銖爲兩，龠則二十四銖爲兩，十六兩爲斤，十斤爲鈞，四鈞爲石。此黄鍾所以爲萬事根本也。諸侯之國，其有不一者，則審而同之可也。」

五音相生圖

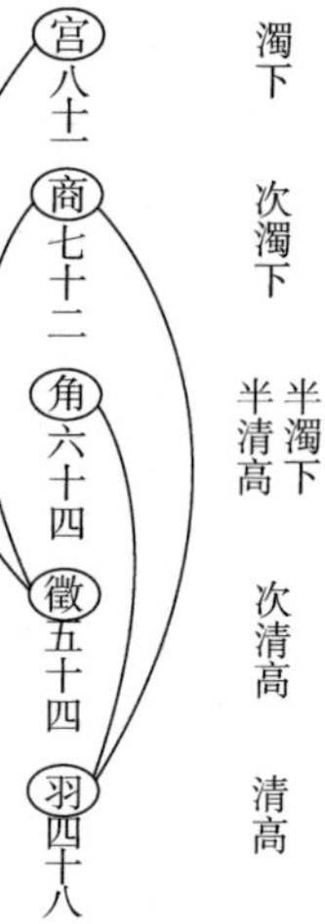

宫
八十一
濁下
商
七十二
次濁下
角
六十四
半濁下
半清高
徵
五十四
次清高
羽
四十八
清高

三分損益圖

黄鍾 八十一
二十七 二十七
損二十七，僅五十四，林鍾。
林鍾 五十四
十八 十八
益十八，得七十二，太簇。
太簇 七十二
二十四 二十四
損二十四，僅四十八，南吕。
南吕 四十八
十六 十六
益十六，得六十四，姑洗。
姑洗 六十四
二十一 二十一 二十一
零一數

隔八相生之圖

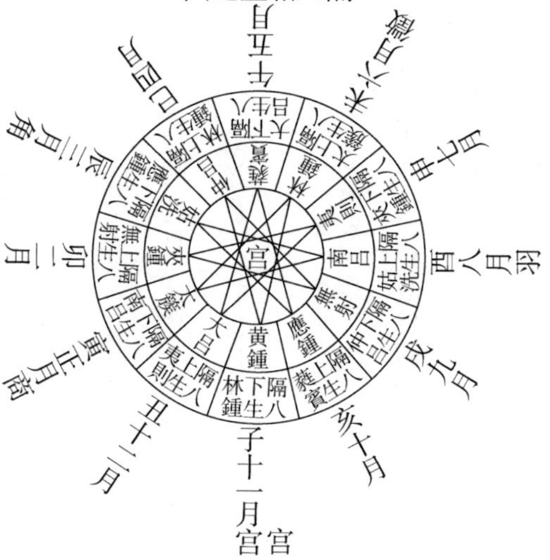

三分損益者，凡陽律三分其數而損一分，以下生陰；陰律三分其數而益一分，以上生陽。

如黄鍾之數八十一爲宫，三分其數，得二十七者凡三，損去一分二十七數，得五十四，合爲下生林鍾爲徵。

三分林鍾五十四數，得一十有八者凡三，又益一分一十八數，得七十二數，合爲上生太簇爲商。

三分太簇七十二數，得二十四者凡三，損去一分二十四數，得四十八數，合爲下生南吕爲羽。

三分南吕四十八數，得十六者凡三，而益一分十六數，得六十四數，合爲上生姑洗爲角。

姑洗六十四數，三分之得二十一者凡三而零一數，其一數每三分之，竟零一數而分不盡，數不行矣。　此音所以止於五者。

隔八相生，如子爲黄鍾之宫，歷丑、寅、卯、辰、巳、午至未，而爲林鍾之徵也。

「旋相爲宫」，謂每律皆可以起宫也。

《尚書三解》曰：「大抵歌聲長而陽者爲宫，以漸而清且短，則爲商、爲角、爲徵、爲羽，所謂『聲依永』也。既有長、短、清、濁，則以十二律和之，乃能成文而不亂。假令黄鍾爲宫，則太簇爲商，姑洗爲角，林鍾爲徵，南吕爲羽。蓋以三分損益，三分損一生某，益一生某，大畧如此。隔八相生益所生之律在第八，損所生之律在第八。而得之，餘韻皆然。即《禮運》所謂『五聲、六律、十二管，旋相爲宫』，所謂『律和聲』也。」

五音，宫、商、角、徵、羽也。

程氏復心曰：「人聲亦有高下，聖人制五聲以括之，又制十二律以制五聲，五聲中，又各有高下，每聲又分十二等，所謂『律和聲』也。樂律自黄鍾至仲吕皆屬陽，自蕤賓至應鍾皆屬陰，此是一箇大陰陽。黄鍾爲陽，大吕爲陰，太簇爲陽，夾鍾爲陰，每一陽間一陰，又是一箇小陰陽。五陰始於宫，宫數四十八，以數之多少爲尊卑，故曰宫、商、角、徵、羽。」

吴氏徵曰：「五音最濁者爲宫，稍濁者爲商，徵濁微清爲角，稍清者爲徵，最清者爲羽。十二管，長者聲濁，短者聲清，宫、商、角、徵、羽之高下，無定準。必以律管長短定之，每律之宫，各有宫、商、角、徵、羽而不相亂，則長短之度，不可以毫釐之差，然後其聲匀調。其聲匀調，施之八音皆然，而無相奪倫矣。」

○聲律之理。

朱子曰：「五聲之序，宮最大而沉濁，羽最細而輕清，商之大次宮，徵之細次羽，而角居四者之中焉。然世之論中聲者，不以角而以宮，何也？曰：『凡聲，陽也。自下而上，未及其半，則屬於陰而未暢，故不可用上，而及半，然後屬於陽而和。故即其始而用之以爲宮，因其每變而益上，則爲商、爲角變徵、爲徵、爲羽、爲變宮，而皆以爲宮之用焉。是以宮之一聲，在五行爲土，在五常爲信，在五事爲思。蓋以其正當衆聲和與未和、用與未用、陰陽際合之中，所以爲盛。若角則雖當五聲之中，而非衆聲之合。且以七鈞論之，又有變徵以居焉，亦非五聲之所取正也。然自其聲之始和者推而上之，亦至於變宮而止焉。自是以上，則又過乎輕清而不可以爲宮。於是就其兩間而細分之，則其別又有十二。以其最大而沉濁者爲黄鍾，以其極細而輕清者爲應鍾。及其旋相爲宮，而上下相生，以當五聲二變之用，則宮聲常不越乎十二之中，而四聲者或時出於其外，以取諸律半聲之管，然後七鈞備一調成也。黄鍾之與餘律，其所以爲貴賤者，亦然。若諸半聲以上，則又過乎輕清之甚，而不可以爲樂矣。若黄鍾之宮，始之始中之中也。十律之宮，始之次而中小過也。應鍾之宮，始之終而中之已盡也。諸律半聲過乎輕清，始之外而中之上也。半聲之外，過乎輕清之甚，則又外之外上之上，而不可爲樂也。正如子時初四刻屬前日，正四刻屬後日，其兩日之間，即所謂始之始中之中也。然則聲自屬陰以下，亦當然有十二正變半律之地，以爲中聲之前段，如子時初四刻之爲者，但無聲氣之可記耳。由是論之，則審音之難，不在於聲而在於律，不在於宮而在於黄鍾。蓋不以十二律節之，則無以著夫五音之實，不得黄鍾之正，則十二律者，又無所管以爲本律之宮也。』」

宮聲八十一　商聲七十二

角聲六十四　徵聲五十四

羽聲四十八

按：黄鍾之數九九八十一，是爲五聲之本。三分損一，以下生徵。徵三分益一，以上生商。商三分損一，以下生羽。羽三分益一，以上生角。至角聲之數六十四，以三分之不盡一，算數不可行，此聲之數所以止於五也。或曰：此黄鍾一鈞五聲之數也，他律不然。曰：「置本律之實，以九九因之，三分損益以爲五聲，再以本律之實約之，則宫固八十一，商亦七十二，角亦六十四，徵亦五十四，羽亦四十八矣。」

變宫聲四十二。小分六。變徵聲五十六。小分八。

按：五聲宫與商，商與角，徵與羽，相去各一律。至於角與徵，羽與宫，相去乃二律。相去一律則音節和，相去二律則音節遠。故角徵之間，近徵一聲，比徵少下，故謂之變徵。羽宫之間，近宫收一聲，少高於宫，故謂之變宫也。角聲之實六十有四，以三分之不盡一，算既不可行，當有以通之，聲之變者二，故置一，❶而兩三之得九，以九因角聲之六十有四，得五百七十六。三分損益，再生變徵、宫二聲。以九歸之，以從五聲之數，存其餘數以爲強弱。至變徵之數五百一十二，以三分之，又不盡二，算其數又不行，此變聲所以止於二也。變宫、變徵，宫不成宫，徵不成徵，古人謂之「和繆」，又曰：「所以濟五聲之不及也。」

按：十二律旋相爲宫，各有七聲，合八十四聲。宫聲十二，商聲十二，角聲十二，徵聲十二，羽聲十二，凡

❶「一」，嘉靖本作「之」。

六十聲爲六十調。其變宫十二，在羽聲之後，宫聲之前，變徵十二，在角聲之後，徵聲之前，宫不成宫，徵不成徵，凡二十四聲不可爲調。黄鍾宫至夾鍾羽，並用黄鍾起調黄鍾畢曲。大吕宫至姑洗羽，並用大吕起調大吕畢曲。太簇宫至仲吕羽，並用太簇起調太簇畢曲。夾鍾宫至蕤賓羽，並用夾鍾起調夾鍾畢曲。姑洗宫至林鍾羽，並用姑洗起調姑洗畢曲。仲吕宫至夷則羽，並用仲吕起調仲吕畢曲。蕤賓宫至南吕羽，並用蕤賓起調蕤賓畢曲。林鍾宫至無射羽，並用林鍾起調林鍾畢曲。夷則宫至應鍾羽，並用夷則起調夷則畢曲。南吕宫至黄鍾羽，並用南吕起調南吕畢曲。無射宫至大吕羽，並用無射起調無射畢曲。應鍾宫至太簇羽，並用應鍾起調應鍾畢曲。是爲六十調。六十調，即十二律也。十二律，即一黄鍾也。黄鍾生十二律，十二律生五聲、二變。五聲各爲綱紀，以成六十調。六十調，皆黄鍾損益之變也。宫、商、角三十六調，老陽也。其徵、羽二十四調，老陰也。調成而陰陽備也。或曰：日辰之數，由天五地六錯綜而生；律吕之數，由黄鍾九寸損益而生，二者不同。至數之成，則日有六甲，辰有五子，爲六十日。律吕有六律、五聲，爲六十調。若合符節，何也？曰：「即上文之所謂『六調成而陰陽備也』」。夫理必有對待，數之自然也。以天五地六合陰與陽言之，則六甲五子究於六十，其三十六爲陽，二十四爲陰。以黄鍾九寸紀陽不紀陰言之，則六律五聲究於六十，亦三十六爲陽，二十四爲陰。蓋一陽之中，又自有陰陽也。非知天地之化育者，不能與此。候氣之法：爲室三重，户閉塗釁，必固密布緹縵室中。以木爲按，每律各一按，内卑外高，從其方位，加律其上。以葭灰實其端，覆以緹素。按曆而候之，氣至則吹灰動素。不動爲氣和，大動爲君弱臣强專政之應，不動爲君嚴猛之應。其升降之數，在冬至則黄鍾九寸，升五分一釐三毫。

大寒則大吕八寸三分七釐六毫，升三分七釐六毫。雨水則太簇八寸，升四分五釐一毫六絲。春分則夾鍾七寸四分三釐七毫三絲，升三分三釐七毫三絲。❶穀雨則姑洗七寸一分，升四分□□五毫四絲三忽。小滿則仲吕六寸五分八釐三毫四絲六忽，升三分□□三毫四絲六忽。夏至則蕤賓六寸二分八釐，升二分八釐。大暑則林鍾六寸，升三分三釐四毫。次暑則夷則五寸五分五釐五毫，升二分五釐五毫。秋分則南吕五寸三分，升三分□□四毫一絲。霜降則無射四寸八分八釐四毫八絲，升二分二釐四毫八絲。小雪則應鍾四寸六分六釐。」

按：陽生於復，陰生於姤，如環無端。今律吕之數，三分損益，終不復始，何也？曰：「陽之升，始於子。午雖陰生，而陽之升于上者亦未已，至亥，而後窮上反下。陰之升，始于午。子雖陽生，而陰之升于上者亦未已，至巳而後窮上反下。律於陰則不書，故終不復始也。是以升陽之數，自子至巳差强，在律爲尤强，在吕爲少弱。自午至亥漸弱，在律爲尤弱，在吕爲差强。分數多寡，雖若不齊，然其絲分毫别，各有條理，此氣之所以飛灰，聲之所以中律也。」或曰：易以道陰陽，而律不書陰，何也？曰：「易者盡天下之變，善與惡無不備也。律者致中和之用，『止於至善』者也。以聲言之，大而至於雷霆，細而至於蠛蠓，無非聲也。易則無不備矣，律則寫其所謂黄鍾一聲而已矣。蓋雖有十二律六十調，然實一黄鍾也。是理也，在聲爲中聲，在氣爲中氣，在人則喜、怒、哀、樂未發與發而中節也。此聖人所以一天人贊化育之道也。」《春秋傳》曰：「景王將鑄無射，鍾名，律中無射。伶州鳩曰：『王其以心疾死乎！』」言鍾聲之能感人也如此。

❶「絲」，原作「系」，今據嘉靖本改。

愚謂鍾聲不和，有使王得心疾而死之理。以此推之，樂之和神人，易風俗，格鳥獸，信有之矣。

宮聲八十一分，所謂分者，以秬黍實律管中，取之《律吕新書·審度》第十一章，小注曰：「凡黍實於管中，則十三黍之一而滿一分，積九十分則千有二百黍矣。」故此九十分黍之數，與下章千二百黍之數，其實一也。

按《洪範皇極内篇》下曰「黄鍾之宫，度其長，以子穀秬黍中者九十枚度之，一爲一分，十分爲寸」云云。

不以八十一數之，黄鍾不能正夫音之宫，謂不得宫音之正也。不以五十四數之，林鍾不能正夫音之徵，謂不得爲徵之正也。亦如不以規而制員，則必不得其員；不以矩而制方，則必不得其方，一理也。以至音之商者，必以七十二數之，太簇而正焉。音之羽者，必以四十八數之，南吕而正焉。音之角者，又必以六十四數之，姑洗而正焉。音之所以得其正者，以得律之數也。音之所以失其正者，以失律之數也。非但要各得其數，而又要各得其序。各得其數，孔子所謂「皦如」也。各得其序，孔子所謂「繹如」也。各得其數者，律之短長，而音之高下係焉。各得其序者，非但一均之宫内有其序，至其旋相爲宫者，亦以序也。

〇六律。

《月令》：「孟春之月，其音角，律中大簇，其數八。」注曰「五音，角爲木。單出曰聲，雜調曰音。調樂於春，卦數以偶，故八。律數以奇，故九。然無兩，造化安得有兩樣數哉！蓋卦雖終而復始，然大運今日一周，明日又一周，其一周雖同，而今日與明日之一周，則實有不同者，故曆家有歲差。是卦之偶者，未嘗無奇，而律之不循環者，亦無以異於卦之循環也。信無兩造化矣。

以角爲主也。律者，候氣之管」云云。太簇，寅律，長八寸。陰陽之氣，距地面各有淺深，故律之長短如其數。律管入地，以葭灰實其端，其月氣至，則灰飛而管通，是氣之應也。「天三生木，地八成之」，其數八，成數也。

《月令》：「正月，其音角。四月，其音徵。中央土，其音宫。七月，其音商。十月，其音羽。」

《樂記》曰：「宫爲君，商爲臣，角爲民，徵爲事，羽爲物，五者不亂，則無怗滯之音矣。」

楊子雲曰：「聲生於日，律生於辰。」取法於五行十二辰之義也。「聲生於日」者，謂日有五，故聲亦有五。日謂甲己爲角，乙庚爲商，丙辛爲徵，丁壬爲羽，戊癸爲宫。是五行合爲五音之聲，生於日也。「律生於辰」者，十二律出於十二辰，子謂黄鍾之類是也。右見《通志畧》。音之有十二律，猶日之十二辰也。每音之内，有十二律以行之，而其音之清、濁、高、下，自然不相奪倫矣。猶每日之内，有十二辰以行之，而其日之晷、刻、度、數，自然無少差忒矣。

十二律以正五音，猶如今之律詩之法：平平仄仄仄平平，仄仄平平仄仄平。仄仄平平平仄仄，平平仄仄仄平平。彷彿當如此意。

○十二律之節五音，有通十二律爲五音者，如黄鍾爲宫，則林鍾爲徵，太簇爲商，南吕爲羽，姑洗爲角，皆隔八相生也。若他律爲宫，亦然。

十二箇五，則爲六十律矣。又有隨各律以爲五音者，如黄鍾之律自爲其宫，則夾鍾爲羽，仲吕爲徵，夷則爲角，無射爲商，此黄鍾之五聲也。亦如先天圖有八卦，又有八卦所生之八卦。

「孟子曰『規矩，方員之至也』」章

「規矩盡所以爲方員之理」，而凡爲方員者，必於是取則焉。「聖人盡所以爲人之道」，而凡欲盡人道者，必於是取則焉。取則之意，於下節方露出。○「人倫説見前篇」，則知兼父子兄弟等言。下文獨言君臣者，新安以爲是宗主綱維彼四倫者。愚謂此章承上章主君臣言也，故下文「暴其民甚」云云，皆不及他四倫。

「欲爲君，盡君道」條

「欲爲君，盡君道」云云，是二句，不是四句。欲爲君而盡君道者，必法堯；欲爲臣而盡臣道者，必法舜。不宜説：要爲君者，須盡君道；爲臣者，須盡臣道。爲君爲臣，豈都是隨人要底？「欲」字帶連著「盡字」讀，方是。○「不以舜之所以事堯事君」，是不以厥后爲可聖，所謂「吾君不能」者也，非不敬其君而何？「不以堯之所以治民者治民」，是不以斯民爲有恒性，封德彝所謂「三代以還，人漸澆訛，故秦任法律，漢雜伯道。蓋欲化而不能，豈能化而不欲也」，非賊民而何？○朱子曰：「堯所以治民，舜所以事君，觀二《典》大概可見。是事事做得盡。」愚今以二《典》考之，如「敬天勤民」、「舍己從人」，「不虐無告，不廢困窮」，以至「平章百姓」，「百姓昭明」，「協和萬邦，黎民於變時雍」，是堯之所以爲君而盡君道處。如舜膺帝堯敷治之責，則爲選用群賢，使益烈山澤，禹平水土，稷播百穀之類，皆所以亮天工也。以至「愼徽五典，五典克從」，「納于百揆，百揆時叙」，「賓于四門，四門穆穆」，而舜之於臣道，無有不盡者矣。○事君如舜，治民如堯，然後於君臣分内事始爲無虧。此所以爲人倫之至，而人所當學，亦人所能學也。此所以爲中庸之道也。《書》載堯、舜之事功，所以名之曰《堯典》、《舜典》者，正其所行皆常道也，又萬世常行而不可易也。故事君必如舜，治民必如堯，乃爲到頭也。○「賓于四門」者，蓋四門是四方之門。古者以賓禮親邦國，諸侯各以方至，而使主焉，故曰賓。穆穆，和之至也。○或曰：使爲君法堯，爲臣法舜，而未能至於堯、舜，是亦慢君賊民否？曰：「此是説立志當如此。如伊尹亦不能使太甲之爲湯，周公亦不能使成王之爲文、武，况其他乎？但伊、周，其實是『以舜之所以事堯事君』者。至於君之不能盡如堯，則非在我者，我但當自盡耳。朱子嘗曰：『人臣但當以極等之事望其君。責以十分，只做二三分。只責以二三分，少間做不得一分矣。自責亦然。』愚謂：此《大學》教人，所以必欲其『止於至善』也。」❶○朱子曰：「上不敢愚其君，以爲不足與言仁義，是必『以舜之事堯事君』也。下不敢鄙夷其民，以爲不足以興教化，是必『以堯之所以治民治民』也。」

「孔子曰：『道二，仁與不仁而已矣。』」

孟子此言，意正在「出乎此則入乎彼」上，警人之深也，看大注「可不謹哉」。

「法堯舜則盡君臣之道而仁矣」云云，此是入孟子意，不是孔子意，孔子是泛説。今欲説此句書，亦宜依本文，先從孔子泛説，然後以孟子之意綴之，則既不離了孔子之詞，而亦不遺却孟子之意。

「暴其民甚」

上文兼言事君治民，此專主賊民者言，意歸責於當時之爲君者。然爲君者至此，則爲之臣者亦不得辭其

❶「至」，原作「止」，今據《四書章句集注》改。

責矣。若能「以舜之所以事堯者事君」，豈使其君至此？○「名之曰幽、厲」，獨言幽、厲而不言桀、紂者，桀、紂非謚也。謚法周公始立，然雖無謚法，而惡名在天地間，又何減於惡謚？❶「雖孝子慈孫百世不能改也」。「百世」，言歷時之久也。○不可謂幽、厲，只是「不甚，則身危國削」者。○輔氏曰：「以幽、厲視桀、紂，則幽、厲雖未至於『身弑國亡』，然死蒙惡謚，遺臭後來。」按：幽、厲還是「暴其民甚」者，如何説未至於身死國亡？《通鑑》云：「厲王暴虐無道，萬民弗忍，相與畔，襲王。王出奔彘，不敢歸，竟崩于彘。其不及弑，幸免耳。其太子静，宣王也。幽王，宣王子，無道又甚，犬戎殺之於驪山下，宗周遂亡，而平王東遷矣。」此非「身弑國亡」而謂何？下章言「失天下以不仁」，則幽、厲俱在失天下之列明矣。○古人謚法最公，後世亡國之君，皆得美謚，公義廢矣。○或曰：《春秋》爲親者諱，爲尊者諱，而孟子顯言幽、厲之惡，則非當時諸侯不知有周，孟子亦不知有周矣。曰：「幽、厲之謚，出於當時，臣子獨不爲尊者諱乎？此公論之在人，所以不可廢也。況是時天命已改周矣，聖賢亦何嘗有厚薄於其間也？」○「身危國削」、「身弑國亡」及惡謚不可改，皆不仁之禍也。「必至於此」，「此」字專指惡謚。○厲王，宣王之父。幽王，宣王之子。愚嘗謂：無憂者，其惟文王乎？以王季爲父，以武王爲子；有憂者，其惟宣王乎？以厲王爲父，以幽王爲子。「名之曰幽、厲」云云者，言不但「身弑國亡」、「身危國削」而已，其身後又有如是之穢名，萬古不滅也。

❶ 「減」，嘉靖本作「滅」。

「孟子曰：『三代之得天下也以仁。』」

「此承上章之意而推言之」。「推言」謂自「得天下」推至「士庶人」也。通一章言，不可專指第三條。○「三代之得天下以仁」一句，此以已然之迹言之，故注曰：「禹、湯、文、武云云，不仁失之。」○「地平天成，六府三事允治，萬世永賴」，此禹之仁也。故曆數在躬，終陟元后矣。○「不邇聲色，不殖貨利云云。克寬克仁，彰信兆民」，此湯之仁也。故「天監厥德，用集大命，撫綏萬方」矣。○「發政施仁」，「懷保小民」者，文王也。「救民水火」，「則取于殘」者，武王也。故「得志行乎中國」，「一戎衣而有天下矣」。

○「三代之得天下」二句，主有天下者言也。然非惟天下之得失係於仁不仁，國之所以廢興存亡者，亦然。亦非諸侯之國爲然，自天子以至庶人皆然也。「天子不仁，不保四海云云，不保四體」，皆必至死亡也。○興，盛也，不止於存。廢，衰也，未至於亡。○注「言必死亡」，不得其正死也。「亡」字該「四海」、「社稷」、「宗廟」等。❶○新安陳氏曰：「非特不保四體爲死亡也。」

「今惡死亡而樂不仁」

夫死亡，人皆知惡之，不知所以致此死亡者，由不仁也。「今惡死亡而樂不仁，是猶惡醉而强酒」也。然則如惡之，莫如爲仁者。

「孟子曰：『愛人不親，反其仁。』」

❶「宗廟」，原作「宇宙」，今據嘉靖本、四庫本改。

愛人、禮人、治人，此三端，似亦説得盡了。愛人，其所親者也；禮人，其所敬者也；治人，其所以統涖者也。身之所接，只有此三類耳。然此以所接之人言，則盡矣。若以事物言，則未盡也。故下文又曰「行有不得，皆反求諸己」，而朱注曰「如此，則自治益詳」，而小注又曰「不止上文三自反而已」。又下條大注曰：「『不得』，謂不得其所欲，如『不親』、『不治』、『不答』是也。」「如」之一字可見。不止是上文三自反，至於下句云「反求諸己」，謂「反其仁」、「反其智」、「反其敬」也，則承上文「如『不親』、『不治』、『不答』」説去，❶非是上句下「如」字，下句又就指此三者。凡一事一物，處之有不得所願處，皆宜自反，豈但處人而已哉！〇始，即元也。終，謂貞也。是下句皆以「謂」字承之，但「即」字與「如」字絶異矣。

「其身正，而天下歸之」

「『天下歸之』，極言其效也」。「天下」字説得廣，不但一方一國之人我親、我治、我答而已，天下則盡乎人也。意思是如此。

「《詩》曰：『永言配命，自求多福。』」

此「命」字以理言。〇輔氏曰：「爲治本乎自反，多福本乎自求，亦太紐揑。❷蓋能自反而天下歸之，此便是『永言配命』而『自求多福』也。引《詩》以詠贊之耳。」〇饒氏曰：「『永言配命』是常思量要合理，永是無

❶「也則」，嘉靖本作「是也」。

❷「紐」，原作「細」，今據四庫本改。

間斷之意。大注『亦承上章而言』，見當自反而仁也。仁則自無死亡之患。」新安曰：「承上章，因言仁而及智與禮也。」此説不得其大旨，不必從。○朱子曰「亦承上章而言」，是主爲人上者，故曰「其身正，而天下歸之」，所謂「如惡之，莫如爲仁」也。

「孟子曰：『人有恒言，皆曰天下、國、家。』」

天下之本在國，國之本在家，此是恒言中自有之次序。但常人只知其言，而不知其序。孟子乃推而言之，以見其道之有序如是。天下之本在國，故言天下而即繼以國也；國之本在家，故言國又必繼以家也。然則「天下、國、家」云者，豈偶然而已哉！而家之本又在身，此又常言之所未及也。重在此末句，故注曰：「此亦承上章而推言之。《大學》所謂『自天子至於庶人，一是皆以脩身爲本』，爲是故也。」注兩箇「推言之」不同：前一箇「推言」，只謂「天下之本在國」二句。後一箇「推言」，則通指此章，連「家之本在身」也。以其自天下而國，自國而家，自家而身，故曰「推言」也。○「天下之本在國」章，於「家之本在身」下，要「入身正則家齊」，然不但家以之齊，國亦以之而治，天下亦以之而平，方得孟子之意，故《集注》曰：「《大學》所謂『自天子至於庶人，一是皆以脩身爲本』，爲是故也。」此意不可忽。○新刊《集注》只有前面一「推言」，後面只云「此亦承上章而言之」，據上下章，則後面只用單言之爲是，且於理亦爲長。

「孟子曰：『爲政不難。』」章

○「爲政不難」，蓋當時諸侯，皆以德教之不能廣被爲患，而不知其本之不脩故也。故孟子云欲德教之徧及於天下，自不難也，其本在正其身，以不得罪於世臣、大家，則舉國慕之，天下亦慕之，而德教自然無遠弗届矣。爲政果何難哉！尋常讀者，皆不知「爲政不難」一句從何而發，蓋下文自相應也。○北齊高澄，嘗恨西魏不肯聽服其令，想戰國之君，亦嘗患隣國之阻聲教，而不知此自不難，只在自脩其身，使近之巨室心服，則舉國皆服己，而天下皆服矣。孰有阻其聲教者哉？此孟子立言之意也。○或曰：爲政必欲得巨室之慕，亦有不能如人意者。以孔子爲政於魯，而孟氏不肯墮城，季氏亦不肯墮費，聖人且奈何哉！曰：「夾谷之會，孔子一行相事，❶而齊人遂歸鄆、汶陽、龜陰之田以謝過，其功化可想也。及以制墮三家，叔孫遂率先墮郈，季氏亦將墮費，其勢已如火之燃矣。奈公山不狃以費畔，然卒墮費。惟孟氏爲公斂處父所惑，遂阻其事。此則氣數與人事相參差，孟子所謂『非人之所能爲』者也。」○「巨室，世臣大家也」。饒氏曰：「世臣，非一代之臣。大家，是貴宦之家。是兩項。」○「得罪，謂身不正而取怨怒也」。非曲法以奉之也。

「麥丘邑人三祝」。一曰：「使主君甚壽，金玉是賤，人爲寶。」二曰：「祝主君使主君無羞學，無惡下問賢者，在傍諫者得人。」三曰：「使主君無得罪於群臣百姓。」○「不得罪於巨室」，全在脩身上，故解「得罪」云「身不正而取怨怒也」。又末云：「此亦承上章而言。蓋君子不患人心之不服云云，裴度所謂『韓洪輿疾討賊』。」○此爲諫用皇甫鎛發，以聚斂進拜平章，領度支，至雖市道皆嗤之。度與崔群以聞，不聽。度表罷政事云云。且言天下安危，係朝廷，朝廷輕重，在宰相云云。○「力」字與「處置得宜」字相反，此正「朝

❶「行」，嘉靖本作「時」。

廷輕重在宰相」意。○「韓洪輿疾討賊」。本名韓弘，避憲宗諱，改爲洪。憲宗用兵淮西，拜淮西諸軍行營都統，使扞兩河，而令李光顔、烏重徹擊賊。弘不親屯，遣子公武領兵二千屬光顔，蓋疾也。吴元濟既平，以功加兼侍中，封許國公。入朝，再拜司徒中書令。以足疾，命中人掖拜，因願留京師，帝從之。初弘爲都統，亦欲倚賊自重，不願淮西速平。時光顔戰最力，弘欲結之。舉大梁城，索得美婦人，容色絶世，遣使遺之光顔，乃大饗將士云云。即席厚贈使者，并妓返之，誓不與逆賊同戴日月。按：此則弘有二心者，故裴度云云。但「輿疾討賊」事，語出皇甫鏄，而《本傳》不載，尚未有以稽其實。

承宗斂手削地。○王承宗，邊鎮王士真之子。拒命，以常山叛。朝廷厭兵，布衣栢耆杖策詣淮西行營，謁裴度。且言願得天子一節馳入，鎮可掉舌下之。度爲言，乃以左拾遺往。既至，以大義動，承宗泣下，乃請獻德、棣二州，以二子入質，上從之。

「處置得宜」，大抵泛指朝廷事體，及將相得人，不必就承宗削地、韓洪輿疾事實上討。○注「正此類也」，言其意類相似，不得入本題説。程氏復心曰：「裴度亦非謂以係戀之私恩養其家也，行大中至正之道，可殺則殺，可生則生，殺之而彼自不怨，利之而彼自不庸，可也。」

○孟子之學，固出於子思，然以「爱人不親反其仁」、「天下之本在國」、「爲政不難」章看之，益見其學出於子思，宛然孔子模範也。當戰國時，而其學術之純乎正大如此，所謂「求觀聖人之道，必自孟子始」，豈虚語哉！

「孟子曰『天下有道』」章

其「小德」者，即「小賢」也。其「大德」者，即「大賢」也。「德」字兼才。饒氏謂賢兼才德，未必然也。朱子注，只是「德」字。

「既云『小德役大德』，又必云『小賢役大賢』者？」曰：「先提出『德』字，對『力』言也。繼又言賢者，見所以爲小賢、大賢者，正以德之大小得名也。孟子意，重在『小役大』上，爲當時言也，故繼以齊景公女吴，而及『師文王』之説。」

「是絶物也」

「物，猶人也。」小注：「是與物睽絶也。」○「是絶物也」，言必及於禍也。夫人不能高飛遠走，不在人間也，而絶物乎？○一説：「絶物」是「絶地」、「絶域」之「絶」。今俗駡愚騃不通者云「死木頭」，亦「絶物」之意也。李克用曰「韓建是天下癡物」，語意相類。○「涕出而女於吴」。女，去聲，《正韻》：尼據切。

「今也小國師大國，而恥受命焉」條

景公不能受命於大國，是猶畏天而保其國者。「今也小國師大國」，「不脩德以自强，其般樂怠傲」云云。此段要説「胡可得哉」意。○「先師」不是已亡之稱，後世所謂「釋奠于先聖、先師」者，則皆是已亡者之稱，所謂「先生、先輩」之「先」，故得親受其命。或曰：今之學者，獨不受命於孔孟乎？曰：「不然也。孟子分明云：『是猶弟子而恥受命於先師也。』對弟子言，安得謂是指亡者？」

「如恥之，莫若師文王」

師文王，只是脩德行仁，即下文所謂「國君好仁」者。本注云：「文王之政，布在云云，謂『師文王』也。」

○「師文王」而爲政於天下，則向之「小役大」者，今轉而「小德役大德」矣，所謂「大國反爲吾役」者，蓋德至，力亦隨之矣，文王是也。

○「齊景公曰『既不能令』」一節，是「順天者存」事。「今也小國師大國」一節，是「逆天者亡」事，故《集注》「云云，不可得也」，言必不免於爲人役，否則，必有危亡之禍。

程子曰：「『五年』、『七年』，聖人度其時則可矣。」此聖人，概指孟子。又曰：「然凡此類學者，皆當思其作爲如何，乃有益耳。」不是説聖人只度其時，學者不可全泥於時，更當思其作爲。蓋程子之説，謂五年、七年，在聖人度其時固可矣，然凡此類，學者當思其作爲，如何便得五年、七年而爲政於天下，乃有益。若不思其作爲，而但據孟子云「師文王」，便五年、七年王天下，亦何益？是亦矮人觀場耳。須是看「師文王」是如何樣設施，始得。○《文王》之詩，周公追述文王之德，明周家所以受命而代商者，皆由於此，以戒成王。

「《詩》曰『商之孫子』」條

《詩》曰「商之孫子」至「天命靡常」，此言商之孫子，皆爲周之諸侯也。「殷士膚敏，祼將于京」，此兩句言商孫子之臣，亦皆爲周之臣，而助祭於周京也。本注下「是以」二字，蓋承「天命靡常」言，不必言商孫子臣周，故殷士亦臣周也。○「侯于」之「侯」，維也，語助也。○「上帝既命，侯于周服」。或曰：武王克商，乃有天下，今此詩及孟子之言，皆歸於文王，何也？曰：「周有天下，雖武王之功所成，實文王之德所致也，故此詩首章之傳即曰『周公追述文王之德，明周家所以受命而代商者，皆由於此，以戒成王』云云。孟子引此，正以見文王之爲可師也。」〇《詩傳》：諸侯之大夫，入天子之國曰某士。膚，《詩傳》解作美也，此謂之大，蓋言才行之不凡，亦美也。〇「裸將于京」，言執灌鬯以助祭于周家也。以秬米爲酒，將用，則和以鬱金香草。❶ 秬，黑黍也。將，此釋「助也」，《詩》作「行也」，謂「酌而送之」也。亦一理也。

「仁不可爲衆也」

朱子曰：「兄賢，難做他弟；弟賢，難做他兄。仁者無敵，難做衆去抵當他。」

「夫國君好仁，天下無敵」

只做孔子説，「好仁」便是「師文王」。「天下無敵」即上文「必爲政於天下」處。或曰：孔子尊周，平時未嘗有此立言。曰：「據《詩》『天命靡常』言之，何傷？下文『今也』字面，方是孟子説當時，故此條《集注》曰：孟子引此詩及孔云云之事。」

〇孟子一則曰「是猶惡醉而强酒」，二則曰「是猶惡濕而居下」，三則曰「是猶執熱而不以濯」，其言之也切，其説之也詳矣，如七國之君無足與有爲何。〇自此以下，《集注》皆言「脩德」，至章末，又兼「行仁」言。蓋自君身而言，則曰「脩德」；自其及人而言，則曰「行仁」。其實孟子所謂「脩德」即是「行仁」也，故又曰：「如恥之，莫如爲仁。」又曰：「國君好仁，天下無敵。」

「不仁者，可與言哉」章

---

❶ 「香草」，原作「草香」，今據嘉靖本改。

○「不仁者，可與言哉！」吾固以爲危，彼固以爲安；吾固以爲災，彼固以爲利；吾固以爲必亡，彼固以爲不亡。其不可與言如此，宜其災害並至，不旋踵而敗亡矣。若使不仁而可與言，則必幡然自改其所爲之不善，而知所以立政安民矣。其何亡國敗家之有？○「『安其危，利其菑，樂其所以亡』者，如何分別？」曰：「有禮則安，無禮則危。今或持身不謹，婦子嘻嘻之類，危也，而不知其爲危，是『安其危』矣。和氣致祥，乖氣致災。今或上下昏亂，大失物情之類，❶菑也，而不知其爲菑，是『利其菑』矣。有德者昌，無德者亡。今或滅德崇邪、凶暴淫虐之類，此所以致亡者也，而不知其能致亡焉，是『樂其所以亡』矣。大概『安其危』必『利其菑』，亦『必樂其所以亡』者，蓋方以類聚，必然之理也。」○或曰：政刑不脩，人民不恤，危之道也，而乃安之；饑饉荐臻，老弱轉徙，國之災也，而乃利之；至於凶暴淫虐，人心離散亡，在旦夕矣，而乃樂之。此說亦近是。但「饑饉荐臻，老弱轉徙」，不仁者雖不知以爲憂，亦必不至以爲利也。即此以例上下所云，似皆失其旨矣。蓋孟子之意，謂不仁者所爲，如「般樂怠敖」之類，實危道也。彼乃不知其爲危，而反以爲安，蓋以其便於己故也。如「流連荒亡」之類，實所以爲災也，彼乃不知其爲災，而反以爲利，蓋以其未爲害也。如「凶暴淫虐」之類，❷實所以自取其亡也，乃不知其能亡，而樂之不改焉。昔之人君，亦有一日不殺人則慘然不樂者，是真「樂其所以亡」也。○「安其危而利其災，樂其所以亡」者，爲其言難入

❶「大」，嘉靖本作「人」。

❷「類」，原作「暴」，今據嘉靖本、四庫本改。

也。「不仁而可與言」，則幡然改圖矣，何亡國敗家之有？

○「安其危」，如「興甲兵，危士臣，搆怨於諸侯」，此危道也，而齊宣安爲之。所以然者，欲誘之也。是所謂「私欲固蔽，失其本心」也。「利其災」者，如梁惠王「狗彘食人食而不知檢，塗有餓莩而不知發」，徒知刃之殺人而不知操刃者之殺人。蓋災自己降也，非「私欲固蔽，失其本心」乎？又「以土地之故，糜爛其民而戰之，大敗」，至「驅其所愛子弟以殉之」，故曰「東敗於齊，長子死焉。西喪地於秦七百里，南辱於楚」，其去亡也，一間耳。此豈非「凶暴淫虐」所以致亡之道乎？曰「淫虐」，是「禍淫」之「淫」，凡已甚之惡，皆是，不專謂淫於色也。○「安其危，利其災」，正是聞言不信處。○災，害也，非指水旱兵革之類，但所爲之可致禍者即是。○「樂其所以亡」者，尤甚於「安其危，利其災」者。

危猶輕於災，災猶輕於亡，此當看「安」、「利」、「樂」三字，見得果是「不可與言」。所以然者，「私欲固蔽，失其本心」而至此也。此是三件，饒氏云：「要在看『樂其所以亡』一句。」大段未是，朱子未嘗特解此句。○真氏曰：「祖伊常諫紂矣，召穆公嘗諫厲王矣，而二君不聽者，蓋其心既不仁，故云云。夫人君孰不欲安存而惡死亡，而其反皆如此云云。」○愚謂「不仁者」「安其危，利其災，樂其所以亡」者，此正是所謂「以不仁，故不智」者。本注云：「不存，則無以辨存亡之著。」

「滄浪之水清兮」條

「滄浪，水名」。只是一水，非滄自滄，浪自浪也。武當縣有滄浪門，其水曰滄浪水。○「自取之也」下數段，俱是此一意。然「自取之也」句外，便含有「如恥之，莫若如爲仁」、「反求諸己而已矣」之意。死亡固是自取，大則以王，亦由自致也。

「夫人必自侮」條

此以下，孟子之言也。○「家必自毁」，「毁」謂破敗，非詆訾也。

「太甲曰『天作孽，猶可違』」條

其實是如此。如水火、盗賊之災，不以其道得之者，人還見憐，身還有措。若自家奸盗詐僞成底，此身就無脱計，刑憲終莫之逃矣。「此章言心存則有以審夫得失之機，不存則無以辨於存亡之著。」「得失」對「存亡」言，「幾」字對「著」字言。心存者，但於事理得失之微處，便能審之。其心亡者，雖於存亡之迹已昭然者，猶不能分辨之也。曰「審」、曰「辨」二字，亦不可易置。

「孟子曰『桀紂之失天下也』」章

「桀紂之失天下也，失其民也」，「失衆則失國」矣。「失其民者，失其心也」。心不悦服，則離叛而去矣。「得天下有道，得其民，斯得天下矣」，「有人此有土」也。「得其民有道，得其心，斯得民矣」。其心既悦服於我，則自歸於我矣。「得其心有道」，民心有所欲，則爲聚之；民心有所惡，則勿施焉。「失其民也」，謂民不歸之而叛去也。「失其心也」，謂所爲不合民心，而民心離也。

「失其民也，失其心也」。要説得兩樣。「失民」，謂無民，民皆離叛而去也。所以去己者，以我之先失其心也。○「得天下有道」，亦泛論之。○「所欲與之聚之」，注云：「民之所欲，皆爲致之，如聚斂然。」要看本注皆未及「聚斂」字，非愛民之深者，鮮能至此。蓋凡民之所欲，無一不爲之致也，此乃所謂聚者。若一件、兩件，未足爲聚，故注引晁錯云云，而必曰：「此類之謂也。」「此類」是更多，如「舉直錯諸枉」、「好禮」、「好義」、「好信」之類。〇「所惡勿施爾也」，「爾也」二字，都是語辭，如云「焉乎」，如云「焉爾矣」，又云「則亦無有乎爾」，皆語辭也。

「民之歸仁也」一條

「民之歸仁也」一句，内已有「以其所欲之在乎此」之意，下二句特以喻之耳，方見所欲在此之意明白。〇「民之歸仁也」，所欲與聚，所惡勿施，所謂仁也。「猶水之就下，獸之走壙」，着此譬喻，方見得「所欲之在乎此」，意思分明。〇「民之歸仁也」，過文當云：夫所欲與聚，所惡勿施者，民之所欲在此也。民之所欲在，此則自歸乎此矣。

「故爲淵敺魚者，獺也」

承上文言我行仁而爲民所歸，彼之不仁，皆是爲我敺民來歸者也。〇「獸之走壙」過「故爲淵敺魚者，獺也」一節，當云：夫民之所欲在此，而其所惡實在彼，則安得不去彼而歸此哉！故「爲淵歐魚」云云。〇「民之歸仁也，猶水之就下」與「故爲淵敺魚者，獺也」，只是一項事。蓋撫我則后，虐我則讎，離乎彼則屬乎此也。故下文繼之曰：「今天下之君有好仁者，則諸侯皆爲之敺矣。雖欲無王，不可得已。」豈不只是一項事？

上一條是仁而得民、得天下，此一條是不仁而失民、失天下，至下段「今天下之君有好仁者，則諸侯皆爲之敺矣云云得已」，亦一是仁而得民、得天下者，一是不仁而失民、失天下者。蓋撫我則后，虐我則讎，是固勢之不容兩全者也。離乎此即屬乎彼。本注言：「民之所以去此，以其所欲在彼，而所惡者在此也。」❶所謂彼是有所欲與聚，❷所惡勿施者，即上文注謂「此」者也。此兩「此」字與上文注兩「此」字，全不同。○此以上皆泛論，至下文方説入時事。

「今天下之君有好仁者」一條

民心離乎彼即屬乎此，有所屬，生於有所離也。但戰國之時，七國之民多是離心者，而無一人能行仁政以收之爾，故孟子扼腕嘆息曰：「今天下之君有好仁者，則諸侯皆爲之敺矣。」又曰「今天下之人牧，未有不嗜殺人者」云云。○南軒曰：「非利人之爲己敺也，特言其理之必然耳。」○又曰：「季世之君，肆於民上，訑訑然自以爲安，而不知其爲人敺，哀哉！」

「今之欲王者」一條

此是孟子爲時君謀，言當急於改圖也。不然，無及矣。《易》曰：「盱豫悔。遲有悔。」此之謂也。○「今天下之君有好仁者」，謂所欲與聚，所惡勿施也。過「今之欲王者」，言今諸侯所失於前者則既多矣，「猶七年之病」云。○胡氏曰：「三年之艾，不能畜之於平日，而自今畜之，猶可也。是故爲仁者，平日既

❶「惡者」，四庫本及《孟子集注》作「長」。
❷「有」，四庫本無。

無積久之功，今日不可無必爲之志。」○「苟爲不畜，終身不得」，專主艾言。「苟不志於仁」，直説人君。下文言「今之所爲，其何能善」者，正指「不志於仁」者言。「憂辱死亡」即「載胥及溺」而不善者也。○「今之欲王者」一條，猶是惓惓之餘意。

○自篇首至「桀紂之失天下也」章，皆所以責夫治人者。自「自暴」至「居下位」章，皆所以責夫自治者。

「孟子曰『自暴者，不可與有言也』」章

自暴、自棄，兼氣習言，故引程子云「人苟以善」云云。○朱子曰：「自暴，剛惡所爲；自棄，柔惡所爲。」○「『言非禮義，吾身不能居仁由義』。自暴言禮義，自棄言仁義，何歟？」曰：「禮義字面淺，仁義字意深。且全自暴者，與言禮義亦不入。自棄者，猶稍信禮義，但於居仁由義，則無必爲之志，而自諉曰『不能耳』。然均之爲下愚之歸也。」

「曠安宅而弗居」條

「曠安宅而弗居」云云，兼「自暴」、「自棄」，不可依饒氏説。

此總注所謂「道本固有」者，所以見得「自暴」、「自棄」之爲可哀。朱子曰：「曠其安宅，則必放僻邪侈，而安其所不可安之居矣。舍其正路，則必行險僥倖，而由其所不可由之路矣。安宅、正路人皆有之，而乃『自暴』、『自棄』以至於此，是可哀也。」

「道在邇，而求諸遠」章

此章論道術也。蓋當時處士横議，所謂人挾一推鑿，❶家築一宫墻。墨氏之徒則曰：「但使人人視親踈爲一體，則天下平矣。」楊氏之徒則曰：「但使人人惟求己之是非，而不較人之得失，則天下平矣。」孫吴之徒則曰：「行吾之智，❷自足以平天下。」申商之徒則曰：「行吾之法，自足以平天下。」故孟子以爲此皆亂天下者也，惡能治天下！

○夫道本在邇，人自求諸遠耳。事本在易，人自求諸難耳。何爲其然哉！但人各親其親，各長其長，不求諸遠而求諸近，不求諸難而求諸易，則天下自平矣。又何必求之遠且難哉！《大學》傳之十章，首節正是此理，其師友淵源可見。○「人人親其親、長其長而天下平」，所謂「天下可運於掌」，豈不信哉！孟子所以欲使人人親親長長者，其底藴便是「五畝之宅」、「百畝之田」、「謹庠序之教」一段。其曰：「天欲平治天下，當今之世，舍我其誰歟！」其抱負正在此。但以枉己不能直人，故不苟合以求售耳。

○「道在邇而求諸遠」章，孟子所責不在天下之人，乃在爲天下之人及思以道術易天下者也。此意最要看明白。○注云「親長在人爲甚邇」止「其道初不外是也」，❸此注解在「人人親其親、長其長」句内。循本文而觀是如此，不可便合下用此注去貼上二句。朱子必如此解，方見下一句與上二句相關紐。○「親長在

❶「推」，疑爲「椎」之誤。
❷「智」，嘉靖本作「志」。
❸「其」，四庫本及《孟子集注》作「而」。

人爲甚邇」，親長是人，如何唤作道？《中庸》不云乎？「父子也，夫婦也，君臣也，昆弟也，朋友之交也，五者，天下之達道也。」「形色，天性也。」有父子則有慈孝之心，親長非道之所在而何？

「親之長之在人，爲甚易事」，就行道上説，故云云。

而道初不外是也。○必著此句者，見得事非道外物也，故曰：「天下無道外之物。」如此看，此句自明白簡易在。○胡氏曰：「道者，天理之自然；事者，人事之當然。」

「孟子曰『居下位，不獲乎上』」章

「誠者，天之道也；思誠者，人之道也」

今人多不曉「誠者」之「誠」字何自來。蓋上文所謂「誠身」者，以吾身所得於天之理，本無有不誠者，誠其身，即所謂「復其初」而已，故曰「萬物皆備於我矣」，謂無有不誠者；「反身而誠，樂莫大焉」，則是全其所謂「皆備於我」者矣。此云「反身不誠」，則其反對之詞也。○「誠者，天之道」不要説在天之元、亨、利、貞，觀此注云：「誠者，理之在我者，皆實而無僞。」可見已在我了，不應彼此不同。○「思誠者」，脩省之功也。朱子曰：「思誠者，恐有不實處，便思去實他。」思誠畢竟只是誠之，故彼此《集注》皆用「欲」字。但着箇「思」字，也須得「思」字分曉。此「思」字亦著於迹，不是懸空思之而已。「我欲仁斯仁至」與「欲仁而得仁」，其「欲」字俱有實事工夫。

「至誠而不動者，未之有也」

此「至誠」是自思誠而至於誠者也，即《中庸》「誠則形」至能動、變、化者，一理也。所動即親、友、君、民也。

此「思誠」二字内亦有明善工夫，明善其本也。「思誠爲脩身之本，明善又爲思誠之本。」小注之説有理。蓋思誠與脩身，不是兩時，亦不是兩段。明善與思誠，亦不是兩段、兩時工夫。思誠即是誠之，此猶云「孝悌爲仁之本」，孝弟本是仁之一事，然孝悌則其本也。脩身必本於思誠，不思誠無以脩身矣。思誠必本於明善，不明善無以思誠矣。又如親親、仁民、愛物均是仁中之事，但親親爲仁之本耳。○明善、誠身俱是思誠之事，然明善其本也。所謂「思誠爲脩身之本」者，特以不曰脩身而必曰誠身者，以思誠爲脩身之本故如此，立言也只如此。○孟子此章，通述孔子之言。可見孟子之學，醇乎醇者也。在當時亦有著書以非孔子者，然後知孟子之功。

「孟子曰『伯夷避紂』」章

伯夷、叔齊，孤竹君之二子。兄弟遜國，避紂隱居，則自同民庶矣。興曰「盍歸乎來」，言其始也，皆自分長往不返，甘於窮約矣，至是乃興曰云云。○伯夷，孤竹君之子。孤竹，地未詳。

「太公避紂」

按《史記世家》云：「東海上人。」又云：「其祖封於吕，或封於申，皆河南南陽地。」又云：「或曰：太公博聞。嘗事紂，紂無道，去之。」此云「居東海之濱」，蓋避紂後事也。《世家》作「東海上人」，概無所指實。○作、興皆起也。并合兩字解之，猶曰「殆、蓋皆發語辭」者，非可以此就把二字連讀也。

「是天下之父歸之也」條

「天下之父，言齒德皆尊，如衆父然」。「齒德皆尊」之意，不但可解「衆父」之義，所謂「天下之大老」者，亦是以其齒德皆尊之故，一理也。今人但見朱子用在下句，便謂與上文義不同，真執泥矣。○以二老有以係天下之望，而爲天下向背之所憑也。○「二老者，天下之大老」一條，是言文王之所以爲政於天下處。蓋「得天下有道，得其民斯得天下」之謂。

「諸侯有行文王之政」

「文王之民，無凍餒之老者」，是文王之政也。正所謂「制其田里，教之樹畜」，使養其老者也。諸侯有舉而行之，天下之老，豈無自海濱而至者？而四方之民，亦且襁負其子而至矣，故「七年之内，必爲政於天下」。○「文王發政施仁，必先鰥寡孤獨、庶人之老，皆無凍餒。」「庶人之老」，謂「五十者衣帛，七十者食肉」之類，與「鰥寡孤獨」不同。又曰：「味『必先』四字，❶此即是上文四者歟？」曰：「非也。庶人之老，視少壯之人，亦在所先，故曰：『老者衣帛食肉，黎民不飢不寒。』此便是有先後之序。」

「諸侯有行文王之政」者，則「近者悦，遠者來」，賢才畢至，俊傑在位，「七年之内，必爲政於天下矣」。○「意則有公私之辨」。文王之養民，初無所圖也。賢者聞風自至，則其意出於公。蕭何勸漢王養民，直爲欲致賢以爲圖天下之計，則其意未免出於私。

「孟子曰『求也爲季氏宰』」章

謂不能匡救其舊日之行，而反益其富也。

❶ 「四」，疑爲「兩」之誤。

「況於爲之强戰？ 争地以戰」條

范氏曰：「天地之大德曰生，聖人守位曰仁。 孔子曰：『斷一木，殺一獸，不以其時，非孝也。』草木鳥獸，殺之不以其時，則逆天地之理，猶爲不孝，况於人命，可不重哉！」○「率土地而食人肉」，「率」字還作「率引」説方活。○「率土地而食人肉」一句，亦不可草草。 率與「率獸」之率同。 小注「循」、「由」之説，非也。 蓋「爲土地之故殺人，使其肝腦塗地」，直用「肝腦塗地」之義，發出「率土地食人」之意。

「故善戰者，服上刑」

○「故善戰者，服上刑；連諸侯者，次之」，即所謂「君不向道，不志於仁而求爲之强戰，是輔桀也」。「辟草萊，任土地者，次之」，即所謂「君不向道，不志於仁而求富之，是富桀也」，即上文「君不行仁政而富之」也。「故善戰者，服上刑」，此輩人以爲非善戰無以成功名，無以得富貴，故須是「殺人盈野」、「殺人盈城」，然後可以成己事。 此其爲心，何可當哉！ 故宜服上刑。「連諸侯者」動輒以國之利害爲言，其實是先其一身之利。 其所謂國之利害者，都是默爲己地。 且其勢亦多至於戰，但所謀不專主戰，亦有不至於戰者，故以次上刑。 若全不至於戰，則可以無刑。 若直主於戰，則亦宜上刑矣，故以次上刑。「辟土地者」，直是謂我能爲君充府庫，府庫充則己有功而富貴矣，何暇爲民計？ 其術如此，安得無刑？ ○「連諸侯者次之」，正所謂「我能爲君約與國，戰必克」者，不然「約與國」何爲？ 但不身任戰伐之事耳，故次之。 如蘇秦則約六國以抗秦，主與秦戰也。 張儀則主六國事秦，不然則秦伐之矣。○「『辟草萊，任土地』，此與『入其彊土，地辟田野治』者何異，而有功罪之分，何歟？」曰：「主於利民者，自能利其國；主於富國者，勢必奪民利，如李悝盡地力，則盡民力矣。顔淵所謂『東野子不善御馬，❶而窮其馬力』者也。商鞅開阡陌，則經界不正，❷旱潦無備，遺患於民，得不償失矣。」○主於利民者，其勢必兼利夫國，所謂「百姓足，君孰與不足」。主於富國者，勢必不恤乎民，所謂「財聚則民散於下矣」。

問：「如李悝盡地力，不過教民而已，何以爲亦次於止刑？」朱子曰：「只爲他是欲富國，不是欲富民。但强占地，開墾將去，欲爲己物也，皆爲君聚斂之徒耳。所謂『我能爲君辟土地、充府庫，是富桀也』。」○孟子論人臣功罪，不泥其迹，原其心。蓋治地而主於利民，則守國之功可以論。治地而主於利國，則殃民之罪不可逃。○冉求之得罪孔子，君不仁而求富之也，害民者也。「善戰者」，君不仁而爲之强戰，亦害民者也。「連諸侯」，則所謂「我能爲君約與國」者。蓋「連諸侯」與「善戰者」，勢實相因。或連衡，或合縱，總只是戰争耳。所謂「連諸侯」，使相攻伐者，亦害民者也。但不身任殺人之事，故以爲次。○若冉求所坐，便是「辟草萊，任土地」者一科矣。或曰太重。「孔子曰：『非吾徒也，小子鳴鼓而攻之。』」罪豈輕？愚讀孟子「善戰者，服上刑；辟草萊，任土地者次之」，雖亦知有李悝、商鞅之罪，然猶據孟子論也。及之京師，道中原，詢父老以歲事，則或赤地千里，或水潦望洋，民或死者半，或流離且盡，是何三代之時，水旱之灾，獨

❶「東」，原作「當」，今據嘉靖本改。

❷「則」，嘉靖本作「而」。

不至是之烈也？乃知經界廢而旱潦無備，❶貽禍萬世，二賊之罪，又浮於善戰者矣。雖然，廟堂之上，果有真見者，作經界之法，決不容不行也。

○今文廟十哲，惟冉求未稱。依孟子所論，所以次於上刑者，何乃以與閔、路並列而享萬世之祀？又子夏、子張輩，當時嘗欲以事孔子者事有若，至於曾子雖曰「有若不足以當」，要之，子游輩亦非胸中全無皂白者，有子亦必有優於子游輩故也。而今因升顏子在四配，乃進子張，抑有若，又不去冉子，要皆未能帖服萬世士人之心也。姑記之於此。

「孟子曰『存乎人者，莫良於眸子』」章

言最好是眸子。眸子最好觀人也，主觀人言。「存乎人者」，謂耳、目、口、鼻、手、足、動、靜，皆是「存乎人者」，但「莫良於眸子」耳。

○「不知言，無以知人也」，古人已發之矣。但眸子之足以觀人，前此未有發之者，而孟子獨得此法以鑑人物，故言之以曉人人。○夫言之足以知人也固矣，而眸子猶足以知人，故既聽其言，而又并眸子觀之，則「人焉廋哉」。此章意重眸子。❷

「眸子不能掩其惡」

❶「知」，嘉靖本作「至」。

❷「重」下，嘉靖本有「在」字。

眸子，人心之符契，天機之自露者也。

「聽其言也，觀其眸子」

人皆知聽言之可以觀人，而不知眸子尤足以觀人。蓋「言猶可以僞爲，眸子則有不容僞者」，故孟子先説眸子之良，而後并聽言論之。○「言亦心之所發」，要看此句。眸子亦心之所形，人之邪正在於心，而其機符見於言與目。

《人相編》卷之二《相目篇》曰：「天地之大，托日月以爲光。日月爲萬物之鑑，目乃人一身之日月也。左目爲日，父象也；右目爲月，母象也。寐則神處於心，寤則神依於目，是目爲神所遊息之宫也。觀目之善惡，可以見神之清濁也。」

「孟子曰『恭者不侮人』」章

○當時之君，有致飾於儀容度數之間，自以爲恭儉，而無恭儉之實德也。蓋在其本國也，則不能以禮接下，不能取民以制，是爲「侮奪人」矣，安得爲恭儉？其於隣國也，則無故而加之以兵，無故而侵其土地，是亦爲「侮奪人」矣，安得爲恭儉？故孟子正其實而言之曰云云。

「惟恐不順焉」，言惟恐少拂吾意也，明其無紀極也。

胡氏曰：「孟子嘗言人君必『恭儉禮下，取於民有制』。蓋惟恭者必禮下而不侮人，儉者必取民有制而不奪人。不侮者，恭之驗；不奪者，儉之驗。《書》曰：『恭儉惟德，無載爾僞。』」「不侮人」、「不奪人」，當兼饒、胡二説。

「淳于髡曰『男女授受不親』」章

淳于髡，齊之辨士。《史記·列傳》：「髡，齊人也。博學强記，學無所主。嘗再見梁惠王，王屏左右，俟其言，終不言。怪之，以語客。髡復于客曰：『吾前見王，王志在驅逐。後見王，王志在音聲。吾是以默然。』客以是報王，王曰：『淳于先生，誠聖人也。初先生之來，有獻善馬者，未及視，會先生至。後有獻謳，未及試，亦會先生來。寡人雖屏人，然私心在彼有之。』後見，語連三日三夜。然終謝去，蓋王亦不能用也。」〇「男女授受不親」，禮，「男女非祭非喪不相授器。其相授，則女授以篚，其無篚則皆坐奠之，而後取之」，以遠別也。〇「遠別」二字是連綿字，非遠乎别也，猶云辨别也。或云「遠嫌别疑也」，亦通。〇援之以手，己之手，非嫂之手也。

「禮」與「權」二字，淳于髡亦知有此二字，但此二字有正道邪説之分。蓋權與經雖有辨，其實權不離經，權所以濟經也，故曰：「權而得中，是乃禮也。」只是於事之常者用常禮，事之變者用變禮。權只是禮之變者，非有背乎禮，乃委曲以成乎禮也，故曰：「權非體道者不能也。」淳于髡見孟子直己守道，不肯少屈身以伸道，以爲知有禮不知有權，則是以權爲禮外物也。即此便是邪説，與古人所謂權者，差毫釐而謬千里矣。此一字最難認。〇髡此問與上篇陳代彭更之意同。髡欲諷孟子用權，特先以禮發其端。

「嫂溺不援，是豺狼也」

豺狼無人心者，忍也。〇「權，稱錘也」。用其意不狥其字也，故繼之曰：「稱物輕重而往來以取中也。」以此見所謂「顧」，謂「常目在之」也。「温猶燖温之温，謂故學之矣，復時習之也。」「揆，度也，言度之而其道無不同也。」此類俱要以意逆志。○一曰禮二曰權，聖賢平日精義之功到，一時之辨如響如此。○髡前所問者，禮也，後所難者，禮之變也，變斯用權矣。如此，道理乃不窮。髡何足以知之。○「權而得中」，只是適宜，適宜便是合理，合理則雖非禮之常，是亦處變之禮也。蓋權與禮，❶實相成而非相反也。○權者，處變而不失其常者也。若失其常，則不得爲權矣。蓋權與禮，實相成而非相反也，故本注曰：「權而得中，是乃禮也。」程子所以有「權只是經也」之説。○禮是常行之道，權是處變時所當行之道。如此説，則權與經固有辨，而實則非相背者矣。

此章言直己守道。○得淳于髡此辨發出孟子精意，萬世之事，有所持循矣。南軒曰：「孟子之不少貶以求濟，乃是援溺之本，天下之大經也。直己守道，所以濟時，未便是濟時，然乃所以濟時也。不然，先失其援之之具矣，又將何以濟時？」

「公孫丑曰『君子之不教子，何也』」章

蓋爲君子之不親教子而發。按：孔子問伯魚「學《詩》乎，學禮乎」，亦可見其不親教之。若親教之，則其已學未學，自知之矣，何用過庭之問？

「勢不行也」。○言非其情也，勢然也。

「夫子教我以正，夫子未出於正也」

❶ 「禮」，嘉靖本作「理」。

此亦爲常人之爲父子者言，若聖賢，自無此事。然聖賢實多不親教。蓋非虞其謂「夫子未出於正也」，❶亦恐未免有以正不行處。

「古者易子而教之」

其爲此律，正爲父未必皆賢父，子未必皆孝子也宜然，然所以養父子之恩也。蓋亦以危心處之。若父子責善，則危道矣。危心者，正所以求免於危道。危道者，其初心不知有危。

朱子曰：「易子而教，考之孔子亦然。若孔子自教其子，則鯉所學，必有以知之矣，又奚問焉？陳亢稱『君子之遠其子』，亦可見矣。」朱子亦嘗送子往婺源從學，韓文公則送子符城南讀書。

「父子之間不責善」

「責」字重，有必欲其如此，不如此則責之之意。○君臣、朋友猶可離，所謂不合則去，父子無絶道，故不親教也。古人之慮遠如此。蓋稽其所弊也，亦天理之宜然也。

「責善則離，離則不祥莫大焉」

與上文「父子相夷則惡矣」元無二意。只是「父子之間不責善」一句，是從來有此説，下二句以解此一句，故不覺其意重耳。

❶ 「虞」，嘉靖本作「慮」。

南軒曰：「恩養於父子之際，而責善望之師友，仁之篤而義之精也。」❶○饒氏曰：「所謂諍則下氣怡聲，和悦以諍之，所謂戒示訓教之而已矣。」❷○新安陳氏曰：「父之於子，正身率之，以責善望師友，固也。然遇不賢之子，不得已，亦當自教戒。若懼傷恩，而全不教戒，及其不肖，徒諉曰其子之賢不肖，皆天也，此所謂慈而敗子矣。」○少讀此章，每疑孟子只以情論，而不根據夫理。既而熟讀數遍，只得「勢不行也」一「勢」字而解。何則？父之教子，理也，而其不親教者，勢也。理無不可，而勢則或有不行故也。非謂但處父子，皆不可親教也。父賢而子又賢，何須必易而教。

「事孰爲大」章

○初言事君、事長，皆事也，事親爲事之大。守國、守家，皆守也，守身爲守之大。二者分開平説。繼言不失身則能事親，貫二爲一，分輕重説，能守身能事親。此與前章悦親在於誠身意同。○「虧體辱親」自是兩意。如云：「身體髮膚，受之父母，不敢毁傷。父母全而生之，子全而歸之。」此不虧其體之謂也。如云：「將爲善，思貽父母令名，必果；將爲不善，思貽父母羞辱，必不果。」此不辱其親之謂也。

「孰不爲事」條

此事親所以爲事之大，守身所以爲守之大也。孟子意正如此。新安亦曰：「惟其爲本，所以見其爲大。」

❶「精」，嘉靖本作「行」。

❷「示」，原作「亦」，今據嘉靖本改。

○「孰不爲事」、「事之本也」，此二「事」字，與凡所謂事物之事稍不同，乃服事之事也。

「曾子養曾晳」條

「必請所與」，見在盤殽之餘也。「問有餘，必曰有」，又所餘在竈厨未出者也。○曾子之養志，正是能順親於道者。曾晳問有餘，是有及物之志，安可不承順？若不問其於道理如何，而惟知順從爲美，則是所謂「子從父之令，安得爲孝乎」者，故事親必本於守身以道，則事親能以其道矣。此意「不失其身」一段，便已包含在了，特至此始發之耳。

○人子養志，其目最多，其體最大，酒食一端，特舉以見例耳。如曾子之「戰戰兢兢」、「仁以爲己任，死而後已」，皆養志之事也，故曰：「將爲善，思貽父母令名，必果。」視於無形，聽於無聲，一跬步而不敢忘孝也。

○「曾子養曾晳」一條，其旨歸在「事親若曾子者可也」。而必固粘着守身説，蓋事親本於能守身。此義上段發之已盡矣，不復用贅矣，故下言「事親，事之本也」，「守身，守之本也」，再不用以守身與事親交言之。此段特舉曾子之養志以示人子事親之法。蓋養志實事親之大綱要也，其義精矣。○饒氏、輔氏注俱可玩。

一説「曾子養曾晳」一條，務要説曾子是能守身者，孟子分明謂「失其身而能事親者，吾未之聞」。況欲子之不失其身，尤父之志之大者，一飲食間尚當念親志如此，則立身行己，其能持守此身以承親志，不言可知矣。此新安之説。又云「南軒謂曾子能盡事親、守身之道，故舉其養志之事者，最爲得之」云。

〇此章「曾子養曾晳」至「事親若曾子者可也」二段，只以事親言之，至言外，方可貼云：元來曾子固是善守身者，故其善事親如此。「不失其身而能事其親者，❶吾未之聞也」，豈不信哉！〇聖賢做工夫甚細微，養親須欲養志，無一件不要做到善處。

「事親若曾子者可也」

程子曰：「孟子云：『事親若曾子可也。』吾以爲事君若周公可也。蓋子之事父，臣之事君，聞有自知其不足者矣，其嘗聞其有餘者乎？周公之功固大矣，然臣子之分所當爲也，安得獨用天子之禮乎？」〇又曰：「子之事父，其孝雖過於曾子，畢竟是以父母之身做出來，豈是分外事？若曾子者，僅可以免責耳。臣之於君，猶子之於父也。假如功業大如周公，亦是以君之人民勢位做出來，而謂人臣所不能爲可乎？」

「孟子曰『人不足與適也』」章

「適，過也」，蓋咎也，言其用人之失，不足疵咎也。〇「間，非也」，猶沮也，以其非而間沮之也。

言用人之非，不足過；行政之失，不足非，只顧你本身是何等人物耳。夫惟盛德大人，則自能格君心之不正以歸於正耳。彼人君行政用人之非，其原皆由於其心之非也。惟大人格君心之非，君心既仁，則用人行政皆無私而莫不仁矣云云，是「君正莫不正」矣。大人一正其君，而國自定矣，何勞屑屑然事事而更之，人人而去之哉！〇「惟大人爲能格君心之非」，大人，大德之人，無一毫私心者也。故能以己之德而感化

❶「者」下，四庫本有「云云」二字。

成就乎君之德，不待「事事而更之」，「人人而去之」，而徒以口舌「匡乃辟」也。○「格」字不是着力字，是我本身無所不正，致使其君化之，亦去其不正而從正焉，故曰：「大人者正己而物正者也。」朱子曰：「此是精神意氣自有感格處，然亦須有箇開導的道理，不默默而已也。伊川解『遇主于巷』云：『至誠以感動之，盡力以扶持之。』」○「惟大人」三字，是緊關，不然是徒欲以口舌「匡乃辟」矣。○朱子曰：「孔子不能移定、哀，孟子不能移齊宣。要之，有此理在我，而在人者不可必。」○孟子曰：「我先攻其邪心。」此荀卿述孟子之言也，便可見孟、荀之優劣。孟子曰：「惟大人爲能格君心之非。」「格」字與「攻」字正相反，雖均之爲正道，而精粗之辨，亦昭然矣。

「孟子曰『有不虞之譽』」章

「脩己者不可以是」云云，輔氏曰：「《集注》既得孟子本意，又續以此二言，於人己兩有所益。」

「孟子曰『人之患，在好爲人師』」章

「自足而不復有進」，此其患也。夫學問者，終身之事也，雖至聖人之域，亦不可有自足之心。新安陳氏曰：「『不得已』者，不自知其有餘，無意於爲人師，而人自師之。『好』云者，自見其有餘，有意於爲人師，而人未必心悅誠服以師之。」

「樂正子從於子敖之齊」章

「子亦來見我乎」

要看《集注》「又不早見長者」、「乃姑以此責之」語意。蓋孟子此言，只是責其見遲，而其實則非責其見遲也。下章之言，但未發耳，故曰：「姑以此責之。」惟記者得其意，要記孟子責樂正子來見之遲，却先揭其端曰「樂正子從於子敖之齊」，得其實矣。

當時孟子本怪其以餔啜而從子敖之齊，然姑且以「不早見長者」而責之。及樂正子受責，曰「克有罪」，然後孟子乃正其罪而責之。不然，彼既不能受責，而我直責其餔啜，則徒速其離心。而或以吾言達之子敖，益多吾之敵，聚吾之怨耳。可見聖賢自有術。

「曰：『克有罪。』」

其勇於受責固可取，然猶未悟其從於子敖之非也，所以有待於下章之言。

「孟子謂樂正子曰『子之從於子敖來』」章

「徒餔啜也」，此分明是責其失身於所從。

朱子曰：「王驩，齊幸臣，嘗欲托於孟子以取重云云，絶之深矣。樂正子不察，輕身從之，意特藉其資糧輿馬以見孟子而已，故以徒餔啜罪之。若孟子所以去齊，其詳不可知，疑驩於是積憾而遂去也。」○饒氏曰：「樂正子始意，只欲來齊見孟子，依王驩來，省糧食之費，視爲没緊要事。殊不知，一失身從之便是因失其親，將來驩或薦引之，則其去就愈難處，孟子所以切責之。」○孟子他日言「無惑乎王之不智也，我退而寒之者至矣」，蓋正指驩輩。然則孟子之與驩，勢不兩立者也。朱子疑孟子去齊，爲驩積憾所爲，豈其不然。

「孟子曰『不孝有三，無後爲大』」章

於禮有不孝者三事，皆是正路上差了脚步者，與世俗所謂不孝者五不同。此章之言，義之精者也。蓋不違其親，孝也。「阿意曲從，陷親不義」，則不孝矣。自重難進、敬身爲大，孝也。「家貧親老，不爲禄仕」，則不孝矣。或不得乎親，或家貧之甚而不急於娶，孝也。然「不娶無子，絶先祖祀」，則不孝矣。

饒氏曰：「此三者，不是尋常不孝底事云云，趙氏以意度，説自好，所以朱子不改其説。」○按饒氏作趙氏意度之説，似亦太説殺了，不如輔氏從容。且「不娶無子」坐定「告則不得娶」者，亦太説殺。○三不孝與五不孝殊科。五不孝人皆知之，三不孝人鮮知其爲不孝矣。

「君子以爲猶告也」

此句務要究其實。蓋告而娶，孝也。「不告而娶」，以無絶其先祖祀，亦同歸於孝也，故曰「君子以爲猶告」，故曰「權不離正」。

○朱子曰：「以事理度之，意其未及告而受堯之命耳。其後固不容不告而遂娶以歸也。」此説最好，且與「以君治之」之説相符。雖未及受父之命，以有君命在也。○按《尚書》舜既「克諧以孝」，「瞽瞍允若」，然後四岳舉之，堯乃妻之，則當無不告而娶之事。

○倪氏曰：「《集注》於前章曰：『惟在下者有湯武之仁，在上者有桀紂之暴則可，不然，是未免有弑簒之罪也。』於此章曰：『若父非瞽瞍，子非大舜，而欲不告而娶，則天下之罪人也。』皆所以補孟子未足之意，嚴萬世之大戒，而扶植君臣、父子之綱常也。」

○此章「不告而娶」云云，只可論理，要非實事。蓋戰國時人多好事，處士恒妄言，如曰「孔子主癰疽侍人」，曰「百里奚自鬻於秦」，曰「伊尹割烹要湯」，曰「舜不告而娶」，此類蓋甚多也。孟子大概亦隨所聞而以義理及己意評折之，不及一一覈其妄耳。又如「焚廩」、「浚井」、「二嫂治棲」之言，尤爲乖妄，不足信。孟子亦只據理斷將去，俱不暇覈其言之妄。至於「瞽瞍殺人」之問，亦只告以「竊負而逃」之理。要之，亦未必當於事實也。當時舜已克諧其父母以孝，而烝烝於父矣，其父母又何至禁其娶帝女而使之不敢告哉！無是理，無是事也。縱使瞽瞍未底豫，然以人情言，彼頑嚚之人，一聞帝顯用其子，而以帝女爲之婦，彼亦無不沾被福澤之理，庸有不皤然歡喜者乎？而又何至畜怒藏怨，不樂其娶帝女，而欲禁之哉！雖人情，亦即理也。孟子之言，要之，但可立萬世人子之訓耳。

「孟子曰『仁之實，事親是也』」章

「仁義之道，其用至廣，而其實不越於事親從兄之間」。「用」字與「實」字相對。若仁之見於仁民、愛物，義之見於敬長、尊賢，皆其用也。惟事親、從兄，乃其實，必先有其實，然後得仁民、愛物、敬長、尊賢等處，所謂「天下之道，皆原於此」。不然，則其實先撥矣，❶尚何能及其他？故注云：「蓋良心之發，最爲云云，亦猶是也。」

「切近精實」四箇字，要得明白「爲仁之本」「本」字，便該有此意。今人作破題，以「行仁之始」破「本」字，是但得其「切近」處，不得其「精實」字意也。然實不可以「精實」字當「本」字，故曰：「意亦猶此。」

❶ 「撥」，嘉靖本作「拔」。

朱子曰：「『實』字有對名而言者，謂名實之實。有對理而言者，謂事實之實。有對華而言者，謂華實之實。今這『實』字，正是華實之實。『仁之實』本只是『事親』，推廣之愛人、利物，無非是仁。『義之實』本只是『從兄』，推廣之弟長、忠君，無非是義。事親、從兄便是仁義之實，推廣出去者，乃是仁義之華采。」又曰：「實對華而言，凡仁義之見於日用者，惟此爲根本精實之所在，必先立乎此，而後其光華、枝葉有以發見於事業之間焉。」○「仁之實」如穀實、果實之實，有生道焉，故曰：「天下之道，皆原於此。」又曰：「有子以孝弟爲爲仁之本，其意亦猶此也。」

○「仁義之道，其用至廣，而其實不越乎事親、從兄之間。」往常俱以「用」字對「實」字看，不知事親、從兄本亦用也，但用中之實者，則在事親、從兄。此説人多不信。蓋仁主於愛，愛便是用，如愛親、愛民、愛物，皆仁之用也。而愛莫切於愛親，此則「仁之實」意也。又曰「良心之發，最爲切近而精實」者，「發」字尤見其皆用也。

「禮之實，節文斯二者是也」

節文斯二者，謂處置得齊整，無過不及也。○節文只是中，無過不及，俗云恰好處，故居智之後。知而弗去，事親、從兄實事都有了，節文又是理教整齊，有華采。至於樂，則從容乎孝友之天，所進愈高，所進益深，至有不可名言之妙處。總只是事親、從兄二者而已。○言智而後言禮，必知之明而守之固了，然後方可從上面加節文仔細工夫。

○此「守之固」是言其行之有終，自知之至守之，事親、從兄始終之事備矣。「節文」乃是就上面加華采，又較深一節。至於樂，則愈深矣。此三段，以淺深言。

「樂之實，樂斯二者」

樂者，謂其事親、從兄，無所勉强而安之也。由是，「事親、從兄之意油然自生，如草木之有生意」。蓋進進不已，所得愈深也。「生則惡可已也」，深而又深，其味無窮也。至於手舞足蹈之至矣，見得不是樂之便住。○「樂之實」，雖云樂之深，只是有其實，全無其聲容。其曰不知手舞足蹈者，言其深樂此二者，其中有不可名言之妙也。蓋孝弟之趣無窮，故樂而生生而不可已，不可已而手舞足蹈。天性罔極之恩愛，其樂處豈有涯哉！

○「樂則生矣」，凡道理至於自得，則自有生意矣，烏可已！即生生不已也。手舞足蹈，愈造愈深，而其妙至於不可名狀，使人心暢而神爽，足輕而手快，不自知其所以然也。此與「自得之，則居之安」云云，同是一意類也。○尋常説進德之事，只到樂處便了，此節都有許多節者，亦是樂中之節，非樂之後又有許多節目也。尋常單言「樂」字，亦該得「樂則生」矣。○「仁之實」章，孟子所見道理自周遍，非謂天下道理都不出乎事親、從兄，只謂天下道理都原本於事親、從兄而已。❶下文智、禮、樂亦然。故一一下箇「實」字，有生道焉。○此章五箇「實」字是字眼。○「此章言事親、從兄，良心真切，天下之道，皆原於此」。此四句，全是貼仁義之實二句，不可以爲該「智之實」以下。朱子分作兩段，故小注以爲「此章之言，一經一緯也」。

❶「本」，嘉靖本作「在」。

○「仁」、「義」二字，孟子是以此該盡天下之道，如云「亦有仁義而已」，又云「仁，人之安宅」云云，又言「親親仁，敬長義也」，又曰「充塞仁義」。每只言仁義，是並舉體用而言，以該天下之道也。此章言仁義之實，亦是一大頭腦，所謂「天下之道，皆原於此」者也。其下條智、禮、樂云云，則皆所以全乎孝弟二者而已，非以智、禮、樂之實來對仁義之實而並言之。要有主客，故朱子亦分爲兩段解。總注亦然。○孟子看得「孝」、「弟」二字道理最大。此章之言，即是「人人親其親長其長而天下平」之理，故其所抱負王道，只欲五畝而使老者無寒，百畝而使老者無飢，「雞豚狗彘之畜」而使老者得食肉，「謹庠序之教」而使老者無負戴也。又曰：「親親，仁也；敬長，義也。無他，達之天下也。」此皆是定見處。

「孟子曰『天下大悅而將歸己』」章

意謂夫人之情有得一金而不勝其喜者，有得一命之貴，而不勝其榮者。今也「舜視天下之歸己猶草芥」，何輕天下如此哉！舜之心，自有所重耳。蓋舜爲不得其親而順之，以爲「不得乎親」云云。○此章與《萬章》「惟順於父母可以解憂」意兩處「順」字又同。

「不順乎親，不可以爲子」

必其親順乎理，然後我方爲順乎親。○「順」字解作「不違」字，必親之志全善，我方得順之，不然，未免有拂也。又不可强從親之令。○「順則有以諭之」云云，有違必諭之於道了，方得「心與之一而未始有違」。「順」字正訓是「不違」。「諭之以道」都是順前面工夫。甚矣，順親之難也。

「瞽瞍底豫」

「至誠而不動者，未之有也」，要在「反身而誠」。大注：「底，致也。」言舜盡事親之道，於是瞽瞍雖頑，亦有以致其悦樂也。○一説：致，至也，如「底於有成」、「乃言底可績」之「底」。但如此説，則朱子何不曰至也？又曰「至是而底豫焉」，不爲重復字乎？○舜盡事親之道，必欲得其親而順之，正是「祇載見瞽瞍，夔夔齋慄」，「共爲子職，不見父母之非」是也。○陳氏曰：「化以心言，定以分言。」○李氏曰：「云云不見父母之非而已。」○問：「若不見父母之非，如何必諭之以道而後已？」曰：「初間父母志未歸於道時，却是人子不是，非父母不是也。子若能盡事親之道，則有以引之於道矣，何至有違處。」新安陳氏曰：「罪己而不非其親者，仁人孝子之心也。怨親而不反諸己者，亂臣賊子之志也。」

離婁章句下

「舜生於諸馮」章

○此一章是言貫萬古而同一道，歷百聖而如一人也。獨以舜與文王比度者，一是「西夷之人」，一是「東夷之人」，一是上古聖之盛者，一是後來聖之盛者，二聖之道既同，則百聖可知矣。「先聖後聖」之言，雖承舜、文王而言，但謂之「先聖後聖」，則其所該者固廣，不止二聖人也。孰謂堯、舜、禹、湯、文、武之道，便與舜、文異哉！故曰：「東海有聖人出焉，此心同也，此理同也。千百世之上，有聖人出焉，此心同也，此理同也。千百載之下，有聖人出焉，此心同也，此理同也。」此章所言「得志行乎中國」者，似皆指道之用言。且其同處，皆不期同而自同，無意於同而自無一之不同。此見道之出於天而不易者也。嗚呼！至哉！

在東方夷服之地。○「夷服」二字，按《書經圖》：商五服，侯、甸、男、采、衛也。《書》曰：「弼成五服。」又《書》注云：「甸服主治王田，以供祭祀。」○又有六服：王畿、侯、甸、綏、要、荒也。○又周九服：侯、甸、男、采、衛、蠻、夷、鎮、荒也。○趙氏曰：「諸馮在冀州之分。負夏，春秋時衛地。鳴條，在安邑之西。」今按：冀，正北方也。衛，東北方也。安邑已近西，鳴條又安邑之西，如何云「在東方夷服之地」？曰：「冀雖正北，曰『在冀州之分』，則諸馮諒在冀州分内之東矣。衛則已在北之東。鳴條亦然。蓋堯舜時，天下無許多大。至夏、商、周時，始漸拓而大，故以爲『夷服』。然謂之『夷服』，則實在諸侯九服之内，非如今之所謂四夷之夷。且九服，夷在荒之内，故曰：『荒服之外，不治也。』在荒服内者，固皆先王所治，不可謂舜、文本皆夷狄人也。文王生於岐周舊邦，豈舜當時以夷狄地封后稷邪？公劉始遷于邠，豈肯遷入夷狄耶？❶四岳舉舜曰『有鰥在下，曰虞舜』，堯乃『降二女于媯汭』。舜乃夷狄，四岳安得聞其詳而薦之邪？堯又安肯以女妻夷狄人邪？且媯汭據《書傳》曰：『潙，水名，今在河中府河東縣。出歷山，入河。』又曰：『汭，蓋舜所居之地。』此徵佐尤明。若不審此，中國帝王所自立，豈容胡人入主中國哉！况諸馮、負夏、鳴條、岐周、畢郢，古今皆屬中國，但以其際西而極東，故云爾。」○問：「舜卒於畢郢，則湯與桀戰之地也。而《竹書》有『南巡不返』，《禮記》有『葬於蒼梧』之説，何邪？」朱子曰：「孟子之言，必有所據。二書駁雜，恐難盡信。然無他據，闕之可也。」○按《史記》出於諸儒之附會，漢汲冢始得古文《竹書》，誠難盡信也。

❶「豈」，嘉靖本作「安」。

「汲冢紀年」,「孟子見梁惠王」下小注,是書名。

○孟子於此,必曰「東夷之人」、「西夷之人」者,非以「夷」字誣累二聖人也。孟子之意,重在「東」、「西」二字,「夷」字則見得一在東之極,一在西之極,故曰:「地之相去也,千有餘里也。」若不在中國之内,則其相去,豈特千餘里哉!

「世之相後也」,亦不必添一「先」字,亦不必專指文王。蓋有後則有先,云相後則有在其先者矣。趙氏悳曰:「舜至文王,一千二百歲。」

「得志行乎中國,若合符節」

非以得志行中國爲合符節,以其得志而行乎中國者,若合符節也。蓋主道言,然不曰道而必曰云云者,是據其行事之實相合處言也。○舜之政在養民,而「利用、厚生、正德惟和」者,即文王之「耕者九一」、「澤梁無禁」,使「民無凍餒之老」也。文王之「發政施仁必先鰥、寡、孤、獨」,即舜之「不廢困窮,不虐無告」也。文王之「仕者世禄,罪人不孥」,即舜之「賞延于世,罰弗及嗣」也。舜之「慎徽五典,五典克從」,即文王之止於仁、敬、孝、慈、信而「爲法於天下」也。考二聖人之所行如此之類,信乎「若合符節」也。

問:「符節一物乎? 分爲二物乎?」曰:「一物乎。何以證? 注曰『符節,以玉爲之』云云,可見是一物。兼《周禮》所謂玉節、角節、虎節、人節、龍節、璽節、旌節。《周禮》惟門關用符節,此符節則以竹爲之,不堅也。」○朱子曰:「禮:符節,右留君所,左以與其人,有故,則君以其右,合於左以爲信也。」○先儒胡氏謂舜於君臣處其常,而於父子處其變;文王於父子處其常,於君臣處其變。可以見其道之一。此説不是,非所謂「行乎中國」者意。大抵孟子本意，是以其措於天下者言，故曰：「得志行乎中國。」○「得志行乎中國」，吴仲珠謂「中國」二字，對東夷、西夷説，非也。《集注》只訓作「天下」。且東夷、西夷，已説見上。❶

「先聖後聖，其揆一也」

「先聖後聖」，承舜、文言，其實罩得廣。今以舜、文所行於中國者比度之，固相合。若以他聖人來相比度，亦何有不合者？○朱子曰：「古人所謂恰與我相合，只此便是至善。前乎千百世之已往，後乎千萬世之將來，只是此箇道理。今所謂『先聖後聖，其揆一』者，正要説到古人所爲恰與我相似處，方是真正趣味。蓋有莫知其所以然者，而實有箇所以然，皆是無意於相合而自然相脗合。」○自古聖人，皆同一揆，此獨言舜、文者，朱氏公遷曰：「舉其相去之最遠者以爲例，見其無不同也。」○「其揆一者」，注云：「揆，度也。其揆一者，言度之而其道無不同也。」此是解出所取「揆」字之義如此，其實只是與言其一揆、一轍、同歸一致者一意，切不可謂上文言其道之同，此是言度其道之同。○「揆，度也。」度不是料度，乃是此度也。若作料度説，則差毫釐而謬千里矣。故孔安國《書經序》曰：「夏、商、周之書，雖設教不倫，雅誥奥義，其歸一揆。」而陸氏疏注亦云：「揆，度也。」以此證之，其義明矣。

范氏曰：「言聖人之生雖有先後遠近之不同，然其道則一也。」先後，本「世之相後」一句言。「遠近」本「地之相去」一句言。但不可分孰爲遠，孰爲近，總以地之相去言。一説皆以時言，謂後聖爲近，先聖爲遠。

❶「上」，嘉靖本、四庫本作「前」。

然既有「先」、「後」字了，又何用重贅？新安陳氏分地、時，自是。○或曰：自古聖人，莫盛於舜，其次莫盛於文王，何也？舜「自耕稼陶漁以至爲帝」，無一件不做到極處，皆是處人之所不能處，而致人之所不能致，故「一年所居成聚，二年成邑，三年成都」，以至天下之士就之而又視之如草芥，舉天下之可欲者無足以動其心。顔淵曰「舜何人也」，此獨稱舜也。孟子曰「舜爲法於天下」，又曰「舜明於庶物」，亦獨稱舜也。至若文王，孔子以爲至德，《大學》言「其爲人君止於仁」云云。且自新新民，各至其極。孟子又謂「其民已安矣，視之猶若有傷；道已至矣，望之猶若未見」。《詩》稱其「不顯亦臨，無射亦保」，《中庸》又謂其「純亦不已」。看來二聖是純優於群聖。堯與舜，雖不可置優劣，然舜起自匹夫而致此，尤難也。

「子産聽鄭國之政，以其乘輿濟人於溱、洧」

溱、洧，二水名，非一處，安可以一箇乘輿而濟之哉！抑先後不同時邪？朱子曰：「子産見人有徒涉此水者，則必當時二水無橋，人皆徒涉。子産或因見人涉溱而并濟及洧，或因見人涉洧而并濟及溱，或一時知人徒涉此二水以兼濟之，皆不可知。其以乘輿濟人，決非一箇乘輿，亦非只濟其一次而遂止。蓋以二水俱未有橋，而各捨一車以濟渡也。疑亦初得政時，欲橋之而未得歟？」不直曰子産以其乘輿濟人於溱、洧，而必曰「聽鄭國之政」云云者，此書法也。正見其居爲政之位，而不知爲政之道，得爲不爲，而乃爲其所不必爲者，所以爲可譏也。○「子産聽鄭國之政」，言舉鄭國之政皆在所聽決也。此一句見其操可爲之勢。如「十一月徒杠成，十二月輿梁成」，皆其所得爲者。

「惠而不知爲政」

惠之所及者狹，政之所被者廣，故曰「焉得人人而濟之」，又曰「日亦不足矣」。若知爲政之道，則自然人人可濟，自然日力有餘也。故自「歲十一月徒杠成」至「日亦不足矣」，是皆以發夫「惠而不知爲政」一句之意，所謂「公平正大之體，紀綱法度之施」字意，箇箇趍於廣大之域。○東坡曰：「有及人之小利，無經世之遠圖，『惠』字便是譏了，不到『不知爲政』處方是譏。」故注云：「惠謂私恩小利。」輔氏曰：「惟其恩之出於私，故其利之及者小。」

或謂惠以心言，亦非也。注明云「私恩小利」，是以事言。若謂子産有不忍人之心，而不能行不忍人之政，則固是。○《黄氏日抄》：「《或問》云：『子産能使都鄙有章，上下有服，田有封洫，廬井有伍，非不知爲政者也。』晦庵舉其師之言，謂子産於橋梁之脩，蓋有餘力，而其惠之及人，亦有大於乘輿之濟者矣。意此時偶有故而未就，而不忍乎冬涉而爲此耳。然暴其小惠以悦人，人亦悦而稱之。孟子懼夫後之爲政者，或又悦而慕之，其流弊必至廢公道而市私恩，故深譏之以警其微，亦拔本塞源之意也。愚意子産君子人也，未必暴私惠以悦於人，其濟處，亦未必其有深淵須橋梁之地，其時亦未必冬寒之時，而相國之乘輿，又豈有常出於外，借以濟人之理？或者子産乘輿已濟，而小民有涉水者，因就以其乘輿濟之。小民感悦，世傳以爲美談，孟子因而廣之，言此不過一時之惠云云。愚謂此正拔本塞源，不得不然也。」○《大全》注：問：「以《左傳》考之，子産非不知爲政者，孟子姑以其乘輿濟人一事議之。然夫子亦目以惠人，豈子産所爲，終以惠勝與？」朱子曰：「東坡云：『有及人之小利，無經世之遠圖。』亦説得好。『都鄙有章』等，只是

行惠人底規模。」❶

政則有公平正大之體，紀綱法度之施。○注：輔氏曰：「體以理言，本也。施以事言，用也。」○「公平正大之體，紀綱法度之施。」公則平矣，公平則正矣，正斯大矣，所謂「大者正也」。○大者爲綱，總乎衆紀；小者爲紀，隸於大綱。綱紀，即法度之凡也。凡皆法也，度特其一，舉一該其餘。

「歲十一月，徒杠成」至末

自此以下，皆承上文「惠而不知爲政」言，謂子産是不知爲政。以爲政之道言之，如患民之病涉也，則必十一月成徒杠，十二月成輿梁。如此，民自無病涉之患矣。此固王政之一事也。所以君子但能平其政，「行辟人可也」，又何必以其乘輿濟人哉！縱然以乘輿濟人，然「國中之水，當涉者衆，亦豈能悉以乘輿濟之哉」。必欲人人而濟之，是每人而悦之也。如此，日子亦不足以供用矣。何則？人多而日少也。自「歲十一月」以下，則言當務大德而不必行小惠，正應首句「惠而不知爲政」言。○「杠，方橋也。」橋勢僅四方可通徒行耳，此橋之小者。

○「梁，亦橋也。」凡橋皆可謂之梁，惟杠則獨是方橋，此其可通車輿，故曰「輿梁」。此橋之大者。先成徒杠，後成輿梁，小者力省而易成，大者力數倍故遲耳，非必急於徒行，而緩於車行者。

○不曰「十一月成徒杠」而必曰「徒杠成」者，言子産若知爲政，早使徒杠、輿梁都就了，則今日何至以乘輿

❶ 「規模」，嘉靖本作「模樣」。

濟人哉！故曰：「未病涉也。」亦如饒氏之説。《夏令》曰：「十月成梁。」不曰「作梁」而曰「梁成」，要其成功言也。○徒杠工費省於輿梁，故徒杠一月可成，輿梁必經二月而後成，亦有説也。○大注「水有橋梁」一句帶下讀，不偏「又時將寒沍」一句。沍，凝也。○《夏令》曰：「十月成梁。」引此以證周十二月爲夏十月也。然則周十一月，非夏九月而何？此一句可證本文二句。○《夏令》曰：「九月除道，十月成梁。營室之中，土功其始。」○漢後主十五年春正月，魏黄龍見，以三月爲夏四月，以建丑之月爲正也，則《胡傳》「夏時冠周月」之説，尚可疑矣。況《孟子》注之徵尤明。史伯璿《管窺外編》，其論最詳。趙氏悳曰：「《夏令》，夏后氏之令，周所因也。」

「民未病涉也」

注「國中之水當涉者」，「國中之水」，謂不止溱、洧也。愚謂縱然只是溱、洧，亦不能人人而濟之。朱子必廣言者，蓋如此，則愚一意亦在其中矣。若據愚説，則該不得其他水，然《語録》又不拘。○一説：「況國中之水」，謂溱、洧在國中，見「當涉者衆」也。衆謂人，不謂水也。若水，則當言多。○饒氏曰：「要就『未』字上看。十月徒杠已自成了，所以民未至於病涉。」看來亦太泥。○不專指杠、梁成一事，故注曰：「細大之事，罔不畢舉。」「每人而悦之」亦不專指濟涉一事，詞頭寬。惟「行辟人可也」，徒以出行言，却是承子産因出行而以乘輿濟人説，故朱子曰：「與乘輿濟人，正相反也。」

「行辟人可也」

「辟之除也，如《周禮》『閽人爲之辟』之『辟』。」小注：「辟開左右行者。」《夏令》所謂「除道」，亦新開路也。

朱子於末條《或問》最好。問：「孔子以子産之惠爲君子之道，而子以私恩小利言之，何也？」曰：「孔子之言，通乎巨細，故不害其爲君子之道。此承上文『乘輿濟人』一事而言，則私恩小利而已。子産可謂有不忍人之心矣，然先王則以不忍人之心，行不忍人之政，是以其體正大而均平，❶其法精密而詳盡，而其利澤之及人，如天地之於萬物，莫不各足其分，而莫知其功之所自。苟有是心而無是政，則不過能以煦濡姑息，苟取悦於目前，其耳目之所不及，不免有所遺矣。況天下國家之大，又安得人人而濟之？昔諸葛武侯嘗言，治世以大德不以小惠，而其治蜀也，官府、次舍、橋梁、道路莫不修理，而民不告勞，是以庶幾乎先王之政矣。」輔氏曰：「此正説子産之用心錯處。」〇昔齊桓公見老人饑而賜之食，老人辭曰：「願賜一國之饑者。」其意甚善。〇唐中宗遣使分道詣江淮贖生，中書舍人李義諫曰：「魚鱉之利，黎民所資，雖雲雨之濡有沾於末類，而生成之惠未洽於平人。不若回收贖之民物，減貧難之徭役。」又唐乾符間，宰相有好施者，常於布囊貯錢自隨，行施丐者。每出，襤褸盈路。❷有朝士以書規之，曰：「宜舉賢任能，使萬物得所，何必爲此小惠乎？」

「孟子告齊宣王曰『君之視臣如手足』」章

「君之視臣如手足」者，倚之以爲用，護之恐有傷。君待臣如此，恩義之至也。下文「諫行言聽」便是。

---

❶「均」，嘉靖本作「公」。

❷「襤褸」，原作「檻樓」，今據嘉靖本、四庫本改。

「則臣視君如腹心」，「腹心」者，手足衛之而顧爲之胼胝，衆體戴之而甘爲之服役。臣待君如此，恩義之至也。○注：「手足腹心，相待一體。」腹心倚手足以爲用，手足戴腹心以爲主，此所謂「一體」。蓋有君不可無臣，有臣不可無君，其分相維，其恩義相孚。○「視臣如犬馬」者，言待其臣下，徒有禄賜之厚，而無禮敬之文。猶養犬馬者，徒有豢養之恩，而無禮貌之施也。秦漢以下，中主之遇其臣，概如此。國人之報，所從來久矣。○「君之視臣如犬馬」，君固卑矣。而「臣視君如國人」，臣亦卑焉。「如寇讎」者，愈卑矣。蓋君既視我如此，我便可拂袂去矣，何乃徒糜其豢養，而甘受其輕賤，以國人視其君？甚至爲之土芥而不辭，至視之如寇讎也哉！此見孟子之言，可以告其君而不可語其臣，且又有未盡當處。潛室曰：「是説大都報應如此。若忠臣孝子，不當以此自處，當知天下無不是底君父。」

「土芥，則踐踏之而已矣，斬艾之而已矣。」當分「踐踏」貼「土」字，「斬艾」貼「芥」字。○侵害人者，謂之寇，如「魏人入寇」、「匈奴寇邊」之類，其義可見。受其侵害者，因而與之結構報復，則謂之讎。故楊子云：「欲讎僞者必假真。」《詩》云「無言不讎」。《正韻》云：「償也。」其義可見。

「王曰『禮謂舊君有服』」止「服矣」

「王疑孟子之言太甚，故以此爲問。」亦見齊王天資甚高，辭有含蓄而不露。○饒氏曰：「舊君其恩已絶，尚且爲有服，不應見在之君而待之如此。」

以道去君而未絶者。○按《儀禮傳》：「大夫去君，歸其宗廟，故服齊衰三月。」如齊人仕魯爲大夫，老而欲歸齊，非有不合之故也，是爲「以道去君」。雖不之事矣，猶自同於其畿内之百姓也。○《傳》又云：「言以道去君而猶未絶也。」注謂：「三諫不從，待放於郊。『未絶』者，爵禄尚有列於朝，出入尚有詔於國。」蓋即下文「君使人導之出疆，又先於其所往。去三年不反，然後收其田里」者也。則孟子之言有據矣。○據孟子所答，則以道去君，不指歸其宗廟者。

「諫行言聽，膏澤下於民」

饒氏曰：「諫是閉邪，言是陳善。」看來言與諫亦當有别，但饒説亦非閉邪之本旨。其本指陳善閉邪一事也，今却分爲二意。○膏是膏油，澤是水澤，二者皆滋潤乎物。此二字是借字。賢者之事君，「諫行言聽」，則自有膏澤在民矣。

○問：「既是『諫行言聽，膏澤下於民』，又何故而去？」曰：「『諫行言聽，膏澤下於民』，以平時言也。『有故』是此一時一事有不合，而義當去者也。故《儀禮》注謂『三諫不從，待放於郊』，非是好事故去。或泥《儀禮》『歸其宗廟』一句，以爲致仕而歸，亦未盡。大夫去國，固有歸宗廟者，亦有適之他國者，不然，何以用『先於其所往，稱道其賢，欲其用之』耶？」○饒氏曰：「如夫子在其國，道非不行，只因受女樂，便去。『諫行言聽』，是平日如此。亦有偶然議論不合而去。」○問：「既云：『非是好事故去。』何以云：『以道去君？』」曰：「只以正文觀之自見。其在國也，『諫行言聽，膏澤下於民』；其去國也，『道之出疆，先於所往，三年然後收其田里』。故本文云：『以道去君，而猶未絶也。』就『未絶』上見得。『以道去君』，猶言以禮致仕之類。若夫『諫不行，言不聽，搏執之，又極所往。去之日，遂收其田里』，則道安在乎？」○朱氏曰：「有故而去，非大義所係，不必深爲之説。」又曰：「樂毅之去燕近之。」愚謂范蠡之去越近之。

「又先於其所往」

「又先於其所往」，依朱子所注，則孟子之言是主「三諫不從，待放於郊」者，故曰：「稱道其賢，欲其收用之也。」若「歸其宗廟」者，恐不如此。朱子小注曰：「有故而去，非大義所係，不必深爲之説。臣之去國，其故非一端，但昔者『諫行言聽』而今也『有故而去』，而人君又加禮焉，則不得不爲之服矣。樂毅之去燕近之。孔子初亦見用於魯，後乃去之。」〇此一節，清嘗疑之。彼既去我，我既不能用，則任其所之可矣，又焉用爲之説乎？且我既爲人道其賢而欲用之，我何故不以爲賢而自用之乎？若他國以此問，則我何以答？但「導之出疆」，又不「遂收其田里」，而猶望其歸，禮亦近厚矣。縱不爲「先於所往而稱道其賢」，似亦未爲薄也。謹識所疑，遇高明君子，當有請焉。「導之出疆，防剽掠也」。〇從其志而虞其害也。

「然後收其田里」

田，所賦之禄入也；里，所居之第宅也，故云「田禄里居」。

「此之謂三有禮焉」

「導之出疆」，一也；「先於所往」，二也；「三年然後收其田里」，三也。不連「諫行言聽」説。自是去後三有禮。〇此句通結「諫行言聽」以下，不只帶「三有禮」。

「今也諫則不行，言則不聽」

問：「『諫則不行，言則不聽』，只此故便可去了，又待有何故而去？」曰：「如孟子之於齊然，其始也，齊王亦嘗聽用其言，然亦未便去。未出晝以前，不知經幾久，故尹士以爲濡滯。一説孟子於齊，未嘗受禄，只處賓師之位，故得從容於去就之間，如此故曰：『我無官守，我無言責也云云餘裕哉！』」

「晉錮欒盈。」○「會諸侯，約使勿受盈之奔也。」此正「窮之於其所往」，非謂箝禁也。○「晉錮欒盈」，非其罪。盈之母，范宣子之女也，與其家老通，盈患之。其母懼，愬於宣子，言將爲亂，遂錮之。

「此之謂寇讎」

「此以『君之待臣』言，何不云『如土芥』？」曰：「『君之視臣如土芥』，則便是臣之寇讎矣。」○潘興嗣曰：「孟子告齊王之言，猶孔子對定公之意，曰云云。」注：「潘，豫章人，考之先儒姓氏，無之，不知何時人。」記得《宋文鑑》多有潘興嗣文章，則必宋人也，故稱其名，如張敬夫之類。然獨不稱字者，其人不如敬夫之顯也。○新安陳氏曰：「孟子此語，亦是述記《檀弓》篇子思答魯穆公問『禮爲舊君反服』之意。」○按《檀弓》：穆公問於子思曰：「爲舊君反服，古歟？」子思曰：「古之君子，進人以禮，退人以禮，故有舊君反服之禮也。今之君子，進人若將加諸膝，退人若將墜諸淵。毋爲戎首，不亦善乎？又何反服之禮之有？」楊氏曰：「云云。若君子之自處，則豈處其薄乎？孟子曰：『王庶幾改之，予日望之。』君子之言，固如此。」真氏曰：「孟子爲齊王言則然，而所以自處則不然。『三宿出晝』，未嘗有悻悻之心，曷嘗以寇讎視其君？」此二説有補於本章。

「孟子曰『無罪而殺士』」章

「無罪而殺士，則大夫可以去。」若及此時不去，則後有欲去而不能者矣。「無罪而戮民，則士可以徙。」❶若及此時不徙，則後有欲徙而不能者矣。或錯認《集注》及輔氏注，以本文「可」字爲「可得」之「可」。惟虚心讀之，見得只是言「當見幾而作」之意。此「可以」字，正如「夫子可以行矣」及「子未可以去乎」之類。「可以」字語末，則含有「及此時不去，則後有欲去而不能」之意。○南軒、慶源二注甚好。

「孟子曰：『君仁莫不仁，君義莫不義。』」

「此章直戒人君。」輔氏云：「《大學》『其機如此』之説也。」似不宜把行政用人説。然説者亦多用此，但重在君心仁義上耳。看來若除却行政用人不用，而但取己正物正意，則與前章之旨全異，非特小異矣。朱子注引張氏云，義亦小異耳。須更詳之。○一説上章主言人臣當以正君爲急，承「格君心之非」而言，則「君仁」、「君義」主心言可矣。「此章直戒人君」，只言君身，方對「莫不」字爲是，❷而心亦在其中。且此「莫不」二字，上無所承，而必拘拘於行政用人，則與「直戒人君，義亦少異」之旨不貫矣。既云「直戒人君」，又云「義亦小異」，「亦云」二字，言不止是「直戒人君」，與上篇不同，其義亦須小異，不必拘拘於正心與行政用人之云耳。○此章重出，與《論語》重出而逸其半不同。重出而逸其半，所重出者只是一意。此章重出，却是無上事而直出二句，難用上章行政用人填入「莫不」字内。其曰「君仁」、「君義」亦指君身言，

❶「徙」，原作「徒」，今據嘉靖本、四庫本及《孟子集注》改。
❷「是」，嘉靖本作「見」。

心在其中矣。又不必一則曰心，二則曰心也。

「孟子曰：『非禮之禮，非義之義，大人弗爲。』」

名亦唤是禮義，而實則非禮義之正，故曰：「非禮之禮，非義之義。」此全是認理不精之過。君子所以貴乎

精義，不然，差毫釐謬千里，名是而實非者多矣。

○「非禮之禮，非義之義。」所謂禮者，或恭敬辭讓之節，或玉帛儀文之施，皆禮之所在也；所謂義者，或小而辭受取與之際，或大而去就死生之決，皆義之所在也。是禮義也，察之必欲其精，或毫釐之差，則千里之謬。或加之錙銖，則太過；或減之毫忽，則不及。不可狥乎其名，不可泥於其迹。故有可行於昔，而不可行於今者；有可行於人，而不可行於己者。有辭之爲禮，而亦有不辭之爲禮；有受之爲義，而亦有不受之爲義。或今日行之則爲禮，明日行之則非禮，惟義亦然。此難以悉舉，要在察理之精而已。○考之書傳所載，如「令色」、「足恭」，「非禮之禮」也；「傷惠」、「傷勇」，「非義之義」也。冉子爲子華之母請粟，子路之死於孔悝之難，亦「非義之義」也。孔子一日拱而尚右，二三子亦皆尚右，而不知其有姊之喪故也。成王以周公有大勳勞，而賜魯以天子之禮樂，亦「非禮之禮」也。此其著者耳。其他細微，固難悉舉。○此章之義，❶惟張子與晦翁二説與大注意正合。大注云：「大人則隨事而順理，因時而處宜。」此正與「時中」及「不泥陳迹」之説脗合無間。若程子所謂：「恭本是禮，過恭則『非禮之禮』；以物與人爲義，過與是『非

❶「義」，嘉靖本作「意」。

義之義』。」又云：「如婦人之仁，宦寺之忠。」此説雖亦不可以爲非，但律以《集注》「隨事順理，因時制宜」之説，似未切當。且《集注》意亦自無所不該。○雲峰謂：「夫『隨事順理』，而不爲非禮之禮；『因時制宜』，而不爲非義之義。」非也。如此則禮只在事上用，義只在時上用乎？蓋朱子此二句，是要兼時與事，非是分貼禮與義也。

「孟子曰『中也養不中』」章

「養，謂涵育薰陶，俟其自化也。」許氏曰：「涵育，寬以容之之意。薰陶，善以導之之意。」愚謂「俟其化」意重「中也養不中，才也養不才」，正爲子弟資質遲鈍，志氣昏惰不前，父兄多有不能耐煩忍待之意，故「養」字要看得與「棄」字相反對，始得。○爲子弟者，但知樂有賢父兄便好。人之子弟，有賢父兄，多不知樂。○輔氏曰：「中以德言，才以能言。」又曰：「德本於性，才本於氣。」此説未穩，爲與下賢字自有妨。蓋才亦德之用也。○「棄不中」、「棄不才」，此亦是「過中而不才」處，故曰：「不能以寸。」○新安陳氏曰：「舜命契曰：『敬敷五教，在寬。』『在寬』，即養之謂也。若急迫以求之，見其未化，遽以不可教而舍之，是棄之也。」

「孟子曰：『人有不爲也，而後可以有爲。』」

《易》之《恒》曰：「利貞，利有攸往。」此章愚竊意孟子本意似云：人於未當有爲時，能退斂不爲，則一旦當有爲時，便能奮前有爲矣。蓋前之不爲者，義也；後之有爲者，亦義也。今人於不當爲者，多率意任情爲之，而不知分義之有未當。及其於所當爲者，反却矣。驗之天下之人，多有如此者。若曰不爲不仁而後可以爲仁，不爲不義而後可以爲義，則不爲不仁時，專只是不爲不仁，都不敢爲仁了，到後來方可爲仁邪？且理欲不兩立，公私不並行，既不爲不仁，便是爲仁了，何故謂：「人有不爲也，而後可以有爲？」○「人有不爲」者，時義之不當爲也。其後之有爲者，時義之當爲也。惟有見於時義之不當爲而不爲，則於其所當爲者，必奮然爲之不可回矣。此孟子所以熟視夫人，而莫之能違者歟？古今人事以此勘之，殆萬不失一也。蓋自其不爲時，已是一段有爲了。○程子曰：「有不爲，知所擇也。」不知亦是如此説否。不然，則方其不爲時，亦已有爲了。既曰「擇」，便知可否。大抵否意居多。

「孟子曰：『言人之不善，當如後患何！』」

「如」字訓奈。

問：「所謂『後患』者，謂得罪於其人耶？抑恐其亦言己之不善耶？」朱子曰：「是皆有之。」愚謂：既得罪於其人，便言己。○新安陳氏曰：「隱惡，忠厚之道，亦遠害之道也。」○大舜隱惡揚善，「夫子誰毁誰譽」，下文但言「如有所譽」而不言「毁」可見矣。若當官而行有姦匿當言，又不可顧後患而緘默也。○愚謂須是無諸己而後非諸人。○大注曰：「此亦有爲而言。」

「孟子曰：『仲尼不爲已甚者。』」

聖人之所爲，天理之當然，中而已矣。中之所在，加之錙銖則太過，故曰：「本分之外，不加毫末。」所謂「本分」者，正以理之所當然言，理所當然處，便是箇本分。孟子此句，説得最盡，不必依南軒只用答陽貨、「見南子」、「不脱冕而行」及「沐浴請討」等類説。聖人之不爲已甚者，不止此，但凡所謂「依乎中庸」處皆是。如孝悌恭儉等事，聖人爲之，固不容有一毫之不及，但到他限便止，不求奇取異，所謂「無以甚異於人而致其知」者。如割股、廬墓、弊車、羸馬之類，皆聖人所不爲。○本分最難，盡到盡處，又求加焉，則非所以爲聖人。自古聖人，皆不爲已甚，何獨稱仲尼？孟子學孔子者，故稱其家法，以其所處地位同也。○朱子曰：「所謂本分者，道理之至當，非苟然而已也。學者宜深察之。一有小差，則流而入於鄉愿之亂德矣。」

「孟子曰『大人者，言不必信』」章

此正是「無適、無莫，義之與比」之意，亦與「非禮之禮，大人弗爲」者相發明。蓋大人以事處事，而不以我處事。言行先期於信果，便是有我矣。○「必信」、「必果」者，有意於信、果，縱然信、果，亦未必合義。「惟義所在」者，無意於信、果，然既得於義，而不信不果，自不害其爲信、果矣。豈有合義而可責其不信、果哉！苟不合義矣，又何取必於信、果，亦何足爲信、果？○必者，先期也。「惟義所在」，隨事而順理，因時而制宜，不先期也。○合當信、果處便是義，大人言行主於義，不主於信、果。蓋主於信、果，則有所泥而不必合於義矣。雖然，大人於言之合義者無不信，行之合義者無不果，此則不可不知。○大人非輕信、果也，信、果於義也。彼必於信、果，不必於義者也。乃知上面之信、果，亦前章非禮義之禮義之類歟？○胡氏謂信、果自是爲士者當然之事，然則士惟知信、果而不必合於義乎？此説於義未精。要之，義與信、果，究竟是一致道理。

「孟子曰：『大人者，不失其赤子之心者也。』」

○大人者，元來是不失其赤子之心者也。非謂只不失赤子之心，便是大人，如此，則赤子亦可謂之大人乎？孟子是以「赤子」對「大人」說，言大人之於赤子，其地位相去固有間矣，然大人之所以爲大人者，乃正以其不失夫赤子之心者也。蓋赤子者，純乎良知良能之天，而他未有所知所能者也。若大人，則自良知而充之，以至於無所不知；自良能而充之，以至於無所不能，方唤做大人。蓋「大人之心，通達萬變；赤子之心，則純一無僞」。然「通達萬變」其實自「純一無僞」中來。一故能萬，萬從一生，此理最好思量。○須味《集注》「擴而充之」意，不可謂只不失其赤子之心便了。○朱子曰：「大人事事理會得，只是無許多巧僞曲折，便是赤子之心。」○程子曰：「聖人不記事，所以常記得道理。」亦彷佛蓋如此。程明道在貢院，將康節數學來推，一一曉解。及後伊川問之，曰：「都忘却了。」此見其胸中空洞，無所介滯。惟其如此，故前日推得其數出。今雖不記，若再一推，又自了了分明矣。此見聖人之無所不知，無所不能，實自其純無僞之心有以爲之實地也，故曰「虛靈知覺」。大人特能全其所自有者耳。

「孟子曰『養生者，不足以當大事』」章

當味大注「孝子之事親，舍是無以用其力矣」二句。蓋此是人子事親盡頭去處。殯而附於身，葬而附於棺者，有悔焉，永無及矣。言「大事」者，見其至重而不可苟也。

○「養生不足以當大事。」蓋以人情言，則暇豫而有措；以事勢言，則雖失而可贖。「惟送死可以當大事」者，以人情言，則倉皇而顛沛；以事勢言，則其悔不可追。○新安陳氏說得好，❶曰：「生、事、葬、祭，皆當

❶「氏」，原脱，今據嘉靖本補。

以禮，不可輕忽，均也。孟子此言，非謂養生爲輕，但以常變、從容、急遽較之，則送死比養生爲尤重大耳。」趙岐注云：「致養未足以爲大事，送終如禮則爲能奉大事也。」按：此則以「爲」字訓「當」字，非擔當之當。愚謂此正合《集注》。○《集注》所謂「人道之常」、「人道之變」，正以「從容急遽」論，故饒説可取。○送死所以爲人道之大變者，蓋此是顛沛之際，造次之時也，易至有悔，故遂繼之曰：「孝子之事親，舍是無以用其力矣。」

「孟子曰『君子深造之以道』」章

老子曰：「天之道浸。」言天道之變化以漸也。人事亦宜然，故「涵育薰陶，俟其自化」，教者之道也；「深造以道，欲其自得」，學者之道也。雖聖人之下學上達，亦是循序漸進也，至於爲政，亦莫不然，故曰：「漸，君子以居賢德、善俗。」天下事，豈可取必於旦夕之間哉！❶速成不堅牢，即目前近事驗之可知。○「君子深造之以道」，「深造」字固重，「以道」字尤重，觀大注「欲其有所持循」字面可見。❷小注曰：「深造只是既下工夫，又下工夫。待其真積力久，則自得之矣。今日明一理，明日明一理；今日行一善事，明日行一善事，所謂精察力行者，故久則自然通暢而純熟。」○道則其進爲之方也，大要不出博學、審問、慎思、明辨、篤行之次第，是即「深造之以道」。「深造之以道」，猶云以道而深造之也。○凡深造，須是以道，强探

❶「必」，嘉靖本作「盡」。
❷「持」，原作「特」，今據嘉靖本改。

力取不得。

「欲其自得之」

自，自然也。惟其得之也出於自然，故其居之也安，資之也深，取之左右逢原。「自」字、「居」字、「資」字、「左右逢原」字，所謂字眼也。

○論自得者，可把牝雞抱卵出雛爲譬。《或問》：「朱子曰：『少時見雛將出卵，視之，其時已至，自然迸裂而出，全不用彼着力。有時見其難，稍以手助之，其子出來便不長。』」進學而進於自得者，其理正如此。蓋至於日至之時，自然熟矣。所以養氣不可助長，如文中子，如陸象山，皆未免有助長之病，不但告子也。惟聖人能無積累之漸，陸氏便欲以聖人自處，宜其不得斯文正印也。

朱子曰：「造之不深者，用力於皮膚之外，而責效於旦夕之間；不以其道者，從事於虛無之中，而妄意於言意之表，是皆不足以致默識心通而自得之。必也多致其力而不急其功，必務其方而不躐其等，則雖不期於必得而自然得之，將有不可禦者矣。若急迫求之，則是私己而已。」○謂只是人爲之私，非自然之得也。

「自得之，則居之安」

朱子曰：「惟自得之，則理之在我者，吾皆以居之。財貨一般，或搶於人，或假於外，終非己物，居之可得而安乎？」

「居之安，則資之深」

若物不屬己而藏得未穩，則又安可倚以爲無窮之用？故居之安則資之深矣。

「取之左右逢其原」

注：「左右，身之兩傍，言至近而非一處也。」左右隨身而在，故既曰「至近」，又曰「非一處」。其實不待取之左右，所取者只在心，蓋所取者只是所自得於心者。

○「取之左右逢其原」，只是形容之辭。左右雖解云「至近」，其實亦不在近處，只是心裏，明其近便耳。蓋自得之者，得之心也。取之只取其得之於心者耳，豈在外乎？資之於平時，取之於應用。○朱子曰：「取之無窮，用之不竭，只管取，只管有衮衮地出來。這件事也撞着這本來底道理，那件事也撞着這本來底道理，事事物物都撞着這道理。然這箇只在自得上，才自得則下面節次自如此。」

○「資之深」，是未接物之時。「取之左右逢其原」，則正當應接之時，而所居、所資者，今皆隨取隨有，供其所支，綽有餘地矣。

「故君子欲其自得之也」

此一句要繳「深造之以道」。○輔氏曰：「『自得』，若子貢悟性、天道不可聞，曾子『唯。吾道一貫之』語，此何待言而後見？正張子所謂『德性之知，不萌於聞見』者也，豈容更有安排布置哉！」○「居之安，資之深，取之左右逢其原」，皆自得之節次也。所以必言此節次者，蓋自得之者，此理爲己有也。所以貴於己有者，以其於應物之際，得受用也。如人實得許多金銀，以此金銀買得許多物，做得許多事也。既自然有得於己，則所得者足以泛應不窮矣。故始言「居之安」，猶全是説内面。次言「資之深」，則漸説向外去。又次言「取之左右逢其原」，則正説得受用其所自得者也。○居安、資深、左右逢原，乃自得下面自然底節次，非可謂自得之功効也。蓋自得便是功効，更無自得之効。此處猶上篇「樂則生矣，生則惡可已也。惡可已，則不知足之、蹈之、手之、舞之」，總是樂之深也。○雲峰胡曰：「『深造』章，大要在『勿忘』、『勿助』，《集注》謂『有所持循』是『勿忘』，『以俟夫默識心通』是『勿助』。」愚謂：以是爲「勿忘」、「勿助」，無復改評矣。但分「有所持循」謂「勿忘」，「默識心通」謂「勿助」，恐未當。大抵「深造」是「勿忘」，「以道」則有「勿助」在矣。

○《日抄》云：「此篇多平居講貫之意，而『欲其自得』一章，工夫次第爲尤詳。蓋云功深力到，自然而得，故言『欲其自得』。晦庵於《或問》發明已備，而世乃有以『自得』爲己之獨得，至或傲然持立異論而不顧者，可深省矣。」○愚嘗謂：孟子説一貫有二，與《論語》二處脗合。此章即曾子所聞之一貫也，下章即子貢所聞之一貫也。蓋此章兼知行，下章獨主知。何謂此章即曾子所聞之一貫也？蓋「深造以道」，則隨事精察、力行而真積力久也。「自得之」至「左右逢原」即一本萬殊之妙，而泛應曲當者也。下章「博學而詳説之」，亦多學而識之功也。由多學而識，而至於聞一貫之傳，是亦反説約矣。○「自得之，則取之左右逢其原」，聖人之所以聲入心通者，以其自得之也。

○未能自得以前，則「深造之以道」，下學之事，求之之功也。既自得以後，則居安、資深、左右逢原，上達之事，得之之驗也。學必至於自得，然後爲學之成也，故曰「欲其自得之」，上達必由下學也。○「君子深造之以道」，五箇「之」字，同是指此理也。以道而深造之，即《大學》所謂「求得所止」、「道學」、「自脩」，言其所以得之之由也。「之」字固同。

「孟子曰『博學而詳説之』」章

大注：「博學於文而詳説其理。」愚按：文者，載道之具也，故《論語》注曰：「文謂《詩》、《書》六藝之文。」《詩》、《書》所載，六藝所陳，三才之道備焉，萬物之理貫焉。故必誦《詩》、《書》以多識夫前言往行，又傍考六藝以增廣其所聞所見，如此方是博學於文。然又必從而詳説夫所博之文之理，通其一而及其二，推其類而周其餘，窮其所當然，又必究其所以然，既得之於此，又欲得之於彼，審問、明辨，優游厭飫而不使有一之或遺，如此方謂之詳説。輔氏注亦如此。○「文」字，或謂凡事物之理所在皆是文，固通。但文者載道之具，朱子分明解云「謂《詩》、《書》、六藝」。學與説不同，學就習誦而言，説就講明而言。輔氏又曰：「『博學詳説』，則是『深造』之意。『反説約』，則是『自得』之事。」○「將以反説約也」，如《詩》三百篇，博求其義而約之，只是「思無邪」而已。三千三百之禮，博求其義而約之，只是「無不敬」而已。《易》六十四卦，其約不外乎「時」之一字。《書》五十八篇，其要不外乎操存涵養。《孟子》七篇，其要不外乎體驗擴充。以至《大學》之敬，《中庸》之誠皆是也。而究其所以爲誠、爲時、爲中，要亦一而已矣，此其所以爲會萬而一也。

○天下之理，自一而萬，萬復合爲一，故博學詳説必到至約之地，方是真學問也。程子謂《詩》之約在「思無邪」，《禮》之約在「無不敬」，然無不敬則思無邪矣，其歸豈容有二乎？至於《書》之中、《易》之時、《春秋》之義，亦惟「無不敬」者得之。○《中庸》之書「始言一理，中散爲萬事，末復合爲一理」，亦可見天下之理，自一而萬，萬復合爲一也。○若太泥於《詩》之「思無邪」，《禮》之「無不敬」，《易》之時，

《書》之中之類，❶則亦非一貫矣。須有十數貫方是，豈得謂之至約？但即此而究竟之，「毋不敬」則自然「思無邪」矣，無邪則中矣，中則無不時矣，豈不一貫而至約乎？然不由博學詳説，而自以爲得其約，則是無星之稱而已，豈有是理哉！〇「融會貫通」者，衆理之渾融爲一也。衆理自是衆理，如何得渾融爲一？萬物各具一理，而萬理同出一原。如仁者，人之理也，義則仁之所宜，禮則仁之節文，智則仁之是非。要之，只是一箇仁之因物賦形而已耳。又如義之宜也，舉其目，長則宜敬之，賢則宜尊之，群臣則宜體之，大臣則宜禮貌之。推而言之，父之所宜，慈也；子之所宜，孝也；兄之所宜，友也；弟之所宜，恭也。「庸敬」，宜在兄也；「斯須之敬」，宜在鄉人也。冬日宜飲湯也，夏日宜飲水也。要之，只要一箇宜之因物付形而已耳。此皆自其同者言之。若至其相反處，亦一理之貫通也。如賢者用，則不賢者亦黜矣。大賢宜大用，則小賢宜小用矣。❷合禮者宜受，則不合禮者宜辭矣。豈不同一事理之宜哉！至於仁之愛人，而又有時乎殺人者，蓋可愛者固愛之，其元惡大憝，梗吾之愛，則由愛生惡，有如陰陽之相生，亦一理之貫通也。又如父子主恩，反而推之，則君臣主敬矣。夫子制義，反而推之，則適人從夫矣。如此之類，其目有萬，而萬實一者，只是一理之因物付形耳。然非致其博學詳説之功，則亦不能超詣顯悟，以至於此，抑又莫知其所以爲一也。故「心雖主乎一身，而其體之虛靈，足以管乎天下之理。理雖散在萬事，而其用之微

❶ 「類」，原作「數」，今據嘉靖本改。

❷ 「則」，嘉靖本作「矣」。

妙，實不外乎人之一心」。此則其所以能反説約者也。○此「博學」是活字，「約」字是死字。但此理之散殊本自博，故博以求之，至於反説約，則吾亦爲知所約矣。○「博學而詳説之。」此章須把「博」字、「詳」字對「約」字看。蓋「博」與「詳」，求之於萬者也，「約」則要之於一者也。所以然者，萬理悉統於一心之内，而實散布於事物之間。文者，載乎事物之理，而約實不外焉者也。惟學之博而説之詳，久之則知萬理一原而一以貫乎萬矣。蓋非一無以貫乎萬，然非萬則亦不見夫一之所貫，功有先後，理則一串。孟子意爲徒博而不知約者居多。○「反説約」者，説到萬殊一本之妙，此非博學詳説，如何可得？蓋不可以徑約。大注云：「欲其融會貫通，有以反而説到至約之地耳。」分明是一貫之説。此章要把「博」字、「詳」字對「約」字看。人都説重在「反説約」上，愚謂「博學而詳説之」更重。上章亦然。「自得」固重，「深造之以道」尤重。蓋「自得」全要「深造以道」，「反説約」全要「博學而詳説」，所以上章末句「故君子欲其自得之也」，愚謂要繳着「深造以道」才是。如云故君子欲其自得之也，夫既欲其自得之也，則豈可不深造之以道哉！○此「約」字與《論語》「約之以禮」之「約」不同。此以知言，《論語》博文内便有説約在。❶愚故曰：「博學詳説，更重於説約。」又見博文貫通處，就是約也。○輔氏又謂：「上章以行言，此章以知言。新安陳氏破之以爲上章，❷亦兼知行，最是。」愚意亦如此。

---

❶「便」，嘉靖本作「自」。
❷「上」，原作「一」，今據嘉靖本及文義改。

〇聖賢道理,只是一貫。且如東海有君子出焉,得一部《大學》而深造實踐之,固成箇聖人也。西海有君子出焉,得一部《中庸》而深造實踐之,亦成箇聖人也。又南海有君子出焉,得一部《論語》而深造實踐之,亦能成箇聖人也。又北海有君子出焉,得一部《孟子》而深造實踐之,亦能成箇聖人也。而究竟夫東海與西海之聖人,其道若合符節之合,而無毫髮之異也。南海與北海之聖人,其道亦必若合符節之合,而無毫髮之異也。是皆不期同而自同者也。此無他,至約之地一也。

「孟子曰『以善服人者,未有能服人者也』」章

「以善服人者」,有挾其善之意,只此一點心,便自服不得人了。「以善養人」,便是恥獨爲君子,存心天下,其誰不服? 豈有不得天下心服而可王天下者哉!

朱子曰:「『以善服人者』,惟恐人之進於善,如張華對武帝,恐吴人更立令主則江南不可取之類。『以善養人』者,惟恐人不入於善,如湯於葛,❶遺之牛羊,又使人往爲之耕是也。」〇又按:樂毅入齊,與劇辛議曰:「若不遂乘之,待彼悔前之非而撫其衆,則難慮矣。」正與張華謀吴,同一機心。〇「以善服人」,直欲服人也,而乃不能服人。「以善養人」,非以服人也,而乃能服天下。〇一則不能服人,一則自然能服天下,所謂「人之向背頓殊」。此新安之説。

❶ 「於」,原作「與」,今據嘉靖本、四庫本改。

此章乃伯、王之辨。○南軒注好，謂伯者之所爲，其善者不過欲以之服人，齊桓會首止而定王世子，❶晉文盟踐土率諸侯以朝王是也。學者深見二者霄壤之殊，則伯、王之辨了然矣。○此章蓋爲當時國君言，曰「服人」，曰「養人」，此「人」字亦指其平等人言，非必指百姓，故許氏「教化撫字」之説，不敢從。只看成湯之於葛伯可見。

「孟子曰『言無實，不祥』」章

大注：「或曰：天下之言，無有實不祥者，惟蔽賢爲不祥之實。」蓋蔽賢便是言也。○愚按：此説固通，然蔽賢固不祥矣。弑父與君，不尤爲不祥乎？而謂「惟蔽賢爲不祥之實」，何耶？○又「或曰：言而無實者不祥，故蔽賢爲不祥之實」。愚按：蔽賢之奸心讒舌，何所不至？於無中求有，於直中索枉，於無過中求有過。如趙使者謂廉頗「食頃三遺屎」，如章惇謂司馬光「奸邪當先辨」，如攻道學者謂朱子「如鬼如蜮」，所謂「惡利口之覆邦家」者，真不祥哉！○不祥，就禍人處説。看來此説較長。但兩「實」字不相類，差不如前説耳。論理，其實後説長。❷新安曰：「前説二『實』字歸一意，然皆無意味，不如缺之。」○南軒張氏説得蔽賢好，謂蔽賢出於媢嫉之私，方其欲蔽賢也，不祥之氣固已充溢於中矣。天生斯賢以爲人也，蔽賢之人，妨賢病國，不祥孰甚焉。

❶「止」，疑當作「丘」。

❷「其」，原作「真」，今據嘉靖本、四庫本改。

「徐子曰『仲尼亟稱於水，曰：水哉水哉』」章

注：「『水哉水哉』，嘆美之辭。」又鄒氏曰：「孔子之稱水，其旨微矣。」愚按孔子稱水本旨，蓋即川上之嘆，其《集注》備矣。

「源泉混混，不舍晝夜，盈科而後進」條

注言「水有源本不已」，今按「不已」二字，當連下文「而漸進以至于海」讀，不當帶上「有原本」讀，只把下句「如人有實行，則亦不已而漸進以至于極」相照看。○必是源泉，然後能不已以至于海；必有實德，然後能不已以至其極。行之無實者，猶無原之水也。「暴得虛譽」，猶七八月之溝澮皆盈也。虛譽終不能久，猶其涸之可立待也。實行，誠之也不已而至其極，則至誠矣。

新安陳氏曰：❶「『有本者』，指『源泉』。『如是』指『混混』，至『放乎四海』。『是之取爾』，❷答徐子『何取於水也』之問。」又曰：「本文只是説水，『如人有實行』以下，因結『故聲聞過情，君子耻之』二句，推出孟子借水以箴規徐子之意，而與下一節《集注》『如人無實行而暴得虛譽，不能長久也』相對言之。」○「源泉混混」，源泉固是有本者，然且放輕讀，慢露出此意。下至末句「有本者如是」，方好叮嚀着實説。至下文「苟爲無本」，便即承此「有本者」説去。

❶ 「氏」，原脱，今據嘉靖本、四庫本補。
❷ 「爾」，原作「耳」，今據嘉靖本、四庫本改。

「故聲聞過情，君子耻之」

注：「情，實也。」新安陳曰：「《集注》所謂『有實行』、『無實行』，全從此情實之『情』字上發揮出來。朱子曰：『如爲善無真實懇惻之意，爲學而勉强苟且狥人，皆是不實。』就此反躬思量方得。」

〇孔子言水之不舍晝夜，明道體之不已；孟子言水之不舍晝夜，喻人爲之不已。孔子之言，發天理之本然；孟子之言，指人事之當然。孔子言天理之本然，而人事之當然者自見於言外。孟子爲徐子言，未及於語上也。

「孟子曰『人之所以異於禽獸者幾希』」章

「人之所以異於禽獸者幾希」耳。夫「人之所以異於禽獸者幾希」，則即此「幾希」處，正人所當存而不可去者也。然庶民不知而去之，君子方能存之而不去。然君子猶有待於操之而後存，惟舜也「明於庶物，察於人倫。由仁義行，非行仁義」，則不待存之而自無不存者矣。然舜亦不過盡此所以異於禽獸者耳，非有加也。〇要看大注「雖曰少異，然人物之所以分，實在於此」二句，看得意思出，直使人凛凛。

〇「人之所以異於禽獸者幾希」，言其少異也。今欲究其所以小異處，必先言其無異，然後就其中別其異，乃見其小異也，故曰：「人物之生，同得天地之理以爲性，同得天地之氣以爲形。」此其無異者也。然雖「同得天地之氣以爲形」，而人乃獨得其形氣之正而有以全其性，是無異中之少異也。如此解，庶得所謂「幾希」者之來歷分明。但雖得其來歷分明，而孟子所謂「幾希」之本旨，則不盡然者，故隨足之曰：「雖曰少異，然人物之所以分，實在於此。」則知孟子所謂「幾希」者，其指甚重，而非輕之曰「幾希」也。〇究人之所以異於禽獸者，全是心上不同。心之不同，虚靈知覺也。心之虚靈知覺，所以不同者，形氣之正也。朱子「形氣之正」，故該得心，但讀者或不察耳。

○所謂「異於禽獸者幾希」，即仁義是也。庶民之去，明其無以異於禽獸也。君子存之，明其爲此之故而凛凛不敢自逸以入於禽獸之歸也。「舜明於庶物」一條，則全盡人道，乃人倫之至者也。○先言「同得天地之理以爲性」者，自其大同者言也。後言「同得天地之氣以成形」者，以其大同而小異也。此愚所以釋朱子之意，但亦未知朱子之意，果然否耳。○「人之所以異於禽獸者幾希」，正言其不可不存也。大注云：「雖曰小異，然人物之所以分者，實在於此。」人多以此注屬下句，不然也。

朱子曰：「人物之所同者，理也；所不同者，心也。人心虚靈，無所不明，禽獸便昏了，只有一兩路子明。」此説最切要。蓋心者，理之府，心之靈明有見處，理便因之而全。禽獸雖有知覺，然其覺終不如人之靈明，此人之所以異於禽獸處，所謂「論萬物之一原，則理同而氣異」，氣異則所賦之理亦有間矣。「同得天地之氣」又在知覺運動之蠢然者説。○注「衆人不知此而去之」，謂不知其所以異於禽獸者在此「幾希」間也。○注「君子知此而存之，是以戰兢惕厲」云云，正是存之之功，不是存之了方戰兢惕厲。蓋此四字，正承上文過。下文「卒能有以全其所受之正」處，方見「是以」二字着落。○「庶民去之，君子存之」，所存所去者，庶物人倫之理也。兼説方盡之。

「舜明於庶物」條

「舜明於庶物」一段，是明其能全夫所謂「幾希」，所謂「踐形」也。○「舜明於庶物」。「物，事物也」。在一身則有視、聽、言、動之則，在一家則有閨門、内外之職，其在鄉，則田里之耕桑，公上之賦役，皆事也。其在官，則或錢穀、甲兵，或刑名、度數，皆事也。○「由仁義行」，言所以處夫庶物人倫之間者，自莫非仁義之道也。○大注云：「仁義已根於心，而所行皆從此出。」❶猶所謂「以德行仁」語意。「由仁義行」，仁義以在心者言，由此而行出來也。

○「舜明於庶物，察於人倫。由仁義行，非行仁義」。其所行、所察、所由，直是所謂「幾希」者而已。乃知所謂「幾希」者，是重之之辭，非輕之曰「小異」也。○仁義之理根於心，而行於庶物人倫之間，所謂「心雖主乎一身，而其體之虚靈，足以管乎天下之理；理雖散於萬事，而其用之微妙，實不外乎吾之一心」，則知所謂「幾希」者，即是仁義，而所謂「庶物」、「人倫」者，亦非仁義外物也。○明庶物、察人倫，由仁義行，當分知行，不可分先後。蓋聖人生知安行，無先知後行之理。○「非行仁義」，明其不待於存之也。

「孟子曰：『禹惡旨酒。』」

《戰國策》曰「儀狄作酒」云云。《本草》後卷謂：儀狄，帝女也。

《大學衍義》則云：「帝女令儀狄作酒而美，進之禹。」是儀狄必又是一人，非帝女矣。○「惡旨酒」，則凡人情所欲者，皆不能動矣。「好善言」，則凡天理之正者，皆其所嗜矣。此雖二事，所該甚廣，在善讀者意會，不然，是爲數其事而稱之矣。○於旨酒而惡之，惴惴然惟恐欲心之或熾，所以遏人欲也。於善言則好之，

❶「行」，嘉靖本作「存」。

汲汲焉惟恐善道之或遺，所以擴天理也。此禹之憂勤惕厲處，即存其所以異於禽獸者也。

遂疏儀狄。○不見其進善言而惟進甘味，非愛君者，禹所以疏之。

「湯執中，立賢無方」

執，謂守而不失。事事惟執其所謂中者而不失焉，不敢過也，不敢不及也，必欲其恰好而後已。其憂勤惕厲之心，何如也。○「『立賢無方』，惟賢則立之於位，不問其類。」是心何心也？蓋念天位之惟艱，欲與天下之賢共理之故也。惴惴焉惟恐失天下賢人之心也，❶所謂「帝臣不蔽，簡在帝心」，憂勤惕厲又何如！○「湯執中」，以處事言；「立賢無方」，❷以用人言。二句關涉亦甚廣大。

「文王視民如傷，望道而未之見」

「文王視民如傷」，以治人言；「望道而未之見」，以脩己言。此二句，憂勤惕厲意自明，故注云：「聖人愛民深，而求道切如此，不自滿足，終日乾乾之心也。」○「耕者九一」至「必先斯四者」，是文王視民如傷處。「不顯亦臨，無射亦保」，是文王「望道未見」處。○要看《集注》兩「已」字及「猶」字。「民已安矣，視之猶若有傷；道已至矣，望之猶若未見」。此見文王之純亦不已。○小注：問：「以而爲如，亦有據乎？」朱子曰：「《詩》云：『垂帶而厲。』鄭箋：『而，亦如也。』此以『而』爲如也。《春秋》：『星隕如雨。』左氏曰：『與雨

❶「焉」，嘉靖本作「然」。

❷「無方」二字，原脱，今據嘉靖本補。

偕也。』此以『如』爲而也。則其混讀而互用之久矣。」且看朱子讀書如此，是甚麽樣工夫。

「武王不泄邇，不忘遠」

「邇者人所易狎而不泄。」蓋人皆狎之，而己獨不泄，謹之至也。「遠者人所易忘而不忘。」蓋人皆忘之，而己獨不忘，慮之周也。其憂勤惕厲之心何如哉！○朱子曰：「通人與事而言。邇者人所易狎而不泄，何也？敬之常存也。遠者人所易忘而不忘，何也？慮之周詳也。」此亦可見其憂勤惕厲之意。然以「德之盛」言「不泄邇」，蓋以其「敬之常存」，即德之所存也。若以此言仁，則不切矣。又以「仁之至」言「不忘遠」，蓋以其不棄置遠者於度外也，此見是「仁之至」。饒之分貼當從。且上條「愛民深而求道切」，亦須分貼。

「周公思兼三王」條

此一節，看來只是時中。○注：「三王，禹也，湯也，文、武也。」四聖如何只喚做三王？以代論也。上四條之事，如何説至周公時有不合？甚不可曉。且周公常作《酒誥》以禁天下之耽酒者，❶非不「惡旨酒」也。周公「一沐三握髮，一飯三吐哺」，猶恐失天下賢人，非不「好善言」也。中也者，「先聖後聖，其揆一也」。《周禮》一書，何莫非中之所在？則周公又未嘗不執中。鄉舉里選之法，實周公所制。又如蔡叔以罪廢，及其子蔡仲賢，又立之，則周公亦「立賢無方」者。相武王，誅紂伐奄，救民於水火之中，又制禮作樂

❶「常」，嘉靖本作「嘗」。

而納之皇極之内，其「視民如傷」矣。終日乾乾之心法著於《易》，而吐哺天下之士以求益，此其「望道而未之見」矣。追崇之典，上及先公，制治之法，佑啓後人。方其攝位爲治之日，想夫九州四海之内，無一事一物而不在其一念綜理之中必矣，豈「忘遠」者哉！嘗觀《周禮》一書，其爲治也，細微曲折，無不周慮，前後左右，無不慎妨。天子不令有戲言，奄寺但以供使令之類，❶可見其「不泄邇」矣。而乃有不合者，何也？曰：「非謂四事不合也。四事則周公已嘗思兼而施之矣。此謂四事之外，或有不合者。」〇「周公思兼三王以施四事」，無有不合者也。然時異世殊，此外或有不合者，則「仰而思之，夜以繼日。幸而得之，坐以待旦」。蓋上四事則因之而無所改，於他事則或隨時有所損益，此亦百世之通道也。〇四事之外有不合者，如忠、質、文之異尚，子、丑、寅之異建，❷貢、助、徹之異賦之類。

一説：依饒氏，兩「事」字要同。「其有不合者」，正指四事。如「禹惡旨酒」，是時去上古朴畧之風猶近而絶之。至周公時，人文已盛，祭祀賓客，安得絶酒？故周人之《詩》云：「我有旨酒者，無慮數十。」是「惡旨酒」有不合者矣。在禹時所謂「善言」，在周公有行不得者矣。在湯時所謂中，在周公時又不爲中矣。湯之「立賢無方」，周人大抵親賢並用，亦其時勢有不得不然者。時乎當勞也，如佚道使民；時乎當威也，以生道殺民，亦不得拘於文王之「視民如傷」矣。事果善矣，自信而不疑；理果當也，決行而無滯，亦不必

❶「奄」，嘉靖本作「閹」。

❷「異」，嘉靖本作「迭」。

拘於「望道而未之見」耳。邇者固不宜泄，亦有可親者；遠者固不宜忘，亦有可畧者。周公於是於其未得也，則動於思，既得也，則急於行，又何其憂勤惕厲！此說不如前說。○周公於上四事，則須兼而行之，其所不合者，則勤於思而急於行。此皆可以見其有憂勤惕厲之心也。不可專重下段，而於兼行處或畧之。夫四聖人各有一事，尚皆爲憂勤惕厲，今周公兼行四事，乃獨不爲憂勤惕厲，必至下段云云，乃爲憂勤惕厲乎？此看書者之誤。

○注云：「思而得之，則其理初不異矣。」此句不可苟且看過。此是異中之同處，所以均爲聖人，所以無優劣。○據本文「其有不合者」説「四事之外」。或謂：《集注》云「其事或有不合者」有「其事」二字，見得是四事。答曰：「若無《集注》，也須是説『其事有不合者』，不是事不合而何？『其』字指三王，不必專指四者。饒氏却云『其事』又照上面一『事』字，大抵未當。」○「周公思兼三王」，不可依小注，謂是孔子集大成意。如此，則三王各居其一節，周公獨會其全體，高了周公固無害，卑了三王，奈何？要當思其時如何耳。

孟子所稱，各因其一事而言。○愚謂必是孟子以前見於紀載者。禹嘗以「惡旨酒」、「好善言」稱，湯嘗以「執中」及「立賢無方」稱，文王以「視民如傷」、「望道未見」見稱，武王以「不泄邇」、「不忘遠」見稱，故孟子於此舉之，而非各舉其盛也。朱子云：「必是周公曾有此説。」○此章五條事，都是舉其切於「憂勤惕厲之意」者言，故曰：「人謂各舉其盛，亦非也。聖人亦無不盛。」○朱子曰：「所舉四事，此必周公曾如此説。」味語意，似疑其特舉四者。○又曰：「讀此一篇，使人心惕然而常存也。」○雲峰曰：「聖人之所以爲聖人者，只是憂勤惕厲，須臾毫髮不敢自逸。理無常在，惟勤則常存；心本活物，惟勤則不死。」此天理之所以常存，而人心之所以不死也。○心，活物也，心而放逸、罔念，則死矣。心之所以長活者，以其天理之存也。心之所以死者，以天理之不存也。「罔之生也幸而免」，身雖存，而心則已死。○天理所以常活吾心者，「苟得其養，無物不長；苟失其養，無物不消」，正此之謂。故堯「兢兢」，舜「業業」，湯「聖敬日躋」，文王「小心翼翼」，武王「皇自敬德」，周公「坐以待旦」，夫子「發憤忘食」，是豈好勞而惡逸，其性獨與人殊哉！

「孟子曰『王者之迹熄』」章

以「政教號令」爲王者之迹者，以其見於行事，故謂之迹也。熄者，止而不能復行也。

一說：迹以其所及而言，政教之所被，即王迹之所及也。○「詩亡」謂《雅》詩亡也。「《黍離》降爲《國風》」，天下無復有《雅》也。不然，《邶》、《鄘》諸詩，春秋時多，何以謂之亡？○二《雅》之詩，先王政教號令有寓焉。此詩既亡，《春秋》所以作也。○夫二《雅》之詩，概是朝廷禮樂征伐、命德討罪之舉，君君、臣臣、親親、賢賢之事。雖《雅》之變者，亦皆是刺其非以追於正，悼其流而反其源，❶其意度終與《黍離》之氣象藹然萋然，無復起廢興衰之望者不同，此所謂「詩亡」也。使《春秋》不作，則王法掃地盡矣，孔子是以不容已也。

❶「悼」，嘉靖本作「掉」。

「詩亡」，謂《黍離》降爲《國風》而《雅》亡也。○蓋王者之詩謂之《雅》，列國之詩謂之《風》。《黍離》本周大夫之詩，當在《雅》，然爲東遷以後之詩，今降居《王風》。夫王者無《風》，今曰《王風》，則與《齊風》、《鄭風》者類矣，故曰：「《黍離》降爲《國風》而《雅》亡也。」《雅》亡，則王者之詩終於此矣。於是其事始載於《春秋》。○《詩·王風·黍離》注：「平王以亂，徙居東都王城，於是王室之尊，與諸侯無異。其詩不能復雅，故貶之謂王國變風。」○「《黍離》降爲《國風》」者，非夫子降之也，因其自降從而降之也。蓋東遷以後，周王之名存焉，而實與列國無異。既與列國無異，則其詩亦安得獨異於列國哉！故從而降之。○今試取《黍離》三章讀之，則向日朝覲燕享及規諫獻納之事，索然盡矣。雖周大夫作也，亦安得不降而爲《風》？○《國風》、《雅》、《頌》分爲四詩：《風》自是風體，《雅》自是雅體，正《雅》自是正雅體，變《雅》自是變雅體。《黍離》之詩，以體言之，只是風不是雅，安得不列之《風》邪？但謂之「王風」，則可傷矣。王朝之詩而謂之「風」，何也？彼二《南》自是周未有天下時之言，故爲《風》。○愚因讀《離騷》，竊謂「惟天地之無窮兮，哀斯人之長勤。往者吾弗及兮，來者吾弗聞」，此《春秋》之所以作也。

「晉之《乘》，楚之《檮杌》」二條

大注「乘義未詳。趙氏以爲興於田賦乘馬之事」，故因名爲乘也。「或曰：取記載當時行事而名之也。」蓋乘所以載也，故取「乘」字以名其書。今人以譜諜爲家乘者，正取此意。○「檮杌，惡獸名。」不知何所出。「古者因以爲凶人之號」，則知本文正義是以檮杌爲凶人，非以爲惡獸。○此章本文之意自貫，不必說未經聖筆如何，已經聖筆如何。但虛心讀之，不待贊一辭而意義自見矣。○五伯獨舉桓、文，猶四時獨舉春、秋也。但彼是錯舉，此舉其盛者。此段文意，歸在末句。○《春秋》，列國諸侯之事皆在，乃獨曰五伯，又只曰齊桓、晉文，蓋桓、文舉其盛者也。諸侯之事雖在，然王迹既熄之後，所以綱紀天下者，全是伯也，故《皇極經世》以皇、帝、王、伯言之。○「其文則史」，但孔子有筆削耳。曰「其義則丘竊取之矣」，蓋褒貶予奪，悉斷自聖心也。故注曰：「蓋言斷之在己，所謂『筆則筆，削則削，游夏不能贊一辭』者也。」○「晉之《乘》，楚之《檮杌》，魯之《春秋》，一也。」此一節言《春秋》本是魯國記事之書也，故遂承言「其事則齊桓、晉文，其文則史」，而其義則孔子自取之矣。自孔子一取其義，則所以「定天下之邪正」者在是，所以「爲百王之大法」者在是，此《春秋》所以爲詩亡而作也。然則孔子致治之功，雖不得被於當時，而致治之法，則垂於萬世矣。

「其義則丘竊取之矣」

取，裁定也。○南軒曰：「《春秋》未經聖筆，則固魯之史耳。自其義聖人有所取焉，則史外傳心之要典，所以存天理遏人欲，撥亂反正，示王者之法於將來也。」○孔子曰：「其義則丘竊取之矣。」是王者之迹雖熄，而王者之法猶賴以存，所以謂孔子之事，莫大於《春秋》也。此意最重。○或曰：朱子論《春秋》，孔子只是據事直書，非是有意立某字含某意。及至作《綱目》，却又全是以一字藏褒貶，何也？曰：「如子殺父則爲弑，無罪而殺其臣則爲殺，有罪則爲誅，如此之類，正是據事直書也。若全無此義，則夫子又何用筆削魯史爲？蓋正緣魯史舊文，不足以爲褒貶勸戒，故取而修之耳。必如愚此說，然後二說不相反，而且自相發明也。」○大注：「竊取者，謙辭也。」不必依蔡氏，謂「夫子有德無位，故自以爲竊取」。若《公羊傳》作「其辭則丘有罪焉」，却是此意，所謂「罪我者，其惟《春秋》乎」。然大注下文云「意亦如此」，則又以爲同者，何也？ 蓋言斷之在己意同也。若竊取是「有德無位」意，則是本分之辭，非謙辭也。○蔡氏曰：「其義蒙上文『王者』而言，❶蓋王者之義也。」愚謂「義」即王者之法是也。○其事固齊桓、晉文也，其文固史也。竊取其義，則是假事以明義，而非盡舊史之文也。○「此章三節，要看得中間一節不閑方是」，新安陳云也。

○「晉之《乘》」一條，言其與列國之史同其事，則「齊桓、晉文」一條，言其與列國之史異。蓋未經聖筆之前，同爲列國記事之書也。已經聖筆之後，遂爲王者經世之典也。

「孟子曰『君子之澤，五世而斬』」一章

澤本水之餘潤也，故曰：「猶言流風餘韻也。」蓋物皆有迹，惟風與韻無迹。此言迹已逝，而風韻猶在也，故風曰「流風」，韻曰「餘韻」。

問：「『澤，猶言流風餘韻也。』畢竟是甚麽？」曰：「以德業之遺於後者言，只以孔子之餘澤來照看孔子之澤是甚麽，餘可類推。」

「父子相繼爲一世，三十年亦爲一世。」此蓋以父子相繼者言。然「三十年亦爲一世」者，大約世數，人到三十便有子。

❶ 「蒙」，嘉靖本作「承」。

大注引楊氏曰：「四世而緦，服之窮也。五世袒免，殺同姓也。六世親屬竭矣。」此非是正解「五世而斬」之義，乃是以服制亦至五世而絶，而證君子小人之澤五世而斬也。

五世袒免，殺同姓也。○一世，親兄弟，期。二世，初從兄弟，大功。三世，再從兄弟，小功。四世，則三從兄弟，緦麻。至五世，則但袒免而無正服也。降此則爲殺而止爲同姓，不復袒免矣。觀小注可見。○新安謂「同姓之親，至此而殺滅」，❶則與下「同姓」異義。袒當衣，免當冠，不爲喪衣，只袒而已；不爲喪冠，只免而已。○小注：「袒，身去飾也。袒免者，肉袒而著免。免，狀如冠而廣一寸。冠至尊，不可居肉袒之體，故爲免以代之。又《檀弓》『免焉』注：『以布廣一寸，從項上而前交於額。』」○免，若朋友，在家則吊服加麻。加麻者，弁上加緦之環絰。然則袒免，亦朋友之服也。俱《大全》注。

注：服窮則遺澤浸微，故五世而斬。○今按《家禮》：曾孫爲曾祖，只得緦麻。玄孫亦緦麻。玄孫爲高祖，只得齊衰三月。○服窮則五世矣，遺澤至此時亦當斬也。○輔氏曰：「流風，以風喻之也。餘韻，以聲喻之也。父子五世，經歷百五十年，則君子小人之餘澤，皆當斬也。五世則親盡服窮，澤亦當斬矣。蓋親也，澤也，服也，實相因也。」此説好。○君子小人，蓋以位言，無上下之别，皆五世而斬也。孔子則在君子之數，故《史記》以孔子入《世家》，嘗曰：「以吾從大夫之後。」○問：「孔子之澤，雖萬世不斬，何爲概以五世？」曰：「孟子此語，在主『去聖人之世若此其未遠』上説，故概以五世而斬之義，見於孔子，猶在五世之

❶ 「殺滅」，嘉靖本作「滅殺」。

内也。」

「予未得爲孔子徒也」條

「私淑」，大注：「李氏以爲方言是也。」小注：「輔氏曰：『孟子又言淑艾，而他無所見，故疑是方言。』」○言雖不得親受業於孔子之門，然孔子去今未遠，猶在五世之内，其澤未斬，故猶得私淑諸人，謂子思之徒也。○徒，一説徒類也，一説徒弟也。《論語》「非吾徒也」，是徒類。「是魯孔丘之徒歟」，是徒弟。按：孟子受業子思之門人，則是徒弟。

「君子之澤」一章，明其得孔氏之傳也。當時孔子之澤浸微矣，故孟子云云，明其澤尚在也，故曰：「予私淑諸人也。」正與他日言：「去聖人之世，若此其未遠也；近聖人之居，若此其甚也。」孟子言：「君子之澤，五世而斬。」猶云：「然而無有乎爾，則亦無有乎爾。」

○「予私淑諸人也。」新安陳氏曰：❶「『私竊以善其身』解『諸人』字不順，不若饒氏云『私竊其善於人』」，文意方順。」○愚謂陳氏此説非，《集注》於「諸人」二字，是。○《圭齋集·仰更齋記》曰：「余初讀《孟子》，至『庶民去之，君子存之』等章，見其列叙群聖所爲憂勤惕厲之事，至於孟子自托孔子之意，上下四章，脉絡相屬，而其卒章乃言君子小人之澤，皆五世而盡，初若甚無謂也。已而思之，蓋以明親有盡而理無盡耳。」新安陳氏曰：「堯以是傳之舜，舜以是傳之禹，至孔子傳之孟軻，不待退之而後有此言，孟子已自言之矣。

---

❶「氏」，原脱，今據嘉靖本補。

此四章相承，是也，然猶分爲四章。荅好辯章明言己承三聖，至七篇之末章云云，其自任之重，尤彰彰焉。」○《黄氏日抄》曰：「此篇此四章當通爲一章而誦味也，餘皆叙孟子之言行以繼之。末章乞墦之喻，警士大夫求富貴、揜其苟求之迹，而反敢以富貴驕人者，最爲切至。」

「孟子曰『可以取，可以無取』」章

○不苟取之謂廉。彼方其禮物之未受也，初見若可以取矣。及再思之，則可以無取焉。既可以無取，則執弗取可也，而乃竟取之，是爲苟取，害於廉矣。以物與人爲惠。彼方其將有與也，初見若可與矣。及再思之，則可以無與焉。如是則執勿與可也，而乃竟與之，是謂與所不當與，非惠之正也，則反傷於惠。能全死之爲勇。❶方其當利害之衝，初見若似可以死矣。及再思之，則其實可以無死焉。既如是，則執無死可也，而乃竟死焉，是爲死所不當死，非勇之正也，則亦反傷其勇。此語辭雖平實，重在下兩段。「志一則動氣，氣一則動志」亦然。《大全》過猶不及之意，此注亦重在下兩段。○新安陳氏説此章是爲賢者過之者發。

「逢蒙學射於羿」章

「薄乎云爾，惡得無罪」，其意若曰：「方以類聚，物以群分；同聲相應，同氣相求。使羿而果善人也，則必得善人而教之，不至有反射之禍矣。」○「薄乎云爾」，比逢蒙爲薄也。羿之罪見下文。

❶ 「全」，原作「舍」，今據嘉靖本、四庫本改。

「鄭人使子濯孺子侵衛」條

謂之侵者，將以攻人也。而乃承云「衛使庾公之斯追之」，何也？蓋是子濯侵衛，見勢未利而遂遁，故衛追之。或謂迎擊者，非也。觀下文「發乘矢而後反」，則子濯果遁矣。○「庾公之斯」等「之」字，猶「孟施舍」之「施」字，故《集注》於彼曰「施，語詞也」，於此曰「之，語助也」。

乘矢，四矢也。○古人一乘用四馬，故謂四矢爲乘。○程子曰：「孺子事，孟子只取其不背師耳。若國之安危，在此一舉，則殺之可也。舍之而無害於國，權輕重可也，何用虛發四矢哉！」○許氏曰：「此章專爲交友發。羿不能取友而殺身，孺子能擇友而免禍。此所幸孺子是退軍，故庾公斯得全私恩而亦不大害於公事。不然，庾公亦不得全私恩。縱得全私恩，而得罪於國，亦不容誅矣。程子之言，已有斟酌。」○小注引《左傳》公孫丁、庾公差事與此事不同，但其意類有足相發者，故引之。

「孟子曰『西子蒙不潔』」章

此是設言，非實事也。其辭以貌言，其意以行言，故曰：「此章戒人之喪善，而勉人以自新也。」

西子，美婦人，即西施人也。春秋時，越國諸暨有苧羅山若耶溪，居人有東施家西施家。西施女絶色，越王用范蠡計，獻於吴王。吴王遂耽於色，國事日非，越竟滅之。是西施亦亡國之戈兵也。古人謂夏以妹喜，商以妲己，周以褒姒，❶有以也。朱文公題《蕃騎圖》曰：「傳聞胡虜欲南侵，愁破雄邊老將心。却是燕

❶「姒」，原作「妙」，今據嘉靖本改。

姬能捍虜，不教行到殺胡林。」

「孟子曰『天下之言性也』」章

孟子曰：「乃若其情，則可以爲善矣，乃所謂善也。」此正是「事物之理，雖若無形而難知，然其發見之已然，則必有迹而易見，故天下之言性者，但言其故而理自明」者也。○「人無有不善，水無有不下」，皆是「言其故而理自明」處。○性無形，故有迹，所以如此立言。○「以利爲本」，言以其自然者爲主也。○「故者以利爲本」，此是自發明其所謂故者之本旨。如「人之爲惡，水之在山」，是亦有此已然之迹，但非其自然者耳，故朱子曰：「性自是箇難言底物事，惟惻隱羞惡之類，却是已發見者，乃可得而言，此即性之故也。只看這箇，便見得性。」故《集注》下箇「這」字。若四端則無不順利，若殘忍之非仁，無恥之非義，不遜之非禮，昏惑之非智，即故之不利者。○故，「其已然之迹」。利，謂迹之自然者也。○讀此一章，總要見得性本自然，而人當知順其自然也。

「大注首曰『性者，人物所得以生之理也』，繼曰『言事物之理雖若無形而難知』，一言『人物』，一言『事物』，何也？」曰：「言人物則事在其中矣。事只是人物底事，不是人上事，便是物上事。其事物之物，又兼人與物而言。人物是解『性』字之義當如此。後言事物，是本章之旨當如此說，看『所惡於智者』一條便見。」

○不可以言性一節，遂爲智者之事。蓋首一節是論理之自然，下二節方是言人能順其自然之理，乃爲智也。若言謂性以故利爲本亦是智，則下文是就處事上說智，而此章智分言行矣，但見牽捏。

「所惡於智者，爲其鑿也」

「所惡於智者」，爲其不知順利之理而鑿之也。「如智者若禹之行水也，則無惡於智矣」。何則？禹之行水也，順其順利之理而行其所無事也。此節似言利，然利即故之利也。下節似言故，然故即其利者也。決不可依新安之說，强分故與利。○「所惡於智者」與下文兩箇「如知者」，皆指當時之所謂知者言，畢竟是小知也，故曰「則無惡於智矣」，又曰「則智亦大矣」，可知是指當時之小知者。

「禹之行水也，行其所無事也」

「行其所無事」，謂順其自然之故也。○禹之胸襟，是包得箇普天之下，率土之濱，凡高下原隰，分合大勢，能皆照臨而無遺。故其治水，概從下流處施功，以暢其就下之勢。用力少而成功多，不出奇以爲智，而智自大矣。若鯀，亦是當時所推智士也。但無許大襟度，所權量者不遠，想多就目前所患處，出一己之智爲之，或大築隄堰以障之之類。程子所謂「至今只有鯀隄而無禹隄」，最爲有理。蓋大水最不宜築隄障，是謂防川，此鯀之所以「九載績用弗成」而得罪於天下也。

東陽許氏謂：「此句不是比喻，言禹順水之性爲智之大，以例人循性皆當以利也。智者應物，若皆行其所無事，則智亦如禹之大矣。『智亦』之『亦』，是亦大禹也。」此説好。就以禹爲大智，亦無得而非者。○言性而但言其故，又以利者爲本，此便是智。如告子異端之説，皆失之鑿矣。亦不必專就處事上説，而謂此節不可露出「智」字。末節注云：「况於事物之近者，若因其故而求之，豈有不得其理者？」但曰「因其故而求之」，亦未見得專是就處事説。末節注之「事物」，即此注之「事物」。○大抵智者言與行俱得其理，不必泥禹之行水，謂全不當提言性，但當專主言性説。看總注便見。

「如智者亦行其所無事，則智亦大矣。」《易》曰「易則易知，簡則易從」者，以仲尼譏臧武仲曰「知之難也」，以臧孫之智而不容於魯云云。張文潛論郭崇韜，意蓋出此，曰：「好謀之士敗於謀，好辯之士敗於辯，惟道德之士無所窮，而禍福之至，豈思慮能究之哉！」又曰：「正者操術簡而周，智者爲緒多而拙。夫正者，無所事計也，行所當行，雖怨敵不敢議之。」文潛此論，有用之文也，學者其味之。但曰「智者爲緒多而拙」，則亦失「智」字之本義矣。所貴於智者，正以其行所無事而無拙謀，若爲緒多而拙，則又奚取智？豈今之智而古之愚乎？

「天之高也，星辰之遠也，苟求其故」

求天與星辰之故也。

「千歲之日至，可坐而致也」

「千歲之日至」，依朱子說，只是既往者。蓋以天與星辰數之已然者求之，循次而上，遂可得千歲之日至，故曰：「必言日至者，造曆者以上古十一月甲子朔夜半冬至爲曆元也。」仁山金氏以「求其故」爲已往者，「千歲之日至」爲方來者，理似不礙，但與朱子不同。所以謂理之不礙者，蓋孟子之論，不是欲人得其故而已，欲人於其故上得其理也，似自有說。○日至之度，究竟是就星辰上推，如二十八宿即天之體也，天無體，以星辰度數爲體。

「千歲之日至」，朱子曰：「夏至者，日之長至此極矣。冬至者，日之短至此極矣。非『至到』之『至』，乃『至極』之『至』。」此說與愚所解二十四氣之義不同。然冬夏曰至，春秋曰分，以至對分，則舊說儘亦有理。若以「千歲之日至」意義求之，亦不如「至到」之説爲長。更以「長至」之説證之，益信舊説爲短。大注：必言日至者，造曆者以上古十一月甲子朔夜半冬至爲曆元也。○本是癸亥年，但明年氣候始於此，故云：「歲亦甲子也。」甲子月、甲子日、甲子時是也。歲、月、日、時皆甲子，亦時有，但要上古甲子年、月、日、時方爲曆元耳。

○「千歲之日至」，人皆説是後來千歲之日至，不知乃是已往底千歲之日至也。問：「既是已往底，又推求他做甚？」曰：「曆元在此，治曆而不得曆元，憑何爲據以算來者？」曰：「治曆固以曆元爲據，然生於千萬載之後，而欲求夫千萬歲以前之曆元，又何所據而得之乎？」曰：「此則自今日而順推其已往者，所謂『其運有常』。既順推其已往者而得其源頭了，然後遂把那源頭來遂推其未來者，易爲算矣。初間是泝流而尋源，後來却是自源而推流。」○致，推致也。新安陳氏曰：「可坐而推致以得之。」「可坐而致之」，朱注明解爲「可坐而得」，已不再推求矣。而仁山金氏則曰：「致謂算得來也。」不知何説。又曰：「『求其故』者，謂雖千歲以前之日至。『千歲之日至，可坐而致』者，謂推以後之日至也。」此又不可曉。豈都不讀《集注》邪？○看來曆家全以星辰度數爲據，觀《堯典》「乃命羲和」四段可見。故曰「天之高也，星辰之遠也」云云。

○《天原發微・歲會》。

月以十二起者，六與六相偶而爲十二。以康節數推之，日、歲、運、元，皆用十二，故一日十二時，一歲十二月，一運十二世，一元十二會，包括往古來今，無不在是。即一時可以推一日，即一日可以推一月，即一月可以推一年，即一年可以推十二萬九千六百年。推而上之，豈特一歲十二月之用而已哉？○鄭氏曰：「日月之行，一歲十二會，聖人因其會而分之以爲大數。觀其所會，命其四時，卦氣提其綱，《太玄》研其細，《經世》衍其妙，而後天地、日月星辰、元會運世、皇帝王伯之蘊，皆可得而推矣。」○「又注曰：『唐堯始於星之癸一百八十，辰之二千一百五十七。』何也？」曰：「以今日天地之運、日月五行之運、日月五行之行推而上之，因以得之也。」

○卦氣章。

注云：「元貞乙未冬至日。」虛谷方先生以書抵予曰：「朱子發冬至起牛宿一度，此古法也。漢文帝三年甲子冬至，日在牛二十二度。至唐興元元年甲子冬至，日在牛斗九度。九百六十一年間，差十二度。今元貞元年十一月初七冬至，在箕八度，又退十二度。冬至後五日，在斗三度。如何尚執舊説，爲冬至日入牛宿爲周象復乎？」愚謂：云云。朱子曰：「善爲曆者，要必立虛寬之大數以包之。」斯言是已。

盈縮章。

積歲之所奇，三而一，五而再，十九年而七，天道大備矣。日月不能無盈縮，作曆者不能無差錯，故置閏而時定歲成。《皇極經世》亦此三百六十爲率：一元三百六十運，一會三百六十世，一運三百六十年，一世三百六十月，一年三百六十日，一月三百六十辰。陽得三百六十有六也。

「公行子有子之喪」章

公行，「行」字朱子不圈音。今按饒氏曰：「當音杭。《詩》云：『殊異乎公行。』是主班行之官，以官爲氏，蓋如司馬、司寇、倉氏、庫氏之類。」

「入門有進而與右師言者」

右師，官名也。戰國時，趙國有左師觸龍可證。○謂右師方入門而未就位，便有進之而與言者。進之，謂以色迎而招之前也。○「有進而與右師言者」，非己進也，進右師也，故注云「右師未就位而進與之言」，❶則右師歷己之位矣。○進與之言，則迎請其就位矣。

「有就右師之位而與右師言者」

謂右師已就位，又有就其位而與言者。

○「右師往弔」，當時已有先右師而在位者，❷故右師入門未就位也，則有進右師於其位而與之言者。右師已就位，則又有就右師之位而與之言者。○「有進而與右師言者，有就右師之位而與右師言者」，此自其甚者言，則夫不用歷位、踰階而與言者何限也。孟子舉禮以自明，亦自其犯禮之甚者言也，見其不得同於衆也。然使孟子與驩同位同階，則其言與不言，固未可知。

「孟子不與右師言」

是未就位，及已就位，始終皆不與之言也，故右師嗰之。

❶「注」，原作「主」，今據嘉靖本改。

❷「位」，嘉靖本作「坐」。

朱子曰：「孟子鄙王驩而不與言固是，然朝禮既然，雖不鄙之，亦不得與之言矣。此章意以朝廷之禮爲重。」

「是簡驩也」

明白説出，分明是怪，分明是挾其寵幸而怒孟子之不見親順，是只以衆人待孟子，多少是無禮。

「孟子曰『禮，朝廷不歷位』」止「相揖也」

階，級也，即班行也。位，雖班同而位異。當今尚有進階幾級之名，則階非班行而何？○「不踰階而相揖也」，兼言揖者，與言者必與揖也，揖而後言者也。此兩句亦禮之成文也。

「不亦異乎」

異，怪也，不可謂異於禮也。

朱子曰：「聖賢之言無所苟也，豈爲衆人爲已甚，而姑以是答之哉！所以正朝廷之禮，而警衆人之失也。」

大注「故云『朝廷』也」，此句通管上文「是時齊卿大夫，以君命往弔」至「涖其禁令，序其事」，不止帶「若《周禮》凡有爵者」一段。○「大注『是時齊卿大夫，以君命往弔』，朱子何據而言？」曰：「只據本文『朝廷』字而言，不然，在公行子家行禮，安得言朝廷？」

「『孟子、右師之位，又不同階』，朱子又何據而言？」曰：「孟子於齊，處賓師之位，一定階在右師之上。及其出弔於滕也，還是孟子爲正，王驩爲輔，則知其階在右師之上無疑矣。」

「孟子曰『君子所以異於人者』」章

「以仁存心,以禮存心」,此仁禮以心言。「仁者愛人,有禮者敬人」,此仁禮之施,方是仁禮之心之見於外者。要説得不相侵犯。

大注:「『以禮存心』,言以是存於心而不忘也。」如《論語》云:「立則見其參於前也,在輿則見其倚於衡也。」夫然後一言一行自然不離於忠信、篤敬,蠻貊可行也。人亦必常以仁禮存心不忘,然後接人之際,能敬能愛,而人亦恒敬之愛之也。○朱子曰:「此箇『存心』與『存其心,養其性』不同,只是處心與人不同耳。」○按:此説「存」字亦太輕,不見有不忘意,大注精矣。○存心大抵只是處心,觀下文「我必不仁,我必無禮」,「非仁無爲,非禮無行」,皆不見得是存於中而後施於外。

「仁者愛人,有禮者敬人」

其所謂「施」者,特對下文言。蓋一是我愛敬人,一是人愛敬我。○此仁禮之施。○二句疑似太叮嚀。蓋孟子所謂仁禮,正指用上説。其曰以仁禮存心者,言其常存愛人敬人之心也,非謂以仁禮存心而施於人則愛敬也。其曰「愛人者人恒愛之,敬人者人恒敬之」,亦言其禮之常也。至於人之待以横逆,拂於常理,乃亦以常理自反云。○此仁禮,看來都是愛敬之心,言仁亦偏言者也。輔氏云:「『以仁存心』而不忘,如造次顛沛必於是也。『以禮存心』而不忘,如視聽言動必以禮也。」此説不用。○饒氏謂「安頓在仁上,即是居天下之廣居。安頓在禮上,即是立天下之正位」。此説亦未穩。

「愛人者人恒愛之」二句

此仁禮之驗。○新安陳曰：「我感人而人應，可驗我之得人。不應，可驗我之失。『驗』字已合下文『必無仁』、『必無禮』之意矣。」

「有人於此，其待我以横逆」

不我愛我敬也，别「君子必自反也。我必不仁，必無禮」而不愛敬人也。不然，此物豈至哉！大注：「横逆，謂强暴不順理也。」輔氏曰：「强暴，横也；不順理，逆也。」

「我必不忠」

大注：「忠者，盡己之謂。」○輔氏曰：「理無窮盡，人有作輟，一息不存一物不體，便是不盡其心。」○「我必不忠」，忠蓋誠也。

「於禽獸又何難焉」

難，患難也。言不爲之横于胸次也，❶置之不較也。此正所謂「無一朝之患」與「君子不患」者。大注云「言不與之較也」，亦是此意。不要説是不必難也。○「於禽獸又何難焉！」前面猶被他難也，如曰「我必不仁也，必無禮也」，又曰「我必不忠」，還皆是被他難也。○言我不復爲之難也。前面「我必不仁，我必不忠」，這還是爲他難。❷

❶ 「胸」下，嘉靖本有「中」字。
❷ 「這」，嘉靖本作「言」。

「是故君子有終身之憂」

「終身」二字，要得分明。以仁禮存諸心，則無一息之或忘矣。或待我以横逆，既自反其仁禮矣，猶未也，又自反而忠，可見此心常存，念念不忘，時時照管，惟恐有一毫之不自盡處，豈非「終身之憂」而何？○前曰「以仁禮存心，事在内」，此曰「非仁無爲，非禮無行」，則兼内外言。

「無一朝之患也」

一朝，卒然之意，言其近小也。憂有終身，患無一朝，此「一朝」正對「終身」而言。「終身之憂」，在我者也，故君子必自盡。「一朝之患」，不在我者也，故君子不患焉。○「君子有終身之憂」，常求諸己也。「無一朝之患」，不求諸人也。○「無一朝之患」，上文曰「君子」，曰「此亦妄人也已」。如此，則與禽獸奚擇哉！於禽獸又何難焉」，此正所謂「無一朝之患」也。蓋雖有卒至之變而不以爲患也，只是心無愧也。古人所謂患者如此。○憂由内出，患自外至，如云「於禽獸又何難焉」，則不以爲患矣。

「舜爲法於天下，可傳於後世」

不過能自盡其仁禮與忠耳。如「慎徽五典，五典克從。納于百揆，百揆時叙。賓于四門，四門穆穆」，此皆所謂仁禮之驗者。至於瞽瞍至頑也，而允若於秖載之後；象至傲也，而烝乂於不格姦之時。始也不勝其横逆，終也卒致其感化。此尤見其自反之功，而真足以爲「人倫之至」者也。

「憂之如何，如舜而已矣」

憂之必至如舜而後已，此其所以爲「終身之憂」。

「若夫君子所患則亡矣」

必「非仁無爲，非禮無行」，而後可無此「一朝之患」。

「君子存心不苟」

趙氏曰：「《集注》『不苟』二字，不可淺看。心一不存，而不自覺、不自强，便是苟且也。」

「禹稷當平世」章

「禹稷當平世云云，孔子賢之。顏子當亂世云云，孔子亦賢之。」兩箇出處，行實不同，而孔子皆以爲賢，孟子便從此生議論了。孟子之言，皆所以法孔子之意耳。

「三過其門而不入」

問：「若家有父母，豈可不入？」曰：「固是也。須量緩急。若洪水之患尤甚，有傾國覆都、君父危急之災也，只得奔君父之急。雖不過家見父母，亦不妨。」○饒曰：「禹三過其門，稷是帶説。」愚謂易地則皆然。

「禹、稷、顏回同道」

「禹、稷、顏回同道」，本文以道言，而《集注》曰「其心一而已矣」者，承上文「聖賢之道」言也。心即道之所從出也。○心亦道也，「道」字虛而廣，性、情、志、意、德行、功業都説得道，此則以仁言，故總注又曰「聖賢心無不同，事則所遭或異」云云。前又曰「聖賢之心，無所偏倚，隨感而應，各盡其道」云云。每提箇「心」字言，足見此章主心言。○「道」字主在心者而言，故注云：「聖賢之道，進則救民，退則脩己，其心一而已矣。」此正與《離婁上》「堯舜之道」「道」字一般，亦主在心者言。○輔氏解「道心」字義，不必用。

「禹思天下有溺者云云，是以如是其急也」

禹既身任治水之職，則天下之有溺者，實禹之責，故曰：「禹思天下有溺者，猶己溺之也。」稷既身任播種之事，則天下有飢者，實稷之責，故曰：「稷思天下有飢者，猶己飢之也。」惟身任其責如此，是以如是其急也。要説得「是以」二字分明，莫把上文就説出急於救民之意。

〇孟子本章意若曰：禹、稷、顏回，一則出而救民，一則退而脩己，二者若不同矣。然其實「禹、稷、顏回同道」，何也？蓋禹主治水，而思天下之溺，猶己溺之；稷主教民稼穡，而思天下之飢，猶己飢之，所以如此其急，而不暇過家門也。若顏子，則自無此責矣，故得以瀟然自在陋巷之中也。此條要補此意，是則使禹稷而居顏子之地，則亦能樂顏子之樂矣。使顏子而居禹、稷之任，則亦能憂禹、稷之憂矣。非禹、稷、顏回同道而何？此孔子所以於禹、稷賢之，於顏子亦賢之，正以其隨所處而各盡其道也。意已盡於此，下文只是譬喻。

「聖賢之心，無所偏倚」，即下條所謂「聖賢心無不同」者也，是以其本心言，小注所謂「大本之中」者是也。

「隨感而應，各盡其道」，即下條所謂「事則所遭或異，而處之各當其理」者也，所謂時中之中是也。

「被髪纓冠」

大注云：「不暇束髪，而結纓往救。」小注新安陳曰：「遇沐不暇束髪，冒冠於所被髪上，結纓而往救。」〇此一章，當以時中言。

「公都子曰『匡章，通國皆稱不孝焉』」章

曰匡章，又曰章子者，蓋匡是姓，章子是字。章子猶仲子之類。謂之匡章，猶云顏淵耳，皆去了子字。

「世俗所謂不孝者五」

新安曰：「五不孝之序，從輕漸説至重。」

「從耳目之欲」

謂放蕩於禮法之外也，則其身爲下流不肖而辱及其親矣。

「章子有一於是乎」

言五不孝之目，皆章子所無，然則章子所不得於其父者，其不韙之實，何居？蓋章子者，「子父責善而不相遇也」，故爲父所逐也。○饒曰：「先説『子父責善』，是言子責父之善。下説父子，是泛言。」

「責善，朋友之道也」止「之大者」

如何説惟朋友可責善，父子便不可責善？蓋朋友以義合，責善不納，便可以去。若父子責善，一不合便至難開交，所以聖人謹之，父子不責善，易子而教之。

「父子之間不責善，責善則離」，乃知古人於君臣、朋友之交，亦曾捹到相離之日，固是不得已，然猶之可也。惟父子則無絶道，當防其端、慎有微。至如石碏、李璀之事，則又當别論耳。

「夫章子，豈不欲有夫妻、子母之屬哉」

注云：「言章子非不欲身有夫妻之配，子有子母之屬。」新安曰：「此『屬』字，即『天屬』、『家屬』之『屬』。本文總夫妻、子母而言，《集注》分説，故以『配』字對『屬』字。」

子有子母之屬。○此子謂匡章之子，此母即匡章之妻。

○使章所犯非責善，便可絶了。便章既以責善得罪於父，而又不知自責，亦可絶了。惟此兩節，皆未至可絶之地，所以孟子矜之。

「其設心，以爲不若是，是則罪之大者」云云

蓋章子亦自知其有罪也，但在章子之自責則如此，在他人則猶當矜其志而畧其罪也。○言章子是如此耳，非實有不孝處。「已矣」，語詞。

○章子之失愛於父也，由於責善，而其既得罪於父也，又能深自責罰，章子之不韙者止於如此，謂可遽絶之乎？

○此章五段，第二段言「五不孝」，皆章子所無，第三段言章子所坐在責善，第四段言其不當父子責善，第五段言章子雖以責善得罪於父，然觀其既得罪之後，却不受妻子之養，亦足以白其心迹之非有他，而與世俗所謂不孝者有間矣。然則孟子與之遊，又從而禮貌之，未爲過也。

朱子曰：「後世因孟子不絶之，則又欲盡雪章之不孝，此皆不正不公，倚於一偏。必若孟子所處，然後可以見聖賢至公至仁。」

「曾子居武城，有越寇」章

武城，當屬魯，今之山東也。越國在今杭、紹等郡，城界懸斷，越何以能寇武城？此必越既滅，吴遂與魯接境而侵之也。不然，當是浮海而寇武城耶？

曰「無寓人於我室」，此語其守舍之人也。寇退，則曰「脩我墻屋」，亦即語其守舍之人也。

「左右曰：『待先生如此其忠且敬也。』」

此門人私議之詞，非對曾子言也，故曾子無言。沈猶行亦門人也，乃以其所見解之云。

「昔沈猶有負芻之禍」止「有與焉」

言其即此義也。「師賓不與臣同」也，朱子此注，正以下文子思事反對得之。○沈猶大抵是姓氏，然於《氏族大全》及《翰墨全書》姓氏類查之，俱無，蓋所收有不盡者。「浩生不害問曰」章，《集注》曰：「浩生姓，不害名。」今考《氏族大全》亦收不盡。○不必説沈猶行，或偶同姓，亦未可知也。

宋陸九齡調興國教授，未上，會河南茶寇剽廬陵，人心震懾。或請九齡主義社以備寇，門人多不悦，九齡曰：「文事武備一也。古者有征討，公卿即爲將帥，比閭之長即五兩之卒也。士而恥此，則豪俠武斷者專之矣。」遂領其事。調度有法，郡縣倚以爲重。暇則與鄉之子弟習射，曰：「是固男子之事也。」

「子思居於衛」

小注「子思時仕於衛」，亦據下文「臣也」説。

「曾子，師也，父兄也」

師之尊，等於父兄也。聞子弟衛父兄，不聞父兄爲子弟死也。

「子思，臣也，微也」

微賤者既以委質於人，便當爲君父死守。○「子思，臣也，微也。」「臣」字對「師」字言，「微」字對「父兄」

字言。

南軒曰：「曾子以師道自居，則寇至而去之，寇退則反，在師之義當然也。子思既以委質以服君之事，有難而可逃之乎？與君同守而不去，則爲臣之義當然也。」

「儲子曰：『王使人瞷夫子。』」

「瞷，竊視也。」是令人窺其燕居獨處之時，動静語默之間，果與常人不類乎？若其容貌，則王必已見之矣。

「孟子曰云云」者，自是一家言，亦因以進儲子及齊王於堯舜之途也。然且引而不發。○但曰「堯舜與人同耳」，便是堯舜無有與人異者矣。此中意，便是同此性而能盡其性，同此形而能踐其形者。但尚引而不發，發出則味反薄矣。

新安曰：「『堯舜與人同』與『人皆可以爲堯舜』之説，❶實相表裏。但其意包涵而未盡，❷使儲子再問難，孟子必傾倒盡發之矣。」

「齊人有一妻一妾」章

南軒陳氏謂「孟子在齊，適見此事」云云。愚意或是孟子口頭故事，亦不可知。聞我太祖有詩云：「乞子

❶ 「同」下，嘉靖本有「耳」字。

❷ 「涵」，嘉靖本作「含」。

何曾有兩妻，日攘那得許多雞。當時自有周天子，何必諄諄説魏齊。」

「施從良人之所之」

施，音迤，上聲。「邪施而行，不使良人知也。」

「卒之東郭墦間之祭者」

墦，塚也。之，至也。

南軒曰：「驕妻妾者，徒知以得富貴，而不知所以得之者可賤也。」勉齋曰：「此章形容苟賤之態，殊可賤惡。然流俗滔滔，務爲卑諂，無所不至。搖尾乞憐，自少至老，無一念不在是。未得則愁憂窮蹙，志氣薾然自視不勝其小。既得，則志得意滿，驕親戚，傲閭里，哆然自視不勝其大，可賤甚於乞墦而莫之覺也。學者深明義利之辨，充吾羞惡之心，而養吾剛大之氣，然後知孟子此言，誠末俗之箴砭也。」

重刊蔡虚齋先生四書蒙引卷之十三

萬章章句上

「萬章問曰『舜往于田』」章

「仁覆閔下，謂之旻天」，此不知何所本。詳考之：覆，覆幬也。閔，憫恤也。謂仁以覆閔乎下也。此以天之情言。

旻，閔也，於天而求其閔下者，必自覆幬上言之，此解義之法也。

○《爾雅》曰：「春爲蒼天，夏爲昊天，秋爲旻天，冬爲上天。」於春言色，於夏言氣，於秋言情，於冬言位，相備也。《書・舜典》傳亦曰：「仁覆閔下，謂之旻天。」亦無小注。

「怨慕也」

怨者，「怨己之不得其親也」。慕，謂慕於親也。二字相因連。○新安謂：「『惟順於父母』以上，言怨也。『人少則慕父母』以下，言慕也。」此説恐未盡。然謂「人少則慕父母」一條，是言慕而無怨意，固是。但「惟順於父母，可以解憂」以上，如何只説是怨而無慕？蓋怨只是「怨己之不得其親」，則自不容不慕親矣。若「五十而慕」，則不必言此時猶有怨在也。○「怨慕」二字同類，故怨爲怨己，怨在己，則所慕在親矣。若怨親，則無慕焉，故新安之説，未盡然也。

○怨慕謂「怨己之不得其親而思慕之」，必欲得其親而後已也，正所謂「惟順於父母可以解憂」。

一説：萬章謂「然則舜怨乎」，蓋未達孟子之言怨者爲怨己，而誤以爲怨親。今觀萬章以「喜而不忘」對「勞而不怨」説，此「不怨」正與不敢疾怨、「勞而不怨」義同。而孟子之答之，直言舜不能不怨處，所以發明其心者，直在「父母之不我愛，於我何哉」一句，然自便見得所怨非怨父母也。

「夫公明高以孝子之心」條

口説當云：夫公明高以孝子之心，既不得乎親，則必不能若是其恝然不介懷，以爲我但知竭力耕田，以共子職而已矣。孝子之心，正以謂父母之不我愛，於我果何罪以致之？此其所以怨慕耳。

○「於我何哉」者，負罪引慝，日夕惟思惟其所以得罪於親之故而不可得，皇皇無措而不容釋者也。最得大舜怨慕之情狀。蓋惟求所以不得乎親之故而不可得，方知其所以圖得其親者無所不至矣。○「夫公明高以孝子之心，爲不若是恝，我竭力耕田，共爲子職而已矣」作一氣讀下。此與下句正是一正一反説，正見得舜未嘗自以爲孝也。若曰「我竭力耕田，共爲子職而已矣」，則是自以爲孝，孝子之心初不若是恝，曰我之竭力耕田，其於子職已盡矣。蓋父母之不我愛，我必有罪以致之而猶未知耳。○本注「自責」字，即怨也。

「帝使其子九男二女」條

○「帝使其子九男二女，百官牛羊倉廩備，以事舜於畎畝之中」，一也。「天下之士，多就之者」，二也。「帝將胥天下而遷之焉」，三也。此三段作一類看，正下文所謂「人悦之、好色、富貴」者。所謂富貴，即「帝將胥天下而遷之」。「人悦」，即所謂「天下之士多就者」。「妻帝之二女」便是「二女事之」。至於百官、九男、倉廪，則又在所畧。蓋古聖賢説話，正不必如此之拘拘於湊合，然大意則是如此。此條正承上文言舜之怨慕有如此也。下條則又推其心以解之。

「帝將胥天下而遷之焉」

「胥，相視也。」謂與之共視乎天下，而遂移以與之也。即此數句想之，乃知舜之怨慕，正在耕歷之時，及方登庸之初，故不告而聚。❶若五十時，則親已底豫久矣。○「堯老而舜攝政」，分明是與舜共天下，胥即共也。「遷之」，則盡轉而付之。注「相視也」，「胥」正訓「相」，「視」字是足他意。

○「五十而慕」，非「怨慕」也。蓋瞽瞍未底豫之前，舜之慕，乃所謂「父母惡之，勞而不怨」也。既底豫之後，舜之慕乃所謂「父母愛之，喜而不忘」也。

「天下之士悦之，人之所欲也」條

○上條「帝使其子」至「如窮人無所歸」，是以其迹言，此則以其心言也。「帝使其子九男二女，百官牛羊倉廪備，以事舜於畎畝之中。天下之士多就之者，帝將胥天下而遷之焉」，而舜乃「爲不順於父母，如窮人無所歸」者，何也？誠以舜之心，以此數者皆「不足以解憂」而「惟順於父母可以解憂」也，故孟子推舜之心

❶「聚」，疑當作「娶」。

如此，以解上文之意。

「人少則慕父母」條

上言舜不以得衆人之所欲爲己樂，而以不順乎親之心爲己憂，此則因贊其異於衆人如此也。

「五十而慕」

注云：「言五十者，舜攝位時，年五十也。」蓋舜三十登庸，歷試諸艱，至五十堯始命以攝政也。○按《書·舜典》：「舜生三十登庸，三十在位，五十載，陟方乃死。」通計舜年，百有十歲也。

注：「五十而慕，則其終身慕可知矣。」言非止慕到五十而止也。然孟子乃止謂「五十而慕」，何與？蓋五十以後，舜父母疑亦謝世矣。或曰：然則父母既死，舜便不思慕及耶？蓋非此之謂也，此主父母生存而言耳。然舜既「五十而慕」，則事死如事生之念，豈容自減邪？又曰：「終身慕可知。」○按《書經》：舜方側微，四岳舉舜曰：「『瞽子，父頑、母嚚、象傲，克諧以孝，烝烝乂，不格姦。』帝則釐降二女于嬀汭。」蓋是時瞽瞍已底豫矣，又何嘗有「不告而娶」之事？又何嘗有「帝將胥天下而遷之，爲不順於父母，如窮人無所歸」之事？且既不能安受堯之天下，而獨安受九男二女，百官牛羊倉廩之奉哉！孟子疑於費辭而枉辯矣。

按：孟子議論如此，使孔子得賓師之位而孟子佐之，其所擬議以進於孔子者，必有爲孔子所損益折衷，而未必惟言是從也。

「萬章曰：《詩》云：『娶妻如之何？』」章

○《齊風·南山》之詩云：「娶妻如之何？」理當告於父母。然誠如此詩之言，則能盡此理者，宜莫如舜，舜乃「不告而娶」，何也？孟子答之若曰：「告而後娶者，理之常也。而舜之所處，則人倫之變也。告則爲父母所沮，而不得娶矣。夫娶而男女居室者，人之大倫，不可廢也。如告而不得娶，則廢人之大倫，而不免於見懟父母也。與其告而廢大倫，以懟父母，孰若以權行之。既免於廢大倫，且不至懟父母，是亦所以爲孝而已，是以寧不告也。」○弟欲殺之，尚且不怨，豈有仇怨父母之理？「以懟父母」，本爲見懟於父母也。○「以懟父母」，非子怨父母也，如告則不果娶，亦徒爲父母所仇怨耳。

東陽許氏曰：「『懟父母』，言人之常情也。爲廢大倫，則雖子亦不免有仇怨之心。舜固非懟父母，然告則必廢大倫，故不告也。」按朱注「讎怨於父母」，謂爲父母所讎怨也，故云「於父母」而不云「其父母」，舊説皆誤也。言欲告而後娶，則父母不之聽，是廢人之大倫，而徒見怨於其父母耳。如此，則不如不告之爲愈。此正聖人之旁行不流處。必父如瞽瞍，子如大舜，乃可所謂「有伊尹之志則可，無伊尹之志則篡」也。○「以讎怨於父母」，味箇「於」字，是説舜必待告而後娶，則決不得娶，而徒見讎疾於父母耳。而許氏誤認以爲既廢大倫，則雖子未免有讎怨父母之心。信如其言，則與所謂「爲不順於父母，如窮人無所歸」者，一何悖哉！而許氏又以「人之常情」言，又云「舜固非懟父母」者，前後之説，支離覆護，全無的見。○一則曰「舜不告而娶，爲無後也」，又一則曰「如告則廢人之大倫，以懟父母，是以不告」，一爲繼嗣，一爲男女大倫，二説亦不同。豈以不廢大倫，正以爲繼嗣耶？○按孟子辯「不告而娶」等事，雖無《尚書》之證，予亦終以爲疑。何者？「不得乎親，不可以爲人」，舜之心也，推此心，能忍於「不告而娶」乎？有舜之孝，無不底豫之親，決不至於不得已而不告以娶。此意難與泛泛談吐者語也。

「帝之妻舜而不告，何也」

意謂帝以女妻其人，亦當使其人之父母知也。此疑誠是。「曰『帝亦知告焉則不得妻也』」，依吴氏程作一句讀。焉乃助語羡字。言帝若告其父母，則舜之父母必不喜其娶而有違言矣。父母之違言一出，則舜便不敢就，而帝亦難於强之矣，故曰「帝亦知告焉則不得妻也」，以情理論，亦是。

程子謂「以官治之」是兼謂舜與瞽瞍，非專指瞽瞍也。按「舜之不告而娶」，可謂出於不得已矣。下文所云捐階、浚井之事，其有無固不可知，然即舜不告而娶一事，亦可見瞽瞍果有殺舜之心，何也？丈夫生而願爲之有室，女子生而願爲之有家，父母之心，人皆有之，而瞽瞍乃不與舜娶。當時，四岳舉舜，舜年三十矣，猶曰「有鰥在下曰虞舜」，則父母之心何在？謂非有殺舜之心不得矣。○按《黄氏日抄·蘇子古史篇》云：「《史記》載堯妻舜之後，瞽瞍尚欲殺舜。《古史》非之，本《尚書》瞽瞍亦允若，堯聞之，然後舉而妻之。於理爲勝。」足以一洗百姓之疑。然則萬章之問，孟子之論，似皆贅矣。愚每疑舜當無不告而娶之事。

「鬱陶思君爾，忸怩」

「鬱陶思君爾」一句，「忸怩」一句，言思君之甚，故來見也。雖如此云，終不免於忸怩。

「舜曰：『惟兹臣庶，汝其于予治。』」

此則不可信。舜既爲天子，而封之有庳，尚且使吏治其國，豈以帝堯托其臣庶，乃轉以托其不肖弟耶？

而孟子乃不辯其非，且從而筆之書，明曰「象憂亦憂，象喜亦喜」，若真有此事者。竊疑此處亦欠精細，「象憂亦憂」句，是伴「象喜亦喜」説，重在下句。觀本注「言舜見其來而喜」一句，亦可見。

「奚而不知也」止「象喜亦喜」

言舜雖知象之將殺己，然見其來而喜，則又有不自覺者。○諒舜之心，其實如此，此亦非自外來也。本注既曰：「萬章所言，其有無不可知。」又曰：「然舜之心，則孟子有以知之矣。」此下句正要看得與上句相應，方是。言若果有此事，舜亦終不以爲恨，所謂「象憂亦憂，象喜亦喜」，「兄弟之情，自有不能已」者矣。

「曰：『然則舜僞喜者與？』」

孟子雖以告萬章以「象憂亦憂，象喜亦喜」，然萬章猶未達此二句是言其「兄弟之情，自有不能已」者，猶謂只是作意爲之耳，故云：「象欲殺舜之心，舜雖已知之，然舜之愛弟無已之心，終猶有不自知者。」故又曰：「仁人之於弟也，不藏怒焉，不宿怨焉，親愛之而已矣。」王祥之於母，伯奇、申生之於父，其誠心亦如此。

「故君子可欺以其方，難罔以非其道」

「故君子可欺以其方」泛説，而子產事在其中。言子產令校人放魚，校人復之云云。此自理之所有者，子產安得不信？東陽許氏謂「魚入水，有『悠然而逝』之理」，此句恐未盡。觀「校人出曰：『孰謂子產智，予既烹而食之矣。』曰」云云，則不專指「悠然而逝」一句明矣。○本注：「象以愛兄之道來，所謂欺之以其方也。舜本不知其僞，故實喜之，何僞之有？」此數句最緊要。其不知其僞者，愛弟之心勝而然也。不然，明洞秋毫，豈容有不知哉！

「故誠信而喜之，奚僞焉」

不要將「信」字帶「誠」字，「信」字與「喜」字相連，謂真實信之喜之也。○信正所謂「舜本不知其僞」者也。

本注只謂「故實喜之」者，惟實信之，故實喜之，不信則不喜。單言喜，自該得信也。

「萬章問曰『象日以殺舜爲事』」章

萬章曰「象日以殺舜爲事」，一心只要害舜也。此見其爲舜之深仇、世之大惡，而舜既爲天子，所宜以爲誅首也。而乃只放之，何與？

「萬章曰『舜流共工于幽州』」止「殛鯀于羽山」

幽州，北裔。崇山，南裔。三危，西裔。羽山，東裔。○所謂「投諸四裔」、「迸諸四夷」者。○「殺三苗」、「殛鯀」與《書》不同，《書》「竄三苗」。殛，此解曰「誅也」，《書傳》曰「殛，則拘囚困苦之」。流、放、竄、殛，「隨其罪之輕重而異法也」。○宋太祖曰：「堯舜之世，四凶之罪，止於投、竄，何近代法綱之密耶？」然則曰殺、曰誅，孟子之雄才所畧邪？○又按《書》云：「帝乃誕敷文德，舞干羽於西階。七旬，有苗來格。」有苗既來格矣，舜何緣至殺降邪？或曰：苗民來格，殺自是殺其君。然《書》所謂「有苗來格」，又不見得只是其民格而其君不格也。按：《書》爲是。○「殺三苗于三危」，究其實，當依《書》作「竄三苗」，竄之於此，實置之死地也。蓋三苗卒死於此，故孟子云「殺三苗」，一致也。「殺三苗」者，殺其君也。「有苗來格」者，其民之脇從者，格也。○鯀之殛，初亦只是「貶逐而禁錮之」，此曰「殛，誅也」，其致一也。

《楚詞・天問》第十四條注曰：「舜之四罪，皆未嘗殺也。」《程子遺書》云：「殛死猶言貶死耳。蓋聖人用刑之寬例如此，非獨於鯀爲然也。」以此證之，則鯀之殛，三苗之殺，其疑可斷矣。

《三解》曰「余謂《堯典》當以天道看，《舜典》當以君道看。如《堯典》不惟折因夷隩之民得以遂其生，微而鳥獸亦得以全其正性。不惟皐陶、禹、稷之徒得奮于列，而四凶之醜，亦得以托命於範圍之內，渾然一天也」云云。但鄙意：君道即天道也。如堯之時，四凶之惡未著，堯不得探其惡而誅之。舜之時，四凶之惡已著，舜不得以堯不誅而吾亦不誅之。其或誅或不誅，皆天理也。若外天道而求君道，是特見秦漢而下所謂君道，非唐虞天命之、天討之，皆實理也。伊川此意當看，伊川謂「天道即君道」。

「四罪而天下咸服」

「罪」活字，猶云「四誅」也。服，《書傳》曰「服其用刑之當罪也」，即下文「誅不仁也」。

「仁人固如是乎」一句，帶下不帶上，正所謂「在他人則誅之，在弟則封之」。是，謂如是者也。然事實亦只在上文。

「不藏怒焉，不宿怨焉」

不可謂「雖有怒而不藏其怒，雖有怨而不宿其怨」。仁人之於弟也，雖可怒而不怒，雖可怨而不怨，直是無怨無怒也。然其謂之「不藏」、「不宿」者，亦因萬章之問「立爲天子，則放之」與所謂「封之」者，皆是後來事，此「不藏」、「不宿」二字所由來也。○怨深於怒。人之七情，有喜怒，又有愛惡。

「使吏治其國」，而不得暴彼之民。舜當時蓋只托「欲常常而見，故源源而來」之意，而行之終不顯其迹也。

後人看得分明，既著之《書》，則昭昭於萬世矣。

「雖然，欲常常而見之，故源源而來」

此又是一轉語，言舜之封象時，「使吏治其國而納其貢稅」，則「既不失吾親愛之心，而彼亦不得虐有庳之民」矣。然舜之意猶有在也。舜之於弟，其親愛之無已，欲常常而見乎象。今既有吏代之治其國，則象得以源源而來見於舜矣。向使以國事煩象，則象不得以「源源而來」，舜不得「常常而見之」矣。故古云：「凡諸侯之來見，必俟朝貢之期。」今舜之於象，「不待諸侯朝貢之期，而以政事接見於有庳之君」者，此之謂也。此之謂「正以其欲常常而見之，故源源而來」也。「引此以證『源源而來』之意，見其親愛無已如此也」。○「以政接于有庳」，謂舜見諸侯，則釋其政事而見之，蓋是朝貢之期也。今舜見象之頻，不待釋其政事以見之，見其「源源而來」也。○合朱注及吴氏之説觀之，「蓋象至不仁，處之如此，則既不失吾親愛之心」者，不以公義廢私恩也。使「彼亦不得虐有庳之民」者，亦不以私恩害公義也。不以公義廢私恩者，仁之至也。不以私恩害公義者，義之盡也。然不徒曰「仁」而曰「仁之至」，不徒曰「義」而曰「義之盡」者，以其處人倫之變，而能不失其常也。

「咸丘蒙問曰」章

自「語云『盛德之士』」至「天下殆哉」，皆咸丘蒙所引語，所謂「齊東野人之語」也。

「盛德之士，君不得而臣，父不得而子。」此二句，又是齊東野人所舉者，欲爲下文責舜張本也。此語本意云：「盛德之士，其爲臣也，君亦不得以不善及之。其爲子也，父亦不得以不善及之。」正下文所謂「祇載見瞽瞍，夔夔齊栗。瞽瞍亦允若」，是爲「父不得而子」者也。○爲吾父者，吾不得以爲吾子。「舜南面而立，堯帥諸侯北面而朝之」，則是君而臣矣。「瞽瞍亦北面而朝之」，則是父而子矣。且「舜見瞽瞍，其容有蹙。孔子曰：『於斯時也，天下殆哉！岌岌乎！』」爲此語者，亦都是説舜不是，但實無此事也。

一説：德盛矣，雖君也不得而臣之，雖父也不得而子之。言舜德盛，堯不得而以爲臣，瞽瞍不得而以爲子。此説謬也。接下文「其容有蹙」及「天下殆哉！岌岌乎」，俱貫不去。且堯與瞽瞍，既北面而朝，則是以父爲子，以君爲臣，又不但父不得而子之、君不得而臣之矣。

「舜南面而立」

按《黄氏日抄・讀曾南豐文》云：❶「講官議謂：❷古禮於朝則王與群臣皆立，無獨坐。在於燕，則皆坐，無獨立者。坐云者，師所以命弟子，而譏當時請坐講者爲非。是欲以古制律今，而講官以弟子禮命其君邪？」

「堯帥諸侯，北面而朝之」之説，蓋燕子之之徒也。燕噲實反朝於子之之事，見《綱目》。蓋邪説、暴行二者相連，有暴行必有邪説以倡之。○獨言「舜見瞽瞍，其容有蹙」，則爲此語者，意以父子天性尤所不能安也，故畧堯。

---

❶「文」，嘉靖本作「云」。

❷「議謂」，原作「講議」，今據《黄氏日抄》改。

「天下殆哉！岌岌乎」

本注言「人倫乖亂，天下將危」，兼君臣父子。蓋言人倫則父子君臣皆人倫也，豈以其臣堯爲可乎？首句「語云」與末句「此語」之「語」正同。或云不必泥「盛德之士」三句是齊東野人所引者，蓋只是謂「此語」者，特提此以律舜事耳。曰：「如此則下文孟子所引，正是『爲父不得而子』者，亦何所據耶？看來此三句，還是古語，但齊人錯認做别説耳。至若二『語』字，終同也。」〇「齊東野人之語也」，此一句只是斥其非君子之言耳，不必以爲實然也。

「堯老而舜攝也」

此一句最有力，言堯在時，舜未嘗即天子位也。又引《堯典》及孔子之言以證之，明其無是事也。

「舜既爲天子矣，又帥天下」止「二天子矣」

言堯未死，舜既爲天子，即是無堯爲君了。今又帥天下諸侯爲堯三年喪，是又以天子待堯，豈不是二天子？此數句是據《堯典》事實言之，而以孔子「民無二王」之語斷之，直是辨折得倒，然都就無臣堯説，惟此事有證佐在，而其無臣父之理亦可并見矣。咸丘蒙猶未喻，故又有下文之疑。

今按咸丘蒙章大注「又引《書》及孔子之言以明之」例，方知「此無他，居相似也」一句，亦是孟子之言。往皆以注云「孟子又引此事爲證」，以爲都是守者之言，恐守者未能解得此理。

「普天之下，莫非王土」

言「莫非王臣」便是了，必先「莫非王土」者，見居吾土者便是吾屬也。所謂「尺地莫非其有，一民莫非其臣」。○「率土之濱。」「率，循也。」循，環也。循土之濱，是環海之内也。土之濱便是海矣。

「不以文害辭，不以辭害意」止「爲得之」

本注：文，字也。辭，語也。

自此章言之，則「普天之下，莫非王土，率土之濱，莫非王臣」者，辭也。此「莫非王事，我獨賢勞」者，志也。詩人之志在此，吾惟以意逆之，斯得之矣。志與意不同，志者，詩人之志也，故「詩言志」。意者，讀詩者之用意也，所謂意會者也。○按此數句，不但説詩之法，凡讀書之法皆然也。

自「堯老而舜攝也」至「是二天子矣」，是説舜無臣堯之理。自「普天之下，莫非王土」至「『孝思維則』」，此之謂也」，是説舜無臣瞽瞍之理。至末段引「祇載見瞽瞍」一條，又特證咸丘蒙所述「父不得而子」之非，亦以見無臣父之理也。○獨解「父不得而子」之説而不及「君不得而臣」者，瞽瞍實不善，堯不可以並論也。可説瞽瞍不得以不善及其子，不可説堯不得以不善及其臣。聖賢之言，不拘于對股也，或舉此以該彼，或舉其一以該其餘，又或隨其重處言之，或隨其顯處言之。

「孝子之至，莫大乎尊親」止「以天下養」

據此則尊親、養親，只是一事。又曰：「爲天子父，尊之至也。以天下養，養之至也。」則又分而爲二，何也？蓋「孝子之至」，在於「尊親」，「尊親之至」，在「以天下養」，是「孝」字虚而「尊」字實也，「尊」字虚而「養」字實也。然有是居必有是養，有其名必有其實，故本注曰：「既爲天子之父，則當享天下之養矣。」尊親以名言，養親以事言，是疊而爲一固可，折而爲二亦可也，故雙峯饒氏曰：「尊親、養親，雖是二事，然尊與養相須，養之至乃所以尊之也。」

言舜既爲天子，則瞽瞍爲天子之父矣。「瞽瞍既爲天子之父，則當享天下之養矣」云云。此是據理而斷其無臣父之事。

「《詩》曰：『永言孝思，孝思維則。』此之謂也」

此引《下武》之詩以咏嘆其尊親養親之至也。聖人，人倫之至，便可爲天下則，故曰：「經綸天下之大經。」此「永言孝思，孝思維則」之言，所以切于尊親、養親之至也。○尊親、養親字面，正與「使父北面而朝」者相反，此孟子所以爲善辨。

「《書》曰『祇載，見瞽瞍』」止「瞽瞍亦允若」

「祇載」句，「見瞽瞍，夔夔齊栗」句。「瞽瞍亦允若」，通連二句，故注云：「言舜敬事瞽瞍，往而見之，敬謹如此，瞽瞍亦信而順之也。」

「是爲父不得而子也」

正在「瞽瞍亦允若」一句上。此「是」字，此也，此「爲」字，是也。○下章「吾聞其以堯舜之道要湯，未聞以割烹也」，朱注云：「愚謂此語亦猶前章所論『父不得而子』之意。」

「萬章曰『堯以天下與舜，有諸』」章

「萬章曰：『堯以天下與舜，有諸？』孟子曰：『否。天子不能以天下與人。』」所答非所問意也。萬章之問，只是下章「不傳子」之意耳。孟子不直答以其事之有無，但言其無此理。○「天子不能以天下與人」，破頭一句，實然之理，正大之論，億萬鈞之力也，此章之大指。

○嘗觀之子噲嘗受燕國於子之矣，然非天之所與，國終非其有也。王莽嘗盜漢家之天下矣，然非天之所與，天下終非其有也。然則舜之有天下也，非天與之乎？故此章眼目，全在一「天」字，而究其所以爲天者，則在章末引《太誓》一段。

「曰：『否。天不言，以行與事示之而已矣。』」

「體之於身謂之行，措諸躬行謂之事。若以下文觀之，如『使之主祭而百神享之，使之主事而事治，百姓安之』，何處爲行？何處爲事？」曰：「此皆事也，然莫不自身出，行固在其中矣，所謂出乎身而加乎民。自其出乎身言，行也；自其加乎民言，事也。」○《易·繫辭傳》「問焉而以言」兼處事，則以事言而兼行亦有例矣。「示」字最好看。天不言，惟示以其意而已，言則無所事乎示也。正爲不言，故只示耳。

「昔者堯薦舜於天而天受之」

「堯薦舜於天而天受之」，其中有行有事，「暴之於民而民受之」，其中亦有行有事。如使之主祭，其誠敬之心屬行，其所以處夫祭祀之品物度數，則屬事；如使之主事，其所以爲之主宰本根之地者屬行，若夫紀綱文章、謹權審量之類，則屬事也。

「使之主祭而百神享之」至末

「使之主祭而百神享之」至「故曰天子不能以天下與人」，其所以發明夫天與舜之意似亦足矣，下文又即其攝位之久與其踐位之際迫於「朝覲」、「訟獄」、「謳歌」之歸者言之，尤見其出於天與之意，要亦上文「天受」

之理也。至末又别引《泰誓》之言，以見上文所謂「天與」者，概自民心所歸言之，非天自天而人自人也。通章所謂天者，亦畧有不同，而其歸則一也。

「舜相堯，二十有八載」

○承上文云不特主祭而百神享、主事而事治爲足以見其爲天之所與，自其攝政之久與其迫於「朝覲」、「訟獄」、「謳歌」之歸者觀之，亦足以見其爲天之所與也。

「非人之所能爲也，天也」

此章「天」字凡十有六，惟此一「天」字不該人，故明云：「非人之所能爲也。」其餘「天」字，大抵皆是天視聽自我民視聽之意。

○此「天」字以數言，其餘「天」字以理言。「舜相堯，二十有八載」，所以爲天者，即下章所謂「歷年多，施澤於民久」，而爲民心之所歸戴而不忍釋者，故曰「天也」。又其下云：「舜、禹、益相去久遠，其子之賢不肖皆天也，非人之所能爲也。」

「舜避堯之子於河南之南」

按舜既受命於文祖，且以此類于上帝矣，是雖未即真，而帝位所屬已定，此亦磊磊落落，青天白日事也，而何以至此時乃避之南河之南耶？殆不類聖人舉動，豈孟子之過辨與？或曰：「古人崇禮讓，如三讓而進，似亦頻繁。聖人以天位之惟艱，而誠心遜避有如此，難以時人意度推測。」必待三年之喪畢，然後敢立者，前此百官聽於冢宰故也。

朝覲者，人臣見君通謂覲，特見也。《春秋傳》「出入三覲」，《周禮》「特見曰覲」。○訟獄，訟乎獄也。○「謳歌者不謳歌堯之子而之舜」，非至舜面前謳歌也，只是朝野間詠歌舜之德耳。○長聲爲歌，短聲爲謳。

「故曰天也」，此「天」字非是應上文「非人之所能爲也，天也」，乃是應「舜有天下也，孰與之？曰『天與之』」，皆是天視聽自我民視聽之意。

「夫然後之中國，踐天子位焉」

此是對「避堯之子於南河之南」言。

「《泰誓》曰『天視自我民視』」條

再申「天不言，以行與事示之而已矣」之意以結上文。○「此之謂也」，謂《泰誓》此言，即吾所謂舜爲人所歸即爲天所與之意也。○注：「天無形，其視聽皆從于民之視聽。」夫天，積氣也，何形之有？然則所謂其形穹然，其色蒼然者，亦臆説耳。

○此章言天，有主于民而言者，「天與之」之類，即「天視自我民視」之謂也。亦有對民而言者，如「薦之于天」、「暴之于民」之類。雖有二類，然其大意，亦主于「天與之」。間或互言以相發。惟「非人之所能爲也，天也」一句似主氣數言，亦見舜之有天下，非堯所與，其意亦同歸也。

「萬章曰『人有言：至於禹而德衰』」章

「人有言：至於禹而德衰。」孟子此兩章之辨，大意皆同。但上章「天」字除「舜相堯，二十有八載」、「非人之所能爲也，天也」一「天」字外，皆歸于天視聽自我民視聽之意。及此章「天」字，却全是天意之天，何也？爲該舜、禹、益攝政之久近與「其子之賢不肖」言，正與上章「非人之所能爲也，天也」同，乃知其用意之密也。

「天與賢則與賢，天與子則與子」

下文「丹朱之不肖」至「莫之致而至者，命也」，正所謂「天與賢則與賢，天與子則與子」也。此兩句與上章「天子不能以天下與人」一句，皆是據理之極致，言之要也。○此章孟子曰「天與賢則與賢，天與子則與子」一章之大旨也。「昔者舜薦禹于天」至「若堯崩之後，不從堯之子而從舜也」，是言「天與賢」之事。「禹薦益於天」至「吾君之子也」，是言「天與子」之事。其下條「丹朱之不肖」至「施澤於民久」，是言天之所以與賢者也。「啓賢能，敬承繼禹之道」至「施澤于民未久」，是言天之所以與子者也。蓋「皆非人力所爲而自爲，非人力所致而自至也」。○「啓賢，能敬承繼禹之道」對「丹朱之不肖，舜之子亦不肖」，此即下文所謂「其子之賢不肖」也。「益之相禹也，歷年少，施澤於民未久」對「禹之相舜也，歷年多，施澤於民久」，此即下文所謂「舜、禹、益相去久遠」，只是禹、益在相位之日相去久遠之不同。「今乃言舜」者即上章「舜相堯，二十有八載」而帶言於此，其事體一也，故《集注》兼詳之。舊説作「世之相後也」，全不是，此與「世相後」亦何干？

「丹朱子不肖，舜之子亦不肖」，天意既趨於與賢，「舜之相堯，禹之相舜也，歷年多，施澤於民久」，天意遂歸於與賢矣。「啓賢，能敬承繼禹之道」，天意既趨於與子，「益之相禹也，歷年少，施澤於民未久」，天意遂歸於與子矣。

「丹朱之不肖，舜之子亦不肖」

按《書》有云「無若丹朱傲」而無商均之名，而孟子只云「舜之子」，南軒亦只云「舜之子」，恐商均出《史記》耶？○「舜、禹、益相去久遠」兼「歷年少」二意，如其子之賢不肖例，謂歷年久遠之相去也。

「莫之爲而爲者，天也；莫之致而至者，命也」

大注：「以理言之，謂之天；自人言之，謂之命。」如此解者，蓋爲之者天也，受之者人也，故以理言謂之天，以人言謂之命，以「爲」屬天，以「至」屬人。○此「理」字對人言，非對氣數言也。其實此箇「天」字，正以氣數言也，非人之所能爲者，皆是。○「以理言之謂之天」，如「丹朱之不肖」至「益之施澤於民未久」一段，此便是理也。理便是天。○以主宰而言，謂之天；以當聽受而言，謂之命。

「故仲尼不有天下」

此條謂「仲尼之不有天下者」，天也，故「益、伊尹、周公不有天下」者，孰非天乎？故注云：「孟子因禹、益之事，歷舉此下兩條以推明之。」其「伊尹相湯以王於天下」及「周公之不有天下」二段，又不過申明「繼世以有天下」一條，故此只云「兩條」。

「伊尹相湯以王於天下」

注云：「此承上文言伊尹不有天下之事。」至周公則曰：「此復言周公所以不有天下之意。」一用「事」字本文云云，有實事也。一用「意」字本文，只舉大意，無實事也。可見《集注》之精密處。

「外丙二年，仲壬四年」，大注雖云「未知孰是」，然必以趙説居程子之先者，蓋太丁未立不言死，則外丙、仲壬不言死亦可矣。然太丁立而死，既有子，亦不應别立外丙、仲壬。蓋是時既有世嫡之義，則父死子繼，嫡孫當立，不應别立也。趙氏本生於程子之前，然程子之説，出於趙氏之後，蓋以折衷之也。惟太甲差長之説，或未盡。

「伊尹放之於桐」者，蓋藉天子諒陰，百官聽於冢宰之義也，非顯然放之也。若顯然放之，他日難於復矣。雖復，君臣之間亦難爲顔，伊尹初心豈計不及此乎？當時必未忍絶望之，尚看他三年之内如何。「自怨自艾」句絶，「於桐」連下讀。○此章「天」字大抵皆以「非人之所能爲」者言。

「周公之不有天下」云云

此大概言太甲、成王之能嗣先業耳，「施澤於民未久」之意却無也。

「唐、虞禪，夏后、殷、周繼，其義一也」

「一也」，謂均於聽天命也。○「其義一也」，亦有兩説：「皆天命也」，只以天命爲義。一説「皆奉天命也」，又以奉天命爲義。大抵加「奉」字爲長。義者，事之宜也，自有事實在。大注雖有「皆天命也」之句，然其下更有「聖人豈有私意於其間哉」一句，「無私意於其間」便是奉天命矣。○上章與此章言天所以有不同者，蓋上章言舜之得天下，就人心之歸上説天命，順也。此章言益之所以不有天下，難説以人心不歸益，故天不與益。是以只就禹之有賢子兼益之「施澤於民未久」上説，便見得是天之所爲而非禹之得私於其子也。此其立言，安得盡同？惟上章所謂「舜相堯，二十有八載。非人之所能爲也，天也」，一「天」字，與此章同。又見上章已兼此章之義矣。

朱子小注云：「聞之師曰：『聖人未嘗有取天下之心也。三年喪畢，去而避之，禮之常、事之宜耳。其避去之心，惟恐天下之不吾釋也。舜、禹蓋迫於天命人心之不獲已者。若益，則求仁而得仁耳。』」○愚按：謂「聖人未嘗有取天下之心」者，蓋君子所性，大行不加，窮居不損，信乎其無取天下之心也。又曰「三年喪畢，去而避之，禮之常、事之宜者」，亦誠有理也。不然，何舜、禹、益皆必引避於三年之後哉！但謂「舜、禹蓋迫於天命人心之不獲已，❶「益則求仁而得仁耳」，此却未然。聖人固未嘗有取天下之心，亦何嘗必避天下而恐爲我累哉！如此，則夫「思天下之民匹夫匹婦不獲，若已推而納之溝中」者，又獨何心哉！及天下蓋聖人之所以始避者，正所謂「朕德罔克，民弗依」，恐不足以當天命，而避之以聽天命之所屬耳。及天下卒不吾釋，則從容而就之，亦其當然耳，抑何不得已之有？至以益爲求仁得仁，尤未是，何也？伯夷以父命爲尊，伯夷不讓則無父而失仁矣。叔齊以天倫爲重，叔齊不讓則無兄而失仁矣。故其讓者，所以求仁，遂其讓者，斯得仁矣。若益之避與舜、禹之避初無二，倘非在相位之日近，而啓又賢，則益亦若舜、禹之受矣，又何不仁之有？故其論雖高，而以中庸律之，似亦有疑也。此蓋亦朱子初年所從者與？

「萬章曰：『人有言伊尹以割烹要湯，有諸？』」

割烹，兼宰割、烹調也，厨人之事。

❶「蓋」，原作「益」，今據《四書或問》及前後文改。

《集注》「按《史記》」云云，而終之曰「蓋戰國時有爲此説者」，正以戰國時人説爲此等議論，上誣聖賢以便一己之私耳，而非實以爲然者。史遷之學，雜而闇於道義，故信之。《集注》引之，特以證時人之言，非孟子以爲不然，而朱子又引《史記》以實其爲然也。

「曰『否。不然也』」云云

否，語辭。「不然」，則是明曰不是也。否如《書經》「都俞吁咈」之類，皆語辭也。

「禄之以天下」，「禄之」猶言官之、爵之之例。

「繫馬千駟」，謂所繫之馬，馬必用繫。○天下弗顧，千駟弗視，舉其至大者言；一介不取與，舉其至小者言，故注曰：「無大無細，一於道義而不苟也。」愚謂惟一介不苟取與，故能天下弗顧、千駟弗視。惟其「一介不以取諸人」，故能「一介不以與諸人」。「一介不以取諸人」猶易，至於「一介不以與人」，則尤難矣。然冉子爲子華之母請粟，可無與也，夫子猶與之釜、與之庾。蓋聖人寬容，不欲直拒人，此則孔子聖之時者也。○愚嘗謂伊尹格天之功業，全在非道義而一介不與取上，盛哉！

「湯使人以幣聘之」條

竊疑孟子序此兩段，語意似欠平和員活。夫伊尹既是「樂堯舜之道」，非但成己而已也，便要推以致君而澤民，今却云：「我何以湯之幣聘爲哉！我豈若處畎畝之中，由是以樂堯舜之道哉！」然則堯舜之道，可用於畎畝之中邪？又曰「湯三使人往聘之，既而幡然改曰」云云。然則前此，伊尹果以隱爲高而無意於斯世者邪？然則又何以爲「聖之任」也？而下所述「予將以斯道覺斯民」意見，非其宿昔所抱負者耶？

詞氣間似亦未甚貼然。

大抵「囂囂然曰」云云者，以觀湯意之虔否耳。若論伊尹、堯、舜君民之心，則自畎畝中誦詩讀書以樂其道時，便已炯然于懷矣。

「天之生斯民也」條

「予將以斯道覺斯民」，或兼堯、舜君民説，看來亦不必如此湊合，如下文「思天下之民，匹夫匹婦」云云，何嘗要兼説君在。○道，即堯、舜之道而日間之所樂者。堯、舜之道，既明德，便欲新民。己之所先覺者，此道也，所以覺民之未覺者，亦此道也。

「思天下之民，匹夫匹婦」止「未聞以割烹要湯也」

此數段自相承。「吾豈若於吾身親見之哉」者，正有見於「天之生斯民也」云云，而「將以斯道覺斯民」耳。即伊尹此言觀之，蓋其設心，「思天下之民，匹夫匹婦」云云以上，皆是伊尹欲出而正天下處，然後繳之曰：「吾未聞枉己以正人者，況辱己以正天下乎？」見其無「割烹要湯」之理也。然則尹果何以致湯之知也？蓋「以堯、舜之道要湯」耳，即上文所謂「伊尹耕於有莘之野，而樂堯、舜之道」，致「湯三使往聘之」也。

○「思天下之民，匹夫匹婦不被其澤，若己推而納之溝中」，此其心即民胞物與之心也，真所謂「畏天命而悲人窮」者也。當時堯、舜往矣，尹必欲天下被堯、舜之澤者，蓋堯、舜之民無一不被其澤，尹之自任，欲「俾厥后爲堯、舜」，則天下之人亦被其澤，即是被堯、舜之澤矣。○「其自任以天下之重如此」，言其志在天下而不在一身之富貴，故知其必無割烹要湯之事也。自「湯使人以幣聘之」至此節，同是此一意。此即其所以「正天下」者也，辱己安能正天下？〇「故就湯而説之，以伐夏救民」，此正是使天下之民匹夫匹婦皆被堯、舜之澤，便是所謂「正天下」者也。〇「故就湯而説之，以伐夏救民」，伊尹之於湯，凡五就，「伐夏救民」是以末一就言也，故後篇楊氏曰云云。若湯初來則有伐桀之心，而伊尹遂相之以伐桀，是以取天下爲心也，豈聖人之心哉！而今注乃云「是時夏桀無道，暴虐其民，故欲使湯伐夏以救之」，此説似中楊氏之醫。其實朱子注也未可曉，或大概説，而以其時論之，當是第五就時事。

伊尹曰：「予將以斯道覺斯民也，非予覺之而誰也？」孟子曰：「天如欲平治天下，當今之世，舍我其誰也。」此皆是聖賢以身任綱常之責處。

「聖人之行不同也，或遠或近或去或不去」

看四箇「或」字，當作四件。遠近以未仕而方出仕者言，去不去以既仕於吾國者言。莫依先儒，并而爲二説，當如或鼓或罷或泣或歌或處或語或默之例。

「歸潔其身而已矣」

歸，要歸也。若曰：「可以近則近，不可近則遠遁耳，何有輕身以謀利也。可以止則止，不可止則决去耳，何有吝情以去留也。」此皆以聖人言。聖人泛指。〇言聖人之行不同，斷斷乎同一潔身之不污也。如「伯夷之清」，「柳下惠之和」，和與清雖不同，終是不污，故曰：「爾焉能浼我哉！」

「吾聞以堯舜之道」止「割烹也」

《詩·大雅·旱麓》有曰：「豈弟君子，干禄豈弟。」朱傳曰：「『干禄豈弟』，言干禄之有道也，猶曰『其争也君子』云爾。」愚謂「伊尹以堯、舜之道要湯」，不亦爲「干禄愷悌」也乎？

注云：「孟子引此以證『伐夏救民』之事也。」究其所以，則從自任天下之重上來，所以於上文有關屬。蓋伊尹之抱負如此，勛業如此，割烹要湯必無是事也。輔氏一説甚好，曰：「此伊尹所自言，於此可見其任重之意，則其不肯枉道自汙以要君必矣。」〇又只看上文「故就湯而説之以伐夏救民」，不足以破割烹之説，而其所以「伐夏救民」處，則足以見其無割烹自辱之事矣。

「萬章問曰『或謂孔子於衛主癰疽』」章

「於衛主顔讎由」條

蓋孔子主於顔讎由，彌子之諷子路，欲其改主也。

「孔子進以禮」止「曰有命」

得之而進也，進必以禮，吾盡其在我者也。何也？其得也「有命存焉」，吾何急於進哉！不得而退也，退必以義，亦在我者也。何也？不得，「有命存焉」，吾何難於退哉！故徐氏曰：「在我者有禮義而已，得之不得則有命存焉。」得之既有命，自不必急於進也，諺所謂「命裏有，終須有」。不得既有命，自不可以不退也，諺所謂「命裏無，到底無」。

「主癰疽與侍人瘠環，是無義無命也」

若主癰疽，則是當退以義而不以義退，是無義也。命之不得而不受命焉，是無命也。此處只消用「義」字，非是言義以該禮也。新安陳氏曰：「二説俱牽强。蓋進以禮，無進安用禮，故朱注無明訓。」

「遭宋桓司馬」止「主司城貞子」

司馬、司城皆是宋之官，他國則無。宋是王者後，故倣天子禮，有司馬、司城。此饒氏説也。○新安倪曰：「宋以武公諱，改司空爲司城也。」

「主司城貞子，爲陳侯周臣」

《集注》：「按《史記》：孔子爲魯司寇，齊人饋女樂以間之，孔子遂行。適衛月餘。去衛適宋。司馬魋欲殺孔子，孔子去。至陳，主於司城貞子。」○新安陳氏曰：「以文勢觀，似是臨去宋時，主於司城貞子，適陳，爲陳侯周臣。」○「主於司城貞子」一句是《史記》文，上帶「孔子至陳」一句，不可謂是《集注》引起下文之句也。但貞是宋大夫，今乃云「孔子去。至陳，主於司城貞子」，實可疑耳。蓋此説有二：一説孔子去宋適陳，臨去時主於司城貞子也。一説《史記》誤以司城貞子爲陳，義亦未可知也。一説「主於司城貞子」帶下「孟子言孔子」云云讀。此説恐非。須考《史記》，《史記》文只到「主於司城貞子」住。○陳侯周必是可事之君。

「吾聞觀近臣，以其所爲主」二句

近臣爲主者，遠臣主於人者也，故一曰「所爲主」，一曰「所主」。○此亦即上節而申明之，如「於衛，主顏讎由」，不肯主彌子，於宋，「主司城貞子，爲陳侯周臣」，便見得君子小人各從其類矣。

此一章，孟子亦折萬章之疑。凡三節，第一節即孔子之不主彌子而安於義命，見其無主癰疽之理。第二節，即孔子之「當阨難時，猶擇所主」，而見其「在齊、衛無事之時」，決無主癰疽之理。第三節，承上言「君子小人各從其類」。既是孔子，必不主癰疽，既主癰疽，便不足爲孔子，所以盡上二節之意也。

「萬章問曰『或曰百里奚自鬻於秦』」章

「人言其自鬻於秦養牲者之家，得五羊之皮而爲之食牛。」「五羊之皮」，賣身而得者也。「爲之食牛」，爲養牲者食牛也。

「以要秦穆公」，謂以五羊之皮去使，用以要秦穆公也。一説：不知是如何樣去要穆公。按：莊周謂「飯牛而牛肥，使穆公忘其賤而與之政也」。

「宫之奇諫，百里奚不諫」

夫諫者是，則不諫者非矣。不諫者是，則諫者非矣。然食人之食者，當憂人之憂，危而不持，焉用彼相？奚固難道諫者之非。若道諫者是，不諫者不是，則孟子又已取百里奚矣。且夫「危邦不入，亂邦不居」，奚也？既失之於前，危而不持，顛而不扶，奚也？又失之於後，又烏在其爲智且賢哉！夫既知不可諫，何不早去之秦，必待晉人假道時，然後委而去哉？此則愚生之不可曉者。深取百里奚，正恐虧了宫之奇耳。使諫不聽而去，如宫之奇，凡兩諫不入，然後以其族行，豈不得於義哉！○大抵百里奚亦只是春秋之智士，其所謂賢，亦猶孔子稱管仲「如其仁」耳，所謂「姑取一節」者，固未暇論其諫之是非也。

「知虞公之不可諫而去之秦」云云

自「知虞公之不可諫而去之秦」至「知穆公之可與有行也而相之，可謂不智乎」，凡四段，當以首一段爲主，下三段皆以推明乎此意。若曰：「知虞公之不可諫而去之秦，年已七十，曾不知以食牛干秦穆公之爲汙也，可謂智乎？」然而「知虞公之將亡而先去之」，智也；「不可諫而不諫」，智也；「知穆公之可與有行而相之」，智也。以「百里奚之智如此，必知食牛以干主之爲汙」矣，故曰：「重在首一段。」孟子言百里奚至秦時年已七十，非少年未更事者比，乃不智而爲此事乎？以吾觀之，其不諫虞公者，知其不可諫也，智也。非徒不諫，又先去之，是知虞之必亡也，智也。去而入秦，又知繆公之可有爲也，亦智也。其智如此，則其知食牛干主之爲汙而不爲也必矣。

「相秦而顯其君於天下」至「而謂賢者爲之乎」，凡兩段，則重在下段，言奚相秦，能顯其君於當時而傳於後世，則決是賢矣。既是賢者，又豈肯自鬻以成其君哉！故注云云，「其賢又如此，必不肯自鬻以成其君也」。

○孟子言奚之智有三段，言奚之賢只一段。三段之智，以明首段「曾不知以食牛干秦穆公之爲汙也，可謂智乎」。賢之一段則以明末段「自鬻以成其君，鄉黨自好者不爲，而謂賢者爲之乎」。孟子此章之辯，蓋奚之當時，實已無可據，姑得以所聞者而推論其理如此。言奚之智有如此者，必知自鬻之爲非矣。其賢又如此，則必不肯爲自鬻之事矣。智以所知言，賢以所爲言。

《集注》：「百里奚爵禄不入於心，故飯牛而牛肥，使穆公忘其賤而與之政。」此三句是《莊子》全文。「亦可知百里奚矣」，此一句是説莊子知奚。

魯公「秉心塞淵」而「騋牝三千」，文王「視民如傷」而「麀鹿攸伏」，百里奚「爵禄不入於心，故飯牛而牛肥」，其理一也。

此篇言舜之孝親，以及舜、禹之有天下，伊尹相湯，孔子之進退，而終於百里奚之自鬻，皆發明聖賢之心迹，以釋世俗之疑議。至若「瞽瞍亦允若」，就指爲舜之「父不得而子」；以堯舜君民之抱負，就指爲「伊尹之要湯」，皆即世俗之説而精其義。以堯之授舜爲天，以禹之相益爲薦於天，皆推義理之極而高其説，此則孟子因機誘説之辭也。使舜浚井之事，晦庵以爲不必問其有無。益避啓之事，蘇黄門極言其妄。晦庵謂：「三年喪畢，還政嗣君而告歸之時也，於是避而去，亦禮之常而事之宜耳。蓋求仁得仁，又何耻之有哉。」《黄氏日抄》之説。

孟子之論，未必皆如聖人之正當，但其闢邪扶正之功甚大矣。且如今日，異端何足道哉！孟子當時，異端如老氏，則亦知天知地也。莊子則能簸弄造化者也。如楊氏，則灼然是能一介不以取與者也，但欠仁一端耳。如墨氏，則灼然是見得「民吾同胞，物吾與」者也，但欠義之一邊耳。而孟子乃剖析疑似之際，而深闢痛拒之，使聖人大中至正之道，昭然如日月之行天而不容揜，此其大有功於斯文也。若其議論之間，容有未極於精微者則又大聖與大賢之不能無辯也。

萬章章句下

「孟子曰『伯夷目不視惡色』」章

聲色説得廣，不止女色與淫聲，如奢麗侈靡之物，亦惡色。又如云「惡聲至，必反之」，豈必皆指淫樂？此二句，自其己身動爲處言也。自此以下，一節密一節。

「非其君不事，非其民不使」

○此二句，以己對人言。

「治則進，亂則退」

○此二句，以處時言，重下句。

「横政之所出，横民之所止，不忍居也」

此三句，以所在言。

「思與鄉人處，如以朝衣朝冠坐於塗炭也」

此二句又言非特「横政」、「横民」所在，不忍居，至於鄉人，亦不忍居也。○鄉人，鄉里之常人也。○思，指伯夷自思也。

「當紂之時，居北海之濱，以待天下之清也」

上二句又總證上文之實。「當紂之世」，正所謂濁世也。目所接者，大抵皆是惡色，耳所接者，大抵皆是惡聲，君非其君，民非其民，有亂而無治。觀於其朝，大抵皆「横政之所出」也；觀於其野，大抵皆「横民之所止」也。紂帥天下以暴，天下之能免於爲鄉人者能幾邪？故獨退「居北海之濱，以待天下之清也」。或以此文另作兩句説，則與「亂則退」及「不忍居」意重復，而文理俱不順矣。

「頑夫廉」

注：「頑者，無知覺。廉者，有分辨。」如何見得是相反對？蓋無知覺者，貪昧嗜利也，故與廉反。

「懦夫有立志」

○懦，不立也。

「居北海之濱」，按《史記·伯夷傳》注，孤竹君是殷湯之所封，相傳至伯夷、叔齊之父，名初，字子朝。伯夷，名允，字公信。叔齊名智，字公達。解云：「夷、齊，謚也。伯、叔，其長少之序。」愚謂此不可信。周人冠乃有字，死乃謚。

「伊尹曰：『何事非君，何使非民。』」

「何事非君，何使非民」，述其言也。「治亦進，亂亦進」，承其言而狀其行也。「曰『天之生斯民』」以下，皆是言其「自任以天下之重」，此其所以「治亦進」而「亂亦進」者也。但本文「其自任以天下之重」一句，只帶「思天下之民」以下，與《萬章上》同然，亦一理，蓋就其「將以斯道覺斯民」之言而見其「思天下之民」云云也。

「柳下惠不羞汙君，不卑小官」

「進不隱賢」，不晦其所長也，必行其志，故繼曰「必以其道」。夫人幼而學之，壯而欲行之，姑舍所學以狥人，便是隱賢，便是枉道。

「袒裼裸裎」

依《玉篇》：「袒，肉袒也，絻衣也。」❶《喪服》所謂「五世袒免」，「袒」注「肉袒而著免」。免者，以布廣一寸，從項上而前交於額上，又向後繞於髻。○裼，袒也，脱衣見體也。○裸，《正韻》：「赤體也。」○裎，袒也，衣揚也，襌衣也。揚蓋與「深青揚赤色」之「揚」字同。揚，浮也。

袒裼，露臂。○裸裎，露身。○按上篇「爾爲爾」上有「故曰」字，是柳下惠自言也，於爾、我方着落。

夷、惠皆以「聞其風」言，伊尹獨不然者，新安陳氏曰：「凡言風者，皆道不行於當時，而其流風餘韻足以聳動於後世者也。」朱子亦有此説，故下篇「百世之師」亦只及夷、惠。若夫子，則太極元氣之運，風又不足以盡之矣。

「孔子之去齊，接淅而行」

孔子之去齊，漬米已，將炊，亦不待其炊。且去其所漬之水，而取米以行，何速如之。

「去魯曰：『遲遲吾行也。』」

此蓋因子路趣行曰「夫子可以行矣」，故夫子言此以曉之，非必在路上遲遲也。「遲遲其行」，正待微罪而後行也。

「去父母國之道也」

此蓋孟子解辭，與「去他國之道也」相對爲類。注舉此一端，以見其久速仕止各當其可。一端兼去齊、去

---

❶ 「也」下，嘉靖本有「絻亡運切」四字。

魯，或泥注，專指去齊，大謬。○或疑伊尹出處合乎孔子，而不得爲聖之時，何也？程子曰：「終是任底意思在。何以言之？只看『五就桀』，孔子必不如此。且看他説話也忒喫力也，忒着意。」○朱子又曰：「此處極難看，且放那裏，久之看道理熟，自見，强説不得。若謂伊尹有這意思在，則孔子皇皇汲汲，去齊、去魯、之梁、之魏，非無意者，所以異於伊尹者何也？」

「孔子之謂集大成」條

金聲而玉振之，玉指磬，磬是石，然其石甚細，且有異聲，亦玉類也，故謂之玉。

「《簫韶》九成」，《書傳》：「簫，古文作箾，舞者所執之物。」《説文》云：「樂名。《簫韶》『季札觀周樂，見舞《韶箾》』者，則《箾韶》，蓋舜樂之總名也。今文作簫，故先儒以簫管釋之。」○此簫與吹簫不同。○又曰：「樂者，象成者也，故曰成。」

條理，猶言脉絡，在始終之中者也。蓋樂音不止是金與玉，「獨奏一音，則其一音自爲終始」，此以小成者言。此始終與本文「始條理」、「終條理」之「始」、「終」不同，本文主大成言也。本文全主大成，《集注》乃説一段者，蓋不如是無以顯大成之全。且大成亦不過是集衆小成而已。此解經之法也。

○小成之始終，只在其一音之内，大成之始終，則通八音而言，始於金而終於石也。如三子之所知所行，只在其一清、一和、一任之内，如孔子之所知所行，則兼乎三子之清、和、任也。其説《集注》已明備，《大全》所引朱子之説，與此絶不同，蓋前日未定之説也。○「智者，知之所及」，謂知之所到處也。「聖者，德之所就」，謂行之結裹成就也。智與聖是知行之已成名目，知與行却是用工名目。○《集注》：「三子之所知偏於一，而其所就亦偏於一也。此如衆音之各自爲始終者耳。」既云偏，便只是一音，不是三子之小成者亦有始終條理也。

又金始震，而玉終詘然也。○此有所出，《記·聘義》及注曰：「金聲有洪殺，始震終細。玉聲則始終如一，扣之其聲詘然而已。」又曰：「其終詘然，特爲衆音之綱紀，不必分大綱小紀，當以首末論。」

鎛鍾，大鍾也。○「俟其既闋」，闋，絶也，間也。

「宣其聲」、「收其韻」，聲與韻不同，韻者聲之餘，故曰「流風餘韻」。

惟天子建中和之極。○按《倪寬傳》：「司馬相如有遺書請武帝封禪，上奇其書，以問寬，寬對云：『此帝王之盛節也。然享薦之儀，不著于經，惟聖王所由制定，當非群臣之所能及。使群臣得人自盡，終莫能成。惟天子建中和之極，兼總條貫，金聲而玉振之，以順成天慶，垂萬世之基。』上然之，乃自制儀采儒術以文焉。」按寬此言，只是避難獻媚之辭。堯舜之智，尚稽于衆而不自用，今見于二典三謨者詳矣，寬安得爲此言乎？其曰「天子建中和之極」云云，寬意亦非專主樂也。其詞出于古者，則專主樂，朱子所謂「疑古《樂經》之言」是也。其當時引用之意，其概主薦享之儀言，而樂亦在其中矣。若細求古語，專主樂之意則所謂「建中和之極」者，内必根于心氣之和，而有以爲五聲六律之主，外必正其聲氣之元，而有以致其盡善盡美之道。此皆自天子之一身言之。然後兼總樂中之衆條理，而始之以金，終之以玉也。然倪寬雖知誦此言，而其意則可識矣。○「故倪寬云」，「亦此意也」，謂亦集大成之意。○朱子小注曰：「聖而不智，如水母之無蝦。」按《韻府》：「水母無蝦。」郭璞《江賦》：「水母有足無口，眼大如覆帽，腹下有物如絮，常有數十蝦食其腹下涎。或捕之則沉，乃蝦有所見耳。」

「智譬則巧也」條

此一條亦主孔子言。蓋此聖、智即上文之聖、智，若以上文聖、智亦兼三子，則三子安得有始終條理？特一音自爲始終，與本文始終自不同也。故斷通主孔子説，而三子之不得爲全者，自見于言外。況三子乃「力有餘而巧不足」者，孟子分明云「其中非爾力也」，三子安得無有智耶？故注云：「是以一節雖至于聖，而智不足以及乎時中也。」又總注云：「三子之行，各極其一偏，獨以行言，見其智有未及也。」

「北宫錡問曰」章

《集注》：「當時諸侯兼并僭竊，故惡周制妨害己之所爲也。」己之所爲兼并，則班禄之制有妨矣。己之所爲僭竊，則班爵之制有妨矣。然兼并必僭竊，二者勢實相因。輔氏謂「兼并則國日太，僭竊則禄日侈」，國與禄似未切，「禄」字恐誤。

「諸侯惡其害己也」條

方遜志《周禮考次目録序》云：「周室既衰，聖人之經皆見棄于諸侯，而周獨爲諸侯之所制，故《周禮》未歷秦人而先亡。吏將舞法而爲奸，必藏其法，俾民不得見。使家有其法而人通其意，吏安得而舞之？」

「天子一位，公一位」條

「天子一位」之「位」，猶言級也。○「子、男同一位」，猶郎中、員外皆五品，但未免有正從。且使子、男序立，必子序於男之上。○「君一位，卿一位」止「凡六等」，注云「六等施于國中」，蓋兼王朝與侯國言。觀

「天子之卿，受地視侯」一段可見，不必以無公爲泥。蓋公在五等之列矣。

「天子之制，地方千里」條

「地方千里」，言其地方有千里也。「方」字帶下，猶云正也，非謂地方也。觀「公侯皆方百里」文意自見。

○班禄之制，子、男皆五十里，其同一位宜矣。

「公侯皆方百里」

爵禄宜相應，如子、男同一位，則皆五十里。公、侯異位而封地同，獨何也？愚按：此不但與《周禮·王制》不同，據《詩經·閟宮》曰「乃命魯公，俾侯于東，錫之山川，土田附庸」，曰顓臾，則在魯地七百里之中。又《春秋傳》：「管仲對屈原曰：『我先君履，東至于海，西至于河，南至于穆陵，北至于無棣。』」亦非止百里矣。○按《王制》班爵亦五等，子、男各一位而無天子一位，似覺《王制》較長。

若《春秋》邾儀父之類是也。○隱公元年三月，公及邾儀父盟于蔑。程子曰：「附庸之君則稱字，同王臣也。夷狄則稱名，降中國也。」○胡氏曰：「中國附庸，例書字，其常也。聖人定褒貶則有例，當稱字，或黜而書名，若『邾子益來朝』，蓋名也。」

《詩·閟宮》曰：「土田附庸。」傳云：「附庸，猶屬城也。」《正韻》：「庸，城也。」「位以爵定，田以禄分」，此言似不可曉。若曰「爵以位定，禄以田分」，似或可通乎？○或問：方伯在侯列乎？在公列乎？曰：「在公列。入爲三公，出爲方伯。三公率諸侯於内，方伯率諸侯於外者也。况春秋齊侯、晉侯常位在諸公之上，則方伯不應在侯列明矣。」

〇自「天子之制」至「附庸班禄之制」，通於天下者也。自「天子之卿」以下四段，施於國中者也。又可見上文六等施於國中爲兼王朝言矣。蓋班禄既兼王朝，班爵不容不兼王朝也。

「大國地方百里」條

徐氏曰：「大國君田三萬二千畝，其入可食二千八百八十人。卿田三千二百畝，可食二百八十八人。大夫田八百畝，可食七十二人。上士田四百畝，可食三十六人。中士田二百畝，可食十八人。下士與庶人在官者，田百畝，可食九人至五人。」〇按：此當以百畝食九人起數。百畝食九人，則二百畝食十八人，二九一十八也。四百畝食三十六人，四九三十六也。八百畝食七十二人，八九七十二也。卿田三千二百畝，食二百八十八人。「卿禄四大夫」，大夫田八百畝，四箇八百畝，則爲三千二百畝。大夫食七十二人，四箇七十則四七二百八十，又零四箇二則爲八，是爲食二百八十八人也。〇「君田三千二百畝，食二千八百八十人」者，君十卿禄也。亦以上文計之而已。

府史胥徒。〇府治藏，史掌書。胥徒，民服徭役者。胥徒亦分爲二。《周禮・天官冢宰》：「府六人，史十有二人，胥十有二人，徒百有二十人。」按杜詩云「詩聽小胥抄」，山谷詩云「年豐村落罷追胥」，則胥史也，與徒不同宜矣。

「次國地方七十里」

徐氏曰：「次國君田三萬四千畝，可食二千一百六十人。卿田二千四百畝，可食二百十六人。」以「下大夫倍上士，上士倍中士，中士倍下士」者，與大國同，小國亦同。蓋君、卿可殺，大夫以下不可殺也。可殺者，損有餘之義也；不可殺者，護不足之義也。故「下士與庶人在官者」，必有九人，可無百畝之田以養之乎？大夫、上士、中士亦然。若君、卿人數，固可損也。趙氏注亦如此云。○「可食九人至五人」，此依末段大文云。○此所謂田，皆指助法之公田而言，除起外八區。○按班固：地方一里爲井，井十爲通，通十爲成，成十爲終，終十爲同。井田九百畝，通九千畝，成九萬畝，終九十萬畝，同九十億畝，即九百萬畝也，是謂提封萬井。封者，井之界。提者，總提，封内之大數也。

大國三卿，五大夫，上、中、下士各九人。次國、小國皆然。

「耕者之所獲，一夫百畝」

上、中、下農，田皆百畝，而有上、中、下士之差等者，全在百畝之糞上。○「一夫一婦，佃田百畝」。佃，治田也。○「糞多而力勤者爲上農」，糞多便是力勤也，非糞多自糞多，力勤自力勤，觀下文云「其次用力不齊，故有此五等而不及糞」可見。如此方與本文契合。糞即是人力所爲者。

○朱子曰：「愚按此章之説，與《周禮》、《王制》不同，蓋不可考，缺之可也。」然則朱子之致疑此章云云者明矣。然却與《周禮》分土惟三，大國、次國、小國也者脗合，其實不可曉。况《王制》乃漢文帝命諸儒刺六經而作者，其言又大半用《孟子》文，可盡據乎？朱子雖嘗云「畢竟《周禮》底是」，然又嘗疑是聖人方起章而未及行。蔡九峯亦謂其「首末未備，乃周公未成之書」。而新安倪氏因謂「《冬官》之缺，蓋其所未嘗筆者」，故南軒謂「當以《孟子》爲正」。然則有王者作，亦不必屑屑於既往之迹，而能合先王之意則已矣。

○《黄氏日抄》曰：「《集注》謂與《王制》《周禮》不同而不敢質其説，此謹之至也。然孟子生周之末，詳已不聞，漢文帝時作《王制》，果何爲而反得其詳？　漢哀而《王制》出於王莽家之劉歆，恐尤難與《孟子》較異同也。　當以孟子之説爲正，而闕孟子之所未詳。」

「萬章問曰：『敢問友。』」

「挾者，兼有而恃之之稱」。　輔氏曰：「兼夫有與恃者之意，方謂之挾。　但有之而不恃，則未爲之挾也。」

「不挾長，不挾貴，不挾兄弟而友」

新安陳氏曰：「三者之中，挾貴尤常情所易犯。　下文四節，皆不挾貴者。　特舉不挾貴一節，總是無所挾也。」

「挾兄弟而友」，所謂席父兄之勢爲美官者。

「孟獻子，百乘之家也」

此條不必以獻子之忘勢與五人忘人之勢相對説，當主獻子「不挾貴」説。　蓋獻子所重五人者，在於忘人之勢，此正所謂「友其德也」，則獻子之不挾其勢彰彰矣。　本文意自明，張子注不必拘也。　輔氏小注，尤不可信。

「費惠公曰『吾於子思則師之矣』」條

舉其成語，以見其友德而無所挾之意，不必以所師所使皆爲友也。　○「入云則入」，注「唐言入，公乃入」，不直進入也，猶不命之坐不敢坐之意。　其不挾爲何如。

「舜尚見帝，帝館甥于貳室」條

此節不可以爲此正是承上文言「王公之尊賢」處。蓋堯之於舜，固能與共天位、治天職、食天禄，然孟子此節本意，只在無所挾上，故曰：「是天子而友匹夫也。」上文所以着箇「非王公之尊賢」者，蓋不如此貶之，則平公之於亥唐，其尊賢爲極矣，又孰知其爲有所未至者耶？

「迭爲賓主」，「舜尚見帝，帝館甥于貳室」，則舜爲賓而堯爲主，「亦饗舜」則堯爲賓而舜爲主，故迭爲賓主也。

「貳室」，副宫也，非正宫也。

「亦享舜」，謂享於舜也，故注云：「堯舍舜於副宫，而就享其食。」若曰就享以食，則亦堯爲主矣。蓋此食是舜所設者，可見「迭爲賓主」之義。〇一説都是堯爲主，舜爲賓。但於《集注》「其食」之義有碍。

天子友匹夫是爲何？「友其德也」。要見此意，故未暇及「共天位」、「治天職」處。〇以天子友匹夫，迭爲賓主，恐亦不是對坐。舜見帝亦恐是以臣禮來見。一説：堯蓋以賓禮遇之也，故得館之貳室，而就享其食。

「用下敬上謂之貴貴」云云

通章是「用上敬下」，止是尊賢，其言「用下敬上」而貴貴者主意在，其義一也。〇或就上面云「五人之於獻子，亥唐之於平公等爲『用下敬上』」，牽强矣。

〇「用上敬下」，不必謂用上之禮以敬下也，只謂以上敬下也，用訓以，多處如此。❶

❶ 「多處」，四庫本作「處多」。

總注單舉「以天子友匹夫」者，舉重以見輕也。堯舜，朋友人倫之至也可見。總注多不拘，正如「大舜有大焉」章同意。

「萬章問曰『敢問交接何心也』」章

萬章問曰：「却之爲不恭，何哉？」而孟子曰：「尊者賜之。」曰：「其所賜之者，義乎？不義乎？而後受之，以是爲不恭，果何以爲不恭也？」曰：「恐其所取之非義，則所以待其上之心薄矣，恭安在乎？」故新安陳氏曰：「即此心，非恭矣。」

○此章之言，萬章始終以爲當卻，孟子始終以爲可受。蓋仲尼不爲已甚之學，而其義之精則在於「夫謂非其有而取之者盜也，充類至義之盡也」一條。「曰：『請無以辭卻之，以心卻之。』」曰「卻之曰」云云，見得上文所謂「卻之」者，是直以其不義而卻之，非宛轉其詞而卻之也。○觀孟子此章之言，見孟子所學之中正，其曰「願學孔子」，良不誣也。不受萬鍾，夫豈苟哉！○《集注》「但無以言語間而卻之」，《大全》注：「間，去聲，一本作問。」皆不可曉。按《集注》無音似順，若作去聲讀，則「間」字爲推開之意，猶拒也。

「其交也以道，其接也以禮」云云

大注：「『接以禮』，謂辭命恭敬之節。」亦主交接時之節也，故下文曰：「其交也以道，其餽也以禮。」而大注亦曰：「斯孔子受之，如受陽貨蒸豚之類是也。」○「殺人而顛越之」，既殺了，則將其屍去擲而棄置之耳。閔然，頑然也。

「孔子之仕於魯也，魯人獵較」云云

「『獵較』未詳，趙氏以爲『田獵相較，奪禽獸以祭』。」「張氏以爲『獵而較音教。所獲之多少也』。」依趙氏則較在方獵之時，依張氏則較在既獵之後。趙氏較音角，角逐也。張氏較音教，比較也。

「獵較猶可，而况受其賜乎」

獵較庸俗之事，孔子且爲之，况交以道接以禮而受之，夫何不可之有哉！

「事道奚獵較也」

言既以行道爲事，則其心當惟日汲汲皇皇以爲上爲德爲下爲民，其於獵較，非惟不暇亦不屑矣。大注云：「『事道奚獵較也』，萬章問也。」爲無「曰」字而云。○獵較本爲祭祀，故雖俗而不害義。趙氏以爲「田獵相較，奪禽獸以祭」，與下文「先簿正祭器」者相叶。古人之獵，始於爲田，去害也。❶終以爲祭。趙氏説正。

○「事道奚獵較也」，言獵較豈所以爲道乎？「曰『孔子先簿正祭器』」云云，言亦不妨於事道也。「曰『奚不去也』」，萬章又言如此則孔子亦不得已而爲之耳，既不得已，何不遂去？孟子乃言獵較特一事之從俗耳。孔子他有所爲，以試其行道之端者固有在矣。其所以望於魯者深矣，若果畢竟乖所望，則亦斷然去之矣。

「兆足以行」，即下文所謂「見行可」者也。

---

❶「去害也」，嘉靖本、四庫本爲大字正文。

「孔子先簿正祭器，不以四方之食供簿正」

「夫器有常數，食有常品，則其本正矣。彼獵較者，將久而自廢矣。」是特暫時之力以事此耳，亦何妨於事道？此見孔子雖同俗，而同俗之中亦有其道。若不先以簿書正祭器，而必以難繼之物實之，則獵較之妨事甚矣，尚得事道乎？全在「彼獵較者，將久而自廢矣」一句有力。此《集注》引徐氏之説，又謂「亦未知其是否也」。○「不以四方之食供簿正」，只用獵較所得者。○「獵較而不先簿正祭器，亦安得不『以四方之食供簿正』邪？且獵較亦制於地之有限，何有四方之食耶？」曰：「一國有一國之四方，一邑有一邑之四方，不可泥也。」○孔子之同俗者，不得已同俗也，非其本心也，故萬章曰：「奚爲不去，而必爲此不得已之事乎？」

「爲之兆也」，此句泛説，不可復承上文「獵較」言，故注云：「孔子所以不去，亦欲小試行道之端以示於人。」夫「小試行道之端以示於人」，其事目亦多端矣，豈可復滯於「先簿正祭器」一事耶？

「爲之兆也」，亦期於行耳，苟不行則去矣，故曰：「是以未嘗有所終三年淹也。」

「孟子曰『仕非爲貧也』」章

此章蓋爲當時有爲貧而苟禄者發，不知高官厚禄非爲貧之具也，既是爲貧，便自有爲貧者所宜做的官，豈可苟哉！

○首節言君子之仕本爲行道，而亦有爲貧者。第二節，爲貧者當知所自處，必辭尊而居卑。第三節言「辭尊居卑」之所宜。第四節即孔子事以爲法例。第五節言其所以如此者。蓋位卑者無事於言高，而居高者必期於行道，此其所以只宜辭尊而居卑也。

「惡乎宜乎？ 抱關擊柝」

此要見「其職易稱」之意，下云「會計當而已矣，牛羊茁壯長而已矣」，「而已矣」字，正見其職之易稱也。

○「抱關擊柝」，只是一事，古人爲關以禦暴，而關之守莫重於夜柝。《大全》云「柝，夜行所擊木也」，新刊《集注》云「柝，夜行所擊木」，亦爲有理。「夜行」，所謂守關者行夜也，如「智伯行水」，今京師校尉行事之行與？

「牛羊茁壯長而已矣」

言牛羊肥壯而長且益也。長，蓋謂生息滋繁也，不然「茁壯」二字已盡，况爲乘田者，必計其所字育，無獨取肥壯之理。如今之馬課及犧牲所養牛羊，决無不課其所生長者也。

「位卑而言高，罪也」止「不行耻也」

「此爲貧者之所以必辭尊富而寧處貧賤也」，❶「所以」二字重。

○「立乎人之本朝而道不行，耻也」，亦正爲爲貧而仕者發。或者不察，見《集注》云「以廢道爲耻，則非竊禄之官」，遂認與上文作對仗看，非也。此言其位卑而無事乎言高。若使立乎人之本朝，則有行道之責矣，惡可以貧賤自諉耶？

❶ 「以」，原脱，今據嘉靖本及《孟子集注》補。

「以出位爲罪，則無行道之責；以廢道爲耻，則非竊禄之官」，言其特以耻於竊禄，故不肯居尊而寧就卑，則其就卑也，豈竊禄而已乎？　故此一章要見得「稱職」字意出。

大注兩箇「以」字，指「辭尊居卑」者，言其有見於此，所以必辭尊富而寧處貧賤也。故新安陳氏曰：「卑官雖無行道之責，薄禄亦無苟受之理。」○「辭尊居卑，辭富居貧」者，雖無行道之責，亦非竊禄之官。

「萬章曰『士之不託諸侯，何也』」章

士而託於諸侯，則爲無常職而賜於上矣。

此章第二節言可受餽，以餽無常數也。○第三節言不可受賜，以禄賜有常數也。○第四節言餽之繼，必以君命者爲不可。○第五節言餽之繼，不以君將之乃可也。○第六節言堯之於舜，乃人君養士者之標的也。

「抱關擊柝者，皆有常職以食於上」

無常職而賜於上，則爲士而託於諸侯矣。

「繆公之於子思也，亟問，亟餽鼎肉」

「鼎肉，熟肉也。」鼎非訓熟肉，經鼎則熟矣，故云。

「蓋自是臺無餽也」

雖知亟拜之勞而不復，然不知繼粟繼肉而遂絶不餽，均之爲失養賢之道矣。

「悦賢不能舉，又不能養也，可謂悦賢乎」

「悦賢」字虚，悦賢所重在於舉，不徒在於養。今繆公之於子思，非惟不能舉，亦且不能養也，安在其爲悦賢乎？

「廩人繼粟，庖人繼肉」

或問：「如此則有常數矣。」曰：「非也。雖云繼肉，終唤作餽，不唤做常禄。」

「堯之於舜也，使其子九男事之」條

按《史記》：「二女妻之，以觀其内；九男事之，以觀其外。舜居嬀汭，内行彌謹。堯二女不敢以驕貴事舜親戚，九男皆益篤。」〇牛羊倉廩具備，見其養賢之盛也。

朱子曰：「夫婦之間，隱微之際，正始之道，所係尤重，故觀人者於此爲尤切。」

〇「堯之於舜云云，百官牛羊倉廩備，以事舜於畎畝之中」，必非數數以君命將之，而凡所謂「廩人繼粟，庖人繼肉」者，皆綽綽乎其有餘裕矣。况其後又舉而加之高位，則不徒能養而又能舉，信乎其爲「王公之尊賢」矣。

「後舉而加諸上位」，謂上相之位也，非天子之位。「上位」猶言高位。

「萬章曰『敢問不見諸侯，何義也』」章

「在國曰市井之臣，在野曰草莽之臣，皆爲庶人」，庶人即士也。以位而言曰庶人，故「往役，義也」；以德而言曰士，故「往見，不義也」。此「士」字與下文「士以旂」、「以士之招招庶人」「士」字不同。蓋此「士」字是未仕者，彼二「士」字是已仕有位者，乃上、中、下士之士也，故朱注云：「士謂已仕者。」

「且君之欲見之也，何爲也哉」云云

「且君之欲見之也，何爲也哉」至「則吾未聞欲見賢而召之也」，所以明上文「往見，不義也」之意。又自此下五節，皆所以申明此一意也，無他意也。蓋此一義，孟子一生所固執而當時上下所共疑者，故孟子因萬章之問而反復詳言之。○「爲其多聞也」，以所知言；「爲其賢也」，以所行言。下文「以德則子事我者也」，「德」又兼「多聞」與「賢」言。

○繆公亟見於子思，曰：「古千乘之國以友士，何如？」其詞驕，故子思之答其詞抗。

「古之人有言曰：『事之云乎？豈曰友之云乎！』」孟子引子思之言直是峻厲，概是就自己地位上説，故其言如此。若他士則不必皆泥此。堯之於舜也，亦止是友，豈必拘於師之哉！他日所謂「學焉而後臣之」者，亦此意。

「而況可召與」，是召之使往見也。

「齊景公田，招虞人以旌，不至，將殺之」條

「不至，將殺之」，言虞人已拚一死也，故繼之曰：「志士不忘在溝壑，勇士不忘喪其元。」

「敢問招虞人何以」止「大夫以旌」

大注：「皮冠，田獵之冠也。事見《春秋傳》。」《傳》曰：「齊侯田于沛，招虞人以弓，不進。公使執之，辭曰：『昔我先君之田也，旃以招大夫，弓以招士，皮冠以招虞人，臣不見皮冠，故不敢進。』」依此則所謂「招庶人以旃，士以旂，大夫以旌」者，皆是田獵時招。但《傳》云「弓以招士」，此云「士以旂」不同耳。○「通帛

曰旃」，出《周禮·司常》。○新安倪氏曰：「『通帛』謂周尚赤，從周正色而無飾。」○蓋帛色純赤，「通帛」言無他飾也。如「交龍爲旂，析羽而注於旗干之首曰旌」，皆用帛而加飾也。

按《正韻》：「旃，旗曲柄，柄上曲也，一作旜。」旂、旌見《詩經圖》。○旗干之干與竿同，見《正韻》。

○旂、旌二圖式。

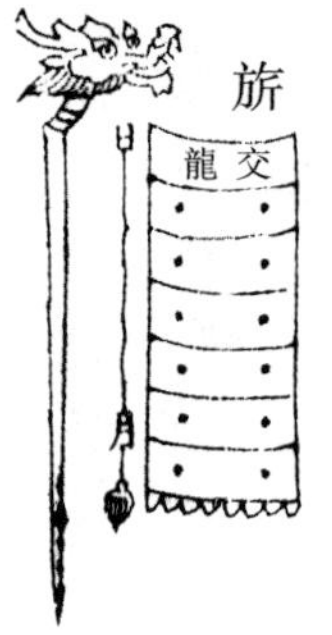

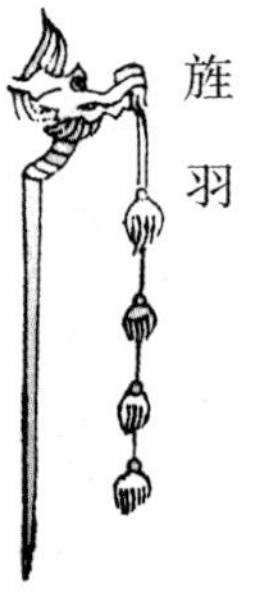

「以大夫之招招虞人，虞人死不敢往」

即謂齊景公招虞人以旌而不至也。以此推之，則以士之招招庶人，庶人亦不敢往矣。此與上文一義，皆是「不敢往」者。「況乎以不賢人之招招賢人乎」，則「不可往」者也。

○自「繆公亟見於子思」至「而況可召與」，是即子思之言而見士之不可往見諸侯也。自「齊景公田」至「況乎以不賢人之招招賢人乎」，即虞人之事而見士之不可往見諸侯也。

「欲見賢人而不以其道」

近則就而見之，遠則以幣聘之，此則欲見賢人而以其道者也。舍此而召之，則非其道，即是「欲其入而閉之門」。此一「欲」字，宜看分明。

「夫義，路也；禮，門也」

自君子而言，不必以見賢上言。

「《詩》云『周道如底』」云云

注：「底與砥同，礪石也，言其平也。」《正韻》曰：「石細如礪，又以砥磨物也。砥柱，山名。」○「周道如砥」，按《大東》詩小注：輔氏曰：「『周道』只道路之道，與下章『周行』一意，故傳以爲『東方之賦役，莫不由是而西輸於周』，『是』即指道路而言也。然以上四句平、直、履、視之義觀之，則又似指周之王道而言，豈本意只是指道路而言，而其中亦含此意耶？」○又《詩傳》云：「君子，在位。履，行也。小人，下民也。」依此傳，則君子、小人以位言，而周道之爲道路，意亦明矣。

「小人所視」

按此注云：「視，視以爲法也。」若以周道爲道路而履之，安足爲人觀法？毋乃假周道爲大路，《鹿鳴》所謂「視我周行」者同與？抑如詩小注輔氏含意之説耶？上説俱未决斷。夫「義，路也」，故雖以周爲道路，而道義之道亦在其中。

○《詩》云「周道如底」，❶決然當依「義，路也」意解，就道理説，方可起「君子所履，小人所視」。縱然《詩經》本意不如此，孟子引之，斷章取義，亦當依義路説，故《集注》曰「引此以證上文能由是路之義」，❷可無疑也。

「孟子謂萬章曰『一鄉之善士』」章

蓋一鄉中士之善者，或善於才，或善於行，或有孝之善，或有弟之善，或長於政事，或長於文學，此諸人各有所長，謂之「善士」，可也，謂之「一鄉之善士」，未可也。吾惟有其人之才，又有其人之行，如孝、如弟、如政事、如文學之類，吾皆能兼而有之，則聲應氣求，彼此相益，必能盡友一鄉之善士。不然，無地以納之也。泰山不讓尺土，故能成其大；河海不擇細流，故能成其深。愚謂必能盡友一鄉之善士而取其善，然後得善蓋一鄉，而爲一鄉之善士也。

「以友天下之善士爲未足，又尚論古之人」

「又尚論古之人」一句，兼下文「誦其詩，讀其書」。「誦其詩，讀其書」，「觀其言」也。「論其世」者，「考其行」也。

○尚論古之人如何？古之人言見於詩者，則誦而味之；古之人言載於書者，則讀而求之。然徒觀其言

❶「底」，當作「砥」。

❷「集注」下，原衍「義」字，今據四庫本删。

而不知其爲人之實，可乎？ 是以又論其當世行事之迹如何，庶知其爲人之實，而不徒詢其言也。如此，則是能進其取友之道，而非止爲一世之士矣。蓋上文言「天下之善士，斯友天下之善士」，尚只是一世之士。〇詩指賦咏而言，書指文辭而言，如《禹謨》、《伊訓》之類是書，故皆以爲言也。〇此言詩、書，如今人言詩與文相似。

「是尚友也」

此句只承「以友天下之善士爲未足」意，不必云上面「一鄉之善士」至「天下之善士」字生來也，故大注曰：「是能進其取友之道，而非止爲一世之士矣。」但上文是已爲一鄉之善士，「然後能盡友一鄉之善士」，此是言既不止友一世之善士，則亦不止爲一世之善士矣。却不必爲善蓋古人。恐古人未易蓋也，如堯、舜、文、武，「雖孟子亦須祖述憲章之」。

一説既善蓋一鄉矣，又兼友一鄉之善士者，何故？ 蓋將相與切磋琢磨，❶求以益進其善也。既進爲一國之善士，又兼友一國之善士，進爲天下之善士，又兼友天下之善士，而猶以爲未也，又進而友古之人焉，不止爲一世之善士矣，進善容有極乎？ 此正如登九層之臺者，一級復一級，不至其巔不止也。

「一鄉之善士」一條，不必作循序漸進説。下文「以友天下之善士爲未足」，似是進意。蓋自友天下之善士而進之也，是以其所造之極而更推一步説，非必云此人自其友一鄉之士而進至此也。〇今按朱子所解之

❶「切磋」，原作「功磋」，今據嘉靖本改。

意，是先言必一鄉之善士，乃能盡友夫一鄉之善士，推之一國、天下皆然。然則其能進友古之善士而不止友一世之善士者，亦當是不世之善士矣。倘非不世之善士，安能不止於一世之善士哉！如此則文意方相照應。不然，上段是善已蓋一鄉，然後盡友一鄉之士，下段是已能盡友古人，然後得爲不世之善士，語意不相符合。姑記所疑，以質高明。○按朱子所解，則孟子此章之言，概似主成德者言。如舜蓋一世矣，而猶好問好察，揚善用中，是善蓋一世矣，而又盡友一世之士也。一説不依朱子所解，蓋一鄉之善士，則能盡友一鄉之士也，不然，何以爲一鄉之善士？推之一國、天下皆然。至於能進友古之人，則所友者非止一世之士，而吾亦非止爲一世之士矣。友之道至是則至矣，極矣，無以復加矣。此孟子所自待者也。依今所解，則上條概是友不如己者，且與下條有碍。然則亦必先爲不世之善士，然後能尚友古之人乎？○雙峯之説雖有可聽，然前段所云似欠主張，其曰「進善無窮已，故其取善也亦無窮已」，是主「一鄉之善士」條言也。其曰「取善無窮已，則其進善也亦無窮已」，是主「以友天下之善士爲未足」條言也。不知上條作已進善了，然後取善，下條既作取善了，然後進善，是果何説！饒氏獨能無所疑乎？

「齊宣王問卿」章

「齊宣王問卿」，孟子當時爲卿於齊，齊王此問，蓋亦有爲而發。其後孟子言「異姓之卿」曰「君有過則諫，反覆之而不聽，則去位」，亦實理也，而亦於王有規焉。

此一章大旨明白，然「反覆」二字最當玩味，可見古人之至誠懇惻之意，與後世之姑一言以塞責而遂去者異趨矣。○異姓之卿，君可去也，貴戚之卿，君猶可去也，宗廟不可去也，微子之去，又所以存宗廟也。

孟子曰：「貴戚之卿，君有大過則諫。」而朱子曰：「貴戚之卿，小過非不諫也，但必大過不聽，乃可易位。」所以補孟子之意。按紂始爲象箸，箕子嘆曰：「始爲象箸，必爲玉盃；爲玉盃，則必思遠方珍怪之物而御之，輿馬、宫室之漸，自此始不可制也。」於是諫紂。夫爲玉箸微事，豈便足以亡國耶？箕子以紂親戚，亦不肯放過而必諫，則朱子之説信矣。《易》曰：「履霜堅冰至。」若必待大過而後諫，恐無及也。《文言》曰：「由辨之不早辯。」正謂此也。

三仁貴戚，❶不能行之於紂。○蓋三仁固非阿衡之比，且紂才智過人，威權自攬，❷此三仁之所以難爲權也。然使以湯、武或孔子處比干、箕子之位，必不終於囚死，當廢紂而立微子矣。「聖人無死地」，邵康節之言精矣。微子之去，抑亦有所嫌耶？

霍光異姓，乃能行之於昌邑。○光雖異姓，然武帝畫《周公相成王圖》以授之，直使輔少主行周公之事，則其權已在貴戚之卿之右矣。况當時貴戚，諸侯王皆不得預朝權，光安得獨以異姓之卿自諉乎？故凡天下事變不可悉爲之預定，要當隨時制宜，如光之所爲是也。古云：「機不可預，❸變不可失。」❹

---

❶「仁」，原作「人」，今據嘉靖本、四庫本改。
❷「攬」，原作「覽」，今據嘉靖本、四庫本改。
❸「預」下，四庫本有「設」字。
❹「變」下，四庫本有「圖」字。

西山真氏一注，最宜讀之。○《春秋》「公弟叔肸卒」，《穀梁》曰：「叔肸，賢之也。其賢之，何也？宣弒而非之也。非之則胡爲不去也？曰：『兄弟也，何去之而？』與之財則曰『我足矣』。織屨而食，終身不食宣公之食。」《春秋》貴之。○上云：「君惡雖未如紂，然非可食之君，義不當食其禄，則魯之叔肸可以爲法。」○又曰：「前世人臣，固有見君之失，姑一言以塞責者，曰：『吾亦嘗諫之云耳。諫而不從，非吾責也。』此其用心，既欲苟全爵位，又欲厭塞公言，張華之所以見屈於張林而不自免也。」○按《綱目》：趙王倫之變，既廢賈后矣，執張華於殿前，華謂張林曰：「卿欲害忠臣邪？」林稱詔詰之，曰：「卿爲宰相，太子之廢，不能死節，何也？」華曰：「式乾之議，臣諫草具存，可覆按也。」林曰：「諫而不從，何不去位？」華無以對。遂皆斬之，夷三族。閻纘撫張華尸慟哭，曰：「早語君遜位而不肯，今果不免命也。」

式乾之議。○按《綱目》：賈后詐稱帝不豫，召太子適入朝。既至，置于别室，遣婢陳舞，以帝命賜酒三升，逼使盡飲之。❶使黄門侍郎作書。草稱詔，使書之，文曰：「陛下宜自了，不自了，吾當入了之中宫。又直速自了，不自了，吾當手了之。」太子醉迷，遂依而書之。字半不成，後補成之，以呈帝。帝幸式乾殿，召公卿入，以太子書示之云云。諸王公莫有言者，張華曰：「此國之大禍，自古常因廢黜正嫡以致喪亂，願陛下詳之。」裴頠以爲宜先校檢傳書者，又請比較太子手書。

❶「逼」，原作「通」，今據四庫本改。

重刊蔡虛齋先生四書蒙引卷之十四

告子章句上

孟子之論性善，其辨甚力。蓋此一字差，則天下之事皆廢矣。堯舜之精一執中，亦只是性善上事。成湯云「惟皇上帝，降衷於下民，若有常性」，即「天命之謂性」也。性善之説，有自來矣。此性既是善，然後君師之道可舉，以賞善而罰惡，抑邪而扶正，而天下之事可從而理矣。若説性惡，或性善惡混，則世間凡不仁、不義、無父、無君之事，何所不可爲哉！此孟子所以諄諄於此，正所謂「爲天地立心，爲生民立命」也。邪説、暴行，二者相依以行，凡有暴行必有邪説。當時既有性惡之論，則世道可知矣。故臣弑其君，子弑其父，殺人盈城，殺人盈野，皆恬然不以爲怪。可見學術之關係世道不細也。○天德王道皆自性善而來，此孟子之所以諄諄於性善之説也。蓋性既善，則父可使之以慈，子可使之以孝，爲君者可使法堯之所以治民，爲臣者可使法舜之所以事君，然後天地以位，人極以立。不然，將相糜相刃，弑父與君，無所不至，而曰彼性惡也，奈之何哉！且「天地以生物爲心」，而所生之物，安得有性惡之理？爲此説者，是誣天也。○「窮則獨善其身，達則兼善天下」，皆是性善故也。

《黄氏日抄》曰：「言性莫善於孟子，孟子言性莫詳於此篇，然爲辨告子發也，非無故而言也已。而繼之以人心得養、失養之分，齊王一暴十寒之喻，究竟於舍生取義、本心之真，反覆乎宮室妻妾外誘之惑，辨析乎養其小體大體之孰輕孰重，無非歸之實踐履，以全其在我者也。性學之説，至本朝愈詳，晦庵集其成。今觀孟子之言性如此，學者宜熟論而深思矣。尚騰口説者，何也？」

「告子曰：『性猶杞柳也。』」

杞柳，柜柳。○一物也，有蒲柳，有楊柳，有梅柳。陸佃注云：「生水傍，葉粗，白色，理微赤。今人以爲車轂。」此見《韻府》。○桮棬，《正韻》云：「桮，飯盂也，亦酒器也。」以爲飯盂，蓋如今之漆碗也，實屈木所爲也。棬未詳，然其字從木從卷，蓋卷木所爲，亦桮屬也。○朱子曰：「桮棬，似棬杉合子。」○「棬杉」，即今杉杯也。杞棬爲桮棬者，必是柳薄板，自有可開板之柳，故獨曰「杞柳也」。若今北方柳斗之類，則用柳條編成，不似杉合子也。○大注：「若卮匜之屬。」《正韻》：「卮，酒器。古以角作，受四升。古字作觗。師古曰：『飲酒員器也。』漢高奉玉卮爲太上皇壽。」又云「卮酒」。○匜，盥水洗手器，有柄，可以注水，古傳「奉匜沃盥」。○「若卮匜之屬」，《小學》注：「卮，酒器。匜，盛水漿之器。」○「矯揉」，矯者，矯曲而使之直；揉者，揉直而使之曲。

告子意謂杞柳柯生之物耳，初非有桮棬在也，必由人以制造之而後成桮棬；人性本自嗤嗤蠢蠢耳，初非有所謂仁義也，必由人以矯揉之而後有仁義。○告子意謂人性無仁義，只有仁義胚質耳，猶杞柳初何有於桮棬，亦只有可爲桮棬之胚質耳。「義猶桮棬也」，依新安陳説，「義」字上脱一「仁」字。

「以人性爲仁義，猶以杞柳爲桮棬」，病在「爲」字上。子思曰「率性之謂道」，未聞「以人性爲仁義」也。

有是人即有是性，仁義即性也。「孩提之童，無不知愛其親，仁也；及其長也，無不知敬其兄，義也」，豈待矯揉造作哉！告子是謂人生之初，只有是知覺運動之蠢然與物同者而已，及後來聖人，方制爲人道以教之，却似杞柳之生，初間只是根幹枝葉而已，後來因人爲之巧，乃成桮棬，桮棬在杞柳之外，仁義在人性之外也。○曰「以人性爲仁義」，則性自性，仁義自仁義，而仁義出於有性之外矣。

性即仁義也，今曰「性猶杞柳，義猶桮棬」，則是認氣爲性，而性與仁義分矣，豈所以論性哉！○有生之初便有仁義，今曰「以人性爲仁義」，則是謂人生以後，却於性上另裁仁義也。如以仁義爲道，而人性爲惡矣，豈不病哉！○自親親以至於仁民愛物之類，皆仁也。自敬兄以致於敬長尊賢之屬，皆義也。皆性之本有焉者也。○「性者，人生所稟之天理也」，明非人生所稟之氣也。此即孟子、告子論性之所以不同者。○性者，「有生之心」也。是心也，天地之心也。天地以生物爲心，而所生之物，因各得夫天地生物之心以爲心，此所以爲性善也，即所謂「仁，人心也」。凡草木，核仁子亦皆是生意也。○心之生理即仁也。仁該四德，本善，此孟子之言性善不兼氣質言者，亦有據也。

「如將戕賊杞柳而以爲桮棬」止「必子之言夫」

言杞柳之爲桮棬，必有待於戕賊，人之爲仁義，亦有待於戕賊歟？蓋人性本善，循其性而行之，自無非仁義也。若告子之言，則人性必待戕賊而後得爲仁義，此説一行，天下之人，皆以仁義爲害性而不肯爲矣，故曰：「率天下之人而禍仁義，必子之言也。」大注「性者，人生所稟之天理也」，以此一句，就見得所謂「以人性爲仁義」者之非矣。○「以人性爲仁義」，是以人性本無仁義也，故曰：「如荀子性惡之説也。」孟子曰：「如將戕云云，仁義歟？」此蓋據「孩提無不知愛親，及長無不知敬兄」、「見孺子入井，❶皆有怵惕惻隱之心」、「嘑爾而與之，行道之人弗受」上見得。

「性猶湍水也」

告子之言，以性無定體，可善亦可惡。孟子之言，以性有定體，有善而無惡。其曰「人無有不善」，此章之要指也。

「波流瀠洄」，波流之勢瀠洄也。瀠，水勢旋轉未有所之也，故曰決東則東，決西則西。○告子謂湍水無分於東西，在所決如何耳；人性無分於善不善，在所習如何耳。○決東則東，決西則西，以此喻性，則善惡皆自外來矣。何也？湍水之東西，非自爲東西也，豈不謬哉！

强詞終難奪正理。告子但曰「決諸東方則東流，決諸西方則西流」，即此便見水之流下矣。蓋所決之方，其地無不下者，「人無有不善，水無有不下」，不必依朱子小注言「水之流而必下，可見水之性下」。蓋惟人則有性有情，若水只是無情之物也，故只是「就下」處便是性，故曰「是豈水之性哉」，又曰「禹之治水，水之道也」，亦謂順水之性也。豈得爲因水之下而後可知其性之下哉！此說似太拘。○「水無有不下」，是據見在實事說。「人無有不善」，亦須據見在實事說。所謂「孩提之童，無不知愛其親，及其長也，無不知敬其兄」者是也。「順」字意自有，若逆者，安得有此？○「人無有不善，水無有不下」，人皆以爲又是一重

❶ 「井」，原作「并」，今據《孟子集注》改。

意，非也。上文所謂「人性之善也，猶水之就下也」者，正以其「人無有不善，水無有不下」耳。「水無有不下」者，自然之性也。決之東西而東西者，人爲有以導之也。孟子所答，去了「湍」字。○「人無有不善」，據本然之性言。所謂「順之而無不善」，「順」字因下文「反」字意照出。此句且莫用箇「順」字。○朱子小注曰：「觀水之流而必下，則水之性可知；觀性之發而必善，則性之蘊善亦可知矣。」於此孟子本意，又添一重，蓋泥「就下」字面而得。然孟子本文，上句只云「人性之善」，未嘗言「人性之發善」也。蓋不必泥。

既曰「人無有不善」而又曰「今夫水」云云者，以天下自有惡者一脚，須着如此解破。○「其性亦猶是也」，「人之可使爲不善」如何説「其性」？文勢蓋言其性爲人所逆，亦猶水之爲搏擊所使也。如此方説得乾净。○告子論性，於水中取箇湍水來説，亦可謂費思索矣。惜乎只是要成就一箇客氣耳。○孟子之答告子論性數章，皆是因其辭以折之，自非義精理明大才雄辨者不能。○看此數章，須把「性」字做一題目。告子是一樣説性，孟子是一樣説性。○性本善，順之而無不善者，所謂「情之正也」。本無惡，反之而後爲惡者，所謂「情熾而動，其性鑿矣」。程子之論，所以論性兼論氣也。○人性善惡之辨，乃人類禽獸之所以分者，故孟子不得不切切然明白之也。

性本善，故順之而無不善，此孟子所以爲性善也。本無惡，故反之而後爲惡，此荀卿之所謂性惡也。二者皆就情上認出，但所認之旨不同耳。此等議論，得失之間，便係綱常之脩廢，民生之休戚，天地之否泰。

「告子曰：『生之謂性。』」

注：「生指人物之所以知覺運動者而言。」蓋生則有知覺運動，無知覺運動則死矣。○「生指人物之所以

知覺運動而言」，依大文講可，且未露出「人物」字，以起下文。○知覺屬心，運動屬身。○「生之謂性」，告子此句是以「生」字貼「性」字，欲「性」字有歸著也。朱子曰：「生之謂氣，生之理之謂性。」此句直剖斷得簡切，雖孟子復生，不易斯言矣。○愚謂生之謂氣，無不同也；生之理之謂性，則有不同矣。然要之，人與物氣有不同，性因有異。○告子曰：「生之謂性也。」孟子曰：「生則人物之所同，性則人與物異，生豈即性之謂乎？」告子謂生之謂性是混人物在其中，而不及省夫人物之不同處。孟子一聞其說，便覺人物自是不同，如此說不得，胸中便自有「犬之性猶牛之性，牛之性猶人之性」一段說話了，故先難之曰：「生之謂性也云白歟？」是依他立說之本旨爲辭，故告子曰：「然。」繼之曰：「白羽之白云云白歟？」告子於此，若以爲不然，則不得謂「生之謂性」矣。若以爲然，則犬之性、牛之性猶人之性矣。故朱子於「猶白之謂白」一條，便注云：「則是凡有生者，同是一性矣。即下文云云也。」講本文不可於此處就依注貼，須要起得下文。

「然則犬之性猶牛之性」

「犬之性猶牛之性」，舉此只是牽過一步，以起下句。觀大注一則曰「犬牛與人」，二則曰「仁義禮智之稟，豈物之所得而全哉」，皆不暇區別犬牛之不同處可見。然其實萬物之性，各自散殊，此又在所當知。○犬之性守，牛之性順，犬牛之性各得其一偏。○「白羽之白」、「白雪之白」、「白玉之白」以質言，與「犬之性」、「牛之性」、「人之性」不必同，而趙氏悳以爲「羽性輕，雪性消，玉性堅」者泥矣。新安陳氏之說自明白：「白羽至輕之白，與白雪不堅之白，白玉堅潤之白，質本不同。」「犬之性猶牛之性」，依上文「白羽之白，猶白雪之白」例，俱作不同說。○孟子本謂「犬之性猶牛之性」，而朱子只渾將犬牛對人解者，以人性獨善也。然其實一物各一性，如犬亦安能爲牛之事乎？

「『然則犬之性猶牛之性，牛之性猶人之性與？』此所謂性，是孟子之所謂性也，告子之所謂性邪？」曰：「是雖承告子之言，其實反告子之意，蓋歸於孟子之所謂性也。只看『與』字可知，明其不然也。謂犬牛之性與人之性不同也，既不同，則是孟子之所謂性無疑矣。」

饒氏曰：「人說孟子論性不論氣，若以此章觀之，未嘗不論氣也。若不論氣，何以說犬牛與人之性不同？以氣爲性，至今猶有此說。董子云『性者，生之質也』，亦告子之意。」○性者，有生之心也，在人則仁義禮智，皆有生之心也，故曰性善。在物則不能全者耳，在人則亦隨其氣質而有不齊焉。

知覺運動之蠢然者。○蠢，動也，其字從春從虫。「仁義禮智之粹然者」亦在「知覺運動之蠢然者」上見。○既曰「知覺運動之蠢然者人與物同矣」，而孟子之辨，告子乃自知其說之非而不能對，何歟？豈非人之知覺運動上有所謂仁義禮智者在邪？故曰：「形色，天性也。」雖告子之强辨，亦不得以爲與禽獸同矣。此章孟子只是且斷倒告子之說，而未及告以己意，然意已在言表矣。爭奈告子不察何。○或曰：「告子自知其說之非，宜亦知性善矣。」曰：「未也。告子執拗，其『不得於言』，終不肯求之於心，故曰：『告子之辨，屢出而屢變其說以求勝，卒不聞其能自反而有所疑也。』使其能自反而有所疑，思而得之，則當如夷子之『憮然爲間，曰「命之矣」』，而孟子或門人，亦必記之以申性善之說矣。蓋終是執迷不悟也。」

孟子之辨告子，因「杞柳爲桮棬」一「爲」字，便生出「戕賊人以爲仁義」之說；因湍水無分於東西一譬，便生出水分上下之説；因「生之謂性」之論，便覺得人物同其生而不同其性，遂有犬牛之性猶人之性之説。蓋義至於精而觸處皆通，凡詖、淫、邪、遁之辭，皆無所容其喙也。○「性者，人生所稟之天理也」。「生」字「稟」字内，已是有氣質以承受之矣。就如曰「天命之謂性」，「天命」便是「天以陰陽五行化生萬物」，即有氣數在矣。豈真有氣外之理哉！○按朱子又曰：「性者，人之所得於天之理也；生者，人之所得於天之氣也。性，形而上者也；氣，形而下者也。人物之生，莫不有是性，亦莫不有是氣。」如此等語，理氣二者對舉並言，全似兩物。然惟究竟其實如曰「性，形而上者也」，所以必帶形言者，厥有旨哉！其先言「莫不有是性」而後言「莫不有是氣」者，蓋尊理也。亦如《易大傳》先言「形而上者謂之道」，然後言「形而下者謂之器」也。雖先言道，然究其實，則曰「一陰一陽之謂道」，道不外乎陰陽也。

「告子曰『食色性也』」章

孟子開口便説仁義，二者并舉而言，欲學者兼致其力，故告子言仁内義外，見學者但當用力於仁而不求合於義，以矯孟子之説，都是要與争衡，以主張斯道之盟意思。○味告子之意，固不以義爲性所有，亦非全以仁爲性所有也。蓋他認性在知覺運動上，則性非全是心中物了。性既認得差，仁又認得粗。夫仁者，理也，愛是情也。他這説又以情爲性，是義外之説固非，仁内之説亦未是。○告子此説，是言愛由心生，故曰内。若事物之宜，則在彼，故曰外。《語類》亦以食色入仁義説。仁愛之心生於内，如甘乎食悦乎色亦是也。事物之宜由乎外，如所甘之食、所悦之色亦是也。看大注一「故」字，但不可局限如此説。如下文所謂「吾弟則愛之」、「長楚人之長」，都説得仁内義外意，須活看。雲峯之説亦是，但欠活，食色特知覺運動之兩端耳。○「仁者，心之德，愛之理」，而告子只以心之愛爲仁，「德」字「理」字都無了，此正當以生爲性一類。「義者，心之制，事之宜」，而告子只以「事之宜」爲義，「心之制」都無了。蓋事物之宜，雖若在外，而事物之所以得其宜，則不在外也。朱子曰：「告子先云仁義猶桮棬，其意本皆以仁義爲外。既得孟子説，方畧認仁爲在内，亦不以仁爲性之所有，但比義差在内耳。」「仁，内也」，「内」字是，「仁」字却未是。○此章告子之言，分明是因屈於首章仁義猶桮棬之説而爲此以求伸，見孟子之言未盡然也。蓋告子言仁義猶桮棬，則仁義皆非性之所有，皆在外矣。孟子言不待戕賊人以爲仁義，則仁義皆性之所有，皆在内矣。至此，告子才畧覺前説未穩，乃轉云仁是在内矣，義則終不在内也云云。但「仁」字認得粗，故未爲全是。○「仁，内也」，告子「性」字既説差，則「仁」字終不説在内，亦非其本旨矣。屈於孟子之辨而不能自達，姑以仁爲内耳。若詰之，曰：汝既云生之謂性，則仁亦安得爲内耶？且仁曰愛似近之，而彼所謂仁愛，又指愛欲而言，尤爲背戾也。

「彼長而我長之，非有長於我也」

謂非先有箇長之之心在我也，明其在外也。

「白馬之白，無以異於白人」止「之者義乎」

言汝以白比長，終是比不得。更有一説：汝以長者爲義乎？長之者爲義乎？據本文，當有兩節意。告子以白喻長，孟子承而答之，以爲白無不同，長則有不同，即其不同處，便是心之制，乃所謂義也，義不在内乎？且汝所謂「彼長而我長之」，以爲義在外，不知汝是以長者爲義乎？以長之者爲義乎？如以長者爲義，則義可爲在外。若以長之者爲義，則義非外矣。告子雖强辨，亦安得而以長者爲義乎？此二句尤見孟子雄辨之警策處。若上文白馬、白人不異，長馬、長人不同，此亦是孟子道理到爛熟處，應對之間，自然左右逢原，道理明暢也。「我長之」，我以彼爲長也。我以彼爲長則一，而施於人馬則不同。施於馬，只是口頭而已，施於人，則有恭敬之心焉。若概以我以彼爲長，却是口頭而已者，非也。因告子不知察此，故孟子從而闢之。義在我長之之心，在人則長之之心至，在馬則長之之心不至。○「且謂長者義乎？長之者義乎」，只是指長人一邊，更以下文「然則耆炙亦有外與」照之，足知不是兼長馬長人也。只是「長之」字重。○告子以義爲外，全在「事之宜」上；孟子以義爲内，重在「心之制」上，所謂「白馬、白人不異，長馬、長人不同」，只見得心之制。大抵告子「彼長而我長之」之言，專指人，至孟子方分人與馬來闢他。末句「且謂長者義乎」二句，則是據告子所云者而轉以辨之，似專指人言。更以下文告子所謂「長楚人之長，亦長吾之長」證之可見。○朱子大注云：「愚按白馬、白人，所謂『彼白而我白之』也，長馬、長人，所謂『彼長而我長之』也。」如此則是兼言人馬矣。下文注「義不在彼云云之心」，「彼我」「我」字，元與上文一般。

「吾弟則愛之，秦人之弟則不愛也」

告子曰：「吾弟則愛之，秦人之弟則不愛也。」所主在我，故有所擇也。可見仁愛之心生於内。「長楚人之長，亦長吾之長」，所主不在我，惟長是視耳。可見事物之宜由乎外。○「吾弟則愛之，秦人之弟則不愛也」，言强不得我之愛也。可見仁在内。「長楚人之長，亦長吾之長」，言没不得人之長也。可見義在外。

「嗜秦人之炙，無以異於嗜吾炙」

大注云：「愛主於我，故仁在内。敬主於長，故義在外。」我與長，内外之分也。孟子答云「長楚人之長，亦長吾之長」，人固有然者。嗜秦人之炙，亦嗜吾炙，物亦有然者。炙固在外矣，然而嗜炙亦有外歟？炙在外，而嗜之則在内，長在外，而長之則在内，義不在外明矣。此即上文「長者義乎，長之者義乎」之説，尤是不必兼人馬之長説。○究竟「彼白而我白之」亦可見義之在内，但告子不察，孟子亦未暇與辨此以就白上説，意頗晦爾。○「義者，事之宜」，以處得其宜者言，非全據事言也。若全據事言，則義外矣。故朱子於「義，人路也」下云「義者，行事之宜」，加一「行」字，尤見謹慎。

「孟季子問公都子曰：『何以謂義内也。』」

當時告子之徒，皆以謂義外，孟子之説專以爲義内，孟季子所見，亦以爲義外，聞孟子之言而未達，故私問於公都子曰：「人皆曰義外，孟子獨曰義内，以予觀之，亦若在外。然不知孟子何以謂義内也？」公都子以義主於敬，故以敬之一節明之，曰：「有人於此，在所當敬也。行吾心之敬以敬之，是敬由心出，故謂之内也。」公都子此答，是正理如此。

「曰：『行吾敬，故謂之内也。』」

此即上章「義不在彼之長而在我長之之心」之意。蓋當時「彼長而我長之」之説，公都子與季子皆熟聞之，故公都子亦即就敬長一端以發孟子之意云云。

「鄉人長於伯兄一歲」

孟季子未達，然亦善難，意以敬雖在内，然吾所以用其敬者，則在外也，故曰：「假如鄉人長於伯兄一歲，則誰敬？」曰：「敬兄。」「酌則誰先？」曰：「先酌鄉人。」孟季子曰：「如此則吾不得而自主。所敬在兄，當酌之時，所敬又在鄉人之長者，惟視其在外者而轉移，義果在外，非在内矣。」此處公都子就可答之：「所敬在此，所長在彼，因時制宜，不在我乎？而義内之説明矣。」惜乎見未到此也。○「『鄉人長於伯兄一歲，則誰敬？』曰：『敬兄。』」言鄉人之長於吾兄者不多，不足以奪吾天倫之親之敬也，故曰「敬兄」。「曰：『酌則誰先？』曰：『先酌鄉人。』」意謂鄉人外賓且少長也，吾兄雖當敬，然酌之際，不可少讓乎？蓋雖讓鄉人之酌，而敬之在吾兄者，終無損也。鄉人長於伯兄一歲，則誰敬？蓋鄉人若不長於伯兄，則敬伯兄固無疑。若五年以長，十年以長，則其敬鄉人亦無疑。○「『鄉人長於伯兄一歲，則誰敬？』曰：『敬兄。』」此問亦是用術處。蓋知主義内者必曰「敬兄」，有「吾弟則愛之」之意，却然後出得「酌則誰先」一句以摇奪之。

「曰：『先酌鄉人。』」季子以爲，如此則吾敬兄之心不得自由，而敬爲外所奪矣，安得爲義内？○「所敬在此」，「庸敬也」；「所長在彼」，亦「斯須之敬」也。不可太泥敬與長之别，故大注曰「敬長之心」云云。

「公都子不能答，以告孟子」

公都子若答季子云：「『所敬在此』，『庸敬在兄』也；『所長在彼』，『斯須之敬在鄉人』也。」則盡之。蓋公都雖得孟子之大旨，而未深得孟子之精意，不能如孟子之雄辨，故不能答。

公都子不能答，以告孟子，孟子曰：「於答是也何有？即可倣其所難者而反難之，則因其辭以折之，易矣。汝其應之曰：『敬叔父乎？敬弟乎？』彼將曰：『敬叔父。』曰：『弟爲尸，則誰敬？』彼將曰：『敬弟。』曰：『惡在其敬叔父也？』彼將曰：『弟在尸位故也。』子亦曰：『向者所謂「先酌鄉人」者，亦以鄉人在賓客之位故也。庸敬在兄，斯須之敬在鄉人，「因時制宜，皆由中出」，可以見義之果在内矣。』」叔父之當敬於弟，比兄之當敬於鄉人之長者，尤爲分明，故孟子復設此難，意亦一也。○「敬叔父乎」，孟子設此難，直是要得他「在位故也」一句出來，而因以折之。○「『弟爲尸，則誰敬』？彼將曰：『敬弟。』」其實非敬弟也，以弟當祖考也。若直尋季子之言而答以「在位故也」，則恐其不服，故假辨而先發其「在位故也」之言，然後以例釋之，而因以折之。孟子若爲大司寇，極長折獄。❶

「季子聞之曰：『敬叔父則敬。』」

公都子所答全是了，但無孟子之警策，亦其於道理未至精熟地位耳。季子聞之，曰：「當敬叔父時，則敬叔父；當敬弟時，則敬弟，所以因人用其敬，長果在外也。」此即上文「所敬在此，所長在彼」之説。公都子乃以所易見者曉之，曰「冬日則飲湯，夏日則飲水」云云。○「敬叔父則敬，敬弟則敬」，言敬由外生也。同一「敬叔父則敬，敬弟則敬」也，但季子所認，則「叔父」與「弟」字重，敬由於人也。孟子之説，則「敬」字重，敬出於我也。季子之説，是謂吾之敬由叔父與弟而生也。孟子之説，是謂吾之敬施之於叔父與弟也。如天平稱物，一是按下此一頭而彼勢輕，一是按下彼一頭而此勢輕。畢竟有箇定理所在。○大注：「此

---

❶ 「折」，原作「拆」，今據嘉靖本、四庫本改。

亦上章嗜炙之意。」皆因其所明而通之，但上章是承食色言，此章無所承，但亦季子之所明者也。須看孟子所以諄諄然力争一箇義在内是甚意思。蓋義外之説，自性惡而來，義果不在内，則性惡，不得爲善矣。人性須是仁義二者全具，若有仁而無義，則失了一邊道理，非人心之理之全體也。故范氏曰：「二章皆反覆譬喻以曉當世，使知仁義之在内，則知人之性善，而皆可以爲堯舜矣。」

「公都子曰：『告子曰：性無善無不善也。』」

「性無善無不善也」，謂不可以善惡名也。如知覺運動，善此知覺運動也，惡亦此知覺運動也。又如甘食悦色，善人亦有之，惡人亦有之，安得謂專是善也？蓋以氣言，固無善惡之分，若以理言，則人之性惟有善而無惡矣。

近世蘇氏、胡氏之説。○蘇氏謂：「堯舜以來，不得已而曰中曰一，中謂不分上下也，一謂未分二也。」○胡文定曰：「性不可以善言，才説善時，便與惡對，非本然之性矣。孟子道性善，只是贊嘆之辭。」以性善之善爲「贊美之辭」，則「性」字只渾淪一箇性，無善亦無惡也。○胡五峯之説，「凡人之性，粹然天地之心，道義全具」，此似孟子之説矣。而繼之曰「無適無莫，不可以善惡辨，不可以是非分」，則又近於「無善無不善」之説。蓋緣孟子論性不論氣，欲附孟子之説而兼夫氣耳。不知告子所謂氣，又非孔子之所謂氣質不同者，性誠難認哉！○《語類》云：「告子曰『性無善無不善』，謂性中無惡則可，謂無善，則性是何物？」

「以紂爲兄之子且以爲君」

「微子啟、王子比干」，朱子曰：「按此文，則微子、比干皆紂之叔父，而《書》稱微子爲商王元子，疑此或有誤字。」○按「王子」字，正如公子之類，則比干爲紂之親戚明矣。《書經·微子》篇小注：王肅曰：「箕子，紂諸父。」《家語》曰：「比干，紂諸父。」

韓子性有三品之説。○朱子曰：「此只説得氣，不曾説得性。」又曰：「三品只説得氣稟，然氣稟不齊，或相十百千萬，豈但三品而已哉！蓋孔子四等之説：『生而知之者，上也；學而知之者，次也；困而學之，又其次也；困而不學，民斯爲下矣。』是其中有可反之理，蓋不妨於本性之善也。今曰：『上焉者，善而已矣；中焉者，可導而上下也；下焉者，惡焉而已矣。』則是初生時便填定了人品，無復學問之功，無復『克念作聖』之理。」

「性無善無不善」，謂全不可以善惡名也。「性可以爲善，可以爲不善」，謂性無善惡，習而後有善惡也。「有性善，有性不善」，謂有等從來是善，有等從來是惡。三説俱以明不可專謂性善，以碍孟子之説也。

「乃若其情，則可以爲善矣」

此「以爲」字，只如「謂之」相似，與《中庸》「不可以爲道」之「爲」字同。蓋情是無意發出者，不可謂情去爲善也。《集注》云：「本但可以爲善而不可以爲惡。」「以爲」字，俱當如此認。或者必致疑而未之信。

「乃若其情則可以爲善矣」，言但見天下之人其情之發無有不善者，則知人之性無有不善矣。蓋性既是善，則「無善無不善」之説非矣。性「本但可以爲善」，則所謂「可以爲善，可以爲不善」之説非矣。人性既皆善，則所謂「有性善，有性不善」之説非矣。○此二句已包下文許多句意。惻隱、羞惡、辭讓、是非，即所謂情也，有不善者乎？「其情」，「其」字可味，謂「性之動也」。一説非也，「其」指人言，大注自明。「則可以爲善矣」，此「善」字説情，「乃所謂善也」説性。

「若夫爲不善，非才之罪也」

既曰「乃若其情，則可以爲善矣，乃所謂善也」，然人之爲不善者又何也？ 或者必以歸於才，殊不知才出於性，性既善，則才亦善，人之爲不善，乃物欲陷溺而然，非其才之罪也。爲他剖析，使不爲性善之累。「才猶材質，人之能也。」朱子曰：「是兼形體説，如説材料相似。」所以兼形體説者，謂目之能明，耳之能聽，心之能思，手容能重，足容能恭之類，豈不是兼形體説？ 豈不是如説材料？ 又豈不是人之能也？ ○當以情串性，以才串情耳。「才猶材質」，須看「猶」字，如耳目有聰明之德，手足有運動之妙。時乎仁也而能慈愛，時乎義也而能裁制，時乎禮也而能敬讓，時乎智也而能分別，此皆所謂才也，才其有不善者乎？ 其有不善者，用才者之罪也，失其本然之才也。

或問：「情與才如何分？」曰：「性之發爲情，性之能爲才。如仁，性也；發而爲惻隱，情也；其能以之親親仁民而愛物，則才也。如義，性也；發而爲善惡，情也；其能以之去惡從善、敬長尊賢，則才也。此皆天地之性之所爲也。但其發於情者，亦藉氣以形，而其所以爲才者，亦藉氣而運之，故隨其所禀而有賢愚之別。」

以「良能」字來解「才」字最切。○情是心之發動處，才則指其心之作用處，説是情以後事，然皆自性中來，如此説才儘明矣。

才本善，順之而無不善；本無惡，反之而後爲惡。○才主爲善，「若夫爲不善，非才之罪也」。

問：「性與情及才如何分？」曰：「性之仁，在内者也。如見孺子將入井而怵惕惻隱之心生者，情之發於外者也。於是即趍赴而救之者，其才之善。若夫不肯終救之者，則是忮害之念起，而自遏其不忍之心矣，豈其才之罪哉！」

「惻隱之心」

人之情，本但可以爲惻隱而不可以爲殘忍，本但可以爲羞惡而不可以爲無耻，本但可以爲恭敬而不可以爲倨慢，本但可以爲是非而不可以爲無别，須要認「惻隱」、「羞惡」、「恭敬」、「是非」數字爲好字面，仁、義、禮、智亦然，所謂情善、性善者也。○「惻隱之心，人皆有之」至「是非之心，智也」，此即上文「乃若其情，則可以爲善矣，乃所謂善也」，然人多未得其精意。蓋曰惻隱、曰羞惡、曰恭敬、曰是非，此皆是好字，故曰「乃若其情，則可以爲善矣」。若曰殘忍、頑鈍、驕慢、昏昧，則皆是不好字，是情不善矣。其曰仁也、義也、禮也、智也，亦一一是至好字，故曰：「乃所謂性善也。」此段只用咀嚼此數箇字面，而孟子之意彰彰矣。可惜前日會試程文所説，不及此意也。○「惻隱之心」，情也，仁是性也。此四句要説出，因用以著其本體意。

不思不求。○思以心言，求以用力言。思在前，有求則有思矣，故上云「不思而求之」，畢竟思求亦才也，不能盡其才者，不思不求而擴充其善端也。但不可謂「不能盡其思求之才」，當解云：「思求便是用其才處。」○通章都是因情以著性。

「《詩》曰『天生蒸民』」

「有物有則」，就「蒸民」上説。「民之秉彝」指「則」而言，「懿德」亦指「則」而言。「好是懿德」者，人之情也，人情如是可謂善矣，情善則性亦善矣。「天生蒸民」一條，當云：「『以此觀之，則人性之善可見』，而其所爲不善者，果非才之罪矣。」

引《詩》四句，「故好是懿德」一句最重，此句正是其情之可以爲善處，緣此就見得人性之善也，即上文之意。○「民之秉彝，好是懿德」，《學的下》第九板云：❶「問：『彝而言秉，何也？』朱子曰：『渾然一理具于吾心不可移奪，若秉執然。』」愚謂此説「秉」字似太着力。大抵性是人元來所挾帶的，蓋人之所以爲人者全在此，如官之有文憑然，故曰「秉彝」。如「視遠惟明，聽德惟聰」，此「懿德」也，孰不好是？爲父能慈，爲子能孝，亦「懿德」也，又孰不好是？孟子他日又曰「心之所同然者，理也，義也」，理、義即「懿德」，「人心所同然」即所謂「人之情無不好是懿德者」。或專以爲好他人有德者，拘矣。人心之天皎如日月，是非好惡灼然自辨，如食物在腹冷煖自知，自然好「懿德」也。○「是民所秉執之常性也，故人之情無不好此懿德者」，不可因上句「性」字下句「情」字，遂謂是「性善而情亦善者」。看上句是「人所秉執之常性也」，乃指「有耳目則有聰明之德，有父子則有慈孝之心」，似亦爲情矣，上文「則」字即是。○則也，夷也，懿德也，一也。自物而言則，明非塊然一物也；自民而言用「夷」字，謂民之有常性也；自人所好言用「懿德」字，以其美而好之也。各有攸當，可見古人用字之不苟處。蔡氏所注未切。○程子曰：「性即理也。」指心中之理

❶「的」，原作「記」，今據嘉靖本、四庫本改。

也，故爲性，不然，何處不是理？愚謂性雖是理，然此理實着於氣。且仁而無氣，如何能愛？義無氣，如何能制其宜？禮、智皆然，但不雜於氣耳。○程子「性即理也」，理是正理，乃天地生物之心而人得以生者也，亦所謂「天地之帥吾其性」者也，有何不善？故曰：「理則堯舜至於塗人一也。」但「才稟於氣，氣有清濁，稟其清者爲賢」，則能以其才而盡其性；「稟其濁者爲愚」，則其才有未至而不能盡其性。若「學而知之」，是曰「有性焉，而不謂之命」，則氣無清濁，皆可至於善，以氣質之濁不能揜其本然之性也，「湯武身之」是也。

畢竟性自是性，氣質自是氣質，氣質不可與性混也。程子曰「性即理也」，此句所以爲有功於性理者，緣前面自荀子、楊子至韓子、胡子，一向俱以氣爲性，而性之義不白於天下者千有餘年。張子曰「形而後有氣質之性」者，蓋「繼之者善也」，是天命流行時未有形在也。既賦形後，則有氣質之性矣，謂性安頓在氣質，隨氣質之清濁而爲等級也。曰氣質之性，便是對天地之性說。天地之性，純粹至善者也。氣質之性，即才是也。○「善反之，則天地之性存焉」，謂始初天地之性雖爲氣質所濁，但經克治則初性復還矣。○「故氣質之性君子有弗性者焉」，「弗性」謂弗謂之性也。○「人之才固有昏明、强弱之不同」，「昏明」以知言，「强弱」以行言。「善反之，則天地之性存焉」，謂復其初也，不是謂未反以前而天地之性不存焉也。雙峯之辨頗費力。○天地之性者，天地以生物爲心也，此即「天地之帥吾其性」也。「天地之帥」，即元、亨、利、貞四德也。元、亨、利、貞即生物之心也。利、貞雖屬陰，實以成其生物之功耳。○氣質之性内，自有天地之性在矣，故「性相近也」章注曰「此所謂性，兼氣質而言也」，即繼之曰「氣質之性，固有美惡之不同矣」。

此處最要分明，不可硬作對語。〇「不可無省察矯揉之功。」首篇言矯揉，謂性本惡，必矯揉乃可爲善。此章言矯揉，謂氣質之性有未善，必矯揉乃可復於善。其歸不同也。

「富歲子弟多賴」

「多賴」、「多暴」，「多」字有斟酌：富歲人家子弟未必盡能爲善，凶歲人家子弟未必盡至爲惡。〇「賴」字最有意思，有所賴藉，自不甘致其身於惡地。此二句重在下一句，故下文云「非天之降才爾殊也」云云。「非天之降才爾殊也。」「爾」，然也。不曰降性、降情而獨曰才者，就所爲上爲切。〇於子弟而一曰「多賴」，一曰「多暴」，殊也，然一則曰「富歲子弟」，一則曰「凶歲子弟」，❶則「非天之降才爾殊」，則是「所以陷溺其心者然」矣。

此章正爲性善而發。蓋孟子言性善，雖公都子之徒不能無疑，則後世之信其説者寡矣。故孟子於此反覆譬喻而極言之，以曉當世之人也。其首節言同是子弟也，何富歲多賴而凶歲遂變而多暴哉！其爲衣食不足之故而陷溺其心，灼灼無疑，則安得以咎其本性哉！此論蓋已切至矣。〇又以麰麥一物而推及「凡物之同類者，舉相似」以明人類之無不相似者。此下則自人類之相似者言之，謂人之耳、目、口、鼻之類，無一不同者，乃獨其良心而有不同者乎？其説亦詳，其意益切，無非欲使世人曉然無疑於性善之説，而相率以入於堯舜之道也。以下數章皆同此意。聖賢之畏天命也如此。

---

❶ 「一則曰」三字，原脱，今據四庫本補。

「今夫麰麥」

麰麥猶言麋鹿、鴻鴈。麋，鹿之大者。鴻，鴈之大者。麰，大麥也。○一説麰麥只是一物，未然。○以下三句比「陷溺其心」，此處只要説同意。第三條當與第一條對看，此正以比上文云云，似非譬也，看第三條過接處及通章過度處。

「今夫麰麥，播種而耰之，其地同，樹之時又同，勃然而生，至於日至之時皆熟矣。」何嘗有不同？雖其間不能無多寡之不同，則以「地有肥磽，雨露之養，人事之不齊也」。在麰麥，豈有不同哉！總見同類相似之意，不必依新安陳「以此譬降才同，而養其心與陷溺其心有不同也」，觀下文接云「故凡同類者，舉相似也」可見。蓋所謂「養其心與陷溺其心之不同」，意皆在言外，通一章看可見。蓋聖人與我同類，而人心皆同然乎理義如此，然則其所以不同者，非以陷溺其心乎？○既曰「播種而耰之，其地同」，又曰「則地有肥磽」，何歟？蓋同一地也，特有肥磽異耳，不必言園地之大小同。肥者地也，磽者亦地也。

「故凡同類者」

舉麰麥一物，而見「凡同類者」之「舉相似」。○「同類」與「相似」不同，「同類」以麰麥言，「舉相似」如下文云云至「皆熟矣」。

「聖人與我同類者」

直是言其性之善無不同也，應上文「非天之降才爾殊也」。此比前章「何以異於人哉！堯舜與人同耳」，其意更顯。○「聖人與我同類者」，分明是説性善之同，不雜氣質言，若氣質，安得盡同？

「今夫麰麥」至「聖人與我同類者」，是即物類之同以見人類之同，故「龍子曰」以下至「猶芻豢之悦我口」即是人身之所同以見人心之所同如此，則人性皆善而可以爲堯舜矣。此孟子立言之意也。

「不知足而爲屨云，天下之足同也」

此二句蓋孟子承龍子之言而什之，而自此以下二條皆孟子之言也，至「故曰」又非引古語。或以此下三條皆龍子之言，似太迂矣。○蕢，草器也，即今之草包而小者，泉州人謂之裹積。積，去聲。《論語》「有荷蕢而過孔氏之門者」即此。注亦云「草器也」。

「則天下何嗜皆從易牙之於味也」

「於」字重看，「言易牙所調之味」。「天下期於易牙」，言必以易牙所調者爲美也。期與約同意，亦必也。

「不知子都之姣者，無目者也」

「子都，古之美人也」，不知何代人。《詩》曰「不見子都，乃見狡童」，則子都，春秋時人名矣。

「故理義之悦我心，猶芻豢之悦我口」

二句可見人心之同然乎義理之實也，此聖凡所同也。○「在物爲理」，見成者也；「處物爲義」，所裁制者也，故曰：「體用之謂也。」此與道義亦小異。前章解云：「義者，人心之裁制；道者，天理之自然。」小注：「道是舉體統而言，義是就此一事而言。如君仁臣敬之類，義也，其所以仁敬則道也。所以仁敬者，出於天理之自然也。」「理義之悦我心」，如他人所處合理，吾固悦之，如自己所處合理，吾心亦自快愜，是皆可見「理義之悦我心」也，此方是「人心之所同然」。

「牛山之木嘗美矣」章

「是其日夜之所息」

「氣化流行，未嘗間斷」，人與物日夜皆有所生長也，故此章於兩節皆言之。

「日夜之所息」，人與物皆然，故六七十歲和尚亦須髭髮，以此可見其良心亦然。又如竹笋之發，日間所長不如夜間所長之多。蓋日間遇陽氣燥熱，亦有旦晝梏亡之意，不如夜間所長之多也。草木之旦氣獨盛。

「此豈山之性也哉」

山以生物爲性，猶天地以生物爲心。此全是引起以譬喻下文一節。

「雖存乎人者」二句

此句承上文言山之必有材，此在山者然也。雖然，在人者亦豈無仁義之心哉！

「其所以放其良心者」

「所以放其良心者」，指物欲言。物欲，伐良心斧斤也。「旦旦」指日間言，與「旦晝」「旦」字同，與「旦氣」「旦」字異。旦氣獨謂之「平旦之氣」，「清明之氣也」。

「旦旦而伐之」

旦旦，即旦晝也。「其日夜之所息，平旦之氣」，此旦氣即夜氣所發者。其曰「日夜之所息」，兼日而言，其究亦一也。夜氣所存，即夜之所息者。「夜氣不足以存」則旦氣遂不能清，而所謂「幾希」者亦滅矣，是人見其禽獸也。

「平旦之氣」雖是「未與物接之時」，然心已有覺了，故好惡與人相近。如鏡既出匣，其中便有影象矣。李延平教人常自看喜怒哀樂未發時氣象爲何如，是亦可見其雖未與物接，而已有覺了。旦晝終有别，旦早間，晝通日言。然此「旦」字，又與「平旦」字小異，蓋平旦之氣未梏亡者也。此旦又在平旦之後。○初間則日夜有所息，及「梏之反覆」，則惟有夜之所息矣。「梏之反覆」，專指「旦晝」言，言其梏而又梏，日復日也。一説不然，以大注云「反覆，展轉也」，而申言之曰「晝之所爲，既有以害其夜之所息，夜之所息又不能勝其晝之所爲，是以展轉相害」云云爲據。❶愚謂「晝之所爲，有以害其夜之所息」，分明是害矣。「夜之所息，又不能勝其晝之所爲」，豈亦夜氣之言旦氣乎？蓋「夜之所息，又不能勝其晝之所爲」正以足上句意耳。其實「梏之反覆」只是旦晝之害，日復日也。○「梏之反覆，則其夜氣不足以存」上面，則以夜氣所息之旦氣對旦晝之梏亡言，此則以旦晝所梏之反覆對「夜氣不足以存」言，多少直截分明。大注云：「夜之所息，又不能勝其晝之所爲者。」只是足上句意，正以見其旦晝所梏之反覆也。而又繼之曰「至於夜氣之生，日以寖薄」，益可見矣。

「故苟得其養」

「山木人心，其理一也。」辭俱平説。「山木人心」意則重在人心，大文是如此，《集注》亦是如此。辭所以必兼平説者，以「無物」二字明也。

---

❶ 「據」，原作「處」，今據嘉靖本改。

「孔子曰『操則存，舍則亡』」

「操則存」云云，文勢上虚下實，正如「求則得之，舍則失之，是求有益於得也，求在我者也」。「操則存，舍則亡」，其存其亡，只係乎操舍之間，固以見其「得失之易，而保守之難」也。忽然而出，又或忽然而入，「出入無定時也」，惟所操舍耳，在心之出入，豈有「定時」哉！出則在外，入則在内，亦惟所操舍耳，在心豈有箇「定處」？「莫知其鄉也」，「其出入無定時，亦無定處」者，亦見其「得失之易，而保守之難」耳。○操便如何爲存？舍便如何爲亡？蓋人心爲此身酬酢萬變之主，舍則逸於外而不能主乎一身矣。「莫知」與「出入無時」自是不同，予故於「出入」字下兩箇「忽然」以貼「無時」之意。○「莫知其鄉」，或在内或在外，而其在外又各有彼此之别。看來只是内外意，上文皆然。○「莫知其鄉」亦只就或出或入之無定上見得。

心之所用，只在禮法之内，則爲入，是能爲此身酬酢萬變之主也。若逸於禮法之外，則爲出矣，故曰「心豈有出入，亦以」云云。○大注云「以明心之神明不測」云云，要看「以明」二字。○「神明不測」兼得失言。○惟其「得失之易」，故「保守之難」也，非謂「出入無時，莫知其鄉」二句專謂「保守難」，「操則存，舍則亡」二句專謂「得失易」。○程子曰：「心豈有出入？亦以操舍而言耳。」如此，則「莫知其鄉」亦須從操舍上説，故他日兩曰「求則得之，舍則失之」，就該下二句意。又曰：「操之之道，敬以直内而已。」「敬以直内」兼動静言，可見《大學》正心兼動静，故上云：「學者當無時而不用其力。」

「孟子曰：『無惑乎王之不智也。』」

「無惑乎王之不智也」，言其不知有由也。○「暴之」，陽氣之發舒也，故生。「寒之」，陰氣之閉固也，故不生。今冬氣凝固，則萬物皆閉其生意，所以冷氣只管後一截。「暴之」，所謂「日以晅之」也。又雷動、風散、雨潤、日晅，不可一無。

「無惑乎王之不智也」，據見在言。「『爲是其智弗若歟？』曰『非然也』。」言非其本然不知也，由其不知親君子故耳。一暴十寒，正謂其接賢士大夫之時少也，此便是「鴻鵠將至」之説也，非全判然二意也。是就一暴十寒上説他不專心於賢者，是以「小人養之以惡則愚」。

「使奕秋誨二人奕」

使是役使，非實事也。「奕之爲數」，數，枝也。

「『爲是其知弗若歟？』曰：『非然也。』」

本文「『爲是其智弗若歟』？曰『非然也』」，是承上文「一心以爲有鴻鵠將至」者説來。上段不智直就王説，此段語末乃見王之所以不智處。

此章之旨，謂無怪乎王之不智也。蓋君子踈而小人親也。使其能專心致志於君子，則君子日親，養之以善而智矣。今也不然，故「小人養之以惡則愚」，無怪乎其不智也。二節一貫意，故引程子、范氏之言於後，貫兩節意也。使王若專心致志於孟子，豈容其一日不在側乎？

新安曰：「孟子之於齊王，既進見時少，無以勝衆邪之交蔽，而齊王之於孟子，又聽信不專，有以分其心於多岐。」蓋不知只由「齊王之於孟子，聽信不專而有以分其心於多岐」，故「孟子之於齊王，進見時少而無以勝衆邪之交蔽」也。使其能一意於孟子，而惟其言之爲聽，豈容孟子之進見時少耶？一日三接，可也；語至夜分，亦可也。孟子如奕秋誨齊王以奕，王一心以鴻鵠將至而不能惟奕秋之爲聽，此即所謂「吾見亦罕矣，吾退而寒之者至矣」，故曰：「無惑乎王之不智也。」《孟子》此章，雖有前後二譬，然只是一齊王也。所謂天下易生之物而一暴十寒者，齊王也；所謂奕秋之所誨，「其一人雖聽之，一心以爲鴻鵠將至，思援弓繳而射之」者，亦此齊王也，則豈可不求其意之貫哉！況同是論王之所以不智。

涵養氣質，薰陶德性。○氣質與德性不同，氣質謂剛柔、緩急之氣，涵養之，使其中和不偏。德性謂仁、義、禮、智之性，薰陶之，使與聖賢同歸也。○《告子》一篇，全是發明性善之言。就如「王之不智」一章，亦是此意。如云：「『爲是其智弗若歟』？曰『非然也』。」便是「非天之降才爾殊也」。

「魚我所欲也」

自「魚我所欲」至「賢者能勿喪耳」，是説「羞惡之心，人皆有之」。此本心也，人人所同也。自「一簞食」一節，正謂「人皆有之」，至末則是説衆人之所以喪其本心也。此章亦見得人性皆善，其不善者，乃「陷溺其心而然也」。○所謂「二者不可得兼」，固不止謂簞食豆羹得失生死之際，但新安以爲是説托孤寄命之大節時事，則亦似有未盡者。如孟子答滕文公以「效死勿去」，子思之守死於衛，「民生於三」，「惟其所在，則致死」之類，是皆死生取舍所在也。○凡古人殺身成仁、奇偉俊絶等事，亦皆只是性分内所當然者而已，所謂「秉彝義理之良心」也。故此章舍生取義處，不必説是賢能如此，且説箇義理之心人所同然者如此，故「一簞食，一豆羹」條注云：「只是羞惡之心，❶欲惡有甚於生死者，人皆有之也。」

「生亦我所欲，所欲有甚於生者」

「所欲有甚於生者」即是義，「所惡有甚於死者」即是不義。大注云「欲生惡死者，雖衆人利害之常情」，此「衆人」雖聖人亦在其中。又曰「欲惡有甚於生死者，乃秉彝義理之良心」，此亦通衆人而言，故不以賢者及君子等對上文「衆人」字也，下文「衆人」字則對「賢」字説矣。

但曰「賢者能勿喪耳」，便見衆人喪之。

「一簞食，一豆羹」

「蹴爾」尤重於「嘑爾」，故乞人亦不受。○「嘑爾而與之」，新安陳曰：「如齊餓者不受嗟來之食之類。」《檀弓》曰：「齊大飢，黔敖爲粥於路以待餓者而食之。有餓者蒙袂輯屨，貿貿然來。黔敖又奉食，又執飲，曰：『嗟！來食。』揚其目而視之！曰：『予惟不食嗟來之食，以至於斯也。』從而謝焉，終不食而死。曾子聞之曰：『微歟！其嗟也可去，其謝也可食。』」○嗟來之食，其人不受而死，曾子曰「微歟！其嗟也可去，其謝也可食」，故孟子云：「其下朝不食，夕不食，飢餓不能出門户，君聞之曰云云。周之，亦可受之，免死而已矣。」此意得禮義之中，時措之宜，乃孟子所傳於子思，而子思得之曾子者也。可以見孔氏之家法，不爲已甚。

❶「只是羞惡之心」，四庫本及《集注》作「是其羞惡之本心」。

「萬鍾則不辨禮義而受之」

以「所識窮乏者得我」併「爲宫室之美，妻妾之奉」者言之，可見聖賢之精於義。○總注云「此章言羞惡之心，人所同有」，❶是釋前五節之意。「或能決死生於危迫之際，而不免計豐約於宴安之時」，則釋後三節意也。○新安陳以爲「或能決死生於危迫之際」亦并前一節舍生取義處論之者，非也，似不知「生亦我所欲也」，只看「義亦我所欲」一句，即是「人心之所同然者，理也，義也」，非所謂「人所固有」者乎？至謂「二者不可得兼，舍生而取義者也」，正亦以良心之自然知所擇者言也，如比干、張巡之徒，只是能不失此心耳。以此推之，則其謂舍生取義就托孤寄命大節言，亦不喻孟子之意矣。

「牛山之木」章是存養之功，「魚我所欲」章是取舍之分，此章總注最要看得好，「危迫之際」尚可能忍，「宴安之時」乃就利焉，可見省察之功不可頃刻而或忘也。

「孟子曰：『仁，人心也；義，人路也。』」

「故反而名之曰人心。」蓋仁本是心之德也，所謂「心如穀種，仁則其生之性是也」。今乃曰「仁，人心也」，乃是反而名之，謂反歸諸心者也。○小人亦有心，今曰「仁，人心也」，指其心體之本然者。

「學問之道無他」

「學問之事，固非一端」，如「博學之，審問之，慎思之，明辯之，篤行之」皆是也。此學問兼知行，與《中庸》

❶「同」，嘉靖本、《集注》作「固」。

「道問學」同，故「求放心」亦學問中事，但取其要耳。

味「無他」字，見得非是先求放心，只是其道在求放心也。《集注》自明，人或誤看耳。至引「程子曰『聖賢千言萬語云云，下學而上達也』」，則益明矣。○或疑朱子曰「蓋能如是則志氣清明」云云，似有先求放心之意，非也。蓋學問以求放心爲要，下學也，「義理昭著」則説向上達。求放心則是下學之事，非謂求放心而後可學問也，則先求放心之説，非矣。其曰「學問之事，固非一端」者，「事」字對「道」字，「非一端」字貼「無他」及對「而已矣」字。○然則今之爲學，須以求放心爲上。○學問兼知行，「事」字與「道」字相對看，事只是事目而已，道則其所以爲道也。大注云：「蓋能如是則志氣清明，義理昭著，而可以上達。」「達」字固亦兼知行也。○《大學或問》云：「不先之於小學，則無以收其放心，養其德性，而爲大學之根本。」豈可謂學問大道不外乎求放心哉！小注朱子曰：「『學』、『問』二字，『學』字不止是求放心便休，看『自能尋向上去』，是存得此心，方可做去，不是塊然空守得這心便了。」

「孟子曰『今有無名之指』」

「無名指，手之第四指也。」非人所緊要者，故謂無名指。無名者，以其不切於用，疑於無其實也，故謂之無名指歟？未有所考，嘗疑之。○指有五：一巨指，二食指，三將指，四無名，五小指。蓋巨，大也。食指者，人之所食，以此指爲力也。將指者，《左傳》吳國闔廬傷將指，言其將領諸指也。又曰：「手之取物，中指爲長，故二與三皆曰將指。」楚人獻黿於鄭，子公之食指動，曰：「他日我如此，必嘗異味。」鄭解黿，召子公而弗與也。子公怒，染指於鼎，嘗之而出。

「不遠秦楚之路」，孟子，魯人也，在齊亦最久，自齊魯而視秦楚，則爲遠耳，非謂自秦至楚，自楚至秦也。對桐梓言之，則曰身，自身言之則有心指之分，隨所在分輕重，使人知所重也。下二章只是此一意重出。人皆謂孟子長於譬喻，不知此孟子之不得已也。如佛氏説禪，只一言半辭指點，便欲語下領會，有曾子曰唯之意。孟子謂時人或溺之深，難於曉悟也，故多設譬以開之，如山木、鷄犬、梧檟樲棘之類，不一而足。聖賢豈樂費辭哉！訓蒙士之意耳。

「孟子曰『拱把之桐梓』」

凡養之者，冀其有進益也。今於桐梓則知養之，至於身而不知所以養之，以自進於高明之域，聖賢之歸，豈其愛身云云。愛身者，内而一心，外而百體，莫不各有養之之道。陳氏一説最精且備，宜詳玩之。

「豈愛身不若桐梓哉」

身以心爲主，與上下章意同，觀下章言「人之於身也，兼所愛」而曰「無以小害大」可見。但此對桐梓言，故只曰「至於身而不知所以養之」。「所以養之」者，治其心而已。○一説「拱把之桐梓」，只言微小之意，以明身之爲重也。「人苟欲生之」，只是養令生活，未及冀其長進之意。

「體有貴賤，有小大」

賤而小者，口腹也。貴而大者，心志也。○看來賤而小者，耳、目、手、足之類皆是。朱子專以口腹爲小體者，因孟子下文專言飲食之人養小失大而云耳。學者要當推類以及其餘，孟子要只是舉其一端，在人所易曉者。

「今有場師，舍其梧檟」。

梧檟，即桐梓也，故《集注》云：「梧桐也，檟梓也，皆美材也。」○梧檟，二木名。樲棘，小棗，一物也。《詩·凱風》篇：「凱風自南，吹彼棘心。」傳曰：「棘，小木叢生，多棘刺，難長。」故曰：「非美材也。」小注：「《字書》：棘，如棗，多刺。木堅色白者爲白棘，實酸者爲樲棘。」

「養其一指而失其肩背而不知也」

「養其一指而失其肩背」，只是取譬之辭，孟子非實以肩背爲大者所在也。此章總重在心志，故以爲失肩背之喻，亦謂不能顧其大者耳。○「今有場師」至「則爲狼疾人也」，正是「養其小者爲小人」意，但未可説出，至下文「飲食之人，則人賤之矣，爲其養小以失大也」方説出。上文且譬以起之，正如「不揣其本而齊其末」、「金重於羽」二條，起「取色之重者」一條。

孟子此數章，警策人尤切至，曰：「有放心而不知求，哀哉！」曰：「心不若人，則不知惡，此之謂不知類也。」曰：「弗思甚也。」曰：「養其一指而失其肩背而不知也。」

「公都子曰『鈞是人也』」

孟子之學，惟於「思」之一字着力最深，故每以此覺人：一則曰「弗思耳」，二則曰「弗思甚也」，又曰「求則得之，舍則失之」，求亦思也。至於所引「誠之者，人之道也」，亦改「誠之」爲「思誠」，其喫緊之意可見。誠以人之所以爲人者，心焉而已矣。「心之官則思」，「思曰睿，睿作聖」，又曰「思者聖功之本」，思之於人大矣。○《語類》：「『鈞是人也』章云『先立乎其大者，則其小者不能奪也』，此語最有力，且看他下一箇『立』

字。昔汪尚書問焦先生爲學之道，焦只説一句『先立乎其大者』。」○又曰：「只是要常惺惺。」趙昌父云：「學只緣斷續處多。」曰：「只要學一箇不斷續。」○「茫茫堪輿」，以爲堪者，天道，輿者，地道。《正韻》注「只是任也之類」，又注「與戡同」。至下字曰龕則注云「一曰與戡同」，又曰「龕，浮屠塔下室」。愚意所謂堪者，對輿而言，當是此意，且輿之類也，但不知出於何書。○以堪爲天道，不知的爲何，恐謂於物無不覆也。輿者，《易大傳》「坤爲輿」。○一説：堪，任也。只是謂任載之輿，指人在天地之上而言。在地之上，則在天之下矣，亦一理也。○問：「《集注》所載范浚《心箴銘》，不知范曾從誰學？」曰：「不曾從人，但他自見得到，説得此件物事如此。向見吕伯恭甚忽之，問：『須取他銘則甚？』曰：『但見他説得好，故取之。』曰：『似恁説話，人也説得到。』曰：『正爲少見有人能説得如此者。』」此意蓋有在也。

「孟子曰『有天爵者，有人爵者』」

仁義，兼舉體用，道理已盡了。忠信，則仁義之發於心而見於事者，無一之不實。「樂善不倦」，則仁義之實者，又無一息之間斷。謂之「天爵」者，非人所得而貴賤者也。○仁義，「可欲之謂善」也；忠信，「有諸己之謂信」也；「樂善不倦」，「充實之謂美，充實而有光輝之謂大」，雖大而化之之聖，亦「樂善而不倦」者也。故「樂斯二者。樂則生矣，生則惡可已也。惡可已，則不知手之舞之足之蹈之」，亦「樂善不倦」者也。○注曰：「天爵者，德義可尊，自然之貴也。」如此方得。「爵」字如良貴也，要説出「飽乎仁義」，「令聞廣譽施於身」，方得「貴」字意思出。

「終亦必亡而已矣」

與「仁之勝不仁」章俱是説自家。

「孟子曰：『欲貴者，人之同心也。』」

「貴」之一字，以所崇重而得名也，但所崇重者皆謂之貴。如禄爵固在所崇重，如仁義尤在所崇重也，故曰：「人人有貴於己者。」○「欲貴者，人之同心也」，在外之貴也，即人爵也。「人人有貴於己者」，在内之貴也，即天爵也。○「良貴」，「良者，本然之善也」，指所性之貴也。

「人人有貴於己者，弗思耳」

不必兼言其拘於氣稟也，只可説是蔽於物欲而弗思。蓋孟子言性善，不論氣質也。

「《詩》云：『既醉以酒，既飽以德。』」

《大雅·既醉》首章曰：「既醉以酒，既飽以德。君子萬年，介爾景福。」傳曰：「賦也。德，恩惠也。君子，謂王也。爾，亦指王也。此父兄所以答《行葦》之詩，言享其飲食恩惠之厚，而願其受福如此也。」○愚按：《詩》「德」字本指恩惠，蓋主人之德也。今曰「飽乎仁義，所以不願人之膏粱之味也」，則是在我之德也，非指出於主人者也。斯亦斷章取義，如《易》之「黄牛之革」，亦取卦名而義不同也。

「所以不願人之膏粱之味也」

不願，謂無所慕於彼也，非謂有厭薄不願就之意。

「孟子曰：『仁之勝不仁也，猶水勝火。』」

「仁之勝不仁也，猶水勝火。今之爲仁者，猶以一杯水救一車薪之火也。」及其「不熄」，則人從而「謂之水不勝火」，正由我之爲仁不力故爾，「是我之所爲有以深助於不仁者也」。以吾觀之，此人之心，亦且厭倦怠棄，并與其所爲杯水之仁而亡之矣。如此説，方與總注「言爲仁不至，而不反求諸己」者合也。○不熄，則人「謂之水不勝火」，謂仁真不能勝不仁也。此議一興，則不仁者得助矣，故曰：「此又與於不仁之甚者也。」不知其所以不勝者，以吾爲仁不力，只是杯水之仁故也。○《集注》兩「人」字不同。「則人遂以爲真不能勝」，此「人」字對下文「我」字，即下節所謂「此人」者也。

仁不仁以二人言，非以事言。孟子此爲當時之君言。梁惠王以能行小惠，而訝其民之不加多於隣國，是正所謂「不熄，則謂之水不勝火」者也。

「孟子曰：『五穀者，種之美者也。』」

但曰「五穀者，種之美者也。苟爲不熟，不如荑稗」，便見美種之不及熟爲可恨，而非有慕於荑稗也，故曰：「夫仁，亦在乎熟之而已矣。」「仁而不熟，反不如他道之有成」，然則爲仁者，可不務至於熟哉！○大注：「是以爲仁必貴乎熟，而不可徒恃其種之美。」此意似尤重。人多專主此，而不欲該下句，而不知孟子必曰「夫仁，亦在乎熟之而已矣」，必令人專熟仁者，何意？豈非「又不可以仁之難熟，而甘爲他道之有成」？○朱子一日舉孟子「五穀者，種之美者也。苟爲不熟，不如荑稗」誨諸生曰：「和尚問話，只是一言兩句，荑稗之熟者也。儒者明經，若通徹了，不用費辭，亦一言兩句，其理便明。否則，却是『五穀不熟，不如荑稗』。」

告子章句下

「任人有問屋廬子曰」

「任人有問屋廬子」，其曰「有」者，任國之人固多，記者不得其姓名，故云「任人有問於某者」。任人曰：「食色以禮，固然矣。然有『以禮食則飢而死，不以禮食則得食』者，當此之際，尚『必以禮乎』？『以禮迎則不得妻，不親迎則得妻』者，當此之際，亦必以禮乎？」蓋任人此言，是指食色之重而禮之輕者言也，故孟子以爲寸木高於岑樓，一鈎金與一輿羽也。

「以禮食則飢而死，不以禮食則得食」

如「朝不食，夕不食，飢餓不能出門户」，當此時，「一簞食，一豆羹，得之則生，弗得則死」，若必俟其再三禮請然後就，則不得食而死矣。若稍俯從權變，往就而食之，亦可以濟，如韓信寄食於漂母，光武滹沱麥飯，要皆非禮食者。若以此與「紾兄之臂而奪之食」者較之，又不同矣。

「不以禮食則得食」，謂「如其嗟也可去，其謝也可食」之類，未至如「紾兄之臂」之甚也。「不親迎則不得妻」，謂「其家貧，不能舉六禮」之類，未至「踰東家墻而摟其處子」之甚者也。○任人所謂「以禮食則飢而死」一條，亦是以處常言，此言亦是一段道理，不可以爲非所問，故孟子不闢之，使聖賢處此，亦有爲之者，故曰「亦未嘗膠柱而調瑟也」，但只是「不揣其本」耳，故須有孟子後一段説話。曰：「以禮食則飢而死，不以禮食則得食，必以禮乎？　親迎則得妻，不親迎則不得妻，必親迎乎？」此所謂「取食色之重者與禮之輕者而比之，奚翅食色重」者。其「不揣其本」、「金重於羽」兩節，正是喻此意思。○曰「禮食、親迎，禮之輕者也。」此本不爲輕，但以對「飢而死以滅其性，不得妻而廢人倫」，則爲輕耳。

「以禮食則飢而死」云云，此問所謂必不得已者也。

「不揣其本而齊其末」

「不揣其本而齊其末」二句，且虚説，言不取下齊而徒取上齊，則寸木可高於岑樓矣，喻不以禮與食色輕重之大分較之，而但以食色之重者與禮之輕者比，則食色固可重於禮矣。下條「金重於羽」亦是此意。○岑樓，岑，山之高鋭處也，故注云：「岑樓，樓之高鋭似山者。」

「金重於羽者」

「一鈎金」，「鈎，帶鈎也」。金帶鈎，古有成語。鈎有曲義，《漢書》曰：「直如弦，曲如鈎。」○帶鈎，古今束帶，其帶有鈎，今官人腰帶皆然。帶鈎以金爲之，其金最不多。此金字，五金之總名。想帶鈎有以白金爲者，有以黄金爲者，又有以赤金爲者。赤金，銅也，今人多用銅。

「豈謂一鈎金，與一輿羽之謂哉」

《左傳》：子糾之争，❶管仲將兵遮莒道，射中小白帶鈎，小白佯死得先入齊，遂立之。漢馮異嘗述對光武，曰「願君無忘射鈎，臣無忘檻車」者，此也。○按此，則帶鈎者，腰所服也，以金爲之，故曰「一鈎金」，又有

---

❶ 「争」，嘉靖本作「事」。

曰「金帶鉤」。

「不揣其本」至「一輿羽之謂哉」，味文勢，語意亦相承，言任人之論，蓋不揣本而齊末，至使寸木高岑樓者也，然此非以論禮與食色之輕重也。

「不揣其本」、「金重於羽」，總是一意。或曰：既是一意，何爲兩喻？曰：「此不拘，如『今有場師，舍其梧檟』，下文云『養其一指而失其肩背而不知也，則爲狼疾人也』，豈不是兩喻一意？」

「往應之曰『紾兄之臂而奪之食』」

往應之曰：「『以禮食則飢而死』，食之重固然矣，然必『紾兄之臂而奪之食則得食』，則所犯於禮者亦大矣，『則將紾之乎』？」蓋寧飢而死，不可奪兄之食以苟生也。「『親迎，則不得妻』，色之重固然矣，然必『摟東家之處子乃得妻』，則所犯於禮者又重矣，則將摟之乎？」」蓋寧不得妻而不可摟人之處子也。故曰：「禮與食色，皆其重者。」「紾兄之臂」至「則將摟之乎」，蓋如此，則依然是禮重而食色輕，信如屋廬子之説矣，孟子之言，所以伸屋廬子之説也。

「往應之曰」一條，是於色食與禮兩邊，各舉其重者而權衡之，則禮之重於食色也彰彰矣。此孟子之所以爲善辨，自漢以來未見有善於析理應變如此者。○「以禮食則飢而死，不以禮食則得食」與「紾兄之臂而奪之食，則得食，不紾則不得食」者二意，此是取食色之重者與禮之輕者而比之，彼則禮與食色皆其重者。○「不親迎則得妻，親迎則不得妻」，如古者國有凶荒則殺禮而多婚，若必拘於親迎之禮，家貧而不能備，則妻不可得矣。若從殺禮，則妻可得，此所謂禮輕而食色重也。若以「踰東家牆而摟其處子」與止於不親迎者較之，則不同矣。

或曰：「以禮食則飢而死」一條，何以見是以食色之重者與禮之輕者？曰：「只看『死』字，及『不得妻』字。死生所係，此見是舉食之重者。『不得妻而廢人倫』，絶後嗣，此見是舉色之重者。禮則指平常禮。任人此問，只重在『死』字及『不得妻』字上，不曾思見紾兄臂與摟處子之犯大節處，故孟子出此一頭，與之平稱，便就見得禮終是重矣。甚矣孟子之善於辨折，自非精義入神之學，安得立談俄頃之間，有此議論剖斷？」

任人之問，蓋「邪説」也，此「暴行」之文也。任人蓋見孟子之論常持禮法而以爲迂，故私與屋廬子辨，所以陰壞孟子之説也。戰國之時，議論大抵如此，所謂功利之學也，故孟子自以爲承三聖。任人發問之意，極是不良，蓋有無限不好事，在後來乃人類與禽獸之所以分，世道興衰否泰之所以判者。噫，危哉！任人之意也。孟子之功所以爲大。○「義理事物，其輕重固有大分」。「義理事物」，食色者也。「其輕重固有大分」者，禮重而食色輕也。「然於其中，又各自有輕重之别」者，由任人所難，則禮輕而食色重矣；由孟子所論，則禮重而食色輕，終有不可易者矣。○「錯綜斟酌」，錯者，交而互之，一左一右之謂也，即經也。

就此章言，則輕重自有大分者也。綜者，總而挈之，一低一昂之謂也，即緯也。就此章言，則或食色重而禮輕，或禮重而食色輕也。「固不肯枉尺而直尋」者，輕重之不越其大分者也。「亦未嘗膠柱而調瑟」者，所重固在乎禮，亦有時乎殺以就食色也。「聖賢於此，錯綜斟酌」云云。愚謂如此章所論，信乎學者察此而有得，則不待計較論量而天下無難處之事矣。蓋經權兩盡其理也。若「皐陶爲士」章所論，天子之父殺人，爲士者必執而刑之，至使聖天子竊負其父而逃，謂察此而有得，則天下無難處之事者，是可疑也。食色與禮孰重一章，可見孟子精義之工夫，制事之權衡，非惟正大之理，痛快人心，而其雋永之味，咀嚼無窮。此等議論，所謂「中庸其至矣乎」，雖聖人復起，不易其言矣。欲得議論之當，文章之妙者，宜熟玩也。

「曹交問曰：『人皆可以爲堯舜，有諸。』」

此章要細看數個「爲」字。○「人皆可以爲堯舜，有諸」，須看「爲」字，故孟子曰「然」，以其有此理也。交曰云云，則失其所以可爲堯舜之旨矣。○上文所舉「人皆可以爲堯舜」語本是，今曰「文王十尺」云云，反失其本旨。且此言亦似有自挾其狀貌之類於湯、文意，故因舉「人皆可爲堯舜」而反之。其曰「食粟而已，如何則可」，正應上文「人皆可爲堯舜」意，言其不能爲堯舜也。

交曰「交聞文王十尺，湯九尺，今交九尺四寸以長」，亦在湯、文之間，宜可爲堯舜矣，乃止是能食粟而不能爲聖人，如何則可？此問甚是俗氣。蓋不察所謂爲者，乃在脩爲之間，而不在於形體也。若以形體言，安得謂皆可以爲堯舜耶？○「今交九尺四寸以長」，謂九尺四寸仍又長些也。此與或百里而遠，或百里而近之類同。○據曹交所論，則不皆可以爲堯舜矣。

「曰：『奚有於是，亦爲之而已矣。』」

「人皆可以爲堯舜」句內，本不論形體，今交云云，則雜於形體論矣，故孟子曰「奚有於是」，亦抑之也。「亦爲之而已矣」，此句最重，謂爲其所爲也。

「有人於此，力不能勝云云，有力人矣」

是則曰「有力人」者，以其舉百鈞也。曰「無力人」者，以其不勝一匹雛也。其爲有力人、無力人，顧所任何如耳。○且古之有力人者莫如烏獲，烏獲能舉移千鈞，人能舉烏獲之任，亦爲烏獲而已。「然則」二字，也要看與上文意連處。蓋所以爲有力人者，在於能舉百鈞；所以爲無力人者，在於不勝匹雛，則所以爲烏獲者亦在於能舉烏獲之任，是皆不在於形體也。此上盡是譬論，至「夫人豈以不勝爲患哉，弗爲耳」，則正言「人皆可爲堯舜」意。或者兼以舉烏獲之任説者，泥而鑿矣。烏獲之任，人固以不勝爲患也，如何爲得？所謂「是誠不能也」。

「夫人豈以不勝爲患哉」

言人欲爲聖人者，豈以其才之不勝爲患哉！弗爲耳。蓋以其求諸性分之内，則聖人與我同類者，故無不勝之患。若舉烏獲之任，則係於絶力，又有不同者矣。○曹交曰：「食粟而已，如何則可？」是固以「不勝爲患」也。曹交此意，便是自歸於稟質之弗强，而不自責其學力之未加矣。「則爲無力人」、「則爲有力人」、「是亦爲烏獲」，此三「爲」字輕，與下文「是亦堯而已矣」「是」字同看。若「人皆可以爲堯舜」「爲」字内却有道理，此一語最有斟酌，所謂言有大而非誇，似誇而實也。○「有人於此」一段，諄諄於「匹雛」、「百鈞」及「烏獲之任」等語者，見得所以爲堯舜者，在於爲堯舜之事也，即下文「行堯之行」、「誦堯之言」、「服堯之服」也。

承上文「夫人豈以不勝爲患哉！弗爲耳」，爲之何如？「徐行後長者謂之弟」云云。○專以徐行、疾行爲言，分明是爲曹交有此失而發，而繼之曰「堯舜之道，孝弟而已矣」，此語近而遠也，故尹和靖曰：「孝弟非堯舜不能盡。」旨哉，斯言！「堯舜之道，孝弟而已矣」，能盡孝弟，是亦堯舜也。此意已見於言外，下文云云是也。「徐行後長者謂之弟」，正所謂「夫人豈以不勝爲患哉！弗爲耳」，故又曰：「夫徐行者，豈人所不能哉！所不爲也。堯舜之道，孝弟而已矣。」朱子曰：「這是對那不孝不弟裏説孝弟便是堯舜之道，不孝不弟便是桀紂。」此語最得本旨。蓋孟子直要説得爲堯舜之容易處，今或眩於「堯舜人倫之至」及「堯舜之道，大矣」之詞，則反惑矣。原陳、楊二氏之説，亦本是發其所以容易者耳。○陳氏、楊氏二注，不必依輔氏解説。

「子服堯之服」止「桀而已矣」

此正所謂「奚有於是，亦爲之而已矣」者，言能爲堯舜之事，則爲堯舜矣。不能行其事，則雖有湯、文之體貌，何足道哉！陽虎固類孔子矣，而不免爲庶人。○「子服堯之服」三句，都須就孝弟説，然上文只言以孝弟，而此却言服與言行者，以其禮貌、衣冠、言動云云，理故及之也。「徐行後長者」一節，言爲堯舜之易。「子服堯之服」一節，言爲之在我也。但上節言徐行，後節又改服與言，則自曹交所病而發此論也。

「曰『交得見於鄒君』」

「見於鄒君」而曰「得」，「假館」而曰「可以」，「受業」而曰「願留」，其詞皆近倨而鄙陋，不但假館而後受業，爲「見其求道之不篤」也。味交此語，全未有決然之意，孟子待之，固不失爲忠厚。○味「可以假館」之詞，似嫌孟子所言之隘，而不欲請業于其門下也。輔氏以爲是富貴之氣習，都未知味那居無求安之味。在朱子亦爲有挾貴求安之意。○「交得見於鄒君」，時孟子居鄒，曹交以事過鄒。「願留」者，曹交自願留身於鄒也。孟子原是鄒人。

「曰：『夫道若大路然，豈難知哉。』」

「夫道若大路然」，如父當慈，子當孝，兄當友，弟當恭之類，此理昭然，智愚所共曉者，故曰：「豈難知哉！」此正指衆人所可與知者耳。若夫精微之藴，則亦有未易知者。孟子與曹交言則如此。《中庸》曰：「君子之道費而隱，夫婦之愚，可以與知焉。及其至也，雖聖人亦有所不能焉。」○「願留而受業於門」，所謂「受業」，宜不止於孝弟，故「夫道若大路然」，所該亦自廣，則所謂「歸而求之，有餘師」者，亦豈止孝弟哉！而曰「歸而求之事親敬長之間」者，謂歸就親長，對「留此而受業」於師言也。其曰「性分之内，萬理皆備，隨處發見，無不可師」亦可見矣。○「夫道若大路」，不可謂道者，孝弟而已矣。「豈難知哉」，亦不可謂孝弟之道，若大路之易知也。不如虚説「道」字。若説道者，孝弟而已，則孟子上文已曰「堯舜之道，孝弟而已矣」，而曹交乃又欲求道，孟子乃又復告之。蓋曹交之請，亦欲求其所以爲堯舜者耳。

或言本文「道」字恐難專指孝弟。曰：「孟子已説在前了，曰：『堯舜之道，孝弟而已矣。』不然，朱子何以曰：『歸而求之事親敬長之間？』」此一説。○「子歸而求之」，或以爲反而求之，非也。「歸」字是對留受業於鄒説，故注云：「不必留此而受業也。」○「子歸而求之」，令歸於曹而取諸己也。則性分所藴，皆足以應其求矣，故曰「有餘師」。○「隨處發見，無不可師」，只言依他行，便都是道也。《中庸》所謂「率性之道」，亦此意也。

注云「若歸而求之事親敬長之間」，是專以孝弟言。而又曰「性分之內，萬理皆備」，謂之「萬理」，孝弟之理在其中矣。若專言孝弟，則於「性分」字未完。「隨處發見，無不可師」者，依那道理做，便是以道爲師，所謂「有餘師」也。○「性分之內，萬理皆備，隨處發見，無不可師」，所謂「夫道若大路然」者。既曰「有餘師」，信乎其不難知矣。

「夫道若大路然」，人所共由者也。「豈難知哉，人病不求」者，或蔽於私，或役於氣，自暴也，自棄也。○「曹交事長之禮既不至」，於前數節見得，「求道之心又不篤」，於後兩節見得。○「蓋孔子餘力學文之意」，即朱子此注，方知《論語》此章重在「務本」上。○「假館而受業」，依輔氏説是，朱子亦謂其有挾貴求安之意，正謂此也。交蓋有感於孟子上文云云，遂有求道之志，故云云。而孟子曰云云，不屑之教誨耳。

「公孫丑問曰：『《小弁》，小人之詩也。』」

公孫丑問曰：「高子曰：『《小弁》，小人之詩，非君子之詩也。』」孟子曰：「何以言之？」曰：「怨，殊無温柔和厚之意。」○所謂怨者，正注所謂「哀痛迫切之情也」，非直指怨親。其詩略曰：「何辜于天，我罪伊何？心之憂矣，云如之何？」又曰：「君子秉心，維其忍矣。君子不惠，不舒究之。」分明是怨其親，亦朱子云然也。

高子曰「《小弁》，❶小人之詩也」云云。曰：「怨。」蓋以其詩曰：「何辜于天，我罪伊何。」又曰：「行有死

---

❶ 「弁」，原作「弃」，今據嘉靖本、四庫本改。

人，尚或墐之。君子秉心，維其忍矣。」又曰：「君子信讒，如或酧之。君子不惠，不舒究之。舍彼有罪，予之佗矣。」彼循其詞而不察其情，宜以爲怨也。

「曰：『固哉！高叟之爲詩也。』」

「有人於此，越人關弓而射之」，此「之」字，正指「有人於此」之人也。○「無他，戚之也」，故「涕泣而道之」，

不使其妄殺人而罹于罪也。

《小弁》固怨矣，然《小弁》之怨，親親之情也。夫親親者，仁也，仁者，君子之道也，而高子乃以爲「小人之詩」，高子之爲詩如此，亦固矣夫。

「越人關弓而射之」，孟子之言，不謂其不怨，而直謂其怨之也宜。然則其與舜之怨慕同者，未盡然矣。然必引舜之怨慕爲言者，取其親親之意在耳。觀其曰「親之過大不怨，是愈疏也」，則其怨亦與小人之怨不同矣。抑孟子亦非言與舜同也，但曰舜猶怨慕云爾，朱子亦僅取其兩句。○《集注》云：「親親之心，仁之發也。」依此，當以仁爲親親之根源。○「何以言之？」曰：「怨。」蓋高子以爲「小人之詩」，正以其處父子之間而薄之也。不然，三百篇中之怨者多矣，而獨咎《小弁》，何歟？孟子以爲仁人之詩者，又正以其處父子之間而取之也。詩自有怨體，蓋本於人情之所不能無者，如《小弁》，正怨之得體者也。高子之爲詩，尚未足以識此，孟子特取其怨。蓋知詩者，莫如孟子矣。○怨只是哀怨，不必直謂怨親也。《小弁》數輩，豈皆怨親之詞？如曰「天之生我，我辰安在」，亦自怨也，但不可泥説是自怨而非怨親。其曰「親之過大而不怨，是愈疏也」，亦非言其當怨親也。○《小弁》之詩曰：「何辜于天，我罪伊何？心之憂矣，云如之

何？」朱傳曰：「『何辜于天，我罪伊何』，怨而慕也。『舜號泣于旻天』，曰：『父母之不我愛，於我何哉？』蓋如此矣。」愚謂：如傳之言，則《小弁》之怨與舜之怨慕同乎？疑未盡然也。而孟子曰「舜其至孝矣，五十而慕」，蓋亦取其意類之大同耳。

「《凱風》，親之過小者也」

七子之母，過在身家；宜臼之父，過係宗社。七子之母所失者，不自制其一己情慾之私，而宜臼之父所失者，三綱淪、九法斁而四海覆矣。此其過之小大可見。七子之母，雖曰過係身家，然大節已墜，亦難以語人道者矣。如有國者有此婦人，亦能使三綱淪、九法斁而四海覆也。晉賈氏，唐武、韋、楊之屬是已，即褒姒亦是已。〇《凱風》只可説自責，不可説怨恨身怨恨命，便是怨，不謂怨親也。

「愈疏，不孝也」，《小弁》之所以怨也。「不可磯，亦不孝也」，《凱風》之所以不怨也。雖均之爲親之過，然過有小大，而怨與不怨，各有攸當焉，此孟子之所以善爲詩也。

「親之過小而不怨，是不可磯也」

不可磯，謂水不可容磯也。〇「磯，水激石也。『不可磯』，言微激之而遽怒也。」問：「激者，水激之也。怒者，水乎？石乎？」曰：「非石怒，乃水怒也。『水激石』，謂水所見激之石也，實石激水而致怒也，故小注謂『水中不容一激石』，後世所謂釣磯是也。磯即是石，但水中或水涯石乃謂之磯。」〇既云「親之過大而不怨，是愈疏也」，則其怨，以親之過大矣。以親之過大而怨，安得爲全不怨親？故孟子之意，自出於至公至正，而後人乃以朱子《詩傳》之言而過爲褒飾，何哉！《小弁》之所以怨者，以其不忘乎親也。昔劉錡所處與宜臼略同，因從諸葛孔明登樓，去其梯而問計。孔明教之曰：「申生在内而亡，重耳在外而伯。」錡遂出外。此則爲忘其親而不怨矣。但凡人情，處親戚朋友間有不合，如速性丢撇不以介懷者，則薄矣，安得以其不怨而取之哉！孔明之爲錡謀，於智識則極高矣。若揆以聖賢之術，似當復有所言，而止於此，此則孔明之學也。

上節以「越人關弓」與「其兄關弓」分兩意，則《小弁》之怨，「其兄關弓」之類也。此節「愈疏」與「不可磯」意，屬《凱風》，而上節「越人關弓」者，將無所屬，只是以對「其兄關弓」言。此下有「《凱風》何以不怨」之問，乃云云。〇「越人關弓而射之」一節，言至親之地，豈同路人，能無痛切於心而哀怨乎？下文「親之過大而不怨，是愈疏也」，即此意也，但對《凱風》而别之耳。

「舜其至孝矣，五十而慕」

「五十而慕」，此解作「怨慕」，亦借解耳。其實舜三十登庸，已不格姦而允若矣，何至五十猶有怨乎？其怨乃在「往于田」之日也。〇一説不是借説，慕生於怨，故曰「怨慕」也。〇「舜其至孝矣，五十而慕」，此時親或已亡，怨慕似是哀慕之心。蓋舜五十時已得其親而順之久矣，此曰慕者，其心猶在於親也。《小弁》之怨，亦切於其親耳，故曰：「親之過大而不怨，是愈疏也。」愈疏則心不在於親而恝然如路人矣，故爲不孝。然則所謂怨者，只是哀怨之謂，不必太泥於怨己或怨親也。怨己之説近之。〇「舜其至孝矣，五十而慕」，不必拘親之過大過小也，只是認個「怨」字。其實當時若不著此一語亦好。

「五十而慕」還作「不得於親」説，與《萬章》篇首意不同矣。舜之所以爲至孝者，正以其怨慕，則《小弁》之怨，未爲不孝。大抵此章「怨」字不必説怨親，亦不必説怨己。怨，恨也，説作自怨近之。《凱風》雖自責，亦無甚「恨」字，今取而讀之，與《小弁》迥不同。若論所由，則舜之怨，怨己之不得乎親，《小弁》之怨，怨親之不容乎己，未免爲不同也。

《小弁》之詩，孟子取之，至引舜之怨慕而證。朱子擇其「我罪伊何」之句，亦以「舜之父母之不愛，於我何哉」之言明之。蓋皆取其意之近，不使人目爲小人之詩耳。若究其實，則《小弁》一詩，怨親之詞不少，豈得與舜之怨慕同語？但「涕泣而道」之論，則確論也，故雖怨而不爲小人之詩。觀其戍申之役，輒忘其殺親之仇，則其怨慕之不如舜遠矣。此一説。○趙氏曰「生之膝下，一體」云云。下二句皆指既生以後説，所以申「一體而分」之意。新安陳氏以爲此由子生之始而推其未生之前者，非也。○《小弁》詩注，豐城朱氏曰：「舜之怨，怨己之不得其親；《小弁》之怨，怨親之不容乎己。雖所怨不同，然以孟子之言推之，親之過大而不怨，則是恝然無情也。無情，視至親猶路人也，其爲罪不愈大乎？宜臼中人之資，聖人亦姑取其一節之可觀耳，固不敢以大舜之事望之也。」愚謂觀其戍申之役，渾忘其殺父之仇，亦可知其怨慕之不如舜遠矣。○注：「周幽王娶申后，生太子宜臼。又得云云，爲作此詩。」至《詩經》則注曰：「幽王娶申后，生太子宜臼。又得褒姒而惑之，生子伯服。信其讒，黜申后，逐宜臼，而宜臼作此以自怨也。序以爲太子之傅述太子之情以爲是詩，不知何所據也。」○按朱子於二書注，一謂此詩作於太子之傅，一謂出於太子自作，其不同如此，所當知也。○又按：所謂「作詩以自怨」之語，則此「怨」字與大舜怨慕之怨同也，但與「《凱風》何以不怨」一句不合。蓋《凱風》非不怨己，不怨親也，故曰：「母氏聖善，我無令人。」或曰：《小弁》自怨，猶自恨，故曰：「天之生我，我辰安在？」

「宋牼將之楚」

此「其」字指秦楚之王及三軍之士，非指説者也。○「我將言其不利也」，似亦未爲甚違於理，孟子却力沮之者，欲其因是行而開二王以仁義之道，庶幾乎生民之福，遠大之業也。故即其「利」之一字而究論之如此，當時以爲迂闊者也。○「三軍之師」就在上人説，言其將也；「三軍之士」就在下人説，言三軍中人也。有有位者，有無位者，自將校以至卒伍，皆士也。○下文「爲人臣者」、「爲人子者」、「爲人弟者」，皆「三軍之士」也。

宋牼，戰國之士耳。孟子逆知其所以説秦楚者無他，只是以利害入之耳。孟子以爲：如此，使其説入，則人人只各從利上尋求，依舊是這事件，兵隨罷而隨搆矣。故開以仁義，使其因是行而有補於名教，而亦實有利於國人也。自恒情觀之，宋牼之言似未可大駭，而不知其有伏禍也。

「爲人臣懷仁義以事其君」云云，如此則君有正臣，父有孝子，兄有賢弟，四境之内，同一尊君親上之誠，舉國之人，同一愛親敬兄之願，人心既振，國勢自張，然而不王者，未之有也。

總注曰：「此章言休兵息民，爲事則一，然其心云云，明辨之也。」此章要緊處都説了，讀者只要真會得。由宋牼之説，則秦楚搆兵，都不論是非，不論得失，只是無利便不當爲。推是心以往，當惟利之求矣，寧不至於亡？由孟子之論，則天下只看個仁義是當爲者。如秦楚搆兵，要非仁義之舉，若以仁義説之，吾言一入，則彼之兵自息，亦足以活許多生人之命，且使彼惟知仁義之爲美而務之。由是，仁必愛親，義必敬君，然而不王者，未之有也。雖不求利，利在其中矣。此章與首章、首篇同一機軸。

「孟子居鄒，季任爲任處守」

「孟子居鄒」，「處於平陸」，「居」、「處」二字少有别：居意常，處意暫。蓋鄒是父母之國，平陸其所寓也。○「季任爲任處守」，處對出而言。蓋君出而爲君守位者不出，故曰「處守」。

「受之而不報」

報者，不往答拜也。

「連得間矣」

謂已得間而問也，❶非謂孟子所處，有間隙處也，故大注云：「知孟子處此，必有義理。」

「《書》曰『享多儀』」

「《書》曰：『享多儀，儀不及物曰不享，惟不役志于享。』」此數句皆《書》詞，出《洛誥》，周公告成王以御諸侯之道也。今備述本文及蔡傳如左，方知享之道。但《書》所享指天子，孟子引之，則謂享賢者事也。《洛誥》本文。○「汝其敬識百辟享，亦識其有不享。享多儀，儀不及物曰不享，惟不役志于享。凡民惟曰不享，惟事其爽侮。」○注：此御諸侯之道也。百辟，諸侯也。享，朝享也。儀，禮。物，幣也。諸侯享上有誠有僞，惟人君克敬者，能識其誠於享者，亦識其不誠於享者。享不在幣而在於禮，幣有餘而禮不足，亦

❶「間而問」，原作「問而間」，今據嘉靖本、四庫本改。

所謂不享也。諸侯惟不用志於享，則國人化之，亦皆謂上不必享矣。舉國無享上之誠，則政事安得不至於差爽僭侮，墜王度而爲叛亂哉！人君可不以敬存心，辯之於早，察之於微乎！○儀，禮意也，對物言。《集注》只云「禮也」，其下文便云「禮意」。禮有本有文，此「禮」字，蓋指本言。多，厚也。不可因「多」字，遂謂是禮文。

「享多儀」，謂享上主在多儀，必先有享上之禮意，然後用物以將之，方成享也。今也，「不役志于享」而「儀不及物」，則不成享矣。此分明是説「儲子得之平陸」而但以幣交也。惟屋廬子便解得。看來屋廬子、樂正子都聰明。

「曰不享」，謂非享也。○「惟不役志于享」，言物雖備而誠不至也。○「惟不役志于享」，言但以物爲享也。「爲其不成享也」，言既不役志于享，則所謂享者，特其名耳，實則不成享也，故曰：「恭敬者，幣之未將者也。恭敬而無實，君子不可虚拘。」

「爲其不成享也」一句，最當玩味。要見是發上文未發之意，莫與上文「不享」一般看。要深一步，正是解那意。○自「儀不及物」者觀之，自以爲享矣，殊不知享主多儀，此特其末文耳，固不成享也。「成享」之意，孟子自解其所以之齊不見儲子之故矣。孔子稱夷、齊爲「求仁得仁」，子貢則知其不爲衛君。李克爲魏侯卜相，但曰「五者足以定相」，文侯即知相魏成。故舉一隅，貴能以三隅反也。

「屋廬子悦，或問之」

屋廬子悦，已得孟子之意矣。「或問之」，雖聞其言未得其意也，故問之，猶「曾子曰：『唯。』門人問曰『何謂也』」。一說是問其「由鄒之任，見季子，由平陸之齊，不見儲子」之故。○儲子爲齊相，可以至齊之境內，平陸去齊國都必密邇，若隔信宿，則儲子似亦不可縮相印於外邑也，故曰「儲子得之平陸」，可知其密邇也。○輔氏注：「『制於禮』、『簡於禮』二『禮』字，看來不同。『制於禮』，只謂不得之鄒，爲禮所制也。」○昨有問通章題目如何分截破，一時頗難主張。看來當一頭兩脚。「孟子居鄒」至「受之不報」一截。「他日由鄒」至「爲其不成享也」一截，「屋廬子說」至末一截。仲珠如此說。❶

「先名實者，爲人也」

「名實」二字，要做一類看，不必謂「名者，實之賓；實者，名之主」，大注自分曉，曰：「名，聲譽也。實，事功也。」大凡仕進的人，所圖便在此二者。○爲人似可兼正君、救民，而朱子於此獨言救民，大抵必正君而能救民也。○「夫子在三卿之中」，則是志在爲人而非自爲者矣。今乃「名實未加於上下而去之」，既不成「爲人」，亦不成「自爲」，仁者固如是乎？○「夫子在三卿之中」，大國三卿，是時齊雖僭號稱王，卿猶仍舊。按《周禮》：天子六卿。

「居下位，不以賢事不肖者，伯夷也」

此條是反髡所問意。蓋髡所問意，言不爲人則自爲。孟子舉此三子，言伯夷，不屑於就者也；下惠，不屑於去者也；伊尹，則有去亦有就者也。去者是仁，不去者亦是仁，安得拘以爲人與自爲，顧其所存所處何

❶ 「珠」下，嘉靖本、四庫本有「正」字。

如耳。○「居下位，不以賢事不肖者，伯夷也。」若伊尹，則賢亦事，不肖亦事，然猶有去就也。至於柳下惠，「不惡污君，不羞小官」，則又不屑於去矣。三子制行之不同如此。○「五就湯，五就桀」與「不惡污君，不辭小官」似同而實異。蓋伊尹是達可行於天下而後行之，故雖「五就桀」，終去之而相湯以伐桀，便是「惡污君」也。其於《太甲》曰「予不狎于不順，放太甲於桐」，其任爲如何，其「惡污君」又如何。以此，亦可見其「卑小官」矣。○「居下位，不以賢事不肖者，伯夷也。」此「下位」，不指有官者，謂士庶也。伯夷當紂之時，居北海之濱，以待天下之清，故云：「此伯夷之無私心而合天理也。」天下有道則見，無道則隱，伯夷何心哉！理亦宜然也。○「不惡污君，不辭小官者，柳下惠也。」何以見其仁？惠嘗曰：「爾爲爾，我爲我，爾焉能浼我哉！」又孟子曰：「柳下惠不以三公易其介。」惠之制行如此，心豈有私哉！理豈有悖哉！亦可見其仁也。○「五就湯，五就桀者，伊尹也。」尹何以見其仁？尹之始就湯，應聘而來，欲以斯道覺斯民也。及湯進之於桀，又欲以所以事湯事桀也。至於數往返而桀不可化，乃相湯奉天命以伐桀而救民也，豈爲利哉！是其心亦公而於理無違矣。

「君子亦仁而已矣」，説開去，不指三子，孟子自謂也。以謂承三子言則可，曰「三子者不同道」，亦見得伯夷爲「後名實」一等人，伊尹、柳下惠合爲「先名實」一等人矣。但孟子所反髴意，重在「夫子在三卿之中」至「仁者固如是乎」數言。「何必同」一句最重。○總是無私心而當理，以爲有私心則不可，以爲不當理亦不可，固皆仁之所在也。

「仁者，無私心而合天理之謂」，與《論語》「當理而無私心則仁矣」，是皆以心言，就事上論心也，故曰：「其趨一也。」不必以「無私心」爲心，「當理」爲事，主心而言，事亦在其中矣。《論語》盡述師説，此是略概括其説。此二字主心言，是就處事上指出他本心處。

「公儀子爲政」

「爲政」者，相國之任。「爲臣」則凡布列庶位者皆是。○如云「齊桓公任管仲爲政」、「子産聽鄭國之政」可見。

「華周、杞梁之妻」

華周、杞梁事見《左傳》，所謂「杞殖」者，即杞梁也，所謂「華還」，即華周也。二人皆齊大夫也。所謂「莒子重賂之，使無死」，謂使無出力而死戰也。吴氏程按：《左傳》、《禮記》皆無華周妻哭之事，不過説華周，❶猶前篇稱禹、稷過門不入。

「有諸内必形」止「無其功者」

二句一類：事者，己之所爲。功者，人之所歸，謂功名也。

「孔子爲魯司寇」

「膰肉」，膰，《孟子》作「燔」，注作肉至炙燔者，《詩》「膰炙芬芬」。○「不脱冕而行」，言急也。蓋冕非行旅服也。《史記》作「孔子遂行」，得其意。其曰「遲遲吾行」者，受女樂之時，姑且遲者，欲托微罪而行也。至

---

❶ 「説」下，四庫本有「帶」字。

是則可以急行矣。方子路請行，夫子曰「魯今且郊」云云。孔子蓋逆策其不致膰肉矣。或曰：「設致膰，尚可留乎？」曰：「當時君臣俱溺志于女樂，其失政失禮處自多，百孔千瘡，如何患無詞可以行？決不久淹也。」

「乃孔子則欲」止「苟去」

二句不可指作一意，看大注「又」字。「微罪」屬孔子，或以屬君相者，非也。或曰：「如此，則大注何以云『不欲顯其君相之失』？」曰：「正合也。蓋孔子不以微罪自居，則其失在君相矣。汪氏注，愚以爲未安，更詳之。」

「乃孔子則欲以微罪行」，謂孔子以膰肉不至而行，其用意，欲人咎其以細故。去國，在孔子有微罪也，非謂以君相之微罪而行也。此所以爲「不顯君相之失」，以爲「用意忠厚」也。然雖細故，亦其故也，故又曰：「不欲爲無故而苟去。」此一説也。○「欲以微罪行」，使人咎其可以無去而必去也。「不欲爲苟去」，在己亦有辭於去，非全無可去之故也。

據本文「乃孔子則欲以微罪行」，則分明是不指謂其君之微罪也。但自以微罪行，此便不欲以顯其君相之失矣。蓋過則歸己，善則歸君之意。後人如汪氏，乃忘味於本文，只因大注「不欲顯其君相之失」字面，而隨爲之傍緣解説，宜不得其真味也。○或曰：「既托膰肉之故而去，便是有故而不爲苟去，何朱注以爲二意？」曰：「上句『微罪』字重，其失在己也。下句『不苟去』字重，其失在人也。」○一説「不欲顯其君相之失」，「顯」字正對「微」字，言只是謂君相微罪也。○舊説「微罪」指君相。或曰：於君相，不宜加以「罪」

字。曰：「何害？孟子曰：『爲政不難，不得罪於巨室。』在上人之失，亦可言『罪』也。近説以『罪』字屬下人，故大注言『君相之失』，不言罪也。」○按《語類》曰：「孔子於受女樂之後而遂行，言之則顯君相之失，不言則己爲苟去，故因膰肉不至而行，則吾之去國，以其不致膰爲得罪於君耳。」汪氏蓋未考也。○曰「因膰肉不至而行，則吾之去國，以其不致膰爲得罪於君耳」，似謂孔子因得微罪於君，故不致膰而不得不去也。以此而去，非以君相受女樂而去，是爲「不顯君相之失」也。○「見幾明決」，自桓子受女樂時已決於去矣。「用意忠厚」，則且遲之，托以膰肉不至而去也。《論語》曰：「齊人歸女樂，季桓子受之，三日不朝。孔子行。」則紀其實也。可見其「見幾明決」矣。孔子之去魯，不欲顯其君相之失，非孟子不能知；泰伯之逃荊蠻，不欲顯其父之失，非孔子不能知。噫！人之德量相去遠哉！微二夫子，至今不知泰伯之爲至德，而孔子之厚於其君也。○「君子之所爲」至「不識也」，當依上文「君子亦仁而已矣」例。其大注云「蓋聖人於父母之國」至「用意忠厚如此，固非衆人所能識也」此數句，都附在大文「不欲爲苟去」一句，而起下文二句意。

新安陳曰：「髡本辯口滑稽之徒。」《楚詞》曰：「突梯滑稽。」注：「滑，亂也。稽，同也。言辯捷之人，亂異同也。」《漢書》曰「滑稽」，即東方朔轉利之稱。又楊雄《酒箴》，員轉貌，本酒器也。「轉注吐酒，終日不已」，若今楊燧樽也。

「孟子曰：『五伯者，三王之罪人也。』」

自「天子適諸侯曰巡狩」至「助不給」是一節。省耕、省斂，天子、諸侯之所同也。自「入其疆」至「有讓」是一節，言天子巡狩之事。自「一不朝」至「六師移之」，言諸侯述職之事。以上文觀之，則賞罰征討之柄皆自天子出，固無有「摟諸侯以伐諸侯」之事者也，故繼之曰「是故天子伐而不討」云云，而緻云：「故曰五伯者，三王之罪人也。」「是故」二字，分明承上。○《集注》曰「自『入其疆』至『則有責』」，改「讓」爲「責」者，讓者，宗廟諱也。英宗，濮安懿王允讓之子，後欲追稱爲皇考，不果改，稱皇親。○「自天子適諸侯曰巡狩」至「六師移之」，皆舉先王之法，而承之以「是故天子討而不伐」至「伐諸侯者也」，以見當時諸侯之違王法，不止「摟諸侯以伐諸侯」一事。但即此一節明其無王，而上文所舉先王之法，皆在所違中矣。詞簡而意該，不可不知也。○「自天子適諸侯」至「六師移之」，皆舉三王之法，就見得五伯之違王法也，便見得五伯爲三王罪人，不必依陳氏謂使居三王之世，方爲罪人。

「土地辟」，謂增墾也。「田野治」，指熟地言，下文「土地荒蕪」則兼「田野不治」在其中。○「土地闢」，無閑曠之地也。「田野治」，無荒蕪之田也。「養老」者，無凍餒之老也。「尊賢」者，知重有德也。「俊傑在位」者，收用人才而不取掊尅之徒也。此一句專指布列庶位以脩百職者，不與尊賢相混。○獨言「土地荒蕪」則「田野不治」兼之矣。「遺老」者，棄老者而使失其養也。「失賢」者，不見用，所謂「考槃在澗」，「白駒空谷」，或居東海之濱，或居北海之濱也。「掊尅在位」者，畜聚斂之臣也。

「遺老失賢，掊尅在位，則有讓。」王者亦訪察，不然，初入其疆，亦難辨其掊尅與俊傑也。○「慶以地」，或曰：三王之世，九州之内自先王建邦分土時，便已星羅棊布，本無閑地，則當如何？曰：「割『土地荒蕪，遺老失賢』者之地以賞之。」曰：「三王之世，命討素行，威令素舉，其四隣皆無有土地荒蕪者，則又當何如？」曰：「孟子不云乎？此其大略也。」○「則有讓」，不言所讓者何事，豈以上文有「慶以地」在，❶而意自可推耶？○或曰：善善長，惡惡短，不削地亦未可知。○「貶其爵」，公貶爲侯，侯降爲伯也。○「削其地」，又是一節。不拘公、侯，皆封百里，伯七十里，始封時制也。○「六師移之」，注既曰「誅其人而變置之」，則非滅其國矣。○大抵「貶其爵」及「削其地」者，易世則復之，何所據哉？以「誅其人而變置之」見得。後章曰「變置社稷」，「變置」二字，終與「滅」字不同。

「是故天子討而不伐，諸侯伐而不討」，討者，端拱穆清之上，但出令以討罪人也。伐者，奉一人之命，舉三軍之師，往取罪人，以復于上也。若「摟諸侯以伐諸侯」，則何所出令？何所承命？但以形勢驅率隣國而爲之辭，以就其私而已。○「是故天子討而不伐」，通承「自天子適諸侯」以下，蓋諸侯朝天子及省耕、省斂等，皆出自天王之制也。○方伯連帥，蓋只是一人，平時爲方伯，征討則稱連帥也。蓋古者兵民爲一，凡公、卿、大夫、士，當征伐時，則皆稱軍師卒旅之長。尚未詳。《詩・王風・揚之水》傳曰：「先王之制，諸侯有故，則方伯連帥以諸侯之師討之。王室有故，則方伯連帥以諸侯之師救之。天子鄉遂之民，供貢賦，衛王室而已。」

五伯之伐諸侯而必摟諸侯以伐之者，此正假仁處也。以其不奉天子之命，亦須合諸侯之議、併諸侯之力，而以爲出於公也。天子則命方伯連帥伐其罪，五伯則摟諸侯以攻伐，實違其法而猶竊其法，雖竊其法而

❶ 「有慶以地」，原作「以慶有地」，今據四庫本及文義改。

壞其法也。○「摟，牽也。」牽，連也。「摟」字最有意。且五伯何不自伐國，而必摟諸侯以伐之邪？此五伯之所以爲假仁也，此五伯之所以爲無王也。○奉天子之命以伐諸侯則可，「摟諸侯以伐諸侯」則不可。○自「入其疆」至「有讓」，南軒云：「天子入諸侯之國，首察其土田，次詢其賢才。蓋爲國莫先於農桑，莫要於人材也。」看來亦不必如此。今人多用以爲題目主張，不必可也，何也？以有養老一事在。養老自是五十衣帛，七十食肉，所謂「文王之民，無凍餒之老者」，難以爲賢才也。

大注：自「入其疆」至「則有責」，言巡狩之事；自「一不朝」至「六師移之」，言述職之事。此乃朱子解注分析意思，非謂孟子因上文説巡狩、述職二項，此又分言其事以實之也。蓋其「自天子適諸侯」至此，總言，舉先王之法以律當時諸侯耳。○「春省」至「不給」，下文「是故天子討而不伐」處，雖不及照應此二句，然只此二句，亦見得當時諸侯爲三王罪人處。蓋當時此法盡廢矣，那一件不是得罪三王處。○三王合周文武而言，蓋因周公「思兼三王」處來。周家王業雖文王所興，然當時巡狩、述職許多事，豈文、武所得與邪？或曰：「得志行乎中國」，孟子説文王處多矣，又何容喙！

「五霸桓公爲盛」條

「五伯桓公爲盛」，依此則丁氏所謂「夏崑吾、商大彭、周豕韋」者，雖不録可也。○或曰：亦未見得。本文未嘗曰「周五伯桓公爲盛」，亦未嘗曰「五伯周桓公爲盛」。○束牲，陳牲不殺也。既殺，則有血在，不容不歃也。蓋此個牲，特地是取血用，故朱子知其爲不殺也。印本作「讀書，加封牲上」，蓋讀其書而加於不殺之牲體之上也。然與「束牲載書」之旨不合。一本作「匱」字，亦未可曉。

大抵「讀」字差，《春秋大全》亦作「讀」字，蓋皆差也。一本作「櫝」字，爲是矣。作「匵」字亦誤。○「葵丘之會諸侯」爲一句，非諸侯「束牲載書而不歃血」也，謂桓公也。雖諸侯同盟，主之者桓公，則「束牲載書」，非桓公意而何？「束牲」者，束縛之於壇上，既不殺，則不容不束縛。○「誅不孝」，蓋爲當時諸侯有溺愛而不知其子之惡者，故云。

「無易樹子，無以妾爲妻」，亦爲當時有此事。下皆倣此。○「無易樹子」，世子之樹也，上則已爲天子之所命，下則已爲國人之所戴，故不易也。然萬一有罪，亦不容不易，故先之以「誅不孝」。二義自可相徵也。○「無以妾爲妻」，妻所取以配身敵體而上承宗廟者也，妾庶安可以尸之？如此，不惟輕其身，且輕先君矣。

「尊賢育才，以彰有德」，賢者，皆有德者也。才者，於道固亦各有所得也。陳氏之説非。○賢者尊之，是致其隆也。才者則育之，以爲用耳。此皆有輕重。然何不連衆人百姓皆育而獨育其才者？豈不均是「彰有德」？○「俊傑在位」便是育，亦不必説如今學校育才。按「貴德尊士，賢者在位，能者在職」，「德」字亦該賢與能。

「士無世官」，恐非才也。「官事無攝」，恐廢事也。

「取士必得」，取之則以爲官矣，世禄者亦在所取。

「無專殺大夫」，必自天子出也，與下文「無有封而不告」同意。若士以下，自己出矣。蓋天命、天討，天惟以付之天子，而非他所預也，故天無二日，民無二王。

「壅泉激水」是兩事：壅者，以自利於己；激者，以嫁患於人。下文「專小利」即所謂「壅泉」也，「病隣國」即所謂「激水」也。○「壅泉」與「激水」不同：泉者，其源也。水者，其流也。○泉水若利於己國，則壅激之以歸於内，是爲「專小利」也。泉水若不利於己國，則壅激之以歸於外，是爲「病隣國」也。然專其利於己，則必有病於人矣。嫁其病於人，則亦爲利於己矣。○所以曲防者，非專其利於己，則貽其害於隣也，故大注發出「專小利病隣國」之兩端盡之矣。

「言歸于好」，言蓋語辭，如《詩經》「言旋」、「薄言」之類。若「永言孝思」之言，則解曰念也。○「言歸于好」，不得違五命之禁也。新安解作「無搆怨也」，恐不切。且接下「今之諸侯，皆犯此五禁」不來。葵丘五命，非桓公所自爲，一明天子之禁也。「一」字不當依輔氏説，蓋泥「志一」、「氣一」之「一」字，非也。一者，定也。

「長君之惡，其罪小」

「長君之惡」者，未必皆「逢君之惡」。「逢君之惡」者，未有不能長君之惡。「長君之惡，其罪小」猶云「齊桓公正而不譎」，對下句言耳。○「逢君之惡」，所謂「賊其君者也」，安得不爲諸侯之罪人？

「今之大夫，今之諸侯之罪人也」

五伯壞三王之法，故爲三王之罪人。今之諸侯，壞五伯之法，故爲五伯之罪人。今之大夫，賊其君，故爲其君之罪人。○《黄氏日抄》曰：『「五伯，三王之罪人」一章，以至『古之所謂民賊』，警切世變，極爲痛快。自戰國風俗一變之後，行於世者，滔滔皆若人，徒飾以三王以上之議論耳。」○林氏曰：「邵子有言『治《春秋》者，不先五伯之功罪』云云，正孟子此章之義，其亦若此也歟？」蓋以五伯律今之諸侯，則見其功；以三王律五伯，則見其罪，正與邵子之言合。

「魯欲使慎子爲將軍」❶

慎子非《史記》所載慎到也。到趙人，學黄老之術，嘗著書，本傳不言其仕進。慎子，魯臣也，名滑釐。

「殃民者，不容於堯舜之世」

輔氏似以爲殃民之事，堯舜所不容者，非也。「者」字分明作人説，明其爲堯舜罪人，所以斥之也。「然且不可」，新安以爲「就使克敵，禍方深耳」，非也。此正是下文「吾明告子」云云之意。❷

「一戰勝齊，遂有南陽，然且不可」

「然且不可」，是言於理不可也，故下文「引其君以當道」。以百里之魯，益而至於五百里，豈理乎？況又欲伐齊取南陽而可乎？「然且不可」下亦當足一句，云「況未必勝乎」？

「不教民而用之」一條，言其徒殃吾民，而不足以勝敵也。「一戰勝齊」一條，又言縱使勝敵，而於理亦不可也。下文「徒取諸彼」一條，即以申後條意。「天子之地，方千里」以下凡三條，即以申前條意。自「天子之地，方千里」至「所益乎」，是「然且不可」之説，主事而言，故下云「當道」。自「徒取諸彼以與此」至「況於殺

---

❶ 「軍」下，嘉靖本、四庫本有「章」字。

❷ 「然且」至「之意」三十一字，嘉靖本在下條之首。

人以求之乎」，是「殃民」之説，主心而言，故下云志仁。孟子此章之義，大旨如此。此與下章朱子小注不同，恐小注未安，大注自明。

「周公之封於魯也」

「周公之封於魯，爲方百里也。」方，止也，謂止是百里而已。地非不足也，而儉於百里，儉者，王制所限，不可越也。

「徒取諸彼以與此」

「徒取諸彼以與此」，自慎子言也，謂取齊與魯也。○「然且仁者不爲」，以其非道所當得也，「況於殺人以求之乎」。此正「然且不可」之説。

「君子之事君也，務引其君以當道，志於仁而已」

或謂引君當道即是「志於仁」，蓋未察孟子之意也。如此，朱子何乃謂「事合於理」、「心在於仁」，「心」、「事」二字須分明。且以下章「君不向道，不至於仁」照之，尤信。○「徒取諸彼以與此，然且仁者不爲」，以其非道也，而乃係於仁，以此一句究之，則仁與道亦不全判然爲二，但上文之意，則實有兩段也。

「今之事君者」

「是富桀也」，桀不當富也。「是輔桀也」，桀不當輔也。「君不向道，不志仁」，只應引之以向道、志仁。而乃富之，爲之强戰，此其所以爲民賊也。○嚮道，即「當道」也。當道，即「當敵」之「當」，亦向也。朱子上章注曰：「當道，謂事合於理。志仁，謂心在於仁。」是兩平解也。今此小注則曰：「『不志於仁』，所以釋

『不向道』之實。」且曰：「上章方『務引其君以當道，志於仁而已』，亦言志仁之爲當道耳。」此説未必與《集注》合。且上章《集注》既兩平解，而此章又不復解，安知其不即是上章意耶？小注之説，亦決無害於理，所以不從者，以上章上文之言具此二意，凡兩見此二語，實以終其義，固不容混也。○且夫一則曰道曰仁，二則又曰道曰仁，豈固繁其辭哉！義必有歸也。至當歸一，故不能兩從。

「由今之道，無變今之俗」

言若專以此等爲良臣，而不復改圖，必争奪而至於危亡矣。○「由今之道」一條，主人君言。蓋「君不向道，不志於仁」而惟富國强兵是務，則所謂「後義而先利，不奪不厭」，「以若所爲，求若所欲，後必有灾」者，信乎「雖與之天下，不能一朝居也」。○本文「由」字與「變」字主君言，以此二等爲良臣者，今之道，今之俗也。

「今之所謂良臣」，欲藉以得天下也。殊不知，若用此人，雖與之以天下，亦不能居。然則爲君者，乃反以爲良臣而厚禮之，不其謬哉！○「由今之道，無變今之俗」，猶《皐陶謨》曰：「百僚師師，百工惟時。」傳曰：「百僚、百工，皆言百官，言其人之相師則曰百僚，言其人之趨事則曰百工，其實一也。」愚按此曰道曰俗亦然。

「白圭曰：『吾欲二十而取一，何如？』」

白圭，周人也。當魏文侯時，李克務盡地力，而白圭樂觀時變，故人棄我取，人取我與。能薄飲食，忍嗜欲，與用事僮僕同苦樂。趨時若摯鳥猛獸之發，故曰：「吾治生猶孫吴用兵，商鞅行法，智不足以權變，勇不足以斷決，仁不足以取予，强不足以有守，雖欲學吾術，皆不告之矣。」蓋天下言治生祖白圭，白圭其有所試矣。能試有所長，非苟而已也。○白圭曰：「吾欲二十而取一，何如？」欲以其居積致富之術，施之國家也。孟子曰：「子之道，貉道也。」貉道安可得行於中國？「彼萬室之國，一人陶則可乎？」曰「不可」云云。曰：「請言貉道之所以不可行於中國者。」「夫貉，五穀不生」云云。

「夫貉，五穀不生」一條

「無城郭」，則無營築之費；「無宫室」，則無搆造之費；「無宗廟祭祀之禮」，則無犧牲、粢盛、酒醴之費；「無諸侯幣帛、饔飧」，則無朝會、饋賜、宴勞之費；「無百官有司」，則無食禄之費，「故二十取一而足也」。○幣帛，大抵凡綾羅絹紬之類，及銅錢貨物，皆幣也，故又謂之錢幣。又曰「公卿議錢幣」，「錢幣」蓋通名，帛只是其一端。錢自太公九府圜法便有。○帛，束帛也。

「今居中國，去人倫，無君子」，而遺了城郭、宫室，此古人文章也。

「欲輕堯舜之道」一條，可見孟子議論有歸宿處。○「什一而税，堯舜之道也」，可見三代皆是因之。○「大貉、小貉」，謂彼爲大貉，此爲小貉也。「大桀、小桀」亦然。

「白圭曰『丹之治水也』」章

白圭所以自負其過禹者，蓋其隄防一築而國遂不被其害，無四乘之勞，無八年之久故耶？然其妄甚矣。

「子過矣」

不必謂子之言過矣，只謂「子過矣」，以其失言也。下云「吾子過矣」，亦以其言如此而責其過也。

「禹之治水，水之道也」

「順」字是朱子添助字，只説水之道亦便見得是「順水之性」。○或以爲性與道不同，順其性即道也。此説似善解剥，但非虚心自然所見。夫順其性者，人也，如何以人之道爲水之道？

「是故禹以四海爲壑」

正是「水之道」處，此禹以天下爲度也。「今吾子以隣國爲壑」，利己以害人也。

「水逆行謂之洚水」

「水逆行」云云，所惡也。「今吾子以隣國爲壑」，是「壅水以害人，與洪水之灾無異」，其亦不仁矣。而乃誇以爲愈於禹，「吾子過矣」。「吾子過矣」不必説爲禹罪人，只謂其言之過。

「君子不亮，惡乎執」

與「人而無信，不知其可」意大同小異，觀注云「凡事苟且」可見。若彼處，難下「苟且」字。輔氏以爲此以守言，彼以行言者，恐大分析矣。既失其執持，其何以行之哉！其實一也，但語意各有緩急耳。亮者，貞固也。「貞而不諒」之諒，只是固也。

賈誼曰：「執此之信，堅如金石。」亮有堅固之意，故曰：「惡乎執！」做得亦做，不做得亦罷，言則無物，行則無恒，且行且却，乍作乍輟，事不可立，功不可成。○亮以心言，心所以主乎其事者也，故曰：「君子不亮，惡乎執！」如此，則與「人而無信」章自有少異矣。○孟子嘗謂「大人言不必信」，而此乃教人執諒，何也？蓋彼所謂信者，不貞而固者也。此所謂諒，貞而固者也。

「魯欲使樂正子爲政」章

「樂正子强乎」，即今所謂有力量也。

「好善足乎」

言豈便足以治國耶？

「夫苟好善，云云告之以善」

由是以天下之善而理天下之事，豈不誠綽綽有餘裕哉！　而况魯國乎？○若對下文「國欲治，可得乎」，則此一條只是説國，非申「優於天下」一句意，乃是申那一條意，連「而况魯國乎」。○今當改云：「夫苟好善，云云告之以善。　吾見衆善咸集，衆務畢舉，國其有不治乎！」

吴仲珠謂「苟好善，則天下之凡有强勇智慮多聞識者，將皆來告之」，太求奇矣。　此三者，當世之所尚，未聞其爲孟子與樂正子之所尚也。　且彼所謂强勇智慮多聞識，自與孟子不同道。

「夫苟不好善」條

「訑訑」，本不好善之人訑訑也。　「予既以知之」者，人不樂就之而云然也。　○言其人訑訑然吾已知其爲人矣，就之何爲？

「陳子曰『古之君子何如』云云，『所去三』」

陳子曰：「古之君子何如則仕？」孟子曰：「所就而仕者三，所去而不仕者亦有三。」

「迎之致敬以有禮，言將行其言也」

「迎之致敬」，「迎」字，迎接也，非出迎也。

此章所重，在「言將行其言也」，故以爲「見行可之仕」。而先之以「迎之致敬以有禮」者，序事之法，先接見而後及言議也。「言將行其言也」，其言行則其道行矣。○「迎之致敬以有禮」，敬在心而禮其文。下文曰：「禮貌未衰，言弗行也則去之。」可見所重在「言將行其言也」。

首段口講當云：「迎之致敬以有禮」，是故君子之所樂就者。然不特此言焉，又「將行其言也」，此尤君子之所樂就者，故就之。蓋二節雖均之爲君子所樂就，但所重則在於「將行其言」。若禮貌雖未衰，言弗行也，則去之矣。○「言將行其言也」，將云者，以其未仕也，故言就。○凡言去者，有就而後有去也，故上云「將行其言」，下不云將，只云「言弗行也」。○「言將行其言也」，一說人君許以行其道也。

「其次，雖未行其言也」條

公仰視蜚鴈而去，言孔子既以禮貌衰而去，則其初之所以仕衛者決以迎之，「致敬有禮」也，故曰：「所謂際可之仕，若孔子於衛靈公是也。」

「其下，朝不食，夕不食」

「朝不食，夕不食，飢餓不能出門户」，是何故有此困窮？蓋爲其君不我以耳。所謂孔子之厄於陳、蔡之間，無上下之交，正爲此也。以此觀之，可見雲峯所謂「欲去而不能去」者爲得其實矣，故下文曰：「君聞之，曰：『吾大者不能行其道，又不能從其言。』」「行其道」與「從其言」不同：「行其道」，如彼之道，明德也，吾行其明德之道；如彼之道，新民也，吾行其新民之道。彼以堯舜之道望我，吾行堯舜之道也；彼以湯武之事望我，吾行湯武之事也。此是「行其道」。若「從其言」，只是爲他因事納誨，如有所諫諍之類，與上文「言將行其言也」「言」字不同，彼即是「行其道」也，觀本文「大者」及「又」字最分明。❶ ○此末一段只言就，若不如是，則不就而去在其中矣。然亦只是暫時之就，終須去耳。○所謂「公養之仕」，斷是位卑禄薄抱關擊柝者，何則？其君「大者不能行其道」，其次「不能從其言」，至使飢餓於其土地，欲去而不得去，則非爲貧而仕而何哉！此所當辨。○大注「然未至飢餓不能出門户，則猶不受也」，是一意。其曰「免死而已，則其所受亦有節矣」，又是一意，言不至於甚窮亦不受，然雖受亦不多受也。

其始也，「禮貌未衰，言弗行也，則去之」，此正也。其次，「迎之致敬以有禮，則就之」，不得已也。其下，「周之，亦可受也」，又不得已也。○朱子小注一説謂三段話「孟子蓋通上下言之。若君子之自處，則在所擇矣」。

又曰：「其上，以言之行不行爲去就，此仕之正也。其次，以禮貌衰未衰爲去就。又其次，至於不得已而受其賜，則豈君子之本心哉！蓋其時舉天下莫能行吾言矣，❷則苟有能接我以禮貌而周我之困窮者，豈不善於彼哉！是以君子以爲猶可就也。」

「舜發於畎畝之中」章

---

❶ 「又」，原作「大」，今據嘉靖本改。

❷ 「其」，原作「舉」，今據嘉靖本改。

按前篇謂「微子、微仲、王子比干、箕子、膠鬲皆賢人也，相與輔相之」，則膠鬲爲紂之臣矣。今注曰「膠鬲遭亂，鬻販魚鹽，文王舉之」，則又似一人從側微而起者。豈紂無道棄賢，或賢者自去之，膠鬲於是乎復隱處販鬻而文王舉用之耶？

或曰：「彼既爲紂所任，雖去，何能俛首鬻販間邪？蓋二人也。」曰：「范蠡曾爲越臣矣，終去之五湖而爲大賈，稱鴟夷子皮。又按《國語》曰『膠鬲與妲己比而亡商』，則本是一人，先事紂後事周，亦如伊尹之就桀就湯也。《國語》注曰『膠鬲，殷賢臣，自殷適周，佐武王以亡殷』，則實一人也。《國語》之言未必可信，而其爲一人則可知。」

「故天將降大任於是人也」一條

此條總是言：雖上智之人，於天下之事一一經涉過，方得。若身處順境，則無由經涉天下許多事務曲折，而所就亦小矣，故引程子曰：「若要熟，也須從這裏過。」今讀者多欠體貼。「若要熟」，「熟」字謂義理自家相便習也。潛室陳氏注可取。○「餓其體膚」，不言餓其腑臟而云體膚者，人受餓則體膚消削，其歸固在體膚也。○「空乏其身」，總括上「苦」、「勞」、「餓」三句，再説無去處了。且「身」字實包得「心志」、「筋骨」、「體膚」。若以「窮瘁不遂」解，又犯了下句「行拂亂其所爲」，故定從包上三句爲是。

「動心忍性」，成其德也；「增益其所不能」，成其材也。或謂只「動心忍性」便是「增益不能」，則欠了才一脚，未週也。○不必如新安陳以苦心志爲所以「動心」，「勞」、「餓」、「空乏」爲所以「忍性」，「勞」、「餓」、「空乏」，獨不能生善念乎？苦心志，獨不能忍嗜欲、薄滋味乎？

「然所謂性，亦指氣稟食色而言耳」，與下篇「口之於味也，四肢之於安逸也，性也」同。然雖指氣稟食色言，終不與告子同。告子指氣稟食色即是性，孟子此言，即指其氣稟食色之性也。氣稟之性，猶性在氣稟中，有昏明厚薄之不同。以食色言，有輕者，有重者，此便係於氣稟也。

「孟子深闢『食色性也』之說，而『動心忍性』之性，仍是食色之類。深斥百里奚自鬻之說，而又謂『百里奚舉於市』，其辨云何？」曰：「性雖指氣稟食色，然『形色，天性也』，氣稟食色中固自有性在。百里奚爲人養牛，莊周與范氏皆明言之，此不足辨，❶但無干穆公之事耳。」○氣稟、食色是兩件，如子路之勇，子張之辟，是氣稟之性。宣王之好貨好色之類，是食色之性。

「若要熟，也須從這裏過」者，蓋此數人者，雖皆上智之資，然其得於世故之閱歷、世味之備嘗者至多，若以其天資之美，則猶未足以勝大任也。

「人恒過，然後能改」

「困心衡慮而後作」者，其改過得之己。「徵色發聲而後喻」者，其改過得之人。雖均之爲中人，然又略有高下。一說一則以不能謹於平日言，一則以不能灼於幾微言，不必論高下。但小注頗乖，似當從前說。○「人恒過」，即下文注所謂「不能謹於平日」、「不能燭於幾微」也。

「入則無法家拂士」

❶「辨」，嘉靖本作「辯」。

「法家」之「法」字，與「法語之言」「法」字同。如漢之汲黯，吴之張昭，唐之魏徵、宋璟其庶幾乎！「世臣」二字，就「法家」二字出。楊震四世五公皆正人也，其「法家」乎！乃人君所嚴憚者。「拂士」只是輔弼左右之士，比法家略次。法家是世臣，拂士是方仕者，有親疎尊卑之辨。「敵國外患」，也須做兩般看：如魯有武仲之據防，楚有伍子胥之在吴，非「敵國」乃「外患」也。

「然後知生於憂患而死於安樂也」

「生」、「死」二字活看。如國亡身危而名辱，雖不死，亦死道也。若舜發於畎畝，傅説舉於版築，則自憂患而得生道矣。大注以「全」字貼「生」字，「亡」字貼「死」字，尤有意。

不可如新安陳氏所分貼。蓋「生於憂患，死於安樂」之意逐節都有，當味「入則無法家拂士」一節。大注云「此言國亦然也」，則以專爲「死於安樂」者，非矣。

「孟子曰『教亦多術矣』」章

「予不屑之教誨」者，不教之教也。

重刊蔡虛齋先生四書蒙引卷之十五

盡心章句上

「盡其心者」章

心體之所以如此其大者，蓋天體物而不遺，其精神之全付於人而爲心，故心之神明，上窮蒼穹，下入黄泉，中貫萬物，其於天下之理無所不具，於天下之事，無所不應，乃與天同其大也。是則非惟性出於天，心亦出於天也。

所謂「盡心」者，蓋此心本來無一理之不具，無一物之不該，須是盡識得許多道理，無些子窒碍，方是盡心。如今人有箇心，只是不曾使得他盡，只恁他苟簡鹵莽了。〇心體之所以爲大者，本以其悉有衆理而足以應萬事也。若不能盡窮得許多道理，則心體爲有蔽而無以充其所以爲大者矣。〇萬理雖具於吾心，然必一一窮之，此理方實得諸己，而心體之全者，方無不盡。〇盡處無工夫，舉全體。「『盡』字大，知是零星。」朱子云。「『盡』字輕，『知』字重。」亦朱子云。〇「知性」、「知天」是一時事，「盡心」却稍後。〇「盡心」、「盡性」之盡，不是做工夫之謂。蓋言上面工夫已到，至此方盡得耳。《中庸》言盡性，《孟子》言盡心是也。又曰：「盡心者，知之至也；盡性者，行之極也。都是工夫到頭處。」

雲峰謂「知性有工夫，盡心無工夫。盡是大段見功，知是積累用工」。愚謂「積累用工」之言，作推本説則可，若本文「知性」字，亦是舉成工者説，故《集注》云：「知性則物格之事也。」又曰：「必其能窮夫理而無不知者也。」

「盡其心者，知其性也」，必知其性，然後能盡其心也。「知其性則知天矣」，語意猶云：「不知其性則已，既知其性，則知天矣。」此如云「知變化之道者，其知神之所爲乎」，非知性之外，又知天也。或以性爲理之所當然，天爲理之所以然者，殆未察也。此處不必依《論語》「四十而不惑，五十而知天命」説。蓋未至知天，亦未足爲知性，未有知性而違天者，纔説着理便究到所以然處。○此「天」字重在理上，天者，性之本體也，故曰：「道之大原出於天。」○知性知天，或曰：「知性是知其所當然，又知其所以然，乃物格知致之事。至於天，則理之所從出者也。非惟所當然者從此出，所以然者亦從此出也。如《論語》『五十而知天命』，則以所以然者屬諸天，而對那所當然者爲兩項，《大學》所謂『所當然之則』，與其『所以然之故』皆是也。惟此處知性之外别出『天』字，似不盡同。」愚謂不然。論文字，則知性之外别出「天」字，論道理，則知性之外再無知天工夫，故曰：「既知其理，則其所從出，亦不外是矣。」分明謂「不外是」，如何又於知性别求知天耶？前説縷縷，似是而非，亦足惑人。其《論語》、《大學》之説，實通萬世而無弊，貫諸經而無不同。○讀此一條，可以見天命之謂性，而性非心外物矣。

注：「心者，人之神明。」○心是活物，大凡説心處，都是指活者。此「心」字指其活者言，所謂「虚靈知覺」者也，故曰「人之神明」。若夫胸中方寸地，特其神明之會耳，非神明也。神明方能「具衆理應萬事」，非謂

塊然方寸地，能「具衆理應萬事」者也。其曰「心者性之郛廓」，❶亦謂性不出乎此，有似乎性郛廓耳，亦非謂方寸地當郛廓也，故張子曰：「合性與知覺，有心之名。」看來神明本是人一身之神明，而一身之神明悉萃此箇中，故手有手的神明，足有足的神明，耳目有耳目的神明，以至一毛一髮，莫不各有神明云云。只是那精明處，是神明畢萃於此箇中，故手持足行，而所以持所以行者，神明在胸中有以運用之也。目視耳聽，而所以視所以聽者，神明在胸中有以運用之也。愚私見如此，朱子於張子注下云：「聰明聽視、作爲運用都是知覺。」○譬如户部十三司萃作一處，而有以主管天下十三布政司之錢糧出納也，故曰：「心者，人之神明。」人以其身言也，而《論語》注亦曰「蕫通神明」，此神明豈不通一身而言？○朱子解「心」字，則曰：「心者，人之神明，所以具衆理而應萬事者也。」解「知」字，則曰：「知者，則心之神明，所以妙衆理而宰萬事者也。」由是而知心之所以爲心者，只是這一箇虚靈知覺而已。而心爲活物，尤信「具衆理」與下文「性則心之所具之理」相應。○「具衆理應萬事」意重在内外上，不重在動静上。但理之具，則静時已具了，謂之應，則爲動矣。然須看「所以」二字，方見重内外意。

天又理之所從出者也。○天與《中庸》「天命之謂性」「天」字同，人之仁、義、禮、智，由天之元、亨、利、貞而出。○理曰「衆理」，事曰「萬事」，蓋事尤多也，理則仁、義、禮、智四者，亦足以該括其餘矣。○或曰：一心具萬理，理則物物皆有，恐「性」字不止是吾一己之性。殊不知「萬物皆備於我」，此「性」字實該得了，故

❶「心者性之郛廓」至「郛廓也」三十字，原作「心者性之郛廓也」，今據嘉靖本改。

曰：「盡其心，❶知其性。」「其」字好看，至天則只曰「知天」矣。○「心」、「性」二字最好玩味，觀草木可以見心，觀鳶魚可以見性。草木非無性，鳶魚非無心，而云然者，蓋心是活物，有生生之意，性猶云理，如此立言，欲人易體認耳。

「存其心，養其性」一條

「存謂操而不舍」，只是心不放，使常爲吾身之主，兼動静言。「養其性」就應事接物言。性者，仁、義、禮、智、信也。「養其性」，只是於應接間當仁而仁，當義而義，當禮而禮，當智而智，當信而信，事事順理而不逆以害之，便是養性。然盡心知性則知性在先，存心養性則養性在後，故孟子於上文則曰「盡其心者，知其性也」，於此則先曰「存其心」而後曰「養其性」，而朱子所謂「存得父子之心，方養得仁之性」者爲此，非以解本文，謂孟子亦如此云也。且小注一「盡」字又與《語類》所載舊説合，而今説皆難從。○據《中庸》「中也者，天下之大本也」，此性也，而静當有以存養之，則養性亦須兼動静。一説：如此則存心自該得了。❷只從前説爲當。但應事接物各得其理，則於性爲順而不害矣。蓋此處存心養性對説，便當有着落。《中庸》單舉存養以對動時説，故自不同。

存心兼動静，故養性亦兼動静。但養性於動上工夫居多，故曰「事事順理」。若喜怒哀樂之未發時，固亦

❶「盡其心」，原作「養其性」，今據嘉靖本改。

❷「存」，原作「仁」，今據嘉靖本及文義改。

須有養也，故曰：「息有養，瞬有存。」若論静時，存心則實該得養性，爲全未有事也。或問程子，曰：「雞鳴而起，若未接物，如何？」曰：「只主於敬，便是爲善。」可見静時存心可該養性矣。但孟子此處，則當兼動静説也。

「存其心，養其性」「存」、「養」二字，本該動静，朱子解《中庸》所謂「存養、省察之要」者，借此「存」、「養」二字用也。但以對省察而言，則存養偏爲静時工夫，而「存」、「養」二字，未爲誤用也。蓋朱子當時偏求諸經，無他字可用於静時工夫者，故借用此。若孟子「存」、「養」二字本意，省察已該其中，朱子故所悉也。今人不説，喜説箇存得父子之心，便養得仁之性；存得君臣之心，便養得義之性者，蓋自其習舉業時，誦箇「存養」、「省察」字，便以「存養」二字爲主静言，却以後來注脚中「存養」字來契勘《孟子》本文「存」、「養」字，此其所以誤也。○若此章果全主静時存養，則後注所謂「履其事」者，不猶有缺乎？不知此章，孟子是論聖學之全，徹頭徹尾者，豈容有偏而不舉之處哉！

「所以事天也」，蓋心也，性也，皆天之所與我者。天之與我以心者，所以爲吾一身之主，使有以酬酢萬變，而不可須臾離者也。吾而放之，則違天矣，故存心所以事天。天之與我以性者，正使吾之一動一静，事事物物皆體是以行，不至於冥行而妄作者也。吾而戕之，則違天矣，故養性所以事天。○《語類》亦曰：「天教你父子有親，你便用父子親。天教你君臣有義，你便用君臣義。不能，便違天矣。」

「殀壽不貳」節

「脩身以俟之」，「之」字承上句「殀壽」字言。此二句要相連説得緊方是，不可以知行二意分界。且上文

「存心」即存其所盡之心，「養性」即養其所知之性，皆非界然二項也。「不貳者，知天之至」，此「知天」便該盡心、知性，猶下句「事天」該存心養性。○「殀壽不貳，脩身以俟之」，一氣相連説，細分之，則一爲「知天之至」，一爲「事天以終身」耳。蓋「所以立命」處，全在「脩身以俟之」，然非「殀壽不貳」，則亦不能「脩身以俟之」也，故曰：「知有不盡，固不知其所以爲仁也。」○「殀壽不貳」，所以爲「知天之至」者，蓋非於性分上見得十分透徹，則於殀壽之際，安能不爲之動？夫惟知其在我者所當知，❶而於其不在我者則付之有命，而畧不以介懷，此所以爲「知天之至」。○世人多有明理而惑於命者，今也盡心知性而知天，以至於殀壽亦不貳，非「知天之至」而何？○知天而不以殀壽二其心者，即「艮其背，不獲其身」之意。○「脩身以俟之」，「脩身」只謂存心養性，脩身以俟死，則所謂「仁以爲己任，死而後已」者也，故曰「事天以終身也」。○「殀壽不貳」，聖賢真是見得到。縱饒貳之又貳，竟何能爲哉！惟養氣以俟之耳。理無不在，夭壽亦理之所在也，窮理而至於夭壽不貳，則理盡窮矣，故曰「知天之至」也。「脩身以俟之」，即是存心養性，「仁以爲己任，死而後已」者也。此是甚等田地！○立者，不墜之意，謂有以植立乎正命也。「立命」者，立正命也。朱子小注亦云「立命」謂「全其天之所賦，不以人爲害之」，若桎梏而死，便是「人爲害之」也。

總是一箇吉凶禍福，但非由己致者，都是正命。其由己有以致之者，則非正命也，故曰「立命」之「命」與

❶「者」，嘉靖本、四庫本作「之」。

「莫非命也」之「命」字同。而新安以爲兼理氣者，此也。正命兼理氣，非正命，氣也。不是正經，理便全無。當生而生當死而死處便是理，非指吉凶禍福爲理也。還是氣，理則在其中。○參下章觀之，則「立命」之「命」皆以氣言。且與朱子小注「莫非命也」合。朱子又嘗曰：「『立命』一句，更用通下章看。」此舊説也。

又説「所以立命也」「命」字，應上文二「天」字。蓋天乃理之所從以出者，即元、亨、利、貞是也，「事天」即是事乎此也。所從出於天而在我者，即命也。蓋一則曰「知天」，一則曰「事天」，此則言「天之所賦」，三段所歸，一也。然則此「命」字，以理言矣。下章意與此同，獨「命」字義與此異。

「夭壽不貳，脩身以俟之」，此是知行之至也。蓋窮理而至於夭壽不貳，則理之窮者，無所不至也。力行而至於脩身以俟死，則行之力者，亦無所不至矣。如此，則人道已盡，而天之所付畀於我者，無不全而歸之矣，人之能事畢矣，故曰「所以立命也」。此節非謂窮理只是窮夭壽之理，力行只是俟死而已矣。死生夭壽，最是大事，而人之所難豁然者，今既於此判斷得過，則何理之不窮！何行之不脩！此孟子立言之意也。其意中所含，全在「造其理」、「履其事」而各至其極也。然則以「立命」爲與下章「莫非命」字相同是主氣言者，亦泥於「夭壽」之義而失其精意所在耳。新安看理不破，却又謂下章「命」字以氣言，此章「命」字兼理與氣言，亦可謂無主張而爲騎墻之術矣。此定説也。○「所以立命也」，爲全其歸也。蓋此節命是得之有生之初者，今則保護得完全，無或玷缺，而命爲有立矣，故朱子小注兩曰「正命」，以其即元、亨、利、貞之理也。○此章三段，即《中庸》之知、仁、勇也。勇者，强於知、仁而遂其成功也，又即聖人之「窮理盡性以至於命」也。

大注：「程子曰：『心也，性也，天也，一理也。』」○「自理而言謂之天」，天者，理之本體也，故下句云「自稟受言」。「自存諸人言」，存諸人是以稟受以後時言也。○「由太虛，有天之名。由氣化，有道之名。」此正子貢所謂「天道」者也。「天」以渾淪統體而言也，「道」則天之道，「氣化」即所謂「天以陰陽五行化生萬物」者。陰陽五行，本只是氣，而理即在焉，故曰天道也。「由氣化有道之名」，是虛的物在實上見。

九峯蔡氏曰：「横渠四語，只是理氣二字，而細分：『由太虛，有天之名』，即『無極而太極』之謂，以理言也。『由氣化，有道之名』，即『一陰一陽之謂道』之謂，以氣言也。『合虛與氣，有性之名』，即『繼之者善，成之者性』之謂，以人物稟受而言也。『合性與知覺，有心之名』，即『人心』、『道心』之謂，以心之體而言也。此説最明，故詳抄之。」

太虛即太極之謂，虛者，不襍於氣之名。形而下者謂之氣，則皆是實物。惟理則虛，周子所以有無極之説。謂太極者，以其統乎二氣、五行、萬象而莫與對焉者也，即是太虛，以其不雜乎氣者也。○太虛者，無極之真也。氣化者，二五之精也。○「由太虛，有天之名」，「上天之載，無聲無臭」是也。

太虛，朱子謂「本只是一箇太虛，漸漸細分，説得密耳」，何謂也？按朱子又引張子云：「『由太虛，有天之名』，只是據一理而言。『由氣化，有道之名』，氣化有生長消息底，即有物矣，故有道之名。既已成物，則物各有理，故曰『合虛與氣，有性之名』。理必有所盛貯，故又曰：『合性與知覺，有心之名。』知覺是那氣之虛明底，聰明視聽作爲運用皆是。有知覺，方運用得這道理，所以横渠説：『「人能弘道」，是心能盡性。

「非道弘人」，是性不知檢其心。』」〇太虛，一説以其無聲無臭而謂之太虛，一説其未有物而謂之太虛。看來後説不是。夫未有物之前，固是此太虛，既有物之後，亦是此太虛。且以解「天」字所由名，安得指未有物者而名之？〇此太虛以理言，他處亦有以形器言者，如張南軒云：「使太真能佐晉室，克復神州，❶一正天下，勳烈如此，亦浮雲之過太虛耳。」是以太虛當太空。〇「上天之載，無聲無臭」，故曰「由太虛，有天之名」，是太虛以理言，不以形氣言也。此説乃合張、朱之意。

「由氣化，有道之名」者，「一陰一陽之謂道」，道之體用不外乎陰陽也。愚頗疑張子分天與道而言，未爲精確。

「合虛與氣，有性之名」者，「成之者性」，是理載於形氣中也。專是理，不謂之性，專是形氣，亦不謂之性也。

「合性與知覺，有心之名」者，知覺，吾之靈爽，然其所知覺者，乃理也，此人之神明也，故曰：「合性與知覺，有心之名。」〇「合性與知覺，有心之名」，此「心」字是純好字，即本文之存心、盡心也者。小注以爲兼道心者，未得其旨。

雲峯又謂：「『流蕩不法』四字，讀者多以爲指異端之學。愚見『流蕩』與『存養』相反，『不法』與『修』字相反。」清竊謂：若非「智而不仁」，則止是放逸爲非耳。今既有知天之智，而乃不能「履其事」，則其流於異

❶「州」，原作「明」，今據嘉靖本及《南軒集》改。

端之歸，亦無疑者。

「孟子曰：『莫非命也，順受其正。』」

「莫非命也」，非是該「正命」與「非正命」意，乃是指吉、凶、禍、福等言。孟子所言，固不肯該「非正命」者以爲命也。○《集注》云「皆天所命」，「皆」字正貼「莫非」字，謂或吉、或凶、或禍、或福，皆命也。○「吉、凶、禍、福何別？」曰：「小則爲吉凶，大則爲禍福。」○但吉、凶、禍、福之出於天者，皆正命也。其曰「非正命」者，自人爲所致言之。其曰「順受其正」者，對「桎梏而死」者言之。朱子小注所謂「『莫非命也』一句，是活絡言」者，非是，乃未定之説也。○大注「人物之生」，「物」字人多作帶「人」字説，看來自天命言之，不但人有命，物亦有命，故天命之性、率性之道，朱子亦兼物言。但下文云云，則都就人言也。

「是故知命者，不立巖墻之下」❶

「立乎巖墻之下」，非脩身以俟死者也。此一句與「順受其正」一句，互相發也。○「知命者」，謂曉得正命者，必不肯行險也。此句緊要帶着「順受其正」説。下句方分正不正兩股以盡此意。○巖墻，高危之墻也。○凡行險以僥倖者，皆立巖墻之下也。其以巖墻而言，特舉人所易曉者耳，不可專泥此也，須會其意。

「盡其道而死者，正命也」

❶「立」下，嘉靖本有「乎」字。

「死」字重，與下句同。若重「盡其道」，則當云「順受其正」矣。此於理無妨，但於文勢句法亦當有別。問：「『盡其道而死者，正命也。』若中人上下，道未盡而亦未至於悖者，亦得爲正命否？」曰：「所謂『盡其道』者，舉其的耳，豈必皆至如聖人之盡道，然後爲正命哉？但考終命而不以桎梏死，皆其類。」

「桎梏死者，非正命也」

桎，足械也。梏，手械也。○味大注「皆人所取，非天所爲也」，見得「桎梏死者，非正命」，命則皆正命，非天付於人者，又有箇不正之命也。○「桎梏死者，非正命也」，言非天所命也。「莫之致而至者，命也。」在宣公四年，初司馬子良生子越椒，子文曰：「必殺之。是子也，熊虎之狀，而豺狼之聲也。弗殺，必滅若敖氏矣。」又昭公二十八年，初叔向娶於申公巫臣氏，生伯石。始生，姑視之，及堂，聞其聲而還曰：「是豺狼之聲也。狼子野心，非是莫喪羊舌氏矣。」以此推之，則「桎梏死者」，亦非命歟？但恨其不能變化氣質耳。又按宋大子邵弒君，初生，其母袁后自詳視之，使白帝曰：「此兒容貌異常，必破國亡家。」欲不舉，文帝馳救之，而果弒父最慘。○「莫非命也」，此即「正命也」，天所命者也。「桎梏死者」，非天之所命也，故曰「非正命」。然則除出「非正命」之「命」字，則上文三「命」字俱同也。

此章大意若曰：夫人之或吉、或凶、或禍、或福，莫非命也，但要順受其正者耳。夫惟當順受其正命，是故知正命者，不立乎巖墻之下。然果何如而爲正命？又何如而爲非正命？蓋盡其道而死，則其死爲正命。其桎梏而死者，乃其所自取，非正命也。

場屋若出全題，於順受其正處，且未宜說出「脩身以俟死」。蓋犯了下文「盡其道而死者」一句。孟子本文，是於此句解出「順受其正」意。○「此章與上章，蓋一時之言，所以發其末句未盡之意。」蓋云「夭壽不貳，脩身以俟之，所以立命也」，如此方爲「盡其道而死者，正命也」。若夫「桎梏死者，非正命也」，而上章「末句未盡之意」，於此昭昭而無餘蘊矣。

上章大注亦曰：「夭壽，命之短長。」一曰：「『立命』，謂全其天之所賦，不以人爲害之。」二「命」字分明不同，又安得以下章之「命」字爲承上章「立命」字耶？蓋下章「命」字以氣言，與「命之短長」字正同。上章「命」字以理言，故曰「全其天之所賦也」。此二「命」字既分，則下章發上章末句未盡之意者，亦自了然，而不在於「命」字之間矣。

《語類》曰：「以非義而死者，固所自取，是亦前定。蓋其所稟之惡氣有以致之也。」此説雖與孟子背，然亦「論性不論氣，不備」之意也。又曰：「如孔孟之聖賢而不見用於世，而聖賢亦莫不順受其正，這是於聖賢分上，已得其正命。若就天觀之，彼以順感而此以逆應，則是天自失其正命矣。」○大注言「犯罪而死，與立巖墻之下者同」，不必互相對看。此意只見得都是自取而非正命耳。或者因此遂謂「自知命者」以下皆是反覆明首一句意，非也。

「孟子曰『求則得之，舍則失之』」章

上三句虛説，下句方指出，言惟其在我，故求則得，舍則失，而求有益於得也。

求則得，舍則失，謂得失係於求與不求，「是求有益於得也」。所謂「求有益於得」者，謂求本欲其得也。「求則得之」，則是所求有益於得矣。不然者，無益於得也。○「是求有益於得也」，承上句言，一意也。大凡求者皆欲得，得則有益矣。不得，則求而無益矣，故曰「是求有益於得」，「是求無益於得也」。〇以「求則得之」照出箇「舍則失之」。既以求而得，則不求便失矣。但在我者説出求則得，舍則失。若在外者，只説得求之不得，難説舍則不失，故孟子於此便變文云「求之有道，得之有命」，而不及「舍」與「失」字。此見聖賢文字，説話只是順理。

『在我者』，謂仁、義、禮、智，凡性之所有者」。仁、義、禮、智四字，已盡乎萬物矣，而必曰「凡性之所有者」，以貼「在我者」之意也。或乃謂徧及一事一物、一動一靜之理，又謂如「經禮三百，曲禮三千」皆是。愚謂「禮」之一字，已該經禮三百曲禮三千，而一事一物、一動一靜云者，孰有出於四者之外哉！

「求之有道，得之有命」條

「求之有道，得之有命」兩句雖平，意自相連。「求之有道」，不可以非道苟求也。然雖求之，亦未可必得也，得之則有命。如此説，方不碍「求無益於得」一句。請問：「以道求之，如何？既是求，尚安得爲道？」曰：「總是言不可求，求則爲妄矣。」

「求之有道」，問：「以道而求者，如何？」曰：「如學而求師，病而求醫，人君之求賢才之類，此非妄求也，乃有道之求也。但是以道求，即是『求在我者』。但是『求在外者』，即是妄求。」〇或曰：外物蓋如珠、金、玉之類，又如諸侯之争土地，❶齊宣王之求所大欲，亦外物也。曰：「齊宣王之求所大欲，只是富貴，珠玉、土

❶「侯」，原作「候」，今據嘉靖本、四庫本改。

地，又只富貴，更無他也。」○此言在外者不可妄求，縱求亦不能必得，方見是「求無益於得」。二節當看得相叫應，言在我者求則得，舍則失，而求有益於得。在外者求有道，得有命，而求無益於得如此。然則人盍亦求其在我者，而乃求在外者乎？

「孟子曰『萬物皆備於我矣』」章

注云：「此言理之本然也。」「本然」二字，要見得所謂「誠者，天之道也」。萬物之理，本來皆具於吾性分之中，一一皆實，而無一之或欠也，所謂「具衆理」者也。此理雖散在萬物，而實皆具於吾心。「反身而誠」，即《中庸》所謂「則亦天之道者也」。

「萬物皆備於我」，只是有是性。性大綱即仁、義、禮、智四者而已。蓋有是仁在我，則自父子之親，以至於仁民愛物之理，皆在此矣。義在我，則自君臣之分，以至於敬長尊賢之理，皆在此矣。禮、智二者亦然。朱子嘗謂「萬物之生，同乎一本，其所以生此一物，即其所以生萬物之理也，故一物之中，莫不有萬物之理焉。況人之爲物，於天地之氣尤爲得其正且通，而靈於萬物，故目能收萬物之色，其視無所不明；耳能收萬物之聲，其聽無所不聽；鼻能收萬物之氣，於臭無所不達；口能收萬物之味，於味無所不酌。不但父子君臣之屬，其理無所不備而已」。斯亦可以參觀而旁證也。

只以人之舌端觀之，萬物之音無所不轉。若鳥獸之屬，牛馬雖大物，亦不能變者。惟猩猩、鸚鵡，頗能人言之一二。○人之聲無所不達，可見人於萬物中得氣最全。蓋聲生於氣，氣無不全，故其聲音亦無所不全。猩猩、鸚鵡，只是能言其一二彷佛而已。人之巧者，雖鳥獸之聲亦能傳模得出，如孟嘗君之客能爲雞鳴犬吠之類。柳子《羆説》有能爲百獸音者。如晉武寧王駿舉兵討太子邵，至潯陽而疾篤，顔竣代爲朝夕哭臨，如出一人，外人莫能辨，亦善爲聲也。

「反身而誠，樂莫大焉」

注解「誠」字，兼好好色惡惡臭言者，蓋本然之理，有善而無惡，其反身不誠者，惡累之也。故惡惡如惡惡臭，則惡實無諸己；好善如好好色，則善實有諸己，而向之備於我者不失矣。○「反身而誠」，總是無私意，盡照「本然之理」行。○慊於己心之謂樂，如反身不誠，則有不自安者矣，如何樂？所謂「行有不慊於心則餒矣」。

「則其行之不待勉强而無不利」，是指反身而誠時説，不是反身而誠了，然後行之不待勉强而能無不利也。❶○注雖用《大學》惡惡臭好好色，但《大學》是學者之事，利仁者也，此章是聖人之事，安仁者也。反身亦輕説。

一説「行之不待勉强」是正説「反身而誠」處，「無不利」字，方入「樂」字意，樂非在外也。○小注「利，順也」，此説通。蓋順，順適也，順裕也，非只是「不待勉强」之意。

「强恕而行，求仁莫近焉」

「推己及人」亦只説「父子」、「君臣」、「事物細微」上説，即《中庸》所謂「所求乎子以事父，未能；所求乎臣

❶「能」，原缺，今據嘉靖本補。

以事君，未能；所求乎弟以事兄，未能」云云，即《大學》所謂「所惡於上，毋以使下；所惡於下」云云也。「推己及人」者，以己之心度人之心，知人之心不異乎己，則即以己之心推之以及於人也。此乃勉强之爲，故曰「强恕」也。如吾心固欲子之孝也，吾父獨不欲孝乎？吾心固欲臣之敬也，吾君獨不欲敬乎？于焉推吾之欲孝敬者，以孝吾父而敬吾君焉。欲其弟之弟者，吾心也，亦吾兄之心也；欲其友之先施者，吾心也，亦吾友之心也。于焉推吾之所欲於弟友者，以弟吾兄而先施吾朋友焉。如是，則雖未至於純乎天理而絶無人欲之境，然私由是而可勝矣，理由是而可得矣，其於求仁，不亦近乎？○强恕未便得爲仁，於求仁爲近也。

「求仁莫近焉」，不曰「求誠莫近」者，不能「反身而誠」，私意隔之也。隔於私意即是不仁處，仁者，無私之謂也。勉强去其私意謂之恕，恕則近仁，仁、恕二字，於學者爲切耳。其實「反身而誠」則仁矣，仁則誠矣。○不可謂「心公理得」了，於仁則爲近，須看注上文「庶幾」二字。「反身而誠」者，夫子之「一貫」也。「强恕而行」者，曾子所謂「忠恕」也。

「心公理得」處，則是「曲能有誠」，而萬物之備於我者，亦不失矣。心則吾心，理則萬物之理也。○「心公」應「私意之隔」字，「理得」應「理未純」字。○「反身而誠」，誠者也。「强恕而行」，誠之之方也。

「孟子曰『行之而不著焉』」章

此只是「百姓日用而不知」。蓋但知狥其迹，而不能究其理也。

行者據成迹而行耳，習亦然。所謂「行之」，猶所謂日用飲食也。如父坐而子立，彼見父亦立也；臣拜而君受，彼見君亦拜也。但不知子之立而父之坐者，以父者子之所天，父固當坐，而子固當立也。臣之拜而君之受者，以君者，臣之元首，臣固當拜，而君固當受也。此「行之而不著」者也。如是而行之不已，則習也。既習矣，於其「所當然」者，或能知之矣，而又不能識其「所以然」。如父之坐，子之立，其「所以然」，非出於安排也，一出於天命之性，自然而然，而有不得不然者也。君之受臣之拜，其所以受所以拜者，非出於矯僞也，一出於天性之真，自然而然，而有莫覺其然者也。

不能明其「所當然」，非謂父不知當慈，子不知當孝也。若是，則只用「知」一箇字便了。蓋父之慈，子之孝，内面有許多節目，凡在「所當然」者，皆其所當知也。既不能悉知其「所當然」，則其所行者，特皮膚而已耳。然已知其「所當然」，而猶未能察其「所以然」，則其所知者，亦糟粕而已耳。○「著」字「察」字俱重，故曰：「著者，知之明；察者，識之精。」行之者，非全不知其當然也，未至於明也。察則又加詳矣。知「所當然」，造夫正大高明之域也；知「所以然」，深入夫精微之蘊也。

行之而不知其「所當然」，固爲不知道；習矣而猶不識其「所以然」，則僅知其「所當然」，亦均爲未知道。蓋道有「當然之則」，便有「所以然之故」，故「知性則知天」矣。今既不識其「所以然」，則雖知其當然，亦皮膚而已，故概之曰：「終身由之而不知其道者，衆也。」「著」字「察」字不是着力字，故大注「所以終身」之「所以」字，不可深說。○本文「衆也」二字重。

輔氏謂「『所當然』是事，『所以然』是理」，愚以爲不然。蓋曰行曰習者，其事也。曰「知其所當然」、「識其所以然」者，理也。下句「終身由之」即其事也，「不知其道」即謂理也。○下一句只是總上二句言，此其所以知道者鮮也。○夫道有當然，必有其「所以然」，「所以然」即是「所當然」之故也。若不識其「所以然」，究竟亦未知其「所當然」也，故概以爲不知道。○只是「學而不思則罔」，習其事而不求諸心也。

「孟子曰『人不可以無恥』」章

「人不可以無恥」，夫無恥最可恥也。或不知恥，則恥終不可雪矣。惟能以無恥爲恥，則終身無復有恥矣。夫終身無恥，由於一恥之力如此，然則人其可以無恥乎？本文四箇「恥」字，畢竟皆同，只管相因下來。惟下一箇「恥」字，作恥辱説，似以事言，然其實亦是無可恥也，皆以心言，故「恥」字從心。○「人不可以無恥」，而恥莫恥於無恥，若能以無恥爲恥，則終無可恥矣。警覺斯人之意之痛切者也。

「孟子曰『恥之於人大矣』」章

此章與上章正相發也。蓋「爲機變之巧者」，正所謂無恥而可恥者也。今乃不以爲恥，則何若人之有？向若能以此爲恥，❶則無恥矣，故曰「相發」也。

「恥之於人大矣」，彼「爲機變之巧者」，可恥也，而「無所用恥焉」，則是「不恥不若人」矣。「不恥不若人，何若人有」，所謂「失之則入於禽獸」也。反是，則所謂「存之則進於聖賢」矣。是「恥之於人大矣」。○「機械變詐」，指奸心詭行而言。機即機心之機，械亦機義，非指實説，有箇機械云云也。孟子當時，蓋指儀、秦、孫、吴之徒。○「爲機變之巧者」，「機」字「巧」字最好玩味。雲峯胡氏曰：「周夫子《拙賦》正是深貶此一

❶ 「若能」，原作「能若」，今據嘉靖本、四庫本改。

箇『巧』字。」〇不曰「無耻」而曰「無所用其耻」者，蓋耻者，人所固有，獨彼自不用其耻耳。〇有耻之人，自不屑爲「機變之巧」。所存者必正大之心，所行者必正人之事。

「但無耻一事不如人」，則不顧義理之正，而無所不爲矣，「何若人有」？〇「爲機變之巧者」，病在「自以爲得計」上，終爲禽獸之歸，無望聖賢之域矣。所謂「何若人有」，正指此也。

「孟子曰『古之賢王，好善而忘勢』」章

「古之賢王」，指堯、舜、湯、武。「古之賢士」，蓋指伊、吕之徒。「好善」者，好人之善也。「忘勢」者，忘己之勢也。「樂其道」者，樂己之道也。「忘人之勢」，謂君之勢也。「何獨不然」，唤下文，言亦有所好有所忘也。〇「致敬」以心言，「盡禮」以禮貌儀物言，有内外之别。〇賢王好人之善而忘己之勢，賢士樂己之道而忘人之勢。〇在「賢王」則曰「好善」，在「賢士」則曰「樂道」，「好」字淺，「樂」字深，「善」字細，「道」字大。善在人則好之，道在我則樂之。亦有不拘者，如「尊德樂道」云。〇賢王曰古，賢士亦曰古，孟子蓋有感於當時而云也。

不必泥，總是實意。新安謂：「『尊德樂義』，内存於心，無迹可見。」此説未安。

「窮不失義，故士得己焉」

概言「士得己」、「民不失望」。下一條又云：「此又言『士得己』、『民不失望』之實。」此以本文「古之人」三字見得。

「古之人，得志澤加於民」條

「見，謂名實之顯著也。」不徒曰「名之顯著」，而又曰「名實」者，名與實俱也。「尊德樂義」，則「可以囂囂」者，言其理。「故士窮不失義，達不離道」，則指實而言也。「不失義，故士得己；不離道，故民不失望」者，言其理也。「古之人，得志澤加於民」，則又指實而言也。○按此章之言，句踐而可以與語此，其亦當時遊士中之近厚者矣。○此章言「内重而外輕」謂「囂囂」，「尊德樂義」意已含在内。「則無往而不善」，指「士得己」及「民不失望」云云。不可以「内重」爲「尊德樂義」，以「外輕」爲「囂囂」。

「孟子曰『待文王而後興者，凡民也』」章

當時汝墳遵化，虞芮興讓，江漢俗美，皆「待文王而興」者。獨言文王者，正以南國之化盛也。○「豪傑之士」，朱子既解曰「豪傑，有過人之才智者也」，又曰「惟上知之資，無物欲之蔽」者，蓋據見在言，則是「有過人之才智」，原所以而言，則是「稟上知之資，無物欲之蔽」。○「雖無文王猶興」，「爲仁由己」也，故大注推言「降衷秉彝，人所同得」。○「待文王而後興者，凡民也」，然則所謂「文武興則民好善」，觀此章，要識孟子主意，蓋主意在大注云云。

「孟子謂宋句踐曰『子好遊乎』」章

「孟子謂宋句踐曰：『子好遊乎？吾語子遊。』」夫遊説者，往往以人知之不知而欣戚。女之遊，而言聽諫行，人知之也，亦囂然而無以爲欣；諫不行，言不聽，人不知也，亦囂然而無以爲戚。此兩句源頭便是自「尊德樂義」來。句踐未喻，問曰：「何如斯可以囂囂矣？」曰：「尊德樂義，則可以囂囂矣。」「德，謂所得之善」，如孝弟忠信之類，得於己者。「義，謂所守之正」，專就進退取與之不苟處言。「尊德樂義」兼窮達言。囂囂，自得無欲之貌。○此所謂「有以自重」、「有以自安」者，「自得」也。所謂「不慕乎人爵之榮」、「不狥乎外物之誘」者，「無欲」也。「自得」即「内重」，「無欲」即「外輕」，此所謂「囂囂」也。

「故士窮不失義，達不離道」

「故士窮不失義」，窮而「尊德樂義」也。「達不離道」，達而「尊德樂義」也。「窮不失義」，「義」字兼德，「達不離道」，「道」字兼德義。窮、達二字，應上人知不知意，然不可就指人不知爲窮，知爲達也。蓋此又説開來看，「士」字可見。○「窮不失義」，惟知有義，不知有窮也。「達不離道」，惟知有道，不知有達也。

此「尊德樂義」，見於行事之實也。

「尊德樂義」，不專就出處説。此曰「窮不失義，達不離道」，則專就出處説，故曰：「此尊德樂義，見於行事之實也。」士之「尊德樂義」，就窮達上見得，故曰：「此尊德樂義，見於行事之實。」二説「見於行事」字，幽厲興則民好暴者，未可全非矣。可見「論性不論氣，不備」，而孟子言氣質之性，亦屢見矣。但遇文王而能興，則性之本善者，終不容揜矣。或者之言，未必及此，故孟子概非之。

此章勉人當以豪傑自期，毋以凡民自待也。

「孟子曰『附之以韓魏之家』」章

「附之以韓魏之家」，此言常人之情，往往爲富貴所動，而不能自持也。感嘆之詞。

「附，益也」，加也，言加以韓魏之家，如其自視欿然，則其器識之過人也萬萬矣。過人處在内在前，不是就指此處爲過人，故尹氏曰：「有過人之識，則不以富貴爲事，惟有過人之識者能之。」有韓魏之家而其自視欿然，其所歉者固有在也。求之古，「舜禹之有天下而不與」，孔子視不義之富貴如浮雲，亦是此道理。

如其自視歉然，其中必自更有所慕者，此不易之理也。其過人之遠更無疑。○過人之識，所趨在德業也。○「附之以韓魏之家」而自視歉然，則簞瓢陋巷亦能不改其樂矣。總是以浮雲視外物。○「附，益也」，非是既富而又益之也，止是言以此加之也。

「孟子曰『以佚道使民，雖勞不怨』」章

按：朱子謂：「彼有惡罪當死，吾求所以生之者而不可得，然後殺之以安衆而勵其餘，此以生道殺之也，彼亦何怨之有。」此正所謂「吾求所以生之而不得，則死者與我俱無憾」者。

一說「以逸道使民」，勞者此人，逸者亦此人也。「以生道殺民」，則死者不可復生矣，是殺者在此人，而生者非此人也。但所殺者寡，所生者衆，其殺之，實「以生道殺之」，其「生道」歸於衆也，固不必同。又有說在後。○一說如興兵伐罪，豈不是欲生斯人，然鋒刃之下，不免有死者，雖殺之，而實以生道殺之也。然民雖死敵，何怨之有？此二句即孔子《易傳》「說以先民，民忘其勞；說以犯難，民忘其死」，不必謂死此人以生衆人也。

「以佚道使民」，謂勞之之內有佚之之道也。「以生道殺民」，謂殺之之內有生之之道也，故以「除害去惡之類」實之。若朱子小注謂「有惡罪當死」云者，似别一說。孟子此二句，即孔子所謂「悅以使民，民忘其勞；悦以犯難，民忘其死」者，小注之意不合也。○「除害去惡」亦有分，如禹之抑洪水，周公之兼夷狄、驅猛獸，只説得「除害」，非「去惡」也。如舜之於苗，啓之於扈，湯、武之於桀、紂，文王之於崇、密，則「去惡」也。通言「除害」亦可，但此對「去惡」言，則有辨。若止一二惡人之孤立無黨援者，直取而置之法耳，何用殺人而後可除之？故知此去惡，❶是興師動衆以去之者也，此與朱子小注不合。

或曰二説俱不可廢，其義始備。如抑洪水、驅猛獸、伐桀紂之類，「除害」也，固是「以生道殺人」。朱子所謂「彼有惡罪當死而殺之」者，「去惡」也，亦是「以生道殺人」，故下章曰「殺之而不怨」，而豐氏注曰：「因民之所惡而去，非有心於殺之也。」新安陳氏以爲亦上章「生道殺民」之意。可見，兼説爲意足而無妨。如下章「殺之而不怨」，只依此章正意説亦好。蓋孟子論王道，所該意自廣，固不容有所遺也。

舊説觀大注「本欲佚之」、「本欲生之」「本欲」字，以心言也。而乃至於「勞民」、殺之者，「不得已而爲其所當爲」，以事言也。心本欲佚之，乃不得已而使之，是謂「以佚道使民」，非厲民也，民亦諒其心而不知怨矣。心本欲生之，乃不得已而殺之，是謂「以生道殺民」，雖死者亦諒其心，不怨其殺之矣。如此説，似合大注及輔氏注，且於本文「道」字爲切。若朱子小注，蓋亦一説也。依大注及輔氏注爲長。若一依朱子小注，則只是「使民」，而非「以佚道使民」，只是「殺民」，而非「以生道殺民」，而大注「播穀乘屋之類」、「除害去惡之類」字無用了。

❶「知」，原作「如」，今據嘉靖本改。

「孟子曰『霸者之民，驩虞如也』」章

程子曰：「驩虞，有所造爲而然。」「驩虞」屬民，「有所造爲」屬霸者。「有所造爲而然」，即所謂「小補」者也。○此二句，即王霸之民氣象而見得王霸者之氣象。○蓋「王者即如天，亦不令人喜，亦不令人怒」，正下文「殺之而不怨」三句道理，便是「過化」、「存神」，與「天地同流」處。

「殺之而不怨」三句

此所謂「皥皥如也」，而王道之大於此可見，故繼以「所過者化，所存者神」云云。○「民日遷善」，有日進於善之意。「遷」字義亦有進意，所謂「黎民敏德」也。

「夫君子所過者化」

「身所經歷之處，即人無不化」，謂不必久居其地而訓化之也。是猶有聲實之及也。「心所存主處，便神妙不測」，謂誠於此，動於彼，所謂「不顯維德，百辟其刑之」，一莫測其端倪也。此依朱子小注分說。

「所過者化」，亦自上文言：自「殺之」言，則民不犯于有司矣。自「利之」言，則耕食鑿飲，不知帝力矣。自「遷善」言，則王道平平，無作好惡者矣。至於存神，則不外此。○「殺之而不怨」云云，便是「過化」，其所以然處，便是「存神」。其以舜、孔子事來貼解者，只要二句意義出耳。若説書，須貫上文，觀大注兩「如」字。

「所過者化」一段，不是説「不怨」、「不庸」以前的事，亦不是説「不怨」、「不庸」以後的事，只説「不怨」、「不庸」上，贊王道之大如此。蓋王道只是公，公則大矣，私則小矣，萬古不能易此理。

「存神」只是至誠在中耳，「過化」則「盥而不薦，有孚顒若」，神道設教而天下服者也。器不苦窳。○謂衆人化之，所陶之器皆不苦窳也。○「如舜之耕歷山」云云，非舜只是「過化」，孔子只是「存神」也，舉成文之類乎「過化」與「存神」者耳。「綏斯來，動斯和」，亦只是「過化」，但其斯之所以然處，則「存神」也。「過化」必本於「存神」，「存神」未有不「過化」者。天地之神化，亦不可分爲二。聖人之窮神知化，亦非判然爲二。○「存神」者，「過化」之根，有化便有神，「過化」便「存神」，故兼舉並言。「孔子之立斯立，道斯行，綏斯來，動斯和」，存神，意全在「斯」字上。要其實，則立、行、動、和都是「過化」處，與「田者遜讓」、「器不苦窳」一也。但據見文而言，重在「斯」字上耳。以此足見「存神」、「過化」非判然爲二矣。

「夫君子所過者化」，「豈曰小補之哉」，只是「君子周而不比」道理之所充也。先儒謂「王者之民，雨露之草木也；霸者之民，桔槔之夏畦也」。又曰：「可使天下被聖人之仁，不可使天下知聖人之仁。被聖人之仁而知有聖人之仁，仁之小者，有功之可議也。被聖人之仁而不知有聖人之仁，仁之大者，無迹之可尋也。」

此説亦善論王道矣。

大注「德業之盛」，「德」貼「存神」，「業」貼「過化」。

舉一世而甄陶之。○《正韻》：「甄，陶也。又甄，作瓦之人。」○大凡仁恩之出於無心自然者，便被得廣，被得廣，便有不知歸功道理。若出於有意，則所謂「憧憧往來，朋從爾思」。此所以「殺之而不怨」三句，有「上下與天地同流」氣象也。

「盡心知性」一章，可以見孟子之本領。「王者之民，皥皥如也」一章，可以見孟子之設施。命世大賢，豈偶然哉！

「孟子曰『仁言不如仁聲之入人深也』」章

「仁言」者，感之於臨時；「仁聲」者，孚之於平昔。大注既明曰「政，謂法度禁令云云。教，謂道德齊禮」云云，而或者又欲以「仁言」、「仁聲」入之，可駭也。〇「仁言」發於己，而未必其然。「仁聲」傳於人，而已有所試。又「仁言」出於一時，「仁聲」著於平素。「仁言不如仁聲之入人深也」此一句，只就「入人」上說。「善政不如善教之得民也」，此以政教得效之小大言，即《論語》「道之以政」章意。然《論語》則自該得「仁言」一節之意，孟子則各有所主。

「善政，民畏之。善教，民愛之」

「民畏之」、「民愛之」，與「得民財」、「得民心」自是兩意。雖曰「民愛之」外，更無可說「得民心」處，但「民愛之」對「民畏之」說，「得民心」對「得民財」說，「民畏之」固不足以該「得民財」也。「得民心」不止謂愛君，言民有恒心也，更有「不遺其親」之類，與《孟子》首章本文意同。

「善政得民財，善教得民心」

「善政得民財」者，取之有道，用之有節，「百姓足而君無不足也」。〇「得民心」，不止愛君而已，孝弟忠信，「入以事其父兄，出以事其長上」，或忘其勞，或忘其死，風俗淳厚，教化大行之類。

政教皆王道之不可無者，况善政乎？王者之道，固使民愛，亦未嘗不使民畏。固以得民心爲本，亦未嘗不欲得民財也。但論二者得效之淺深，則彼不若此耳。或者因是遂貶善政之不足爲，大誤，故朱子於《論語》道政齊刑章云「此其相爲終始，不可偏廢」云云。且仁言，亦豈君子之所免哉！

「孟子曰『人之所不學而能者』」章

「及其長也」「長」字，對「孩提」言，謂稍長也。○「上謂『良知』、『良能』二字，❶下文『知愛其親』、『知敬其兄』只有『知』字，何偏也？」曰：「連『愛』、『敬』二字說，則有『良能』矣。」○大注之「愛親敬長，所謂良知良能也」，而輔氏、陳氏皆廣說，似亦無意。但此章意，孟子是主「親親」、「敬長」立說。

「親親，仁也。敬長，義也」

末節重在「仁」、「義」字上，蓋仁義，天下之公理也。「親親，仁也」，謂是仁也。「敬長，義也」，謂是義也。不可謂「親親」、「敬長」，仁義之發也。「親親」、「敬長」所以爲仁義者，以其「達之天下」也。○「仁義，天下之公理也」，此「親親」、「敬長」之所以爲仁義也。○既是「良知」、「良能」，自然「達之天下」。一說達還是推而達之，「推」字輕說，謂舉而照之也，故曰「達之」。○「達之天下」，「達之」猶言「達乎」也。潛室謂與「達道」、「達德」「達」字同，此說正當。

「孟子曰『舜之居深山之中』」章

不曰「無以異於深山之野人」，而曰「其所以異於深山之野人者幾希」，蓋舜雖「與木石居，與鹿豕遊」，終是與深山之野人自有不同處，故著「幾希」二字，自有斟酌在此。○此句大意是說他無異於衆人處，下文以

❶「字」，嘉靖本作「者」。

「及其」二字轉過，方説異人處。○上言無以大異於人，下言其有以大異於人，「沛然莫之能禦」，深山之野人亦能如是乎？

「若决江河，沛然莫之能禦也」

不是「聞而急聽之」，「見而急行之」，總是所聞所見都是他胸中物事，故其應之速如此，是狀其勢之順也。○「决江河」，謂江河之决也，非人之决也。○「聞一善言」，便暢然了悟其所言之理；「見一善行」，便釋然曉解其所行之善，此是「若决江河」處。新安曰「聞而急聽之」，既聞之了，又「急聽之」，如何「其應甚速」？不必説見諸行事。「應」字對「感」字説，彼感而我應，如此其速，而見諸行事意，亦在其中矣。且看下文「無所不通」字，方知只是據一時感應，如孔子「六十而耳順」，「聲入心通」也。

一説所謂「其應甚速」，非止「聲入心通」，適與意會而已，分明是「樂取諸人以爲善」也。味「沛然莫之能禦也」意，斷斷乎其然也。○如「好察邇言，執其兩端，用其中於民」，未嘗不見諸行事也。按：此定説也。○聖人之心，至虚至明。惟至虚，故渾然之中，萬理畢具。惟至明，故一有感觸，則其應甚速而無所不通。然「至虚」，則自「至明」。「至明」，則「渾然之中，萬理畢具」。「萬理畢具」，則「一有感觸」，自然「其應甚速」而「無所不通」也。朱子立字之精意有在。

「孟子曰『無爲其所不爲』」章

大注「義不可勝用」，入在「如此而已矣」，猶前章「則其行之，不待勉强而無不利矣」，「無不利」亦入在「樂莫大焉」。○熊氏以爲「無爲其所不爲」者，就躬行説，「志士厲行，守之於爲」也。新安亦然。○「無爲其所不爲，無欲其所不欲」便是心師之法，所謂「性分之內，萬理皆備，隨處發見，無不可師」，亦此類也夫！○《集注》所謂「義不可勝用」者，不可以對仁而言，此章單言之義也。「無爲」、「無欲」字內，四德俱有，本文只曰「如此而已矣」，未必專爲義發。李氏以其切於所謂「羞惡之心，義不可勝用」者，故特用「其」字，而亦未純用其意也。

「孟子曰：『人之有德慧、術知者，恒存乎疢疾。』」

「人之有德慧、術智」，恒在「疢疾」中來。○「存」訓在，非心存也。「『德慧』者，德之慧。」「德」字廣，「慧」特其一端，如仁德之愛也，義德之宜也，禮德之節也，信德之實也。○「『術智』者，術之智。」「術」字亦廣。「術之智」猶言「術之巧」也。術本正。○凡在心之理謂之德，處事之方謂之術。此下舉「孤臣孽子」以證其實。○慧者，其見之敏，有以灼於事之未然。智者，其見之明，有以鑒其理之當然，所謂「方以智」也，智藏往也。○「德慧」者，有以灼事機於未然。「術智」者，有以善事理之當然。德之慧，明無不照也。術之智，處無不宜也。

「獨孤臣孽子」條

「操心」、「慮患」，有內外意。「德慧術智」亦如此。德就心説，術就處事之才説，同是達意。○操心危，則專一而不敢肆；慮患深，則精審而不敢忽，故於事能達也。○若安處順境者，其心多漫然與人情世故不甚相入，而能有「德慧術智」者鮮矣。

「獨孤臣孽子」，「孤臣」如漢賈誼，出爲長沙王傅，而所學益進，世故益熟，故文帝曰：「吾久不見賈生，自以爲過之，今不及也。」「孽子」如晉文公爲公子，出亡在外，久之而歸，遂霸諸侯，奬王室。楚王曰：「晉侯在外十九年，險阻艱難備嘗之矣，民之情僞盡知之矣。」信乎其操心危，慮患深，而後達也。

「孟子曰『有事君人者』」章

「有事君人者」下一句，便言「事君人」之爲人。下放此。

「事是君則爲容悦者也」，言其事是君則專爲容悦而已，恬不以「責難陳善」、「引君當道」爲事也。〇言其務爲容悦於君，不復顧道理也，所謂「事君無義」者。〇「事是君則爲容悦者也」，容與悦雖在君，而其爲容爲悦者，則在臣也。〇爲容者，「長君之惡也」；爲悦者，「逢君之惡也」，俱是「賊其君者也」，故不復較其罪之大小。

「有安社稷臣者」

「事君人者」，其發謀造慮，千方百計，只要其君悦。「安社稷臣者」，其發謀造慮，千方百計，只要社稷安，故注曰：「大臣之計安社稷，如小人之務悦其君，眷眷於此而不忘也。」〇「爲容悦」猶云「取容悦」，悦屬君。〇「以安社稷爲悦」，此「爲悦」字，正承上句「爲容悦」字，故大注云「猶小人之務悦其君」，不必説安社稷爲悦，亦不必説自家心中以此爲悦。

「有天民者，達可行於天下」

「以其全盡天理，乃天之民」，猶蘇子云「歐陽公，天人也」，意謂其所造非人世之人，其天人乎？〇「天民」二字最有意味：凡民皆天所生，本皆天民，然天所賦於我者有虧，則是自睽違乎天，而不得爲天民矣。惟其全盡天理，始得爲天民，而與凡民不同。程子亦謂天民爲能踐形。○「達可行於天下而後行之者」，其所抱負者大，「不肯小用其道以狥人也」。○張子曰「如伊、呂之徒」，且指其耕莘釣渭之時，故注云：「民者，無位之稱。」又小注陳氏曰：「此天民主其不輕出而言。天民未出，大人已出。」

「有大人者，正己而物正者也」

作聖人説，與《易經》「夫大人者，與天地合德」之大人同，故朱子注亦以聖人代之。○正己無工夫。○孟子此章論人品，通指爲人臣者言。

「孟子曰『君子有三樂』」章

夫天下皆知王天下之樂也，然君子有三樂，而王天下獨不與焉。孟子三樂次弟分明，是一樂爲重於二樂，二樂爲重於三樂。蓋一樂爲親，二樂爲己，三樂爲人。

「父母俱存，兄弟無故，一樂也」

「父母俱存，兄弟無故」，所謂「樂之實，樂斯二者。樂則生矣，生則惡可已也。惡可已，則不知手之，舞之，足之，蹈之」。○「父母俱存」，則得以致吾孝；「兄弟無故」，則得以致吾友。無故亦多端，或夭死，或患難，或相遠，或不良，或不協，皆其故也。如司馬牛有兄弟，然憂其爲亂，則有故矣。

孟子論大道，以仁義爲本。論仁義，以事親從兄爲實。今此論三樂，又以「父母俱存，兄弟無故」爲之首，然後及於成己之仁，成物之智，有子故曰：「孝弟也者，其爲仁之本與！」蓋一本之理，百行之源也。觀南

軒先生所以論温、大、直者，則此一樂且居二樂三樂之先矣。天德王道皆基於孝弟。❶

「得天下英才而教育之，三樂也」

英才以資質言，故注曰「明睿之才」。若兼有學力，則「教育」字不見分曉。〇英才，謂才之英者。〇「以所樂乎己者，教而養之」，謂教之以克己工夫，而欲至此樂之境也。〇教與養不同，既教之，又養之，俟其成也。

孔子有教無類，而孟子必欲得天下英才而教育之。蓋有教無類者，聖人欲人同歸於善之心，而所賴以廣斯道之傳者，則非英才莫之敢望也。孔子初心，亦欲得中行而與之，其不可得，故思其次。而孟子之道，竟不得其傳，則樂得英才之願，亦乖矣。凡此三樂，皆極人間之至難者。

「孟子曰『廣土衆民，君子欲之』」章

孟子曰：廣土衆民，澤可遠施，君子欲之，然所及猶有限，所樂不存焉。若夫中天下而立，定四海之民，無一夫不被其澤，君子樂之矣，然所性亦不存焉。夫君子所性，雖大行而得所欲所樂也，而不爲之加；雖窮居而不得所欲所樂也，而不爲之損。何則？其所得於天者，其分已定故也。以君子之所性言之，仁、義、禮、智根於心，其生色也睟然，見於面，盎於背，施於四體，則四體不言而喻。君子所性者如此，大行何加？窮居何損？以此見孟子當時，雖曰不得以遂其行道濟時汲汲之本心，然所性自存，亦何爲不

❶「孝弟」下，嘉靖本有「此下闕二樂一節查原本無」十一字。

豫哉！

「廣土衆民」，「廣」字「衆」字重看，故注云「澤可遠施」。此以國言也，對下文「天下」言。〇「君子欲之」，非爲一己之欲也，欲其澤之遠施，有以濟乎人也，非如常人之欲富貴耳。

「中天下而立，定四海之民」

「中天下而立」猶云「宅中圖治」，猶云「中天地爲民物之主」，不必謂天下四方而我却居其中央也。堯都平陽，在天下之北，周都豐鎬，在天下之西，然皆爲四方之極，便見「中天下而立」也。〇「中天下而立」，前科江西程文，至以不偏於東西南北爲講，太泥矣。必如此拘，則所謂聖人中天地爲三綱五常之主者，亦將上取去天之一半，下取去地之一半，乃爲中天地乎？今身切近地，亦爲偏著地矣。甚矣，曲學之説可笑，往往有類此者。〇「定四海之民」，謂之四海者，地外皆海也。舉四海極地所載而言也，故曰「四海之内」。〇「中天下而立」對「廣土」言。「定四海之民」對「衆民」言。「中天下而立」，則非特「廣土」而已。「定四海之民」，則非特「衆民」而已。「君子樂之」者，樂其道之大行，而無一夫之不被其澤也。「欲」字狹而淺，「樂」字廣而深。

聖賢説話，意各有主：伊尹曰：「與我處畎畝之中，由是以樂堯舜之道，我豈若使是君爲堯舜之君哉！是民爲堯舜之民哉！」而孟子則曰：「所性不存焉。」意各有所主，自不相背也。孟子若無伊尹一段意思，當時亦不歷聘列國，且三宿而後出晝矣。伊尹若無孟子一段意思，則亦不能囂囂於畎畝之中，至湯三使人聘之，然後幡然改也。〇「君子樂之」，輔氏曰：「所欲極於所樂，固亦非性外事。」胡氏則曰：「所性在所樂之外。」二説似不同。然畢竟所樂有待於外，故曰「所性不存焉」。胡氏又謂《集注》前謂「斯道傳之者衆，而天下後世將無不被其澤」，此謂「其道大行，無一夫不被其澤」，皆曰道曰澤，而此則「所性不存」者，「斯道傳之者衆」，萬世之澤也，「其道大行」，一時之澤也。此説大謬。率是言也，聖人之生，皆不肯行道於一時，而專欲傳道於來世，則當時之民，將誰援之乎？胡氏亦只是訓詁之儒與？

「君子所性，雖大行不加焉，雖窮居不損焉」

「分定故也」，分猶性之分，猶言體量相似。但説分，便是有定者也。所性定分，自合下稟受時便定了。但能享用得這個，則富貴貧賤都無干預。

「君子所性」一意，自堯舜至孔子，無問窮達，聖人皆有此趣。但前此未有發出者，至孟子始發之。如「舜禹有天下而不與」，「孔子飯疏食飲水，而樂在其中」，均此趣也，故曰聖人窮亦樂，通亦樂，無入而不自得。不然，何以爲聖人？

「君子所性，仁、義、禮、智根於心」

「仁、義、禮、智根於心」，仁、義、禮、智，總自天之五行來。同一五行之理，在天則爲元、亨、利、貞，在人則爲仁、義、禮、智。而人之仁、義、禮、智，其原蓋出於天之元、亨、利、貞也。人性出於天命。○「根」字「生」字最好玩味。○此以君子言也，故注云「蓋氣稟清明，無物欲之蔽，則」云云。若常人雖同具此性於心，謂之「根於心」，則未也。根有植立、根固之意。其性實爲己有也，故其生於色也，睟面盎背，施於四體而自喻，皆仁、義、禮、智之流行呈露也。蓋有諸中必形諸外，理勢然也，故孟子兼言之，皆爲性之蘊也。

所性之藴，「藴」字對「分」字説。分自外面包裹上説，藴以其中之實物事説，藴猶實也。注「四體」，謂「動作威儀之間」。○蓋人之動作威儀，全在手足上，故言四體，《易・文言》亦曰「暢於四肢」。

大注「其積之盛」一句，只在本文「根」字内抽來。其曰「則發而著見於外者，不待言而無不順者」，通該「睟面」、「盎背」本文。「生色」二字，通貫下三句。○群書備數四體，謂頭、身、手、足，未知何所本？又曰：「一云兩手兩足也。」此説則面背已别説了，此只是手足。

「四體不言而喻」，若非仁、義、禮、智根於心者，四體豈言所能喻？且喻不喻亦何用言。❶其曰「不言」者，只言其自然而然耳。朱子小注曰：「手容恭，不待自家教他恭，而手容自然恭；足容重，不待自家教他重，而足容自然重。」明矣。

動作周旋，自然中禮，不待著意使然，而自然有似人之不言而自喻者耳。○本文「不言而喻」，專帶「四體」，《集注》則云「發而著見於外者，不待言而無不順也」，通帶「其生色也」以下，亦用其意而不泥其字也，故讀書者不可以辭害意。○「仁、義、禮、智根於心」一條，意似是爲「窮居不損」言。若自大行者言之，則爲「仁、義、禮、智根於心」，而「暢於四肢，發於事業」，「與天地合其德，與日月合其明，四時合其序，鬼神合其吉凶，先天而天弗違，後天而奉天時」矣。此亦聖人所樂也，故曰：「聖人之大寶曰位。」孟子所以行道

---

❶「且」，嘉靖本作「耳」，屬上句。

濟時汲汲，其本心也，亦爲此焉。亦見其囂囂自得之意，所謂「憂世之志，樂天之情，並行不悖也」。此章以「三樂」對「王天下」，則「三樂」爲「内重」也。下章以「所性」對「所欲」、「所樂」，則「所性」又爲「内重」也。然「中天下而立，定四海之民」即「王天下」者事，上章不以爲樂，下章又以爲樂，何哉？上章樂天下，只是説樂得天位而已，故不得與於三樂也。下章以爲樂者，樂其道之大行，無一夫不被其澤也。究竟言之，君子所樂，似亦是所性内事。且如樂得英才，尚欲其澤被於後世，獨不欲澤被當時乎？但此以對所性之藴，則别是一論也。「君子所性」章，亦爲不得大行而發。上章亦如此。

「孟子曰『伯夷避紂』」❶

「天下有善養老者，則仁人以爲己歸矣」

此二句説開，謂當時之君也。此章是孟子不得於時而樂之之辭，非以自遣也，理固然也。○新安陳氏以「仁人」爲指伯夷、太公，非也，謂當時仁人也。或曰不指文王，亦不必指當時，只是承文王事而泛論箇道理如此。愚説可依「夫國君好仁，天下無敵焉」例。南軒説是。

「五畝之宅，樹墻下以桑」

此一條且謾説出文王養老字出，只説文王治岐之政如此，下文方承此言文王之政如此，自有以養其老者而不待於家賜人益也。○「衣帛」、「無失肉」皆言老者，見少者不與也。「無飢」獨「八口之家」，老者固在

---

❶ 「紂」下，嘉靖本有「章」字。

其中，然於此可見聖人之政：少壯者只要得無飢寒耳，老者却要他温飽，政中之教也。

「所謂西伯善養老者」

或説「導其妻子」，上文言文王之政一條，未有此意，至此方發出，非也。上文據見在説，此處「制」字、「教」字、「導」字，皆與政一時有。

「文王之民，無凍餒之老者，此之謂也」

言文王之所以善養老者，只是如此，豈必「家賜而人益之」哉！明其易行也，何諸侯之皆莫之行也。此孟子發論之意。○想當時人君不能養老，而疑其有迂闊處，故孟子云云，明其無難行也。

「孟子曰『易其田疇』」

「易其田疇」者，不違農時，使民得盡力於農畝也。與薄税斂俱主在上人説。

「食之以時，用之以禮」

教民食以時，用以禮也。○「食以時」，如魚不盈尺，人不得食，「數罟不入洿池」，以至果實未熟者，教以勿採之類。○「用以禮」，如鷄豚狗彘之畜以養老者，非祭祀賓客之需，不妄烹宰。

「民非水火不生活」

此條舉人之易見者而論之。

「昏暮叩人之門户，求水火，無不與者，至足矣」

「至足」之上，當貼入「以其」二字，即大注謂「多故也」。

「聖人治天下，使有菽粟如水火」

上兩條是也。「使」之一字，正主易田疇，薄稅斂，食以時，用以禮。

「而民焉有不仁者乎」

此「仁」字，只是禮義常心，如推己之有餘以濟人之不足而不慳吝，便是仁也，亦以愛言。

「孟子曰『孔子登東山而小魯』」章

「此言聖人之道大也」，是就聖人所造地位說。下文言「學者必以其漸，乃能至」，謂至聖人地位也。

此節四句通是假借形容話，小注謂以登山觀水起聖門難爲言者，非。○或以「孔子」一讀，而謂大注「聖人」正指孔子，不知何據不肯說孔子登山。不知若說孔子登山便何害。熊退齋《跋文公再遊九日山詩卷》曰：「泰山之登，沂水之浴，夫子豈好遊者？要其胸中自有樂地，故隨其所寓，自然景與心會，趣與理融，而無所不通也。」然則先儒亦以爲孔子實登泰山矣。見《翰墨全書·新安》。「孔子登東山而小魯，登泰山而小天下」，自人之所造而言，則「登東山小魯」是善蓋一國者，賢人地位也。至「登泰山而小天下」，則善蓋天下矣，聖人地位也。

「觀水有術，必觀其瀾」

瀾處正是大，其源即是本。「容光必照」，必照處正是大，其明即是本。

則知其明之有本。○謂知其源之爲有本也，非源自源而本自本也。「日月有明，容光必照焉」，謂日月惟其有明，故於容光之隙無不照也。此句分明露出個本，上句只含蓄說。

大注「觀水之瀾，則知其源之有本；觀日月於容光之隙無不照，則知其明之有本」，言其源有自來，明亦有自來也。一說畢竟源是水之本，明便是日月之光之本，故曰「明者光之本」。此説未穩，以明對光則爲體，❶其實便以明爲本亦非。「水之瀾」與「容光之隙無不照」，是上文「道大」之義。《集注》曰：「觀水之瀾，則知其源之有本矣；觀日月於容光之隙無不照，則知其明之有本矣。」源即水之本也，明則日月之本也，故曰「明者光之體，光者明之用」，其旨自有在也。蓋本是通用字，曰源者，專就水言，曰明者，專就日月言，非謂源與明之外，又有所謂本也。

聖人之心至虚至明，渾然之中，萬理畢具，千變萬化，其出無窮，故人但見其道之大，而不知其大之有本也。子曰「吾道一以貫之」，嗚呼！盡矣。

聖道之大者，如《中庸》所謂「能盡其性，而盡人之性，盡物之性，可以贊天地之化育，而與天地參」者也。其所謂本者，何也？即至誠無妄是也。但看其言曰「惟天下至誠，爲能盡其性」云云，則以有本而大可知矣。

「聖人之道大」，只是泛應曲當而已矣。聖道之一本，只是一理渾然而已矣。

「流水之爲物也，不盈科不行」

此處對下句，只是説盈此科而後進彼科，亦「足於此而通於彼也」。盈此科以況成章而後進彼科，以況入聖，不必説幾個科，幾節成章也。

❶「對」，嘉靖本作「當」。

「君子之至於道也，不成章不達」

「成章」，所積者厚而文章外見。○「所積者厚」，如《中庸》「其次致曲，曲能有誠」。「文章外見」，則如所謂誠則形、著、明者也。如是，則駸駸然入於聖人之域而有不自覺其至者矣。若無篤實工夫，所積未到，則何由得成章？既未能成章，又何以能漸進到聖人地位？○朱子下個「所積者厚」字，又是推原「成章」所以處。蓋「成章」不是工夫字。○「成章」正如朱子小注所謂「如孝是真個是做得孝成，悌真箇是做得悌成」者也。○或曰：「所積者厚而文章外見」，不必依「致曲」、「能有誠」、「誠則形著」者説。謂《中庸》就統體而言，此就逐事言也。愚按「所積者厚」字面，非就逐事言也，「成章」處已爲篤實光輝矣。未至於成章，則是積之未厚也。積之未厚，則是未能循序而進也。故欲造聖道者，必有成章而後可望焉。猶今之做得三場文字出，然後可望中選舉也。其實到那做得三場文字成時，是用多少工夫了。而其工夫，亦豈旬時所能頓就哉！

「成章」非徒以漸，又基於篤實。「不成章不達」，言必積之厚而既成章，然後可望聖域也。成章必由「以漸」，而曰「成章」者，要其工力之到也。「不成章不達」，言只是言要有著實工夫。○「不成章不達。」愚謂是「誠之者」之工夫。成章本於厚積，厚積之基在於誠實。今觀《朱子語類》，於此亦曰：「人之爲學，須是務實，乃能有進。若這裏工夫欠了些分毫，定是要透過那裏不得。」則萬古一理，而不能移易也可知。

「不成章不達」，大注云：「必以其漸，乃能至也。」夫「成章」非「以漸」，所以成章者，「以漸」也，故本於「所積者厚」。夫所積之厚，非「以漸」而何？此本章「成章」字之旨。《大全》采朱子所謂：「如孝，真個做得孝成；忠，真個做得忠成。子貢之辨，子路之勇，都是做得成。」此乃解釋《論語》「斐然成章」之旨，脩書者誤采之於此，殊是惑人。又考《語類》此章並無此語，則可見矣。

「君子之志於道也，不成章不達。」○「聖人之道，大而有本」，所謂本者既在於實心，則學之者亦須就心上著工夫。蓋聖人至誠者也，學之者必自誠之始也。「誠之者，擇善而固執之者也。」誠之又誠，則所謂「其次致曲，曲能有誠」，誠則形著而明，形著而明，則所謂「成章」矣。「成章」，「所積者厚，而文章外見也」。「所積者厚」，必有其基，苟非其心之誠，則其本不立矣。夫其道之大，正由其有本，學之者無其本，則何足以望其道之大哉！故曰：「不成章不達。」蓋不難於成章，而難於所以成其章也。所以能成其章者，非一朝一夕之故也，故曰：「學之者必以其漸，乃能至也。」謂至乎聖人之道之大也。

聖人道大，其本在於誠，所謂「誠者，天之道也」。君子之積厚而成章，亦基於誠，所謂「誠之者，人之道也」。所積之厚，必以其方，即「明善誠身是也」。聖賢豈有他道哉！

「孟子曰『雞鳴而起』」

「孳孳爲善者」，以其爲本分事也。「孳孳爲利者」，以其可以利己也。「利與善之間」，利不止是貨財，但有私己之心，或有所爲而爲者，皆利也。○凡無所爲而爲，只見理之當爲便爲者，善也。若有所爲而爲，則雖其所當爲，亦利也。孟子言「善」、「利」二字，❶便都該得。

❶「言」，嘉靖本作「立」。

一説此程門説話，然楊氏注在圈外，孟子本文，恐未有此意。蓋言同一孳孳也，孳孳於善，則爲舜一邊人；孳孳於利，則爲蹠一邊人。如此説「間」字，意思亦自明白。此章教人擇術。○「利與善之間也」，此「利」與「善」字，不必説大精微，只是明白相反者：爲善者從天理上做，爲利者從人欲上做。其曰「講之不明，未有不以利爲義者」，是楊氏之意。以爲爲善者，若有爲而爲之，亦利也，此又是深一節意，如孟子所謂「今之人，脩其天爵以要人爵」者，亦利也。但此章恐不專爲此等者發。程子謂「才出於善，便以利言」，亦指明白相反者，所以發明「間」字之意。

舉舜、蹠而言，以見其相去之遠。曰利與善之分，以見其所争之不遠。所争之不遠者，差之毫釐也；相去之遠者，繆以千里也。孟子示人以取舍之幾如此。

「孟子曰『楊子取爲我』」章

「拔一毛而利天下，不爲」，對「摩頂放踵」便是假借辭，非實説拔一毛而利天下不爲。總是言凡可以利天下者，皆不爲也。「摩頂放踵利天下，爲之」，總言其凡苟可以利天下者，皆爲之也。

「子莫執中」

注云「度於二者之間而執其中」，其爲我不至如楊子之固，其兼愛不至如墨子之泛，蓋不楊不墨而中立以爲道者也。此是不識中故也。○子莫執中最害道，害道則害人矣。考之於古，如龍子所謂「貢者，校數歲之中以爲常。樂歲，粒米狼戾，多取之而不爲虐，則寡取之。凶年，糞其田而不足，則必取盈焉」。此子莫之執中也，其害昭然矣。以今時事言之，如近日禮部行各省提學官，每府學限養儒生八十名，州學六十名，縣學四十名。且如華亭一縣八百里，十室之内必有忠信，况八百里，只限四十名生員乎？如高、雷、廉、惠等，❶或連科無一舉人，其府學人才，豈能充八十名之數乎？含山一縣四里長，又安有四十名生員也？莆田一縣，流品之官，且不止八十，况限以四十名生員乎？此亦子莫之執中也。持此術也，安得無害？孟子此章之言，蓋以楊墨之害道人多知之，而子莫之執中，乃甚惑人，故孟子概以爲「猶執一」而深闢之。此孟子之所以爲有功於道也。○「權，稱錘也。」是箇不膠於一定之物，故取以爲義。○子莫之執中，與舜、湯之中大不同。子莫是固執，舜、湯是權其輕重而執之也。程子曰「中不可執也」，此「執」字，是

子莫之執中。

「猶執一也」

言猶楊、墨之各執其一也。❷

「所惡執一者，爲其賊道也」

爲我似義非義，而有害於仁。若是真義，則何害於仁？如顏子之簞瓢陋巷是也。兼愛似仁非仁，而有害於義。若是真仁，則何害於義？如禹稷三過其門而不入是也。蓋仁義本並行不悖，隨所在而各伸其是，所謂「權而取中也」。○「爲其賊道也」，此「道」字即中而合權者也。「爲我害仁」之仁，中而權者也。「兼

❶「等」下，嘉靖本有「府」字。
❷「其」，原缺，今據嘉靖本、四庫本補。

愛害義」之義，亦中而權者也。大注「道之所貴者中，中之所貴者權」，此要體認精切。蓋不可於道外求中，中外求權也。「道之所貴者中」，不中不足以爲道；「中之所貴者權」，非權不足以爲中。子莫與堯舜之執中，名同而實異者，係於能精一與不能精一而已矣。○「道之所貴者中，中之所貴者權」，究其實，道一中也，中一權也，此與「執中無權」之中不同。執中而無權，由前面無致知工夫耳。

朱子曰：「爲我害仁，兼愛害義。」愚竊謂：若説「爲我害義，兼愛害仁」亦可。且與「執中」害「時中」同。今以「爲我害仁」，則似爲不害義矣。以「兼愛害義」，則似爲不害仁矣。此亦一疑。

「舉一而廢百」，百者，多辭也，言所執者寡，而所失者多。「百」字對一而生也。蓋道無定體，隨時、隨事、隨物，其頭面最多。若只執其一，則其餘皆廢矣。

冢宰王公嘗問《孟子》「楊子取爲我」一章之指，愚對曰：「楊子知有其身而不知有天下，惟恐失己者也。墨子知有天下而不知有其身，惟恐失人者也。想當是時，爲楊氏者則非墨氏，爲墨氏者則非楊氏。子莫蓋見二者之各有是處，而胸中則全無歸一主張，故兼取二者之中以爲中。而當時之人，亦必有以爲勝於二家者。惟孟子精義入神，故明闢其與楊、墨同科。執中爲近之，此所謂彌近理而大亂真者也。」

「孟子曰『飢者甘食』」章

「甘」字不好，❶是「不暇擇」也。

❶ 「不」，原作「只」，今據嘉靖本、四庫本改。

問：「飲食正味如何？」曰：「此只淺説，如魚餒肉敗，不得其醬而食，便是『不暇擇而失其正味』也。」

「人能無以飢渴之害爲心害」

言心不爲貧賤所害，如口腹之於飢渴然，則過人遠矣。語意如所謂「以安社稷爲悦者」，不可依新安謂「貧賤不與飢渴期而飢渴自至」，須看上文，是平説，以彼喻此。不成此處又合言之？決不是。只看大注亦自分曉。「貧賤之故」，或以爲飢渴者，貧賤之故也，極可怪。「故」字輕，只如言事故之故，非所以然之故也。

「則不及人不爲憂矣」

言其所造之過人也。只就「人能無以飢渴之害爲心害」上説，不必依「有過人之識，則不以富貴爲事」例，又不必謂「不患德業之不過人」，以朱注已定也。蓋亦前章「附之以韓魏之家，如其自視欿然，則過人遠矣」之意。

「孟子曰：『柳下惠，不以三公易其介。』」

言其所守之介，雖三公之位不與易也。

大注云：「柳下惠進不隱賢，必以其道；遺佚不怨，阨窮不憫；直道事人，至於三黜，是其介也。」而「不以三公易其介」意，亦可見矣。○「介」字就惠所守言，分辯意，只是不苟。○「不以三公易其介」，猶伊尹「非其義也，非其道也，禄以萬鍾，不顧，繫馬千駟，弗視也」。而陳氏以爲「不以三公之貴，移奪其所守之介」，則是謂不爲貴勢所奪。如此，則何不云「不以天子易其介」，豈不尤爲介邪？須詳之。

此章以「微顯闡幽」爲主。蓋人皆知惠之和，而不知惠之和而不流也。○汪氏曰：「伯夷餓于首陽，伊尹禄以天下弗顧，皆能『不以三公易其介』，獨稱柳下惠者，以惠之和，嫌於不介故也。」説得聖人「微顯闡幽」之意出。○此只是「闡幽」，何以見其「微顯」？蓋人皆知其和，今不稱其和而獨稱其介，便是顯者微之，幽者闡之，對舉而互見也。新安説是。

「孟子曰『有爲者辟若掘井』」

「有爲者辟若掘井」，何也？蓋掘井必欲得泉，掘井雖九仞矣，然未及泉而止，猶爲自棄其井也。○蓋不爲則已，爲則必要其成，豈可「半途而廢，自棄前功」哉！或者以爲「有爲者」設心如是，非也。味大注自明，還是孟子警人之辭。○「有爲者」可兼德學事功説，不可專主爲學。○「八尺曰仞」，《論語》注「七尺曰仞」依鄭玄説，新安考出當從八尺之説。

「孟子曰『堯舜性之也』」

三「之」字皆指道言，謂之性者，性是自然物事，故取此立言。「身」，體也，言堯舜性乎此道者也，湯武身乎此道者也，五霸則假之而已者也。大注以仁義爲言者，道不外乎仁義。且假借仁義，從來有此説。如「舜由仁義行」，便是「性之」。

「性之」，謂得於天然也；「身之」，謂體之也，有反之之功矣；「假之」者，非身有之也，借以文之而已，故曰：「惡知其非有也。」原五霸性分，元自有真仁義，乃置真者不用，而外尋個假者以自文，可嘆也。

「久假而不歸」

「久假」便是「不歸」，不必説不歸於真，言其假之久而安也，所謂「居之不疑」相似。○末兩句是孟子嘆辭，承上言。五霸本是假之，而終不自知其爲假，所以可嘆也。○「惡知」，五霸自不知也。○「不歸」，只是不已意。凡假物來用，及其還之，則已而不用矣。

「公孫丑曰『予不狎于不順』」

朱子此解云：「言太甲所爲，不順義理也。」蔡九峯解《書經》則别自爲説，曰：「狎，習也。『弗順』者，不順義理之人也。言我不可使其狎習不順義理之人，於是營宫于桐，使親近成湯之墓，朝夕哀思，興起其善。以是訓之，毋使終身迷惑而不悟也。」當時九峯已見《孟子注》，而更之如此，不爲無意。

「公孫丑曰：『《詩》曰不素餐兮。君子之不耕而食，何也？』」

「君子之不耕而食，何也」，爲君子發，言其不仕而食禄也。孟子曰：「其君用之，則安富尊榮。」不是用之爲臣也，言雖不在臣位，❶君但用其言，則亦有其效矣。上有其效，則下有其功。

凡人君之禄其臣，無非以酬其功也。孟子之在人國，雖不顯任其君之事，而實自有可酬之功。公孫丑泥於法，而不知究其法之所由立，故孟子之論，雖前此所未有，而其理之所由來者尚矣。孟子之言，句句是實事，豈徒飾强辯以蓋己愆哉！○「其君用之」與「其子弟從之」相對説，謂君子上有功於君，下有功於民，主賢士之在其國而受其禄者言，故曰：「君子之不耕而食，何也？」○一説用則有功於君，不用亦有功

❶「臣」，嘉靖本作「其」。

於民俗，似不及前説，爲添「用」、「不用」字。或曰：不用則君子便去之，不食其禄矣，又何必尋討個功來？❶曰：「古之君子應聘而居於諸侯之國者固多，如孟子在齊最久，實未嘗仕也。」

「王子墊問曰『士何事』」章

「殺一無罪，非仁也。非其有而取之，非義也」，是説後來事，須看朱子小注及新安陳氏注。此章分明説志，便是未見於事也，故問曰「士何事」，而答曰「尚志」，分明是未有事也。〇「志」字與「事」字對，况下文云「大人之事備矣」。誠如舊説也，况「殺一無罪，非仁也」，士當窮居日，安得有罪人可殺？蓋孟子此章言意所主是如此，若論士未得位日，豈無「居仁由義」乎？不然，則所謂窮養者何所養邪？但此章之意，對所問而云然耳。

大注：「大人之事，體用已全。」體謂仁，用謂義。

且王子墊明是以士爲無事，故問曰「士何事」，而孟子以「尚志」爲答。若將「殺一無罪」、「非其有而取之」數句做今日實事，則是士有事矣。

「孟子曰『仲子不義與之齊國而弗受』」章

「是舍簞食豆羹之義」截下去，看大注一「然」字，此見聖賢重大倫而畧小節，不好爲苟難之行以駭俗者。此亦「聖賢微顯闡幽之意」，與孔子論微生畝意同。

---

❶「必」，嘉靖本作「以」。

「桃應問曰『舜爲天子』」章

予嘗有難云：「以舜爲天子，必不使瞽瞍至於妄殺人。使誠有之，皐陶爲舜臣子，乃至忍執舜之父而戮之，於心安乎？非惟不能安，其勢必至使舜竊負以逃，而一時天地神人皆無所主矣。權其輕重，於義得乎？且爲人臣而執其君之父，雖曰以法，其亦可以爲訓乎？而八議之法，舜與皐陶獨不可以義起乎？」凡此皆愚之所以展轉於心而未能實得其說者也，姑識以俟知者，非敢以聖賢之言爲不然也。

桃應此問，予謂孟子當時只應答云：「若舜爲天子，瞽瞍必無殺人之事也。」只此一語，亦足以倒桃應之問，而不復庸費一辭也。如更問：「或爲天子而父殺人，如之何？」則「執之」之說與「竊負而逃」之說又皆無矣。

「執之而已矣」

皐陶若斷然要執之，舜既不得而禁之，亦安得而竊負以逃乎？此章之論，在舜易事，但爲皐陶者，似未安耳。○君父一也，皐陶視舜猶父，其視舜之父則祖也，如何以孫執祖，而迫其父於逃乎？

「夫有所受之也」

不必拘說受之於堯，總是國法，便有所受，而爲士師者，所當世守，雖君命不得而廢也。此於泛論大理，則不可易。

天理之極，人倫之至。

一說皐陶之執瞽瞍者，天理之極也。舜之竊負而逃者，人倫之至也。如此則於本文「莫非」二字有碍。大抵皐陶爲人臣，當爲天子執法，是亦人倫所在。蓋皐陶所執者臣道，舜所處者子道也。「父爲子隱」章，《集注》亦兼言天理，則知舜之所處亦天理也。○天理亦人倫，人倫亦天理，在天爲理，在人爲倫。汪氏數句説得最好，曰：「孟子之對，示世爲臣子之道而已。以天子之父殺人，且不可舍，況其卑者乎？以天下之大，且可棄，況其小者乎？」

「孟子自范之齊」

「孟子自范之齊，望見齊王之子」，其氣象有與人不類者，喟然嘆曰：「居能移氣，養能移體，大哉居乎！彼王子者，獨非皆人子耶？」○上言居、養，下獨言養，有是居則有是養也。

夫人所居者宫室，王子亦居宫室也；人所乘者車馬，王子亦乘車馬也；人所服者衣服，王子亦服衣服也。「王子宫室、車馬、衣服多與人同」，而王子之氣象若彼者，蓋其所居地位是王者之家，因與人不同而有以使然也。夫以勢分之居尚能移人氣象如此，「況居天下之廣居」，其氣象大，不與人異乎？○「宫室」，宫通一家言，室其宫之閫房也。○「衣服」，衣專指衣裳，服通言冠、履、茅、絰之類是也。

「望見齊王之子，喟然嘆曰」，其發嘆之意，全在「況居天下之廣居者乎」。惟先有此感，然後發此嘆，非徒歆羨其勢位之器宇異於凡人而已也。「居天下之廣居」之氣象，必是「睟然見於面，盎於背，施於四體，四體不言而喻」矣。○曰「多與人同」，亦見終有不盡同處，猶曰：「其所以異於深山之野人者幾希。」

「魯君之宋，呼於垤澤之門」

引魯君事爲證，證王子也，然居廣居意，亦自見於言外。

「此無他，居相似也」

或以爲守者之言，大抵孟子言，或泥注耳。況呼門時，守者尚未知其爲魯君也，注不必泥，可用前篇「君不得而臣」條引《書》及孔子之言以明之者爲證。

「孟子曰『食而弗愛』」止「獸畜之也」

言犬馬人有甚愛之者，與待豕不同。此四句泛説，言凡待人者，若徒食而弗愛，便是「豕交」，徒愛而弗敬，便是「獸畜」。○「獸畜」頗厚於「豕交」，蓋「豕交」全不愛，「獸畜」則愛矣，但不敬耳。亦須别白。○獸爲犬馬之屬，犬馬有爲人之所愛者，如西旅獻獒秦伯，弟求犬於秦，至以百兩金請易之而不與，楊生之犬能救主，張然之犬能報姦，皆可愛者。至於馬，則愛之者尤多。周穆王之於八駿，武帝之於天馬及大宛名馬，至用兵殺數萬人而得之。齊景公所愛馬病死，至欲殺養馬者，非晏子之諫不赦。此類甚多。是人之於犬馬，愛之非豕之比也。朱子因上文「豕交」字，而於此解爲「犬馬之屬」，雖微文末義，亦致其精也。

「恭敬者，幣之未將者也」

此以下方説上國君待賢去，言恭敬者，乃幣之未將者也，非因幣帛而始有也，特用幣帛以表其恭敬耳。若時人大概是以幣帛爲恭敬耳。如是，則是恭敬無實了。夫恭敬無實，君子豈爲之虚留耶？○「恭敬者，幣之未將者也」，此恭敬之實也。「恭敬而無實」，此恭敬之文也。○「恭敬而無實」，則亦「豕交」、「獸畜」矣，君子可以是「虚拘」耶？

「君子不可虚拘」，言君子不可得而虚拘也。「虚」字從「無實」字生，非謂君子當去，不可虚拘也。既是君子，自能去矣，不待教之。

「孟子曰：『形色，天性也。』」

非指形色爲天性也，形色皆天性所在也。此「形色」平説，故注云：「有形有色。」然色非有出於形之外也，故目之視、耳之聽、手之持、足之行，一嚬一笑，一動一静，便是色也，故下文只言形，猶「居移氣，養移體」下只言居。○「形而上者謂之道」，故曰：「形色，天性也。」只是「有物有則」，以《洪範》五事貌、言、視、聽、思説之爲盡。○「天性」是自然之理，循其自然，則各得其道矣，便是「踐形」。自然與當然有辯：「天性」須用「自然」字貼解。當然只是當如其自然，非自然外有當然也。

「踐形」猶云「實其形」，謂不虚之也，以能盡其形之理也。

形各有性，非空形也。若未能充其性，則於形之分有虧，非踐形也。

楊氏引「天生烝民，有物有則」，此正與「形色天性」同，而置在圈外，何也？蓋「形色，天性也」，字面更緊，今曰「物者，形色也；則者，性也」，則爲平説，小異耳。○「踐形」猶言成人必盡人之道，方爲成人，必盡形之性，方爲踐形。○「形色天性」，本來都到十分地位，人必充得到十分地位，方是踐形，方滿得那腔子。

「齊宣王欲短喪」章

欲短三年之喪而爲期也，故公孫丑曰：「三年短而爲期，猶勝於絶不爲服者乎？」而孟子則曰「是猶或紾其兄之臂」云云。「紾兄之臂」，以譬「短喪」。「子謂之姑徐徐」，以譬言「爲期之，猶愈於已」。「亦教之以孝弟」，以明三年之喪出於天理人情之不能已，而決不可短者也。

「『齊宣王欲短喪』，何以決知其爲父母之喪乎？」曰：「喪服自期以下，則諸侯絶矣，故知此所短者，爲三年喪也。而王子母死，其傅爲請數月之喪，亦可決知其當時已葬，而除之禮以廢，故有是請也。請者亦冀得如『既葬而除』云耳。」

「齊宣王欲短喪」，或疑是自短其父母之喪。然按《史記・田敬仲完世家》「威王卒，子宣王辟疆立」，則父服之除，宜已久矣。孟子之遊，未必宣王始立之日也，豈爲其母或生母服乎？因自短其服制，而又推以及國人，所謂恕己及人，不忠之恕也。如此說方是「莫之禁而弗爲者」。

「教之以孝弟，則彼當自知兄之不可戾」是正意，而「喪之不可短」數字，乃附說也。在本言外而意實有之，故《集注》及之。自紾兄者言，只是弟，然弟者必孝，孝者必弟，故孟子并言之，非以「弟」字屬「兄之不可戾」，「孝」字屬「喪之不可短」也。如「徐行後長者謂之弟，疾行先長者謂之不弟」，此二句只說弟，下二句却云「堯舜之道，孝弟而已矣」，非以孝弟一道故與？

「是欲終之而不可得也」

「按《儀禮》：公子爲其母練冠、麻衣、縓緣，既葬除之。」此便是終喪也。「疑當時此禮已廢」之說爲是，故曰：「是欲終之而不可得也。」若既葬而未忍即除，則其情雖厚，亦爲過制矣。古云：「先王制禮，不敢過也。」其傅之所請，殆非「既葬而未忍即除」者乎？○「是欲終之而不可得也」，此正謂齊宣王短喪故也。可見宣王不但自短喪，又推爲定制以行於國中，凡上下三年之喪皆令服期也。若王子母死而嫡母在，無不在三年服内，疑絶不爲服矣，故其傅爲請數月之服也。問：「此請不知王竟從否？」曰：「計必從也。公孫丑以孟子非其『爲期猶愈』之問，故言曾有爲數月之喪者何如？孟子以爲此則制於人而不得爲，彼則無所制而自不爲，不可同科論也。」○按《儀禮天子諸侯正統旁期服圖》云：「天子諸侯絶旁期，尊同則不降。正統之期不降於衆子，則絶而無服。」「正統之期」不降而爲高、曾祖之服，同於士庶也。「尊同不降」，如吾爲諸侯，伯叔父亦爲諸侯，則亦服期也。但伯叔之不爲諸侯者，則吾屬矣，故絶不服。❶若姑姊妹之嫁於國君者，亦爲服大功。若天子爲其母，亦齊衰三年也。若公子爲母服，葬而除者，自是「厭於嫡母」之故，知父在不得爲母喪三年也。

宣王是薄於其親之喪者，王子是不忍薄其親之喪者。夫父母之喪必三年，此乃天理之自然，人心之同然，而不容少有異議者。宣王自欲短之，而王子特請加數月，則自其一家之中推之已不能準，而况於天下乎？故曰：「父母之喪，無貴賤一也，以其心一也，以其恩一也。」

「齊宣王欲短喪」，得爲而自不爲者也。王子之請加數月，不得爲而欲爲者也。

「孟子曰『君子之所以教者五』」

下文「時雨化」、「成德」、「達材」、「答問」、「私淑艾」，都主君子之教言。○「時雨化」，時者不先不後，適當其可之謂，謂其學力已至，如「草木之生，播種封殖，人力已至」者也。如孔子之於顔淵，知其可語以克己之道也，故一語之，而顔子遂請事而無疑。如孔子之於曾子，知其可語以一貫也，故語之，而曾子遂應以

---

❶「絶」，原作「絻」，今據嘉靖本改。

一唯。蓋其有以受之也。○「時雨化」者，入聖域人物也。

「有成德者，有達材者」

成德，自其天資之純厚而成就之。達材，自其天資之明敏而成就之。蓋人材所禀，合下便有仁智兩類。朱子曰：「德是天資純粹者，材是天資明敏者。」○「化」字、「成」字、「達」字，皆要仔細看，見得古人下字不苟處。

「有答問者」

謂答其問也。

「有私淑艾者」

或同時而相去不遠，如孔孟之於陳亢、夷之是也。或不同時而其生也後，如孟子所謂「予未得爲孔子徒也，予私淑諸人也」。「是亦君子教誨之所及」，故亦爲君子之教也。○「有私淑艾」亦主教者而言。蓋其教澤所遺，有以成就之也。凡道德足以師範後學者，皆有私艾之澤。必併此言之，然後足以盡君子之教。大注云「若孔孟之於陳亢、夷之是也」，則是陳亢未嘗及孔子之門矣。而《論語》「子禽問於子貢」章，大注乃先云：「子禽，姓陳名亢。子貢，姓端木名賜。皆孔子弟子。」二說不同。下文云：「或曰亢，子貢弟子，未知孰是。」然則後説與此説爲不相戾。

「此五者，君子之所以教也」

聖賢施教，各因其材。兼私艾説，大概之詞。首句下注更仔細明白，學者但以彼爲據，則於此亦有所不必泥者矣。

「公孫丑曰『道則高矣美矣』」章

道爲君子之道，是君子所知所行者。

「大匠不爲拙工改廢」止「變其彀率」

此二句是起下文「君子引而不發」云云。其大注言：「教人者皆有不可易之法，不容自貶以狥學者之不能也。」即是下文「君子引而不發」至「能者從之」之意。○嘗味上大注言：「教人者皆有不可易之法。」「皆」之一字，指大匠及羿，君子教人正意，却在下文。

「君子引而不發，躍如也」條

承上「羿不爲拙射變其彀率」言，言「君子教人，但示以學之之法，而不告以得之之妙，正如射者之引弓而不發矢。然雖不告以得之之妙，而其所不告之妙，已如踴躍而見於前矣」。是道也，「中道而立」，「非難非易」，惟能者則從之，其不能者，君子且奈何哉！亦不容自貶以狥其不能也。見得「學者當自勉也」。「學之之法」，只是致知力行之成法。「得之之妙」，只在其中，如真個知得那理，行得那事，有以咀嚼其真味而實得於己者。○「授以學之之法」，如孔子之博文約禮，三千之徒，均此教也。若顔氏、曾氏之傳獨得其宗，則所謂「能者從之」者也。○「得之之妙」不外乎「學之之法」而得之，而其所以得之，只在「深造之以道」，學者但當致力於其所學之法，而「得之之妙」則無所容其力也。力到功深，則自然心領神會。○「君子引而不發」，大注曰「但受以學之之法，而不告以得之之妙」，小注曰「雖啟其端，而不竟其説」，二説似不同。蓋既受以「學之之法」，❶則非只是「啟其端」而已。如博文約禮、三綱領八條目之教，豈但有「啟其端而不竟其説」之理？夫子曰：「誨人不倦。」又曰：「有鄙夫問於我，空空如也。我叩其兩端而竭焉。」尤見其不然也。然則當細認大注之意，而不可以小注混之矣。或曰：「『啟其端』猶『舉一隅』云耳，未可非也。」曰：「律以大注，則所謂『三隅』者，非『得之之妙』也。況『舉一隅』之云，與上文『不憤不啟，不悱不發』，同是説有受教之地，固居所受之前，而所謂『復』者則又可見，其終無『不竟』之説也。」○「得之之妙」，如曾子所得之「一貫」，顏子所得之「卓爾」，此誠所謂「中道而立」、「無過不及」之所在，固非可以易言；然亦天理之當然而已，故曰「非難非易」也。「能者從之」，如顏、曾有四勿之功，精察力行之力，❷則得之矣。

此章孟子之言，總是言「教有成法」，而其所以教有成法者，以其「道有定體」也。惟「道有定體」，故「教有成法」。「卑不可抗，高不可貶」者，「道有定體」也。「語不能顯，默不能藏」者，「教有成法」也。亦惟其「卑不可抗，高不可貶」，故「語不能顯，默不能藏」。胡氏、陳氏所分貼，俱難從。○因「道有定體」，故「教有成法」，然所以教者，又即定體之道也。故有「中道而立」之云，「所得之妙」在於此。○「中道而立」，言其非難非易」，亦以矯公孫丑所謂「宜若登天然，似不可及也」。○「大匠不爲拙工」、「羿不爲拙射」二句，以起下文之「君子引而不發」，一意也。人多於上節將大注「言教人者，皆有不可易之法」云云先發出了，遂於下

❶「受」，嘉靖本作「授」。

❷「能者」至「精察」十四字，嘉靖本作「如顏子有四勿之功曾子有」。

節語勢牽纏重復，殊不知兩節同是一個道理，上是比況，下是正言也。

「孟子曰『天下有道』」章

「天下有道，以道殉身。天下無道，以身殉道。」士君子之處世，只有此兩端而已，「未聞以道殉乎人者也」。蓋當是時，「以道殉身」者固無也，「以身殉道」者亦安有哉？但見其皆「以道殉人」而已，故孟子發此。

「孟子曰『滕更之在門也』」止「不答，何也」章

「若在所禮而不答，何也？」彭更所謂「若在所禮」者，意亦在於貴與賢與？

「趙氏曰：『挾二，謂挾貴挾賢也。』」以國君之弟固有貴可挾，以諸侯子姓而能從師受業，其亦可見有賢可挾處。然二者非可以爲挾也，故孟子薄之。

「孟子曰『於不可已而已者』」章

「於不可已而已者」，以處事言。○「於所厚者薄」，以待人言。○一說或爲其所當爲而爲之太驟，或厚其所當厚而厚之太過，似亦可通。

「其進鋭者，其退速」

「其進鋭者」以脩爲言，自是三項。但「於不可已者」與「於所厚者」同是一不及之弊，對下句便是一不及一太過。不可以「進鋭」、「退速」貫上二項作一事説，「進」字、「退」字説不去。○厚薄看來亦不可依朱子小注，專作父子兄弟，對外人説，各各有厚薄。○「於不可已而已者」，大注「三者之弊，理勢必然」，或以其「進鋭」爲只是「不可已」與「所厚者」，其於「三者」字意若不合矣。蓋果如其説，則只是二者。

「孟子曰『君子之於物也』」章

此章宜先排個「物」字、「民」字、「親」字在這裏，然後將「親」、「仁」、「愛」三字擇所宜施者而施之，以「親」字付之於親，以「仁」字付之於民，以「愛」字付之於物，則各得其分，而不至於輕其所重，重其所輕矣。

分而言之，則有序。○序，謂輕重之序。

所謂理一而分殊也。○「理一者」，親、民、物皆所當愛也。「分殊者」，物則愛之，民則仁之，親則親之，有其等也。

一本故也。○父母一而已。○此章只是輕重之等，既有輕重，則先後亦在其中。重者必在所先，輕者必在所後，但正意主於輕重之等。

「孟子曰『知者無不知也』」章

「當務之爲急」，爲最所當知者。○「急親賢之爲務」，謂急於愛賢也。仁知意要分别得明。○下文舉堯舜以實之，「堯舜之智」，「急先務」，如曆象、治水、舉相去凶是也。○「堯舜之仁」，「急親賢」，則所謂「堯以不得舜爲己憂，舜以不得禹、皋陶爲己憂」者也。○觀《堯典》所序，一則曰「乃命羲和」，二則曰「疇咨若時登庸」，三則曰「疇咨若予采」，四則曰「咨四岳」，五則曰「明明揚側陋」，其「急親賢」有如此。考之舜猶然。○若親賢如「堯以不得舜爲己憂」，舜以不得禹、皋陶、稷、契、夔、龍輩爲己憂是也。○急先務，如堯之欽天授時、抑洪水之類，舜之「在璇璣玉衡，以齊七政」、班瑞覲后、「同律度量衡」之類是已。識其大體，則心不狹，知者無不知，仁者無不愛也。雖曰「當務之爲急」，「親賢之爲務」，但先務既治，則凡在當治者，當自無不舉矣。賢者既親，則於仁民愛物，亦當無所不用矣，故曰「急先務也」，「急親賢也」，非「先務」與「親賢」之外，皆無所事也。

此章乃平論智仁，不可使「急先務」與「親賢」相混。

盡心章句下

「孟子曰：『不仁哉！梁惠王也。』」

注：「『親親而仁民，仁民而愛物』，所謂『以其所愛，及其所不愛也』。」夫「仁者以天地萬物爲一體」，「民吾同胞，物吾與也」。蓋無一物不在所愛之中，今乃以民物爲所不愛，何也？此亦所謂「其所厚者薄，而其所薄者厚」之意，故朱子《或問》曰：「以家對國與天下而言，則其理雖未嘗不一，然其厚薄之分，亦不容無差等矣。」蓋理一分殊之説也。故民亦吾所愛也，視親則爲在所不愛矣；物亦在所愛也，視民則又在所不愛矣。

「以其所愛，及其所不愛」，推類言之，如父母之所愛者亦愛之，父母之所敬者亦敬之。至於犬馬盡然。又如愛其人而及其屋上烏，皆是也。○此承上篇之末三章之意：一是於所厚者薄，無所不薄。二是「親親」、「仁民」、「愛物」。三是「此之爲不知務」。蓋此四章皆有務本之意。

仁人之恩，自内及外。○「親親而仁民，仁民而愛物」，自一家之内而推出，外以及民也。不仁之禍，由疏逮親，「以土地之故及其民，以民之故及其子」，土地視民，亦爲疏也。下句難言「由外及内」，故變言「由疏逮親」。

「孟子曰『《春秋》無義戰』」章

「春秋」是指《春秋》經，非指春秋時也，故注云「《春秋》每書諸侯戰伐之事」云云。

「彼善於此，則有之矣」，此句要見得總是「無義戰」意。

「征者，上伐下也」

此條正解上文所以「《春秋》無義戰」之意。○「征者，上伐下也」，征伐自天子出也。諸侯有罪，則天子命方伯以討之，無有諸侯伐諸侯者。若《春秋》征戰皆不稟王命，以諸侯伐諸侯，此所以「無義戰」也。然則召陵之師，亦非稟王命也，何以爲「彼善於此」？曰：「如責『包茅不入，王祭不供，寡人是問』，以此問罪，意猶在尊王也。然以其意不自天子出，且特假之以爲興師之辭，此所以僅得爲『彼善於此』，而終不得爲『義戰』也。知《春秋》者莫如孟子，如此章之言，盡《春秋》之義矣。」○「征與伐何别？」曰：「有不義之伐，無不義之征。」

「孟子曰『盡信書則不如無書』」章

此「書」字不必指《書經》，凡載事之辭，皆書也。

「吾於《武成》，取二三策而已矣」

「吾於《武成》，取二三策而已矣」，安能盡信邪？且《武成》有云「血流漂杵」，夫「仁人無敵於天下，以至仁伐不仁，而何其血之流杵也」，其不可信明矣。孟子此言，非初不識書本意，蓋直反書意而言之，所以拔本塞源而爲生民立命也。❶ ○據此言，則其所不信者，不止「血流漂杵」之一言矣。然今通考《武成》，則其言一一皆平實而可信，何也？且所關繫甚大，一句不可少。○《武成》本文曰：「既戊午，師渡孟津。癸亥，陳于商郊，俟天休命。甲子昧爽，受率其旅若林，會于牧野，罔有敵于我師。前徒倒戈，攻于後以北，血流漂杵。一戎衣，天下大定。」傳曰：「蓋紂衆離心離德，特劫于勢而未敢動耳，一旦因武王弔伐之師，始乘機投隙，奮其怨怒，反戈相戮，其酷烈遂至如此。亦可見紂積怨于民若是其甚，而武王之兵，則蓋不待血刃矣。」○「『何其血之流杵也』，『杵，舂杵也』，兵間安得有舂杵？」曰：「此正兵中所宜用也。古人凡行兵，兵人須各携畚、鍤、板、杵之屬，爲營塹備也。又有羅鍋之類，行以爲羅，爨以爲鍋。」○漂，浮流也。

「孟子曰『有人曰：我善爲陳』」章

此以下，皆言無用於「善爲陳，善爲戰」也。

夫「國君好仁，天下無敵焉」，何以見之？如湯：「南面而征，北狄怨。東面而征，西夷怨。曰：『奚爲後我。』」孰有敵之者？又如「武王之伐殷也」，蓋紂之民自無有敵之者，故能以寡勝衆如此。且武王方其入殷之初，一告民曰：「無畏，寧爾也，非敵百姓也。」於是民皆「若崩厥角稽首」矣，夫誰與王敵？然所以國君好仁，便能無敵於天下者，何也？蓋「征之爲言，正也，各欲正己也，焉用戰」，「焉用戰」，正所謂「無敵」也。若有敵之者，則須戰矣。○好仁則自無敵於天下，彼「善爲陳、善爲戰」者，蓋不仁而徒以力取勝矣，

❶ 「立」，嘉靖本、四庫本作「之」。

故曰：「大罪也。」而他日又曰：「善戰者服上刑。」○不曰「南面而征，北國怨。東面而征，西國怨」，而必曰「西夷」、「北狄」者，夷狄在四遠之地，要荒之外，尚怨其我後，則近者可知。古人立言之法，多類此。

「革車三百兩，虎賁三千人」

言其不盛兵威也，以矯「我善爲陳，善爲戰」之意。千，《書序》作「百」，則益明矣。○《孫子·作戰第二》篇曰：「凡用兵之法，馳車千駟，革車千乘，帶甲十萬。」注云：「一車兩驂兩服，凡四馬，故曰駟。以皮縵其輪，籠其轂，而號爲革車者爲一千乘，即駟也。古者每兵車一乘，甲士三人，步卒七十二人。又二十五人將重車在後，凡百人也。故車千乘，則帶甲者共十萬也。」○「虎賁三千人」，《書·立政》篇傳曰：「執射御者曰虎賁。」○《正韻》賁與奔同。虎賁，勇士也。孟賁力士，蓋亦以此得名。❶○《周禮》虎賁氏：下大夫二人，中士十有二人，府二人，史八人，胥八十人，虎士八百人。虎賁氏掌先後王而趨以卒伍，軍旅、會同亦如之。蓋如今之親軍禁兵也。○「革車三百兩」，每車堪載者七十五人，三百車該二萬二千五百人。「虎賁三千人」，蓋親兵武士也。若依《周禮》每虎賁自大夫至虎士八百二十二人，三千虎賁則該二十四萬六千九百人矣。決不至如此之多。且既曰「虎賁」，安得用多？又紂獨夫，無甚難克，而大國三軍不過三萬七千五百人，安得虎賁如此之多？亦安用如此之多？況八百國來會者，及庸、蜀、羌、茅諸國，各率人

---

❶ 「以此得名」至下「寧爾也條」一段，原錯頁在下「孟子曰吾今而後知殺人親之重也章」條「出乎爾者反」下，今據嘉靖本乙正。

徒致助，益信不用許多兵矣。然本文曰「虎賁三千人」，只論人數矣。

「王曰『無畏，寧爾也』」條❶

《集注》「《書·泰誓》文與此小異」，❷曰：「勖哉！夫子罔或予畏，寧執非敵。百姓凛凛，若崩厥角。」傳曰：「夫子，將士也。言無或以紂爲不足畏，寧執心以爲非我所敵也。商民畏紂之虐，凛凛然若崩摧其頭角然，言人心危懼如此。」今按孟子之説，非獨小異，蓋大異也。「稽首至地，如角之崩」，言其扣頭抵地，有如獸角之下觸也。崩不是崩墜，只是垂向下之意。○「無畏，寧爾也」一條，重在「若崩厥角稽首」一句。朱子謂武王不如湯者，其所指固非一端，然以此章觀之，亦見得武王不如湯處。在湯則曰：「南面而征，北狄怨。東面而征，西夷怨。曰：『奚爲后我？』」湯兵未至，而民已先信其爲救民伐罪之師，而非敵百姓矣。初不煩一詞之告諭，而後民始安之，所謂「歸市者不止，❸耕者不變」，是多少信得湯過。若武王，則猶須云「無畏，寧爾也」，於是民始「若崩厥角稽首」，雖同歸於無敵，然亦不無優劣。

❶ 上「以此得名」至「寧爾也條」一段，原錯頁在下「孟子曰吾今而後知殺人親之重也章」條「出乎爾者反」下，今據嘉靖本乙正。

❷ 「集注書泰誓」至下「所謂歸市者」，原錯頁在下「孟子曰吾今而後知殺人親之重也章」條「乎爾者也所謂天道」上，今據嘉靖本乙正。

❸ 上「集注書泰誓」至「所謂歸市者」，原錯頁在下「孟子曰吾今而後知殺人親之重也章」條「乎爾者也所謂天道」上，今據嘉靖本乙正。

「孟子曰『梓匠輪輿』」章

正意在言表，蓋勉勵學者求解悟於條教之内也。然教亦有善否，如云「善教者，使人繼其志」。○「梓匠輪輿」，梓人，蓋就山取木者，故以木名之。匠人，則制木使成器者，故以工名。輪人，車所重在輪，故别爲一工。輿人，除輪之外，凡車中事件，皆其所制也。《考工記》有梓人、匠人、輿人、車人，但所治與此不盡同。輿人爲車，車人則爲耒，而不分輪、輿。匠人又治經界土工，梓人則治筍簴及布侯，蓋兼治耶？

「孟子曰『舜之飯糗茹草也』」章

草，蔬菜也，故蔬菜之類，字皆從草頭，草者，其總名。蔬菜即草之可食者也，然以其皆草也，故此謂之草。

「被袗衣，鼓琴，二女果」作三件看。「鼓琴」言其樂而自適也，就富貴説。

看此章，須味「若將終身焉」、「若固有之」兩句，看其氣象如何，其設心如何。○方其未富貴之時，絶無望富貴之心。及其既富貴之時，又若素富貴者然。蓋真見夫外物之不能爲損益故耳。惟其「有天下而不與」，此所以「被袗衣，鼓琴，二女果，若固有之也」。

「孟子曰『吾今而後知殺人親之重也』」章

親，謂父兄也。○「吾今而後知殺人親之重也」，此章教人慎其所施也。吾以是施之，彼必以是報之，曾子「戒之！戒之！出乎爾者，反乎爾」者也，所謂「天道好還」也。陳宫曰：「以孝治天下者，不害人之親。施仁政於天下者，不絶人之祀。」古人罪人不孥，父子兄弟罪不相及，皆存厚也。

「然則非自殺之也，一間耳」

猶言假手於人耳，其實是己殺之也，所謂「此往彼來間一人」者。如此，若殺人之親者，其心本非以自殺其親，然其勢必至於殺其親，故孟子之立言如此，所以警人耳。

此章之言，只重在此一句。蓋有施無良於人而貽災於親者，猶但知歸怨於人而曰非我也，不知殺者非我，而所以致其殺者則我也，但不出己手耳。故孟子根極其理以曉悟之，亦確論也。「然則非自殺之也，一間耳」，注：「間，去聲。」故云：「此往彼來間一人耳。」惟《論語・雍也》篇「回也，其心三月不違仁」章注云：「顔子於聖人，未達一間者也。」則作平聲讀。有新安陳氏之説頗詳。

「孟子曰『古之爲關也，將以禦暴』」章

關則同，而古今所以爲關之意則不同。蓋古者關「譏而不征」，今則主於征而已，蓋失先王設關之本意矣。

「古之爲關也」，此題吾若做時文，則破云：「關一也，而古今爲關之意則有公私之異焉。」或破云：「古以之而譏，今以之而征。」

「孟子曰『身不行道』」章

「身不行道」則化亦不行於妻子，然猶可使也。若「使人不以道」，則令亦不能行於妻子矣。兩言「妻子」者，非專爲妻子也，言妻子至親近，仰吾以爲天者尚不可化不可令，况他人乎？

古人謂進德者必考之於妻子。

「孟子曰『周于利者，凶年不能殺』」章

「周于德」謂識到、守到，又氣到也，故「邪世不能亂」。三者一不至，則亂矣。識不到則眩，荀彧之從曹操是也。守不到則敗，楊雄之爲莽大夫是也。氣不到則懾，王公坦之之倒執手板是也。據《集注》云「言積之厚則用有餘」，則所謂「邪世不能亂」者，就應用而言也。如甯武子當成公之時，蘧伯玉當衛靈公之際，皆所謂「邪世不能亂」者。又其大者，如孔子之在春秋，孟子之在戰國，真如白璧在泥塗，終不受點汙也。○上句起下句，正與《論語》「百工居肆以成其事，君子學以致其道」同，仲珠欲平説，不當輕重，此所未曉。

「孟子曰『好名之人能讓千乘之國』」章

既曰「好名之人」，便是非其人矣。此章最得好名之人情狀出。孟子之言，句句是事實，蓋嘗驗之人矣。此章是觀人之法，只在孔子「察其所安」一句内。

「孟子曰『不信仁賢則國空虚』」章

國非無人也，不信仁賢則若無人矣。無仁賢，則雖億兆其衆，不足爲有無也，故曰：「三卿爲主，可謂衆矣。」紂失仁賢，則爲獨夫。狐朝在秦，未可謂秦無人。三良在鄭，則楚知未可問。傳曰：「不有君子，其能國乎？」

賢者，有德之稱，兼才。仁則德之首也。○「禮義」者，禮必有義，義即其所以爲是禮者之理也。「政事」者，政以大綱言，事其中節目也。○「仁賢」還作兩人看，如俊傑賢能之類。若「禮義」、「政事」，則在所不分。

「孟子曰『不仁而得國者有之矣』」章

胡氏謂「騁私智可以盜之於一時，非至仁不可得之於悠久」，孟子未有此意。如田恒之於齊，三卿之於晉，下以術而愚其民，上以力而脅其君，則亦可以盜國者。若普天之下，萬邦之廣，欲以術而愚之，則一人之術有限，而天下之大不可以勝愚也。欲以力而制之，則一己之力有限，而天下之大不可以勝制也。故曰：「不仁而得天下，未之有也。」自孟子時觀之，則只有「不仁而得國者」，無「不仁得天下」者。自孟子後觀之，則自秦以來，「不仁而得天下」者有矣。然究竟論之，則皆「一再傳而失之，猶不得也」，故引鄒氏云云。

「孟子曰『民爲貴，社稷次之』」章

當時諸侯，皆以南面之貴自驕，而視民如草芥，故孟子抑彼伸此而爲言。○「民爲貴」，只是「匹夫匹婦或能勝予」之意。蓋古者有畏民之君，是以無可畏之民。後世狃於民之不足畏，而民之大可畏者始見於天下。○得其民則天下歸之，此謂神器歸之也，非謂天下之人歸之。蓋上「得乎丘民」之「民」，是天下之民歸心矣。稷非土無以生，土非稷無以見生生之效，以其同功均利，一體相須，故社稷之立，同其所亦同其祭也。○「壇壝」猶言壇場。壝，墠也。墠，除地也，亦場也，即壝也。築起者爲壇。當立神之廟，壝其場也。一曰壇在四隅，如矩曲方。蓋總是壇外圍内之地。一曰壇謂壇及埒也。《玉篇》：「埒，耕治也。」「埒」字查無，蓋總一般。或曰：埒蓋墻云。○小注：「《周禮・地官・大司徒》『設其社稷之壝而樹之田主』，考《周禮句解》曰：『田主，田神也。樹，立木爲表也。』」

「是故得乎丘民而爲天子」條

如此論民之貴，不知孔子議論亦如此否？　愚意只説民之貴便罷，何必以得天子只爲諸侯，得諸侯只爲大夫來照他！　如云：「何以守位？　曰仁。」「天明畏自我民明畏。」曰：「殷之未喪師，克配上帝。」「得衆則得國，失衆則失國。」曰：「匹夫匹婦不獲自盡，民主罔與成厥功。」曰：「匹夫匹婦，或能勝予。」曰：「民可近，不可下。」如此議論，亦足以明民之貴矣。

「犧牲既成，粢盛既潔」

「犧牲既成」，謂牲牷肥腯者也。○或曰：盛，具也。○黍稷之在器曰「粢盛」。

「毁其壇壝而更置之」，蓋徙置他處，亦有易神而事之意與？　抑只是與之更新之意與？　大抵只是更新意，以土穀無二神也，難拘於更立君之例。

八蜡。

《禮記・郊特牲》云：「天子大蜡八，伊耆氏始爲蜡。」蜡也者，索也。「歲十二月，合聚萬物而索饗之。」注：「蜡祭八神。」

先嗇一，神農。司嗇二，上古后稷之官。農三，田畯，督農者。郵表畷四，郵亭，督農者所居，及標表連畷處皆是。表畷，謂畷之表也。貓虎五，除田鼠、田豕。坊六，水防也。水庸七，溝也。昆蟲八。蝗螟。

此注與《禮記》本文似不合，且與此所引亦不合。恐貓、虎當分爲二，而無昆蟲一目。一説祭百種以報嗇，當別爲一祭。且蝗螟而祭之，與報功之意爲逆。或曰：以其不爲苗害。又或曰：如祭鱷魚。伊耆氏，堯也。索，求索，求其神也。合，猶閉也。閉藏之月，萬物各已歸根復命，聖人欲報其神之有功者，故求索而饗祭之也。

《山堂考索》曰：「蜡之爲言，索也。伊耆氏始行之。終歲休息，則索饗群神而舉是祀，所謂蜡以祭八神是也。一方有歉，則時缺其禮而不講，❶所謂蜡以禮四方也。然則蜡之爲義，雖以敬神，實所以警東阡西陌耕耔之夫也。彼康成取昆蟲以足八神之數，其意蓋謂虫螟之災，神實驅之。不知昆蟲實出於祝辭，正不可附會而足其數也。王肅出貓虎而棄昆蟲，其意蓋謂迎貓迎虎實爲二物，不知貓、虎均爲食田鼠、田豕，尤不可分爲二祭也。吁！昆蟲既不足以充其數，貓、虎又不當以拆其二，則所謂祭百種以報嗇者，得非八神之一乎？」〇愚按《禮記·郊特牲》本文似未嘗以昆蟲爲一神，亦有疑在。前貓、虎亦素疑不當分：郵表畷既合，貓虎何爲分？今觀先輩，果有此論。

今定八蜡：先嗇一、司嗇二、百種三、農四、郵表畷五、貓虎六、坊七、水庸八。

「年不順成，八蜡不通」，二句相連，不可分平。蓋年若不順成，則八蜡之祭不通。惟順成之處則行，不順成之處則不行，所以謹民財也。蓋以其神無功，故不報祭。此正與「旱乾水溢，變置社稷」之意同。

「不順」謂雨暘不時，「不成」謂五穀不登。〇《禮記》注：「順爲五氣時若，成謂五穀皆登。」

「孟子曰：『聖人，百世之師也。』」

「師」字只在「聞風而興起」内得。

❶「缺」，原作「鈌」，今據嘉靖本改。

「伯夷、柳下惠是也」

不言孔子者，朱子曰：「孔子道大德中而無迹，故學之者没身鑽仰而不足。二子志潔行高而迹著，故慕之者一日感發而有餘。」❶亦不言伊尹者，汪氏曰：「聖人達則澤及當時，窮則風傳後世。」此不及伊尹者。夷、惠不爲政於天下，所可言者，風而已。〇二子非有意於爲人師，其高風垂於後世，人從而師之耳。蓋其所造已到極處，亦人倫之至也，故曰「聖人」。

「頑夫廉，懦夫有立志」

廉對污，立對懦，但無所污累者必有立，亦理有以養氣也。不然，餒矣。〇廉遠地，則堂高。廉不是堂口之磚，乃是堂口磚之角處。角謂其人字脊也，非兩角也，故曰「廉隅」。隅亦角也，故又曰廉，謂稜角峭厲。

「薄夫敦，鄙夫寬」

薄對厚，寬對狹也。

「非聖人，而能若是乎」

此句最重。自古人未有目二子爲聖人者，「而況於親炙之者乎」？上文俱非親炙者。〇「而況於親炙之者乎」，見聖人之所以感發乎人心者，大不凡也。自後世言謂之風，自當時言只是德。《程明道先生行狀》曰：「觀德者心醉，聞風者誠服。」德與風固有辯也。范文正公作《嚴先生祠堂記》，有曰：「先生之德，山高

---

❶「發」，嘉靖本、四庫本作「慨」。

水長。」李大伯爲易「德」字作「風」字，正此謂也。「而況於親炙之者乎」，不必兼一世言，注分明云：「親近而薰炙之也。」

「孟子曰『仁者，人也』」章

大意孟子是開釋「仁」、「道」二字以示人，謂人有恒言曰仁曰道，不知所謂仁者無他，即是其所謂人者也。以仁與人合言之，則有這人之身，便有這仁之理，以其爲所當行之路，即此便是道矣。「仁也者，人也」，言仁者非他，即是人之爲人者也。蓋有是人則有是仁，人則當仁矣，故曰：「合而言之，道也。」仁與道是一時事，此處不分性道，故引程子云云。○「仁也者，人也」，何以如此立言？蓋人而無仁則不成人矣，故曰「仁也者，人也」，故曰「無惻隱之心，非人也」。

「合而言之，道也」

如此立言，方見道爲事物當然之理。仁以所具而言，道以所循而言。「有物必有則」，此箇「則」，便是物之所循者也，故曰：「合而言之，道也。」仁不在人之外，而道又不在仁與人之外。○二字最説得廣，父慈、子孝、兄友、弟恭之類皆是。以至「視思明」、「聽思聰」等之類皆是。「仁也者，人也。」全重在人，未有合意。至下句方合之，以見道之所以爲道處。合言，則「仁」與「人」字平重矣。

一説「仁也者，人也」，此章重在「道」字。曰「仁也者，人也」，只是謂「合而言之」之地，故《集注》只引程子曰：「《中庸》所謂『率性之謂道』是也。」既不兼引「天命之謂性」，又不引及所謂「仁者，人也」，其意可見。

此章大意，謂人外無仁，而道亦不外是矣。

時文可破云：「仁不外乎人，而道又不外乎仁與人也。」

「仁也者，人也」，此專言之仁，兼四德萬善在其中。又如「集義所生」之義，「克己復禮」之禮，皆專言而兼衆善者也。

《大學》「緝熙敬止」之敬，是專言者，又統乎下文之仁、敬、孝、慈、信等矣。○愚按外國本之説，理味俱短，而朱子乃謂「如此則理極分明」，何耶？蓋惟曰「仁也者，人也」，即繼之曰「合而言之，道也」，此所以爲孟子議論也。若兼「義者，宜也」云云，「合而言之，道也」，則有何意味？雖非孟子，亦能爲此矣。且既曰「仁也者，人也」，則何所不該！不當復繼之以云云矣。○若曰「仁也者，愛也」，則兼繼以「義也者，宜也」云云，故周子曰：「德：愛曰仁，宜曰義，理曰禮，通曰智。」如《中庸》對義言，雖亦曰「仁也者，人也」，然却曰「親親爲大」，則亦主於偏言矣。愚竊以爲朱子不當取外國本之説，於圈外或明言「不如此本之爲長」方是。鯫生一見，聊誌以俟智者。

「孟子曰『孔子之去魯，遲遲吾行也』」章

此言在未行之時説。蓋魯既受女樂，孔子當去，然不欲爲此去，又不欲爲苟去，故遲遲云云者。蓋因子路可去之言而發與？故孔子曰：「魯今且郊，若致膰于大夫，則吾猶可以止。」可見其「遲遲吾行」之意。

「去父母國之道」及「去他國之道也」二句，是孟子釋之之詞。

此章之言，記《魯論》者可以入之《鄉黨》。

「孟子曰：『君子之戹於陳、蔡之間，無上下之交也。』」

按《史記》孔子去衛適齊凡三次，此其第三次也。因靈公問陳，不對而行。復如陳，又如蔡及葉。朱子《序說》曰：「《史記》云：『於是楚昭王使人聘孔子，孔子將往拜，而陳、蔡大夫發徒圍之，故孔子絶糧於陳、蔡之間，有「愠見」及告子貢一貫之語。』按是時陳、蔡臣服於楚，若昭王來聘孔子，陳、蔡大夫安敢圍之？且據《論語》，絶糧當去衛如陳之時。」

「無上下之交也」，如在齊則景公顯名諸侯也，而衛靈公亦能引賢以自近。其下則有蘧伯玉、顔讎由、鄭子産，皆夫子之賢主人也。在陳、蔡則不然，亦其時事之不獲已而過其國耳。如他日將之荆，先之以冉有，次之以子貢，可見聖人之智，自不後於人也。「君子之戹於陳、蔡之間，無上下之交也」，可見《史記》陳、蔡大夫發徒圍之之説未可信。其絶糧者，亦止是「無上下之交」，而懷資不足，無從得糧耳。

「貉稽曰：『稽大不理於口。』」

「理，賴也」，不賴於口，言壞於衆口也，爲人所壞則不足賴矣。若賴得他，則不爲所壞矣。不理之意，當如此看。

「孟子曰：『無傷也，士憎茲多口。』」

言爲士者益多爲衆口所訕，則稽之「不理於口」，猶未害也。然出一「士」字，亦可見稽之未爲士也。此「士」字指文王、孔子之流，舉文王、孔子，所以見其「無傷」也。「盡其在我」之意，在言外見得。孟子之言，只是「無傷」意。

「貉稽曰：『稽大不理於口。』」自以爲所害也，故孟子言不足爲害，何也？孔子不免爲群小所愠，文王亦不免爲人所怒，則衆口於子何害乎？然則惟當脩其在我者而已矣。然曰「士憎兹多口」，則稽或未足以語士乎？如孔子、文王，士流之望也。

《柏舟》詩曰：「憂心悄悄，愠于群小。覯閔既多，受侮不少。静言思之，寤辟有摽。」今《孟子》注曰「本言衛之仁人見怒於羣小」，而《詩傳》以爲婦人不得於夫之詩，此「群小」指衆妾也。或謂孟子時，《詩傳》未定，既定而未及解此也。或曰仁人泛指，莊姜亦女中之仁者。

《綿》詩第六章曰：「肆不殄厥愠，亦不殞厥問。柞棫拔矣，行道兑矣。昆夷駾矣，維其喙矣。」傳言太王雖不能絶昆夷之怒，亦不殞墜己之聲聞。蓋雖聖賢不能必人之不怒己，但不廢其自修之實耳云云。○「憂心悄悄，愠于群小」，不必説出「衛之仁人」。「肆不殄厥愠，亦不殞厥聞」，不必説出「太王」。《集注》則當云「本言衛之仁人」、「本言太王」，如前章言書之本意相似。

「孟子曰『賢者以其昭昭使人昭昭』」章

「賢者以其昭昭使人昭昭」，在人君則「人」字兼臣民，在人臣則「人」字兼君民。

「孟子謂高子曰『山徑之蹊間』」章

趙氏謂高子嘗學於孟子，去而學他術。

今觀此章，亦未見得是爲此發，大概警其工夫間斷耳。且公孫丑不稱其字而曰高子，孟子不稱其名而曰高叟，安見其爲學於孟子邪？彼徒見孟子所告之言似長者之詔子弟，然而意度耳。

朱子嘗以《孟子》書爲孟子自著，今觀此「孟子謂高子曰」與前篇「公孫丑曰」、「高子曰」同，似是公孫丑之徒所記者，然實未見得「告子先我不動心」、「樂正子二之中四之下」，孟子亦不名字之矣，何獨高子？且既可謂之「高叟」，則亦可謂之「高子」矣。然則朱子以爲孟子自著者，果非苟也。○「山徑之蹊間，介然用之而成路。爲間不用，則茅塞之矣」，以况方寸之間，善端之萌，但以禮義充養之，則即開豁而光亨。若理義之念有間，亦隨蕪穢而不治矣。「今茅塞子之心矣」，語法與「人能無以飢渴之害爲心害」相類，究其所以爲心茅者，氣習之蔽也。

「爲間不用，則茅塞之矣」，是承上句意説，言此箇山蹊，但「介然用之而成路」。雖成路矣，然復不用，則又爲茅所塞矣。以况在人理義之心，若能時時存養之，則日進於高明矣。若稍二三其心，則物欲又隨而梏亡之矣。或曰：只是對説，不用貫意。蓋只是一個山蹊也，用之則爲大路，舍之則塞。愚以謂，據今日，凡山蹊雖已成大路，若稍久不行，又有不爲茅塞者乎？彼謂「茅塞」者，亦只是蹊間，此豈孟子所以警人之意乎？且非事理之實也。吾聞「惟聖罔念作狂」，故他日有「西子蒙不潔」之喻，孟子語意大不然也。

「高子曰：『禹之聲，尚文王之聲。』」

此非自有所見，乃俗云「就所相漆」，而實非以漆相也。孟子之喻，言簡而意足矣。

「孟子曰：『何以言之？』」

孟子窮其立言之意也，乃只曰「以追蠡」而已，可見其胸中全無所見。

高子曰：「禹之聲，尚文王之聲。」孟子曰：「何以言之？」曰：「以禹之鍾追蠡也。若非尚文王之聲，則何其追之獨蠡而文王不然邪？」曰：「是奚足哉！城門之軌，豈兩馬之力使然哉！『蓋日久車多所致。』然則禹追獨蠡者，以其生於文王前千餘年，鍾久而紐絶耳。豈以其過於文王之欒，而人專尚之故耶？」追，鍾紐也，《周禮》所謂旋蟲是也。○鍾紐，❶懸鍾之紐也。謂之旋蟲者，其紐形員如環，環有盤旋之義，故謂之旋。謂之蟲者，紐上爲蟲形以飾之。或爲蹲龍，或爲盤龍，皆蟲也。

「齊饑，陳臻曰」

「晉人有馮婦者，善搏虎」，專擅搏虎之技，其後能改行爲善士。既爲善士矣，一日行之野，「有衆逐虎」云云。「馮婦攘臂下車」，前日之故態不覺復形，故雖得衆人之懽而爲士者笑之矣。

搏虎之事，在常人以爲能，在士者則可羞。蓋以士者之冠紳而銜，❷武猛之未能，自失敬身之道以干世俗之譽。況既在士流之托，乃復有伎倆之術，是亦不可以已乎？是豈無任其事者乎？

「馮婦攘臂下車」，當時已貴重矣，乃攘臂爲此，是亦不自貴重哉！是誠不知止。

一説「卒爲善士」是説後來事，當此攘臂時，猶是未爲善士已前事。曰：「如此，則爲士者何故笑之？而朱子何由曰『笑其不知止』？」

「孟子曰『口之於味也』」章

❶「紐」，原作「狃」，今據嘉靖本、四庫本改。

❷「銜」，嘉靖本作「衡」。

程子曰：「五者之欲，性也。」小注云：「性之所欲，此即『食色性』之性也。」朱子亦曰：「此『性』字指氣質而言。」然則告子「生之謂性」、「食色性也」之言，亦不爲謬矣。請問其究何如？曰：「孟子此言『性也』，是據世俗所云，則固是氣質也。若正論氣質之性，則氣質中自有性，性自是理，非謂氣質即性也。如貧賤之當安其分，富貴之有『品節限制』者，則正以其理之未嘗不存乎其間也，斯即『有命焉』之意。但理隨氣質分類，有昏、明、厚、薄之不同耳。上句有『性焉』一言，固未以爲定准也，必繼以『有命也』，方成道理。不然，便爲氣質則即性耳。毫釐之差，千里之謬，只此一字之誤。其禍將至於伏屍百萬，流血千里矣，可不慎哉！學者可不致其精哉！下節『命也，有性焉』，亦是此例。但『性』、『命』二字，所指各不同。」「口之於味」五者，「性也」，此分明是氣質之性，舜所謂「人心」者也。可見孟子雖不言氣質之性，亦未嘗不知有氣質之性。其所以千句萬句只是性善者，總是伸此抑彼耳。

「仁之於父子也」條

此五者當云：「『仁之於父子也』，有至與不至；『義之於君臣也』，有盡與不盡；『禮之於賓主也』，有恭與不恭；『智之於賢否也』，有哲與不哲。若夫『仁於父子也至，義於君臣也盡，禮於賓主也恭，智於賢否也哲』，則所謂聖也。而其聖也，又必其皆能與天道爲一，亦有純與不純之異焉，此皆所謂命也。」「聖人之於天道」，亦有至不至者。如「堯舜性之」，則「於天道無不脗合而純亦不已矣」。「湯、武反之」，禹入聖域而不優，則於天道爲未盡矣。又如孔子「聖之時，譬如天地之無不持載，無不覆幬。譬如四時之錯行，如日月之代明」，則於天道脗合而純亦不已矣。若柳下惠、伯夷、伊尹，則只爲一偏之聖，如春夏秋冬之各一其時耳，是於天道爲未至也。

「『仁之於父子也』有至與不至云云命也」，其詞雖兼至與不至，其意則主於不至者，故曰：「有性焉，君子不謂命也。」○仁、義、禮、智、天道何別？ 蓋仁、義、禮、智，性也。天道者，即其渾然之全體也，不必謂是性之從出者。 蓋以其與仁、義、禮、智均爲賦予之命者也。要知性亦是仁、義、禮、智之盡道者也。○按《論語》「性與天道」章，《集注》曰：「性者，人之所受之天理。天道者，天理自然之本體。其實一理也。」小注王氏曰：「此理在天，未賦於物，故曰『天道』。此理具於人心，未應於事，故曰『性』。即元、亨、利、貞、仁、義、禮、智是也。」今人多用《論語》之説以解孟子之意。 愚謂此處仁、義、禮、智與天道，皆爲賦於命者，如何亦以「天理自然之本體」，所謂「元、亨、利、貞」者釋之邪？ 要知只是仁、義、禮、智之渾然全體者耳。蓋其全體之渾然，即其本體之自然者也，故亦曰「天道」。○一説據朱子所謂「聖人之於天道也，無不脗合而純亦不已焉」，則以爲「天理自然之本體」者，亦爲的也。

「命也」，《集注》凡三段，看來全是以所禀言。 其第三段云：「所禀者厚而清，則仁之於父子也至。」此一段亦只是發揮出程子之言，使其條暢明白耳，非與程子之言小異也。 蓋仁義之屬，在人有能有不能，而其能者亦有淺深之不同，須兼此兩意。 如晏嬰智矣，只是智之淺者，其愚處亦是淺，故與上下文一意。○一説看「皆」字，便見是別一意。 或曰：如此則第三段「清、濁、厚、薄」字，與程子「清、濁、厚、薄」字不同乎？○一説「晏嬰智矣，而不知仲尼」，則是「智之於賢否」有不哲者。 蓋朱子「愚按」一段，正是承張子之言以補程子之説之所未盡者，故曰：「是皆所謂命也。」○「晏嬰智矣，而不知仲尼」，總是言晏嬰之未盡處。 朱子小注是以禀賦言，則禀得智之淺固是未盡，以命分言，則偶蔽於此，亦是智未盡。禀賦主氣質之偏，命分主適然之數，皆就嬰身上說命。蓋智之盡與不盡，在晏嬰不在孔子也。在孔子則說得所值之命，然非此文本旨。以所值言，則當如舜之不得於父，文王之不得於君，乃是正意。○「晏嬰智矣，而不知仲尼，是非命耶？」張子之所謂命，似指孔子言，今朱子明注不然。若以爲朱子《集注》之意，本是以所遇而言，小注蓋未定之說，則當先以「愚按所禀者厚而清」云云，然後引張子之言以足所遇之命。今介於程說及「愚按」之中，則於小注合矣，奈之何耶？

「性也，有命焉」，有性便有命。「命也，有性焉」，有命便有性。性命不相離，此意最要見得，故朱子曰：「各就其重處言之。」分明前段五者之性，有命存乎其間，後段五者之命，有性存乎其間，但性命所指自不同耳。

兩箇「性」字不同，兩箇「命」字亦不同。上「性」字以氣言，下「性」字以理言。上「命」字以分與理言，下「命」字以氣禀與所值言。

「性也」之性，是氣質之性。「有性焉」之性，是性善之性。○上「性」字是人心，下「性」字是道心。上「命」字指富貴貧賤而兼有理，下「命」字指清、濁、厚、薄而兼所值。○「有命焉」既兼貧賤之不能皆如其願，富貴者之不可過其則，則下段「命也」亦當兼在我有厚薄之禀，在彼有遇不遇之殊耳。

正注說所值之命，當如舜之於瞽瞍，則於父子之仁有不能盡其善者。干、逢之於桀、紂，則於君臣之義有不能得其常者。此類是也。

前五者雖出於性，實限於命，故「不謂性」而求必得之。後五者有命，雖有清、濁、厚、薄之不同，而在性則初無清、濁、厚、薄之間也，故不謂命而必自致其力。

人只是一箇心，又分人心、道心。如「口之於味」五者，所謂人心也。「仁之於父子」五者，所謂道心也。「人心惟危」，故性也不謂性。「道心惟微」，故命也不謂命。《孟子》一書，無非遏人欲存天理，而此章又其昭昭者。○「此二條者，皆性之所有而命於天者也。」性、命二字，皆兼理氣，方知本文上段「性」字是氣質之性，下段「性」字是義理之性。

「愚聞之師曰：『此二條者，皆性之所有而命於天者也。』」「皆性之所有」，謂人心、道心也，故皆説得性。「口之於味」五者，人心也。「仁之於父子」五者，道心也。雖人心亦天理之所有，況道心乎？蓋理氣均由於天，故皆以爲「命於天」。此「性」字兼兩邊，「命」字亦兼兩邊。然世人以前五者爲性，後五者爲命，則各失了一邊，孟子之言，亦各指一邊説。但孟子是就所重一邊立言，世人却就所輕一邊藉口。

「性也」是從一邊説，「有命焉」再補其一邊。然其實只是渾淪物事，不分兩邊。上節言性者主於氣，此言「有命」者主氣中之理。下節言命者主氣，此言性者主理。彼是就其輕處藉口，此是就其重處覺人。○上條「性也」無兩義，則下條「命也」亦無兩義。上條「有命焉」亦只是言「有分，不能皆如其願」一意。「愚按」之言，又是此言之注脚。下條「有性焉」亦只是「性善，可學而至」一意。大注所以於「命也」，不兼所遇言，蓋已經裁酌矣。○上條曰「性也」，以氣言，曰「有命焉」，以氣中之理言也。下條曰「命也」，以氣言，曰「有性焉」，又純以理言也。

前五者既是性，何以獨言命而不謂性？後五者既是命，何以獨言性而不謂命？此所謂「各就其重處言之」也。

「伸此抑彼」有二説：一説「世之人以前五者爲性，雖有不得而必欲求之」，故孟子抑之。「以後五者爲命，一有不至，則不復致力」，故孟子伸之。此《大全》小注之説。一説前段是伸命而抑性，後段是伸性而抑命，故先云「伸此」而後云「抑彼」。若依《大全》，則當云「抑彼而伸此」，未知孰是。大抵後説長，且看上文「各」字。

既曰「各就其重處言之」，則「伸此抑彼」，兩節俱有也。前節則伸命而抑性，後節則伸性而抑命，「其重處」即在此伸也。此爲定説，不容改移。

「浩生不害問曰『樂正子何人也』」章

樂正子之爲人，以爲善人則有餘，以爲信人則不足，故既曰「善人也」，而又曰「信人也」。至末復云「二之中」云云，謂二者之間也。

「可欲之謂善」

「可欲」，從旁人説，謂他人見其可欲也。〇「可欲」者，善也，不善何以可欲？故曰：「可欲之謂善。」

「有諸己之謂信」

「有諸己」者，善實有諸己而非若存若亡也。信即實也。〇「有諸己之謂信」，全要學力，必知至，必誠意，乃實有諸己。苟或以名家之子而從曹操，爲之成就篡圖，可謂喪其善者，而司馬温公又深取之，且帝魏寇漢，故朱子謂温公若生三國時，亦從曹氏矣。斯亦未得爲「信人」矣，蓋其偏也。學之所係，其重如此。此章論人品，是主學言，故由善信而美大，由美大而聖神。由始學至於成德，正所謂由學而至聖者也。善人亦有由學者。○好善未能如好好色，則善不能實有諸己，惡惡未能如惡惡臭，則惡未能實無諸己。有善則無惡矣，好善則惡惡矣，故本文只是善有諸己，《集注》則兼如惡惡臭。

可欲之善，有得之天資者，亦有得之於學者，不必以善爲質美，信方自學力來。難拘定説，故朱子曰：「善人者，或其天資之美，或其知及之而勉慕焉，未必其真以爲然而果能不失也。然必其用力之久，真積有此善於己而無一毫虚僞意，然後可以謂之信人矣。」○善人能無惡矣，未必能不失也。信者，實有諸己而不失之謂。《語類》云。

「充實之謂美」

自可欲之善，有諸己之信，而遂充之以至於充實，故注云「力行其善至於」云云。但此「充實」二字平説，不可謂充之而至於實也，謂充滿積實也。○充滿而積實，猶言廣博而深厚，必充滿然後積實，必廣博然後深厚。○「充實」者，善充實也。善而至於充實，則雖「隱微曲折之間，亦皆清和純懿而無不善之雜」。凡應事接物，道理只從裏面流出，而無待外求矣。故曰：「美在其中，而無待於外也。」韓文公所謂「足乎己無待於外之謂德」，伊川所謂「富人多寶，貧子借看」之類。

「子謂《韶》盡美矣，又盡善」，則善重於美。「可欲之謂善」，「充實之謂美」，則美重於善。聖賢用字不同如此。

「充實而有光輝之謂大」

注自「和順積中」至「發於事業」，只是一理。兩段皆成語，一出《禮》，一出《易》。其實「和順積中」，則是「美在其中矣」。「英華發外」，❶謂「暢於四肢，發於事業」也。「大」字全就「光輝」上説。美指在内者，大指在外者。美人非無外，内有餘而外猶未足也。大人非無内，發於外者本於内，即其外可知其内矣。

「大而化之之謂聖」二句

化即化其大之迹也。「不可知」，正指其化之至妙也。本只是一人，既曰聖又曰神者，以「聖」字不足以盡之，故更著「神」字也。其實非兩人也。○「聖而不可知」，「窮理盡性以至於命」者也。○「聖而不可知之謂神」，所謂「不顯」之德，與「上天之載，無聲無臭」者同其妙矣。「化」字與「不可知」不同，化自我而言，謂不勉不思也。「不可知」以人而言，莫測其所以然也。○看來聖與神還是兩樣，亦有聖而未神者，如云「湯武反之也」，禹入聖域而不優是也。如曰「堯舜性之也」，湯武雖亦聖人，亦少讓矣，故曰：「二之中，四之下。」依程子則美、大、聖、神只是三樣人，不得四矣。

「泯然無復可見之迹」，只是熟，故曰「自我而言」。下句注云「人所不能測」，分明有「人」字。○「聖之至妙」，不可謂聖中另有箇至妙處。如此，則亦有未妙處。此句乃是揀出至妙處來説矣，只是贊其妙。不可知是聖，聖只是化。○此朱子據程子之説，其實亦可疑，看來做兩個人説亦可，又恐我輩不解先儒意耳。

---

❶ 「華」，原作「筆」，今據嘉靖本、四庫本改。

《正蒙·天道》第三篇曰：「聖不可知謂神。莊生謬妄，又謂有神人焉。」張子曰：「志人無惡之謂善，❶誠善於身之謂信。」❷何以置在圈外？以其總論二句，而獨繫之「有諸己之謂信」一條，不得不隔以圈，如總注然耳。

「可欲之謂善」，「視其所以」而已。「有諸己之謂信」，則「所由」、「所安」皆善矣。到此地位，大段高了。「充實之謂美」，則真積力久，其德充周而入於純粹矣，故爲美。自此以上，工力益精，功化益茂。大與聖、神不大相遠。○道理至於充實則盡矣。「充實而有光輝之謂美」，只是熟而已，熟則生輝。「大而化之之謂聖」，則益熟矣，故化聖，即「不可知之謂神」，亦只是熟而又熟，熟之無以復加者也。豈於人道之外，別有神妙之理哉！

「充實而有光輝之謂大」，「充實」二字帶説。「大而化之之謂聖」，「大」字帶説。「聖而不可知之謂神」，「聖」字帶説。○「可欲之謂善，有諸己之謂信，充實之謂美」，此猶是成己事，體之所以立也。「充實而有光輝之謂大」，以後則兼以其充實之盛，自然及物者言之，體立而用有以行也。○「上下一理」，謂自可欲之善充而至於聖神之境、至善之域也。地有不同，理無二致，所謂「天道，一而已矣」，「人性皆善也」。

「樂正子，二之中四之下也」

---

❶「志」，嘉靖本作「善」。

❷「誠」，嘉靖本作「成」。

浩生不害問曰：「樂正子何人也？」孟子不止曰「善人也」，亦不止曰「信人也」，而乃兼之曰：「善人也，信人也。」這便見得樂正子在「二之中」矣。蓋以爲善人則有餘，以爲信人則未足也。

張子曰：「樂正子志仁無惡，而不致於學。」致，推極也。非謂樂正子只是天資之美，全未曾有學也，只是學之功未至其極，故止於善信耳。○「志仁無惡」亦是天資好，故能「志於仁而無惡」。

「顏子好學不倦，合仁與智。」「志仁無惡」，仁也；「學而不厭」，智也。既「志仁無惡」，而又能「致於學」，所以能「具體聖人」而至於美大，「獨未化耳，獨未至聖人之止耳」。此「止」字非《論語》「未見其止」之本旨，蓋小注所謂「結裹」之意。

或曰：「予嘗疑《孟子》書出於公孫丑之徒所記，故於孟子弟子或多稱子。今觀其答浩生不害曰『樂正子，二之中四之下也』，其自言亦不名而子之，何與？」曰：「此蓋因不害稱樂正子，亦隨其所稱而應之也。如今人於酬酢稱謂，往往有此，尊者亦不以爲嫌也。如對孫言及其子，則曰汝父、汝伯父、汝叔父。對外孫言及其子，則曰汝幾舅，對弟子之弟子言及其師，亦曰某姓先生云云。」

「孟子曰『逃墨必歸於楊』」章

墨氏之兼愛，失之太過；楊氏之爲我，失之不及。惟儒者則先成己而後成物，其理一而其分殊。仁不至於兼愛之泛，義不至於爲我之狹，大中而至正，無過無不及，所謂儒者之道也。○「逃墨必歸於楊」，厭華必歸於簡，又厭其太簡者，必歸于中。若墨者之遇聖賢，則亦不先歸楊而徑歸儒矣。○「逃墨必歸于楊」，自虛而歸於實，理勢之必然也。蓋厭其不情，則必尚實矣。矯枉者過直，未能便合乎大中至正之道，故只歸楊，未能便入儒。○「非與其終於楊而已」，言其反正之漸，必至楊然後能歸儒也。此與「齊一變至於魯」一般。○昔楊子未遇老子，舍於主人，公執席，婦執巾櫛，舍者皆避席，其意氣之弘毅可知。及受老子之教曰「大白若辱，盛德若不足」，比其反也，則舍者與之争席矣。可見逃墨必歸於楊。

「逃墨」謂逃乎墨而歸於楊，不是如逃軍、逃民之類，如言「出乎此則入乎彼」。逃是活字。

「歸斯受之而已矣」

受是儒者受之，不兼楊之受墨也。

「今之與楊、墨辯者」

「既入其苙」，言其未歸也。「又從而招之」，言儒者猶追其往日之失，不能豁然受而陶化之，以歸於大中之域也。○「既入其苙，又從而招之」，真聖真賢便自然不如此。今之見和尚、道士、師巫即切齒震怒者，亦何用如此？但不爲他所惑便罷。彼之自誑以惑人，則可憫也，擇其可者而啟發之，或猶有歸於我者乎？

○今之與楊、墨辯者，一於嚴而不能恕也。

「言彼既來歸，而又追咎其既往之失也。」追咎其既往之失，則不之受矣。

此章之言，爲當時儒者待異端而不得其術而發也。蓋異端之學，溺於所習，非逆其本然之性，其間豈無杌隉不安，即思以自還之理？❶爲吾儒者但得其一言之近道，一念之近正，即當達其新知而忘其舊習可

❶「即」，嘉靖本、四庫本作「而」。

也。乃泥於門户塗轍之殊，莫知納約自牖之義，非惟在彼之窮而不得所歸之爲可憫，而在我之道所以與人同歸於善者，實有所未純也，故孟子言此。聖賢之心，何如哉！凡曰「逃」、曰「歸」云者，亦於兩家辯論之際明之。○此章何以見「聖賢之於異端，距之甚嚴」處？蓋所謂「待之甚恕」者，只就「歸斯受之」上見得。然即「歸斯受之」上，就見得「距之甚嚴」意，何也？蓋「歸斯受之」，則方其未歸，决在所絶矣。即今日之恕，即得前日之嚴。○「待之恕」，故「人知此道之可返」，「仁之至也」。「距之嚴，故人知彼説之爲邪」，「義之盡也」。

「孟子曰『有布縷之征』」章

總舉征賦之常數，一歲止有此三者：「布縷取之於夏」，而不并取「粟米」、「力役」；「粟米取之於秋」，而不并取「布縷」、「力役」；「力役取之於冬」，而不并取「布縷」、「粟米」。是皆所謂「用其一緩其二」也。○「粟米之征」自「百畝之田」出，「布縷之征」自「五畝之宅」出。○按《周禮·小司徒·均人》云：「凡均地征，以歲上下：豐年，則公旬用三日。中年，則公旬用二日。無年，則公旬用一日。」此皆以力而任事，❶其所謂「力役之征」與？○此云「布縷之征」、「粟米之征」、「力役之征」，通天下之制也。如《禹貢》，則任土所宜而貢，中間又有不同。

「今兩税三限之説，亦此意」，「兩税三限」，本唐德宗時楊炎所立，至朱子時又用之，故稱「今云」。「三限」，

❶「皆」，嘉靖本作「乃」。

夏税盡六月，秋税盡十一月，涉三時也。○「三限」未詳，想也只夏、秋、冬之限，如「布縷」限以夏完，「粟米」限以秋完，亦此意也。「不并取」意畧同。其實所取不止此三者。今按：「兩税」謂夏税、秋税，此自唐以來名色也。「三限」蓋又兼「兩税」在内。除了春耕之時百役征役俱不舉者，夏、秋、冬三時，固征役之時也，如「布縷之征」限以夏，「粟米之征」限以秋，「力役之征」限以冬相似。兩税無力役，「税」字亦説不得。力役既曰「兩税」，又曰「三限」，蓋「兩税」、「三限」都是當時征役名色。朱子此兼舉言者，以證不一時并取之意，與孟子同耳，故曰：「亦此意也。」○其夏税、秋税所該固多端，總在「税」字内。○此所謂布，只是夏布，麻所爲者。若今綿布，則彼時中國未有也。丘先生《大學衍義補》有載云：「臣按自古中國布縷之征，惟絲、枲二者而已。今世則又加以木綿焉。唐人調法：民丁歲輸絹、綾、絲及綿，皆絲也，輸布及綿、麻，皆枲也。是時未有木綿也。中國之有木綿，其在宋、元之世乎？自古中國所以爲衣者，絲、麻、葛、褐四者而已。漢、唐之世，遠夷雖以木綿入貢，中國未有其種，民未有以爲服，官未有以爲調。宋、元之間，始傳其種入中國，關、陝、閩、廣首得其利。蓋此物來自外夷，閩、廣海通船商，關、陝壤接西域故也。❶然是時猶未以爲征賦，故宋、元史《食貨志》皆不載。至我朝其種乃偏布于天下，地無南北皆宜之，人無貧富皆賴之。其利視絲、枲，蓋百倍焉。」

「孟子曰『諸侯之寶三』」章

❶「壤」，原作「攘」，今據嘉靖本、四庫本改。

「諸侯之寶三，土地、人民、政事」，若不知以此三者爲寶，而惟以珠玉爲寶者，「殃必及身」。「夫寶珠玉者，殃必及身」，則知寶土地、人民、政事者，身安而國家可保矣，故尹氏云云。○諸侯之土地，得之天子，傳之先君，是土地至重，在所寶也。「『何以守位』？曰『人』」，「后非民罔使」，是人民至重，在所寶也。若夫所以守其土地而理其人民者，政事也，政事又不在所寶乎？

「盆成括仕於齊」

「小有才」而不聞大道，則不善用其才，亦適足以媒禍而已。○看來「小有才」只是謂有小才，以其謂「小有才」而未聞大道，故有見殺之理。或以「小有」二字重看，謂自有其小才，於理固亦通，但於文有不順。若云「小自有其才」，反是薄其過之辭矣。○「小有才」猶云畧有才耳。若大有才則近可，然使不聞大道，雖有大才，亦終有大害。温公之論智伯曰：「小人挾才以爲惡，惡無不至矣。智足以遂其奸，勇足以決其暴，是虎而翼之也。其爲害，豈不多哉！❶自古昔以來，國之亂臣，家之敗子，才有餘而德不足，以至於顛復者多矣，豈特智伯哉！」

「孟子之滕，館於上宫」章

「或問之曰」之「或」者，輔氏以爲織屨者。愚謂既曰「館人求之不得」，又曰「或問之」，則問者故非失屨之人也。館人亦未必是織屨，但在館之人皆可求。

❶「多」，嘉靖本作「大」。

「子以是爲竊屨來與」

依此文，乃似真若「從者之廋」然。蓋孟子曰「子以是爲竊屨來與」意，若言其以向道來，固在所受也，豈其有此乎！故或者雖曰自悟其非，而其詞則云云。而《集注》又貼云「雖夫子亦不能保其往也」，則似謂其往日之有此行，亦孟子之所不計也。此又似與孟子之詞相應，其有以盡其未盡之意，然初不足爲聖賢累也。

「夫子之設科也」

教人者當各因其才，自不得不別其科條以教之，如孔子四科，亦是夫子之教，自有此等名目，故曰：「有成德者，有達材者。」設科之意如此。

「往者不追，來者不拒」

「往者」是向日之不善也，「來者」是今日向善而來也，不是説後日之不善，故注云「雖夫子亦不能保其往也」，自該得來不拒，不是失了來不拒意。上句「受之」字，不是拒矣。○「子以是爲竊屨來與」，是指從者。「來」字竊意與下文「來者不拒」及注中「苟以向道而來」之「來」字皆同。蓋不爲竊屨來，則是以向道之心而來矣。「雖夫子亦不能保其往」，不是説今日竊屨事，是説向日嘗有不善事云云，不復執竊屨事也，故注云「因言此從者」云云。○《集注》「因言此從者固不爲竊屨而來」，此句貼在正經「殆非也」下，❶「自悟其

❶「正經殆非也下」，嘉靖本作「正注下殆非也」。

失」一句，貼在「殆非也」上面，❶上一句注是下文起句，承上起下之辭。既曰「殆非也」而又曰云云者，言縱嘗有此行，亦非夫子之所計也。是説箇君子之教道如此，不拘拘在廋屨之有無也，故注曰：「門人取其言有合於聖賢之本旨，故記之。」

「孟子曰『人皆有所不忍』」章

「人能充無欲害人之心」，此即承上文，只是一意，但露出「害人」與「穿窬」字面，以示人知所達耳。若曰：如「害人」者，人所不忍也。「人能充無欲害人之心，而仁不可勝用矣。」「穿窬」者，人所不爲也。「人能充無穿窬之心，而義不可勝用矣。」所謂「充無穿窬之心」者，非但無穿窬而已，充此心亦「無受爾汝之實」，即是充其「無穿窬之心」也。然又不但此，又須推至於語默之微，但有些皃不光明處，皆爲穿窬之類。必并此悉去之，乃能充其「無穿窬之心」也。蓋一節密於一節，而實皆「充」之一字所該也。

「人能充無欲害人之心」，此只是申上文意，非二意也。蓋害人者，人所不忍也。能推此不忍之心以達於所忍，「則能滿其無欲害人之心，而無不仁矣」。穿窬者，人所不爲也，能推此不爲之心，以達於所爲，「則能滿其無穿窬之心，而無不義矣」。○「人皆有所不忍」下云「人能充無欲害人之心」，上節就仁義之端處達將去，下節承足上節意，不可作兩樣看。蓋惟達而後能充，達有工夫，充承達説來，且指出「所不忍」、「所不爲」者言。○「申説上文『充無穿窬之心』之意」，非是又深一節，只是指出上文所謂「充無穿窬之心」

❶ 「上面」，嘉靖本、四庫本作「内」。

者。如「受爾汝之實」、以言不言餂人，此皆所當推而達之而不爲者。○「此申說上文『無穿窬之心』之意也」。按本文「受爾汝之實」，非「穿窬」也。而謂之「申說其意」者，蓋「穿窬」非「受爾汝之實」，而「充其無穿窬之心」，則必亦「無受爾汝之實」也。又較密於穿窬矣。下文言「有意探取於人者，是皆穿窬之類」，則益密矣。顔子之不貳過，此類之所充也。

「人能充無受爾汝之實」

然所謂「充無穿窬之心」如何？如見爾汝於人，吾心「必有慚忿而不肯受之實」，人能即此而推之，使其充滿無所欠缺」，則凡一毫苟賤汙辱之事，皆所不由，「無適而非義矣」。○「爾汝之稱，人所不甘受者」，是亦「所不爲」也。「人能即此而推之」，凡自卑取屈於人者皆不屑爲，「則能充滿其無受爾汝之實，而無適非義矣」。「其貪昧隱忍而甘受之者」，非其實也，「其中心慚忿而不肯受者」，乃其實也，故曰「無受爾汝之實」。此亦所謂「充無穿窬之心」也。○朱子曰：「使行己有一毫未盡，便不能『充無受爾汝之實』矣。」○「人能充無穿窬之心」一條，實該下文兩條。蓋充之云者，正謂充到此地位也。或曰「充無受爾汝之實」，未必皆穿窬之類，尤非也，《集注》何以謂：「申說上文『充無穿窬之心』之意？」且人但知末一條爲「特舉以見例」，而不知中一條舉其例也。

「然則中心必有慚忿而不肯受之之實」，此即「無欲穿窬」之類也。故當即此而充之，無所往而不爲義。曰「義不可勝用」，曰「無所往而不爲義」者，此乃是充也。若只推得數事而已，未可謂之充也。人必自侮而後人侮之，故當「充無受爾汝之實」。○小注以實對名，與《集注》之說分明不同。○凡字書訓「爾」則曰

「汝也」，訓「爾今」則曰「汝今」，二字並用，誠莫知所别。如曰「咨爾舜」，曰「點，爾何如」，曰「女弗能救與」，曰「誨汝知之乎」，此有何别？或曰二字並用，而求其所别，「汝」當對「我」，「爾」當爲爾輩，如今人稱「你們」。

「士未可以言而言」

「士未可以言而言，是以言餂人也。可與言而不言，是以不言餂人也。是皆穿窬之類」，而在所當充者也。〇「士未可以言而言」，是故意言也。故意言，是有意存乎其間也。「可以言而不言」，是故意不言也。故意不言，是亦有意存乎其間也。故曰：「皆有意探取於人。」〇「士」字指在我，「餂之」，「之」字指在人。〇此以士言，猶《論語》「色厲内荏」指當時大人言也。〇味「之類」二字，此正注中所謂「特舉以見例」者也。〇以言不言餂人，是穿窬之類也，「受爾汝之實」，亦穿窬之類，故人於穿窬不爲而於此或有爲之者，是以不能皆義。此孟子所以喫緊示人也。〇正使當言而言，苟有悦人之意，「是亦穿窬之類」，孟子所謂「之類」云者，學者固當以此法求之。〇凡内懷不直而畏人知之事，皆穿窬之類也，故言不言餂人者，皆謂之「穿窬之類」。〇「士未可以言而言」，如何謂之「便佞」？看來只是對「隱默」説。南軒謂以「佞」爲「慌」，以「默」爲「容」，其説亦好，但非「餂」字之意，故《集注》不用。

「人皆有所不忍」章，《集注》一則曰「無非仁義矣」，二則曰「無不仁不義矣」，三則曰「無適而非義矣」，四則曰「然後爲能充其無穿窬之心也，則無非義矣」，可見首節曰「仁也」、「義也」，與下文仁義不可勝用，元無大分别。第二節只是承首節而言。而近日程文之説，非也。

「孟子曰『言近而指遠者』」章

「言近而指遠」，求之經傳，如有《孺子歌》曰：「滄浪之水清兮，可以濯我纓；滄浪之水濁兮，可以濯我足。」「夫人必自侮而後人侮之，家必自毀而後人毀之，國必自伐而後人伐之。」其理皆見於言外矣。如：「歲寒然後知松柏之後凋也。」則「士窮見節義，世亂識忠臣」之理，皆見於言外矣。又如曰：「觚不觚，觚哉！觚哉！」則舉一器而天下之物莫不皆然矣。又如云：「洒掃應對上，便可至精義入神道理。」曾點言浴沂風雩之樂，便有使萬物各得其所氣象。又如顔淵之論御馬，輪扁之論斵輪，皆即目前近事而發無限理趣。此類甚多，皆非工於言者所能到也。○此説得遠、近二字意出。一説但至理所在，即是「指遠」。

「不下帶而道存焉」

謂只即目前近事論之，而理則有至妙者。南軒以爲「所言只是其身中事」，似太泥。蓋終以「脩其身而天下平」者相貫意論歟？注：《曲禮下》：「天子視不上於袷，音劫。不下於帶。」袷者，朝服、祭服之曲領也。○「凡視，上於面則傲，下於帶則憂，傾則姦。」注：「『上於面』者其氣驕，知其不能以下人矣。『下於帶』者其神奪，知其憂在乎心矣。視傾則容側，必有不正之心存乎胸中矣。此君子之所以慎也。」○事有遠近，道無遠近，所謂理無大小也。「不下帶」者，事之近也。天下無一事無理，理則有當然之則，有所以然之故，皆至精至微而不可以淺近言也。

「君子之守，脩其身而天下平」

「君子之所守」，只脩其身而已。吾身既脩，則推無不準，動無不化，天下由此平矣。夫一脩其身，天下自平，其守一何約，而其施一何博哉！「天下平」謂天下各脩其身也。○周子曰：「治天下有本，身之謂也。」《楊子》：「或問大，曰：『小。』未達。曰：『天下爲大，治之在道，不亦小乎？』」

「人病舍其田而芸人之田」

「人病舍其田而芸人之田」，引譬起下。

「所求於人者重，而所以自任者輕」，「所求於人者重」，欲天下人人各脩其身也。「所以自任者輕」，不能自脩其身也。不可依仲珠一貫意。

「孟子曰：『堯舜，性之也。』」

「堯舜，性之也」，性天然也。「湯武反之也」，反，復也，無反則無復。聖人固爲人道之至，就聖人中論之，又自有高下。

「得全於天」，謂所得於天者全也。惟其「無所汙壞」，故「不假於脩爲」。下文只言「脩爲以復其性」，便見不免有所汙壞矣。

「動容周旋中禮」

動容，謂一動容貌之間。周旋，謂動止員活之際。此皆其小處。此等處皆能中禮，則其大者可知，故曰：「細微曲折，❶無不中禮。」○「盛德之至」，言無所勉强也。

❶ 「折」，原作「拆」，今據嘉靖本、四庫本改。

「哭死而哀，非爲生者也」

蓋人之哭死而哀，多是爲生者，非爲死者，便是不誠。

「經德不回，非以干禄」

經德，常行也。常行一循乎直道正理而無所回曲，非欲以求聞於人而干禄利也。○如孝、弟、忠、信之類，皆無不備，是常德無虧，固當在升用之列，然皆出於安行，非有意於升用得禄而爲此也。

「言語必信，非以正行也」

言行相關，言亦行中之事也。言語不信，則行不正矣。惟聖人不言則已，故曰「必信」。言則無不信者皆是自然而然，非爲欲以正行而後然也。不必以「正行」與上文「爲生者」及其「干禄」字樣爲例。「正行」亦何不好處，但聖人不用着意耳。

「言語必信，非以正行也。」「正行」者，言顧行也。○不可以下三句爲屬「動容周旋中禮」看，觀《集注》「三者亦皆自然而然」，「亦皆」二字，便見得是對上文一句爲例。言「動容周旋中禮」固是「自然而然」，此「三者亦皆自然而然」，輔氏之説錯認。

「動容周旋中禮者」，「動容」以顔貌言，「周旋」以動履言。此一節是「由仁義行者也」。「君子行法以俟命」，則所謂「行仁義者」。

「非爲生者」、「非以干禄也」、「非以正行也」數句，要説仔細。蓋下文「行法俟命」亦是非有爲而爲者。恐説得無「性之」、「反之」之别，故上數節要説出「自然而然，而非有意爲之」之意，須與下節意少異。

「君子行法以俟命而已矣」

法正指君仁、臣敬、父慈、子孝之類，如動容周旋自當中禮，哭死自當哀，經德自當不回，言語自當信，莫非「天理之當然者」。君子雖未能自然而然，然「以俟命而已矣」，亦只見得是法如此，吾行吾法而已，亦非有爲而爲之也。是亦聖人之事，但是「反之」之聖。「命」字兼「吉、凶、禍、福」。君子之行法，盡其在我者而已，至吉邪福邪，聽其自至，吾無所趨也。凶耶禍耶，亦聽其自至，吾無所避也。

程子曰：「行法以俟命者，朝聞夕死可矣之意。」是脩身以俟死之説，新安小注未然。〇此便是脩爲以復其性之事。〇「動容周旋」以下，只是性之之德，不是指堯舜言。如「哭死而哀」、「非以干禄」，此處都説堯、舜不得。「君子行法俟命」亦然。「法者，天理之當然」，君子行法是依法而行也。堯舜不待依法行，而所行者自是法，故曰：「由仁義行，非行仁義也。」此所以爲「性之」、「反之」之別。

「法由此立，命由此出」者，蓋性者分上，著不得「法」字與「命」字。法者，規矩準繩，使人有所持循者也。性者，「聲爲律，身爲度」，何用行法？「行法」即所謂「行仁義也」。命在聖人，則吾義所在，即天命所在，所謂「聖人與天爲一」，又曰「命不足道也」，故曰「命由此出」。這造化在我，與上篇「立命」意少異。〇聖人以義制命，蓋凡義之所在即是命也。如義當死，便是命當死矣；義當不食其禄，便是命該貧賤矣。此類，聖人皆安全不以介意，亦不屑言命，故曰「命由此出」。

孔子於衰周，孟子於戰國，所以直欲挽回三代之治者，以造化在我也。所謂「造化在我」，蓋天道之全、元氣之會，悉交付於吾身，吾身所在，即天之所在，故曰「聖人與天爲一也」。其心真能代得天意，其口真能代得天言，其手真能代得天工，其體真能代得天事，故但得機會到手時，便自斡旋得轉來。如人雖病甚而元氣未絶者，使國醫得施其技，則倏然起死而復生矣。故曰：「天之未喪斯文，匡人其如予何！」其理如此。○此理今人少有知者，且如「湯以七十里，文王以百里」，即其效也。若夏少康，雖非聖人，亦能以一旅取天下。所恨者，聖賢往往不得機會耳。

「孟子曰『説大人則藐之』」章

「藐之」者，藐其「巍巍」者也。所謂「巍巍」，指下文云云也。○「大人」以位言，此章主於「説大人」言。○緊要在「志意舒展，言語得盡」上。

「堂高數仞，榱題數尺」

「堂高數仞」兩句，是宫室之盛。「食前方丈」兩句，是逸豫之樂。「般樂飲酒」三句，是宴遊之侈。此皆所爲「巍巍」者也。

「榱，桷也。題，頭也。」「桷有數尺之長，桷頭安得有數尺之大？」曰：「此『頭』字，乃桷之名數也，如云桷一頭二頭，即桷數也。柱之頭尚無數尺者，况桷之頭乎？」

「在彼者皆所不爲也」止「畏彼哉」

看來當依「彼以其富，我以吾仁；彼以其爵，我以吾義」例，方見意思平正自然。若拘拘於上文相反，似亦狹了。或以爲本文「古之制」及大注「古聖賢之法」，「法」、「制」二字不貼。看來有何不貼？如「君子行法俟命」，但天理當然處便是法制。他日答彭更曰「守先王之道，以待後之學者」，即此所謂「所守者，皆古聖賢之法也」。○「皆」之一字，所該固廣，不止不爲上文云云者而止。○「人有不爲也而後可以有爲」，便是「所守」。「在我者，皆古之制」，在我所守，則其所不爲者是曰「不爲此三者，便是古制耶」？曰：「非也。在我不爲乎此，而其所爲，自無法外之事。所爲皆在法内，便是聖賢之法。」○若拘上文説，則是藐之雖在今日，而所挾以藐之者，則在後日也，不見自然。

「孟子曰『養心莫善於寡欲』」章

此章當以心對欲看。心者，天理之府，而爲之害，把天理逐出外者，欲也。朱子曰：「此言天理人欲相爲消長分數。」○養心則養性在其中矣。

周子曰：「養心不至於寡而存耳，蓋寡焉以至於無。」按孟子所謂欲者，以耳、目、口、鼻、四肢之欲而言，周子則指心之流於欲者，是則不可有也，所指有淺深之不同。若耳、目、口、鼻、四肢之欲，安得而盡無也？雖聖人不容絶，但不至流耳。

「曾晳嗜羊棗」章

「曾晳嗜羊棗」，曾子於晳既没之後，「不忍食羊棗」。❶「不忍食」者，以爲吾父平日嗜此羊棗，今雖有羊棗，吾父不能食矣。此朱子所謂「食必思親」者也，猶所謂「母没而桮棬不能飲焉」。

「公孫丑曰：『然則曾子何爲食膾炙而不食羊棗？』」

❶ 「不」上，嘉靖本有「夫曾子」三字。

意以曾晳亦未必不嗜膾炙，而曾子獨諱食羊棗，舍其不美者而用其美者，何與？曰：「膾炙人所同嗜者也，羊棗晳所獨嗜者也。人所同嗜者，自可食之，至於父所獨嗜者食之，則有感於心而不忍食者矣。此猶『諱名不諱姓』。蓋姓，人所同也，故不諱。名，己所獨也，故諱之耳。然則曾子之食膾炙而不食羊棗，豈以其味不如膾炙而棄之哉！正以其爲父所獨嗜也。」

吾嘗疑《孟子》書非自著，不然亦非純出孟子筆也。始云：「『萬室之國，一人陶則可乎？』曰：『不可，器不足用也。』」白圭豈便肯併説「器不足用也」？又有甚者，「公孫丑曰：『膾炙與羊棗孰美？』孟子曰：『膾炙哉。』」且此何待孟子而後能別？且其詞氣亦不應如此之力也。吾疑此書爲人所雜著頗多。

「萬章問曰『孔子在陳，曰：盍歸乎來』」章

萬章問曰：「孔子在陳，曰：『盍歸乎來！吾黨之士狂簡進取矣，猶不忘其初。』孔子在陳，何獨思魯之狂士也？」萬章意以爲，孔子何不思其上者，而取於狂士耶？○「進取」、「不忘其初」，都放在「狂簡」外説，不是申解他。蓋「狂簡」、「狂猖」是目之之辭，下文云云，都是説狂簡之所以爲狂簡者如此。

「孟子曰『孔子不得中道而與之』」

孟子曰：「孔子嘗曰：『不得中行而與之，必也狂猖乎！狂者進取，獧者有所不爲也。』由此觀之，孔子豈不欲中道哉！不可必得，故思其次也。」「其次」，專指「狂者」，答萬章問意。孔子之言，本兼狂獧，孟子引來，特要應「何思魯之狂士」一句。

「敢問何如斯可謂狂矣」

萬章又問曰：「敢問當時在魯之士，何者則可謂狂矣？」孟子因歷指其人以告，曰：「如琴張、曾皙、牧皮者，孔子之所謂狂矣。」依注解，但難以此講。牧皮無事實。

「何以謂之狂」止「不掩焉者也」

萬章又問：「何以謂之狂也。」孟子曰：「其志嘐嘐然，曰：古之人，古之人。」至「夷考其行，則又不能如其言，此所以謂之狂。」○「『其志嘐嘐然，曰』，本文只是『其志』，而《集注》曰『嘐嘐，志大言大也』，兼志與言何？」曰：「人之志，常於言見之也。又『志嘐嘐然，曰』，須於『其志』二字微讀。謂以言乎狂者之志，常嘐嘐然，曰『古之人，古之人』，動輒慕古也。及夷考其行，則不能揜其言也。是以『志』字對『行』字言。」○孟子此言，總不出孔子所謂「進取不忘其初」者。萬章不察，故復問，而孟子又只仍孔子意，説放明白與他。

「狂者又不可得」

此又承上文，言狂者固孔子之所思，然「狂者又不可得，欲得不屑不潔之士而與之，是獧也」，比之狂者，「又其次也」。○「不屑不潔」，注：「屑，潔也。」新安陳氏曰：「以不善爲不潔而不屑爲之也。」此説最明，言不屑爲那不潔也。《孟子》上注云：「『不屑就』，言不以就之爲潔，而切切於是也。」意正合此。

「孔子曰『過我門而不入我室』」

萬章因問夫子之所以取於狂者如此，所以取夫獧者又如此。然孔子又嘗曰：「過我門而不入我室，我不憾焉者，其惟鄉原乎？鄉原，德之賊也。」不識何如斯可謂之鄉愿？○狂獧之外，又有此一等人也。○狂者，知之過而行不及。獧者，行之過而知不及。鄉原有似乎中道而實非也，故曰「德之賊」，德即中道也。○「鄉原」二字，「鄉」字有意思。

「曰：『何以是嘐嘐也！』」

鄉原之制行，是懲狂狷之齟齬於世，而自立一門户做人，故其譏狂者曰：「何以是嘐嘐也！言不顧行，行不顧言，則曰『古之人，古之人』。」又譏狷者曰：「行何爲踽踽凉凉！生斯世也，爲斯民也，善斯可矣。」此鄉原之言如此，其志可知，故不爲狂者之「嘐嘐」，亦不爲狷者之「踽踽凉凉」，但只閹然深藏，以求媚於世，使人皆無非刺，人人見我都好，如此者，是鄉原也。

「閹然媚於世」一句，是孟子話，上都是述其言。然亦未必是鄉原實有此言，是孟子代他説，故注云：「此鄉原之志也。」○是「鄉原」一句，只是對「閹然媚於世」説，爲有「者」字。○或曰鄉原之志，只帶「善斯可矣」之意，非也。蓋以「何以是嘐嘐，言不顧行」，不好説鄉原之志，然其實非也。然則「行何爲踽踽凉凉」，亦非鄉原之志耶？

「閹，如奄人之奄，閉藏之意也。」又曰「深自閉藏」，以其收縮退斂，不敢放出一句忤人之詞，不敢做出一件戾俗之事，惟專媚世以取容，故曰云云。

「萬章曰『一鄉皆稱愿人焉』」

「無所往而不爲愿人」，謂人皆慕而效之也。

「曰『非之無舉也』」

「非」輕「刺」重，「流俗」狹「汙世」廣。「忠信」以立心言，故曰「居」。「廉潔」以制行言，故曰「行」。如「居之無倦，行之以忠」之「居」、「行」。

「自以爲是」一句最重，猶所謂「色取仁而行違，以居之不疑也」。○中行之士，孔子所欲與同歸于堯舜大中至正之道者也。

狂者，自其所見而裁之，亦可與入堯舜之道。狷者，自其所守而裁之，亦可與入堯舜之道。鄉愿不狂不狷，似中行而實非中行者也，「自以爲是」矣，故終「不可與入堯舜之道」。

「孔子曰『惡似是而實非者』」

佞，才智之稱，其言似義而非義，以其思巧而才便，本是不義的事，被他安排計較説來，又都是義。若利口，則專就言語説。○「佞」者有才智，説得來有處置方略，故能「亂義」。「惡利口，恐其亂信」，「利口」者，口給便利，以虚爲實，故曰「亂信」。

「君子反經而已矣」

「經」即上文所謂「德」，注中所謂「中道也」。自父子君臣之間，以至一應事一接物之際，其所當行者，皆常道也。○小注專主大倫五品。○「反經」者，端化原，脩治法，于以一天下之道德，同天下之風俗。「反經」且就君子身説，至「民興於善」，方是人化之。○「經正」，常道既復則正矣。

「君子」兼德位言。❶《語類》「『反經』兼躬行及施爲」，此説最盡。

❶「德」，原缺，今據嘉靖本補。

孟子既答狂狷之問，後復詳於鄉愿，正以鄉愿不狂不狷，似乎中道而實背乎中道，非乎狂狷而實遠不及乎狂狷也。狂狷尚可與進於聖人之道，鄉愿則終「不可與入乎堯舜之道」也，是世之大慝也，不可不辯。

「孟子曰『堯、舜至於湯』」

但曰「由堯、舜至於湯，由湯至於文王，由文王至於孔子」，便見斯道在天地間，決無久絶而不續之理。然必同時之見知者有以羽翼推廣之於前，然後後世之聞知者得有所考據以續其不傳之緒耳。此孟子之所以深致意也。按《皇極經世》：自帝堯即位，至成湯有天下，凡四百五十二年。自成湯有天下，至文王爲西伯，凡六百三十九年。且湯年百歲，在位僅三十年，是相去七百餘年矣。自文王爲西伯，至孔子，凡五百八十七年。自孔子卒，至孟軻至梁，凡一百四十三年。《集注》謂：「五百年而聖人出，天道之常，然亦有遲速，不能正五百年，故云『有餘』也。」○試自孔子没後以年運考之：孔子没至漢光武中興即位，得五百零七十八年。自光武崩至唐高祖即位，六百二十餘年。自唐高祖至五代之終，僅三百三十年。而宋太祖即位，宋有天下，通三百一十七年。計四百一十年，而我太祖帝業成矣。恐五百年之數，亦未可徵。蓋氣數，一家之學，其理尚玄，未可曉也。

由堯、舜至於湯，歷至於孔、孟，所謂「見知」、「聞知」者，只是「惟精惟一」以明其德，而推以新民而已。「知」謂知其道也。其道云何？即精一執中而已，故《中庸序》曰「夫堯、舜、禹，天下之大聖也。以天下相傳，天下之大事也。以天下之大聖，行天下之大事，而其授受之際，丁寧告戒，不過如此，則天下之理，豈有以加於此哉！自是以來，聖聖相承，若成湯、文、武之爲君，臯陶、伊、傅、周、召之爲臣，既皆以此而接夫道統之傳」云云盡之矣。若説「明德」、「新民」亦可，但「中」字不可發出。

此章重在「見知」，必有「見知」於先，而後有「聞知」於後。如孔子之時，「賢者識其大者，不賢者識其小者，莫不有文武之道焉」。是以緣當時周、召、吕、畢之徒，一脉相傳而來，孔子乃得聞之。不然，文武之道其絶也久矣。此據孟子語意如此，亦不必太拘，若朱子小注曰「禹、臯之徒，本皆名世之士，❶伊、吕又湯、文之師，湯、文、孔子，又以生知之聖」云云。

朱子曰：「由堯舜至孔子，所以異世同心，歷世同道，繩繩不絶者，實賴同時之『見而知』者知之於先，而異世之『聞而知之』者得以知之於後耳。」只看此「得以」二字，便見是「見知」重，便與末段意相叫應。

「若禹、臯陶，則見而知之」

精一執中之旨，堯傳舜而舜以傳禹。「天叙」、「天秩」、「天命」、「天討」之大道，皆臯陶發之。且「民協于中，罔或干予」，正臯陶之有功於斯道大矣，其爲見知堯、舜也爲何如。

「若伊尹、萊朱，則見而知之」

伊尹與湯，「咸有一德」，其見知莫切於此矣。「萊朱」，「或曰即仲虺也」，則「懋昭大德，建中于民。以義制事，以禮制心」之義，皆實虺發之，則其見知於湯也爲何如。

「若太公望、散宜生，則見而知之」

❶ 「皆」，原作「無」，今據嘉靖本改。

見於《丹書》者，「敬勝怠者吉，怠勝敬者滅」云云。此太公望之與文王合德者也。見於《書·君奭》者曰：「惟文王尚克脩和我有夏，亦惟有若虢叔，有若閎夭，有若散宜生，有若太顛，有若南宫适。」又曰：「無能往來兹迪彝教，文王篾德降于國人。」然則散宜生之見知文王，豈不信哉！然要之亦不必取徵於《書傳》，《書傳》所載有限，彼既見知、聞知，則大道之全，自其渾然之體與其燦然之用，何所不周，何所不至，而豈可以簡册有爲而發之遺言緒論爲之證哉！見大意者，默而識之可也。

「若孔子，則聞而知之」

《集注》引「子貢曰『文武之道，未墜於地』」至「夫子焉不學」爲「聞而知之」。愚以爲湯之聞知堯、舜，文王之聞知於湯，概是如此，兼有得之於簡編者。

「然而無有乎爾」，東陽許氏曰：「爾，如是也，指見知、聞知者而言。」其説可從。○兩「爾」字以「如是」釋之爲近，意若云：「然而無有而然者，則亦無有其然者。」是承上文數箇見知、聞知而云，以其「見知」、「聞知」字已重見疊出於上文，故此特約其旨而省其文也。或曰：「『然而無有乎爾』，豈無顔、曾、子思三人乎？而孟子云然，是前無三子而自擅其見知孔子也。」曰：「不然。孟子固曰『聖王不作，諸侯放恣』，『楊墨之道不息，孔子之道不著』，『仁義充塞』，『人將相食』，顔、曾、子思當孔子在日，則以有孔子在，今則與孔子，❶俱往

❶「與」，原作「無」，今據嘉靖本、四庫本改。

矣，世道之責，微孟子任之，則孔子之道不百年而墜矣，故曰：『軻書著，❶孔子之道尊。』此孟子所以欲自比於見知者，以俟後聖於無窮也。」

程明道嘗云：「吾學雖有所受，天理二字，却是自家體貼出來。」以此見知，伊川所以不推其本於濂溪，而朱子於此及《大學》《中庸》序所以只説二程者，要皆自有稱量處，不是苟且。

《日抄》曰：「中行之道，惟聖者能之，故顔子具體而微。其學猶有傳，傳者必其剛毅自立如曾子、子思。三傳而至孟子，遂能尊孔氏而闢楊墨，明王道而黜伯功，卓然有功萬世焉。嗚呼！盛矣。而世猶或譏之。然李太伯以富國强兵爲學，其不識孟子宜也。如司馬公大儒亦譏之，豈非孟子説誘時君，變化百出，温公守樸，意見所不合與？吁！此『可與權』之難也。」

❶「著」，原缺，今據四庫本補。

《儒藏》精華編選刊
即出書目(二〇二三)

白虎通德論
誠齋集
春秋本義
春秋集傳大全
春秋左氏傳賈服注輯述
春秋左氏傳舊注疏證
春秋左傳讀
道南源委
桴亭先生文集
復初齋文集
廣雅疏證

龜山先生語録
郭店楚墓竹簡十二種校釋
國語正義
涇野先生文集
康齋先生文集
孔子家語　曾子注釋
禮書通故
論語全解
毛詩後箋
毛詩稽古編
孟子正義
孟子注疏
閩中理學淵源考
木鐘集
群經平議

三魚堂文集　外集
上海博物館藏楚竹書十九種校釋
尚書集注音疏
詩本義
詩經世本古義
詩毛氏傳疏
詩三家義集疏
書疑　東坡書傳　尚書表注
書傳大全
四書集編
四書蒙引
四書纂疏
宋名臣言行録
孫明復先生小集　春秋尊王發微
文定集

五峰集　胡子知言
小學集註
孝經注解　温公易説　司馬氏書儀　家範
孳經室集
伊川擊壤集
儀禮圖
儀禮章句
易漢學
游定夫先生集
御選明臣奏議
周易口義　洪範口義
周易姚氏學